◇ 中国建设年鉴 2021

Yearbook of China Construction 《中国建设年鉴》编委会 编

中国建筑工业出版社

图书在版编目（CIP）数据

中国建设年鉴 = Yearbook of China Construction.
2021 /《中国建设年鉴》编委会编. — 北京：中国建筑工业出版社，2022.4
ISBN 978-7-112-27122-1

Ⅰ.①中… Ⅱ.①中… Ⅲ.①城乡建设—中国—2021—年鉴 Ⅳ.①F299.2—54

中国版本图书馆 CIP 数据核字（2022）第 033876 号

责任编辑：杜　洁　胡明安　张文胜
责任校对：李美娜

中国建设年鉴 2021
Yearbook of China Construction
《中国建设年鉴》编委会　编
*
中国建筑工业出版社出版、发行（北京海淀三里河路 9 号）
各地新华书店、建筑书店经销
北京红光制版公司制版
北京中科印刷有限公司印刷
*
开本：880 毫米×1230 毫米　1/16　印张：46　插页：8　字数：1645 千字
2022 年 6 月第一版　　2022 年 6 月第一次印刷
定价：380.00 元
ISBN 978-7-112-27122-1
(38945)
版权所有　翻印必究
如有印装质量问题，可寄本社图书出版中心退换
（邮政编码 100037）

编辑说明

一、《中国建设年鉴》是由住房和城乡建设部组织编纂的综合性大型资料工具书，中国建筑工业出版社具体负责编辑出版工作。每年一册，逐年编辑出版。

二、《中国建设年鉴》力求综合反映我国住房城乡建设事业发展与改革年度情况，内容丰富，资料来源准确可靠，具有很强的政策性、指导性、文献性。可为各级建设行政主管领导提供参考，为地区和行业建设发展规划和思路提供借鉴，为国内外各界人士了解中国建设情况提供信息。本书具有重要的史料价值、实用价值和收藏价值。

三、《中国建设年鉴》2021卷力求全面记述2020年我国房地产业、住房保障、城乡规划、城市建设、村镇建设、建筑业、建筑节能与科技和国家基础设施建设等方面的主要工作，突出新思路、新举措、新特点。

四、《中国建设年鉴》记述时限一般为上一年度1月1日至12月31日。为保证有些条目内容的完整性和时效性，个别记述在时限上有所上溯或下延。为方便读者阅读使用，选录的部分新闻媒体稿件，在时间的表述上，有所改动，如"今年"改为"2020年"。

五、《中国建设年鉴》采用分类编辑方法，按照篇目、栏目、分目、条目依次展开，条目为主要信息载体。全卷设8个篇目，篇目内包含文章、分目、条目和表格。标有【　】者为条目的题目。

六、《中国建设年鉴》文稿的内容、文字、数据、保密问题等均经撰稿人所在单位把关审定，由《中国建设年鉴》编辑部汇总编辑完成。

七、我国香港特别行政区、澳门特别行政区和台湾地区建设情况暂未列入本卷。

八、限于编辑水平和经验，本年鉴难免有错误和缺点，欢迎广大读者提出宝贵意见。

九、谨向关心支持《中国建设年鉴》的各级领导、撰稿人员和广大读者致以诚挚的感谢！

《中国建设年鉴2021》编辑委员会

主　任
　　姜万荣　住房和城乡建设部副部长
副主任
　　李晓龙　住房和城乡建设部办公厅主任
　　张　锋　中国建筑出版传媒有限公司
　　　　　　（中国城市出版社有限公司）
　　　　　　党委书记、董事长
编　委
　　段广平　住房和城乡建设部法规司司长
　　王胜军　住房和城乡建设部住房改革与发
　　　　　　展司（研究室）司长
　　曹金彪　住房和城乡建设部住房保障司
　　　　　　司长
　　田国民　住房和城乡建设部标准定额司
　　　　　　司长
　　张其光　住房和城乡建设部房地产市场
　　　　　　监管司司长
　　曾宪新　住房和城乡建设部建筑市场监管司
　　　　　　司长
　　王志宏　住房和城乡建设部城市建设司
　　　　　　司长
　　秦海翔　住房和城乡建设部村镇建设司
　　　　　　司长
　　曲　琦　住房和城乡建设部工程质量安全
　　　　　　监管司司长
　　苏蕴山　住房和城乡建设部建筑节能与科
　　　　　　技司司长
　　杨佳燕　住房和城乡建设部住房公积金
　　　　　　监管司司长
　　王瑞春　住房和城乡建设部城市管理监督
　　　　　　局局长
　　胡子健　住房和城乡建设部计划财务与
　　　　　　外事司司长
　　江小群　住房和城乡建设部人事司司长
　　张学勤　住房和城乡建设部直属机关党委
　　　　　　常务副书记（正司长级）
　　李晓龙　住房和城乡建设部政策研究中心
　　　　　　主任
　　宋友春　全国市长研修学院（住房和城乡
　　　　　　建设部干部学院）党委书记兼
　　　　　　副院长
　　杨彦奎　住房和城乡建设部人力资源开发
　　　　　　中心主任
　　杨瑾峰　住房和城乡建设部执业资格注册
　　　　　　中心主任
　　王　飞　北京市住房和城乡建设委员会
　　　　　　党组书记、主任
　　邹劲松　北京市城市管理委员会
　　　　　　党组书记、主任
　　张　维　北京市规划和自然资源委员会
　　　　　　党组书记、主任
　　潘安君　北京市水务局党组书记、局长
　　韩　利　北京市城市管理综合行政执法局
　　　　　　党组书记、局长
　　邓乃平　北京市园林绿化局
　　　　　　党组书记、局长

蔺雪峰	天津市住房和城乡建设委员会党委书记、主任	庄光明	湖北省住房和城乡建设厅党组书记、厅长
陈　勇	天津市规划和自然资源局党委书记、局长	蒋涤非	湖南省住房和城乡建设厅党组书记、厅长
刘　峰	天津市城市管理委员会党组书记、主任	张少康	广东省政协副主席、广东省住房和城乡建设厅厅长
张志颇	天津市水务局党组书记、局长	唐标文	广西壮族自治区住房和城乡建设厅党组书记、厅长
姚　凯	上海市住房和城乡建设管理委员会主任	王　鹏	海南省住房和城乡建设厅党组书记、厅长
史家明	上海市水务局（上海市海洋局）党组书记、局长	丁式江	海南省自然资源和规划厅党组书记、副厅长
常　斌	重庆市住房和城乡建设委员会党组书记、主任	吴清高	海南省水务厅党组成员、副厅长
余　颖	重庆市规划和自然资源局党组成员	何树平	四川省住房和城乡建设厅党组书记、厅长
于文学	河北省住房和城乡建设厅党组书记、厅长	周宏文	贵州省住房和城乡建设厅党组书记、厅长
王立业	山西省住房和城乡建设厅党组书记、厅长	尹　勇	云南省住房和城乡建设厅党组书记、厅长
冯任飞	内蒙古自治区住房和城乡建设厅党组书记、厅长	余和平	西藏自治区住房和城乡建设厅党组书记、副厅长
高起生	黑龙江省住房和城乡建设厅党组书记、厅长	韩一兵	陕西省住房和城乡建设厅党组书记、厅长
魏举峰	辽宁省住房和城乡建设厅党组书记、厅长	苏海明	甘肃省住房和城乡建设厅党组书记、厅长
徐　亮	吉林省住房和城乡建设厅党组书记、厅长	王发昌	青海省住房和城乡建设厅厅长
周　岚	江苏省住房和城乡建设厅厅长	马汉文	宁夏回族自治区住房和城乡建设厅党组书记
应柏平	浙江省住房和城乡建设厅党组书记、厅长	李宏斌	新疆维吾尔自治区住房和城乡建设厅党组副书记、厅长
贺懋燮	安徽省住房和城乡建设厅党组书记、厅长	蔡启明	新疆生产建设兵团住房和城乡建设局党组书记、局长
朱子君	福建省住房和城乡建设厅党组书记、厅长	楚天运	大连市住房和城乡建设局局长
卢天锡	江西省住房和城乡建设厅厅长	毕维准	青岛市住房和城乡建设局党组书记、局长
王玉志	山东省住房和城乡建设厅厅长	张国平	宁波市住房和城乡建设局党组副书记、副局长
赵庚辰	河南省住房和城乡建设厅党组书记、厅长	李德才	厦门市建设局党组书记、局长

徐松明	深圳市住房和建设局 党组书记、局长	李存东	中国建筑学会秘书长
孔繁昌	深圳市规划和自然资源局副局长	陈　重	中国风景园林学会理事长
梁　斌	工业和信息化部信息通信发展司 副司长	王长远	中国市长协会秘书长
		王子牛	中国勘察设计协会 副理事长兼秘书长
邹首民	生态环境部科技与财务司司长	赵　峰	中国建筑业协会副秘书长
王　太	交通运输部公路局副局长	杨存成	中国安装协会秘书长
郑清秀	交通运输部水运局副局长	宋为民	中国建筑金属结构协会 副会长兼秘书长
王胜万	水利部水利工程建设司司长		
时以群	农业农村部计划财务司副司长	王学军	中国建设监理协会 副会长兼秘书长
王明亮	文化和旅游部财务司副司长		
张　锐	中国民用航空局机场司副司长	刘晓一	中国建筑装饰协会会长
吴明友	中国国家铁路集团有限公司建设 管理部专员兼副主任	杨丽坤	中国建设工程造价管理协会理事长
		王要武	哈尔滨工业大学教授

《中国建设年鉴2021》工作执行委员会

丁博涵　住房和城乡建设部办公厅综合处处长
梁　爽　住房和城乡建设部办公厅秘书处处长
马骏驰　住房和城乡建设部办公厅督察处处长
张　开　住房和城乡建设部办公厅
　　　　宣传信息处处长
范宏柱　住房和城乡建设部办公厅
　　　　工程审批改革处处长
陈　静　住房和城乡建设部办公厅档案处处长
贾四海　住房和城乡建设部法规司综合处处长
徐明星　住房和城乡建设部住房改革与发展司
　　　　（研究室）综合处处长
司　傲　住房和城乡建设部住房保障司
　　　　综合处处长
袁　雷　住房和城乡建设部标准定额司
　　　　综合处处长
王永慧　住房和城乡建设部房地产市场监管司
　　　　综合处处长
张　磊　住房和城乡建设部建筑市场监管司
　　　　综合处处长
邱绪建　住房和城乡建设部城市建设司
　　　　综合处处长
屈丹峰　住房和城乡建设部村镇建设司
　　　　综合处处长
宋梅红　住房和城乡建设部工程质量安全监管司
　　　　综合处处长
南　楠　住房和城乡建设部建筑节能与科技司
　　　　综合处处长
刘晓庆　住房和城乡建设部住房公积金监管司
　　　　综合处处长
李　冬　住房和城乡建设部城市管理监督局
　　　　综合处处长
江云辉　住房和城乡建设部计划财务与外事司
　　　　综合处处长
彭　赟　住房和城乡建设部人事司综合与机构
　　　　编制处处长
胡秀梅　住房和城乡建设部直属机关党委
　　　　办公室主任
刘美芝　住房和城乡建设部政策研究中心
　　　　综合处处长
张海荣　全国市长研修学院（住房和城乡建设部
　　　　干部学院）院务办公室主任
乔　斐　住房和城乡建设部人力资源开发中心
　　　　办公室主任
付春玲　住房和城乡建设部执业资格注册中心
　　　　办公室主任
史现利　中国建筑出版传媒有限公司（中国城市
　　　　出版社有限公司）总经理办公室主任
刘忠昌　北京市住房和城乡建设发展研究中心
　　　　主任
堵锡忠　北京市城市管理委员会研究室主任
马兴永　北京市规划和自然资源委员会研究室
　　　　（宣传处）主任（处长）
吴富宁　北京市水务局研究室主任
郭　勇　北京市城市管理综合行政执法局
　　　　办公室主任
王　军　北京市园林绿化局研究室主任

王祥雨	天津市住房和城乡建设委员会办公室主任		副厅长
孙君普	天津市规划和自然资源局办公室主任	俞建英	贵州省住房和城乡建设厅法规处一级调研员
刘　韧	天津市城市管理委员会政策法规处处长	路尚文	云南省住房和城乡建设厅办公室主任
丛　英	天津市水务局办公室调研员	龚世军	西藏自治区住房和城乡建设厅办公室主任
徐存福	上海市住房和城乡建设管理委员会政策研究室主任	杜晓东	陕西省住房和城乡建设厅政策法规处处长
魏梓兴	上海市水务局（上海市海洋局）办公室主任	梁小鹏	甘肃省住房和城乡建设厅办公室主任
吴　鑫	重庆市住房和城乡建设委员会办公室主任	李志国	青海省住房和城乡建设厅办公室主任
董大法	重庆市规划和自然资源局综合处处长	李有军	宁夏回族自治区住房和城乡建设厅办公室主任
郭骁辉	河北省住房和城乡建设厅办公室主任	王　言	新疆维吾尔自治区住房和城乡建设厅城建档案馆馆长
毕晋锋	山西省住房和城乡建设厅办公室主任		
郭　辉	内蒙古自治区住房和城乡建设厅办公室主任	张美战	新疆生产建设兵团住房和城乡建设局办公室主任
姜殿彬	黑龙江省住房和城乡建设厅办公室主任	何运荣	大连市住房和城乡建设局机关党委办公室主任
刘绍伟	辽宁省住房和城乡建设厅办公室主任	宋　洋	青岛市住房和城乡建设局办公室主任
刘　金	吉林省住房和城乡建设厅行业发展处处长	许志平	宁波市住房和城乡建设局办公室主任
金　文	江苏省住房和城乡建设厅办公室主任	李小平	厦门市建设局办公室主任
吴文勇	浙江省住房和城乡建设厅办公室二级调研员	卢成建	深圳市住房和建设局办公室副主任
徐春雨	安徽省住房和城乡建设厅办公室主任	胡　平	深圳市规划和自然资源局办公室主任
张志红	福建省住房和城乡建设厅办公室主任	贺　丰	工业和信息化部信息通信发展司通信建设处处长
江建国	江西省住房和城乡建设厅办公室主任	逯元堂	生态环境部规划财务司投资处处长
潘岚君	山东省住房和城乡建设厅办公室主任	宾　帆	交通运输部公路局工程管理处副处长
董海立	河南省住房和城乡建设厅办公室主任	高鹏飞	交通运输部水运局办公室主任
张明豪	湖北省住房和城乡建设厅办公室主任	咸　波	水利部水利工程建设司重点建设处处长
张传领	湖南省住房和城乡建设厅办公室主任	黄兵海	农业农村部计划财务司建设项目处处长
杨震侃	广东省住房和城乡建设厅办公室主任	杨　雪	文化和旅游部财务司规划统计处处长
刘　威	广西壮族自治区住房和城乡建设厅办公室主任	彭爱兰	中国民用航空局机场司建设处处长
程叶华	海南省住房和城乡建设厅政策法规处处长	刘俊贤	中国国家铁路集团有限公司建设管理部综合处处长
吴　雄	海南省自然资源和规划厅办公室主任	张松峰	中国建筑学会综合部主任
云大健	海南水务厅城乡水务处副处长	贾建中	中国风景园林学会秘书长
刘　恒	四川省住房和城乡建设厅党组成员、	杨　捷	中国市长协会副秘书长
		汪祖进	中国勘察设计协会副秘书长

金　玲	中国建筑业协会建筑业高质量发展研究院编辑	孙　璐	中国建设监理协会行业发展部副主任
赵金山	中国安装协会副秘书长兼办公室主任	张京跃	中国建筑装饰协会副会长兼秘书长
赵志兵	中国建筑金属结构协会副秘书长、办公室主任	李　萍	中国建设工程造价管理协会行业发展部主任

《中国建设年鉴》编辑部

特邀审稿：马　红

编　　辑：杜　洁　胡明安　张文胜　武　洲

电　　话：010-58337201

地　　址：北京市海淀区三里河路9号院中国建筑出版传媒有限公司

《中国建设年鉴2021》主要撰稿人名单（以姓氏笔画为序）

于君涵　王　伟　王　玮　王　放　王　骁　王　淼　王玉珠　王佳佳
王相鹏　王翔雨　亢　博　尹飞龙　卢文辉　田　军　田　歌　史振伟
付彦荣　丛　英　邢　政　朱　乐　吕志翠　曲怡然　朱海波　朱智勇
向贵和　刘　延　刘　癸　刘　巍　刘叶冲　刘尚超　刘俊贤　刘朝革
刘瑞平　刘瑞清　刘静雯　齐庆栓　闫　军　关常来　米玉婷　江爱·海达尔
许伟义　许明磊　许想想　许澜馨　孙　正　孙　璐　孙桂珍　纪丰岩
严德华　杜凌波　李　琳　李　童　李　蕊　李志业　李芳馨　李根芽
李雪菊　杨　帆　杨铭洋　肖忠钰　吴汉卫　何声卫　何丽雯　何俊彦
冷　亮　汪成钢　宋雪文　宋维修　张　伟　张　爽　张　敏　张艺扬
张亚衡　张利洁　张宏震　张俊勇　张勇智　张振洲　张爱华　张海荣
张盛莉　张野田　张聪凌　陆怀安　陈　锋　陈天平　陈文芳　林蓓蓓
范宏柱　季　帆　岳　乐　金　鹏　周　琦　周志红　周静煊　屈允永
屈超然　封　尧　赵　霆　赵金山　胡　亮　胡秀梅　胡建坤　侯丽娟
饶雅婷　施德善　姜　洋　费忠军　姚春玲　袁　媛　格根哈斯　贾立宏
夏　萍　顾永宁　钱　璟　倪广丽　高　俊　高　健　宾　帆　堵锡忠
褚苗苗　潘　群　潘志成

目 录

特 载

习近平在中央农村工作会议上强调坚持把解决好"三农"问题作为全党工作重中之重促进农业高质高效乡村宜居宜业农民富裕富足 …… 2

习近平：生态文明建设在推动长三角一体化发展中占有重要地位 …… 4

今年老旧小区改多少、改什么、钱从哪来？李克强开会定了这些 …… 4

李克强主持召开国务院常务会议部署加强新型城镇化建设 补短板扩内需提升群众生活品质确定支持多渠道灵活就业的措施 促进增加居民就业和收入 …… 5

韩正主持召开房地产工作座谈会强调坚持"三稳"目标 落实长效机制确保房地产市场平稳健康发展 …… 6

韩正在住房城乡建设部召开座谈会强调坚定不移落实房地产长效机制有效扩大保障性租赁住房供给 …… 6

奋力开创住房和城乡建设事业高质量发展新局面 为全面建设社会主义现代化国家作出新贡献 全国住房和城乡建设工作会议召开 …… 7

专题报道

王蒙徽：实施城市更新行动 …… 12

住房和城乡建设部：加强统筹谋划确保冬季供热采暖稳定运行 …… 14

农村人居环境整治三年行动任务基本完成 …… 15

2020 年老旧小区改造任务超额完成 …… 15

建设综述

法规建设 …… 18
- 立法工作 …… 18
- 行政复议和行政诉讼工作 …… 18
- 行政执法监督工作 …… 18
- 普法工作 …… 18
- 其他工作 …… 19

住房保障 …… 19
- 概况 …… 19
- "十三五"期间住房保障取得巨大成就 …… 19
- 完善住房保障体系 …… 19
- 重点工作、新举措 …… 19
- 加快发展保障性租赁住房 …… 19
- 做好公租房保障 …… 20
- 因地制宜发展共有产权住房 …… 20
- 稳步推进棚户区改造 …… 20

标准定额、建筑节能与科技 …… 20
- 概况 …… 20

住房和城乡建设标准规范管理 …… 20
- 持续推进强制性工程规范制定工作 …… 20
- 组织开展住房和城乡建设领域全文强制性工程建设规范审查报批工作 …… 21
- 做好重点标准制修订工作 …… 21
- 组织开展住房和城乡建设领域标准制修订 …… 21
- 加强标准规范编制管理 …… 21
- 推进工程标准国际化工作 …… 21
- 加强工程建设标准实施指导监督 …… 21

住房和城乡建设工程造价管理 …… 21
- 推进工程造价行政审批制度改革 …… 21

- 推进工程造价市场化改革 …… 22
- 提高建设工程价款结算比例 …… 22
- 完善工程造价法规和计价体系 …… 22
- 工程造价行业概况 …… 22

科技创新工作

- 开展相关规划编制 …… 22
- 推进科技计划项目实施 …… 22
- 研究建立部科技成果库 …… 23
- 积极应对疫情助力经济发展 …… 23

建筑节能和绿色建筑 …… 23

- 建筑节能 …… 23
- 绿色建筑 …… 23
- 可再生能源建筑应用 …… 24

国际科技与标准合作 …… 24

- 开展相关国际合作项目 …… 24
- 推进国际交流活动 …… 24
- 研提国际科技创新合作重大需求 …… 24

装配式建筑与绿色建材 …… 24

- 加快发展新型建筑工业化 …… 24
- 推广应用绿色建材 …… 24

房地产市场监管 …… 25

房地产市场政策、协调与指导 …… 25

- 房地产市场调控政策 …… 25

房地产市场监测 …… 25

- 商品房销售量保持高位 …… 25
- 住宅销售价格涨幅回落 …… 25
- 房地产开发投资保持正增长 …… 25

房地产开发与国有土地上房屋征收 …… 25

- 推动房地产企业复工复产 …… 25
- 推进房地产领域矛盾纠纷排查化解 …… 25
- 指导各地完善征收配套政策 …… 25
- 强化建设单位首要责任 …… 25

住房租赁市场发展 …… 26

- 推进住房租赁立法工作 …… 26
- 开展中央财政支持住房租赁市场发展试点 …… 26
- 完善住房租赁配套政策 …… 26
- 整顿规范住房租赁市场秩序 …… 26
- 减免小微企业和个体工商户房屋租金 …… 26

物业服务与市场监督 …… 26

- 参与社区疫情防控 …… 26
- 加强物业管理工作 …… 26
- 推动物业服务企业发展居家社区养老服务 …… 26
- 推动物业服务企业发展线上线下生活服务 …… 26
- 配合开展第七次人口普查 …… 26

年度房地产信息分析 …… 26

- 推动全国房屋交易网签备案及联网工作 …… 26

建筑市场监管 …… 27

概述 …… 27

深化建筑业重点领域改革，提高发展质量和效益 …… 27

- 推动智能建造与建筑工业化协同发展 …… 27
- 大力发展钢结构建筑 …… 27
- 加快培育建筑产业工人队伍 …… 27
- 继续深化工程招标投标等制度改革 …… 27
- 深化工程组织实施方式改革 …… 27

完善建筑业管理体制机制，优化建筑市场环境 …… 27

- 稳步推进建筑业"放管服"改革 …… 27
- 加大建筑领域对外开放力度 …… 28
- 加强建筑市场信用体系建设 …… 28
- 推进企业资质告知承诺制审批 …… 28
- 完善个人执业资格管理制度 …… 28
- 严厉打击建筑市场违法违规行为 …… 28
- 开展工程建设行业专项整治 …… 28
- 进一步优化施工许可审批工作 …… 28

认真贯彻落实党中央"六稳""六保"工作部署 …… 28

- 统筹推进建筑业疫情防控 …… 28
- 推动建筑业企业复工复产 …… 28
- 扎实做好建筑产业扶贫工作 …… 29

推进完善法规制度和行业发展政策 …… 29

- 推进建筑法修订 …… 29
- 加快推动建筑业高质量发展 …… 29
- 加强建筑业发展基础研究 …… 29

城市建设 …… 29

城镇老旧小区改造 …… 29

- 加强顶层制度设计 …… 29
- 抓好年度计划制定实施 …… 29

绿色社区创建行动 …… 30

- 部署开展绿色社区创建行动 …… 30

无障碍环境建设 …… 30

- 加强无障碍环境建设 …… 30

推进海绵城市建设 …… 30

- 持续开展海绵城市建设 …… 30
- 加快推进城市黑臭水体治理 …… 30
- 推进城市内涝治理 …… 30

城镇供水与污水处理 …… 30

- 加快推进城市污水处理提质增效 …… 30
- 强化城镇供水安全保障 …… 30
- 加强城镇节水工作 …… 30

地下综合管廊建设 …… 30
- 持续推进地下综合管廊建设 …… 30

市政交通建设 …… 31
- 城镇燃气 …… 31
- 城镇供热 …… 31
- 城市地下市政基础设施 …… 31
- 城市道路交通 …… 31

城市环境卫生工作 …… 31
- 推进生活垃圾分类 …… 31
- 加快生活垃圾处理设施建设 …… 32
- 提高道路机械化清扫比例 …… 32
- 做好城市公厕建设管理 …… 32
- 加强建筑垃圾治理 …… 32

园林绿化建设 …… 32
- 公布国家园林城市系列名单 …… 32
- 加强国家园林城市复查管理 …… 32
- 推动中国国际园林博览会转型发展 …… 32
- 确定第十三届和第十四届园博会承办城市 …… 32
- 加强园林绿化工程建设市场管理 …… 32
- 城市园林绿地建设成效明显 …… 32

村镇建设 …… 33

全面完成脱贫攻坚任务 …… 33
- 全面完成住房安全有保障的脱贫攻坚任务 …… 33
- 支持定点扶贫县和大别山片区脱贫摘帽 …… 33
- 圆满完成脱贫攻坚专项巡视"回头看"整改任务 …… 33

开展乡村建设评价试点 …… 33
- 建立指标体系 …… 33
- 稳步开展评价试点 …… 33
- 推动解决问题 …… 33

加强农房建设管理 …… 34
- 统筹推进农村房屋安全隐患排查整治工作 …… 34
- 加强农房建设管理 …… 34
- 提升农房设计和建造水平 …… 34

农村人居环境持续改善 …… 34
- 加强农村生活垃圾收运处置体系建设 …… 34
- 推进非正规垃圾堆放点整治 …… 34
- 开展农村生活垃圾污水治理示范 …… 34

美好环境与幸福生活共同缔造活动持续深入推进 …… 34
- 推动试点工作 …… 34
- 推进部省合作 …… 34
- 持续加大培训力度 …… 34

大力推动传统村落保护利用 …… 34
- 实施中国传统村落挂牌保护 …… 34
- 开展集中连片保护示范 …… 34
- 开展宣传推广 …… 34

县域新型城镇化和小城镇建设积极推进 …… 35
- 加强县域城镇化研究 …… 35
- 推进小城镇人居环境整治工作 …… 35
- 推动重点镇污水收集处理能力建设 …… 35

工程质量安全监管 …… 35

概况 …… 35

统筹推动复工复产和疫情防控 …… 35
- 开展安全风险隐患专项排查整治 …… 35
- 统筹质量安全工作和疫情防控 …… 35

工程质量监管 …… 35
- 突出建设单位工程质量首要责任 …… 35
- 强化政府工程质量监管 …… 35
- 创新工程质量发展机制 …… 35
- 夯实工程质量管理基础 …… 36

建筑施工安全监管 …… 36
- 组织开展建筑施工安全督导检查 …… 36
- 严格建筑施工安全事故查处 …… 36
- 研究完善建筑施工安全法规制度和管理机制 …… 36

城市轨道交通工程质量安全监管 …… 36
- 完善风险防控政策措施 …… 36

勘察设计质量监管与行业技术进步 …… 36
- 加强勘察设计质量监管 …… 36
- 推进施工图审查改革 …… 36
- 积极推进绿色建造 …… 36

城乡建设抗震防灾 …… 36
- 建立健全法规制度体系 …… 36
- 推动实施自然灾害防治重点工程 …… 37
- 不断提高地震应急响应能力 …… 37

协调做好住房和城乡建设部安委办协调工作 …… 37
- 全面部署开展安全生产工作 …… 37
- 及时开展安全生产预警提醒 …… 37

城市人居环境建设 …… 37

概况 …… 37

城市体检评估 …… 37
- 全面开展城市体检工作 …… 37

- 开展城市建设防疫情补短板扩内需专题调研 …… 37
- 探索建立"发现问题—整改问题—巩固提升"的联动工作机制 …… 38
- 加强城市体检评估信息平台建设 …… 38

城乡历史文化保护传承 …… 38
- 推进历史文化名城申报工作 …… 38
- 开展历史文化名城保护工作调研评估和监督检查 …… 38
- 推进历史文化街区划定和历史建筑确定工作 …… 38
- 开展历史文化保护传承培训工作 …… 38

城市更新和完整居住社区建设 …… 38
- 推动城市更新工作 …… 38
- 推动完整居住社区建设工作 …… 38
- 推进城市社区足球场地设施建设 …… 38

城市信息模型（CIM）基础平台建设 …… 38
- 推进城市信息模型（CIM）基础平台建设 …… 38

城市和建筑风貌管理 …… 39
- 加强城市与建筑风貌管理 …… 39

建设工程消防设计审查验收 …… 39
- 制订部门规章 …… 39
- 完善配套文件 …… 39
- 做好实施监督 …… 39
- 加强行业指导 …… 39

其他工作 …… 39
- 指导中新天津生态城建设 …… 39
- 推进部省共建高原美丽城镇示范省建设工作 …… 39
- 与上海市共建超大城市精细化建设和治理中国典范 …… 39

住房公积金监管 …… 40

概况 …… 40

全国住房公积金政策制定 …… 40
- 出台应对新冠肺炎疫情住房公积金阶段性支持政策 …… 40
- 探索推动住房公积金制度改革完善 …… 40

住房公积金工作督察管理 …… 40
- 公布住房公积金年度报告 …… 40
- 加强监管促进规范管理 …… 40

住房公积金信息化 …… 41
- 全国住房公积金监管服务平台建设 …… 41
- 数据治理与大数据应用 …… 41
- 信息系统建设与日常维护 …… 41

住房公积金服务工作 …… 41
- 以"跨省通办"等为抓手不断提高服务效能 …… 41

全国住房公积金年度主要统计数据及分析 …… 41
- 缴存 …… 41
- 提取 …… 42
- 贷款 …… 43
- 国债 …… 44
- 业务收支及增值收益情况 …… 44
- 资产风险情况 …… 45
- 社会经济效益 …… 45

城市管理监督 …… 45
- 概况 …… 45
- 城市运行管理服务平台建设 …… 45
- 城市治理风险防控 …… 46
- 城市管理体制改革 …… 46
- 市容环境面貌整治提升 …… 46
- 城市管理执法队伍建设 …… 46

人事教育 …… 46

教育评估 …… 46
- 2019—2020年度高等学校建筑学专业教育评估 …… 46
- 2019—2020年度高等学校城乡规划专业教育评估 …… 47
- 2019—2020年度高等学校土木工程专业教育评估 …… 47
- 2019—2020年度高等学校建筑环境与能源应用工程专业教育评估 …… 47
- 2019—2020年度高等学校给水排水科学与工程专业教育评估 …… 47
- 2019—2020年度高等学校工程管理专业教育评估 …… 47
- 2019—2020年度高等学校工程造价专业教育评估 …… 47

干部教育培训工作 …… 47
- 举办省部级干部城市更新与品质提升专题研讨班 …… 47
- 持续推进"致力于绿色发展的城乡建设"专题培训 …… 47
- 开展机关和直属单位新任处长任职培训 …… 47
- 推进优质课程教材建设 …… 47
- 开展"致力于绿色发展的城乡建设"线上培训 …… 47
- 线上线下结合举办扶贫工作培训 …… 47

- 严格执行年度调训计划 …… 47
- 制定培训管理制度文件 …… 47
- 开展专业技术人员培训 …… 47

职业资格工作 …… 48
- 住房和城乡建设领域职业资格考试注册情况 …… 48
- 全国勘察设计工程师管委会换届 …… 48
- 印发监理工程师制度文件 …… 48

人才工作 …… 48
- 加强行业职业技能培训 …… 48
- 继续组织编修行业从业人员职业标准 …… 48
- 做好行业从业人员职业技能培训鉴定工作试点总结 …… 48
- 加强行业职业技能竞赛组织管理及高技能人才培养 …… 48
- 继续推进施工现场专业人员职业培训 …… 48
- 做好行业职业教育相关工作 …… 48
- 国务院特殊津贴人员选拔推荐 …… 49
- 深化职称制度改革 …… 49
- 做好其他人才工作 …… 49

城乡建设档案 …… 49
- 城建档案法制建设 …… 49
- 建设工程竣工档案归集管理 …… 50
- 城建档案信息化建设 …… 50
- 声像档案管理 …… 52
- 城市地下管线工程档案管理 …… 52
- 联合验收 …… 53
- 城建档案馆舍、机构、人员培训情况 …… 54

工程建设项目审批制度改革 …… 56
- 优化审批流程 …… 56
- 建立审批管理系统网络 …… 56
- 统一审批管理体系和监管方式 …… 57
- 建立评估机制 …… 57

2020 住房城乡建设大事记 …… 57

信息通信业建设 …… 69
- 全力支撑疫情防控，助力复工复产复学 …… 69
- 加快5G建设步伐，优化5G政策环境 …… 69
- 统筹推进通信基础设施建设，强化网络覆盖 …… 70
- 推进电信普遍服务和网络扶贫，农村及偏远地区网络覆盖水平显著提升 …… 70
- 强化建设市场监管，持续优化营商环境 …… 70

生态环境保护 …… 70
- 概况 …… 70
- 生态环境保护工程建设投资、资金利用 …… 70
- 重点工程建设 …… 70
- 生态环境保护工作相关法规、政策 …… 71

公路建设 …… 72
公路建设基本情况 …… 72
公路重点工程建设总体情况 …… 72
推动公路建设转型升级 …… 72
典型重大工程项目 …… 72
- 江苏南京长江第五大桥 …… 72
- 浙江文成至泰顺高速公路 …… 73
- 福建沙埕湾跨海公路通道 …… 73
- 广西荔浦至玉林高速公路 …… 74
- 四川汶川至马尔康高速公路 …… 74
- 云南保山至泸水高速公路 …… 74

水路工程建设 …… 75
概况 …… 75
水路工程建设情况 …… 75
- 港口建设 …… 75
- 内河航道建设 …… 75
水运工程建设相关法规政策 …… 76

水利建设 …… 76
- 水利设施投资、资金利用情况 …… 76
- 重点水利工程建设 …… 76
- 农村水利建设全面提速 …… 76
- 水生态治理修复初见成效 …… 77
- 生产建设项目水土保持监管 …… 77
- 水利建设相关制度、标准和规范 …… 77

农业农村建设 …… 77
- 高标准农田建设 …… 77
- 畜禽粪污资源化利用 …… 77
- 长江经济带农业面源污染治理 …… 78
- 现代种业提升工程 …… 78
- 动植物保护能力提升工程 …… 78
- 农村人居环境整治 …… 78
- 科技创新条件能力建设 …… 78
- 数字农业建设试点 …… 78
- 天然橡胶生产基地 …… 78
- 农垦社会公益性设施 …… 78
- 农垦危房改造 …… 78
- 部门自身建设 …… 78

文化和旅游设施建设 …… 78
- 公共文化设施网络更加健全 …… 79
- 国家重大文化设施建设稳步推进 …… 79

民航建设 …… 79
概况 …… 79
- 机场建设 …… 79

民航工程建设投资、资金利用 ………… 79
 • 工程建设投资 ………… 79
重点工程建设 ………… 79
 • 成都天府国际机场工程 ………… 79
 • 鄂州花湖机场工程 ………… 80
 • 首都机场西跑道大修工程 ………… 80
 • 新疆于田民用机场工程 ………… 80
民航建设相关法规、政策 ………… 81
 • 规章修订 ………… 81
 • 政策文件发布 ………… 81
 • 技术标准颁布下发 ………… 81

铁道建设 ………… 81
概况 ………… 81
 • 服务保障国家战略作用更加突出 ………… 81
 • 年度建设任务目标圆满完成 ………… 82
 • 建设队伍素质能力明显提升 ………… 82
建设管理 ………… 82
 • 重要管理办法 ………… 82
 • 信用评价 ………… 86

建设标准 ………… 86
 • 川藏铁路标准编制 ………… 86
 • 绿色铁路标准编制 ………… 86
 • 铁路测绘标准编制 ………… 86
 • 机制砂标准编制 ………… 86
 • 风险管理标准编制 ………… 86
 • 完善标准体系 ………… 86
 • 标准翻译 ………… 87
 • 造价标准 ………… 87
招标投标 ………… 87
项目验收 ………… 87
 • 验收组织 ………… 87
 • 初步验收工作 ………… 87
 • 国家验收 ………… 88
质量安全 ………… 88
 • 红线管理专项督查 ………… 88
 • 质量专项整治 ………… 88
 • 监督管理 ………… 88
 • 精品创建 ………… 88

各 地 建 设

北京市 ………… 90
住房和城乡建设 ………… 90
 • 概况 ………… 90
 • 法规建设 ………… 90
 • 房地产业 ………… 92
 • 住房保障 ………… 92
 • 公积金管理 ………… 93
 • 城市建设 ………… 94
 • 村镇规划建设 ………… 95
 • 标准定额 ………… 95
 • 工程质量安全监督 ………… 96
 • 建筑市场 ………… 97
 • 建筑节能与科技 ………… 97
 • 人事教育 ………… 98
 • 其他重要工作 ………… 99
 • 大事记 ………… 99
城市规划 ………… 100
 • 城市规划建设 ………… 100
 • 村镇规划建设 ………… 101
 • 标准定额 ………… 102
 • 其他重要工作 ………… 102
 • 大事记 ………… 102

城市管理 ………… 104
 • 概况 ………… 104
 • 城乡环境建设 ………… 105
 • 市政公用事业 ………… 106
 • 大事记 ………… 107
园林绿化 ………… 108
 • 概况 ………… 108
 • 园林绿化建设与管理 ………… 109
城管综合执法 ………… 111
 • 概况 ………… 111
 • 城管综合执法 ………… 111
 • 重点专项执法 ………… 112
 • 大事记 ………… 114
水务建设与管理 ………… 115
 • 概况 ………… 115
 • 水务建设与管理 ………… 115
 • 大事记 ………… 118

天津市 ………… 119
住房和城乡建设 ………… 119
 • 建筑业 ………… 119
 • 房地产业 ………… 121
 • 城乡建设 ………… 123

- 城乡规划 …… 126
  - 国土空间规划 …… 126
  - 规划管理 …… 126
  - 大事记 …… 127
- 城市管理 …… 129
  - 概况 …… 129
  - 行业发展规划 …… 130
  - 市容市貌管理 …… 130
  - 环境卫生治理 …… 131
  - 园林绿化建设与管理 …… 132
  - 城管执法与法治 …… 132
  - 城管科技与考核 …… 133
  - 公共事业管理 …… 133
  - 大事记 …… 134
- 水务 …… 134
  - 概况 …… 134
  - 水资源 …… 135
  - 水务建设与管理 …… 135
  - 大事记 …… 137

河北省 …… 138
- 概况 …… 138
- 法规建设 …… 138
- 房地产业 …… 139
- 住房保障 …… 139
- 公积金管理 …… 140
- 城市管理 …… 140
- 城市建设 …… 141
- 村镇规划建设 …… 141
- 标准定额 …… 142
- 工程质量安全监督 …… 142
- 建筑市场 …… 143
- 建筑节能与科技 …… 144
- 人事教育 …… 144
- 大事记 …… 145

山西省 …… 147
- 概况 …… 147
- 法规建设 …… 147
- 房地产业 …… 147
- 住房保障 …… 148
- 公积金管理 …… 148
- 城市建设 …… 149
- 村镇建设 …… 150
- 标准定额 …… 151
- 工程质量安全监管 …… 151
- 建筑市场 …… 152
- 建筑节能与科技 …… 152
- 审批管理 …… 153
- 党建工作 …… 153
- 疫情防控 …… 153
- 大事记 …… 154

内蒙古自治区 …… 154
- 法规建设 …… 154
- 房地产业 …… 154
- 住房保障 …… 155
- 公积金管理 …… 155
- 城市建设 …… 155
- 城市精细化管理 …… 155
- 村镇建设 …… 155
- 标准定额 …… 156
- 工程质量安全监督 …… 156
- 建筑市场 …… 156
- 建筑节能与科技 …… 156
- 人事教育 …… 156
- 大事记 …… 157

辽宁省 …… 158
- 房地产业 …… 158
- 住房保障 …… 160
- 建筑业 …… 160
- 城市建设 …… 162
- 城市管理 …… 164
- 村镇建设 …… 165
- 大事记 …… 166

吉林省 …… 167
- 概况 …… 167
- 法规建设 …… 168
- 房地产业 …… 169
- 住房保障 …… 170
- 住房公积金管理 …… 170
- 城市建设 …… 170
- 城镇老旧小区改造 …… 172
- 村镇建设 …… 173
- 农村生活垃圾处理 …… 173
- 标准定额 …… 174
- 建筑工程质量监督与安全生产 …… 174
- 建筑市场 …… 175
- 建筑节能与科技 …… 176
- 勘察设计 …… 176
- 建筑业消防审验与监管 …… 177

黑龙江省 …… 178
- 概况 …… 178

- 法规建设 …… 178
- 房地产业 …… 178
- 住房保障 …… 178
- 公积金管理 …… 178
- 城市建设 …… 178
- 村镇规划建设 …… 179
- 标准定额 …… 179
- 工程质量安全监督 …… 179
- 建筑市场 …… 179
- 建筑节能与科技 …… 180
- 城市风貌管理 …… 180
- 人事教育 …… 180

上海市 …… 180
住房和城乡建设
- 概述 …… 180
- 城乡建设与管理 …… 181

水务建设与管理 …… 182
- 概况 …… 182
- 防汛防台 …… 183
- 河长制湖长制 …… 184
- 城市供水 …… 185
- 城市排水 …… 186
- 水利建设 …… 186
- 水政管理 …… 186
- 大事记 …… 187

江苏省 …… 189
- 概况 …… 189
- 法规建设 …… 190
- 房地产业 …… 191
- 住房保障 …… 192
- 公积金管理 …… 192
- 人居环境建设 …… 193
- 城市建设 …… 194
- 村镇建设 …… 196
- 工程质量安全监管 …… 198
- 建筑业 …… 198
- 建筑节能与科技 …… 200
- 人事教育 …… 201
- 城建档案 …… 201

浙江省 …… 202
- 概况 …… 202
- 法规建设 …… 203
- 房地产业 …… 203
- 住房保障 …… 204
- 住房公积金管理 …… 204

- 城市建设 …… 204
- 村镇建设 …… 206
- 工程质量安全监管 …… 207
- 建筑业 …… 207
- 新型城镇化 …… 208
- 大事记 …… 208

安徽省 …… 209
- 概况 …… 209
- 法规建设 …… 210
- 房地产业 …… 211
- 住房保障 …… 211
- 住房公积金管理 …… 212
- 城乡历史文化保护传承、城市体检评估、建设工程消防设计审查验收 …… 213
- 城市建设 …… 213
- 村镇建设 …… 214
- 标准定额 …… 215
- 工程质量安全监管 …… 215
- 建筑市场监管 …… 216
- 建筑节能与科技 …… 217
- 城市管理监督 …… 217
- 人事教育 …… 218
- 大事记 …… 219

福建省 …… 222
- 概况 …… 222
- 法规建设 …… 223
- 房地产业和住房保障 …… 223
- 住房公积金监管 …… 224
- 城市建设 …… 225
- 城市管理 …… 225
- 村镇建设 …… 226
- 建筑业 …… 227
- 人事教育 …… 228
- 大事记 …… 228

江西省 …… 229
- 概况 …… 229
- 法规建设 …… 231
- 房地产业 …… 232
- 住房保障 …… 233
- 公积金管理 …… 234
- 建设工程消防监管和城市风貌建设 …… 234
- 城市建设与管理 …… 235
- 村镇规划管理 …… 236
- 标准定额 …… 237
- 工程质量安全监督 …… 238

- 建筑市场 ... 239
- 建筑节能与科技 ... 240
- 人事教育 ... 241
- 大事记 ... 241

山东省 ... 243
- 概况 ... 243
- 法规建设 ... 245
- 房地产业 ... 246
- 物业管理 ... 246
- 住房保障 ... 247
- 公积金管理 ... 247
- 历史文化名城保护 ... 248
- 城市建设 ... 249
- 城市管理 ... 250
- 村镇建设 ... 251
- 标准定额 ... 252
- 工程质量安全监管 ... 253
- 建筑市场 ... 254
- 建筑节能与科技 ... 254

河南省 ... 255
- 概况 ... 255
- 城市建设与管理 ... 258
- 村镇规划与建设 ... 262
- 住房保障和房地产业 ... 262
- 工程建设与建筑业 ... 266
- 大事记 ... 273

湖北省 ... 275
- 概况 ... 275
- 法规建设 ... 275
- 房地产业 ... 276
- 住房保障 ... 277
- 公积金管理 ... 278
- 城市建设 ... 279
- 村镇建设 ... 280
- 城市管理 ... 281
- 标准定额 ... 282
- 工程质量安全 ... 283
- 建筑市场 ... 284
- 建筑节能与科技 ... 285
- 人事教育 ... 285
- 大事记 ... 286

湖南省 ... 288
- 概况 ... 288
- 住房保障 ... 289
- 房地产业监管 ... 290

- 建筑业管理 ... 291
- 城市建设管理 ... 293
- 村镇建设管理 ... 294
- 勘察设计 ... 295
- 建筑节能与科技及标准化 ... 296
- 住房公积金监管 ... 297
- 城市管理和执法监督 ... 298
- 建设监督 ... 298

广东省 ... 299
- 概况 ... 299
- 新冠肺炎疫情防控 ... 300
- 法规建设 ... 300
- 住房保障 ... 300
- 房地产业 ... 301
- 住房公积金管理 ... 301
- 城市与建筑风貌管理 ... 301
- 城市体检评估 ... 302
- 建设工程消防设计审查验收 ... 302
- 城市建设 ... 302
- 村镇建设 ... 304
- 工程质量安全监督 ... 304
- 建筑市场 ... 304
- 人事教育 ... 305
- 大事记 ... 305

广西壮族自治区 ... 307
- 概况 ... 307
- 法规建设 ... 308
- 房地产业 ... 309
- 住房保障 ... 310
- 公积金管理 ... 310
- 建设工程消防监管 ... 311
- 城市建设 ... 312
- 村镇规划建设 ... 313
- 标准定额 ... 315
- 工程质量安全监督 ... 315
- 建筑市场 ... 316
- 建筑节能与科技 ... 317
- 人事教育 ... 317
- 大事记 ... 318

海南省 ... 321
住房和城乡建设 ... 321
- 概况 ... 321
- 法规建设 ... 321
- 房地产业 ... 321
- 住房保障 ... 323

- 公积金管理 ······ 323
- 建设工程消防设计审查验收 ······ 323
- 城市建设 ······ 323
- 村镇建设 ······ 324
- 标准定额 ······ 325
- 工程质量安全监督 ······ 325
- 建筑市场 ······ 325
- 建筑节能与科技 ······ 326
- 城乡环境卫生管理 ······ 327
- 人事教育 ······ 327
- 大事记 ······ 327

城乡规划 ······ 329
- 村庄规划 ······ 329
- 城乡历史文化保护传承 ······ 329
- 城市与建筑风貌管理 ······ 329
- 城市体检评估 ······ 329

水务建设与管理 ······ 329
- 城市供水保障 ······ 329
- 黑臭水体治理 ······ 330
- 城市内涝防治 ······ 330
- 城镇污水治理 ······ 330

重庆市 ······ 330

住房和城乡建设 ······ 330
- 概况 ······ 330
- 法规建设 ······ 331
- 房地产业 ······ 331
- 住房保障 ······ 332
- 住房公积金管理 ······ 333
- 城市设计 ······ 333
- 城市建设 ······ 334
- 村镇建设 ······ 335
- 工程质量安全监督 ······ 335
- 建筑市场 ······ 335
- 建筑节能与科技 ······ 337
- 大事记 ······ 337

城乡规划 ······ 337
- 城乡历史文化保护传承 ······ 337
- 城市与建筑风貌管理 ······ 338
- 村镇规划建设 ······ 338

四川省 ······ 339
- 概况 ······ 339
- 法规建设 ······ 341
- 房地产市场监管 ······ 341
- 住房保障 ······ 342
- 住房公积金监管 ······ 343
- 城乡历史文化保护利用与传承 ······ 343
- 城镇老旧小区改造 ······ 344
- 城市与建筑风貌管理 ······ 344
- 城市体检评估与城市更新 ······ 344
- 建设工程消防设计审查验收 ······ 344
- 市政建设与管理 ······ 344
- 村镇建设 ······ 345
- 标准定额 ······ 346
- 工程质量安全监管 ······ 347
- 建筑市场监管 ······ 347
- 市场监管 ······ 348
- 装配式建筑 ······ 349
- 人才培养 ······ 349
- 勘察设计与建筑节能 ······ 349
- 人事教育 ······ 350
- 新型城镇化 ······ 351
- 大事记 ······ 353

贵州省 ······ 354
- 概况 ······ 354
- 法规建设 ······ 355
- 房地产业 ······ 355
- 住房保障 ······ 356
- 公积金管理 ······ 356
- 城市建设管理 ······ 357
- 小城镇建设 ······ 357
- 农村人居环境和传统村落保护 ······ 358
- 标准定额 ······ 358
- 工程质量安全监管 ······ 358
- 建筑市场 ······ 359
- 建筑节能与科技 ······ 359
- 人事教育 ······ 360
- 大事记 ······ 360

云南省 ······ 363
- 概况 ······ 363
- 法规建设 ······ 363
- 房地产业 ······ 363
- 住房保障 ······ 364
- 公积金管理 ······ 364
- 城市建设 ······ 365
- 村镇规划建设 ······ 366
- 标准定额 ······ 367
- 工程质量安全监督 ······ 367
- 建筑市场 ······ 367
- 建筑节能与科技 ······ 368
- 防震减灾与恢复重建 ······ 368

- 人事教育 ……………………………… 369
- 大事记 ………………………………… 369

西藏自治区 ……………………………… 371
- 概况 …………………………………… 371
- 城乡基础设施建设与发展 …………… 371
- 住房保障与房地产 …………………… 371
- 民生工程建设 ………………………… 372
- 城乡环境基础设施和生态文明建设 … 372
- 边境小康村建设 ……………………… 372
- 行业治理 ……………………………… 373
- 强化党的建设 ………………………… 373

陕西省 …………………………………… 374
- 概况 …………………………………… 374
- 法规建设 ……………………………… 374
- 城市建设与管理 ……………………… 375
- 村镇规划建设 ………………………… 377
- 建筑业 ………………………………… 377
- 工程质量安全监督 …………………… 378
- 建筑节能与科技年鉴 ………………… 379
- 勘察设计和标准定额 ………………… 380
- 房地产市场监管 ……………………… 381
- 保障性住房 …………………………… 382
- 住房公积金监管 ……………………… 382
- 人事教育 ……………………………… 383
- 大事记 ………………………………… 384

甘肃省 …………………………………… 388
- 概况 …………………………………… 388
- 法治政府建设 ………………………… 388
- 房地产业 ……………………………… 388
- 住房保障 ……………………………… 389
- 公积金监管 …………………………… 389
- 建设工程消防设计审查验收 ………… 390
- 城市建设 ……………………………… 390
- 村镇建设 ……………………………… 392
- 标准定额 ……………………………… 392
- 工程质量安全监管 …………………… 393
- 建筑市场 ……………………………… 394
- 建筑节能与科技 ……………………… 395
- 城市管理执法监督 …………………… 395
- 勘察设计 ……………………………… 396
- 人事教育 ……………………………… 396
- 大事记 ………………………………… 397

青海省 …………………………………… 397
- 概况 …………………………………… 397
- 住房和城乡建设 ……………………… 398
- 大事记 ………………………………… 400

宁夏回族自治区 ………………………… 403
- 概况 …………………………………… 403
- 新型城镇化建设和城市管理 ………… 404
- 美丽乡村建设 ………………………… 405
- 法规建设 ……………………………… 406
- 房地产业与市场 ……………………… 407
- 住房保障 ……………………………… 407
- 住房公积金管理 ……………………… 408
- 建筑业与质量安全 …………………… 408
- 建筑节能与科技 ……………………… 409
- 勘察设计与消防 ……………………… 410
- 综合执法监督 ………………………… 410
- 人事教育 ……………………………… 411

新疆维吾尔自治区 ……………………… 411
- 概况 …………………………………… 411
- 法规建设 ……………………………… 413
- 房地产业 ……………………………… 413
- 住房保障 ……………………………… 414
- 住房公积金监管 ……………………… 415
- 城市建设 ……………………………… 416
- 村镇建设 ……………………………… 417
- 标准定额 ……………………………… 418
- 工程质量安全监督 …………………… 419
- 抗震和应急保障 ……………………… 420
- 建设工程消防监管 …………………… 420
- 建筑市场 ……………………………… 421
- 建筑节能与科技 ……………………… 422
- 城市管理监督 ………………………… 423
- 人事教育 ……………………………… 424
- 信息化建设 …………………………… 426
- 大事记 ………………………………… 426

新疆生产建设兵团 ……………………… 428
- 城镇建设和管理 ……………………… 428
- 连队（农村）建设 …………………… 429
- 建筑业 ………………………………… 429
- 房地产业 ……………………………… 430
- 住房保障 ……………………………… 431

大连市 …………………………………… 431
- 概况 …………………………………… 431
- 法规建设 ……………………………… 431
- 房地产业 ……………………………… 432
- 住房保障 ……………………………… 432

- 城市体检评估、建设工程消防设计审查
  验收 …………………………………………… 433
- 城市建设 ……………………………………… 433
- 村镇规划建设 ………………………………… 434
- 标准定额 ……………………………………… 434
- 工程质量安全监督 …………………………… 434
- 建筑市场 ……………………………………… 435
- 建筑节能与科技 ……………………………… 436
- 人事教育 ……………………………………… 436
- 大事记 ………………………………………… 436

青岛市 ………………………………………… 437
- 概况 …………………………………………… 437
- 房地产业 ……………………………………… 437
- 住房保障 ……………………………………… 438
- 交通基础设施建设 …………………………… 439
- 城市品质改善提升 …………………………… 439
- 新型城镇化发展 ……………………………… 440
- 村镇建设 ……………………………………… 441
- 城市基础设施建设 …………………………… 441
- 建筑业 ………………………………………… 442
- 勘察设计业 …………………………………… 444
- 物业行业管理 ………………………………… 444
- 大事记 ………………………………………… 445

宁波市 ………………………………………… 448
- 概况 …………………………………………… 448
- 房地产业 ……………………………………… 449
- 住房保障与棚户区改造 ……………………… 450
- 建筑业 ………………………………………… 450
- 城建工程 ……………………………………… 452
- 安全生产监督管理 …………………………… 452

厦门市 ………………………………………… 453
- 概况 …………………………………………… 453
- 城市建设 ……………………………………… 453
- 村镇建设 ……………………………………… 454
- 保障性安居工程 ……………………………… 454
- 建筑业 ………………………………………… 454

- 消防设计审查验收 …………………………… 455
- 物业管理 ……………………………………… 455
- 建设工程管理 ………………………………… 456
- 建筑节能科技 ………………………………… 456
- 技术综合管理 ………………………………… 456
- 行政审批 ……………………………………… 457
- 勘察设计管理 ………………………………… 457
- 大事记 ………………………………………… 457

深圳市 ………………………………………… 458
住房和城乡建设 ……………………………… 458
- 概况 …………………………………………… 458
- 法规建设 ……………………………………… 459
- 房地产业 ……………………………………… 459
- 住房保障 ……………………………………… 459
- 公积金管理 …………………………………… 460
- 城乡历史文化保护传承、城市与建筑风貌
  管理、建设工程消防设计审查验收 ………… 460
- 城市建设 ……………………………………… 460
- 标准定额 ……………………………………… 461
- 工程质量安全监督 …………………………… 461
- 建筑市场 ……………………………………… 462
- 建筑节能与科技 ……………………………… 462
- 人事教育 ……………………………………… 462
- 大事记 ………………………………………… 463

城乡规划 ……………………………………… 463
- 概况 …………………………………………… 463
- 国土空间总体规划 …………………………… 463
- 法定图则 ……………………………………… 463
- 公共服务设施规划 …………………………… 464
- 交通规划 ……………………………………… 464
- 市政规划 ……………………………………… 464
- 城市与建筑设计 ……………………………… 464
- 重大民生设施规划建设 ……………………… 464
- 地名管理及历史文化保护 …………………… 465
- 土地二次开发 ………………………………… 465
- 执法监察 ……………………………………… 465

政策法规文件

建设工程消防设计审查验收管理暂行规定
 中华人民共和国住房和城乡建设部令第51号 …… 468
住房和城乡建设部关于修改建筑业企业资质
管理规定和资质标准实施意见的通知
 建市规〔2020〕1号 …………………………… 472

住房和城乡建设部关于开展人行道净化和
自行车专用道建设工作的意见
 建城〔2020〕3号 ……………………………… 472
住房和城乡建设部关于提升房屋网签备案
服务效能的意见

建房规〔2020〕4号 …… 474
住房和城乡建设部 国家文物局关于印发
　《国家历史文化名城申报管理办法(试行)》
　的通知
　　建科规〔2020〕6号 …… 478
住房和城乡建设部等部门关于加快新型
　建筑工业化发展的若干意见
　　建标规〔2020〕8号 …… 481
住房和城乡建设部关于落实建设单位工程
　质量首要责任的通知
　　建质规〔2020〕9号 …… 484
住房和城乡建设部等部门关于加强和改进
　住宅物业管理工作的通知
　　建房规〔2020〕10号 …… 486
住房和城乡建设部关于印发中国国际园林
　博览会管理办法的通知
　　建城〔2020〕25号 …… 489
财政部　住房和城乡建设部关于政府采购
　支持绿色建材促进建筑品质提升试点工
　作的通知
　　财库〔2020〕31号 …… 491
住房和城乡建设部关于印发政府信息公开
　实施办法(修订)的通知
　　建办〔2020〕35号 …… 493
住房和城乡建设部　国家发展改革委关于
　废止收容教育相关文件的通知
　　建标〔2020〕37号 …… 497
住房和城乡建设部关于推进建筑垃圾
　减量化的指导意见
　　建质〔2020〕46号 …… 498
财政部　住房城乡建设部关于下达2020年
　中央财政农村危房改造补助资金预算的
　通知
　　财社〔2020〕59号 …… 500
住房和城乡建设部等部门关于推动智能建造
　与建筑工业化协同发展的指导意见
　　建市〔2020〕60号 …… 502
住房和城乡建设部　国家发展改革委　教育
　部　工业和信息化部　人民银行　国管局
　银保监会关于印发绿色建筑创建行动方
　案的通知
　　建标〔2020〕65号 …… 505

住房和城乡建设部等部门关于印发绿色社区
　创建行动方案的通知
　　建城〔2020〕68号 …… 507
住房和城乡建设部关于加强大型城市雕塑
　建设管理的通知
　　建科〔2020〕79号 …… 509
住房和城乡建设部　市场监管总局关于
　印发园林绿化工程施工合同示范文本
　(试行)的通知
　　建城〔2020〕85号 …… 511
住房和城乡建设部等部门关于推动物业服务
　企业发展居家社区养老服务的意见
　　建房〔2020〕92号 …… 511
住房和城乡建设部等部门印发《关于进一
　步推进生活垃圾分类工作的若干意见》
　的通知
　　建城〔2020〕93号 …… 514
住房和城乡建设部关于印发建设工程企业
　资质管理制度改革方案的通知
　　建市〔2020〕94号 …… 514
住房和城乡建设部　市场监管总局关于
　印发建设项目工程总承包合同(示范
　文本)的通知
　　建市〔2020〕96号 …… 527
住房和城乡建设部关于进一步深化工程
　建设项目审批制度改革推进全流程
　在线审批的通知
　　建办〔2020〕97号 …… 527
住房和城乡建设部等部门关于推动物业
　服务企业加快发展线上线下生活服务的意见
　　建房〔2020〕99号 …… 534
住房和城乡建设部等部门关于加快培育
　新时代建筑产业工人队伍的指导意见
　　建市〔2020〕105号 …… 536
住房和城乡建设部关于加强城市地下市政
　基础设施建设的指导意见
　　建城〔2020〕111号 …… 539
住房和城乡建设部关于印发2020年工程
　建设规范标准编制及相关工作计划的
　通知
　　建标函〔2020〕9号 …… 541
住房和城乡建设部　国务院扶贫办关于开展

建档立卡贫困户住房安全有保障核验工作
的通知
  建村函〔2020〕85号 …… 542
住房和城乡建设部 国家文物局关于开展
国家历史文化名城保护工作调研评估的通知
  建科函〔2020〕118号 …… 543
住房和城乡建设部办公厅关于加强新冠肺
炎疫情防控有序推动企业开复工工作的
通知
  建办市〔2020〕5号 …… 544
住房和城乡建设部办公厅 国务院扶贫办综
合司关于统筹做好疫情防控和脱贫攻坚
保障贫困户住房安全相关工作的通知
  建办村〔2020〕6号 …… 546
住房和城乡建设部办公厅关于印发房屋市政
工程复工复产指南的通知
  建办质〔2020〕8号 …… 548
住房和城乡建设部办公厅关于印发施工
现场建筑垃圾减量化指导手册（试行）
的通知
  建办质〔2020〕20号 …… 551
住房和城乡建设部办公厅关于全面推行建筑
工程施工许可证电子证照的通知
  建办市〔2020〕25号 …… 556
住房和城乡建设部办公厅关于在城市更新改
造中切实加强历史文化保护坚决制止破坏
行为的通知
  建办科电〔2020〕34号 …… 557
住房和城乡建设部办公厅 国务院扶贫办综
合司关于做好因洪涝地质灾害影响贫困农
户住房安全保障工作的通知
  建办村电〔2020〕37号 …… 557
住房和城乡建设部办公厅关于印发工程
造价改革工作方案的通知
  建办标〔2020〕38号 …… 558
关于启用新版全国农村危房改造脱贫攻坚
三年行动农户档案信息检索系统的通知
  建司局函村〔2020〕16号 …… 560
住房和城乡建设部办公厅关于应对新型冠
状病毒感染的肺炎疫情做好住房公积金
管理服务工作的通知
  建办金函〔2020〕71号 …… 561

住房和城乡建设部关于组织开展城市建设领域
防疫情补短板扩内需调研工作的通知
  建科函〔2020〕72号 …… 562
住房和城乡建设部办公厅关于加强新冠肺炎
疫情防控期间房屋市政工程开复工质量
安全工作的通知
  建办质函〔2020〕106号 …… 562
关于进一步落实工程质量安全手册制度的
通知
  建司局函质〔2020〕118号 …… 564
住房和城乡建设部办公厅关于做好2020年
城市排水防涝工作的通知
  建办城函〔2020〕121号 …… 565
住房和城乡建设部办公厅关于印发住房和
城乡建设部2020年扶贫工作要点的通知
  建办村函〔2020〕152号 …… 566
住房和城乡建设部办公厅关于开展2020年度
海绵城市建设评估工作的通知
  建办城函〔2020〕179号 …… 568
住房和城乡建设部标准定额司关于开展
2020年度建筑节能与绿色建筑发展情
况统计工作的通知
  建司局函标〔2020〕193号 …… 569
住房和城乡建设部办公厅关于实施中国
传统村落挂牌保护工作的通知
  建办村函〔2020〕227号 …… 569
住房和城乡建设部办公厅关于开展工程
建设行业专项整治的通知
  建办市函〔2020〕298号 …… 571
住房和城乡建设部办公厅关于印发《城市
管理行政执法文书示范文本（试行）》
的通知
  建办督函〔2020〕484号 …… 573
住房和城乡建设部办公厅关于印发房屋建筑
和市政基础设施工程施工现场新冠肺炎疫情
常态化防控工作指南的通知
  建办质函〔2020〕489号 …… 573
住房和城乡建设部办公厅关于做好2021年
城乡建设统计工作的通知
  建办计函〔2020〕658号 …… 576
住房和城乡建设部办公厅关于住房和城乡
建设领域施工现场专业人员职业培训

试点工作情况的通报　　　　　　　　　　　建造试点工作的函
　　建办人函〔2020〕662号 …… 577　　　　　　建办质函〔2020〕677号 …… 579
住房和城乡建设部办公厅关于开展绿色

数据统计与分析

2020城乡建设统计分析 …… 584
　　2020年城市（城区）建设 …… 584
　　2020年县城建设 …… 587
　　2020年村镇建设 …… 590
2020年城乡建设统计分省数据 …… 591
　　2020年城市（城区）建设分省数据 …… 591
　　2020年县城建设分省数据 …… 600
　　2020年村镇建设分省数据 …… 608
2020年建筑业发展统计分析 …… 630
　　2020年全国建筑业基本情况 …… 630
　　2020年全国建筑业发展特点 …… 636
　　2020年建设工程监理行业基本情况 …… 639
　　2020年工程招标代理机构基本情况 …… 640
　　2020年工程造价咨询企业基本情况 …… 641
　　2020年工程勘察设计企业基本情况 …… 642
　　2020年房屋市政工程生产安全事故情况 …… 642
　　2020年我国对外承包工程业务完成额
　　　　前100家企业和新签合同额前100家
　　　　企业 …… 643
2020年全国房地产市场运行分析 …… 647
　　2020年全国房地产开发情况 …… 647
　　2020年商品房销售和待售情况 …… 648
　　2020年全国房地产开发资金来源结构
　　　　分析 …… 649
　　2020年全国房地产开发景气指数 …… 650
　　70个大中城市商品住宅销售价格变动
　　　　情况 …… 650

部属单位、社团

全国市长研修学院
　　（住房和城乡建设部干部学院） …… 664
住房和城乡建设部人力资源开发中心 …… 666
住房和城乡建设部执业资格注册中心 …… 667
中国建筑出版传媒有限公司
　　（中国城市出版社有限公司） …… 668
中国建筑学会 …… 671
中国风景园林学会 …… 674
中国市长协会 …… 677
中国勘察设计协会 …… 679
中国建筑业协会 …… 682
中国安装协会 …… 685
中国建筑金属结构协会 …… 688
中国建设监理协会 …… 691
中国建筑装饰协会 …… 694
中国建设工程造价管理协会 …… 697

附　　录

2020年全国农村生活污水治理示范县（市、
　　区）名单 …… 702
2020年农村生活垃圾分类和资源化利用
　　示范县名单 …… 702
拟命名第十批（2020年度）国家节水型城市
名单 …… 703
第二批装配式建筑范例城市名单 …… 703
第二批装配式建筑产业基地名单 …… 703
城镇老旧小区改造可复制政策机制清单
　　（第一批） …… 705

新型城镇化建设促乡村经济多元化

国家统计局不久前发布的2019年统计公报显示，2019年末，全国城镇常住人口占总人口比重为60.60%，户籍人口城镇化率为44.38%。这组数据，是我国城镇化水平和质量稳步提升的重要标志，意味着我国提前一年完成《国家新型城镇化规划（2014—2020）》提出的"常住人口城镇化率达到60%左右"的发展目标。

城镇化是伴随工业化发展，非农产业在城镇集聚、农村人口向城镇集中的自然历史过程，是一个国家现代化的重要标志和必由之路，也是乡村振兴和区域协调发展的有力支撑。

改革开放以前，由于人口就业压力巨大、大城市基础设施建设严重不足、以及城乡二元结构等方面的现实国情，我国城镇化进程较缓慢。1949年至1978年，我国城镇人口占总人口比重从10.64%增加到17.92%，平均每年提高不到0.3个百分点。改革开放以后，我国城镇化水平快速提升。1978年至2018年，全国总人口增长1.5倍，而城镇人口增长4.8倍；城镇人口占总人口比重由17.92%增加到59.58%。

《国家新型城镇化规划（2014—2020）》明确提出了走以人为本、四化同步、优化布局、生态文明、文化传承的中国特色新型城镇化道路，按照中央决策部署，各地区各有关部门健全机制、纵横联动、突出重点、狠抓落实。

新型城镇化最重要的核心问题，是人的城镇化。进一步拓宽农业转移人口市民化通道，有序推进农业转移人口市民化，是新时期推进"夹生"城镇化向新型城镇化转变的重大举措。2019年，海南省与宁波、广州、南京、西安、石家庄等大城市出台新的落户政策，进一步放开放宽落户条件。目前，中西部地区和东北地区除部分省会城市外，基本取消城市落户限制；东部地区小城市基本不设落户门槛，大中城市落户政策持续放宽。

在人口城镇化稳步推进的同时，城镇化空间格局也在进一步优化，城市群规划建设稳步推进，跨省区城市群规划全部出台，省域内城市群规划全部编制完成。2019年，国家有序推动了哈长、长江中游、中原、北部湾、关中平原等城市群发展规划实施，加快滇中等边疆城市群发展规划编制报批工作，大力支持成渝城市群发展。目前，中心城市和城市群的人口经济承载能力不断增强，都市圈同城化发展初见成效，特大镇设市取得新突破，大中小城市协调发展水平不断提升。

此外，城市可持续发展能力进一步提升，城市增长动能不断优化，大城市尤其是东部沿海发达城市产业转型升级步伐加快，新产业新业态新模式不断催生，经济质量与吸纳就业能力不断增强；城镇化相关体制机制进一步完善，"地""钱""权"等改革都取得一定进展。

新型城镇化进程的稳步推进，有效增强了我国经济发展内生动力，支撑我国经济稳中向好态势。从扩内需的角度看，随着常住人口城镇化水平的稳步提升，越来越多的农民通过转移就业提高收入，将带动城镇消费群体不断扩大、消费结构不断升级、消费潜力不断释放，也会带来城市基础设施、公共服务设施和住宅建设等巨大投资需求，进而为经济发展提供持续动力。

从产业升级的角度看，在城镇化的过程中，随着人口大量向城市集聚，人们的生活方式将发生重大变革，生活水平也将稳步提升，将带来对生活性服务业消费需求的增长；同时，也会扩大生产性服务需求，增强创新活力，驱动传统产业升级和新兴产业发展。

从区域协调发展的角度看，随着城镇化进程加快，中西部地区将培育形成新的增长极，有利于促进经济增长和市场空间由东向西、由南向北梯次拓展，推动人口经济布局更加合理、区域发展更加协调。

当前，我国发展环境正在发生深刻变化，面对新形势，要按照中央部署，加快实施以促进人的城镇化为核心、提高质量为导向的新型城镇化战略，为保持经济持续健康发展和社会大局稳定提供有力支撑。一是要推动城镇落户，关键是使稳定就业的农业转移人口等重点人群在城镇更加便捷落户，同时扩大城镇基本公共服务对常住人口的覆盖范围，切实提升农业转移人口市民化质量，保证全面完成1亿人落户目标。二是要扎实推进城市群和都市圈建设，促进各地区城市群发展，指导地方开展都市圈规划编制工作，着力提高重点都市圈交通基础设施联通水平，规范发展特色小镇和特色小城镇。三是要进一步增强城市可持续发展能力，提升城市创新驱动发展能力和公共资源配置效率，加快推进城市更新，着力改善城市治理水平。此外，加快推进城乡融合发展，促进生产要素向乡村流动、乡村经济多元化发展和城乡公共设施联动发展。（记者 林火灿）

（2020-03-18 来源：经济日报）

美丽乡村建设

梅州市平远县上举镇畲脑村　　　　　　　　　　（广东省住房和城乡建设厅　提供）

定西市农房改造　　　　　　　　　　（甘肃省住房和城乡建设厅　提供）

人居环境改善

北京槐房生态水厂 （北京市住房和城乡建设委员会　提供）

北京市朝阳区亮马河（四环以上段） （北京市住房和城乡建设委员会　提供）

人居环境改善

北京市门头沟区黑河沟　　　　　　　　　　（北京市住房和城乡建设委员会　提供）

北京市大兴区新凤河　　　　　　　　　　　（北京市住房和城乡建设委员会　提供）

中国建设年鉴2021
Yearbook of China Construction

老旧小区改造

棚户区改造安置房 灵寿松阳中苑小区 （河北省住房和城乡建设厅 提供）

东铁营棚户区改造工程 （北京市住房和城乡建设委员会 提供）

老旧小区改造

锦绣水居二期B区棚户区改造项目 （青海省住房和城乡建设厅 提供）

老旧小区改造后的广州市荔湾区泮塘五约三四巷
（广州市住房和城乡建设局 提供）

生态园林城市

汕头市广东以色列理工学院　　　　　　　　　　　　　　　　　（广东省住房和城乡建设厅　提供）

青海省海东市体育中心建设项目　　　　　　　　　　　　　　　（青海省住房和城乡建设厅　提供）

海绵城市

深圳人才公园　　　　　　　　　　　　　　　　　　　　（深圳市水务局　提供）

大沙河生态长廊　　　　　　　　　　　　　　　　　　　（深圳市水务局　提供）

万科云城　　　　　　　　　　　　　　　　　　　　　　（深圳市水务局　提供）

冬奥工程

国家雪车雪橇中心 （北京市住房和城乡建设委员会 提供）

国家高山滑雪中心 （北京市住房和城乡建设委员会 提供）

城市地下综合管廊

海东市核心区地下综合管廊试点建设项目平安大道综合管廊　　　　（青海省住房和城乡建设厅　提供）

梅观高速清湖南段管廊实体　　　　（深圳市住房和建设局　提供）

梅观高速清湖南段管廊　　　　（深圳市住房和建设局　提供）

国家优质工程奖、鲁班奖项目

河北旭阳焦化有限公司旧厂区120万吨焦化及铁路搬迁改造项目煤气净化工程

（河北省住房和城乡建设厅　提供）

中共石家庄市委党校迁建暨高等级公共人防工程

（河北省住房和城乡建设厅　提供）

河北正定新区青少年宫工程

（河北省住房和城乡建设厅　提供）

国家优质工程奖、鲁班奖项目

中药提取、液体制剂建设项目 （河北省住房和城乡建设厅 提供）

山东省莱西市第二中学迁建工程 （山东省住房和城乡建设厅 提供）

中国红岛国际会议中心 （山东省住房和城乡建设厅 提供）

新建筑风采

富兴花园—综合办公楼建设项目　　　　　　　　　　　　　　　　　（青海省住房和城乡建设厅　提供）

青海省格尔木市会展中心　　　　　　　　　　　　　　　　　　　　（青海省住房和城乡建设厅　提供）

新建筑风采

西宁市市民中心　　　　　　　　　　　　　　　　（青海省住房和城乡建设厅　提供）

呈祥花园　　　　　　　　　　　　　　　　　　　（深圳市住房和建设局　提供）

新建筑风采

北京小汤山医院升级改造应急工程　　　　　　　　　　（北京市住房和城乡建设委员会　提供）

新机场高速连接线主线桥梁　　　　　　　　　　　　　（山东省住房和城乡建设厅　提供）

北京密云站　　　　　　　　　　　　　　　　　　　　（北京市住房和城乡建设委员会　提供）

特　载

习近平在中央农村工作会议上强调
坚持把解决好"三农"问题作为全党工作重中之重
促进农业高质高效乡村宜居宜业农民富裕富足

新华社北京12月29日电 中央农村工作会议12月28日至29日在北京举行。中共中央总书记、国家主席、中央军委主席习近平出席会议并发表重要讲话强调，在向第二个百年奋斗目标迈进的历史关口，巩固和拓展脱贫攻坚成果，全面推进乡村振兴，加快农业农村现代化，是需要全党高度重视的一个关系大局的重大问题。全党务必充分认识新发展阶段做好"三农"工作的重要性和紧迫性，坚持把解决好"三农"问题作为全党工作重中之重，举全党全社会之力推动乡村振兴，促进农业高质高效、乡村宜居宜业、农民富裕富足。

中共中央政治局常委、国务院总理李克强主持会议。中共中央政治局常委栗战书、汪洋、王沪宁、赵乐际、韩正出席会议。

习近平在讲话中指出，我们党成立以后，充分认识到中国革命的基本问题是农民问题，把为广大农民谋幸福作为重要使命。改革开放以来，我们党领导农民率先拉开改革大幕，不断解放和发展农村社会生产力，推动农村全面进步。党的十八大以来，党中央坚持把解决好"三农"问题作为全党工作的重中之重，把脱贫攻坚作为全面建成小康社会的标志性工程，组织推进人类历史上规模空前、力度最大、惠及人口最多的脱贫攻坚战，启动实施乡村振兴战略，推动农业农村取得历史性成就、发生历史性变革。农业综合生产能力上了大台阶，农民收入较2010年翻一番多，农村民生显著改善，乡村面貌焕然一新。贫困地区发生翻天覆地的变化，解决困扰中华民族几千年的绝对贫困问题取得历史性成就，为全面建成小康社会作出了重大贡献，为开启全面建设社会主义现代化国家新征程奠定了坚实基础。

习近平强调，从中华民族伟大复兴战略全局看，民族要复兴，乡村必振兴。从世界百年未有之大变局看，稳住农业基本盘、守好"三农"基础是应变局、开新局的"压舱石"。构建新发展格局，把战略基点放在扩大内需上，农村有巨大空间，可以大有作为。

习近平指出，历史和现实都告诉我们，农为邦本，本固邦宁。我们要坚持用大历史观来看待农业、农村、农民问题，只有深刻理解了"三农"问题，才能更好理解我们这个党、这个国家、这个民族。必须看到，全面建设社会主义现代化国家，实现中华民族伟大复兴，最艰巨最繁重的任务依然在农村，最广泛最深厚的基础依然在农村。

习近平强调，脱贫攻坚取得胜利后，要全面推进乡村振兴，这是"三农"工作重心的历史性转移。要坚决守住脱贫攻坚成果，做好巩固拓展脱贫攻坚成果同乡村振兴有效衔接，工作不留空当，政策不留空白。要健全防止返贫动态监测和帮扶机制，对易返贫致贫人口实施常态化监测，重点监测收入水平变化和"两不愁三保障"巩固情况，继续精准施策。对脱贫地区产业帮扶还要继续，补上技术、设施、营销等短板，促进产业提档升级。要强化易地搬迁后续扶持，多渠道促进就业，加强配套基础设施和公共服务，搞好社会管理，确保搬迁群众稳得住、有就业、逐步能致富。党中央决定，脱贫攻坚目标任务完成后，对摆脱贫困的县，从脱贫之日起设立5年过渡期。过渡期内要保持主要帮扶政策总体稳定。对现有帮扶政策逐项分类优化调整，合理把握调整节奏、力度、时限，逐步实现由集中资源支持脱贫攻坚向全面推进乡村振兴平稳过渡。

习近平指出，要牢牢把住粮食安全主动权，粮食生产年年要抓紧。要严防死守18亿亩耕地红线，采取长牙齿的硬措施，落实最严格的耕地保护制度。要建设高标准农田，真正实现旱涝保收、高产稳产。要把黑土地保护作为一件大事来抓，把黑土地用好养好。要坚持农业科技自立自强，加快推进农业关键核心技术攻关。要调动农民种粮积极性，稳定和加强种粮农民补贴，提升收储调控能力，坚持完善最低收购价政策，扩大完全成本和收入保险范围。地方各级党委和政府要扛起粮食安全的政治责任，实行党政同责，"米袋子"省长要负责，书记也要负责。要深入推进农业供给侧结构性改革，推动品种培优、品质提升、品牌打造和标准化生产。要继续抓好生猪生产恢复，促进产业稳定发展。要支持企业走出去。要坚持不懈制止餐饮浪费。

习近平强调，全面实施乡村振兴战略的深度、广度、难度都不亚于脱贫攻坚，必须加强顶层设计，以更有力的举措、汇聚更强大的力量来推进。一是要加快发展乡村产业，顺应产业发展规律，立足当地特色资源，推动乡村产业发展壮大，优化产业布局，完善利益联结机制，让农民更多分享产业增值收益。二是要加强社会主义精神文明建设，加强农村思想道德建设，弘扬和践行社会主义核心价值观，普及科学知识，推进农村移风易俗，推动形成文明乡风、良好家风、淳朴民风。三是要加强农村生态文明建设，保持战略定力，以钉钉子精神推进农业面源污染防治，加强土壤污染、地下水超采、水土流失等治理和修复。四是要深化农村改革，加快推进农村重点领域和关键环节改革，激发农村资源要素活力，完善农业支持保护制度，尊重基层和群众创造，推动改革不断取得新突破。五是要实施乡村建设行动，继续把公共基础设施建设的重点放在农村，在推进城乡基本公共服务均等化上持续发力，注重加强普惠性、兜底性、基础性民生建设。要持续推进农村人居环境整治提升行动，重点抓好改厕和污水、垃圾处理。要合理确定村庄布局分类，注重保护传统村落和乡村特色风貌，加强分类指导。六是要推动城乡融合发展见实效，健全城乡融合发展体制机制，促进农业转移人口市民化。要把县域作为城乡融合发展的重要切入点，赋予县级更多资源整合使用的自主权，强化县城综合服务能力。七是要加强和改进乡村治理，加快构建党组织领导的乡村治理体系，深入推进平安乡村建设，创新乡村治理方式，提高乡村善治水平。

习近平指出，要加强党对"三农"工作的全面领导。各级党委要扛起政治责任，落实农业农村优先发展的方针，以更大力度推动乡村振兴。县委书记要把主要精力放在"三农"工作上，当好乡村振兴的"一线总指挥"。要选优配强乡镇领导班子、村"两委"成员特别是村党支部书记。要突出抓基层、强基础、固基本的工作导向，推动各类资源向基层下沉，为基层干事创业创造更好条件。要建设一支政治过硬、本领过硬、作风过硬的乡村振兴干部队伍，选派一批优秀干部到乡村振兴一线岗位，把乡村振兴作为培养锻炼干部的广阔舞台。要吸引各类人才在乡村振兴中建功立业，激发广大农民群众积极性、主动性、创造性。

李克强在主持会议时指出，习近平总书记的重要讲话，全面总结了党的十八大以来我国农业农村发展取得的历史性成就、发生的历史性变革，从全面建设社会主义现代化国家的全局出发，深刻阐释了全面推进乡村振兴、加快农业农村现代化的重大意义、指导思想、总体要求，科学回答了在新发展阶段做好"三农"工作的一系列重大理论和实践问题。这对进一步统一思想、凝聚力量，做好新时代"三农"工作，具有十分重要的指导意义。要认真学习领会，坚持以习近平新时代中国特色社会主义思想为指导，结合工作实际，围绕优先发展农业农村，全面推进乡村振兴，加快农业农村现代化，做好明年及"十四五"时期"三农"工作，把党中央决策部署贯彻落实好。

中共中央政治局委员、国务院副总理胡春华在总结讲话中表示，习近平总书记重要讲话是做好新发展阶段"三农"工作的行动纲领和根本遵循。要深入学习贯彻落实习近平总书记重要讲话精神，抓紧谋划全面推进乡村振兴，做好巩固拓展脱贫攻坚成果同乡村振兴有效衔接，抓好粮食和重要农副产品生产供给，加快发展乡村产业，夯实现代农业发展基础支撑，坚决打好种业翻身仗，全面启动乡村建设行动，推进县域内城乡融合发展，加强和改进乡村治理，强化组织领导，确保实现"十四五"良好开局。

会议讨论了《中共中央、国务院关于全面推进乡村振兴加快农业农村现代化的意见（讨论稿）》。

部分中共中央政治局委员，中央书记处书记，全国人大常委会、国务院、全国政协有关领导同志等出席会议。

中央农村工作领导小组成员，各省、自治区、直辖市和计划单列市、新疆生产建设兵团党政主要负责同志和分管农业农村工作的负责同志，中央和国家机关有关部门、有关人民团体、中央军委机关有关部门负责同志等参加会议。会议以电视电话会议形式召开，各省区市和新疆生产建设兵团设分会场。

(2020-12-29　来源：新华社)

习近平：生态文明建设在推动长三角一体化发展中占有重要地位

习近平总书记13日在扬州考察，走进运河三湾生态文化公园。习近平指出，目前的长三角一体化发展从顶层规划到实际推动都取得了明显的成果，还要继续抓下去。生态文明建设在推动长三角一体化发展中占有重要地位，直接关系人民群众生活幸福，关系青少年健康成长，是广大人民群众的共识和呼声。

（2020-11-14　来源：新华社）

今年老旧小区改多少、改什么、钱从哪来？李克强开会定了这些

今年城镇老旧小区改多少、改什么、钱从哪来？这一系列广受各地老百姓关注的事情，在李克强总理4月14日主持召开的国务院常务会议上得到进一步明确。

当天会议确定加大城镇老旧小区改造力度，推动惠民生扩内需。

李克强表示，推进城镇老旧小区改造，不仅符合人民群众改善居住条件的迫切愿望，也是扩大内需、带动消费的重要举措。

自去年以来，总理到地方考察多次就城镇老旧小区改造进行专门调研。在西部某省一处老旧小区，居民们告诉总理，他们都愿意掏些钱参与政府给予补贴的改造。而东部某省一处正在改造的老旧小区，通过更大力度引进社会力量参与，为原小区新增了托育、家政、医疗等服务设施，深受小区居民欢迎。

李克强会上说，根据各地创造的实践经验看，建立政府与居民、社会力量合理共担改造资金的机制，是破解老旧小区改造资金难题的有效方法。

当天会议明确要求，今年各地计划改造城镇老旧小区3.9万个，涉及居民近700万户，比去年增加一倍，重点是2000年底前建成的住宅区。各地要统筹负责，按照居民意愿，重点改造完善小区配套和市政基础设施，提升社区养老、托育、医疗等公共服务水平。建立政府与居民、社会力量合理共担改造资金的机制，中央财政给予补助，地方政府专项债给予倾斜，鼓励社会资本参与改造运营。

"加大力度推进城镇老旧小区改造，其中蕴藏着巨大的内需潜力。"李克强说，"老百姓在社区里过日子，有多种多样的需求，比如养老、托育、医疗和家政服务等。通过改造新增这些服务，不仅可以创造大量的就业创业岗位，同时能够带动有效投资，直接提升小区居民的生活品质。"

（2020-04-16　来源：中国政府网）

李克强主持召开国务院常务会议 部署加强新型城镇化建设 补短板扩内需提升群众生活品质确定支持多渠道灵活就业的措施 促进增加居民就业和收入

国务院总理李克强7月22日主持召开国务院常务会议，部署加强新型城镇化建设，补短板扩内需提升群众生活品质；确定支持多渠道灵活就业的措施，促进增加居民就业和收入。

会议指出，推进以人为核心的新型城镇化，是党中央、国务院的决策部署，是内需最大潜力所在和"两新一重"建设的重要内容，对做好"六稳"工作、落实"六保"任务、稳住经济基本盘具有重要意义。要按照政府工作报告提出的重点，加强城市短板领域建设，围绕农民进城就业安家需求提升县城公共设施和服务水平。一要针对防疫和防汛防灾减灾中暴露出的问题，着力加强公共卫生体系和相关设施建设，提高城市预防和应对重大疫病的综合能力。科学规划和改造完善城市河道、堤防、水库、排水管网等防洪排涝设施，加强台风、地震、火灾等各种灾害防御能力建设。二要着眼满足群众改善生活品质需求，加快推进老旧小区改造，加大环保设施、社区公共服务、智能化改造、公共停车场等薄弱环节建设，提高城市发展质量。三要针对大量农民到县城居住发展的需求，加大以县城为载体的城镇化建设，完善县城交通、垃圾污水处理等公共设施，建设适应进城农民刚性需求的住房，提高县城承载能力。四要引导促进多元化投入支持新型城镇化建设。完善公益性项目财政资金保障机制，地方政府专项债资金对有一定收益、确需建设的公共设施项目予以倾斜。发挥财政资金撬动作用，建立公用事业项目合理回报机制，吸引社会资本投入，积极引导开发性政策性和商业性金融机构加大中长期信贷支持。各地要加强项目储备和开发，逐步解决城市发展历史欠账。坚决防止搞脱离实际的形象工程。五要发展劳动密集型产业，为进城农民就近打工就业提供机会。

会议指出，今年就业形势严峻，灵活就业规模大、空间大，是稳就业的重要途径。要压实地方特别是市和区县政府责任，通过深化"放管服"改革，取消对灵活就业的不合理限制，引导劳动者合理有序经营。一是鼓励个体经营。落实好已出台的各项纾困政策。对高校毕业生、农民工、下岗失业人员等重点群体从事个体经营的，按规定给予创业补贴、担保贷款、税收优惠等支持。二是支持非全日制就业。对就业困难人员、离校2年未就业高校毕业生从事非全日制等工作的，按规定给予社保补贴。三是对网络零售、移动出行、线上教育培训、在线医疗等新就业形态实行包容审慎监管，激励互联网平台创造更多灵活就业岗位。四是加强就业公共服务。适应企业灵活用工需要，发展零工市场。维护灵活就业人员薪酬、职业安全等权益，严禁拖欠劳动者工资。研究制定平台就业劳动保障政策。五是动态发布社会需要的新职业，开展有针对性培训，增强群众灵活就业能力。

会议还研究了其他事项。

(2020-07-22 来源：中国政府网)

韩正主持召开房地产工作座谈会强调
坚持"三稳"目标 落实长效机制
确保房地产市场平稳健康发展

新华社北京7月24日电 中共中央政治局常委、国务院副总理韩正24日主持召开房地产工作座谈会，深入贯彻党中央、国务院决策部署，总结房地产长效机制试点方案实施情况，分析当前房地产市场形势，部署下一阶段房地产重点工作。

韩正表示，房地产长效机制实施以来，取得明显成效，值得充分肯定。要坚持从全局出发，进一步提高认识、统一思想，牢牢坚持房子是用来住的、不是用来炒的定位，坚持不将房地产作为短期刺激经济的手段，坚持稳地价、稳房价、稳预期，因城施策、一城一策，从各地实际出发，采取差异化调控措施，及时科学精准调控，确保房地产市场平稳健康发展。

韩正强调，要坚持问题导向，高度重视当前房地产市场出现的新情况新问题，时刻绷紧房地产调控这根弦，坚定不移推进落实好长效机制。要全面落实城市政府主体责任，发现问题要快速反应和处置，及时采取有针对性的政策措施。要实施好房地产金融审慎管理制度，稳住存量、严控增量，防止资金违规流入房地产市场。要加强市场监测，对市场异动及时提示、指导和预警，精准分析市场形势。要抓紧建立住宅用地市场监测指标体系，定期公开各地土地储备和已出让土地建设进展情况，接受社会监督。要发挥财税政策作用，有效调节住房需求。要持续整治房地产市场乱象，依法有效查处违法违规行为。要做好住房保障工作，因地制宜推进城镇老旧小区和棚户区改造，着力解决城市新市民和年轻人住房问题。

中央和国家机关有关部门负责同志，北京、上海、广州、深圳、南京、杭州、沈阳、成都、宁波、长沙等10个城市人民政府负责同志参加座谈会。10个城市人民政府和住房城乡建设部、人民银行、自然资源部负责同志作了发言。

(2020-07-24 来源：新华社)

韩正在住房城乡建设部召开座谈会强调
坚定不移落实房地产长效机制
有效扩大保障性租赁住房供给

新华社北京12月3日电（记者 赵超）中共中央政治局常委、国务院副总理韩正3日在住房城乡建设部召开座谈会。他强调，要深入学习贯彻习近平总书记重要讲话和指示批示精神，贯彻落实党的十九届五中全会精神，坚定不移落实房地产长效机制，谋划好"十四五"时期住房工作，加强住房保障体系建设，有效扩大保障性租赁住房供给。

韩正表示，房地产长效机制实施以来，各地各部门认真贯彻党中央、国务院决策部署，紧紧围绕稳地价、稳房价、稳预期的调控目标，坚持因城施策、一城一策，夯实城市主体责任，加强房地产金融调控，房地产工作取得了明显成效。要牢牢坚持房子是用来住的、不是用来炒的定位，不把房地产作为短期刺激经济的手段，时刻绷紧房地产市场调控这根弦，从实际出发不断完善政策工具箱，推动房地产市场平稳健康发展。要加强"十四五"时期住房发展顶层设计，研究好住房市场和住房保障两个体系，更好发挥规划的导向作用。完善相关法规和政策，加强日常监管，促进住房租赁市场健康发展。

韩正强调，要以保障性租赁住房为着力点，完善基础性制度和支持政策，加强住房保障体系建设。要处理好基本保障和非基本保障的关系，尽力而为、量力而行，着力解决困难群体和新市民住房问题。要处理好政府和市场的关系，既强化政府保障作用，也要积极运用市场化手段。要处理好中央和地方的关系，坚持不搞"一刀切"，鼓励和指导城市政府因地制宜，完善住房保障方式，落实好城市主体责任。

（2020-12-03　来源：新华社）

奋力开创住房和城乡建设事业高质量发展新局面 为全面建设社会主义现代化国家作出新贡献 全国住房和城乡建设工作会议召开

12月21日，全国住房和城乡建设工作会议在京召开。会议深入学习贯彻习近平总书记关于住房和城乡建设工作的重要指示批示精神，贯彻落实党的十九届五中全会和中央经济工作会议精神，总结2020年和"十三五"住房和城乡建设工作，分析面临的形势和问题，提出2021年工作总体要求和重点任务。住房和城乡建设部党组书记、部长王蒙徽作工作报告。

会议指出，习近平总书记高度重视住房和城乡建设工作，对住房和房地产、城市建设和城市治理、脱贫攻坚和乡村建设等工作作出一系列重要论述和指示批示，为住房和城乡建设事业发展指明了方向、提供了根本遵循。全国住房和城乡建设系统要持续深入学习贯彻习近平总书记重要指示批示精神，更加坚定自觉地用于指导住房和城乡建设工作实践，进一步增强"四个意识"，坚定"四个自信"，做到"两个维护"，确保习近平总书记重要指示批示精神在住房和城乡建设领域落地见效。

会议指出，2020年，全国住房和城乡建设系统坚决贯彻落实习近平总书记重要指示批示精神和党中央决策部署，担当作为，攻坚克难，住房和城乡建设各项工作取得了新的进展和成效。

一是举全系统之力抓好疫情防控和复工复产工作，全力抢建应急医疗设施，切实保障城市运行和居民生活，积极采取支持政策帮助企业解决实际困难，分区分级推动复工复产，为疫情防控取得重大战略性成果作出积极贡献。

二是稳妥实施房地产长效机制方案，因城施策、分类调控，加强金融土地政策联动，规范发展住房租赁市场。在各方面共同努力下，房地产市场保持平稳运行，基本实现稳地价、稳房价、稳预期目标。

三是住房保障工作扎实推进。推进完善住房保障体系试点，大力发展政策性租赁住房。1—11月，全国各类棚户区改造开工206.9万套，超额完成年度计划任务。

四是城市高质量发展迈出新步伐。在36个城市开展城市体检工作。强化历史文化保护和城市风貌管理。有序实施城镇老旧小区改造，1—11月，新开工改造城镇老旧小区3.97万个，惠及居民近725万户。开展城市居住社区建设补短板行动，推进完整居住社区建设。深入推进海绵城市建设，地级及以上建成区黑臭水体消除比例达96%。加强城市排水防涝工作，实现安全度汛。加快推进生活垃圾分类，46个重点城市生活垃圾分类平均覆盖率达86.6%。

五是住房和城乡建设领域脱贫攻坚取得决定性成就。全面完成贫困户农村危房改造扫尾工程任务。全国2341.6万户建档立卡贫困户均已实现住房安全有保障。加强定点扶贫和大别山片区扶贫联系工作。

六是乡村建设进一步加强。开展乡村建设评价试点。推进装配式钢结构新型农房建设。加强农村生活垃圾污水治理，基本完成非正规垃圾堆放点整治任务。开展农村房屋安全隐患排查整治工作。

七是建筑业加快转型发展。推动智能建造与建筑工业化协同发展，开展绿色建筑创建行动。加大工程质量安全监管力度，深入实施城市建设安全专项整治三年行动。

八是重点领域改革不断深化。构建城乡历史文化保护传承体系。推进工程建设项目审批制度改革。深化建筑业"放管服"改革。推进基于信息化、数字化、智能化的新型城市基础设施建设。推动房地产开发企业转型发展，促进城市开发建设方式转变。

九是党的建设全面加强。坚持以党的政治建设为统领，持续深入学习习近平新时代中国特色社会主义思想。积极创建模范机关。加强作风和纪律建设，严格执行中央八项规定及其实施细则精神。加大干部教育培训力度。

会议指出，"十三五"时期住房和城乡建设事业发展取得了历史性新成就。

住房发展向住有所居目标大步迈进，2019年城镇、农村居民人均住房建筑面积分别达到39.8平方米、48.9平方米；全国棚改累计开工超过2300万套，帮助5000多万居民出棚进楼。

城市建设发展成就显著，新型城镇化深入推进，城市数量达到684个、城市建成区面积达6.03万平方公里，市政基础设施建设步伐加快，城市人居环境显著改善。

城市治理法治化、智慧化、规范化水平进一步提高，城管执法队伍素质明显提升。

住房和城乡建设领域脱贫攻坚任务全面完成，累计支持522.4万户建档立卡贫困户改造危房，住房和城乡建设部对口帮扶的4个定点扶贫县和大别山片区36个贫困县全部脱贫摘帽。

美丽宜居乡村建设深入推进，农村面貌焕然一新。

"中国建造"谱写新篇章，建筑业支柱产业作用不断增强。

住房和城乡建设领域深化改革取得新突破，管理体制机制和政策体系不断完善。

五年来住房和城乡建设事业的发展成就，充分彰显了中国共产党领导和中国特色社会主义制度的显著优势。有习近平总书记作为党中央的核心、全党的核心领航掌舵，有党中央的坚强领导，有全国住房和城乡建设系统广大干部职工团结一心、共同奋斗，一定能够战胜各种困难和挑战，在新征程中把住房和城乡建设事业不断推向前进。

会议强调，做好2021年住房和城乡建设工作，要深入学习贯彻党的十九届五中全会精神，紧扣"三个新"，切实做到"三个着力"。

一是紧扣进入新发展阶段，着力推动住房和城乡建设事业实现新的更大发展。深刻认识和把握住房和城乡建设面临的新形势、新问题，抓住机遇，应对挑战，统筹谋划和推进"十四五"时期住房和城乡建设事业高质量发展。

二是紧扣贯彻新发展理念，着力推进住房和城乡建设发展方式转变。住房和城乡建设是贯彻落实新发展理念的重要载体和主要战场。要坚持以人民为中心的发展思想，不断增强城乡建设和城市发展的整体性系统性，把生态和安全放在更加突出的位置，坚定不移推进改革创新，把新发展理念贯穿全过程和各方面。

三是紧扣构建新发展格局，着力发挥住房和城乡建设的重要支点作用。积极发展住房新供给，加快推进"新城建"，打造居住社区消费新平台，建设现代宜居新农房，发展智能建造新产业，推动构建新发展格局，促进经济社会持续健康发展。

会议要求，2021年要持续深入学习贯彻习近平总书记关于住房和城乡建设工作的重要指示批示精神，贯彻落实党的十九届五中全会和中央经济工作会议决策部署，重点抓好八个方面工作。

一是全力实施城市更新行动，推动城市高质量发展。切实转变城市开发建设方式，统筹城市规划、建设、管理，推动城市结构优化、功能完善和品质提升，深入推进以人为核心的新型城镇化，加快建设宜居、绿色、韧性、智慧、人文城市。完善城市空间结构，构建以中心城市、都市圈、城市群为主体，大中小城市和小城镇协调发展的城镇体系。实施城市生态修复功能完善工程，提升人居环境质量。强化历史文化保护，塑造城市风貌。全面推进城镇老旧小区改造，加快建设完整居住社区，推动物业企业大力发展线上线下服务业。深入开展新型城市基础设施建设试点工作，探索形成可复制可推广的机制和运行模式。系统化全域推进海绵城市建设，统筹推进城市内涝治理，巩固城市黑臭水体治理成效。进一步推进生活垃圾分类。

二是稳妥实施房地产长效机制方案，促进房地产市场平稳健康发展。牢牢坚持房子是用来住的、不是用来炒的定位，全面落实房地产长效机制，强化城市主体责任，完善政策协同、调控联动、监测预警、舆情引导、市场监管等机制，保持房地产市场平稳运行。

三是大力发展租赁住房，解决好大城市住房突出问题。加强住房市场体系和住房保障体系建设，加快补齐租赁住房短板，解决好新市民、青年人特别是从事基本公共服务人员等住房困难群体的住房问题。加快构建以保障性租赁住房和共有产权住房为主体的住房保障体系。扩大保障性租赁住房供给，做好公租房保障，在人口净流入的大城市重点发展政策性租赁住房。规范发展住房租赁市场，加快培育专业化、规模化住房租赁企业，建立健全住房租赁管理服务平台。整顿租赁市场秩序，规范市场行为。稳步推进棚户区改造。进一步完善住房公积金缴存、使用和管理机制。

四是加大城市治理力度，推进韧性城市建设。加快建设城市运行管理服务平台，推进城市治理"一网统管"。完善城市综合管理服务评价体系，加强城市网格化管理，推动城市管理进社区。继续深入推进美好环境与幸福生活共同缔造活动。开展市容市貌环境整治专项行动。加强城市治理中的风险防控，提升城市安全韧性。

五是实施乡村建设行动，提升乡村建设水平。全面开展乡村建设评价工作。推广装配式钢结构等农房建设方式。以推广水冲式厕所为重点，提升农房现代化水平。继续实施农村危房改造，探索建立农村低收入人口基本住房安全保障机制。继续推进农村房屋安全隐患排查整治工作，建立健全农房建设标准和建设管理制度。加大农村污水垃圾治理力度，持续改善农村人居环境。推进以县城为重要载体的就地城镇化和以县域为单元的城乡统筹发展。

六是加快发展"中国建造"，推动建筑产业转型升级。加快推动智能建造与新型建筑工业化协同发展，建设建筑产业互联网平台。完善装配式建筑标准体系，大力推广钢结构建筑。深入实施绿色建筑创建行动。落实建设单位工程质量首要责任，持续开展建筑施工安全专项整治，坚决遏制重特大事故。

七是持续推进改革创新，加强法规标准体系建设。全面实施城市体检评估机制。深化城市管理体制改革，加强城管执法队伍规范化标准化建设。深入推进工程建设项目审批制度改革，持续推进建筑业"放管服"改革。加快完善住房和城乡建设领域法规标准体系。

八是加强党的全面领导，打造高素质干部队伍。强化政治机关意识教育，进一步提高政治站位，持续深入学习贯彻习近平新时代中国特色社会主义思想，坚定不移推进全面从严治党，不断提高党的建设质量。加大干部队伍建设力度，切实提高广大干部贯彻新发展理念、构建新发展格局的能力和水平。

会议号召，全国住房和城乡建设系统要更加紧密地团结在以习近平同志为核心的党中央周围，进一步增强"四个意识"，坚定"四个自信"，做到"两个维护"，以更加昂扬的斗志、更加坚定的信心和更加扎实的工作，努力开创住房和城乡建设事业高质量发展新局面，实现"十四五"开好局、起好步，为全面建设社会主义现代化国家作出新的更大贡献，以优异成绩庆祝建党100周年。

住房和城乡建设部副部长易军、倪虹、黄艳、姜万荣，中央纪委国家监委驻部纪检监察组组长宋寒松出席会议，易军作会议总结讲话。各省、自治区住房和城乡建设厅、直辖市住房和城乡建设（管）委及有关部门主要负责人，新疆生产建设兵团住房和城乡建设局主要负责人，海南省自然资源和规划厅、水务厅主要负责人，中央和国家机关有关部门相关司（局）、中央军委后勤保障部军事设施建设局、中国海员建设工会、中央企业有关负责人，驻部纪检监察组负责人，部机关各司局、部直属各单位主要负责人以及部分地级及以上城市人民政府分管住房和城乡建设工作的副市长参加会议。

(2020-12-21　来源：《中国建设报》)

专题报道

王蒙徽：实施城市更新行动

十九届五中全会通过的《中共中央关于制定国民经济和社会发展第十四个五年规划和二〇三五年远景目标的建议》明确提出实施城市更新行动，这是以习近平同志为核心的党中央站在全面建设社会主义现代化国家、实现中华民族伟大复兴中国梦的战略高度，对进一步提升城市发展质量作出的重大决策部署。我们要深刻领会实施城市更新行动的丰富内涵和重要意义，坚定不移实施城市更新行动，努力把城市建设成为人与人、人与自然和谐共处的美丽家园。

实施城市更新行动的重要意义

城市建设既是贯彻落实新发展理念的重要载体，也是构建新发展格局的重要支点。实施城市更新行动，推动城市结构调整优化和品质提升，转变城市开发建设方式，对于全面提升城市发展质量、不断满足人民群众日益增长的美好生活需要、促进经济社会持续健康发展，具有重要而深远的意义。

实施城市更新行动，是适应城市发展新形势、推动城市高质量发展的必然要求。改革开放以来，我国城镇化进程波澜壮阔，创造了世界城市发展史上的伟大奇迹。2019年我国常住人口城镇化率为60.6%，已经步入城镇化较快发展的中后期，城市发展进入城市更新的重要时期，由大规模增量建设转为存量提质改造和增量结构调整并重，从"有没有"转向"好不好"。我们不仅要解决城镇化过程中的问题，还要更加注重解决城市发展本身的问题，走出一条内涵集约式高质量发展的新路。

实施城市更新行动，是坚定实施扩大内需战略、构建新发展格局的重要路径。城市是扩内需补短板、增投资促消费、建设强大国内市场的重要战场。城市建设是现代化建设的重要引擎，是构建新发展格局的重要支点。我国城镇生产总值、固定资产投资占全国比重均接近90%，消费品零售总额占全国比重超过85%。实施城市更新行动，谋划推进一系列城市建设领域民生工程和发展工程，有利于充分释放我国发展的巨大潜力，形成新的经济增长点，培育发展新动能，畅通国内大循环。

实施城市更新行动，是推动城市开发建设方式转型、促进经济发展方式转变的有效途径。城市建设是贯彻落实新发展理念、推动高质量发展的重要载体。随着我国经济发展由高速增长阶段转向高质量发展阶段，过去"大量建设、大量消耗、大量排放"和过度房地产化的城市开发建设方式已经难以为继。实施城市更新行动，推动城市开发建设从粗放型外延式发展转向集约型内涵式发展，将建设重点由房地产主导的增量建设逐步转向以提升城市品质为主的存量提质改造，促进资本、土地等要素根据市场规律和国家发展需求进行优化再配置，从源头上促进经济发展方式转变。

实施城市更新行动，是推动解决城市发展中的突出问题和短板、提升人民群众获得感幸福感安全感的重大举措。在经济高速发展和城镇化快速推进过程中，一些城市发展注重追求速度和规模，城市规划建设管理"碎片化"问题突出，城市的整体性、系统性、宜居性、包容性和生长性不足，人居环境质量不高，一些大城市"城市病"问题突出。通过实施城市更新行动，及时回应群众关切，补齐基础设施和公共服务设施短板，推动城市结构调整优化，提升城市品质，让人民群众在城市生活得更方便、更舒心、更美好。

实施城市更新行动的目标任务

实施城市更新行动，总体目标是建设宜居城市、绿色城市、韧性城市、智慧城市、人文城市，不断提升城市人居环境质量、人民生活质量、城市竞争力，走出一条中国特色城市发展道路。

完善城市空间结构。健全城镇体系，构建以中心城市、都市圈、城市群为主体，大中小城市和小城镇协调发展的城镇格局，落实重大区域发展战略，促进国土空间均衡开发。建立健全区域与城市群发展协调机制，充分发挥各城市比较优势，促进城市分工协作。推进区域重大基础设施和公共服务设施共建共享，建立功能完善、衔接紧密的城市群综合立体交通等现代设施网络体系，提高城市群综合承载能力。

实施城市生态修复和功能完善工程。坚持以资源环境承载能力为刚性约束条件，以建设美好人居环境为目标，合理确定城市规模、人口密度，优化城市布局。建立连续完整的生态基础设施标准和政策体系，完善城市生态系统，加强绿色生态网络建设。补足城市基础设施短板，加强各类生活服务设施建设，增加公共活动空间，推动发展城市新业态，完善和提升城市功能。

强化历史文化保护，塑造城市风貌。建立城市历史文化保护与传承体系，加大历史文化名胜名城名镇名村保护力度，保护具有历史文化价值的街区、建筑及其影响地段的传统格局和风貌，推进历史文化遗产活化利用，不拆除历史建筑、不拆真遗存、不建假古董。全面开展城市设计工作，加强建筑设计管理，优化城市空间和建筑布局，加强新建高层建筑管控，治理"贪大、媚洋、求怪"的建筑乱象，塑造城市时代特色风貌。

加强居住社区建设。居住社区是城市居民生活和城市治理的基本单元，要以安全健康、设施完善、管理有序为目标，把居住社区建设成为满足人民群众日常生活需求的完整单元。开展完整居住社区设施补短板行动。推动物业服务企业大力发展线上线下社区服务业。建立党委领导、政府组织、业主参与、企业服务的居住社区治理机制，推动城市管理进社区，提高物业管理覆盖率。开展美好环境与幸福生活共同缔造活动，发动群众共建共治共享美好家园。

推进新型城市基础设施建设。加快推进基于信息化、数字化、智能化的新型城市基础设施建设和改造。加快推进城市信息模型（CIM）平台建设，打造智慧城市的基础操作平台。实施智能化市政基础设施建设和改造，协同发展智慧城市与智能网联汽车。推进智慧社区建设。推动智能建造与建筑工业化协同发展，建设建筑产业互联网，推广钢结构装配式等新型建造方式，加快发展"中国建造"。

加强城镇老旧小区改造。城镇老旧小区改造是重大的民生工程和发展工程。要进一步摸清底数，合理确定改造内容，科学编制改造规划和年度改造计划，有序组织实施，力争到"十四五"期末基本完成2000年前建成的需改造城镇老旧小区改造任务。不断健全统筹协调、居民参与、项目推进、长效管理等机制，建立改造资金政府与居民、社会力量合理共担机制，确保改造工作顺利进行。

增强城市防洪排涝能力。坚持系统思维、整体推进、综合治理，争取"十四五"期末城市内涝治理取得明显成效。统筹区域流域生态环境治理和城市建设，将山水林田湖草生态保护修复和城市开发建设有机结合，提升自然蓄水排水能力。统筹城市水资源利用和防灾减灾，系统化全域推进海绵城市建设。统筹城市防洪和排涝工作，加快建设和完善城市防洪排涝设施体系。

推进以县城为重要载体的城镇化建设。县城是县域经济社会发展的中心和城乡统筹发展的关键节点。实施强县工程，加强县城基础设施和公共服务设施建设，改善县城人居环境，更好吸纳农业转移人口。建立健全以县为单元统筹城乡的发展体系、服务体系、治理体系，促进一二三产业融合发展，统筹布局县城、中心镇、行政村基础设施和公共服务设施，建立政府、社会、村民共建共治共享机制。

完善住房制度

坚持房子是用来住的、不是用来炒的定位，着力解决住房结构性供给不足的矛盾，完善住房市场体系和住房保障体系，基本建立多主体供给、多渠道保障、租购并举的住房制度，推动实现全体人民住有所居。

稳妥实施房地产长效机制方案。因城施策，落实城市主体责任，健全政策协同机制、部省市联动机制、监测预警机制、市场监管机制和舆论引导机制，建立房地产金融审慎管理制度，全面开展房地产市场调控评价考核工作，着力稳地价、稳房价、稳预期，促进房地产市场平稳健康发展。

完善住房保障体系。加快构建以公租房、保障性租赁住房和共有产权住房为主体的住房保障体系，结合城镇棚户区改造和老旧小区改造，有效增加保障性住房供应。以解决新市民住房困难为出发点，大力发展租赁住房，完善长租房政策，扩大小户型、低租金的保障性租赁住房供给，探索支持利用集体建设用地按照规划建设租赁住房。

完善土地出让收入分配机制。以住房需求为导向配置土地资源，增加住房建设用地供给，优化住房供应结构。深化土地供给侧结构性改革，建立以需求定供给、以效益定供给的城市建设用地供应机制。

改革完善住房公积金制度。扩大缴存范围，覆盖新市民群体。优化使用政策，为发展租赁住房和城镇老旧小区改造提供资金支持。进一步加强住房公积金管理信息化建设，提高监管服务水平。

提升住房品质。完善住房建设标准规范，加强质量安全监管，提高住房设计和建造水平，建设功能完善、绿色宜居、健康安全的高品质住房，不断改善人民群众住房条件和居住环境。

提高城市治理水平

城市治理是国家治理体系和治理能力现代化的重要内容，要大幅提升城市科学化、精细化、智能化治理水平，切实提高特大城市风险防控能力。

创新城市治理方式。运用新一代信息技术建设城市综合运行管理服务平台，加强对城市管理工作的统筹协调、指挥监督、综合评价，推行城市治理"一网统管"。从群众身边小事抓起，以绣花功夫加强城市精细化管理。

深化城市管理体制改革。建立健全党委和政府统筹协调、各部门协同合作、指挥顺畅、运行高效的城市管理体系，坚持依法治理，注重运用法治思维和法治方式解决城市治理突出问题。

加强特大城市治理中的风险防控。全面梳理城市治理风险清单，建立和完善城市安全运行管理机制，健全信息互通、资源共享、协调联动的风险防控工作体系。实施城市建设安全专项整治三年行动，加强城市应急和防灾减灾体系建设，综合治理城市公共卫生和环境，提升城市安全韧性，保障人民生命财产安全。

实施城市更新行动要做到"六个必须"

必须加强党对城市工作的领导。深入学习贯彻习近平总书记关于城市工作的重要论述和重要指示批示精神，进一步增强"四个意识"、坚定"四个自信"、做到"两个维护"，全面加强党的领导，发挥党总揽全局、协调各方的领导核心作用，建立健全党委统一领导、党政齐抓共管的城市工作格局。

必须坚持以人民为中心的发展思想。坚持人民城市人民建、人民城市为人民，努力满足人民群众对城市宜居生活的新期待，着力解决城市发展过程中的不平衡不充分问题，创造优良人居环境，不断实现人民对美好城市生活的向往。

必须坚定不移贯彻新发展理念。转变城市发展方式，将创新、协调、绿色、开放、共享的新发展理念贯穿实施城市更新行动的全过程和各方面，推动城市实现更高质量、更有效率、更加公平、更可持续、更为安全的发展。

必须坚持"一个尊重、五个统筹"。认识、尊重、顺应城市发展规律，树立正确的发展观和政绩观，统筹城市工作的各个方面各个环节，整合各类资源，调动各方力量，提高城市工作水平。

必须加快改革创新步伐。加快完善城市规划建设管理体制机制，形成一整套与大规模存量提质改造相适应的体制机制和政策体系，健全社会公众满意度评价和第三方考评机制，促进城市治理体系和治理能力现代化。

必须用统筹的方法系统治理"城市病"。建立完善城市体检评估机制，统筹城市规划建设管理，系统安排各方面工作，持续推动城市有机更新，促进城市全生命周期的可持续发展。

(2020-12-29　来源：人民日报)

住房和城乡建设部：加强统筹谋划确保冬季供热采暖稳定运行

新华社北京10月29日电（记者 王优玲）住房和城乡建设部近日组织召开北方采暖地区今冬明春城镇供热采暖工作电视电话会议。会议强调，要加强统筹谋划，落实做好燃料储备、设施检修调试、应急能力保障和安全生产等工作，确保冬季供热采暖稳定运行。

会议指出，城镇供热采暖工作是重要的民生工程，也是民心工程，城镇供热主管部门和供热企业要抓实抓细抓好今冬明春北方采暖地区城镇供热采暖的各项工作。

会议充分肯定了上一采暖期城镇供热采暖工作。城镇供热运行总体平稳，室内温度有保障，用户满意度提高，人民群众获得感提升。会议强调，要根据防疫需要和气候变化情况，因地制宜延长供热时间，提高服务标准，重点做好医院、医疗用品生产企业等防疫单位的取暖保障工作，提升服务质量和水平。

同时，要根据本地区能源供给条件、经济发展水平、环境保护、区域气候等特点，因地制宜选择清洁取暖技术路线，积极推进清洁取暖工作。要严格督促落实部门监管责任和企业主体责任，对群众反映强烈的供热采暖问题要认真及时予以整改解决。

据介绍，国家发展改革委经济运行调节局、国家能源局电力司、中国气象局国家气候中心相关负责人在会上分别就今冬明春保暖保供和清洁取暖工作提出要求。

（2020-10-29　来源：新华社）

农村人居环境整治三年行动任务基本完成

新华社北京12月28日电（记者于文静、陈春园）冬日时节，在江西省信丰县大阿镇莲塘村，公路两侧房舍、庭院干净整洁，修葺一新的公园别具特色，蔬菜大棚里绿意盎然，让人难以想象这里曾经垃圾成堆、杂草丛生的旧模样。

近年来，莲塘村着力拆除破旧的"空心房"，全面实施改水改厕改路，将传统民宅重新粉刷，在保留原有树木、菜园和水塘的基础上精心设计施工，村容村貌焕然一新。

莲塘村的变化是我国农村人居环境改善的一个缩影。据农业农村部消息，经过各地努力，农村人居环境整治三年行动方案目标任务基本完成。全国农村卫生厕所普及率超过65%，2018年以来累计新改造农村户厕超过3500万户，农村生活垃圾收运处置体系已覆盖90%以上的行政村，农村生活污水治理取得新进展，95%以上的村庄开展了清洁行动。

农业农村部有关负责人介绍说，今年我国以疫情防治为切入点，不断加强农村人居环境整治，通过召开现场会、举办培训班等强化部署推动，并且组织现场技术服务、线上技术咨询等强化技术支撑。

据了解，中央财政安排了74亿元支持农村厕所革命整村推进，中央预算内投资安排30亿元支持中西部省份开展农村人居环境整治，中央财政对整治成效明显的20个县（市、区）给予激励支持。同时，农业农村部门指导各地以县为单位开展验收，组织开展农村人居环境整治检查，确保干干净净迎小康。三年行动方案目标任务基本完成，扭转了农村长期存在的脏乱差局面，村容村貌明显改善。

（2020-12-28　来源：新华社）

2020年老旧小区改造任务超额完成

来自住房和城乡建设部的最新数据显示，2020年老旧小区改造任务已经超额完成。我国有序实施城镇老旧小区改造，1月份至11月份，新开工改造城镇老旧小区3.97万个，惠及居民近725万户。

老旧小区改造是城市更新的重要一环。2020年是我国老旧小区改造开始按下快进键的一年。7月份，国务院办公厅印发了《关于全面推进城镇老旧小区改造工作的指导意见》，吹响了老旧小区改造提速的号角。

按照工作目标，2020年新开工改造城镇老旧小区3.9万个，涉及居民近700万户。到2022年，基本形成城镇老旧小区改造制度框架、政策体系和工作机制。到"十四五"期末，结合各地实际，力争基本完成2000年底前建成的需改造城镇老旧小区改造任务。

老旧小区改造钱从哪来一直是广大居民关心的话题。我国将针对老旧小区改造建立改造资金政府与居民、社会力量合理共担机制。

2020年，在住房和城乡建设部的推动下，国家开发银行、中国建设银行与5省份9个城市开展战略合作，未来5年将安排4360亿元贷款支持市场力量参与老旧小区改造。

住房和城乡建设部城市建设司副司长刘李峰介绍，各地积极探索，在老旧小区改造过程中形成了一批可复制可推广的政策机制，住房和城乡建设部日前据此形成了《城镇老旧小区改造可复制政策机制清单（第一批）》。

其中，改造资金政府与居民、社会力量合理共担方面，清单从完善资金分摊规则、落实居民出资责任、加大政府支持力度、吸引市场力量参与、推动专业经营单位参与、加大金融支持、落实税费减免政策7个方面进行了总结。

在实践中，有不少城市探索完善资金分摊规则。比如，湖北省宜昌市探索小区范围内公共部分的改造费用由政府、管线单位、原产权单位、居民等共同出资；建筑物本体的改造费用以居民出资为主，财政分类以奖代补10%或20%；养老、托育、助餐等社区服务设施改造，鼓励社会资本参与，财政对符合条件的项目按工程建设费用的20%实施以奖代补。

还有一些城市探索落实居民出资责任。如，湖南省长沙市探索落实居民出资责任。对居民直接受益或与居民紧密相关的改造内容，动员居民通过以下几种方式出资：一是业主根据专有部分建筑面积等因素协商，按一定分摊比例共同出资；二是提取个人住房公积金和经相关业主表决同意后申请使用住宅专项维修资金；三是小区共有部分及共有设施设备征收补偿、小区共用土地使用权作资、经营收益等，依法经业主表决同意作为改造资金。

浙江省宁波市根据改造内容产权和使用功能的专属程度制定居民出资标准，如楼道、外墙、防盗窗等改造内容，鼓励居民合理承担改造费用。小区共有部位及设施补偿赔偿资金、公共收益、捐资捐物等，均可作为居民出资。

山东省青岛市探索居民提取住房公积金，用于城镇老旧小区改造项目和既有住宅加装电梯项目。市政府批复的城镇老旧小区改造项目范围内的房屋所有权人及其配偶，在项目竣工验收后，可提取一次，金额不超过个人实际出资额。实施既有住宅加装电梯项目的房屋所有权人及其直系亲属，在项目竣工验收后，可就电梯建设费用提取1次，金额不超过个人实际出资额。

住房消费是我国城镇居民最大的消费，未来，老旧小区改造也将成为百姓住房消费的重要方面。对于2021年的老旧小区改造工作，住房和城乡建设部提出，加快总结建立与更新改造相适应的政策体系和工作机制，合理确定2021年改造计划并有序组织实施，推动建立政府、居民和社会力量共建共治共享的政策机制，探索金融支持市场力量参与改造的可复制可推广模式。

值得一提的是，老旧小区改造是一项民心工程。正如住房和城乡建设部副部长黄艳所说："老旧小区改造，必须体现以人民为中心的发展思想。改不改、改什么、怎么改？还是要坚持居民自愿、尊重居民意愿，激发居民参与的积极性。改得好不好，也是由居民来评价。改后怎么管，仍要引导居民协商确定。"

有鉴于此，老旧小区改造无论从改造速度还是改造模式，都不应该搞"一刀切"，不应该一味地追求改造速度。而是应该从居民的意愿和感受出发，积极探索，因地制宜，量力而行，注重改造的质量，提升居民的满意度。（记者　亢舒）

(2020-12-23　来源：摘自《经济日报》题目略有改动)

建设综述

法 规 建 设

【立法工作】 配合司法部，推动住房和城乡建设部起草的抗震条例、租赁条例取得重大进展。配合有关司局，开展《中华人民共和国建筑法》（修订）、《中华人民共和国城市房地产管理法》（修订）、城市建设法的研究起草工作。

配合立法机关，修订住房和城乡建设领域有关法律法规，积极参加与住房城乡建设部职能密切相关项目的立法进程。完成开发条例、供水条例等法规的修订；积极参与《中华人民共和国民法典》《中华人民共和国固体废物污染环境防治法》《中华人民共和国长江保护法》《中华人民共和国乡村振兴促进法》《中华人民共和国安全生产法》《中华人民共和国环境噪声污染防治法》《中华人民共和国招标投标法》《中华人民共和国发展规划法》《中华人民共和国土地管理法实施条例》、地下水管理条例、节约用水条例等法律法规的制定（修订）工作。共完成220余件（次）法律法规征求意见件的办理工作。

会同有关司局，落实年度规章立法计划。新制定《建设工程消防设计审查验收管理暂行规定》（部令第51号），修订《工程造价咨询企业管理办法》等2部规章，废止《外商投资建筑业企业管理规定》等2部规章。制定（废止）联合规章2部。

【行政复议和行政诉讼工作】 做好日常办案。行政复议方面，共办理复议案件563件，办结505件，其中撤销、确认违法、责令履行67件，纠错率为13.3%，较2019年增加2.7个百分点。行政诉讼方面，共办理401件诉讼案件，办结361件。

加强案件会商。针对涉及购房纠纷、工程建设领域违法行为处理等群体类和疑难复杂案件，组织召开6次会商会，与部内有关司局、地方主管部门和有关法官、专家加强沟通会商，强化苗头性、趋势性、规律性研判，防范法律风险。

健全工作机制。区分不同案情，探索繁简分流的办案机制。制定印发部公职律师管理办法，进一步规范公职律师管理。

强化层级监督。针对复议案件办理中发现的问题约谈地方主管部门，发出5份复议意见书。开展败诉案件案后跟踪指导，督促地方做好后续处理工作。

【行政执法监督工作】 推动行政执法"三项制度"落地落实。建立行政执法年报制度，制定印发住房和城乡建设行政执法年报指标，协调纳入住房和城乡建设统计信息系统。规范行政执法案卷评查工作，制定印发住房和城乡建设系统行政处罚案卷评查工作指南，举办专题培训班进行宣贯。

扎实开展合法性审核工作。完善审核机制，加强司局协调，共完成42件（次）行政规范性文件的合法性审核工作。建立重大执法决定法制审核咨询专家制度，确定首批咨询专家20名，制定专家工作规则，强化专业支撑。完成部机关行政处罚、撤销行政许可等重大执法决定法制审核280件（次），提出修改意见30件（次）。召开行政处罚案件听证会1次。

协同推进"放管服"改革。制定印发落实优化营商环境条例的意见及其分工方案。协调有关司落实优化营商环境改革任务台账，协同指导参评城市参加世行营商环境评价。组织编制上报我部行政许可事项清单、我部拟保留的证明事项清单，公布第二批取消的证明事项。制定印发全面推行证明事项告知承诺制的通知。协调推动住房和城乡建设领域"证照分离"改革。配合有关司研究起草工程建设项目网上审批、企业资质延期、国有住房租金减免、住房公积金缓缴等政策文件，做好疫情防控期间"六稳"有关工作。

【普法工作】 做好"七五"普法总结验收工作。印发住房和城乡建设系统"七五"普法总结验收工作方案，对部分省市进行调研，起草并上报"七五"普法总结报告并报送全国普法办。组织全系统参加第十七届全国法治动漫微视频作品征集展示活动。

开展专题普法宣传活动。组织开展宪法宣传周系列宣传活动。印发《关于加强民法典学习宣传的实施意见》，举办2期民法典专题法治讲座，选取3件与住房和城乡建设工作相关的民事案件组织部工作人员626人（次）在线上开展旁听庭审，在《中国建设报》开设专版持续宣传民法典。组织开展全民国家安全教育日、疫情防控和公共卫生安全等专项普法活动。

多形式开展法治宣传。每月在《中国建设报》刊发1期典型案例以案释法。每月组织开展1次网上旁听庭审活动，部工作人员观看2318人（次）。组织编辑出版普法工具书《建设法律法规（2020年版）》。

【其他工作】认真履行部法治建设领导小组办公室职责。落实部法治建设领导小组的部署，年初制定印发《住房和城乡建设部2020年法治建设工作要点》，统筹安排年度法治建设重点任务，明确每项任务的牵头单位及完成期限；年中组织召开部机关法治建设工作会议，督促推动各单位切实推进各项重点任务。以办公室名义按季度印发行政复议和应诉工作情况通报，指导各单位推进依法行政。

按照中央全面依法治国委员会2020年工作要点和中央依法治国办抓好2020年六件实事工作方案，制定印发《中央依法治国委2020年工作任务涉及我部任务工作方案》，协调责任司局抓好落实，并定期向中央依法治国办报送工作进展。组织起草上报《住房和城乡建设部2019年度法治政府建设工作情况报告》并向社会公开。研究建立住房和城乡建设系统法治政府建设重点联系单位制度。

组织办理十三届全国人大三次会议议案48件，全国人大代表建议16件，全国政协委员提案4件。完成《土壤污染防治法》执法检查和人大应询有关工作。落实部扶贫办部署，会同市长研修学院，组织完成对安徽省脱贫攻坚农村危房改造挂牌督战工作。配合有关部委，协调推动市场准入负面清单、公平竞争审查、促进服务业发展等工作。组织开展与《民法典》相关联法规规章、妨碍统一市场和公平竞争的政策措施以及野生动物保护领域规章文件的清理工作。

（住房和城乡建设部　法规司）

住 房 保 障

概况

2020年，党中央、国务院高度重视住房保障工作。10月，党的十九届五中全会提出，有效增加保障性住房供给，扩大保障性租赁住房供给。12月，中央经济工作会议提出，要高度重视保障性租赁住房建设。12月3日，国务院副总理韩正在住房和城乡建设部调研时强调，要以保障性租赁住房为着力点，完善基础性制度和支持政策，加强住房保障体系建设。住房和城乡建设部认真贯彻落实党中央、国务院决策部署，年底召开的全国住房和城乡建设工作会议要求，扩大保障性租赁住房供给，做好公租房保障，支持人口净流入的大城市发展共有产权住房。

【"十三五"期间住房保障取得巨大成就】经过多年发展，我国建成世界最大住房保障体系。"十三五"期间，全国棚改累计开工超过2300万套，帮助5000多万居民出棚进楼。截至2020年年底，3800多万困难群众住进公租房，累计2200多万困难群众领取了租赁补贴，低保、低收入住房困难家庭基本实现应保尽保，中等偏下收入家庭住房条件有效改善。

【完善住房保障体系】2019年12月23日，住房和城乡建设部召开全国住房和城乡建设工作会议，部署开展完善住房保障体系试点，重点发展保障性租赁住房（原政策性租赁住房）。

重点工作、新举措

【加快发展保障性租赁住房】2019年年底开始，住房和城乡建设部部署在沈阳、南京、苏州、杭州、合肥、福州、济南、青岛、郑州、长沙、广州、深圳、重庆等13个城市开展完善住房保障体系试点工作，重点探索发展面向新市民供应的小户型、低租金保障性租赁住房，主要利用存量土地和房屋建设，以降低建设成本，促进职住平衡。在住房和城乡建设部指导和推动下，各试点城市积极研究政策措施，实施了一批试点项目；中国建设银行与试点城市签订了战略合作协议，将于3年内提供不少于3000亿元长期低息贷款；万科、龙湖和华润等房地产开发企业积极参与试点项目建设筹集。住房和城乡建设部根据试点进展，及时梳理问题、总结推广经验做法，并在此基础上研究探索保障性租赁住房的配套政策、运行机制。

【做好公租房保障】

印发《住房和城乡建设部办公厅关于印发 2020 年公租房保障工作要点的通知》（建办保函〔2020〕254 号），指导各地进一步规范发展公租房。对部分重点城市实施清单式销号管理，督促地方健全常态化申请受理机制，对城镇低保、低收入住房困难家庭应保尽保，对城镇中等偏下收入住房困难家庭在合理轮候内给予保障。

对环卫、公交等公共服务行业困难职工实施精准保障。总结推广长沙、成都等地经验，引导山东、贵州等地开展公租房需求摸底调查，指导天津、上海等地印发专门文件，加大精准保障力度。截至2020 年年底，共帮助 12 万环卫工人、5 万公交行业职工改善了居住条件。

加快公租房信息系统建设。举办公租房信息系统视频培训，32 个省份（含兵团）、337 个地级以上城市住建部门相关负责同志参加。督促指导地方加快数据联网工作，截至 2020 年年底，全国已有 336 个城市初步实现数据共享，较 2019 年底增加 150 个。

推广政府购买公租房运营管理服务。总结浙江、安庆等地试点经验，将更多市县和项目纳入试点范围，同时鼓励河北、黑龙江等省积极参加政府购买公租房运营管理服务试点，提升公租房运营管理专业化、规范化水平。

【因地制宜发展共有产权住房】

截至 2020 年年底，北京市通过多种方式筹集房源约 7.8 万套，上海市共有产权保障住房累计签约 12.7 万户，南京、广州、西安等城市也积极探索发展共有产权住房。

【稳步推进棚户区改造】

2020 年全国棚改计划开工 194 万套，实际开工 209 万套，完成投资 1.1 万亿元。住房和城乡建设部会同相关部门指导各地坚持既尽力而为，又量力而行，严格把握棚户区改造范围和标准，科学确定城镇棚户区改造计划，重点改造老城区内脏乱差的棚户区和国有工矿区、林区、垦区棚户区，抓好项目工程质量和施工安全监管，加大配套基础设施建设，加快工程进度和回迁安置。退役军人事务部、住房和城乡建设部等 5 部门印发《关于做好移交政府安置的军队离退休干部住房小区居住条件改善有关工作的通知》，支持各地将符合条件的军休小区优先纳入当地棚改规划，结合实际统筹安排实施改造。

2020 年初，贯彻落实《国务院办公厅关于对真抓实干成效明显地方进一步加大激励支持力度的通知》（国办发〔2018〕117 号）要求，会同国家发展改革委、财政部，对 2019 年棚改工作真抓实干、成效明显的地级城市开展了激励支持评选工作。经组织地方申报、专家评审、社会公示等环节，确定了 10 个拟激励城市，并按程序上报国办。5 月，国务院办公厅印发《关于对 2019 年落实有关重大政策措施真抓实干成效明显地方予以督查激励的通报》，正式公布棚户区改造激励支持城市名单：河北省石家庄市，内蒙古自治区巴彦淖尔市，江苏省徐州市，浙江省绍兴市，安徽省合肥市，江西省宜春市，山东省济南市，河南省平顶山市，湖北省武汉市，湖南省常德市。

（住房和城乡建设部住房保障司）

标准定额、建筑节能与科技

概况

2020 年，住房和城乡建设部标准定额司以习近平新时代中国特色社会主义思想为指引，深入学习贯彻党中央关于统筹推进新冠肺炎疫情防控和经济社会发展"六稳六保"决策部署，认真落实部党组要求，围绕部中心任务稳步推进各项工作，取得新的进展。

住房和城乡建设标准规范管理

【持续推进强制性工程规范制定工作】 按照《关于深化工程建设标准化工作改革的意见》精神和重点工作部署，会同国家广电总局、国家邮政局、工业和信息化部等部门，组织有关行业工程建设标准管理机构和主要企事业单位，克服新冠疫情带来的困难，完成了广电、邮政、石油天然气、煤炭、电力、石化、纺织、电子、化工、冶金、有色等 11 个行业80多项工程建设强制性规范研编工作，并于当年启动了80项强制性工程规范制定工作，其中21项完成征求意见稿编写。

【组织开展住房和城乡建设领域全文强制性工程建设规范审查报批工作】落实《住房和城乡建设领域改革和完善工程建设标准体系工作方案》，组织开展住房和城乡建设领域38项全文强制性工程建设规范（以下简称"工程规范"）审查报批工作。已完成《燃气工程项目规范》《供热工程项目规范》《城市道路交通工程项目规范》等26项工程规范审查工作，积极筹备《住宅项目规范》《建筑与市政工程施工质量控制通用规范》等工程规范的审查工作。

【做好重点标准制修订工作】为落实习近平总书记推动垃圾分类指示精神，完成了《垃圾分类标志》国家标准修订。为积极应对新冠疫情防治需要，与国家卫生健康委联合发布了《新冠肺炎应急救治设施负压病区建筑技术导则》《新冠肺炎防治应急负压病房技术导则》。为落实《国务院关于促进天然气协调稳定发展的若干意见》，构建多层次天然气储备体系，提升储气能力要求，完成了《城镇燃气设计规范》修订。为落实《中共中央 国务院关于推进安全生产领域改革发展的意见》和《中共中央办公厅 国务院办公厅关于全面加强危险化学品安全生产工作的意见》重点任务部署，批准发布了《精细化工企业工程设计防火标准》《弹药工厂总平面设计标准》《特种气体系统工程技术标准》《地下水封石洞油库设计标准》《石油化工建筑抗爆设计标准》《建筑防火封堵应用技术标准》等国家标准。

【组织开展住房和城乡建设领域标准制修订】积极做好在编工程建设标准征求意见和报批工作。2020年共完成79项标准征求意见稿上网公开征求意见工作，其中工程标准41项，产品标准38项。完成95项标准报批稿审查工作，其中工程标准58项，产品标准37项。为适应城市社区居家适老化改造需求，向财政部申报"中国城市社区居家适老化改造标准研究"子项目，并组织实施，为修改完善居家适老化改造标准奠定技术基础。积极应对新型冠状病毒肺炎疫情，组织各标准化技术委员会、各标准规范编制单位，密切关注疫情防控风险情况，对相关标准进行梳理，针对市政给水排水、垃圾处理、通风空调等存在病毒传播风险的领域，组织开展32项标准制修订工作，强化预防病毒传播的规定。

【加强标准规范编制管理】组织编制及批准发布《钢结构工程施工质量验收标准》《无线局域网工程设计标准》《民用建筑工程室内环境污染控制标准》等80项工程标准，不断完善工程标准体系和提升标准水平，为国家经济建设提供技术支撑。组织有关部门和行业对现行工程建设标准复审评估，完成了1000多项标准复审，及时了解现行标准实施现状，为优化标准体系、提升标准时效性提供依据。

【推进工程标准国际化工作】加大国际标准新项目申请力度，向国际标准化组织提交《建筑制图》等12项国际标准立项申请，5个项目获批准。继续推动工程标准外文版翻译，发布《绿色建筑评价标准》《建筑照明设计标准》等20余项英文版标准，为我国企业参与国际市场竞争提供技术支撑。积极参与国际标准化机构管理，向国际标准化组织提交由我国筹建"吊顶与墙面""混凝土、钢筋混凝土及预应力混凝土"等三个技术委员会，并承担技术委员会秘书处职责。继续做好财政部的世行贷款项目——"中国工程建设标准'一带一路'国际化政策研究"子项目研究。

【加强工程建设标准实施指导监督】做好工程建设地方标准备案工作。进一步规范工程建设地方标准备案工作，提高备案效率。2020年共备案工程建设地方标准590项。坚持以人民为中心，做好有关标准咨询的群众来信等答复工作。2020年累计办结各类来信来函69件，电话接访40人次以上。解答人民群众和相关单位对《住宅设计规范》《建筑设计防火规范》《城镇给水排水技术规范》《城市居住区规划设计标准》等重要标准的有关疑问。

住房和城乡建设工程造价管理

【推进工程造价行政审批制度改革】围绕持续推进简政放权、放管结合、优化服务，不断提高政府能效的要求，深化工程造价咨询企业资质审批制度改革。

2月，印发《关于修改〈工程造价咨询企业管理办法〉〈注册造价工程师管理办法〉的决定》（建设部令第50号），降低工程造价咨询企业资质标准，压减注册造价工程师及相关人员人数要求；删除了"企业出资人中，注册造价工程师人数不低于出资人总人数的60%，且其出资额不低于企业认缴出资总额的60%"的规定；取消工程造价咨询企业设立分支机构的有关规定。

4月，印发《关于实行工程造价咨询甲级资质审批告知承诺制的通知》（建办标〔2020〕18号），减少制度性交易成本，简化审批流程及相关证明材料；依据企业书面承诺，直接办理审批手续，核查环节后置，加强事中事后监管，提升政务服务能力和水平。

6月，印发《关于一级造价工程师注册管理有关事项的通知》（建办标〔2020〕26号），进一步规范土木建筑工程和安装工程专业一级造价工程师注册管理工作。提高审批效率，方便企业服务。

【推进工程造价市场化改革】7月24日，住房和城乡建设部办公厅印发《工程造价改革工作方案》（建办标〔2020〕38号），决定在全国房地产开发项目，以及北京市、浙江省、湖北省、广东省、广西壮族自治区有条件的国有资金投资的房屋建筑、市政公用工程项目进行工程造价改革试点。通过改进工程计量和计价规则、完善工程计价依据发布机制、加强工程造价数据积累、强化建设单位造价管控责任、严格施工合同履约管理等措施，推行清单计量、市场询价、自主报价、竞争定价的工程计价方式，进一步完善工程造价市场形成机制。

截至2020年年底，江苏、广西、浙江、广东、湖北和北京分别出台相关政策，不断推进工程造价管理市场化改革。江苏印发《关于开展房屋建筑和市政基础设施工程改进最高投标限价编制方法试点工作的通知》，在自由贸易试验区（南京片区、苏州片区、连云港片区）所在的设区市开展房屋建筑和市政基础设施工程改进最高投标限价编制方法试点工作，取消定额与最高投标限价的绑定关系，促进通过市场竞争形成签约合同价。广西住房和城乡建设厅联合财政厅印发《广西建设工程造价改革试点实施方案》，选定在南宁、柳州、桂林、北海、玉林等5市开展改革试点，明确试点目标，健全组织机构，制订实施步骤。浙江出台《浙江省工程造价改革实施意见》，在舟山、金华、嘉兴等地选择2~3个投资额1亿元以内的房屋建筑和市政基础设施工发承包项目，开展"取消最高投标限价按定额计价"的改革试点。广东确定省中医院中医药传承创新工程作为造价改革试点，从计量计价原则、施工招标文件（包括回标分析）、合同条款等方面进行试点改革，目前已完成施工总承包招标。湖北省住房和城乡建设厅指导鄂州机场项目形成计量计价规则，调整最高投标限价编制方式，目前鄂州民用机场项目施工招标已全部完成并已进场施工。北京市住房和城乡建设委改革工程造价信息发布，提高工程造价信息市场贴近度，增设市场参考信息和厂家参考信息服务板块，不断扩大工程造价数据的收集渠道。

【提高建设工程价款结算比例】贯彻落实国务院常务会议精神，做好清理拖欠民营企业中小企业账款有关工作，进一步完善建设工程结算有关办法，配合财政部印发《关于完善建设工程价款结算有关办法的通知（征求意见稿）》，全国征求意见。提高建设工程价款支付比例，在工程建设领域推行过程结算。

【完善工程造价法规和计价体系】按照住房和城乡建设部立法计划，做好《建筑法》中涉及工程造价条款的起草工作；为适应工程造价市场化改革需要，组织开展《建筑工程施工发包与承包计价管理办法》修订工作；按照市场决定工程造价要求，进一步完善工程造价市场化计量和计价规则，继续推进《建设工程工程量清单计价规范》修订工作，完成《爆破工程工程量计算规范》审查工作。

【工程造价行业概况】2020年年末，全国共有甲级工程造价咨询企业5180家，比上年增长13.7%，占比49.4%；乙级工程造价咨询企业5309家，比上年增长46.0%，占比50.6%。工程造价咨询企业从业人员790604人，比上年增长34.8%。工程造价咨询企业共有注册造价工程师111808人，比上年增长18.4%，占全部工程造价咨询企业从业人员的14.1%。工程造价咨询企业的营业收入2570.64亿元，比上年增长40.0%。工程造价咨询企业实现利润总额212.12亿元，比上年增长0.6%。

科技创新工作

【开展相关规划编制】积极参与《国家中长期科技发展规划（2021—2035年）》、"十四五"国家科技创新规划和相关领域科技创新专项规划编制工作。在"十三五"行业科技工作总结评估、"十四五"技术预测与战略研究工作的基础上，组织编制《"十四五"住房和城乡建设科技发展规划》，召开专家咨询会，并向住房和城乡建设部科技委各专业委员会、各省住房和城乡建设主管部门、部属事业单位、行业有关科研院所和企业等征求意见。

【推进科技计划项目实施】开展水专项成果总结凝练，推动"城镇水污染控制与水环境综合整治整装成套技术"和"从'源头到龙头'饮用水安全多级屏障与全过程监管技术"两项标志性成果产出；通过编写出版水专项成果丛书、编制成果专报、召开技术成果交流推广会、组织编制技术指南等多种方式，宣传水专项成果，做好成果交流与推广。组织编制"高分城市精细化管理遥感应用示范系统（二期）"项目建议书，经国防科工局组织评审后获立项。完成2020年住房和城乡建设部科学技术计划项目组织申报和立项评审，并开展2021年项目申报工作。

【研究建立部科技成果库】 研究讨论住房和城乡建设领域科技成果库架构。组织凝练遴选水专项先进技术成果，研究提出水专项成果库建设方案，并开展系统框架开发设计。

【积极应对疫情助力经济发展】 组织编写《重大疫情期间城市排水与污水处理系统运行管理指南（试行）》等，为全国各地提高供排水管理、有效控制微生物风险提供科技支撑；组织武汉当地水专项研究团队，配合武汉水务部门，为华南海鲜市场终末处置、水体和环境中新冠病毒检测、环境消毒剂处置等抗疫工作提供技术支持。开展"科技助力经济2020"重点专项推荐和组织实施工作，择优遴选产业化基础好、对复工复产有直接带动作用的技术成果转化落地，经科学技术部审核，17个项目立项。

建筑节能和绿色建筑

各级住房和城乡建设部门围绕国务院确定的建筑节能、绿色建筑工作重点，进一步加强组织领导，落实政策措施，强化技术支撑，严格监督管理，推动各项工作取得积极成效。截至2020年年底，各项工作完成情况如下。

一是全国城镇累计建设绿色建筑面积66.45亿平方米，2020年城镇新增绿色建筑面积15.97亿平方米，占当年城镇新建民用建筑比例为77%。二是全国城镇新建建筑全面执行节能强制性标准，累计建成节能建筑面积达到238.65亿平方米，占城镇既有建筑面积比例超过63%，2020年城镇新增节能建筑面积21.06亿平方米。三是"十三五"期间累计完成节能改造居住建筑面积5.14亿平方米，2020年完成改造面积1.71亿平方米。四是"十三五"期间累计完成公共建筑节能改造面积1.85亿平方米，2020年完成改造面积3847万平方米。五是"十三五"期间全国累计完成超低、近零能耗建筑面积883万平方米。

【建筑节能】 新建建筑基本全面执行节能强制性标准。发布实施《严寒和寒冷地区居住建筑节能标准》《近零能耗建筑技术标准》等相关标准，完善建筑节能技术标准，不断提升建筑能效水平，引导超低能耗建筑发展。2020年，全国城镇新建建筑设计与竣工验收阶段执行建筑节能设计标准比例基本达到100%，总体情况良好；全国累计完成超低、近零能耗建筑面积521万平方米，其中浙江省、河北省分别完成183万平方米、123万平方米。

既有建筑节能改造顺利推进。修订《民用建筑节能管理规定》，加强建筑节能管理制度建设。印发《农村地区被动式太阳能暖房图集（试行）》和《户式空气源热泵供暖应用技术导则（试行）》，指导农村地区热源清洁化改造和建筑能效提升，推动北方地区冬季清洁取暖项目工作。2020年，严寒及寒冷地区各省（区、市）完成既有居住建筑节能改造1.18亿平方米，山西、山东两省改造面积超过2000万平方米；夏热冬冷地区各省（区、市）完成既有居住建筑节能改造面积3676万平方米，四川省完成既有居住建筑节能改造面积近1000万平方米；夏热冬暖地区和温和地区各省（区、市）完成既有居住建筑节能改造面积1568万平方米。

持续开展公共建筑节能改造。积极推动国家机关办公建筑和大型公共建筑能源统计、审计和公示，探索采用市场化方式实施高耗能公共建筑节能改造。2020年全国各省（区、市）完成公共建筑能耗统计72579栋，能源审计1394栋，能耗公示12733栋，能耗监测3117栋。江苏、广东等地公共建筑节能改造规模较大。

【绿色建筑】 提升绿色建筑标准水平。发布2019版《绿色建筑评价标准》GB/T50378—2019，创新重构安全耐久、健康舒适、生活便利、资源节约、环境宜居五大评价指标体系，提供高品质绿色建筑。截至2020年年底，按照《绿色建筑评价标准》GB/T 50378—2019获得绿色建筑评价标识项目609个，建筑面积5823万平方米。

加强绿色建筑标识管理。印发《绿色建筑标识管理办法》，实施绿色建筑统一标识制度，完善标识申报、审查、公示和监管制度，保障标识项目质量。截至2020年年底，全国累计23724个建筑项目获得绿色建筑设计评价标识，建筑面积24.33亿平方米，2020年获得绿色建筑设计评价标识的建筑项目4503个，建筑面积4.45亿平方米；全国累计1021个建筑项目获得绿色建筑运行评价标识，建筑面积1.36亿平方米，2020年获得绿色建筑运行评价标识的建筑项目154个，建筑面积2053万平方米。

开展绿色建筑创建行动。根据党中央 国务院绿色生活创建要求，会同国家发改委等6部门共同印发《绿色建筑创建行动方案》，明确到2022年实现城镇新建建筑中绿色建筑面积占比达到70%。截至目前，辽宁、黑龙江、上海、江西、河南、海南、四川、陕西、甘肃、宁夏、新疆等26个省（区、市）发布地方绿色建筑创建实施方案，并对地方创建工作落实情况和取得的成效开展年度总结评估，及时推广先进经验和典型做法。北京、天津、河北、山西、吉林、上海、江苏、浙江、安徽、福建、江西、山东、湖南、海南、新疆等地城镇新建建筑中绿色建筑比例均已超过70%，其中江苏、浙江达到97%以上，上海达到100%。

推动绿色建筑立法。截至2020年年底，江苏、浙江、宁夏、河北、辽宁、内蒙古、广东等7省（区）颁布地方绿色建筑条例，山东、江西、青海等省颁布绿色建筑政府规章，为绿色建筑工作提供法律支撑。

创新绿色建筑推动模式。会同人民银行、银保监会印发《关于支持浙江省湖州市推动绿色建筑和绿色金融协同发展的批复》，探索绿色金融支持绿色建筑发展。

开展2020年度绿色建筑创新奖评选。2020年度全国绿色建筑创新奖获奖项目共61项，其中一等奖16项、二等奖20项、三等奖25项。北京大兴国际机场航站楼及停车楼、上海中心大厦、北京科丰万达购物中心等均在其列。获奖项目均取得了显著的经济、社会、环境效益，具备良好的推广应用价值，对推动绿色建筑高质量发展起到了积极作用。

【可再生能源建筑应用】可再生能源在建筑领域的应用规模不断扩大。2020年，全国新增太阳能光热应用面积4.44亿平方米，浅层地热能建筑应用面积1734万平方米，太阳能光电建筑应用装机容量716兆瓦。

国际科技与标准合作

【开展相关国际合作项目】有序推进全球环境基金（GEF）赠款项目和欧盟技术援助项目，世界银行"中国城市建筑节能和可再生能源应用项目"顺利结题并获世行好评，"可持续城市综合方式试点项目"进入平台建设筹备阶段，联合国开发计划署"中国公共建筑能效提升项目"完成四批共计57个子课题招标工作，欧盟"中欧低碳生态城市合作项目"顺利完成并取得良好评估结果。继续支持国家适当减缓行动基金会（NAMA）"中国城市生活垃圾处理领域国家适当减缓行动项目"和亚行"城市适应气候变化主流化项目"在试点城市开展工作。

【推进国际交流活动】线上举办"中欧城市绿色发展论坛"，参加世界银行驻华代表处组织召开的全球环境基金"可持续城市综合方式试点项目"线上中期评估和知识共享研讨会，出席亚行"城市适应气候变化主流化项目"线上技术交流会。

【研提国际科技创新合作重大需求】组织研究并向科学技术部提出城市更新行动、绿色低碳城市、绿色宜居乡村建设等方面的"十四五"时期国际科技创新合作重大需求，并纳入国家重点研发计划战略性重点专项和政府间重点专项"十四五"实施方案。

装配式建筑与绿色建材

【加快发展新型建筑工业化】加快发展以装配式建筑为代表的新型建筑工业化，联合教育部等8部门印发《关于加快新型建筑工业化发展的若干意见》，发布《钢结构住宅主要构件尺寸指南》。2020年全国新开工装配式建筑共计6.3亿平方米，较2019年增长50%，占新建建筑面积的比例约为20.5%。

【推广应用绿色建材】联合财政部印发《关于政府采购支持绿色建材促进建筑品质提升试点工作的通知》，以南京、杭州、绍兴、湖州、青岛、佛山等6个城市的新建政府采购工程作为试点项目，采购符合性能指标要求的绿色建材，建成二星级及以上绿色建筑，全面提升建筑品质，促进建筑业高质量发展和绿色发展。联合国家市场监管总局、工业和信息化部印发《关于加快推进绿色建材产品认证及生产应用的通知》，加快推进绿色建材评价认证和推广应用工作，目前共有1700余个建材产品获得绿色建材评价标识。

（住房和城乡建设部标准定额司）

房地产市场监管

房地产市场政策、协调与指导

【房地产市场调控政策】 党中央、国务院高度重视房地产工作。习近平总书记多次强调，毫不动摇坚持房子是用来住的、不是用来炒的定位，落实长效机制，不将房地产作为短期刺激经济的手段，坚决防止借机炒作房地产。李克强总理明确要求，落实城市主体责任，改革完善住房市场体系和保障体系，解决新市民等群体住房困难问题。韩正副总理主持召开房地产工作座谈会，部署全面落实房地产长效机制，确保实现稳地价、稳房价、稳预期目标。

住房和城乡建设部会同有关部门认真贯彻落实党中央、国务院决策部署，牢牢坚持房子是用来住的、不是用来炒的定位，不把房地产作为短期刺激经济的手段，时刻绷紧房地产市场调控这根弦，全面落实房地产长效机制，强化城市主体责任，因地制宜、多策并举，促进房地产市场平稳健康发展。一是完善政策协同机制，建立住房与土地、金融联动机制，加强住宅用地管理，完善房地产金融宏观审慎管理体系。加快研究编制"十四五"住房发展规划。二是健全部省市联动管控机制，加强对重点城市的指导，实施精准调控。三是建立监测预警和评价考核机制，常态化开展月度监测、季度评价、年度考核，落实城市主体责任，确保市场稳定。四是完善舆情监测和舆论引导机制，客观解读房地产市场形势和调控政策。

房地产市场监测

2020年，面对新冠肺炎疫情冲击，住房和城乡建设部会同有关部门按照党中央国务院决策部署，统筹疫情防控和稳定房地产市场各项工作，落实城市主体责任，房地产交易快速恢复，开发投资和住宅销售均实现正增长，房价涨幅回落，市场运行总体平稳，对做好"六稳"工作，落实"六保"任务，发挥了积极作用。

【商品房销售量保持高位】 2020年全国商品房销售面积17.61亿平方米，同比增长2.6%，其中商品住宅销售面积15.49亿平方米，同比增长3.2%，绝对量仍处于历史高位。商品房销售额17.36万亿元，同比增长8.7%，其中住宅销售额同比增长10.8%。

【住宅销售价格涨幅回落】 2020年70个大中城市新建商品住宅价格同比涨幅4.9%，较2019年回落4.8个百分点；二手住宅价格同比涨幅2.4%，较2019年回落3.8个百分点。房价波动幅度也有所收窄。

【房地产开发投资保持正增长】 2020年房地产开发投资14.14万亿元，比上年增长7.0%，其中，住宅投资10.44万亿元，同比增长7.6%。房屋施工面积92.68亿平方米，同比增长3.7%。房屋新开工面积22.44亿平方米，同比下降1.2%。房屋竣工面积9.12亿平方米，同比下降4.9%。

房地产开发与国有土地上房屋征收

【推动房地产企业复工复产】 印发《房地产企业复工复产指南》（建办房函〔2020〕142号），指导各地在做好疫情防控的同时，积极推动房地产企业复工复产。

【推进房地产领域矛盾纠纷排查化解】 对购房群众反映比较强烈的"逾期交房"、项目"烂尾""货不对板"等房地产领域信访问题，开展实地调研，督导地方及时化解信访问题，切实维护购房群众合法权益。

【指导各地完善征收配套政策】 督促指导各地全面贯彻落实《国有土地上房屋征收与补偿条例》，建立健全房屋征收配套法规政策，将房屋征收补偿信息列入当地政府政务公开工作的重点，大力推进阳光征收，切实解决被征收人最关心的利益问题。指导河南、重庆等地制定国有土地上房屋征收与补偿领域基层政务公开标准指引，指导吉林、浙江等地制定国有土地上房屋征收与补偿办法，促进提升房屋征收法治化、规范化水平。

【强化建设单位首要责任】 深入贯彻内涵集约式城乡建设高质量新发展理念，调研开发企业对施工企业和监理企业的质量要求，参与制定《关于落实建设单位首要质量责任的通知》（建质规〔2020〕9号），指导各地加强开发建设全程监管，强化建设单位首要责任，提高开发建设质量，更好满足人民群众对改善住宅品质的迫切需求。

住房租赁市场发展

【推进住房租赁立法工作】 推动加快出台《住房租赁条例》。9月，《住房租赁条例（草案）》公开征求社会意见，主要内容包括明确住房租赁双方权利义务，加强承租人权益保护，推动形成稳定的租赁关系，完善住房租赁服务与监督，加强住房租赁企业监管等内容。我部将积极推动《住房租赁条例》出台。

【开展中央财政支持住房租赁市场发展试点】 会同财政部，分两批在北京、上海、深圳、广州、天津等24个人口净流入、租赁需求旺盛的城市发展住房租赁市场。2020年度下拨专项资金200亿元，新改建租赁住房66万套，盘活存量房源93万套，培育专业化规模化住房租赁企业322家。

【完善住房租赁配套政策】 研究出台租赁住房运营标准。会同相关部门加快完善租赁住房用地政策，土地供应要向租赁住房建设倾斜，单列租赁住房用地计划，探索利用集体建设用地和企事业单位自有闲置土地建设租赁住房。会同财政部、国家税务总局研究完善租赁住房税收支持政策，降低租赁住房税费负担。

【整顿规范住房租赁市场秩序】 落实住房和城乡建设部等6部门《关于整顿规范住房租赁市场秩序的意见》（建房规〔2019〕10号）要求，保障承租人权益，持续整顿规范租赁市场秩序。会同相关部门开展专题调研，指导地方做好住房租赁风险处置工作。针对蛋壳等部分轻资产住房租赁企业爆雷问题，会同国家发展改革委、公安部、中国人民银行、国家市场监管总局、国家网信办、银保监会，起草《关于加强轻资产住房租赁企业监管的意见》。

【减免小微企业和个体工商户房屋租金】 会同国家发展改革委、财政部等部门印发《关于应对新冠肺炎疫情进一步帮扶服务业小微企业和个体工商户缓解房屋租金压力的指导意见》（发改投资规〔2020〕734号），推动对承租国有房屋用于经营、出现困难的服务业小微企业和个体工商户免除上半年3个月房屋租金。鼓励非国有房屋出租人减免或延期收取房屋租金。会同国家发展改革委等部门指导地方贯彻落实相关政策。

物业服务与市场监督

【参与社区疫情防控】 指导地方督促物业服务企业积极参与社区疫情防控，指导中国物业管理协会编制系列疫情防控工作操作指引，梳理物业服务行业疫情防控情况、存在问题和对策建议，协调媒体宣传报道物业服务行业疫情防控先进典型。

【加强物业管理工作】 开展住宅小区物业管理实施情况调查，基本摸清全国住宅小区底数和物业管理制度实施情况。12月，会同中央政法委、国家发展改革委、财政部等9部门印发《关于加强和改进物业管理工作的通知》（建房规〔2020〕10号），推动物业管理融入基层社会治理体系，促进物业服务向高品质和多样化升级，满足人民群众不断增长的美好居住生活需要。

【推动物业服务企业发展居家社区养老服务】 11月，会同国家发展改革委、民政部等5部门印发《关于推动物业服务企业发展居家社区养老服务的意见》（建房〔2020〕92号），推动物业服务企业发展"物业服务＋养老服务"，切实增加居家社区养老服务有效供给，更好满足广大老年人日益多样化多层次的养老服务需求。

【推动物业服务企业发展线上线下生活服务】 12月，会同工业和信息化部、公安部等5部门印发《关于推动物业服务企业加快发展线上线下生活服务的意见》（建房〔2020〕99号），加快建设智慧物业管理服务平台，推动物业服务线上线下融合发展，促进智慧社区建设，满足居民多样化多层次社区服务需求。

【配合开展第七次人口普查】 与国务院第七次全国人口普查领导小组办公室联合印发《关于支持配合做好人口普查工作的通知》，配合有关部门指导物业服务企业等相关单位支持所在的普查区、普查小区人口普查工作。

年度房地产信息分析

【推动全国房屋交易网签备案及联网工作】 印发《关于提升房屋网签备案服务效能的意见》《关于印发全国房屋网签备案业务数据标准的通知》，并与国家税务总局等6部门联合印发《关于加强房屋网签备案信息共享提升公共服务水平的通知》。对房屋网签备案业务基础、业务流程、系统建设、数据标准、信息共享和全国联网等方面作出明确规定，形成较完整的政策制度体系。推进房屋网签备案"一张网"建设，实现338个地级以上行政区联网，基本建成以房屋网签备案数据为基础的房地产市场监测体系。

（住房和城乡建设部房地产市场监管司）

建筑市场监管

概述

2020年，住房和城乡建设部建筑市场监管司深入学习贯彻习近平新时代中国特色社会主义思想、党的十九大和十九届二中、三中、四中、五中全会精神，贯彻落实习近平总书记关于住房和城乡建设工作的重要指示批示精神，坚决落实党中央决策部署，以推动建造方式升级为重点，完善建筑市场体制机制，推进建筑业"放管服"改革，促进建筑业高质量发展，圆满完成了各项任务。

深化建筑业重点领域改革，提高发展质量和效益

【推动智能建造与建筑工业化协同发展】会同国家发展改革委等12部门印发《关于推动智能建造与建筑工业化协同发展的指导意见》，明确提出了发展智能建造的工作目标和主要任务。指导试点地区和企业在装配式建筑、建筑产业互联网、建筑机器人等方面开展试点。赴成都、深圳、佛山、南京等地深入调研建筑工业化、产业互联网、建筑机器人发展情况，并与工信部就建筑机器人发展初步达成共同协作机制的意见。

【大力发展钢结构建筑】会同国务院研究室赴浙江、山东等地调研钢结构建筑发展情况，会同国家发展改革委等部门研究制定积极推广钢结构建筑的政策文件，提出"标准先行、分类推广、精准施策"工作思路。指导浙江、广东等地落实项目，开展钢结构装配式住宅试点工作。

【加快培育建筑产业工人队伍】会同人力资源和社会保障部等11个部门印发《关于加快培育新时代建筑产业工人队伍的指导意见》，制定施工现场生活环境等3个基本配置指南，推动建筑劳务用工制度改革。推进建筑工人实名制，升级完善全国建筑工人管理服务信息平台，开发项目端、企业端、个人端，不断提高覆盖率，截至2020年12月底，入库项目达28.46万个，人数达2889.7万人。配合人社部开展专项监督检查，对2019年省级政府保障农民工工资支付工作进行考核和通报。印发《关于2019年建筑市政工程领域拖欠农民工工资案件查处情况的通报》《关于做好2021年元旦春节期间房屋建筑和市政基础设施工程建设领域农民工工资支付等有关工作的通知》，督促各地做好农工工资支付和农民工欠薪案件查处工作。参与起草《保障农民工工资支付条例》释义，组织各地住房和城乡建设部门参加《保证农民工工资支付条例》在线培训，共计培训8500人次。

【继续深化工程招标投标等制度改革】持续跟踪地方落实《关于加快推进房屋建筑和市政基础设施工程实行工程担保制度的指导意见》《关于进一步加强房屋建筑和市政基础设施工程招标投标监管的指导意见》情况。指导住房城乡建设部干部学院和相关行业协会开展工程招标投标政策的宣贯工作，通过《建设工作简报》和中国建设报宣传地方经验做法，总结分析各地贯彻落实工程担保制度的实施效果。修订工程担保保函示范文本，征求银保监会和省级住房和城乡建设主管部门意见。

【深化工程组织实施方式改革】指导地方推进工程总承包工作，江苏、辽宁、山东、四川等地出台了工程总承包实施细则，2020年工程总承包新签合同额5.5万亿元。跟踪各地推进全过程工程咨询，完善配套政策文件。印发《关于开展政府购买监理巡查服务试点的通知》，组织江苏、浙江、广东开展为期2年的政府购买监理巡查服务试点。配合商务部印发全面深化服务贸易创新试点总体方案，探索国际通用的建筑工程设计咨询服务模式，继续推进建筑师负责制试点工作，新增北京市开展试点。

完善建筑业管理体制机制，优化建筑市场环境

【稳步推进建筑业"放管服"改革】按照《国务院办公厅关于印发全国深化"放管服"改革优化营商环境电视电话会议重点任务分工方案的通知》要求，会同国务院有关部门起草《建设工程企业资质管理制度改革方案》，报国务院常务会议审议通过，并在国务院政策例行吹风会上进行了政策解读。印发《住房和城乡建设部关于印发建设工程企业资质管理制度改革方案的通知》，提出精简归并资质类别等级，放宽准入限制，下放审批权限，优化审批服务，加强事中事后监管等五方面改革措施。

【加大建筑领域对外开放力度】会同商务部印发《关于废止〈外商投资建筑业企业管理规定〉等规章的规定》，废止了《外商投资建筑业企业管理规定》和《〈外商投资建筑业企业管理规定〉的补充规定》，给予外资企业国民待遇，同时保留对港澳的开放措施。印发《关于取得内地勘察设计注册工程师、注册监理工程师资格的香港、澳门专业人士注册执业有关事项的通知》，取得内地相应资格的港澳专业人士可以在内地各省市注册执业。批复广东试点香港咨询企业和专业人员在粤港澳大湾区内地九市执业，支持北京、上海、海南等自贸区扩大对外交流合作。

【加强建筑市场信用体系建设】开展建筑市场信用分级管理应用相关课题研究，研究起草建筑市场信用信息分级管理相关措施。继续实施建筑市场主体"黑名单"制度，加大对建筑市场失信行为信息的公开力度。完善全国建筑市场监管公共服务平台，开发上线微信小程序，持续提高数据质量，加强数据分析和应用。与人社部签署《关于推进信息共享和业务协同的合作备忘录》，建立专业技术人员社保数据比对长效机制，完成信息数据共享，开发了数据比对程序，在企业资质申报和建造师、建筑师、勘察设计工程师、监理工程师注册时开展社保信息比对。

【推进企业资质告知承诺制审批】深化建设工程企业资质审批改革，在建筑工程、市政公用工程施工总承包一级资质全面实行告知承诺制审批，在浙江、北京等10个省市和全国各自贸区开展房屋建筑工程、市政公用工程监理甲级资质告知承诺制审批试点，减轻了企业负担。同时，推动转变监管方式，由事前审批转为事中事后监管，落实"双随机、一公开"监管机制，开展企业申报业绩实地核查，加大对通过欺骗手段申请、取得资质的企业查处力度，增强了监管威慑力，营造降低企业合规成本、提高违规成本，防止"劣币驱逐良币"的建筑市场环境。

【完善个人执业资格管理制度】会同交通运输部、水利部、人社部联合印发《监理工程师职业资格制度规定》《监理工程师职业资格考试实施办法》，统一规范监理工程师职业资格设置和管理。组建新一届全国勘察设计注册工程师管理委员会，修订勘察设计注册工程师管理规定、一级注册建筑师考试大纲。推动建造师电子证书应用，起草建筑师、勘察设计注册工程师、监理工程师电子证书标准，完成人员注册事项与全国一体化在线政务服务平台对接。

【严厉打击建筑市场违法违规行为】组织开展建筑市场监管执法检查，赴山西、河南、湖南、辽宁四省，对太原、郑州等8个城市20个项目，共检查2136项内容，重点检查建筑企业和在建工程项目转包、违法分包等违法违规行为。系统总结工程建设领域专业技术人员职业资格"挂证"等违法违规行为专项整治工作。

【开展工程建设行业专项整治】落实中央领导同志批示精神，结合扫黑除恶专项斗争工作要求，向全国扫黑除恶专项斗争领导小组报送工程建设行业专项整治实施方案，印发《关于开展工程建设行业专项整治的通知》，召开工作推进视频会议，聚焦房屋建筑和市政基础设施工程建设领域恶意竞标、强揽工程、转包、违法分包、贪污腐败等突出问题，紧盯招标人、投标人、招标代理机构、评标专家以及党政机关、行业协（学）会等单位插手工程建设的领导干部或工作人员，在全国范围内开展工程建设行业专项整治，完成了《工程建设行业专项整治工作总结》，报部扫黑办。专项整治期间，各地共对72841个工程建设项目进行调查，查处违法违规案件2297起，对2463家建筑市场主体进行处罚。

【进一步优化施工许可审批工作】为了进一步简化施工许可办理，研究《建筑工程施工许可管理办法》修订意见。完成了黑龙江、浙江等9省区市调整房屋建筑和市政基础设施工程施工许可证办理限额的备案。印发《关于全面推行建筑工程施工许可证电子证照的通知》，自2021年1月1日起在全国范围内的房屋建筑和市政基础设施工程项目全面实行施工许可电子证照。同时，依托全国建筑市场监管公共服务平台，加强对施工许可电子证照信息的归集和跨地区共享，推动实现相关政务服务事项"一网通办"，提升建筑业政务服务质量。

认真贯彻落实党中央"六稳""六保"工作部署

【统筹推进建筑业疫情防控】印发《住房和城乡建设部办公厅关于加强新冠肺炎疫情防控有序推动企业开复工工作的通知》《住房和城乡建设部办公厅关于推广疫情防控期间有序推动企业开复工经验做法的通知》，指导地方分区分级推动企业和工程项目有序开复工。印发《住房和城乡建设部办公厅关于妥善做好火神山雷神山医院参建工人返乡返岗工作的函》，督促湖北省住房和城乡建设厅会同有关部门和单位妥善解决参与建设火神山、雷神山医院的部分建筑工人滞留武汉，无法返乡返岗等问题。

【推动建筑业企业复工复产】会同人力资源社会

保障部印发《关于落实新冠肺炎疫情防控期间暂缓缴存农民工工资保证金政策等有关事项的通知》，细化阶段性缓缴免缴农民工工资保证金工作措施。印发了关于建设工程企业资质有效期延期和注册监理工程师有效期延期的通知，对我部核发的建设工程企业资质和注册监理工程师注册执业资格的有效期进行统一延期，保障企业复工复产和监理工程师正常执业。经初步统计，该政策惠及3118余家企业、5500余名注册监理工程师。

【扎实做好建筑产业扶贫工作】扎实做好建筑产业扶贫工作，发挥行业优势，吸引超100万户、210余万建档立卡贫困人口在建筑业就业，成为脱贫攻坚贡献重要力量。同时，深入开展调研，继续指导部定点扶贫地区建筑业企业发展，提升当地建筑业竞争力。帮扶4个定点扶贫县开展建筑产业扶贫，如红安县通过建筑产业扶贫增加税收6000余万元，并大量带动当地就业。支持四川叙永县建筑务工实现贫困户增收8.62亿元。培训扶贫地区企业130余家，300余人次。完成广西脱贫攻坚农村危房改造挂牌督战工作。

推进完善法规制度和行业发展政策

【推进建筑法修订】研究起草《中华人民共和国建筑法》修订任务分工方案，组织开展建筑法、《建设工程勘察设计管理条例》立法后评估和相关课题论证工作，与相关单位讨论研究建筑法修订相关专题制度论证报告，起草形成《中华人民共和国建筑法》修订稿初稿。

【加快推动建筑业高质量发展】在开展行业"十三五"规划实施总结评估的基础上，积极做好建筑业和工程勘察设计行业发展"十四五"规划编制工作。

【加强建筑业发展基础研究】密切跟踪新冠肺炎疫情对建筑业发展的影响，通过调查问卷等形式及时了解企业开复工存在困难及建议，起草了《新型冠状病毒肺炎疫情对我国建筑业的影响分析报告》《关于新型冠状病毒肺炎疫情对我国建筑业的影响及应对建议》《关于在工程建设领域推行保函替代保证金的相关做法及工作建议》等政策建议。

（住房和城乡建设部建筑市场监管司）

城 市 建 设

2020年，城市建设工作坚决贯彻落实习近平新时代中国特色社会主义思想和党的十九大、十九届二中、三中、四中、五中全会精神，按照中央经济工作会议、全国生态环境保护大会、2020年《政府工作报告》及全国住房城乡建设工作会议部署，坚持以人民为中心的发展思想，落实新发展理念，围绕提升城市建设的整体性、系统性、协同性，推动城市高质量发展，进一步提升城市承载力、包容度和宜居性，增强百姓获得感、幸福感、安全感。

城镇老旧小区改造

【加强顶层制度设计】7月10日，国务院办公厅印发《关于全面推进城镇老旧小区改造工作的指导意见》（国办发〔2020〕23号）。7月17日，在住房和城乡建设部大力推动下，国家开发银行与吉林、浙江、山东、湖北、陕西5省，中国建设银行与重庆、沈阳、南京、合肥、福州、郑州、长沙、广州、苏州9个城市，分别签署支持市场力量参与城镇老旧小区改造战略合作协议，重点支持市场力量参与的城镇老旧小区改造项目。7月23日，住房和城乡建设部会同国家发展改革委、财政部召开电视电话会议，学习宣传贯彻国办发〔2020〕23号文件，部署各地全面推进城镇老旧小区改造工作。

【抓好年度计划制定实施】2020年《政府工作报告》提出，新开工改造城镇老旧小区3.9万个，支持加装电梯，发展用餐、保洁等多样服务。住房和城乡建设部会同相关部门指导各地扎实推进2020年改造计划，配合国家发展改革委安排保障性安居工程中央预算内投资543亿元、配合财政部安排中央财政城镇保障性安居工程专项资金308亿元，支持各地新开工改造城镇老旧小区4.03万个，惠及居民736万户。

8月24日，住房和城乡建设部会同国家发展改革委、财政部印发《关于申报2021年城镇老旧小区改造计划任务的通知》（建办城〔2020〕41号），指导各地合理安排2021年城镇老旧小区改造计划任务，扎实做好改造项目组织实施。

绿色社区创建行动

【部署开展绿色社区创建行动】7月22日，住房和城乡建设部会同国家发展改革委、民政部、公安部、生态环境部、国家市场监管总局联合印发《绿色社区创建行动方案》（建城〔2020〕68号），指导各地扎实有序开展绿色社区创建行动，将绿色发展理念贯穿社区设计、建设、管理和服务等活动的全过程，以简约适度、绿色低碳的方式，推进社区人居环境建设和整治。7月31日，住房和城乡建设部会同相关部门召开电视电话会议，部署各地启动绿色社区创建行动，推动在城镇老旧小区改造、绿色社区创建等工作中，广泛开展"美好环境与幸福生活共同缔造"活动。

无障碍环境建设

【加强无障碍环境建设】会同工业和信息化部、民政部、中国残联和全国老龄办，组织开展全国无障碍环境市县村镇创建验收，授予72个市县村镇为"创建全国无障碍环境示范市县村镇"并予以表彰，同时授予74个市县村镇为"创建全国无障碍环境达标市县村镇"。

推进海绵城市建设

【持续开展海绵城市建设】印发《住房和城乡建设部办公厅关于开展2020年度海绵城市建设试评估工作的通知》（建办城函〔2020〕179号），开展海绵城市建设成效评估，以评促建，推进海绵城市建设。截至2020年年底，全国城市共建成各类海绵城市建设项目4万余个。

【加快推进城市黑臭水体治理】督导各地落实《城市黑臭水体治理攻坚战实施方案》，与生态环境部开展2020年城市黑臭水体治理环境保护专项行动。截至2020年年底，地级及以上城市建成区黑臭水体基本消除。

【推进城市内涝治理】印发《关于2020年全国城市排水防涝安全及重要易涝点整治责任人名单的通告》（建城函〔2020〕38号），印发《关于做好2020年城市排水防涝工作的通知》（建办城函〔2020〕121号），召开全国城市排水防涝工作电视电话会议，全面部署2020年排水防涝工作。印发《关于城市排水防涝工作再动员再部署的紧急通知》（建办城电〔2020〕24号）、《关于认真贯彻落实习近平总书记重要指示精神进一步做好当前城市防汛防台风工作的紧急通知》（建办城电〔2020〕27号），要求各地加强应急值守、做好灾害天气应对工作。指导地方有效应对台风连续登陆、长江流域洪涝、京津冀地区强降雨等灾害。与国家发展改革委联合印发《关于做好县城排水防涝设施建设有关工作的通知》（发改办投资〔2020〕17号）、《县城排水设施建设实施方案》（发改投资〔2020〕1147号），指导各地加快建立县城排水防涝体系。

城镇供水与污水处理

【加快推进城市污水处理提质增效】督导各地落实《城镇污水处理提质增效三年行动方案（2019—2021年）》，加快生活污水管网建设改造。与国家发展改革委联合印发《城镇生活污水处理设施补短板强弱项实施方案》（发改环资〔2020〕1234号），明确污水处理、管网和污泥处置建设工作重点。组织各省（区、市）完成2019年城市生活污水集中收集率统计。印发《重大疫情期间城市排水与污水处理系统运行管理指南（试行）》，指导各地做好城市排水与污水处理从业人员防护和保障设施正常运行。年内，全国城市排查污水管网约22.8万公里，新建改造管网约4.5万公里，消除生活污水收集处理设施空白区890余平方公里。

【强化城镇供水安全保障】7月21日，湖北省恩施市因山体滑坡导致全城大面积停水，影响约35万人供水安全，紧急调度指挥华中基地派出42名抢险队员、7台应急车前往恩施市实施救援，于7月22日晚开始供水，总供水能力可达480立方米/日，同时委派专家组现场指导应急净水设备运行和水质检测工作，保障应急供水水质达标。指导黑龙江、陕西、广东、湖南、重庆做好饮用水源地突发污染情况下应急供水工作，保障城市供水安全。在绍兴、湖州2个城市开展城市供水设施智能化建设试点。

【加强城镇节水工作】指导广州、西安、邯郸等34个城市成功创建国家节水型城市。开展以"养成节水好习惯，树立绿色新风尚"为主题的2020年度城市节水宣传周活动，推动节水进社区、进公共建筑、进校园、进企业等活动，宣传活动约覆盖约2.1亿人口。

地下综合管廊建设

【持续推进地下综合管廊建设】2020年，住房和城乡建设部指导各地继续推进地下综合管廊建设。截至2020年年底，全国277个城市105个县累计开工建设管廊5800多公里，形成廊体3900多公里。其中 2020 年全国新开工管廊 656 公里。

市政交通建设

【城镇燃气】 针对城镇燃气使用中面临的新形势，对原《城镇燃气设计规范（2006年版）》相关条款进行了修订完善，发布《城镇燃气设计规范（2020年版）》，为新形势下城镇燃气基础设施建设提供技术支持。为进一步压实瓶装液化石油气各环节安全生产责任，化解瓶装液化石油气安全运行风险隐患，提升瓶装液化石油气行业安全管理水平，推动建立长效机制，起草了《关于加强瓶装液化石油气安全管理的指导意见》。结合新冠肺炎疫情防控形势需要，指导各地做好城镇燃气供应保障工作，组织对燃气行业应对新冠肺炎疫情成效进行了量化评估，城镇燃气运行总体安全稳定。

截至2020年年底，全国城市天然气供气总量1563.7亿立方米，液化石油气供气总量833.72万吨，人工煤气供气总量23.1亿立方米，用气人口5.26亿人，燃气普及率97.87%。

【城镇供热】 10月22日，组织召开北方采暖地区供热采暖工作电视电话会议，全面部署供热燃料储备、设施运行、清洁取暖等各项工作。与国家发展改革委、中国气象局等部门建立联动机制，及时了解掌握能源供应和气象变化，协调解决局部地区供热用能紧张、供热网络舆情等问题，提醒各地区做好寒潮应对措施。与北方采暖地区15个省（区、市）和新疆生产建设兵团建立供热工作周调度机制和重大事件即时报告制度，在供热期每周调度各地供热工作情况，加强对供热工作的跟踪指导。组织开展"访民问暖"专项活动。根据统计，2020—2021年供热期各地供热主管部门和供热企业累计走访居民200.8万户、实地解决群众身边供热问题61.7万个。指导各地城镇供热主管部门和企业积极畅通电话、网络等投诉渠道，及时回应群众诉求。根据统计，2020—2021供热期各地以电话、网络等方式累计受理群众投诉95.1万件，办结率在95%以上，群众满意率达90%以上。为助力抗击新冠肺炎疫情，指导各地根据气象条件因地制宜采取延长供暖政策，据有关统计，北方供暖地区15个省（市、区）55个主要城市，其中有9个省（市）30多个城市延长供热时间，最多延长20天。

截至2020年年底，全国城市集中供热能力：蒸汽达10.35万吨/小时，热水达56.62万兆瓦，集中供热面积达98.82亿平方米。

【城市地下市政基础设施】 为进一步加强城市地下市政基础设施建设，推动解决城市地下管线、地下通道、地下公共停车场、人防等市政基础设施仍存在底数不清、统筹协调不够、运行管理不到位等问题，12月30日，经国务院同意，住房和城乡建设部向各省、自治区、直辖市人民政府，新疆生产建设兵团，国务院有关部门和单位印发《关于加强城市地下市政基础设施建设的指导意见》（建城〔2020〕111号）。从开展普查，掌握设施实情；加强统筹，完善协调机制；补齐短板，提升安全韧性；压实责任，加强设施养护；完善保障措施等5个方面明确具体措施，并分阶段提出到2023年底前和到2025年底前目标任务。

【城市道路交通】 按照年度工作部署，指导宁波、莆田、武汉、广州、德清等城市开展城市智能汽车基础设施和机制建设试点工作，在试点区域的智能道路基础设施、5G通信网络、管理平台建设，自动驾驶车辆示范运行以及相关标准研究制定等方面取得阶段性成果。11月23日，联合工业和信息化部印发《住房和城乡建设部办公厅 工业和信息化部办公厅关于组织开展智慧城市基础设施与智能网联汽车协同发展试点工作的通知》（建办城函〔2020〕594号），部署开展试点工作。完成厦门、徐州、深圳、合肥、福州、重庆、济南、南昌、宁波等9个城市的城市轨道交通建设规划审核会签工作，新增城市轨道交通建设规划批复里程786公里。为加快补齐城市停车供给短板，改善交通环境，推动高质量发展，配合国家发展改革委起草《关于推动城市停车设施发展的意见》。1月3日，印发《住房和城乡建设部关于开展人行道净化和自行车专用道建设工作的意见》（建城〔2020〕3号），部署开展人行道净化专项行动和自行车专用道建设工作并取得阶段成效。11月9日，联合交通运输部、公安部、生态环境部印发《关于深入开展道路限高限宽设施和检查卡点专项整治行动的通知》（交公路函〔2020〕813号），指导各地推进城市道路限高限宽设施整治，保障城市道路畅通，促进构建新发展格局。

截至2020年年底，全国城市道路长度49.27万公里，道路面积96.98亿平方米，人均道路面积18.04平方米，建成区路网密度7.07公里/平方公里。

城市环境卫生工作

【推进生活垃圾分类】 4月29日，新修订固体废物污染环境防治法公布，增设"生活垃圾"专章，对生活垃圾分类作出系统全面规定，该法9月1日正式施行。9月1日，经中央全面深化改革委员会审议通过，由住房和城乡建设部等12部门联合印发《关于进一步推进生活垃圾分类工作的若干意见》（建城〔2020〕93号）。在各地方、各部门的共同努力下，生活垃圾分类工作正在向纵深推进、发展势头较好。截至2020年年底，46个重点城市已基本建成生活垃圾分类系统，覆盖16.8万个小区、8300多万户居民，覆盖率达94.6%；全国其他地级城市生活垃圾分类工作全面启动。

【加快生活垃圾处理设施建设】指导地方环卫行业主管部门加快生活垃圾处理设施建设，提高生活垃圾无害化处理率，优化生活垃圾处理结构。截至2020年年底，全国城市生活垃圾无害化处理能力为96.35万吨/日，无害化处理率达到99.75%。城市生活垃圾焚烧比例逐渐提高，已占总处理能力的58.93%。

【提高道路机械化清扫比例】城市生活垃圾收集逐步实行袋装化、容器化、密闭化，压缩式、密闭式等专用垃圾运输车和高效转运站得到较普遍应用，基本做到了日产日清，收集率达到90%左右，城市生活垃圾收运系统初步建立。城市生活垃圾清扫从人工清扫、简易保洁，发展到部分机械化作业，许多城市实行16小时街道保洁乃至全天保洁。截至2020年年底，全国城市道路清扫保洁面积97.6亿平方米；全国城市道路机械化清扫面积74.3亿平方米；全国城市道路机扫率达76.13%。

【做好城市公厕建设管理】城市公厕建设管理水平不断提升，公厕数量稳步增长，城乡环境卫生更加整洁，人民群众社会公德和环境卫生意识显著提高。截至2020年年底，全国城市环卫系统建设的独立式公厕数量已近16.5万座。此外，还有行业公厕（包括公园、景区、交通枢纽等）约7.1万座，社会开放公厕（包括单位、商场、超市、饭店等）约8.1万座。

【加强建筑垃圾治理】在固体废物污染环境防治法修订中，增加建筑垃圾管理专门规定，明确源头减量、运输、处理、回收利用各环节管理要求。指导北京等35个建筑垃圾治理试点城市，治理好存量、控制好增量，加快建设建筑垃圾全过程监管体系，及时做好总结验收工作，取得积极成效。截至2020年年底，全国建筑垃圾资源化利用率约40%。

园林绿化建设

【公布国家园林城市系列名单】1月，印发《住房和城乡建设部关于命名2019年国家生态园林城市、园林城市（县城、城镇）的通知》（建城〔2020〕17号），将江苏省南京市等8个城市公布为国家生态园林城市，将河北省晋州市等39个城市公布为国家园林城市，将河北省正定县等72个县公布为国家园林县城，将浙江省百丈镇等13个镇公布为国家园林城镇。截至2020年年底，全国已建成19个国家生态园林城市、384个国家园林城市、363个国家园林县城和79个国家园林城镇。

【加强国家园林城市复查管理】为加强国家园林城市动态管理和监督，住房和城乡建设部对2015年及以前命名的国家生态园林城市、国家园林城市进行复查，并对复查未达标的山西省介休市、辽宁省开原市、山东省滕州市和高密市、湖北省鄂州市、宁夏回族自治区石嘴山市等6个城市进行靶向通报，提出限期整改要求。

【推动中国国际园林博览会转型发展】3月，印发《住房和城乡建设部关于印发中国国际园林博览会管理办法的通知》（建城〔2020〕25号），进一步强调中国国际园林博览会（园博会）要综合展示国内外城市建设和城市发展的新理念、新技术、新成果的要求，并对园博会申办、组织实施及中国国际园林博览园运营维护管理等提出具体规定，明确"申办期限截止后，住房和城乡建设部组织遴选并一次确定两届园博会承办城市，后一届园博会承办城市同时作为前一届园博会预备城市"的要求。

【确定第十三届和第十四届园博会承办城市】3月，印发《住房和城乡建设部办公厅关于公布第十三届和第十四届中国国际园林博览会承办城市的通知》（建办城函〔2020〕58号），确定江苏省徐州市和安徽省合肥市分别为第十三届和第十四届园博会承办城市，合肥市为第十三届园博会预备城市。10月，成立第十三届中国（徐州）国际园林博览会指导委员会，组织召开第十三届徐州园博会组委会第一次会议，审议通过了园博会总体方案、园博园规划设计方案及园博会展览展示方案，徐州市全面启动园博园建设。

【加强园林绿化工程建设市场管理】9月，委托中国风景园林学会印发团标《园林绿化工程施工招标资格预审文件示范文本》T/CHSLA 10004—2020和《园林绿化工程施工招标文件示范文本》（T/CHSLA 10005—2020）。10月，联合国家市场监管总局印发《园林绿化工程施工合同示范文本（试行）》GF—2020—2605，规范园林绿化工程建设市场签约履约行为，推动构建开放、公平、有序的市场秩序。

【城市园林绿地建设成效明显】截至2020年年

底，全国城市建成区绿地面积达到239.8万公顷，公园绿地面积79.79万公顷，人均公园绿地面积14.78平方米，建成区绿地率38.24%，建成区绿化覆盖率42.06%，累计建成城市绿道约8万公里，城市园林绿化品质和服务进一步提升。

（住房城乡建设部城市建设司）

村 镇 建 设

2020年，住房和城乡建设部村镇建设司深入贯彻落实习近平总书记重要讲话和重要指示批示精神，在部党组的坚强领导下，落实全国住房和城乡建设工作会议部署，扎实推进脱贫攻坚、乡村建设评价、农房建设管理、农村人居环境整治、美好环境与幸福生活共同缔造、传统村落保护、小城镇建设等重点任务，取得了良好效果。

全面完成脱贫攻坚任务

【全面完成住房安全有保障的脱贫攻坚任务】会同国务院扶贫办印发统筹做好疫情防控和脱贫攻坚保障贫困户住房安全工作的通知。组建14个工作组进行"一对一"督战帮扶，举全系统之力推进脱贫攻坚农村危房改造扫尾工程任务。截至6月底，2019年确认的64.16万户和2020年"回头看"新增的10.05万户建档立卡贫困户危房改造任务全部竣工。会同国务院扶贫办开展建档立卡贫困户住房安全有保障核验工作，按照"鉴定安全""改造安全""保障安全"3种分类，对全国2341.6万户建档立卡贫困户住房安全情况逐户进行核验，6月底核验工作全部完成，所有建档立卡贫困户均已实现住房安全有保障。会同财政部下达2020年中央农村危房改造补助资金186亿元，在各地确保完成住房安全有保障目标任务的基础上，同步支持因灾受损的建档立卡贫困户等4类重点对象实施灾后重建以及地震高烈度地区农房实施抗震改造。

【支持定点扶贫县和大别山片区脱贫摘帽】按照"四个不摘"工作要求，研究制定年度定点扶贫工作计划，支持湖北省麻城市、红安县和青海省大通县、湟中县（以下简称4县）推进脱贫攻坚工作。部党组书记、部长王蒙徽分别赴4县调研指导脱贫攻坚工作，部党组成员、副部长倪虹分别与4县主要负责同志召开部县联席会议。动员行业系统力量深入开展支部共建、产业扶贫、消费扶贫、人才培训等帮扶举措，协调有关部委和社会力量，助力定点扶贫县抗"疫"战贫。2020年住房和城乡建设部定点扶贫6项量化指标均高于上年，并已全部超额完成。召开大别山片区脱贫攻坚视频推进会议，部党组书记、部长王蒙徽和国务院扶贫办副主任陈志刚出席会议并讲话，进一步凝聚片区脱贫攻坚力量。2020年，4个定点扶贫县和大别山片区36个县全部脱贫摘帽。

【圆满完成脱贫攻坚专项巡视"回头看"整改任务】住房和城乡建设部自觉接受、全力配合中央巡视组开展脱贫攻坚专项巡视"回头看"。部党组召开部专项巡视"回头看"整改动员部署会，部长王蒙徽出席会议并进行全面部署。部整改办坚持"一周一调度、两周一推进"，持续抓整改工作。截至6月底，脱贫攻坚专项巡视"回头看"3方面7个问题28项整改措施全部如期落实到位，并按时向中央纪委国家监委报送了整改情况报告。

开展乡村建设评价试点

【建立指标体系】对标党中央关于乡村建设的部署和要求，聚焦与农民生活密切相关的建设内容，量化反映城乡差距和乡村建设短板问题，研究制定了乡村建设评价指标体系，包含发展水平、服务体系、居住舒适、生态安全、县城建设等5个方面共68项指标。

【稳步开展评价试点】在东中西部分别选择吉林、广东、河南、陕西4个省共12个县开展试点，召开评价试点工作部署暨视频培训会，组织第三方机构赴12个试点县、37个乡镇、125个村庄开展实地调研，深入了解试点县乡村建设情况。形成全国试点县总体评价报告、4个试点省份报告、12个试点县分报告，并在此基础上向中央领导同志报送乡村建设评价工作情况报告。

【推动解决问题】将评价结果及时反馈地方，推动地方聚焦评价发现的短板和问题，加快完善乡村基础设施和公共服务设施，科学统筹乡村建设项目，合理确定建设重点、建设方式和建设时序，顺应乡村发展规律，提升乡村建设水平。

加强农房建设管理

【统筹推进农村房屋安全隐患排查整治工作】 认真贯彻落实党中央、国务院决策部署,经国务院同意,成立由13个部门组成的农村房屋安全隐患排查整治工作部际协调机制,国办转发了协调机制办公室制定的排查整治工作方案,以用作经营的农村自建房为重点,全面开展农村房屋安全隐患排查整治工作。每半个月召开一次农村房屋安全隐患排查整治联络员视频调度会,指导督促各地加快工作进度。截至12月底,已排查用作经营的农村自建房640.2万户,初判存在安全隐患5.9万户,基本完成农村房屋安全隐患排查阶段性任务。

【加强农房建设管理】 召开部分省份农房建设管理座谈会,结合农村房屋安全隐患排查整治工作,研究起草关于加强农房建设管理和风貌管控、用作经营的农村自建房管理的相关政策。

【提升农房设计和建造水平】 立足农村实际,以满足农民现代生产生活需要为出发点,推进基础设施与农房连接,完善农房功能。在浙江、西藏等地开展装配式钢结构等新型农房建设试点,改善农民群众居住条件和生活品质。

农村人居环境持续改善

【加强农村生活垃圾收运处置体系建设】 指导和督促各地落实《关于建立健全农村生活垃圾收集、转运和处置体系的指导意见》,大力推进收运处置体系建设。建立省级工作台账,每半年更新一次,基本掌握每个县(市、区)的农村生活垃圾收运处置情况。印发《重大疫情期间农村生活垃圾应急处理技术指南》,指导各地统筹做好疫情防控和农村生活垃圾处理工作。截至12月底,全国农村生活垃圾进行收运处理的行政村比例超过90%,完成农村人居环境整治三年行动方案确定的任务。

【推进非正规垃圾堆放点整治】 会同生态环境部、水利部、农业农村部印发《关于做好2020年非正规垃圾堆放点整治工作的通知》,要求各地到2020年年底前基本完成存量整治任务,实施滚动销号制度,整治一处、销号一处,每月跟踪各地整治工作进展并按季度进行通报,8月起对剩余堆放点整治情况进行按周通报。截至12月底,全国排查出的2.4万个堆放点已基本完成整治,整治后的场地基本实现干净整洁无垃圾,并通过设置警示牌、安装围栏、安排专人巡查等方式进行有效管控。

【开展农村生活垃圾污水治理示范】 公布第二批41个农村生活垃圾分类和资源化利用示范县名单、第二批20个全国农村生活污水治理示范县名单,对已命名的示范县进行跟踪指导,总结农村垃圾分类减量和就地处理利用以及小型化、生态化、分散化的污水处理模式等方面的好经验好做法,进一步推进示范工作。

美好环境与幸福生活共同缔造活动持续深入推进

【推动试点工作】 加强全国42个精选村、4个连片村和15个试点县建设,通过现场调研、视频培训、网络指导等形式,督促指导试点地区开展美好环境与幸福生活共同缔造活动。推进与中办等中央部门在光山县等地的合作试点,开展传统村落保护利用共同缔造活动试点。总结2018年以来共同缔造活动工作情况,召开全国现场会。

【推进部省合作】 12月,住房和城乡建设部与陕西省人民政府签署在城乡人居环境建设中开展美好环境与幸福生活共同缔造活动合作框架协议,确定建立完善共同缔造活动工作机制、在实施城市更新行动和乡村建设行动等工作中全面开展美好环境与幸福生活共同缔造活动、加强机制创新和人才培养等方面深入开展合作。

【持续加大培训力度】 2020年公布17个美好环境与幸福生活共同缔造活动培训基地,探索总结可复制可推广的经验,加强对乡村干部、村内能人和帮扶团队的培训。12月,在陕西省西安市举办全国美好环境与幸福生活共同缔造活动培训班,通过邀请专家授课、组织现场观摩等方式对全国省级住建部门、15个共同缔造试点县和17个共同缔造培训基地的有关负责人进行培训。

大力推动传统村落保护利用

【实施中国传统村落挂牌保护】 5月,印发《关于实施中国传统村落保护工作的通知》,统一传统村落保护标识设计样式,明确挂牌要求,对6819个中国传统村落实施挂牌保护。

【开展集中连片保护示范】 2020年联合财政部创新支持方式,通过竞争性选拔确定了山西省晋城市、江西省抚州市、安徽省黄山市、贵州省黔东南苗族侗族自治州等10个地级市州作为示范市州,每个市州给予1.5亿元补助,用于开展传统村落集中连片保护利用,探索传统村落保护发展助推乡村振兴的实施路径和方法。

【开展宣传推广】 推动中国传统村落数字博物馆项目建设和运营,开展传统村落、美好环境与幸福生活共同缔造测绘试点，完成中国传统建筑智慧纪录片拍摄和制作工作。

县域新型城镇化和小城镇建设积极推进

【加强县域城镇化研究】赴河南省开展县域新型城镇化相关调研，研究制定县域新型城镇化试点方案。召开县域新型城镇化工作现场会，探索推进以县城为重要载体的就地城镇化和以县域为单元的城乡统筹发展。

【推进小城镇人居环境整治工作】推广浙江等地小城镇人居环境整治经验。组织开展干净整洁、美丽宜居、产业强镇等类型小城镇案例调研，研究推进不同类型小城镇人居环境整治的技术要求。举办小城镇人居环境整治培训班，引导各地有序推进小城镇人居环境整治。

【推动重点镇污水收集处理能力建设】贯彻"水十条"要求，指导督促各地落实重点镇污水建设任务。会同国家发展改革委、生态环境部赴河南、陕西、山东开展联合调研，加强工作指导。建立月报制度，及时掌握各地进展情况。将重点镇污水收集处理能力纳入住房和城乡建设部推动城乡建设绿色发展重点工作督查检查，对山西、河南、辽宁、湖南4省23个重点镇进行实地督查。

（住房和城乡建设部村镇建设司）

工程质量安全监管

概况

2020年，住房和城乡建设部工程质量安全监管司以习近平新时代中国特色社会主义思想为指导，全面贯彻党的十九大和十九届二中、三中、四中、五中全会精神，深入贯彻落实习近平总书记对住房和城乡建设工作的重要指示批示精神，坚决贯彻落实党中央、国务院重大决策部署及全国住房和城乡建设工作会议部署，紧扣进入新发展阶段、贯彻新发展理念、构建新发展格局，在高质量发展、安全发展和创新发展上同步发力，持续抓好疫情防控常态化条件下工程质量安全监管工作，不断提升建筑工程品质，保障建筑施工安全，推进工程技术进步，提升工程抗震防灾能力。

统筹推动复工复产和疫情防控

【开展安全风险隐患专项排查整治】部署开展全国疫情隔离观察场所和已开复工项目复工人员集中居住场所安全风险隐患专项排查整治。印发房屋建筑和市政基础设施工程施工现场新冠肺炎疫情常态化防控工作指南，指导地方建立常态化疫情隔离观察场所和在建工程集中居住场所安全风险隐患专项排查整治机制和定期报送制度。

【统筹质量安全工作和疫情防控】印发关于加强新冠肺炎疫情防控期间房屋市政工程开复工质量安全工作的通知、关于加强疫情防控常态化下建筑施工安全生产工作的紧急通知、房屋市政工程复工复产指南，统筹做好房屋市政工程质量安全工作和疫情防控，积极推进工程项目稳步有序复工复产，维护社会和谐稳定大局。印发关于开展2020年住房和城乡建设系统"安全生产月"活动的通知，指导各地对建筑工地的疫情防控和施工安全生产工作进行广泛宣传、统筹推进，提升本质安全。

工程质量监管

【突出建设单位工程质量首要责任】印发关于落实建设单位工程质量首要责任的通知，首次明确建设单位工程质量首要责任内涵，依法界定建设单位质量责任，着力构建以建设单位为首要责任的工程质量责任体系。督促指导地方加快制定实施办法，完善建设单位质量管理机制。

【强化政府工程质量监管】赴成都、深圳开展工程质量监管调研座谈，研究起草强化工程质量监管的措施。对天津、河北、安徽等10省（市）开展预拌混凝土质量专项抽查，对3家存在严重违法违规行为的预拌混凝土生产企业下发执法建议书。

【创新工程质量发展机制】印发落实工程质量安全手册制度的通知，组织召开全国住房和城乡建设系统"质量月"启动会，观摩手册示范工程。研究制定建筑工程质量评价指标和实施方案，委托第三方机构对山东、广西两地开展试评。持续推动工程质量保险试点，梳理地方经验，探索运用市场化手段防范、化解工程质量风险。在山东、湖北、宁夏等地开展住宅工程质量信息公示试点。

【夯实工程质量管理基础】推动修订《建筑法》《建设工程质量检测管理办法》，完善质量管理制度。研究防雷装置竣工验收有关问题，开展装配式建筑工程质量监管书面调研。全年调查处理有关工程质量问题的群众来信86件。

建筑施工安全监管

2020年，全国建筑施工安全生产形势保持稳定，全国共发生房屋市政工程生产安全事故689起、死亡794人。其中，较大及以上事故23起，死亡93人。

【组织开展建筑施工安全督导检查】印发《关于深刻吸取福建省泉州市欣佳酒店"3·7"坍塌事故教训 切实加强建筑安全生产管理工作的通知》，要求各地有关部门深入开展违法建设和违法违规审批专项清查。结合各地安全生产形势组织专家赴事故多发的省（区、市）开展建筑施工安全生产督导，督促各地压实监管责任，落实企业主体责任，深入排查治理安全隐患，坚决遏制重特大事故发生。落实国务院安委办重点行业领域岁末年尾安全生产明查暗访工作方案要求，组成督查组对部分地区安全生产工作进行明查暗访，推动各地统筹推进发展和安全，深入查找安全生产的突出问题和短板，及时消除重大安全隐患，切实强化安全风险防范，确保安全生产形势持续稳定。

【严格建筑施工安全事故查处】印发关于2019年房屋市政工程生产安全事故情况的通报，指导各地深入查找安全生产工作的薄弱环节和突出问题，有效防范生产安全事故，确保施工安全生产形势稳定好转。贯彻《关于加强建筑施工安全事故责任企业人员处罚的意见》，落实事故查处督办制度，对年内23起较大事故下发查处督办通知书，紧盯查处情况。严格执行约谈工作机制，召开建筑施工安全生产约谈视频会议，督促事故地区省市两级住房和城乡建设主管部门依法依规全面严肃对事故责任单位和责任人员实施处罚。强化对事故救援及调查工作的指导，先后赴福建泉州"3·7"欣佳酒店坍塌事故、山西临汾"8·29"农房坍塌事故及广西乐业"9·10"隧道坍塌事故现场，指导地方做好被困人员搜救、应急处置及事故调查处理工作。

【研究完善建筑施工安全法规制度和管理机制】深入研究建筑施工企业安全生产许可制度，召开各地住房和城乡建设主管部门和建筑施工企业座谈会，赴江西省开展专题调研，广泛听取各方意见建议。推进全国建筑施工安全监管信息系统建设项目验收工作，指导试点地区做好系统推广应用工作，加大信息共享力度，构建全国监管一张网。

城市轨道交通工程质量安全监管

【完善风险防控政策措施】印发城市轨道交通工程建设安全生产标准化管理技术指南，明确参建各方、不同工法的标准化规定，要求建设单位承担首要责任，会同设计、施工等单位，构建全过程风险分级管理体系。印发城市轨道交通工程地质风险防控技术指南，聚焦地质风险控制难点热点，将地质风险控制贯穿城市轨道交通工程规划建设管理全过程，构建地质风险控制长效机制。印发城市轨道交通工程质量安全监管信息平台共享交换数据标准（试行），促进信息共享和业务协同，推进监管统一平台建设，提升信息化监管水平。

勘察设计质量监管与行业技术进步

【加强勘察设计质量监管】印发《房屋建筑和市政基础设施工程勘察文件编制深度规定（2020年版）》，为勘察文件编制和质量监管提供依据。继续推进勘察质量管理信息化试点工作，印发《房屋建筑和市政基础设施工程勘察质量信息化监管平台数据标准（试行）》，提升监管效能。

【推进施工图审查改革】开展全国施工图审查改革调研工作，梳理可复制可推广的改革经验。开展部分取消施工图审查地区施工图质量调研，对相关问题进行反馈。印发《岩土工程勘察文件技术审查要点（2020年版）》，为全面推广联合审查提供技术依据。创新勘察设计质量监管方式，批复深圳、北京开展设计文件人工智能审查试点，批复湖南开展BIM智能审查试点，积极应用新一代信息技术加强监管。

【积极推进绿色建造】开展建筑垃圾减量化工作，印发关于推进建筑垃圾减量化的指导意见，提出建筑垃圾减量化工作目标和重点任务。印发施工现场建筑垃圾减量化指导手册（试行）和施工现场建筑垃圾减量化指导图册，为施工现场建筑垃圾减量化的有效实施提供指导。组织召开全国工程技术进步座谈会，交流绿色建造和建筑垃圾减量化工作情况并开展现场观摩。

城乡建设抗震防灾

【建立健全法规制度体系】积极推进《建设工程抗震管理条例》立法进程，提交国务院办公厅审核。

开展抗震管理相关配套规章制度制修订工作，健全建设工程抗震管理制度体系，不断提升建设工程抗震管理法制化、规范化水平。

【推动实施自然灾害防治重点工程】认真落实中央财经委员会第三次会议自然灾害防治重点工程部署，制定全国房屋建筑和市政基础设施调查方案和技术导则（试点版），开发调查软件系统，督促指导地方试点工作。紧密结合农村危房改造、农房抗震改造、城市棚户区改造，有序实施地震易发区城镇住宅和农村民居抗震加固工程。

【不断提高地震应急响应能力】严格遵循《住房城乡建设系统地震应急预案》，落实24小时应急值班制度，密切跟踪关注各地震情，及时沟通联系当地住房城乡建设部门，督促做好相关信息报送，指导震后抢险救灾、应急评估等工作。年内，对105次4级以上地震进行跟踪，部署住房和城乡建设系统2020年全国防灾减灾日工作，指导各地开展宣传教育活动和应急演练，面向公众普及抗震防灾知识和防范应对基本技能。

协调做好住房和城乡建设部安委办协调工作

【全面部署开展安全生产工作】按照国务院安委会2020年安全生产工作要点的有关部署，制定住房和城乡建设部2020年安全生产工作要点。扎实推进安全生产三年行动，牵头起草《全国安全生产专项整治三年行动计划》涉及城市建设安全专项整治内容，制定部内分工方案。印发贯彻落实全国安全生产专项整治三年行动计划实施方案的通知，从深入学习宣传贯彻习近平总书记关于安全生产重要论述、强化住房和城乡建设领域企业安全生产主体责任落实和扎实推进城市建设安全整治等方面全面部署住房城乡建设领域三年行动，从加强组织领导、强化督促指导、严肃问效问责、强化舆论引导四方面落实保障措施。

【及时开展安全生产预警提醒】加强重点时期、敏感时段和极端天气的安全生产管理和突发事件应对的预警提醒，在五一、"两会"、中秋、国庆、汛期、元旦、春节等特殊时期和敏感时段，及时部署住房和城乡建设领域安全防范工作。要求各地住房和城乡建设部门和有关部门落实责任、强化担当，抓好市政公用设施运行、建筑施工安全、房屋使用安全和城市管理相关工作，做好值班值守和应急响应、部门联动。

（住房和城乡建设部工程质量安全监管司）

城市人居环境建设

概况

2020年，在住房和城乡建设部党组的坚强领导下，建筑节能与科技司深入学习贯彻习近平新时代中国特色社会主义思想，认真贯彻习近平总书记关于住房和城乡建设工作的重要指示批示精神，强化"四个意识"，坚决做到"两个维护"，以城市体检为抓手，以构建历史文化名城保护与传承体系、实施城市更新行动、开展城市居住社区补短板行动、加强城市和建筑风貌管理、推动城市信息模型（CIM）基础平台建设、推进建设工程消防设计审查验收工作为着力点，推动城市人居环境高质量发展。

城市体检评估

【全面开展城市体检工作】深入贯彻落实习近平总书记关于建设没有"城市病"的城市及建立城市体检评估机制的重要指示精神，在2019年试点工作基础上，修改完善城市体检指标体系和工作方法，印发《住房和城乡建设部关于支持开展2020年城市体检工作的函》（建科函〔2020〕92号），选取36个样本城市，全面部署推进城市体检工作，覆盖除北京和西藏外的其他所有省份。加强工作培训和调度，指导样本城市全面完成2020年体检任务，在此基础上，形成2020年度城市体检总报告。各地普遍反映，城市体检评估工作切实夯实了地方政府贯彻落实新发展理念的工作基础，增强了城市工作的整体性和系统性，成为全面落实新发展理念、统筹城市规划建设管理、促进城市高质量发展的重要抓手。

【开展城市建设防疫情补短板扩内需专题调研】采用城市体检的工作方法，组织各省、自治区及包括直辖市在内的36个重点城市开展城市建设防疫情补短板扩内需专题调研，从城市、社区、建筑等3个层面了解各地城市建设防疫情方面的经验做法、暴露出的短板和不足，及时总结意见和建议，形成调研报告，印发系统内参考学习。

【探索建立"发现问题—整改问题—巩固提升"的联动工作机制】坚持问题导向、目标导向和结果导向，通过城市体检评估，精准查找城市建设和发展中存在的短板和不足，及时采取措施加以解决，推动人居环境建设高质量发展。

【加强城市体检评估信息平台建设】研究建立国家—省—市三级的城市体检评估管理信息平台构架体系，建设第三方城市体检数据采集平台和社会满意度评价系统。

城乡历史文化保护传承

【推进历史文化名城申报工作】会同国家文物局印发《国家历史文化名城申报管理办法（试行）》（建科规〔2020〕6号），进一步规范国家历史文化名城申报条件标准和工作程序。指导辽宁省辽阳市、云南省通海县、安徽省黟县和桐城市申报国家历史文化名城，报请国务院将辽宁省辽阳市列为国家历史文化名城。截至2020年底，国家历史文化名城达135座。

【开展历史文化名城保护工作调研评估和监督检查】会同国家文物局印发《关于开展国家历史文化名城保护工作调研评估的通知》（建科函〔2020〕118号），组织对国家历史文化名城资源普查认定、保护修缮利用、保护管理状况进行全面摸底和评估，以调研评估为基础推动系统保护。印发《关于在城市更新改造中切实加强历史文化保护坚决制止破坏行为的通知》（建办科电〔2020〕34号），及时制止在城市更新改造中破坏城市风貌的问题。赴黑龙江、湖南等省（区、市）开展历史文化名城保护工作督查检查。督促聊城等5个保护不力的国家历史文化名城继续做好整改工作。

【推进历史文化街区划定和历史建筑确定工作】持续推进历史文化街区划定和历史建筑确定工作，截至2020年10月，全国共划定912片历史文化街区，确定3.85万处历史建筑。推进历史建筑保护利用省级试点工作，60余个省级试点城市积极探索建立历史建筑保护利用新路径、新模式和新机制。

【开展历史文化保护传承培训工作】在重庆、山西平遥、安徽绩溪组织举办了3期"城乡建设与历史文化保护传承"培训班，现场培训和网络直播培训同步进行，共计培训45000余人次；配合驻部纪检监察组举办学习贯彻习近平总书记关于历史文化保护重要指示批示精神座谈会暨远程教育培训，推动各地提高历史文化保护意识。

城市更新和完整居住社区建设

【推动城市更新工作】为贯彻落实党中央决策部署要求，牵头研究制定推动城市更新的有关指导意见，深入总结各地实践经验基础上，探索建立健全城市更新的体制机制和政策措施。2020年11月，形成初稿，并征求31个中央和国家有关部门意见。

【推动完整居住社区建设工作】8月，会同12个部门联合印发《关于开展城市居住社区建设补短板行动的意见》（建科规〔2020〕7号），同时发布《完整居住社区建设标准（试行）》，指导各地深入推进城市居住社区建设补短板行动，因地制宜对居住社区市政基础设施及公共服务设施进行改造和建设，建设安全健康、设施完善、管理有序的完整居住社区。

【推进城市社区足球场地设施建设】持续跟踪指导武汉、大连等试点城市推进城市社区足球场地设施建设，试点期间共建成779片非标准、非规则社区足球场地。11月，在总结试点工作经验的基础上，印发《关于全面推进城市社区足球场地设施建设的意见》（建科〔2020〕95号），附发《城市社区足球场地设施建设技术指南》和《城市社区足球场地设施建设试点示范图集》，明确提出城市社区足球场地设施建设的总体目标、工作要求和技术指引。12月，会同国家体育总局召开城市社区足球场地设施建设试点总结会，组织各省级住房和城乡建设、体育部门深入学习试点经验，就落实《关于全面推进城市社区足球场地设施建设的意见》进行再动员再部署，推动全国各地全面开展城市社区足球场地设施建设。

城市信息模型（CIM）基础平台建设

【推进城市信息模型（CIM）基础平台建设】会同工业和信息化部、中央网络安全和信息化委员会办公室印发《关于开展城市信息模型（CIM）基础平台建设的指导意见》（建科〔2020〕59号），配套印发《城市信息模型（CIM）基础平台技术导则》（建办科〔2020〕45号），指导各地开展CIM基础平台建设。将中新天津生态城列为城市信息模型（CIM）基础平台建设试点城市，持续跟踪指导广州、南京、厦门、北京城市副中心、雄安新区等城市（地区）推进BIM报建和CIM基础平台建设试点工作。指导重庆、太原、贵阳等16个城市结合新型城市基础设施建设试点推进CIM基础平台建设。推进部级CIM基础平台研发，完成平台基本功能开发，基于国家电子政务外网实现了与广州、厦门和上海3个城市CIM相关平台的对接。

城市和建筑风貌管理

【加强城市与建筑风貌管理】 4月，会同国家发展改革委印发《关于进一步加强城市与建筑风貌管理的通知》（建科〔2020〕38号），强化超大体量公共建筑、超高层地标建筑、重点地段建筑管理。9月，印发《关于加强大型城市雕塑建设管理的通知》（建科〔2020〕79号），要求各地加强对大型城市雕塑、重要地区雕塑、重大题材雕塑管理，坚决杜绝滥建"文化地标"等形象工程、政绩工程；印发《关于湖北省荆州市巨型关公雕像项目和贵州省独山县水司楼项目有关问题的通报》（建科函〔2020〕146号），要求各地从通报的两个典型案例中汲取教训，切实在城乡建设中延续历史文脉、塑造特色风貌、展现时代精神。

建设工程消防设计审查验收

【制订部门规章】 4月，公布《建设工程消防设计审查验收管理暂行规定》（住房和城乡建设部令第51号），以保证建设工程消防设计、施工质量为目标，优化调整消防设计审查验收工作模式，明确了开展建设工程消防设计审查验收工作的依据和总体要求，细化了有关单位的消防设计、施工质量责任与义务，规定了特殊建设工程的消防设计审查和消防验收、特殊消防设计专家论证，以及其他建设工程的消防设计、备案与抽查等的程序和内容，为机构改革后住房和城乡建设部门开展建设工程消防设计审查验收工作建立基础标尺。

【完善配套文件】 6月，印发《住房和城乡建设部关于印发〈建设工程消防设计审查验收工作细则〉和〈建设工程消防设计审查、消防验收、备案和抽查文书式样〉的通知》（建科规〔2020〕5号），对建设工程消防设计审查验收的工作程序、审批内容、审批条件等进行了具体细化和规范，为各地开展建设工程消防设计审查验收工作提供操作性的工作依据，促进建设工程消防设计审查验收工作扎实有序开展。

【做好实施监督】 10月，对黑龙江、湖南、云南等9省开展监督检查，督促各地履行好建设工程消防设计审查验收工作职责，形成"发现问题清单""地方提出意见建议清单""典型经验做法清单"3个清单，要求各地及时改进完善工作，确保建设工程消防设计审查验收工作平稳有序开展。10—12月，在南宁、呼和浩特和青岛，组织召开了3次建设工程消防审查验收工作交流座谈会，指导各地做好机构和人员队伍保障，提升专业技术支撑能力，交流各地好的经验做法。

【加强行业指导】 定期汇总全国各省（区、市）和新疆生产建设兵团工作进展，2020年全国各级住房和城乡建设主管部门共受理27.18万件建设工程消防设计审查验收申请，办结24.91万件，办结率提高到91%，工作能效明显提升。4月和7月，开展《建设工程消防设计审查验收管理暂行规定》及配套文件视频宣贯培训，通过集中学习、同步转播等方式相结合，各级住房和城乡建设主管部门和相关单位18000余人参加。9—10月，在西安、昆明、南京、南昌开展4期《建设工程消防设计审查验收管理暂行规定》宣传贯彻和实际操作培训，各级住房和城乡建设部门的400余人参加。积极宣传介绍北京、陕西、内蒙古、广西、江西等地经验做法，推动各地切实解决机构人员保障、信息技术支撑、事中事后监管等问题。

其他工作

【指导中新天津生态城建设】 会同外交部筹备组织召开中新天津生态城联合协调理事会第十二次会议，协调相关部门出台5项支持政策。

【推进部省共建高原美丽城镇示范省建设工作】 6月，会同青海省人民政府召开部省共建高原美丽城镇示范省工作领导小组第一次全体会议，听取高原美丽城镇示范省建设工作进展情况，审议通过并印发实施《高原美丽城镇示范省建设实施方案》和《高原美丽城镇示范省建设试点工作方案》。10月，召开部省共建高原美丽城镇示范省推进会和部省共建高原美丽城镇示范省试点工作对接座谈会，推动高原美丽城镇示范省建设，指导青海省走出一条具有时代特征、高原特色、青海特点的城镇化发展新路。

【与上海市共建超大城市精细化建设和治理中国典范】 7月，住房和城乡建设部、上海市人民政府签署《共建超大城市精细化建设和治理中国典范合作框架协议》，为推动国家治理体系和治理能力现代化贡献上海智慧、上海样本，为世界超大城市建设和治理提供中国经验、中国方案；9月，印发《住房和城乡建设部 上海市人民政府共建超大城市精细化建设和治理中国典范合作框架协议主要任务实施方案》，明确主要任务、落实措施及完成时限。

（住房和城乡建设部建筑节能与科技司）

住房公积金监管

概况

根据《住房公积金管理条例》规定，住房和城乡建设部会同财政部、中国人民银行负责拟定住房公积金政策，并监督执行。住房和城乡建设部设立住房公积金监管司，各省、自治区住房和城乡建设厅设立住房公积金监管处（办），分别负责全国、省（自治区）住房公积金日常监管工作。截至2020年年末，国家、省两级住房公积金专职监管人员共计137人。

直辖市和省、自治区人民政府所在地的市以及其他设区的市（地、州、盟）设立住房公积金管理委员会，作为住房公积金管理决策机构，负责在《住房公积金管理条例》框架内审议住房公积金决策事项，制定和调整住房公积金具体管理措施并监督实施。截至2020年年末，全国共设有住房公积金管理委员会341个。

直辖市和省、自治区人民政府所在地的市以及其他设区的市（地、州、盟）设立住房公积金管理中心，负责住房公积金的管理运作。截至年末，全国共设有住房公积金管理中心341个；未纳入设区城市统一管理的分支机构137个，其中，省直分支机构24个，石油、电力、煤炭等企业分支机构69个，区县分支机构44个。全国住房公积金服务网点3452个。全国住房公积金从业人员4.47万人，其中，在编2.68万人，非在编1.79万人。

按照中国人民银行的规定，住房公积金贷款、结算等金融业务委托住房公积金管理委员会指定的商业银行办理。受委托商业银行主要为工商银行、农业银行、中国银行、建设银行、交通银行等。

全国住房公积金政策制定

【出台应对新冠肺炎疫情住房公积金阶段性支持政策】 2月，按照党中央、国务院关于统筹推进新冠肺炎疫情防控和经济社会发展的决策部署，经国务院常务会审议通过，出台应对新冠肺炎疫情住房公积金阶段性支持政策。召开全国视频连线会进行部署，建立"半月报"机制，持续跟踪督促落实。截至6月30日政策到期，全国共支持13.22万个受疫情影响的企业减少住房公积金缴存274.29亿元；对77.54万笔受疫情影响无法正常还款的住房公积金贷款未作逾期处理，涉及贷款余额1879.42亿元；为56.62万名受疫情影响职工提高租房提取额度，增加租房提取住房公积金10.16亿元，阶段性支持政策发挥纾难解困作用。

【探索推动住房公积金制度改革完善】 推动灵活就业人员参加住房公积金制度试点，指导有意愿的城市起草报送试点方案，研究建立推进机制。探索推进住房公积金支持租赁住房发展试点，深入开展实地调研，研究提出试点思路。推动长三角、粤港澳大湾区、成渝地区、长江中游城市群等区域住房公积金协同发展，指导签订落实区域内合作协议。明确"支持小区居民提取住房公积金，用于加装电梯等自住住房改造"政策，写入《国务院办公厅关于全面推进城镇老旧小区改造工作的指导意见》，2020年全国共支持0.51万人提取住房公积金2.11亿元用于老旧小区改造。

住房公积金工作督察管理

【公布住房公积金年度报告】 住房和城乡建设部会同财政部、人民银行向社会公开披露了《全国住房公积金2019年年度报告》。报告全面披露了住房公积金机构概况、业务运行情况、业务收支和增值收益情况、资产风险状况、社会经济效益，以及其他重要事项，保障了缴存单位和缴存职工的知情权和监督权。从披露的数据看，2019年，住房公积金支持缴存职工群体进一步扩大，重点支持缴存职工基本住房需求，大力支持租赁住房消费和保障性住房建设，住房公积金管理和服务能力持续提升，取得了较好的社会经济效益。

【加强监管促进规范管理】 应用区块链技术，全面建成全国住房公积金数据平台，在此基础上，建设全国住房公积金监管服务平台，在10个省（市）试点应用，实施线上动态实时监管。落实中央领导同志对审计整改工作的批示精神，督促各地全面整改2019年住房公积金专项审计发现问题，同步完善和推进住房公积金电子稽查工作。

住房公积金信息化

【全国住房公积金监管服务平台建设】 依托已有的住房公积金数据平台，结合司内各处以及各地监管处的需求，开发建设了全国住房公积金监管服务平台。自全国住房公积金监管服务平台上线试运行以来，信息化推进处结合"跨省通办"的要求并根据试点情况及各地反馈的意见建议，对平台不断优化升级，并于12月向全国各省区住房和城乡建设厅以及公积金中心开放办公助手、数据展示和动态通信录等服务功能。

【数据治理与大数据应用】 开展常态化的数据质量分析，持续提升数据平台数据质量，提高数据完整性、准确性和时效性。定期向各省监管处下发《数据平台数据质量统计表》和《数据平台数据报送及时性分析表》。推进数据平台与公安部、国家税务总局的数据共享工作；拓展与统一社会信用代码中心的数据共享范围，增加新注册单位信息推送功能，推进实现企业住房公积金业务一次办理。建立住房共公积金数据机制，横向连接各部门，纵向贯通各中心，向各地提供住房公积金行业数据和相关部门数据共享服务。

【信息系统建设与日常维护】 稳妥有序推进手机公积金小程序上线试运行，召开7个试点省（区）座谈会。按照国务院办公厅电子政务办公室的工作部署和要求，推进住房公积金全国数据平台与国家政务平台的对接工作。组织全国住房公积金统计信息系统和利用住房公积金支持保障性住房建设项目贷款试点运行监管系统的日常运行维护工作，开展定级定保工作。利用住房公积金支持保障性住房建设项目贷款试点运行监管信息系统和全国住房公积金统计信息系统保护等级确定为信息系统安全保护等级二级。

住房公积金服务工作

【以"跨省通办"等为抓手不断提高服务效能】 贯彻落实国务院关于加快推进政务服务"跨省通办"工作部署，实现个人缴存贷款等信息查询、出具贷款职工缴存使用证明、正常退休提取3个高频事项"跨省通办"。全部设区城市（地、州、盟）住房公积金管理中心实现了与全国异地转移接续平台直连，全年通过转移接续平台共办结64.36万笔转移接续业务，转移接续资金205.99亿元，畅通异地转移接续渠道。继续推进"互联网＋政务服务"，全国337个设区城市（地、州、盟）住房公积金管理中心建成住房公积金综合服务平台，其中，2020年12329服务热线服务5692.81万次、短消息服务9.14亿条。

全国住房公积金年度主要统计数据及分析

【缴存】 2020年，住房公积金实缴单位365.38万个，实缴职工15327.70万人，分别比上年增长13.33％和3.00％。新开户单位68.92万个，新开户职工1835.11万人。

2020年，住房公积金缴存额26210.83亿元，比上年增长10.55％。

截至年末，住房公积金累计缴存总额195834.91亿元，缴存余额73041.40亿元，结余资金10711.02亿元，分别比上年末增长15.46％、11.73％和13.21％。具体情况详见表1、表2、图1。

2020年分地区住房公积金缴存情况　　表1

地区	实缴单位（万个）	实缴职工（万人）	缴存额（亿元）	累计缴存总额（亿元）	缴存余额（亿元）
全国	365.38	15327.70	26210.83	195834.91	73041.40
北京	34.93	882.98	2471.47	17781.39	5491.08
天津	7.59	281.83	569.45	5057.62	1628.55
河北	6.97	520.98	706.07	5808.52	2490.44
山西	4.94	343.18	445.78	3606.48	1462.66
内蒙古	4.43	252.34	442.75	3517.90	1544.53
辽宁	9.85	504.26	845.34	8033.92	2806.71
吉林	4.35	245.16	370.29	3225.30	1332.41
黑龙江	4.20	289.44	494.83	4155.38	1659.67
上海	45.15	884.33	1687.39	12774.99	5361.77
江苏	39.88	1408.74	2280.95	16113.81	5478.98
浙江	30.89	924.02	1814.86	12794.09	3927.69
安徽	7.26	454.47	762.65	6240.53	1992.03
福建	14.02	438.56	740.36	5530.36	1913.66
江西	5.01	285.67	498.08	3305.91	1515.08
山东	19.41	1011.60	1436.94	10799.89	4250.65
河南	8.81	659.12	881.41	6242.62	2842.37
湖北	8.23	495.97	927.38	6577.39	3022.17
湖南	7.65	475.47	749.09	5230.53	2445.74
广东	46.51	1976.60	2904.39	20757.10	6740.04
广西	6.03	310.55	528.77	3931.74	1357.42
海南	3.45	110.42	142.12	1,102.15	483.82
重庆	4.22	273.86	475.57	3388.32	1211.28
四川	13.68	724.47	1197.79	8706.21	3593.96

续表

地区	实缴单位（万个）	实缴职工（万人）	缴存额（亿元）	累计缴存总额（亿元）	缴存余额（亿元）
贵州	5.17	269.30	455.15	2924.48	1284.29
云南	5.68	286.40	591.63	4583.92	1657.25
西藏	0.54	35.92	111.29	709.35	343.18
陕西	6.93	418.54	592.90	4380.84	1828.94
甘肃	3.39	195.06	324.11	2576.89	1145.49
青海	1.07	55.73	127.08	1007.81	345.39
宁夏	1.04	66.49	115.79	1008.72	353.93
新疆	3.58	220.68	471.14	3616.21	1377.96
新疆生产建设兵团	0.52	25.81	47.99	344.54	152.26

2020年分类型单位住房公积金缴存情况　　表2

单位性质	缴存单位（万个）	占比（%）	实缴职工（万人）	占比（%）	新开户职工（万人）	占比（%）
国家机关和事业单位	72.61	19.87	4513.36	29.45	239.65	13.06
国有企业	21.57	5.90	2907.38	18.97	201.29	10.97
城镇集体企业	4.54	1.24	236.82	1.54	25.70	1.40
外商投资企业	10.86	2.97	1174.73	7.66	154.72	8.43
城镇私营企业及其他城镇企业	207.95	56.92	5358.40	34.96	989.37	53.91
民办非企业单位和社会团体	8.88	2.43	269.16	1.76	47.68	2.60
其他类型单位	38.96	10.67	867.85	5.66	176.69	9.63
合计	365.38	100.00	15327.70	100.00	1835.11	100.00

图1　"十三五"期间住房公积金缴存额及增长速度

"十三五"期间，住房公积金缴存额累计106264.77亿元，年均增长12.16%。"十三五"期末缴存余额比"十二五"期末增长79.57%。

【提取】2020年，住房公积金提取人数6083.42万人，占实缴职工人数的39.69%；提取额18551.18亿元，比上年增长13.94%；提取率70.78%，比上年增加2.11个百分点。

截至年末，住房公积金累计提取总额122793.52亿元，占累计缴存总额的62.70%。

"十三五"期间，住房公积金提取额累计73930.14亿元，年均增长12.39%。具体情况详见表3、表4、图2。

2020年分地区住房公积金提取情况　　表3

地区	提取额（亿元）	提取率（%）	住房消费类提取额（亿元）	非住房消费类提取额（亿元）	累计提取总额（亿元）
全国	18551.18	70.78	15130.52	3420.66	122793.52
北京	1825.38	73.86	1633.17	192.23	12290.32
天津	414.79	72.84	321.64	93.15	3429.07
河北	439.24	62.21	311.24	128.00	3318.08
山西	251.83	56.49	183.60	68.23	2143.83
内蒙古	304.33	68.74	221.11	83.22	1973.36
辽宁	653.49	77.30	496.46	157.02	5227.22
吉林	271.30	73.27	178.34	92.96	1892.89
黑龙江	321.04	64.88	214.94	106.10	2495.71
上海	1046.75	62.03	868.79	177.95	7413.22
江苏	1702.28	74.63	1430.63	271.65	10634.83
浙江	1461.04	80.50	1258.64	202.40	8866.34
安徽	571.44	74.93	469.98	101.46	4248.50
福建	566.02	76.45	462.50	103.52	3616.71
江西	322.29	64.71	247.76	74.54	1790.83
山东	1033.05	71.89	829.86	203.18	6549.24
河南	568.30	64.48	404.68	163.61	3400.24
湖北	552.35	59.50	429.44	122.90	3555.22
湖南	450.18	60.10	332.68	117.50	2784.79
广东	2188.32	75.35	1924.56	263.76	14017.06
广西	400.30	75.70	327.82	72.48	2574.32
海南	91.53	64.40	73.23	18.30	618.33
重庆	346.27	72.81	284.53	61.74	2177.05
四川	772.52	64.50	631.39	141.13	5112.25
贵州	312.44	68.65	254.99	57.45	1640.18

续表

地区	提取额（亿元）	提取率（%）	住房消费类提取额（亿元）	非住房消费类提取额（亿元）	累计提取总额（亿元）
云南	473.70	80.07	392.62	81.08	2926.67
西藏	68.93	61.94	55.79	13.14	366.16
陕西	354.30	59.76	277.46	76.84	2551.90
甘肃	229.94	70.95	177.93	52.01	1431.41
青海	111.42	87.68	86.27	25.15	662.42
宁夏	88.32	76.28	69.34	18.99	654.79
新疆	324.12	68.80	256.31	67.82	2238.25
新疆生产建设兵团	33.97	70.78	22.82	11.15	192.28

2020年分类型住房公积金提取情况　表4

提取原因		提取人数（万人）	占比（%）	提取金额（亿元）	占比（%）
住房消费类	购买、建造、翻建、大修自住住房	745.83	12.26	5118.26	27.59
	偿还购房贷款本息	3145.74	51.71	8684.93	46.82
	租赁住房	1226.42	20.16	1188.51	6.41
	老旧小区改造	0.51	0.01	2.11	0.01
	其他	135.05	2.22	136.71	0.74
非住房消费类	离退休	248.20	4.08	2370.31	12.78
	丧失劳动能力，与单位终止劳动关系	223.26	3.67	325.12	1.75
	出境定居或户口迁移	55.97	0.92	67.15	0.36
	死亡或宣告死亡	11.56	0.19	75.31	0.41
	其他	290.79	4.78	582.77	3.14
合计		6083.42	100.00	18551.18	100.00

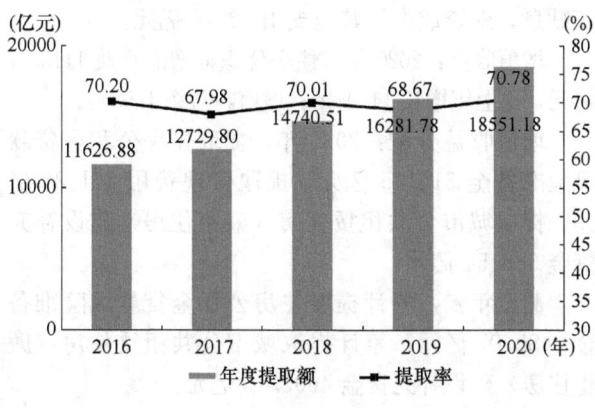

图2　"十三五"期间住房公积金提取额及提取率

【贷款】 个人住房贷款：2020年，发放住房公积金个人住房贷款302.77万笔，比上年增长5.85%；发放金额13360.04亿元，比上年增长10.06%；回收金额6947.47亿元，比上年增长13.87%。

截至年末，累计发放住房公积金个人住房贷款3924.31万笔、111337.58亿元，分别比上年末增长8.38%和13.66%；个人住房贷款余额62313.53亿元，比上年末增长11.51%；个人住房贷款率[4]85.31%，比上年末减少0.17个百分点。具体情况详见表5、表6、图3。

2020年分地区住房公积金个人住房贷款情况　表5

地区	放贷笔数（万笔）	贷款发放额（亿元）	累计放贷笔数（万笔）	累计贷款总额（亿元）	贷款余额（亿元）	个人住房贷款率（%）
全国	302.77	13360.04	3924.31	111337.58	62313.53	85.31
北京	8.30	627.82	126.29	7544.02	4571.29	83.25
天津	5.24	241.90	107.56	3440.71	1465.42	89.98
河北	8.75	382.80	116.80	3059.15	1843.37	74.02
山西	6.75	296.04	67.42	1755.65	1138.90	77.87
内蒙古	6.54	249.85	117.44	2444.51	1183.97	76.66
辽宁	11.22	383.23	192.16	4553.40	2317.46	82.57
吉林	4.82	191.95	79.78	1931.27	1107.08	83.09
黑龙江	4.98	176.65	97.96	2256.99	1105.12	66.59
上海	15.07	1029.18	283.32	9757.14	4978.75	92.86
江苏	27.95	1204.26	359.62	10332.61	5328.63	97.26
浙江	18.72	870.52	211.60	7186.40	3738.61	95.19
安徽	11.94	421.07	148.42	3565.80	1947.05	97.74
福建	7.42	374.39	110.40	3278.87	1790.25	93.55
江西	6.72	263.40	85.83	2201.51	1279.11	84.43
山东	21.80	799.10	242.76	6363.52	3621.72	85.20
河南	14.09	565.75	144.90	3646.69	2259.37	79.49
湖北	13.93	668.96	151.35	4209.96	2491.10	82.43
湖南	10.32	399.23	147.84	3459.51	2107.83	86.18
广东	24.66	1272.90	224.98	8489.10	5327.83	79.05
广西	7.35	275.34	80.11	1929.95	1240.30	91.37
海南	1.90	103.39	19.59	620.00	418.96	86.60
重庆	5.53	213.63	65.72	1876.67	1195.27	98.68
四川	16.86	671.81	179.70	4782.66	2910.83	80.99
贵州	8.26	324.66	82.24	2057.84	1294.03	100.76
云南	6.85	264.82	132.06	2827.01	1343.32	81.06
西藏	1.14	72.84	10.30	421.74	249.50	72.70

续表

地区	放贷笔数（万笔）	贷款发放额（亿元）	累计放贷笔数（万笔）	累计贷款总额（亿元）	贷款余额（亿元）	个人住房贷款率（%）
陕西	8.16	358.71	87.43	2273.84	1489.80	81.46
甘肃	5.22	197.87	83.59	1675.36	875.93	76.47
青海	1.92	86.19	29.12	614.11	284.07	82.25
宁夏	1.66	69.77	29.97	654.93	286.34	80.90
新疆	7.62	260.52	100.91	1969.05	1020.80	74.08
新疆生产建设兵团	1.08	41.49	7.14	157.61	101.52	66.67

2020年分类型住房公积金个人住房贷款情况　表6

类别		发放笔数（万笔）	占比（%）	金额（亿元）	占比（%）
房屋类型	新房	213.02	70.36	9060.78	67.82
	存量商品住房	87.43	28.88	4162.99	31.16
	建造、翻建、大修自住住房	0.40	0.13	14.70	0.11
	其他	1.92	0.63	121.58	0.91
房屋建筑面积	90平方米（含）以下	75.11	24.81	3563.12	26.67
	90—144平方米（含）	199.86	66.01	8509.01	63.69
	144平方米以上	27.80	9.18	1287.91	9.64
支持购房套数	首套	261.25	86.29	11524.37	86.26
	二套及以上	41.52	13.71	1835.67	13.74
贷款职工	单缴存职工	146.25	48.30	5742.15	42.98
	双缴存职工	155.80	51.46	7584.49	56.77
	三人及以上缴存职工	0.72	0.24	33.40	0.25
贷款职工年龄	30岁（含）以下	99.09	32.73	4293.92	32.14
	30—40岁（含）	128.40	42.41	6030.72	45.14
	40—50岁（含）	58.93	19.46	2438.21	18.25
	50岁以上	16.35	5.40	597.19	4.47
收入水平	中、低收入	289.19	95.51	12573.13	94.11
	高收入	13.58	4.49	786.91	5.89

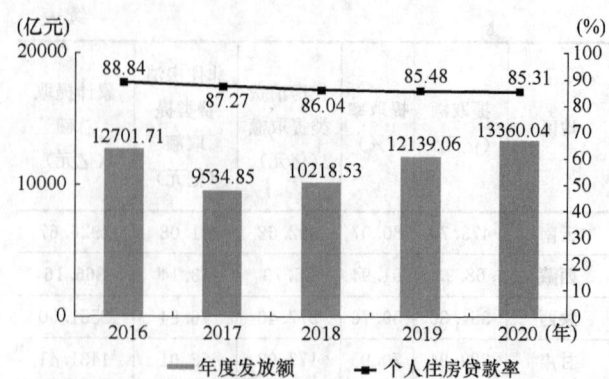

图3　"十三五"期间个人住房贷款发放额及个人住房贷款率

"十三五"期间，累计发放个人住房贷款1423.64万笔、57954.19亿元，年均发放284.73万笔、11590.84亿元。"十三五"期末个人住房贷款余额较"十二五"期末增长89.61%。个贷率从"十二五"期末的80.80%提高到85.31%。

支持保障性住房建设试点项目贷款：近年来，支持保障性住房建设试点项目贷款工作以贷款回收为主。2020年，未发放试点项目贷款，回收试点项目贷款1.35亿元。

截至年末，累计向373个试点项目发放贷款872.15亿元，累计回收试点项目贷款866.54亿元，试点项目贷款余额5.61亿元。368个试点项目结清贷款本息，81个试点城市全部收回贷款本息。

【国债】 2020年，购买国债5.04亿元，兑付、转让、收回国债14.63亿元；截至2020年末，国债余额11.24亿元。

【业务收支及增值收益情况】 业务收入：2020年，住房公积金业务收入2316.85亿元，比上年增长12.95%。其中，存款利息400.67亿元，委托贷款利息1907.75亿元，国债利息0.44亿元，其他7.99亿元。

业务支出：2020年，住房公积金业务支出1203.68亿元，比上年增长11.96%。其中，支付缴存职工利息1068.89亿元，支付受委托银行归集手续费28.08亿元、委托贷款手续费64.24亿元，公转商贴息、融资成本等其他支出42.46亿元。

增值收益：2020年，住房公积金增值收益1113.17亿元，比上年增长14.04%；增值收益率1.58%。

增值收益分配：2020年，提取住房公积金贷款风险准备金314.45亿元，提取管理费用121.38亿元，提取城市公共租赁住房（廉租住房）建设补充资金688.54亿元。

截至年末，累计提取住房公积金贷款风险准备金2488.07亿元，累计提取城市公共租赁住房（廉租住房）建设补充资金4692.16亿元。

管理费用支出：2020年，实际支出管理费用

110.97亿元,比上年减少1.36%。其中,人员经费58.17亿元,公用经费11.35亿元,专项经费41.44亿元。

【资产风险情况】 个人住房贷款:截至2020年年末,住房公积金个人住房贷款逾期额21.97亿元,逾期率0.04%;住房公积金个人住房贷款风险准备金余额2466.92亿元。

2020年,使用住房公积金个人住房贷款风险准备金核销呆坏账7.99万元。

支持保障性住房建设试点项目贷款:2020年,试点项目贷款未发生逾期。截至2020年年末,无试点项目贷款逾期。试点项目贷款风险准备金余额1.66亿元。

【社会经济效益】 缴存群体进一步扩大:2020年,全国净增住房公积金实缴单位42.98万个,净增住房公积金实缴职工446.32万人,住房公积金缴存规模持续增长。

缴存职工中,城镇私营企业及其他城镇企业、外商投资企业、民办非企业单位和其他类型单位占50.04%,比上年增加1个百分点,非公有制缴存单位职工占比进一步增加。

新开户职工中,城镇私营企业及其他城镇企业、外商投资企业、民办非企业单位和其他类型单位的职工占比达74.57%;农业转移人口及新就业大学生等新市民1029.52万人,占全部新开户职工的56.10%,住房公积金帮助新市民在城市稳业安居发挥了积极作用。

支持缴存职工住房消费:有效支持租赁住房消费。2020年,租赁住房提取金额1188.51亿元,比上年增长26.73%,占当年提取金额的比例逐年上涨;租赁住房提取人数1226.42万人,比上年增长20.97%。

大力支持城镇老旧小区改造。2020年,支持0.51万人提取住房公积金2.11亿元用于加装电梯等自住住房改造,改善职工居住环境。

个人住房贷款重点支持中、低收入群体首套普通住房。2020年发放的个人住房贷款笔数中,中、低收入职工贷款占95.51%,首套住房贷款占86.29%,144平方米(含)以下住房贷款占90.82%,40岁(含)以下职工贷款占75.14%。2020年末,住房公积金个人住房贷款市场占有率15.30%。

2020年,发放异地贷款18.28万笔、742.72亿元;截至年末,累计发放异地贷款105.19万笔、3586.13亿元,余额2603.82亿元。

支持保障性住房建设:持续支持保障性住房建设。2020年,提取城市公共租赁住房(廉租住房)建设补充资金占当年分配增值收益的61.24%。截至年末,累计为城市公共租赁住房(廉租住房)建设提供补充资金4692.16亿元。

节约职工住房贷款利息支出:住房公积金个人住房贷款利率比同期贷款市场报价利率(LPR)低1.1~1.55个百分点,2020年发放的住房公积金个人住房贷款,偿还期内可为贷款职工节约利息支出约2953.40亿元,平均每笔贷款可节约利息支出约9.75万元。

2020年,发放公转商贴息贷款8.65万笔、399.89亿元,当年贴息21.22亿元。截至年末,累计发放公转商贴息贷款74.54万笔、3155.40亿元,累计贴息99.79亿元。

(住房和城乡建设部住房公积金监管司)

城市管理监督

【概况】 2020年,城市管理监督工作以习近平新时代中国特色社会主义思想为指导,坚决贯彻落实党的十九大精神,全面落实全国住房和城乡建设工作会议部署要求,坚持以人民为中心的发展思想,围绕城市管理工作重点,统筹推进新冠疫情防控和城市管理执法工作,城市运行管理服务平台加快建设,城市治理风险防控持续推进,城市管理综合执法体制改革取得新进展,市容环境面貌进一步改善,城市管理执法队伍素质有效提升,城市人居环境不断优化。

【城市运行管理服务平台建设】 贯彻党的十九届五中全会精神和《国民经济和社会发展第十四个五年规划和2035年远景目标纲要》,落实全国住房和城乡建设工作会议部署,开展城市运行管理服务平台建设和联网工作。在现有城市管理信息化工作基础上,整合共享相关部门数据资源,建设完善国家、省、市三级城市运行管理服务平台，各级平台联网互通、数据同步、业务协同，加强对城市运行管理服务状况的实时监测、动态分析、统筹协调、指挥监督、综合评价。截至2020年底，上海、天津、重庆、内蒙古、浙江、甘肃、湖北、贵州、广东、安徽、四川、湖南、河南等13个省级平台、218个市级平台与国家平台联网互通。

【城市治理风险防控】强化城市风险防控管理，城市管理监督局会同相关司局组成工作专班，研究加强特大城市风险防控工作，组织编制住房和城乡建设领域《特大城市风险防控工作措施清单》，明确任务分工，细化具体措施，定期汇总进展情况，持续推进落实。

【城市管理体制改革】7月3日，印发《住房和城乡建设部办公厅关于印发城市管理执法装备配备指导标准（试行）的通知》（建办督〔2020〕34号），指导各地严格贯彻落实《中共中央国务院关于深入推进城市执法体制改革改进城市管理工作的指导意见》（中发〔2015〕37号）关于"制定执法执勤用车、装备配备标准"的要求，建立健全城市管理执法装备使用、维护、报废、更新等管理制度，加强执法装备使用、维护、管理等方面的业务培训，提高执法装备使用效率，推动执法水平不断提升。

【市容环境面貌整治提升】坚持问题导向，着力解决人民群众最关心、反映最强烈的市容市貌突出问题。编制《城市市容市貌"干净、整洁、有序、安全"标准（试行）》，建立城市市容市貌标准体系框架。开展规范城市户外广告设施管理工作试点，长春、武汉、成都、厦门、青岛、深圳、无锡、株洲、如皋等9个试点城市，试点期间共计拆除户外广告设施10.35万块、71.92万平方米，整治提升29.04万块、206.69万平方米。召开试点总结会，总结推广试点经验，指导各地做好规范城市户外广告设施管理工作。

会同工业和信息化部、公安部、交通运输部、国家广播电视总局、国家能源局等部门成立窨井盖问题治理部际工作协调小组，组织起草《关于加强窨井盖安全管理工作的指导意见》（征求意见稿），推进城市窨井盖安全管理工作。

【城市管理执法队伍建设】深入开展全国城市管理执法队伍"强基础、转作风、树形象"专项行动。提炼总结各地"强基础、转作风、树形象"三年专项行动经验。对专项行动中表现突出的153个单位和158名个人予以表扬。规范城市管理执法行为，印发《城市管理行政执法文书示范文本（试行）》，组织专家、地方城市管理部门专题宣讲解读，为各地城市管理执法工作提供参考。编制城市管理执法人员培训大纲和教材，在成都、南昌举办2期城市管理执法处级以上干部培训班，培训处级干部240名。

指导各地统筹推进疫情防控和城市管理执法工作，印发《关于在常态化疫情防控下进一步规范城市管理执法行为的通知》《关于配合做好2020年清明节祭扫等有关工作的函》等文件，指导各地在新冠肺炎疫情防控常态化前提下，规范执法行为，强化管理服务，有效化解矛盾纠纷，营造和谐社会氛围。

加强城市管理工作宣传，树立城市管理执法队伍良好形象。在《中国建设报》开设"强基础、转作风、树形象"专栏，刊发全国专项行动开展成效53期，累计稿件200篇。依托住房和建设部网站、《中国建设报》、"大城管"微信公众号等媒体，宣传报道上海、成都、长春、厦门等13个城市的经验做法。总结提炼地方城市管理工作经验，通过《建设工作简报》刊登城管系统全力以赴做好疫情防控、"人民城市人民管"、宁波"非现场"执法、江西省开展"城管进社区"等简报，印发供各地借鉴参考。

（住房和城乡建设部城市管理监督局）

人 事 教 育

教育评估

【2019—2020年度高等学校建筑学专业教育评估】2020年，全国高等学校建筑学专业教育评估委员会对北京建筑大学等17所学校的建筑学专业教育进行了评估。全国共有71所高校建筑学专业通过专业教育评估，其中具有建筑学学士学位授予权的有70个专业点，具有建筑学硕士学位授予权的有45个

专业点。

【2019—2020年度高等学校城乡规划专业教育评估】 2020年，住房和城乡建设部高等教育城乡规划专业评估委员会对南京大学等17所学校的城乡规划专业进行了评估。全国共有52所高校的城乡规划专业通过专业评估，其中本科专业点52个，硕士研究生专业点34个。

【2019—2020年度高等学校土木工程专业教育评估】 2020年，住房和城乡建设部高等教育土木工程专业评估委员会对暨南大学等91所学校的土木工程本科专业进行评估。全国共有103所高校的土木工程专业通过评估。

【2019—2020年度高等学校建筑环境与能源应用工程专业教育评估】 2020年，住房和城乡建设部高等教育建筑环境与能源应用工程专业评估委员会对山东建筑大学等22所学校的建筑环境与能源应用工程专业进行了评估。全国共有53所高校的建筑环境与能源应用工程专业通过评估。

【2019—2020年度高等学校给水排水科学与工程专业教育评估】 2020年，住房和城乡建设部高等教育给水排水科学与工程专业评估委员会对西安建筑科技大学等19所学校的给水排水科学与工程专业进行了评估。全国共有45所高校的给水排水科学与工程专业通过评估。

【2019—2020年度高等学校工程管理专业教育评估】 2020年，住房和城乡建设部高等教育工程管理专业评估委员会对华中科技大学等33所学校的工程管理专业进行了评估。全国共有57所高校的工程管理专业通过评估。

【2019—2020年度高等学校工程造价专业教育评估】 2020年，住房和城乡建设部高等教育工程管理专业评估委员会对重庆大学等6所学校的工程造价专业进行了评估。全国共有3所高校的工程造价专业通过评估。

干部教育培训工作

【举办省部级干部城市更新与品质提升专题研讨班】 9月1~5日，住房和城乡建设部与中共中央组织部在中国浦东干部学院举办省部级干部城市更新与品质提升专题研讨班，各省（区、市）分管负责人、中央和国家机关有关部委负责人共45人参加学习。

【持续推进"致力于绿色发展的城乡建设"专题培训】 2020年，面向全国住房和城乡建设系统领导干部，围绕党中央、国务院决策部署和住房和城乡建设部重点工作任务，聚焦实施城市更新行动、致力于绿色发展的城乡建设等内容，举办6期专题培训班，共培训356人；指导部干部学院分别与安徽等省份联合举办10期专题培训班，共培训1037人。

【开展机关和直属单位新任处长任职培训】 11月，举办部机关及部属单位处长任职培训班，培训2019年以来部机关新提任的处长、副处长及直属单位新提任的处长79人。

【推进优质课程教材建设】 将《致力于绿色发展的城乡建设》系列教材作为住房和城乡建设部推荐党员培训教材报送中组部。制作"生活垃圾分类成为践行绿色生活方式新时尚—上海推进生活垃圾分类的探求和实践"案例的网络课程，在中国干部网络学院上线。推荐"城市与自然生态""城乡协调发展与乡村建设"入选中组部学习贯彻习近平新时代中国特色社会主义思想好课程目录。

【开展"致力于绿色发展的城乡建设"线上培训】 开发"住房和城乡建设部干部学习平台"，为508名部机关干部和直属单位中层正职以上干部开通了学习账号，在线学习"致力于绿色发展的城乡建设"等视频课程。组织住房和城乡建设部负责扶贫工作的干部参加"决战决胜脱贫攻坚"网上专题班。组织部分副处级以上干部参加"学习习近平总书记在中央政治局第二十一次集体学习时的重要讲话精神"专题网络培训班。

【线上线下结合举办扶贫工作培训】 会同部扶贫办先后举办定点扶贫县和对口支援县党支部书记、基层干部培训班，采取线上线下结合的方式，培训湖北省红安县、麻城市，青海省大通县、湟中县，福建省龙岩市连城县三省五县基层干部和贫困村党支部书记共计286人。

【严格执行年度调训计划】 根据中共中央组织部和中央国家机关工委调训要求，全年调训31人次参加各类班次，其中，省部级干部3人次，司局级干部26人次，处级及以下干部2人次，参训率达100%。同时，建立台账资料，及时跟进记录干部参加培训情况。

【制定培训管理制度文件】 为加强部机关及直属单位干部参加教育培训的管理，7月，印发《住房和城乡建设部直属机关干部参加教育培训管理办法》，对干部参加教育培训提出明确要求。

【开展专业技术人员培训】 11月，指导全国市长研修学院举办城市黑臭水体治理与污水处理提质增效高级研修班，培训各地从事黑臭水治理、污水处理等工作单位负责人和相关专业技术人员共计60人。

职业资格工作

【住房和城乡建设领域职业资格考试注册情况】 2020年,全国共有33万人次通过考试并取得住房城乡建设领域职业资格证书,注册人数151.6万。

【全国勘察设计工程师管委会换届】 会同建筑市场监管司完成了全国勘察设计工程师管委会委员换届工作,印发《关于调整全国勘察设计注册工程师管理委员会组成人员的通知》。

【印发监理工程师制度文件】 研究修订监理工程师职业资格制度文件。会同交通运输部、水利部、人力资源社会保障部印发《监理工程师职业资格制度规定》《监理工程师职业资格考试实施办法》。

人才工作

【加强行业职业技能培训】 为进一步提升行业一线从业人员技能水平,保证培训质量,住房和城乡建设部人事司委托中国建筑出版传媒有限公司编制行业技能人员培训测试题库,为各地规范开展培训提供支撑。为加强疫情防控,应对建筑业复工开工,满足从业人员培训需求,2020年2月初,依托"住房城乡建设行业从业人员教育培训资源库"平台,在疫情期间为行业从业人员提供线上免费职业培训课程。线上免费职业培训课程2月15日正式上线运行,在学习强国、《中国建设报》等媒体做了宣传。截至9月底,已上线课程7大类,时长总计60000余分钟,平台访问量394万余次,课程点播96万余次,注册人数30万余人,访客人数184万余人。网上免费职业培训课程,为企业和从业农民工应对疫情复工复产提供了有力帮助。

【继续组织编修行业从业人员职业标准】 指导相关单位做好标准编制、征求意见、问题协调解决等工作,保证标准编制工作顺利实施。装配式建筑、排水、智能楼宇等行业职业(技能)标准召开了启动会、审核会等相关会议。组织召开施工现场专业人员职业标准编修研讨会,明确行业需求、岗位设置,及工作进展安排。

【做好行业从业人员职业技能培训鉴定工作试点总结】 为做好国家职业资格目录清单中涉及住房城乡建设行业的11个技能人员职业工种技能鉴定工作,与住房和城乡建设部执业资格注册中心一道积极选取试点,开展行业职业技能鉴定工作。4月,住房和城乡建设部执业资格注册中心印发《关于开展住房城乡建设行业职业技能鉴定试点验收工作的通知》,采取材料审查与线上视频抽查相结合的方式,组织各试点单位进行总结验收。参与试点的23家试点单位均验收合格,试点单位和考评员信息已经录入住房城乡建设行业从业人员培训管理信息系统,并为鉴定合格人员颁发培训合格证书。

【加强行业职业技能竞赛组织管理及高技能人才培养】 指导住房和城乡建设部相关社团规范申报2020年拟举办的国家级二类职业技能竞赛。重点对各单位申报竞赛方案的内容设置、经费来源等内容进行审核,避免相关单位借竞赛盈利。8月,印发《住房和城乡建设部办公厅关于举办第46届世界技能大赛住房城乡建设行业选拔赛的通知》,会同部内有关单位、行业协会,共同组织行业选拔赛。12月组织住建行业代表队赴广州参加第一届全国技能大赛,共参加了抹灰与隔墙、砌筑、花艺、瓷砖贴面、焊接、水处理技术、建筑金属构造、管道与制暖8项世界技能大赛项目的选拔,8名选手全部获奖,均进入前10名。其中抹灰与隔墙系统项目获得金牌;花艺、瓷砖贴面、砌筑项目获得银牌;焊接项目获得铜牌;水处理技术、建筑金属构造、管道与制暖项目获得优胜奖。8名参赛选手均入选世界技能大赛国家集训队。按照人社部第十五届中华技能大奖和全国技术能手评选表彰有关要求,住房和城乡建设部推荐的张晓炜、谢昌盛、赵修敏被评为全国技术能手候选人,江苏城乡建设职业学院被评为国家技能人才培育突出贡献候选单位,林晓滨被评为国家技能人才培育突出贡献候选个人。

【继续推进施工现场专业人员职业培训】 对各地报送的施工现场专业人员职业培训试点方案进行审核,在符合《住房和城乡建设部关于改进住房和城乡建设领域施工现场专业人员职业培训工作的指导意见》(建人〔2019〕9号)文件要求的基础上,着重审核试点培训机构数量,培训机构构成,按照放管服要求,试点的培训机构中必须有企业参与,同时所有培训机构必须是培训主体,避免层层转包。6月,印发《住房和城乡建设部人事司关于报送施工现场专业人员职业培训试点工作总结的通知》,要求各地报送试点工作总结。12月,印发《住房和城乡建设部办公厅关于住房和城乡建设领域施工现场专业人员职业培训试点工作情况的通报》。已有26个省(市、区)和企业提交试点方案,有19个省(市、区)和企业开展了试点工作,试点培训机构累计416家,完成培训173792人次,新生成电子合格证43416个。

【做好行业职业教育相关工作】 3月,根据教育部统一部署，组织开展了住建行指委换届工作、住房城乡建设行业职业院校专业目录动态调整工作。

【国务院特殊津贴人员选拔推荐】3月，人力资源社会保障部印发通知，开展2020年享受国务院特殊津贴人员选拔工作。住房城乡建设部推荐的展磊等6人成为享受国务院特殊津贴专家。

【深化职称制度改革】根据人社部40号令《职称评审管理暂行规定》的要求，对2019年度职称评审工作进一步完善。增加了现场答辩环节，和申报人员所在单位公示环节。指导人才中心就评审未通过人员咨询申述等情况，细化工作程序，形成统一的评审意见反馈内容，写入工作规程。3月，向人社部专业技术人员管理司报送住房和城乡建设部高级职称评审委员会备案的函，主要涉及职称评审人员范围、职称评审委员会组建情况以及拟出台的相关规章制，人社部已批复备案。

【做好其他人才工作】推荐的杜洁（中国建筑出版传媒有限公司），入选2019年宣传思想文化青年英才出版界名单。12月，根据中组部、团中央关于选派第21批博士服务团人选通知精神，选派科技与产业化发展中心梁传志作为第21批博士服务团人选。

2020年底，在全国农民工工作表彰中，人事司人才工作处荣获全国农民工工作先进集体。

（住房和城乡建设部人事司）

城乡建设档案

2020年，是"十三五"收官之年，住房和城乡建设部城建档案工作办公室深入学习贯彻习近平新时代中国特色社会主义思想和习近平总书记关于档案工作的重要指示批示精神，认真贯彻落实党的十九大和十九届二中、三中、四中、五中全会精神，围绕住房和城乡建设中心工作，凝心聚力，稳中求进，推进全国城乡建设档案工作取得了新的进展和成效。

【城建档案法制建设】各地城建档案法制建设取得重要成果，一批重要法规制度标准发布实施，法规制度保障更加坚实。邯郸市启动《邯郸市城市建设档案管理办法》修订工作。沈阳市开展《沈阳市城市建设档案管理条例》立法调研工作。上海市将《上海市城建档案管理办法（草案）》报送市司法局，制定了《关于本市工程建设项目竣工档案验收事中事后监管规定》。江苏省组织制订修订《建设工程声像档案管理标准》《江苏省城建档案馆业务工作规程》《江苏省房屋建筑和市政基础设施工程档案资料管理规范》。制定《关于进一步加强苏北地区农民住房条件改善档案管理工作的通知》《苏北地区农民群众住房条件改善项目和改善农户"一户一档"资料归档清单》，明确了5类农户改善住房资料归档标准。将"建设工程档案行政检查"列入省"双随机一公开"行政检查事项，由省、市、县三个层级扎实开展城建档案执法检查。安徽省组织修订了《建筑工程竣工档案编报须知》《市政基础设施工程竣工档案编报须知》以及《轨道交通工程竣工档案编报须知》。江西省印发《江西省城市建设档案管理办法》。九江市修订了《九江市城乡建设档案管理规定》。《青岛市城乡建设档案管理办法》《济宁市城乡建设档案管理办法》《枣庄市城市建设档案管理办法》颁布实施。淄博、东营、威海、日照开始着手对原有管理办法进行修订或重新制定。山东省将城建档案归集管理纳入"双随机、一公开"监管，检查情况上传省级监管平台，进一步加强城建档案执法监管。湖北省制定了《湖北省城镇地下管线成果归档标准》，完成了《城镇排水管道检测与评估技术标准》报批稿修改工作；有序推进地方标准《建设工程档案整理与移交规范》的编制工作。广州市修订了《广州市城乡建设档案管理办法》《建设工程档案编制规范》，惠州市启动《惠州市城乡建设档案管理办法》工作。海南省组织编制海南省建筑工程竣工验收资料归档目录，重点完善全装修和装配式建筑相关资料。重庆市严格落实"双随机一公开"监管，根据抽检比例不少于3%的要求，对13个建设、施工企业进行了检查，并将检查结果在信用中国（重庆）网站上公开。主编的城建档案行业地方标准《建设工程档案信息数据采集标准》，成功升级为全国行业团体标准《建设工程档案信息数据采集标准》T/CECS 707—2020。贵州省启动《贵州省城乡建设档案管理办法》修订工作。甘肃省兰州市修订了《兰州市城市建设档案管理办法》。平凉市泾川县、静宁县相继制定了《泾川县城乡建设档案管理办法》《泾川县城乡建设档案发展规划》《静宁县住建局工程建设档案管理规定》。兰州市住建局对39家城建档案形成单位开展了3轮次"双随机、一公开"城建档案执法检查。

【建设工程竣工档案归集管理】建设工程竣工档案归集管理，是工程质量管理的法定环节和重要内容。各地不断加强工程档案归集管理力度，不断提高工程档案归集率。北京市不断加大对重点地区、重大项目的档案指导工作，完成冬奥项目、副中心项目、环球影城、轨道交通等工程档案验收进馆工作。河北省全省新增馆藏8万多卷。辽宁省鞍山市全年接收工程档案765卷、抚顺市接收1656卷、本溪市接收881卷、丹东市接收2981卷、营口市接收2236卷、阜新市接收2900卷。上海市创新服务模式，拓展服务新渠道，创立邮箱服务、驻场服务、专员服务、重点服务等可推广可复制的精准服务方式，为建设单位送去更好的体验感和获得感。江苏省截至2020年年底，全省馆藏档案总量达1207万卷，其中村镇建设档案415万卷。安徽省将装饰装修工程档案列入接收范围，合肥市开始接收消防工程竣工档案。2020年，安徽省共接收建设工程项目档案8811个12万余卷。福建省2020年共归集建设项目档案66503卷。其中，福州市接收5444卷，厦门市接收19358卷，漳州市接收5848卷，泉州市接收10580卷，三明市接收2544卷，南平市接收3507卷，莆田市接收4995卷，龙岩市接收7623卷，宁德市接收1642卷，平潭接收4962卷。江西省全省现有城建档案198万余卷，2020年新增竣工项目5848个、竣工档案14万余卷。山东省济南、青岛、威海、日照、临沂、聊城等市全年接收档案都在1万卷以上，济南、枣庄、东营、济宁、威海、日照、德州、聊城等市接收项目单体工程500个以上，全省11个市馆藏总量达到10万卷以上。湖北省对建设工程项目开展业务指导3000余次，共接收档案约32.29万卷，底图约31566张，照片约78323张，电子文件约557万件。湖南省截至2020年11月全省共有馆藏档案510万卷，年进馆档案30万卷。广西百色市建立工程档案移交"黑名单"制度，将未按规定要求和时间完成档案缺项整改的建设单位、施工单位、监理单位，列入"黑名单"进行重点监管。海口市验收144个建设工程项目档案。三亚市验收103个工程项目档案，共计9286卷。重庆市接收档案226081卷，其中接收建设单位移交工程档案213685卷，接收沙坪坝区城建档案室移交工程档案11567卷，接收重庆市建设岗位培训中心业务档案829卷。贵州省各地接收1032个工程建设项目档案51033卷、照片22506张。陕西省全省城建档案馆藏总量150余万卷，底图18.8万余张，照片30万余张，录像带0.26万余盘，光盘1万余张。甘肃省全省接收重点工程档案7.8万卷，其中建设工程类5.7万卷，管理类2.1万卷。青海省截至2020年年底，全省独立城建档案馆共接收城建档案约1万卷。新疆生产建设兵团新增归档工程档案9682份。

【城建档案信息化建设】各地加速推进城建档案信息化建设，不断提升城建档案信息化水平。北京市上线运行城建档案管理信息系统（MIS）云平台，实现了市、区两级城建档案机构属地分工、数据共享、同平台办公。与市规划自然资源委数据中心共同完成了规管审批系统与市、区两级MIS云平台实时共享规划许可证及档案登记信息数据。按计划完成各区城建档案机构区级目录数据接收整理导入工作，持续推进全市城建档案目录中心建设。河北省唐山市完成城建档案移交网上业务办理系统与行政审批联审联验部门的对接。唐山、秦皇岛、邯郸、张家口等地完成与江西省城建电子档案异地备份工作。大连市研发城市建设辅助决策支持系统，以城建电子档案数据为基础，以空间数据为载体，建立多级编码体系，实现城建档案空间数据、业务数据和电子档案数据的关联融合。系统12个项目应用系统原型设计完成70%；向大数据提供城建档案API接口与电子档案前置库表推送。2020年底申报的项目一期（基于城建档案大数据的城市建设决策支持系统1.0）），经住建部项目科技成果专家评估委员会评审，认为系统达到国内领先水平，具有推广应用价值。上海市在"一网通办"平台开展档案归集、验收、移交、监管，实现城建档案全过程管理。开发运行"一键归档"系统并制定统一技术标准。开展全市统一电子城建档案管理系统应用模块开发和城建档案数据库建设和数据迁移工作。江苏省启动建设工程档案资料在线接收省级试点工作，截至2020年年底，江苏省城建档案馆藏档案数字化率达78%；馆藏档案数据异地备份容量达247.7T。各地加快完善档案目录数据库和全文数据库。截至2020年年底，江苏省有4个城建档案馆顺利通过省级数字档案馆考核验收。杭州市依托档案业务管理系统，实现全市工程档案移交、审核"最多跑一次"，"档案验收""档案移交"两个事项均实现网上办理。建立杭州地区统一网上查档平台，地区县市区均实现"档案查询"服务事项在线办理，实现"刷脸查档"和个人不动产工程档案查询"零材料"核验。采用OCR技术，完成馆内7000余万页库存档案数据化。完成档案业务办件电子归档、证照归集等工作。浙江省温州市启动互联网＋产权人建筑物档案精准查询与城建档案馆际联查和温州市建设工程电子文件在线流转与归档管理系统建设。安徽省合肥市稳步推进城建档案管理系统建设，支持工程档案文件在线同步管理，支持合肥市与四县一市城建档案的跨区查询、跨区出证等功能。芜湖市打造"全文数据＋数据挖掘与推送技术＋数据采集系统＋数据存储系统＋数据传输系统"智慧型城建档案管理模式，努力打造全市建设工程档案管理"一网统管"新局面。福建省福州市制定了《福州市城乡建设局关于推行建设项目档案竣工图电子化归档的通知》，推动电子竣工图档案接收试点工作向前迈进。全年完成馆藏档案数字化250万页。厦门市持续推进建设工程资料电子化工作，全年完成9个试点项目归档。承担的省建设科技开发项目《建设工程BIM归档课题研究》通过省住建厅验收。编制了《厦门市建设工程电子文件形成与归档指南》。莆田市部署在政务网的城建档案业务管理系统，通过专家组验收正式投入使用。江西省各级城建档案馆已全部具有城建档案管理信息系统软件。全年完成馆藏档案数字化65万余卷。南昌市、抚州市采购了建设工程档案自助查询系统及"互联网＋"建设工程文件跟踪管理服务系统，推动加盖建设单位电子签章的电子文件移交。通过政务网的身份实名认证，为不同服务对象提供规范化的查询利用服务，利用数字签章和二维码完善城建档案查询，实现"一次不跑"或"只跑一次"的优质服务。山东省制定了地方标准《山东省建设工程电子文件与电子档案管理标准》。截至2020年，全省各设区市城建档案馆均建立了城建档案信息管理系统。青岛市和枣庄滕州市通过工程档案在线接收系统实现了全过程信息化接收与监管。青岛市电子档案在线接收系统入选"2020青岛新型智慧城市典型案例"。威海市、德州市整合各县市区城建档案数据信息，加快市县区城建档案信息资源一体化建设。聊城完成"聊城市多规合一暨一张蓝图平台"建设，与聊城市建设工程审批系统实现对接。济宁、日照等市有序推进在线接收系统建设，逐步开始接收试点工作。湖北省组织专家和业务人员对恩施、宜昌、长阳、安陆、云梦等城建档案馆进行信息化建设、档案整理及数字化加工等方面的业务指导和项目验收，加快数字化城建档案馆建设步伐。武汉市完成"两城三地"数据灾备工作，全年向长春馆在线灾备数据1TB，本地离线磁带备份46盒。湖南省出台《关于推进城建档案电子化工作的通知》以来，常德、娄底、岳阳、张家界、永州、郴州等市已完成建设工程资料在线收集与跟踪服务系统软件开发，株洲、常德、娄底等市已开始原生电子档案单套制接收试点工作。常德市建设了区县一体化的"城建档案信息化管理平台"，支持建设项目在线编制资料、电子签章、签名和城建档案管理机构审查、接收、业务指导等功能；娄底市、益阳市开发建设工程原生电子文件在线接收归档系统，已有40个项目实施电子签章和在线电子文件归档。广州市上线运行广州市城乡建设档案监督指导及验收业务管理系统，推行建设工程电子档案在线报送。试运行"广州市城建档案BIM资源管理、服务一体化平台"，填补广州市建设工程档案管理工作中BIM模型接收与利用的空白。东莞市完成工程档案在线验收系统一期建设，二期人工智能审查工程档案系统已获国家档案局科技立项，智能化审查模块已进入建模学习阶段。在东莞市城建档案云服务平台现有模块功能基础上，增加镇区用户查阅下载档案权限，实现全市重要工程档案信息市镇共享。中山市完成1441个建设工程项目档案数字化及坐标提取工作，建立档案空间数据库，实现可视化查询。肇庆市完善档案管理系统，将电子档案利用、目录中心模块开放给自然资源局端州分局使用，在线提供电子档案利用，提高审批工作效率。南宁市、柳州市、钦州市等部分城建档案馆已建立信息化管理系统。南宁馆，以被列入自治区级数字档案馆建设试点为契机，对城建档案综合管理系统进行升级完善，依托城建大数据平台管理系统，完成了8平方公里试验区的档案数据全生命周期挖掘工作，成功实现了与BIM和三维地质数据库挂接。南宁馆完成与合肥市异地备份数据总量达到54.34TB。贺州馆完成与安徽淮北馆数据异地备份，接收该馆8T档案数据。海南省借助"工改系统"逐步推进城建档案信息化建设工作。重庆馆完成300余万卷档案数字化工作，形成结构化数据5亿余条，产生数据约40T，建立了全市城建档案信息数据中心和相互通联的城建档案业务专网。通过"互联网＋城建档案"实现电子档案在线实时采集、自动归档，通过"一平台、一张网、一个库"将分布在全市33个馆库的城建档案集中统一起来，可对重庆8.2万平方公里土地上的建构筑物集中管理，实现城建档案从分散到集中的转变。贵阳馆完成城建档案信息管理系统、城建档案在线管理系统升级改造，完成贵阳市城建档案在线管理系统的等保测评。六盘水市城建档案管理系统实现在线归档。遵义市完成城建档案管理信息系统建设工作，逐步开展城建档案数字化工作。安顺市启动城建档案信息管理平台建设。铜仁市启动建设工程电子档案在线接收平台建设。陕西省推广运行陕西省城建档案信息管理系统，汇集全省各级城建档案馆工程档案数据，供各级城建档案行政主管部门、城建档案管理机构、相关企业使用；具备建设工程电子档案主要信息填报、查询、管理、统计、利用等主要功能；实现与现有"一体化系统平台""房地产信用评价系统平台"之间数据联动，形成闭合管理。甘肃省各地累计扫描档案25.77万卷。兰州市完成城建档案信息管理系统升级，馆藏档案数字化率达到41％，完成电子档案海口市异地备份。嘉峪关市扫描文件13180张、图纸1830张。金昌市启动城建档案信息化建设数据库改造升级。天水市上线运行城建档案电子化处理系统。新疆生产建设兵团实现工程档案纸质电子"双套制"接收。

【声像档案管理】各地不断提升声像档案管理水平，广泛开展声像档案工作，积累了丰富的声像档案资源。北京市完成16家冬奥责任单位声像档案业务技术交底。邯郸市收集100余座古桥照片。沈阳市接收130余个项目工程声像档案照片31735张、录像650GB，启动馆藏声像档案数字化工作。本溪市拍摄工程照片4008张，录制视频900分钟。接待声像档案查询利用26人次，查询照片538张，视频85GB。丹东市拍摄城区照片3000余张。上海市拍摄24部工程影像资料片，拍摄52处7453张优秀历史保护建筑照片。发行了《上海建筑百年》专题纪录片、5期《上海城建档案》。举办"我们的小康之路，影像见证旧区改造"720°VR全景图片展以及"光影留存城市记忆—浦江两岸建设实录展"，以线下实景展结合线上"云展览"，突破时间和空间限制，实现城建档案"可看、可听、可读"。江苏省截至2020年底，全省馆藏照片档案达267万余张。徐州馆制作了《江苏省政府2019年民生实事落地记》专题片。杭州市开展无人机航拍24次，积累声像素材2086张照片、视频372分钟。合肥市制定《合肥市建设工程声像档案归档整理规定》，拍摄了以桥梁为主题的专题声像档案，系统地介绍了合肥桥梁的发展历史。芜湖市继续对轨道交通、水环境治理工程、芜湖古城等重点工程进行跟踪拍摄。阜阳市通过"互联网＋"建设工程文件跟踪管理服务系统，在线接收建设工程照片，举办第二届"大美阜阳·宜居家园"城市建设摄影图片征集工作，征集照片1041张。厦门市围绕90多个项目进行现场拍摄，采集照片1500多张，归档录像资料22个项目140分钟。泉州市拍摄"两高"项目建设场景、泉州古城29条街巷等专题照片1.2万余张，收集整理77个建设工程照片1540张。江西省全年接收照片77237张、录像2898分钟，制作专题片67部。山东省青岛、淄博、枣庄、烟台、聊城、菏泽等市不断加强重大活动跟踪拍摄，威海荣成、日照、德州和临沂等市针对历史建筑开展抢救性拍摄，建立专题声像档案。日照市出版《日照印记》《万平口今昔》两套画册荣获"山东省档案学优秀成果奖"，德州市编研《实现新跨越开创新辉煌》城建宣传片2部。武汉市积极做好"火神山"医院、"雷神山"医院和方舱医院等临时性医院的城建档案收集工作，共计拍摄收集相关照片视频67.5GB。制作完成《礼赞—2019武汉城建交通重点工程》《荣耀—第七届世界军人运动会》《武汉市城市社区足球场地设施试点》等画册及专题片；录屏制作并颁发了电子版武汉第一本《建设用地规划许可证》；完成桥都武汉专题拍摄及文字编辑整理。襄阳市出版了《2019襄阳住建掠影》画册。广东省韶关市360度全景拍摄了浈江区和武江区107条主要街道沿街风貌，形成了9157张全景影像档案资料。海口市采取有偿征集、无偿捐献等方式广泛征集民间声像档案。重庆市扎实推进"城市记忆"工程定点拍摄和抗战历史建筑遗址拍摄，拍摄207个点位照片3955张、视频385分钟。收集整理城市建设照片350余张，出刊《重庆城建档案》内刊4期。贵阳市完成8489张图片、9453张底片、404盘视频磁带数字化扫描加工录入声像管理系统，制作完成文献纪录电视片《筑·城三十年》、电视专题纪录片《决战将军山》，完成《筑梦记录》一书前期资料收集、图片整理、文字撰写、设计排版等工作。兰州市围绕重要会议、重大活动、重点工程，跟踪拍摄视频53.52GB、照片11585张。制作了《黄河神韵》《黄河风情线》等专题片。金昌市补充完善《兰台之歌·城市篇》为主题的声像纪录片。西宁市对重点项目开展无人机航空拍摄，拍摄照片500余张，并对馆藏照片光盘进行数据安全检查。

【城市地下管线工程档案管理】各地稳步推进地下管线工程档案接收、保管和利用工作。保定市核实更新管线长度959公里。沈阳市实行地下管线工程档案先网上申报后审核机制，电子版同步上传至地下管线信息共享平台，接收地下管线工程档案近

800卷。大连市开发建设了全域化的地下综合管线信息管理系统，开展地下管线工程竣工测绘数据审核及工程档案进馆等工作。全年为155个项目发放key文件，接收134个工程管线档案数据。开发建设了大连市涉密信息分级保护系统，对外提供利用管线11370公里。抚顺市严格落实《抚顺市城市地下管线工程档案管理办法》，加强地下管线工程覆土前竣工测量和档案归集管理。上海市制定《管线工程竣工档案编制技术规范》，探索纸质文件与电子文件融合组卷，确定不同种类管线工程归档内容，进一步提升归档效率。安徽省蚌埠市出台《蚌埠市地下管线管理办法》。合肥市开展地下管线竣工测量项目719个，加强与燃气集团、供水集团数据融合对接，共享新建管线数据175公里，完成管线工程归档397个。马鞍山市地下管网地理信息系统和安全运行监测系统项目一期通过专家验收，可全面把握全市地下管网运行状态，有效提高地下管网建设管理效率。厦门市接收地下管线工程档案电子数据2710项、纸制档案120卷，更新管线数据约1031公里。地下管线工程档案利用窗口共接待查档咨询1407人次，向502个单位提供各类管线图9198幅及相应数据资料。漳州市在2020年底全面完成了市中心城区地下管线普查更新工作，探测管线7285.4公里。山东省青岛市等地常规化开展地下管线补测补绘工作。淄博、东营、烟台、潍坊、聊城、菏泽等市下发文件方案，积极开展地下管线资料追缴和信息数据共享工作。东营、威海、德州完成地下管线工程档案管理系统换代升级。湖北省完成了崇阳县地下管线普查项目和咸宁、孝感、随州、安陆4个市地下管线补测补绘动态更新项目，全年更新管线长度约812公里，指导黄梅、嘉鱼、监利、鹤峰等4个县开展地下管线普查工作。除武汉、黄冈市外，其他城市的外业探测数据、地下管线信息系统数据库、监理等普查成果资料及信息系统全部移交城建档案馆。武汉、十堰、宜昌等9个城市共更新管线长度约10484公里，共排查出结构性隐患2643个，危险源1329个；处置结构性隐患2533个，危险源1096个，处置率为91.36%。重庆市接收399个工程项目2700多公里的管线数据，系统数据库包含管线总长度34043公里。贵阳市地下管线管理信息系统初步实现与有关管线权属单位管线数据的同步更新共享，完成了地下管线数据CGCS2000坐标转换，组织开展2020年地下管线动态更新项目，更新管线207公里，带修测状地形图1.725平方公里。遵义市完成中心城区主干道及3米以上支路地下管线普查数据库建设。

【联合验收】各地城建档案管理机构深入参与工程建设项目审批制度改革工作，将建设工程档案验收纳入工程竣工联合验收，统一出具验收意见。北京市积极探索改进工程验收备案、工程联合验收、简易低风险工程验收三种工程档案验收方式。推行"容缺+承诺"进馆，全市通过联合验收方式验收工程项目档案400项，其中非装修类项目48项。河北省各市城建档案主管部门积极协调对接行政审批、住建、规划等部门，11个设区市已全部将建设工程档案验收纳入竣工联合验收。辽宁省营口市馆按照联合验收相关要求，派人进驻市民服务中心，统一在营口市政务服务平台办理建设工程档案验收。阜新市按照联合验收程序，完成60个项目档案验收工作。盘锦市全面推行工程建设项目竣工联合验收，主动与交档企业建立工作联系，积极做好业务指导和验收工作。上海市将建设工程档案验收纳入竣工规划资源验收，取消档案验收合格证，对竣工规划验收申请时，未完成档案收集移交的建设单位（个人），采取告知承诺方式限时承诺、容缺受理，验收后履行承诺，按期移交档案的模式，同时在审批平台上提供了建设项目竣工档案归集全过程服务功能。进一步优化规范竣工档案验收技术审查工作，完善工程建设项目竣工档案接收工作标准和程序。江苏省建设工程档案联合验收改革稳步落地，制定印发了《新形势下进一步加强城建档案工作的通知》《进一步加强建设工程档案验收工作的通知》，进一步明确职能、规范流程、简化手续。各地逐步完成城建档案管理系统与建设工程项目审批管理系统的对接和数据共享；部分市正式启用"建设工程档案验收意见书""建设工程档案接收凭证"等电子证照。安徽省将城建档案验收纳入"工改平台"必办事项，与规划、竣工验收备案等事项同步进行联合验收，确保项目工程档案的及时接收进馆。对于重点项目，建设单位在组织竣工验收时城建档案馆即派员参加，现场查看工程文件，提出验收意见，作为竣工验收结论的参考。对于一般项目，各地城建档案馆通过建设工程联合审批平台参与联合验收，在线全程网办。福建省龙岩市全年参与联合验收项目77个。宁德市积极配合市本级和蕉城区开展联合验收，并在规定的第8个工作日出具验收意见。江西省2020年度实行建设工程联合验收项目1143个。山东省将建设工程档案验收纳入联合验收，对部分在验收时无法提交的工程文件资料，实行告知承诺。全面推进在线办理和在线接收，部分市城建档案接收、审核、发证改由在政务大厅"一窗受理"统一办理。湖北省城建档案管理机构共参与联合验收项目900余项。湖南省制定《关于明确建设工程城建档案验收相关事项的通知》（湘建〔2020〕97号），株洲、常德、娄底、益阳、长沙、湘潭等地陆续出台相关实施细则。自2020年1月1日起，湖南省工程档案验收纳入工程竣工联合验收，市、县建设工程档案验收全部通过湖南省工改系统办理。对满足城建档案归档目录主审要件齐全的建设工程，非主审要件实行告知承诺制，即承诺在规定期限内补交非主审要件，从而确保8个工作日内按时完成档案验收，签发《建设工程档案验收意见书》，作为办理联合验收意见的依据之一。截至2020年12月，湖南省共完成城建档案联合验收项目600余个。建设单位在竣工验收后3个月内移交工程档案的，由城建档案管理机构在工改系统中完成"项目结束"，该项目才算完成全部审批流程，才能在系统中"下架"。若建设单位未在竣工验收后3个月内移交工程档案的，系统会自动提醒，超期仍未移交的，由住房城乡建设主管部门予以处罚，并按规定记录不良行为，向社会公布。项目完成竣工验收备案后，在系统审批过程中形成的各类审批、备案类文件，城建档案管理机构可通过系统设置的接口查询、导出相关文件，实现信息共享，建设单位不再重复移交。广州市将"建设工程城建档案验收"事项作为公共服务事项纳入工程竣工联合验收，在全国范围内率先实施档案验收告知承诺制，采用"全网办"模式统一全市标准，加强工程档案催交职责，全年发出催交通知共计357份。南宁馆参加房建项目联合验收122次、市政项目联合验收66次，均在规定时间内办结并出具《南宁市建设工程档案专项验收意见书》。梧州市实行档案验收容缺受理，由建设单位自行组织工程档案验收工作，抽检部分竣工档案实体，签订《承诺书》《建设工程档案报送责任书》，承诺竣工验收后三个月内移交工程档案。海口市坚持工程档案报送承诺与处罚相结合，不断加强工程档案的业务指导及联合验收工作。重庆市取消社会投资小型简易低风险工业项目的档案验收，严格落实建设工程项目实行"联合验收"的有关要求，做好档案验收网上审批工作，落实好市政工程联合验收实行告知承诺制的相关要求。扎实开展重庆市建设工程档案管理优化营商环境专项整治行动，对标世行优化营商环境评价要求，以推进建设工程档案验收行政权力标准化水平及网上政务服务工作为核心，围绕"近三年档案验收情况突出问题、以数字城建档案为抓手持续优化营商环境"整治内容，开展全面整治，切实规范了全市城建档案管理服务工作，净化了行业风气，优化了营商环境。贵州省印发《关于规范建设工程档案验收相关工作的通知》（黔建办字〔2020〕107号），在全省范围内试行建设工程档案验收承诺制。将建设工程档案验收有关要求纳入竣工联合验收阶段的"申请表单""办事指南"中，由各级政务服务中心一个窗口统一受理，在联合验收限定时间内出具验收意见。云南省对竣工档案验收实行告知承诺，由建设单位承诺在工程竣工验收三个月内向城建档案管理机构报送一套符合规定的建设工程档案。全省60%的州（市）县已在"云南省工程建设项目审批管理系统"中办理竣工档案的验收工作。陕西省汉中市将建设工程城建档案验收纳入联合验收环节，成为不可缺少的一个步骤。安康市已率先完成了工程建设项目审批管理系统线上业务的工作衔接。甘肃省部分市州将"建设工程档案验收"纳入联合验收环节。天水市城建档案验收已纳入建设工程联合验收，参与联合验收62次。平凉馆先后参与了市政、房建等15项重点工程联合竣工验收。

【城建档案馆舍、机构、人员培训情况】各地不断加大城建档案基础硬件设施投入，新建和改建了一批功能齐全的新型馆库。广州市启用白云区展览路馆库区。北京馆广渠路二库区搬迁工作取得实质性进展。唐山馆完成新建档案库房和原档案库房、办公楼修缮工程的综合验收工作。滁州市迁址新馆，总建筑面积8100平方米。淮北市正在推进新馆建设各项工作。福州市加快推进新馆建设前期工作，厦门市启动新馆规划建设。江西全省馆库面积约41245.69平方米，其中，2020年新增897.59平方米。青岛、济宁、威海、滨州等市完成馆内改造装修和基础配套设施改造工程。枣庄市、荣成市、日照五莲县和菏泽市等地馆库面积均有所增加。襄阳、孝感、恩施、郧阳、兴山、监利、蕲春等7个馆共新增馆舍面积约9660平方米。惠州市完成新馆5200多平米维修改造任务，其中智能化档案库房面积1200平米，档案技术用房面积1000平米，城市建设成果展厅面积760平米，便民服务大厅面积300平米。重庆馆新馆库建设项目取得重要进展，完成了市级重大项目申报工作，拟打造集装配式、BIM技术、绿色建筑、智能建造等于一体的地标工程、示范工程和鲁班奖工程。贵阳馆完成新增4300平方米馆房的安全性、抗震性鉴定工作。西安市已开工建设新馆，占地面积约20亩，预计2022年投入使用。咸阳市新馆建设完毕，新增馆库面积4500m^2，预计2021年完成搬迁工作。延安馆已将档案库房改造专项资金纳入财政预算,将于2021年底前完成改造工作。汉中市将由市档案局、不动产登记交易服务中心及城建档案馆联合修建档案大厦,现正积极选址中。神木市计划申请筹建城建档案馆。

各地不断加强城建档案机构建设,充分发挥职能,确保城建档案管理工作有序开展。江苏省至2020年底,全省有39个达到省示范馆标准、20个达到省特级馆标准,全省800多个乡镇中有711个建立起省级标准村镇建设档案室,镇江、扬州、宿迁、淮安、徐州、无锡等6个设区市实现村镇建设档案室达标定级全覆盖,全省村镇建设档案室达标建设覆盖率达到88%。符合国家馆库建设标准的现代化馆库面积达到23.21万平方米,较"十二五"末增加2.71万平方米。省、市、县、镇四级城建档案工作体系更加健全。安徽省16个地级市全部建立了城建档案馆,各区(市)县基本设置馆(室)或档案管理处。除合肥市城建档案馆为副县级,其他均为正科级;除安庆市城建档案馆为参公事业单位外,其他均为全额拨款事业单位;除六安馆、铜陵馆、池州馆隶属于规划资源部门、亳州馆隶属于城管部门外,其他各市均隶属于住建部门。福建省除平潭综合实验区未单独设立城建档案馆外,其余9个设区市均设有专门的城建档案馆。其中正处级1个、正科级7个、副科级1个,财政全额拨款6个、自收自支3个,平均每个城建档案馆核定编制人员10个。江西省城建档案管理机构共计95家,其中,全额拨款61家,自收自支34家。各级城建档案管理机构定编320人,实际在岗人数为345人。山东省截至2020年底,除淄博市城建档案和地下管线管理处整建制并入淄博市公用事业服务中心,临沂馆并入临沂市城乡规划编研中心外,其余地市尚未进行机构改革,城建档案管理机构未发生变化。湖北省共有78个市、县、区设有专门的城建档案管理机构。湖南省城建档案管理机构86个(有12个县尚未成立机构),加挂建设信息中心牌子的2个(株洲市、郴州市);有城建档案管理人员560人,其中具有本科以上学历的占80%,高级职称60人。广西14个设区市基本成立了城建档案馆,除北海市、玉林市及崇左市城建档案馆的主管部门为自然资源局,防城港市城建档案馆由市档案局管理外,其他设区市的城建档案馆由住建系统管理。县级城建档案管理职能基本设在住建局。云南省已有80个市(县)成立了城建档案馆(室),其中,昆明、曲靖、玉溪、丽江、昭通、文山州、红河州、西双版纳州、楚雄州、迪庆州等10个州(市)成立了城建档案管理机构。

陕西省各级城建档案管理机构共计53个,市级建馆(室)率100%,区(县)建馆(室)率50%,财政全额拨款的馆(室)达90%以上。机构改革后,商洛市、渭南市和铜川市城建档案馆划归自然资源局,杨凌示范区档案馆为综合档案馆,其余9个市级城建档案馆隶属于城乡建设局,均为全额拨款事业单位,总编制人数为126人。全省共有34个城建档案馆(室)通过了城建档案目标管理达标考评,其中国家级馆1个,省一级馆(室)15个,省二级馆(室)11个,省三级馆(室)7个。甘肃省现有城建档案馆8个,7个隶属住建部门,1个隶属自然资源部门。临夏州本级未设立城建档案管理机构,城建档案按建设程序涉及的相关单位自存。青海省地级城建档案馆有3个(西宁市、玉树州、海西州);县级城建档案馆有1个(格尔木市),其他地、县级城建档案管理工作主要依托当地住房城乡建设主管部门开展。杭州馆经过事业单位机构改革后,取消了杭州市建设信息中心的全部职能,编制数调整为43人。现设馆长1名,副馆长3名,内设机构6个,内设机构领导职数13名。鞍山馆并入鞍山市城市建设发展中心,本溪馆并入本溪城市建设服务中心,营口馆并入营口市城乡建设与公用事业中心,保留"营口市城市建设档案馆"牌子,阜新市城建档案馆并入阜新市住房和基础设施建设服务中心,对外保留阜新市城市建设档案馆牌子。2020年10月,阜新馆职能委托下放给海州、太平、细河区,该三区成立相应城建档案管理机构,开发区、高新区整合为一个区,两区的档案馆(室)合并。辽阳馆为辽阳市城乡建设发展服务中心的正科级内设科室,与市供暖办、供暖善后办合署办公。新疆生产建设兵团住建局下辖14个师市住建局、13个城管局(3个挂牌),下辖师市城建档案馆人员编制共23人,实际在编17人,由于部分师市正进行事业单位改革,正在加紧人员配备工作。其中部分师市无专门城建档案馆,部分师市城建档案集中到师市档案馆或自然资源相关单位。

各地广泛开展城建档案业务培训,持续提高城建档案从业人员业务素质。北京馆全年组织各类培训学习近60项,选派4名职工参加市规自委、市重大办岗位培训。上海市通过重大项目组建专班、强化青年突击队等多元化平台,助推青年业务骨干快速成才。完善《职工教育培训办法》,逐步建立专业人才选拔培养机制和人才梯队,在充分利用馆内资源的基础上,融合社会、高校资源,鼓励专业技术人员立足本职工作开展理论知识和业务技能学习。

至2020年底，江苏省全省城建档案工作从业人员1097人。在省档案局实施的档案人才培养"151"工程中，全省城建档案领域有首席专家培养对象1名、高级专家培养对象1名、优秀中青年业务骨干培养对象4名，专业人才梯队建设成效显现。安徽省举办全省城建档案业务工作培训班，各市、县近200人参加培训。江西全省各级城建档案管理机构组织举办各类形式业务培训班97期，培训1351人。山东省厅组织两次全省线上业务培训，不断提高人员综合素质能力。广州更新7个建设工程档案专题培训视频并申请了商标及视频著作权保护。贵州省采取视频会议形式，完成城建档案从业人员继续教育培训610人。陕西省组织召开全省城建档案工作会，厅党组成员、副厅长出席会议并讲话。会上，对近几年全省城乡建设档案工作发展进行了回顾，研究部署了"十四五"时期全省城建档案工作。兰州市开展档案培训，累计培训万余人次。金昌市开展5期重大建设项目档案业务培训班。天水馆组织召开了全市城建档案电子化收集及转化培训会。

（住房和城乡建设部城建档案工作办公室）

工程建设项目审批制度改革

工程建设项目审批制度改革是党中央、国务院在新形势下作出的重要决策部署，是深化"放管服"改革、转变政府职能、优化营商环境的重要内容。习近平总书记强调，清理废除妨碍统一市场和公平竞争的各种规定和做法，激发各类市场主体活力，实行高水平的贸易和投资自由化便利化政策，营造稳定公开透明、可预期的营商环境。李克强总理在国务院常务会多次研究部署工程建设项目审批制度改革，在历年《政府工作报告》中对工程建设项目审批制度改革提出要求。韩正副总理多次召开专题会议，部署推进改革工作。2018年住房和城乡建设部按照党中央、国务院部署要求，牵头实施工程建设项目审批制度改革。2018年5月，国务院办公厅印发了《国务院办公厅关于开展工程建设项目审批制度改革试点的通知》（国办发〔2018〕33号），先行在北京、上海等15个试点城市和浙江省开展试点，在试点的基础上，2019年3月，国务院办公厅印发了《国务院办公厅关于全面开展工程建设项目审批制度改革的实施意见》（国办发〔2019〕11号）在全国全面推开。

工程建设项目审批制度改革是一次全流程、全覆盖的改革，改革涵盖工程建设项目从立项到竣工验收和公共设施接入服务审批全过程，覆盖除特殊工程和交通、水利、能源等领域的重大工程以外的工程建设项目，包括政府投资工程，也包括社会投资工程；覆盖行政许可等审批事项和技术审查、中介服务、市政公用服务以及备案等其他类型事项。改革主要任务是统一审批流程、统一信息数据平台、统一审批体系、统一监管方式，逐步建成全国统一的工程建设项目审批和管理体系。改革实施以来，各地认真贯彻落实国务院部署要求，各项改革措施全面落地见效，基本建成全国统一的工程建设项目审批和管理体系，将全流程审批时间压减至120个工作日，审批服务水平显著提升，市场主体满意度明显提高，世界银行评价中办理建筑许可指标我国的排名由2018年的全球第172位，跃升至2020年的第33位。改革有效推动工程建设项目审批由碎片化部门管理向政府综合管理转变，破除了一批影响构建国内统一大市场的堵点障碍，激发了市场活力，提升了国际竞争力。

【优化审批流程】通过"减、放、并、转、调"等方式精简规范工程建设项目审批事项和条件，各地工程建设项目全流程审批事项由原先平均上百项压减至平均66项，全流程审批时间压减至120个工作日以内，部分地区全流程审批时间压减到80个工作日以内，社会投资工业和小型低风险等项目审批时间更短。住房和城乡建设部梳理确定国家层面设定的工程建设项目审批事项，将工程建设项目审批全流程分为立项用地规划许可、工程建设许可、施工许可和竣工验收四个阶段，制定了全国统一的审批流程图示范文本。各地参照制定公布不同类型工程建设项目审批流程和审批事项清单，按照四个阶段全面实施并联审批。联合图审、联合验收、区域评估、告知承诺制审批等一系列精简审批举措落地见效。

【建立审批管理系统网络】住房和城乡建设部先后制定《工程建设项目审批管理系统数据共享交换

标准》《住房和城乡建设部关于印发〈工程建设项目审批管理系统管理暂行办法〉的通知》（建办〔2020〕47号）《住房和城乡建设部关于进一步深化工程建设项目审批制度改革推进全流程在线审批的通知》（建办〔2020〕97号）等制度文件，督促指导各地加强与相关系统信息共享，有力推进全流程在线审批。地级及以上城市均整合建成覆盖各有关部门和区、县的工程审批系统，并与国家、省级工程审批系统以及全国一体化在线政务服务平台对接，实现统一受理、并联审批、实时流转、跟踪督办，部分地区加快推进"掌上办"、无纸化审批、BIM报建和智能化审查，持续提升审批管理效能。住房和城乡建设部先后制定系统数据标准、系统管理办法、全流程网上审批规程等制度文件，持续加强与相关系统信息共享，全流程在线审批有力推进，工程建设项目网上审批机制不断完善。疫情期间通过网上审批有力保障了工程建设项目顺利推进和企业复工复产。2018年以来，各地通过工程审批系统审批工程建设项目57.28万个，办理审批服务事项158.63万件。

【统一审批管理体系和监管方式】各地加快构建"多规合一"的"一张蓝图"，建立"多规合一"业务协同机制，通过项目前期策划协调各部门提出项目建设条件以及需要开展的评估评价事项等要求，简化后续审批手续。各地均建立完善"前台受理、后台审核"的审批机制，按阶段制定统一的申报表单，实现"一个窗口"提供综合服务，"一张表单"整合申报材料，有效加强全过程协同审批服务管理。住房和城乡建设部和各地制定出台一系列保障和推进改革的配套制度文件，分批对相关法律法规提出修改建议，推动完成有关法律法规修订，制度框架逐步完善。各地围绕加强事中事后监管和信用体系建设、规范中介和市政公用服务等，研究制定相关制度措施并建立相应平台，基本建立以"双随机、一公开"监管为基本手段，以重点监管为补充，以信用监管为基础的监管机制。

【建立评估机制】借鉴世界银行营商环境办理建筑许可评价标准，建立我国工程建设项目审批评估指标体系，在评估世界银行营商环境评价的社会投资小型仓储项目基础上，增加评估在我国更具代表性的社会投资工业、住宅和政府投资房屋建筑等3类项目，评估内容重点为工程审批便利度和各项改革措施落实满意度。住房和城乡建设部每年委托第三方开展评估，客观反映各地改革成效，帮助各地有针对性地进一步深化改革，起到了以评促改的良好效果。住房和城乡建设部以及各地政府成立以主要负责同志为组长的工作领导小组，建立了上下联动的工作机制，及时通报改革进展情况并对改革进展滞后的地区进行调研督导，研究解决改革中存在的问题，总结复制推广地方改革经验，通过"工程建设项目审批制度改革建议和投诉"微信小程序广泛听取意见建议，持续深入推进改革。

（住房和城乡建设部办公厅）

2020住房城乡建设大事记

1月

9日，住房和城乡建设部在京召开离退休干部2019年度工作情况通报会。部党组书记、部长王蒙徽向离退休老同志通报2019年工作情况和2020年的工作考虑。部党组成员、副部长易军主持会议，部党组成员、驻部纪检监察组组长宋寒松，部党组成员、副部长姜万荣出席会议。

同日，村镇建设工作座谈会在北京召开，住房和城乡建设部副部长倪虹出席会议并讲话，重点对攻克深度贫困堡垒，实现贫困户基本住房安全有保障进行部署。他指出，剩余贫困户危房改造任务都是历经多轮攻坚没有啃下的硬骨头，必须拿出决战决胜的态度和举措，确保全部如期完成保障贫困户住房安全目标任务，为打赢脱贫攻坚战作出应有贡献。

10日，住房和城乡建设部科学技术委员会城市环境卫生专业委员会成立大会在北京召开，住房和城乡建设部副部长黄艳为委员代表颁发聘书。

会议指出，党中央高度重视环卫事业发展，习近平总书记就生活垃圾分类、厕所革命、垃圾焚烧处理、建筑垃圾治理、环卫工人权益保障等工作作出重要论述和系列重要指示批示，高瞻远瞩、思想深邃、内涵丰富，既明确了工作方向、工作目标，又指明了工作路径、工作方法和工作重点，为推进环卫工作提供了根本遵循。

19日，住房和城乡建设部科学技术委员会城镇水务专业委员会成立。住房和城乡建设部副部长黄艳出席成立大会，并为专业委员会委员颁发聘书。

会议要求，城镇水务专业委员会要以习近平新时代中国特色社会主义思想和习近平生态文明思想为指导，推动城镇水务工作高质量发展。一是坚持以人民为中心的发展思想，围绕解决水生态水安全、水体黑臭、内涝积水等人民群众最关心最直接最现实的利益问题，提高城镇水务高质量发展水平，增强人民群众的获得感、幸福感、安全感。二是坚持系统思维。城市是一个"有机生命体"，城市水系统更需要整体、统筹推进，需要利用系统思维，探索水系统建设的目标、路径和保障措施，在多目标中寻找动态平衡。三是坚持创新方法。

同日，住房和城乡建设部科学技术委员会园林绿化专业委员会成立。住房和城乡建设部副部长黄艳出席成立大会，并为专业委员会委员颁发聘书。

会议指出，近年来，住房和城乡建设部认真学习习近平新时代中国特色社会主义思想和习近平生态文明思想，深入贯彻落实党中央、国务院关于生态文明建设要求，不断提升城市园林绿化品质，各类公园数量和绿地面积稳步增长，综合服务功能不断完善，为推进城市建设高质量发展作出了重要贡献。

2月

2日，住房和城乡建设部行政审批集中受理办公室大力提倡政务服务网上办理，避免疫情防控期到线下大厅办事。

同日，为深入贯彻习近平总书记关于新型冠状病毒感染的肺炎疫情的重要指示精神，做好疫情防控工作，河南、河北等地住房和城乡建设系统采取措施扎实开展疫情防控工作。

10日，为积极应对新型冠状病毒感染的肺炎疫情防控严峻形势，指导做好传染病应急救治设施建设，切实满足疫情防控实施保障需要，国家卫生健康委会同住房和城乡建设部编制印发了《新型冠状病毒肺炎应急救治设施设计导则（试行）》（以下简称《导则》）。《导则》适用于集中收治新型冠状病毒肺炎患者的医疗机构或临时建筑的改建、扩建和新建工程项目，明确了相关工程项目的建设原则、选址、建筑设计、结构、给水排水、供暖通风及空调、电气及智能化、医用气体和运行维护等多方面要求，

提出了负压病房改造参考方案，并收集汇总了医疗类建筑相关主要建设标准目录。

16日，各地住房和城乡建设系统出实招，强化疫情防控助力企业复工复产。各地住房和城乡建设部门接连出台相关措施，通过强化监管，严格落实相关疫情防控措施，扎实推进开工复工防疫及行业服务相关工作。

19日，为贯彻落实党中央、国务院关于新型冠状病毒感染肺炎疫情防控工作的决策部署，坚决打赢疫情防控阻击战，努力保持生产生活平稳有序，保障工程建设项目顺利推进，住房和城乡建设部工程建设项目审批制度改革工作领导小组办公室提出四条意见，加强工程建设项目网上审批服务工作。

20日，住房城乡建设部副部长倪虹在国务院联防联控机制新闻发布会上说，住房城乡建设部会同财政部、中国人民银行研究提出了关于住房公积金的三项阶段性支持政策。一是对企业，可按规定申请在2020年6月30日前缓缴住房公积金。二是对职工，特别是对一线的医护人员、疫情防控人员，因疫情需要隔离或者暂时受疫情影响的职工，同样在2020年6月30日前，住房公积金贷款不能正常还款的，不作逾期处理。

26日，住房城乡建设部发布关于加强新冠肺炎疫情防控有序推动企业开复工工作的通知。通知明确要加强房屋建筑和市政基础设施工程领域疫情防控，有序推动企业开复工。通知指出，要分区分级推动企业和项目开复工。地方各级住房城乡建设主管部门要根据本地疫情防控要求，开展企业经营和工程项目建设整体情况摸排，加强分类指导，以县（市、区、旗）为单位，有序推动企业和项目开复工。

3月

1日，记者从住房和城乡建设部获悉，新冠肺炎疫情期间我国城市环卫行业在岗率超过90%，各城市普遍增加了清扫保洁和消毒杀菌作业频次和范围，作业量较平时至少增加一倍以上。住房和城乡建设部城建司相关负责人介绍，在生活垃圾处理方面，医疗机构、集中隔离点和居家隔离点产生的生活垃圾量增幅较大，清运和处置要求相应提高。各城市积极采取专人专车、指定线路、定点直运、开辟专门绿色通道，设置专用接料口，随到随处等方式，加强对这些垃圾的处理，杜绝二次污染。

5日，为进一步做好新冠肺炎疫情防控工作，加强新冠肺炎应急救治设施建设，国家卫生健康委员

会办公厅、住房和城乡建设部办公厅联合印发《新冠肺炎应急救治设施负压病区建筑技术导则（试行）》。导则是根据《综合医院建筑设计规范》GB 51039、《传染病医院建筑设计规范》GB 50849 等国家现行有关标准、规范和《新型冠状病毒肺炎应急救治设施设计导则（现行）》等有关要求制订的。导则适用于新冠肺炎疫情防控期间应急救治设施负压病区的新建和改造，明确了负压病区的主要构成，规范了负压病区建筑、结构、给水排水、供暖通风及空调、电气及智能化、医用气体等多方面设计要求和技术参数，并提出了负压病区日常运行维护相关要求。

7日，19时许，福建省泉州市鲤城区欣佳酒店发生楼体坍塌事故。事故发生后，住房和城乡建设部坚决贯彻落实中央领导同志重要指示批示精神，与应急管理部等有关部门组成联合工作组，于3月8日凌晨2时到达事故现场，指导地方全力开展抢险救援工作。成立联合突击队持续增加机械设备和抢险人员，分组分批次轮流作业，配合消防救援队伍全力营救受困人员。截至10日，共投入吊车、挖机、割机、渣土车、钢筋混凝土切割锯等机械设备146台，抢险队员466人。

10日，国务院联防联控机制于上午10时举行新闻发布会，部党组成员、副部长倪虹就住房和城乡建设部积极参与疫情防控，服务复工复产有关情况做介绍，并答记者问。

13日，为贯彻落实党中央国务院关于统筹推进新冠肺炎疫情防控和经济社会发展工作的决策部署，精准稳妥推进企业复工复产，住房和城乡建设部建筑市场监管司印发通知，注册监理工程师有效期延期。根据通知，住房和城乡建设部核发的注册监理工程师注册执业证书，有效期于2020年6月30日前期满的，统一延期至2020年7月31日，并在全国建筑市场监管公共服务平台自动延期。在此期间，注册监理工程师可根据全国建筑市场监管公共服务平台显示的有效期正常开展执业活动。

13日，住房和城乡建设部召开部扶贫攻坚领导小组2020年第一次会议，深入学习贯彻习近平总书记在决战决胜脱贫攻坚座谈会上的重要讲话精神，审议部2020年扶贫工作要点和定点扶贫工作计划，部署2020年脱贫攻坚和定点扶贫工作。会议采取网络视频会形式召开。

23日，为贯彻落实习近平总书记在决战决胜脱贫攻坚座谈会及统筹推进新冠肺炎疫情防控和经济社会发展工作部署会上的重要讲话精神，深入落实国务院扶贫开发领导小组关于开展挂牌督战工作部署，确保如期完成贫困户住房安全有保障任务，住房和城乡建设部发布通知，决定开展脱贫攻坚农村危房改造挂牌督战工作。

24日，为巩固疫情防控期间城市环卫各项工作成果，保障各地复工复产，弘扬城市环卫精神，推进城市环卫工作健康发展，住房和城乡建设部印发通知，要求进一步做好城市环境卫生工作。通知要求，各级环卫行业主管部门要切实关心关爱一线环卫工作者，继续做好安全防护。适时启动休息调整，督促指导环卫作业单位，加强力量统筹、做好生产调度，采取轮休、补休等方式，保证长期在一线作业的环卫职工得到必要休整。

26日，住房和城乡建设部办公厅印发《房屋市政工程复工复产指南》（以下简称《指南》），从复工复产条件、现场疫情防控、质量安全管理、应急管理、监督管理、保障措施等方面指导各地统筹做好新冠肺炎疫情防控和工程质量安全工作，稳步有序推动工程项目复工复产。《指南》明确，新冠肺炎疫情防控期间，房屋市政工程复工复产施工现场各参建单位（含建设、施工、监理等）项目负责人是本单位工程项目疫情防控和复工复产的第一责任人。地方各级住房和城乡建设主管部门及有关部门应当在地方党委和政府统一领导下，积极指导和帮扶建筑业企业分区分级、分类分时、有条件复工复产，坚决防止发生聚集性传染事件和质量安全事故。

27日，住房和城乡建设部办公厅印发通知，要求在统筹推进新冠肺炎疫情防控工作的同时，做好城市排水防涝工作。通知要求，省级住房和城乡建设（水务）主管部门要督促本地区城市落实《住房和城乡建设部关于2020年全国城市排水防涝安全及重要易涝点整治责任人名单的通告》（以下简称《通告》）要求，将工作责任逐一落实到具体岗位和个人，杜绝出现责任盲区。城市排水防涝安全责任人要根据当地新冠肺炎疫情防控形势，扎实推进城市排水防涝工作，确保城市安全度汛，避免出现因暴雨内涝导致的人身伤亡事故和重大财产损失。

31日，住房和城乡建设部召开脱贫攻坚专项巡视"回头看"整改动员部署会。部党组书记、部长王蒙徽主持会议并作动员讲话。会议指出，要充分认识抓好专项巡视"回头看"整改工作的重要意义，进一步提高政治站位，强化责任担当，把扎实做好整改工作作为检验"四个意识"的重要标尺，以对党和人民高度负责的态度坚决整改到位，以实际行动践行"两个维护"。

4月

1日，新冠肺炎疫情发生后，全国60余万名城市管理执法人员认真贯彻落实习近平总书记关于疫情防控的系列重要讲话精神，按照党中央、国务院部署，在当地党委政府的统一领导下，主动担当，积极作为，全力以赴做好疫情防控各项工作，保障城市稳定运行。积极参与方舱医院等建设。湖北省武汉市城市管理执法部门共有3400多名城市管理执法人员参与了方舱医院的建设，承担了物资装卸、搬运、拼装、铺排、移动公厕设置等工作，并承担了方舱医院内部清洁消毒等任务。此外积极配合保障火神山、雷神山医院建设，先后组织调配渣土车、挖掘机、推土机900余台次。武汉市各区还派出500余名城市管理执法人员承担了确诊、疑似病患转运工作，转运发热病患上万人次。

同日，为贯彻落实习近平总书记系列重要讲话精神，深入开展爱国卫生运动，助力打赢疫情防控阻击战，全国爱卫办、中央文明办、生态环境部、住房和城乡建设部、农业农村部、国家卫生健康委、全国总工会、共青团中央、全国妇联等9部门联合印发《关于开展第32个爱国卫生月活动 为全面打赢新冠肺炎疫情阻击战营造良好环境的通知》（以下简称《通知》），部署全国在4月集中开展以"防疫有我，爱卫同行"为主题的爱国卫生月活动，强化预防优先，打造健康环境，提升全民文明健康素养。

3日，住房和城乡建设部召开电视电话会议，深入学习贯彻习近平总书记关于统筹推进新冠肺炎疫情防控和经济社会发展工作重要讲话精神，全面落实党中央、国务院决策部署，总结前一阶段工作成效，交流各地经验做法，部署下一阶段工作，努力完成全年目标任务。

10日，住房和城乡建设部联合中央纪委国家监委驻部纪检监察组召开决战决胜脱贫攻坚农村危房改造工作部署会暨系统纪检监察机构视频远程教育培训，深入学习贯彻习近平总书记在决战决胜脱贫攻坚座谈会上的重要讲话和重要指示批示精神，贯彻落实党中央、国务院脱贫攻坚决策部署，不折不扣抓好中央脱贫攻坚专项巡视"回头看"整改，对脱贫攻坚决战决胜阶段农村危房改造工作进行再部署再督促。部党组成员、副部长倪虹和驻部纪检监察组组长、部党组成员宋寒松出席会议并讲话。

12日，在国务院联防联控机制新闻发布会上，住房和城乡建设部城市建设司副司长刘李峰表示，疫情发生以来，全国180万名环卫工人、700多万名物业服务人员、60多万名城管执法人员在完成好日常工作任务的同时，承担疫情防控的应急任务。全国200多万名市政行业职工加强应急值守、做好巡检维护，保障全国3000多家燃气企业、5000多座自来水厂、4300多座污水处理厂自疫情发生以来一直正常运转。

13日，为贯彻落实习近平总书记在决战决胜脱贫攻坚座谈会及统筹推进新冠肺炎疫情防控和经济社会发展工作部署会上的重要讲话精神，住房和城乡建设部在统筹做好疫情防控的同时，积极研究2020年脱贫攻坚工作，印发《2020年扶贫工作要点》，进一步明确2020年住房和城乡建设领域决战决胜脱贫攻坚重点工作任务。

15日，为全面贯彻《优化营商环境条例》，进一步落实经国务院同意印发的住房和城乡建设部关于进一步规范和加强房屋网签备案工作的指导意见，推进房地产领域"放管服"改革，提高房屋交易管理服务效能，向各类房地产市场主体提供规范化、标准化、便捷化的服务，营造稳定、透明、安全、可预期的良好市场环境，为建立房地产市场监测体系、落实房地产市场调控工作提供支撑，住房和城乡建设部印发意见，提升房屋网签备案服务效能。

16日，为贯彻落实习近平生态文明思想，推动形成城市绿色发展方式和生活方式，住房和城乡建设部印发通知，要求各地做好2020年全国城市节约用水宣传周工作。

28日，为深入学习贯彻习近平总书记关于扶贫工作的重要论述，落实国务院扶贫开发领导小组的工作部署，积极帮助湖北省麻城市、红安县和青海省西宁市湟中区、大通县4个定点扶贫县应对新冠肺炎疫情影响，切实解决农产品积压滞销问题，住房和城乡建设部大力开展消费扶贫行动，推进消费扶贫"两手抓"，一手抓畅通渠道、一手抓推广销售。今年以来，已帮助4个定点扶贫县销售农产品超过1200万元。

29日，住房和城乡建设部党组成员、副部长倪虹主持召开脱贫攻坚农村危房改造挂牌督战工作会商会，听取14个督战帮扶工作组工作汇报，研究分析督战工作中发现的问题，部署推动下一步重点工作。中央纪委国家监委驻部纪检监察组负责同志到会指导，部机关各司局和直属各单位主要负责同志参加会议。

5月

1日，住房和城乡建设部下发通知，指导督促各级住房和城乡建设主管部门和有关部门，切实加强

"五一"假期和汛期安全防范工作。

7日，住房和城乡建设部安全生产管理委员会（以下简称"部安委会"）召开全体会议，学习贯彻习近平总书记关于安全生产重要指示精神和李克强总理批示要求，贯彻落实国务院安委会全体会议和全国安全生产电视电话会议精神，总结2019年和当前住房和城乡建设系统安全生产工作，以《城市建设安全专项整治三年行动实施方案》（以下简称《实施方案》）为抓手，研究部署下一阶段重点任务。部安委会主任、副部长易军主持会议并讲话。

10日，5月10~16日是第29个全国城市节约用水宣传周，主题为"养成节水好习惯，树立绿色新风尚"。经过近30年的工作积累，全国城市节约用水宣传周已经成为普及节水知识、推广节水科技、增强节水意识的工作平台。

15日，推进建筑垃圾减量化是建筑垃圾治理体系的重要内容，是节约资源、保护环境的重要举措。为做好建筑垃圾减量化工作、促进绿色建造和建筑业转型升级，住房和城乡建设部发布《关于推进建筑垃圾减量化的指导意见》（以下简称《意见》），指导督促各级住房和城乡建设主管部门建立健全建筑垃圾减量化工作机制，加强建筑垃圾源头管控，推动工程建设生产组织模式转变，有效减少工程建设过程建筑垃圾产生和排放，不断推进工程建设可持续发展和城乡人居环境改善。

14日，住房和城乡建设部召开直属机关党建工作座谈会。部党组成员、副部长兼直属机关党委书记易军出席会议并讲话。会议指出，2019年以来，部直属机关各级党组织和广大党员干部在部党组领导下，深入学习贯彻习近平总书记在中央和国家机关党的建设工作会议上的重要讲话精神，扎实开展"不忘初心、牢记使命"主题教育，全面加强党的建设，特别是在抗击新冠肺炎疫情大战大考中，认真贯彻落实习近平总书记重要指示精神和党中央各项决策部署，统筹做好住房和城乡建设领域疫情防控和经济社会发展各项工作，以实际行动践行"两个维护"、当好"三个表率"。

19日，为贯彻落实中共中央办公厅、国务院办公厅《关于实施中华优秀传统文化传承发展工程的意见》要求，推动传统村落保护传承和发展，住房和城乡建设部印发通知，决定统一设置中国传统村落保护标志，实施挂牌保护。根据通知，保护标志由中国传统村落徽志、主题词、村落名称、二维码、监制单位、公布日期6部分组成。中国传统村落徽志、主题词、监制单位按统一样式及内容制作，村落名称、二维码、公布日期按照每个村落实际情况确定具体内容并按统一样式制作。

20日，住房和城乡建设部党组书记、部长王蒙徽主持召开部扶贫攻坚领导小组2020年第二次会议，深入学习贯彻习近平总书记在山西考察时关于脱贫攻坚工作的重要指示精神，通报部2020年脱贫攻坚工作进展，部署推动下一步脱贫攻坚工作。会议指出，决战决胜脱贫攻坚已经到了最后一搏的时刻，要持续深入学习贯彻习近平总书记关于脱贫攻坚工作的系列新指示新要求，以更大的决心、更强力度狠抓各项工作落实，确保全面完成住房和城乡建设领域脱贫攻坚目标任务。

20日，住房和城乡建设部党组召开2020年巡视动员部署会，部党组书记、部长、部党组巡视工作领导小组组长王蒙徽出席会议并讲话。部党组成员、副部长、部党组巡视工作领导小组副组长易军主持会议并宣布巡视组授权及任务分工。会议指出，要深入学习领会习近平总书记关于巡视工作重要论述，认真贯彻落实全国巡视工作会议精神，把"两个维护"作为根本政治任务，忠实践行职责使命，坚定不移落实全面从严治党政治责任，扎实开展巡视工作，推动全面从严治党向纵深发展，为统筹推进常态化疫情防控和经济社会发展、打赢脱贫攻坚战、全面建成小康社会和"十三五"规划圆满收官提供有力保障。

6月

1日，按照住房和城乡建设部党组巡视工作统一安排，部党组巡视组集中向全国市长研修学院（住房和城乡建设部干部学院）党委、科技与产业化发展中心（住宅产业化促进中心）党总支、计划财务与外事司党支部、人事司党支部反馈了巡视情况，分别向各单位领导班子传达了部党组、部党组巡视工作领导小组关于部党组巡视工作的指示要求。

2日上午，中央纪委国家监委驻住房和城乡建设部纪检监察组（以下简称"驻部纪检监察组"）召开视频远程教育培训（第八讲），邀请住房和城乡建设部总工程师李如生作《树牢安全发展理念确保住房和城乡建设领域一方平安》专题辅导。驻部纪检监察组组长、部党组成员宋寒松主持培训并讲话。

3日，按照国务院安全生产委员会办公室关于开展2020年全国"安全生产月"活动的统一部署，住房和城乡建设部办公厅印发通知，部署开展2020年住房和城乡建设系统"安全生产月"活动。通知要求，各级住房和城乡建设部门要深刻认识在疫情防控常态化和工程项目全面复工复产条件下组织实施好"安全生产月"活动的特殊重要性，要结合本地区房屋建筑和市政基础设施工程施工安全工作实际，制订切实可行的工作方案，精心组织、周密部署，确保各项活动取得实效。

4日，住房和城乡建设部、国务院扶贫办发布通知，决定开展建档立卡贫困户住房安全有保障核验工作，对标"让贫困人口不住危房"目标任务，扎实做好核验工作，确保高质量实现贫困户住房安全有保障目标任务。核验工作要在2020年6月底前完成。

同日，国务院扶贫办、住房和城乡建设部召开决胜脱贫攻坚住房安全有保障工作推进会，深入贯彻落实习近平总书记关于决战决胜脱贫攻坚的系列重要讲话和"让贫困人口不住危房"的重要指示精神，交流云南省昭通市镇雄县脱贫攻坚住房安全有保障核验试点工作经验，全面部署建档立卡贫困户住房安全有保障核验工作。国务院扶贫办党组成员、副主任欧青平，住房和城乡建设部党组成员、副部长倪虹出席会议并讲话。

9日，住房和城乡建设部印发《房屋建筑和市政基础设施工程勘察质量信息化监管平台数据标准（试行）》，旨在推进房屋建筑和市政基础设施工程勘察质量信息化监管工作，统一勘察质量信息化监管平台数据格式，促进勘察质量监管部门和各方主体的数据共享和有效利用，提升勘察质量监管信息化水平。

11日，住房和城乡建设部副部长黄艳带队赴北京市开展调研，指导北京市生活垃圾分类工作开展，推动《北京市生活垃圾管理条例》实施。中央直属机关事务管理局、国家机关事务管理局、军委后勤保障部、住房和城乡建设部城市建设司、北京市城市管理委员会、朝阳区人民政府相关负责同志参加了调研。

15日，住房和城乡建设部、财政部、中国人民银行联合发布《全国住房公积金2019年年度报告》（以下简称《年报》），披露了2019年全国住房公积金运行情况。《年报》显示，全国住房公积金各项业务运行平稳。2019年，住房公积金缴存额23709.67亿元；全年住房公积金提取人数5648.56万人，提取金额16281.78亿元；发放个人住房贷款286.04万笔，发放金额12139.06亿元。

16日，为进一步贯彻《建设工程勘察设计管理条例》《建设工程质量管理条例》，统一工程勘察文件编制深度，保障房屋建筑和市政基础设施工程勘察质量，住房和城乡建设部组织有关单位对《房屋建筑和市政基础设施工程勘察文件编制深度规定》（2010年版）进行了修订，形成《房屋建筑和市政基础设施工程勘察文件编制深度规定》（2020年版）并予发布，自10月1日起施行，2010年版同时废止。

17日，为贯彻落实《中共中央国务院关于进一步加强城市规划建设管理工作的若干意见》和《国务院办公厅关于促进建筑业持续健康发展的意见》要求，加快推进工程总承包，完善工程总承包管理制度，住房和城乡建设部组织对《建设项目工程总承包合同示范文本（试行）》进行了修订，形成《建设项目工程总承包合同示范文本》，发文征求意见。

19日，为落实最高人民检察院关于推进窨井盖问题治理的检察建议，住房和城乡建设部牵头召开了推进窨井盖问题治理部际工作协调小组第一次会议，副部长姜万荣主持会议并讲话。会议邀请了最高人民检察院第二检察厅有关负责人出席，协调小组成员单位工业和信息化部、公安部、交通运输部、国家广播电视总局、国家能源局等派员参加。

同日，住房和城乡建设部召开工程建设行业专项整治工作推进视频会议，传达学习全国扫黑除恶专项斗争领导小组会议精神，部署推进工程建设行业专项整治工作。住房和城乡建设部党组成员、副部长易军出席会议并讲话，住房和城乡建设部党组成员、副部长姜万荣主持会议。

23日，住房和城乡建设部在京召开大别山片区脱贫攻坚视频推进会，深入学习贯彻习近平总书记关于决战决胜脱贫攻坚重要讲话和重要指示批示精神，贯彻落实党中央、国务院决策部署，进一步凝聚攻坚合力，助力大别山片区高质量打赢脱贫攻坚战。住房和城乡建设部部长王蒙徽、国务院扶贫办副主任陈志刚出席会议并讲话，安徽省副省长张曙光、河南省副省长刘玉江、湖北省副省长万勇交流三省片区脱贫攻坚工作，住房和城乡建设部副部长倪虹主持会议。

25日，住房和城乡建设部党组成员、副部长倪虹主持召开部脱贫攻坚住房安全有保障核验工作专题会议，听取14个部帮扶工作组实地调研督导情况汇报，结合疫情防控形势和要求研究部署下一步工作。中央纪委国家监委驻部纪检监察组负责同志到会指导，部机关各司局和直属各单位负责同志参加会议。

30日，住房和城乡建设部办公厅印发通知明确，自2021年1月1日起，全国范围内的房屋建筑和市政基础设施工程项目全面实行施工许可电子证照（以下简称"电子证照"）。电子证照与纸质证照具有同等法律效力。

7月

8日，中央纪委国家监委驻住房和城乡建设部纪检监察组（以下简称驻部纪检监察组）以工程建设领域腐败问题专项整治为主题，召开视频远程教育培训（第九讲）。驻部纪检监察组组长、部党组成员宋寒松主持培训并讲话。指出，工程建设领域腐败问题一直是反腐败斗争的重点领域，习近平总书记高度重视，多次把严肃查处工程建设领域腐败问题作为反腐败重点工作来强调。多位中央领导同志作出批示，提出明确要求。住房和城乡建设部党组、驻部纪检监察组高度重视，坚定不移贯彻落实总书记讲话精神和党中央决策部署，凝心聚力切实抓好贯彻落实。

9日，为规范工程建设项目审批管理系统建设运行管理、深入推进工程建设项目审批制度改革，按照《国务院办公厅关于全面开展工程建设项目审批制度改革的实施意见》部署要求，住房和城乡建设部制定印发了《工程建设项目审批管理系统管理暂行办法》。

9日，住房和城乡建设部召开2020年城市体检工作部署暨视频培训会，全面部署2020年城市体检工作，并对有关单位进行培训。黄艳副部长出席会议并讲话，有关省、自治区、直辖市住房和城乡建设主管部门主要负责同志和有关处室负责同志、36个样本城市人民政府相关负责同志及牵头部门负责同志在各省、自治区、直辖市分会场参加会议。

14日，住房和城乡建设部会同最高人民法院、公安部、中国人民银行、国家税务总局、银保监会印发《关于加强房屋网签备案信息共享提升公共服务水平的通知》，进一步提高房屋网签备案数据的使用效能，深化"放管服"改革，促进房地产市场平稳健康发展。通知指出，住房和城乡建设部门要积极与金融、税务、法院、公安等部门及银行业金融机构共享房屋网签备案信息，为相关单位和个人办理业务提供便捷服务。对能通过信息共享获取房屋网签备案数据的，相关部门不再要求当事人提交纸质房屋买卖、抵押、租赁合同。

16日，为贯彻落实《中共中央国务院关于深入推进城市执法体制改革改进城市管理工作的指导意见》关于"制定执法执勤用车、装备配备标准"的要求，住房和城乡建设部组织制定印发了《城市管理执法装备配备指导标准（试行）》（以下简称《标准》），要求直辖市和市、县（含县级市、市辖区）以及开发区、工业园区等功能区城市管理执法部门参照执行。

17日，为贯彻落实党中央、国务院有关决策部署，在住房和城乡建设部大力推动下，国家开发银行与吉林、浙江、山东、湖北、陕西5省，中国建设银行与重庆、沈阳、南京、合肥、福州、郑州、长沙、广州、苏州9个城市，分别签署支持市场力量参与城镇老旧小区改造战略合作协议。签约仪式在北京举行，采取远程视频方式。住房和城乡建设部党组书记、部长王蒙徽出席仪式并讲话，部党组成员、副部长倪虹主持，副部长黄艳介绍签约背景，国家开发银行董事长赵欢、中国建设银行董事长田国立致辞，国家开发银行副行长周清玉与吉林省副省长韩福春、浙江省副省长陈奕君、山东省副省长汲斌昌、湖北省副省长杨云彦、陕西省副省长徐大彤签约，中国建设银行行长刘桂平与重庆市副市长陆克华、沈阳市市长姜有为、南京市市长韩立明、合肥市市长凌云、福州市市长尤猛军、长沙市市长郑建新、苏州市市长李亚平、广州市副市长林道平、郑州市副市长陈宏伟签约。会上，湖北省副省长杨云彦、苏州市市长李亚平代表签约省市作了发言。

21日，国务院办公厅印发了《关于全面推进城镇老旧小区改造工作的指导意见》，强调城镇老旧小区改造是重大民生工程和发展工程，对满足人民群众美好生活需要、推动惠民生扩内需、推进城市更新和开发建设方式转型、促进经济高质量发展具有十分重要的意义。

23日，住房和城乡建设部公布第一批全国美好环境与幸福生活共同缔造活动培训基地名单。重庆市渝北区以及内蒙古自治区赤峰市敖汉旗等16个县（市、区、旗）入列其中。培训基地将通过举办承办一系列培训活动，传播共同缔造活动理念方法，为各地推广共同缔造活动经验、扩大活动试点范围提供有力支撑。

同日，住房和城乡建设部、国家发展改革委、财政部召开全国城镇老旧小区改造工作推进会，贯彻落实党中央、国务院决策部署，学习宣传贯彻《国务院办公厅关于全面推进城镇老旧小区改造工作的指导意见》（以下简称《意见》），部署全面推进城镇老旧小区改造工作。会议采取电视电话会议形式，主会场设在住房和城乡建设部，在各省（自治区、直辖市）、各地级市（地区、自治州、盟）和部分有条件的县级市（县）设立了分会场。住房和城乡建设部副部长黄艳出席会议并就贯彻《意见》作动员部署。国家发展改革委、财政部相关负责同志发言，浙江省住房和城乡建设厅、山东省住房和城乡建设厅负责同志，长沙、宜昌市人民政府分管负责同志交流发言。会议由部城市建设司司长张小宏主持。

28日，住房和城乡建设部等十三部门联合印发《关于推动智能建造与建筑工业化协同发展的指导意见》指出，要以大力发展建筑工业化为载体，以数字化、智能化升级为动力，创新突破相关核心技术，加大智能建造在工程建设各环节应用，形成涵盖科研、设计、生产加工、施工装配、运营等全产业链融合一体的智能建造产业体系。

28日，住房和城乡建设部与上海市人民政府在沪签署共建超大城市精细化建设和治理中国典范合作框架协议。上海市委书记李强，住房和城乡建设部部长王蒙徽，上海市委副书记、市长龚正出席部市合作工作座谈会并见证签约。

28日，全国政协第十五次重点关切问题情况通报会在全国政协常委会议厅举行，主题是"加强社区物业管理完善基层社会治理"。全国政协副主席汪永清出席会议，住房和城乡建设部党组成员、副部长倪虹，民政部党组成员、副部长王爱文分别作了相关情况通报。

31日，住房和城乡建设部、国家发展和改革委员会、民政部、公安部、生态环境部、国家市场监督管理总局6部门联合印发《绿色社区创建行动方案》，深入贯彻习近平生态文明思想，贯彻落实党的十九大和十九届二中、三中、四中全会精神，按照《绿色生活创建行动总体方案》部署要求，开展绿色社区创建行动。

同日，住房和城乡建设部等部门召开绿色社区创建工作电视电话会议，全面贯彻落实党的十九大和十九届二中、三中、四中全会精神，深入贯彻习近平生态文明思想，启动绿色社区创建行动，推动在生活垃圾分类、城镇老旧小区改造、绿色社区创建、完整居住社区建设等工作中，广泛开展"美好环境与幸福生活共同缔造"活动。会议采取电视电话会议形式，主会场设在住房和城乡建设部，在各省（自治区、直辖市）设立了分会场。住房和城乡建设部副部长黄艳出席会议并讲话，国家发展改革委相关负责同志发言。会议由住房和城乡建设部城市建设司司长张小宏主持。

8月

5日，住房和城乡建设部对北京市平谷区、山东省荣成市、新疆生产建设兵团第十三师红星四场等41个农村生活垃圾分类和资源化利用示范县名单进行公示。公示时间截止到8月7日。

7日，为促进行业从业人员技能水平提升、推进住房和城乡建设行业人才队伍建设，住房和城乡建设部办公厅印发通知，决定举办"中华人民共和国第一届职业技能大赛住房和城乡建设行业选拔赛"（以下简称"选拔赛"）。选拔赛各竞赛项目比赛集中在2020年8月中旬至9月中旬举行。据介绍，中华人民共和国第一届职业技能大赛将于2020年12月举办，大赛分世赛选拔项目（63项）和国赛精选项目（23项）。根据安排，住房和城乡建设部组建行业参赛队参加世赛选拔项目中砌筑、花艺等8个分项比赛。

10日，国家市场监督管理总局、住房和城乡建设部等8部门联合印发《关于加强快递绿色包装标准化工作的指导意见》，明确未来3年我国将加快推进快递绿色包装标准化工作，加速将快递包装新材料、新技术、新产品相关成果转化为标准，不断完善标准与法律政策协调配套的快递绿色包装治理体系。

11日，国家发展和改革委员会、住房和城乡建设部联合印发的《城镇生活污水处理设施补短板强弱项实施方案》明确，到2023年，县级及以上城市设施能力基本满足生活污水处理需求。生活污水收集效能明显提升，城市市政雨污管网混错接改造更新取得显著成效。城市污泥无害化处置率和资源化利用率进一步提高。缺水地区和水环境敏感区域污水资源化利用水平明显提升。

12日，城镇生活垃圾分类和处理设施是重要的城镇环境基础设施。根据国家发展和改革委员会、住房和城乡建设部、生态环境部联合印发的《城镇生活垃圾分类和处理设施补短板强弱项实施方案》，到2023年，具备条件的地级以上城市基本建成分类投放、分类收集、分类运输、分类处理的生活垃圾分类处理系统，全国生活垃圾焚烧处理能力大幅提升，县城生活垃圾处理系统进一步完善，建制镇生活垃圾收集转运体系逐步健全。

19日，住房和城乡建设部召开2020年党风廉政建设工作会议，部党组书记、部长王蒙徽出席会议并讲话。部党组成员、副部长、直属机关党委书记易军主持会议并传达国务院第三次廉政工作会议精神。

20日，住房城乡建设部、中国人民银行在北京召开重点房地产企业座谈会，研究进一步落实房地产长效机制。银保监会、证监会、外汇局、交易商协会等相关部门负责同志，以及部分房地产企业负责人参加会议。会议认为，党的十九大以来，有关部门和地方贯彻落实党中央、国务院决策部署，坚持房子是用来住的、不是用来炒的定位，坚持不将房地产作为短期刺激经济的手段，落实城市主体责任，稳地价、稳房价、稳预期，保持房地产调控政策的连续性、稳定性，稳妥实施房地产长效机制，房地产市场保持了平稳健康发展。

24日，住房和城乡建设部办公厅、国务院扶贫办综合司联合下发《关于做好因洪涝地质影响贫困农户住房安全保障工作的通知》，要求地方各级住房和城乡建设、扶贫部门要按照同级党委、政府统一部署，抓紧汇总统计建档立卡贫困户住房受损情况，将因洪涝地质灾害造成住房受损导致住房安全问题及时提交当地政府和相关部门。

25日，住房和城乡建设部办公厅印发通知，要求在城市更新改造中切实加强历史文化保护，坚决制止破坏行为。通知指出，近期一些地方在城市更新改造中拆除具有保护价值的城市片区和建筑，对城市历史文化价值和特色风貌造成了不可挽回的损失。

26日，住房和城乡建设部在北京召开部分城市房地产工作会商会，贯彻落实党中央、国务院关于房地产市场平稳健康发展决策部署，分析当前房地产市场形势，研究落实城市主体责任，稳妥实施房地产长效机制有关工作。会议强调，要进一步统一思想认识，提高政治站位，把思想和行动统一到以习近平同志为核心的党中央决策部署上来，毫不动摇坚持房子是用来住的、不是用来炒的定位，坚持不将房地产作为短期刺激经济的手段，保持调控政策连续性稳定性，确保房地产市场平稳健康发展。

27日，为进一步规范国家历史文化名城申报管理工作，住房和城乡建设部会同国家文物局印发了《国家历史文化名城申报管理办法（试行）》。"办法"适用于国家历史文化名城申报和指定工作。根据"办法"，国家历史文化名城应具有下列重要历史文化价值之一：与中国悠久连续的文明历史有直接和重要关联，与中国近现代政治制度、经济生活、社会形态、科技文化发展有直接和重要关联，见证中国共产党团结带领中国人民不懈奋斗的光辉历程，见证中华人民共和国成立与发展历程，见证改革开放和社会主义现代化的伟大征程，突出体现中华民族文化多样性，集中反映本地区文化特色、民族特色或见证多民族交流融合。同时，要体现特定历史时期的城市格局风貌、历史文化街区和历史建筑保存完好。

28日，针对居住社区存在规模不合理、设施不完善、公共活动空间不足、物业管理覆盖面不高、管理机制不健全等突出问题和短板，住房和城乡建设部、教育部等13部门联合印发《关于开展城市居住社区建设补短板行动的意见》，要求以建设安全健康、设施完善、管理有序的完整居住社区为目标，以完善居住社区配套设施为着力点，大力开展居住社区建设补短板行动。到2025年，基本补齐既有居住社区设施短板，新建居住社区同步配建各类设施，城市居住社区环境明显改善，共建共治共享机制不断健全，全国地级及以上城市完整居住社区覆盖率显著提升。

9月

1日，为进一步做好政务公开工作，住房和城乡建设部办公厅印发政务公开工作要点。要点指出，做好当前政务公开工作，要以习近平新时代中国特色社会主义思想为指导，全面贯彻党的十九大和十九届二中、三中、四中全会精神，坚持以人民为中心的发展思想，认真落实党中央、国务院关于政务公开工作的决策部署，贯彻落实新修订的《政府信息公开条例》，聚焦做好"六稳"工作、落实"六保"任务，优化营商环境，完善制度机制，深化政策解读回应，着力提高工作透明度和政务公开服务水平，为推动住房和城乡建设事业高质量发展提供有力支撑。

2日，住房和城乡建设部在京举办2020年全国住房和城乡建设系统"质量月"启动暨建设质量强国、提升建筑品质现场会。住房和城乡建设部副部长易军，北京市副市长隋振江、中国建筑集团有限公司董事长周乃翔等出席，国家市场监督管理总局有关司局负责人应邀参加。在京部分央企、北京市住房和城乡建设系统200余人参加活动。

7日，住房和城乡建设部等9部门联合印发意见，提出要加快新型建筑工业化发展，以新型建筑工业化带动建筑业全面转型升级，打造具有国际竞争力的"中国建造"品牌，推动城乡建设绿色发展和高质量发展。新型建筑工业化是通过新一代信息技术驱动，以工程全寿命期系统化集成设计、精益化生产施工为主要手段，整合工程全产业链、价值链和创新链，实现工程建设高效益、高质量、低消耗、低排放的建筑工业化。意见在加强系统化集成设计、优化构件和部品部件生产、推动构件和部件标准化、推广精益化施工等方面提出了明确要求。

7日，为贯彻住房和城乡建设部等9部门印发的《关于加快新型建筑工业化发展的若干意见》要求，将标准化理念贯穿于新型建筑工业化项目的设计、生产、施工、装修、运营维护全过程，住房和城乡建设部标准定额司着力打造"1+3"标准化设计和生产体系，即启动编制1项装配式住宅设计选型标准、3项主要构件和部品部件尺寸指南（钢结构住宅主要构件尺寸指南、装配式混凝土结构住宅主要构件尺寸指南、住宅装配化装修主要部品部件尺寸指南）。

16日，为深入贯彻落实习近平总书记关于制止餐饮浪费行为的重要指示批示精神，住房和城乡建设部办公厅印发通知，出台贯彻落实《关于中央和国家机关带头贯彻落实习近平总书记重要指示精神坚决制止餐饮浪费行为的行动方案》的具体措施，要求各单位广泛开展学习宣传教育、坚决制止食堂浪费、严格公务活动用餐管理以及建立完善长效机制，推动住房和城乡建设部在厉行节约、反对浪费特别是制止餐饮浪费行为上走在前、作表率，建设让党中央放心、让人民群众满意和讲政治、守纪律、负责任、有效率的模范机关。

23日，在国务院新闻办公室举行的脱贫攻坚住房安全有保障新闻发布会上，住房和城乡建设部党组成员、副部长倪虹向媒体表示，住房和城乡建设部持续深入学习贯彻习近平总书记重要指示精神，扎实落实党中央、国务院决策部署，会同有关部门组织各地合力攻坚，按时完成了脱贫攻坚农村危房改造扫尾工程任务，脱贫攻坚住房安全有保障工作取得决定性进展。

24日，住房和城乡建设部召开直属单位纪委书记座谈会，8名直属单位纪委书记结合岗位职责作交流发言，驻部纪检监察组组长、部党组成员宋寒松出席会议并讲话。会议指出，抗击新冠肺炎疫情斗争取得重大战略成果，充分展现了中国共产党领导和我国社会主义制度的显著优势。纪检干部要深刻认识当前形势，珍惜疫情防控为经济社会发展赢得的宝贵时间，切实提高担当作为的思想和行动自觉。要认真履职尽责，清醒认识中央和国家机关在党和国家发展大局中的地位和作用，持续转变作风，扎实干事创业，走好践行"两个维护"第一方阵。

25日，住房和城乡建设部印发《关于落实建设单位工程质量首要责任的通知》，要求依法界定并严格落实建设单位工程质量首要责任，不断提高房屋建筑和市政基础设施工程质量水平。通知要求，要充分认识落实建设单位工程质量首要责任重要意义。党的十八大以来，在以习近平同志为核心的党中央坚强领导下，我国工程质量水平不断提升，质量常见问题治理取得积极成效，工程质量事故得到有效遏制。但我国工程质量责任体系尚不完善，特别是建设单位首要责任不明确、不落实，存在"违反基本建设程序，任意赶工期、压造价，拖欠工程款，不履行质量保修义务"等问题，严重影响工程质量。建设单位作为工程建设活动的总牵头单位，承担着重要的工程质量管理职责，对保障工程质量具有主导作用。

27日至28日，住房和城乡建设部党组成员、副部长倪虹分别在青海省西宁市湟中区和大通县召开定点扶贫部县（区）联席会议，与两县（区）主要负责同志共同研究脱贫攻坚成果巩固的思路和举措，逐项跟踪推进重点协调事项，指导定点扶贫县高质量完成脱贫攻坚任务。青海省副省长匡涌出席会议。

28日，住房和城乡建设部发布成都市青羊区桂花巷综合整治项目砍伐城市树木有关问题的通报。通报指出，该项目事先未发布公告征求公众意见，涉及城市树木事项未按程序报批，监管部门履行职责不到位，野蛮施工、乱砍滥伐，对城市生态和人居环境、城市特色风貌造成破坏。

30日，住房和城乡建设部机关隆重举行庆祝新中国成立71周年升国旗仪式。参加仪式的全体人员整装列队、面向冉冉升起的国旗行注目礼，感受国旗、国歌的庄严雄壮，表达对伟大祖国的崇高敬意。部党组书记、部长王蒙徽，其他部党组成员和部领导、总师出席仪式。中央纪委国家监委驻部纪检监察组、部机关各司局和有关直属单位党员干部代表260余人参加仪式。

10月

15日，为深入贯彻落实《国务院办公厅关于促进建筑业持续健康发展的意见》和《国务院办公厅转发住房城乡建设部关于完善质量保障体系提升建筑工程品质指导意见的通知》精神，住房和城乡建设部印发了《关于落实建设单位工程质量首要责任的通知》（以下简称《通知》）。《通知》首次明确了建设单位工程质量首要责任内涵，依法界定建设单位应履行的质量责任，着力构建以建设单位为首要责任的工程质量责任体系。近日，住房和城乡建设部工程质量安全监管司有关负责同志对《通知》进行了解读。

19日，住房和城乡建设部印发《城市轨道交通工程地质风险控制技术指南》（以下简称《指南》）。在《指南》印发之际，住房和城乡建设部工程质量安全监管司相关负责人对《指南》内容进行了解读。

22日，住房和城乡建设部组织召开北方采暖地区今冬明春城镇供热采暖工作电视电话会议，总结上一采暖期城镇供热采暖工作，部署今冬明春城镇供热采暖工作。住房和城乡建设部副部长黄艳出席会议并讲话。

26日，省部共建高原美丽城镇示范省试点工作对接座谈会在西宁召开，住房和城乡建设部副部长黄艳出席会议并讲话，青海省副省长匡湧主持会议。黄艳强调，要贯彻落实习近平总书记关于黄河流域生态保护和高质量发展的重要指示批示精神，坚持绿色发展，走出一条具有青海特色的美丽城镇建设道路。要建立强有力的领导机制，以省部合作为抓手，统筹资源要素，强化服务保障，以协同联动机制更好更快推进高原美丽城镇示范省建设的步伐。要统筹谋划，牵住美丽城镇建设的"牛鼻子"，扎实做好前期基础性工作，以准确的切入点和突破点推动试点工作多样化、差异化、特色化发展，通过试点工作能够在青海立下标杆，以新的模式，形成新的样板和示范。

30日，住房和城乡建设部党组书记、部长王蒙徽主持召开党组会议，传达学习习近平总书记在党的十九届五中全会上的重要讲话和全会精神。11月5日和10日，王蒙徽同志又先后两次主持召开党组（扩大）会议暨理论学习中心组专题学习（扩大）会议，进一步传达学习党的十九届五中全会精神，交流学习心得体会，研究贯彻落实措施。

31日，是第七个世界城市日。住房和城乡建设部、福建省人民政府与联合国人居署共同在福州举办2020年世界城市日中国主场活动。福建省省长王宁出席活动并宣布活动开幕，住房和城乡建设部副部长姜万荣，福建省委常委、福州市委书记林宝金，福建省副省长李德金出席活动并致辞。联合国秘书长古特雷斯发来视频致辞，联合国副秘书长、联合国人居署执行主任谢里夫，俄罗斯联邦建设、住房和公用事业部副部长斯塔西斯恩视频参加活动并致辞。

11月

5—7日，第十九届中国国际住宅产业暨建筑工业化产品与设备博览会（以下简称"住博会"）和第二十届中国国际城市建设博览会（以下简称"城博会"）于北京中国国际展览中心（新馆）举办。住博会和城博会在加强国际的交流与合作、展示住房和城乡建设领域经验成就、推广最新科学技术成果、引导房屋质量和性能不断提升、促进我国建设领域转型升级和可持续发展方面发挥了重要作用。

12日，学习贯彻党的十九届五中全会精神中央宣讲团在湖北省进行宣讲，中央宣讲团成员、住房和城乡建设部党组书记、部长王蒙徽作宣讲报告。武汉主会场、湖北省各市州和县（市、区）分会场共约15000人参加了宣讲报告会。王蒙徽围绕习近平总书记在党的十九届五中全会上的重要讲话和全会审议通过的《建议》，从"十三五"时期我国经济社会发展取得举世瞩目的成就，"十四五"规划《建议》是习近平总书记亲自领导、汇聚全党全社会智慧的成果，深刻认识我国进入新发展阶段的重大意义和重要特征，牢牢把握构建新发展格局的战略构想和重要着力点，准确把握二〇三五年远景目标和"十四五"时期经济社会发展的指导方针和主要目标，全面落实"十四五"时期我国经济社会发展的重点任务，坚持党的全面领导等七个方面，对全会精神作了系统阐述和深刻讲解。

19日下午，全国政协常委、提案委员会副主任、原国家质检总局局长支树平带队到住房和城乡建设部走访座谈，了解全国政协十三届三次会议以来提案办理情况。住房和城乡建设部党组书记、部长王蒙徽在会前会见全国政协提案委领导、政协委员，副部长黄艳主持座谈会。

24日，在国务院政策例行吹风会上，住房和城乡建设部副部长易军表示，国务院常务会议已审议通过《建设工程企业资质管理制度改革方案》（以下简称《改革方案》）。《改革方案》实施后，将进一步优化营商环境、激发市场主体活力，为扩大消费和有效投资创造有利条件。

同日，住房和城乡建设部副部长倪虹与瑞士联邦驻华大使罗志谊举行会谈，并签署住房和城乡建设部与瑞士外交部《关于在建筑节能领域发展合作的谅解备忘录》。倪虹指出，瑞士在建筑节能领域起步早，在政策、标准、工程实践和产业支撑方面积累了丰富的经验，在低能耗和零能耗建筑领域处于欧洲领先地位。目前，我国城市发展进入城市更新的重要时期，由大规模增量建设转为存量提质改造和增量结构调整并重，建筑业和建筑科技面临新的发展机遇，瑞士先进的技术和管理经验值得我们学习和借鉴，双方合作具有广阔前景。

12月

3日，中共中央政治局常委、国务院副总理韩正在住房和城乡建设部召开座谈会。他强调，要深入学习贯彻习近平总书记重要讲话和指示批示精神，贯彻落实党的十九届五中全会精神，坚定不移落实房地产长效机制，谋划好"十四五"时期住房工作，加强住房保障体系建设，有效扩大保障性租赁住房供给。

4日，住房和城乡建设部与陕西省人民政府签署在城乡人居环境建设中开展美好环境与幸福生活共同缔造活动合作框架协议，提出了建立完善共同缔造活动工作机制、在实施城市更新行动和乡村建设行动等工作中全面开展美好环境与幸福生活共同缔造活动、加强机制创新和人才培养等方面的合作内容。住房和城乡建设部部长王蒙徽、陕西省省长赵一德代表双方签约。

5日，"全国市长研修学院（住房和城乡建设部干部学院）成立四十周年暨城市更新行动专题研讨会"在京召开。住房和城乡建设部副部长姜万荣出席会议并致辞。

10日至11日，住房和城乡建设部在广州市召开全国城市生活垃圾分类工作现场会，总结交流各地生活垃圾分类好的经验做法，部署进一步推进生活垃圾分类工作。住房和城乡建设部党组书记、部长王蒙徽出席会议并讲话，广东省省长马兴瑞致辞，住房和城乡建设部副部长倪虹主持会议。

14日，经过为期3天的激烈角逐，中华人民共和国第一届职业技能大赛完成各项赛程顺利闭幕。住房和城乡建设行业代表团派出8名选手，参加了8个世界技能竞赛项目的角逐，取得了1枚金牌、3枚银牌、1枚铜牌、3个优胜奖的佳绩。

18日，住房和城乡建设部召开2020年外事工作会议，副部长姜万荣出席会议并讲话。会议深入学习习近平新时代中国特色社会主义外交思想和党的十九届五中全会精神，总结近年来部外事工作经验，研究部署下阶段工作。会议强调，各单位要认真贯彻落实党的十九届五中全会精神，以高水平对外开放和高质量国际合作促进我国住房和城乡建设领域的高质量发展；清醒认识当前国际形势，积极应对风险挑战；严格遵守外事纪律，把强化外事规矩意识当作党风廉政建设的重要任务抓紧抓实抓出成效。驻部纪检监察组负责同志，部机关各司局、部属（管）各单位主要负责同志参加会议。

21日，全国住房和城乡建设工作会议在京召开。会议深入学习贯彻习近平总书记关于住房和城乡建设工作的重要指示批示精神，贯彻落实党的十九届五中全会和中央经济工作会议精神，总结2020年和"十三五"住房和城乡建设工作，分析面临的形势和问题，提出2021年工作总体要求和重点任务。住房和城乡建设部党组书记、部长王蒙徽作工作报告。

24日，住房和城乡建设部和国家体育总局联合印发《关于全面推进城市社区足球场地设施建设的意见》，提出要贯彻落实党中央、国务院关于足球改革发展的决策部署，推动实施全民健身计划、健康中国行动，全面推进城市社区足球场地设施建设工作。

同日，为深入贯彻习近平总书记关于城市工作的重要论述和重要指示批示精神，落实党的十九届五中全会关于实施城市更新行动的决策部署，住房和城乡建设部与辽宁省人民政府签署共建城市更新先导区合作框架协议。住房和城乡建设部部长王蒙徽、辽宁省省长刘宁代表双方签约。

根据合作框架协议，住房和城乡建设部与辽宁省人民政府将在协同区域发展、激发内生动力、修复城市生态、完善城市功能、传承历史文化、促进数字化应用、创新管理机制等方面，合作共建城市更新先导区。

25日，住房和城乡建设部召开全国住房和城乡建设系统抗击新冠肺炎疫情表彰视频会议，部党组书记、部长王蒙徽出席会议并讲话，副部长易军、倪虹、黄艳、姜万荣，中央纪委国家监委驻部纪检监察组组长宋寒松出席会议。会议认为，习近平总书记的领航掌舵和党中央的坚强领导，是夺取抗疫斗争胜利的根本保证。中国特色社会主义制度所具有的显著优势，是战胜任何风险挑战的坚强保障。坚持一切为了人民，紧紧依靠人民，是战胜前进道路上一切艰难险阻的力量源泉。全国住房和城乡建设系统广大干部职工的无私无畏、奋勇前行，是夺取抗疫斗争胜利的坚强支撑。

28日，住房和城乡建设部下发通知，决定在上海市、江苏省、浙江省、安徽省、广东省、海南省6个地区开展建设工程企业资质审批权限下放试点工作。试点时间为半年，从2021年1月1日至6月30日。

根据通知，除最高等级资质（综合资质、特级资质）和需跨部门审批的资质外，将原由住房和城乡建设部负责审批的其他资质审批权限（包括重组、合并、分立）下放至试点地区省级住房和城乡建设主管部门。新资质标准出台前，按现行资质标准进行审批，审批方式由试点地区自行确定。

29日，住房和城乡建设部通报了住房和城乡建设领域施工现场专业人员职业培训试点工作情况。按照住房和城乡建设部《关于改进住房和城乡建设领域施工现场专业人员职业培训工作的指导意见》《关于推进住房和城乡建设领域施工现场专业人员职业培训工作的通知》要求，各省级住房和城乡建设主管部门积极开展施工现场专业人员职业培训试点工作，在转变培训模式，建立职业培训体系，落实企业培训主体责任，发挥企业和行业组织、职业院校等各类培训机构优势，不断加强和改进职业培训工作等方面取得了一定成效，但也存在一些问题。

29日，住房和城乡建设部、国家体育总局在北京联合召开城市社区足球场地设施建设试点总结会，总结推广试点工作经验，全面推动城市社区足球场地设施建设工作。住房和城乡建设部副部长黄艳、国家体育总局副局长李颖川出席会议并讲话。

30日，住房和城乡建设部印发通知，要求做好2021年城乡建设统计工作。根据通知，2021年城乡建设统计继续执行《城市（县城）和村镇建设统计报表制度》，包括2020年城乡建设统计年报、2021年城市（县城）建设统计快报和2020年服务业统计年报3项统计任务。

31日，为贯彻落实《中共中央办公厅国务院办公厅关于做好2021年元旦春节期间有关工作的通知》要求和国务院根治欠薪冬季专项行动动员部署电视电话会议精神，持续推进根治房屋建筑和市政基础设施工程建设领域欠薪工作，更好保障农民工合法权益，做好疫情防控，维护社会稳定，住房和城乡建设部印发通知，要求做好2021年元旦春节期间房屋建筑和市政基础设施工程建设领域农民工工资支付等工作。

信息通信业建设

2020年，面对新冠肺炎疫情和外部环境变化带来的严峻挑战，信息通信业坚持以习近平新时代中国特色社会主义思想为指导，深入贯彻落实党中央、国务院决策部署，统筹抓好疫情防控和信息通信建设发展各项工作，全年整体呈现稳中向好运行态势，行业持续向高质量方向迈进，为"十三五"收官打下了扎实基础。

信息通信业保持平稳较快发展。2020年新建光缆线路长度428万公里，光缆线路总长度已达5169万公里。全国超过300个城市开展千兆入户试点，千兆用户覆盖超过1亿户。按照适度超前原则部署5G网络，新建5G基站超60万个，全年累计开通5G基站超过77万个，5G网络已覆盖全国地级以上城市及重点县市，5G基站规模约占全球七成。全国移动通信基站净增90万个，总数达931万个，其中4G基站总数达到575万个，全国行政村通光纤和4G比例均超过99%，城镇地区实现深度覆盖，城乡"数字鸿沟"基本消除，提前超额完成"十三五"目标。

"十三五"以来，我国建成了全球规模最大的信息通信网络。光纤宽带用户占比从2015年底的56%提升至现在的94%，4G基站规模占到了全球总量的一半以上，5G手机终端连接数达2.6亿。我国固定宽带和移动网络端到端用户体验速度分别达到51.2Mbps和33.8Mbps，较5年前增长了约7倍。根据国际测速机构数据，我国固定宽带速率在全球176个国家和地区中排名第18位，移动网络速率在全球139个国家和地区中排名第4位。

【全力支撑疫情防控，助力复工复产复学】新冠肺炎疫情期间，推动基础电信企业为疫情防控一线的医院、临时应急指挥中心等重点保障场所建设部署5G网络，有力保障了网络畅通和5G+远程诊疗、无接触防控等技术的应用。部署加强网络监测、做好宽带网络建设维护，全力保障网络稳定畅通。特别是针对个别农村偏远地区信号弱影响上网课问题，推动电信企业拉光纤补基站，切实改善广大师生用网体验。面向赴湖北医疗人员和志愿者提供通信费用减免、赠送话费、免停机等服务，惠及15.6万人次；针对贫困家庭学生推出了特惠流量包、免费用宽带等精准帮扶措施，惠及师生超过6800万人。积极应对远程办公、在线教学、远程医疗等新模式带来的流量集中爆发式增长，我国广覆盖、大容量的网络基础设施保持了网络通畅，有力保障了群众基本生产生活需求，为统筹疫情防控和经济社会发展贡献了行业力量。

【加快5G建设步伐，优化5G政策环境】指导企业创新工作方式，克服因疫情影响导致的小区进场、交通物流等困难，抢抓工期加快建设进度，印发

《关于推动5G加快发展的通知》推进5G网络建设、应用推广、技术发展和安全保障。组织对全国所有地市支持5G建设政策实施效果进行调查评估，推动地方政府补齐支持5G建设政策的弱项短板，加强经验交流学习，推动将各项支持政策落实落细，优化5G建设发展环境。深化共建共享，联合国资委印发《关于推进电信基础设施共建共享 支撑5G网络加快建设发展的实施意见》，支持电信和联通、移动和广电深化5G网络共建共享，进一步降低网络建设成本。研究支持电信企业参与电力市场化交易事宜，支持各地结合当地实际出台专项政策缓解5G用电成本高的问题，鼓励有条件地区采取财政补贴等方式，实现5G电价实质性降低。

【**统筹推进通信基础设施建设，强化网络覆盖**】持续深化将通信设施纳入工程建设项目审批制度，推进将通信设施建设嵌入工程建设项目审批流程，在市政等建设中统筹考虑通信需求并预留资源，约60%地市将5G建设嵌入其他专业工程项目审批流程。组织电信企业配合研究细化老旧小区光纤等管线改造方案，将光纤到户和移动通信设施纳入老旧小区改造的基础类内容，与水电气同等对待予以优先改造。

积极推动重点项目通信网络同步建设。推进高铁沿线通信网络建设，及时跟进高铁项目可研批复进程和先期工程建设安排，指导电信运营商和铁塔公司，加强与当地铁路部门对接，推动在铁路规划建设中，统筹考虑通信网络建设需求，高效集约利用铁路沿线资源。协调推动冬奥会通信基础设施规划建设，指导北京、河北两地通信行业推进冬奥赛区移动网络建设，与场馆主体工程建设同步开展5G网络等信息通信基础设施建设和改造，实现冬奥重点场所的深度覆盖，以及重点交通线路的广度覆盖。

【**推进电信普遍服务和网络扶贫，农村及偏远地区网络覆盖水平显著提升**】加快第四批、第五批4G网络建设和竣工验收。联合财政部组织实施第六批电信普遍服务试点，支持在农村和边疆等偏远地区建设1.3万个4G基站。工业和信息化部定点扶贫县、片区县实现行政村光纤和4G全覆盖。试点村平均宽带网络速率达到70Mbps，逐步实现与城市"同网同速"。继续联合教育部开展学校联网攻坚行动，全面改善农村及偏远地区学校网络接入条件，全国中小学通宽带比例达到99.7%。联合国家卫健委进一步推进"互联网＋健康扶贫"试点，针对贫困地区医疗卫生机构完善网络覆盖、推出资费优惠。

【**强化建设市场监管，持续优化营商环境**】以"通信工程建设项目招标投标管理信息平台"为依托，不断加强对通信工程招投标项目的信息化监管。部署开展2020年招标投标检查工作，按照网上检查与现场检查相结合方式，组织对部分省份进行检查，督促企业对检查中出现的问题举一反三开展整改。鼓励企业创新招投标方式，探索采取在线开标、异地远程评标等方式，在做好新冠肺炎防疫的同时，提高招投标效率。

印发《关于做好2020年通信业安全生产工作的通知》，对通信建设安全生产工作作出部署，要求电信企业落实安全生产主体责任，加强施工现场安全管理和工程隐患排查治理等。组织对部分省份电信企业开展质量监督和安全生产联合检查，通报检查情况，督促企业对发现问题进行整改，及时消除安全隐患。

（工业和信息化部信息通信发展司）

生 态 环 境 保 护

【**概况**】

2020年，生态环境部积极开展大气、水、土壤污染防治三大行动计划，加强农村环境整治，提高环境监管能力，推进一系列重大环保工程实施，为打赢、打好污染防治攻坚战、推进生态文明建设发挥了重要支撑作用。

【**生态环境保护工程建设投资、资金利用**】

2020年，生态环境部共参与分配525.98亿元，其中中央财政转移支付资金523.12亿元，支持相关省份开展水污染防治、大气污染防治、土壤污染防治、农村环境整治；中央预算内资金2.86亿元，支持部属单位基建项目建设等工作。

【**重点工程建设**】

水污染防治。支持31个省（区、市）开展重点流域水污染防治、长江经济带生态保护修复、黄河流域水生态保护和污染治理及省际流域上下游横向生态保护补偿。共安排水污染防治资金197亿元。

大气污染防治。支持43个试点城市（含4个区县级）开展北方地区冬季清洁取暖，对京津冀及周边地区、汾渭平原农村居民清洁取暖运行费用进行补贴；支持31个省（区、市）开展大气污染防治；支持氢氟碳化物销毁处置等工作；对非重点区域空气质量保持或改善的省份给予奖励；对非重点区域体制机制改革创新的省份给予奖励。共安排大气污染防治资金250亿元。

土壤污染防治。支持31个省（区、市）开展土壤污染状况详查、土壤污染防治先行区建设、重金属污染防控、受污染耕地安全利用等土壤污染防治工作。共安排土壤污染防治资金40亿元。

农村环境整治。支持开展农村污水处理、垃圾治理等环境综合整治工作。共安排农村环境整治专项资金36.12亿元。

部属单位基建项目。支持中国环境监测总站、卫星环境应用中心等部属单位及部本级开展长江经济带水质自动监测、长江经济带水质监测质控和应急平台（一期）、国家生态保护红线监管平台建设等基础能力建设。共安排资金2.86亿元。

【生态环境保护工作相关法规、政策】

十三届全国人民代表大会常务委员会制修订有关生态环境保护的法律5部。4月，修订通过了《中华人民共和国固体废物污染环境防治法》，明确国家推行生活垃圾分类制度，确立生活垃圾分类的原则；加强了工业固体废物和危险废物环境监管，完善了建筑垃圾、农业固体废物等污染环境防治制度；强化了违法行为的法律责任。5月，通过了《中华人民共和国民法典》，明确"民事主体从事民事活动，应当有利于节约资源、保护生态环境"的绿色原则，同时还规定民事主体从事民事活动应承担的环境保护义务和相关法律责任。10月，通过了《生物安全法》，这是生物安全领域的基础性、综合性、系统性、统领性法律，聚焦生物安全领域主要风险，完善生物安全风险防控体制机制，着力提高国家生物安全治理能力。12月，通过《刑法修正案（十一）》，增加了污染环境罪的刑档并提高法定刑，将环评、环境监"造假"、破坏自然保护地、引进外来入侵物种等行为入罪，增大了对滥食野生动物的刑事打击；同月，通过《中华人民共和国长江保护法》，这是我国首部保护长江全流域生态系统、推进长江经济带绿色高质量发展的专门法律，从生态系统管理和流域治理的高度，以解决区域协调的重大问题为导向，就规划与管控、资源保护水污防治、生态环境修复、绿色发展、保障与监督等问题作出全面规定。

2月，中共中央办公厅、国务院办公厅印发《关于构建现代环境治理体系的指导意见》，进一步明确了构建现代环境治理体系的指导思想、基本原则、主要目标和重点任务，充分体现了党中央、国务院建立健全环境治理体系，推进生态环境保护的坚定意志和坚强决心，将为推动生态环境根本好转、建设生态文明和美丽中国提供有力制度保障。《关于构建现代环境治理体系的指导意见》是党的十九届四中全会后，中央出台的首个聚焦生态文明体制改革、全面推进生态环境治理体系和治理能力现代化的纲领性文件，为当前和今后一个时期推动我国生态环境保护事业改革发展提供了目标指向和基本遵循。12月，国务院常务会议通过《排污许可管理条例》，从明确实行排污许可管理的范围和管理类别、规范申请与审批排污许可证的程序、加强排污管理、严格监督检查、强化法律责任等方面，对排污许可管理工作予以规范。

生态环境部公布部门规章8件。4月，公布《新化学物质环境管理登记办法》，规范新化学物质环境管理登记行为和科学、有效评估和管控新化学物质环境风险，聚焦对环境和健康可能造成较大风险的新化学物质。11月，公布《生态环境部建设项目环境影响报告书（表）审批程序规定》，规范审批程序，提高审批效率和服务水平；同月，公布《核动力厂营运单位核安全报告规定》，落实有关法律要求，增强核动力厂营运单位报告制度的针对性，提升核动力厂经验反馈的有效性；同月，联合国家发展改革委等修订发布《国家危险废物名录（2021年版）》，提升了列入《名录》的危险废物的精准性和科学性；同月，公布《建设项目环境影响评价分类管理名录（2021年版）》，落实国务院"放管服"任务的要求，将环评审批正面清单改革举措常态化、制度化。12月，公布《生态环境标准管理办法》，明确生态环境标准的制定、实施、备案和评估；同月，公布《碳排放权交易管理办法（试行）》，对全国碳排放权交易及相关活动予以规范；同月，公布《核动力厂管理体系安全规定》，为压实核动力厂营运单位的核安全责任提供了制度保障。

（生态环境部科技与财务司）

公 路 建 设

公路建设基本情况

2020年底,全国公路总里程达519.81万公里,比上年末增加18.56万公里。公路密度为54.15公里/百平方公里,增加1.94公里/百平方公里。

全国等级公路里程494.45万公里,比上年末增加24.58万公里,占公路总里程95.1%,提高1.4个百分点。二级及以上等级公路里程70.24万公里,增加3.04万公里,占公路总里程13.5%,提高0.1个百分点。

全国高速公路里程16.10万公里,比上午末增加1.14万公里。其中,国家高速公路11.30万公里,增加0.44万公里。全国高速公路车道里程72.31万公里,增加5.36万公里。

国道里程37.07万公里,省道里程38.27万公里。农村公路里程438.23万公里,其中县道里程66.14万公里,乡道里程123.85万公里,村道里程248.24万公里。

公路重点工程建设总体情况

2020年是"十三五"收官之年,交通运输行业坚持服务国家重大战略,服务全面建成小康社会和脱贫攻坚任务目标,加快推进重点公路工程项目建设,不断完善公路基础设施网络。

南京长江第五大桥、津石高速公路(天津西段、河北段)、延长高速公路龙井至大蒲柴河段、双嫩高速公路吉林双辽至洮南段、铁科高速公路吉林松原至通榆段、溧宁高速公路浙江淳安段和文成至泰顺段、长深高速公路浙江建德至金华段、莆炎高速公路福建永泰梧桐至尤溪中仙至建宁里心段、银白高速公路广西乐业至百色段、呼北高速公路广西荔浦至玉林段、蓉昌高速公路四川汶川至马尔康段、天猴高速公路云南墨江至临沧段、安来高速公路陕西平利至镇坪段、张汶高速公路甘肃张掖至扁都口段等一批重点项目建成通车。京哈高速公路长春至拉林河段、京沪高速公路山东莱芜至临沂段、京藏高速公路宁夏石嘴山至中宁段、包茂高速公路内蒙古包头至东胜段、长张高速公路湖南长沙至益阳段等国家高速公路繁忙路段完成扩容改造,大大提升了通行能力和服务水平。到2020年年底,国家高速公路网主线基本建成,高速公路总里程再创新高,覆盖约99%的城镇人口20万人以上城市及地级行政中心。

2020年,天猴高速公路云南天保至文山段、宁芜高速公路皖苏界至芜湖枢纽段改扩建工程、京台高速公路山东济南至泰安段改扩建工程、大广高速公路江西吉安至南康段改扩建工程、张汶高速公路青海同仁至赛尔龙(青甘界)段、沪蓉高速公路四川南充至成都段扩容工程、宁上高速公路福建霞浦至福安段、纳兴高速公路贵州纳雍至晴隆段、京昆高速公路四川绵阳至成都段扩容工程、长深高速公路江苏连云港至淮安段扩建工程、京哈高速公路北京市东五环至东六环段加宽改造工程等一批国家重点公路建设项目初步设计通过交通运输部审批。

长延高速公路山西黎城至霍州段、首都地区环线高速公路河北承德至平谷段、吉黑高速公路黑龙江段、京昆高速公路陕西蒲城至涝峪段改扩建工程、连霍高速公路甘肃清水驿至忠和段扩容改造工程、杭宁高速公路杭州至绍兴段、泉南高速公路广西桂林至柳州段改扩建工程、本集高速公路吉林桓仁至集安段、延长高速公路大蒲柴河至烟筒山段、银昆高速公路宁夏太阳山开发区至彭阳段等一批重点公路建设项目开工建设。

推动公路建设转型升级

交通运输部印发《交通运输部办公厅关于深化绿色公路建设做好试点项目技术总结的通知》(交办公路函〔2020〕1250号),组织有关单位开展绿色公路试点工程技术总结,对《关于实施绿色公路建设的指导意见》等政策文件进行评估。开展《绿色公路建设技术指南》和《钢结构桥梁建造技术指南》宣贯,充分交流技术经验成果。

典型重大工程项目

【江苏南京长江第五大桥】南京长江第五大桥是国务院批准的《南京城市总体规划》中"五桥一隧"过江通道之一,也是《长江经济带综合立体走廊规划(2014—2020)》确实的重点工程项目。该项目对于完善国家干线公路网络和长江下游区域过江通道布局,支持南京江北新区建设,推动长江经济带高质量发展具有重要意义。

路线北起自宁合高速五里桥互通,主桥采用2×600米三塔双索面组合梁斜拉桥方案跨越长江主江,经梅子洲后,采用盾构法隧道方案(外径15米)下穿夹江,全长10.33公里,批复概算约62亿元。全线采用双向六车道一级公路标准建设,隧道段设计速度80公里/小时,其余路段设计速度100公里/小时。项目建设管理法人为南京市公共工程建设中心。

项目主体工程于2017年5月开工。2019年3月,主桥索塔封顶。2020年6月,夹江隧道双线贯通。2020年6月,跨江主桥合龙。2020年12月24日,项目建成通车。

主桥索塔创新采用了以纵横双向钢筋混凝土榫群为剪力连接件的钢壳—混凝土组合结构,与相同截面尺寸、含钢率的钢筋混凝土结构相比,承载力、延性分别提高约49%、50%。同时,采用工厂化、装配化的建造方式,具有施工方便、外观质量好、耐久性出色等优点。《钢壳—混凝土组合索塔关键技术》获2019年度中国公路学会科学技术特等奖。

主桥主梁创新采用钢—含粗骨料活性粉末混凝土桥面板结构,桥面板厚度由普通混凝土的27厘米降至17厘米,减轻主梁自重30%以上。其中,粗骨料活性粉末混凝土具有抗裂性能优越、高弹模、低收缩、免蒸养等优点,有效解决了钢箱梁正交异性钢桥面板疲劳损伤、铺装早期损坏等技术难题。

夹江隧道工程建设中,系统研究了大直径盾构管片结构耐久性关键技术。采用0.01毫米级三维激光跟踪扫描技术检测管片模具,采用API跟踪仪检测环面平整度,开发管片上浮自动监测预警系统,对脱出盾尾管片位移状态进行全时程跟踪,保障了结构的耐久性。

项目建设管理以工程全生命周期内的管理需求为导向,研发基于BIM+物联网技术的全过程信息化管理平台。"南京长江第五大桥建设管理信息化、数字化BIM平台研发与应用"获得2020年度中国公路学会"交通BIM工程创新奖"特等奖。

【浙江文成至泰顺高速公路】 文成至泰顺高速公路位于浙江省温州市境内,是G4012溧阳至宁德国家高速公路的重要路段,也是浙江省高速公路主骨架的重要组成部分。项目路线起自文成县樟台,止于泰顺县友谊桥附近(浙闽界),接溧阳至宁德国家高速公路寿宁至福安段,全长约56公里,采用双向四车道高速公路标准建设,批复概算109.3亿元。项目于2018年1月正式开工建设;其中,泰顺互通至浙闽界段于1月1日正式通车,率先打通省际断头路;全线于12月23日正式通车。

文泰高速的建成通车,圆满实现"十三五"期浙江省陆域"县县通高速"目标,进一步完善了区域高速路网,极大拉近了泰顺与温州的时空距离,有力促进了长三角经济圈和海峡西岸经济区的互联互通,对推动沿线地区社会经济发展,发挥文成、泰顺生态环境优势,带动沿线旅游业发展等具有重要意义,是一条文成、泰顺70多万山区人民的希望路、发展路、致富路。

作为浙江省内典型的山区高速公路,地形地质条件复杂,桥隧比达72%,建设条件差,施工难度大。控制性工程包括:飞云江大桥(波形钢腹板叠合梁桥)、南浦溪特大桥(主跨258米上承式钢管拱桥)、洪溪特大桥(主跨265米预应力混凝土矮塔斜拉桥)。

【福建沙埕湾跨海公路通道】 沙埕湾跨海公路通道工程是G1523宁波至东莞国家高速公路的重要组成部分。该项目的建成,进一步完善了区域高速公路网络,促进海峡西岸经济区域与浙南、长江三角洲等经济发达地区的联系,有效辐射带动闽东沿海经济和福鼎湾区经济的高质量发展。

路线起自福鼎市佳阳乡双华村(浙闽界),止于福鼎市店下镇洋中村,全长20.193公里,采用双向六车道高速公路标准建设,设计速度100公里/小时,批复概算42.57亿元。其中,沙埕湾跨海大桥长2.022公里,采用主跨535米双塔双索面单侧混合梁斜拉桥方案,是全线的关键控制性工程。

项目于2017年9月开工建设。2020年4月,跨海大桥主塔封顶。8月17日,主桥钢箱梁合龙。2021年1月18日,项目正式通车试运行。

该项目作为福建省创建"绿色公路、品质工程"的双示范项目,围绕省高指提出的"6432"工地党建工作模式,创新采用"1+N党建联盟模式""党建促征迁办公室",有效推动了征地拆迁、安全生产保障等工作;设立党员先锋队、党员先锋岗等方式,积极推广四新技术应用及小微改、小创新,提升工程品质。

项目建设实施中贯彻绿色公路的集约节约理念,集中规划建设生产场站、驻地、试验室等临建设施;加强全线土方调配利用,推动实现工程"零弃方";全线混凝土拌和站安装砂石分离机和污水处理系统,配备环境监控仪,建泥浆集中处理厂,实现"零污染"和废物再利用。

【广西荔浦至玉林高速公路】荔浦至玉林高速公路项目是G59呼和浩特至北海国家高速公路和广西高速公路网主骨架"纵2"的重要组成部分，是广西一次性建成通车里程最长的高速公路项目。项目控制性工程包括：世界最大跨径拱桥—平南三桥、广西最大跨径斜拉桥—相思洲特大桥等。

路线起自荔浦县城东北蒙村，止于玉林市福绵区新桥镇，全长261.6公里，采用双向四车道高速公路标准建设，设计速度100公里/小时、120公里/小时。项目于2018年底全面开工建设，2020年12月28日建成通车。

项目在建设实施中积极贯彻"快、好、省"理念和"使用者优先"理念，开展多项课题研究，解决工程建设技术难题，成功申请20余项实用新型专利。平南三桥科技创新建设成果、新型装配式涵洞施工技术、山区高速公路桥梁装配式下构制运架施工关键技术研究等三项案例获得广西壮族自治区交通运输厅2020年度"科技示范"创新典型案例。

平南三桥采用主跨575米中承式钢管混凝土拱桥方案，是目前世界最大跨径的拱桥。大桥建设中，将地下连续墙结构创新应用于拱桥基础，为不良地质情况下建设大跨径拱桥积累了宝贵经验；应用北斗卫星定位系统、智能张拉等技术，精确控制高达200米的塔架顶部位移；首创基于影响矩阵原理的扣锁一次张拉计算理论，实现大跨径拱桥主拱圈线形控制技术新突破，拱肋合龙精度在3毫米以内；采用C70自密实膨胀混凝土，通过真空辅助连续四级泵送，圆满完成钢管内混凝土灌注施工。

【四川汶川至马尔康高速公路】汶川至马尔康高速公路是G4217成都至昌都国家高速公路的重要组成部分，项目位于四川西北部的阿坝藏族羌族自治州，毗邻青海、甘肃，对于完善国家和区域高速公路网络，助力脱贫攻坚和乡村振兴，推动四川藏区经济社会跨越式发展和长治久安等均有重要意义。

项目路线起自汶川县凤坪坝，经桃坪、薛城、理县、朴头、米亚罗、梭磨，止于马尔康县城东的卓克基，全长约172公里，采用双向四车道高速公路标准建设，设计速度80公里/小时，批复概算约287亿元。

项目地处青藏高原东缘与四川盆地西北边缘交错接触带，地形复杂，相对高差大，汶川县海拔约1100米，鹧鸪山海拔达4780米，地势陡峭，峰峦叠嶂，沟壑纵横，桥隧比达86.5%。路线跨越主要河流有属岷江水系的杂谷脑河和属大渡洞水系的抚边河、梭磨河等，沿岸泥石流、滑坡、崩塌等不良地质发育，高山区有冰雪灾害和季节性冻土。控制性工程包括狮子坪、赶羊沟、理县特长隧道以及鹧鸪山、米亚罗3号、王家寨1号高瓦斯特长隧道，克枯、下庄特大桥等。

鹧鸪山隧道平均海拔达3200米，长度超过8700米，是目前世界上规模最大的高原高瓦斯公路特长隧道工程。隧道穿越多条断裂破碎带，地质条件异常复杂，施工现场海拔高、气温低，施工难度大、风险高。

克枯特大桥长度超过6.4公里，是国内首座预应力钢管混凝土桁架梁桥。针对高地震烈度区域特点和桥址区地质条件，桥梁基础、桥墩、盖梁、桁架主梁均采用钢管混凝土结构，有效降低结构自重，提升抗震能力，也便于采取装配化施工。

【云南保山至泸水高速公路】G5613保山至泸水国家高速公路位于云南省西部地区，路线向东可联系大理和昆明，向西可通过片马口岸去往缅甸，向北可通往西藏东南部地区，是国家高速公路网的重要组成部分。

项目所在的保山市和怒江州均与缅甸接壤，是国家"一带一路"发展战略中的重要节点。两市州水能、矿产资源丰富，但区域地理环境特殊，自然条件较差，交通基础设施薄弱，人均地区生产总值远低于云南省平均水平。其中，怒江傈僳族自治州是全国"三区三洲"深度贫困地区之一。

路线起于云南省保山市隆阳区瓦窑镇老营村，止于怒江州泸水市六库镇北小沙坝，是怒江州第一条高速公路，全长85.17公里，采用双向四车道高速公路标准建设，设计速度80公里/小时，批复概算150.19亿元。全线桥隧比近78%，主要控制性工程有：老营特长隧道（长度超过11.5公里）、勐古怒江特大桥（主跨240米双塔双索面钢箱梁斜拉桥）等。

项目控制性工程于2015年底先行启动；2017年9月，项目全面开工建设。2020年12月26日，全线控制性工程—老营特长隧道双幅贯通；12月30日，瓦房至六库段通车试运行。项目全线通车后，怒江至保山的行车时间从3个多小时缩短到1个小时左右，极大地便利了当地人流物流往来，成为区域社会经济发展的强大支撑，对于贯彻落实国家"一带一路"发展战略、助力脱贫攻坚和乡村振兴等均具有重要意义。

项目实施期间，紧紧围绕"以工程建设助推地方脱贫攻坚"工作思路，采取"永临结合"方式在怒江上修建了勐古钢便桥、康浪大桥、勐赖大桥3座"爱心桥"，将11条（总长约94公里）进场道路延伸至村民出行的通村道路，在保障项目顺利建设的同时，也让沿线芒宽、瓦马、杨柳、瓦房、潞江、上江、民建等乡镇共计约20余万人直接受益。

项目建设过程中始终绿色公路建设理念，统筹考虑公路规划、设计、建设、运营和养护等全寿命周期，在设计中灵活运用技术指标，尽量减少耕地占用，尽量避免对沿线地形环境的破坏。针对沿线环境特点，在施工中综合采用施工便道建设临永结合、弃土场表土收集复垦利用、混凝土集中拌和、隧道洞口施工"零"进洞、隧道洞渣加工利用、拌合站及隧道施工用水沉淀达标排放等措施，全力打造与自然和谐共生、可持续发展的公路工程。

(交通运输部公路局)

水 路 工 程 建 设

概况

2020年是全面建成小康社会和"十三五"规划的收官之年，是加快建设交通强国的紧要之年。面对错综复杂的国际国内形势，水运行业践行新发展理念，围绕黄金水道、一流港口建设，基本完成"十三五"规划目标。在综合交通运输体系、服务国家战略实施中发挥了重要支撑作用。

截至2020年年末，内河航道通航里程12.77万公里，比上年增加387公里。等级航道里程6.73万公里，占总里程52.7%，提高0.2个百分点。三级及以上航道1.44万公里，占总里程11.3%，提高0.4个百分点。各等级内河航道通航里程分别为：一级航道1840公里，二级航道4030公里，三级航道8514公里，四级航道11195公里，五级航道7622公里，六级航道17168公里，七级航道16901公里。等外航道里程6.04万公里。

截至2020年年末，全国港口生产用码头泊位22142个，比上年减少751个。其中，沿海港口生产用码头泊位5461个，减少101个；内河港口生产用码头泊位16681个，减少650个。全国港口万吨级及以上泊位2592个，比上年增加72个。其中，沿海港口万吨级及以上泊位2138个，增加62个；内河港口万吨级及以上泊位454个，增加10个。

水路工程建设情况

2020年全年完成水运建设投资1330亿元，比上年增长17.0%。其中，内河完成704亿元，增长14.8%；沿海完成626亿元，增长19.5%。

【**港口建设**】沿海港口基础设施建设稳步推进。连云港30万吨级航道二期工程、湛江港30万吨级航道改扩建工程、广州港南沙四期工程、天津港北疆港区C段智能化集装箱码头等工程稳步推进，钦州港大榄坪港区南作业区9号、10号泊位工程等开工建设，唐山港曹妃甸港区煤码头三期（后续）工程、天津港大港港区渤化液体化工码头工程（一期工程）、青岛港董家口港区原油码头二期工程、珠海高栏港区集装箱码头二期工程、钦州港东航道扩建工程二期工程等重大项目建成。

内河港口基础设施建设不断加强。城陵矶老港5~9号泊位及配套陆域设施改造工程、绍兴港嵊州港区中心作业区码头工程、东莞港内河港区石龙作业区东莞中外运石龙码头改扩建工程、来宾港武宣港区龙从作业区一期工程（4号泊位）等完成交工验收。荆州港荆州开发区工业综合码头工程、九江港彭泽港区红光作业区综合枢纽码头一期工程、崇左港扶绥港区扶绥新宁海螺水泥有限责任公司专用码头工程等完成竣工验收。梧州港藤县港区赤水圩作业区二期工程、韶关港乌石综合交通枢纽一期工程、佛山港高明港区高荷码头工程、长沙港铜官港区二期工程、诸暨市店口综合港区工程等完成初步设计审批。开工建设九江港彭泽港区矶山作业区矶山园区公用码头等工程。

【**内河航道建设**】

（1）长江黄金水道建设。长江上游库区炸礁二期工程和长江下游黑沙洲水道航道整治二期工程等通过竣工验收；长江上游九龙坡至朝天门段，中游蕲春水道，下游新洲至九江河段航道整治二期工程、长江口南槽航道治理一期工程等完成交工验收并试运行；长江干线武汉至安庆6米水深航道、芜裕河段、江心洲至乌江河段航道整治二期工程等持续推进建设。开工建设长江上游朝天门至涪陵河段航道整治工程，指导推进荆江河段航道整治二期工程前期工作。

(2) 珠江黄金水道建设。西江贵港二线船闸主体工程及上引航道完成交工验收并试通航，右江鱼梁航运枢纽完成竣工验收，贵港至梧州3000吨级航道工程、郁江西津二线船闸工程、柳江红花二线船闸工程等有序推进建设；右江百色水利枢纽通航设施工程完成工可批复。北江航道扩能升级工程清远枢纽二线船闸、濛里枢纽二线船闸、飞来峡枢纽二三线船闸和白石窑枢纽二线船闸开展调试运行，联石湾船闸工程通航试运行，开工建设崖门出海航道二期工程。

(3) 其他航道、通航设施建设。引江济淮航运工程，京杭运河浙江段三级航道工程，小清河复航工程，淮河干流航道整治工程，湘江永州至衡阳三级航道一期工程，大芦线航道整治二期工程等重点项目稳步推进；左江崇左至南宁（宋村三江口）三级航道工程、湖北省汉江碾盘山至兴隆段航道整治工程等完成竣工验收；都柳江温寨航电枢纽工程、郎洞航电枢纽工程、江西赣江新干航电枢纽工程、大治河西枢纽新建二线船闸工程等完成交工验收；嘉陵江利泽、岷江犍为、龙溪口，赣江井冈山，信江八字嘴，汉江雅口等航电枢纽正在进行主体工程建设。

水运工程建设相关法规政策

按照国家"放管服"要求，积极推进水运工程设计施工企业资质类别等级压减工作，在设计资质方面，将6项专业设计资质压减合并为2项；在施工资质方面，取消总承包和专业承包三级资质，将4项专业承包资质压减合并为1项。

（交通运输部水运局）

水 利 建 设

【**水利设施投资、资金利用情况**】2020年共落实水利建设投资7695亿元，较2019年提高435亿元，其中中央水利建设投资1456.2亿元。截至2020年12月底，年度中央水利建设投资计划完成率达到95.9%，其中重大水利工程完成率97.3%，其他水利工程完成率94.5%，圆满完成年度目标任务。

2020年，中央水利建设投资按工程类型划分，防洪工程投资661.3亿元，占45.5%；水资源工程投资648.5亿元，占44.5%；水土保持及生态工程投资140.4亿元，占9.6%；专项工程投资6.0亿元，占0.4%。按项目所属区域划分，东部地区191.4亿元，占13.1%；中部地区627.4亿元，占43.1%；西部地区637.4亿元，占43.8%。中央投资继续向中西部地区倾斜，安排中西部地区投资占比达86.9%。

【**重点水利工程建设**】重大水利工程建设进展顺利。2020年172项节水供水重大水利工程开工7项，分别是海南省北门江天角潭水利枢纽工程、河南省西霞院水利枢纽输水及灌区工程、黑龙江省鹤岗市关门嘴子水库工程、湖南省资水犬木塘水库工程、新疆奎屯河引水工程、四川亭子口灌区一期工程、四川固军水库工程。西江大藤峡水利枢纽实现蓄水、通航、发电的节点目标，左岸一期工程开始全面发挥综合效益；安徽月潭水库、河南前坪水库、广西落久水利枢纽、重庆金佛山水库、重庆观景口水库等工程下闸蓄水；海口南渡江引水工程全面通水；引江济淮、滇中引水、珠江三角洲水资源配置、引绰济辽、引汉济渭、鄂北水资源配置、贵州夹岩水利枢纽及黔西北调水、福建白濑水库等主体工程加快建设。172项节水供水重大水利工程累计开工149项，其中45项完工。加快防洪重大项目建设，完成中小河流治理1.7万公里，对112座大中型病险水库实施除险加固。

【**农村水利建设全面提速**】提升农村饮水安全保障能力，完成农村供水工程建设资金333.7亿元，提升4233万农村人口供水保障水平，解决剩余2.53万贫困人口饮水安全问题，妥善解决975万农村人口饮水型氟超标和120万农村人口苦咸水问题。统筹推进灌区续建配套与节水改造，中央财政水利发展资金提前下达60.86亿元，支持358个灌区实施节水改造，已改造渠首工程758处、渠道4983公里、渠系建筑物12032处，建设工程管护设施1664处，完善计量设施6495处。实施农村水电增效扩容改造，新增或改善农村水电装机容量71.9万千瓦。完成长江经济带小水电清理工作，共计退出涉及自然保护区核心或缓冲区、严重破坏生态环境的违规水电站 3500 多座，全面整改影响生态环境、审批手续不全的水电站 20000 多座。

【水生态治理修复初见成效】开展河北地下水回补试点，滹沱河断流40年后重现水流，试点河段周边地下水水位较补水未影响区域相对上升0.93米。印发实施《华北地区地下水超采综合治理行动方案》，采取"一减、一增"综合措施，推进地下水超采治理。开展东北黑土区、长江经济带坡耕地、黄土高原等重点区域水土流失治理成效评估，圆满完成年度5.4万平方公里水土流失治理任务。在广西等10省区开展水土保持以奖代补试点，带动1倍以上的社会投入，工程建设成本降低20%，治理面积增加21%。

【生产建设项目水土保持监管】2020年，以长江、黄河上中游、东北黑土区等水土流失严重区域为重点，实施小流域综合治理、坡耕地综合整治、侵蚀沟治理、黄土高原区塬面保护和病险淤地坝除险加固等国家水土保持重点工程，安排水土保持中央投资69.8亿元，治理水土流失综合面积1.34万平方公里。全国共审批生产建设项目水土保持方案8.58万个，涉及水土流失防治责任范围2.64万平方公里，接受生产建设项目水土保持设施自主验收报备2.22万个，检查生产建设项目13.21万个。制定出台《关于做好生产建设项目水土保持承诺制管理的通知》《关于进一步优化开发区内生产建设项目水土保持管理工作的意见》《关于进一步加强生产建设项目水土保持监测工作的通知》等5项制度，对生产建设项目承诺制管理、区域评估、监测工作、责任追究、信用监管等进行了规范和完善，为水土保持监管提供了制度保障。创新监管手段，首次实现对全国国土范围（除港澳台）生产建设项目水土保持遥感监管全覆盖。

【水利建设相关制度、标准和规范】出台《水利工程建设项目法人管理指导意见》（水建设〔2020〕258号），明确了项目法人组建条件和职责，强化对项目法人履职能力的监督检查。加快修订《水利工程建设项目验收管理规定》《水利工程建设监理规定》《水利工程质量管理规定》等制度，配合国家发展改革委修订《必须招标的工程建设项目规定》。水利工程建设标准共发布31项，其中国家标准3项，行业标准28项。全面助力节水、江河湖泊保护、水资源保护、水利工程建设及运行管理等方面的监督管理工作。其中，《淤地坝技术规范》的发布进一步规范淤地坝建设管理行为，促进工程运行安全和长期发挥效益；《水工钢闸门和启闭机安全运行规程》等4项行业标准为水利工程机械的设计与运行提供依据；《小型水电站下游河道减脱水防治技术导则》的发布实施进一步推进小水电的绿色发展；《水利水电工程岩石试验规程》等19项行业标准为水利工程设计、运行管理，工程试验等提供技术支持和依据；《灌区改造技术标准》等3项国家标准和《农田排水工程技术规范》1项行业标准为农田灌溉与排水工程提供技术参考。

（水利部建设与管理司）

农业农村建设

2020年，中央安排建设资金995亿元，支持农业农村基础设施建设，着力提高重要农产品生产保障能力，促进农业科技创新和绿色发展，助推乡村振兴战略顺利实施。

【高标准农田建设】根据《乡村振兴战略规划（2018—2022年）》《全国高标准农田建设规划》以及《国务院关于建立粮食生产功能区和重要农产品保护区的指导意见》，安排中央财政转移支付和中央预算内投资共867亿元，用于支持全国新增8000万亩高标准农田建设，优先安排粮食生产功能区和重要农产品保护区，统筹支持油料、糖料蔗生产基地和新疆优质棉生产基地建设，促进改善农田基础设施条件，提升粮食和棉油糖等重要农产品综合生产能力。

【畜禽粪污资源化利用】依据《国务院办公厅关于加快推进畜禽养殖废弃物资源化利用的意见》《全国畜禽粪污资源化利用整县推进项目工作方案（2018—2020年）》等，安排中央预算内投资31.5亿元，支持120个生猪存栏量10万头以上的非畜牧大县实施整县推进畜禽粪污资源化利用，重点开展规模化养殖场粪污处理利用设施、粪污处理配套设施改造升级、区域性粪污集中处理中心和规模化大型沼气工程建设。

【长江经济带农业面源污染治理】依据《长江经济带农业面源污染治理专项中央预算内投资安排工作方案》等，安排中央预算内投资11亿元，继续支持长江中上游8个省份53个县开展农业面源污染治理，具体包括畜禽养殖污染治理、农田面源污染治理、水产养殖污染治理等。

【现代种业提升工程】依据《全国现代农作物种业发展规划（2012—2020年）》《全国农作物种质资源保护与利用中长期发展规划（2015—2030年）》《现代种业提升工程建设规划》《国务院关于促进海洋渔业持续健康发展的若干意见》等，安排中央预算内投资10亿元，支持建设一批种质资源库（圃、场、区）、育种创新基地、品种测试站、制（繁）种基地等，进一步提升现代种业基础设施支撑条件。

【动植物保护能力提升工程】依据《全国动植物保护能力提升工程建设规划（2017—2025年）》等，安排中央预算内投资6.92亿元，支持建设动植物疫病虫害监测、诊断和防治及区域性农药风险监测等动植物保护相关基础设施，建设外来入侵物种风险评估、监测预警、天敌繁育和综合防控设施装备，积极应对草地贪夜蛾、非洲猪瘟等重大疫情，加强植物保护和动物防疫体系建设。

【农村人居环境整治】依据《农村人居环境整治三年行动方案》等，安排中央预算内投资30亿元，支持中西部省份（含东北地区、河北省、海南省）的157个县开展农村生活垃圾治理、卫生厕所改造、生活污水治理、村内道路建设及村容村貌建设等。

【科技创新条件能力建设】依据《国家重大科技基础设施建设中长期规划（2012—2030年）》《全国农业科技创新能力条件建设规划（2016—2020年）》等，安排中央预算内投资8.34亿元，支持省级以上农业科研单位的农业科技创新能力基础设施建设，改善农业重点实验室、科学观测站和科研试验基地的设施装备条件，促进科研设备更新换代。

【数字农业建设试点】依据《数字乡村发展战略纲要》《国务院关于印发促进大数据发展行动纲要的通知》等，安排中央预算内投资2.81亿元，支持建设全国农业农村大数据平台、数字农业创新中心和数字农业创新应用基地等项目，促进提高农业生产智慧化、精细化、自动化、科学化水平。

【天然橡胶生产基地】依据《国务院办公厅关于促进我国热带作物产业发展的意见》《国家天然橡胶基地建设规划（2016—2020年）》等，安排中央预算内投资2.4亿元，支持建设高标准胶园25万亩，重点用于更新老龄胶园，以及修建胶园道路、管护用房和储胶池等配套设施，有效改善胶园基础设施条件。

【农垦社会公益性设施】依据《直属直供垦区社会公益性设施建设规划（2016—2020年）》等，安排中央预算内投资3.45亿元，支持国有垦区农场场部道路、供排水、垃圾处理、供暖等小城镇基础设施建设，兼顾医疗设施和科研设施建设，提高农场公共服务设施和基础设施保障能力，提升垦区新型城镇化水平。

【农垦危房改造】依据国务院确定的2018—2020年棚户区改造计划，安排中央预算内投资2.91亿元，支持3.68万户国有垦区农场职工房屋改造以及水电路等配套设施建设，促进产业发展和小城镇建设。

【部门自身建设】依据《农业农村部直属单位中长期基本条件能力建设规划（2017—2025年）》等，安排中央预算内投资2.93亿元，支持农业农村部直属单位基础设施、试验基地与科研用房及仪器设备建设，有力地提升了基础设施保障能力和科技创新能力。

此外，还安排中央预算内投资15.7亿元，支持现代海洋牧场示范、生猪规模化养殖场等项目建设。

（农业农村部计划财务司）

文化和旅游设施建设

2020年，在党中央、国务院坚强领导下，全国文化和旅游系统以习近平新时代中国特色社会主义思想为指导，全面贯彻落实党的十九大和十九届二中、三中、四中、五中全会精神，坚持以人民为中心的工作导向，坚持稳中求进工作总基调，坚持新发展理念，努力克服新冠肺炎疫情严重影响，强化政策应对力度，扎实做好"六稳"工作、全面落实"六保"任务，全国文化和旅游设施建设取得积极进展。

【公共文化设施网络更加健全】 2020年，全国文化和旅游系统基本建设投资项目3014个，计划施工面积（建筑面积）1900.64万平方米。全年完成投资额为154.53亿元，竣工项目1500个，竣工面积266.16万平方米。其中，公共图书馆建设项目132个，占基建项目总数的4.4%，全年竣工公共图书馆建设项目31个，竣工项目面积38.57万平方米；群众艺术馆、文化馆（站）建设项目298个，占基建项目总数的9.9%，全年竣工群众艺术馆、文化馆（站）建设项目160个，竣工面积21.03万平方米；博物馆建设项目226个，占基建项目总数的7.5%，全年竣工博物馆建设项目55个，竣工面积31.52万平方米。

截至2020年年末，全国共有公共图书馆3212个，文化馆3321个，文化站40366个，博物馆5452个，全国每万人拥有公共图书馆设施面积由2000年的47.3平方米提高到2020年的126.5平方米，增长了167.4%；每万人拥有文化馆（站）面积由2000年的97.2平方米提高到2020年的331.3平方米，增长了240.8%，覆盖城乡、功能合理的公共文化设施网络更加健全，公共文化服务效能不断提升。

【国家重大文化设施建设稳步推进】 2020年，国家文化设施建设稳步前进。中国国家画院扩建工程竣工交付使用，中央歌剧院剧场工程进行室内外装修工作，中国工艺美术馆工程（暂定名）主体结构封顶，故宫博物院地库改造、基础设施改造一期（试点）工程继续推进施工建设，国家图书馆国家文献战略储备库建设工程初步设计及概算已报国家发展改革委审批，故宫博物院北院区可行性研究报告已报国家发展改革委审批，国家美术馆工程正在抓紧进行设计方案优化工作。

2020年，在匈牙利、约旦和科威特新设3个海外中国文化中心。截至2020年年底，已在全球设有45家海外中国文化中心、20家驻外旅游办事处。此外，在中国香港设有亚洲旅游交流中心，在中国台湾设有海峡两岸交流协会台北办事处、高雄办事分处。

下一步，全国文化和旅游系统将继续坚持以习近平新时代中国特色社会主义思想为指导，紧紧围绕文化和旅游高质量发展这一主线，持续加大文化和旅游设施建设力度，不断推进文化和旅游设施建设再上新台阶。

民 航 建 设

概况

【机场建设】 2020年，全行业全年新开工、续建机场项目114个，新增跑道4条，停机位377个，航站楼面积170.8万平方米；截至年底，全行业共有跑道265条，停机位6621个，航站楼面积1799.8万平方米。民航全系统着力推进机场基础设施建设补短板，加快推进枢纽机场建设，全年完成16个4E机场总体规划批复，着力提升枢纽机场服务保障能力，适应快速增长的航空需求，满足广大人民群众便捷出行需求。补齐中西部机场覆盖不足，特别是边远地区、民族地区航空服务短板。建成投用玉林福康机场、于田万方机场、重庆仙女山机场，迁建安康机场；截至年底，我国境内运输机场（不含香港、澳门和台湾地区）增长至241个。

民航工程建设投资、资金利用

【工程建设投资】 2020年，全行业完成固定资产投资总额1627.6亿元。其中，民航基本建设和技术改造投资1081.4亿元，比上年增长11.6%。

重点工程建设

【成都天府国际机场工程】 成都天府国际机场工程本期新建3条跑道，长度分别为4000米、3800米和3200米，新建71万平方米航站楼、246个站坪机位。可满足年旅客吞吐量5000万人次、货邮吞吐量130万吨、飞机起降32万架次的使用需求。成都天府国际机场工程飞行区已完成校飞、试飞工作；航站区基本完成精装修工程、综合安全工程及消防工程；分批次开展竣工验收及行业验收。

成都天府国际机场是"十三五"期间规划建设的最大民用运输枢纽机场项目，是全国地基处理最复杂的机场，20.2平方公里场区面积中，有370多个山丘，几百条冲沟纵横交错，挖填土方量达1.8亿立方米，地基处理难度极大。针对成都天府国际机场全地基处理和土石方填筑的五类工法及相应的施工机械，为确保工程质量，开发了全场数字化施工质量监控系统，结合全场所有进行地基处理和土石方填筑的施工机械上安装数字化监控设备，成都天府国际机场工程施工现场成为国内最大规模的数字化施工现场。成都天府国际机场捷运系统为国内首创，线路为封闭环线，设计运输能力为300人/小时，设计最高运行速度30公里/小时，单线运行时长约7分钟。

成都天府国际机场建成投用后将成为成渝机场群的核心枢纽、西部高质量发展的新动力源，将极大缓解成都地区民用机场基础设施紧张的局面，助力成都汇聚全国民航科技创新资源，创建国际一流的民航科技创新示范区，成为西部民航国际客货运航空枢纽和面向西南门户枢纽。

【鄂州花湖机场工程】鄂州花湖机场是《国家综合立体交通网规划纲要》规划的我国四大国际航空货运枢纽之一、是我国第一个专业货运枢纽机场，对构建国内国际双循环相互促进新发展格局、加快补齐航空货运短板、促进航空货运设施发展具有重要意义。

花湖机场定位为货运枢纽、客运支线机场，按照2030年货邮吞吐量330万吨、客运吞吐量150万人次的目标设计，建成2条跑道，长3600米、宽45米；126个机位的站坪以及75万平方米货运分拣中心、1.5万平方米客运航站楼、空管导航、航空公司基地和供油工程等项目群，总投资约330亿元，占地1189公顷。项目预计2021年底建成并启动校飞，2022年正式投入运行。

作为民航局确定的首批四型机场示范项目和住房城乡建设部建筑信息化改革试点项目，机场坚持建设运行一体化理念，以智慧机场建设为引领，统筹推进四型机场建设。全面推进数字化建造，打造数字孪生机场，深度应用BIM模型技术，将工程描述成构件和大数据，完成模型2100个，构件数量超过千万，全面实施数字化施工管控，实现项目全程动态追踪管理、无纸化办公；通过应用全面感知和5G技术，开展无人驾驶、智能分拣、模拟仿真、智能跑道、大面积光伏、地热、充电桩等15个创新项目，申报专利、著作权60余项。

【首都机场西跑道大修工程】首都机场西跑道大修系列工程，由西跑道大修、C滑大修、D2滑北延及相关助航灯光重建等7个项目组成，总投资8.4亿元。工程于8月25日开工建设，10月19日通过验收，10月20日恢复使用。西跑道大修系列工程以"四个工程"为目标，实现了安全零事故、质量零缺陷、工程零延误、疫情零感染、环保零处罚、廉洁零违纪的"六个零"。通过"一次停航、集中实施"的不停航施工模式，有效解决了施工与运行的矛盾，实现施工与运行双正常，零服务投诉，零负面舆情。跑道采用"两端白、中间黑"的结构形式，保证道面长期可靠性和稳定性；建设跑道外来物（FOD）探测系统，实时查找外来物，确保飞行安全。助航灯具全部采用LED光源，较传统光源节能60%。

首都机场西跑道大修工程采用BIM技术，开展多项目协同，建设"现实与数字"两条西跑道，引入数字化施工监控平台，辅助道面施工质量管控，搭建跑道安全预警平台，实时监控跑道健康状态，提前预警潜在安全风险，可服务跑道全生命周期运维，并为未来跑道维修提供数据支撑，使跑道运行感知更透彻、预警更精准，防范更有力。

【新疆于田民用机场工程】新疆于田民用机场工程是中国民用航空局和新疆维吾尔自治区"十三五"规划重点建设项目，是"30个国家重大机场项目"之一，是民航局脱贫攻坚重点支持项目和定点扶贫头号"民生工程"。按照满足2025年旅客吞吐量为18万人次、货邮吞吐量为400吨目标设计，飞行区指标为4C。主要建设内容包括：建设1条长3200米、宽45米跑道，主降方向设置Ⅰ类精密进近系统；建设3000平方米的航站楼和6个机位的站坪；建设1座塔台和800平方米的航管楼，配套建设空管、供油、供电、消防救援等设施。工程概算批复投资为7.72亿元。

根据2020年建成投运的总体目标，全体参建人员努力克服冬季停工、年内三轮新冠肺炎疫情和恶劣天气环境，团结拼搏，按照《新疆于田机场工程建设与运营筹备总进度综合管控计划》科学组织实施，338天完成工程全部建设内容，并顺利通过工程验收和行业验收。

本工程具有以下创新特点：总进度综合管控、建设运营一体化理念在支线机场成功应用，BIM手段优化工程设计，民航质监驻场并协助非专业工程监督，疫情防控状态下的工地"封闭式运行、闭环式管理"，建设物资的生产运输进场全环节监控，竣工验收期间行验、许可审查提前介入，试飞行验许可"一并启动，按序审批"，被称之为创造了民航史上支线机场建设的"于田模式"，打造了"于田速度"，是当代民航精神的生动实践，也是"民航力量""民航效率""民航速度"的鲜活写照。

于田机场的建成投运将进一步完善新疆综合交通运输体系，不仅有助于打破地方经济社会发展的瓶颈，为于田及周边县市群众提供安全舒适便捷的交通服务，促进当地经济发展，维护边疆社会稳定；同时还将有力地促进旅游业和物流业的发展，有效促进当地经济高质量发展，更将成为于田巩固脱贫攻坚成果、实现乡村振兴的巨大动力源。

民航建设相关法规、政策

【规章修订】为了推进民航高质量发展，完善治理体系、提高治理能力，适应新时代民航发展要求，对《运输机场建设管理规定》（交通运输部令2018年第32号）进行修订。

【政策文件发布】发布《运输机场场址审查办法》（AP—158—CA—2020—01）、《民航局关于加强民用运输机场总体规划工作的指导意见》（民航发〔2020〕16号）、《民航专业工程安全生产费用管理办法（试行）》（民航规〔2020〕5号）、《运输机场专业工程参建单位施工安全自查指南（试行）》（民航规〔2020〕34号）、《运输机场专业工程竣工验收管理办法》（民航规〔2020〕37号）5部文件和《运输机场总体规划综合交通规划编制指南》（AC—158—CA—2020—03）、《运输机场总体规划仿真研究编制指南》（AC—158—CA—2020—02）、《运输机场总体规划环境影响篇章编制指南》（AC—158—CA—2020—01）3项咨询通告。

【技术标准颁布下发】发布《运输机场总体规划规范》MH/T 5002—2020、《民用运输机场建筑信息模型应用统一标准》MH/T 5042—2020、《民航工程建设行业标准体系》MH/T 5044—2020、《民航工程建设行业标准编写规范》MH/T 5045—2020、《民用机场工程建设与运营筹备总进度综合管控指南》MH/T 5046—2020、《民用机场旅客航站区无障碍设施设备配置技术标准》MH/T 5047—2020、《人文机场建设指南》MH/T 5048—2020、《四型机场建设导则》MH/T 5049—2020八项行业标准。

（中国民用航空局机场司）

铁 道 建 设

概况

2020年，铁路建设系统以习近平总书记对铁路工作的重要指示批示精神为根本遵循，坚决贯彻党中央、国务院决策部署，全面落实国铁集团党组要求，聚焦交通强国铁路先行，积极应对疫情影响，快速组织复工复产，科学有序、安全优质推进铁路建设，圆满完成了"五个确保、五个见实效"目标任务，为做好"六稳"工作、落实"六保"任务作出了积极贡献，确保了"十三五"圆满收官。全年完成固定资产投资5542亿元，投产铁路新线48个、4933公里，其中高铁2521公里。截至2020年年底，全国铁路营业里程达到14.63万公里以上，其中高铁3.79万公里。

【服务保障国家战略作用更加突出】川藏铁路胜利开工建设。按照科学规划、技术支撑、保护生态、安全可靠的总体思路，高质量完成前期工作；发布建设管理、动态设计管理、初步设计和施工图文件编制等制度标准；围绕"5+3"目标任务，研究提出隧道动态设计、分合修等建设方案和工程措施重大问题的相关建议，推进先行用地、环水保等开工要件办理，指导编制"两隧一桥"施工组织设计，制定"五个工程"实施方案，建立科技创新协调、应急救援、卫生协调保障等工作方案和机制。川藏铁路雅安至林芝段11月8日正式开工建设，"两隧一桥"12月底前实现隧道进洞、桥梁开钻等实质性开工目标。

服务区域发展成绩斐然。对接京津冀协同发展、雄安新区建设、长江经济带发展、粤港澳大湾区建设、长三角一体化发展、成渝地区双城经济圈建设等国家战略，狠抓相关工作方案和实施意见的推进落实，加快区域铁路重点项目建设，京雄、沪苏通、商合杭等一批重大项目建成投产；实施提质工程，成渝高铁成为我国西南地区第一条按时速350公里运营高铁，为区域经济社会发展提供了服务和支撑。

铁路建设扶贫成果丰硕。落实铁路决战决胜脱贫攻坚深化建设扶贫工作方案，明确14个集中连片区及百项交通扶贫骨干通道铁路建设扶贫工作措施，加快贫困地区铁路建设，加大就业扶贫力度，实施永临结合工程，取得丰硕成果，老、少、边地区完成铁路基建投资4322.7亿元，占全年投资总额的74.4%；百项交通扶贫骨干通道工程中的16个铁路项目全部开工建设，其中银西、大临等5个项目建成开通运营。

境外项目建设有序推进。发挥国铁集团在企业层面牵头作用，统筹抓好疫情防控和工程建设，取得了阶段性成果。中老铁路土建主体工程基本完成，万象至琅勃拉邦段提前铺通，为建成"一带一路"、中老友谊标志性工程奠定了基础；雅万高铁全面开工建设，关键控制性工程1号隧道顺利贯通；巴基斯坦拉合尔轨道交通橙线和匈塞铁路塞尔维亚贝尔泽－泽巴段左线开通运营，中泰铁路等项目积极推进。

【年度建设任务目标圆满完成】防疫复工复产成效显著。坚持一手抓疫情防控、一手抓复工复产，制定建设工地防控指南，通过开展目标任务宣讲、召开防疫复工视频会议、实行分片包保督导、落实防疫日报制度，解决复工审批、人员进场、物资供应、运输保障等问题，在短短半个月内实现复工复产，为铁路基建逆势增长发挥了重要作用。

保开通目标顺利实现。制定年度开通工作方案，研究解决沪苏通、五峰山长江大桥和平潭海峡大桥重大技术难题，组织开展集中检查，狠抓十项开通条件落实，全力解决建设用地、电力迁改、外部环境治理等难题，合安、太焦、连镇等29个项目依法高质量开通，投产新线4933公里，其中高铁2521公里。着力解决历史遗留问题，完成257个项目竣工财务决算工作。

保在建任务全面完成。坚持以施工组织设计为主线，认真落实施工组织定期审查制度，动态优化重难点工程施工组织方案，施工组织兑现率达到90%以上。聚焦拉林、赣深、郑万、安九、张吉怀、玉磨、大瑞等长大干线和难点工程，采取领导包保、平推检查、驻点督导、激励考核等措施，实现重难点工程投资和实物工作量的突破，全年完成基建投资5550亿元以上。

保开工项目有序实施。根据新开工项目年度计划安排，细化可研、初步设计、施工图审查、工程招标等节点目标，超前谋划、平行作业，确保各项工作有序衔接、快速推进。加快用地预审、环评水保、征地拆迁等工作，推进站前、站后、站房一体化招标，提前做好标段划分、开工标准化等准备工作，沪苏湖、成达万、西成、西延、沈白、深江等20个项目开工建设。

【建设队伍素质能力明显提升】培训教育全面加强。通过视频教育、现场观摩、经验交流等形式，举办领导人员、川藏铁路建设、质量安全等专题培训班，提升建管人员政治理论和业务水平。安排专业人员到玉磨、大瑞等重难点项目挂职锻炼、交流实习，组织机关有关人员到川藏铁路"两隧一桥"现场锻炼，增长实践才干，提高服务水平。

工作作风持续改进。大力弘扬求真务实、拼搏奉献的精神，针对重难点项目，点对点抓项目包保，面对面抓工作推进，实打实抓问题整改，硬碰硬抓评价考核，扎实推进各项工作落实。狠抓领导干部这个"关键少数"，促使各级领导干部深入基层、靠前指挥，认真履职、担当作为，充分发挥示范和表率作用。

廉政建设不断加强。针对靠路吃路、以权谋私、权钱交易等突出腐败问题，围绕招标投标、资金拨付、转包分包、信用评价等廉政风险点，深入开展专项整治和警示教育，严格落实廉政风险防控措施，派出调研组专项检查各建设单位廉政建设情况，着力规范参建各方行为，营造风清气正的建设环境。

（综合处）

建设管理

【重要管理办法】按照铁路建设管理制度制修订计划和铁路建设改革发展需要，印发了13个铁路建设管理办法，对部分建设管理事项进行了明确、调整或补充。

（1）印发《国铁集团关于进一步加强铁路建设项目监理管理工作的通知》。为切实发挥好工程监理在现场质量安全方面的作用，进一步加强铁路建设项目监理管理工作，印发了《国铁集团关于进一步加强铁路建设项目监理管理工作的通知》（铁建设〔2020〕77号），通知共分为五个部分，分别为改进监理招标工作、强化监理队伍管理、充分发挥监理作用、加强监理管理工作、加大对建设单位的问责考核。第一部分，从监理招标模式、监理费计价、细化监理招标文件完善补充合同专用条款方面对改进监理工作提出了要求。第二部分，从明确监理岗位职责、制定监理退场计划、严格人员进场考核、规范主要人员更换、强化监理教育培训等方面对强化监理队伍管理提出了要求。第三部分，从加强监理管理制度建设、抓好监理重点工作方面对充分发挥监理作用提出了要求。第四部分，从加大对监理工作的支持力度、严格监理履约职责考核、推行监理"黑名单"管理等方面对加强监理管理工作提出了要求。第五部分，明确了对建设单位因监理管理不到位的处罚要求。

（2）印发《国铁集团高速铁路线路设施病害整治管理办法》。为规范运营高速铁路的线路设施病害整治工作，确保高速铁路线路设施病害得到及时整治，确保高速铁路运营安全，印发了《国铁集团高速铁路线路设施病害整治管理办法》（铁建设〔2020〕79号），办法共分为五个部分，分别为总则、职责、流程、相关要求、附则。第一部分总则，明确《国铁集团高速铁路线路设施病害治理管理办法》制定的目的、适用范围、工作原则、线路设施病害的分类。第二部分规定了高速铁路线路设施病害整治实行分层管理，明确了特殊病害整治实施过程中，国铁集团及相关部门、铁路局集团公司、建设单位等单位的相应工作职责。第三部分规定了高速铁路线路设施病害整治、方案编制及审查等工作流程，明确了发生病害时的铁路局集团公司报告制度，规定了重大病害整治方案提交技术委员会或国铁集团总经理办公会议研究的程序等。第四部分，规定了铁路局集团公司、项目公司在线路设施病害整治各项工作中的相关要求。第五部分，明确了铁路局集团公司、建设单位、责任单位等单位的考核评价事项，以及办法的解释权限、施行时间等。

（3）印发《国铁集团关于加强铁路建设单位建设管理工作的指导意见》。为进一步加强铁路建设单位管理工作，落实建设单位建设项目管理主体责任，提高建设管理水平，印发了《国铁集团关于加强铁路建设单位建设管理工作的指导意见》（铁建设〔2020〕80号），意见分三个部分及一个附件。第一部分关于指导思想，明确了坚持以质量为核心的建设理念，聚焦交通强国、铁路先行，坚持强基达标、提质增效，着力节支降耗、改革创新，落实建设单位在建设项目管理工作中的主体责任，实行质量、安全、工期、投资控制、依法建设一体化管理，推进铁路建设治理体系和治理能力现代化，推动铁路建设高质量发展。第二部分重点工作，明确了加强质量管理、安全管理、工期管理、投资控制、依法建设五个方面的重点工作。第三部分相关要求，从组织领导、人才队伍建设、作风建设、考核评价、党风廉政建设方面提出了具体要求。

（4）印发《关于规范开展高速铁路项目依法开通工作的实施办法》。为加强高铁项目依法开通工作，国铁集团印发《关于规范开展高速铁路项目依法开通工作的实施办法》（铁办〔2020〕82号），办法共分为四个部分及一个附件，分别为总体要求、高铁项目依法开通必备条件、高铁项目依法开通工作的各方责任、高铁项目依法开通工作的主要步骤和重点内容、附件。第一部分关于总体要求，提出了要以习近平总书记关于全面依法治国重要论述为指针，强化法治观念，按照有关法律法规和铁路建设程序、标准、规定，明确高铁项目依法开通必备条件，落实建设单位、参建单位及铁路局集团公司等各方责任，规范开展高铁项目依法开通工作。第二部分明确主体工程及其配套工程、辅助工程已按设计文件建成；变更设计手续完成等10项高铁项目依法开通必备条件。第三部分明确了建设单位、勘察设计、施工单位等各方在高铁项目依法开通工作中的责任。第四部分从准备工作、质量安全专项排查、开通前现场检查、办理项目开通运营4个方面提出了高铁项目依法开通工作的主要步骤和重点内容。

（5）印发《国铁集团铁路建设项目委托代建管理办法》。为加快铁路企业法治化市场化经营步伐，发挥国铁集团所属企业建设管理的专业优势，建立健全铁路建设项目委托代建服务市场化运行机制，规范国铁集团所属企业代建铁路建设项目建设管理服务行为，印发了《国铁集团铁路建设项目委托代建管理办法》的通知（铁建设〔2020〕100号）。办法共分为五章，分别为总则、服务合同签订、代建管理要求、服务费标准、附则。第一章总则，主要明确了办法编制目的、适用范围、委托代建的主体及总体工作要求。第二章服务合同签订，明确了代建服务合同的主要内容、合同签订前的工作要求、委托代建的范围等。第三章代建管理要求，明确了对委托方、代建方双方的总体要求、受托方提供的代建服务标准要求等。第四章服务费标准，规定了代建费用计算办法及特殊情况的处理、奖励机制、代建服务费和奖励金的列支等。第五章附则，明确了已签订合同未投产运营的项目处理、办法解释权限和执行时间等。

（6）印发《川藏铁路初步设计和施工图文件编制办法》。为高起点、高标准、高质量推进川藏铁路规划建设，确保勘察设计质量，国铁集团印发了《川藏铁路初步设计和施工图文件编制办法》（铁建设〔2020〕177号），办法共分为四个部分，分别为总则、初步设计补充内容、施工图补充内容、附则。第一部分总则，明确了《川藏铁路初步设计和施工图文件编制办法》制定的目的等。第二部分，在地质、路基、桥涵、隧道、站场、环境保护等篇章增加或细化了初步设计相关内容。第三部分，在BIM技术应用、地质、线路、隧道、测量等篇章增加或细化了施工图相关内容。第四部分，附则中明确了国铁集团解释部门、施行日期方面的要求。

（7）印发《国铁集团川藏铁路建设管理办法》。为贯彻落实党中央对川藏铁路规划建设的决策部署，科学有序、安全优质推进川藏铁路建设，印发了《国铁集团川藏铁路建设管理办法》（铁建设〔2020〕181号），办法共分为二十个部分，分别为总则、建设目标、建设职责、勘察设计管理、招标投标与合同管理、施工组织管理、质量安全管理、投资与资金管理、廉政建设、生态建设、卫生保障、外部协调、科技创新、动态管理、信息化管理、群众与民生工作、宣传思想文化工作、队伍建设、监督检查与考核奖惩、附则。第一部分总则，明确了《国铁集团川藏铁路建设管理办法》制定的目的、适用范围等。第二部分明确了川藏铁路建设总体目标以及八项重点任务。第三部分明确了国铁集团川藏铁路工程建设指挥部、国铁集团相关部门和单位、川藏铁路公司、勘察设计及施工等参建单位、成都局及青藏集团公司、铁路公安部门的建设职责。第四部分明确了川藏铁路公司、勘察设计单位、设计咨询单位在勘察设计方面的工作要求；川藏铁路勘察设计文件要求。第五部分明确了施工承包模式、招标要求、标段划分原则、企业选择、投标及评标要求等方面要求。第六部分明确了指导性和实施性施工组织设计、开工标准化、物资供应及储备、冬期施工管理方面的要求。第七部分明确了安全质量责任、质量创优目标和精品工程创建、质量安全红线、原材料质量管控、工序管理、测量管理、安全风险管理等方面的要求。第八部分明确了资金预算、投资计划、投资控制方面的要求。第九部分明确了党风廉政建设、违规违纪行为处理方面的要求。第十部分明确了环境保护及水土保持等生态环境保护方面的要求。第十一部分明确了职业病、高原病等健康与卫生保障方面的要求。第十二部分明确了外部协调机制方面的要求。第十三部分明确了技术研究、成果评价及应用等科技创新方面的要求。第十四部分明确了施工组织动态调整、质量安全措施动态调整、人员设计动态调整等动态管理方面的要求。第十五部分明确了信息化建设、数字一体化、网络安全等信息化管理方面的要求。第十六部分明确了文明施工、施工影响等当地群众与民生工作方面的要求。第十七部分明确了川藏铁路建设宣传思想文化建设工作的要求。第十八部分川藏铁路建设人才队伍建设方面的要求。第十九部分明确了川藏铁路建设监督检查与奖惩考核方面的要求。第二十部分明确了国家保密、建成开通、办法解释等方面的要求。

（8）修订《铁路建设项目安全风险管理办法》。为全面加强铁路建设项目安全风险管理工作，树牢安全发展理念，切实保障人民生命财产安全，修订印发《铁路建设项目安全风险管理办法》。该办法以原铁道部《铁路建设工程安全风险管理暂行办法》为基础进行了修订。办法共分为六章，分别为总则、安全风险管理职责、勘察设计阶段安全风险管理、工程实施阶段安全风险管理、检查考核、附则。第一章总则，明确办法适用范围，安全风险管理的定义、风险管理的范围、安全风险分级以及安全管理遵循的原则。第二章安全风险管理职责，明确国铁集团机关有关部门安全风险管理职责，同时明确了建设单位、勘察设计单位、施工单位、监理单位的安全风险管理责任和工作职责。第三章勘察设计阶段安全风险管理，明确了设计单位在可行性研究、初步设计、施工图设计等阶段风险管理的主要工作，明确了建设单位，国铁集团有关部门的主要工作。第四章工程实施阶段安全风险管理，明确建设单位在实施阶段要建立安全风险管控运行机制，对安全风险源进行动态管理，建立隐患排查机制，对高风险工点进行实时监测等工作。规定了实施阶段安全风险管理的重点，明确了施工单位、设计单位、监理单位的主要工作内容。第五章检查考核，明确了建设单位要从合同管理、信用评价、安全隐患排查等方面加强检查考核的主要内容；明确了国铁集团相关部门和单位工作职责。第六章附则，明确办法解释权限和执行时间。

（9）修订印发《铁路建设隧道工程安全管理办法》。为加强铁路隧道安全管理工作，印发了《铁路建设隧道工程安全管理办法》。该办法以原铁道部《关于加强铁路隧道工程安全工作的若干意见》（铁建设〔2007〕102号）为基础进行了修订。办法共分为六章，分别为总则、安全管理责任、勘察设计、施工安全管理、检查考核、附则。第一章总则，主要明确了《铁路建设隧道工程安全管理办法》编制的目的、适用范围、隧道管理的原则和理念等内容。第二章安全管理责任。主要明确了国铁集团有关部门和单位的管理职责，建设、勘察设计、施工、监理等单位的隧道工程安全生产及管理责任。第三章勘察设计。主要明确勘察单位在铁路隧道地质勘察阶段的主要工作内容，设计单位在隧道设计过程中应遵循的原则，以及隧道施工安全设计的注意事项等。第四章施工安全管理。主要明确了在实施阶段，建设单位对于施工安全管理的建设组织工作，同时明确了设计单位现场施工配合组的工作内容，对于地质复杂隧道开展动态设计等要求。第五章检查考核。主要明确了建设单位隧道安全检查的具体要求，国铁集团质量安全监督机构加强安全生产监管的工作内容，国铁集团建设管理相关部门对隧道安全事故的处理要求等。第六章附则。明确了办法的施行时间和解释部门。

（10）印发《铁路建设项目施工单价承包管理办法》。为推动铁路建设改革创新，进一步提升铁路建设项目管理水平，科学有序、安全优质推进铁路建设，规范铁路建设项目施工单价承包活动，印发了《铁路建设项目施工单价承包管理办法》（铁总建设〔2020〕192号），办法共分为八章，分别为总则、工作职责、前期准备工作、工程招标、过程控制、清单管理、责任追究、附则。第一章总则，主要规定了办法编制的目的、适用范围、主要原则、对建设单位制度建设及机构配备的要求等内容。第二章工作职责，主要规定了国铁集团有关部门或单位的管理职责，建设单位采用单价承包模式需要履行的管理职责、施工单价承包工作的主要流程等。第三章前期准备工作，主要规定了工程招标前勘察设计管理、外部条件调查、初步设计审查、施工图审核、施工组织设计等方面的具体工作要求。第四章工程招标，主要明确了标段划分、工程量清单子目编制、价格调整、合同条款细化、评标办法、变更设计、激励约束考核、工程保险等方面工作要求。第五章过程控制，主要规定了实施过程中对人员配备、职责分工、信息化建设、台账管理、验工计价、变更设计、激励约束考核、优化变更激励、价格调整、监理管理、责任追究、廉政建设等方面的工作要求。第六章清单管理，主要规定了工程招标阶段、项目开工前以及项目实施过程中，建设单位对工程量清单管理的有关要求。第七章责任追究，主要规定了对建设单位、勘察设计单位、施工图审核单位、施工单位、监理单位在单价承包活动中的责任追究内容。第八章附则，主要规定了办法解释权限和执行时间等。

（11）印发《铁路建设项目监理工作规程》。为贯彻落实新验标、监理规范和国铁集团建设管理创新对监理质量控制工作的新要求，统一和规范建设单位、监管部门对监理质量管控工作的检查与考核标准，突出现场监理人员的质量管控作用，细化监理质量控制要求和工作标准，使现场监理更具操作性，印发了《铁路建设项目监理工作规程》，规程分为8章，153条，另有8个附录。第一章：总则，共9条。主要明确了《铁路建设项目监理工作规程》编制的目的，适用范围，对监理单位、监理人员、监理工作、建设单位的基本要求。第二章：术语，共5条。主要对监理记录、监理工作报告、监理记录可追溯性、监理工作影像资料、单位工程预验收等进行了定义和解释。第三章：基本规定，共35条。主要明确了建设单位、监理单位、设计单位、施工单位、检测单位的基本工作规定。第四章：施工准备阶段监理工作，共31条。主要从项目监理机构建设、教育培训、监理规划、监理实施细则、审核（批）施工组织设计（方案）、审批验收单元划分方案、开工前质量预控、审核（批）开工报告等8个方面，对监理工作进行了明确和细化。第五章：施工阶段监理工作，共30条。主要从试验检验、测量放样及监控量测、巡视、旁站、工序质量验收、工程质量验收、工地会议等7个方面明确和细化了监理工作。第六章：竣工验收阶段及缺陷责任期监理工作，共9条。明确了在竣工验收阶段、工程质量缺陷责任期2个阶段，监理单位的主要工作内容和要求。第七章：监理记录，共28条。主要明确了监理日记、监理日志、监理指令、监理工作联系单、旁站记录、影像资料、监理工作信息化等监理记录的形成要求、主要内容及留存规定等。第八章：监理报告，共6条。主要明确了监理月报、静态验收工程质量评估报告、监理工作总结的格式和主要内容要求。

（12）印发《国铁集团关于规范铁路工程建设服务类项目采购工作的通知》。为规范铁路工程建设服务类项目采购工作，印发《国铁集团关于规范铁路工程建设服务类项目采购工作的通知》，通知共分为三个部分，分别为关于铁路工程服务类项目采购方式、切实规范铁路工程服务类项目采购行为、加强铁路工程服务类项目监督检查。第一部分关于铁路工程服务类项目采购方式，明确了初步设计批复前的服务类项目，可由建设单位根据情况选择适宜的采购方式；初步设计批复后的施工图审核、第三方检测等，原则上采用招标采购方式，其他服务类项目由建设单位根据情况确定。第二部分切实规范铁路工程服务类项目采购行为，规定建设单位应制定服务类项目采购办法，择优选择服务单位；加强服务类项目采购管理，坚持重大事项集体决策；严格界定服务类采购范围，加强项目投资控制；严格合同履约管理，严肃查处违规行为。第三部分加强铁路工程服务类项目监督检查，明确了国铁集团有关部门要加强对服务类项目采购行为的监督检查力度，严肃查处违规违纪行为。

(13) 印发《川藏铁路建设安全防控工作机制》。为打造川藏铁路安全工程，统筹协调应急管理部、川藏两省区、国铁机关相关部门单位、建设单位、参建单位、运营单位等各方力量，进一步强化建设期安全防控和应急事件处置工作，提高川藏铁路安全防控和应急救援能力，努力将工程灾害风险和损失降至最低，印发《川藏铁路建设安全防控工作机制》。协调机制包含四部分内容：第一部分总体目标。主要明确了总体工作目标，工作原则，安全理念。第二部分组织机构及职责。明确国铁集团成立川藏铁路建设安全防控领导小组，下设综合协调组、安全管理组、技术保障组、安全监督组、抢险救援组等5个工作组。机制明确了各工作组主要职责。第三部分，工作制度。提出了工作协商、信息发布、督办检查、分级响应等4项制度。第四部分，有关要求。提出了提高思想认识、加强安全管理、统筹谋划实施、协同形成合力等4个方面工作要求。

【信用评价】根据《铁路建设项目施工企业信用评价办法》《铁路建设项目监理企业信用评价办法》《铁路建设项目勘察设计单位施工图评价办法》，继续做好信用评价工作，2020年共公布铁路施工企业信用评价结果2期、铁路建设工程监理企业信用评价结果2期、勘察设计单位施工图评价结果2期。各评选出20家（次）A级施工企业和A级监理企业，40名A级总监理工程师，评价结果与工程招标投标挂钩。

（建设管理处）

建设标准

为适应新形势下的铁路建设管理、服务铁路高质量发展的要求，聚焦交通强国、铁路先行，以服务川藏铁路规划建设为核心，紧紧围绕构建世界领先的铁路工程建设标准体系的总体部署，全面推进标准制修订，实现建设标准在技术指标、安全控制指标、经济适用指标、适用范围指标等世界领先，促进铁路建造技术和设备不断升级，推动建设技术水平迈上新台阶。

【川藏铁路标准编制】服务国家战略需要，落实国铁集团党组关于川藏铁路建设的工作部署，聚焦川藏铁路建设重难点问题，在多次组织开展专题研究和调研工作，以及全面总结川藏铁路类似工程建设经验和深化可研成果的基础上，编制并发布川藏铁路岩爆、大变形、高地温、瓦斯隧道、滑坡、泥石流、斜拉桥、悬索桥、拱桥等16项设计、施工专项标准。

【绿色铁路标准编制】为贯彻国家环境保护要求，推动铁路绿色发展，积极编制水土保持相关标准。按照"安全可靠、经济适用、易于管护、兼顾绿化效果"总体原则，编制并发布《铁路工程绿化设计和施工质量控制标准（北方地区）》，统一北方地区铁路工程绿化建设技术要求，体现铁路建设与生态环境的融合，进一步推进铁路绿色通道建设；为规范取弃土（渣）场勘察设计、施工、验收要求，编制完成《铁路工程取弃土（渣）场设计和施工质量控制标准》，防止取弃土（渣）场建设产生次生灾害，保护生态环境，加大弃土（渣）资源化利用，促进土地恢复利用。

【铁路测绘标准编制】为指导和规范铁路工程地理信息数据的管理和使用，实现不同地理信息系统之间的信息资源共享，统一铁路工程卫星定位测量、遥感测绘技术的要求，编制并发布《铁路工程三维地理信息数据技术规范》《铁路工程卫星定位与遥感测绘技术规程》。

【机制砂标准编制】为解决建设规模不断扩大，混凝土需求量巨大，但河砂资源出现严重短缺的问题，全面总结各类型机制砂场规划布置、资源配置、配套工程等成熟经验，编制并发布《铁路机制砂场建设技术规程》，以引领机制砂石产业规范发展；为规范川藏铁路机制砂用隧道洞渣技术要求，编制并发布《川藏铁路机制砂用隧道洞渣质量评定暂行标准》，解决川藏地区无法就地取材、砂石外购难和洞渣堆存维护费用高等难题。

【风险管理标准编制】为贯彻执行国家安全风险管控政策，规范铁路桥梁工程风险管理工作，统一铁路桥梁工程风险管理技术要求，有效控制铁路桥梁工程建设风险，编制并发布了《铁路桥梁工程风险管理技术规范》；为规范铁路路基工程风险管理工作，统一铁路路基工程风险管理技术要求，有效控制铁路路基工程建设的风险，编制并发布了《铁路路基工程风险管理技术规范》。

【完善标准体系】为适应新时期生产力发展需求，按照资源共享、集约高效的原则，优化生产生活房屋设计，制定发布了《铁路房屋建筑设计标准补充规定》；为实现国铁集团电力牵引供电节支降耗、改革创新要求，统一牵引变电所、开闭所、分区所和AT所无人值守工程设计施工，制定发布《铁路电力牵引供电无人值守工程设计施工补充规定》；为进一步规范施工图电子文件交付管理工作，保证电子文件的完整性、有效性和一致性，制定发布了《铁路建设项目施工图电子文件交付管理办法》。

【标准翻译】 主动适应铁路"走出去"战略需要、服务"一带一路"建设，积极开展建设标准外文版翻译，以重要中文标准配套发布英文版标准的原则，完成《铁路工程三维地理信息数据技术规范》《铁路挤压性围岩隧道技术规范》《铁路隧道全断面掘进机法技术规范》《铁路工程卫星定位与遥感测绘技术规程》《时速250公里高速铁路有砟轨道施工技术规程》5项英文版标准。

【造价标准】 服务川藏铁路高起点高标准高质量规划建设，开展川藏铁路高原施工降效费用研究、西南山区铁路高陡边坡防护施工技术经济研究，发布实施《铁路隧道TBM及超长工区施工等补充预算定额》等标准；适应绿色、智能工程建设需要，开展新型路基防风沙施工定额测定、铁路智能建造工程预算定额（站前工程）等标准编制；满足新工艺工法投资管理需求，开展铁路桥梁、隧道工程新型工艺工法定额测定与研究；强化标准基础研究，开展智能建造造价管理模式研究、EPC模式下铁路建设项目工程总承包费用构成及其计算方法研究；适应铁路改革创新要求，制定铁路工程管理平台（二维）技术服务费标准。

（技术标准处）

招标投标

按照党中央、国务院关于加快铁路建设的总体部署，各单位认真贯彻落实《中华人民共和国招标投标法》和《中华人民共和国招标投标法实施条例》，国铁集团有关部门和单位严格审查把关，加强驻场监督，积极防范围标、串标等违法违规行为，铁路建设招标活动依法有序展开。2019年完成基建大中型项目施工招标105批次，合同额合计2595.84亿元。按计划完成了新建杭州至衢州铁路建德至衢州段、西安至延安高速铁路、新建天津至北京大兴国际机场铁路、新建杭州至温州铁路义乌至温州段、新建池州至黄山高速铁路、新建湖州至杭州西至杭黄高铁连接线、新建金华至宁波铁路、新建包头至银川铁路银川至惠农段工程、新建成都至自贡高速铁路、新建常德经益阳至长沙铁路、新建和田至若羌铁路、新建江苏南沿江城际铁路、新建广州（新塘）至汕尾铁路站前工程、新建川南城际铁路自贡至宜宾线等14个新开工项目招标工作。按照国铁集团规定，建设管理部、工管中心等部门组成检查组，开展了3次招标投标工作抽查，主要抽查了上海局、昆明局、兰州局、南昌局、乌鲁木齐局等5个铁路局，沪昆客专贵州公司、银西客专公司、昌九城际公司、武九客专湖北公司等4个铁路公司，抽查招标项目合计施工中标额714亿元，监理中标额6.347亿元，同时要求各被检查单位制定切实可行的防范措施，认真组织抓好招标投标业务学习，领导干部带头学习和遵守国家及国铁集团有关规定，不断规范招标行为。

（工程管理处）

项目验收

【验收组织】 2020年，《中国国家铁路集团有限公司关于规范开展高铁项目依法开通工作的实施办法》印发施行。铁路建设系统以习近平总书记关于全面依法治国重要论述为指针，全面贯彻落实党中央、国务院的决策部署，严格按有关法律法规和铁路建设程序、标准、规定，以及上述实施办法有关要求，瞄准高铁项目依法开通十项必备条件，认真落实相关各方在高铁项目依法开通工作中的责任，规范开展高铁项目依法开通工作，确保了高铁项目依法高质量开通运营。

【初步验收工作】 2020年，国铁集团提早谋划研究年度开通项目安排，动态分析各项目剩余工程推进、地方资金到位、外部电源建设、市政配套建设、路外环境治理等工作进展，及时调整沪苏通铁路、京雄城际、太焦高铁等重点项目开通方案。建设单位制定高铁项目依法开通工作意见，明确落实10项开通条件、13项重点工作及相关程序标准，加强内外部协调，对用地组卷报批、外部环境问题整治、验收问题整改销号等重难点事项实行清单式管理。国铁集团相关部门和单认真组织开展部门集中检查，协调解决项目建设推进、竣工验收中存在的问题。全面加强初步验收管理，年内建设系统组织完成48个项目的初步验收，其中国铁集团组织完成商合杭铁路合肥至湖州段、皖赣铁路芜湖至宣城段扩能改造、上海至南通铁路、安顺至六盘水铁路、连镇铁路淮安至镇江段、银川至西安铁路、京雄城际雄安至大兴机场段、福州至平潭铁路、太原至焦作铁路、合肥至安庆铁路、盐城至南通铁路等11个项目的初步验收；铁路局集团公司组织了衢州至宁德铁路、格尔木至库尔勒铁路、衢州至宁德铁路、成昆铁路米易至攀枝花段扩能改造、大理至临沧铁路、阿勒泰至富蕴至准东铁路阿勒泰至富蕴段等27个项目的初步验收。另外，沈阳、北京、济南、郑州、武汉、上海、广州、乌鲁木齐局集团公司分别受蒙辽铁路公司、山西阳大铁路公司、山东潍莱高铁公司、河南郑州机场公司湖北汉沔铁路公司、珠三角城际铁路公司、图木舒克铁路公司等单位委托,分别开展了赤峰至京沈高铁喀左站铁路、阳泉东线、潍坊至莱西铁路、新郑机场至郑州南站城际铁路、汉宜线大福至仙桃城区支线、乐清湾港区铁路支线、广清城际广州北至清远段、珠机城际线、新塘经白云机场至广州北城际铁路、图木舒克铁路10个项目的竣工验收咨询工作。

【国家验收】国铁集团高度重视已开通项目的国家验收,成立竣工决算领导小组及办公室,继续组织梳理分析剩余67个未完成竣工决算项目剩余尾工、末次验工计价、地方资金到位等关键问题,着力解决历史遗留,年内完成42个、累计完成246个已开通项目竣工决算,厘清了2.26万亿资产结构和最终价值,为项目国家验收和国铁企业股份制改造创造了有利条件。同时,重点抓好国有土地使用证办理,环境保护、水土保持、档案正式验收,资金到位和建设各方费用结算、竣工决算、安全保护区设立等工作,确定重点项目国家验收目标,制订详细的推进计划和具体措施,争取早日具备国家验收条件。

(工程管理处)

质量安全

【红线管理专项督查】严格落实质量安全红线管理规定,重点抓好开通项目、隧道工程红线管理自查自纠,联合五大施工企业开展专项督查,全年抽查53个项目、257个标段、670个工点,发现整治质量安全问题2509个,处罚了3家施工企业、3家监理企业、1家检测单位,基本消除了典型红线问题,有效遏制了违规违纪行为,红线管理已成为参建各方的普遍共识。

【质量专项整治】组织开展"三查""五防"专项整治,排查在建项目137个,整治问题3.6万个;开展在建项目隧道安全隐患排查整治,排查隧道2111座,整治问题隐患3.1万个;开展已开通项目质量回访,集中排查整治隐患360个;开展隧道桥梁施工、工程线运输、联调联试、防洪防汛安全风险排查整治,及时规避和化解安全风险。

【监督管理】全年组织对142个建设项目实施了监督检查,累计开展监督检查1076项次、监督检测235项次,发现并责令整改质量安全问题36931个,发出整改通知单2383份,直接认定参建企业不良行为443件,实施信用评价扣分501项次,10名严重违规监理人员被纳入"黑名单";开展甲供物资进场抽检2935批次,从源头和过程中保证工程质量。

【精品创建】制定开通高铁精品工程实施方案,通过现场检查、验收评比、激励考核等措施,建成了沪苏通、京雄、连镇铁路等精品示范工程;贯彻"畅通融合、绿色温馨、经济艺术、智能便捷"现代化铁路客站枢纽建设理念,组织专家团队和参建单位开展专题研讨调研,运用开放性方法,开展系统性研究,形成客站装修装饰6项专题设计和13个专项设计,创建了雄安站、南通西站、平潭站、扬州东站等一批现代化铁路客站。(工程管理处)

(中国国家铁路集团有限公司建设管理部)

各 地 建 设

北 京 市

住房和城乡建设

概况

2020年，北京市住建系统全面落实市委市政府决策部署，坚持抗击疫情与推动发展两手抓，推进住房城乡建设事业平稳健康发展。积极推进疫情防控和复工达产，市区两级住建系统快速启动应急反应机制，加强重点场所、重点人群、重要环节检查管控；成立市级复工专班，截至2020年4月9日全市2130项规模以上建筑工程全部复工；出台安全生产许可证与施工许可证审批有效期顺延等规定，推行全程网办、远程办理等"互联网+"服务，落实各项帮扶政策，有力支撑了全市"六稳""六保"任务和经济社会发展目标落实。

做好物业管理和城市更新。推动《北京市物业管理条例》落地见效，成立物业工作专班，健全物业突出问题专项治理长效机制，初步建立党建引领社区治理框架下的物业管理体系；创新开展老旧小区综合整治，政府主导、居民自治、社会力量协同的小区治理体系基本建立；加力推进棚改、老城保护，聚力攻坚收尾，完成棚改1.08万户；落实核心区控规三年行动计划，开展平房直管公房申请式退租、共生院改造；加大执法检查力度，保持普通地下室散租住人、直管公房违规转租转借、群租房"动态清零"；开展城镇房屋安全检查7.34亿平方米，实现一批危房解危；完成农村"六类人群"危房改造任务和2018—2020年抗震节能农宅建设任务。

积极推进住有所居。坚持"房住不炒"定位，持续深化房地产调控，落实房地产市场平稳健康发展长效机制，完成"三稳"目标任务。坚持"租购补"并举的住房保障体系，完善住房保障政策，放宽市场租房补贴申请条件，提高租房补贴标准，全年建设筹集各类政策性住房6.8万套、竣工9.8万套，低保、低收入、重残、大病四类家庭依申请实现"应保尽保"。完成房屋租赁立法立项论证，持续开展执法检查和租赁矛盾纠纷化解，租赁市场实现规范发展。

稳步提升建筑业治理能力。持续推进建筑业发展改革，完善建筑业监管模式，全年全市建筑业企业完成总产值1.29万亿元，同比增长7.6%。推进安全生产标准化创建，狠抓危大工程、重点工程和重点时期安全管理，建立健全工程质量保障体系、风险分级管控和隐患排查治理体系，安全质量管理水平全面提升；深化落实"放管服"改革，推进实施办理建筑许可方面的改革措施，优化社会投资简易低风险项目竣工联合验收，建设工程电子化招投标和施工许可证全程网办纳入供全国借鉴的改革举措；做好重点科技成果鉴定、智慧工地建设、建筑业新技术应用示范工程验收、工程建设工法评审等工作，建筑科技管理成效明显；积极发展绿色建筑、装配式建筑和超低能耗建筑，推广绿色建材，强化施工扬尘污染管控，全市节能建筑占全部既有民用建筑总量的79.4%，行业绿色低碳发展成效显著。

法规建设

【**推进地方性法规和政府规章立法**】地方性法规方面，北京市房屋管理领域第一部地方性法规《北京市物业管理条例》颁布施行；《北京市住房租赁条例》于6月在市人大常委会通过立项。政府规章方面，废止《北京市物业管理办法》。《北京市城市轨道交通工程质量安全管理办法》和《北京市关于城市公有房屋管理的若干规定（修订）》列入市政府2020年立法工作计划，作为第二档适时提出的项目。办理住房城乡建设部、市人大、市司法局及其他委办局关于《行政处罚法》《北京市优化营商环境条例》《北京市历史文化名城保护条例》《北京市燃气条例》《北京市建筑垃圾管理暂行规定》《北京市禁止违法建设若干规定》等法律法规草案征求意见稿近50件。

【组织开展法规、规章及规范性文件清理】《中华人民共和国民法典》出台后,对其涉及的法律法规和规章文件开展专项清理,对《建筑法》《城市房地产管理法》《建设工程质量管理条例》《城市房地产开发经营管理条例》《物业管理条例》等13部法律法规章提出修改建议。对与优化营商环境、公平竞争审查、"放管服"改革等要求不符的地方性法规、规章和规范性文件进行清理,废止规范性文件4件,集中修改8件。

【规范性文件制定审查】制定《加强行政规范性文件合法性审核工作实施方案》,进一步加强规范性文件两级审核机制。落实规范性文件起草的公平竞争审查、合法性审查、社会公开征求意见、集体讨论决定、社会稳定风险评估等制度,全年共制发规范性文件9件,均出具合法性审查意见,100%按时向市司法局备案,并在市住房城乡建设委门户网站专栏公开。

【调整行政处罚裁量基准】结合《北京市物业管理条例》,新增行政处罚职权、消防验收新划转行政处罚职权;起草《北京市住房城乡建设系统违法行为分类目录》;优化执法检查单,7月1日启用新版检查单进行检查。

【推进行政执法考核各项任务指标完成】市、区住房城乡建设系统纳入考核的A类行政执法人员399人,总计实施行政处罚6145起,实施行政检查64194次,人均执法量合计159.33件。行政执法考核指标全部完成。

【创新监管执法方式】按照国家"互联网+监管"系统建设要求,市住房城乡建设委开展"互联网+监管"系统工作门户管理人员及工作人员账户的创建匹配工作,创建本单位账户90个。将涉及市住房城乡建设委的行政处罚职权与系统中的监管事项进行关联,同步做好"互联网+监管"系统的监管数据汇集。制定"双随机、一公开"抽查事项清单及年度抽查计划,配合完成市场监管领域部门制定联合抽查事项清单。

【落实行政执法三项制度】按照行政执法三项制度要求,在市住房城乡建设委官网公开执法主体、权责清单、执法人员信息、执法检查计划及结果等执法基本信息。强化执法全过程记录制度,按标准配备执法记录仪,提高行政处罚案卷制作水平,规范处罚文书。落实重大执法决定法制审核制度,制定重大行政执法决定事项目录,明确法制审核机构,统一法制审核标准,出具法制审核意见。

【统筹推进疫情防控、复工复产与三大领域行政执法工作】市区两级住房城乡建设执法部门统筹推进疫情防控与复工复产,严格开展执法检查,持续完善执法服务,2020年,全市住建房管系统共实施房地产市场、房屋管理及建筑市场三大领域行政处罚1888起。其中,房地产市场处罚574起,占比30.40%;房屋管理处罚498起,占比26.38%;建筑市场处罚816起,占比43.22%。

【落实房地产市场常态化执法监管】按照新开盘项目全覆盖执法检查机制要求,对新开盘商品房销售项目实施动态监测,第一时间开展执法检查。根据市场销售情况及舆情动态,结合互联网平台网络楼盘、VR看房、直播售楼等楼盘推广营销方式,适时启动专项执法检查,督促主流互联网平台下架无证照楼盘信息503条,删除失效楼盘信息3147条。全年市区两级执法部门共实施房屋销售类行政处罚171起,处罚金额1639.54万元。

【推动物业管理执法】围绕《北京市物业管理条例》(以下简称《条例》)落实、物业管理突出问题专项治理、提升物业服务水平三年行动计划等重点工作,通过执法普法、指导服务、加强宣传等方式,持续推进物业管理执法工作。自《条例》实施以来,执法总队坚持日查日报制度,累计开展物业执法检查553次,走访社区169个,编写检查分析169篇,推动《条例》落地见效。2020年,市区两级执法部门共实施物业管理及房屋安全类行政处罚498起,罚款金额287.3万元。

【加强建筑市场事中事后监管】以"双随机、一公开"为基本手段,通过双随机方式抽查建筑市场项目90项次。同时,加大对重点项目、重点企业检查力度,针对《建设工程质量安全综合管理能力风险负面清单》中施工单位涉及的在施项目开展建筑市场专项执法抽查,重点对建设工程参建各方落实主体责任、工程承发包、招标投标等情况进行检查,有效实施差别化监管。2020年,市区两级执法部门共实施建筑市场类行政处罚816起,罚款金额2692.12万元。

【加强建筑市场行为执法检查】为贯彻落实《住房和城乡建设部关于印发建筑工程施工发包与承包违法行为认定查处管理办法的通知》要求,9月组织召开全市住建系统建筑市场执法人员培训会,16个区及北京经济技术开发区的一线人员共150余人参加了培训。开展建筑市场执法检查,指导建设工程执法总队进一步加大建筑市场执法力度,严肃查处违法发包、转包、违法分包、挂靠等各类违法违规行为,有效规范建筑工程施工发包与承包活动,切实维护建筑市场秩序。上半年,组织对地铁工程19

个在建项目进行了市场行为专项执法检查。

【加强合同审核管理】市住房城乡建设委委托法律顾问单位对全委签订的合同及时进行合法性审核。全年共审核委机关各类合同283项、招标文件46项，审核直属事业单位合同126项、招标文件36项。

【稳妥做好各类复议诉讼案件办理】2020年，市住房城乡建设委收到行政复议申请165件，依法受理149件，依法受理的案件实现法定期限内100%办结；收到行政诉讼83件，全部实现行政机关工作人员出庭应诉，其中两位副主任分别作为机关负责人直接出庭应诉，履行法定职责。按时向司法部、市司法局报送行政复议及应诉相关管理信息，及时履行行政诉讼文书、行政复议决定书义务，按时回复司法建议书、复议意见书与建议书，并认真整改。2卷复议案卷参加全市评查全部获评优秀。

【推行多元调解化解矛盾纠纷】年内，市住房城乡建设委对房地产市场、建筑市场、物业管理等矛盾集中的领域加大行政调解力度，共组织开展各类行政调解案件10166件，调解成功6770件，涉及33382人次。

【总结验收"七五"普法工作】2020年，全市住建系统"七五"普法工作顺利收官。五年来，市住房城乡建设委法制处牵头制定了"七五"普法规划及任务分解，按年度起草每年法治宣传工作要点；每年组织至少4次委办公会会前学法；每逢"12.4"国家宪法日、国家安全日以及重要法律法规颁布日，积极开展专项普法；结合《中华人民共和国民法典》《北京市物业管理条例》等重要法律法规的颁布实施，开展政策宣讲和法律咨询；利用"安居北京"两微一端，推进社会普法和新媒体普法。市住房城乡建设委法制处被评为全国"七五"普法中期先进集体。

【组织会前学法和法治培训】市住房城乡建设委制定印发了2020年全系统《法治宣传教育工作要点》。利用委办公会、党组会先后学习了《中华人民共和国民法典》《北京市生活垃圾管理条例》等，举办了4期"法治大讲堂"系列活动。加强行政复议应诉人员和执法人员业务培训，提高应诉能力，规范执法行为和执法案卷制作，不断提升工作人员依法行政能力。

房地产业

【房地产开发管理】做好疫情防控形势下的商品房促开工复工工作，积极推进商品房投资落地；强化配套设施建设移交管理，提升居住项目服务品质；优化行政审批程序，提升行业监管水平。截至2020年年底，全市资质有效期范围内房地产开发企业2293家，其中一级企业51家，二级企业103家，三级企业70家，四级企业1730家，暂定级企业339家。

【持续深化房地产调控】落实房地产市场平稳健康发展长效机制，协调各区制定实施"因区施策"工作方案并认真抓好落实，完成"三稳"目标任务。调整70/90政策、优化预售许可办理、完善商品房销售价格引导机制和二手住房"连环单"交易机制。加强市场监测分析，维护市场正常秩序，促开工、促投资、促配套。房地产市场运行平稳，新建商品房销售面积同比增长3.4%，二手住房成交套数增长15.4%；新建商品住房和二手住房价格指数保持在合理区间。房地产新开工面积同比增长45.0%，房地产开发投资增长2.6%，其中各类政策性住房投资增长25.4%。

【商品房供应和成交情况】2020年，北京市新建房屋成交面积1155.4万平方米，同比增加11%。其中，预售成交面积712.1万平方米，同比增加8.7%；现房成交面积443.3万平方米，同比增加15%。

【规范住房租赁市场】发布《北京市发展住房租赁市场专项资金管理暂行办法》《关于规范管理短租住房的通知》。疫情期间加强群租房整治和住房租赁服务管理，核查排查8626个小区并确保全部纳入社区管控，清理整治上账违法群租房3407处。加强租赁平台建设应用，平台备案突破300万笔。市区两级累计检查经纪机构、租赁企业8005家（次），行政处罚425起，移交公安部门涉黑涉恶线索13条，涉及企业19家。

【加大租赁房源供应】2020年度北京市城镇租房家庭人均居住建筑面积为33.9平方米，相比上年增加0.9平方米。租房需求略有上升，需求特征变化显著。租赁住房新增供应方面，新开工集体土地租赁住房项目11个，房源10469套；新开工转化改建租赁住房项目3个，可提供房间1583间。北京市供应自持租赁住房项目30个，已开工建设28个，可提供房源1.3万套。

住房保障

【政策性住房开工建设筹集及竣工验收情况】全年建设筹集各类政策性住房6.8万套、竣工9.8万套，超额完成4.5万套、9万套（间）的年度任务；累计开工集租房项目41个、5.5万套，开工改建租赁住房项目13个、3822套（间）。

【住房保障资格审核与配租配售情况】 全年各类保障性住房新增申请4.05万户，通过审核备案3.4万户，同比分别增长21.3%、1.52%；其中公共租赁住房实物申请2.1万户、通过审核备案1.97万户，同比分别减少14.2%、20.55%；市场租房补贴申请1.36万户，通过审核备案8916户，同比分别增长179.45%、137%。全年公共租赁住房分配1.29万套，低保、低收入、重残、大病四类家庭依申请实现"应保尽保"。疫情期间为物流快递企业续租公租房2100套，解决城市基本公共服务人员住房问题。截至2020年12月底，全市共有产权住房项目共75个、房源约57.9万套；其中启动网申项目共63个、可提供房源6.6万套；年内共有18个项目启动网申，可提供房源2.2万套。进一步调整共有产权住房配售政策，扩大配售范围，供求比从2017年的1∶400下降至1∶13，共有产权住房真正回归居住属性。

【公共租赁住房入住及补贴发放情况】 推动在北京通APP上新增市场租金补贴申领模块，无需到街道乡镇窗口申请办理，实现零次跑。截至2020年12月31日，全市公共租赁住房项目累计入住房源15.79万套。2020年共计发放补贴4.71万户，金额6.2亿元，其中公共租赁住房租金补贴发放2.72万户，发放金额3.66亿元；市场租房补贴发放1.99万户，发放金额2.54亿元。

【完善住房保障政策】 坚持完善"租购补"并举的住房保障体系。7月印发《关于调整本市市场租房补贴申请条件及补贴标准的通知》，准入条件由家庭人均月收入不高于2400元调整为不高于4200元，涨幅75%；分档补贴标准，最高补贴由2000元提高到3500元，最低由200元提高到1000元，鼓励更多符合条件的家庭通过市场租房解决住房问题。加强共有产权住房配套政策研究，起草限价商品住房转为共有产权住房销售、共有产权住房出租试行管理，以及共有产权住房代持机构管理等配套政策，组织共有产权住房网络服务平台搭建工作，逐步建立起全生命周期管理体系，落实"封闭管理"要求，促进房源"循环使用"。优化人才住房制度体系，提出优化"三城一区"科技人才住房支持的实施意见，指导各区及园区出台人才住房政策，全市已有12个区出台实施细则，同时加强人才住房协调调度，推进市级高层次人才公寓、国际人才社区规划建设。通过遴选重新确定10家评估机构，承担公共租赁住房项目市场租金评估工作，探索公共租赁住房区域定租，在延庆、密云、平谷、怀柔四区开展公共租赁住房区域定租试点。优化保障性住房税费减免审批手续，共办理33个项目、62014套政策性住房税费减免手续。

【提升保障房设计质量和居住品质】 强化保障性住房规划设计方案审查制度，2020年，累计审查保障性住房项目规划设计方案35个，涉及住房建筑面积424.9万平方米；累计结合全装修样板间审查保障性住房项目全装修方案25个，涉及住房建筑面积227.2万平方米。完善保障性住房建设标准，启动编制《北京市租赁住房建设导则（试行）》，启动修订《北京市共有产权住房规划设计宜居建设导则（试行）》。4月发布《北京老城保护房屋修缮技术导则（2019版）》，旨在保护北京特有的胡同-四合院传统建筑形态。6月发布《北京市公共租赁住房人脸识别技术导则（试行）》，规范和指导公共租赁住房人脸识别技术应用。推进保障性住房产业化及绿色建筑行动，截至2020年12月，累计实施装配式建筑的保障性住房项目共计3545万平方米，其中2020年新增289万平方米。

【加强保障房使用监督】 2020年，全市各区均已成立区级保障性住房专业运营管理机构，按照多主体供给、多渠道保障的总体思路提供公共租赁住房产品和运营服务。编制全市公共租赁住房运营标准手册，指导各区平台公司开展市场化、专业化、规范化的运营服务。根据全市疫情防控常态化的要求，指导产权单位落实小区封闭管理要求，实施防控管理和运营管理两手抓。做好保障性住房违规线索处理，对丰台等区的24个公共租赁住房项目开展双随机抽查，全年受理公共租赁住房转租转借线索12起、经济适用住房出租52起，均已整改。

【超额完成棚户区改造任务】 2020年棚户区改造实施计划共安排棚户区改造项目115个，0.87万户。截至12月31日，全市累计完成棚户区改造1.08万户，超额完成0.87万户的年度任务。按照"明确项目、进度、节点，加强任务调度"的工作要求，全市棚户区改造实施计划采取"1个总任务+3个专项计划"模式，进一步加强对项目征拆、居民回迁和入市地块整理的全过程管理，加速推进棚户区改造项目工作进程。统筹资金推动棚户区改造项目健康发展，积极争取资金支持，发行专项债券，截至2020年12月累计达1071.11亿元。

公积金管理

【住房公积金年度缴存提取管理情况】 截至2020年12月31日，北京地区建立住房公积金单位43.50

万个，建立住房公积金职工1226.88万人，全年新增住房公积金缴存职工126.62万人。北京地区全年归集住房公积金2471.47亿元，提取1825.38亿元，净增646.09亿元。累计归集17781.39亿元，累计提取12290.32亿元，余额5491.08亿元。

【住房公积金年度贷款发放情况】2020年发放住房公积金个人贷款8.30万笔、627.82亿元，回收金额349.36亿元，净增278.46亿元。支持职工购房面积713.79万平方米。截至12月31日，累计发放住房公积金个人贷款126.29万笔，发放贷款金额7544.02亿元，回收金额2972.74亿元，余额4571.29亿元。年末个人住房贷款余额占缴存余额的83.2%，住房公积金个人住房贷款市场占有率（2020年末住房公积金个人住房贷款余额占当地商业性和住房公积金个人住房贷款余额总和的比率）为29.4%。累计发放支持保障性住房建设项目贷款37笔，贷款额度236.09亿元，建筑面积943万平方米，项目贷款余额37.40亿元。

【及时出台阶段性支持政策】2020年2月26日，制定了《关于妥善应对新冠肺炎疫情落实北京住房公积金阶段性支持政策的通知》，鼓励企业执行弹性缴存比例，引导困难企业申请降低缴存比例或申请缓缴。阶段性政策期间，北京地区申请缓缴企业8076个，金额24亿元；申请提高租房提取额度1741个缴存人，累计提高租房提取金额3727万元；受疫情影响无法正常还款、不作逾期处理的住房公积金贷款1193笔，对应余额6亿元。

【扎实做好"接诉即办"工作】住房公积金管理中心围绕市委市政府"接诉即办"等重点工作，坚持问题导向，充实人员力量，建立派单机制、回访机制，不断完善"接诉即办"工作流程和机制程序，及时跟踪分析建立典型案例月报制度，每月通报全市考核排名情况。加强溯源管理，推动"未诉先办"，建立政务服务"好差评"制度，多措并举，年内"接诉即办"位列全市市属委办局前10名，获得"先进集体"荣誉。

【持续优化营商环境】住房公积金管理中心深化"放管服"改革，进一步"减材料、减时限、减跑动"，柜台办事材料由138份精简至47份，精简66%；办事时限由62个工作日压减至43个，压减30%；全程网办事项由17项增至28项，群众跑动次数由0.67次减少至0.35次。聚焦"e窗通、一点通、全城通"，集中出台"五险一金"合并申报等8项措施，线上将9个服务事项纳入指尖行动计划。坚持做到"审核快、网办快、回复快"，提出20项"一证通办"、27项"秒批"、5项"联审联办"意向清单。优化大厅功能布局，统筹规划咨询区、业务办理区、自助服务区等，完善无障碍设施建设，提供免费wifi，让办事群众有了更好线下体验感；设立城市副中心e通厅示范点，打造"一流服务环境、一流技术设备、一流从业队伍"；全面推行业务大厅延时服务，解决群众办事难点；制定银行代办网点管理办法，统筹推动网点布局均衡化、便利化发展。

【推进住房公积金制度改革】住房公积金管理中心起草了《关于深化北京住房公积金制度改革的实施意见》。以加强住房保障、改善群众居住条件为落脚点，用好用活住房公积金相关政策，通过小切口着力解决好民生问题；探索从供给和需求两侧发挥作用，支持租赁住房和保障性住房建设，支持老旧小区改造；推动京津冀住房公积金一体化，促进区域职住协同。

城市建设

【全市新开工情况】2020年，全市办理房屋建设工程施工许可共956项，总规模5545.93万平方米、同比上升9.85%。其中，住宅项目398项，建筑面积3628.24万平方米，同比上升37.25%。住宅项目中商品住宅1713.03万平方米、同比上升61.88%；其他类住宅（含政策性住房、职工自建房等）1915.21万平方米、同比上升20.81%。

【重大项目完工57项】2020年，北京市共确定300项重点建设项目，其中计划新建项目120项，续建项目180项，力争竣工项目78项，总投资约1.3万亿元。2020年完工57项，完成投资2655亿元，其中建安投资1261亿元，投资进度分别为105.2%、100.6%。基础设施建设整体推进顺利，疏解非首都功能扎实推进，城市副中心框架稳步拉开，公共卫生应急和服务体系加快构建，生态环境质量持续改善，城市综合承载能力、城市运行效率稳步提升。

【京沈客运专线（北京段）】项目位于朝阳区、顺义区、昌平区、怀柔区、密云区，建设内容为全长约290公里，其中北京段98.4公里。工程总投资418.12亿元，2015年12月开工，2020年12月竣工。

【轨道交通房山线北延】项目位于丰台区郭公庄站至丰益桥南站，全长约5.3公里。工程总投资48亿元，2015年12月开工，2020年12月竣工。

【G105国道】项目位于大兴区青礼路至市界，建设内容为一级公路，全长约9.1公里。工程总投资 4.55 亿元，2018 年 9 月开工，2020 年 12 月竣工。

【国家速滑馆竣工】新建国家速滑馆、地下车库及配套基础设施等，位于朝阳区国家网球中心南侧，建设规模约 12.6 万平方米，工程总投资 14.17 亿元，2019 年 2 月开工，2020 年 12 月竣工。

【国家体育馆 2022 冬奥改建及周边设施竣工】项目位于朝阳区天辰东路，建设规模约 10 万平方米，主要对国家体育馆原场馆进行改造，并在其北侧扩建训练馆。工程总投资 4.73 亿元，2018 年 12 月开工，2020 年 12 月竣工。

【国家游泳中心冬奥会冰壶场馆改造及周边设施竣工】项目位于朝阳区天辰东路，改造规模约 5 万平方米，主要对国家游泳中心进行改造，满足冬奥会冰壶比赛要求。工程总投资 2.29 亿元，2018 年 12 月开工，2020 年 11 月竣工。

【五棵松冰上运动中心项目竣工】项目位于海淀区复兴路，建设规模约 3.8 万平方米，新建冰上运动中心。工程总投资 5.46 亿元，2018 年 1 月开工，2020 年 12 月竣工。

【北京环球主题公园项目一期竣工】项目位于通州区文化旅游区，建设规模约 27 万平方米，建设内容为主题公园、后勤区、停车楼及停车场配套设施等。工程总投资 374.48 亿元，2016 年 10 月开工，2020 年 12 月竣工。

【北京学校竣工】项目位于通州区潞城镇，建设规模约 20 万平方米，建设内容为教学用房、办公管理用房及生活服务用房等。工程总投资 17.31 亿元，2018 年 8 月开工，2020 年 12 月竣工。

【地球系统数值模拟装置竣工】项目位于密云区西田各庄镇，建设规模约 2.4 万平方米，建设内容包括地球系统数值模式模拟系统、区域高精度环境模拟系统、超级模拟支撑与管理系统、支撑数据库和资料同化及可视化系统、面向地球科学的高性能计算系统及土建配套设施。工程总投资 12.55 亿元，2018 年 10 月开工，2020 年 12 月竣工。

村镇规划建设

【村镇建设工作】2020 年计划完成 500 名建筑工匠培训任务，实际完成约 630 人。10 月，举办市年度村镇建设工作会议。根据《住房和城乡建设部关于在农村人居环境建设和整治中开展美好环境与幸福生活共同缔造活动试点的通知》要求，联合市农业农村局、市规划自然资源委、市城市管理委等六部门开展美好环境与幸福生活共同缔造活动试点报送工作，经镇（乡）申报、区级推荐、市级遴选，最后朝阳区崔各庄乡何各庄村、昌平区霍营街道霍家营社区被住房城乡建设部评为第一批精选试点村（社区）。持续开展传统村落保护相关技术指导工作，印制《北京市传统村落修缮技术导则》（图册版），配合传统村落建设。参与乡村民宿政策制定，配合市文旅局编制《北京市关于促进乡村民宿发展的指导意见》；同时，为服务好政策落地，组织编写了《北京市乡村民宿房屋结构综合安全性和节能基本要求导则（试行）》，进一步细化各项技术要求。此外，配合开展宅基地及房屋建设管理政策制定工作，与市农业农村局等部门联合起草《关于进一步加强本市农村宅基地及房屋建设管理的指导意见》；为规范宅基地及建房管理流程，参与制定《关于规范本市农村宅基地及建房审批管理的通知》。

【持续推进抗震节能农宅建设】对农宅新建翻建、抗震节能综合改造和节能保温改造给予资金奖励，引导农户建设符合当地设防标准和节能标准的住房。同时，按照住房和城乡建设部要求，圆满完成 1900 户抗震农宅建设试点任务。

【村镇建设其他工作】2020 年 7 月 31 日，印发《关于落实户有所居加强农村宅基地及房屋建设管理的指导意见》，加强农村宅基地及房屋建设管理，推进乡村振兴战略实施，加快美丽乡村建设。同时，开展美好环境与幸福生活共同缔造活动，向住房和城乡建设部报送的朝阳、昌平两个试点村工作进展顺利。为落实住房和城乡建设部提出的"农房建设实行建筑工匠管理"的要求，组织培训了 500 名建筑工匠。

标准定额

【新增工程建设地方标准】2020 年，新发布工程建设地方标准 11 项，分别是：《城市综合管廊监控与报警系统安装工程施工规范》DB11/T 1712—2020、《城市综合管廊工程资料管理规程》DB11/T 1713—2020、《火灾后钢结构损伤评估技术规程》DB11/T 1727—2020、《海绵城市道路系统工程施工及质量验收规范》DB11/T 1728—2020、《绿色建筑工程验收规范》DB11/T 1315—2020、《建筑工程施工技术管理规程》DB11/T 1745—2020、《外墙外保温工程施工防火安全技术规程》DB11/T 729—2020、《市政基础设施工程资料管理规程》DB11/T 808—2020、《装配式抗震支吊架施工质量验收规范》DB11/T 1810—2020、《厨房、厕浴间防水技术规程》DB11/T 1811—2020、《既有玻璃幕墙安全性检测与鉴定技术规程》DB11/T 1812—2020。

【开展行业及地方标准宣贯工作】2020年，采取线上课堂的形式，完成《城市综合管廊工程施工及质量验收规范》《城市综合管廊工程资料管理规程》《城市轨道交通工程质量验收标准 第1部分：土建工程》《海绵城市道路系统工程施工及质量验收规范》《居住建筑节能设计标准》《施工工地扬尘视频监控和数据传输技术规范》《智慧工地技术规程》《建设工程造价数据存储标准》《建设工程造价技术经济指标采集标准》《钢结构住宅技术规程》《预拌混凝土绿色生产管理规程》等10项标准的宣传贯彻工作，来自建设、设计、施工、监理、质监等领域的398家单位、6200余人次参与学习。市住房城乡建设委委内举办4期"工程建设标准大讲堂"活动，主题包括工程建设标准体制改革、智慧建造、建筑工业化、建筑节能四大版块，共200余人参加活动。

【标准编制及适用技术推广】市住房城乡建设委完善北京市绿色建筑标准体系，组织修订京津冀协同标准《绿色建筑评价标准》，形成京津冀三地统一的绿色建筑评价要求；修订地方标准《绿色建筑工程验收规范》，保障绿色建筑技术落实和工程建设质量；立项《既有工业建筑物绿色改造评价标准》，推动新首钢高端产业综合服务区绿色建筑建设。11月，发布《北京市绿色建筑和装配式建筑适用技术推广目录（2019）》，共推广适用技术91项，其中绿色建筑适用技术26项，为绿色建筑发展提供技术支撑。

【持续推进京津冀工程计价体系一体化】市住房城乡建设委按月完成1期、4~12期《〈京津冀建设工程计价依据——预算消耗量定额〉城市综合管廊工程》造价信息同步、同载体和同版面共享，共计发布10期。完成京津冀管廊定额咨询解释5项，通过日常计价依据的咨询解释，全面做好京津冀三地首部共享定额动态管理和服务。为适应工程造价市场化改革的新形势，三地造价管理机构适时调整和完善了京津冀工程计价体系一体化的总体工作思路，以工程造价市场化引领计价体系一体化，持续推进相关工作。

【建立健全轨道交通工程监督制度机制】2020年4月1日，发布地方标准《城市轨道交通工程质量验收标准 第1部分：土建工程》DB11/T 311.1—2019，进一步加强轨道交通建设工程质量管理，规范轨道交通工程质量验收工作，确保工程高质量交付使用；《北京市轨道交通建设工程盾构施工安全质量管理办法》形成初稿，旨在规范盾构机使用管理，进一步明确参建各方管理职责，通过制定盾构施工关键工序和部位的安全质量措施，消除盾构施工安全质量隐患，提升轨道交通建设工程盾构施工安全质量管理水平。

【健全标准化招标文本体系】2020年3月3日，印发《监理招标标准文本（2019版）》；11月4日，印发《专业承包招标标准文本（2020版）》《专业分包招标标准文本（2020版）》以及《建设工程设备招标标准文本（2020版）》《建设工程材料招标标准文本（2020版）》。自此，北京市已经初步建立起包含施工总承包、监理、专业工程和建设工程货物采购招标的标准化招标文本体系。

工程质量安全监督

【推进疫情防控和复工达产】针对新冠肺炎疫情，全力以赴抓好疫情防控和建筑工程复工达产。市区两级住建系统快速启动应急反应机制，印发应急预案、复工方案等20余项政策文件，加强施工现场、中介门店、房屋租赁、普通地下室等重点场所、重点人群、重要环节检查管控，严格落实"日报告、零报告"等制度，建立施工现场人员动态大数据筛查机制，完成约140万人员信息比对碰撞，出动约20万人次抽查指导施工现场13万项次。强化保障，成立市级复工专班，制定建设工程复工协调调度工作方案，设立"建设工程复工服务保障直通车""建设工程运输网上调度平台""一对一""点对点"、24小时接需即办，做好"人材物"应急保障，4月9日全市2130项规模以上建筑工程全部复工，4月底建设工程到岗人数、房地产施工面积均达到2019年同期水平。多措并举、援企稳岗，出台安全生产许可证与施工许可证审批有效期顺延、工程造价和工期调整、开发企业和建设工程企业资质及部分人员证照延期等规定，推行全程网办、远程办理等"互联网+"服务，落实全市各项帮扶政策。市级按承诺办理安全生产许可证3631家，88个重点工程项目参加疫情防控综合保险。

【安全质量管理水平全面提升】推进安全生产标准化创建工作，全面提升施工现场和生活区标准化水平，创建绿色安全工地296项，绿色安全样板工地149项，22个工地被评为"全国建设工程安全生产标准化工地"。加强专项执法和隐患排查，狠抓危大工程、重点工程和重点时期安全管理。建立健全工程质量保障体系、风险分级管控和隐患排查治理体系，开展住宅工程质量提升行动，组织预拌混凝土质量专项治理，完善竣工联合验收制度。消防验收受理1415项，办结1363项。全年共获得中国建设工程鲁班奖（国家优质工程）9大项（15子项）、国家优质工程奖12项、中国土木工程第十八届詹天佑大奖2项；詹天佑大奖优秀住宅小区金奖3项。

建筑市场

【招标投标管理】 2020年，进一步压缩招标时限，将建设工程招投标资格预审文件备案、招标文件备案、招投标情况书面报告备案事项调整为即时办理；创新监管机制，取消事前审核，电子化平台招标管理事项提交即通过，通过事中事后随机监管的工作机制，实现了招投标流程在现有法律框架内的最优化时限目标。印发《监理标准文本（2019版）》《专业承包招标标准文本（2020版）》等，初步建立起包含施工总承包、监理、专业工程和建设工程货物采购招标的标准化招标文本体系。持续强化重点工程、民生工程监管服务，保障疫情期间招投标活动有序开展。全年办理施工总承包交易1261项，交易额2104.55亿元；办理监理服务交易611项，交易额28.89亿元；办理专业承包274项、交易额53.59亿元，办理专业分包工程559项、交易额125.28亿元，办理货物招标530项、交易额75.43亿元。

【工程造价管理】 出台受新冠疫情影响工程造价和工期调整的相关政策；做好新冠肺炎疫情期间造价专项服务，组建跨委办局工程造价调整协调专班、10个工程造价服务专班累计为1641家企业、3113个项目提供对口服务；完成2021年建设工程和房屋修缮工程预算消耗量标准（初稿）修编；完成造价服务平台升级改造，初步建成多层级、结构化的指数指标体系；发布工程造价信息，平均每月发布人、材、机价格信息4500余条，市场贴合度和动态指导性提升明显；加强工程造价以及人、材、机市场价格动态监测，提高了企业询价效率和精准度；开展最高投标限价抽查，造价咨询企业资质等级现场核查；开展重点工程造价专项服务，协调推进冬奥会高山滑雪中心项目等工程造价争议问题的解决；持续推进京津冀工程计价体系一体化。

【建筑劳务管理】 截至2020年年底，外省市进京施工企业总量为5298家，持有资质证书8167本，其中含旧版资质证书（含劳务分包资质、一体化资质）693本，资质数量24386项次。外省市来京工程监理企业总量为217家，其中具备综合资质39家，专业甲级资质164家，专业乙级资质14家。

【持续推进"放管服"改革】 推进实施办理建筑许可方面的改革措施，优化施工许可、施工登记制度，推行告知承诺制。建立工程质量风险分级管控平台，优化简易低风险工程监督检查频次，出台可不聘用工程监理建设项目工程质量潜在缺陷保险暂行管理办法。优化社会投资简易低风险项目竣工联合验收，出台《北京市房屋建筑和市政基础设施工程竣工联合验收管理暂行办法》，825项工程办结通过联合验收。二级建造师增项注册试行告知承诺制，1195家建设工程企业按告知承诺制方式申请了资质。建设工程电子化招投标和施工许可证全程网办纳入供全国借鉴的改革举措。同时，构建以信用为核心的监管服务机制，将管理重心向事中事后监管转移。

【推进建筑市场信用管理】 出台《北京市建筑市场主体失信联合惩戒对象名单管理暂行办法》，将9种严重失信行为列入失信联合惩戒对象名单管理，并详细规定了适用范围、列入原则、列入情形、列入期限、认定依据、列入程序、重点监管、联合惩戒等内容。升级"北京市建筑市场监管系统"为"北京市建筑市场监管与服务信息系统"，开发市场运行分析模块、业绩迁移管理模块、失信联合惩戒对象名单管理模块，更加突出服务功能。实施建筑市场行为信用评价，及时将评价结果发布于"北京市建筑市场信息公开平台"，截至12月底共对6439家施工总承包企业，476家监理企业，81家质量检测机构，106983名注册建造师，12815名注册监理工程师实行了评价。

【风险分级管控平台正式上线运行】 12月23日，市住房城乡建设委印发《关于北京市房屋建筑和市政基础设施工程质量风险分级管控平台上线运行的通知》，完成北京市房屋建筑和市政基础设施工程质量风险分级管控平台（以下简称"风险分级管控平台"）开发建设，该平台自12月25日起正式上线运行。风险分级管控平台同时具备工程质量风险等级、工程综合风险等级定级功能，均划分为四个等级：低风险、一般风险、较大风险和重大风险。工程质量风险等级用于各参建单位实施过程动态管控，工程综合风险等级用于建设单位申报竣工联合验收，并作为监督机构实施差别化监管的参考依据。

建筑节能与科技

【修订公共建筑能耗限额管理办法】 5月28日，对原《北京市公共建筑电耗限额管理暂行办法》进行了修订并发布实施。修订后的办法，严格与上位法保持一致，更加细化了限额管理对象的范围，以便于执法。

【出版节能绿色化改造案例详解和超低能耗发展报告】 完成《公共建筑节能绿色化改造案例详解》《京津冀超低能耗发展报告（2019）》的编制与出版。截至2020年12月，北京市已提前完成"十三五"时期制定的公共建筑节能绿色化改造和超低能耗建筑发展任务目标。

【节能建筑占比进一步提升】 2020年，全市新增城镇节能民用建筑3077.35万平方米，其中居住建筑1576.17万平方米、公共建筑1501.18万平方米，全部按照现行建筑节能设计标准设计施工；完成既有居住建筑节能改造290万平方米，累计建成城镇节能住宅52938.36万平方米，节能住宅占全部既有住宅的94.2%；累计建成城镇节能民用建筑76435.19万平方米，节能民用建筑占全部既有民用建筑总量的79.47%。

【完成2019年度民用建筑能源资源消耗统计】 城镇民用建筑单位面积综合能耗指标与"十二五"末综合能耗指标相比明显降低，民用建筑能耗总量和强度得到有效控制；居住建筑综合能耗指标逐年下降，集中热力指标大幅降低，居民用电呈小幅上升趋势；公共建筑用能整体平稳，呈逐年下降趋势，电能替代率逐年升高，综合能耗强度接近居住建筑的两倍。

【开展外墙外保温系统现状、存在问题及对策课题研究】 开展外墙外保温系统现状、存在问题及对策课题研究，形成《北京市外墙外保温系统现状、存在问题及对策研究报告》《北京市外墙外保温保温材料系统推禁限建议》《〈北京市外墙外保温应用技术标准〉编制建议》等成果。

【推进超低能耗示范项目建设】 截至2020年12月31日，全市共申报超低能耗建筑示范面积66.1万平方米。朝阳区堡头焦化厂公共租赁住房、黄城根小学昌平校区等4个项目通过验收，建筑面积共计17.6万平方米。待"十三五"时期申报的全部示范项目建成并投入使用后，每年可实现节约标准煤4000万吨以上，减排二氧化碳1.1万吨。

人事教育

【干部人事管理概况】 2020年，市住房城乡建设委共有工作人员1242人。贯彻执行干部任用政策法规，围绕市住房城乡建设委中心工作和重点任务，全面落实机构改革工作要求，完善干部选拔任用机制，加强干部教育培训，强化人才队伍建设；坚定坚决抓好巡视整改工作，严格执行干部任用政策法规，强化干部监督管理，不断提高选人用人公信度和群众满意度。

【加强干部教育培训】 围绕学习贯彻习近平新时代中国特色社会主义思想和党的十九大精神，落实首都城市战略定位、建设国际一流的和谐宜居之都，落实全面深化改革、建设法治中国首善之区任务，切实加强干部教育培训，共组织调训共27人次，在线学习完成率达100%。

【开启建筑工人技能培训新方式】 疫情期间，通过市住房城乡建设委官网及微信公众号"安居北京"向社会发布《工匠讲堂》公益教育视频，包含"构件装配工""灌浆工""建筑塔式起重机司机"和"信号司索工"四个工种。为传承建筑文脉，弘扬工匠精神，拍摄完成"古建筑传统瓦工""古建筑传统彩画工"两集教学片，面向工人免费提供古建技艺学习和培训内容，为古建行业培养技能型人才和高素质劳动者提供服务。

【北京市二级建造师增项注册率先试行告知承诺制】 2020年9月27日，市住房城乡建设委印发《关于北京市二级建造师增项注册试行告知承诺制的通知》，明确申请人提交《北京市二级建造师增项注册事项告知承诺书》，对其申报信息真实性和有效性进行承诺，市住房城乡建设委经形式审查后作出审批决定。同时，在三个月内对申请人履诺情况进行抽查，将申请人的未履行承诺或虚假承诺失信行为纳入北京市公共信用信息服务平台并对外公示；视情节轻重，列入北京市建筑市场失信联合惩戒对象名单，实施重点监管和联合惩戒。

【"互联网+监管"提高监管效能】 通过"北京市住房城乡建设领域人员资格管理信息系统"对二级建造师的注册经历、执业轨迹等进行全面监控分析，对短时间内在多家新办建筑业资质的企业或在企业安全生产许可证临近失效前频繁办理注册业务的情况，系统自动进行注册业务临时锁定。提示被锁定人员按照《注册建造师管理规定》有关规定，主动向注册机关就上述情况进行解释说明。通过持续不懈的打击"挂证"工作，有效遏制了工程建设领域专业技术人员职业资格"挂证"现象。

【"安管人员"续期实现"全程网办"】 为全面开展好"安管人员"继续教育工作，提供人才保障，2020年9月14日，市住房城乡建设委印发《关于开展2020年度〈安全生产考核合格证书〉延续工作的通知》，组织各区住房城乡建设委、中央驻京单位、北京市各大集团代表召开续期工作会议，部署"安管人员"继续教育和证书续期工作。"安管人员"证书续期工作全面推行"全程网办",申请人通过人员资格管理信息系统全过程网上办理,减少去现场提交纸质材料环节,让群众办事更加便利。

【开展执业资格行政受理工作】全年受理一、二级建造师,监理工程师,造价工程师、房产估价师等行政许可事项51439人次。其中,一级建造师注册业务变更为企业认证、个人实名认证和企业更名,全年共计受理一级建造师注册业务5683件。一级造价工程师注册业务自7月起市住房城乡建设委只承担变更注册业务,全年共计受理一级造价工程师业务5188件。

其他重要工作

【开展老城平房保护】以落实北京市新总规为抓手,有序推进平房直管公房申请式改善、共生院改造等修缮模式,在全面总结菜西、雨儿试点项目的基础上继续巩固扩大试点成果,不断完善政策体系,加大资金和房源支持。先后启动东城区东直门外北二里庄、雍和宫周边、西城区西板桥、大栅栏观音寺保护更新项目四个项目,累计签约退租居民1229户,涉及居民2678户,退租比例45.8%,各项工作进展顺利。

【开展危旧楼房改建试点】2020年7月1日,发布《北京市住房和城乡建设委员会 北京市规划和自然资源委员会 北京市发展和改革委员会 北京市财政局关于开展危旧楼房改建试点工作的意见》,明确对危旧楼房通过翻建、改建或适当扩建方式进行改造。全市共安排10个危旧楼房改建试点项目,其中,市属、区属试点项目7个,中央单位试点项目3个。12月30日,朝阳区建外街道光华里5、6号楼改建项目正式启动,成为北京市第一个落地的危旧楼房改建试点项目。

【组织完成省部级科技成果鉴定项目107项】2020年,围绕北京市重点工程项目开展技术攻关,在大型复杂建筑群建造、城市轨道交通、地下空间结构和智能建造技术等方面,实现了重大集成创新与关键技术突破。北京大兴国际机场、冬奥会场馆、环球影城等重大工程建设连创佳绩,建造技术集成创新成果凸显。组织完成省部级科技成果鉴定项目107项,其中21项达到国际领先水平。重点推荐的超大高科技电子厂房关键施工技术研究与应用、远洋吹填珊瑚砂岛礁机场建造关键技术研究与应用、超限大跨度机库屋盖钢结构精准建造技术等10项成果获得华夏建设科学技术奖,引领了城乡建设科技快速发展。

大事记

1月

19日 市住房城乡建设委、市人力社保局制定《北京市施工现场人员实名制管理办法》。

2月

20日 印发《北京市住房和城乡建设委 关于进一步做好本市启动突发公共卫生事件一级响应机制期间建筑施工企业安全生产许可证审批工作的通知》。

3月

8日 小汤山医院改扩建工程新建临时病房通过竣工验收。应急工程整体历时53天,其中新建病区40天完成。

17日 北京冬奥运村人才公租房项目通过钢结构验收。

24日 北京市危险房屋安全管理平台上线运行,该平台为国内特大城市首个危险房屋现代化管理平台,可实现危险房屋解危全过程动态化监管。

4月

28日 《北京市优化营商环境条例》正式实施,宣告首都营商环境法治化建设进入了新阶段。

5月

1日 《北京市物业管理条例》开始施行。

6月

20日 出台《北京市老旧小区综合整治工作手册》,为做好下一步中央和国家机关、北京市老旧小区综合整治工作奠定了良好基础。

7月

1日 市住房城乡建设委等多部门联合发布《关于开展危旧楼房改建试点工作的意见》。明确了北京各区政府对简易住宅楼和没有加固价值的危险房屋,可拆除重建,尽量补齐厨房、卫浴等生活设施,适当增加居住面积。

7日 印发《北京市房屋建筑和市政基础设施工程施工现场生活垃圾分类指引》。

9日 市住房城乡建设委会同市规划自然资源委联合印发了《关于调整本市房屋征收申请要件的通知》。

22日 市住房城乡建设委、市财政局联合印发《关于调整本市市场租房补贴申请条件及补贴标准的通知》,自8月1日起实施。

27日 大兴机场航站楼卫星厅局部地下工程结构实现全面封顶。

7月　北京环球度假区项目一期主体结构完成。

8月

17日　京雄城际铁路全线轨通。京雄城际铁路自北京西站引出，经过既有京九铁路至李营站，接入新建高速铁路线路，向南途经北京大兴区、河北省廊坊市、霸州市至雄安新区。

26日　京沈客专北京段实现全线主体贯通。京沈客专全长698公里。

31日　国家会议中心二期主体结构封顶。

9月

29日，北京市人民政府第86次常务会议审议通过修订后的《北京市禁止违法建设若干规定》（北京市人民政府令第295号），于2020年11月15日起正式施行。

10月

20日，平谷世界休闲大会主会场——金海湖国际会展中心完工。

21日　海淀区最大的共有产权房永靓家园项目正式交房，该项目是北京市共有产权住房新政实施后，首个按照新政新建并启动申购的共有产权住房项目，也是海淀区首例完成完整招拍挂程序的共有产权房地块。

30日　印发《北京市建设工程施工现场扬尘治理"绿牌"工地管理办法》。

11月

17日　国家残疾人冰上运动比赛训练馆完成竣工验收，该项目是全国首个残疾人冰上项目训练专业场馆，为残疾人运动员提供轮椅冰壶和冰球训练场地。

18日　全国首个公租房类REITs产品（房地产投资信托基金）获上交所批复，同意发行"国开—北京保障房中心公租房资产支持专项计划"。

26日　2022年北京冬奥会冰球训练场馆五棵松冰上运动中心完工。

27日　国家游泳中心"水立方"改造工程完工，成为北京2022年冬奥会第一个实现完工的改造场馆。

12月

23日起　北京市启用商品房预售许可证电子证书。

24日　市住房城乡建设委、市公安局、市网信办、市文旅局联合印发了《关于规范管理短租住房的通知》。

27日　北京至雄安新区城际铁路大兴机场以南段正式开通，标志着京雄城际铁路全部开通运营。

29日　北京2022年冬奥会延庆赛区国家高山滑雪中心、国家雪车雪橇中心、延庆冬奥村及山地新闻中心四大场馆全面完工，这标志着北京2022年冬奥会三大赛区之一的延庆赛区全面完成施工，正式亮相。

30日　朝阳区建外街道光华里5、6号楼改建项目正式启动，成为北京市第一个落地的危旧楼房改建试点项目。

（北京市住房和城乡建设委员会）

城 市 规 划

城市规划建设

【长安街及其延长线公共空间及重要节点方案征集】1月19日，北京市规划自然资源委发布长安街及其延长线（复兴门至建国门段）公共空间整体城市设计及重要节点整体营造方案征集资格预审公告，启动征集活动。5家由院士大师牵头的设计团队入围方案征集。7月中旬，完成方案中期评审。12月初，邀请9名城乡规划、建筑、历史文化、风景园林、交通等专业的专家组成评审委员会，完成方案终期评审。

【开展历史文化名城保护条例修订】4月，市规划自然资源委完成《北京历史文化名城保护条例》（以下简称《条例》）修订草案，从原则、内容、要求等方面对《条例》进行大幅调整，并征求专家学者、社会公众和政府各部门意见，进行多轮修改。12月24日，市十五届人大常委会第二十七次会议听取关于《条例（修订草案二次审议稿）》修改情况的报告。

【5个城市设计导则试行】7月1日，《北京街道更新治理城市设计导则》《北京城市色彩城市设计导则》《北京第五立面与景观眺望系统城市设计导则》《北京滨水空间城市设计导则》《北京无障碍城市设计导则》启动试行，试行时间均为1年。

【冬奥会冬残奥会公共艺术作品征集】7月9日，北京2022年冬奥会和冬残奥会公共艺术作品全球征集活动启动。活动收到来自中国、美国、英国、意大利、西班牙、德国、俄罗斯等50余个国家和地区的1313名应征人提交的1611件应征方案。经评审，评选出入围奖方案44件、提名奖方案20件。

【中轴线申遗保护三年行动计划印发实施】8月21日，《北京中轴线申遗保护三年行动计划（2020年7月—2023年6月）》由北京市推进全国文化中心建设领导小组印发实施。该行动计划以2023年6月迎接国际遗产专家现场考察为时间节点，对标申遗要求，以申遗成功"最小代价"为原则，对《北京中轴线申遗综合整治规划实施计划》项目库进行必要性与可行性评估，遴选形成价值阐释、保护管理、环境整治、公众参与、保障机制5方面48项具体任务，并逐一明确主责牵头单位、配合单位及完成时限。

【《北京市城市设计管理办法（试行）》印发】12月21日，市规划自然资源委印发《北京市城市设计管理办法（试行）》，明确城市设计包括与国土空间规划相衔接的管控类城市设计、与规划管理和规划实施相对应的实施类城市设计，提出概念类城市设计分类，促进城市设计在统筹空间要素、优化功能、改善环境、提升品质、传承文化等方面发挥作用。

【历史文化街区划定和历史建筑确定】2020年，市规划自然资源委、市住房城乡建设委、市农业农村局、市文物局组成的联合工作小组，研究制定北京市历史文化街区划定标准和历史建筑确定标准，对全市历史文化街区和历史建筑潜在对象进行摸底调查，明确历史文化街区和历史建筑的保护范围边界，形成数据成果。完成首都功能核心区历史文化街区划定，划定成果纳入核心区控规一并批复公布，首都功能核心区历史文化街区面积基本达到城市总体规划要求。9月18日，北京市第二批历史建筑315栋（座）向社会公布；12月22日，第三批历史建筑312栋（座）上报市政府审定。

【2019年度北京城市体检】2020年，北京市在总结前两年工作经验基础上，进一步完善城市体检工作制度和方法，采取政府自检和第三方体检同步进行、各有侧重的方式，组织开展2019年度城市体检。政府自检在市属12个部门、16个区及北京经济技术开发区自检报告基础上，聚焦"首都功能、城市规模、底线约束、空间结构、城市韧性、运行体系、协同发展"7大领域，总结城市总体规划实施情况、需关注问题和下阶段工作建议，形成《2019年度北京城市体检自检报告》。第三方体检由北京大学首都发展研究院院长李国平领衔，组织中国人民大学、中国科学院、中国城市规划设计研究院等6家单位，开展10个方面专题研究，形成《2019年度北京城市体检第三方报告》。11月5日、11月16日、12月2日，城市体检报告分别通过市政府常务会议、市委城工委主任专题会议、市委常委会会议审议通过。

【大运河沿线景观风貌设计方案征集】市规划自然资源委、城市副中心管委会、通州区政府共同开展城市副中心大运河沿线景观风貌设计国际方案征集，从全球34个应征人、57家应征设计单位中，选出3个团队开展设计工作，最终评选出2个优胜方案。在此基础上，对征集成果进行整合，并取得初步成果。

【长安街西延长线及永定河北京段城市设计研究】市规划自然资源委继续组织开展长安街西延长线及永定河北京段城市设计研究。梳理长安街与永定河的历史文化，明确现状与问题，提出长安街西延长线、永定河北京段的目标愿景与城市设计原则。对核心区段进行深化研究，对区域文化、用地功能、城市形态、特色风貌、生态环境等进行优化提升。在核心区段中选取2~3个重要节点作为示范，开展深入研究。

【公共空间艺术品管理】市雕塑办完成全市新建公共艺术品主题和内容审查及备案，编印《北京公共空间艺术品建设管理工作指导手册》，开发应用"北京公共空间艺术品数字化管理信息系统"，开展面向街乡镇的公共空间艺术品建设管理工作培训。

村镇规划建设

【开展乡镇国土空间规划编制】4月，北京市乡镇国土空间规划编制工作启动。市规划自然资源委成立乡镇国土空间规划工作专班，对乡镇国土空间规划编制工作进行两轮调度，研究深化乡镇集中建设区控制性详细规划技术规范和编审程序，印发乡镇地区生态要素和生态空间规划编制指引，推动集体建设用地统筹试点。11~12月，对全市9个涉农区（密云区、顺义区、怀柔区、昌平区、门头沟区、房山区、大兴区、延庆区、平谷区）的乡镇国土空间规划编制情况进行考核。截至年底，纳入考核的40个乡镇，都已报送规划编制成果。

【美丽乡村规划编制完成】市规划自然资源委成立美丽乡村规划工作专班，建立专班年度任务工作台账，建立专题会议、重大事项报告、工作督查督导等制度。推进村庄规划信息化建设，初步建成村庄规划"一张图"平台应用系统。落实村庄规划月报制度，对存在问题的区及时进行督促指导。截至年底，全市应编制村庄规划2915个，编制完成2915个，编制完成率达100%，实现村庄规划"应编尽编"；完成审批2699个，审批完成率为92.59%。

标准定额

【《居住建筑节能设计标准》修订发布】7月2日，市规划自然资源委、市市场监督管理局联合发布修订后的《居住建筑节能设计标准》。该标准将北京市居住建筑节能率由75%提升至80%以上，将节能水平由20%提高到30%。自2021年1月1日起实施。

【《住宅设计规范》发布】7月2日，市规划自然资源委、市市场监督管理局联合发布《住宅设计规范》，自2021年1月1日起实施。该规范适用于北京市城镇新建、改建、扩建住宅的建筑设计，提出满足无障碍通行技术要求、提高最小套型面积、增加居住空间采光面积、加强隔声降噪设计等要求，明确各类面积计算要求，强化防坠落、防摔倒的安全设计，注重消防报警等住宅公共安全系统设计。

【《钢结构住宅技术规程》发布】7月2日，市规划自然资源委、市住房城乡建设委、市市场监督管理局联合发布《钢结构住宅技术规程》，自2021年1月1日起实施。该规程适用于北京市新建钢结构住宅的设计、施工、验收、使用与维护，强调通过提高建筑层高、强化适老化设计和舒适性设计、加强标识设计，提高空间可改造性，降低建造过程排放，模数协调技术运用，利用装配式装修、集成式厨房、集成式卫生间等装配化技术手段，促进住宅建设发展。

其他重要工作

【建筑师负责制试点】6月8日，住房城乡建设部办公厅批复同意北京市开展建筑师负责制试点。市规划自然资源委研究制订了《北京市建筑师负责制试点指导意见》，在民用建筑和低风险工业建筑项目中，持续推行"全过程工程咨询"和"建筑师负责制"试点，在全市选取商业文化服务、教育、医疗、康养设施及低风险工业建筑等多种类型试点项目，在中小规模建设项目中开展先行先试，由建筑师统筹协调工程建设各环节工作，协助建设单位将建设意图、投资控制和最终功能要求贯彻始终，实现建筑设计的高完成度，有效控制建筑造价，提升建设品质和投资效益。

【人工智能审图技术试点】9月10日，北京市建设工程人工智能审图试点工作获住房城乡建设部批复同意。市规划自然资源委研究确定试点工作从功能简单的办公楼、教学楼等建筑类型入手，重点对消防安全性、结构安全性等进行审查，并在全市数字化审图系统基础上，初步完成系统工作架构梳理，开展多套标准办公楼图纸的计算机语言翻译，完成部分条文的智能识别和程序编制。

【工程建设项目审批制度改革】市规划自然资源委作为牵头单位，进一步深化全市工程建设项目审批制度改革。精简审批环节，统一审批流程。完善审批管理系统，统一信息数据平台。加强投资项目在线审批监管平台与"多规合一"协同平台、施工图联审平台、"联合验收平台"等对接，构建全市投资项目审批"一张网"，实现与国家平台对接开展数据汇交。建立"多规合一"协同平台预沟通预协调机制，加快项目前期策划生成，为各类项目提供"全程线上、一站式、集成式"规划与各专项评估服务。加强事中事后监管，统一监管方式。建立以"双随机、一公开"监管为基本手段、以重点监管为补充、以信用监管为基础的监管机制。配合住房城乡建设部开展工程建设项目审批制度改革第三方评估，1月，完成2019年度评估；10月20日，完成2020年度评估填报。在2019年度第三方评估中，北京市低风险项目审批便利度全国排名第一。

【申办2026年世界建筑师大会】市政府与住房城乡建设部联合成立2026年世界建筑师大会申办指导委员会；市规划自然资源委联合中国建筑学会，共同组织清华大学、北京市建筑设计研究院等单位，推动2026年世界建筑师大会申办工作。编制票仓工作任务表，点对点制定票仓争取方案；契合联合国教科文组织"公平"和"可持续"等主题定位，初步确定申办主题——"回到均衡：为所有人美好生活的建筑"（Back to Balance: Architecture for everyone's better life）；制定里约建筑师大会中国馆策展方案，落实线上展览的策划和设计；通过组织和参与国际会议、外事访问等，加强与国际建协和相关成员学会的互动交流，争取申办支持。

大事记

1月

1日 北京市不动产登记电子证照在全市范围内施行。

9日 北京市2019年责任规划师总结表彰交流会召开。

15日 北京市规划自然资源委、市经济信息化局联合召开会议，审查通过第一阶段北京市智能汽车基础地图应用试点区域，试点划定在国家智能汽车与智慧交通（京冀）示范区亦庄基地和北京经济技术开发区特定自动驾驶开放道路和开放测试区域。

23日　北京市规划自然资源委启动小汤山医院改建项目方案研究。29日，市规划自然资源委审定小汤山医院改建设计方案。3月16日，小汤山定点医院正式启动运行。

2月

3日　北京市政府常务会议审议通过《首都功能核心区控制性详细规划（街区层面）（2018年—2035年）（送审稿）》。22日　市委十二届十二次全会审议通过《首都功能核心区控制性详细规划（街区层面）（2018年—2035年）（送审稿）》，一致同意按程序上报党中央、国务院审定。

25日　北京市首个通过简易低风险项目审批服务政策完成的集体建设用地审批项目——门头沟区龙泉镇琉璃渠便利店项目，取得集体不动产权证书。

28日　联合市发展改革委印发《北京市2020年度建设用地供应计划》。

3月

10日　市政府常务会议研究通过《北京市自然资源资产产权制度改革方案》。8月5日，市委办公厅、市政府办公厅印发实施《北京市自然资源资产产权制度改革方案》。

15日　市政府发布《关于由北京城市副中心管理委员会行使部分市级行政权力的决定》。

17日　国家发展改革委发布《北京市通州区与河北省三河、大厂、香河三县市协同发展规划》。

19日　首都规划建设委员会向中共中央、国务院上报2018年北京城市体检报告。

20日　市委城市工作委员会审议通过《中共北京市委城市工作委员会2020年工作要点》等事项，听取老旧小区综合整治工作有关情况的汇报。

4月

8日　市政府印发《北京市战略留白用地管理办法》，本办法自印发之日起施行。

12日　市委、市政府印发《关于建立国土空间规划体系并监督实施的实施意见》，确立北京"三级三类四体系"的国土空间规划总体框架。

15日　社会投资简易低风险工程建设项目规划许可施工许可合并办理意见新办理流程在"一站通"系统上线试运行。

30日　市委常委会研究通过《2020年北京市规划和自然资源领域专项治理监督工作方案》。同日，市规划自然资源委门头沟分局完成门头沟小园定向安置房项目配套用房规划许可施工许可办理。该项目是全市首个"全程网办"的规划许可施工许可合并办理案例。

5月

20日　市委常委会研究通过《关于进一步加强农村集体土地管理加快建立健全"村地区管"机制的指导意见》《关于落实"户有所居"加强农村宅基地及房屋建设管理的指导意见》。

26日　中央农办调研组到顺义区、大兴区开展完善耕地保护制度专题调研。

6月

3日　市委常委会研究通过《北京市长安街及其延长线市容环境景观管理规定（修订版）》。

8日　住房城乡建设部办公厅函复同意北京市开展建筑师负责制试点。

9日　市政府常务会议审议通过《北京推进国际交往中心功能建设专项规划》。24日，市委常委会研究通过《北京推进国际交往中心功能建设专项规划》。9月1日，《北京推进国际交往中心功能建设专项规划》印发实施。

19日　发布《关于我市固体矿产和矿泉水资源矿业权审批工作的公告》。

28日　市政府常务会议研究通过《北京大兴国际机场临空经济区（北京部分）控制性详细规划（街区层面）》。7月8日，市委常委会研究通过《北京大兴国际机场临空经济区（北京部分）控制性详细规划（街区层面）》。

7月

2日　习近平总书记主持召开中央政治局常委会会议，审议《首都功能核心区控制性详细规划（街区层面）（2018年—2035年）》并发表重要讲话。

4日　市委书记蔡奇赴首规委办、市规划自然资源委，就核心区控规落实工作进行调研。

13日　发布《关于我市地热资源矿业权审批工作的公告》。

28日　市政府常务会议审议通过《北京市控制性详细规划编制工作方案》。

7月　"e地质"应用系统完成各项功能测试，登陆北京市政府"北京通"手机客户端，正式上线运行。

8月

20日　市政府常务会议研究通过《首都功能核心区控制性详细规划三年行动计划（2020年—2022年）》。26日，市委常委会研究通过《首都功能核心区控制性详细规划三年行动计划（2020年—2022

年)》。9月18日,《首都功能核心区控制性详细规划三年行动计划(2020年—2022年)》印发实施。

21日 中共中央、国务院批复《首都功能核心区控制性详细规划(街区层面)(2018年—2035年)》。同日,北京市推进全国文化中心建设领导小组印发实施《北京中轴线申遗保护三年行动计划(2020年7月—2023年6月)》。

25日 市政府常务会议审议通过《北京市没收违法建筑物处置办法(试行)》。

9月

2日 市政府常务会议审议通过北京市生态保护红线评估调整工作事项。22日,市委常委会审议通过北京市生态保护红线评估调整工作事项。

4日 首都规划建设委员会召开第40次全体会议。

10日 住房城乡建设部批复同意北京市开展建设工程人工智能审图试点。

15日 市政府常务会议审议通过《北京人民防空建设规划(2018年—2035年)》。

16日 召开全市农村乱占耕地建房专项整治行动部署会。

18日 市规划自然资源委、市住房城乡建设委、市农业农村局、市文物局联合公布北京市第二批历史建筑名单,此次公布的历史建筑共315栋(座)。

22日 印发《关于进一步下放国有土地使用权出让地价评审权限的通知》。

29日 市政府常务会议审议通过《北京市自然保护地整合优化预案》《北京市分区规划实施管理办法》《北京市禁止违法建设若干规定(修订草案)》。

30日 市政府批复《北京市轨道微中心名录(第一批)》。

10月

13日 市政府公布《北京市禁止违法建设若干规定》。自11月15日起施行。

20日 印发《关于规范和加强临时用地管理的意见》。

22日 昌平区不动产登记事务中心完成全市首例集体土地林权类不动产调查、首次登记,核发全市第一本集体土地林权不动产证书。

11月

5日 市政府常务会议审议通过《2019年度北京城市体检评估报告》《北京市关于建立国家公园为主体的自然保护地体系的实施意见》。

7日 市委城市工作委员会审议通过《北京市郊铁路线网规划》。

12日 市政府常务会议审议通过《北京城市总体规划(2016年—2035年)实施情况的报告(书面)》《三山五园地区整体保护规划(2019年—2035年)》。

24日 市政府常务会议审议通过《南中轴地区规划方案(2020年—2035年)》。

25日 市委常委会审议通过《北京市关于建立以国家公园为主体的自然保护地体系的实施意见》。

26日 市十五届人大常委会第二十六次会议审议通过《关于〈北京城市总体规划(2016年—2035年)实施情况〉的报告》《关于〈北京城市副中心控制性详细规划(街区层面)(2016年—2035年)〉实施情况的报告》。

12月

2日 市委常委会审议通过《三山五园地区整体保护规划(2019年—2035年)》。

8日 市政府常务会议审议通过《关于北京市生态环境分区管控("三线一单")的实施意见》《北京市城市设计管理办法(试行)》《北京市自然资源统一确权登记总体工作方案》。

18日 市委常委会审议通过《南中轴地区规划方案(2020年—2035年)》。

21日 印发《北京市城市设计管理办法(试行)》。

12月 市政府批复《北京大兴国际机场临空经济区(北京部分)控制性详细规划(街区层面)》。

(北京市规划和自然资源委员会)

城市管理

概况

2020年,首都城市管理落实精细化要求,注重顶层设计,坚持规范引领,以"国际一流的和谐宜居之都"为目标,组织编制北京"十四五"城市管理发展规划。确定年度首都环境建设市级重点项目16项,统筹协调推动冬奥会环境建设总体方案和4个专项方案的落实。克服新冠肺炎疫情影响,以"战时机制"推动新修订《北京市生活垃圾管理条例》的贯彻实施,垃圾分类工作取得显著的阶段性成果。聚焦流动人口与户籍人口倒挂比例严重地区,开展城乡接合部地区公共安全环境治理。组织完成穿缆撤线195千米,拔杆3355根,加强户外广告、牌匾标识和标语宣传品规范设置管理,提升城市公共空间品质。开展1536条背街小巷环境精细化提升，推进市郊铁路、京哈通道、京沈客专等沿线环境整治，圆满完成国际服务贸易交易会、全国两会等重大活动的环境保障任务。首都城市环境社会公众满意度总分为81.51分，同比上升1.34%。修订出台《北京市燃气管理条例》，全市天然气年用量185.41亿立方米。唐山LNG接收站应急调峰项目建成投产，形成储气能力1.92亿立方米，实现全市不少于日均3天用气量的天然气应急储备能力要求。2020—2021年供暖季，全市城镇地区供热面积8.95亿平方米，其中居民供热面积约6.28亿平方米。继续推进"互联网＋充电基础设施"建设，市级平台累计上线运营企业97家，上线社会公用充电场站2290个，实现约2.43万个社会公用充电设施的位置查询、忙闲状态查询、充电导航等服务功能。协调推进大兴国际机场临空经济区、通州文化旅游区、轨道交通7号线东延等16项在建地下综合管廊项目建设。实施综合管廊设施设备编码规范，发布综合管廊智慧运营技术规范，印发综合管廊安全隐患排查指南。编制《2019年度北京市地下管线基础信息统计分析报告》，推进老旧小区市政管线入楼入户，完成市级地下管线消隐工程703项。房山循环经济产业园焚烧厂投运，全市生活垃圾处理设施46座，其中填埋设施10座、生化设施24座、焚烧设施12座，生活垃圾总设计处理能力达到3.38万吨/日。完成80条无灯路路灯设施建设。

城乡环境建设

【组织编制北京"十四五"城市管理发展规划】科学设计和编制"十四五"时期"1＋9"规划体系，即1项市级专项规划：城市管理发展规划；7项市级专业规划：燃气发展建设规划、供热发展建设规划、电力发展规划、环卫事业发展规划、照明发展规划、城乡环境建设管理规划、新能源汽车能源补给基础设施发展规划；2项委内一般规划：地下管线运行综合协调管理规划、安全生产和应急管理工作规划。

【农村人居环境明显改善】聚焦垃圾治理、厕所革命等重点任务，按照工作有部署，政策有引领，技术有支撑，标准有落实，推进有指导，年度有评估的要求，扎实推进农村人居环境整治。全市99%行政村生活垃圾得到处理，162处非正规垃圾堆放点完成整治，累计创建垃圾分类示范村1500个，完成第三批798个村庄的公厕达标改造，村容村貌明显改善。继续开展公共照明设施改造提升工作，完善村庄公共照明管理体制机制。完成第三批村庄违规户外广告、牌匾标识和废旧设施拆除清理。

【城市道路清扫保洁质量提升】修订《城市道路清扫保洁质量与作业要求》《街巷环境卫生质量要求》。完善市、区、作业单位三级道路扬尘管控体系，组织各区做好道路清扫保洁、雾霾天气道路降尘、冬季午间洗地、杨柳飞絮湿化阻燃等环卫作业，城市道路"冲扫洗收"组合工艺作业覆盖率达到92%以上。健全城市道路尘土残存量监测工作机制，市级全年检测1818条一级城市道路尘土残存量，全市平均值为8.7克/平方米，市区两级监测体系基本构建。积极推进背街小巷小型机械化作业，完成了城六区和城市副中心街巷胡同小型机械化作业试点。

【公厕管理"五有"长效管护机制建立】制定《2020年北京市开展农村人居环境整治推进美丽乡村建设工作要点》《关于统筹推进农村生活污水治理和农村改厕工作的指导意见》《本市公共厕所建设改造成本控制标准》，实施并落实《公共厕所运行管理规范》，实行公厕分类管理，分行业加强管理。初步建立"有制度、有标准、有队伍、有经费、有督查"的公厕管理长效管护机制。全年完成798个美丽乡村755座公厕和396个城乡接合部整治村310座公厕的达标改造任务，对3456处公厕标志标识引导牌进行整改，对956座公厕无障碍设施进行整改。

【新修订《北京市生活垃圾管理条例》正式施行】5月1日，新修订的《北京市生活垃圾管理条例》正式施行。全市上下以"战时机制"推动垃圾分类工作开展，按照垃圾分类与疫情防控相结合、生活垃圾管理条例与物业管理条例相结合、宣传引导与执法处罚相结合、社会动员与督导检查相结合、全面推动和重点突破相结合、源头减量和垃圾分类相结合等"六个结合"的总体思路，实现了"垃圾分类普遍推开、分类意识普遍提高、硬件设施普遍改善、分类习惯正在养成"的阶段性目标。截至12月，家庭厨余垃圾分出量4248吨/日，比条例实施前增长了12.7倍。加上餐饮服务单位厨余垃圾1861吨/日，厨余垃圾总体分出量6109吨/日。其他垃圾量1.53万吨/日，同比2019年下降35%。

【成立市级垃圾分类工作推进指挥部】5月2日，组建成立北京市生活垃圾分类推进工作指挥部，由主管副市长担任总指挥。指挥部办公室设在市城市管理委。各区参照设立区级指挥部。指挥部定期编制《垃圾分类工作简报》，促进经验交流和信息沟通；定期召开例会，通报突出问题，交流优秀经验，审议政策标准。年内，共召开指挥部会议91次，编发工作简报108期。

【**完善生活垃圾分类法规制度体系**】《北京市生活垃圾分类工作行动方案》明确的62项具体任务，已完成42项阶段性任务，20项需长期坚持的任务持续推进。年内，共牵头和参与研究制定相关政策40余项，督促和指导相关行业主管部门制定行业垃圾分类工作标准和方案60余项，分类投放收集运输处理方面，制定了《居民家庭生活垃圾分类指引（2020年版）》《居住小区生活垃圾分类投放收集指引（2020年版）》《密闭式清洁站新建改造提升技术指引（2020年版）》，生活垃圾治理政策制度体系趋于完善。

【**推进垃圾分类示范片区创建**】2020年，第四批垃圾分类示范片区共计申报109个街道（乡镇），创建工作正有序开展中。全市累计开展生活垃圾分类示范片区创建的街道（乡镇）共计333个，覆盖范围达到了99%，涉及6128个社区（村），80435个责任主体，10632个居民小区，覆盖人口约775万户，2095万人。东城、西城、石景山区和城市副中心基本已实现区域垃圾分类全覆盖。

【**推进公共服务设施减量**】为净化城市公共空间环境，整合公共设施资源，方便群众出行，遵循"建成即入"原则，组织完成穿缆撤线195千米，拔杆3355根；完成故宫、中南海等重点区域周边道路110处电力箱体"隐形化、小型化、景观化"治理；东城崇雍大街、平安大街、海淀中关村西区、朝阳CBD共28条道路18.5千米实施"多杆合一"，对2100余根各类杆体进行整合，杆体减量约50%。

【**1536条背街小巷环境整治提升**】全年共完成1536条背街小巷环境精细化整治提升，其中城六区和通州区着重打造的200条示范背街小巷列入了市级重点民生实事项目。全年共拆除私搭乱建2.03万平方米，治理开墙打洞255处；整饰外墙立面32.5万平方米，规范外挂设施3864处，治理违规广告牌匾标识775块；整修路面49.5万平方米；完善无障碍设施6911处、修复盲道2.68万米；增设早餐点及菜站545处、座椅127处，改造公厕101座；绿化美化9.73万平方米、建成口袋公园1.6万平方米；实施电力架空线入地7.7千米，通信架空线入地41.3千米，背街小巷的环境面貌进一步改善。

【**推进无障碍环境建设**】将无障碍环境建设纳入环境整治提升重点内容，以核心区、城市副中心、冬残奥会场馆周边等区域为重点，推进背街小巷环境精细化整治提升新三年计划和重点大街环境整治提升中指导各区结合居民需求和实地条件完善无障碍设施。结合城市道路公共服务设施规范治理工作，协调相关部门推进人行步道上无障碍设施连续、畅通、安全。指导各区开展基础台账的摸排和上账，组织做好问题公厕、公共服务设施占压盲道的排查、整改，确保公厕无障碍设施规范运行，问题服务设施及时迁移。围绕冬奥会和冬残奥会场馆周边、四环路以内地区、城市副中心的重点区域开展重点工作检查。

市政公用事业

【**《北京市燃气管理条例》修订出台**】会同市人大城建环保办、法制办、市司法局成立专班，"四位一体"推进《北京市燃气管理条例》修订工作。9月25日，《北京市燃气管理条例》由北京市第十五届人民代表大会常务委员会第二十四次会议表决修订通过，自2021年1月1日起施行。

【**全市天然气用量突破185亿立方米**】2020—2021年供暖季期间，受寒潮影响，北京市天然气日用量连续五天突破1.2亿立方米，其中2021年1月7日最大日用量1.36亿立方米，创历史新高。全年北京市天然气年用量为185.41亿立方米。

【**唐山LNG接收站应急调峰项目投产**】唐山LNG接收站应急调峰保障工程项目于2018年3月开工建设，2020年11月24日建设完成。该工程形成储气能力1.92亿立方米，如期实现了北京市不少于日均3天用气量的市政府天然气应急储备能力任务要求。

【**"互联网+充电基础设施"上线运营**】整合不同企业的充电服务平台信息资源，促进不同充电服务平台互联互通。截至2020年年底，市级平台累计上线运营企业97家，上线社会公用充电场站2290个，实现约2.43万个社会公用充电设施的位置查询、忙闲状态查询、充电导航等服务功能。

【**在建综合管廊项目全面推进**】协调推进大兴国际机场临空经济区、通州文化旅游区、轨道交通7号线东延等16项在建地下综合管廊项目建设，会同有关部门创新标准规范、优化功能设计，通过整合舱室断面、优化通风口、出入口设置、加强地面附属设施景观设计、合理选择施工工法、加强建设统筹等措施严控建设成本。截至12月，在建综合管廊总长度97.45千米，累计建成廊体59千米。

【**推进来广营北路、顺白路市政管线入廊**】组织召开协调会议22次，现场调度检查5次，协调推进综合管廊建设进度，加快推动前期手续办理，统筹市政管线入廊建设时序，督促入廊管线单位与管廊建设运营单位签订入廊协议，按期保障清河第二再生水厂、温榆河公园等市政能源供给。

【大兴机场第二气源管线入廊加快建设】协调大兴机场高速公路及临空经济区永兴河北路、大礼路、青礼路综合管廊燃气管线入廊，组织召开协调会议5次，督促协调签订入廊协议及运维协议，研究综合管廊有偿使用解决方案，协调落实有偿使用费4600余万元。

【《综合管廊设施设备编码规范》实施】4月，北京市地方标准《城市综合管廊设施设备编码规范》DB11/T 1670—2019正式实施。该标准在国内率先建立了统一、规范、集约的综合管廊设施设备编码规则，有助于加强综合管廊资产管理、节约综合管廊运营成本、提高精细化管理水平。

【市政接入"非禁免批"政策出台】4月28日，市城市管理委等8部门联合印发《关于免除低压燃气和供排水"三零服务"项目行政审批的通知》（京管发〔2020〕15号），明确符合条件的供气和供排水接入工程无需规划自然资源、住房城乡建设、园林绿化、交通和公安交管部门审批，用户只需网上提交施工方案，便可进行施工作业，减少了5个环节和5个工作日时长，进一步提升用户便利度。

【推进老旧小区市政管线入楼入户】会同市住建委、市发改委、市财政局等相关部门，多次召开专题会议，协商研究住宅小区市政管线管理服务"最后一公里"涉及的管线接收移交、更新改造、服务入户等问题，形成了《关于住宅小区市政管线入楼入户、打通管理服务"最后一公里"有关情况的报告》和配套的工作方案。目前，工作方案已纳入市住房城乡建设委老旧小区综合统筹和管线改造方案中。

【构建施工作业保护地下管线新机制】围绕施工作业保护城市地下管线管理办法修改完善，向16个区、13个政府部门、12家地下管线权属单位、7个委内处室或单位征求意见，组织16个区城管委、部分街乡镇、管线单位代表以及相关政府职能部门等进行6次座谈交流，汲取大量基层意见和实践经验。经过持续努力，管理办法文本已基本成型，提出搭建全市地下管线概略信息"一张图"、组织管线单位到街乡镇报到、建立市区街三级协调督导机制、建立施工告知制度、强化建设单位和管线单位主体责任、实行施工作业保护二维码管理、事故损失第三方评审、事故损失分级赔偿、建立联动执法机制等9个方面的新举措，已向市司法局提交制定政府规章的立项需求。

【治理病害井盖15000余座】6月初，结合办理市十五届人大三次会议关于加强井盖病害治理的第0638号建议，会同各行业主管部门、市交通委、市公安交管局等部署开展"平底锅"井盖治理专项行动，组织各市级主要井盖权属单位对首都功能核心区、党政军重要机关驻地周边、重要会议保障区域、长安街及其延长线等道路范围内病害井盖全面排查、建立台账、加紧治理，对暂时不具备治理完成条件的，形成详细台账，纳入下年度治理计划。11月5日，组织召开专题推进会，对病害检查井治理和城市道路慢行系统改造井盖更换工作再动员再部署。通过市、区两级共同努力，年内全市治理病害井盖15000余座。

【地下管线消隐计划加速实施】组织制定《北京市2020年度消除城市地下管线自身结构性隐患工程计划项目汇编》，并两次调整项目计划，召开2020年北京市城市地下管线自身结构性隐患排查治理工作会，部署地下管线自身结构性隐患排查治理工作。定期督促管线单位报送消隐工程实施进展，积极协调、解决遇到的困难和问题。全年市级地下管线消隐工程计划完工703项，共102千米，项目完成率59.18%。

【房山循环经济产业园焚烧厂投运】设计日处理能力1000吨的房山循环经济产业园焚烧厂于9月19日点火带料调试，10月14日发电并网，10月22日焚烧量1004.75吨，12月25日通过168个小时满负荷运行测试。

【加强垃圾处理设施建设】建成房山循环经济产业园焚烧厂1座，新增设计处理能力1000吨/日；建成昌平有机质生态处理站1座，新增设计处理能力100吨/日。截至2020年年底，全市生活垃圾处理设施共计46座，其中填埋设施10座、生化设施24座、焚烧设施12座，生活垃圾总设计处理能力达到3.38万吨/日，其中：焚烧能力17650吨/日、生化能力8230吨/日、填埋能力7931吨/日。

【完成80条无灯路路灯设施建设】在全市范围内积极组织开展无灯道路的排查，共完成80条无灯路路灯设施建设（共涉及道路长度约57公里，投资总额9937.64万元）并如期亮灯，为市民夜晚安全出行提供了良好的照明保障。

大事记

1月

29日　印发《保障城市运行服务加强新型冠状

病毒感染的肺炎防控工作方案》。

2月

14日　小汤山医院燃气工程提前高质量完工。

17日　北京市城市管理委员会、首都精神文明办、北京市规划和自然资源委员会联合印发《背街小巷环境精细化整治提升三年（2020—2022年）行动方案》。

24日　小汤山医院燃气工程顺利通气。

3月

31日　2019—2020年采暖季圆满结束。为改善疫情防控期间市民居家生活条件，减少因停暖导致的感冒和前往医院交叉感染风险，经市委、市政府同意，先后两次延长2019—2020年采暖季集中供暖时间，第一次延长至3月22日，第二次延长至3月31日停暖，并相应上调天然气分户自采暖居民气量补贴上限。

4月

17日　市委市政府召开首都精神文明建设工作暨背街小巷环境精细化整治提升动员部署大会。同日，市委市政府召开深入推进疏解整治促提升促进首都生态文明与城乡环境建设动员大会。

24日　市委市政府召开北京市生活垃圾分类和物业管理推进大会。市委副书记、市长陈吉宁主持，市人大常委会主任李伟、市政协主席吉林出席。同日，《北京市人民代表大会常务委员会关于修改〈北京市市容环境卫生条例〉的决定》由北京市第十五届人民代表大会常务委员会第二十一次会议通过，自2020年6月1日起施行。

5月

1日　新修订的《北京市生活垃圾管理条例》正式施行。

2日　组建成立北京市生活垃圾分类推进工作指挥部。

29日　市委召开区委书记月度工作点评会。从本月开始，蔡奇书记对生活垃圾管理和物业管理两个条例实施情况进行点评。

5月

第二轮《北京志·市政管理志（1991—2010）》出版发行。

6月

针对新发地疫情，组织对新发地涉疫物资及时进行无害化处置，有效切断疫情传播途径，推动生产生活秩序逐步恢复。

7月

8日　市委编委印发《关于同意设立北京冬奥会城市运行和环境建设管理指挥部有关事项的批复》（京编委〔2020〕12号），同意设立北京冬奥会城市运行和环境建设管理指挥部。

21日　《北京市建筑垃圾处置管理规定》经市人民政府第77次常务会议审议通过，自2020年10月1日起施行。

9月

4日　市委编委印发《中共北京市委机构编制委员会关于调整市城管执法局机构编制事项的通知》（京编委〔2020〕27号），明确市城管执法局为市城市管理委管理的副局级行政执法机构。

19日　房山循环经济产业园焚烧厂带料点火调试。

25日　《北京市燃气管理条例》由北京市第十五届人民代表大会常务委员会第二十四次会议修订通过，自2021年1月1日起施行。同日，《北京市人民代表大会常务委员会关于修改〈北京市生活垃圾管理条例〉的决定》施行。

30日　国家天然气基础设施互联互通重点工程密云—马坊—香河联络线一次投产成功。同日，北京冬奥会城市运行和环境建设管理指挥部举行第一次全体会议暨揭牌仪式。印发了《北京冬奥会和冬残奥会城市环境建设和城市运行总体工作方案》。

10月

27日　召开2020—2021年度冬季供热暨扫雪铲冰工作动员部署会。

11月

24日　唐山LNG接收站应急调峰保障工程项目建设完成。

12月

2日　副市长卢映川主持召开2020年第一批北京市生活垃圾分类示范小区、村观摩授牌会，通过2020年第一批共174个市级示范小区、村名单，并为示范小区、村代表授牌。

（北京市城市管理委员会）

园林绿化

概况

2020年北京市新增造林绿化1.47万公顷、城市绿地1158公顷、新增和恢复湿地2223公顷。全市森林覆盖率达到44.40%，平原地区森林覆盖率达到30.4%；城市绿化覆盖率达到48.90%，人均公共绿地面积达到16.50平方米，全面完成"十三五"规划确定的各项指标任务。

园林绿化建设与管理

【生态环境修复】全市完成新增造林21万亩。累计完成新一轮百万亩造林70万亩。持续推进冬奥会和冬残奥会生态保障，实施市郊铁路怀密线绿化建设面积1.35万亩。推进"绿色项链"建设新增绿化面积6800余亩，改造提升1166亩。重点推进五福堂公园等4个公园建设，实现了一绿地区城市公园环百园闭合；利用边角地、农村沟路河渠村周边挖潜增绿，实施乡村绿化美化4200亩。

【拓展城市绿色空间】推进"留白增绿"实施1167.86公顷，推进实施"战略留白"临时绿化2348公顷。建设完成36处休闲公园、13处城市森林的主体绿化任务，建设完成50处口袋公园及小微绿地。实施居住区绿化16公顷、屋顶绿化8650平方米，建设绿道143公里，完成908条背街小巷绿化环境整治。

【举办第十二届月季文化节】5月18日—6月18日，第十二届月季文化节以"疫区月季开，香约新国门"为主题，在北京大兴举办。通过互联网直播的形式，把一系列重要的线下活动环节，全程同步搬到线上，让未能身临现场的网友们也能通过手机屏幕一同享受这场文化盛宴。本次大赛旨在弘扬市花文化、提升月季在城市绿化美化中的应用水平，培养、选拔、激励一批在月季应用及园林设计方面的高素质人才。

【园林绿化综合执法改革】7月31日，市委编办印发《关于同意整合组建北京市园林绿化综合执法大队的函》，把园林绿化局执法监察大队职责，以及市林保站、市种苗站和松山保护区管理处的行政执法职责整合，执法监察大队调整更名为北京市园林绿化综合执法大队。

【举办第十二届菊花文化节】9月13日—11月30日，举办北京市第十二届菊花文化节，约40万株（盆）不同品种的菊花以及各色花卉在各大展区亮相，总面积达12万余平方米。

【新一轮百万亩造林绿化工程】2020年，全市计划完成新增造林1.13万公顷，实际完成造林绿化1.4万公顷，其中完成当年任务1.23万公顷、完成2019年扫尾任务0.17万公顷。实施了京藏、京新、京礼高速两侧绿化建设和景观提升工程0.33万公顷，启动了京张高铁通道绿化建设任务625.75公顷。城市副中心外围大尺度绿化，新增造林960公顷。完成市郊铁路怀密线景观提升工程，总建设面积905.93公顷，栽植各类苗木55.3万株。推进"绿色项链"建设，新增绿化面积453.33公顷，改造提升77.73公顷。实施浅山生态修复造林绿化3946.67公顷，持续巩固浅山区生态屏障。实施浅山区造林479.8公顷，改造提升113.67公顷。实施"战略留白"临时绿化任务2348公顷，栽植各类乔木109万株，灌木29万株。

【2022年北京冬季奥运会绿化建设】2020年启动了京张高铁通道绿化建设，总任务625.75公顷，其中新增造林525.53公顷、改造提升100.22公顷，累计栽植乔木26万株。2020年在延庆冬奥赛区周边浅山台地、平缓地重点区域，实施大尺度造林绿化454公顷，栽植各类苗木35.3万株。延庆冬奥赛区周边平原重点区域及道路两侧0.97万公顷生态林养护工程已全部完工，继续实施森林健康经营0.70万公顷，国家公益林管护抚育工程1933.33公顷，依托2020年新一轮百万亩造林京张高铁昌平段绿色通道建设工程实施，山体创伤面积38公顷。

【城市绿色空间拓展】全年完成新增绿地1158公顷，完成全年任务700公顷的165%。建成朝阳北花园、海淀闵庄等41个休闲公园，新建石景山炮山、密云冶仙塔等城市森林13处，完成西城颐乐园、丰台筑翠园等50处口袋公园及小微绿地建设，建成通州重要通道生态游憩带、延庆蔡家河等绿道147千米；完成昌平巩华城、平谷山东庄等居住区绿化工程16公顷，新增屋顶绿化5.5万平方米、垂直绿化25千米，配合完成1530条背街小巷环境整治提升。

【全市公园新冠肺炎疫情防控工作】制订了《北京市公园新冠肺炎疫情防控工作的指导意见》，发布《北京市园林绿化局关于进一步做好全市公园风景区开闭园工作的通知》等30余个文件通知，落实公园风景区疫情防控工作要求。对全市有代表性的433家公园，每天实时统计游客数量。按照"能开则开、有序开放"的原则，全市具备条件的公园风景区全部开放，做好疫情防控的前提下，积极开放夜间游览。

【疏解整治"留白增绿"】2020年，全市共实施留白增绿950公顷，其中涉及园林绿化任务866公顷，将任务分解为76个项目，涉及14个区，其中与新一轮百万亩统筹实施的49个项目，单独立项实施的27个项目。截至年底，全市留白增绿园林绿化部分共完成874公顷，超额率101%。

【城市副中心绿化建设】按照《北京市新一轮百万亩造林绿化行动计划2020年度建设总体方案》，2020年通州区实施22个项目、新增绿化面积

1570.20公顷，其中副中心范围内379.80公顷、副中心外围969.20公顷、战略留白试点任务217.67公顷。9月29日城市绿心森林公园开园标志着城市绿心的绿色本底已打造完成。2020年通州区实现23处新建公园绿地开放，涉及绿化面积约0.34万公顷，接待游客量10万人。

【城市绿心绿化建设】城市绿心是北京城市副中心"两带、一环、一心"绿色空间结构的重要组成部分，规划范围为西至现状六环路，南至京津公路，东、北至北运河，建设面积555.85公顷，总投资约22.97亿元。该项目于2018年12月启动，2020年9月底建成并正式对外开放，全园新植各类乔灌木101万株，水生植物4.5万平方米，地被348万平方米，打造了80万平方米全市最大生态保育核、5.5千米星型园路、36景观节点及30多片多功能运动场地。

【永定河综合治理与生态修复】永定河北京段长170千米，流域面积3168平方公里，流经延庆、门头沟、海淀、石景山、丰台、房山、大兴7个区。从2016年工程项目启动到2020年年底，北京市园林绿化局负责的8项任务已经全部完成，正在滚动施工建设的有5项。累计完成新增造林1.14万公顷、森林质量精准提升2.09万公顷。建设湿地公园1处，新增湿地80公顷。完成丰台北天堂滨水郊野森林公园和门头沟永定河滨水森林公园绿化建设。

【南苑森林湿地公园】2019年，丰台区开始启动实施南苑森林湿地公园先行启动区333.34公顷规划建设任务，其中A地块（51.2公顷）、B地块（24.67公顷）2020年开始绿化建设。项目于2019年完成立项批复，2020年初完成施工、监理招标工作，春季完成造林地块的土地流转和拆迁腾退工作。B地块的土方、基础工程和绿化栽植工作已完成。

【湿地修复建设】2020年，全市400平方米以上湿地总面积58682.86公顷，占全市总面积的3.6%。2020年，结合新一轮百万亩造林绿化行动计划，以温榆河公园、南苑森林湿地公园、新西凤渠湿地公园建设为重点，加大湿地恢复与建设力度。全年恢复建设湿地2223公顷。

【实施美丽乡村绿化美化】制订《北京市园林绿化局贯彻乡村振兴战略推进美丽乡村建设2020年度任务分工方案》《乡村绿化美化设计方案编制指导意见》，指导相关区做好村庄绿化美化设计方案的编制工作；村庄绿化美化完成372.13公顷，超额完成280公顷的年度建设任务；结合年度造林绿化工作，完成了20处"村头一片林"建设；创建首都森林城镇6个和首都绿色村庄50个。

【国家森林城市创建】制订《关于全面实施〈北京森林城市发展规划（2018—2035年）〉的指导意见》。指导通州、怀柔、密云3个区依据本区国家森林城市建设总体规划，全面完成年度任务目标。指导海淀区全面启动创森工作，6月完成了在国家林草局的创森备案工作，实现全市有条件的14个区全部完成创森备案的目标。指导大兴区、朝阳区、丰台区完成了本区国家森林城市建设总体规划的编制工作。指导门头沟、石景山、房山、昌平4个区按照本区国家森林城市建设总体规划和实施方案，细化任务分工，推动各项创森年度任务顺利完成。

【古树名木保护】据最新普查统计，全市共有古树名木41865株。其中古树40527株，包括一级古树（树龄300年以上）6198株，二级古树（树龄100年以上不足300年）34329株；名木（珍贵、稀有的树木和具有历史价值、纪念意义的树木）1338株。据调查，古树名木树种共计33科56属74种。2020年，组织开展全市名木资源调查，并完成《北京市古树名木保护规划（2020—2035年）》（修改稿）编制工作。制订《进一步加强首都古树名木保护管理意见》《首都古树名木检查考核方案》，全面推进古树名木责任制的深入落实，初步实现株株有档案、棵棵有人管。

【温榆河公园规划建设】公园规划面积约30平方公里，其中朝阳区约17.7平方公里，顺义区约7.5平方公里，昌平区约4.8平方公里。估算总投资63.86亿元，其中：园林48.8亿元、水务15.06亿元。其中园林绿化项目占地17.76平方公里，朝阳区约11.76平方公里，顺义区约2.81平方公里，昌平区约3.19平方公里。2020年8月，市水务局、市规划自然资源委、市园林绿化局联合发布《温榆河公园控制性详细规划》。做好温榆河公园朝阳示范区、温榆河公园朝阳一期、昌平一期、顺义一期建设。朝阳示范区于2019年启动建设，2020年9月1日正式开园。朝阳一期工程（6.25平方公里）于2020年7月开工，顺义一期工程（0.82平方公里）于2020年8月开工，昌平一期工程（0.8平方公里）于2020年9月正式开工。

【三个文化带绿化建设】北京市园林绿化局联合市文物局编制印发了西山永定河文化带2020年重点折子工程，全面推进南大荒水生态修复、衙门口城市森林公园等生态及文化遗产保护项目。推进大运河文化带保护传承利用，推进了路县故城考古遗址公园建设、城市绿心、六环路公园等重点项目规划建设。加大长城本体修缮保护，在延庆区、昌平区、怀柔区围绕长城本体保护，实施了封山育林和困难地造林。推进老城整体保护，以及天坛、颐和园、景山等文物古建修缮任务。推进中轴线申遗，在北中轴和南中轴上建成的安德城市森林公园和燕墩公园正式对市民开放，开展景山西区环境景观提升、天坛西门环境整治等工作。

【京津冀协同发展行动计划】支持河北省实施张家口市及承德坝上植树造林项目，2020年完成造林绿化1.77万公顷，森林质量精准提升1.32万公顷。持续推动京津风沙源治理二期工程，本年度共计完成困难地造林666.67公顷，封山育林2.67万公顷，人工种草1066.67公顷。全面完成城市绿心绿化任务。2020年全市"留白增绿"完成1600公顷。积极支持河北雄安新区建设。在京津保过渡带北京市范围内的大兴区实施造林绿化2200公顷。推动森林防火联防联控水平提升。投入资金1000万元，用于支持河北环京地区森林防火建设。支持河北省飞机防治林业有害生物42架次；开展京津冀林业生物防治现场培训3次，累计70余人次。

【花卉产业】2020年，全市花卉种植面积4266.67公顷，产值13.1亿元，花卉企业220家，花农600余家，花卉消费额超过200亿元。编制《北京市"十四五"全市花卉产业发展规划》。筹备2021年第十届花卉博览会北京参展工作。

【生态环境损害赔偿】9月、10月，召开生态环境损害赔偿典型案件调研座谈会、生态环境损害赔偿案件研讨会。编制《园林绿化生态环境损害调查报告》《园林绿化生态环境损害调查工作规定（试行）》，并要求结合森林督查、自然保护地大检查等资源普查检查、园林绿化用地土壤污染状况详查和资源监测，查明园林绿化领域内生态环境损害情况，本着"谁破坏谁修复和先易后难"的原则，编制《生态环境损害调查报告》。

【绿化隔离地区"绿色项链环"建设】2020年，建设了朝阳区广渠路生态公园等一绿城市公园5处，新增造林绿化约143.33公顷；实施了朝阳区金盏森林公园二期等4个郊野森林公园项目，建设面积393.47公顷，加快了二道郊野公园环闭合。

【首都绿化美化评比表彰】对2019年度评选出的500名首都绿化美化先进个人和400个首都绿化美化先进集体进行了表彰奖励。门头沟区永定镇，房山区张坊镇，顺义区张镇，大兴区庞各庄镇，平谷区夏各庄镇、怀柔区渤海镇6个镇被评为"首都森林城镇"，全市10个区的50个村被评为"首都绿色村庄"。

【全力做好杨柳飞絮综合防治】2020年累计出动防治人员203.22万人次，防治车辆40.24万辆次，清扫湿化150.43亿平方米，整形修剪杨柳雌株30余万株，重点区域注射"抑花一号"26.5万株；建立优良雄性杨树、柳树资源收集和繁育基地，繁育优良雄性毛白杨30余万株；完成柳树高接换头2000余株，利用宿根地被治理裸露地120余万平方米。普及飞絮防护10项措施，刊发稿件100多篇，网媒文章4481篇，科普讨论文章4362篇，原创微博2045条。制作杨柳飞絮科普动画2部，累计播放量达2000万余次。

【创新森林文化活动形式】首次开创森林文化"云"形式，将森林音乐会、森林大课堂、森林大篷车、"悦"读森林等活动通过网络进行直播，与观众实时互动，全年累计开展"线上＋线下"活动138场，累计参与人数达200余万人次。持续推进首都自然体验产业国家创新联盟工作，组建了核心工作团队，构架了联盟组织形式，创建了联盟微信公众号，组织了10余家成员单位与北京市园林绿化科普教育基地、北京园艺驿站共计50余人开展交流培训会。

(北京市园林绿化局（首都绿化办）)

城管综合执法

概况

2020年，北京市城管执法队伍统筹推进新冠肺炎疫情防控和疏解整治促提升专项行动、生活垃圾分类执法、环境秩序整治等重点任务，全年立案处罚各类违法行为16.6万起，罚款1.7亿元。圆满完成年度各项重点任务，取得了"三高一强"工作新成效：排查"三类场所"7.9万家，共121.9万次，平均检查覆盖高达15轮次；开展各类执法检查207万次，人均355次，执法检查职权覆盖率高达100%；办理12345热线诉求64.9万件。

城管综合执法

【疫情防控检查执法】牵头制定发布全市疫情防控工作通告7个，严格落实"三防四早九严格"防控要求；以全面推进综合执法大数据平台建设为牵引，加强高风险商务楼宇台账建设和信息共享，探索构建"巡查即录入"工作模式，有效支撑"三类场所"疫情防控执法检查，发现并消除问题隐患6.35万起，执法公示5505家，移送问题线索4140条；市级督导组督导"三类场所"和其他重点点位5659家，发现问题1264家、1755起，全部督促整改完毕。

【城市环境秩序专项整治】稳妥推进占道经营整治，立案处罚占道经营6.1万起，罚款1222.5万元，569处年度上账点位全部完成销账，333个街道乡镇完成既定管控目标，基本实现"动态清零"。扎实推进违法建设整治，参与拆除违法建设3236万平方米。持续改善市容环境，落实"门前三包"责任制，聚焦冬奥场馆周边及背街小巷等重点地区，综合开展校园、医院周边环境整治、损毁占用无障碍设施整治等行动，针对发现问题派发《监管通知单》401件督促整改。

【新法规新职权】围绕落实新颁布的《北京市生活垃圾管理条例》，连续开展6波次执法行动，严厉查处运输企业"混装混运"等重点形态，检查主体责任单位62.9万家次，立案处罚3.7万起，罚款3544万元，执法处罚工作走在全国前列。围绕新划转的园林绿化、能源运行职权开展执法实践，聚焦迎峰度夏电力安全保障及复工复产工作，查处涉电违法案件55起，罚款8.9万元，消除历史遗留电力隐患23个，维护电力运行安全；办结园林绿化案件1.1万起，罚款额1324.7万元，同比上升50.5%，会同市园林绿化局研究破解了损害鉴定难、协助认定难问题。

【服务市民群众】加强群众诉求办理，办理夜间施工扰民、公共区域卫生秩序、扬尘等6类问题诉求22.9万件，切实解决了一批群众反映强烈的难点问题。组织开展大气污染防治行动，立案处罚施工扬尘、露天烧烤等四类违法行为2万起，罚款8031.6万元，持续改善空气质量；开展"蓝盾一号"燃气安全专项整治，检查餐饮及其他燃气用户6.3万家，立案2248起，同比上升48.5%，罚款366.6万元，同比上升10.7%，及时消除群众身边安全隐患；与停车管理行业部门建立联动机制，加强日常巡查，组织开展私装地锁专项整治，拆除地桩地锁4317个，持续强化长效管控。

【城管综合执法队伍管理】10月15日，市城管执法局调整为市城市管理委管理的副局级行政执法机构。落实职权下放要求，充分发挥市、区两级业务指导、统筹协调、指挥调度、监督检查、队伍管理职能作用，统一了基层执法文书、行政检查单、执法办案系统和服装标识，规范了基层综合执法办公场所外观设计，组织开展了岗前业务培训2期，平均完成率99.9%，开展"强基层、转作风、树形象"主题教育活动，依托城管网络教学平台，组织新录用人员、基层科队长等网络培训7期，共2.4万人次。系统涌现出全国住建系统防疫先进集体、先进个人，市人民满意公务员、三八红旗手等荣誉典型22个，进一步增强了队伍凝聚力，提升了队伍干事创业的积极性、主动性。

重点专项执法

【"三类场所"疫情防控监督检查执法】牵头发布5个部门通告，印发商务楼宇执法公示工作指导意见。组织开展网络专题培训，研发上线电子检查单系统，推进随查、随录入、随处置。2020年共编发《城管执法疫情防控工作情况日报》322期。结合网安部门移转的高风险线索，组织各区经过16轮摸排，确定3396栋重点监测的高风险商务楼宇。新发地疫情发生后，市局每日向纪检监察部门报送全市整体工作进展及重点地区工作情况。全力配合教育部门做好复学保障工作，检查中小学校周边9397次，排除校园周边各类问题隐患6731起，其中疫情防控问题隐患2554起，推动对12个区94所学校周边开展综合整治。

【强化核心区环境秩序保障】成立市城管执法局核心区执法队，结合天安门核心区周边实际情况，组建4个工作组开展执法检查，制定完善城管执法系统《全面加强天安门及周边核心区综合整治工作方案》，安装升级254个视频监控探头，涵盖16条大街及2个区域。开展区域多部门联合整治（东西城局和天安门）1376次，训诫239人，查处无照经营2503起，劝离1659起，移交公安12起，拘留13人。

【落实生活垃圾分类条例】先后印发《北京市2020年生活垃圾分类综合执法工作方案》《关于加强对个人未按规定分类投放生活垃圾执法工作的意见》和《关于基层综合执法队支持社区、物业开展垃圾分类工作的指导意见（试行）》，围绕"混装混运""混投混放""主体责任落实不到位"等突出问题，连续开展6波次执法整治工作。全市共处罚生活垃圾问题3.66万起，罚款3544.2万元。

【强化安全生产执法监管】牵头组织多部门开展为期半年的全市瓶装液化气专项整治综合执法行动，建立应急联动配合机制。组织开展"蓝盾一号"燃气安全专项整治，强化应用燃气执法APP提升执法效能，以餐饮行业燃气用户为重点，排查燃气使用单位安全隐患，督促落实主体责任。全市共立案2789起，同比上升46.3%，罚款489万元，同比上升13.8%，其中对瓶装液化石油气立案1259起，罚款216万元，燃气安全领域执法力度和执法效果不断提升。

【疏解整治促提升占道经营整治】 结合季节特点与疫情防控常态化工作形势，在全市部署开展夏季占道经营整治，严防大面积无照经营反弹，全市累计立案处罚占道经营违法行为 6.87 万起，罚款 1382.17 万元，333 个街道乡镇完成既定管控目标，基本实现"动态清零"。

【严格落实大气污染防控】 紧密围绕蓝天保卫战工作部署，开展施工工地、露天烧烤、露天焚烧专项整治。完善施工工地实名制管理台账，加强对市政、道路、园林绿化、水务、轨道交通等行业施工工程的执法监管，定期通报行业管理施工工地的问题。开展大气污染防控点穴式执法、施工扬尘联合执法、餐饮企业联合检查。全市查处大气类违法行为 2.6 万件，罚款 1.01 亿元，开展市级联合检查 27 次。

【推进公园执法新职能落地】 结合新职能划转后各项措施落地和疫情缓和后园区客流量大造成人员聚集问题，广泛开展破坏园区环境整治不文明游园行为专项整治。办理北京动物园游客摇海棠树制造"花瓣雨"、东坝郊野公园挖野菜"大军"、部分公园老年人使用弹弓破坏动植物等典型案例，严厉处罚违法相对人，主动媒体曝光不文明行为，及时宣传案件办理结果。固化与市公安局、市园林绿化局、市公园管理中心、各大公园的联动机制，有效推进新职能落地，强化了专项执法工作开展。

【开展私装地锁整治】 重点督办了农光东里小区抢车位及安装地锁、珠市口地区私装地锁、北新桥地区公共车位被占用、"飞线充电"占用阻碍公用通道等问题。共开展联合执法 2999 次；拆除地桩地锁 6319 个；规范轻微违法行为 1507 起；立案 789 起，开展宣传报道 216 次。

【强化非法小广告整治】 积极配合相关部门开展全市"百日会战"专项行动，共整治小广告点位 10343 个，立案 5892 起，收缴非法小广告 10.79 万余张；训诫违法相对人 4668 人次，市级"小广告违法信息提示系统"累计呼出电话号码 3.28 余万个次，停机 1525 个。

【落实"门前三包"责任制】 进一步加强校园和医院周边环境秩序规范治理工作，做到"民有所呼、我有所应"。充分调动商户主动参与城市管理工作的热情，实现商户、市民和管理者等多方共赢的良好局面。共查处市容类问题 5883 起，环境卫生类问题 10212 起，设施类问题 907 起。

【持续强化供热保障】 在全市范围内集中开展 2020—2021 年度采暖季供热专项执法保障工作，制定了《集中开展 2020—2021 年采暖季供热专项执法保障工作方案》，下达了对供热单位的供热服务、供热计量执行情况和对用户采暖行为等方面开展重点执法检查的工作任务，保障人民群众温暖过冬。

【组织开展违规户外广告、违规牌匾标识整治】 制定并印发《关于持续开展违规户外广告非法小广告等整治工作及填写制式检查单的通知》，实施台账动态管理，对违规户外广告设施拆除情况开展现场督导检查。共开展联合执法 6771 次，责令修复破损广告、牌匾标识、断亮霓虹灯 4298 块；清除车身广告、临窗广告 2.2 万余处；拆除违规广告、牌匾标识、山寨指路牌 1.6 万余块；立案处罚 1026 起。

【不文明行为整治】 通过"城市文明加油站"等活动平台，开展多项宣传活动，主要针对乱扔垃圾、乱泼乱倒、随地吐痰、乱停靠等不文明行为进行劝导宣传，推动监督与执法形成合力，形成"全民创建"的良好局面。在公共卫生、社区生活、旅游游园、公共场所秩序、交通出行等领域开展 2.72 万次专项整治，教育劝阻 2.6 万次，立案 1.43 万起，罚款 745.38 万元，全力提升了城市文明水平。

【公共服务设施专项执法】 制定印发《关于做好 2020 年城市道路公共服务设施执法工作的通知》，结合城市道路公共空间各类设施及其周边环境秩序的执法检查，开展城市慢行交通品质提升工作，查处占道经营等影响市容环境卫生秩序的违法行为，查处未经批准或未按照批准要求在公共场所设置设施以及未按规定管护公共设施的行为。完成对全市 16 区道路隔离护栏撤除工作的抽查验收。

【积极开展社会救助】 制定印发《关于做好 2020 年社会救助执法工作的通知》，加强了在"可视范围内"的社会救助引导工作，对生活无着人员分类履行"告知、引导"职责，完成好在重点路段、重点区域生活无着人员的劝离工作。积极配合相关职能部门，开展联合集中救助行动，保障生活无着人员基本生活权益。共发现告知 3909 人，引导并护送至救助站 70 人，纠正违反市容环境 119 人，劝离 137 人，宣传告诫 2152 人。

【开展非法运营专项整治】 先后制定下发《2020 年非法运营专项整治工作方案》《关于进一步加大对非法运营问题整治力度的通知》，指导基层会同属地各有关部门联合整治黑巡游车、黑摩的违法停车、呲活揽客扰乱秩序、非法运营等违法行为，持续净化首都社会面秩序。共立案处罚 335 起。

【保障旅游环境秩序】 重点对天安门、故宫、颐和园、长城、鸟巢等旅游景区和景点开展执法检查。

打击黑导游、无照经营、非法散发旅游类小广告等违法行为,协助相关部门确保交通秩序有序畅通,着力解决辖区旅游市场环境秩序类突出问题。积极落实与旅游部门的信息共享、案件移送、通报曝光、应急值守、日常联系等工作机制,加大市区联动巡查频次,对重点景区逐一开展执法检查,维护旅游环境秩序。

【配合开展回天专项行动】积极与市"回天办"对接会商,建立健全高效解决回龙观、天通苑地区城市管理类及执法诉求类问题工作机制。针对回天地区群众诉求主要集中的占道经营、门前三包、非法运营、施工工地、生活垃圾分类、燃气安全及违法建设等问题,开展专项执法检查。以巡视盯守、错峰执法、联动检查的形式,加强对上述问题的整治。共处罚回天地区各类违法行为2665起,罚款500万元。

【开展私掘占路整治工作】加强与市交通委等部门会商,加强专项执法监管与整治力度,积极开展交通领域综合执法检查,做好联合执法、联合督导等工作,务求交通缓堵工作取得实效。共查处私掘占路违法行为527起。

【落实无障碍环境建设】印发《关于加强无障碍环境建设专项整治工作的通知》和《北京市无障碍环境建设综合执法工作机制》,深入推进无障碍环境建设专项行动,完善无障碍环境建设综合执法工作机制。对私自挖掘占用城市道路范围内无障碍设施从事施工,损毁、占压盲道从事无照经营、店外经营、乱堆物料等违法行为从严从重处罚,对占用损毁盲道的重点问题点位进行复查回访,巩固整治效果。共查处私掘占路违法行为527起(同比下降69.09%),罚款91.11万元(同比下降33.85%)。

【落实物业条例】结合《新时代爱国卫生运动三年行动方案》、《北京市文明行为促进条例》的要求,充分利用"党员双报到""社区疫情防控双楼长""城管进社区"等工作机制开展整治工作。坚持惩教结合的执法措施。通过组织召开专题会、开展联合督导检查,进一步强化与住房城乡建设部门、消防救援部门、公安等部门的横向对接,充分发挥行业管理与末端执法合力。累计针对2643个居住小区,开展或配合开展清理活动1594次,清理各类杂物近2.7万件。

【配合做好水污染防治工作】制定《2021年水污染防治专项执法工作方案》,结合城管执法部门工作职责,配合水务部门开展联合执法工作,加强河湖保护和管理范围以外的环境治理,推进水环境质量持续改善。将日常巡查与河湖管理相衔接,加大重点时段、重点点位的巡查管控力度。

(北京市城市管理综合行政执法局)

大事记

1月

9日 召开2020年第一季度城管系统执法工作暨队伍管理调度视频会。

17日 开展"安全用燃气 平安每一天"燃气安全宣传活动。

19日 召开核心区环境秩序整治工作调度会。

21日 召开2020年城管执法系统教育培训工作部署视频会议。

2月

11日 与市住房和城乡建设委、市商务局、市卫健委、市市场监管局联合印发《关于进一步加强商务楼宇、商场和餐馆疫情防控工作的通告》。

13日 组织召开疫情防控工作专题视频培训会。

17日 召开"三类场所"疫情防控联合督导工作会议。

20日 发布《关于印发开展商务楼宇、商场和餐馆疫情防控检查执法若干问题意见的通知》。

24日 与市住房和城乡建设委、市应急局、市卫健委、市市场监管局联合印发《关于进一步明确在商务楼宇内办公单位防疫要求的通告》。

29日 印发新修订的《北京市生活垃圾管理条例》法规适用意见。

3月

13日 与市住房和城乡建设委联合印发《关于进一步明确商务楼宇物业单位防疫要求的通告》。同日,印发《关于进一步明确商务楼宇业主单位防疫要求的通告》和《关于做好疫情防控期间行刑衔接工作的意见》。

4月

26日 印发《生活垃圾分类执法工作手册(试行)》。

5月

4日 全市生活垃圾分类推进工作指挥部执法保障组在市城管执法局召开成立大会。

15日 召开背街小巷精细化整治提升工作部署会。同日,召开2020年电力设施保护专题工作视频会。

21日 向全系统发布《关于做好网上12345"接诉即办"工作的通知》。

24日 印发《北京市文明行为促进条例》法规实施意见。

26日 会同市生态环境局、市水务局、市农业农村局相关业务部门召开禁止垂钓管理和执法工作专题会。

6月

3日 召开落实职权下放重点任务调度会。

8日 印发城管执法部门下放职权涉及法规制度文件等参考材料。

10日 组织召开2020年绩效评价工作专家现场会。

24日 印发《北京市街道乡镇综合执法文书样式》。

25日 印发《北京市街道乡镇综合执法检查单样式（试行）》和《北京市城市管理综合行政执法检查单样式（试行）》。

30日 联合北京市人民政府外事办公室印发《北京市公共场所外语标识管理规定》执法工作意见。

7月

1日 印发《行政规范性文件制定和管理工作规定》。

2日 向全系统发布《北京市城管执法系统"静心2020"中高考服务保障工作方案》。

8月

10日 市财政局调整印发《北京市城市管理综合行政执法装备配备标准》。

17日 对城管执法系统综合考核评价指标进行了研究修订，印发《北京市综合执法效能考核评价指标体系》。

20日 印发《关于加强对个人未按规定分类投放生活垃圾执法工作的意见》同日，与北京市城市管理委员会、北京市民政局联合印发《参加生活垃圾分类等社区服务活动工作指引（试行）》。同日，市局执法总队组织召开全市占道经营整治专项工作视频调度会。

28日 印发新修订《中华人民共和国固体废物污染环境防治法》适用意见。

9月

1日 市委编办印发通知，调整市局机构编制事项，市局调整为市城市管理委管理的副局级行政执法机构，不再保留政治部，机关党委、机关纪委分别更名为党群工作处、纪检办公室。

8日 召开城管系统综合考评阶段性成绩通报分析会。

24日 举办城管特约监督员垃圾分类执法工作视察座谈活动。

27日 印发《北京市建筑垃圾处置管理规定》适用意见。

28日 印发《北京市街道（乡镇）综合执法标志规范》。

10月

27日 召开2020年至2021年全市冬季供热暨扫雪铲冰工作动员部署会和2020年第四季度全市公共安全形势分析会议。

11月

12月

2日 召开2020年第五次领导班子会议，主要审议了《市城管执法局重点站区分局综合执法工作管理办法》。

18日 市委组织部印发通知（京组字〔2020〕524号），明确市局党委隶属于北京市城市管理委员会机关党委。

30日 召开市局综合执法大数据平台建设项目启动会。

31日 印发《城市管理综合执法行政处罚信息公示期管理暂行规定》和《行政违法行为分类目录》。

（北京市城市管理综合行政执法局）

水务建设与管理

概况

2020年，北京市水务工作坚决贯彻落实党中央、国务院关于统筹疫情防控和经济社会发展的决策部署，牢固树立以人民为中心的发展思想，紧扣社会主要矛盾和治水主要矛盾的新变化，积极践行"节水优先、空间均衡、系统治理、两手发力"的治水思路和城市发展"以水定城、以水定地、以水定人、以水定产"原则要求，实施"转观念、抓统筹、补短板、强监管、惠民生"工作思路，推进"安全、洁净、生态、优美、为民"发展目标，首都治水不断开创新路径、开拓新空间、取得新成就，全面完成水务年度工作和"十三五"规划目标任务，有力保障首都水安全，维护了首都市民的生命安全和城市运行安全。全年用水总量40.61亿立方米，全市污水处理率达95%以上，再生水利用量达12亿立方米。

水务建设与管理

【水资源保障】2020年，北京市平均降水量为560毫米，地表水资源量为9.01亿立方米，地下水资源量为17.72亿立方米，水资源总量为26.73亿立方米。北京市入境水量为6.82亿立方米，出境水量为15.36亿立方米；南水北调中线工程全年入境水量8.82亿立方米。全市总供水量为40.61亿立方米。全市生活用水14.91亿立方米，环境用水15.18亿立方米，工业用水2.7亿立方米，农业用水3.23亿立方米，输水损失量4.59亿立方米。加强水资源管理，组织实施全市取用水管理专项整治行动，基本完成全市取水口登记工作，登记审核率达到100%，强化取用水全过程用途管制。结合智慧水务建设，理顺"取供用排"链条，推进建立全过程监测计量和信息共享体系，建立全链条统筹协同监管机制。完成南水北调中线干线北京段检修工作，实现在冬季不利条件下，本地水源与外调水源两次大水量平稳切换，检修后最大输水能力由43立方米/秒提高到50~60立方米/秒。

【城镇供水】建设完成亦庄水厂、丰台河西第三水厂、石景山水厂主体工程，建成良乡水厂并进行运行调试，建成密云新城地表水厂、延庆水厂并投产。持续开展城乡供水水质督查工作，全市63座城镇公共供水厂样品达标率99.7%。完成234个小区（单位）自备井置换和387个老旧小区内部供水管网改造工作。北京市城镇供水管网覆盖中心城区、城市副中心、各郊区新城等地区。截至2020年年底，城镇供水管网总长约1.78万千米，中心城区供水管网呈环状分布，14座水厂联网供水，管网漏损率为9.93%。

【南水北调北京段配套工程】大兴支线工程于2020年7月完成南干渠——廊涿干渠连通管线水压试验。截至2020年12月底，河西支线工程卢沟桥村段已顺利进场施工，中堤泵站、园博泵站（含调度中心）已完成主体结构，正在进行设备安装，中门泵站正在进行临建搭设，河西支线工程主管线施工已完成13234米，占总量18656米的70%。东干渠亦庄调节池扩建工程于2020年9月完成蓄水验收，已具备蓄水条件。截至2020年12月底，团城湖至第九水厂输水工程（二期）盾构掘进累计完成2976米，完成该部分工程量的75%；二衬施工累计完成2153米，完成该部分工程量的54%。

【城市节水】加强计划用水管理。对2019年实际用水以及2020年生产、生活、生态用水的需求分析预测，编制完成《北京市2020年度经济社会运行用水计划分配方案》。各区节水管理部门依法依规逐级将用水计划指标下达到326个街道（乡镇）、4198个村、41711个用水户。严格计划用水管理，强化用水统计、分析和用水过程监管，全年收取超计划累进加价费594.25万元，新水实际用水量为20.38亿立方米，万元地区生产总值水耗下降到11.25立方米左右，再生水利用量达到12亿立方米。工业节水方面，2020年，市水务局会同市经信局开展炼油、乙烯、白酒、啤酒等重点行业水效对标工作。市经信局开展了第五批国家绿色制造示范单位申报工作，共有27家企业入选国家级绿色工厂，5家企业入选国家级绿色供应链，2家企业3个产品入选国家级绿色设计产品。2020年全市退出建材、服装纺织、金属制品等一般制造业企业113家。万元工业增加值水耗下降到7.11立方米，规模以上工业用水重复利用率达到95.6%，工业用水量由2019年的2.73亿立方米下降到2.39亿立方米。园林绿化节水方面，市水务局与市园林绿化局联合召开北京市2020年节水型园林绿化建设工作会议，组织开展北京市园林绿地节水专项执法检查，全面推进公园、林地用水计量管理和再生水利用，园林绿化用水由2019年的1.13亿立方米下降到0.99亿立方米。落实《国家节水行动方案》。审议通过了《北京市节水行动实施方案》，推进《北京市节水条例》立法工作，配合市人大农村委、市司法局编制《节水条例立法调研报告》。对2019年创建的9个节水型区进行核查，对2017年创建的节水型区进行回头看。印发《关于继续开展水务系统节水机关建设的通知》。全年换装高效节水器具13万套左右；继续实施"节能减排商品补贴政策"。强化节水宣传。利用世界水日、中国水周、城市节水宣传周等时机，开展媒体报道、发布公益广告、张贴海报悬挂条幅、发放宣传材料和宣传品，举办北京网上节水知识竞赛，组织"云游"自来水博物馆活动，开设"北京节水"抖音号，开办"节水微课堂"，开通直播平台直播节水周期间各区节水宣传热点，增强节水宣传效果。开展"节水中国行"活动，调研经济技术开发区节水先进经验做法，并在全国宣传推广，充分发挥首都节水的示范引领作用。

【海绵城市建设】2020年，初步建立"1+16+N"海绵城市规划体系。"1"即《北京市海绵城市专项规划》；"16"即16个区根据市级专项规划制定的区级海绵城市专项规划；"N"即重点功能区或重点片区的海绵城市专项规划。全市建成区海绵城市达标面积比例超过20%。已建成海绵城市项目3000余项，绿化屋顶面积200余万平方米，透水铺装面积2000余万平方米，下凹式绿地面积4000余万平方米，雨水调蓄设施容积近200万立方米。冬奥赛区、大兴国际机场、环球影城等一大批重点区域和重点项目的建设,遵照海绵城市理念,按照首都标准、北京特色来进行规划、设计和建设,实现85%的降雨就地消纳利用。

【城市防洪排涝】加快完善"通州堰"防洪工程体系,推进建成宋庄蓄滞洪区二期工程并投入运行,完成北运河(通州段)综合治理清淤疏浚,推进温潮减河前期工作。梳理形成《积水点与风险点治理项目统计表》,实施"一点一策"、片区综合施策治理改造。制发《北京市水务局水旱灾害防御应急预案》,科学编制河道、水库、蓄滞洪区、山洪、内涝"五类"标准内、超标准"两级"预案226个,落实"一桥一预案"198个、"一点一预案"107个。印发防御物资管理办法,落实市级防御物资80余类50万件,水工程专业和社会抢险队100余支4000余人。开展"清河""清管"行动,实施小水库、山洪沟道、涉河在建工程等防御重点部位督查检查49次。线上线下开展技术培训2400余人次,结合永定河生态补水开展实战演练,提高防御处置能力。重点完善38个城市河湖重要断面和入河支流、33座小型水库水情监测设施,组建25支144人的应急测报队伍。"8·12""8·23"强降雨期间,清河、凉水河、坝河等城区河道全线敞泄待洪,增加槽蓄量450万～860万立方米。汛期,水库在确保安全度汛的同时增加蓄水2.14亿立方米。汛期及时启动山洪预警、洪水预报、工程调度三个工作专班;向重点区域派出14个工作组、5个督导组,督促指导水库蓄水和河道洪水调度等工作;现场调查"6·18"冬奥会延庆赛区核心区和"7·31"京沈客专跨坝河桥2起事件并形成专题分析报告。

【污水处理设施建设】组织实施第三个三年治污行动方案,加快推进城乡污水收集处理和再生水利用设施建设,完成东坝、延庆千家店等9座新建改造再生水厂工程,完成污水收集管线建设800千米,改造雨污合流管线30千米,新建再生水管线80千米。全市万吨以上污水处理厂处理能力达到688万立方米/日,污水处理率95%,基本实现城镇地区污水全收集全处理、污泥无害化处置。完成300个村污水治理,全市571个城乡接合部村庄生活污水得到有效治理。

【小微水体整治】推进实施《北京市进一步加快推进城乡水环境治理工作三年行动方案(2019年7月—2022年6月)》,以改善城乡水环境质量为重点,注重由城镇地区向农村地区延伸,由解决集中点源污染向分散点源和消减面源污染延伸,由黑臭水体治理向小微水体整治延伸。以农村污水收集处理、中心城区面源污染和溢流污染消减、小微水体整治为重点,结合农村人居环境整治和美丽乡村建设,全力推进城乡水环境质量改善,推进开展小微水体综合整治工作,强化日常管护监管。2020年完成285条小微水体整治任务,并建立小微水体公示牌制度,推进规范化管理。组织开展小微水体自查,并将小微水体整治纳入市委生态文明委专项督察。

【水利建设市场监管】制定印发《关于北京市水务工程项目实行全流程电子化招投标的通知》。疫情期间,协调开发异地开标模式,及时解决外地企业不能来京参加开标的问题。印发《北京市水务局关于进一步加强水利建设市场信用信息监管工作的通知》。全年共对7家水利建设市场主体进行信用处理,累计对3344件(撤除公布155件)重大税收违法案件当事人进行联合惩戒,形成"一处失信、处处受限"的新局面。组织北京市有关项目法人开展2020年度全国水利建设市场信用评价市场行为赋分工作,共有60家市内、外市场主体申报400余项北京市水利工程业绩。组织开展水利工程市场专项检查,严厉打击资质借用、围标串标、转包、违法分包专项检查。配合完成9件申请水利水电工程施工总承包三级资质初审。开展2020年水利工程建设监理单位资质审批工作。开展2020年北京市水利工程质量检测单位乙级资质审批工作,组织质量检测单位"双随机、一公开"检查。编制完成水利绿色施工地方性规范,推动89个工地全部安装在线视频监控设备,并纳入北京市住房和建设委员会网络平台。严格落实工地扬尘管控措施,召开扬尘管控工作调度会5次。

【水利工程质量监管】制定《北京市水利工程质量缺陷处理工作规定》,出版《水利工程施工质量评定第3部分:引水管线》。2020年度共进行监督交底6次,开展各类检查145次,形成执法检查记录987份,提出整改建议1028条,发出整改通知书6份;核备工程验收质量结论及外观质量120项;进行质量监督处罚6次,罚款金额3.405万元。组织对全市14个区水务局质量工作进行整体考核,对39个区级在建水务工程进行检查。北京市质量工作在全国水利工程质量工作考核中取得第2名的好成绩。

【水务标准化建设】2020年,《城市雨水管渠流量监测基本要求》《水生生物调查技术规范》《水生态健康评价技术规范》《城镇再生水厂恶臭污染治理工程技术导则》《地下工程建设期间排水设施监测技术规程》《水利工程绿色施工规范》《水利工程施工

质量评定 第3部分：引水管线》等7项地方标准获正式批准发布。2020年5月，印发《关于印发北京市百项节水标准规范提升工程实施方案（2020—2023年）的通知》，启动百项节水标准制修订工作。2020年内制修订发布用水定额、评价规范等节水标准15项；启动制修订省级用水定额10项。

【水务抗疫情保运行】2020年，全市水务系统坚决贯彻落实党中央、国务院及市委市政府关于统筹推进疫情防控和经济社会发展的各项决策部署，认真做好疫情防控工作，加强地表水和地下水源地管理、安全值守和巡查监测，强化水质在线监测预警，严格执行封闭管理措施。制订印发疫情期间确保全市供排水设施安全运行保障的政策措施，指导各区、供排水企业做好运行保障工作。加强消毒设施运行监管和水质监测。完善农村供水消毒设施，全市13个区3269处农村集中供水工程消毒设施配备率由78%快速提高至100%。针对定点收治医院、集中隔离点及有疫情发生单位小区等重点区域的排水管线，加强巡查养护、管道疏通及厂网联动，严防污水外溢。定期对供排水数据进行分析，探索利用供排水量变化趋势助力疫情防控。针对专家提出新冠病毒有可能通过粪口传播的风险，及时组织对南水北调水、再生水、污水进行检测。积极助力企业抗疫，全市水务系统共网上审核为6252家企业办理停征污水处理费，减征1.62亿元；累计减免中小企业房屋租金176万元。

大事记

1月

9~10日 全国水利工作会议在京召开，北京市水务工程建设与管理事务中心工程建管科获全国水利系统先进集体称号，北京市水利规划设计研究院水工设计所所长冯雁获全国水利系统先进工作者称号。

2月

13日 《北京市实施污染防治攻坚战2020年行动计划》发布。《行动计划》包括蓝天、碧水、净土三大保卫战。

3月

22~28日 在"世界水日"及"中国水周"期间，市水务部门开展"我参与、我奉献、我幸福"线上系列活动。

3月 市水务局成立供水服务保障队，保障人民群众在新冠肺炎疫情期间饮水安全。

4月

10日 市委书记蔡奇、市长陈吉宁共同签发2020年第1号总河长令。要求打好碧水保卫战，持续全面推动"清河行动"向纵深发展。

4月 凉水河北京经济开发区段入选国家级示范河段，成为北京市首个国家级河湖"样板间"。

5月

全国优化营商环境评价结果出炉，北京综合排名榜首。其中"获得用水"指标一项以95.92的高分位列全国第一。

7月

17日 北京启动2020年供水水质督查，北京市城乡供水厂首次实现水质检测全覆盖。

8月

30日 在密云水库建成60周年之际，习近平给建设和守护密云水库的乡亲们回信，赞扬他们60年来为修建密云水库、保护水库，为首都生态环境做出的重要贡献，勉励他们再接再厉，继续守护好密云水库，为建设美丽北京作出新的贡献。

10月

9日 印发《北京市节约用水行动方案》。

11月

20日 北京市水文总站被授予第六届"全国文明单位"荣誉称号。

27日 北京市南水北调工程入京水量累计60亿 m^3，年平均调水量约10亿 m^3。北京市1300余万人喝上南来之水。

12月

北京市水文总站首次公开发布北京市水生态监测健康评价报告。2019年水生态所评价的30个水体全部处于健康或亚健康等级。

北京市、河北省联合印发《京冀密云水库水源保护共同行动方案》，携手守护密云水库这盆净水。

北京市水务局、北京南水北调团城湖管理处、北京市节约用水管理中心被评为国家级"节约型国家机构示范单位"。

（北京市水务局）

天 津 市

住房和城乡建设

建筑业

【概况】天津市全年实现建筑业总产值 4388.17 亿元，同比增长 7.1%，增幅高于全国（6.2%）0.9 个百分点；在外省（市）完成产值 2875.06 亿元，同比增长 20.1%，占全市建筑业总产值的 65.5%，较上年提高 7.0 个百分点。

截至 2020 年末，天津市建筑业企业 12734 家。其中，特级资质施工总承包企业 17 家，一级资质施工总承包企业 152 家，二级资质施工总承包企业 354 家，三级资质施工总承包企业 3441 家；一级资质专业承包企业 233 家，二级及以下资质专业承包企业 4293 家；劳务分包企业 4248 家。天津市建筑业企业从业人员 114.73 万人，同比增长 18.0%。其中，一级注册建造师 24245 人，二级注册建造师 24872 人，注册监理工程师 2468 人，注册造价工程师 3719 人。

【建筑市场与招标投标管理】认真贯彻落实住房和城乡建设部《关于进一步加强房屋建筑和市政基础设施工程招标投标监管的指导意见》，落实招投标交易与监管分离，做好向公共资源交易中心移交全部交易环节相关工作，制定招投标监管数据标准，实现招投标监管平台和公共资源交易平台的数据互通和实时共享，加强招投标事中事后监管。落实《住房和城乡建设部办公厅关于开展工程建设行业专项整治的通知》部署要求，以房屋建筑和市政基础设施工程为重点，聚焦恶意竞标、强揽工程、围标串标等突出问题，在全市开展工程建设行业专项整治，检查建筑市场 2124 次、检查项目 3845 个，对存在违法违规问题线索的 157 个项目进行了调查核实，实施处罚 71 项、行政处理 26 项，罚款总金额 539.22 万元。

【劳务用工管理】印发《天津市住房和城乡建设委员会关于做好疫情期间农民工工资保证金有关工作的通知》助力企业复工复产。对新承揽房屋建筑和市政基础设施工程的天津市和外地进津建筑业企业，暂缓缴存农民工工资保证金，对符合要求的企业予以退还农民工工资保证金。2020 年，市级共退还农民工工资保证金单位 360 家，退还金额 20433.1 万元；区级共退还农民工工资保证金单位 22 家，退还金额 525 万元。会同人社部门劳动监察执法队伍，持续 5 个月开展农民工工资支付工作专项检查，重点开展根治欠薪夏冬季专项行动，市级检查 445 项次，对 16 家欠薪企业发出通报，将欠薪企业列入信用档案，保障农民工及时足额领取工资；组织各区住建委召开农民工工资专用账户部署工作会议，全面清理农民工预储账户 1100 个，全部转换为农民工工资专用账户；推进天津市建筑工人管理服务信息平台建设，推动平台与住房城乡建设部数据更新，积极推动轨道交通集团地铁项目和市政基础设施项目纳入天津市建筑工人管理服务信息平台，搭建水务、交通、城管、电力等部门的天津市工人管理信息服务平台；积极组织宣贯《保障农民工工资支付条例》，召开专题培训会。在天津市建筑工人管理服务信息平台上向东西部劳务扶贫协作的甘肃、承德等地，实时发布建筑劳务用工信息，37 家施工企业在天津市建筑工人管理服务信息平台发布用工信息 164 条，涉及用工岗位 10467 个。加强与河北省承德市建筑企业对口支援合作，组织承德市劳务企业，与有劳务用工需求的 11 家施工总承包企业见面会谈。2020 年共有 9117 名扶贫协作地区贫困户在津建筑工地就业。

【工程造价咨询服务】编制完成 2020 年工程计价依据，形成以计价办法为核心，预算基价为基础，计价指引为辅助的"三位一体"工程计价动态管理模式。编制完成《京津冀城市地下综合管廊工程预算消耗量定额》，初步实现三地管廊定额消耗量、说明解释、管理使用的共建共享；运用互联网技术和信息化手段，上线运行"京津冀工程造价信息共享·天津"服务平台，实现了京津冀工程造价信息同版面同载体同步发布。定期发布天津市建设工程人工、材料、施工机械台班价格及工程造价、计价指数，不断强化信息发布的精准度及时效性，为建设市场各方主体提供全方位工程造价服务。

【建筑市场信用体系建设】 制定印发了《天津市房屋建筑和市政基础设施工程施工企业信用评价实施办法》《天津市房屋建筑和市政基础设施工程施工总承包企业信用评价评分表》，实现施工企业等级评价转变为百分制动态分数评价，上线天津市建筑市场信用管理平台，组织宣贯并同步推进配套信用平台开发建设。已有施工总承包企业4929家参加等级评定工作，实现施工企业信用评价结果实时更新。2020年归集各类信用信息7939条，其中，良好信用信息7840条，不良信用信息99条。

【工程建设地方标准编制及管理】 截至年末，天津市现行工程建设地方标准（含导则）总计190项、标准设计图集总计44册（套）。发布《城市综合管廊监控与报警系统安装工程施工规范》《城市综合管廊工程资料管理规程》《城市综合管廊运行维护技术标准》，京津冀区域建成了统一的综合管廊标准体系，在全国工程建设标准领域尚属首次。发布京津区域协同标准《超低能耗居住建筑设计标准》，推动了京津地区建筑节能技术一体化。完成《母婴室设计指导性图集》，京津互认共享。启动《轨道交通信息模型设计交付标准》《装配式整体式剪力墙结构设计标准》等全新领域标准合作编制，进一步实现了京津冀三地标准管理理念协同、技术要求协同，京津冀标准由点到线、由线到面，体系不断扩大。发布《天津市城市轨道交通结构安全保护技术规程》等11项天津市地方标准，涉及房屋建筑安全、轨道交通建设、建设工程管理、新技术应用、民生福祉等领域。对2015年发布实施的17项地方标准复审，梳理地方标准与国家标准之间的交叉重复矛盾，逐步精简地方标准数量和规模，以国家标准体系为基础，突出地方标准的政府公益属性。

【装配式建筑】 年内，天津市核发施工许可证的新开工装配式建筑面积357.1万平方米，其中住宅258.18万平方米，公共建筑98.92万平方米，顺利完成全年任务目标。天津现代建筑产业园和中国建筑第六工程局有限公司获批住房城乡建设部装配式建筑产业基地。形成《天津市装配式建筑施工技术交流成果》汇编，从主体结构、外围护、内装、部品的全过程施工进行经验分享，探索装配式建筑实践中的技术创新。天津市住房和城乡建设委员会与青海、甘肃、西藏昌都、新疆和田等地住房城乡建设主管部门联合组织东西部扶贫协作2020年住房和城乡建设交流培训班，顺利开展装配式建筑讲座和观摩活动。

【绿色建筑】 天津市住房和城乡建设委会同市发展改革委等八部门制定印发《天津市绿色建筑创建行动实施方案》，开展以城镇建筑作为创建对象的绿色建筑创建行动，推动绿色建筑高质量发展。按照天津市"十四五"规划编制总体要求，推进绿色建筑发展"十四五"规划编制工作。全年通过施工图审查的新建项目累计368项，建筑面积2661万平方米，上述项目100%执行《天津市绿色建筑设计标准》。共有8个项目推荐评选全国绿色建筑创新奖。其中，天津市建筑设计院新建业务用房及附属综合楼工程获得一等奖，中海油天津研发产业基地建设项目及天保房地产空港商业区住宅项目（1—32号楼）获得三等奖。102个项目获得绿色建筑设计评价标识，建筑面积970.18万平方米，其中：获得一星级设计标识的建筑项目11个，获得二星级设计标识的建筑项目91个。3个项目获得绿色建筑运行评价标识，建筑面积15.45万平方米。推进住房城乡建设部科技示范工程项目天津南站科技商务区核心区建设，推动绿色建筑规模化发展工作，着力打造具有引领效应的绿色建筑示范城区。

【城建科技】 天津市共计确定金属骨架清水砖砌幕墙施工技术和钢框木塑定型模板体系及施工技术等9项技术为2020年天津市建设领域推广技术（产品）项目。组织完成国家海洋博物馆等6个项目新技术应用示范工程验收。组织推荐申报2020年住房城乡建设部科技计划项目24项和推荐2021年住房城乡建设部科技计划项目32项，完成住房城乡建设部委托验收科技计划项目14项。

【建筑节能】 2020年，天津市新建民用建筑100%执行节能强制性标准，通过施工图审查的建筑面积2661万平方米。引导社会各界参与公共建筑能效提升工作。全年共计推动实施公共建筑节能改造155余万平方米。着力推动天津市公共建筑用能统计监测信息平台建设，有序开展全市范围内公共建筑基本信息及用能信息统计工作。

【质量安全管理】 2020年，天津市新建工程"两书一牌"覆盖率达到了100%。制定了《天津市住房和城乡建设委员会等十二部门关于印发完善质量保障体系提升建筑工程品质工作方案的通知》研究制定天津市落实工程质量安全手册制度实施细则，不断提高项目质量安全标准化水平。充分发挥行业协会作用，组织交流观摩和专题培训，加大工程质量安全手册在企业和项目的宣贯力度；将实施工程质量安全手册制度纳入质量月、安全生产三年整治专项行动等重要专项活动统筹推进；开展工程质量安全手册执行情况的执法检查，确保工程质量安全手册执行到位。加强工程质量检测监督管理，严厉打击检测市场违法违规行为。完善工程质量监督管理体制机制，试点政府购买社会力量参与工程质量安全监督检查服务事项。充分发挥社会化服务机构的参谋助手和技术支撑作用，破解执法力量不足、专业性不强的问题。

制定《天津市住房和城乡建设委员会关于切实加强住房城乡建设领域安全生产整治工作实施方案》。研究制定城市建设安全三年行动方案，成立专职专班，建立定期例会制度，统筹推进各项任务。建立信息报送制度，及时汇总上报各专题和专项整治工作情况。发布《天津市2020年房屋建筑和市政基础设施在建施工工程防汛专项预案》《天津市轨道交通在建工程汛期安全生产专项检查通知》和《天津市房屋建筑和市政基础设施建设项目汛期安全生产隐患排查工作方案》。

1月，印发《天津市住房和城乡建设委员会关于加强天津市建筑施工工地新型冠状病毒感染肺炎疫情防控工作的紧急通知》《天津市住房和城乡建设委员会关于进一步加强我市建筑施工工地新型冠状病毒感染肺炎疫情防控工作的紧急通知》《天津市住房和城乡建设委员会关于做好我市建筑工地疫情防控工作有关问题的通知》，统筹推进住建领域疫情防控工作。2月，出台《全市建设工地开复工疫情防控工作导则》。3月以后陆续出台《关于印发天津市建筑工地新冠肺炎疫情期间复工监管工作指南的通知》《关于加强房屋建筑和市政基础设施建设工程开复工质量安全管理工作的通知》《关于进一步精简审批优化服务精准稳妥推进建设项目开复工的工作措施》等政策性文件，精准指导全市建筑工地全面复工复产。5月，印发《天津市住房和城乡建设委员会关于做好新冠肺炎疫情常态化防控工作的通知》，标志着天津市建筑工地由应急性超常规防控向常态化防控转变，实现了天津市建筑工地零疫情。3月初，天津市125项市级重点工程全部复工。截至5月底，天津市房屋建筑和市政基础设施项目累计开复工2214项，实现应复尽复。落实市防控指挥部要求，市住房和城乡建设委员会会同市卫健委、组织梅江会展中心原设计单位和施工总包单位，研究制定方舱医院应急预案方案，改造面积约8万平方米，改造后可容纳2000张床位。

房地产业

【概况】"十三五"时期，天津市房地产开发投资累计12293亿元，超额完成既定目标29%。累计开工面积12031万平方米，其中住宅8303万平方米，非住宅3728万平方米。累计竣工面积10334万平方米，其中住宅6905万平方米，非住宅3429万平方米。

2020年，房地产完成开发投资2608.54亿元，同比下降4.4%，其中住宅2084.8亿元，同比下降5.2%，非住宅523.74亿元，同比下降0.8%。全年累计施工面积12034.51万平方米，同比增长5.1%，其中住宅8518.17万平方米，同比增长4.4%，非住宅3516.34万平方米，同比增长6.7%。全年新开工面积2161.86万平方米，同比下降15%，其中住宅1566.71万平方米，同比下降20.6%，非住宅595.15万平方米，同比增长4.2%。全年竣工面积1634.47万平方米，同比下降1.3%，其中住宅1256.43万平方米，同比增长5.9%，非住宅378.04万平方米，同比下降19.4%。

【房地产开发企业管理】2020年，天津市具有房地产开发企业资质的企业共1259家。按资质等级分，一级开发企业12家，二级开发企业52家，三级开发企业57家，四级开发企业1011家，暂定级开发企业127家。调研形成了天津市房地产开发企业信用管理的理论框架体系，起草了《天津市房地产开发企业信用管理办法》《天津市房地产开发企业信用信息记分标准》。营造良好营商环境，帮扶开发企业做大做强。加强事中事后监管，开展了资质动态核查，维护了行业良好的发展环境。

【住房租赁补贴】2020年，天津市完成发放市场租房补贴2万户任务目标。印发了《天津市住房和城乡建设委员会关于进一步简化住房保障申请手续有关工作的通知》，简化申请要件，缩短了工作时限。截至12月底，向通过市场租房发放补贴2.39万户，超额完成年度任务目标。会同市财政局、市城管委、市交通运输委对环卫、公交系统非津户籍职工住房、收入进行摸底调查。出台了《关于将本市环卫、公交系统非津户籍困难职工纳入住房保障范围的通知》。完成了《天津市公共租赁住房管理办法》修订工作，进一步落实各区人民政府属地化管理工作。新冠病毒疫情期间，在住房保障政务服务暂停窗口现场办理情况下，指导各区通过邮递方式受理租房补贴业务，2—4月，全市各区通过邮寄方式共受理租房补贴资格申请623件。对在疫情期间涉及年审及续期备案等问题的租房补贴家庭，通过顺延相关业务办理截止期限的方式，确保疫情期间此类家庭不停发租房补贴，正常租房不受影响。

【房地产市场管理】坚持房子是用来住的、不是用来炒的定位，严格落实住房限购、差别化住房信贷、房价地价联动等政策措施，实现稳地价、稳房价、稳预期。制定重点人员购房支持措施，打造良好营商环境，对符合天津产业定位的来津投资企事业单位职工，出台购房支持措施，精准满足外地来津职工基本居住需求。编制实施"十四五"住房发展规划，提高普通商品住房、市场化租赁住房、保障性住房等供应比例，加快建立多主体供给、多渠道保障、租购并举的住房制度，推动实现人民群众住有所居。大力推动企业复工复产，支持疫情期间房地产开发企业线上销售，简化商品房预售资金拨付程序，缓解房地产开发企业资金压力，实现监管资金提取时间压缩50%以上。出台《天津市住房和城乡建设委员会关于支持工业厂房销售推动高端产业集聚发展（试行）的通知》，支持工业园区及京津冀产业转移重点承接平台范围内工业厂房办理商品房销售许可证分割销售，充分满足工业项目多元化厂房需求，有力促进了京津冀协同发展和全市经济高质量发展。2020年，全市销售新建商品房1307万平方米，成交二手房1182.1万平方米。

积极开展中央财政支持住房租赁市场发展试点工作，全力向国家争取中央财政支持住房租赁市场奖补资金，获得三年30亿元资金支持，编制《中央财政支持天津市住房租赁市场发展试点实施方案》，制定《天津市中央财政支持住房租赁市场发展试点资金使用管理办法》，推动住房租赁相关平台升级改造，促进住房租赁市场平稳健康发展。深入开展住房租赁中介机构乱象专项整治工作，严厉打击侵害住房租赁当事人合法权益的行为。部署开展住房租赁专项整治，重点监控"高收低租""长收短付"经营模式，并对不规范经营行为进行治理整顿，维护住房租赁市场秩序。联合市市场监管委、市公安局、市网信办和天津银保监局起草《关于整顿规范我市住房租赁市场秩序的意见》。

对开发企业负责人开展一对一政策宣讲服务，全年累计培训企业200余家；开展防范非法集资宣传月活动，对22家房地产开发企业、17家中介机构网点上门开展宣传服务；发布《关于开展2020年商品房销售人员政策培训工作的通知》，对全市3000余名商品房销售人员开展年度政策培训工作。加大房地产市场监管处置力度，通过日常巡查、重点抽查、暗访调查、受理举报投诉等方式，形成对房地产市场违规行为的长期震慑。2020年，全市共巡查开发企业、中介机构12000余次，发现不规范经营65起，均责令企业整改完毕，协助区政府暂停网签功能5家，移交执法部门实施行政处罚3起。

2020年新建商品房新增监管面积1876.32万平方米、预售资金总进款1993.15亿元、监管账户总出款1986.54亿元，解除监管面积2114.1万平方米。向17万名交易群众提供存量房屋交易资金监管服务，保障8.3万笔存量房交易顺利进行，确保1130.15亿元的交易资金安全流转，监管比例达到67%，连续多年保持零超时、零误差。预售资金监管实现办理业务只跑一次，减少企业往返次数；整合存量房屋交易资金监管内部复核流程，提升科技监管能力，切实为群众交易资金安全提供了坚实保障。

对房产测绘成果实行备案管理，严格测绘资质、成果审核，发现问题及时督促测绘单位整改，保证了房产测绘成果的准确性，有效地避免因房屋测绘标准不统一、成果不准确引发的社会矛盾。

【房屋征收安置】2020年，天津市开展市区棚改"三年清零"改造成本数据联合检查。市住建委、市审计局、市财政局、市规划资源局组成联合检查组，先后制定了联合检查工作方案、联合检查重点核查阶段工作要点等文件，定期召开推动会、沟通会，分析研判，密切配合，形成合力。各区政府对本区三年棚改项目开展了梳理自查，逐项目重新进行了成本测算，在认真开展自查的基础上，协助联合检查组开展工作。

组织各区政府结合棚户区改造安置需求，筛选部分已启动前期手续、具体改造条件的项目，纳入新开工和基本建成工作计划。组织各区将开工建设任务落实到项目地块、工作进度细化到月，按照工作计划时间节点，定期巡查安置房建设项目，推动建设进度。全年共完成新开工棚改安置房0.95万套、基本建成棚改安置房1.9万套，提前超额完成与住房城乡建设部签订的年度任务目标。同时，组织各区政府科学制定天津市2021年度和"十四五"期间棚改安置房建设任务计划。

【物业管理】2020年，先后发布《关于做好新型冠状病毒感染预防工作的通知》和《关于进一步做好我市物业管理住宅小区新型冠状病毒疫情防控工作的通知》，做好物业管理公共区域日常消杀和防护工作。与市物业协会建立疫情通报渠道，实行每日定时报告及时掌握情况并推动做好保民生保就业工作。积极参与市党建引领基层治理体制机制创新工作领导小组办公室《关于党建引领物业管理提升住宅物业服务水平的意见》系列调研工作，推动物业管理融入社区综合治理，促进物业服务质量不断提升。

与市规划和自然资源局联合颁布新修订的《天津市物业管理用房管理办法》，修订《天津市已交存维修资金房屋应急解危专项资金管理办法》《天津市原有住宅专项维修资金缴存程序及有关问题办理意见》《天津市商品房屋专项维修资金使用办法》，印发了《房屋维修资金使用监管工作各区年度考核办法》和《天津市住房和城乡建设委员会关于进一步加强我市物业管理有关工作的通知》，同时积极探索推进物业管理行业诚信建设工作。增加维修资金系统服务功能，实现退房和"退维"同步。通过设置银企直联功能，实现维修资金管理系统办理维修资金退款及使用划拨业务。完成天津市住宅专项维修资金交存票据电子票开发，实现维修资金交款收据开具、传输、查询、存储、报销入账和社会化应用全流程电子化管理。完成网上交存维修资金功能开发，开发企业通过网银线上交存维修资金的途径，拓宽购房人采用POS刷卡、手机银行线上交存维修资金。

【直管公房管理】2020年，天津市住房和城乡建设委员会对原《天津市公有住房租赁合同》《天津市直管公产非住宅保管自修房屋租赁合同》等4类合同文本进行了修订。同时，指导修订了《天津市直管公产住宅房屋修缮范围》，进一步增强各直管公产房屋经营管理单位修缮服务的指导性、规范性。截至年末，市内六区直管公房778.72万平方米、17.99万户，累计实现租金收入1.88亿元，圆满完成全年工作任务。累计投入1.18亿元，完成屋面维修、下水改造、其他专项工程及非成套老旧住宅供电线改造任务，涉及直管公房111.40万平方米，使2.25万户居民受益。组织落实雨季防汛和冬季房屋查勘等工作；不定期进行安全检查和抽查，及时发现维修工作中的难点、漏点，逐项加以解决，确保了房屋住用安全。积极落实市委市政府疫情防控期间21项惠民举措，第一时间出台减租操作程序，第一时间出台容缺审批程序，确保了减租工作"水流到头"，市内六区直管公房累计减免租金1582万元。

天津市住房和城乡建设委员会指导经营管理单位对20余处直管公产非住宅房屋变更承租人的申请进行批复，审核通过了30余家国有企业混改和事业单位转企工作方案，促进了针对机构改革、国企转制等工作的顺利开展。

【历史风貌建筑保护利用】2020年，完成1万余幢次历史风貌建筑巡查；开展市内六区小洋楼外檐完损情况排查工作，排查小洋楼2000余幢次，督促指导建筑外檐修复。修订完成《天津市历史风貌建筑保护财政补助项目管理办法》，推动23幢、5.5万平方米历史风貌建筑进行维修，对符合补助范围的5幢建筑给予补贴，组织开展6.7万平方米安全查勘工作，掌握建筑完损情况，确保建筑安全。为小洋楼招商工作涉及的683幢历史风貌建筑提供建筑描述、700余幅建筑图纸、132份安全查勘报告。为小洋楼进驻企业的房屋修缮提供修缮技术支持。

城乡建设

【概况】2020年完成城建固定资产投资2946亿元。房地产新开工2162万平方米，竣工1634万平方米。地铁8号线、11号线延伸线、张贵庄污水处理厂二期和海河柳林"设计之都"开展PPP项目融资。2020年，全市地铁9条在建线路累计里程228公里。其中，中心城区7条153公里，滨海新区在建2条75公里。地铁4号线南段已全面进入设备安装阶段，10号线一期、6号线二期盾构完成80%，4号线北段、7号线、8号线、11号线实现全面开工。积极承接北京非首都功能疏解，加快国家会展中心建设，一期展馆区结构工程全部完工，正在进行设备安装及装饰装修；综合配套区已完成地下结构工程，正在进行塔楼和裙房主体施工；二期展馆区已完成基础工程、人防地下室主体结构工程，正在进行钢结构施工。会展一期周边基础设施配套项目加快实施，海沽道等重点通道已完工。全长27.3公里的外环线东北部调线建成通车。打通西纵快速路丁字沽北大街节点，完成津沧高速快速化段改造。完成了渌水道、香怡道等5条卡口路和嘉定东路、临潼路等5条配套道路建设，进一步畅通了南开区黄河道、河东区娄庄子等老区交通，完善了双青新家园、新梅江、侯台等新区路网，畅通微循环，方便群众出行。

坚持房住不炒的定位，精准调控、重点保障、动态平衡。支持工业园区及京津冀产业转移项目工业厂房分割销售，满足项目多元化需求。对优质产业项目外地来津人才给予市民化待遇，精准满足居住需求。支持滨海新区发展，开放限购政策，下放商品房销售许可审批权限。全年新建商品房销售1307万平方米，实现稳地价、稳房价、稳预期的调控目标。持续推进市区零散棚户区改造，累计完成12.2万平方米。新开工棚改安置房9500套。重点推动滨海新区等7个区开展老旧小区改造，惠及居民3.23万户。修订《天津市公共租赁住房管理办法》，将环卫、公交系统非津户籍困难职工纳入住房保障范围，公租房项目运营管理权全部移交属地政府。积极探索物业管理融入社区治理，进一步发挥属地监管作用。完成5087户农村困难群众危房改造，同步实施建筑节能改造；积极引导地震高烈度设防地区农房抗震改造1508户；全面摸排用作经营的农村自建房，对存在安全隐患的房屋351户进行鉴定并分类整治。

持续深化"放管服"改革，累计出台103项改革措施，实现一般社会投资建设项目从获得土地到取得施工许可证的平均用时压缩到63.5天。开展"清单制＋告知承诺制"审批改革，实现社会投资低风险项目全流程审批时间不超过25个工作日。实现全程网办和不见面审批，实现数据"多跑路"、企业"少跑腿"。推行无人审批和电子证照，天津市按照国家新标准核发了全国第一本施工许可电子证照，得到住房和城乡建设部肯定。

积极推动工程总承包，探索全过程工程咨询服务新模式，72个项目采取EPC方式。在全市开展工程招投标专项整治，打击恶意竞标、强揽工程、转包、违法分包行为，打造"无黑"工地。完善建筑业诚信评价体系，实行动态评价。牵头建立京、津、冀三地造价信息化平台并上线运行，完成了2020版建设工程专业定额编制工作。搭建建筑工人管理服务信息平台，建筑业农民工全部纳入实名制管理，完善农民工工资投诉处置机制，成功举办2020年"海河工匠杯"技能大赛。推动工程建设标准京津冀一体化，开展轨道交通、BIM技术应用、绿色建筑和超低能耗建筑、海绵城市等领域标准编制合作，发布实施房屋建筑安全、建设工程管理等12项地方标准。大力发展绿色装配式建筑，新建民用建筑全部执行绿色建筑设计标准，实施155万平方米公共建筑节能改造，新开工装配式建筑约357万平方米，静海区现代建筑产业园获批国家级装配式建筑产业基地。因地制宜推动海绵城市建设，新建项目落实海绵城市建设标准，老区积极推进海绵城市改造，努力打造韧性城市。全面推进城市建设安全专项整治三年行动，压实安全生产责任，全年市、区两级执法队伍共排查房屋建筑和市政基础设施项目2880项，开展轨道交通、保障性住房等11轮专项检查，共计处罚817项。全市房屋建筑和市政基础设施工程未发生较大及以上安全生产事故。推动工程创优，荣获中国建设工程鲁班奖3项、国家优质工程奖4项。开展既有房屋结构安全排查，做好城镇房屋防汛工作，累计排查1000余万平方米，对排查出的隐患及时进行处置。开展抗震设防和施工图审查质量专项检查，清查项目3491项，从源头严把质量安全关。

【地铁建设】2020年，天津市地铁建设在施9条线228公里，完成投资296亿元。中心城区在施7条线153公里，完成投资225亿元；滨海新区在施2条线75公里，完成投资71亿元。全市地铁运营里程达到235公里。

【城市路网建设】外环线东北部调线工程于8月29日实现通车，形成了连接东丽、北辰两区快速通道主骨架。津沧高速收费站迁移工程和PPP快速化改造段12月12日顺利开通，中心城区西南通道辐射功能初显。丁字沽北大街8月份正式通车，十余年未建成的断头桥问题彻底解决。

年内，完成丰民国顺支路等5条卡口道路及辰柳路等5条配套道路建设及竣工验收，如期实现民心工程建设目标。完成梅江道等20余项配套道路工程建设，极大地方便了居民出行。

【综合管廊建设】2020年，开工建设东丽湖综合管廊6.79千米，截至年末全市累计开工建设综合管廊63千米。发布《综合管廊工程资料管理规程》《综合管廊监控与报警安装工程施工规范》《城市综合管廊运行维护管理技术标准》等标准规范，修编《天津市综合管廊工程技术规范》；完成"天津市'十四五'综合管廊发展研究"。

【海绵城市建设】2020年，对16个区2019年河（湖）长制海绵城市建设有关内容进行考核，从海绵城市实施方案的落实情况、项目建设的数量和质量、示范项目建设情况、海绵城市工作推动情况、宣传推广等方面，对各区海绵城市整体工作进行了考核。印发《关于进一步明确建设项目年径流总量控制率等有关内容的通知》，新建项目严格执行海绵城市建设管控要求；通过土地出让联审平台加强对地块出让中海绵城市建设理念落实的审查。印发《关于部分建设项目海绵城市管控指标不做强制要求的通知（试行）》等文件，因地制宜推动天津市海绵城市健康发展。开展天津市海绵城市"十四五"发展研究，提出"十四五"期间天津市海绵城市建设的目标值、实现路径、保障机制等。7月，邀请全市部分海绵城市建设领域有关专家，共同研判天津市海绵城市建设工作情况，分析短板、探索路径、健全制度，推动天津市海绵城市建设高质量发展。组织南开、河西等相关区开展观摩交流，通过座谈和实地项目观摩，在项目建设经验及PPP模式推动等方面互促互鉴。

【村镇建设】2020年，加快推进农村困难群众危房改造，对纳入脱贫攻坚范围的危房改造对象实施挂牌督战，全年完成5087户农村困难群众危房改造。制定《天津市关于开展农村房屋安全隐患排查整治工作实施方案》并以市人民政府办公厅名义印发，组织各区以用作经营的农村自建房为重点，依法依规有序开展农村房屋安全隐患排查整治工作。按照个人自愿、政府引导的原则，在抗震设防烈度7度及以上的地震高烈度设防地区，支持有能力、有意愿的农户通过抗震改造或新建翻建，提高农房抗震能力，取得较好的试点效果和经验。组织编制《天津市农房抗震改造试点项目技术指南（试行）》《天津市乡村特色民居建设指导手册》。通过现场观摩、实际操作等形式开展村镇建设管理人员、农村建筑工匠培训，不断提升全市村镇建设管理工作水平。坚持党建引领，多措并举，综合施策，圆满完成蓟州区陈家桥、东桥头、东蔡庄三个村的结对帮扶任务，73项考核指标100%通过市区两级验收。

【行政审批制度改革】2020年，市住房和城乡建设委员会所有政务服务事项全面实行网上审批。开通了市住建委政务服务平台EMS邮寄功能，免费为企业提供办理结果邮寄服务。全面实施"证照分离"改革；推行"电子证照"，成为国内按照国家新标准实施施工许可电子证照的第一个省市；开发"无人审批"系统，开通安管人员"无人审批＋电子证照"服务新模式，实现证书核发全程自助服务、无人审批，真正实现了"数据多跑路、企业少跑腿"。深化工程建设项目审批制度改革，截至年末，天津市一般社会投资建设项目从获得土地到取得施工许可由改革前的平均用时390天压缩至63.5天。启动"清单制＋告知承诺制"改革，社会投资低风险项目从获得土地到完成不动产权登记审批时间不超过25个工作日，带方案出让土地和规划建设条件明确项目从获得土地到完成不动产权登记审批时间不超过30个工作日，既有建筑改造项目全流程审批时间不超过15个工作日。

【城建信息化建设】编制《天津市住房和城乡建设委员会网络安全和信息化工作规则》，通过政务网和政务微博，宣传市住建委落实市委、市政府决策部署的新举措，宣传市住建委服务群众、方便企业和改善民生的新成效。2020年，政务网发布信息3000余条，政务微博发布信息2000余条。制定《天津市住房和城乡建设委员会网络安全事件应急预案》，组织实施网络安全应急演练。加强政务数据安全管理，启用政务安全邮箱，为机关各处室、机关干部、各直属单位配置政务安全邮箱400余个。组织开发建设工程消防验收模块，实现消防验收网上申请、受理、审批、打证全流程办理。增加邮政特快专递邮寄服务和在施项目人员管理网上办理功能，保障疫情期间"不见面"审批。调整完善市住建委政务信息资源目录115个，向相关部门提供政务数据300万余条；向市网信办推送电子证照数据15万余条；完成61项监管事项认领，上传行为数据11303条。

【法治住房和城乡建设】全年完成各类文件合法性审核及公平竞争审查151件，制发委发行政规范性文件12件，确保文件合法依规。全年共完成各项专项清理12次，全部按时按要求报送清理结果。组织完成委权责清单动态调整工作，对委权责清单进行全面调整，修改意见已报市委编办审查。撤销原行政行为违法11件，经行政调解当事人撤回复议申请4件，撤诉1件，实现了维护权益和维护稳定双重目标。机关负责人出庭应诉10次，有力地推动矛盾纠纷化解和依法行政水平的提高。通过在线阅读、线下传阅的方式，及时向执法人员普及《中华人民共和国宪法》、《中华人民共和国民法典》等法律法规。通过短信平台发布疫情防控和有关法律法规相关内容，累计发出28000余条。

【建设项目投融资管理】年初，全面完成地铁4、8号线两个PPP项目社会资本采购、PPP项目公司组建等工作。两项目总投资约473亿元，引入社会资本投资超280亿元。启动了地铁8号线延伸线、11号线延伸线两个PPP项目的策划，两项目总投资约105亿元，两个项目的PPP实施方案已经市政府审议通过，并启动了社会资本采购工作，引入社会资本投资超60亿元。策划了天津"设计之都"海河柳林地区综合开发PPP项目，完成总投资125亿元的区域综合开发PPP项目策划。策划推动张贵庄污水处理厂PPP项目，创造性地将张贵庄污水处理厂一期及二期打包为整体PPP项目，采取TOT＋BOT模式，引入社会资本参与污水处理建设和运营，总投资30亿元。

【住建行政综合执法】2020年，启动"立改废"工作，制定了执法保障体系制度框架，相继出台2020年检查执法计划工作要点、2020年行政执法培训计划，印发行政执法文书制式样本、规范行政处罚案件集体审核程序。各执法支队全年组织开展11次联合"双随机、一公开"检查执法。全年共出动人员6571人次，实地抽查工程2740项次，下达责令整改通知书728份，暂停工通知书15份，提出整改意见2157条，下达执法建议书5份，按照"隐患就是事故，事故就要处理"的理念和"铁面、铁心、铁腕、铁规"的要求，对66起违法违规行为实施行政处罚。

(天津市住房和城乡建设委员会)

城 乡 规 划

国土空间规划

【概况】2020年，为落实中共中央、国务院关于加快推进生态文明建设，着力促进国家治理体系和治理能力现代化，构建国土空间规划体系的部署，天津市国土空间规划工作加快融合主体功能区划、土地利用总体规划、城市总体规划、海洋功能区划等空间规划为统一的国土空间规划（以下称"规划"），构建自上而下、自下而上相结合的全市"多规合一"国土空间规划体系，强化国土空间规划对各专项规划的指导约束作用。

同时，结合京津冀协同发展战略，深化天津"一基地三区"战略定位，对标北京、上海总体规划，坚持以人民为中心的发展思想，体现高质量发展要求，树立创新、协调、绿色、开放、共享的发展理念，落实"生产空间集约高效、生活空间宜居适度、生态空间山清水秀"的国土空间开发格局优化要求，以资源环境承载能力和国土空间开发适宜性评价为基础，优先划定生态空间，构建天津"三区两带中屏障、一市双城多节点"的国土空间总体格局对全市国土空间进行"重塑重构"，为经济社会发展提供可持续的空间规划蓝图。

【总体规划编制】开展"双评价"工作。客观、综合评价水、土地、气候、生态、环境、灾害等资源环境问题和风险，为我市优化国土空间格局、完善区域主体功能定位、划定三条控制线、确定建设用地指标和布局等提供参考依据。组织现状底图数据绘制工作。依据三调阶段成果进行各类基础性分析，结合各类基础数据资料，叠加批地数据、供地数据、复垦验收数据等管理数据，基本完成国土空间现状基数转换、现状底图生成。科学规划"三条控制线"。制定《天津市贯彻国家划定落实三条控制线指导意见实施措施》，初步划定彼此不冲突、不重叠、不交叉的"三条控制线"。其中，按照应划尽划、应保尽保的原则，结合自然保护地整合优化工作划定生态保护红线。充分梳理天津市耕地现状，优化耕地和永久基本农田的保护目标，形成永久基本农田划定优化建议方案。坚持高质量发展，提出城镇建设用地规模方案，划定镇开发边界。强化国土空间总体规划与各专项规划的协同。同步推动全市40余项专项规划编制，统筹绘制国土空间发展"一张蓝图"。推进国土空间总体规划编制。已形成市级国土空间总体规划成果的文本阶段成果。

规划管理

【详细规划管理】组织开展天津市控制性详细规划（街区层面）研究，形成《西青区控制性详细规划（街区层面）试点阶段成果》《西青区张家窝镇控制性详细规划（街区层面）成果》。海河柳林地区在延续原有城市空间规划结构的基础上，结合定位和城市开发的重点，从突出地区城市特色和优化地区功能的角度出发，依托海河，形成"一河两岸、一路两心"的规划结构。北辰活力区规划重点传承天津城市文脉，体现中西合璧、古今交融的城市底蕴，彰显大气、文雅、精致的城市风格。

【历史文化名城保护规划管理】2020年，《天津市历史文化名城保护规划（2020—2035年）》修编取得阶段性成果。在上版名城保护规划基础上，与天津市国土空间总体规划充分衔接，统筹各类历史文化资源，完善了覆盖全市的历史文化价值保护体系、创新保护传承利用方式、推进历史城区复兴等内容，形成"一心、双区、四带、多点"的空间格局结构，突出展现天津"中西合璧、古今交融、多元并蓄"历史文化特色。组织开展了葛沽历史文化名镇保护规划修编，已履行报批程序。在全市范围内开展镇村历史文化资源挖掘，形成了《具有历史文化特色镇村名录》，选择一批具有历史文化特色的镇村纳入《天津市历史文化名城保护规划（2020—2035年）》，有针对性地提出了保护策略和要求。重点开展一宫花园、解放北路等9个历史文化街区保护规划修编工作，现已取得初步成果。

【城市设计】2020年，天津市按照城市设计试点工作安排，积极推动试点项目进展，系统总结试点工作，进一步完善了城市设计编制和管理体系，为重点地区规划实施打下了基础。其中，西站商务区西于庄片区城市设计已由市政府批复并公布，外环城市公园及周边地区城市设计已编制完成并在《天津日报》做专版宣传介绍，侯台片区（水西公园周边地区）规划提升完善、解放南路周边地区城市设计及导则实施总结工作已完成，海河柳林地区、程林公园周边地区和南运河西营门片区的城市设计编制、公示、征求意见等工作已完成。

【建筑规划管理】制定《建筑类建设工程规划许

可证设计方案规范》DB12/T 990—2020，并于12月17日正式发布；完善了《建筑工程规划管理技术规范》并通过天津市市场监管委地方标准审查。起草完成《事项事中事后监管实施细则（建筑工程）》《建设用地规划许可证（划拨类）事项事中事后监管实施细则（建筑工程）》，加强组织全市规划审批部门进行建筑工程规划许可事中监管培训。推进《建设项目核定用地技术规程》《建设工程（建筑部分）规划放线测量技术报告编制通则》《建设项目空间分析模型绘制技术规范》的执行。组织对《天津市规划设计导则（2018版）》进行修编，同时拟对超高层地标建筑、超大体量公共建筑等特殊建设项目审批流程研究制定。推动国家会展中心、天津歌舞剧院项目、市档案馆扩建、公安监管中心等重点工程的规划审批工作。此外，还组织开展了天津地铁出入口建筑等地面设施方案征集活动和海河中游防洪堤岸设计方案研究。

【交通与市政规划管理】组织协调、推动津承铁路、津潍铁路等交通项目的前期研究；中俄东线天然气、北京燃气、唐山LNG外输管线、蒙西天然气管线等市政管线项目的规划审批，采取"先行审查""分段审批"等方式推动审批进度。全力保障地铁4、6、7、8、10、11号线及Z2线规划前期工作。组织研究确定双青-北郊500kV线路工程、京滨高铁周良220kV牵引站电源线工程等电力骨架网改造工程规划建设方案。印发《市规划和自然资源局关于进一步落实线性基础设施工程规划许可、督导、监管工作的通知》。配合市建委等单位共同出台了《天津市工程建设项目"清单制＋告知承诺制"审批改革实施方案》。制定《天津市规划和自然资源局落实天津市打赢新冠肺炎疫情防控阻击战进一步促进经济社会发展若干措施实施细则》以及《大运河天津段核心监控区国土空间管控细则》等制度措施。

【村镇规划管理】2020年，印发了《天津市村庄规划技术审查要点》和《关于规范村庄规划成果数据汇交管理工作的通知》，进一步规范我市村庄规划审查、成果数据汇交管理工作。指导各区在村庄规划中统筹考虑土地利用、产业发展、居民点布局、人居环境整治、生态保护和历史文化传承等方面内容，合理确定宅基地规模和布局，保障村民住宅建设合理用地需求；优化乡村产业用地，合理安排农村新产业新业态发展用地，补齐农村基础设施和公共服务设施短板。全市约2450个规划保留村庄已基本完成规划编制任务，实现应编尽编。

【规划执法监管】2020年，市规划和自然资源局深入组织全市规划违法案件查处工作，强化规划执法监管，落实行政执法公示制度、执法全过程记录制度、重大执法决定法制审核制度，推动行政执法规范化建设。2020年共组织开展8期建设项目证后施工过程"双随机、一公开"检查，涉及40个建设项目，检查结果均在外网公开。配合住房和城乡建设部门开展建设项目联合验收，提高建设项目审批效率和便利化程度。2020年，对全市1281个建设项目完成规划验收，其中建筑工程1135个，市政工程146个。

【规划和自然资源信息化】采用云计算、大数据等先进技术建设了天津市国土空间基础信息平台，内容涵盖土地、规划、矿产、林业、地质、海洋等行业，为市规划资源局各业务系统提供统一的空间地图服务，为国土空间规划编制、业务审批、国土空间开发利用监测监管等提供技术支撑。构建了天津市国土空间规划"一张图"实施监督信息系统，为国土空间规划编制、审批、修改和实施监督的全周期管理提供信息化支撑。系统采用"全市统建，市、区共用"的建设模式，包含"一张图"应用、规划分析评价、规划成果审查与管理、监测评估预警、资源环境承载能力监测预警、指标模型管理、系统运维管理七个功能模块。将多规合一平台迁移至天津市电子政务云，完成多规合一平台数据国家2000坐标向天津2000城市坐标系的转换工作，并持续做好一张蓝图数据更新工作。

【专项规划管理】会同市发展改革委、市交通运输委、市商务局、市文化和旅游局、津南区政府等部门组织编制了《国家会展经济片区规划》，为进一步提升周边地区对国家会展中心的配套支撑作用。积极推进海河南道国家会议会展中心段景观规划设计。组织开展了《海河南道国家会议会展中心段景观规划设计》。

大事记

1月

3日　市人大第十六次常务委员会审议通过《关于〈天津市国土空间发展战略〉编制工作情况的报告》以及《关于推进实施国土空间发展战略的决定（草案）》。

5日　成立天津市地质灾害防治工作领导小组。组长由文魁副市长担任，下设领导小组办公室。

6日　印发《天津市村庄规划技术审查要点（试行）》。

21日　印发《天津市规划和自然资源局关于核

对天津东疆保税港区天津保税物流园区四至范围和界址点坐标的函》，并上报自然资源部。

22日 发布《市规划资源局关于启用实施2000天津城市坐标系的公告》，自2021年7月1日起，在全市范围内启用2000天津城市坐标系。

2月

14日 印发《市规划资源局贯彻落实〈关于进一步加强规划和土地管理工作意见〉有关措施的通知》。

15日 印发《市规划和自然资源局关于印发出让国有建设用地使用权（在建项目）转让审核程序的通知》。

26日 召开自然资源执法业务通报会。

3月

3日 召开全市专项规划梳理工作研究会。

4日 会同市交通运输委编制《天津国家会展中心外部交通规划》并报市政府。

5日 召开规划自然资源领域专项规划编制工作推动部署会。同日，市三调办向市政府上报《关于我市第三次国土调查工作进展情况的报告》。

13日 推荐申报的《城市设计整体性管理实施方法建构与实践应用》项目成果获2019年度"华夏建设科学技术奖"一等奖。

23日 《天津市土地管理条例（修订草案）》经局2020年第2次局长办公会审议通过。

24日 印发《市规划资源局关于印发2020年地图监管工作方案的通知》，开展2020年地图监管工作。

4月

13日 发布《市规划和自然资源局关于我市批而未供和闲置土地监管情况的通报》。

24日 联合市住建委发布试点启用2000天津城市坐标系的公告。

25日 印发《天津市控制性详细规划管理市区分工、技术审查和专家评审实施意见（试行）》。

26日 印发《天津市控制性详细规划编制、修改和修编管理操作流程（试行）》。

5月

1~5日 完成了国土一张图、规划一网通、土地登记系统、"多规合一一张蓝图"四大信息系统的数据迁移和切换工作，系统数据全面切换至2000天津城市坐标系，标志着市规划资源局2000天津城市坐标系先期试点工作的全面开展和实施。

6日 第102次市政府常务会审议通过北辰活力区控规方案。

8日 《大运河天津段核心监控区国土空间管控细则（试行）》，业经天津市人民政府批复并印发执行。

15日 印发《市规划资源局关于进一步加强地籍图更新和查询工作的通知》。

18日 印发《天津市地质灾害防治工作2019年总结和2020年重点任务》。

29日 《西站商务区西于庄片区城市设计》获市政府批复。

6月

4日 印发《市生态环境局 市规划资源局关于更新发布〈天津市建设用地土壤污染风险管控和修复名录〉的通知》。

11日 市三调办综合组、调查组召开全市第三次国土调查统一时点更新工作部署培训视频会。

15日 会同市发展改革委、市文化和旅游局、市水务局共同印发《市规划资源局市发展改革委市文化和旅游局市水务局关于做好大运河天津段核心监控区建设项目审查流程工作的意见（试行）》。

19日 印发《市规划和自然资源局关于印发〈天津市城镇低效用地再开发工作实施意见（试行）〉的函》。

28日 召开天津市国土空间总体规划城镇开发边界和建设用地规模方案研究会。

29日 发布《天津市外环城市公园及周边地区城市设计草案》，面向社会公示公开征求意见。

7月

6日 印发《市规划资源局关于规范村庄规划成果数据汇交管理工作的通知》。

10日 《天津市土地管理条例（修订草案）》经市政府第111次常务会审议通过。同日，下发《关于委托城建档案馆（地质资料馆）开展全市矿产资源储量事务性工作的通知》。

26日 《天津市规划和自然资源局承接自然资源部授权和委托用地审批权试点工作实施方案》印发实施。

28日 《天津市土地管理条例（修订草案）》经市第十七届人大常委第二十一次会议第一次审议。

31日 召开天津市国土空间总体规划"津城"用地布局方案研究会。

8月

6日 召开商品房销售许可与商品房预售登记流程衔接培训会。

11日 印发2020年天津市测绘资质巡查工作方案的通知。

12日　市政府第16次市长办公会审议了国家会展经济片区规划。

24日　印发《市规划资源局关于开展2020年天津市测绘地理信息成果质量监督检查的通知》。

9月

15日　印发《市规划资源局关于进一步规范村庄规划编制工作的通知》。

29日　天津"设计之都"核心区公园景观设计国际征集开幕式及高峰论坛在津湾广场召开。

10月

9日　召开市级国土空间规划编制体系研究会。

16日　天津市国土一张图土地供应审批及数据坐标转换等功能改造项目通过结项验收。

30日　召开国土空间总体规划现状底图方案研究会。

31日　全面完成了天津市城市规划协会、天津市测绘与地理信息协会、天津市花卉产业协会与市局机关的脱钩改革任务。

11月

3日　召开"双评价"和现状底图研究会。

30日　市规划资源局党委印发《市规划资源局关于印发〈2020年市规划资源局"宪法宣传周"工作方案〉的通知》。

12月

7日　市政府第82次常务会审议通过《天津市市域郊铁路专项规划（2019—2035年）》。

10日　召开国土空间规划体检评估（城区划定）方案研究会。

14日　召开西青区国土空间总体规划方案研究会。

15日　市政府正式批复《天津市市域郊铁路专项规划（2019—2035年）》；天津市国土空间规划"一张图"实施监督系统通过验收专家组验收；印发《关于进一步提高我市控制性详细规划管理工作时效的若干意见》。

16日　制订《天津市测绘应急保障队伍工作预案》。

17日　发布地方标准《建筑类建设工程规划许可证设计方案规范》。

23日　联合市政府服务办等9个部门共同印发《关于印发〈持续优化电力工程建设项目政务服务工作方案〉的通知》。

29日　天津市规划和自然资源局国土空间基础信息平台建设项目通过验收专家组验收。同日，组织完成《天津市国土空间总体规划（2020—2035年）》阶段成果，并形成《市规划资源局关于天津市国土空间总体规划及三条控制线划定方案有关情况的报告》。

31日　印发《市规划资源局关于国土空间总体规划编制期间规划管理工作的意见》。同日，配合市农业农村委联合印发《天津市农业农村委员会 天津市规划和自然资源局关于规范农村宅基地审批管理的通知》。

（天津市规划和自然资源局）

城 市 管 理

概况

2020年，天津市城市管理积极应对新冠疫情防控，聚焦人民群众"操心事、烦心事、揪心事"，推进城市综合整治"十大工程"。深入开展环境卫生清整，清理脏乱点位96219处，清理垃圾58747吨。全市建成区4132条道路实现清扫保洁全覆盖。按照"定点、定车、定人、定线、定处理厂"原则，处理各类涉疫垃圾4万余吨，收运处废弃生活口罩588486袋。全市垃圾实现日产日清。开展违法饲养家禽家畜专项治理、道路秩序和环境治理，及时清理脏乱、清扫保洁，降低疫情扩散风险。实施辖区道路、社区巡查检查，检查道路46万余条次，检查社区29万余个次。疫情初期，全市64个闭合性公园全部闭园、61个开放式公园实施严格管控措施，降低聚集性传播风险。全市公园陆续开放后，严格执行入园措施，保持疫情防控力度不降。成立应急抢修队伍，确保道桥设施完好和运行安全；采取提高水温、加强检查等方式，保障全市供热系统运行稳定。制定复工复产十条举措，对中小微企业和个体工商户免征城市道路占路费，对承租委系统国有资产类经营用房的59户中小企业减租1118.7万元。及时回应群众诉求，协调推动解决群众反映各类问题6587个。推进生活垃圾100%无害化处理，全年无害化处理垃圾435万吨。建成东丽、西青等8座生活垃圾处理设施，处理能力达到17450吨/日。出台《天津市生活垃圾管理条例》，公共机构垃圾分类覆盖率达到100%，建成区社区垃圾分类覆盖率达到97%，天津市垃圾分类工作被住房和城乡建设部列入成效显著的第一档。连续五年提前启动供热工作，完成供热旧管网55.07千米、燃气旧管网51.24千米改造。对全市179家燃气企业进行设施安全运行评价。开展城市道路管线井隐患排查整改工作，解决各类管线井井盖问题2647件，组织解决病害井278座。实施解放南路立交桥、志成桥等5座桥的改造工程，完成路面、桥面修补12万平方米。对全市1548座环卫公厕每日定期消杀，保持城市环境卫生干净整洁。开展常态化道路"以克论净"检测，全年检查道路7787条（次），检测达标率88%。全面实施路灯"1001工程"，完成169个老旧小区汞灯提升改造和162座箱式站、205座低控箱、241座室内站等设施的更换。中心城区实现"灯杆亮身份"。全面加强夜景灯光"一把闸"管控。开展夏季城市环境综合整治，清整脏乱点位4.8万处，清理垃圾杂物50.3万吨。完成津秦高铁、京哈铁路沿线环境151处问题点位治理。对3394个公交站亭进行规范整治，治理各类小广告4万余处。新建提升各类绿地241万平方米，栽植乔灌木17.8万株。开展全市古树名木普查工作，并进行针对性养护管理。治理违法散养家禽问题940余处、占路经营8.8万余次。依法治理运输撒漏、露天烧烤等违法违规行为1.06万余次。排查、整修道路110条，整修牌匾广告15020平方米，确保各类设施安全稳固。开展"城市户外广告牌匾管理信息系统"建设工作，全市累计采集录入信息22416条。组织对老旧小区停车情况摸底统计基础上，推动南开、北辰两区利用空置地新增停车场6座、泊位1400个，有力推动解决百姓"停车难"问题。

行业发展规划

组织编制完成《天津市城市管理精细化"十四五"规划编制实施方案》，明确指导思想、规划目标、重点任务和措施保障等内容，区分园林绿化、环境卫生、市容景观、燃气供热、道桥停车、综合执法、一网统管、人才建设等8个篇章，厘清市住房城乡建设委承担主要职责和重点工作。《天津市城市管理精细化"十四五"规划》进入实质性编制阶段。

市容市貌管理

【市容建设管理】全年新建、提升改造环卫公厕124座，其中，新建（含接收）42座，提升改造82座。"厕所革命"历时三年，全市新建、提升改造环卫公厕903座，其中，新建（含接收）环卫公厕361座，提升改造环卫公厕542座。同时，配合市文化和旅游局、市农业农村委、市卫生健康委推进旅游公厕、农村公厕建设。成立疫情期间复工复产工作组，全力推动在建生活垃圾处理厂复工复产。西青生活垃圾综合处理厂2020年2月20日率先复工复产，全市8座在建生活垃圾处理厂2020年3月全部复工复产。2020年底，西青、北辰、蓟州、宝坻、静海等5座生活垃圾处理厂全部实现接收生活垃圾，点火启用。西青、北辰、东丽、静海区生活垃圾处理厂同步建成厨余垃圾处理设施。武清、东丽生活垃圾处理厂具备全面接收生活垃圾条件，点火调试。滨海新区第一焚烧发电厂扩建项目整体工程完工，具备应急处理能力。全年排查、整修道路110条，整修牌匾广告15020.5平方米，檐线整理、拆除26981延米，墙面、门、窗清理整修232346.6平方米，整理拆除其他装饰物5407.5延米，修复翻新台阶、便道9020平方米，沿街立面安全更有保障。

【街牌匾管理】治理各类违法户外广告设施2680处，天津公路风景线、城区建筑天际线和沿街商业牌匾线层线分明，户外广告空间环境更加清爽疏朗、亮丽清新、宜人宜居。开展防范疫情公益广告宣传，市委确定宣传标语口号结合大型户外LED显示屏全天滚动播放，宣传疫情防控基本知识，提升全民战胜疫情的勇气和决心。开展世界智能大会公益广告宣传，在重点道路布置灯杆式道旗、灯箱、户外LED大屏及天桥横幅，参会海内外学者、专家、企业家对美丽天津留下深刻印象。元旦、春节、五一、十一期间，重点对31条主干道路和重点繁华地区进行布置，插挂国旗，开启夜景灯光，开展夜景灯光秀，营造了良好的节日气氛。

【路灯照明管理】2020年，天津市扎实推进路灯提升改造"1001工程"，162座箱式站、241座室内站、205座低控箱及5206基汞灯和三站136基路灯提升改造项目已完成。意式风情区智慧路灯建设有序推进，地下施工任务完成53%，智慧路灯杆紧张制作当中。路灯监控指挥管理系统已于10月建设完成，并投入使用，标志着天津市路灯管理资源库和路灯管理信息系统已经形成，可以纳入城市部件数据管理系统，形成了路灯管理"一张网"。

【夜景灯光设施】组织开展《天津市城市夜景照明工程技术标准》《天津市城市管理考核夜景灯光管理考核办法》修订，研究制定《天津市夜景灯光设施维护运行管理实施细则》《天津市城市景观照明应急预案》，进一步完善夜景灯光管理体系。坚持"开灯日每日巡查"，控制中心24小时值班；辖区城市管理委做好应急保障，及时排除故障和安全隐患。全年夜景灯光设施总开启260天，其中重大保障任务开启56天。

环境卫生治理

【环境秩序治理】2020年，清整脏乱点位4.8万处，清理垃圾杂物50.3万吨，打捞清理水面垃圾漂浮物131万平方米，清理堤岸生活垃圾6.6万立方米、建筑垃圾2.3万立方米、工业废物102吨，清洗200个公交场站、0.3万余个公交设施，环卫设施和道路使用消杀剂320万余吨。治理违法占路经营行为3.9万起、马路餐桌3686次，罚款50.1万元，补签门前三包0.78万份，清理乱堆乱放、乱贴乱画和非法小广告8.5万处。维修养护道路路面23.3万平方米，排查沿街建筑立面安全隐患2.38万处，清除悬挂吊挂0.18万处，修补粉刷破损建筑外立面1.7万平方米，清洗市内六区651条道路6961公里护栏、4807面交通标志牌和2.1万个防撞桶，维修机非隔离护栏、高护栏3150片，修剪行道树及各类苗木50.4万株次，修补修剪绿地绿篱1692.6万平方米，推广周氏啮小蜂6亿头，绿化病虫害发生率下降10%。治理违法户外广告设施1万余处，临时布标0.3万幅，清理规范共享单车20万辆次，查处三轮车各类交通违法行为0.43万起，三轮车无证制售3户。处罚出租汽车违法违规行为2831起，罚款717.4万元；查处交通违法行为2894起，同时抽查3000余部公交车，发现并解决300个清洁、标识、服务等问题；实施天津西站提升改造，更新电力电缆3000米、通信电缆5000米、LED大屏2块、灯具1049套，修复停车场150米。按照"治管并举、以治促管、清脏治乱、固强补弱"原则，专项治理233条次支道路、背街里巷，清扫道路68553次、清理卫生死角7918处、清理垃圾渣土737吨、清洗公共设施737座、治理占路经营3628处、清理乱停乱放3485处、拆除违法建设14536平方米、清理枯枝死苗1113株、整修道路21441平方米、治理广告牌匾1054处。专项治理城乡接合部6个区域46条道路，清扫道路17416次、清洗公共设施634座、清理卫生死角1739处、清理垃圾渣土265吨、清理广告牌匾991处、清理占路经营1972处。4月24至6月20日，完成津秦高铁、京哈铁路沿线环境151处问题点位治理。7月份开始，配合市交通运输委开展普速铁路沿线环境安全隐患专项整治，确定1536个问题隐患点位治理清单，完成1497个，完成率97%。完成第四届世界智能大会等15次市容环境服务保障活动，向外界展示了良好的天津形象。

【环境卫生管理】新冠肺炎疫情发生以来，组织各区开展环境卫生清整和强化日常消杀，开展环境卫生脏乱点位大排查和大清理。全年清理脏乱点位9.6万余处，清理各类垃圾5.8万余吨，出动清扫保洁作业车辆82.1万余台次、作业人员367.1万余人次，机扫水洗道路31.1万余条次，清扫保洁作业全覆盖。推进"定性、定量、定位考核"。定量考核：对全市16区7787条（次）道路进行了检测，其中达标道路6852条（次），平均达标率88%，较上年度提升9个百分点。定性考核：全年组织301次环卫专项检查，16个区查出问题2158处，通报12次，整改率100%。定位考核：对全部机械作业车辆实施GPS监控考核，利用环卫机扫水洗监控网安排专人对2751道路机扫水洗情况和2209部环卫作业车辆情况进行有效监控。道路清扫保洁和可机扫水洗道路机械化两个作业覆盖率均达100%。全年共有城市道路4132条，扫保面积13519万平方米，机械化作业率达到92%，市场化作业道路占全部道路扫保面积达68%。组织各区开展公厕清洁消杀作业，全年出动消杀人员53万余人次，全市环卫公厕全部实现每日定时消杀，消杀38.3万余座次，督查检查社会公厕消杀情况9.3万余座次。截至年底，我市有公厕4208座，其中，环卫公厕1548座、社会公厕2660座。2020年2月，疫情防控关键时期遇两场大到暴雪，及时启动应急预案，组织除雪推动，各区出动环卫工人3万余人次，出动各类车辆设备4350台次，实现大雪以上级别72小时清雪完毕。重点对"以克论净"考核标准修订、规范渣土运输市场、扬尘管控等进行调度督导，委污染防治攻坚任务高标准完成。

【废弃物管理】全面实行涉疫生活垃圾专项处置。全市75家发热门诊医院、200余个集中隔离点，各类农贸市场、海鲜市场（冷库）、进口食品冷库以及滨海新区封控小区生活垃圾按照定点、定人、定车、定线路、定焚烧厂总要求实行专项处置。全市共设置废弃口罩专用收集桶（箱）18000余个，处理废弃口罩近6万袋，废弃口罩实现全链条闭环安全处置。疫情防控期间，全市专项处理各类涉疫生活垃圾4万余吨，全部直运焚烧处理。制定印发厨余垃圾管理办法，餐厨垃圾收运实现闭环管理。全年清运生活垃圾435万吨，其中，城市生活垃圾290.3万吨，农村生活垃圾144.7万吨，无害化处理率达100%。制定出台20余个垃圾分类政策规范性文件，全市生活垃圾分类投放、收集、运输、处置全链条体系初步建立。联合生态环境部门在全市建设48个有害垃圾暂存点，暂存点纳入"危险废弃物转移平台"进行监管，有害垃圾收集、运输、处理工作规范。完善生活垃圾分类考核通报制度，建立"月考核、季通报、年评比"考评模式，将考核结果纳入城市管理考核体系。

园林绿化建设与管理

【城市园林绿化】全年新建提升各类绿化面积241万平方米，栽植乔灌木17.8万株。印发实施《天津市城市绿化工程竣工验收备案实施细则》和《天津市园林绿化施工企业信用评价管理办法（试行）》。全市16个区党政军领导采取异地同步方式参加植树活动，共种植树木7152株。7月1日，市政府决定，对在2017至2019年度造林绿化工作中做出突出贡献的天津市河东区人民政府等97个先进集体和任玉瑛等150名先进个人予以表彰。

【园林养护管理】精细化养管绿地40325.6公顷，园林绿地生态景观功能显现。开展全市园林绿化会战，拆除防寒设施45万延米，补植行道树2000余株。组织美国白蛾发生较重地带防治。全年发布《园林病虫害信息》30期，发放低无毒农药：苦参碱12.5吨，烟参碱7.5吨，发放周氏啮小蜂3.5亿头。组织召开"预防整治蛀干害虫"专题研讨会，现场挖蛹技术培训。组织专业技术人员定期对建成区范围内129株古树进行巡查保护，指导养护责任人做好古树名木养护管理，古树生长势良好，病虫害防治及时。

【城市公园管理】2020年，天津市有城市公园134个，面积2721.94公顷，人均公园绿地面积9.29平方米。新冠疫情发生后，重点做好公园恢复开放后常态化疫情防控园内公共设施消杀清洁等。2020年，天津市动物园动物存栏179种1675只，其中哺乳纲87种556只，鸟纲84种1082只，爬行纲8种37只。全年成功繁殖金丝猴、马来熊、疣鼻天鹅、角马等珍稀动物28种95只，其中黑帽悬猴、灰斑悬猴、赤猴为首次繁殖，实现新物种繁殖的突破。

【园林展会情况】2020年，天津市完成第四届中国绿化博览会天津园建设，荣获"第四届中国绿化博览会竞赛银奖"和"最佳园艺小品奖"，苏青平同志荣获"突出贡献个人"称号。

城管执法与法治

【综合执法管理】实施城市管理执法专项行动。对居民社区、市场周边、临时占路市场、城乡接合部、背街里巷、各类在建工地生活区等进行拉网式排查，重点治理违法散养家禽家畜问题，取缔市场周边经营性非法占路摆卖，治理散养家禽940余处，非法占路经营问题8.8万余处次。重点针对《天津市文明行为促进条例》中明确的乱扔垃圾、乱涂乱画、占绿毁绿、私搭乱建、饲养家禽家畜等城市管理领域不文明行为进行重点治理，开展执法检查63.7万余次，警告劝阻责令改正8.8万余次，行政处罚58.9万余元，治理建成区内违法建设96.8万余平方米。围绕中央环保督察整改和美丽天津建设，配合开展污染防治攻坚战、扬尘污染专项行动等工作，对露天烧烤、运输撒漏污染道路、露天焚烧枯枝落叶秸秆等大气污染行为进行治理，专项治理活动成效显著。按照《天津市2020年食品安全监管计划》部署安排，依法查处占路经营食品违法行为，特别是以校园周边为重中之重，治理非法占路经营问题8.8万余处次，行政处罚75.8万余元。全市城市管理执法队伍开展生活垃圾分类专项治理百日行动。制定《城市管理执法自由裁量基准制度》等24部相关配套制度。组织全系统开展"新时代城市管理综合执法的新理念新要求和新发展、违法建设专项治理、生活垃圾分类执法"等8期系列专题线上线下培训活动。建立健全厨余垃圾执法联动机制，加强厨余垃圾违法行为治理，深入推进生活垃圾管理，建立健全"分工负责、信息互通、资源共享、协调联动"长效工作体系，依法严厉打击厨余垃圾违法违规行为。

【城市管理法治建设】《天津市生活垃圾管理条例》于2020年7月29日颁布，12月1日起施行。组建普及法律常识办公室，"七五"普法验收完成。开展"防控疫情，法治同行"专题宣传，编辑《新冠病毒肺炎防疫相关法律问题解析》。推动《中华人民共和国民法典》学习宣传，组织1750名干部职工参加知识答卷，组织举办"民法典与城市管理"专题讲座，300余人参加。制定《天津市城市管理委员会行政规范性文件管理办法》，完成清理影响营商环境、涉及民法典等7方面的法规、规章和规范性文件。制发《法律顾问工作规则》，履行法律顾问职责。对2019年度复议诉讼案件进行分析向全市通报。重新调整复议委员会，制定《行政应诉工作规定》，每季对全系统行政应诉和行政复议进行统计分析。

【行政许可管理】2020年，天津市办理市容园林行政许可事项2284件。其中，城市生活垃圾经营性处理3件；城市生活垃圾经营性清扫、收集、运输5件；工程建设涉及城市绿地、树木许可4件；临时占用绿化用地的许可55件；户外广告设施许可1839件；临时悬挂、设置标语或者宣传品许可137件；在道路两侧和景观区域内，对建筑物外檐、构筑物、围墙和其他设施进行装修、改建、改变的，或者设置各类标志设施许可241件。

城管科技与考核

【城市管理信息化建设】编制《天津市城市综合管理服务平台建设总体框架设计方案》，提交"天津市城市综合管理服务平台项目建设需求书和城市管理行业应用系统项目建设需求书"。利用国家和市电子政务网，实现市数字化城市管理平台、滨海新区和宝坻区数字化城市管理平台与住房城乡建设部国家平台联通。市数字化城市管理平台全年受理市内六区和环城四区上报的城市管理问题1001497件，立案985949件，立案率98.45%，办结率74.78%。市夜景灯光统一启闭控制系统全年开启254天。完成海河沿线等2093个监控设施、19座通信基站监控，实现"一把闸"统一启闭。市夜景灯光联动照明控制系统全年开启72天，完成重点灯光保障线路及奥体中心周边大型楼体共计87栋建筑物、18个控制点位，106个视频监控点位监控。保障重大活动和重要节日期间的夜景灯光联动照明。全年在市信息共享交换平台建立委政务数据共享目录26项，更新信息425396条。全年利用视频会议及城市管理指挥调度系统召开疫情防控、环境整治、行政处罚、专项培训等各类视频会议45次。

【城市管理科技】开展"天津立体绿化技术应用示范研究""天津市园林有害生物信息库的建设""天津市绿化土壤降碱技术研究""树木专用棒肥成果转化"等课题研究。海绵城市公园试点项目复兴河公园景观工程（一期）示范段建设通过阶段验收。《园林绿化工程施工及验收规范》《天津市城市绿化工程施工技术规程》《天津市生活垃圾分类收集容器设置规范》《天津市路内停车场经营规范》《天津市农村天然气供气设施运行管理标准》等规范标准编制完成。天津市城市管理委员会被评为2020年全国科普日活动优秀组织单位，2020年垃圾分类处理中心天津全国科普日活动被评为2020年全国科普日活动优秀活动。垃圾分类中心成功申报2020年天津科普基地。

【城市管理考核】2020年，天津市每月组织城市管理考核，考核成绩次月在《天津日报》刊登，接受社会监督。城市管理考核月平均检查道路约120条，社区30个，发现城市管理问题约350个，均转各区和市级各部门整改。市住房城乡建设委数字化平台对市区两级巡查队伍实施巡查考核；组织对各区群众投诉办复情况考核；委机关环卫处、园林管理处、市容景观处、废弃物管理处、市公用事业局相关处室及市综合执法总队组织专业考核；委托国家统计局天津调查总队通过入户发放问卷形式，对各区和市级各专业部门城市管理工作开展民意调查考核。各区城市管理考核部门对本区专业部门和街镇进行考核，对在本辖区内承担城市管理职责的市级各专业部门进行考核。城市管理考核坚持市区联动，市级部门协调统筹发现城市管理问题并及时解决，城市管理科学化、精细化、智能化水平不断提升。

公共事业管理

【燃气发展情况】截至2020年年底，全市现有燃气经营企业181家，其中管道气企业45家，加气站企业52家，区域管道供气企业12家，液化石油气企业81家。现有天然气用户640.38万户，其中工业用户0.32万户，商业用户64.58万户，居民用户575.48万户。全市天然气供气总量60.16亿立方米，液化石油气供气总量6.06万吨。燃气管线总长度46447.7千米，其中高压、次高压燃气管线3219.4千米，中压燃气管线11591.9千米，低压燃气管线31636.4千米。燃气储配站4座（其中2座已停运），调压站1296座，其中高调站209座。汽车加气站75座，液化石油气供应场站71座。

持续强化排查整治工作，成立区、镇街两级安全生产整治小组，修订完善《城镇燃气设施现状图册》，实现一镇一表、一图一册，组织开展联合检查。对老旧小区住户燃气安全隐患进行入户排查，帮助用户整改隐患消除风险。对农村"煤改气"村孤寡老人、困难户、退役军人户等特殊群体，逐村建册、重点服务，加大入户安检频率。制作安全宣传视频音频在区电视台播放和村广播站定时广播。组织400多名乡镇安全监管员、村安全协管员进行培训，强化农村"煤改气"安全管理。结合住房城乡建设部印发《农村管道天然气工程技术导则》，初步完成我市"煤改气"供气设施运行管理标准编制工作。

【供热总体情况】截至2020年年底，全市集中供热面积55336万平方米，其中住宅42826万平方米，集中供热普及率99.9%。其中：燃煤5090万平方米，占比9.2%；热电22208万平方米，占比40.13%；燃气24697万平方米，占比44.63%，地热及其他3341万平方米，占比6.04%。热电联产、燃气和清洁能源供热比重达90.8%，清洁能源为主的集中供热体系形成。2020—2021供暖期，继续落实弹性供热机制，供热企业应对降温天气提温送热，保障严寒天气下居民用热。开展常态化督查检查，出动335人次，督查检查供热站143个，解决用热户反映问题。协调市发展改革委、能源集团等有关单位保障供热气源稳定。2020—2021供暖期为1966年以来50年一遇寒冬，开展为期1个月供热专项督查，对140个供热站，150个社区共377户居民开展入户问暖。供热企业采取入户走访、社区座谈等形式进行访民问暖，共入户228407户、深入社区开展座谈5050次。供热服务监督热线，受理群众反映问题1641件，其中市城市管理委受理1169件，市公用事业局受理472件。供暖期8890便民专线下派供热工单265054件，日均1755件。市公用事业局受理处置供热网络督办问题371件，信访接待受理179件。

【道桥养护】2020年，完成331座市管桥梁隧道常规定期检测和46条道路、52座桥梁结构和强度检测。实施解放南路立交、东兴立交两座D级桥梁专项维修工程，志成桥、东风立交桥、普济河道立交桥跨铁路防抛屏改造工程，第一批11座市管桥梁安全防护设施升级改造工程和解放桥启闭设施技术改造工程。围绕发热门诊医院周边市管道路及其他市管主要道路，完成坑槽修补、路面沉陷维修、井边病害修补10万平方米；完成立交桥、跨河桥等桥面修补1.2万平方米，泄水管、伸缩缝、橡胶条、栏杆维修及更换0.99万米，除锈油饰0.76万平方米。2020年天津市城市道路总长度9233.87公里，面积17510.39万平方米；桥梁1196座。其中，城市建成区道路总长度7922.18公里，面积14743.44万平方米，建成区路网密度6.77公里/平方公里。全年各执收部门受理疫情期间免征城市道路占用费政策咨询100家，受理1家中小微企业退费申请，返还金额7095元；免征14家中小微企业占用费，金额119823元。自11月起，在全市范围内组织开展城市道路限高限宽设施专项整治行动，排查发现79处违规限高设施，至12月底前全部拆除；未发现限宽设施。加快推进历史遗留道桥设施交接工作，全年完成接收122项，占移交总数86.5%，其中，43项市管项目全部完成移交。11月启动全市城市桥梁设施安全隐患排查整治，合格级以上城市桥梁1129座，占总量的99.5%；公园、居住区内部202座景观桥梁，安全运行状况良好；排查不合格桥梁6座，均采取限载、封闭等措施，并制定改造方案。

大事记

1月

6日　天津市城市管理委印发《户外广告设施事项事中事后监管实施细则》《临时悬挂标语或宣传品事项事中事后监管实施细则》和《建筑物外檐、构筑物、围墙和其他设施进行装修、改建、改变的，或者设置各类标志设施事项事中事后监管实施细则》。

3月

10日　经天津市委市政府批准，全市2019—2020采暖期延长至2020年3月31日24时。

6月

24日　印发《进一步推动生活垃圾分类工作的意见》。

7月

29日　天津市第十七届人民代表大会常务委员会第二十一次会议通过《天津市生活垃圾管理条件》，自12月1日起施行。

8月

18—19日　住房和城乡建设部生活垃圾分类调研组到天津市调研指导生活垃圾分类工作。

9月

26日　《天津市城市管理考核办法》经天津市人民政府同意印发执行。

10月

28日　天津市城市公用事业管理局印发《天津市集中供热设施管理办法》《天津市供热室内温度测量管理办法》《天津市供热采暖收费管理办法》。

11月

23日　天津市城市管理委、市场监管委、生态环境局、农业农村委和市公安局五部门联合印发《天津市厨余垃圾管理办法》。

12月

31日　印发《天津市园林绿化施工企业信用评价管理办法（试行）》，即日起试行。

（天津市城市管理委员会）

水　务

概况

2020年，天津市水务系统克服疫情防控和经济下行的不利影响，着力补齐水务工程短板，持续强化水务行业监管，水资源、水环境、水安全得到有力保障，水务"十三五"实现圆满收官。全年落实市级政府债券20.9亿元，各区落实建设资金11.87亿元；推动于桥水库TOT项目，通过市场化手段盘活水库经营权，融资125亿元；完成水务建设投资

44.75亿元，化债4.79亿元。编制完成超标准洪水防御预案，修订洪水预测预报、蓄滞洪区运用等6个专项预案，开展大清河系洪水调度推演和北运河防洪调度演练，与武警消防救援总队、市应急局开展防汛应急救援联合演练；完成21处行洪河道险工险段整治，全市安全平稳度过汛期。科学调度引江水12.9亿立方米，引滦水6.89亿立方米，保证了全市用水需求和供水安全。全面建成农村饮水提质增效工程，2020年完成904个村、72.3万人年度建设任务，并通过实施工程配套完善、村庄搬迁、补建单村供水工程等方式补充完成滨海新区等区756个村、84.6万人建设任务。推进水污染防治攻坚战82项治理任务，全年消除津南区、蓟州区等建成区污水管网空白区3.31平方公里，实施雨污分流改造、铺设排水管道80千米，完成雨污混接串接改造2184处，新改扩建北辰区、滨海新区等环外4座污水处理厂，全市污水处理能力达到401万立方米/日，城镇污水集中处理率达到96%。

水资源

【水资源量】2020年，天津市属于平水年。全市平均降水量534.4毫米，比上年偏多22.5%。全市水资源总量13.30亿立方米，比多年平均值偏少15.1%。其中，全市地表水资源量8.60亿立方米，比多年平均值偏少19.3%，比上年增加68.0%；地下水资源量5.76亿立方米，比多年平均值偏少2.2%，比上年增加38.7%；地下水资源与地表水资源不重复量4.70亿立方米。全市12座大中型水库年末蓄水量9.12亿立方米，比年初蓄水量增加2.2176亿立方米。

【水资源开发利用】2020年，全市各区严格实施本区再生水利用规划或实施方案，完成了《天津市打好污染防治攻坚战再生水利用专项方案》中各项指标、任务。全年，天津市已运行深处理再生水厂12座，设计日供水能力为40.9万吨，日均供水量17.80万吨，供水总量6513.45万吨。海水淡化日生产能力30.6万立方米，全年实际生产海水淡化水4286.05万立方米，比上年减少367万立方米，全年淡化海水利用量4218万立方米，海水淡化水主要供滨海新区部分区域生产和生活使用。汛期，天津市上游地区来水较常年持平，在确保全市防洪安全的前提下，拦蓄雨洪水资源3.4亿立方米，有效改善了城乡水生态环境，为三秋生产和今冬明春工农生产储备了水源。

【水资源管理】积极践行"节水优先、空间均衡、系统治理、两手发力"的十六字新时期治水方针，完成天津市2020年最严格水资源管理制度国家考核自查工作；严格建设项目水资源论证，全年全市审查水资源论证报告313个。定期组织水源水质调度会，分析水质变化，商讨改善措施。开展于桥水库截污沟二期和入库沟口湿地工程建设。印发于桥水库水位控制方案，合理控制水库水位。加强草藻防控，全年累计打捞草藻23.9万立方米，投放水生植物271万株，强化于桥水库周边环境保洁和封闭管理，引滦水质稳定向好。

水务建设与管理

【城市供水】2020年，天津市有供水单位37家其中，获得供水行政许可的公共供水单位34家，淡化海水供水单位3家。全行业供水设施产水能力430.1万立方米/日。2020年全市总用水81998.28万立方米，其中，居民家庭用水35256.15万立方米；非居民用水46742.13万立方米。全市供水管网长2.16万千米。全市用水人口1174.43万人；供水普及率100%；人均日生活用水量115.69升。城镇供水管网漏损率为8.54%。全年受理群众诉求150.7万件，热线接通率96.3%，办结及时率98%，办结满意率99.5%。全年驻许可大厅窗口依法办理供水行政许可、行政服务事项共250件，满意率100%。2020年天津市实施4次引滦调水，年度累计引滦调水6.89亿立方米（大黑汀分水闸计量）。2019—2020年度累计调引江水12.9亿立方米。每月组织具有资质的水质监测单位对出厂水42项、管网水7项指标进行检测，每年检测地表水2次，地下水1次，共检测106项指标，每月按时在市水务局门户网站公示供水单位出厂水、管网水水质检测报告。全年抽检城市供水水样519个，二次供水水质水样145个，抽查合格率99%以上；抽检村镇供水水样326个，水质合格率达到90%以上。

【节水型社会建设】年初，制定2020年度节水型企业（单位）和居民小区创建目标任务。全年创建节水型企业（单位）103家，全市16个区参与节水型居民小区建设，创建节水型居民小区136个。天津市公共机构节水型单位创建是本市系列创建工作之一，截至2020年底，88家市级公共机构全部创建完成，创建率达到100%。天津市水务局、市教委于11月开展了节水型高校复核验收工作，南开大学等11所高等学校（15个校区）达到了《节水型高校评价标准》要求，通过复核验收，获得节水型高校称号。

【污水处理】启动咸阳路二期、张贵庄二期、津沽污水处理厂三期（共85万吨/日）扩建项目前期工作，完成可研批复。其中张贵庄二期、津沽污水处理厂三期引入社会资本，按PPP模式实施，年底完成财政部入库工作。环外新扩建宝坻京津新城第二、静海东方雨水泵站污水处理设施、北辰大双、双青等5座污水处理厂，新增处理能力10.5万吨/日。截至年底，天津市100座污水处理厂日处理能力401万吨，全年处理污水12.27亿吨，出水水质主要指标达标率98.88%，全年污水处理厂超标13次。同时，建立在线监测平台系统，100座污水处理厂实现在线监测。

【水污染防治】天津市水务局制定并印发《市水务局关于印发2020年度污染防治攻坚战重点任务责任分工的通知》，明确工作任务的责任单位。加大全市域黑臭水体整治工作力度，截至2020年12月，567条全市域黑臭水体治理主体工程全部完工，消除黑臭现象。督促相关区加强对26条建成区黑臭水体的长效养管，切实巩固治理成效。26条建成区黑臭水体全部达标。

【水生态文明建设】2020年，天津市加大重要河湖生态水量管控，制定重点河湖生态水量（水位）目标及保障方案，继续实施中心城区一、二级河道保洁及水生态修复，加强市管河道取排水口备案管理，每月通报独流减河沿线22个排水口水质情况，督促区、镇属地河长溯源排查，制定治理计划，严禁非汛期支流污染和取排水口违规取水、排污，改善入河水质，全年水质达标的排水口达到15个，同比增加11个。全年集中清理打捞垃圾3.86万立方米、打捞水草3.5万立方米、布设生态浮床2.486万平方米、安装运行曝气喷泉216台、投加生物制剂63吨。中心城区一、二级河道非汛期水质达到V类及以上标准，藻细胞密度3288万个/升，同比下降56%。全市20个国考断面优良水体比例55%，同比上升5个百分点；劣V类水体比例0%，同比下降5个百分点。联合印发《北京市、天津市、河北省跨省流域上下游突发水污染事件联防联控框架协议》，初步建立跨省流域协作制度。全年没有发生突发水污染事件。全年累计利用外调水源和雨洪资源生态补水14.26亿立方米，有效地改善了天津市水生态环境。

【海绵城市建设】2020年，天津市水务局配合市住房城乡建设委，接受住房城乡建设部、水利部、财政部对海绵城市试点建设（第二批）考核验收，并顺利通过。配合市住房城乡建设委开展解放南路海绵城市试点片区PPP项目调整工作，启动海绵城市试点绩效运营考核相关前期工作。2019年12月28日，开工建设解放南路试点片区内陈塘泵站工程，建成后将极大改善片区内排水问题。完成解放南路试点片区内排水管网改建工程，对4处雨污混接点、75处管道内部缺陷严重的部位进行修复。启用先锋河、新开河调蓄池，配合全市防汛运行实施同步调度，2020年汛期首次投入使用，取得良好效果。配合天津市海绵办、市财政局完成海绵城市试点建设财政绩效评价工作，对市水务局承担的海绵城市解放南路试点片区4类建设项目，23个子项进行绩效评价，最终全部通过。

【水务工程建设】2020年，天津市水务建设项目完成投资44.75亿元。组织起草《天津市水利工程建设管理办法》（修订稿），修改完善《天津市水利工程质量检测管理办法（征求意见稿）》，编制《水务建设市场招投标监督事务性工作操作手册》。全市水利工程严格落实项目法人责任制，先后对咸阳路泵站等重点工程进行4个批次检查。工程监理率达到100%。至年底，全市共有具备监理资质的企业8家，具备水利施工监理甲级资质的3家，水利施工监理乙级的1家，水利施工监理丙级的4家。调整天津市水务工程建设交易管理中心"承担水利工程建设交易管理的相关事务性工作"职责划转至天津市公共资源交易中心。建立起"一手册、三环节、三清单、四监督、七备案"的水务监管模式。全年累计办理各类招投标备案手续874项，进行开评标过程监管136场次，未发现违规违法行为。全年市、区两级已发招投公告项目18项，待发公告项目22项。与市公共资源交易平台召开专题座谈会，梳理完成《水务工程建设项目招投标监管需求及其他事项确认表》，推动招投标监督事权下放并简化招标监督备案流程。完成天津市2020年全国水利建设市场主体信用评价赋分工作，落实市场信用信息在招投标市场中的应用，规范不良行为认定与修复流程。全年向水利部水利建设市场监管平台采集上报市场主体不良行为记录认定信息9条。全年完成验收12项工程，工程一次性验收合格率100%，重点工程单元优良率94%。

【重点水利工程建设】天津市南水北调中线市内配套工程管理信息系统于2020年10月开工，截至年底，完成实体环境建设工作、部分设备安装、子系统软件开发工作。完成投资1500万元。

【行业监管】组织起草《天津市水利工程建设管理办法》（修订稿）。全年完成10个区水务建设领域行业监管专项检查，累计发现问题53项，同5个涉及农村饮水提质增效区指导座谈6次，组织各区水务部门召开市管存量项目竣工验收协调推动会5次。健全完善天津市水务工程建设综合管理平台，与水利部水利建设市场监管平台对接，双平台实现信用信息互连互通，全市水务建设市场主体信用信息实现全覆盖。大力推广质量监督平台APP，全年通过质量监督移动APP管理平台采集信息346次，反馈意见243份，推动整改各类质量安全问题765条，实现了项目质量信息的动态监控和大数据分析处理。

【安全生产】 天津市水务局始终把安全生产工作摆在重要位置，落实"党政同责、一岗双责"要求和党政领导干部安全生产责任制，坚持底线思维，强化复工复产、重要时间节点安全风险防范，扎实开展安全生产专项整治三年行动，全市水务安全形势持续稳定向好。组织施工企业水利安全生产标准化建设宣贯培训，完成永定新河管理所蓟运河闸、津南区西关泵站2家水利安全生产标准化评审工作。推进建立"综合监管、专业监管、日常监管、属地监管"天津水务安全生产监管体系。组织局属单位签订安全生产责任书，市水务局与局属单位签订19份，局属单位与基层单位签订218份，局属单位与职工本人签订3066份。向全市水务企业发送安全生产主体责任清单和提醒信，加强现场监督检查，督促推动水务工程运行、建设单位以及供水、排水企业等水务生产经营单位落实安全生产风险管控、隐患排查治理和应急管理等主体责任。全年没有发生亡人安全生产事故。

大事记

1月

21日 召开2020年全市水务工作会议。

2月

21日 召开全市农村饮水提质增效工程2020年工作部署会议。

3月

13日 天津中心城区防汛排涝补短板积水片改造一期地毯路等片区改造工程复工，标志着全市21个市级重点水务建设工地全面复工。

22—28日 全市水务系统在做好疫情防控的前提下，以线上活动为主、线下活动为辅，全面启动为期一周的"世界水日""中国水周"宣传纪念活动。

26日 召开水务建设投资计划执行视频会商会。

4月

16日 天津市副市长李树起到市水务局主持召开专题会议，研究推动中心城区防汛排涝补短板、污水处理厂扩建和山洪灾害防治工作，听取有关工作汇报，并对下一步工作提出明确要求。

17日 李树起实地检查天津市防汛排水工作。

5月

27日 天津市水务部门联合海事、公安、综合执法等部门及各区河（湖）长办，启动"护河2020"专项执法行动。

7月

1日 中共天津市委副书记、市长张国清调研检查防汛救灾工作。

8月

28日 召开安全生产工作会议暨安全生产专项整治三年行动推动会。

9月

1—30日 开展水务工程建设"质量月"活动。

25日 "2020年'海河工匠杯'技能大赛——天津市水务行业灌排泵站运行工职业技能竞赛"圆满完成。

29日 召开水利建设市场主体信用信息相关政策宣贯会，解读水利部《水利建设市场主体信用信息管理办法》《水利建设市场主体信用评价管理办法》，对市水务局近期制定的《水利建设市场主体不良行为记录信息认定和信用修复工作流程》开展落地宣贯。

10月

16—18日 局党组书记、局长张志颇带队赴新疆和田地区，实地推动挂牌督战任务，调研考察扶贫项目，并签署两地水务交流合作框架协议。

11月

6日 天津市市场监督管理委员会会同天津市水务局组织召开《河湖健康评估技术导则》和《行洪河道堤防工程安全监测技术规程》地方标准审查会。

12月

22日 天津市和平区、武清区、东丽区、西青区、红桥区、河北区、津南区、北辰区、滨海新区9个区完成县域节水型社会达标建设，通过水利部复核验收。

（天津市水务局）

河 北 省

概况

2020年，河北省棚户区改造新开工6万套、基本建成9.7万套，近15万人因此受益。老旧小区改造1941个，惠及34万户居民。城中村改造项目启动192个，惠及3.9万户村民。市政老旧管网改造1776.2千米，既有供热、供水、燃气老旧管网应改尽改。雨污分流改造2557千米，白洋淀上游市县全部完成改造。生活垃圾处理设施建成42座，处理能力覆盖全部平原地区和80%山区。开展违规违建项目和房地产开发项目清理规范。违规违建共排查项目414777个，发现问题项目11592个，全部完成整改。房地产开发项目清理规范，2019年930个问题项目、2020年745个问题项目全部解决到位。制定房地产业、建筑业等5个领域行业监管办法，在8个领域建立"严重失信名单"制度，累计将169家企业、52名个人列入"严重失信名单"。建成全国首个"三级监管、四级联网"的省级供热监管信息平台。全省建筑业完成产值5948亿元，同比增长1.7%；建筑业增加值2087.4亿元，占GDP比重5.8%。全省被动式超低能耗建筑新开工面积位列全国第一。全省竣工绿色建筑处于全国第一梯队。全省新建商品房销售面积6028.4万平方米，同比增长14.1%；房地产开发完成投资4601.1亿元，同比增长5.8%；房地产业增加值2643亿元，占GDP比重7.3%。新建城市公共停车位8.9万个，提标改造污水处理厂85座，新建改造城市公厕1696座。创建国家园林城8个、国家节水型城市5个，新增省级园林县城1个、省级洁净城市16个，创建"美丽街区""精品街道"42个。105.5万户农村危房改造质量全部现场核查达标，农房建设试点扩大至28个县344个村。新建乡镇垃圾转运站124座。完成"双代"改造360.3万户。

法规建设

【行业立法】出台《河北省城乡生活垃圾分类管理条例》，是全国首部以"垃圾分类"命名的省级地方法规，并获得年度省"十大法治成果"提名。配合河北省人大、省司法厅完成地方性法规、政府规章和规范性文件的清理任务，提请修改地方性法规、省政府规章7部；开展厅发规范性文件全面清理，宣布失效和废止8件。

【行业普法】制定年度领导干部学法计划，2020年厅党组会、厅务会和理论中心组会议集中学法7次。积极组织参加"宪法宣传周"活动。加强民法典学习，先后3次以视频会议方式组织专家专题辅导，1.5万余人次参加。开展"以案释法"活动，组织召开执法案例讲评培训班。开展旁听法院庭审活动，精心选择法院庭审案例，通过视频会议形式组织全系统3000余人统一收看，并同步编印庭审有关材料，提高教育效果。

【执法监督】在全国省级住房城乡建设部门中率先出台《行政监督检查暂行办法》。对89件信息公开答复、77件行政处罚案件进行合法性审查，对10件规范性文件进行合法性和公平竞争性双审查。办结行政复议案件43件，其中调解16件，纠错10件，纠错率23.3%，省住房城乡建设厅做法在全省会议上被作为典型经验予以推广。

【"放管服"改革】制定《2020年全省深化工程建设项目审批制度改革要点》。政府投资类、社会投资核准类和备案类项目审批用时分别压减至60、53、50个工作日以内，社会投资简易低风险项目审批用时压缩至20个工作日以内。向设区市下放行政许可4项，向雄安新区、省自贸区各片区和3个国家级开发区下放许可15项。全省13项涉企行政许可全面实施"证照分离"改革，企业资质、人员资格和施工许可等19类许可证书实现电子化，位居全国前列。8项简易变更事项实现"零申报""零干预""自助审批"。先后出台监理、勘察设计、施工图审查机构、燃气经营企业信用评价管理暂行办法，对建筑市场、房地产企业信用管理办法进行修订，印发房地产等五个行业监督管理办法，为构建行业信用监管体系提供了支撑。实施重点改革任务台账管理，加强信息沟通和工作督导，省委7项重点改革任务和厅4项自主改革任务圆满完成，年终考核省住房城乡建设厅被评为优秀单位。

房地产业

【房地产市场运行】 据河北省统计局数据，1—12月，全省房地产开发完成投资4601.1亿元，同比增长5.8%，其中商品住房完成投资3746.7亿元，同比增长8.4%。房地产新开工面积10232.2万平方米，同比增长8.2%，其中商品住宅新开工面积7979.1万平方米，同比增长7.8%；房地产施工面积31408.4万平方米，同比增长5.2%，其中商品住宅施工面积24276.1万平方米，同比增长5.4%；房地产竣工面积2367.2万平方米，同比下降11.7%，其中商品住宅竣工面积1871.2万平方米，同比下降8.4%；商品房销售面积6028.4万平方米，同比增长14.1%，其中商品住宅销售面积5572.2万平方米，同比增长16.8%；商品房平均销售价格8212元/平方米，同比增长4.8%，商品住宅平均销售价格8251元/平方米，同比增长6.0%；商品房待售面积905.2万平方米，同比下降9.1%，其中商品住宅待售面积599.8万平方米，同比下降7.6%。

【房地产市场调控】 坚持"房住不炒"定位，坚持"稳地价、稳房价、稳预期"目标导向，房地产市场运行呈现价格合理、供求平衡、预期平稳、风险可控的健康发展状态。全面落实城市主体责任，坚持因城施策、一城一策，分区分类分时完善政策措施。充分发挥省级监控指导作用，建立联席会议议事机制，加强部门协作配合，明确责任分工，建立月监测、季评价、年考核制度。印发《关于开展"十四五"住房发展规划编制工作的通知》，开展省级和各城市"十四五"住房发展规划编制。12月末，全省新建商品住宅累计可售面积10847.8万平方米，去化周期16.4个月，处于合理区间范围。

【房地产市场秩序规范】 印发《关于开展房地产中介机构专项整治的通知》，重点整治发布虚假违规（租售）房源信息等14类违法违规行为，限期整改936家、停业整顿114家、行政处罚65家。印发《关于组织开展房地产企业"双随机、一公开"检查工作的通知》，查处不合格企业57家。印发《河北省房地产市场主体严重失信名单管理办法》，加强信用监管，构建"一处失信、处处受制"的失信惩戒机制。

【房地产市场监测】 实现房屋交易合同网签备案全覆盖，为做好房地产市场运行监测提供有效数据支撑。加强房地产市场运行分析和形势研判，完善监测预警机制，对市场运行出现异常的城市进行预警、提示和约谈。积极引导社会舆论，及时发布权威消息、解答房地产热点问题，稳定市场预期。

【解决房地产开发遗留问题】 2020年，全面清理规范房地产开发项目，在以往排查"三难"和"烂尾楼"问题项目基础上，增加了未按规划建设非经营性公建设施、未正常移交非经营性公建设施、违法违规项目等排查内容。一批"烂尾楼"问题项目恢复施工，城市面貌得以改观；一批"入住（回迁）难"问题项目顺利完工，多年在外租住的群众搬回新居；一批"办证难"问题项目得到解决，群众拿到了不动产登记证。

【培育发展住房租赁市场】 印发《河北省房屋租赁合同示范文本（试行）》，明确租赁双方权利、义务，从源头上减少矛盾纠纷。指导石家庄成功申报国家第二批住房租赁市场发展试点城市，中央财政在2020—2022年每年给予补助资金8亿元。

【物业管理】 印发《全省物业管理提升年工作方案》，开展物业服务行业专项整治工作，全省共检查企业5823个，检查项目9799个。依据发现的问题，下达整改通知书2525份，约谈企业负责人897人次，移交其他监管部门线索29个，列入严重失信名单企业1个。印发《河北省物业服务企业信用信息管理办法》《河北省房地产市场主体严重失信名单管理办法》，充分运用信息公示、信息共享和信用约束等手段，加大对物业服务企业的守信激励和失信惩戒力度，促进物业服务行业健康发展。

住房保障

【保障性安居工程】 实行目标责任制管理，提请省政府与各市签订目标责任书，层层分解任务、落实责任。印发《2020年河北省城镇保障性安居工程工作要点》，明确工作目标、主要任务、完成标准、时间节点。从4月份开始，以省安居办名义每月将保障性安居工程进展情况向各市政府通报。从13个市择优选取住房保障业务骨干，以省级督导核查员身份交叉派驻各地，实地逐项核查。石家庄市棚改被国务院评为10个棚改工作激励城市之一，受到国办通报表扬，获得中央财政专项补助资金2000万元奖励。

【争取国家项目资金】 配合省财政厅申请、下达中央财政专项补助资金4.3亿元，安排、下达省级专项补助资金2.9亿元。会同省发展改革委争取、下达中央预算内投资8.2亿元。会同省发展改革委、省财政厅组织各市向国家发展改革委和财政部争取棚改专项债72个项目、151.6亿元。

【开展公租房管理试点】 指导承德、唐山开展

"公租通"试点,探索长期租赁60平方米及以下社会闲置房源,用于公租房保障。指导唐山、邢台市开展政府购买公租房运营服务试点,梳理属于政府职责范围、由财政资金支付公租房运营管理费用的事项,对适合市场化方式运营的,探索通过政府购买服务方式实施。指导邢台市开展"简化公租房申请手续"试点,通过部门间信息共享等方式,优化减少12项申请公租房材料。全年发放公租房租赁补贴2.29万户,完成年度任务的151.4%。

【培育公租房智慧小区】组织编制并印发《河北省公租房小区智能管理指南（试行）》《全省公租房智慧小区评价验收标准（试行）》,指导各地应用人脸识别等先进技术,提升公租房的精细化服务和精准化管理水平。各设区市均培育一个公租房智慧小区

【公租房信息系统建设】全省13个地市公租房信息系统全部上线试运行；研发公租房联审联查平台,与民政、人社、残联、市场监管、住房交易管理部门实现线上数据共享,与公安、自然资源部门实现线下数据共享。会同省建行开发的河北省棚户区改造项目信息平台搭建完成,并组织各市、县(市、区)将全省所有棚改历史数据录入。

公积金管理

【概况】2020年,全省住房公积金缴存706.07亿元,同比增加7.77%。当年提取住房公积金149.55万笔、439.24亿元,同比分别增长21.4%、5.59%。发放个人住房贷款8.75万笔、382.80亿元,同比分别增长-0.11%、5.58%。个贷率74.02%,同比增加0.26个百分点。个贷逾期率0.122‰。

【公积金管理】深入开展公积金电子稽查,全年对21个住房公积金中心（分中心）进行现场抽检。全面开展住房公积金异地个人住房贷款业务,印发《关于进一步做好住房公积金异地个人住房贷款工作的通知》。推动雄安新区建立住房公积金制度,指导和协调雄安新区就"雄安新区住房公积金管理政策及实施机制研究项目"进行公开招投标,2020年底雄安新区对研究课题成果进行了验收。探索灵活就业人员自愿缴存住房公积金机制,扩大制度覆盖范围,将建立完善包括农民工在内的灵活就业人员住房公积金自愿缴存机制纳入对各市重点工作考评。实施住房公积金省级监管平台和全省互联共享平台建设,实现住房公积金中心之间、公积金中心与相关政务部门、商业银行之间的信息互联共享,为目标实现提供信息资源支撑。加快推进政务服务"跨省通办",设立"跨省通办"专办窗口,受理线下业务申请,2020年底,全省已实现个人住房公积金缴存贷款等信息查询、出具贷款职工住房公积金缴存使用证明、正常退休提取住房公积金和住房公积金单位及个人缴存信息变更等4项业务"跨省通办"。

城市管理

【城市精细化管理】开展城市精细化管理三年行动,制订方案、管理标准等文件,推广"走遍秦皇岛"经验。开展城市管理十大典型案例推荐活动,筛选好经验、好做法在全省推广。规范流动摊贩管理,助力地摊经济和夜经济。

【垃圾分类】发布河北省垃圾分类工作吉祥物"冀小分"以及宣传主口号"垃圾分类 冀刻行动",全省建成13个垃圾分类宣教中心。多次对石家庄、邯郸2个试点城市开展现场调研,建成58个示范街道。委托第三方进行暗访评估,一季度一考核通报。组织全省各市互查互评。提请省政府办公厅印发建筑和餐厨垃圾2个实施方案,召开2次专题调度会部署推进。建成餐厨废弃物处理设施10座,建筑垃圾处理设施70座,各市均建成一座餐厨废弃物处理设施,建筑垃圾处理实现县级以上城市全覆盖。

【举办园博会和城市规划设计大赛】提请省政府召开省园博会组委会会议,审议相关方案。河北省第四届园博会暨第三届河北国际城市规划设计大赛于9月16日顺利开幕,省四大班子领导出席开幕式。城市规划设计大赛成果在省第四届园博会同步展览。统筹做好河北省第五届、第六届园博会相关工作。部署河北省第五届（唐山）园博会参展工作。组织河北省第六届园博会和第五届河北国际城市规划设计大赛申办评审会,推荐沧州市为承办城市。

【园林城创建】组织专家对18个拟申报2021年度国家园林城市摸底调研和技术指导,对21个省级园林城市复查复核。2020年新增国家园林城市8个、省级园林城市1个。推进省级生态园林城市创建工作,确定12个试点城市进行重点培育。修订星级公园评定办法及标准,创建河北省星级公园和园林式单位、小区、街道184个（条）。2020年新增城市绿地4079.3公顷,累计建成口袋公园3987个,人居环境持续改善。

【爱国卫生运动】强化疫情防控,加强疫情期间废弃口罩收运处理工作。开展环境卫生专项治理,印发冬春、秋冬季爱国卫生运动相关通知,组织开展重点区域环境卫生专项清理。提升环卫作业水平,

推动各地改造洒水车车辆、调整作业时间，提高群众满意度。推进公厕改造。落实城市厕所革命三年行动方案，制定实施方案，完成新建改造城市公厕1696座。

【城市历史文化保护传承】 开展全省历史文化名城体检评估，组织各地完善住房城乡建设部历史文化街区和历史建筑平台数据信息，实施历史文化名城保护项目，推动各国家名城启动规划期限为2035年历史文化名城保护规划编制。

城市建设

【城市污水处理】 2020年，对85座污水处理厂全部采取工程措施或工艺优化措施完成改造，出水水质达到相应流域排放限值。发布《河北省城镇污水处理厂运营评价标准》，出台《河北省城镇污水处理厂考核管理办法（试行）》，进一步规范污水处理设施运行，强化主管部门监督管理。

【城市易积水区域整治】 完成疏浚排水管网6600千米、城市内河道567千米，对下沉式立交桥等易涝部位全部制定应急预案，开展应急演练，城市实现安全度汛。制定印发《河北省城市易积水区域整治工作方案》，共排查出城市易积水区域551处，2020年整治完成152处。

【燃气安全监管】 省住房城乡建设厅等7部门联合印发《河北省燃气安全隐患排查整治工作方案》，组织各地检查单位场所1109家、液化石油气运输车辆395辆，排查整治各类隐患2997处，收缴废旧钢瓶20183只，关停液化石油气站点32个，下达整改通知书359份，罚款26.8万元，行政拘留7人、刑事拘留2人。全省燃气行业安全形势总体稳定。

【供热管理】 构建省、市、县、企业三级监管、四级联网的网络体系，动态采集供热设施运行数据和居民小区典型室温数据，覆盖全省90%以上的供热设施和居民小区，实现全省供热情况的实时监测分析和应急处置。供热监管平台建设作为住房城乡建设部科技示范项目，在全国居领先水平。

【供水节水管理】 开展城市（县城）供水水质督察，保障城市供水安全，及时消除隐患；完成城市供水老旧管网改造321千米，提高供水管网安全运行水平；河北省城市供水全过程监管平台建成运行，城市供水信息化管理水平提升。促进城市节水工作全面开展，全省10个缺水型设区市均已达到国家节水型城市标准；2020年组织秦皇岛、衡水、邢台、邯郸、迁安5市申报"国家节水型城市"。

【城市建设品质提升】 会同省自然资源厅等七部门制定印发提升规划建设管理水平促进城市高质量发展的实施方案。会同省自然资源厅等六部门制定印发加快县城建设品质提升工作方案。印发《河北省城市设计编制技术导则》，指导各地开展城市设计，启动城市总体设计137项、完成重点地区城市设计269项。组织全省城市规划和建设管理专题培训班，提升全省规划建设管理人员能力和水平。

【城市公共停车设施建设】 会同省自然资源厅、省公安厅联合印发《关于进一步加强城市停车设施规划建设管理有关工作的通知》；组织召开全省城市停车设施建设现场观摩会；组织编制《机械式立体停车场选型参考》；组织对各设区市停车设施专项规划进行审查，推动各地加快规划编制，完善规划内容。2020年，计划建设城市公共停车位7.7万个，实际完成停车位建设8.9万个，完成率115%，超额完成任务。

村镇规划建设

【村庄规划建设】 会同省农业农村厅、省自然资源厅印发《关于加强农村自建房规划建设管理的通知》，进一步明确强化规划管控和引领、加强建设用地管理、落实建设管理制度、规范施工管理、做好竣工验收、建立农村房屋安全管理长效机制等工作要求，规范建设行为。

【农村住房安全保障】 开发住房安全问题信息系统，实行精准台账管理，解决一户、销档一户。2020年4月底前全省1564户动态新增危房全部"清零"。与省扶贫办、省民政厅等部门建立数据互联共享机制，建立健全农村贫困群众住房安全保障监测预警和排查处置长效机制，对贫困群众住房情况持续进行跟踪管理，问题随发现、随清零。

【农村住房品质建设】 组织编制《河北省农村住房建筑导则》《河北省农村住房设计方案集》《农村低能耗居住建筑节能设计标准》等。加强对已开展农村住房建设试点的唐山市迁安市、邯郸市涉县等5个县（市）技术指导，组织编制《河北省农村住房建设试点技术指南》。开展地震高烈度地区农房抗震改造试点工作。印发《进一步推进农村住房建设品质提升工程的通知》，为提升农村住房建设品质提供技术支撑。

【农村房屋安全隐患排查整治】 提请省政府印发实施方案，建立16个省直部门为成员单位的省协调机制。全省各地共排查47633个村庄用作经营性的农村自建房58.4万户，共发现安全隐患1117处，年内完成整治12处。在重点做好经营性农村自建房排查的同时，统筹推进其他各类房屋的安全隐患排查工作，2020年排查333.6万户，发现安全隐患14147处，完成整治82处。

【农村生活垃圾治理】开展农村生活垃圾清理专项行动，至年底，全省48210个有农村生活垃圾治理任务的村庄，均已建立日常保洁机制，配备保洁人员20.9万名；农村生活垃圾处理体系覆盖47861个村庄，占有垃圾治理任务村庄总数的99.2%；新建乡镇转运站124座，新增转运车辆191辆；1953个非正规垃圾堆放点全部完成整治并销号。

【特色小城镇建设】印发《河北省重点培育的100个特色小城镇建设评估报告及工作指引》；建立特色小城镇建设项目库。至年底，100个特色小城镇开工建设基础设施、公共服务设施项目163个；新建成集中污水处理设施34个，在建6个，累计286个镇具备集中污水处理能力。

【历史文化名镇名村和传统村落保护】指导省补助的9个历史文化名镇名村落实保护项目清单，9个名镇名村的34个年度保护项目已全部竣工。督导61个中国传统村落完成保护规划编制，为科学保护利用提供依据，为积极争取中央财政支持创造条件。按照住房城乡建设部要求，指导有关市、县（市、区）推动206个中国传统村落规范有序进行挂牌保护。

标准定额

【工程建设标准编制】2020年完成标准编制66项，其中《被动式超低能耗居住建筑设计标准》（修编）、《被动式超低能耗公共建筑设计标准》（修编）、《被动式超低能耗公共建筑施工验收标准》（修编）、《农村低能耗居住建筑80%节能设计标准》《百年住宅设计标准》《百年公共建筑结构设计标准》《70年住宅结构设计标准》《地下管网球墨铸铁排水管道设计标准》《直埋球墨铸铁热力管道设计标准》《老旧小区基础设施及环境综合改造技术标准》《老旧小区既有住宅建筑扩建加层改造技术标准》《公租房小区智能化管理标准》等12项标准，在全国属于创新标准，填补国家标准空白，在全国处于领先水平，得到住房城乡建设部高度认可。

【定额和造价管理】全面推进计量和计价规则编制，启动新一轮计价依据修编工作。加强建筑工程造价风险控制，起草《关于加强建筑工程造价风险控制的通知》。推进京津冀计价体系一体化，研究廊坊市北三县与北京通州区工程造价差异，草拟《关于调整三河大厂香河2012计价依据取费标准的通知》。创建工程造价市场形成机制，推行清单计量、市场询价、自主报价、竞争定价的工程计价方式，增强企业市场询价和竞争谈判能力。

工程质量安全监督

【工程质量监督基本情况】全省累计监督房建工程74861个，建筑面积6.20亿平方米，市政基础设施工程1901个。全省质量终身责任承诺书、法定代表人授权书签订率始终保持100%，现场公示牌、竣工验收永久性责任标牌设置率100%，质量终身责任信息档案建立100%，2020年全省未发生工程质量事故。

【雄安新区工程质量监管】组织工作专班，每月对雄安新区房屋建筑和市政基础设施工程质量进行抽查检查，并形成专题工作报告报省委雄安办。积极指导雄安新区各方参建主体严格落实各项建设标准、严格工艺和流程，指导建设主管部门强化层级监督、巡查暗访和专项检查，确保所有工程实现"雄安质量"。

【冬奥工程质量监管】坚持"日检查、周调度、月会商"制度，加强对冬奥工程的监督检查，对发现的质量问题坚持立行立改。对已完工项目开展质量"回头看"，全面落实质量优良等级的预控目标，督促张家口市、崇礼区相关部门，抓紧组织专业力量进行专项验收，消除工程质量安全隐患。突出抓好奥运村和崇礼区煤改电项目质量安全监管，打好奥运工程建设"收官战"。

【安置项目工程质量监管】开展易地扶贫搬迁集中安置项目工程质量"回头看"，督促各地加强"空心村"治理集中安置项目工程质量管理，严把工程竣工验收关，确保安置项目工程质量。

【质量保障体系建设】修订出台《关于落实房屋建筑和市政基础设施工程质量终身责任承诺制有关事项的通知》，规范责任主体行为。定制开发"河北省住房和城乡建设厅质量标准手册APP"，将标准要求落实到每个施工现场。落实《河北省工程实体质量常见问题指南》，推动工程实体质量控制标准化。完善"双随机、一公开"监管机制，采取"三并一结合"及差别化监管的质量监管方式，坚决守住质量安全底线。

【工程质量执法检查】印发《关于做好2020年房屋建筑和市政基础设施工程质量巡查暗访工作的通知》，全省共巡查检查43577个单位工程，抽检建筑材料9428组，抽测混凝土构件5205个，下发整改通知书5766份、行政处罚建议书81份。

【工程质量检测】 组织开展全省检测机构监督检查，实地核查60家建设工程质量检测机构的资质条件、市场行为、工作质量和信息化应用情况，对检测机构及法定代表人和直接责任人的违法违规行为严肃处理。在全省检测机构应用新版统一格式检测报告，并在检测报告右上角增加防伪二维码，利用信息化手段防止虚假报告的产生。

【施工安全管理】 加强对起重机械设备、深基坑、脚手架等危大工程，城市轨道交通、地下暗挖工程、地下管网施工等市政基础设施工程以及建筑工地防汛等风险隐患的排查整治工作，切实保障建筑施工安全生产形势稳定。在全省推行企业法定代表人和项目负责人安全生产承诺制、企业安全总监制、项目安全督察员委派制及项目安全生产包联制，制定《建筑施工领域安全生产和风险防控管理意见》，印发2020年建筑施工安全生产工作季通报及年通报排名办法，压实部门安全监管责任和企业主体责任。2020年，全省累计排查在建项目工程42618个（次），限期整改项目7883个，停工项目722个，罚款497.51万元，消除一大批施工安全隐患。

【施工扬尘治理】 印发工作方案，开展日常及秋冬季等重点时期施工扬尘污染防治督导检查和暗查暗访。完善信用惩戒制度，将扬尘污染防治纳入《河北省建筑市场主体失信名单管理暂行办法》，将3家单位纳入"黑名单"管理通报。全省建筑工地全面贯彻落实"六个百分之百"扬尘防治措施要求，施工现场视频监控实现应建尽建。

【"双随机、一公开"监管】 开展"双随机、一公开"监督检查，对118家勘察设计、45家监理企业资质条件和534家建筑施工企业安全生产许可证条件进行核查，实地核查60家建设工程质量检测机构的资质条件、市场行为、工作质量和信息化应用情况，对不满足要求的采取注销资质、暂扣证书等方式依法依规进行处理。

【工程勘察设计管理】 会同省地震局编制印发《城乡居住房屋抗震设计导则》，进一步优化城乡居住建筑抗震设计。组织召开全省BIM技术应用交流会，分享BIM技术在工程建设领域的经验做法。组织开展全省建筑师负责制培训，并总结试点典型经验做法印发全省。

【建设工程消防设计审查验收】 印发《河北省建设工程消防设计审查验收管理暂行办法》，编制《河北省房屋建筑和市政基础设施工程施工图设计文件审查要点》。建立全省消防技术专家库，加强技术培训。精准施策解决235个房地产开发项目的消防遗留问题，加快344个养老机构消防审验遗留问题的解决进度、年内解决212个，妥善处理军队移交资产遗留问题，确保按时完成首批69个项目移交。

建筑市场

【建筑业概况】 2020年，全省建筑业增加值2087.4亿元，同比增长5.8%；全省建筑业企业完成产值5948.0亿元，同比增长1.7%；其中，省外完成建筑业产值2003.1亿元，同比降低0.5%。资质等级以上建筑业企业房屋施工面积35081.6万平方米，增长0.2%；房屋竣工面积7316.0万平方米，下降18.2%。具有资质等级的总承包和专业承包建筑业企业利润139.7亿元，下降2.9%，其中国有控股企业利润30.7亿元，增长4.8%。

【培育发展优势骨干企业】 全省特级、一级总承包企业达到450家，从业人员近100万人。重点骨干企业逐步延伸产业链，向投资、建材生产、装配式建筑领域延伸，进一步扩大业务范围，大元建业等12家建筑企业成为国家装配式建筑产业基地。做好建筑业企业政策服务和指导工作，2020年指导服务中铁隧道集团二处等企业升特级，能通路桥等企业升一级。

【建筑业"放管服"改革】 按照"证照分离"改革全覆盖要求，对施工总承包部分三级资质等事项实行告知承诺制，方便企业开办。简化资质简单变更材料，将审批时限由20个工作日缩短至1个工作日。为应对新冠肺炎疫情影响，印发《河北省住房和城乡建设厅关于住房城乡建设行业企业资质及人员资格证书统一延续的通知》。

【工程总承包】 印发《关于支持建筑企业向工程总承包企业转型的通知》，支持建筑企业加快向工程总承包企业转型发展，采取自行完成或组成联合体形式承揽工程总承包项目。在石家庄、邯郸市开展政府投资项目工程总承包模式试点工作。

【工程担保制度】 落实住房城乡建设部等六部委《关于加快推进房屋建筑和市政基础设施工程实行工程担保制度的指导意见》，推进工程担保制度，实施银行保函替代保证金方式，切实减轻企业负担。

【工程招投标制度改革】 3月起，在石家庄、邯郸2市开展建设工程招投标改革试点，探索实行招投标"评定分离"。邯郸市主城区实施38个项目，施工、监理配合度、履约度明显提升。石家庄市实行"评定分离"后，通过对588个项目分析，参与电子招投标的队伍平均为10家/项目，与以往相比，项目投标家数减少19%，有效降低成本，增加监督效能。

【企业资质监管】研究制定专家评审、业绩公示和社保、业绩核查制度，对存在弄虚作假的企业依法依规予以处理，全年依法撤销5家建筑企业资质。累计公示343家企业资质申报业绩31批。

【建筑业事中事后监管】制定《河北省建筑业行业监督管理办法》，按"双随机、一公开"方式开展2020年建筑业及工程造价咨询企业核查，随机抽查512家企业资质，对177家核查不合格企业进行通报，责令整改。先后组织开展工程建设行业专项整治、建筑市场秩序专项整治和招标代理机构检查，自10月底开始组织全省范围的抽查。组织开展省外进冀建筑企业动态核查，分6批对未如实报送信息的70家省外进冀企业进行通报。率先推行建筑市场主体失信名单管理制度，制定《河北省建筑市场主体失信名单管理暂行办法》，依法将37家建筑企业列入"黑名单"实施信用惩戒。

【建筑市场秩序专项整治】印发《河北省建筑市场秩序专项整治行动实施方案》，于2020年8月20日起在全省范围内开展建筑市场秩序专项整治行动。全省共检查企业236家，涉及项目131个，移交整改问题116个，移交处罚项目73个，座谈企业112家。

【违规违建清理规范】省住房城乡建设厅牵头组成工作专班，研究制定《河北省违规违建项目清理规范工作方案》，明确项目排查认定、制定整治标准、指导问题整改。印发《关于进一步明确违规违建项目清理规范相关政策的通知》，精准确定问题种类性质、法律法规适用情形、整改标准及措施等。建立动态起底台账制度，实行日报、排名、通报、约谈、专题调度和联合督导等推进机制，督促各地深入开展"全口径、大起底"排查。研究制定《关于建立违规违建项目日常监管长效机制的若干意见》，建立完善违法建设第一时间发现机制、社会监督和群众举报第一时间响应机制、违法建设第一时间制止机制，严格管控规划和监管审批，并针对"前清后乱"等问题加大惩戒力度。截至年底，全省共排查建设项目414777个，确认违规违建项目11592个，全部完成整改。

建筑节能与科技

【被动式超低能耗建筑】出台《关于支持被动式超低能耗建筑产业发展的若干政策》《关于加强被动式超低能耗建筑工程质量管理的若干措施》《河北省被动式超低能耗建筑后评估导则》等政策文件，形成较为完善的政策支撑体系；组织开展全省被动式超低能耗建筑产业"十个一"专项宣传行动，营造良好舆论氛围。截至年底，全省新开工被动式超低能耗建筑面积123万平方米，累计达到440万平方米，居全国第一。

【绿色建筑】规范和指导全省绿色建筑专项规划编制及落实工作，13个市（含定州、辛集市）、148个县（市、区）绿色建筑专项规划编制完成，为"十四五"期间促进全省绿色建筑高质量发展奠定良好基础。深入开展绿色建筑创建行动，支持高品质绿色建筑建设，全力推进绿色建筑发展。2020年，全省城镇累计竣工绿色建筑面积5262万平方米，占新建建筑面积的93.44%，在全国属于第一梯队。

【装配式建筑】培育卢龙县、丰润区、望都县、涉县4个省装配式建筑示范县（区），秦皇岛市入选国家装配式建筑范例城市。新增4家省装配式建筑产业基地，河北丰润经济开发区入选园区类国家装配式建筑产业基地，6家企业入选企业类国家装配式建筑产业基地。印发《关于推动钢结构装配式住宅建设的通知》，组织唐山市、沧州市开展钢结构装配式住宅建设试点。2020年全省新开工装配式建筑面积2710万平方米，占新建建筑面积的25.09%。

【建设科技创新】围绕城市品质和人居环境质量提升、高品质绿色建筑等方面，开展关键共性技术攻关，完成20余项高水平科研成果，"超低能耗建筑全产业链关键技术与规模化应用"获得省科技进步一等奖。推进超低能耗建筑技术、装配式建筑技术、绿色施工综合技术、绿色建筑（三星）技术、行业信息化和住房城乡建设部建筑业10项新技术的应用，完成15项科技示范工程建设。

人事教育

【巡视整改】制定《省委第六巡视组选人用人专项检查反馈意见整改工作方案》，将巡视反馈的5类问题梳理分解为13项具体问题，细化提出25条整改措施。按照"主要领导全面抓，分管领导牵头抓，责任处室具体抓"的整改落实机制，成立选人用人专项检查整改工作领导小组详细列出问题清单、任务清单、责任清单，做到对账"销号"。以党组名义制定出台《厅党组讨论决定干部任免事项规则》《厅领导干部选拔任用工作细则》等制度性文件，专项检查所提5类问题全部按时整改到位。

【干部管理】认真落实《党政领导干部选拔任用工作条例》，切实把契合岗位需求的干部放到合适岗位上，2020年共分3批提拔重用25名处级干部。严格落实《公务员职务与职级并行规定》，树立正确用人导向，分5批晋升57名厅机关和参公单位公务员职级，进一步激发干部干事创业活力。

【干部监督】组织完成2020年度领导干部报告个人有关事项工作，全厅应报告118人，实际报告118人，报告率为100%。实施"个人有关事项报告"专项整治行动，对73名同志的查核认定处理情况逐人逐项进行复核，对省委组织部委托查核的32人查核结果进行认定处理，查核一致率从2019年的72%上升到2020年的97%。扎实推进公务员违规从事或参与营利性活动专项整治活动。

【干部考核】配合省委组织部圆满完成2019年度厅领导班子考核工作；组织完成厅机关、直属事业单位及干部2019年度绩效考评和年度考核工作，顺利完成厅属企业考核工作。修订印发《机关事业单位及工作人员年度工作综合考核办法（2020年版）》《信息宣传工作考核通报办法》和《2020年度工作落实和加减分项考核办法》，进一步健全完善干部考核考评机制。

【干部培养】培养"实践型"干部，安排13名定向选调生赴县乡基层锻炼，选派5名优秀干部到省信访局、厅帮扶村一线工作，抽调7名专业技术骨干和综合管理干部参与援疆建设、雄安新区规划建设、冬奥会筹办。培养"知识型"干部，按要求举办党的十九届四中全会精神学习班，全省新型城镇化和城乡融合发展专题培训班，参训学员涵盖省、市、县三级1000余人。培养"全能型"干部。开展处级干部轮岗交流，8名正处实职干部进行轮岗，所有处室、单位主要负责人均有2～3个不同岗位履职经历。

【驻村帮扶】制定《厅2020年度驻村帮扶工作计划》，厅党组先后5次研究驻村帮扶工作。指导驻村工作组进一步加大产业扶贫力度，用好帮扶资金，完善基础设施建设，帮助村民销售农副产品，积极协调社会组织和企业进行对口帮扶，2020年共捐赠帮扶资金及物品10.20万元，协调有关企业、社团捐赠资金44.10万元。

大事记

1月

14日　省委第六巡视组向省住房城乡建设厅党组反馈巡视情况，副省长张古江出席会议并讲话。

16日　为美丽河北而规划设计——第三届河北国际城市规划设计大赛新闻发布会在邯郸举行。

18日　召开全省住房和城乡建设工作会议。

2月

3日　召开2020年第6次厅党组（扩大）会议，传达全省疫情防控工作会议精神，部署相关工作。

7日　组织召开全省建筑工地开（复）工新型冠状病毒感染肺炎疫情防控工作视频会议，听取各地建筑工地开（复）工工作准备情况及疫情管控措施落实情况。

28日　组织召开全省住建行业统筹推进疫情防控和建筑工地开（复）工视频调度会。

3月

6日　省园博会组委会办公室组织召开省第四届园林博览会暨第三届河北国际城市规划设计大赛工作调度视频会议。

10日　召开全省建筑施工安全生产视频会议。

31日　组织专家对沧州市7个生活垃圾焚烧处理设施在建项目进行现场视频直播调度。

同日，省政府新闻办公室组织召开"河北省推动被动式超低能耗建筑产业高质量发展新闻发布会"。

4月

3日　召开全省建筑施工开（复）工暨安全生产调度视频会议。

24日　召开全省建筑施工安全生产警示教育视频会议。

28日　组织召开全省供热保障调度视频会议。同日，省住房城乡建设厅组织召开第三届河北国际城市规划设计大赛·国际大师邀请赛中期成果视频交流会。

5月

11日　省城中村改造工作领导小组成员单位会议在省住房城乡建设厅召开。

18日　召开全省建筑施工安全生产视频会议。

19日　省住房城乡建设厅党组书记、厅长康彦民赴石家庄赵县对该县生活垃圾焚烧发电项目建设工作进行督导。

22日　省住房城乡建设厅党组书记、厅长康彦民到邯郸市对垃圾焚烧发电设施建设和省第四届园林博览会筹办工作进行现场调研。

22日　省住房城乡建设厅组织召开"黑名单"管理制度暨促进建筑业高质量发展座谈会。

23日　省住房城乡建设厅、省应急管理厅组织召开全省安全生产工作视频会议。

28日　召开全省住房城乡建设系统扫黑除恶专项斗争视频调度会。

29日　省人大、政协建议提案重点事项"加快推进老旧小区改造，不断提升居民生活幸福指数"开门办案活动在邯郸市举办。

6月

8日 组织召开全省视频会议，专题学习《建设工程消防设计审查验收管理暂行规定》，对《河北省建设工程消防设计审查验收管理暂行办法》进行宣贯解读。

10日 举办"央企河北行"对接座谈会，与中国建设科技集团有限公司就合作事宜进行研讨对接。

12日 全省新型环卫车辆推广现场会在衡水市景县召开。

19日 组织召开全省城市水务工作推进视频会议。

21日 全省生活垃圾焚烧发电设施建设视频调度会议在石家庄召开。省委常委、常务副省长袁桐利出席会议并讲话。

22日 组织召开全省建筑施工疫情防控紧急视频会议。

23日 召开全省工程建设行业专项整治工作推进视频会议。

24日 全省城市管理暨园林绿化工作会议在秦皇岛市召开。

28日 组织召开省第六届园林博览会暨第五届河北国际城市规划设计大赛申办评审会。

7月

16日 全省冬季清洁取暖工作电视电话会在石家庄召开，省委常委、常务副省长袁桐利出席会议。

22日 第三届河北国际城市规划设计大赛·"工业遗产转型复兴"邯钢片区城市设计国际大师邀请赛评选会举办。

27日 召开规范城市管理执法工作视频会。

29日 召开《河北省志·城乡建设志》终审会，省人大常委会原副主任、《河北省志》总纂龚焕文出席会议并讲话。

8月

5日 省第五届园林博览会展园规划建设工作部署会在唐山召开。

14日 省住房城乡建设厅党组书记、厅长康彦民在石家庄市长安区对棉五生活区棚改项目进行实地调研。

18日 省政府新闻办公室组织召开推进大气污染综合治理新闻发布会。

20日 省双代办召开全省"双代"及农村燃气安全管理工作会议。

25日 全省住房保障工作推进会暨棚户区改造项目信息平台上线动员视频会议召开。

28日 "河北省被动式超低能耗建筑现场展示和网络直播（石家庄站）活动"成功举办。

9月

8日 省住房城乡建设厅党组书记、厅长康彦民实地调研老旧小区改造和生活垃圾分类工作。

16日 河北省第四届（邯郸）园林博览会暨第三届河北国际城市规划设计大赛在邯郸市开幕，省委常委、常务副省长袁桐利出席开幕式。

25日 "被动式超低能耗建筑现场展示和网络直播活动"保定站成功举行。

30日 组织召开全省城市管理综合执法工作视频会议。

30日 组织召开2020年河北省建筑工地管理现场会。

10月

10日 组织召开全省城市供热保障调度视频会议。

11日 新华社河北分社、省住房城乡建设厅联合举办"看！垃圾分类有妙招"网络直播活动。

12日 组织召开城市雨污分流改造和污水处理厂提标改造工作调度视频会。

14日 组织召开全省建筑施工安全生产工作视频会议。

15日 省政府新闻办召开河北省住建系统推进三年行动计划情况新闻发布会。

18日 全省冬季清洁取暖工作视频调度会议在石家庄召开。

19日 组织召开全省城镇燃气行业管理视频会。

23日 省政府新闻办召开"河北省养老服务发展报告"新闻发布会。

30日 河北省被动式超低能耗建筑现场展示和网络直播活动秦皇岛站顺利举行。在任丘市召开全省县城建设品质提升现场观摩调度会。

11月

5日 全省城市供热暨农村冬季清洁取暖工作视频调度会议在石家庄召开。

5日 全省城镇老旧小区改造观摩及工作调度会在邯郸市召开。

6~10日 由省住房城乡建设厅、省人力资源社会保障厅、省总工会、团省委等四部门联合主办的全省建设行业"建勘杯"职业技能决赛在石家庄举办。

10日 全省城市管理执法队伍"执法服务水平提升年"工作推进会在邢台市召开。

18日 省政府新闻办召开"聚焦住房安全有保障目标 全面完成农村危房改造任务"新闻发布会。

19日 "中国技能大赛2020年河北省园林技能竞赛"在河北省园博园（邯郸）举办。

27日 全省保障性安居工程工作座谈会在石家庄召开。

省政府新闻办召开"河北省'十三五'节约用水成效"新闻发布会。

12月

3日 召开全省工程质量服务工作座谈会。

18日 召开全省住房城乡建设系统扫黑除恶专项斗争视频推进会。

25日 住房城乡建设部召开全国住房和城乡建设系统抗击新冠肺炎疫情表彰大会。

28日 省安委会第三巡查组进驻省住房城乡建设厅，对全省住房城乡建设系统开展为期10天的安全生产巡查工作。

31日 召开全省住房公积金专项审计典型案例通报视频会。

省农村房屋安全隐患排查整治联席会议暨全省工作推进会在省住房城乡建设厅召开。

（河北省住房和城乡建设厅）

山 西 省

概况

2020年，山西省住建系统坚持以习近平新时代中国特色社会主义思想为指导，全面落实省委"四为四高两同步"总体思路和要求，坚决贯彻省委、省政府决策部署，统筹疫情防控和经济社会发展，扎实做好"六稳"工作，全面落实"六保"任务，科学谋划、精准施策，以上率下、狠抓落实，各项工作取得新进展，实现了"十三五"规划的圆满收官。特别是山西省城市工作会议的成功召开，为山西省城市工作从政治的高度、时代的维度、战略的深度进行谋篇布局、安排部署，掀开山西省城市发展新的篇章。

法规建设

引申年终述法制度，落实党政主要负责人履行推进法治建设第一责任人职责。积极推动《山西省城市管理执法条例》《山西省建筑节能与绿色建筑发展条例》立法和《山西省物业管理条例》修订。持续开展领导干部讲法活动，创新"谁执法谁普法"方式方法。强化行政执法三项制度的落实，推动形成更加公开透明、规范有序、公平高效的法治环境。

房地产业

【**房地产企业**】截至年底，山西省共有房地产开发企业2907家。其中，一级资质企业21家，二级资质企业181家，三级资质企业250家，四级及以下资质企业2455家，从业人员37753人。实有物业服务企业4036家，从业人员13.69万人，实有物业服务项目8029个，物业服务面积83449万平方米；共有房地产估价机构129家，其中一级机构19家，二级机构45家，三级机构60家，分支机构5家；共有备案房地产经纪机构1034家。

【**房地产市场运行**】全年完成房地产开发投资1830.4亿元，同比增长10.5%；商品房施工面积2.19亿平方米，同比增长12.2%；商品房新开工面积5795.6万平方米，同比增长18.8%；商品房销售面积2685.3万平方米，同比增长13.5%。

【**房地产市场调控**】坚持"房住不炒"定位，夯实城市主体责任，统筹疫情防控和房地产市场调控，坚决"稳地价、稳房价、稳预期"，防范化解市场风险，保持房地产市场稳定。下发《关于加强疫情防控有序推进复工复产的通知》《关于加快推进房地产经营场所开放的通知》，联合省发改委等六部门制定《关于进一步缓解服务业小微企业和个体工商户房屋租金压力的帮扶举措》，支持房地产企业积极应对疫情给企业生产经营造成的困难。全年取得预售许可证的房地产开发项目共1091个，售楼部复工率100%；住房租赁企业共94家，复工率100%；住建系统房屋租金减免金额约1834万元。

【**住宅租赁市场发展**】印发《山西省租赁住房改建导则（试行）》，规范租赁住房改建，保障租赁住房安全。联合省发改委等八部门印发《关于加强房地产中介和住房租赁交易管理的实施意见》，建立住房租赁市场联合监管长效机制。太原市完成第二批中央财政支持住房租赁市场发展试点申报，获得3年共24亿元中央财政支持资金。截至年底，全省新增住房租赁企业21家，开展租赁住房改建试点21个；共备案房地产中介机构1528个，建立信用档案的从业人员4316人，检查房地产中介机构696个，查处违法违规房地产中介机构60个，通报曝光违法违规房地产中介机构31个。

【房地产市场监管】印发《山西省房地产企业信用评价管理办法》，规范房地产企业经营行为，加快建设房地产领域信用体系。印发《关于开展整治电商平台违规售房乱象行动的通知》，将全省28家为房地产企业提供服务的电商平台名单，作为重点关注企业推送至网信、市场监管等相关部门进行联合监管。联合省市场监管局印发《2020年度房地产市场"双随机、一公开"联合执法检查实施方案》，组织开展执法检查，共检查项目（企业）335个，其中存在问题项目（企业）295个，发现问题661个并全部整改到位。

【解决房屋交易历史遗留问题】印发《关于加快解决国有建设用地上房屋交易和不动产登记历史遗留问题的意见》，建立通报督查机制，督促各市成立领导小组，出台实施方案，扎实推进工作。截至年底，累计解决交易历史遗留问题房屋26.6万套。

【创新规范物业管理】提出加强党建引领物业管理的措施，联合省委组织部、省民政厅印发《关于加强社区物业党建联建促进物业管理服务水平提升的指导意见（试行）》，推行"三下沉、两融合"物业管理模式，构建起街道社区党组织主导、各主体共同参与的工作架构。加强住宅专项维修资金监管，印发《进一步加强住宅专项维修资金监管工作的通知》《关于进一步加强住宅专项维修资金数据统计和报送工作的通知》《关于做好住宅专项维修资金审计发现问题整改工作的通知》，督促指导各市整改完成专项审计发现的15个问题。印发《关于开展物业服务领域突出问题专项整治的通知》，对消防安全防范、消防车通道、电动自行车管理、防坠物等问题进行专项整治，集中检查3432个物业项目，发现消防隐患1161个、坠物隐患495个，下达整改通知书696份，完成整改1576个。

住房保障

【城镇保障性安居工程】2020年，全省计划实施棚户区住房改造开工2.7万套、基本建成5.3万套，公共租赁住房基本建成376套，城镇保障性安居工程投资143.15亿元，城镇住房保障家庭租赁补贴发放6.13万户。全省全年棚户区住房改造开工3.24万套，棚户区住房改造基本建成7.84万套，公共租赁住房基本建成2295套，城镇保障性安居工程完成投资227.64亿元，城镇住房保障家庭租赁补贴发放6.7万户，分别占年度任务的119.8%、147.7%、610.4%、159%、109.3%，均超额完成年度目标任务。

【棚改资金筹集】2020年，落实国家补助资金7.81亿元，安排省级补助资金1.11亿元，发放棚改专项贷款62.3亿元，发行棚改专项债券18.64亿元。

公积金管理

【主要业务指标】2020年，全省新增住房公积金缴存额445.78亿元，同比增长8.14%；提取251.83亿元，同比增长8.55%；发放个人住房贷款296.04亿元，同比增长9.74%。截至12月底，全省住房公积金缴存总额3606.48亿元，提取总额2143.83亿元，发放个人住房贷款总额1755.65亿元，缴存余额亿1462.66元，个贷余额1138.9亿元，个贷率77.87%。

【阶段性支持政策】纾解企业困难，开辟绿色通道，简化审批流程，加快受理速度。从全省统计数据来看，住房公积金阶段性支持政策实施以来，山西省累计受理审批缓缴企业1682个，涉及缴存职工214573人，累计缓缴金额达95701.5万元（含单位部分和职工部分）。因受疫情影响无法正常还款且不做逾期处理贷款8271笔，涉及应还未还本金额2566.4万元。为我省企业的复工复产起到了积极的支持作用。

【全国住房公积金监管服务平台试点】山西省被确定为全国住房公积金监管服务平台试点，9个试点中山西省是第一家11个市中心全部参与试点的省份，主要有"一人多缴、一人多贷、超龄缴存、超比例缴存、转入后6个月内销户提取"5方面监管内容。9月18日，住房和城乡建设部公积金监管司信息指导处来山西省就监管平台试点工作进行调研，对山西省试点工作给予了高度肯定。试点工作以来，共下发了五期工单，截至12月底，监管平台累计风险问题数55168个，无需整改问题数3652个，已整改问题数51035个，处理中问题数481个，总体整改进度99.13%，名列全国试点省首位，住房和城乡建设部对我省试点工作给予了高度肯定。

【住房公积金信息化管理】组织各市中心积极配

合住建部实施公积金监管试点工作,倒逼全省公积金数据全面治理,数据质量进一步提升,公积金条例和政策落实更加规范。进一步推进互联共享平台落地应用,公积金"放管服效"改革持续深化,公积金企业缴存登记"一网通办"提前完成,与广东省探索出了公积金"跨省通办"的一条新路;公积金业务"全程网办"率再度提升,为胜利抗击新冠肺炎疫情、促进公积金事业健康平稳发展奠定了扎实基础。山西省住房公积金数据互联共享平台被住房和城乡建设部评为"十三五"信息化建设成功案例。

城市建设

【城市生活垃圾分类】 太原、大同、忻州、阳泉、长治、晋中6市建成投产生活垃圾焚烧处理设施,太原、大同、忻州、晋中、长治、晋城6市建成投运餐厨垃圾处理设施,其他城市积极推进。同时,报请省政府出台《山西省城市生活垃圾分类管理规定》,11个设区城市均出台《生活垃圾分类实施方案》,太原市出台《生活垃圾分类管理条例》《餐厨废弃物管理条例》,长治、晋城出台了《生活垃圾分类管理条例》,大同、晋中2市出台《餐厨废弃物管理条例》,忻州市出台《餐厨废弃物管理办法》,其他城市也积极推进地方立法工作。太原市列入全国第一批生活垃圾分类示范城市,市、区两级共投入资金7.1亿元用于垃圾分类,并在78个街办、1849个公共机构、542个社区、4466个小区开展垃圾分类,覆盖率为100%。长治市建成生活垃圾分类科普体验馆,印发垃圾分类教材和宣传手册,开展垃圾分类进校园、进社区入户宣传,明确垃圾分类试点县、区重点推进,并选择1000多个小区、机构、学校等开展试点。

【城镇污水处理设施建设】 将城镇污水处理厂新建扩容、三项指标达地表水Ⅴ类标准提标改造等任务分解下达各市全面推进。对城镇污水处理厂新建扩容等重点项目,采用横道图管理模式实行半月调度管理,督促加快建设。全年新增污水处理能力47万立方米/日;全省城镇污水处理厂三项指标全部达到地表水Ⅴ类标准排放。指导全省城镇污水处理厂编制完成了"一厂一策""一指标一策"方案,开展了集中进驻督导工作,切实提高了运行管理水平和应急保障能力,全省城镇污水处理厂基本消除超标排放现象。加快推进事业单位污水处理厂转企改制。着力推进排水管网雨污分流改造,报请省政府印发了《全省城镇排水管网雨污分流改造四年攻坚行动实施方案》,计划通过四年努力,全面完成山西省城镇雨污合流制管网改造。

【城市黑臭水体治理】 开展整治效果评估,指导各市将评估结果及时报送至"全国城市黑臭水体整治监管平台",强化信息监管。强化指导帮扶,召开全省视频会议,通报信息报送情况,并邀请负责山西省黑臭水体资料审核的专家对各市存在问题开展针对性指导。强化督促检查,会同省生态环境厅,重点对问题相对突出的太原、晋中、阳泉、吕梁、晋城5个预警城市开展了实地检查,并就发现的问题督促各市尽快整改落实。接到住房和城乡建设部对晋城市黑臭水体治理暗访情况后,立即由分管厅领导对晋城市政府开展了约谈,督促尽快完成整改。

【海绵城市建设】 下发《关于开展2020年全省海绵城市建设及评估工作的通知》,结合城市易涝点消除和老旧小区改造尽快推进海绵城市建设,并认真开展海绵城市建设评估工作。积极对接住房和城乡建设部复核工作组,指导太原市认真配合做好住房和城乡建设部海绵城市建设成效现场复核工作。

【历史文化名城保护】 山西省现有国家历史文化名城6座(太原、大同、平遥、祁县、代县、新绛),数量居全国第4(并列),其中平遥为世界文化遗产,省级历史文化名城6座,省政府公布的历史文化街区30个(含6个独立历史文化街区),各级政府公布的历史建筑1797处。颁布实施《山西省历史文化名城名镇名村保护条例》,成为全国较早颁布地方性保护法规的省份之一,同时修订、颁布和批准平遥、大同古城保护条例;指导有关市、县政府完成12个国家和省级历史文化名城保护规划编制工作,实现保护规划全覆盖,在此基础上开展山西历史城市保护研究等一系列课题研究和"十四五"保护规划编制工作;在全国率先开展全省历史文化名城、街区保护评估工作,推进保护评估制度建设;"十三五"期间,省财政每年安排800万~1000万元用于全省历史文化名城(街区)和历史建筑的保护,有效拉动了社会投入;指导各名城改善人居环境,积极探索多种模式推进历史建筑保护利用工作,形成了社会力量出资修缮、政府企业合作、古建筑认养多途径参与的保护利用模式;积极与联合国教科文组织、全球文化遗产基金会、法国文化部等国内外有关部门、机构进行交流,成立平遥城乡文化遗产保护与发展国际工作坊,2020年配合住房和城乡建设部组织召开全国城乡建设与历史文化保护传承培训班,有力推动山西省历史文化遗产保护工作。

村镇建设

【脱贫攻坚住房安全】年内,山西省8994户农村危房改造年度"动态保障"任务全部竣工,脱贫攻坚住房安全保障目标顺利实现。2020年全省下达农村危房改造"动态保障"任务8994户,其中四类重点对象任务6622户(含建档立卡贫困户任务3707户),通过扎实开展两轮全覆盖式的调研指导和挂牌督战,严格实行周报、月通报、约谈督办等制度,到5月底,完成"动态保障"任务8994户,较国家要求提前一个月完成任务。实施住房安全排查、鉴定认定"两覆盖",系统录入、安全隐患消除"两精准",改造任务、问题整改"两清零"。全省累计完成逐户排查116万户,实施住房安全鉴定认定109万户,建档立卡贫困户住房安全鉴定认定实现全面覆盖;扎实开展全省100.312万户建档立卡户住房安全有保障核验工作,逐户现场核验住房安全现状,对发现的住房安全问题立即彻底解决。对照国家脱贫攻坚省际交叉检查反馈的危房改造鉴定不准确、对象不精准、改造形式单一、质量不达标等7个方面问题,以及山西省脱贫攻坚巡视发现的81个问题,举一反三开展全面排查。建立问题台账,逐项整改清零,切实做到问题整改清仓见底。

【农村生活垃圾治理】全省农村生活垃圾收运处置体系覆盖的行政村比例达到95.3%,实现国家提出的覆盖比例达到90%的目标;9466个非正规垃圾堆放点整治任务全部完成。召开全省村镇建设工作视频会议、全省农村生活垃圾治理工作推进视频会议,印发《2020年全省农村生活垃圾治理工作方案》《农村生活垃圾治理专项整治工作方案》,要求所有市、县(市、区)制定年度工作方案,明确收运处置体系建设运行和非正规垃圾堆放点整治计划,确保任务按期完成。会同省农业农村厅、生态环境厅,利用3个月时间,通过"四不两直"方式,采取现场暗访、走访调查、座谈了解、会议反馈等方法,对全省11个市农村生活垃圾治理工作推进情况进行了实地督导,共抽查40个县(市、区)、87个乡镇、238个村庄,当场反馈发现问题,限期整改落实。大力推行农村生活垃圾分类"四分法",有效实现农村垃圾源头减量,截至年底,全省在5个国家级示范县、18个省级试点县的2292个行政村开展了农村生活垃圾分类试点,介休市、阳曲县因工作成效明显,被住房和城乡建设部评为国家级农村生活垃圾分类及资源化利用示范县。

【建制镇生活污水处理设施建设】全省具备生活污水处理能力的建制镇212个,占全省建制镇总数的42.9%,已达到国家"十三五"规划要求。全面开展109个县(市、区)的县域建制镇生活污水处理设施建设专项规划编制工作,通过专家团队逐镇现场踏勘、实地调研,进一步核准项目规模、处理工艺、资金需求等项目要素。持续推进36个重点镇、完成40个重点流域建制镇生活污水处理设施建设项目,启动32个镇区常住人口1万人以上的黄河、桑干河流域建制镇污水处理设施建设项目。起草了《全省建制镇生活污水处理设施建设三年攻坚行动方案》,计划分三年实现"三个覆盖"(2020年重点镇全覆盖、2021年万人镇和汾河流域建制镇全覆盖、2022年底建制镇基本覆盖),报省政府准备上会后印发。

【农村房屋安全管理】起草《山西省农村集体建设用地房屋建筑设计施工监理管理服务办法(试行)》和《山西省农村宅基地自建住房技术指南(标准)》,明确并压实各方的主体责任,规定参建各方对承担的房屋建设工程质量终身负责,实现了对农村自建低层房屋的规范性管理。印发《山西省城乡房屋安全隐患排查整治行动方案》,提出到2022年底前全面完成城乡房屋建筑安全隐患排查整治。报请省政府成立由省长任组长、4名副省长任副组长的省城乡房屋安全隐患排查整治领导小组,制定领导小组办公室工作方案,建立工作例会、督导考核、信息报送制度,抽调20余人成立了工作专班,下设综合协调、政策技术保障、督促指导、信息宣传4个工作小组,同时组织有关部门和专家共99人,组成11个省级现场督导服务组,全程做好排查整治行动的指导和服务。建立"日动态、周例会、旬通报、月调度"的工作机制和"11+1"的督导服务机制(即11个督导服务组跟踪服务+专项督导),彻底清查并消除农村房屋建筑各类安全隐患。截至年底,全省农村房屋排查已覆盖国家农房信息系统内的全部20055个村庄,完成农房排查412.8万户,其中用作经营的自建房23.4万户、非自建房16.6万户,两类重点房屋排查已基本完成,排查信息全部录入国家农房信息系统;共发现隐患4.9万户,同步组织整改。

【传统古村落保护】全省实施的110个保护项目中,37个完工,45个在建,28个办理前期手续;全省共有54个传统村落入选中国传统村落数字博物馆,居全国第二,其中,18个入选精品馆,36个入选标准馆。制定《山西省集中连片传统村落改造活化试点工作方案》《晋城市集中连片传统村落保护利用示范项目实施方案》，全面推动传统村落集中连片保护，重点开展保护传承、修复改造和活化融合，探索传统村落保护利用的新路径、新模式。建立项目台账，每月调度工作进展，每双月通报项目进度，并对进展缓慢的地区进行实地督导。印发《关于做好中国传统村落挂牌保护工作的通知》，细化了省市县三级住建部门工作职责，完成基础信息系统填报，392个传统村落完成挂牌。下发《关于开展传统村落数字博物馆创建工作的通知》，指导40个传统村落完成数字博物馆建设。

标准定额

提升城市更新、乡村建设、5G应用、信息模型（CIM、BIM）等方面的地方标准编制质量。定期发布各类工程造价指标指数，及时调整计价依据，完善装配式钢结构等新型建造方式计价依据，实现与市场同步。加强工程造价数据积累，建立重要工程造价数据库，为建设项目投资管理提供依据。

工程质量安全监管

【建筑施工安全监管】强化"1+1+N"责任落实，督促各级住建部门加大监督检查力度，严格落实月报送月通报工作制度，强化监管责任落实。督促建设单位切实落实工程安全首要责任，督促参建单位严格落实企业安全生产主体责任。制定《山西省建筑施工安全风险分级管控与隐患排查治理双重预防工作指南》等一系列规章制度，进一步完善安全生产责任体系，全面提升安全生产本质水平。开展城市建设安全专项整治三年行动。强化建筑施工安全专项整治，突出对危大工程、高空作业以及有限空间施工进行专项整治。开展重点时段建筑施工安全生产督查，检查在建工地300余个，对25个较差的房建市政工程项目进行了通报，将涉及的企业和人员实施信用惩戒。取消3家企业2020年度山西省骨干建筑业企业资格，3年内不得参评山西省骨干建筑业企业。对发生事故的6家省内建筑施工企业分别处以暂扣安全生产许可证60日、90日处罚，取消2021年度省市骨干建筑企业评选资格，扣减综合信用分10分，自责任认定之日起，1年内不得参评由山西省各级住房城乡建设主管部门组织的评优、评先及各类表彰。向省外1家企业当地主管部门发暂扣安全生产许可证建议函。

【安全专项整治】制定了《城市建设安全专项整治三年行动实施方案》，将建筑施工、市政运营、物业服务企业、建筑市场以及农村危房改造作为重点内容纳入专项整治；研究制定《山西省住房和城乡建设厅安全生产专项整治三年行动任务分解》，将目标任务细化分解为8大项26个具体任务，明确责任分工和阶段整治目标；研究制定《山西省住房和城乡建设厅安全生产专项整治三年行动任务措施清单》，提出177条具体落实措施，明确时间节点和完成时限。全省各级住建部门针对用作经营性场所的农村自建房屋、建筑施工、市政运营、物业服务企业管理开展专项整治，各级住建部门共出动检查人员2.31万人（次），检查农村自建房1.96万处、建筑施工项目2667个、市政公用设施项目（单位）3579个、物业服务小区2756个，排查整改各类安全隐患2.97万个。2020年全省依法注销、撤销和撤回建筑业企业资质453家，取消省级骨干建筑业企业资格5家，暂扣施工单位安全生产许可证12家，责令停工整改施工项目282个，对197家建设、施工、监理单位予以通报处罚和信用惩戒。

【工程质量管理制度】推动《山西省质量安全管理条例》和《建设工程质量检测管理办法》修订，完善工程质量管理制度，强化各方主体责任落实，突出建设单位首要责任，严格落实工程质量终身负责制，明确建设单位工程质量检测委托责任，加大违法行为处罚力度。在编制《山西省工程质量管理手册》的基础上，进一步宣贯推广山西省级手册，督促各方责任主体认真落实手册要求，鼓励多家省内骨干企业编制企业手册，推动落实国家、省级和企业三级工程质量安全手册制度。推进工程质量管理标准化。抓好示范引领，组织开展了2020年度山西省标准化工地观摩示范活动，推进工程质量行为管理和实体质量控制标准化。

【房建工程质量监管】全省房屋建筑和市政基础设施工程质量监督覆盖率、竣工验收合格率均达到100%，工程实体质量保持总体受控状态；全省共创建建设工程鲁班奖2项，国家优质工程奖12项（含国家优质工程金奖1项），创建安装之星项目7项，创建省级优良工程77项、省级优质结构工程193项。加强房屋建筑工程检测管理，在全面摸清全省工程质量检测机构底数的基础上，组织专业检查队伍，应用"一套人马、一把尺子"，深入现场、下沉一线，历时一年半，对全省11个设区市、100余个县，共计291家检测机构进行了全覆盖现场监督检查，聚焦突出问题，明确整治重点，用同一个检查标准一查到底，对不符合资质标准和违法违规的检测机构严查重处。责令限期停业整改检测机构138家，撤回机构单项资质62家，撤销机构全部资质39家，取消检测人员岗位证书81人，公开通报批评检测人员54人。结合撤回资质、限期整改、通报批评、记入不良信用信息等手段，打出整治检测行业违法违规行为组合拳，在全省行业内形成了极大的震慑，倒逼检测机构严格落实质量责任，坚决杜绝虚假检测报告等行业乱象。

建筑市场

【概况】2020年，山西省建筑业企业完成总产值5113.6亿元，较上年同期增加460.4亿元，同比增长9.9%，增速位居全国第6位；实现建筑业增加值952.5亿元，同比增长6.6%，占地区生产总值（GDP）的比重达到5%。截至年底，全省共有工程建设企业10131家，其中建筑业企业9306家（特级企业20家，一级企业473家），从业人员121.3万人；勘察设计企业600家（甲级企业135家，乙级及以下企业465家），从业人员5.4万人；监理企业225家（综合资质2家，甲级103家，乙级及以下企业120家），从业人员2.1万人。建筑业结构日趋合理并保持良好发展态势。

【推动行业转型发展】制定出台《关于加快推进山西省建筑业高质量发展的意见》，实施"六个一批"计划，分别从积极帮扶企业转型实现跨越发展，扶持培育优秀建设工程企业实现高质量发展，压缩制度性成本释放企业发展活力，提升服务质量精准帮扶企业发展等方面帮扶企业实现跨越发展，促进企业转型发展，推动山西省建筑业高质量发展。印发《关于进一步加大对省外入晋建筑业企业扶持力度的通知》，通过创优企业营商环境，积极吸引一批省外优秀建筑业企业在山西省安家落户，在资质申报、市场准入等方面给予优惠政策。印发《关于进一步完善房屋建筑和市政基础设施工程监理管理工作的通知》，明确非必须监理项目类别，推行全过程工程咨询、项目管理、建筑师负责制等多种监理模式，引导监理行业向专业化、特色化发展。

【诚信体系建设】先后试行开展建设工程施工、勘察、设计、监理及招标代理机构信用评价工作，参评企业共达四千余家，建立各类企业信用等级库，对信用评价等级较低的企业纳入重点监管名录。在工程担保方面，修改完善了《担保机构信用评价办法》，印发了《工程保证担保保函示范文本》。从建设类各行业着手，完善山西省建筑市场诚信体系建设。

【建筑市场监管】印发《关于开展2020年度建筑市场"双随机、一公开"执法检查工作的通知》，压实各级主管部门监管责任，形成严厉打击违法违规行为的高压态势，各级主管部门累计查处存在问题项目625个，是2019年的2.45倍。强化资质审批事中事后监管，加大对资质申报的人员资格、业绩真实性核查力度，进一步推进资质承诺制管理改革，前移核查关口，杜绝不诚信企业进入建筑市场。2020年，山西省注销、撤销和撤回453家企业相关资质，是上年同期的1.34倍。加大违法违规行为曝光力度，印发五期建筑市场违法违规项目查处情况通报，涉及92家责任单位和57名责任人员，在行政处罚的基础上，对存在违法违规行为的企业和个人视情节给予诚信扣分及黑名单管理等措施，形成了持续较强的震慑效应。

【智慧建筑信息化建设】搭建了集用工管理等8个子系统于一体的"山西省智慧建筑管理服务信息平台"，构建"数据同源"管理机制和"两场联动"监管机制，实现了从企业、人员的静态监管向以工程项目为核心的动态监管转变。依托信息平台，全国首创建筑用工"网上劳动力区域调度市场"，应用信息技术科学分析、预警和监测建筑劳动力市场的用工情况，实现精细化管理和调度机制，提升劳动力效率。住房和城乡建设部6月28日印发建设工作简报，以"山西省创新建筑市场监管模式建立智慧建筑管理平台"为题在全国范围内进行经验介绍和推广。

建筑节能与科技

【概况】2020年，全省新开工建筑面积4334.45万平方米，节能标准执行率100%；节能专项验收1330.26万平方米，节能标准执行率100%；新建建筑节能专项验收阶段执行绿色建筑标准面积979.88万平方米，绿色建筑占新建建筑比例73.66%。可再生能源应用面积1111.94万平方米，应用比例为83.58%；累计新开工既有居住建筑节能改造项目2099.77万平方米，公共建筑节能改造38.96万平方米；实施科技计划项目38项，登记科技成果96项，获得华夏建设科学技术奖及山西省科学技术奖27项。

【建材节能减排】成立山西省绿色建材评价标识工作领导组，印发《关于做好全省绿色建材产品认证推广应用工作的通知》《关于加快推进山西省绿色建材产品认证及生产应用的通知》，将绿色建材工作纳入年度目标责任考核。开展绿色建材评价标识工作，建立绿色建材目录，在全国绿色建材评价标识管理信息平台公示、发布。加大绿色建材推广应用力度，推动政府投资工程率先采用绿色建材，逐步提高城镇新建建筑中绿色建材应用比例，共有15项产品取得获得绿色建材评价标识。

【装配式建筑发展】制定2020年度装配式建筑工作要点，明确发展路径、发展方向和目标任务，列入厅年度重点工作一票否优项。积极推进装配式建筑产业基地和产业信息服务平台建设，推动装配式建筑全产业链协同发展。共建成投产和在建产业基地22个，预计产能达到2280万平方米。累计发布企业、项目、产品等各类信息389条，形成了"互联网＋服务平台"的信息共享机制，提升产业链信息化水平。召开装配式建筑推进会，对全省装配式建筑工作推进情况、示范项目实施情况进行通报，督促各市推进装配式建筑项目落地。新开工装配式建筑822.52万平方米，占新建建筑面积比例18.7%。

【建筑新技术推广】发布节能技术、产品目录241项。指导企业围绕城市更新、钢结构装配式、BIM、绿色建筑等重点领域申报科技计划项目，支持建设科技成果的转化和推广应用。以BIM－CIM实施、区块链技术应用等为主题，开展了十二期"山西建设大讲堂"培训，旨在推广先进技术，促进建设发展。

审批管理

【概况】以承诺制改革为抓手，持续加大工程报建审批和涉企经营事项审批的改革创新力度，激发市场主体活力，加快项目落地投产，全力打造住建领域"六最"营商环境。

【工程建设项目审批制度改革】不断完善工程建设项目审批管理系统功能，推动全过程"不见面审批"，实行各环节超时亮灯预警管理。分类分级继续推行"清单制＋告知承诺制"。制定社会投资小型低风险项目审批管理办法，压缩审批时限至25个工作日以内，率先在省综改区及省级以上开发区试行。优化水气获得服务，实行报装线上办理，探索实行接入工程告知承诺制，办理环节压减至2个，时间压缩至5个工作日以内。在各级开发区（园区）加快推进区域评估，及时发布结果，强化成果运用。加快规划编制，尽快形成"多规合一"的"一张蓝图"，加强项目前期策划生成。

【行政审批制度改革】落实"证照分离"改革全覆盖，推行企业资质告知承诺制审批，为诚信践诺的企业打开准营方便之门。完善批管联动工作机制，依法依规查处提供虚假承诺的企业和频繁变更的"挂靠"人员，停止或撤销"挂靠"人员注册执业资格。全面推行资质资格电子证书。

党建工作

【政治建设】持续完善"一事一台账"工作制度和内部"13710"督办机制，确保党中央重大决策部署和习近平总书记重要指示批示得到全面贯彻落实。不断巩固"不忘初心、牢记使命"主题教育成果，强化党员干部"一句誓言、一生作答"的行动自觉。严格落实意识形态工作责任制，密切关注涉及住建领域的重大舆情，确保意识形态安全稳定。始终严明党的政治纪律和政治规矩，以政治上的坚定推动全面从严治党向纵深发展。

【基层党组织建设】牢固树立党的一切工作到支部的鲜明导向。坚持党建工作重点清单制度，提升抓基层党建工作的制度化、标准化、规范化水平。坚持将"五型机关"创建理念融入基层党组织建设全过程，推进党建和业务工作深度融合。加强对行业协会党建工作的领导，强化业务指导和行业监管，确保脱钩不脱管。加强全系统党员干部思想淬炼、政治历练、实践锻炼、专业训练，提升政治素养和专业水平，切实发挥好党员干部在推动行业发展中的先锋模范作用。

【"三不"机制建设】紧紧抓住"主体责任"这个牛鼻子，与监督责任贯通协同，真正把管党治党"两个责任"落实到位。认真贯彻落实中央八项规定精神，重点整治形式主义、官僚主义，持续整治住建领域群众身边的腐败行为和作风问题，及时有力查处违纪违法案件，营造"不敢腐"的氛围。持续加强对权力运行的制约和监督，重点围绕住宅专项维修资金、住房公积金等7项资金的管理和使用，推动审计监督，强化问题整改，扎紧"不能腐"的篱笆。着力加强理想信念教育、廉政警示教育，引导党员干部筑牢拒腐防变的思想堤坝，形成"不想腐"的自觉。

疫情防控

山西省住房和城乡建设厅党组周密组织、迅速安排，统筹做好疫情防控和复工复产工作。制定防疫措施，对定点医疗机构、集中隔离点、建筑施工工地集中居住场所，逐一进行安全隐患排查，确保涉疫场所安全。分区分级合理调整工程计价，阶段性调整商品房预售许可条件，"一对一"开展对企帮扶，运用"智慧建筑"平台进行用工调度，加大承诺制改革力度，推行"不见面审批"。一季度末，全省项目复工率已恢复至往年同期水平，建筑业产值增速在全省主要经济指标中率先由负转正。

大事记

1月

9日 召开山西省住房城乡建设工作会议。

2月

14日 厅党组书记、厅长王立业,厅党组成员、副厅长张学锋就疫情防控和城市管理工作,深入太原市汾东污水处理厂、小店区滨东花园、太原市供水集团进行调研。

19日 行政审批事项实行全程网办、"不见面审批"。

2月份 先后印发《关于做好疫情防控促进建筑行业发展的通知》《关于加强疫情防控有序推进复工复产的通知》《关于新型冠状病毒肺炎疫情防控期间建设工程计价有关工作的通知》《关于新型冠状病毒肺炎疫情防控期间建设工程计价有关工作的补充通知》《关于推行工程建设项目"不见面审批"实行网上办理的通知》等系列文件,在抓细抓实各项防控措施前提下,重点围绕解决部分项目建设停滞、建筑工人短缺、工程建设成本增加、审批监管难度增加等难题,制定具体政策措施,切实打好疫情防控和复工复产"两场硬仗"。

4月

1日 组织召开城市信息模型(CIM平台)全国建设情况报告会。

21日 召开全省住建系统扫黑除恶专项斗争视频会议。

8月

25~26日 召开全省城市工作会议。省委书记楼阳生出席会议并讲话,省委副书记、省长林武主持会议。

9月

18日 召开全省城乡建设历史文化保护传承电视电话会议。副省长韦韬出席会议并讲话。

20日 由省住建厅、省人社厅主办的2020年"山西泰瑞杯"建筑职业技能大赛在大同举行。

(山西省住房和城乡建设厅)

内蒙古自治区

法规建设

【行业立法】推动修订2部条例,废止2部条例。《中华人民共和国民法典》颁布后,组织开展住建领域地方性法规和政府规章的清理工作。经自治区人大常委会和自治区政府批准,2021年我厅1部条例列为立法项目,2部条例和1部政府规章列为修订项目。

【行政执法】制定印发《深入贯彻落实行政执法公示执法全过程记录重大执法决定法制审核制度工作方案》,重新梳理和上报厅系统权责清单。印发《关于进一步深化住建行业"放管服"改革加强和规范事中事后监管工作的通知》,逐步推动建立完善厅系统审管衔接机制。组织开展2020年度行政执法案卷评查,对3家先进单位进行通报表彰。进一步规范行政复议案件审理程序,不断提升行政复议案件的办理质量。2020年受理行政复议案件24件,办理行政应诉案件2件,胜诉1件、撤诉1件。

【普法工作】制定印发《2020年普法宣传工作计划》,积极开展法治宣传教育。组织开展宪法宣传周系列活动,举行新任干部宪法宣誓仪式、网上法律知识有奖问答等活动。积极开展送法进机关、进社区、进工地、进企业活动。2020年开展"以案释法"普法讲座1次,组织人员旁听法院庭审活动2次。9月,顺利通过自治区"七五"普法考核评估。

房地产业

【房地产市场调控】坚持"房子是用来住的、不是用来炒的"定位,压实城市政府主体责任,"一城一策""因城施策",对个别城市进行提示预警,加大调控力度。房地产开发投资完成1176.5亿元,增长12.9%,增速高于全国平均水平5.9个百分点。新建商品住宅销售面积3698万平方米,增长2.1%。新建商品住宅销售额1922亿元,增长4%,总体保持稳定。

【房地产市场风险化解】按照购房人无过错即办理的原则,实行属地管理、集中办理、分类解决。全区累计解决遗留问题项目2776个、133.4万套、

1.5亿平方米，占比分别为92.7%、95%、95.1%。房地产市场整治取得一定成效，共约谈1021家开发企业，现场整改项目445个，注销446家企业的开发资质，处罚507家房地产企业，追缴、归集住宅专项维修资金1.93亿元。化解各类物业矛盾纠纷965起。责令435家房地产中介机构进行整改，对156起违法违规行为进行了查处。推动落实网签备案全覆盖，从源头上堵塞漏洞。

住房保障

【棚户区改造】年度棚户区改造任务全部完成，开工2.6万套，开工率100%；基本建成2.2万套，建成率175.5%；完成投资52亿元。发行棚户区改造专项债券100.6亿元。巴彦淖尔市成为国务院10个棚户区改造工作积极主动、成效明显的激励地区之一。

【保障性住房】公租房保障水平不断提高，基本建成公租房760套，建成率100%。发放租赁补贴3.7万户，完成率114%。

【城镇老旧小区改造】中央安排15亿元专项资金支持老旧小区改造，全年开工4.5万户。自治区安排1亿元专项资金支持试点地区既有住宅加装电梯。

公积金管理

2020年，全区住房公积金发放贷款249.85亿元，同比增长0.65%；提取304.32亿元，同比增长15.14%；贷款余额1183.97亿元，个贷率76.66%。

城市建设

【市政基础设施建设】通过城市"双修"、城市"微改造"等，不断完善城镇功能。完成市政基础设施投资300亿元。呼和浩特市成为国家城市体检试点，通辽市成为自治区城市试点。新建大型公共建筑无障碍设施覆盖率达到100%，既有建筑和市政公共交通设施达到60%。二连浩特市成为全国无障碍环境示范市，集宁区和丰镇市成为全国无障碍环境达标市（区）。

【历史文化保护】新增7处历史建筑，累计公布自治区历史文化街区22条、历史建筑388处。完成乌拉盖管理区哈拉盖图农牧场兵团和克什克腾旗经棚镇旗署街历史文化街区认定论证工作。

【水环境治理】持续开展公共供水水质监测。全区建成并运行的城镇污水处理厂平均负荷率79.2%，平均达标排放率95.2%、再生水利用率37.3%。开展海绵城市建设评估等工作。包头市创建成为国家节水型城市。

城市精细化管理

【组织推动进一步强化】印发《2020年城市精细化管理工作重点任务》，明确9个方面24项重点任务和联席会议成员单位的责任分工。组织联席会议成员单位深入重点地区进行督导，完成精细化管理绩效评价考核。召开全区城市精细化管理现场会，总结交流成功经验，推广复制典型做法。

【城市安全韧性普遍提高】强化企业主体责任和部门监管责任，保障供热、燃气安全平稳运行。积极推进储气设施建设，全区地方政府日均3天储气能力和城镇燃气企业年用气量5%储气能力建设目标按时完成。开展城市桥梁安全隐患排查。推进设市城市建成区违法建设治理，存量违法建设治理达到99.2%。

【市容市貌水平不断提升】加大对城市道路设施、综合服务设施、沿街绿化、建筑立面设计和色彩调控、景观灯光等功能载体的管理。完成82%的路灯节能改造，停建整改一批景观项目。规范"城市家具"设置，突出街区特点、地域特色和文化底蕴，避免过度装饰和高能耗，打造美丽街区。

【数字城管建设步伐加快】推动城市综合管理服务平台建设和联网，9个地级市全部完成数字城管平台建设，实现与自治区平台互联互通。城市管理执法体制改革深入推进，城市管理和综合执法水平不断提升。

【盟市所在地生活垃圾分类工作深入开展】《内蒙古自治区城乡生活垃圾管理条例》纳入自治区人大立法调研项目。各盟市政府所在地以街道为单位开展示范片区建设，公共机构生活垃圾分类覆盖率达到100%。呼和浩特市作为全国先行实施生活垃圾分类的46个重点城市之一，确定赛罕区为重点示范区，全市居民小区和公共机构垃圾分类覆盖率达到100%。新建垃圾焚烧厂2座。

村镇建设

【农村牧区危房改造全部完成】826户建档立卡贫困户和5010户其他3类重点对象危房改造全部竣工验收。中央脱贫攻坚专项巡视"回头看"、国家成效考核、中央纪委国家监委实地踏查反馈意见全部完成整改。开展农村牧区房屋安全隐患排查整治工作，已排查36万户。

【农村牧区生活垃圾治理完成预期目标】在22

个旗县开展垃圾分类和资源化利用试点，突泉县被列为全国农村生活垃圾分类和资源化利用示范县。召开现场会，推广突泉县等地区的经验做法，农村牧区垃圾处理减量化、资源化、无害化水平不断提升。一类旗县生活垃圾收运处置体系基本实现全覆盖；二类旗县覆盖90%以上行政村和规模较大的自然村；三类旗县达到人居环境干净整洁的基本要求；1324个非正规垃圾堆放点全部整治销号。在新巴尔虎右旗和阿巴嘎旗开展牧户清洁取暖试点。

【历史文化名镇名村、传统村落保护工作不断加强】出台《内蒙古自治区历史文化名镇名村保护办法》，指导陈巴尔虎旗呼和诺尔镇等地区申报自治区历史文化名镇名村，开展传统村落挂牌和管理系统信息更新工作。

标准定额

【工程建设标准化】发布《老旧小区整治改造技术导则》《农村牧区生活垃圾治理管理规程》等标准6项，推进《绿色建筑工程施工质量验收规程》《既有公共建筑绿色改造评价标准》等标准的编制进度，为构建需求导向的标准体系，提高质量安全管理水平、推进科技进步提供技术支撑。

【工程造价管理】印发《关于发布建筑工人实名制费用计价方法（暂行）的通知》，将建筑工人实名制费用计入工程造价。启动修编《内蒙古自治区房屋修缮工程预算定额》《房屋建筑加固工程预算定额》《市政维修养护工程预算定额》。

工程质量安全监督

【工程质量】印发《关于完善质量保障体系提升建筑工程品质的若干措施》，全面提升建筑工程品质。常态化开展工程质量常见问题防治，积极办理质量信访投诉。推行工程质量信息化监督和质量检测数字化监管，实现符合国家标准的施工许可电子证照并全面推广应用，全区127家检测机构已按照要求接入监管系统。打造示范项目推进品质工程建设，3个工程项目获得国家建设工程质量"鲁班奖"，35个工程项目获得2019年度自治区"草原杯"工程质量奖、35个工程项目获得2019年度自治区优质样板工程奖评。

【建设工程安全生产】扎实开展安全生产专项整治三年行动各项任务，深入组织开展安全隐患排查整治，全区累计检查项目3539个，排查整改安全隐患20587条；自治区本级共对12个盟市113个在建工程项目进行隐患排查整治。督导各级严格危大工程安全管控，强化事故责任主体处罚力度。持续推进安全标准化和绿色施工工作，285个工程项目获得2019年自治区标准化示范工地荣誉称号，建筑施工安全信息化监管平台全面投入运行。深入开展房屋建筑市政工程施工现场扬尘治理。常态化开展建筑工地疫情防控，推动有序复工复产。

【消防设计审查验收】建立全区建设工程消防技术专家库，研发消防设计审查验收管理信息平台，与自治区消防救援总队建立工作协作机制，强化资源共享，加快解决历史遗留项目问题。积极争取参与火灾事故调查工作。共受理消防设计审查验收项目5173个、办结4367个，受理遗留项目1287个、办结837个。消防设计审查验收工作受到住房和城乡建设部通报表扬。

【违法建设和违法违规审批专项清查工作】共排查既有建筑6625栋、3302万平方米，排查整改在建建筑8326栋、9099万平方米，排查整改违法建设等行为880起，处罚企业68家。城镇小区配套幼儿园治理基本完成。有序开展自然灾害综合风险普查工作。

建筑市场

【建筑业】出台《建筑信息模型（BIM）实施方案》。在呼和浩特市建设两处被动式、超低能耗住宅示范项目，总建筑面积近40万平方米。认定了第一批5家装配式建筑产业基地。与江苏省、江西省分别签署建筑业战略合作框架协议。印发《内蒙古自治区住房和城乡建设厅关于进一步做好工程建设领域保证金有关工作的通知》，加快推进工程保函替代保证金工作。

【建筑市场】整顿规范建筑市场和招标投标秩序，组织开展全区建筑市场监督执法检查工作，严厉打击围标、串标、转包、挂靠等违法违规行为，共监督检查建设、勘察设计、施工、监理单位7029家（次），发现违法违规企业434家，停业整顿16家，限制投标5家，给予其他处理294家。

建筑节能与科技

新建建筑按照绿色建筑标准设计和建造的工程3051万平方米。2020年既有居住建筑节能改造项目开工194.9万平方米、开工率92%。

人事教育

【队伍建设】组织编制《自治区住房和城乡建设事业人才队伍建设十四五规划》。开展处级、科级领导干部选拔任用和公务员职级晋升工作，2020年提任处级干部6名、科级干部24名；完成18名公务员职级晋升和11名调任公务员及军转干部职务职级确定工作。根据厅机关内设机构调整情况，完成9名处级干部交流轮岗。统筹做好干部招聘、调动和人才引进工作，充实厅系统年轻干部队伍力量。2020年厅机关遴选公务员5名、调入公务员4名；厅属事业单位公开招录工作人员25名、调入工作人员1名。结合厅机关编制空缺和岗位需要，2020年计划招聘遴选公务员3名、考录公务员1名。

【教育培训】积极选派学员参加素质提升培训和任职培训，2020年共20名干部参加了住房和城乡建设部、自治区党校（行政学院）、自治区党委组织部等部门组织的培训班。加强网络在线学习，充分利用高校资源，组织开展了清华大学"新时代西部大开发专场学习"，培训干部100余人次。全年开展干部网络学院专题培训7期，培训262人次，网络学习结业率达100%。认真收集整理资料，完成了厅级干部2013年以来脱产培训学时统计工作。

【人才工作】2020年引进高层次急需紧缺人才1名。组织6名专业技术干部申报了自治区青年创新人才奖。印发了《关于开展全区住房和城乡建设领域施工现场专业人员职业培训工作的通知》《关于开展全区燃气经营企业从业人员专业培训和考核工作的通知》，积极推进施工现场专业人员、燃气经营企业从业人员培训考核工作。组织修订《自治区建设工程系列专业技术资格评审条件》，顺利完成2020年度建筑工程系列专业技术人员职称评审，评审通过中高级职称1872人。

大事记

1月

19日　召开全区住房和城乡建设工作会议。

2月

9日　《内蒙古自治区办公建筑防控"新型冠状病毒"运行管理应急措施指南》正式实施。

25日　内蒙古自治区政府办公厅转发自治区住建厅、财政厅、人民银行呼和浩特市中心支行《关于做好疫情防控期间住房公积金管理服务工作的意见》，为受到新冠肺炎疫情影响的企业和缴存个人提供阶段性支持政策。

3月

10日　内蒙古自治区住房城乡建设系统在全区范围内开展疫情防控隔离点建筑和建筑工地集中居住场所安全风险隐患专项排查整治工作。

20日　《关于有序推动全区房屋建筑和市政工程复工复产的指导意见》，有序推动全区房屋建筑和市政工程复工复产。

4月

2日　出台《内蒙古自治区历史文化名镇名村认定办法》，明确列入自治区历史文化名镇名村认定标准。

5月

15日　全区住建领域重点工作和复工复产推进电视电话会议召开。自治区住房和城乡建设厅党组书记、厅长冯任飞主持会议并讲话。

6月

9日　全区农村牧区垃圾分类和资源化利用现场会在突泉县召开。

6月，内蒙古自治区住建厅等八部门联合印发指导意见，加快推进城市禁止现场搅拌砂浆工作，全面提升工程质量，促进建筑业绿色发展。

7月

21日　内蒙古自治区住建厅、自治区人社厅、银保监会内蒙古监管局联合印发《内蒙古自治区建筑业企业工资保证金银行保函和保证保险实施办法（试行）》。

8月

编制发布《内蒙古自治区城镇老旧小区改造技术导则》。

26日　内蒙古自治区新建住建领域行政审批系统正式启用。

4～8月，内蒙古自治区住房和城乡建设厅派出工作组，分别对乌海市、阿拉善盟、乌兰察布市、呼和浩特市等10个盟市及所属部分旗县区开展房屋建筑市政工程质量施工安全生产隐患排查。

9月

16日　内蒙古自治区住房和城乡建设厅与江苏省住房和城乡建设厅在呼和浩特举行建筑业战略合作框架协议签约仪式。

21日　内蒙古自治区住房和城乡建设厅与江西省住房和城乡建设厅在南昌市签署建筑业战略合作框架协议。

17日　印发《内蒙古自治区全面推进城镇老旧小区改造工作实施方案》。

10月

22日　自治区城镇老旧小区改造厅际联席会议在乌兰察布市集宁区组织召开全区城镇老旧小区改造工作推进会。

11月

11日 自治区副主席包钢,自治区副主席、自治区公安厅厅长衡晓帆深入住房和城乡建设厅实地考察"住建大数据应用平台",调研指导相关工作。

12月

17日 自治区住房和城乡建设厅与呼和浩特市人民政府在呼签署共同推动呼和浩特市城市精细化建设和治理合作框架协议。

(内蒙古自治区住房和城乡建设厅)

辽 宁 省

房地产业

【概况】2020年,全省完成房地产开发投资2978.9亿元,同比上涨5.1%;商品房新开工面积总计4404.1万平方米,同比上涨6.3%,超过上年同期;新建商品房销售面积3743.2万平方米,同比上涨1.3%;新建商品房销售金额连续六个月正增长,全年销售金额3366.3亿元,同比上涨10.4%;全省商品住房库存平均去化周期12.6个月,继续保持在合理区间。房屋网签备案系统实现国家、省、市、县四级互联。利用"项目超市"盘活存量项目96个,盘活率40%。

沈阳市获批第二批中央财政支持发展住房租赁市场试点城市;2019年计划改造的459个小区已全部完工;四类重点对象农村危房改造任务15624户全部竣工;公租房、租赁补贴累计保障34.5万户;全省住房公积金支持约8.2万户改善住房条件;大连市公积金中心开展"银金互动"合作,创新利用公积金大数据支持百余家小微企业及6.8万市民发放近65.6亿元贷款。

强力推进"一网通办",26项政务服务事项全部进驻政务服务大厅,网上可办率100%、实办率73%。11项省级许可类审批事项全部实行电子化申报和审批,实现"最多跑一次"。

【房地产市场管理】2020年,辽宁省委、省政府下发《关于落实房地产市场平稳健康发展城市主体责任制的通知》《关于推动构建房地产市场平稳健康发展长效机制的指导意见》。成立辽宁省保持房地产市场平稳健康发展工作领导小组。制定《辽宁省房地产市场监测指标体系》,开展监测预警,防范化解房地产市场风险。制定《全省推进房地产去库存工作方案》,提出5项支持政策。支持开展线上销售,召开多种形式的房交会。建立"项目超市",搭建对接平台,累计盘活停缓建项目96个。开展房地产市场专项督查,整顿房地产市场秩序,规范房地产开发、交易、租赁、物业服务等行为。8月,下发《关于开展全省房地产市场专项督查的通知》,要求开展企业自查、做好市级检查、准备省厅督查。

【房地产交易管理】下发《关于继续加强房屋网签备案系统建设实现网签业务全覆盖的通知》,截至年底,全省14个市的新建商品房、二手房、租赁房、抵押房网签备案系统框架均已基本搭建完成,新建商品房网签备案数据已按照住房和城乡建设部要求实现实时上传,9个市上报了二手房网签备案数据,36个未联网县区已全部完成联网工作。下发《关于做好"四房"网签系统建设有关工作的通知》各市的房屋网签备案系统已按照住房和城乡建设部要求实现了网签及时备案,并已通过延伸网签备案端口的方式将房屋网签备案系统关联至4182个房地产开发企业、590个房地产经纪机构及大部分具有抵押业务的银行。房屋网签备案数据已按照"一网通办"要求完成与省政务平台对接,所有数据均可通过省政务平台实现与各部门的信息共享。

【住房租赁市场管理】2020年实施棚改32.59万套,完成115个早期棚改小区维修改造。通过公租房、租赁补贴累计保障34.6万户。建立完善以保障性租赁住房和共有产权住房为主体的住房保障体系,落实租购同权。以解决城市新市民住房问题为着力点,在对城镇户籍人口实施住房保障基础上,大力开展对城镇非户籍常住人口的住房保障工作,解决好新市民、青年人特别是从事基本公共服务人员的住房困难问题。围绕产业布局、城市更新行动,将各类人才住房纳入住房保障体系,开展住房保障制度性创新,推动职住平衡。全面上线公租房信息系统，实行一网通办。联合省市场监督管理局制定并下发《辽宁省存量房买卖合同（示范文本）》和《辽宁省住房租赁合同（示范文本）》。7月份起，启用统一的存量房买卖和住房租赁合同示范文本。

【物业管理】全省共有物业服务企业4000家左右，物业从业人员28万人。为及时解决群众在物业管理方面的投诉、报修问题，开发易安居公共服务平台。截至年底，全省易安居平台共接收投诉1597件，回复1527件，回复率达到95%以上。搭建党建引领物业服务管理制度框架，推动物业管理与城市基层党建、社区治理融合共进。指导有条件的业委会成立党支部或党小组。建立物业管理监督考核机制和办法，建立主管部门、街道办事处、社区居委会、业主委员会、业主和物业企业等共同参与的物业服务质量考评体系，开展物业服务质量考核评估。完善"辽宁物业企业信用系统平台"，设立物业服务企业信用"红黑榜"，实现事中事后监管与信用评价体系无缝对接。落实街道办事处在推进业主大会成立中的主体责任，加快推进业主大会和业主委员会组建工作。完善社区党组织监督指导下的社区、业主大会执行机构、业主、管理服务主体"四位一体"协调运行机制。指导各地健全业主大会和业主委员会制度，制定《业主大会和业主委员会指导规则细则》《业主大会议事规则示范文本》和《管理规约示范文本》。推进社区居委会和业主委员会成员"交叉任职"。加强对业主委员会委员的培训，编写《业主委员会工作指南》，制定业主委员会委员培训方案和计划，逐步实现对业主委员会委员培训的全覆盖。辽宁省继续推广《辽宁省住宅物业星级服务标准（试行）》，规范物业行业行为，提升物业服务质量。建立"质价相符"收费机制，指导各地制定住宅前期物业服务收费政府指导价格，逐步建立"质价相符"的物业服务收费机制。扩大物业管理小区覆盖面，新建住宅项目，由建设单位按规定以招投标方式选聘物业企业；老旧住宅区，落实街道办事处"协调和指导老旧住宅区物业管理工作"职责，确保老旧住宅区、"三供一业"移交小区和零散居民住宅楼管理无盲区。指导物业服务企业配合街道、社区和相关部门做好疫情联防联控工作。

【住房公积金管理】2020年，新开户单位13807家，较上年减少1920家；新开户职工35.03万人，较上年减少5.67万人；实缴单位98474家，实缴职工504.26万人，缴存额845.34亿元，分别同比增长2.22%、-0.92%、8.21%。2020年年末，缴存总额8033.92亿元，比上年末增加11.76%；缴存余额2806.71亿元，同比增长7.34%。211.61万名缴存职工提取住房公积金；提取额653.49亿元，同比增长12.46%；提取额占当年缴存额的77.3%，比上年增加2.92个百分点。2020年年末，提取总额5227.22亿元，比上年末增加14.29%。发放个人住房贷款11.22万笔、383.23亿元，同比下降8.18%、4.13%。回收个人住房贷款283.15亿元。2020年年末，累计发放个人住房贷款192.16万笔、4553.4亿元，贷款余额2317.46亿元，分别比上年末增加6.2%、9.19%、4.51%。个人住房贷款余额占缴存余额的82.57%，比上年末减少2.23个百分点。支持职工购建房1141.62万平方米。年末个人住房贷款市场占有率（含公转商贴息贷款）为21.04%，比上年末减少1.46个百分点。通过申请住房公积金个人住房贷款，可节约职工购房利息支出61.89亿元。2020年，融资14亿元，归还27.7亿元。2020年年末，融资总额194.47亿元，融资余额16.69亿元。2020年年末，住房公积金存款520.64亿元。其中，活期9.21亿元，1年（含）以下定期229.97亿元，1年以上定期224.5亿元，其他（协定、通知存款等）56.96亿元。2020年末，住房公积金个人住房贷款余额、项目贷款余额和购买国债余额的总和占缴存余额的82.57%，比上年末减少2.23个百分点。

印发《关于做好疫情防控期间住房公积金服务工作的通知》《关于做好住房公积金服务工作支持企业复工复产的通知》等文件，要求各地延迟开放部分服务大厅、积极推行网上业务办理、严格做好疫情防控工作、支持复工复产工作。阶段性政策执行至6月底，全省共有3540个单位申请缓缴公积金，涉及职工40万人，累计缓缴住房公积金16亿元。加大资金管控力度，严禁挪用住房公积金；综合采取每周报告、月度分析、电子稽查、书面调研和全省通报等措施，加强个贷逾期催收工作。重点监控个贷逾期率高的城市，严防疫情后个贷逾期突增风险，加强贷前、贷中、贷后全流程管理，逾期率有所下降。打通公积金业务系统与省市场监督管理局企业开办"一网通办"平台数据通道。完成2020年"跨省通办"任务，公积金缴存和贷款信息查询业务、正常退休提取公积金和开具缴存使用证明3项业务实现"跨省通办"。全省有2个单位获得国家级创建文明单位荣誉，2个单位获得市级创建文明单位荣誉；8个单位获得省级"青年文明号"荣誉，3个单位获得地市级"青年文明号"荣誉；2个单位获得市级"巾帼文明岗"荣誉；2个单位获得省级先进集体荣誉；3个单位的10名工作人员获得市级先进个人荣誉；3个单位获得其他市级奖励共27项。

住房保障

【老旧小区改造】 省委、省政府成立老旧小区改造领导小组，把老旧小区改造列为辽宁省落实中央重大政策措施30项重点工作之一。建立"1358"工作法：围绕一项总体要求系统谋划，区分三个改造阶段分类指导，完善五个工作机制统筹推进，聚焦八项重点任务有序实施。对改造项目建档立卡，实行开工周报告、工作月调度。组成专班，以问题为导向，不打招呼，实地暗访，推动改造工作。全年到基层调研指导累计42次。会同省发改委、省财政厅组织各市编制改造计划，积极争取中央补助；与国开行签订协议，推动开发性金融支持改造；协调省建行、交行等机构金融支持老旧小区改造。全省争取中央补助资金48.67亿元，又通过发行地债、银行贷款、专业经营单位共担、社会资金投入、居民让渡公共收益等方式，再撬动改造资金约20亿元。逐市、逐项目指导各地完善改造方案和可研报告，邀请金融机构开展包装项目和债券申报业务培训，制定技术导则综合推动配套设施建设。会同驻厅纪检组联合下发《关于抓好全省老旧小区改造工程建设管理工作的通知》，对老旧小区改造工程建设相关环节提出严格要求。在全省开展老旧小区改造典型示范项目创建活动，各地申报培育56个示范项目。截至年底，全省2019年计划改造的459个小区已全部完工，2020年计划改造的894个小区全部开工，改造老旧住宅10159栋楼、4076万平方米，惠及54.5万户居民家庭。各地共新做楼体保温、屋面防水1135万平方米，更换各类老旧管网157.44公里，铺装沥青路面、步道砖413.58万平方米，建设停车位1.8万个，安装充电桩585个，加装电梯59部，建设综合服务设施41处，文化休闲、体育健身设施1899处。

【住房保障体系】 统筹疫情防控和保障房管理，及时提出工作措施，指导、督促保障房小区管理责任单位和物业服务企业，积极配合社区实施网格化、地毯式管理，有效落实综合性防控措施。暂停保障房小区内涉及人员聚集的各类活动，加强棚户区和老旧小区改造施工现场疫情防控。不断扩大公租房保障范围，适时调整住房保障准入条件，确保实现低保低收入家庭应保尽保，城镇中等偏下收入住房困难家庭在合理轮候期内得到保障。推动大部分城市建立常态化申请受理机制，城镇中等偏下及低收入住房困难家庭，可随时申请及时受理随时审批，对于暂时未享受实物分配的群众在轮候期内给予货币补贴，保证城市中等偏下收入住房困难群众在合理轮候期内得到保障。启用公租房信息系统，实现公租房信息的及时、准确、全覆盖。打通信息孤岛，加强与民政、公安、不动产等部门信息共享。收集各地差异化需求，对系统进行升级改造，联合省建行开发手机APP端口，与"辽事通"数据对接，预计实现公租房申请"掌上办""指尖办"。以简化程序、减少材料、缩短时限为目标，组织开展公租房管理工作贯标，提高工作效率。在确保城市低保、低收入住房困难家庭应保尽保，各类特殊困难家庭保障有序的同时，根据公租房房源供给和需求情况，在每年新增或腾退的公租房中，优先或确定一定数量的公租房，面向符合条件的环卫工人、公交司机或其他住房困难职工较多行业的用人单位集中定向配租。沈阳市作为住房和城乡建设部确定的保障性租赁住房试点城市，以盘活存量为主，适度新建、改造为辅，扩大保障性租赁住房供给。目前已归集保障性租赁住房项目8个，房源2800套。

2020年全省棚改计划新开工6598套。到年底全省新开工6897套，完成年度目标的104.5%。逐市、逐项目指导各地包装棚改专项债券项目，配合省财政厅、省发改委发行棚改债券55.27亿元，涉及10个市，支持36个在建棚改项目建设，推动棚改遗留问题加快解决。截至年底，各地共使用债券资金26.46亿元，占总额度的47.88%，债券资金拨付进度与项目施工进度基本匹配。

建筑业

【概况】 2020年，辽宁省完成建筑业总产值3816亿元，同比增长7.4%，增幅比上年度增加6个百分点。全年为1505家企业办理不同等级的资质设立、升级或增项，企业结构进一步优化。截至年末，全省建筑业企业总数达到15000余家。全省新开工装配式建筑面积1669.09万m^2，占新建建筑比例17.8%。大连被评选为国家装配式建筑范例城市，中国建筑东北设计研究院有限公司等6家被评选为国家装配式建筑范例产业基地，中国三冶集团有限公司等17家被评选为辽宁省装配式建筑范例产业基地。出台《全省建筑市场违法违规行为专项整治工作方案》《辽宁省工程建设行业专项整治工作方案》。2020年组织各市共检查项目4488个，查出存在各类违法违规行为的项目282个，共处罚金4512.4万元，对20家企业予以停业整顿，对2人予以停止执业，将56家企业记入全省不良行为记录，通报了10起典型案例。与驻厅纪检组和质安处等部门联合开展建筑市场和质量安全督查,共抽查24个在建项目,查出问题106个,约谈了相关市各部门负责人,下达《督办通知单》13份。全年全省各级住建部门自行及协助人社部门查处拖欠农民工工资案件45件,涉及项目41个,涉及农民工1640人,清欠金额4177万元。印发《辽宁省人力资源和社会保障厅、辽宁省住房和城乡建设厅关于落实新冠肺炎疫情防控期间缴存农民工工资保证金政策等有关事项的通知》,3~6月,全省共缓缴农民工工资保证金7.59亿元,免缴保证金0.65亿元。印发《关于建筑工人实名制费用计价方法(暂行)的通知》,将"实名制管理费用"计入税前工程造价。印发《关于将建筑工程项目实名制管理列入建筑施工安全生产标准化考核的通知》,将建筑工程项目实名制管理列入建筑施工安全生产标准化考核的内容。出台《辽宁省房屋建筑和市政基础设施工程施工招标评标办法》,规范招标评标行为,引导企业良性竞争。印发《辽宁省住房和城乡建设厅关于进一步推进房屋建筑和市政工程电子招标投标交易平台市场化的通知》鼓励交易平台平等竞争、提升服务质量。推进房屋建筑和市政工程招标代理机构市场行为评价工作,开展了招标代理机构培训工作,公布了第一期招标代理机构市场行为评价结果。2020年全省共有308个建设工程监理企业。自12月1日起,省级审批权限的工程监理企业专业乙级及以下资质设立、升级、增项、延续等实行电子化申报,实现了工程监理企业资质"一网通办"。

【工程造价管理】 2020年全省共有工程造价咨询企业336家,比上一年增长37%。其中,甲级工程造价咨询企业139家,增长19%,乙级工程造价咨询企业197家,增长53%。专营工程造价咨询企业136家,减少36%;具有多种资质的企业200家,增长471%。国有独资公司及国有控股公司14家,比上一年增长367%。2020年全省工程造价咨询企业从业人员10738人,比上一年增长54%。其中,正式聘用人员9981人,增长52%。工程造价咨询企业共有一级注册造价工程师2310人,增长7%,注册造价工程师占全省工程造价咨询企业从业人员的22%。2020年工程造价咨询业务收入为14.42亿元,比上一年增长12%。企业完成的工程造价咨询项目所涉及的工程造价总额为6625.08亿元,增长55%。

【工程质量安全监管】 全省共开展各类质量安全检查49776次,检查在建项目(单体)16239个、检查面积87121万平方米、发现问题隐患98934项。

先后出台了《贯彻落实推进城市安全发展实施意见工作方案》健全城市安全防控机制;制发《辽宁省危大工程安全管理规定实施细则》,加大对危大工程的管理力度,强化的危大工程管理规定的培训;拟定房屋建筑施工"1+1+4"安全风险防范制度,全力防范化解建筑施工安全风险;制发《关于进一步规范优化住建系统建设工程项目审批和服务的意见》,进一步落实质量终身责任制。持续深入开展建筑施工安全专项治理行动、住建领域质量安全大检查检查专项行动和"保平安、迎大庆"安全专项整治行动等专项行动,2019年,省住房城乡建设厅先后组织开展了4次省级检查,共抽查了在建施工现场300余个,面积600余万平方米,检查出2000多条安全问题和隐患,下达建设行政执法建议书15份,下达建设行政执法责令整改通知书91份。印发沈阳"老虎冲"事故情况通报、特种设备安全隐患排查治理、全力做好建筑安全生产工作和开展住建领域安全生产隐患大排查等多个文件。联合7个省直部门转发《住建部等部门关于加强海砂运输销售管理使用工作的通知》,组织开展违规海砂专项治理行动。全省共开展检查502次,涉及预拌混凝土企业366家,工程项目1489个,建筑面积4495.75万平方米。通过排查检查,我省未发现建筑工程违规使用海砂的情况,各级工程质量监督部门也未收到相关投诉举报。制定《辽宁省工程质量安全提升行动实施方案》。沈阳市被定为城市轨道交通工程双重预防机制试点城市,大连市被定为建立工程质量评价体系试点城市。2020年,全省各地"两书一牌"覆盖率达到100%,大中型工程项目一次验收合格率达到100%,其他工程项目一次验收合格率达到98%以上,工程实体监督抽查合格率达到95%,结构性建材合格率达到90%以上的目标。全省完成建设海绵城市示范工程项目10个,54个项目被评为辽宁省建筑业新技术应用示范工程。公布3批29家建机"一体化"企业,铁岭市积极探索建机"一体化"管理模式;沈阳、丹东、锦州、营口、阜新等市建立或更新了危大工程专家库,严格执行施工方案编制、论证及按方案实施制度;沈阳市编制地铁在建风险源管控手册,建立风险源清单;大连市实施风险分级和动态管理,分级确定风险隐患。对工程质量安全手册进行全面细化、补充。在质量安全检查工作中,企业落实质量安全手册的情况作为必检内容。研究制定工程质量安全手册实施细则,编制相关配套图册和视频,组织宣传培训。全省共开展安管人员考试60余次，为5万余名安管人员核发安全考核合格证书。各地广泛宣传开展"安全生产月""安全生产辽沈行"等活动。

【绿色建筑与科技】 2020年，全省新建建筑设计阶段执行建筑节能设计标准比例和竣工验收阶段执行建筑节能标准比例达到100%。全省城镇新建建筑严格执行居住建筑节能75%标准和公共建筑节能65%标准；开展全省建筑节能督查，本年度随机抽查施工现场共计98处；举办"建筑节能宣传周"；因地制宜推广地源热泵等可再生能源建筑应用技术，全年共推广使用906.48万平方米。下发《关于推进建筑节能与建设科技工作的通知》；研究制定了《辽宁省绿色建筑创建行动实施方案》，开展绿色建筑创建行动；在全省建筑市场开展绿色建筑督查；向住房和城乡建设部组织申报"绿色建筑创新奖"。2020年度，全省新建绿色建筑占当年新建建筑占比66%。建立省级建设科技专家库，入库专家34个专业、590人；下发《2020年度辽宁省工程建设地方标准编制/修订计划》，完成地方标准立项19项，审查发布标准5项；建立省级建设科技项目库，积极组织优秀项目入库，组织推荐申报住房和城乡建设部"科技助力经济2020重点专项行业项目"6项、华夏科学技术奖项目1项、科技计划项目4项、省科技进步奖项目6项，获得省科技进步奖3项；开展保温结构一体化项目调研，推进绿色建材新技术应用；启动城市信息模型（CIM）平台建设。

【勘察设计】 全省各类勘察设计企业850家（勘察企业165家，设计企业685家），其中具备甲级资质297家、乙级资质320家、丙级及以下资质233家。从业人员64868人，其中技术人员46515人、注册工程师11580人次。工程勘察设计合同额2110751万元。扶持培育勘察设计企业进一步增强竞争力，晋升资质等级，扩展业务范围。对持有工程勘察设计资质的企业进行资质动态核查。认真组织全省技术人才申报国家工程勘察设计大师评选工作。组织梳理修编了3部有关标准设计图集。通过完善信息化管理系统，取消了勘察设计项目合同备案，实现了施工图审查合格书二维码网上即时备案，减少了企业跑腿办理红章备案的环节，平均每个工程建设项目节省办理时间5个工作日。严格落实勘察设计单位和人员的五方主体责任，执行施工图设计文件签字盖章人员实名制管理。起草下发了《辽宁省房屋建筑和市政基础设施工程施工图设计文件审查管理暂行办法》。全年共检查工程勘察设计文件质量84项，不断完善企业信用管理制度。制定印发《关于建设工程消防设计审查验收工作的指导意见（试行）》。筹备组建了省消防设计审查专家库，共379人。印发《关于做好建设工程消防设计审查工作的通知》。

城市建设

【生活垃圾分类】 组织召开省城乡生活垃圾分类联席会议，印发年度工作要点。开展垃圾分类省级立法调研，组织编写城市生活垃圾分类导则。推进垃圾焚烧处理设施建设，提高生活垃圾焚烧处理能力。及时宣传相关政策、报道工作成效、普及分类知识，会同省精神文明办等部门印发通知，在全省范围内开展宣传动员活动。加强疫情防控期间生活垃圾管理工作，督导各地抓好垃圾投放、收运和处理。开展生活垃圾填埋场等级评定和抽查复查工作。指导沿海城市做好入海河流和近岸海域垃圾的常态化防治。继续执行定期调度制度，重点调度餐厨垃圾收运处理情况。全省建成并运行焚烧发电项目8个，合计日处理能力1.11万吨。在建项目13个，建成后合计日处理能力1.57万吨，计划投资87.09亿元；累计开展垃圾分类居民小区、公共机构和相关企业近3.6万个。

【停车场建设】 制定2020年全省城市停车场建设任务，按照9月底前全部开工，年底前全部建设完成目标对各市进行绩效考核。全年各市共完成建设停车场项目49个，新增停车位19000个。

【城市桥梁护栏设施升级改造】 组织各地再次核定2020年桥梁护栏升级改造任务并上报住房和城乡建设部，督促各地明确任务完成时限并实施台账销号制度。全省共实施护栏升级改造桥梁165座。

【城市轨道交通建设】 沈阳和大连共投入运营城市轨道交通线路14条，运营总里程达到358.14公里。沈阳地铁1号东延线、6号线和大连地铁4号线顺利开工建设。大连湾海底隧道首节沉管沉放与北岸暗埋段精准对接。

【人行道净化和自行车专用道建设】 组织各市开展人行道净化和自行车专用道建设试点工作，全省14个市共计开展试点43个，完善城市步行和非机动车交通系统，改善城市绿色出行环境。

【深入开展厕所革命】 印发通知，明确年度任务和节点任务，实现均衡化分布。每月调度全省城市公厕工作任务进展情况，并对进度较慢的城市，重点督促其加快新建改造进度。加大"找厕所"平台的宣传力度，让更多百姓享受到该平台提供的便利服务，方便百姓如厕。截至目前，全省已录入12134

座公厕和内厕开放信息。全省城市公厕计划新建改造558座，新增内厕开放876座。截至12月末，全省已完成新建改造735座，新增内厕开放1455座，超额完成年度任务。

【背街小巷改造】制定《关于开展全省城市背街小巷改造提升工作的指导意见》，要求各地集中力量用三年时间完成背街小巷改造提升工作。下发《关于做好2020年城市背街小巷改造提升工作的通知》，要求各地2020年改造提升项目数不得低于总数的30%，年底全面开工。组织各地定期调度各项目已完成改造内容和完成投资情况。

【园林绿化】督促各地加快园林绿化建设，推进城市裸露土地绿化覆盖工作。印发《关于进一步加强城市公园等涉水区域安全管理工作的通知》，要求各地全面开展安全隐患排查整治，加强涉水区域安全管理工作。指导开原市国家园林城市复查整改工作。指导各地加强城市公园和公共绿地管理，特别是在防汛期间加强重点区域管理。

【城镇污水处理】全省共143座县以上城镇污水处理厂，设计处理能力约926万吨/日，平均负荷率约82%，均实现一级A排放标准。全省市、县污水处理率及污泥无害化处置率均达到95%以上，7个缺水型城市再生水利用率均达20%以上。2020年，全省投资约8亿元新（扩）建县以上城镇生活污水处理厂6座，新增处理能力19万吨/日。下发了全省城市排水管网建设改造计划，完成排水管网更新改造约563余公里。召开全省污水处理提质增效培训调度会议，全省已累计排查污水管网6922公里，消除生活污水直排口346个。精准督办污水处理厂超标排放问题。下发督办函11份。12月起，对沈阳、大连、丹东、本溪、锦州、阜新、朝阳、铁岭、葫芦岛9市开展城镇污水处理厂考核工作。

【城市黑臭水体整治】70条城市黑臭水体已全部完成整治，并通过长制久清评估。下发《关于进一步加强城市建成区黑臭水体整治工作的通知》等文件，督促各市加快整治评估。组织专家对上年完成整治的5市8条水体进行初见成效省级评估，组织各地对二季度黑臭水体交叉检测发现问题的水体进行问题核查整改。召开全省黑臭水体排查电视电话会议，对排查要点进行宣讲。会同省生态厅制定黑臭水体省级排查方案，共同开展全省黑臭水体整治环境保护专项行动，并将排查结果及时通报各市，督促整改。加大对大连市、营口市、葫芦岛市、阜新市黑臭水体治理工作的督导力度。到葫芦岛金城社区开展城市黑臭水体共建共治共享活动，鼓励社区牵头共同维护城市水体环境。

【城市排水防涝】完成城市重要易涝点整治59处，积极应对暴雨及三次台风天气，实现"不死人、少伤人"的目标。组织全省各级排水防涝主管部门收听收看了住房和城乡建设部城市排水防涝工作电视电话会议；召开全省城市防台防汛视频工作会议，印发《关于做好2020年全省城市排水防涝确保安全度汛工作的通知》，对城市防御暴雨台风进行部署和调度。组织各地于4~5月开展汛前排查，保障排水管线、检查井、泵站、闸门设施和抢险机动设备随时处于最佳工况状态。5月末开展全省城市排水防涝现场督导工作，共现场督导城市易涝点及整治工程15项，抢险物资储备库7座，排水泵站7座，并对城市供水、生活污水处理厂、海绵城市建设项目进行随机走访。先后印发《辽宁省住建领域做好8号台风"巴威"防御工作的应对措施》《高层建筑防御台风措施》，对施工工地等重点部位提出5方面21条具体要求，对高层建筑提出3个方面14条防御措施。汛期共向8个城市派出专家30余人，直接赶赴雨情风情最严重的县（市），指导检查当地落实防御台风各项工作，指导各地落实好高层建筑防御台风各项措施。汛期，及时转发全省天气预报、各地降雨大风时间预测、天气实况信息、暴雨橙色预警等信息；及时通过电话和微信群传达省防指会商会议精神，部署各地落实；针对暴雨、大暴雨气象信息，及时点调抽查各地城市防御台风、排水防涝情况。在全厅正常汛期值班体系的基础上，厅主要领导带班，分管副厅长、相关处长、具体负责同志三级应急值班值守，相关人员24小时在岗，及时传达省委、省政府防汛工作指示批示精神，对重点地区情况进行点调。

【海绵城市建设】在城市黑臭水体整治、城市排水防涝、城镇污水处理提质增效重点工作中，严格贯彻落实海绵城市建设理念；将各市海绵城市建设情况纳入省政府绩效考核系统。组织各地开展海绵城市建设自评估工作，编制自评估报告。根据各市自评报告，全省海绵城市面积约577平方公里，占建成区面积的21%。在7月份开展的黑臭水体整治环境保护专项行动中，将海绵城市建设情况列为对各地黑臭水体整治的重点检查内容。

【城市供水节水】指导各市完成控制漏损及供水管网、二次供水设施新建改造方案制定工作，现场督导工程进度。指导各地做好城市供水工程项目包装及入发改项目库工作，指导各地克服疫情影响，按计划积极开工复工，推进项目建设。对锦州市、盘锦市、阜新市和葫芦岛市共8个原水、10个出厂水、16个管网水及4个单项开展了抽样检测，保障城市供水水质达标。将节水型城市建设纳入省政府绩效考核。会同省发改委、省水利厅、省工信厅联合印发省级节水型城市评定办法等文件，开展省级节水型单位（企业）、节水型小区（社区）创建考评工作。开展节水型城市自评估工作，组成工作组赴锦州、营口、阜新、朝阳、盘锦等缺水型城市培训服务指导，组织专家进行实地核查。指导各市开展节约用水宣传周工作。截至年末，全省供水管网长度约4.12万公里，城市水厂183座，城市公共供水综合生产能力1082万立/日，年供水总量约24.9亿立方米，供水普及率99.5%。完成供水老旧管网建设改造1000公里，2020年末全省城市公共供水漏损率可以达到13%左右，阜新、盘锦达到10%。营口、盘锦、锦州、阜新、朝阳节水型城市自评分均达到90分以上，经组织专家实地核查，已达国家节水型城市标准。

【城市供热】2020年，辽宁省共有供热企业560家，城市供热总面积14.46亿平方米，集中供热率99.6%，其中，热电联产供热面积约7亿平方米，供热管网约6.13万公里。2020年，全省供热设备设施维修投入资金23.24亿元，开展城市供热设施的"冬病夏治""夏季三修"；完成供热老旧管网1246公里，淘汰城市建成区居民供热燃煤锅炉103个，城市建成区10吨以下居民燃煤供暖锅炉已全部淘汰。召开全省城市供热工作会议，明确提出"七个确保"工作目标；组织召开2次供热工作经验交流会。组织各地督促供热企业对锅炉、阀门、换热站等供暖设施进行开栓前排查检试，确保检修率达到100%。会同发改、公安等部门保障煤炭需求运输，及时调度储煤情况，协调发改等部门，解决个别地区和企业用能进展情况。辽宁省供热预计用煤约2888万吨，除个别市外，已达到80%以上储煤率。持续推进智慧供热监管工作，监管体系正在逐步完善。依托8890平台联合开通了"供热直通车"，直观反映群众诉求种类。加强对群众不满意件的抽查回访，对群体性问题，及时回复。全省共建立应急队伍106个，储备应急煤炭33.6万吨、准备困难群体供热救助资金和政府供热应急资金2.39亿元。要求各地进一步开展"访民问暖"活动，及时掌握并解决群众供暖诉求。

【城镇燃气】年初制定工作计划，对燃气管网设施更新改造、储气设施建设、清理违章占压等工作进行部署。组织起草《辽宁省城镇燃气管理条例》，已通过省人大审议，将于2021年2月正式实施。开展城镇燃气安全检查。把城镇燃气安全检查列为住建领域安全检查重要内容。下发《关于开展全省城镇燃气突发事件（反恐）应急演练工作的通知》，参加本溪市燃气反恐演练，并将演练视频转各地学习借鉴。

城市管理

【城管执法体制改革】全省14个市，现有独立设置的城市管理执法部门4个（沈阳、大连、朝阳、盘锦），行政执法服务中心1个（葫芦岛市），其他9市城管执法工作并入住房和城乡建设局。2020年，指导各市进一步厘清工作职责，理顺管理体制。同时，就完善执法方式、明确职责范围、下移执法重心、协管人员待遇保障等方面向住房和城乡建设部提出建议。及时印发关于贯彻落实《城市管理执法装备配备指导标准（试行）》的通知，推进完善执法装备配备保障。

【创新城市治理方式】指导全省各市城市管理执法部门在数字城管平台的基础上不断完善功能，积极推进城市综合管理服务平台建设，提高城市管理执法效能。结合实际合理确定了省级平台建设和联网工作方案，积极加快省级平台建设工作。指导各市完善市级平台建设和升级改造工作方案，督促加快工作进程。持续推行"721"工作法，构建服务、管理、执法"三位一体"城管理执法模式，全面提升执法效能和服务水平，强化服务意识。指导城管执法部门制定突发事件处置预案，明确处置程序、责任分工，定期开展演练。与公安、消防、法院、新闻媒体和相关部门建立联动机制，落实报告、通报制度，及时调查核实有关情况。建立完善舆情防控组织体系和应急预案，切实规范现场执法程序，有效提升突发事件防控能力。持续深化"共同缔造"理念，积极拓宽问题发现渠道，进一步提高发现问题解决问题的努力。指导各级城管执法部门进一步提高城市管理水平，畅通市民参与监督城市管理工作的渠道。

【市容市貌环境整治】指导各市在疫情防控常态化期间，统筹考虑流动摊贩的生存需求、市民购买需求和维护正常的市容环境秩序，合理集中设置流动摊贩经营场所。全年已完成新增设定流动摊贩经营场所164个。指导各地进一步规范沿街商店、摊点和流动摊贩的经营行为，切实加强背街小巷、老旧小区、城中村、城乡接合部、公路及铁路沿线等区域环境整治，全年清理露天烧烤3.1万处、占道经营47.5万处。指导各地城市管理执法部门对乱涂、乱画、随意张贴的各类墙体广告、道路喷涂广告、公共设施上粘贴的各类小广告、散发小广告等违法行为进行集中整治，全年各地共清理362.8万处。指导各地制定并完善广告牌匾管理规定，对沿街楼体户外广告和招牌进行规范整治。规范户外电子显示屏设置，开展"光污染"整治行动。同时，定期开展广告牌匾安全巡查检查，消除安全隐患。全年共整治广告牌匾1.7万处。

【执法队伍建设】在加强省级城管执法部门自身思想建设的同时，指导各地城管执法部门党组织进一步强化基层组织建设，不断提升支部规范化水平。通过各级开展警示教育、廉政谈话、重要节日节点提醒教育等方式，不断强化廉政建设。严格落实意识形态工作责任制，营造积极正向的舆论氛围。先后转发《住房城乡建设部关于印发全国城市管理执法队伍"强基础、转作风、树形象"专项行动方案的通知》和《住房城乡建设部城市管理监督局关于加强"强基础、转作风、树形象"专项行动宣传工作的通知》；及时制定下发了《辽宁省关于开展城市管理执法队伍"强基础、转作风、树形象"专项行动的实施方案》，并指导各地出台相应的"强转树"专项行动方案。与部干部学院联合举办全省城管局长推进城市治理体系和治理能力现代化暨强化房屋主体结构安全教育培训班，共培训城管执法领导干部110人。同时，指导各市开展各项培训111次，共培训各级各类城管执法人员13531人。转发国家住建系统综合执法文书（4大类72种），进一步推进了制度落实。编制了全厅行政处罚、行政强制措施、行政强制执行三个流程图，进一步规范了执法程序。下发《推行执法全过程记录制度试点实施方案》《辽宁省城管执法全过程记录规定（试行）》，认真部署各市开展执法全过程记录制度工作。采取随机抽取、暗访等方式，对执法人员统一规范着装、佩戴标志标识、主动出示证件、执法记录仪使用、执法车辆使用、仪表庄重、用语规范、文明执法等情况进行监督检查，及时发现并纠正各类不规范、不文明执法行为。指导全省各级城市管理执法部门规范执法行为，结合每年的工作考核对检。指导各地不断加强执法人员作风纪律建设和思想政治教育，推进柔性执法，坚决杜绝粗暴执法和选择性执法。严格执行城市管理执法禁令，做到着装规范、用语规范、行为规范、程序规范。

村镇建设

【农村危房改造】2020年，辽宁省4类重点对象危房改造任务15624户，其中建档立卡贫困户6779户。截至10月底，已全部竣工；其中6779户建档立卡贫困户危房改造任务于6月30日前竣工并完成竣工验收；全省34.3万户建档立卡贫困户全部完成网上档案录入和住房保障核验工作，如期完成国家和省委、省政府部署的工作任务。

省政府将农村危房改造列入全省十件民生实事加强考核，实行每周调度工作制，确保农村危房改造工作如期完成。2019年底至2020年4月，通过两次系统性摸排，依据各地出台简明易行的评定标准，由扶贫、民政、残联等部门提供贫困户名单，住建部门逐户开展房屋危险性鉴定，将C级和D级危房纳入改造范围。印发《关于做好疫情防控期间农村危房改造工作的通知》《关于抓紧推进建档立卡贫困户农村危房改造工作的通知》等文件，并联合扶贫部门转发《住房和城乡建设部办公厅国务院扶贫办综合司关于统筹做好疫情防控和脱贫攻坚保障贫困户住房安全相关工作的通知》，指导做好方案制定、备工备料等前期准备工作。制定《辽宁省脱贫攻坚农村危房改造挂牌督战工作方案》，省住房城乡建设厅主要领导带队，组成4个挂牌督战组，对全省农村危房改造工作特别是承担建档立卡贫困户改造任务的市进行3轮挂牌督战，共计现场督导23县74村700余户建档立卡贫困户危房改造工作。召开挂牌督战动员会和碰头会，对发现的问题提出整改要求。指导各地建立动态保障机制，对因灾受损房屋点对点、户对户调度，实现动态清零，确保所有贫困户住房安全有保障。省级财政对建档立卡贫困户每户增加补贴5000元，各市、县根据自身财力也进一步加大投入力度，最高每户可补助至6.5万元。制定《辽宁省对农村危房改造领域真抓实干成效明显地区加大激励支持力度暂行办法》，对评分前三名的市通过新增资金分别奖励500万元、300万元和100万元，用于支持危房改造工程建设等方面工作。编制《辽宁省农村危房改造基本安全技术导则》，进一步强化质量监督和现场指导，确保危房改造质量和安全符合要求。

【农村生活垃圾治理】截至12月底，全省农村生活垃圾处置体系覆盖98.6%的行政村，96.7%的自然村组；93%的行政村实施了生活垃圾分类；981处非正规垃圾堆放点完成整治，完成率100%。农村生活垃圾治理取得明显成效，农村人居环境得到明显改善。

全省各市基本建立了"户分类、村收集、镇转运、县处理"等多种垃圾处置体系，保证了处置体系基本覆盖所有行政村，90%以上自然村组。各地均配齐保洁人员，基本做到农村生活垃圾随产随清，不积存。各地建立农村生活垃圾分类制度和分类体系，制定活垃圾分类方案，垃圾分类减量成效明显。出台方案，明确非正规垃圾堆放点排查整治工作时间节点和重点任务，建立整治工作台账，制定切实可行的整治方案。组织开展"回头看"，对整治效果不理想、产生新的污染或存在安全隐患的要坚决进行整改。集中力量对省辖市涉农区、县（市）所辖的全部行政村积存的垃圾进行一次集中清理。省财政投入1.5亿元支持各市乡镇垃圾中转站和乡镇垃圾填埋场建设，全面提高了垃圾中转和处置能力。

【城乡历史文化保护工作】11月29日，辽阳获批国家历史文化名城，成为辽宁省第二座国家历史文化名城，也是国家出台《国家历史文化名城申报管理办法（试行）》后批复的第一座国家历史文化名城。大连、朝阳正式启动国家历史文化名城申报工作。大连市出台《大连市历史文化名城保护条例》，编制完成《大连市历史文化名城保护规划》，并已向省政府递交国家历史文化名城评估请示文件；朝阳市成立国家名城申报专班，组织召开创建国家历史文化名城工作会议，出台《朝阳市关于申报国家历史文化名城实施意见》，并申报1条历史文化街区。截至年底，我省共有国家历史文化名城2座，省级历史文化名城6座。

2019~2020年，朝阳市、葫芦岛市7个中国传统村落获得中央财政补助资金每村300万元，有效保护了村落的原始风貌与历史遗存。出版《辽宁省传统村落保护名录》，营造全社会保护历史文化的良好氛围。截至年底，我省共有国家历史文化名镇4个，省级历史文化名镇10个；国家历史文化名村1个，省级历史文化名村7个；中国传统村落30个，省级传统村落45个。

2020年，全省新增2条历史文化街区。另新增申报6条历史文化街区，实现历史文化名城的街区申报工作100%全覆盖。全省新增公布历史建筑115处（133栋），现有已公布历史建筑372处（592栋），实现全省所有设市城市历史建筑认定工作100%全覆盖。截至12月底，全省已公布333处历史建筑（不含大连市第二批公布历史建筑）已全部完成挂牌保护工作，并初步建立历史建筑档案。

大事记

1月

10日　召开全省住房和城乡建设工作会议。

16日　印发《辽宁省房屋建筑和市政基础设施工程施工招标评标办法》，自2020年4月1日执行。原《辽宁省房屋建筑工程和市政基础设施工程施工招标评标、定标暂行办法》废止。

28日　省住房城乡建设厅成立应对新型冠状病毒感染的肺炎疫情防控工作领导小组，厅党组书记、厅长魏举峰任组长。同日，印发《关于加强新型冠状病毒感染的肺炎疫情防控工作的通知》。

2月

19日　印发《关于支持建设工程项目疫情防控期间开复工有关政策的通知》。

21日　开展全省城市背街小巷改造提升工作，并提出指导意见。

25日　建立建设停滞或建后闲置项目"超市"，为原开发单位和有意向的合作单位、投资机构搭建对接平台，促进合作或项目重组，推动相关项目尽快盘活。

3月

10日　废止《辽宁省住房和城乡建设厅关于做好"夜经济"发展区域市容市貌提升工作的通知》和《全省城市绿化、美化、净化、亮化星级和范例奖评价标准（试行）》（2011年印发）两个文件。

16日　印发《全省建筑市场违法违规行为专项整治工作方案》。

19日　会同辽宁省生态环境厅、农业农村厅、水利厅联合印发《关于加快推进非正规垃圾堆放点整治工作的通知》。

4月

10日　辽宁省政府办公厅印发省住房城乡建设厅代起草的《辽宁省人民政府办公厅关于促进建筑业高质量发展的意见》。

17日　印发《辽宁省住房和城乡建设厅行政规范性文件管理办法》。

26日　省住房城乡建设厅、省财政厅、人民银行沈阳分行联合印发《辽宁省住房公积金2019年年度报告》。

5月

20日　《关于做好"四房"网签系统建设有关工作的通知》。

6月

3日　印发《辽宁省住房和城乡建设厅合同管理办法》。

17日　印发《关于修改施工许可竣工验收两阶段流程图和审批事项清单示范文本的通知》。

18日　省住房城乡建设厅、省市场管理局并印发《辽宁省存量房买卖合同（示范文本）》和《辽宁省住房租赁合同（示范文本）》。

同日，印发《全省住建领域工程建设项目审批（服务）监管工作实施方案》。

28日　印发《辽宁省工程建设行业专项整治工作方案》。《辽宁省工业类历史建筑认定与保护利用管理办法（试行）》。

7月

3日　召开2020年全省城市排水防涝及城市供水工作会议。

8月

21日　印发《全省违法建设和违法违规审批专项清查整治工作方案》。

31日　对《辽宁省建设工程质量检测管理实施细则》进行了修订，自印发之日起施行。原《关于印发〈辽宁省建设工程质量检测管理实施细则〉的通知》自行废止。

9月

2日　发布辽宁省建筑标准设计图集：《预应力混凝土厚壁式空心方桩》《防空地下室室外出入口部钢结构装配式防倒塌棚架结构设计》《防空地下室室外出入口部钢结构一体式防倒塌棚架结构设计》《厨房、卫生间防火自动调压装配式排风道》，自2020年9月21日起施行。原辽宁省建筑标准设计图集《厨房、卫生间自动调压式排风道》即行废止。

3日　会同省发改委、省财政厅制定并印发《辽宁省对老旧小区改造工作真抓实干成效明显地区开展激励支持暂行办法》。

7日　发布辽宁省地方标准《绿色建筑施工质量验收技术规程》DB21/T 3284—2020，自2020年9月30日起实施。

16日　制定《辽宁省住房和城乡建设厅推进建筑垃圾减量化工作实施方案》。

25日　即日起对建筑业企业资质实行电子化申报和审批。

29日　省住房城乡建设厅和省发展改革委印发了《辽宁省房屋建筑和市政基础设施项目工程总承包管理实施细则》，自2020年10月1日起施行。

10月

10日　制定《辽宁省房屋建筑和市政基础设施工程质量安全手册（试行）》。

20日　对《辽宁省房屋建筑和市政基础设施工程施工招标评标办法》的部分条款进行了修订和完善。

11月

11日　省住房城乡建设厅、省发展改革委、省教育厅、省工信厅、人民银行沈阳分行、省机关事务局、辽宁银保监局七部门决定在全省范围内开展绿色建筑创建行动，同时印发《辽宁省绿色建筑创建行动实施方案》。

12日　发布辽宁省地方标准《建筑挡土墙技术规程》DB21/T 3343—2020，自2020年11月30日起实施。

19日　制定《辽宁省住房公积金政务服务项清单》，并印发《关于做好全省住房公积金政务服务事项认领工作的通知》。

20日　印发《全省住建领域关于做好省级行政职权取消下放承接监管工作实施方案》，并将《辽宁省住房和城乡建设厅取消下放调整行政职权清单》向社会公布并动态调整。

12月

1日　即日起实行工程监理企业资质电子化申报；对勘察设计企业资质试行电子化申报和审批；对工程质量检测机构资质实行电子化申报和审批。

4日　组织各地建立村镇建设领域重点项目储备库。

（辽宁省住房和城乡建设厅）

吉　林　省

概况

2020年，在全国全力抗疫的大背景下，吉林省住房和城乡建设行业运行平稳，呈现回稳向好、恢复性增长的积极态势。

全省住建行业全力保障城市供水、供气、供热安全达标稳定运行，及时处理生活垃圾，开展环境卫生消杀，积极参与社区联防联控等工作。印发《吉林省疫情防控期间建筑工程开复工指南》《关于优化审批服务有序推动企业及建筑工程开复工的通知》等文件，提出延续企业资质、延期缴纳保证金等20多项支持政策帮助企业解决实际困难，有序推动行业复工复产。出台省级配套文件，加快构建符合省情的住房市场体系和住房保障体系。推动房地产行业高质量发展，科学分析研判市场走势，及时采取调控措施，规范商品房销售行为，会同省高法等部门建立烂尾项目风险防范和处置机制，推动物业条例立法工作，督促和指导长春市开展"一城一策"试点和住房租赁试点工作。全省房地产开发投资完成1460.8亿元，同比增长11.0%，全省房地产市场实现平稳运行。

全省各类棚户区改造开工2.028万套，完成年度计划的112.7%；基本建成2.109万套，完成年度计划的152.1%。解决棚改逾期未安置1.08万户，全部完成已登记3.7万户逾期未安置问题整改任务。全省公租房分配率达到96.34%；发放公租房租赁补贴10.057万户，完成年度计划的100.03%，对低保低收入家庭应保尽保。完成房屋征收2.7万户，确保了棚户区改造等重大民生工程的顺利实施。全省住房公积金归集370.29亿元、提取271.3亿元、发放个人住房公积金贷款191.95亿元，住房公积金个贷率83.09%。按期完成脱贫攻坚农村危房改造任务，2020年，全省动态新增贫困户危房已全部竣工，全省24.9万户建档立卡贫困户住房安全认定全覆盖，贫困户住房安全保障全覆盖。推动宜居农房建设，印发《吉林省农房建设图集》。

中央生态环保督察及"回头看"反馈问题已全部完成整改。全省66座城市（县城）生活污水集中处理厂，全部达到一级A排放标准。全省地级及以上城市建成区黑臭水体全部整治完成。30座未通过无害化等级评定的生活垃圾处理场已全部通过无害化等级评价。全省在国家信息系统显示的1190处农村生活垃圾非正规堆放点已经全部整治完毕。全省建立农村生活垃圾收运处置体系的行政村已达到98.08%。省政府与国开行签署合作协议，获得开发银行110亿元授信额度。2019年全省计划改造的831个小区，完工803个，完成投资29.85亿元；2020年计划改造的1945个小区全部开工，400个小区实现完工，完成投资29.3亿元。长春、四平等5个城市达到国家节水型城市考核标准。新增燃气储气能力6132万立方米。新增供热能力1580MW，改造陈旧供热管网1315千米。全面完成住建部排水防涝系统中的66处易涝点整治销号工作。谋划新基建"761"城市市政基础设施建设项目1367项，总投资5373.98亿元。新增城市绿地887公顷，通化市、梅河口市、大安市被住房和城乡建设命名为国家园林城市，东辽县被住房和城乡建设部命名为国家园林县城。全省28个设市城市完成历史建筑确定工作。完成了城镇生活垃圾分类管理平台建设。全省14个试点城市建立了生活垃圾分类管理工作领导机构，制定了《生活垃圾分类实施方案》，并完善垃圾分类工作协调机制。全面完成了城市管理效能提升行动。

全年完成建筑业产值2005.8亿元，同比增长7.7%，完成建筑业增加值843.59亿元，同比增长4.5%，建筑业增加值占全省地区生产总值（GDP）比重达到6.9%。完成消防设计审查2031件，消防验收820件，验收备案1499件。新建绿色建筑1726万平方米，占全省新建建筑78%，长春市、吉林市推广在建工程施工现场使用预拌砂浆。全年共发生房屋市政工程生产安全事故22起，死亡24人，未发生重特大生产安全事故，安全生产形势总体平稳。出台了《吉林省国有土地上房屋征收与补偿办法》。完成了177件规章规范性文件集中清理审查工作，评查全省住建系统行政执法案卷180份。统一规范全省住建系统政务服务事项115项主项、294项业务办理项、4704项要素信息。对1960名挂证人员进行曝光，违规使用"挂证"证书的单位，列为信用评价不合格单位。全面完成扫黑除恶专项斗争整治行业乱象，共向公安机关移送涉黑涉恶问题线索1162件，整治处理行业乱象问题3778个，实施行政处罚3193.18万元。

法规建设

【法规制度建设】2020年，出台《吉林省国有土地上房屋征收与补偿办法》；完成了《吉林省物业管理条例》省内、省外调研，通过省政府常务会议审议。提出对《吉林省建筑市场管理条例》《吉林省民用节能和发展应用新型墙体材料条例》等多部地方性法规的修订意见。出台了《吉林省住房城乡建设系统行政执法全过程记录办法》《吉林省住房城乡建设系统重大执法决定法制审核办法》《吉林省住房和城乡建设厅行政执法公示办法》等制度办法。

【文件集中清理和审查】对现执行的11部省政府规章，全部列入继续执行有效目录清单；对现执行的48件省政府（办公厅）行政规范性文件，43件提出继续执行有效建议，2件提出拟废止建议，3件提出拟失效建议；对现执行的118件厅本级制发的行政规范性文件，66件提出了继续执行有效意见，27件提出废止建议，25件提出失效建议。清理完成后，印发《关于公布厅本级行政规范性文件清理结果目录的通告》（第560号）。编制《法规规章规范性文件起草制定实用手册》和《吉林省住房城乡建设政府规章和规范性文件汇编》。

【执法案卷评查】对全省10个市（州）及所属县区的住建、城管、公积金各部门的180余份行政处罚案卷开展评查。全部启用了新版行政执法文书，案卷质量明显好于往年。通报的282件涉诉案件中，涉及行政处罚的有6件。

【行政复议】依法办理行政复议案件8件，办理行政诉讼案件7件，全部胜诉。出台了《关于落实府院联动工作机制的通知》。

房地产业

【概况】2020年，全省房地产开发投资完成1460.8亿元，同比增长11.0%，增速居全国第3位；房地产业增加值占国内生产总值（GDP）比重为6.9%，高于省政府下达的6.5%指标任务0.4个百分点。全省商品房销售面积1831.2万平方米，同比下降13.7%。房价未出现大幅波动，全省房地产市场实现平稳运行。

【疫情影响下产业复产】4月，省住房和城乡建设厅到长春市调研房地产业现状，先后走访10户房地产企业、两次组织召开11户重点企业政府座谈会，了解疫情影响下市场运行情况、企业发展经营情况和企业诉求，以省委办公厅和省政府办公厅名义出台了《关于应对疫情影响支持服务业健康发展的若干政策举措》，省住房和城乡建设厅印发了《关于有效应对新冠肺炎疫情防范化解房地产市场风险的通知》和《关于落实应对疫情支持政策措施的通知》，明确提出延期缴纳工程质量保证金、农民工工资保证金、土地出让金、住房公积金，优化商品房预售资金监管等支持政策。

【产业调控】研究制定《全省房地产业工作专班方案》，分别成立房地产市场调控组和房地产市场秩序组。印发《关于进一步做好全省房地产行业高质量发展指标体系工作的通知》，一城一策、因城施策，确保数据应统尽统。印发《关于加强房地产市场监管规范商品房销售行为的通知》，全面加强房地产市场交易活动监管，规范商品房销售行为，保障交易安全。

【研究制定省级主体责任制】全面落实城市主体责任，构建多主体供给、多渠道保障、租购并举的住房制度，建立符合省情的房地产市场健康发展长效机制，省住房和城乡建设厅在调研和专题论证的基础上，起草省级配套文件，3次向省领导做专题情况汇报，征求省纪委等13个省直部门、8个市（州）的意见建议，组织开展专家论证和风险评估工作，省司法厅进行合法性审查。2020年12月14日省委、省政府印发了《关于建立房地产市场平稳健康发展城市主体责任制的实施意见》的通知。

【风险防控】会同省高法等部门联合印发了《关于做好房地产"烂尾"项目风险处置的通知》，督促各地制定工作方案，深入开展烂尾房地产项目排查，建立问题项目台账。按照"一楼一策、联合处置"的原则，综合运用法律、经济、行政手段，盘活企业现有资源，及时处置矛盾纠纷，防范化解房地产市场风险。

【物业服务】推动《吉林省物业管理条例（草案）》的调研、立法工作，多次召开专题座谈会，科学论证、多方征求意见建议，2020年6月18日省政府常务会议通过，6月24日报至省人民代表大会常务委员会进入立法程序。疫情期间联合吉林人民广播电台资讯广播共同举办"寻找你身边的物业英雄"公益宣讲活动。省建设工会与省房地产协共同主办"匠心筑风采、强技赢未来"为主题的吉林省第三届物业行业职业技能竞赛。

【房地产估价】开展人民法院委托的房地产估价技术评审工作，共受理完成了7项评审工作。拟定吉林省《司法鉴定技术评审规则》。注册房地产评估师培训，11月24～25日和27～28日组织两期房地产估价师省内继续教育，共计报名1003人。组织全省房地产估价报告抽检，对129家房地产估价机构随机抽取的129份报告，由专家组进行评审，合格率89.1%。

【房地产经纪】疫情期间联合"远程建设工程教育网"推出免费职业资格考前培训在线课程，共为4014人开通了4901门课程。10月24、25日，组织省房地产经纪人考试，参加人数共2773人。全省现有经纪人及协理约2020人。举办"2020房地产经纪发展论坛"，邀请法律、科研及企业经营者共同为行业把脉。

【房屋征收】截至12月31日，全省共完成房屋征收拆迁2.7万户。1月省政府出台了《吉林省国有土地上房屋征收与补偿办法》（省政府令第273号），填补了省房屋征收领域立法的空白。省住房和城乡建设厅发布《吉林省国有土地上房屋征收与补偿政策业务操作手册》，进一步规范征收程序。指导各地对照棚改任务落实全年征收计划。总结推广松原市等地"政府领导分片包保""冬春攻坚"等征收工作经验做法。指导各市县及时制定未登记建筑认定、停产停业损失补偿、住改非补助等房屋征收的具体政策、办法和标准。认真执行房屋征收信息公开制度，督促各地加快拆迁遗留项目收尾，做好逾期未安置项目的相关征收工作。9月底，组织了全省各市县230余名房屋征收业务骨干集中进行政策法规培训。

住房保障

【棚户区改造】2020年，全省计划改造城市棚户区1.8万套。截至12月31日，已开工2.012万套，完成年度计划的111.8%；基本建成2.109万套，完成年度计划的152.1%。计划完成投资40亿元，实际完成投资62.8亿元，完成年度计划的157%。5月19日，召开全省棚户区改造和住房保障工作视频会议，各市（州）、县分会场设在当地政府视频会议室，参会人数152人。

【推进解决棚改逾期未安置问题】解决棚改逾期未安置1.08万户。2018—2020年计划基本解决棚改逾期未安置问题3.7万户，截至2020年12月31日，全省已解决3.7009万户，整改率100%。出台《吉林省人民政府办公厅关于印发吉林省解决城市棚户区改造逾期未安置问题工作方案的通知》，省安居办印发了《关于解决城市棚户区改造逾期未安置问题的指导意见》《吉林省解决城市棚户区改造逾期未安置问题工作考核暂行办法的通知》《关于加快推进棚户区改造和解决棚改逾期未安置问题工作的通知》等政策文件，为规范推进棚户区改造，加快解决棚改逾期未安置问题工作提供了政策支撑。成立全省解决棚改逾期未安置问题工作推进组，组织各地开展系统排查。按照"一楼一策""一项一案"的原则，对任务量大、工作难度大的市县进行重点调度、重点推进、重点督办；坚持专班推进、多部门联动，指导各地建立纪检监察、公安、法院等部门参加的联合整改机制，加快历史遗留问题解决。从4月份开始，省安居办每月通报解决棚改逾期未安置工作进展情况，10月份以来已实行周调度、周报告、月通报。

【公租房建设】全省公租房分配率达到96.34%；发放公租房租赁补贴10.057万户，完成年度计划的100.03%，对低保低收入家庭应保尽保。

【住房保障资金筹措】2020年，全省分解下达保障性安居工程专项补助资金5.9亿元，用于城市棚户区和住房租赁补贴发放；全省棚改项目贷款已发放23.12亿元；全省发行全省棚改专项债券额度38.98亿元，涉及15个市县、26个项目。

住房公积金管理

【概况】全年公积金缴存额为370.29亿元，同比增长4.73%。截至2020年12月31日，住房公积金缴存总额为3225.3亿元，缴存余额为1332.4亿元。全年提取额271.3亿元，同比增长9.8%，占当年缴存额的73.27%，比上年同期增长3.38个百分点。截至2020年12月31日，提取总额为1892.9亿元。全年发放个人住房贷款4.82万笔、191.95亿元，同比降低10.84%、2.39%。截至2020年12月31日，累计发放个人住房贷款79.78万笔、1931.27亿元，贷款余额1107.1亿元，个贷率（个人住房贷款余额占缴存余额）83.09%。

【加强制度建设】印发《关于规范住房公积金归集和使用管理的通知》《关于加强住房公积金管理中心管理费用使用的通知》《关于废止〈关于放宽住房公积金使用条件促进住房消费的意见〉的通知》，研究住房公积金管理分中心属地化管理问题。

【建立问题整改台账】建立全省住房公积金审计发现问题整改台账，准确掌握中心整改工作进展情况。按时完成2019年度全省住房公积金信息披露，并在住房城乡建设厅官方网站和《中国建设报》公示，接受社会监督。

【住房公积金风险防控】完成各类统计报表汇总上报和季度统计分析工作。每月定期报送电子稽查报告，掌握全省住房公积金疑点情况。对长春市等9个中心下发逾期贷款清收督办函，组织召开全省住房公积金个贷逾期清收工作座谈会。

【综合服务平台建设】截至12月31日，全省12个中心综合服务平台均通过国家或省验收，并启用了部分功能，实现了住房公积金缴存业务全程网上办，离退休、解除劳动关系、偿还住房公积金贷款等部分提取业务网上办理。除省直分中心外，各中心已全部建成12329语音热线，长春等8个中心已接入省12329短信平台。

城市建设

【城市供水】高质量完成"水十条"节水型城市考核要求，长春、四平、辽源、松原和白城5个地级以上缺水城市均已达到国家节水型城市考核标准。全省21个城市编制完成漏损管控实施方案，确定长春等9个城市为省级供水分区计量试点城市，谋划供水管网改造项目70余项，计划投资100余亿元。5月，联合省发改委印发《关于命名第二批（2020年度）吉林省节水型单位、企业和小区的通报》，命名省级节水型企业130家，省级节水型单位186个，省级节水型小区109个。

【城市燃气】2020年开工建设储气设施4座，储气能力6132万立方米，全部建成后共计可形成储气能力7580万立方米。督导未建成储气设施企业抓好租赁代储，现已签订代储协议26份，共3286.8万立方米。省住房和城乡建设厅组成督导组，分别到长春等地现地督导，加快推进储气设施建设。

【城市供热】2020年新增供热能力1580MW，改造陈旧供热管网1315千米，完成城镇清洁能源供热调研工作，并形成报告。据统计，本供暖期全省供热总面积80583万平方米。其中，热电联产供热面积41446万平方米，占51.43%；区域集中供热面积37490万平方米，占46.52%；其他形式供热面积1647万平方米（经营性），占2.04%。供热管网总长度38451千米，其中，一次网8872千米，二次网29579千米。

【城市污水】全省共建成66座城市生活污水处理厂，总处理能力455.7万吨/日，全部达到一级A排放标准。全省城市、县城污水处理率分别达到95%、85%，达到国家考核标准。对《吉林省城镇污水处理提质增效实施方案》进行科学补充，委托第三方机构编制《城镇污水处理运行管理考核标准》。与省生态环境厅、省水利厅三次联合行动，共享污水治理信息，联合污水治理。先后选派340人次深入各地开展技术帮扶。联合省财政厅、省生态环境厅设立城市基础设施建设奖补资金、重点流域水污染治理资金、市政水环境小区域综合治理提升示范资金，为各地缓解资金压力。

【城市排水防涝】全面完成全省在住房和城乡建设部排水防涝系统中的66处易涝点整治销号工作，开展县城排水防涝系统化工程建设。组织各地编制县城排水防涝系统化方案，确定辉南县等6个县城为2020年率先实施的县城，落实建设资金约1.2亿元。全省共排查老城区低洼易涝隐患563处，投入抢险人员19760人，出动应急排水设备1220台（套），应急供电设备412台，应急抢险车辆1545辆，调运大型工程机械1143台，排除积水点172处。

【海绵城市建设】组织28个设市城市自我评估海绵城市建设工作，全省累计建成并达到海绵城市要求的面积为264.08平方千米。编制并印发《吉林省海绵城市建设技术指南——低成本建设白皮书》，在老旧小区改造中落实海绵城市建设理念。7月，举办海绵城市建设论坛，聘请任南琪院士为我省海绵城市建设出谋划策，全省住房和城乡建设部门有关人员共168人参加。

【城市黑臭水体治理】2020年，全省地级及以上城市建成区黑臭水体基本达到国家治理要求。印发《关于做好全省城市黑臭水体成效巩固和推进长制久清有关工作的函》。先后3次组织专家团队赴全省各地现场指导黑臭水体巩固提升推进工作，对治理效果落后地区进行科学预警。会同省生态环境厅印发《吉林省级黑臭水体专项排查方案》，组建省级排查队伍，对全省各地开展现场核查，反馈各地存在问题，督导问题整改。

【城市园林绿化】2020年，全省新增城市绿地887公顷，新建各类城市公园12个，改造城市公园32个，城市建成区消除裸露地面210公顷，新建城市绿道299公里。

【城市基础设施建设】推进长春市7个轨道交通项目。打通并完善城市路网结构。下发《加强全省城市停车设施建设和管理的意见》，全省共10个城市上报改造建设停车设施项目12个。省委主题教育领导小组与省住房城乡建设厅党组联合印发了《关于整治"景观亮化工程"过度化等"政绩工程"、"面子工程"问题的实施方案》。

【生活垃圾处理】全省运行生活垃圾处理场（厂）56座，设计处理规模2.6万吨/日，其中焚烧厂11座，填埋场43座，餐厨垃圾处理厂2座。指导长春市（含九台区）、白城市、白山市等8座生活垃圾焚烧厂开工建设，敦化市焚烧厂完成建设并投入试运营。39座生活垃圾处理场（厂）通过无害化等级评定、复核。加强城市环卫行业新冠肺炎疫情防控工作，全省共设置1万多废弃口罩收集容器，每天对3300余辆生活垃圾运输车辆进行消毒。

【生活垃圾分类】2020年，全省14个生活垃圾分类城市全部建立了生活垃圾分类工作领导机构，制定了《生活垃圾分类实施方案》。长春等5个城市完成了生活垃圾分类专项规划编制。长春市、延吉市颁布了相关法规和办法，吉林等4个城市生活垃圾分类管理条例已列入立法计划。设置生活垃圾分类收集设施8.96万个，配置垃圾分类收集、运输车辆1120台。长春市作为国家46个生活垃圾强制分类试点城市，累计投资3.4亿元，居民生活垃圾分类知晓率98%、参与率80%、投放正确率30%、回收利用率达到了37%，在全国46个试点城市中排名第23位。

【城市风貌管理和历史文化保护】截至12月31日,全省28个设市城市完成历史建筑确定工作。9月1日组织各市(州)、县(市)负责城市风貌管理和住房城乡历史文化保护工作的行政管理人员共62人参加住房和城乡建设部组织的关于城市风貌管理和住房城乡建设历史文化保护业务知识培训。印发了《吉林省住房和城乡建设厅关于转发进一步加强城市与建设风貌管理的通知》《吉林省住房和城乡建设厅关于转发加强大型雕塑建设管理的通知》,对全省城市风貌管理和历史文化保护工作进一步提出了要求。

【疫情下城市管理】下发《2020年全省城市管理效能提升和城市出入口周边及公路、铁路两侧环境综合整治工作安排》《2020年全省城市管理工作要点》《关于贯彻落实省政府新一轮促消费扩内需若干政策举措的通知》《关于做好当前城市管理行业安全管理工作的通知》,与省文明办、省市场监管厅联合下发了《关于开展"文明进夜市"活动的通知》,助力全省经济快速复苏。制定了《吉林省城市精细化管理标准(试行)》,全面指导安排全省年度城市管理及省政府确定的重点工作。

【城市管理效能提升】完成城市出入口周边及公路、铁路两侧环境整治工作。共清理垃圾17.95万吨、违法建筑物47.43万平方米、广告牌20875个、乱画、乱扯、乱挂7.24万起;整顿市场、小场货站4016个。全年2次对各市(州)城市管理情况进行督查,共立案城市管理案件271件,处置完成251件,结案率达92.6%以上。

【城市综合管理服务平台建设】制定《吉林省城市综合管理服务平台建设和联网工作方案》,重点督导了白山、通化、四平、松原4个地级城市平台建设。12月14日,在四平市召开全省数字化城管平台建设现场交流会,各市(州)主管领导和相关人员共38人参加了会议。

【新基建"761"城市市政基础设施建设】编制《吉林省新基建"761"城市基础设施网专项实施方案》,截至12月底,全省2019年续建项目和2020年计划项目以及"十四五"期间市政基础设施建设项目总计1367项,计划总投资5373.98亿元。其中到2019年底开工项目235个,完成投资223.90亿元。2020年计划项目527个,已开工项目402项,计划投资539.74亿元,已完成投资447.80亿元,分别占年计划的72.8%和83.0%。"十四五"期间计划项目593个,计划投资4610.34亿元。重点行业项目中:给水工程123项,总投资196.63亿元,管线长度3296.51千米;排水防涝工程101项,总投资243.02亿元,管线长度1171.21千米;污水工程137项,总投资174.62亿元,管线长度838.59千米;供热工程158项,总投资282.66亿元,建设规模0.2269万吨,管线长度2641.87千米;燃气工程129项,总投资146.82亿元,管线长度2999.76千米;垃圾处理工程82项,总投资142.36亿元;道路工程533项,总投资2872.61亿元;桥梁工程50项,总投资102.60亿元;轨道交通工程11项,总投资999.50亿元;数据化平台工程28项,总投资15.53亿元;综合管廊工程15项,总投资160.13亿元。

城镇老旧小区改造

【概况】2020年,全省47个市县、1945个小区、5423栋楼房、273178户居民、建筑面积2223.86万平方米,纳入年度改造计划。截至12月31日,1495个小区全部开工建设,400个小区实现完工,完成投资29.3亿元。

【"五化"机制】管理流程"图表化"。根据年度任务形成总施工图,绘制改造工作流程鱼刺图,改造任务落实到具体的小区、楼栋,建立详细的改造任务台账。定量工作"清单化"。从改善房屋功能、基础设施、公共服务、居住环境四个方面形成具体清单,细化工作目标、措施办法、完成时限,压实责任。定性工作"模板化"。明确省、市、区(县)、街道、社区工作架构,落实工作联动机制;从摸底普查到竣工验收,统一工作流程,工程进度报表等基础工作统一制式表格。技术标准"手册化"。编制《吉林省城镇老旧小区改造技术导则》《吉林省城镇老旧小区改造技术指导手册(基础设施类)》《既有住宅加装电梯工程技术标准》和《既有住宅加装电梯结构加固技术标准》。沟通协调"机制化"。强化省级统筹,建立省级专家库,制定《吉林省城镇老旧小区改造绩效管理办法》。

【政策支撑体系】省住房和城乡建设厅等十二个部门和单位联合印发《关于做好2020年城镇老旧小区改造工作的通知》,与省发改委、财政厅联合印发《关于在全省开展城镇老旧小区改造试点工作的通知》,引导各地在九个机制上开展先行先试。印发《关于开展城镇老旧小区改造工作"百日攻坚"专项行动的通知》《关于加强城镇老旧小区改造有关工作的通知》《在城镇老旧小区改造中加强应对突发重大公共卫生事件能力建设的通知》。制定全省城镇老旧小区改造规划编制纲要,组织各地做好"十四五"改造规划编制工作。2020年11月24日,省政府办公厅印发《关于全面推进城镇老旧小区改造工作的实施意见》，明确改造的基本原则、改造范围和内容、主要任务和组织保障等四个方面工作。

【资金保障】 全省两个年度的改造任务共争取到中央补助资金675203万元（其中：2020年度补助资金433021万元）。省财政结合实际，安排奖补资金专项支持各地开展老旧小区加装电梯工作，并制定了具体的奖补资金管理办法和绩效考核办法。全省共有14个市县的19个项目使用一般债券资金4.4036亿元，长春市1个项目使用专项债券资金0.5亿元。住房和城乡建设部将我省列为开发性金融支持城镇老旧小区改造试点省，7月17日国开行与我省正式签订战略合作协议，对我省未来五年老旧小区改造给予开发性金融支持110亿元。省农发行给予通化县、东丰县、珲春市3个市县贷款11700万元，已投放通化县、东丰县8500万元；省建行给予通化市贷款4700万元，已投放2800万元，金融助力城镇老旧小区改造初见成效。

【改造措施】 指导各地结合实际，科学编制改造方案。联合有关单位开展"一区一案"评审工作。引导居民全过程参与方案制定、施工管理、质量验收、效果评价等工作。严把质量安全关，明确质量安全管理主体责任，强化监督检查。建立建后管理长效机制，改造后小区全部实现物业管理或建立居民自治委员会。

村镇建设

【农村危房改造】 2月省脱贫攻坚领导小组印发《关于进一步加强建档立卡贫困户住房安全保障工作的通知》；省住房和城乡建设厅印发《吉林省2020年农村危房改造工作要点》，明确2020年危房改造目标、任务和具体要求；印发《关于预下达2020年农村危房改造计划的通知》，要求对建档立卡贫困户住房安全保障工作开展全面排查，对采取其他方式保障的，2020年有改造意愿的贫困户应纳尽纳，应改尽改。各地排查上报新增2020年危房改造计划7765户，其中建档立卡贫困户2371户。会同省财政厅印发《关于下达2020年农村危房改造任务的通知》，将各地上报数量全部纳入2020年改造任务。至6月30日，动态新增贫困户危房已全部竣工。全省24.9万户建档立卡贫困户住房安全认定全覆盖，贫困户住房安全保障全覆盖。

【农房建设】 编制《吉林省农房建设图集》，引导农户建设符合村庄规划要求、符合村庄整体风貌特征的住房。

农村生活垃圾处理

【概况】 截至12月31日，全省50个市县建立农村生活垃圾收运处置体系的行政村占比已达到98.08%，全省在国家信息系统显示的1190处农村生活垃圾非正规堆放点已经全部整治完毕，完成率100%。经统计，全省有17个市县采取政府直管模式、23个市县采取购买第三方服务模式、10个市县采取政府直管与购买第三方服务相结合的模式开展垃圾治理工作。全省累计投入25.84亿元，现有垃圾桶880892个，垃圾池（房、箱）58017个，勾臂车645辆，封闭型运输车921辆，压缩车803辆，电动车12833辆，人力车14278辆，转运站471座，平均月收运处理生活垃圾14.56万吨。

【考查调研】 印发《关于对建制镇生活污水处理设施建设、农村生活垃圾收运处置体系建设和生活垃圾非正规堆放点整治工作开展实地调研指导的函》，委托第三方专业机构对全省各地农村生活垃圾收运处置体系建设和农村生活垃圾非正规堆放点整治工作情况进行实地调研指导。此次调研覆盖全省49个市县，共实地走访138个乡镇（街），289个行政村，摸清和了解掌握各市县农村生活垃圾收运处置体系建设和农村生活垃圾非正规堆放点整治工作开展情况。

【指导督查】 印发《关于开展第二季度农村生活垃圾收运处置体系建设、生活垃圾非正规堆放点整治工作调研指导的函》，对第一季度调研指导时存在问题市县进行了实地调研指导。此次调研覆盖全省34个市县，共实地走访92个乡镇（街），153个行政村，对国家信息系统显示申请销号的32处农村生活垃圾非正规堆放点进行实地踏查。

【考核验收】 6月30日，省农村人居环境整治领导小组办公室印发《2018—2020年吉林省农村生活垃圾治理工作考核验收方案的通知》，由省住房和城乡建设厅牵头，深入全省50个市县，对农村生活垃圾治理工作进行考核验收。共考核验收276个乡镇街872个行政村。11月13日，省农村人居环境整治领导小组办公室印发《2018—2020年吉林省农村生活垃圾治理考核验收工作"回头看"的通知》，省住房和城乡建设厅、省农业农村厅、省生态环境厅、省水利厅4个分项工作牵头部门各按职责分工自行组织，共实地抽查178个乡镇街，334个行政村。总体看，各地政府对农村生活垃圾治理工作考核验收时指出的问题高度重视，整改效果明显。

【人员培训】 8月12日，召开了"全省建制镇生活污水处理设施建设和农村生活垃圾收运处置体系建设、非正规垃圾堆放点整治工作技术管理视频培训会议",共设置86个分会场,300余人参加了本次培训。10月16日,在东辽县召开了全省建制镇生活污水处理设施建设和农村生活垃圾收运处置体系建设、非正规垃圾堆放点整治工作现场培训会。各市(州)政府、长白山管委会、县(市,双阳区、九台区、江源区)政府分管领导和业务主管部门分管负责同志,共200余人参加了会议。

【建制镇生活污水处理】按照《吉林省农村人居环境整治三年行动方案》,3年计划建设114个重点镇和重点流域常住人口1万人以上镇的生活污水处理设施。截至12月31日,114个重点建制镇和辽河流域周边41个建制镇生活污水处理设施已建设完成。4月至10月底,省住房和城乡建设厅组成专家组开展实地调研指导5次,覆盖108个建制镇,采用"四步法""五清单"的方式,摸清问题、查出根源、检视危害、限时整改,实施现场督导,做到发现问题、立整立改,成效显著。

标准定额

【工程建设标准】2020年,共编制完成并颁布了工程建设地方标准15项,其中建筑工程11项,绿色节能环保2项,城市路桥与轨道交通2项。围绕绿色建筑和建筑节能、装配式建筑、城市建设发展等重点工作,全年共发布两批地方标准编制计划共20项,其中建筑工程10项,绿色节能环保4项,装配式建筑3项,市政工程3项。截至12月31日,已有15项标准发布实施。修订了吉林省工程建设地方标准《绿色建筑评价标准》。

【工程造价管理】配合全省疫情防控,下发了《吉林省住房和城乡建设厅关于新型冠状病毒肺炎疫情防控期间建设工程计价有关规定的通知》;为做好城镇老旧小区改造工程计价工作,下发了《城镇老旧小区改造工程计价指导意见》;根据全省建筑市场的实际,调整了省计价定额人工综合工日单价和定额机械费;完成了《吉林省园林及仿古建设工程计价定额》和《吉林省市政维护工程计价定额》的修编工作。为规范建筑市场行为,确保工程质量和施工安全,测算并发布了全省上半年和下半年建筑工程质量安全成本指标、人工成本信息。组织各市州造价管理机构定期发布人、材、机综合价格信息、市场价格信息,指导建设各方招标投标和工程结算。

建筑工程质量监督与安全生产

【完善工程质量管理制度】制定下发了《关于完善质量保障体系提升建筑工程品质的政策措施》《关于加强预拌砂浆质量管理的通知》《关于加强预拌混凝土质量管理的通知》《关于加强城镇老旧小区改造工程质量安全管理意见的通知》《关于规范建设工程质量检测监管系统应用工作的通知》等一系列工程质量管理文件,逐步实现工程质量管理工作规范化、科学化。

【落实工程参建各方主体质量责任】为贯彻落实住房和城乡建设部《工程质量安全手册(试行)》,发布《吉林省工程质量安全手册实施细则(试行)》;出台《关于完善质量保障体系提升建筑工程品质的政策措施》,强调建设单位的首要责任。全省新建工程书面承诺、永久性标牌和信息档案制度执行率达到100%。

【施工标准化管理】2020年,对249个项目开展省级施工标准化管理示范工地考评工作,颁发省级施工标准化管理示范工地证书项目101项,奖牌项目115项。

【规范工程质量检测市场】2020年,在全省范围内开展工程桩基检测活动实地抽查抽测工作;对全省工程质量检测技术人员业务素质和实际操作能力进行全面考核,对检测机构制度、人员、设备管理进行全面核查,坚决把人员不达标、设备不达标、场地环境不达标的检测机构清出市场,形成风清气正、公平公正的质量检测市场环境。

【监理企业、检测机构信用评级】2020年,对全省190户工程监理企业、155户质量检测机构开展了信用评价工作。62户监理企业信用评价为A等级,85户监理企业信用评价为B等级,30户监理企业信用评价为C等级,13户监理企业信用评价为D等级;40户检测机构信用评价为A等级,87户检测机构信用评价为B等级,22户检测机构信用评价为C等级,6户检测机构信用评价为D等级。将信用评价结果作为工程监理、检测行业自律和建筑市场激励惩戒的重要依据,实施差异化管理,对信用评级低的要求属地建设主管部门重点监管。

【工程质量投诉办理】2020年,省质监站共受理工程质量投诉29件,较2019年投诉量下降37%,均已按时办结。按照属地化管理,对各地下发了质量投诉督办函5件。

【疫情防控常态下安全监管】下发了《吉林省住房和城乡建设厅关于做好疫情期间建设行业安全生产工作的通知》《吉林省疫情防控期间建筑工程开复工指南》等文件。组织开展了疫情隔离观察场所和已开复工项目复工人员集中居住场所隐患安全风险专项排查整治工作。全省共复工复产在建工程项目2018个，涉疫场所412个。疫情期间，对到期的"安管人员"和特种作业人员暂不予以注销，给予放宽延续和复核条件。新办或延续安全生产许可证的建筑业企业，如未按时缴纳工伤保险或人员数量不满足要求的，可由企业承诺办理。此政策使200余家企业、9000余人受益。

【安全生产专项整治】 按照全省安全生产专项整治三年行动计划要求，印发了《吉林省城市建设安全三年行动实施方案》，成立了由省住房和城乡建设厅孙众志厅长任组长的城市建设安全专项整治三年行动领导小组，同时印发《吉林省城市建设安全专项整治三年行动任务清单》。为全面推动城市建设安全专项整治三年行动落地，省住房和城乡建设厅专门印发了《吉林省房屋市政工程安全生产专项整治三年行动方案》。

【施工安全标准建设】 制定地方标准《建筑施工企业安全风险管控标准》和《建筑施工企业生产安全事故隐患排查治理标准》；发布《关于加强附着式升降脚手架安全管理的通知》，规范建筑施工附着式升降脚手架的安全管理，填补了监管空白；修订《吉林省建设工程施工现场安全管理内业标准》，完善了施工现场安全内业标准体系。

【施工工地安全生产标准】 2020年，开展省级建设工程项目施工工地安全生产标准化建设学习交流活动，经项目申报、专家评审、组织现场抽查后，有45个项目符合可在全省范围内进行学习交流的建设工程项目施工安全生产标准化工地的要求。

建筑市场

【概况】 2020年，全省完成建筑业产值2005.8亿元，同比增长7.7%，完成建筑业增加值843.59亿元，同比增长4.5%，建筑业增加值占全省地区生产总值（GDP）比重6.9%，已经接近省政府下达的7%指标任务。房屋建筑施工面积32801.61万平方米，竣工面积13542.58万平方米，在全国排名在23~24名之间。

【产业结构】 到2020年，省内建筑业企业总量4182户。特级施工总承包企业6家，一级以上施工总承包企业120家，年实现建筑业产值超10亿元的建筑企业33家。重点骨干企业积极走出境外发展，2020年实现省外、域外建筑业产值1550亿元。

【装配式建筑规模】 2020年全省新开工装配式建筑320万平方米，占同期新开工建筑面积的比例约为7.8%。装配式建筑的平均装配率达到30%以上，部分试点项目装配率达到50%以上。全省有5个地（市）建成投产11家预制混凝土构件（PC）生产基地，生产线36条，年设计生产能力达320万立方米，实现PC构件供应全覆盖；建成2家钢结构生产基地，生产线18条，年设计生产能力达50万吨。长春市装配式建筑产业园区被评为国家级示范园区。在木结构方面，年产胶合木2万平方米。

【拖欠农民工工资治理】 2020年，配合各市（州）劳动保障监察部门解决农民工投诉欠薪案件310件，涉及投诉金额3.11亿元。省住房和城乡建设厅与人力资源和社会保障厅联合印发《吉林省建筑劳务人员实名制管实施细则》，完善了"吉林省建筑劳务人员实名制信息管理系统"。2020年，全省共有1845个工程项目在实名制系统中录入数据，从制度上防止拖欠农民工工资问题发生。在工程建设领域，实行人工费用与其他工程款分账管理制度，施工总承包企业在项目所在地银行开设农民工工资专用账户，专项用于支付农民工工资。建设单位将工程款中的工资部分存入指定银行，由银行按月将工资直接存入农民工工资卡账户。截至12月31日，全省在建项目开工中，全部开设了农民工工资专用账户。完善"吉林省建设工程技术人员培训管理系统"，技术工人职业培训由过去的集中学习、以工代训的培训方式逐渐转变为网络学习的方式进行。一年来，共考核、发放建筑业类技能工人证书4.67万本。利用各种形式共培训建设领域农民工21万余人。

【招投标管理】 制定出台《吉林省住房和城乡建设厅关于城镇老旧小区改造工程招标投标工作的指导意见》，修订并印发了《吉林省房屋建筑和市政基础设施工程"优质优先、优质优价"实施办法》，废止了《吉林省住房和城乡建设厅关于加强招标投标工作的通知》。编制《吉林省建设工程招标投标活动程序标准》并公开发布。对全省333家招标代理机构进行了2019年度诚信等级评价。对省行政区域范围内注册的招标代理机构按要求予以统计上报。对在我全省行政区域范围内正在开展招标投标活动的房屋建筑和市政基础设施工程项目进行专项整治，共列出存在整改问题项目63项，取消15名评标专家资格，3名评标专家禁止6个月参加依法必须进行招标的项目评标，对13个招标项目所在地的建设行政主管部门下达督办函，督导各地积极调查处理。

【职工技能大赛】 11月3日，由省建筑业协会和省建设工会委员会共同主办第一届吉林省钢结构行业焊接技能大赛，共13家钢结构企业26名选手参加比赛。有3人获"吉林省焊工技术标兵"称号,有7人获"吉林省焊工技术能手"称号。吉林省建安钢结构制造有限公司获团体一等奖;吉林省飞达杭萧建筑科技有限公司、吉林建工集团泰安工程公司获团体二等奖;山西建筑工程交通有限公司、吉林省金安达建筑工程有限公司体获团三等奖。

建筑节能与科技

【概况】 全省新建民用建筑设计及施工阶段执行节能标准执行率均达到100%。截至12月底,全省城镇新建绿色建筑占新建建筑比重为78%。组织申报国家"科技助力经济2020"重点专项2项;组织申报国家绿色建筑创新奖2项。其中吉林建筑大学申报的"灌芯装配式混凝土剪力墙结构试验及应用研究"被列入专项。

【绿色建筑】 编制了《吉林省绿色建筑创建实施方案》,已于12月份下发执行。组织编制了吉林省工程建设地方标准《绿色建筑评价标准》《绿色建筑设计标准》和《绿色建筑工程验收标准》。新建绿色建筑1726万平方米,占全省新建建筑的78%。

【提升新建建筑能效水平】 下发了《关于进一步提高居住与工业建筑能效水平的通知》,要求全省各市州、县市全面执行国家、省建筑节能设计标准。为了快速提高设计、审图等单位专业技术人员对节能75%标准的理解和掌握,组织开展了网络培训,重点讲解建筑、暖通、电气专业知识。

【可再生能源建筑应用技术】 联合省财政厅、能源局组织建设示范项目16项,示范面积40万平方米。利用建筑节能奖补政策,推广空气源热泵、污水源热泵供暖等可再生能源供热技术,积累工程建设、运营维护经验,为大面积推广清洁取暖做技术、政策储备。

【绿色建材推广应用】 联合省工信厅制定下发了《关于公布2020年吉林省绿色建材评价标识目录的通知》,共有1类2个产品获得绿色建材评价标识。发布了《吉林省建筑节能技术及产品推广、限制和禁止使用目录(2020版)》,共涵盖9类118种技术产品。

【民用建筑能源资源消耗】 4月9日省墙材革新与建筑节能办公室,下发《吉林省住房和城乡建设厅关于开展2020年吉林省民用建筑能源资源消耗统计工作的通知》,安排布置本年度统计工作。截至12月31日,全省共上报统计建筑5578栋,累计建筑面积4912.82万平方米,其中居住建筑4161栋,中小型公共建筑619栋,大型公共建筑182栋,国家机关办公建筑616栋。经省住房和建设省厅网站公示,统计数据通过软件上报住房和城乡建设部。

【新型墙体材料】 2020年,全省共生产新型墙体材料约36.48亿块标砖,节约土地0.6万亩,节约标准煤22.6万吨,减少二氧化碳排放68.9万吨,减少二氧化硫排放0.56万吨,全省新材使用率为91.5%。

【建筑废弃物资源化利用】 2020年,全省建筑废弃物资源化利用企业的数量进一步减少,现有正在利用建筑废弃物的企业仅9家,建筑废弃物资源化利用率进一步降低。2020年全省共产生建筑废弃物约625.84万吨,其中资源化利用量为16万吨,资源化利用率为2.5%。为推进全省建筑废弃物资源化利用工作,省墙材革新与建筑节能办公室草拟了《吉林省建筑废弃物资源化利用工作指导意见》,明确了未来我省建筑废弃物资源化利用工作的方向。

【散装水泥】 2020年,全省散装水泥累计供应量1590.89万吨,实现综合经济效益7.16亿元。预拌混凝土累计生产量2052.95万立方米,资源综合利用182.27万吨。预拌砂浆产量52.38万吨,综合利用废弃物9.74万吨。6月,召开了全省预拌砂浆应用工作现场会,全省各市(州),各县(市)建设主管部门主要领导参会,对下一阶段全省预拌砂浆应用工作进行了部署。吉林市2020新开工项目全部使用预拌砂浆。编制了《吉林省预拌砂浆绿色搅拌站评价标准》,已于12月发布。

勘察设计

【概况】 全省勘察设计队伍580家,基本实现勘察设计行业和专业类型全覆盖,基本形成甲、乙、丙资质1∶2∶2的合理比例,以大型品牌企业为龙头,具有专、特、精特点的中小型企业为基础的结构格局。全省从业人员27900人,其中注册人员2400人,人均产值45万元。

【加大"放管服"力度,优化营商环境】 7月,印发《关于进一步深化全省勘察设计和造价咨询行业"放管服"工作的通知》,简化了资质资格审批要件,部分要件实施承诺制。8月,印发《吉林省住房和城乡建设厅关于建设工程企业资质延续有关事项的通知》。7~8月,分别召开勘察设计单位和审查机构座谈会,探索取消部分小型项目施工图审查。

【勘察设计质量管理】 3月,印发《关于加强基坑及边坡工程设计管理的通知》,规范了基坑及边坡工程设计行为。9月,印发《关于开展2020年度全省勘察设计和施工图审查质量专项检查的通知》,对全省90个房建项目进行了勘察设计审查和消防专项审查。12月，下发《关于2020年度全省勘察设计和消防专项设计质量检查情况的通报》，对存在严重质量问题的7家勘察设计单位和6家审查机构及相关从业人员记入不良行为记录6个月，对21家存在质量问题的勘察设计单位全省通报批评。利用施工图联审系统，加大对勘察设计单位和审查机构的动态监管，4月和7月，分别下发了《关于全省勘察设计行业执行施工图联审制度情况的季度通报》和《关于全省勘察设计行业执行施工图联审制度二季度情况通报》，通报了第一季度、第二季度在联审系统得分为0分的项目和审查备案超时项目，并对相关责任单位进行培训和约谈。修订了《吉林省勘察设计单位信用评级管理办法》，首次将施工图联审系统评价得分纳入信用评价指标，并占40%权重。同时对全省企业进行了信用评级，优秀单位34家，良好单位35家，合格单位484家，不合格单位6家。

【老旧小区改造设计】 3月，发布《关于在城镇老旧小区改造中加强应对突发重大公共卫生事件能力建设的通知》，为提高老旧小区改造应对突发重大公共卫生事件能力建设提出了设计技术要求。6月，发布《关于加强老旧小区改造工程设计管理工作的通知》，提出了城镇老旧小区改造工程设计审查工作具体要求，为城镇老旧小区改造提供了技术支撑。

【勘察设计人员培训】10月，下发《关于开展2020年注册建筑师继续教育网络培训的通知》，要求全省所有的一、二级注册建筑师在线报名学习。11月，下发《关于开展2020年注册建筑师继续教育考试的通知》，要求完成培训的注册建筑师于12月13日在规定地点参加计算机考试，共494人参考。对未完成培训和未参加考试的人员，将统一组织补考。

【省建设工程优秀勘察设计评选】下发《关于举办吉林省2020年度优秀工程勘察设计评选活动的通知》，组织开展了2020年度吉林省建设工程优秀勘察设计评选活动，其中，一等奖7项，二等奖9项，三等奖8项。

建筑业消防审验与监管

【概况】2020年，全省房建、市政类特殊建设工程消防设计审查受理1887件，已办结1828件，办结率97%；其他29类特殊建设工程消防设计审查受理203件，已办结203件，办结率100%。房建、市政类特殊建设工程消防验收受理749件，已办结716件，办结率96%。其他29类特殊建设工程消防验收受理104件，已办结104件，办结率100%。房建、市政类其他工程消防验收备案受理1489件，已办结1473件，办结率99%。其他29类建设工程消防验收备案受理26件，已办结26件，办结率100%。2020年，审查监理企业资质延续96家次，审查工程质量检测机构资质延续384家次。

【健全机构】推动四平、松原等5个地级市，蛟河、桦甸等12个县（市）住房城乡建设主管部门成立消防审验工作机构。对全省170家建设工程质量检测机构检测技术人员配备、仪器配备、规章制度建立、2020年检测合同签订及检测报告出具等进行全面核查。

【政策体系建设】印发《吉林省建设工程消防设计审查验收管理暂行办法》，明晰了消防审验工作的"互联网＋"模式，推动省政数局加快建设消防审验平台，将消防设计审查纳入施工图联合审查，缩减备案范围。

【"监管＋专家"模式】制定《吉林省建设工程消防专家库成员管理办法（试行）》，完成了270名消防专家的聘任工作。年内，抽调相关专家针对设计、施工图审查等有关单位及从业人员在消防设计中执行国家工程建设消防技术标准强制性条文和带有"严禁""必须""应""不应""不得"要求的非强制性条文情况，对90个项目进行了专项质量检查。

【建立沟通协调机制】会同省消防救援总队印发《建设工程消防安全监督管理工作协作机制》，建立省、市、县三级住房城乡建设主管部门和消防救援机构联席会议制度，建立信息通报制度，共享审验信息资源，全面形成建设工程消防安全监督管理工作合力。

【重点项目审验】完成高速公路服务区遗留41对加油站的消防设计审查和43对加油站的消防验收工作。摸排公众聚焦场所223家，住宅小区1391个，增设消防车通道路面标识352处，安装禁止占用警示标牌1153块，拆除占用消防车通道违章建筑170处，清除障碍物904处。推进中俄输气管线（四平段）工程消防审验工作。

【业务培训】组织编辑《吉林省建设工程消防设计审查验收备案业务操作手册（上、下册）》《建设工程消防案例汇编》及教学课件。12月18日，举办《吉林省建设工程消防设计审查验收管理暂行办法》宣贯培训，共326人参加。

（吉林省住房和城乡建设厅）

黑龙江省

概况

2020年,黑龙江省着力补齐市政基础设施短板弱项,加快完善住房体系建设,深入推进建筑业转型升级发展,持续优化住建营商环境,突出绿色住建、和谐住建、匠心住建、法治住建、智慧住建、廉洁住建重点任务,努力推动全省住房城乡建设高质量发展。

法规建设

制定了《黑龙江省住宅物业管理条例》,于2021年3月1日起施行。开展行政执法案卷评查工作,评查行政处罚案卷38件,评选出优秀案卷2件。通过开发使用"黑龙江省政务服务管理信息系统"实现了行政许可信息化记录、无纸化审批、全过程留痕、可回溯管理。制定了《黑龙江省住房和城乡建设厅法治审核工作规程》,明确了审核范围、审核内容、审核程序等内容。全年共进行立法草案审核30次,规范性文件审核7件,公平竞争审查45件,行政复议答复4件。

房地产业

2020年,黑龙江省完成房地产开发投资982.9亿元,同比增长2.6%;房屋竣工面积1438万平方米,同比增长19.4%。截至年底,全省商品住宅库存2771万平方米,去化周期21.8个月。针对新冠肺炎疫情对房地产业发展的影响,省住房和城乡建设厅等8部门印发《关于应对新冠肺炎疫情影响推进全省房地产业平稳发展的通知》,提出15方面政策措施,为企业纾难解困,激发市场活力。组织召开全省应对疫情影响保持房地产市场稳步发展推进会议,印发《优化购房服务工作方案》,启动"惠民购房·安居兴业"专项活动。全年商品房销售面积1494.4万平方米,同比下降11.3%,商品房销售价格始终保持稳定。强力推动全省各地房屋交易网签备案数据同住房和城乡建设部联网,全省125个市县区已全部实现联网,成为全国第19个实现全域联网的省份。

住房保障

2020年,全省城镇棚户区改造开工4.61万套,开工率104.5%,争取中央补助资金19.48亿元,省级安排债券资金143.24亿元。列入中央巡视反馈的4.68万户和列入主题教育的2.82万户棚改逾期未安置问题全部完成整改。全年分配政府投资公租房6832套,完成实物配租1.5万户,发放租赁补贴19万户、5.4亿元。

公积金管理

2020年,黑龙江省住房公积金缴存额464亿元、提取额323.64亿元,同比增长8.22%、2.53%,发放住房公积金个人贷款4.98万笔、176.91亿元,同比下降17.28%、15.45%。截至年底,全省住房公积金缴存总额4155.38亿元、提取总额2495.71亿元、缴存余额1659.67亿元,同比增长13.52%、15.1%、11.22%,累计发放住房公积金个人贷款97.96万笔、2256.99亿元,同比增长5.44%、8.64%,贷款余额1105.12亿元,同比增长3.99%。印发《黑龙江省住房公积金提取管理办法》《黑龙江省住房公积金个人住房贷款管理办法》,进一步规范提取贷款业务行为。在哈尔滨市、大庆市开展灵活就业人员自愿缴存住房公积金试点。推进住房公积金办事不求人,企业通过一网通办平台办理登记备案,同步完成公积金缴存登记。"个人住房公积金缴存贷款等信息查询""出具贷款职工住房公积金缴存使用证明""正常退休提取住房公积金"3项业务实现跨省通办。

城市建设

2020年,黑龙江省完成城市供水水质提升三年行动,累计新建改造供水能力27.7万吨/日、市政供水管网2000余公里。启动二次供水设施改造三年行动,完成改造泵站548个、庭院供水管网1443公里,惠及居民60万户。启动城镇供热老旧管网改造三年行动,完成改造2040公里。编制《黑龙江省城镇智慧供热技术规程》DB23/T 2745—2020,有序推进12个智慧供热试点。持续推进城镇污水处理提质增效三年行动，新增污水处理能力40万吨/日，新建改造城镇排水管网1345公里，城市污水收集率达到62%以上，较2019年提升3.3个百分点。全省地级以上城市建成区44条黑臭水体全部整治完成，按期完成整治任务。完成城镇燃气储气设施建设3022万立方米，新建改造城镇燃气管网443公里，新建公共停车场49座，辟建停车泊位2.86万个。完成城镇生活垃圾处理能力提升三年行动收尾任务，新增生活垃圾焚烧处理能力1300吨/日，餐厨垃圾处理能力900吨/日。新增城市公园54个、绿地3266公顷，新建绿道101.13公里，新植树木951.58万株。截至年底，全省城市公园达到635个，其中免费公园601个。全省开工改造城镇老旧小区1147个、5954栋、3280万平方米、39.5万户，完成年度任务目标。

村镇规划建设

2020年，黑龙江省坚持"四个精准"，按照"1+6"工作目标推进脱贫攻坚农危房改造工作，完成4类重点对象危房改造任务2.4万户，全省28.38户建档立卡贫困户全部通过国家脱贫攻坚住房安全有保障核验。集中部署"70天决战"行动，排查整改10大类、32方面具体问题近1.2万个，积极消除死角隐患。建立全省农村房屋安全隐患排查整治工作厅际协调机制，经排查，全省8804个行政村347.6万户农村房屋，共有C、D级危房9.6万户。全省清理占道经营8785处、私搭乱建3500余处、修复户外牌匾9279处。农村生活垃圾治理三年行动全面收官，累计投入13.9亿元，全省8967个行政村基本建成生活垃圾收集、转运和处置体系建设，并已延伸覆盖至所辖自然屯，印发《关于健全农村生活垃圾治理长效运行管护机制的指导意见》，确保已建成的农村生活垃圾收集、转运和处置体系稳定长效运行。列入国家整治任务台账的204处非正规垃圾堆放点全面完成销号验收工作。全省14个传统村落信息全部录入中国传统村落基础资料申报系统，其中"爱辉区新生乡新生村"被中国传统村落数字博物馆收录到"精品馆"展示。

标准定额

2020年，印发《黑龙江省住房和城乡建设厅关于支持工程项目建设有关措施的通知》（黑建函〔2020〕31号），明确疫情防控属不可抗力，在工程造价中增加新冠肺炎疫情防控专项费用，指导工程双方及时合理调整人材机价格。印发《关于进一步规范建设工程价款结算与支付的意见》（黑建规范〔2020〕10号），为建立健全解决拖欠工程款问题长效机制奠定了基础。制定了《2020年度建筑安装等工程结算参照标准》，对年度人工费价差调整等内容给出了指导意见。

工程质量安全监督

出台《黑龙江省工程质量安全手册实施细则（试行）》，开展"建设工程质量月""安全生产月"活动，加快建设黑龙江省建设工程质量安全信息化监管平台，推动管理水平和监管效能提升。编写《黑龙江省住宅安全使用说明书编制标准》DB23/T 2640—2020等6个地方标准，在全国率先出台住宅安全使用说明书。开展全省工程项目竣工验收及备案排查整治工作，着力解决房屋建筑及市政工程竣工验收不及时、监管部门拖延竣工验收等问题。印发黑龙江省《城市建设安全专项整治三年行动实施方案》，建立问题隐患清单和制度措施清单；印发《黑龙江省建筑施工企业安全生产标准化建设三年行动实施方案（2020—2022年）》，持续压实主管部门和企业主体安全生产责任。深入推进住建领域安全生产"四大"行动，让"大体检、大培训、大执法、大曝光"活动形成常态，开展执法检查10次，整改问题隐患1122个，全年未发生重特大安全生产事故。印发《城市扬尘专项治理三年行动实施方案（2020—2022年）》，加强城市扬尘治理。开展第一次全国自然灾害综合风险普查试点县房屋建筑和市政设施承灾体调查工作，采用的第三方技术人员与当地群众结合开展农村房屋调查的做法，在国务院普查办主任会议上受到肯定。

建筑市场

2020年，黑龙江省建筑业总产值实现1206.4亿元，增速2.1%。印发《黑龙江省住房和城乡建设厅关于在房屋建筑和市政基础设施领域推行工程总承包的通知》，初步形成全过程工程咨询配套政策体系。印发《关于在房屋建筑和市政基础设施领域推行工程总承包的通知》，培育设计施工一体化工程总承包企业。开发"黑龙江省工程担保电子服务管理系统"和"黑龙江省房屋建筑和市政基础设施工程承发包管理系统"，有效提升行业监管效能。将《黑龙江省房屋建筑和市政基础设施工程施工招标投标管理办法》和《黑龙江省房屋建筑和市政基础设施工程工程量清单招标投标实施暂行办法》合并为一，对《黑龙江省房屋建筑和市政基础设施工程招投标投诉处理办法》进行了全面修订后发布。印发《房屋建筑和市政基础设施工程建设行业专项整治方案》，将串通投标等9方面突出问题作为整治重点，查处各类违法违规行为17起。开展建筑市场专项整治三年行动专项整治。积极推动科技创新和绿色发展，评审省级工程建设工法126项，验收十项新技术的金牌、银牌示范工程共58项。

建筑节能与科技

印发《黑龙江省绿色建筑创建行动实施方案》，修订《黑龙江省绿色建筑评价标准》，当年推广绿色建筑2276万平方米。新增培育国家级产业基地2个，省级产业基地5个，推广严寒地区装配式建筑适宜技术8项，推动各地开工建设装配式建筑143万平方米。发布实施《黑龙江省居住建筑节能设计标准》，平均节能率为78.3%，高于国家行业标准约3个百分点；修订《黑龙江省公共建筑节能设计标准》，进一步提升公共建筑节能率。推动建设"中德生态科技小镇"超低能耗建筑，打造国内严寒地区体量最大的被动式超低能耗建筑园区。组织发布行业急需标准22部，编制《黑龙江省工程建设重要技术标准体系指引》。推动行业科技成果获省科技进步奖9项，组织申报住房和城乡建设部科研课题24项，开展科技成果评估鉴定36项，组织发布建筑节能绿色技术产品推广目录14项、建立了"龙建专家智库网络咨询平台"，充分发挥行业发展技术支撑作用。

城市风貌管理

2020年，黑龙江省深入推进勘察设计质量提升，上线运行黑龙江省施工图审查管理系统，编制《黑龙江省大空间建筑用于应急医疗隔离设施（呼吸类）设计导则》，完成对哈尔滨恒达国际中心等7个项目的超限高层建筑工程抗震设防专项审查及哈尔滨市地铁项目的初步设计审查。截至年底，全省共划定历史文化街区35片，设市城市和名城县共确定历史建筑362处印发《黑龙江省建设工程消防设计审查验收管理实施细则（暂行）》，全年办结消防设计审查验收及备案3938项。建立了消防审验专家库，对2800余人开展了消防执法培训。印发《关于做好消防设计审查验收清单移交工作的通知》《关于对消防历史遗留问题建设工程项目进行统计交接工作的通知》，积极解决消防历史遗留问题。

人事教育

2020年，对《干部教育培训工作条例》和《2018—2022年全国干部教育培训规划》实施情况开展中期评估，印发《黑龙江省住建系统重点任务六步工作法》和《2020年机关干部培养锻炼工作方案》，强化干部政治素质和业务能力提升。2020年度申报正高级工程师239人，通过140人，通过率58.58%；申报高级工程师2692人，通过1550人，通过率57.58%；申报工程师4100人，通过1926人，通过率46.98%；申报认定工程师85人，通过47人，通过率55.29%；申报认定助理工程师2171，通过1482人，通过率68.26%，申报认定技术员23人，通过人数12人，通过率52.17%。全年培训建筑技能工人45800人，合格率达85%以上。

（黑龙江省住房和城乡建设厅）

上 海 市

住房和城乡建设

概述

2020年，上海市住房城乡建设管理系统深入贯彻落实中央和全市各项重大决策部署，认真践行"人民城市"发展理念，扎实做好"六稳"工作，全面落实"六保"任务，统筹推进疫情防控和经济社会发展工作，圆满完成全市住房城乡建设管理领域各项工作任务，为上海经济社会平稳发展作出积极贡献。

全市市住建系统众志成城、坚守阵地，统筹疫情防控和行业复工复产，有力地支持了全市疫情防控大局和经济社会健康平稳发展。重大工程建设、重点建设任务和重要行业改革持续攻坚突破，完成投资额和任务量实现逆势上涨，行业营商环境和发展能级进一步优化提升。着眼满足均衡化、优质化居住需求，持续推动住房多品种供给、多渠道保障，持续办好居住民生实事、改善居住环境。配合市政府完成《住房和城乡建设部上海市人民政府共建超大城市建设和治理中国典范合作框架协议》的签订工作，全面完成本轮城市管理精细化工作三年行动计划。把落实管党治党作为最根本的政治责任和担当，抓严抓实各项主体责任，为确保中央和市委重大决策部署落实落地提供坚强政治保障。

城乡建设与管理

【重大工程建设】创新工作举措，对 S3 公路、机场联络线、第十届花博会等重大项目，首批试点实行"一张作战图、一张时间表、一本责任书"的"三个一"项目管理制度，推动工程建设全线提速。聚焦投资体量大的"重中之重"项目加快前期工作协调，协同各区加大区级重大项目推进力度。张江科学之门、市疾病预防控制中心等 40 个项目开工建设，沪通铁路上海段、轨道交通 10 号线二期及 15 号线等 19 个项目基本建成。市重大工程全年完成投资1708 亿元，比上年增加 245.7 亿元，占年初计划113.8%，再创历史新高。

【建筑业管理】全年实现建筑业总产值 8277.04亿元，比上年增长 5.9%。积极培育国家装配式建筑产业基地和上海市装配式建筑示范项目，制定装配整体式混凝土建筑防水质量管理导则。有序推进BIM 技术在重大工程、重点区域及保障性住房建设过程中的技术应用，全市应用 BIM 技术的项目数量达到 777 个，项目总建筑面积达到 4000 万平方米。发布地方绿色建筑评价标准，全市绿色建筑总面积达 2.33 亿平方米，创建绿色生态城区 7 个，总用地规模约近 27 平方公里。编制完成上海 2020 版建设工程行政处罚裁量基准。加强"行刑衔接"和部门协同，严厉打击围标串标等违法行为，全年处理违法企业近 60 家。完善在沪建筑业企业信用评价体系，扩大工程业绩信用计分范围，开展企业资质动态核查。完成上海市建设工程定额体系修编，发布工程建设标准和图集 68 项、各类定额 6 项，推进上海工程建设标准国际化工作，鼓励企业科技创新发展，对建设工程采用尚无国家相应标准的新技术、新材料开展技术论证。优化建材产品使用，规定最严格的建设用砂氯离子含量指标，推进建筑废弃混凝土处置场所和信息系统建设。

【房屋建设】2020 年，全部房屋施工面积15740.34 万平方米，比上年增长 6.3%。其中，房屋新开工面积 3440.62 万平方米，增长 12.3%。从房屋类型看，住宅新开工面积 1756.37 万平方米，增长 11.7%，增速比上年提高 4.9 个百分点；商办新开工面积 752.79 万平方米，增长 11.4%。2020年，全市房屋竣工面积 2877.78 万平方米，比上年增长 7.8%。其中，住宅竣工面积 1627.61 万平方米，增长 12.0%；商办竣工面积 545.52 万平方米，下降 6.6%。

【优化营商环境】加强工程建设项目审批制度改革顶层设计，制定发布"1+7"改革政策体系。巩固深化"整体政府"理念和"一站式政务服务"改革举措，探索成立工程建设项目审批审查中心，优化整合全市工程建设项目审批管理系统。进一步规范项目"隐性审批"，推动涉审中介服务事项清单制、标准化、分类别管理和改革后评估。全市按照审批改革后的流程进入审批管理系统的项目已超5700 个，实现工程建设项目全流程审批时间不超过100 个工作日。成功打造一批重大产业项目改革样本，成功创造了当年开工、当年竣工、当年投产、当年上市的"特斯拉速度"。

【绿色建筑】2020 年，全市新建民用建筑全部执行绿色建筑标准，低碳发展实践区、重点功能区域内新建公共建筑按照二星级及以上标准建设的比例不低于 70%。截至年底，上海累计通过审图的绿色建筑总量已达 2.33 亿平方米，其中 879 个项目获得绿色建筑标识（建筑面积 7565 万平方米），二星级以上占比超过 80%。

【装配式建筑】2020 年，上海市符合条件的新建建筑项目原则上实施装配式建筑，预制率不低于40%或装配率不低于 60%。全年经营性土地出让落实装配式建筑 3843 万平方米，累计落实装配式建筑总量近 1.5 亿平方米；新开工装配式建筑面积 4234万平方米，约占全市新开工建筑面积的 91.7%，预制构件实际产能达到 614 万立方米，基本满足现有项目需求。

【实行建筑能耗"健康码"制度】上海市住房城乡建设管理委、市发改委联合印发《关于进一步推进本市建筑能源审计工作的通知》，将综合能源消费量 1000 吨标准煤以上的重点用能建筑、未安装建筑能耗监测装置、未上传能耗数据或上传能耗数据不稳定的国家机关办公建筑或大型公共建筑、节能管理制度不健全、节能措施不落实、能源利用效率低、能耗指标不满足上海不同类型建筑合理用能指南要求的公共建筑纳入能源审计重点实施范围。同时根据审计结果，对建筑运行能耗水平给出"健康码"，分别实行红色、黄色或绿色能耗标记，并向社会公布。

【城市更新】2020年，完善旧改"1＋15"配套政策体系，成立市城市更新中心并赋能做强，推动旧改工作能级跃升。会同相关中心城区制定三年行动计划，加快旧改地块收尾和"毛地"地块改造，推动旧改工作升挡提速。全年完成中心城区成片二级旧里以下房屋改造75.3万平方米、受益居民约3.6万户，分别占原定目标任务的137%、129%。推广建立优秀历史建筑智能感应系统，健全旧改范围内历史建筑分类保留保护技术导则，更好传承城市文脉。

【老旧住房品质得到有效维护提升】全年实施三类旧住房综合改造709万平方米，各类里弄房屋修缮改造55.8万平方米，启动实施9000余户非旧改地块无卫生设施老旧住房改造。完成住宅小区加梯可行性评估全覆盖，开展住宅小区规模化加装电梯试点，发挥市场机制和第三方力量，加大力度推进既有多层住宅加装电梯工作。全市累计加梯通过居民意见征询1703幢、完工515台。

【保障房建设】2020年，上海市报送国家的保障性安居工程计划目标任务为棚户区改造新开工2.1万套、基本建成2.1万套；发放城镇住房保障家庭租赁补贴3.7万户。按照目标责任书对应的统计范围和口径，上海市棚户区改造全年新开工2.15万套、基本建成2.16万套；全年共发放城镇住房保障家庭租赁补贴3.95万户，全面完成国家下达的各项目标任务。

【部市共建】7月28日，住房城乡建设部与上海市人民政府在沪签署共建超大城市精细化建设和治理中国典范合作框架协议。上海市委书记李强，住房城乡建设部部长王蒙徽，上海市委副书记、市长龚正出席部市合作工作座谈会并见证签约。双方将以上海"人民城市人民建，人民城市为人民"的生动实践为基础，聚焦城市治理体系、住房制度、城市建设体制机制等方面14项具体工作，以世界城市日为平台，通过部市合作，推动城市转型发展、绿色发展和高质量发展，为推动国家治理体系和治理能力现代化贡献上海智慧、上海样本，为世界超大城市建设和治理提供中国经验、中国方案。

【着力补齐住房民生短板】全年共完成733个既有住宅小区电动自行车充电设施建设。全市共完成2001个住宅小区雨污混接改造。完成80个老旧小区、65栋高层住宅消防设施改造，对3368台老旧住宅电梯进行安全评估，完成481台电梯修理改造更新，为1998台电梯安装远程安全监测模块。更新改造7324个小区安防监控系统，完成54个易积水小区整治、3801个小区二次供水设施移交接管，整治866处外挂结构及附属设施安全隐患，完成1874个住宅小区主要出入口门岗及管理处规范化建设，实施27257个垃圾分类投放设施升级改造。

【架空线入地和合杆整治】全年完成124公里架空线入地和合杆整治，中心城区入地率显著提升，内环内主次干道入地率提高到65%。按照《市政道路建设及整治工程全要素技术规定》的要求，全面推进道路全要素整治，打造了一批全要素整治示范道路，呈现了"线清、杆合、箱隐、景美"的效果。在对2018~2020年整治工作开展评估的基础上，研究新一轮三年整治计划。以整治工作为契机，启动架空线入地和市政全要素长效机制研究，完善城市道路管线和杆箱及城市家具设施的长效管理机制。

（上海市住房和城乡建设管理委员会）

水务建设与管理

概况

【河湖水质明显提升】2020年，上海市按期实现"2020年基本消除劣Ⅴ类水体"目标。全市面上完成435千米河道整治、681千米河道轮疏、3.5万户农村生活污水治理、21421个住宅小区和1423个其他雨污混接改造（从2015年开始，历时5年），打通断头河1096条（段），完成劣Ⅴ类水体治理3630条段，河湖水面率提高到10.11%，优于Ⅲ类水比例达到68.7%，水土流失风险得到有效管控，河湖生命健康达到20年来最佳状态。

【污水处理持续增强】120万立方米/日的竹园四期工程全面开工，50万立方米的竹园四期调蓄池工程加快建设，天山等6座初雨调蓄工程及郊区6座污水处理厂改扩建工程有序推进，污水南干线改造工程加快实施。竹园污泥扩建、石洞口污泥二期、白龙港污泥二期项目正式投运，浦东、青浦污泥项目基本建成，"一区一站"通沟污泥项目有序推进，污水处理厂污泥零填埋、通沟污泥项目无害化处置目标基本实现。

【河湖长制不断完善】各级河长累计巡河28.5万余人次，开展督查督办430组次，推动解决难点问题1300余个。建成河长制标准化街镇93个（累计建成168个）、村居河长工作站931个，基层治水管水能力增强。市属企业河长全覆盖，民间河长、志愿者队伍壮大，杨浦"名人河长"形成良好示范。依托太湖局，健全"两省一市"联合河长制，建立示范区联合河湖长制信息化平台，流域治水合力凝聚。

【**完成投资再创新高**】面对新冠肺炎疫情影响，严格落实水务建设工地防疫措施，全力协调解决农民工返沪、工程渣土卸点、上下游材料供应等复工复产难点问题。落实"六稳""六保"工作，尽全力扩大有效投资，重大工程开工9项，完工18项，全年完成投资126.8亿元，较年初计划100亿元增加26%。

【**重大项目实现突破**】率先探索"先行用地"审批和实施路径，吴淞江工程（新川沙河段）等重点项目实现"当年立项、当年开工"；治水引领性项目"苏四期"工程加快推进，苏州河堤防达标改造工程建成，底泥疏浚工程基本完成。上海在水利部组织的水利建设质量工作考核中蝉联全国第一。

【**水厂深度处理改造步伐加快**】出台长江水源水厂深度处理市级资金补贴政策，百年杨树浦水厂深度处理改造工程全面开工，月浦水厂等10座长江水源水厂深度处理工程完成改造，水厂深度处理率由37%提升到64%。同时，完成593千米老旧供水管道、200千米郊区小口径供水管道改造任务，完成奉贤一临港供水连通管工程。积极推进黄浦、临港等重点区域高品质饮用水试点工程。

【**节水行动深入实施**】建立市级节水联席会议机制，全市16个区出台节水行动方案。完成浦东、松江、宝山、崇明县域节水型社会达标建设，提前实现国家考核目标。合力推进节水型社会示范建设，新增各类节水载体484个、水务行业节水机关（单位）59个。严格落实总量和效率"双控"的水资源刚性约束，国家对上海市最严格水资源管理考核结果为优秀。

【**规划体系更趋完善**】组织完成水系统治理"十四五"规划编制。全面完成2035城镇雨水排水规划和防洪除涝规划报批工作（全市第一个完成2035专业规划批复的部门）。开展涉水涉海专项规划编制，服务国家战略实施。

【**执法监管深入开展**】深入开展河湖水面率管控、水土保持、雨污混接、长江采砂、沿江沿海岸线保护等专项执法行动，全市累计执法巡查1万余次，出动执法人员2.5万人次，查处违法案件522起。全面实施《上海市排水与污水处理条例》，推动《上海市海塘管理办法》立法工作，制定《上海市水土保持管理办法》等6部局行政规范性文件。

【**政务服务更加高效**】以"一网通办"为统领，推进"河道管理范围内建设项目审核"和"海域使用权审核"2个"一件事"改革；探索智能服务，"城镇污水排入排水管网许可"实现无人干预自动办理，建设项目水土保持方案实现"云评审"；新增公共服务事项9个，"取水许可"等5个事项实现全市通办；发放全国首张水利行业资质类电子证照；推出供排水接入改革3.0版，接入时间压缩至6个自然日以内。深化"放管服"改革，落实"两个免于提交"，依法取消4项行政许可事项，压缩审批时限70%。政府信息公开深化，获得全市考核"优秀"。

【**科技创新加速发展**】大力推进重大科研需求顶层设计和项目落地，取得科研成果17项，"大型城市供水系统安全消毒关键技术及应用"等2个项目获得市科技进步一等奖。完成6项地方标准编制，地方标准复审8项，颁布6项标准化指导性技术文件。成功举办6期水务海洋科技论坛（沙龙）。组织完成9项局级课题、13项处级课题。

【**水文保障不断强化**】加强河湖水质常态化监测，组织开展河湖水质变化趋势分析研究，定期发布河湖水质状况报告。针对特殊水情加密巡检，及时组织报送各类信息。深化检测、监测、调查三位一体的业务布局，沪水文001、102号巡测船投入运行，完成长江口"一网47站"、省市边界水文监测站网项目建设，基本建成全覆盖水文监测体系。

防汛防台

【**概况**】2020年，上海成功应对超标洪水、超长梅雨、超强降雨、超高水位的严峻考验。汛期，全市共启动防汛防台应急响应行动32次，其中Ⅲ级响应6次，Ⅳ级响应26次，实现"不死人、少伤人、少损失"的目标。

【**超标洪水**】6月9日，太湖流域入梅，太湖平均水位3.16米，受连续降雨影响，太湖水位快速上涨。6月28日，太湖水位超警戒水位（3.80米），发生第1号洪水。7月16日，太湖水位超过4.50米，发生大洪水；7月17日，超保证水位4.65米，发生超标洪水，太浦河水闸逐步加大下泄流量，7月19日起全力泄水；7月21日，太湖水位涨至峰值4.79米，超警戒水位0.99米，超保证水位0.14米。7月21日最大流量达到826立方米/秒，为正常下泄流量的9~10倍，累计下泄洪水20亿立方米，其间恰逢上海遭遇21世纪以来最长最强梅雨，洪涝叠加。7月26日，太湖水位降至保证水位以下；8月14日，降至警戒水位以下。太湖水位总计超保证水位10

天，超警戒水位 48 天。

【超强降雨】2020 年汛期（6 月 1 日～9 月 30 日）上海平均雨量 1041 毫米，较常年同期偏多 69.5%。2020 年第 4 号台风"黑格比"影响上海期间，全市平均雨量达到 101.1 毫米（8 月 4 日 18 时～8 月 5 日 10 时），上海金山区遭遇特大暴雨，平均雨量 208.9 毫米。

【超长梅雨】2020 年，上海地区梅雨呈现出"梅雨期长、雨量大、暴雨多"的特点，梅雨期长达 42 天，为 2000 年以来最长梅雨期。全市平均梅雨量 533.0 毫米，是常年梅雨量的 2.4 倍，为 2000 年以来最大梅雨量。

【超高水位】2020 年汛期，由于区域暴雨、上游洪水、高潮位顶托等影响，导致上海黄浦江上游地区、青浦、金山、嘉定等西部地区内河水位偏高，全市水文监测站点 477 站次超过警戒水位，金山区泖泾站超警戒水位 41 次，黄浦江上游米市渡站连续超警 12 天，太北片莲盛站连续超警 18 天，苏州河中上游水位全线超历史纪录，赵屯站、蕰藻浜西闸、黄渡站、北新泾站等水位均超过历史最高水位。台风黑格比期间，金山区张泾河张堰站水位超历史最高水位。

【防汛防台工作】优化体制机制。由市长龚正担任市防汛指挥部总指挥，市委常委、常务副市长陈寅担任第一副总指挥，副市长汤志平担任常务副总指挥，新增市公安局、市气象局为市防汛指挥部副总指挥单位，自贸区临港新片区为成员单位。超前谋划全年防汛工作。3 月，市防汛办启动防汛预案修编等准备工作，针对受疫情影响跨汛施工项目多的情况，落实"一处一预案"。4 月 10 日，市防汛办召开全市第一次防汛办主任会议，部署统筹做好防疫、防汛相关工作安排。扎实开展备汛工作。落实各类抢险队伍 2000 余支，组织开展防汛演练 332 次、专题培训 478 次，落实移动泵车 102 辆，314 个防汛物资仓库储备 75 大类物资，完成 8.4 千米黄浦江苏州河堤防达标改造，推进 38 千米海塘达标建设，11 条道路积水改善工程 4.9 千米主管实现通水。科技赋能智慧防汛工作。6 月 1 日，上海市防汛防台指挥系统（2.0）上线运行，气象、水务、建设、交通、房管、公安、热线等行业防汛数据实现互联互通、实时共享，为各级防汛部门全面掌握信息、科学决策提供支撑。持续深化防汛督查检查。建立各区自查、第三方暗访检查、市级督查防汛隐患排查机制。各区每月开展防汛隐患自查，定期更新"一区一图一表"，共排查发现主要隐患 240 处，完成整改 182 处，剩余 58 处全部落实度汛措施。首次引入防汛隐患第三方暗访检查，三轮发现问题 176 处，全部整改完成。组织开展 3 次防汛督察，督察覆盖全市 16 个区。营造良好舆论氛围。入汛首日宣传报道获微博粉丝超过 28 万的点击量，入汛热点问答获微信粉丝超过 10 万的阅读量。《人民日报》、新华网等中央媒体，《解放日报》《文汇报》等上海媒体共报道 90 余条。各区上报简讯 140 条，"上海防汛"微信公众号发布各类信息 274 条。

【应对太湖流域超标洪水】按照水利部总体部署，制定超标洪水防御预案，组织开展专项演练。在太湖流域发生超标洪水期间，及时启动水旱灾害防御应急响应行动，协调推进淀浦河西闸提前 9 天通水泄洪，在嘉定南门水位超警戒水位不利情况下，启动蕰藻浜西闸开闸泄洪；组织黄浦江沿线 4 座水闸开闸纳潮，沿江沿海各水闸（泵站）加大外排力度。在泄洪期间，组织巡堤查险 55800 人次、61338 千米，一线堤防未发生重大险情。全市泄洪纳潮总量超 4 亿立方米，有效缓解太湖流域洪水下泄压力。

河长制湖长制

【组织体系建设】2020 年，在落实完善市、区、街镇（乡）、村居四级河长体系的基础上，推动 5 个市属企业管辖区域河长制全覆盖；形成泵站放江"排口企业河长＋河道河长"深度联合治水和政企联动议事组织模式。截至年底全市共完成 93 个河长制标准化街镇建设；建成 931 个村居河长工作站；全市护河志愿者达 4 万余名。

【工作制度落实】会议制度，协调组织召开 2020 年全市河长制湖长制工作会议和河长办主任会议，制定《2020 年河长制湖长制工作要点》，明确河湖长制年度重点工作。河长巡河制度，全年各级河长巡河累计 28.5 万余人次，发现并解决问题 3500 余处。督查督办制度，编制《市河长办 2020 年河长制督查督办工作方案》，年内共开展 84 次消除劣Ⅴ类水体专项监督，发现问题 183 项；河湖"清四乱"专项督查 52 次，发现问题 43 个，整改完成率 100%；开展 2020 年消除劣Ⅴ类水体复核工作，共计抽查 258 个水体，复查合格率 100%。同时，联合市委督查室开展河道消劣等专项联合督查。"三查三访一通报"制度，全年编制 12 期《上海市河长制工作简报》和《上海河湖水质状况月报》，向市区两级总河长、有关部门通报各项治水任务落实情况。通报 428 个水质反复断面和 463 人次有关河长（含区级河长 99 人次），约谈有关河长 8 人，督促各区及有关河长加快推进"消劣"任务。考核制度,印发《2020年度"河长制湖长制"考核指标分解表及工作评分表》,年底完成河长制湖长制考核。

【水污染防治行动计划】嘉定安亭污水处理厂三期扩建工程开工;月浦水厂深度处理工程并网通水;杨树浦水厂深度处理工程按计划推进,7号综合池咬合桩、工程桩、高压旋喷桩施工完成,5号清水池基本建成;郊区小口径供水管网改造工程共完成2228千米;通沟污泥处理工程完成2座;苏州河段深层排水调蓄管道系统工程试验段工程累计完成50%形象进度。

【环保三年行动计划水环境保护专项】2020年,全市城镇污水处理率达到96.7%以上(计划为95%),全市污泥有效处理率达到100%(计划为95%),全市农村生活污水处理率达到88%(计划为75%),全市重要水功能区水质达标率达95%(计划为78%)。

【饮用水源安全保障】完成青草沙—陈行水库连通工程项目技术储备方案编制;全面完成省市边界水文水质监测站网工程建设,新建廊下、兴塔等13座水文站;改建金泽和商榻2座水文站;新建省界水文巡测基地1处,配置水文巡测船1艘。

【苏州河环境综合整治四期】2020年苏州河环境综合整治任务完成,苏州河支流劣Ⅴ类水体基本消除。全年完成苏州河支流综合整治113.7千米,打通断头河24条段,轮疏河道37.1千米。新建污水管网12.56千米,对17个污染源予以截污纳管。住宅小区雨污混接改造完成382个。苏州河堤防达标工程和底泥疏浚工程完成,其中堤防达标工程累计完成32千米。苏州河底泥疏浚累计完成168万立方米。苏州河两岸42千米滨水岸线基本实现贯通开放,10余处生活亲水岸线和活力空间示范区同步建成。

【清水行动计划完成情况】到年底,全市基本消除劣Ⅴ类水体,工作目标如期实现。完成农村生活污水处理设施改造3.5万户、住宅小区雨污混接改造2142个,其他雨污混接点改造1423个,新建管网83千米,推广有机肥33.49万吨,推广缓释肥、配方肥177.54万亩次,超额完成目标任务。106个无违建先进街镇通过复评,复评合格率100%。建成泰和污水处理厂,完成白龙港污水处理厂提标改造,推进天山等六座污水处理厂初期雨水调蓄工程。完成435千米河道整治、681千米河道轮疏、打通断头河1096条段。持续开展专项执法,全力打好水污染防治攻坚战,2020年水务执法方面开展执法检查3589次,出动执法人员8814人次,立案204件,罚款1024.50万元。持续开展河道管理养护实效第三方检查工作。加强农村生活污水行业监督检查,及时通报结果,发挥河长制考核监督作用。开展"清剿水葫芦,美化水环境"联合整治专项行动,全面保障进博会召开。完善水资源调度格局和体系,推动全市水资源调度精细化。在全市市管、区管、镇管河湖上分别布设市控、区控、镇控监测考核断面3000余个,建立全市水质监测一张网,全面评估全市河湖水质状况。

【长三角一体化水环境治理工作】2020年,完成太湖淀山湖湖长协作机制轮值方工作,牵头制定《太湖淀山湖湖长协作机制2020年工作方案》,成功举办协作机制年度会议。参与编制《长三角生态绿色一体化发展示范区重点跨界水体联保专项方案》,建立联合河长制,将47个重点跨界河湖纳入联保范围。上海市青浦区,江苏省苏州市吴江区、昆山市,浙江省嘉兴市嘉善县联合印发《示范区跨界河湖联合河长湖长巡河工作制度》,开展联合河湖长巡河16次。配合流域机构出台《关于进一步深化长三角生态绿色一体化发展示范区河湖长制加快建设幸福河湖的指导意见》。打通元荡1.2千米生态岸线贯通示范段,推进跨苏沪、浙沪6个跨界河湖治理。组织部署全市2020年度水生植物整治打捞工作,全市累计打捞水葫芦22.8万吨。建立淀山湖蓝藻联防联控机制,锁定111条蓝藻易聚集问题河道清单,14处环淀山湖蓝藻易聚集区域清单,完成淀山湖水域8处蓝藻围隔布设。配合编制《太湖流域水环境综合治理总体方案(2021—2035年)》。

城市供水

【概况】2020年,上海有自来水厂38座(新增1座南汇北水厂),总供水能力1221万立方米/日(较2019年下降29万立方米/日)。全市供水管线总长度39553千米。2020年,全市自来水供水总量28.86亿立方米,比2019年下降3.1%;售水总量23.59亿立方米,下降1.7%。工业用水量为3.89亿立方米,下降3.8%;城镇公共用水量7.68亿立方米,下降8.9%;居民生活用水量11.37亿立方米,增长4.5%;生态环境用水量0.64亿立方米,增长1.2%。夏季供水高峰期间,全市日均供水量839.03万立方米,较2019年(853.24万立方米)下降1.67%。全市最高日供水量891.19万立方米(8月20日,当日最高气温37.1℃)。

【节水型社会(城市)建设】截至年底,上海市共建成节约用水示范小区269个、节水型小区2930

个；节约用水示范学校（校区）58所、节水型学校492所；节约用水示范企业36家、节水型企业362家；节约用水示范单位9家、节水型单位394家；节约用水示范机关11家、节水型机关614家；节水型示范农业园区1个、节水型农业园区3个和节水型工业园区28个。

城市排水

【概况】截至年底，上海已建城镇污水处理厂42座，总处理能力840.30万立方米/日，日均处理813.59万立方米，全年处理污水29.8亿立方米。市政府实事项目中的11个道路积水改善工程如期完成。敷设市政污水管网建设83.44千米。养护排水管道23294.50千米，养护检查井与进水口263.54万处次，清捞出污泥15.43万吨。完成排水管道结构性检测主管1076.70千米，支（连）管764千米。修复排水管道主管219千米，支连管90千米。更新改造雨水口19106处，安装截污挂篮27747个，检查井防坠设施44023套。完成2座排水管道污泥处理设施建设。市区全年缴纳污水处理费24.51亿元。

【道路积水改善工程】2020年，完成和田路、宋园路等11个市政府实事项目道路积水改善工程，及中山西路储备项目，累计新敷设排水主管约5.1千米，总投资1.3亿元。

【化学需氧量、氨氮、总磷减排工作情况】全市共有城镇污水处理厂共42座，总处理能力840.30万立方米/日，全年处理污水量29.8亿立方米，日均处理量813.59万立方米，较2019年同期相比日均处理量增加5.79%；出水化学需氧量、氨氮和总磷平均浓度分别为17.3毫克/升（2019年同期为25.4毫克/升）、0.23毫克/升（2019年同期为2.08毫克/升）和0.12毫克/升（2019年同期为0.20毫克/升），均优于一级A排放标准。全市城镇污水处理厂污泥处理设施共21座，总设计规模1476吨干基/日。全年实际产生脱水污泥共137.07万吨（干基48.41万吨），日均污泥量产生量3745.26吨（干基1322.64吨），每处理万吨污水产生1.63吨（干基）污泥。其中，填埋占比34.9%、焚烧占比64.6%（独立焚烧17.3%、电厂掺烧41.2%、垃圾掺烧6.1%）、土地利用占比0.5%（按照干基计算）。全市城镇污水处理厂化学需氧量削减量78.83万吨（2019年同期为78.43万吨），氨氮削减量6.63万吨（2019年同期为6.16万吨），总磷削减量1.12万吨（2019年同期为1.04万吨）。

水利建设

【概况】2020年，制定《农村生活污水处理设施运维监督办法》《长三角一体化背景下的跨界河湖治理长效机制研究》《河道底泥疏浚技术指南》《水闸精细化指导手册》。印发《2020上海市河道（湖泊）报告》《2020年度泵闸设施报告》。完成714千米镇村级河道轮疏、3.5万户农村生活污水处理设施建设，推进7个圩区达标改造项目建设。全面完成上海农业水价综合改革工作任务，建设完成农业水价综合改革面积1万公顷（15万亩）。完成河湖治理、农村生活污水治理、区域除涝3个"十四五"专项规划编制工作。开展闸门运行工、河道修防工培训工作，完成10批583名闸门运行初级工、2批124名中级工、1批33名高级工和5批197名河道修防工（初级工）的鉴定工作。围绕2020年底全面消除劣Ⅴ类水体的目标，完成435千米河道整治、1096条断头河整治。推进苏四期支流水环境治理，完成113千米河道综合整治（含骨干河道疏浚）、24条断头河整治以及37千米河道轮疏任务。

【农村生活污水治理】全年建设完成全市3.5万户农村生活污水处理设施，完成3.5万户年度考核目标，涉及闵行、嘉定、浦东、奉贤、松江、金山、青浦7个区，全市农村生活污水处理率达88%。

【水利行业管理】全年完成河湖治理、农村生活污水治理、区域除涝等"十四五"专项规划编制工作3个，成果纳入市水系统治理"十四五"规划。同时开展水生态专题规划、农村生活污水治理区级专项规划、水闸安全鉴定规划、水资源调度规划纲要等的编制工作。完成2019年度全市河湖长效管理养护工作考核，静安、长宁、闵行、青浦、松江区考核等级核定为优秀。开展河道管理养护实效第三方巡查，累计抽查河湖长度共计21744千米，发现问题29027处，并督促整改。完成长江（上海段）管理范围划定，启动长江采砂行业监管。开展水闸精细化管理专项督查和管理考核。修订圩区泵闸设施管理养护实施意见，提升管理水平。

水政管理

【概况】2020年，累计受理办理水务海洋行政审批事项9386件。受理办理行政审批事项共1870件；接收建设工程并联征询事项33件、行政协助事项73件。受理办理"用水计划指标的核定或批准"7515件，受理办理"临时停止供水或者降低水压的审批"1件。全年发布主动公开信息2219条，行政公文主动公开率达70.3%，办理依申请公开信息34件。开展河湖水面率管控、排水专项执法、进博会保障、打击非法采砂等多个专项执法。全年开展执法检查3737次，出动执法人员9208人次；立案209件，罚款1810.81万元。

【水务规划】2020年，水系统治理"十四五"规划形成草案，《上海市城镇雨水排水规划（2020—2035）》《上海市防洪除涝规划（2020—2035）》《上海市雨水调蓄设施规划建设导则》《区级雨水规划技术大纲》四大水务专项规划全部获市政府批复，10余项重点领域和区域水务规划编制完成，8项水务重大工程规划、15项技术储备项目进展顺利。完成长三角一体化发展、城市总体规划评估、城市规划建设管理等市级重点工作涉水事项，加强水务与各领域的规划协同；将水务、海洋规划要素纳入市委关于制定"十四五"规划的建议和全市"十四五"规划《纲要》。完成规划相关行业审查和协调100余项，批复填河许可事项170余项，受理蓝线项目460余项等。

【法规、规章和规范性文件】5月1日，《上海市排水与污水处理条例》正式施行。《上海市海塘管理办法》被列为2020年正式立法项目，并形成修订草案，8月25日，报送《〈上海市海塘管理办法（修订草案）〉及其说明的函》。印发《上海市水土保持管理办法》《上海市水务建设工程安全质量行政处罚裁量权实施细则》《上海市水务建设工程安全质量行政处罚裁量基准》《上海市供水调度管理细则》《关于延长〈上海市水务局（上海市海洋局）行政审批申请接收管理实施细则〉规范性文件有效期的通知》《上海市海洋局关于废止〈上海市海洋工程建设项目环境保护设施验收管理办法〉的通知》《上海市非居民用水超定额累进加价制度实施细则》《上海市水务海洋违法行为举报奖励办法》。

【水质监测】2020年，围绕上海市"2020年力争消除劣Ⅴ类水体"的目标，组织开展全市河湖水质监测及"三查三访"问题河湖、部分区镇管河湖、村级及其他河湖、农村生活污水处理设施出水水质等专项监督性水质监测；聚焦苏州河环境综合整治四期工程、第三届进博会、省市边界河湖等重点区域定期开展水质监测；每月开展99个地表水国家重点水质站监测，报送水利部；围绕长三角一体化示范区建设，开展以藻类为主的淀山湖水生态监测。整理汇总全市河湖数据28万余组，上报各类月报、通报和专报41期；加强市区联动，履行行业管理职能，加强实验室质量管理及水质在线监测管理。

【黄浦江上游来水状况】2020年，黄浦江干流松浦大桥断面实测潮流量707测次，实测年进潮量120.2亿立方米，上游来水量321.9亿立方米，年径流总量201.7亿立方米，年平均流量638立方米/秒，较2019年增加7.5%。各月上游来水量变幅较小，而潮汐强度差异较大，两者共同影响下，各月平均流量变化较大，最大月平均流量为990立方米/秒，最小月平均流量为446立方米/秒。根据黄浦江上游水文同步调查数据统计，上游三大支流斜塘、圆泄泾、大泖港的汇流占比分别为56%、26%、18%，斜塘的来水比例接近六成。

【水务科技】2020年，组织完成"水务海洋科技'十四五'规划"课题研究和《水务海洋科技"十四五"规划》文本编制。围绕水安全保障、水资源配置、水环境治理、水生态保护等重点工作组织开展科学研究和标准编制，推进31项科研项目研究和6项地方标准编制，取得科研成果17项，地方标准复审8项，颁布6项市标准化指导性技术文件。"上海市中小河道水质航空遥感监测应用示范"项目成果获"2020地理信息科技进步奖"二等奖。"黄浦江上游取水安全和水源湖（库）生态结构关键技术研究与示范应用"等44项（人）获得2020年度上海市水务海洋科学技术奖。

大事记

1月

2日　中共中央政治局委员、上海市委书记、上海市总河长李强先后到黄浦江浦东滨江段、苏州河黄浦段和长宁段，实地调研"一江一河"两岸公共空间贯通提升工作。

15日　《供水管网加氯技术指南》T/SW-STA000003—2020发布。

21日　印发《上海市水土保持管理办法》。

23日　上海市政府印发《关于由中国（上海）自由贸易试验区临港新片区管理委员会集中行使一批行政审批和行政处罚等事项的决定》，将涉及市水务局（市海洋局）35项事权下放临港新片区集中行使。

2月

16日　市政府办公厅印发《关于启用"上海市人民政府填堵河道审批专用章（1）"的通知》，将填堵河道审批下放浦东新区。

2月　市水务局推出疫情防控及优化审批服务举措，通过"一网通办"平台向企业和市民提供行政审批、政府信息公开等政务服务。

3月

3日 市发展改革委、市海洋局、长兴岛开发建设管理委员会办公室联合印发《上海崇明（长兴岛）建设海洋经济发展示范区总体方案》。

22日 举行纪念第二十八届"世界水日"第三十三届"中国水周"系列宣传活动。

4月

14日 印发《浦东新区政府投资项目水面积指标统筹配置操作细则（试行）》。

20日 市政府印发《关于下放浦东新区一批行政审批的决定》，将"水利工程质量检测单位资质认定（乙级）"事项委托浦东新区实施。

21日 市委副书记、代市长龚正调研长三角生态绿色一体化发展示范区，实地察看淀山湖。

22日 市水务局、市规划和自然资源局印发《关于启动编制中心城各区雨水排水规划的通知》。

27日 白龙港污水处理厂提标改造除臭工程获第十七届中国土木工程詹天佑奖。

5月

1日 《上海市城镇排水与污水处理条例》施行。

8日 市委副书记、代市长龚正，副市长彭沉雷到青草沙水库调研水源地建设运行及保护情况。

10日 2020年上海"全国城市节约用水宣传周"开幕。

15日 上海市金山区，浙江省平湖市、嘉善市三地水务（水利）局召开"金平嘉水事议事堂"2020年首次联席会议。

19日 "大型城市供水系统安全消毒关键技术及应用"获2019年度上海市科技进步一等奖。

6月

1日 上海市防汛防台指挥系统上线。

3日 中共中央政治局委员、上海市委书记李强到奉贤区调研河长制推进落实及水环境治理工作。

4日 市委、市政府组织召开全市河长制湖长制工作会议，中共中央政治局委员、上海市委书记、上海市总河长李强出席会议并讲话。

17日 市水务局向市人大城建环保委报送《"十四五"期间上海水生态环境保护和海洋生态环境保护基本思路》。

23日 全市首个村级河长制工作站在金山区漕泾镇水库村挂牌。

7月

1日 市水务局通过"无人干预自动办理"核发首张"排水许可证"。同日，市水务局向上海市"十四五"规划工作领导小组办公室报送《上海市水系统治理"十四五"规划（素材稿）》。

3日 召开中央生态环境保护督察整改水务工作推进会。

20日 中共中央政治局委员、上海市委书记李强检查苏州河河口水闸防汛工作，登上防汛堤察看水情变化。

20~21日 长江口地区暴雨、天文大潮与长江1号洪水"三碰头"，长江口水文水资源勘测局在江阴水文站和徐六泾水文站准同步高洪水文测验。

29日 市政府召开农村生活污水治理工作专题会议。

8月

5日 受第4号台风"黑格比"影响，金山区张堰水文测站最高水位达3.78米，超1999年历史最高水位（3.77米）。

7日 市政府印发《关于由中国（上海）自由贸易试验区临港新片区管理委员会再集中行使一批行政审批和行政处罚等事项的决定》，将涉及市水务局（市海洋局）48项事权下放临港新片区集中行使。

12日 印发《上海市城镇雨水排水规划（2020—2035年）》。

17~20日 长三角一体化水利工程BIM＋技术应用交流活动在金山召开。

9月

1日 上海市阶梯水价"一户多人口"政策从原"人户一致"的户籍居民，扩大到人户分离的本市户籍居民，以及非本市户籍、持本市居住证的常住居民。

21日 全市首位"名人河长"聘任仪式在杨树浦港河畔举行。

25日 杨浦区建成中心城区首个"村居河长工作站"——松花江路95弄村居河长制工作站。

9月 市水务局热线系统与市110系统实现实时联动。

10月

10日 市水务局、市"一江一河"工作领导小组办公室印发《"绿色水岸魅力江河"——黄浦江、苏州河沿岸地区建设规划（水务篇）》。

21日 吴淞江工程（上海段）新川沙河段举行开工仪式。

11月

5日 市政府批复同意《上海市防洪除涝规划（2020—2035年）》，12月15日由市水务局印发。

24日 中共中央政治局委员、上海市委书记李强到石洞口污水处理厂、崇明城桥污水处理厂调研开展贯彻落实全面推动长江经济带发展座谈会精神暨河长制工作。

12月

2日 凌桥水厂深度处理改造工程开工。

8日 市水务局获水利部水利建设质量工作考核A级第一位，连续六年被评为A级和连续两年获得全国第一位。

(上海市水务局)

江 苏 省

概况

2020年，江苏省住房和城乡建设系统认真贯彻落实党中央、国务院和省委、省政府决策部署，强化责任担当、狠抓工作落实，务实进取、开拓创新，在大战大考中经受住了考验，交出了一份提气鼓劲的住房和城乡建设工作"答卷"。

江苏省住房和城乡建设厅于1月25日印发《关于做好住房城乡建设系统新型冠状病毒感染的肺炎疫情防控工作的通知》。全省20多万城管人员下沉一线，生活垃圾做到日产日清并无害化处理；近70万物业人员完成2万多个住宅小区、20亿平方米物业管理区域的防控工作；159座城镇自来水厂、208座城市污水处理厂、91座生活垃圾处理厂、750家城镇燃气企业安全平稳运行；1.3万多个房屋市政工程建筑工地、300余处封闭式管理的城市公园、800余处敞开式城市公园，实现了有效管控。组织编制《公共卫生事件下体育馆应急改造为临时医疗中心设计指南》，及时组织修订《江苏省住宅设计标准》，通过新闻媒体先后向社会推出《办公建筑防疫宝典》《房屋市政工程复工疫情防控指南》以及《建筑运行管理防疫指南》之住宅篇、校园建筑篇和工业建筑篇。

在做好疫情防控基础上，积极指导各地加快复工复产，到3月底，全省住房和城乡建设领域已基本进入正常运行状态。在全国率先出台疫情期间住房公积金阶段性支持政策，研究提出减轻行业企业负担、降低供水供气价格、减免垃圾处理费、稳定房地产市场等政策举措，纳入"苏政50条"。深化"放管服"改革，审批事项精简一半，申报材料减少1/3，从立项到验收备案审批总时限有效控制在100个工作日以内。制定印发《关于新冠肺炎疫情影响下房屋建筑与市政基础设施工程施工合同履约及工程价款调整的指导意见》等，防范和化解工程风险，减轻施工企业负担。

2020年，全力以赴开展建筑施工、城镇燃气和城市地下管网安全生产专项整治，全省城镇燃气和城市地下管线未发生安全生产事故，建筑施工领域发生的安全生产事故起数和死亡人数分别同比下降46%、51%。先后制定出台推进智慧工地建设、信息化安全监管和起重机械安全监管等方面的规定，强化安全文明施工措施费管理，推动运用信息化手段开展危大工程动态监管；新修订《江苏省燃气管理条例》，健全管道天然气和瓶装液化气安全监管体制机制。启动实施城市建设安全生产三年专项整治行动。

2020年，江苏省棚户区改造总量居全国首位，纳入政策性租赁住房试点的城市数量、筹集的政策性租赁住房套数均为全国最多。提请省委办公厅、省政府办公厅印发《关于落实城市主体责任制促进房地产市场平稳健康发展的通知》，全省房地产市场保持了总体健康平稳。率先提出推动美丽宜居城市建设的系统思路，江苏省被住房和城乡建设部列为全国首个试点省份，省委十三届八次全会将美丽宜居城市建设作为美丽江苏建设的主抓手；提请省政府成立省级领导小组，印发指导意见，编制《江苏省美丽宜居城市建设指引》《美丽宜居城市建设实践案例集》。组织编制新一轮历史文化名城名镇名村保护规划，强化历史文化资源的有效保护和发扬传承。举办三期"江苏·建筑文化讲堂"，举办第七届"紫金奖·建筑及环境设计大赛"。持续推进绿色建筑与装配式建筑发展。新增4个国家生态园林城市，数量全国最多。在全国率先实现13个设区市国家节水型城市全覆盖。深入推进城镇污水处理提质增效精准攻坚"333"行动，国家下达的城市建成区黑臭水体整治任务提前完成。深入推进生活垃圾分类和治理，以示范引领推动形成分类投放、分类收集、分类运输、分类处置的全链条处理体系。实施城市公厕提标便民工程。深入推进违法建设治理、建筑渣土运输处置、露天焚烧和烧烤、户外广告和店招标牌设置等系列专项整治行动。全力推进苏北农房改善工作，超额完成改善苏北10万户农房的建设任务，全省存量和动态排查新增的农村四类重点对象危房改造全部完成，建设成效得到中农办的肯定推广。推动特色田园乡村建设，制定完善管理办法。深入推动建筑业改革发展，加大工程总承包推行力度，积极推动省内建筑业企业参与大型基础设施建设，启动长三角建筑市场一体化进程，加快建筑业"走出去"步伐。基本建成全省统一的工程建设项目审批和管理体系，省市县政府投资工程集中建设和监管体系初步建立。全省住房和城乡建设领域扫黑除恶专项斗争取得重要成果。严厉打击拖欠农民工工资行为，我省保障农民工工资支付工作考核等级为A级。法治政府建设、行政审批、考试注册、教育培训、统计分析、城建档案、建设工会等工作取得新进展。

法规建设

【**进一步深化"放管服"改革**】根据国家四级四同和权力事项动态调整要求，按照苏编办〔2020〕14号文规定，完成全省住房城乡建设系统99项行政权力事项的动态调整，取消10项，调整65项，新增16项，划转消防事项8项；完成市设权力清单审核反馈，共计3个市级部门、约1100个事项；完成全省住房城乡建设系统173个政务服务事项的标准化办事指南编制，合计178个子项、212个业务项，14036个办理要素，实现与国家政务服务事项统一平台对接，推动审批服务事项实现"无差别受理、同标准办理"；推动厅8个政务服务事项进驻政务服务中心办理，实现"应进必进"，进一步提高了政务服务便利化水平。

【**深化行政审批制度改革**】2020年，先后召开省工程建设项目审批制度改革领导小组第三次会议和全省工程建设项目审批制度改革工作推进电视电话会议，印发《关于强化工程建设项目前期策划生成推动实现"拿地即开工"的指导意见》。年内超过30个工程建设项目运用"拿地即开工"机制。省工程建设项目审批制度改革领导小组办公室建立和实施通报、督查、调研、督办制度，编制印发全省工程建设审批制度改革工作通报8期，先后对13个设区市开展专项督查并对督查中发现的问题组织"回头看"，对改革进展相对滞后的地区进行专题调研或专项督办。调整印发全省工程建设项目审批四个阶段"一张表单"，推动全省审批事项标准化；印发全省工程建设项目审批管理系统（以下简称审批管理系统）编码规则，在全国率先完成审批管理系统工作编码与发改委"投资在线平台"项目代码的统一融合；实现所有审批事项在线办理功能和审批管理系统在所有市县的应用全覆盖，省级审批系统具备实时监测各地系统运行状况的功能，在省政务服务网开设工程建设项目审批专栏和统一网上窗口；推动各地落实业务协同、并联审批、区域评估、联合审图、联合测绘等改革措施，复制推广工程规划许可豁免、施工许可告知承诺、"拿地即开工"等方面的经验，全省各地新印发改革相关配套文件40余件；优化调整全省优化营商环境评价相关指标，以"工程建设项目审批"作为新的营商环境评价指标，实现工程建设项目审批改革成效与营商环境评价的"合二为一"。完成首批自贸区赋权事项清单和在扩大试点地区实施"证照分离"改革的涉企经营许可事项清单编制等其他改革工作。

【**立法工作**】《江苏省燃气管理条例》于1月9日经省第十三届人民代表大会常务委员会第十三次会议通过，自5月1日起施行。完成《江苏省绿色建筑发展条例》立法后评估课题结题和立法后评估工作。就《江苏省城市市容和环境卫生管理条例》等9个地方性法规提出立法修法建议，就《江苏省物业管理条例》《江苏省城市房地产交易管理条例》《江苏省村镇规划建设管理条例》3个地方性法规提出修法建议。报送《江苏省城市市容和环境卫生管理条例》《江苏省历史文化名城名镇保护条例》为2021年地方性法规立法调研项目，报送《江苏省住房城乡建设领域有关政务服务事项办事条件规定》等5个规章为2021年立法项目。按程序要求规范开展《省住房城乡建设厅关于做好建设工程合同信息要素归集加强建筑市场事中事后监管的通知》等7个规范性文件制发工作，所有文件备案率、合格率、及时率均达100%。圆满完成国家和省相关法律法规规章和规范性文件清理工作。制定出台《重大行政决策程序规定》，推进依法行政民主决策。

【**严格公正文明执法**】2020年，赴南京、苏州等地调研城市管理综合执法体制改革情况，进一步摸清底数。编制完成《江苏省住房城乡建设系统行政处罚裁量基准》和《江苏省住房城乡建设系统行政处罚裁量基准编制和适用规则（2020版）》，覆盖省市县三级住建领域所有行业。厅行政执法工作全面落实行政执法公示、执法全过程记录、重大执法决定法制审核制度。厅行政执法主体确认和行政执法人员证件核发工作圆满完成。初步开发完成江苏省住房城乡建设行政执法平台，实现执法全过程可回溯管理；在部分设区市和县级执法机关开展试点，对镇江市住建系统执法人员先行开展操作培训，为在全省全面应用积极做好准备。印发《2019年江苏省住房城乡建设行政执法年报》，为全面推进住房城乡建设领域新时期行政执法工作提供有力参考。

【其他工作】研究起草《厅行政诉求分类处理办法》。2020年省住房城乡建设厅共受理行政复议案件64件，其中撤销或确认违法共4件，案件直接纠错率为5.9%；共办理行政诉讼一审案件29件，办理被复议案件15件。通过厅门户网站开展厅法规文件和政策的相关解读与普法宣传。在厅网站对《关于新冠肺炎疫情影响下房屋建筑与市政基础设施工程施工合同履约及工程价款调整的指导意见》《省政府办公厅关于切实加强既有建筑安全管理工作的通知》等文件进行政策解读。制定《信用监管三年行动方案》，并会同省信用办联合印发《关于加强住房保障失信行为管理的通知》，督促指导泰州等8个设区市出台本地区相关配套实施办法；指导行业协会起草完成《招标代理机构信用评价办法》《关于加强住房公积金信用管理的通知》《江苏省工程勘察设计企业信用管理办法和评价标准》等文件。依托"江苏省住房和城乡建设系统信用一体化服务管理平台"完成"双公示"系统的升级改造，国家第三方测评获得满分评价。

房地产业

【房地产开发投资】2020年，江苏省房地产开发投资共完成13171亿元，同比增长9.7%，增幅高于固定资产投资增幅9.4个百分点。其中，商品住宅投资10416亿元，增长10.1%，增幅高于固定资产投资增幅9.8个百分点。

【商品房建设】2020年，江苏省商品房新开工面积17673万平方米、施工面积67889万平方米、竣工面积11151万平方米，同比分别增长8.9%、3.4%、19%。其中，商品住宅新开工面积13538万平方米、施工面积51020万平方米、竣工面积8273万平方米，分别增长8.5%、4.1%、18.7%。

【商品房供应】2020年，江苏省商品房和商品住宅累计批准预售面积分别为14828万平方米、12658万平方米，分别增长5.3%、6.8%。截至年底，全省商品住宅累计可售面积10088万平方米，按滚动12个月的月均销售速度计算，库存去化周期9.5个月，处于合理区间。

【商品房销售】2020年，江苏省商品房和商品住宅累计销售面积分别为14530万平方米、12773万平方米，同比分别增长1%、3.6%。全省商品房和商品住宅成交均价分别为12788元/平方米、13244元/平方米，分别增长6.5%、7.6%。

【房地产市场秩序整顿规范】省住房城乡建设厅等6部门联合印发《关于进一步做好全省房地产领域购房矛盾化解工作的通知》，重点推进商业办公项目违规拆改销售、不按规定明码标价、价格欺诈等不正当价格行为、房屋质量及"问题楼盘"处置难等房地产领域购房矛盾纠纷化解处置工作。

【成品住房建设】修订《江苏省成品住房装修技术标准》，首次将成品住房交付标准予以明确。省住房城乡建设厅、省市场监管局制订《江苏省成品住房买卖合同示范文本（预售）》。南京、无锡、南通等城市出台进一步加强精装修管理的规范性文件，强化全装修标准和价格备案监管。

【房地产企业转型发展引导】根据房地产市场发展情况，召开房地产开发企业座谈会，开展市场调研，听取企业对市场发展形势的研判和对省级主管部门的意见和建议，引导房地产开发企业加强市场调研分析，强化产品设计研发和建设管理，鼓励运用建筑产业现代化相关技术，为当地居民提供多层次、全方位的产品和服务。

【违规出租住房整治】4月起，组织各级住房城乡建设部门开展为期3个月的违规出租住房专项整治行动，对9类违规出租住房行为进行重点整治，全省违规出租房屋现象得到有效遏制。推进"群租房"安全隐患治理，江苏省公安厅、自然资源厅、住房城乡建设厅、消防总局等部门深入开展群租房安全隐患排查整治，一批群租房安全隐患得到消除。开展长租公寓乱象专项整治，梳理出正常经营企业和问题企业，形成风险企业清单，同时加强社会宣传，提示风险隐患。

【物业管理】截至年底，江苏省共有物业服务企业10302家、行业从业人员76.5万人，物业项目2.7万个、管理面积约28.03亿平方米。全年全省物业服务企业主营业务收入453.32亿元，企业利润22.85亿元，总体利润率5.04%。

11月27日，省第十三届人大常委会第十九次会议决定对《江苏省物业管理条例》进行修改，于2020年12月起实施。组织对物业服务行业落实消防设施设备维护、电动自行车充电及管理、高空坠物伤人和消防通道占用清理等安全管理要求情况进行专项抽查；联合相关部门组织开展商务楼宇宽带接入市场联合整治行动，规范物业管理区域内的宽带接入有关安全管理行为。省委组织部、省住房城乡建设厅联合省非公有制企业和社会组织工作委员会、省住房和城乡建设行业委员会制订印发《关于开展"江苏省党建引领物业管理服务工作示范点"创建工作的通知》，全省有100个物业管理党建示范点获命名授牌。

住房保障

【概况】2020年，江苏省棚户区改造新开工数量位居全国第一，连续3年获国务院"真抓实干"表彰。

【保障性安居工程建设】2020年，江苏省共获中央财政城镇保障性安居工程补助资金8亿元、落实省级财政补助资金1.75亿元；获国家棚改基础设施配套补助资金14.77亿元、奖励资金3亿元，全省发行棚改专项债356.15亿元。年内，全省棚户区改造完成投资额1173亿元，新开工25.85万套、基本建成15.34万套，分别完成年度目标任务的143.6%、191.77%；公共租赁住房新开工1577套，完成年度目标任务的105.13%；城镇住房保障家庭租赁补贴共发放2.49万户，完成年度目标任务的146.51%。国家下达的保障性安居工程各项任务全部提前超额完成。

【公共租赁住房建设管理】2月，省住房城乡建设厅、省信用办联合印发《关于加强住房保障失信行为管理的通知》，将诚信管理落地落实。各市县完成城镇住房困难家庭收入线标准调整工作，确保城镇中等偏下收入（含低保、低收入）住房困难家庭应保尽保；同时，加大对新就业无房职工、城镇稳定就业外来务工人员保障力度。至年底，全省公共租赁住房通过实物配租正在保障47.55万户（人），其中城市低保、低收入、中等偏下收入家庭10.01万户，新就业无房职工和外来务工人员37.54万人；通过发放租赁补贴正在保障12.67万户（人），其中向城市低保、低收入、中等偏下收入家庭发放2.41万户，向新就业无房职工和外来务工人员发放10.26万人。

【政策性租赁住房试点】按照国家首批政策性租赁住房试点要求，南京、苏州两个试点城市制定实施方案，并分别与中国建设银行签订《发展政策性租赁住房战略合作协议》。南京、苏州通过盘活存量房源和新改建等方式筹集政策性租赁住房。

公积金管理

【概况】2020年，江苏省设有13个设区市住房公积金管理中心，9个独立设置的分中心。全省住房公积金行业从业人员共2054人，其中，在编1171人、非在编883人。2020年，江苏省住房公积金系统获得：3个国家级、5个省部级、3个地市级文明单位（行业、窗口）；2个地市级青年文明号；1个国家级、39个省部级、65个地市级先进集体和个人；3个省部级、3个地市级工人先锋号；3个地市级五一劳动奖章（劳动模范）；1个省部级、3个地市级三八红旗手；8个省部级、25个地市级其他荣誉。

【住房公积金政策制定】新冠肺炎疫情发生后，江苏省住房和城乡建设厅在全国率先印发《关于加强全省住房公积金系统疫情防控工作的通知》；提出的企业缓缴住房公积金这一建议被省政府列入《关于应对新型冠状病毒肺炎疫情影响推动经济循环畅通和稳定持续发展的若干政策措施》。2020年，全省累计为18740家企业74.91万名职工办理缓缴住房公积金13.17亿元，其中为企业缓缴6.86亿元；对74739笔14436.44万元住房公积金贷款不作逾期记录；支持9773名缴存职工通过提高租房提取公积金额度政策多提取公积金2696.07万元。

【住房公积金工作监管】对2019年审计署在江苏住房公积金专项审计中提出的问题，逐条对照检查，制定切实可行的整改方案。全面开展住房公积金电子稽查和评估，有效提升全省住房公积金规范管理、合规管治和风险管控水平，保障资金安全和政策落实。

【"智慧公积金"建设】制定出台《江苏省住房公积金信息安全管理办法（试行）》，并联合省档案局、省档案馆出台《江苏省住房公积金档案管理暂行办法》，为"智慧公积金"建设提供保障。完成10个城市中心综合服务平台验收，全省住房公积金基本建成包含8个基本线上服务渠道的住房公积金综合服务平台。疫情防控期间，全省住房公积金业务线上办理率近100%。扬州市住房公积金管理中心开发了24项全天候、零材料、零见面线上业务，"不见面审批"业务占业务总量的98%以上。常州市住房公积金管理中心完成信息系统安全风险评估和网络安全等级保护（三级）测评，在全市"网安2020"网络安全攻防实战演练中获优胜单位荣誉称号。南通市住房公积金管理中心实现电子档案与业务系统的无缝对接。连云港市住房公积金管理中心线上办理率达100%。盐城市住房公积金管理中心加强信息安全建设，在贵州遵义中心建立了数据异地灾备系统。泰州市住房公积金管理中心引入智能客服机器人"泰金宝"，实时为办理业务职工解答相关政策。

【住房公积金服务工作】8月20日，长三角住房公积金一体化战略合作框架协议签约仪式暨第一次联席会议召开，上海市、江苏省、浙江省、安徽省正式签署《长三角住房公积金一体化战略合作框架协议》。江苏省牵头的《住房公积金资金管理业务标准》《住房公积金归集业务标准》《住房公积金提取业务标准》《住房公积金个人贷款业务规范》的贯彻工作已经启动。2020年，住房公积金涉及的跨省通办事项有3项，均已全面完成。联合省政务服务管理办公室、省市场监督管理局印发《新办企业住房公积金缴存登记"多证合一"数据共享指引》，进一步优化营商环境。2020年，淮海经济区全部实现公积金互认互贷。召开淮海经济区公积金第二届主任联席会、信息共享平台建设研讨会、宣传思想文化工作交流暨特色服务品牌观摩会，签订《区域一体化合作推进项目清单》和《信息共享服务平台建设合作框架协议》。开发淮海经济区公积金一体化平台，实现淮海经济区公积金信息互联互通。开展跨区域联合执法，协同打击住房公积金违法违规行为，累计为区域其他城市中心办理协查531笔，涉及金额4700万元；联合执法15次，涉及金额340万元。

【住房公积金年度主要统计数据及分析】

2020年，江苏省新开户单位86570家，净增单位48230家；新开户职工204.17万人，净增职工51.7万人；实缴单位397441家，实缴职工1408.82万人，缴存额2280.95亿元，分别同比增长13.81%、3.81%、11.82%。2020年末，缴存总额16113.81亿元，比上年末增加16.49%；缴存余额5478.98亿元，同比增长11.81%。共有662.63万名缴存职工提取住房公积金；提取额1702.28亿元，同比增长15.01%；提取额占当年缴存额的74.63%，比上年增加2.07个百分点。2020年末，提取总额10634.83亿元，比上年末增加19.06%。2020年，发放个人住房贷款27.95万笔1204.26亿元，同比下降1.59%、1.78%。回收个人住房贷款669.55亿元。累计发放个人住房贷款359.62万笔、10332.61亿元，贷款余额5328.63亿元，分别比上年末增加8.43%、13.19%、11.15%。个人住房贷款余额占缴存余额的97.26%，比上年末减少0.57个百分点。支持职工购建房2953.94万平方米。年末个人住房贷款市场占有率（含公转商贴息贷款）为12.41%，比上年末减少0.81个百分点。通过申请住房公积金个人住房贷款，可节约职工购房利息支出3292156万元。发放异地贷款9273笔、337016万元。2020年末，发放异地贷款总额869639万元，异地贷款余额721611万元。发放公转商贴息贷款6283笔、265534万元，支持职工购建房面积57.96万平方米。当年贴息额25411万元。2020年末，累计发放公转商贴息贷款173780笔6037887万元，累计贴息206770万元。2020年末，住房公积金存款606.19亿元。其中，活期32.28亿元，1年（含）以下定期186.73亿元，1年以上定期123.15亿元，其他（协定、通知存款等）264.03亿元。住房公积金个人住房贷款余额、项目贷款余额和购买国债余额的总和占缴存余额的97.27%，比上年末减少0.57个百分点。

人居环境建设

【江苏人居环境范例奖】2020年，江苏省住房和城乡建设厅组织对江苏人居环境奖评价指标体系和江苏人居环境范例奖评选主题进行了修订。年内，南京市江心洲污水处理厂一级A提标改造工程、如皋市龙游河宝塔河水环境治理工程、高淳区高岗村美丽宜居乡村建设、爱绿植绿护绿共建宜居美丽常州的探索实践和东台黄海国家森林公园绿化建设5个项目获"江苏人居环境范例奖"。截至年底，全省累计有185个项目获得"江苏人居环境范例奖"。

【历史文化名城名镇名村保护】8月，省政府将连云港市列为省级历史文化名城。各地2035版历史文化保护规划修编进展有序，无锡、徐州历史文化名城保护规划通过省级审查。年内全省新增公布历史建筑136处。南京市在全国首创《南京历史建筑保护告知书》制度管理办法。截至年底，江苏省累计保有国家历史文化名城13座，中国历史文化名镇31座，中国历史文化名村12座，中国历史文化街区5处，中国传统村落28个；省级历史文化名城4座、名镇9座、名村6座、历史文化街区56处、历史文化保护区1处、历史建筑1778处。国家历史文化名城、中国历史文化名镇、中国历史文化街区数量均居全国第一。

【大运河沿线名城名镇名村保护】2020年，联合省人大环资委到周庄、同里等运河沿线名镇开展实地调研，并按照审议意见落实推进保护。同时，将周庄、同里、甪直、木渎、震泽、黎里等历史文化名镇2035版保护规划修编纳入高质量考核个性指标，截至年底，大运河沿线江苏段共有13座国家历史文化名城，4座省级历史文化名城；31个中国历史文化名镇，8个省级历史文化名镇；12个中国历史文化名村，6个省级历史文化名村；5处中国历史文化街区，56处省级历史文化街区；1733处历史建筑。

【城市设计】6月，组织开展《城市设计管理办法》落实情况调研评估，为进一步完善城市设计制度机制提供依据。《淮安市总体城市设计（2017—2035年）》通过淮安市国土空间规划委员会审议。截至年底，全省13个设区市中，有10个已编制总体城市设计。

城市建设

【概况】2020年，江苏省新增自来水深度处理能力432万立方米/日，完成二次供水改造任务约1780个，完成老旧供水管网改造约1630公里。全省新增城镇污水处理设施能力201万立方米/日以上，新增污水收集管网4000公里以上，新建污泥综合利用或永久性处理处置设施1030吨/日。全省共完成县级城市建成区黑臭水体整治68条，完成易淹易涝片区整治70个以上。全省城市（含县城）道路设施水平稳步提升，新增城市道路1440公里、3222.33万平方米，新增桥梁1366座，新增路灯8.86万盏；新建成轨道交通2条、53公里；新开工建设地下综合管廊50公里；全省新建燃气管道6912公里、改建559公里，天然气供应总量172.1亿立方米，液化石油气供应总量约50.3万吨，燃气普及率99.91%。

【老旧小区改造】9月，江苏省政府成立省城镇老旧小区改造工作领导小组，办公室设在省住房城乡建设厅。制订印发《关于推进城镇老旧小区改造工作的实施意见》。江苏省全年共完成老旧小区改造项目775个，超额完成国家和省下达的年度目标任务。全年累计完成改造投资约50亿元，其中中央和省级补助资金6亿元；改造老旧小区建筑面积2975万平方米，惠及32.5万户城镇居民家庭，受益人口近100万人。

【城市道路】2020年，全省新增城市道路1440公里、3222.33万平方米，新增桥梁1366座、路灯8.86万盏。截至年底，全省拥有城市道路5.63万公里、101857.05万平方米，人均城市道路面积达25.07平方米；拥有各类桥梁17725座、路灯408.87万盏，安装路灯道路长度4.6万公里。组织开展全省城市桥梁和地下道路养护管理情况督导调研并印发情况通报，在苏交科集团设立"全省城市桥梁管养技术中心"，打造全省城市桥梁管养"高级智库"。组织开展《江苏省城市桥梁隐患诊治指南》《江苏省城市危桥治理指南》课题研究并完成征求意见稿。完成省城市桥梁信息系统升级改造工作，进一步提升城市桥梁管理水平。

【轨道交通建设运营】2020年，江苏省新增两条城市轨道交通线路，新增运营里程52.4公里。截至年底，共有7个城市开通运营城市轨道交通线路（其中6个城市开通地铁），为全国开通地铁运营城市最多的省份。全省共开通运营城市轨道交通线路26条（含5条有轨电车线路），运营里程达797.8公里（其中地铁运营里程716.8公里，有轨电车运营里程81公里），里程位居全国第二。

【城市地下综合管廊】2020年，江苏省新开工建设城市地下综合管廊50公里。截至年底，全省累计建设地下综合管廊300公里以上，投入运行120公里以上。为切实加强城市地下综合管廊建设管理，指导各地制定出台地下综合管廊运行管理、有偿使用、强制入廊等政策文件，推动已建地下综合管廊加快管线入廊。推动市级地下综合管廊智慧化运行管理平台建设，为管廊运维单位和管线权属单位提供决策和维护依据；组织开展全省城市地下综合管廊情况摸底，印发《江苏省城市地下综合管廊运行维护指南（试行）》，指导各地切实提升管廊运维管理水平。

【城市供水】2020年，江苏新增供水能力77万立方米/日，城市供水管网漏损率约为9.3%。盐城、泰州通过住房城乡建设部、国家发展改革委联合组织的国家节水型城市现场考核验收。疫情防控期间，督促供水企业加强原水检测和工艺管理，确保出厂水安全；对全省自来水厂生产药剂及安全防护用品进行排查，并积极协调水处理药剂生产企业复工复产；印发《关于做好全省学校复学期间公共供水服务的通知》。太湖流域连续13年实现饮用水安全度夏。先后印发《关于做好供水设施抵御寒潮灾害确保供水安全的通知》《关于加强主汛期城镇供水安全工作的紧急通知》，确保极端气候条件下全省供水安全；组织开展供水水质监督检测，对全省75个地区开展原水、出厂水、管网水、二次供水全过程水质监督检测，共检测142个原水、177个出厂水、446个管网水、368个二次供水。

【城市节水】2020年，全省有123家企业（单位）达到住房城乡建设部《节水型企业（单位）目标导则》要求，143个小区达到《江苏省节水型小区考核标准（试行）》要求。指导盐城市、泰州市建成国家节水型城市，全省国家节水型城市数量达到24个，在全国率先实现设区市国家节水型城市全覆盖。

组织修订《江苏省城市生活与公共用水定额》，并在加大老旧供水管网改造的同时，推进供水管网DMA分区计量管理，城市供水管网漏损率进一步降低。

【城市燃气】2020年，江苏省城市（县城）新增供气管道长度6912公里、改建559公里，天然气供应总量172.1亿立方米，液化石油气供应总量约50.3万吨，燃气普及率99.91%。截至年底，全省共有天然气门站145座，供应能力573亿立方米/年，天然气管道总长度103693公里。全省共有液化天然气（LNG）加气站98座，供应能力265万立方米/日；压缩天然气（CNG）加气站147座，供应能力409万立方米/日；CNG/LNG合建站72座，供应能力227万立方米/日，液化石油气储配站561座，总储存容积12.6万立方米；液化石油气供应站1290座。联合省发改委、省财政厅、省自然资源厅印发《关于印发〈江苏省加快推进天然气储备能力建设的实施方案〉的通知》。城镇燃气企业参与统建、自建、租赁合计形成应急储气能力6.78亿立方米。1月9日，省十三届人大常委会第十三次会议审议通过新修订的《江苏省燃气管理条例》。联合省公安厅、省交通运输厅、省市场监督管理局联合印发《江苏省瓶装液化石油气配送服务管理办法（试行）》。印发《江苏省城镇燃气发展规划编制纲要》，修订《江苏省城镇燃气安全检查标准》并上升为地方标准，进一步完善企业安全风险隐患排查治理机制。2020年，全省完成559公里城镇燃气老旧管道、129处占压管道违章和68处外部安全间距不足场站等三类重大安全风险隐患整治，国务院督导组反馈问题亦全部整改完成。对全省2283家瓶装液化气经营企业全面实施经营许可核验，全省共撤并瓶装液化气供应场站40个。年内全省129个市、县（市、区）主管部门全部开通监管系统，560家瓶装液化气企业全部建成客户服务系统。年内全省城镇燃气行业从业人员考试参考人次5762人，合格人数3648人，考试合格率60.36%。从2017年开考至今，全省参考总人次约3.7万余人（从业人员3.5万人），考试总合格人数约2.4万余人，考试总合格率约64.9%，考试合格人数已达从业人员2/3。

【城镇污水处理】省打好污染防治攻坚战指挥部印发《江苏省城镇生活污水处理提质增效精准攻坚"333"行动方案》。制定《城镇污水处理提质增效达标区划分指引》并配套出台工作考核办法和达标区验收标准，指导各地有序推进达标区建设。确定第二批8个省级污水处理提质增效示范城市。同时，制订《江苏省城镇排水管网排查评估技术导则》《江苏省城镇污水处理提质增效系列工作指南》《江苏省城镇排水设施地理信息系统建设指南》，委托第三方单位加强日常调度监督与技术指导，督促指导各地科学推进污水处理提质增效各项工作。同步加强乡镇污水处理设施建设，向苏中、苏北地区下达建制镇污水处理设施全运行专项资金3.7亿元，各地强化建制镇污水处理设施运行管理。

【城市黑臭水体治理】2020年，江苏设区市列入"全国城市黑臭水体整治监管平台"的419个黑臭水体均达"长制久清"。安排省级专项补助资金2.02亿元，全年共整治县级城市建成区黑臭水体68个，完成年度目标任务。持续加强设区市和太湖地区县级城市整治水体成效巩固工作。督促指导各地建立健全长效管护机制，推进管护日常化、制度化、专业化；充分发挥基层河长作用，强化水体长效管理和养护工作。组织第三方技术单位对城市黑臭水体治理效果开展"回头看"。对无锡、南通等7个城市开展为期十天的黑臭水体现场排查。每季度对完成整治的水体进行水质检测，检验治理成效。对淮安、盐城、宿迁的国家示范城市建设工作开展调研指导，打造国家示范城市。

【海绵城市建设】2020年，江苏省新建成海绵城市面积290.07平方公里，完成建设投资逾234.6亿元，其中苏南地区178.53亿元、苏中地区27.38亿元、苏北地区28.73亿元。截至年底，全省累计建成海绵城市面积超1000平方公里，约占全省城市（县城）建成区总面积的21.23%；建成雨水调蓄设施249.95万立方米、透水铺装770.93万平方米、绿色屋顶42.85万平方米、下沉式绿地323.52万平方米、下凹式广场6.22万平方米、生物滞留设施210.17万平方米、雨水湿地382.73万平方米、植草沟344.76公里、植被缓冲带647.27万平方米、初期雨水弃流设施1368处、新开挖河道39.81公里、河道整治1300.75公里。组织编制《江苏省海绵城市适用设施标准图集》《江苏省建设工程海绵城市设计审查要点（试行）》，并组织编制下凹式绿地和附属设施等施工技术指南。组织第三方技术单位定期对省级海绵试点城市开展技术调研评估，指导整改。印发《省住房城乡建设厅关于省级海绵试点城市建设工作情况的通报》，并加强跟踪指导。组织设区市进行海绵城市自评估工作。配合住房城乡建设部对南京市开展海绵城市建设情况现场评估复核工作。对各地海绵城市高质量发展指标进行数据统计并核定，高效推进海绵城市建设。

【城镇生活垃圾处理】2020年，江苏省共清运处理城乡生活垃圾2731万吨，城乡生活垃圾无害化处理率达99.2%，其中城市（县城）生活垃圾实现全量无害化处理。全年全省新（改、扩）建生活垃圾焚烧处理设施11座，新增生活垃圾焚烧处理能力1.18万吨/日；新（改、扩）建16座餐厨废弃物处理设施，新增处理能力1300吨/日；新增建筑垃圾资源化利用能力630万吨/年。截至年底，全省共有投运的生活垃圾处理设施96座（卫生填埋场40座，焚烧厂55座，水泥窑协同处置项目1座），生活垃圾处理总能力达8.89万吨/日，其中生活垃圾焚烧处理能力7.13万吨/日，焚烧占比超80%，居全国第一。

【市容环卫管理】2020年，江苏省新建成1800个省级垃圾分类达标小区，截至年底，全省共有1.94万个小区、2.95万个单位开展生活垃圾分类。继续组织实施城市公厕提标便民工程，全年全省共新建（改建）城市公厕1220座。举办全省环卫道路机械化职业技能竞赛，全省道路保洁机械率达92.5%。

【城市运行管理服务平台建设】印发《关于加快推进数字化城管向智慧化升级的实施意见》《江苏省城市管理智慧化导则》，指导各地数字城管智慧升级。研究制定江苏省城市管理智慧监管平台（城市综合管理服务平台）建设方案、全省城市综合管理服务平台建设和联网工作方案等，加快推进省级平台和各地平台建设和联网工作。同时，指导南通、宿迁等地开展城市运行管理平台建设和联网工作。截至年底，全省省级平台建成"江苏省城乡生活垃圾分类和治理（城市公共厕所提标便民）信息平台"，并实现与国家平台联网；全省13个设区市均研究制定城市综合管理服务平台建设方案，并全部实现与国家平台联网和单点登陆。

【城市园林绿化】组织制订并出版《江苏省城市园林绿化适生植物应用》，指导各地科学选用城市绿化适生植物；编写《江苏省"公园绿地+"工作指南（试行）》，推进城市"公园+"建设。全年全省新改建80个便民型公园绿地，新增公园绿地面积超750公顷。截至年底，全省建成区绿化覆盖率43.36%，建成区绿地率40.07%，人均公园绿地面积15.24平方公里，城市公园免费开放率达95%。此外，组织对南京市绿水湾等7个国家城市湿地公园进行了督查；完成淮安、泰州市城市园林绿化生物多样性培育工程示范项目并通过验收评估。根据《2021年扬州世园会筹备工作推进方案》，江苏圆满完成展园改造提升工作和综合馆室内展陈参展工作。

编制完成第十三届中国（徐州）国际园林博览会总体方案、园博园总体规划、园博园展后可持续发展方案，并配合住房城乡建设部召开博览园规划设计方案、展览展示方案专家审查会以及组委会第一次会议。省园博会组委会办公室印发《关于印发第十一届江苏省园艺博览会园林园艺专题展览参展办法和参展任务分解表的通知》，明确了第十一届省园博会园林园艺专题展览具体安排；会同连云港市组织完成第十二届江苏省（连云港）园艺博览会博览园总体规划编制。

村镇建设

【概况】截至年底，江苏省累计有667个建制镇（不包含县城关镇和划入城市统计范围的建制镇）、39个乡、13492个行政村、120789个自然村。村镇户籍人口4691.68万人，常住人口4896.13万人。建制镇建成区面积2729.39平方公里，平均每个建制镇4.10平方公里；乡建成区面积57.38平方公里，平均每个乡建成区面积1.59平方公里。

【村镇供水】2020年，江苏省新增乡镇供水管道1792.55千米、排水管道1091.87千米。截至年底，全省乡镇供水管道总长5.99万千米、排水管道总长2.17万千米，乡镇年供水总量12.55亿立方米，用水人口1412.37万人；村庄供水普及率达97.55%；建制镇污水处理率85.33%，污水处理厂集中处理率80.64%。

【村镇道路】截至年底，江苏省乡镇实有道路3.92万千米、面积2.85亿平方米，乡镇镇区主街道基本达到硬化；村庄内实有道路142465.49千米，其中硬化道路107473千米。

【村镇园林绿化】截至年底，江苏省建制镇绿地面积累计达到6.73万公顷，其中公园绿地面积1.02万公顷，人均公园绿地面积7.33平方米（常住人口），建成区绿化覆盖率30.17%；乡绿地面积1355.17公顷，其中公园绿地面积179.38公顷，人均公园绿地面积5.60平方米，建成区绿化覆盖率30.21%。

【村镇房屋建设】2020年，江苏省村镇新建住宅竣工面积4412.97万平方米，实有住宅总建筑面积20.33亿平方米，村镇人均住宅建筑面积43.33平方米。全省村镇新建公共建筑竣工面积730.49万平方米；村镇新建生产性建筑竣工面积达2522.94万平方米。

【村镇建设投资】2020年，江苏省村镇建设投资总额为1688.30亿元，其中住宅建设投资781.45亿元,占投资总额的46.28%;公共建筑投资120.40亿元,占投资总额的7.13%;生产性建筑投资374.45亿元,占投资总额的22.18%;市政公用设施投资412.00亿元,占投资总额的24.41%。

【农村生活垃圾治理】2020年,全省农村生活垃圾集中收运率超99%。在此基础上,省住房城乡建设厅积极推进农村生活垃圾源头分类试点工作,指导各地探索建立"户分类投放、村分拣收集、有机垃圾就地生态处理"的农村生活垃圾分类收运处理体系。南京市溧水区、常熟市被列为2020年全国农村生活垃圾分类和资源化利用示范县,全省开展农村生活垃圾分类和资源化利用国家示范县达到5个;新增32个农村生活垃圾分类省级试点乡镇(街道),全省农村生活垃圾分类省级试点乡镇(街道)达到151个,开展全域生活垃圾分类工作的乡镇(街道)总数超过300个。组织专家对2017~2018年度农村生活垃圾分类省级试点乡镇(街道)开展情况进行评估总结。

【非正规垃圾堆放点排查整治】印发《关于加快推进非正规垃圾(生活、建筑垃圾)堆放点排查整治工作的通知》《关于组织开展非正规垃圾(生活、建筑垃圾)堆放点整治督导核查及挂牌督战的通知》,推进非正规垃圾(生活、建筑垃圾)堆放点整治工作。先后对相关县(市、区)进行现场督导,召开非正规垃圾堆放点整治工作推进会,督促整治进展较慢的相关县(市、区)主管部门,确定整治技术方法,加快推进整治工作。协调省农村人居环境整治联席会议办公室、省打好污染防治攻坚战指挥部办公室,将非正规垃圾堆放点整治督导列入"农村人居环境整治三年行动重点任务月销号审核"和"攻坚战集中式压茬督办"工作中。组织开展非正规垃圾(生活、建筑垃圾)堆放点整治第三方现场核查,抓好长效管护机制的落实。截至年底,全省排查出168处非正规垃圾(生活、建筑垃圾)堆放点,全部完成整治并销号,如期完成国家"到2020年底基本完成非正规垃圾堆放点排查整治"的目标。

【省定10万户苏北农房改善年度任务】2020年,完成省定10万户农房改善年度任务,苏北农村基础设施和公共服务设施配套水平明显提升。对首批29个省级示范项目进行全过程跟踪指导。公布第二批共52个省级示范项目创建名单。组织召开示范创建推进会,通过示范推动苏北农房改善项目高质量建设。据2020年5月省统计局社情民意调查中心开展的调查显示,苏北五市改善农户的满意率达93.3%。

【农村四类重点对象危房改造】印发《关于统筹做好疫情防控和脱贫攻坚保障贫困户住房安全相关工作的通知》,指导各地在做好疫情防控工作的同时,有序推进存量农村四类重点对象危房改造工作。截至6月,2019年底前排查出的25722户农村危房改造任务全部完成。印发《关于进一步做好农村危房改造工作的通知》,指导各地开展农村四类重点对象危房动态排查,及时将新增危房纳入改造计划并实施改造。截至年底,各地排查新增的4027户农村危房改造任务全部完成,高质量实现农村困难群众住房安全有保障目标任务。

【农村房屋安全隐患排查整治】截至年底,江苏省13453个行政村全部开展排查并在国家APP中录入信息,覆盖率为100%;累计排查填报农村房屋91.7万户,其中用作经营的农村自建房25.2万户,完成了国家明确的阶段性目标任务。为扎实推进排查整治工作,省政府建立了由两位分管副省长为召集人的联席会议制度,形成具有江苏特色的"5+12"省级工作协调机制,联席会议办公室设在省住房城乡建设厅。组织行业专家编制了《农村房屋安全隐患排查、安全性评估及鉴定技术指南》,全省近两万人参加。

【特色田园乡村建设】印发《江苏省特色田园乡村创建工作方案》。2020年全省命名4批305个"江苏省特色田园乡村",累计命名5批324个村庄,超额完成《江苏省农村人居环境整治三年行动实施方案》确定的目标任务。省级特色田园乡村覆盖71个涉农县(市、区),覆盖率达93.4%。29个县(市、区)省级特色田园乡村数量超5个。将"江苏省乡村旅游重点村""全省一村一品一店示范村"等内容纳入特色田园乡村创建之中,进一步丰富特色田园乡村实践内涵。出台《江苏省特色田园乡村建设管理办法(试行)》,加强已命名省级特色田园乡村动态管理。

【传统村落保护】2020年,江苏省扎实做好33个中国传统村落挂牌保护工作,同步完成中国传统村落数字博物馆中江苏入选村落信息更新。省住房城乡建设厅、省文化和旅游厅等部门联合公布三批共310个江苏省传统村落名录,择优遴选出365组江苏省传统建筑组群,挖掘并保护一大批在地域多样、历史传承和乡土文化等方面具有代表性的传统村落和传统建筑组群。联合省文化和旅游厅遴选8条传统村落游赏线路进行推介,推动传统村落实现当代发展。

【小城镇多元特色发展】2020年,江苏省选择

12个具有培育潜力的小城镇开展重点及特色镇发展项目试点示范，省级财政下达专项资金4865万元，引导小城镇在人居环境改善、城镇功能提升、特色风貌塑造等方面形成整体示范效果。遴选121个被撤并乡镇集镇区纳入整治支持范围，省级财政配套下达专项资金4235万元，指导各地以"三整治、两提升、一规范"为重点实施被撤并乡镇集镇区环境综合整治。优选23个小城镇开展美丽宜居小城镇建设试点；开展苏北小城镇调研，形成《关于结合农房改善工作突出重点、培育苏北地区重点小城镇的研究》报告。

工程质量安全监管

【工程质量】 2020年，江苏省企业主申报获"中国建设工程鲁班奖"11项，"国家优质工程奖"30项，获奖总数位于全国前列。全省共451个项目获得2020年度江苏省优质工程奖"扬子杯"。制定《江苏省住宅工程质量信息公示试点工作方案》，明确试点地区，指导推进试点工作落地。深入推进工程质量安全手册制度，切实指导工程参建各方提高工程质量和安全管理标准化水平。组织开展预拌混凝土质量专项抽查，及时做好有关质量投诉及舆情的核查处理。强化城市轨道交通工程质量安全监管，上半年组织专家对全省6个城市10条在建线路的12个标段进行了质量安全监督检查，共检查内容1233项，符合率91%；下半年以政府购买服务方式委托第三方技术机构对全省6个城市19条在建线路的38个标段进行质量安全监督检查，并进行质量安全状态量化评估。先后组织全省城市轨道交通工程质量安全标准化现场观摩会、江苏省城市轨道交通创精品工程培训班等活动，共有90家单位240余人参加。

【安全监管】 2020年，江苏省扎实开展隔离观察场所和已开复工项目复工人员集中居住场所安全风险隐患专项排查整治工作，共完成连续27周和3个月的统计上报工作，累计排查疫情隔离场所2117栋，督促其中152栋完成了隐患整改，排查已开复工房屋市政项目15696个，排查工地内集中居住板房42279栋，督促其中748栋完成了隐患整改，排查工地外集中居住建筑5208栋，督促其中122栋完成了隐患整改。印发《关于推进智慧工地建设的指导意见》，在全省范围内推进30个省级绿色智慧示范片区建设。强化建筑起重机械安装拆卸等危大工程的信息化监管，同时推进各地购买第三方服务弥补监管力量不足，加强起重机械设备长效管理。扎实开展全省建筑施工安全生产专项整治督导，于1月、6~7月对全省13个设区市建筑施工安全生产专项整治工作情况进行督导，累计抽查项目85个，下发执法建议书17份，对存在严重安全隐患和违法违规问题的典型案例在全省范围内通报批评。

【扬尘治理】 印发《2020年全省建筑工地扬尘专项治理工作方案》，部署建筑工地扬尘治理相关工作。做好建筑工地扬尘污染防治分级分类管控，落实重污染天气管控豁免激励政策。结合省污染防治"百日攻坚"行动，积极配合省污染防治攻坚办组织的"零点2号"行动，坚决做好蓝天保卫战收官之年相关工作任务落实。推广和应用先进的扬尘污染防治技术和设备，提升施工现场文明施工智慧化、信息化监管水平。

建筑业

【主要经济指标】 全年实现建筑业总产值38745.9亿元，比上年增长5.37%，增幅较上年下降2.61个百分点。从工程类别来看，房屋建筑工程完成产值21162.14亿元，同比增长6.03%，占总产值的比重为54.62%；土木工程建筑工程完成产值9093.03亿元，同比增长4.01%，其中，铁路工程、公路工程、城市轨道交通工程分别完成产值173.49亿元、940.52亿元、218.25亿元，同比分别下降34.33%、31.72%、28.49%；建筑安装工程完成产值3338.06亿元，同比增长7.08%；建筑装饰、装修工程完成产值2815.08亿元，同比下降1.42%；其他建筑工程完成产值2337.62亿元，同比增长11.41%。从资质等级来看，全省80家特级资质企业共完成产值13821.48亿元，同比增长14.18%，占建筑业总产值的35.67%，占比提升2.77个百分点；一级资质企业共完成产值15945.92亿元，同比增长7.59%，占比较上年同期提升0.86个百分点，占建筑业总产值的41.16%；二级资质企业共完成产值6021.75亿元，同比下降8.38%，占建筑业总产值的15.54%，较上年同期占比下降2.36个百分点；三级企业完成产值2956.78亿元，同比下降9.66%，占建筑业总产值的7.63%，较上年同期占比下降1.27个百分点。全年建筑业企业工程结算收入35802.19亿元，同比增长9.98%，增幅较上年增长2.88个百分点。全年实现建筑业企业营业额41236.4亿元，同比增长5.43%，增幅较去年下降0.57个百分点。全年建筑业利润总额1637.02亿元，同比增长8.23%，增幅较去年增长3.73个百分点，产值利润率达4.23%。建筑业上缴税金1152.32亿元，同比提高11.41%。实现利税总额2789.34亿元，同比增长9.52%，产值利税率7.2%。2020年，建筑业签订合同额69599.79亿元，同比增长14.84%，其中，上年结转合同额28682.33亿元，本年新签合同额40917.46亿元，较去年同期分别增长3.19%和24.71%。竣工产值31153.34亿元，同比增长5.12%；竣工率达80.4%。2020年，全省全年实现建筑业增加值6530.85亿元，比上年增长0.58%，占全省地区生产总值的6.4%，连续15年保持在全省地区生产总值的6%左右。2020年，建筑业从业人员人均劳动报酬达66937.31元，同比增长8.47%。2020年，建筑业劳动生产率达406256.8元/人，同比增长3.04%，其中，省内劳动生产率358078.2元/人，同比增长0.48%；省外劳动生产率为478487.46元/人，同比增长6.27%。

全省建筑业年末从业人数857.23万人，较上年同比增长0.57%，其中，省内从业人员数522.28万人，同比下降2.58%；出省从业人员数334.95万人，同比增长5.9%。截至12月底，全省注册建造师总数281321人，较去年同期增加26156人，其中一级注册建造师74669人，同比增加10556人，占注册建造师总数的26.5%；二级注册建造师206652人，占注册建造师总数的73.5%，同比增加15600人。全省其他专业注册人员共计53933人。2020年，全省共组织安全管理人员无纸化考核2835批次，报考人次总计116119人次。其中，A类应考24007人次，B类应考25418人次，C1类应考9119人次，C2类应考57575人次。实际参考人次总计106102人次，参考率91.37%。合格人次总计54132人次，总合格率51.02%。合格率最高的是B类76.66%，最低的是C2类38.87%。截至12月底，全省安全管理人员持证人数总计607533人次，其中，A类持证107093人次，B类持证252193人次，C1类持证42574人次，C2类持证205673人次。全省特种作业人员考核人数总计20.74万人次，其中新考14.22万人次，复核6.52万人次。考核合格人数总计15.12万人次，其中新培合格10.43万人次，复核合格4.69万人次。全省建筑技经人员（技术人员和经营管理人员）总人数达到168.53万人，较去年同期减少5.27万人，技经人员占从业人员比例为19.66%，同比下降3.56%。

【市县建筑业】苏中地区共完成建筑业总产值18706.46亿元，占全省建筑业总产值的48.28%，同比增长8.10%，产值规模继续全省领先；苏南地区共完成建筑业总产值12428.39亿元，占全省建筑业总产值的32.08%，同比增长6.79%；苏北地区共完成建筑业总产值7611.08亿元，占全省建筑业总产值的19.64%，同比下降2.77%。

【建筑企业】全省一级资质以上企业产值达到29767.4亿元，以一级以上企业完成产值占建筑业总产值比重的方法测算，产业集中度为76.8%，同比提高3.6个百分点；以企业总数前10%的企业完成产值占建筑业总产值比重的方法测算，产业集中度为85.27%，同比下降了0.43个百分点。全省建筑业产值超亿元的企业达到4139家，比去年增加12家。全省57家产值百亿元企业中，超200亿元的有22家，超300亿元的有11家，超400亿元的有7家，超500亿元的有5家，超过700亿元的有3家。截至12月31日，全省共有建筑业企业总数45679家，较上年增加了10254家，增幅28.9%，资质105280项，较上年增加20630项，增幅24.4%。

【建筑市场】2020年，全年固定资产投资比上年增长0.3%。分类型看，基础设施投资比上年增长9.4%；房地产开发投资增长9.7%。全省计划总投资10亿元以上项目达2157个，比上年增加447个，当年完成投资增长23.2%；其中，新开工10亿元以上项目617个，比上年增加218个，完成投资额同比增长51.1%。建成5G基站7.1万座，基本实现全省各市县主城区和重点中心镇全覆盖。海上风电、分布式光伏等新能源装机规模居全国前列。完成改造老旧小区775个，超额完成省政府确定的500个老旧小区改造任务；加装电梯736部，投入使用288部。苏北五市完成超过10万户农房改善任务。截至年底，城市轨道交通投入运营的有7个城市，共26条线路，总里程约802.45公里；在建的共22条线路，总里程约561.35公里，运营里程和在建里程分别居全国第二位、第三位，均占全国总量的10%左右。2020年，江苏省建筑业企业出省施工产值达到18259.56亿元，同比增长7.72%，占全省建筑业总产值的47.13%。

境外市场：2020年，江苏省对外承包工程新签合同额54.6亿美元，同比下降19.8%，位居全国第8；完成营业额为62.4亿美元，同比下降19.8%，位居全国第6。新签合同额超过5000万美元的大型工程项目有27个，累计34.4亿美元，全省占比63%；新签合同额超过1亿美元的大型工程项目有12个，全省占比44%。对外承包工程在"一带一路"沿线国家新签合同额34.1亿美元，完成营业额33亿美元，分别占同期总额的62.5%和52.9%。截至12月，江苏省对外承包工程覆盖了"一带一路"沿线50个国家（2016年为42个）。

【市场监管】2020年，江苏省持续推进省、市建筑市场监管与诚信信息一体化平台升级改造工作，组建全省建筑市场执法检查专家库，做好告知承诺制申报企业业绩实地核查工作。深化建筑业资质管理改革，加强建筑业企业资质规范管理，对364家动态核查不合格的建筑业企业（535项资质）寄送"责令限期整改通知书"，对"责令限期整改通知书"被退回的120家企业（179项资质）以公告方式进行了送达，对各设区市审批的1977项资质，下发了建议督促整改函。作为试点省份承接好资质审批权限下放工作，完善建筑市场信用体系建设。全面推行建筑工程施工许可证电子证照。

2020年，江苏省共发包登记15494个项目，同比持平，投资总额35314亿元，增长29.5%。全省电子招投标22060个标段，电子招投标率97.8%。电子资格预审1476个标段，电子预审率81.5%。江苏省电子招投标率处于全国领先水平，电子资格预审率进一步提高。发布了《关于开展房屋建筑和市政基础设施工程改进最高投标限价编制方法试点工作的通知》和《关于进一步规范建设工程材料价格发布工作的通知》。出台《关于新冠肺炎疫情影响下房屋建筑与市政基础设施工程施工合同履约及工程价款调整的指导意见》，防范和化解疫情影响下工程复工后可能存在的工程履约矛盾。全年共发布2期人工工资指导价，人工单价较2019年共调增7.9%。发布材料价格信息和造价指标指数，全省各级造价管理机构为建筑市场提供人工、材料、机械台班等各类计价要素信息累计43200余条；发布130例典型工程造价指标，37例城市住宅造价信息，26例工程造价实例分析案例。发布《江苏省房屋建筑和市政基础设施项目工程总承包计价规则（试行）的公告》，促进工程总承包健康发展。对全省造价咨询企业监管系统内资质预警的企业实行逐一核查，对11家企业下发限期整改通知书，对去年核查后逾期仍未达到要求的4家企业依规进行资质撤回。开展"双随机"检查，对随机抽取的42家企业进行实地检查，检查结果实行全省通报，并与信用评价有机结合。2020年全省造价咨询收入89.22亿元。核查通报2020年咨询企业在监管系统中填报咨询项目情况，2020年总计填报项目数为119559项。指导苏州工业园区开展政府购买监理巡查服务试点工作。发布第六版监理现场用表（修订版），增加消防工程监理相关内容。会省建设监理协会研究工程监理企业信用评价标准。做好《关于进一步加强我省建设工程监理管理的若干意见》修订调研和意见征求工作。

做好工程监理企业资质动态核查通报及53家不合格企业部分资质撤回工作。2020年，省、市行政审批部门共受理办结建筑业企业资质申报业务46921件（家/次）。扎实推进建筑工人实名制管理，不断完善建筑工人实名制管理平台建设，做好根治欠薪工作。目前全省实施实名制管理项目10227个，实名制登记人数5366698人，开通专用账户10169个。2020年，全省受理拖欠农民工工资投诉4115件，较上年减少643起，涉及金额10.08亿元，同比减少6.6亿元；结案4087件，解决拖欠工资10.5亿元。77家建筑施工企业被限制全省市场准入、21家建筑施工企业被全省通报批评、54名施工项目负责人被限制全省建筑市场准入和35名建筑劳务人员被全省通报批评。

建筑节能与科技

【建筑节能概况】2020年，江苏省共下达年度省级绿色建筑发展专项资金1.4亿元，支持2个绿色城区项目、9个高品质绿色建筑项目、18项建筑能效提升项目和12项科技支撑项目。全年新增绿色建筑面积1.76亿平方米，绿色建筑占新建建筑的比例达98%，超过全国平均水平近40个百分点。绿色建筑总量超6.9亿平方米，绿色建筑标识面积超5.5亿平方米，约占全国总量的1/4，累计绿色建筑标识项目达5416项；建立全省高品质绿色建筑项目库，实施项目动态储备更新，开展2批高品质绿色建筑项目申报工作，经评审确定高品质项目6项。遴选16个项目申报全国绿色建筑创新奖，其中获一等奖4项，二等奖6项。

【绿色建筑制度建设】组织开展专家咨询、基层管理部门座谈以及外省市调研活动，在充分调研的基础上，研究起草《江苏省绿色建筑创建行动实施方案》等政策文件，并积极谋划推动"十四五"绿色建筑高质量发展，组织编制《"十四五"绿色建筑高质量发展规划》。

【绿色生态城区建设】2020年，江苏省新增2个绿色城区项目，完成6个绿色城区的验收评估。编制完成《江苏省绿色城区规划建设标准》。

【节能建筑】2020年，江苏省新增节能建筑面积18044万平方米，新增既有建筑节能改造面积1190万平方米。全省累计节能建筑规模约22.9亿平方米，占城镇建筑总量的63%，超出全国平均水平10个百分点。既有建筑改造规模总量达7087万平方米。开展"夏热冬冷地区超低能耗被动式建筑关键技术及产品研究"等相关课题研究，发布实施《超低能耗居住建筑技术导则》，累计建成超低能耗（被动式）建筑工程项目总建筑面积近25万平方米。确定18个既有建筑节能改造示范项目，促进既有建筑品质提升；开展基于合同能源管理的既有建筑节能改造示范项目"回头看"。

【可再生能源建筑应用】2020年，江苏省新增可再生能源建筑应用面积8783万平方米，其中，太阳能光热建筑应用面积8496万平方米、浅层地热能建筑应用面积287万平方米。全省累计可再生能源建筑应用规模总量近6.4亿平方米。

【建设科技概况】2020年，下达10个计划类课题。经推荐，共有24个科学技术计划项目在住房城乡建设部获批立项。完成125项省级和32项部建设科学技术计划项目的验收工作。"绿色保障性住房关键技术研究与应用示范"等27项建设科技成果获华夏科学技术奖，其中一等奖10项，二等奖8项，三等奖9项。

【工程建设标准建设】全年全省共立项工程建设标准21项，组织审查标准（标准设计）39项，发布标准28项。完成《住宅设计标准》《绿色建筑设计标准》等地方标准的修订工作。编制完成《居住建筑热环境和节能设计标准》，填补我国夏热冬冷地区75%节能标准的空白。组织召开《既有住宅适老化改造技术标准（初稿）》研讨会。组织开展2020年江苏省战略性新兴产业和服务业标准化试点项目申报，确定"江苏省建设领域科技成果推广应用服务标准化试点"等两个项目被确定为省标准化试点。

【建筑技术新工法推广应用】全年共审批通过省级工法及新技术应用示范工程769项，并完成711项目标项目的审批。联合省经信委扎实做好省级技术研发中心申报企业的认定及评审工作，全年共认定"省级技术研发中心"12家。

【装配式建筑】2020年，江苏省新开工装配式建筑项目4852万平方米，占新建建筑面积比重达30.8%，超额完成省定目标任务。成功创建2个国家装配式建筑示范例城市和7个产业基地（园区）。首次将装配化装修、市政工程等项目纳入申报范围，并将申报频次调整为每年2次。经申报评审，全省共确定44个2020年度（第一批）省级示范，包括21个集成应用示范工程项目、7个装配化装修示范工程项目、11个BIM技术集成应用示范工程项目、2个市政建设示范工程项目、3个钢结构示范基地等。对第三批48个省级示范项目进行了评估。将建筑产业现代化工作纳入江苏人居环境奖、江苏优秀管理城市、江苏生态园林城市等评定标准，在省城乡建设系统勘察设计奖评选、"扬子杯"评比中继续单独设立"装配式建筑类"。2020年，装配式建筑获评省城乡建设系统优秀勘察设计奖二等奖1项、三等奖3项，获评"扬子杯"2项。发布实施《江苏省装配式建筑综合评定标准》，创造性提出标准化设计、预制装配率、绿色建筑评价、集成技术应用、项目组织施工5大技术评分项，实现了从主体结构装配化向设计、技术集成、组织实施的全面延伸。

人事教育

全年共组织12位领导干部参加江苏省委党校（行政学院）、省社会主义学院和住建部组织的培训，24人次参加公务员大讲堂活动。开展了6期省级机关抽调市、县（市、区）党委管理干部专题培训班，全省参训干部684人。组织厅10名省管干部和117名处级干部参加"学习贯彻党的十九届四中全会精神网上专题班"培训，组织1名省管干部和3名处级干部参加中国干部网络学院组织的网上专题培训。对西藏自治区22名城管执法干部组织了跟班学习。疫情防控期间，分4批公布了40多家相关行业协会、职业院校、企业和社会培训机构提供的免费线上培训资源。

2020年，下发了《江苏省建筑产业工人队伍培育试点工作方案（2020－2022年）》《关于推荐建筑产业工人队伍培育试点企业的通知》，召开了江苏省建筑产业工人队伍培育试点工作推进座谈会，在全省范围内开展建筑产业工人队伍培育试点工作。与教育部门合作组建了建设职业教育行业指导委员会，对全省院校的建设类职业教育工作进行研究、指导、咨询和服务。出台了《省住房城乡建设厅关于进一步规范继续教育工作的通知》，制定了《特种作业人员考核基地管理办法》，对全省30余家考核基地进行了严格的考核评估。

城建档案

【档案服务】新冠肺炎疫情防控期间，各设区市城建档案管理机构通过"互联网＋"平台为企业收集整理工程档案提供业务指导，为社会各类查档做好服务。及时了解重点工程项目建设情况，主动靠前服务进行业务指导，为后期工程竣工档案验收打好基础；进一步加强面向建设规划部门、政务服务部门的网络专线、查询专端等通道建设，为政府部门提供快速高效的数据服务。

【建设工程档案联合验收】制定印发《新形势下进一步加强城建档案工作的通知》《进一步加强建设

工程档案验收工作的通知》，进一步明确职能、规范流程、简化手续；组织开展建设工程档案在线接收试点工作评估验收，在试点经验基础上研究制订系统升级方案。各地在实践中亦积极探索，确保政策落地并致力拓展改革成效。

【城建档案工作体系建设】2020年，先后完成《建设工程声像档案管理标准》《江苏省城建档案馆业务工作规程》的制订修订并待发布，《江苏省房屋建筑和市政基础设施工程档案资料管理规范》修订工作有序推进。制订出台《关于进一步加强苏北地区农民住房条件改善档案管理工作的通知》《苏北地区农民群众住房条件改善项目和改善农户"一户一档"资料归档清单》，明确了5类农户改善住房资料归档标准。截至年底，全省81个市、县（市、区）馆中，有39个省示范馆、20个省特级馆，全省800多个乡镇中有711个建立起省级标准村镇建设档案室，7个设区市实现村镇建设档案室省级达标全覆盖。

【城建档案资源建设】2020年，各市馆紧紧围绕省委省政府、市委市政府重点工程抓好建设工程档案资料归集工作，全程跟踪拍摄苏北农房改善、城市老旧小区改造、特色田园乡村建设等住房城乡建设领域民生重点工程推进情况，并以项目为单位，整理形成工作开展前后图片比对资料库。持续开展城市发展影像记录工作，忠实反映城市建设发展中的点滴变化。截至年底，全省城建档案馆藏档案总量达到1207万余卷。

【城建档案开发利用】2020年，徐州馆制作完成《江苏省政府2019年民生实事落地记》专题片；南京馆积极探索珍品档案修复工作，并参与完成"十三五"国家重点档案保护与开发利用项目《〈长江大桥档案〉工程建设（1958－1961）（上下）》编纂工作；常州馆创作的微视频《美丽乡村｜江苏常州：红色塘马睦邻原乡》被"学习强国"平台录用；泰州馆编写《乡村记忆—泰州市镇村历史遗存档案》；南通馆全程跟踪拍摄市隔离病房扩建等工作，配合制作抗疫纪实专题片。

【城建档案"十四五"规划编制】省住房城乡建设厅成立了"十四五"江苏城建档案事业发展规划编制课题组，并在省内广泛调研，全面摸排各地城建档案工作制度建设、馆库建设、设施配备以及人才培养、理论研究等情况，全面梳理城建档案事业发展面临形势、存在问题，在此基础上整理思路，结合江苏实际，起草形成"十四五"规划初稿，并发送13个地市征求意见。

（江苏省住房和城乡建设厅）

浙江省

概况

2020年，浙江省住房城乡建设系统以抓好新冠肺炎疫情防控和复工复产为工作主线，加强政府租赁住房管理，开展政策性租赁住房试点，住房保障水平进一步提升。着力推广绿色发展模式，完善城市管理制度和标准，城市管理水平明显提高。全省房地产市场总体平稳。全年新建商品住宅销售面积8832万平方米，比上年增长13.2%。开工改造老旧小区622个，新增住宅加装电梯1751台，浙江既有住宅加装电梯工作被住房城乡建设部推广。新开工棚户区改造11.6万套，完成投资791亿元；政府公租房累计保障人数占城镇常住人口的1.8%；绍兴市获评国务院棚户区改造激励支持城市。全年城乡新增停车泊位14.2万个，新建绿道1260千米，改造提升城市公厕971座。新建扩建焚烧和餐厨垃圾处理设施48座，新建省级高标准生活垃圾示范小区841个，实现生活垃圾"零增长""零填埋"目标。新增省级历史文化名镇名村街区96处；启动9个海绵城市示范性工程、8个城市阳台景观塑造工程建设；创建国家节水型城市1个、省级节水型城市3个、省级园林城镇33个，启动100个传统村落风貌提升、202个省级美丽宜居示范村创建。新开工装配式建筑比重达30.3%，提前5年实现国家既定30%的目标；建筑业总产值2.1万亿元，建筑业增加值占全省地区生产总值（GDP）的5.9%。全年建设工程创"鲁班奖"工程6项、国家优质工程24项、"钱江杯"工程152项。

法规建设

【地方立法】 出台地方性法规《浙江省生活垃圾管理条例》。

【规范性文件】 制发《浙江省建筑施工安全生产标准化管理优良工地考评实施办法》等20件规范性文件。

【行政复议应诉】 办理行政应诉（含行政复议答复）案件39件，认真做好答辩、举证等工作，全力支持和配合复议机关和人民法院受理、审理行政案件，努力做好协调化解行政争议相关工作。

【防范化解法律风险】 新冠肺炎疫情防控期间，在全国率先编发《住房城乡建设行业企业新冠肺炎疫情防控有关法律风险应对指引》，开展商品房预售合同受疫情影响法律风险调查，联合省律师协会成立企业复工复产公益性法律服务百人团，指导帮助建筑施工、房地产开发等企业积极应对法律风险。

【工程审批制度改革】 2020年，浙江省3个疫情防控项目通过"绿色通道"先行开工，422个企业投资项目实行施工图事后审查，涉及合同金额467亿元。经国务院批复同意开展施工图分类审查改革，对特殊工程、低风险工程、一般工程分别实行施工许可前审查、免予审查、施工许可后审查的管理方式。推进工程建设全过程图纸数字化管理改革，组织编制《建设工程管理信息编码标准》《建设工程数字化图纸标准》等地方标准，迭代升级图纸数字化管理系统，将图纸数字化管理从施工图审查环节延伸至开工、施工直至竣工的全过程。全省用水、用气报装申请材料精简至1份，办理环节精简至2个（含）以下，从受理用户申请至通自来水、天然气时间压减至3天（不含外线审批）以内。联合省发展改革委、省自然资源厅印发《关于优化城镇老旧小区改造项目审批的指导意见》，有关做法被住房和城乡建设部向全国推广。

房地产业

【概况】 2020年，浙江省商品房销售面积1.03亿平方米，比上年增长9.3%，其中商品住宅销售面积8832万平方米，增长13.2%。全年各市商品住宅销售价格指数涨幅处于5%以内。新建商品房在售库存基本稳定。至年末，全省商品房可售面积1.38亿平方米，去化周期15.1个月，其中商品住宅可售面积7039万平方米，去化周期9.3个月。房地产开发投资平稳增长，全年完成开发投资1.14万亿元，增长6.8%。实现增加值5053亿元，增长5.1%，占全省地区生产总值的7.8%。房地产业入库税收2502亿元，增长13.8%，占全省入库税收的21.3%。

【房地产领域疫情防控和复工复产】 2020年，面对新冠肺炎疫情的冲击，全省房地产行业迅速落实防疫措施，建立排查日报制度，排查房地产开发企业5000多家、经纪机构及门店2万余家，组织4000多家物业企业、35万名员工投入疫情防控。编织行业疫情防控网，做到疫情"零感染""零扩散"。组建省、市、县三级建筑业和房地产专班，推动建筑房地产业复工复产。出台惠企政策，调整预售资金监管比例和缓交物业保修金，为企业释放流动资金300多亿元，累计为物业服务企业落实补贴7亿元。推动和引导开发企业实行线上销售，杭州全流程"云买房"销售模式被住房和城乡建设部向全国推广。

【房地产行业监管】 2020年，先后印发《关于做好全装修商品住宅项目交付样板房管理工作的通知》《关于进一步规范商品房委托销售行为的通知》，加强样板房和商品房委托销售管理。开展逾期交付房地产项目风险排查，有效化解潜在风险项目。开展"双随机、一公开"检查221批次，检查房地产开发企业2100多家，依法查处和曝光房地产企业违法违规行为。全省开展治理规范长租公寓专项行动，排查住房租赁企业3.7万家，稳妥处置一批高风险住房租赁企业。

【住房租赁市场发展】 8月，宁波被列入第二批中央财政支持的住房租赁市场发展试点城市，获3年24亿元的奖补资金。杭州、宁波等人口净流入大的城市，全年筹集租赁房源（包括新建、改建、盘活存量房源）7万套，培育专业化、规模化住房租赁企业30多家，落实相关奖补资金8亿元。建立和运用住房租赁监管平台，在平台备案的住房租赁企业（机构）达3000多家，40万套房源纳入平台管理，住房租赁合同网签备案量累计达到100万份。杭州试行住房租赁资金监管办法，100家住房租赁企业在监管银行开设租赁资金专用存款账户。

【物业服务管理】 2020年，浙江省有1996个业主委员会成立党支部，推进物业领域党建统领提升住宅小区居住品质。开展物业服务企业信用评定，全年参加信用评级物业服务企业1205家，其中AAA级114家、AA级36家、A级89家、B级966家。7月9日，印发《关于加强和改进城镇老旧小区物业管理工作的指导意见》。开展全省物业行业改革发展课题研究。举办全省物业服务行业发展培训班，230人参加培训。

【住房民生工程】 2020年，浙江省加强城镇房屋使用安全监管，排查疫情防控隔离点房屋1063处、651.36万平方米；检查公共房屋12.2万幢（其中新登记81551幢），完成整治丙类公共房屋1167幢。开展未实质性解危的住宅危房在住人员信息登记。排查直管公房6.69万处、384.24万平方米，治理安全隐患907处、5.29万平方米。召开全省住宅加装电梯工作现场推进会，全年全省新增住宅加装电梯1121台，完成年度目标的112.1%；在建1174台，方案联审通过426台。

【城镇国有土地房屋征收】2020年，浙江省组织检查组赴湖州、嘉兴开展征收事项案卷评查和国有土地上房屋征收有关居民安置情况调查。进一步规范国有土地上房屋征收与补偿活动，维护公共利益，保障被征收房屋所有权人的合法权益。"浙江省国有土地上推行阳光征收"入选"法治浙江"重要窗口实践案例100例。

住房保障

【概况】至年末，浙江省政府投资公租房保障累计受益家庭约48万户、84万人，累计开工棚改安置住房（含货币安置房）116.9万套，老旧城区集中成片棚户区基本完成改造，温州市、绍兴市分别成为国务院第一批、第二批棚改工作督查激励设区市，杭州市政策性租赁住房试点工作取得初步成效。

【保障覆盖面提升】杭州作为全国首批13个发展政策性租赁住房试点城市之一，至年末，完成7.6万套（间）租赁住房筹集。省住建厅印发关于做好住房困难群众探访关爱实施精准保障的文件，提出全省公租访保障群体覆盖至当地城镇上年度人均可支配收入线以下的住房困难家庭，人均保障面积不低于18平方米，户均面积不低于36平方米，租赁补贴标准原则上不低于当地商品住房平均租金水平的40%。全省新增保障人数1.2万人。全年全省政府公租房累计保障人数占上年度城镇常住人口数比例超过2.0%。有71.6%的市县将人均租赁补贴保障面积提高至18平方米以上。加大重点人群的保障力度，全省累计实施保障低收入家庭13.7万户、新就业无房职工13.5万户、稳定就业外来务工人18万户，其中重点保障环卫、公交等行业一线职工1.3万户。

【棚户区改造推进】2020年，浙江省新开工棚户区改造11.6万套，完成省政府确定年度目标任务的193.3%，完成投资791亿元。全年落实保障性安居工程中央财政专项补助资金4.73亿元、中央预算内投资12.9亿元，发行棚改专项债券204.1亿元。会同省发展改革委、省财政厅、省自然资源厅等部门印发《关于进一步加强棚改计划项目管理有关工作的通知》。2016—2017年开工建设的棚改安置住房竣工率达89.2%，交付入住率达64.7%，分别完成目标计划的111.5%和92.5%。

【数字化标准化转型加快】2020年，浙江省公租房承租资格确认、公租房租赁补贴资格确认事项接入省政务服务2.0平台，全年全省公租房申请受理11.4万件，其中线上申请受理数量约6.8万件，线上受理率59.4%。完善浙江省住房保障统一管理系统功能，加快公租房历史数据补录，规范数据采集标准，实现浙江省住房保障统一管理系统与全国公租房信息系统数据联网。至年末，公租房历史数据补录完成率97.2%。公租房承租资格确认时限从平均90多个工作日压缩至40个工作日内，温州、绍兴、衢州、金华等部分市、区压缩至14个工作日内。

住房公积金管理

2020年，浙江省新开户公积金缴交单位85448家，新开户职工172.88万人；实缴单位30.89万家，实缴职工924.02万人，缴存额1814.86亿元，分别同比增长17.5%、6.5%和13.5%。2020年末，缴存总额12794.06亿元，同比增长16.5%；缴存余额3927.69亿元，同比增长9.9%。全年有401.71万名缴存职工提取住房公积金，提取额1461.04亿元，同比增长21.6%。至年末，全省提取总额8866.34亿元，增长19.7%。2020年，发放个人住房贷款18.72万笔、发放金额870.52亿元，同比增长19.2%和24.6%。回收个人住房贷款539.83亿元。至年末，累计发放个人住房贷款211.62万笔7186.42亿元。

城市建设

【基础设施建设】2020年，浙江省污水垃圾实际完成投资超过200亿元，超过省政府下达投资的116%，各项任务指标超额完成。全省新增城市道路2266.8千米，各设区市主城区改扩建城市道路91.5千米，建成联网道路26条、城市快速路50.4千米，续建快速路248.7千米。完成桥梁改造96座。印发全省城市道路限高限宽设施和检查卡点专项整治行动实施方案，开展城市道路既有限高限宽设施和检查卡点排查整治，违法违规的限高限宽设施和检查卡点基本被拆除。

【深化"五水共治"】2020年，浙江省完成城镇污水处理厂新（扩）建项目32个，新增污水处理能力106万立方米/日；新增城镇污水配套管网1882千米；完成1447个城镇生活小区"污水零直排区"创建。共建成城镇污水处理厂326座，日处理能力达到1570万吨，所有污水处理厂执行一级A及以上标准，全省城市污水处理率为97.65%，建制镇污水处理率为74.7%。建成雨水管网787千米，提标改造管网661千米，改建雨污分流管网1210千米；清淤排水管网3.62千米；改造易淹易涝片区140处。削减化学需氧量98.57万吨、氨氮9.4万吨。杭州余杭区赭山港等6条水体被住房城乡建设部认定为"长治久清"水体，全省实现黑臭水体"零增长"。新建供水管网872.01千米，改造供水管网599.3千米，新增供水能力48.5万立方米/日。实施城区老旧管网改造，推进有条件的县（市、区）实施分区计量管理，控制供水管网漏损率。全省城市供水管网平均漏损率为6.09%，达到《水污染防治行动计划》的要求。全年全省改造节水器具4.87万套，安装"一户一表"4.65万户，建成屋顶集雨等雨水收集系统1527处。湖州市、金华市、衢州市、德清县、浦江县5个市、县（市、区）获2020年度浙江省"五水共治"（河长制）工作"大禹鼎"金鼎。

【城市园林绿化】2020年，发布《浙江省园林工程技术规程》，会同省自然资源厅、省财政厅印发《关于城市绿化规划建设与补偿有关事项的通知》，会同省林业局编制《浙江省古树名木保护技术规程》。绿化行业研讨，助力全省大花园建设标准体系构建。制订《浙江省园林绿化条例》立法计划。全年新建绿地2000多公顷，完成立体绿化20多公顷，改造提升公园370公顷。推进园林绿化提质，创建省级园林城市1个、省级园林城镇33个，建成省级园林式居住区（单位）108个、优质综合公园57个、绿化美化示范路65条，建成城镇绿化废弃物资源化利用试点场所28个。审核推荐温州三垟湿地公园申报国家级城市湿地公园。

【"万里绿道网"建设】2020年11月12日，召开第八次全省绿道网建设工作会议。组织《浙江省省级绿道网规划（2021—2035）》编制和《浙江省绿道规划设计技术导则》修编，开展"建筑垃圾再生材料在绿道中的应用研究""浙江省智慧绿道建设研究"，开展《浙江省绿道网建设管理规定》制订研究。会同省发展改革委、省自然资源厅等8个部门开展第四届"浙江最美绿道"评选，近30万市民参与，评出最美绿道50条。联合省卫生健康委、省文化和旅游厅、省体育局、《浙江日报》举办全省第二届"绿道健走大赛"暨绿道健身月活动，全省30多万市民群众在全省绿道上进行为期1个月的健走比赛。全省新增高标准绿道1260千米。

【城镇燃气安全生产】2020年，全省天然气、液化石油气供应总量分别达到83.67亿立方米与94.73万吨，用户数量分别达到675万户与498万户。城镇天然气管道长度达5.44万公里，城市门站67座，年接气能力285亿立方米；LNG气化站104座，总储气能力约2810万立方米；现有瓶装液化气储配站349座，供应站点1904个。深入推进瓶装液化石油气实名制和信息化监管，推动燃气场站反恐应急演练及防范示范化建设。印发《省建设厅关于推进城镇燃气改革的实施意见》《浙江省管道燃气特许经营评估管理办法》《省建设厅关于开展全省城镇燃气安全生产评估工作的通知》等政策文件，编制《城镇燃气设施安全检查标准》《农村管道燃气工程技术导则》等标准规范，完成燃气行业经营许可行政审批事项的"八统一"、颗粒度梳理以及"证照分离"改革阶段性工作。完成16个城镇燃气行政执法事项的标准化实施清单编制与职能划转，开展跨区域经营瓶装液化石油气专项整治、违法销售瓶装燃气案件查处、危化品"全生命周期"整治、燃气道路交通运输整治等工作，燃气执法形成长效机制。

【海绵城市和地下综合管廊建设】2020年，浙江省组织完成海绵城市省级试点终期绩效评价、全省海绵城市建设效果评价和海绵城市建设示范县（市、区）中期评价。启动实施海绵城市示范性工程7个，城市建成区新增海绵城市面积219平方千米。印发《浙江省地下综合管廊安全管理导则》，组织杭州市开展地下综合管廊多型化研究试点，全年新增地下综合管廊36千米。

【老旧小区改造】2020年12月1日，省政府办公厅印发《关于全面推进城镇老旧小区改造工作的实施意见》，启动城镇老旧小区改造工作。各设区市建立统筹协调机制，统一实施办法和标准；抓好顶层设计，编制改造实施意见、技术导则及优化项目审批、加强物业管理等政策文件；推进数字化管理，建立信息管理系统，对项目进展实施动态管理。浙江城镇老旧小区改造工作被国务院办公厅印发的"指导意见"吸纳，住房城乡建设部专题编辑《浙江省城镇老旧小区改造"九项机制"试点案例集》，发送各国各地学习借鉴。至年末，全省开工改造老旧小区622个，建筑面积2478万平方米，惠及居民28.9万户。

【城市管理水平提升】2020年，浙江省完善城市管理制度和标准规范体系，规范行政执法。深化违建治理和建筑垃圾治理，加强城市环境建设常态化巡查。全省生活垃圾分类投放、分类收集、分类运输、分类处置体系基本建立，城镇生活垃圾分类覆盖面超过90%。全省有焚烧和餐厨垃圾处理设施127座，其中焚烧71座、餐厨设施56座，总处理能力9.29万吨/日，处理结构更加优化，资源化水平大幅提升，无害化处理率100%，基本实现生活垃圾"零填埋"。建立生活垃圾总量控制机制，加强生产、流通、消费等环节综合治理，垃圾高速增长态势得到有效遏制，基本实现生活垃圾"零增长"。

村镇建设

【概况】2020年，浙江省启动省级美丽示范村创建工作，全省202个示范村全部完成创建规划编制，并启动实施"三拆三化"项目建设。推进省级美丽宜居示范村建设，有1231个村完成项目建设并通过验收。加强农村危房改造。建立健全农村危房常态化长效治理改造机制，进一步保障农民群众住房安全和农村困难家庭基本住房条件。

【农村危房改造】会同民政、财政等六部门印发《关于做好农村危房常态化长效治理改造工作的通知》，进一步保障农民群众住房安全和农村困难家庭基本住房条件。以农村四类困难对象为重点，对农村困难家庭住房的安全性逐一进行了全面核查，开展了农村困难家庭危房改造攻坚行动，全年累计发现农村困难家庭危房总数18104户，其中C级危房15083户、D级危房3021户，已全面改造治理完成。

【农村生活污水治理】发布《农村生活污水处理设施建设和改造技术规程》、《农村生活污水处理设施污水排入标准》、《农村生活污水处理设施运行维护单位基本条件》、《浙江省农村生活污水处理设施运行维护费用指导价格指南（试行）》和《浙江省农村生活污水处理设施运行维护服务合同（示范文本）》5个《浙江省农村生活污水处理设施管理条例》配套规范性文件。编制《浙江省农村生活污水处理设施标准化运维标准》，完成11406个处理设施标准化运维，实现日处理能力30吨以上处理设施标准化运维全覆盖。持续推进处理设施建设改造，开工处理设施建设改造项目4772个，完成投资10.96亿元。

【新时代美丽乡村系列创建】2020年，浙江省全面开展村庄建设发展水平调查评估，查找各村在生态保护、宜居建设、经济发展、公共服务、乡风文明、乡村治理等方面的薄弱点，对照标准，找出差距，摸清底数。按照《新时代美丽乡村认定办法（试行）》工作要求，全年创建新时代美丽乡村达标村5135个，累计创建11290个。通过实施开展新时代美丽乡村示范县、示范乡镇、风景线、精品村和美丽庭院"五美联创"，加快建设美丽乡村大景区、大花园。至年末，全省创建新时代美丽乡村示范县45个、示范乡镇500个、风景线600条、特色精品村1500个、美丽庭院200万户。

【农村人居环境提升】省"千村示范、万村整治"工作协调小组办公室和省农业农村厅印发《浙江省高水平推进农村人居环境提升"百日攻坚"行动方案》，通过在全省范围开展以"三清三整三提升"为主要内容的"百日攻坚"行动，全面实现无污泥浊水、无可视垃圾、无露天粪坑（缸），高质量提升垃圾分类、厕所服务、庭院美化水平。"百日攻坚"行动期间，集中排查问题85.6万个，委托第三方排查问题1.2万个，年内，各地全面完成问题整改，并推动长效管理机制建立。

【农村生活垃圾分类处理】2020年，浙江省以"减量化、资源化、无害化"为导向，全面推行定点分类投放、定时分类收集、定车分类运输、定位分类处理的"四分四定"模式，开展农村生活垃圾源头减量和农户分类、回收利用、设施提升、制度建设、文明风尚和长效管理五大专项行动，进一步落实有健全的组织体系、有科学的治理设施、有稳定的保洁队伍、有长效的要素保障、有完善的监管制度的"五有"要求，通过控制增量、促进减量、提升质量，全面提升农村生活垃圾分类处理的能力与水平。年末，全省开展生活垃圾分类处理行政村覆盖率达85%。

【历史文化（传统）村落保护利用和乡村文化保护】2020年，浙江省继续开展重点村和一般村保护利用工作，对重点村每村给予500万元~700万元补助。至年末，全省累计有390个重点村和1902个一般村得到保护。全省被认定为中国重要农业文化遗产12个，其中3个是全球重要农业文化遗产，总数全国第一，"浙江青田稻鱼共生系统"为全球第一批重要农业文化遗产。完成省级及中国传统村落保护发展规划编制，实现省级以上传统村落保护发展规划全覆盖。开展100个传统村落风貌提升，传统村落启动以修复格局和肌理、彰显风貌与特色、完善设施与功能等为主要内容的项目实施。出台《浙江省传统村落风貌保护提升验收办法（试行）》。开展市级传统村落认定，完成165个市级传统村落认定（不含省级、国家级），所有设区市实现全覆盖，全省基本建立由中国传统村落、省级传统村落和市级传统村落组成的三级保护体系。开展传统建筑认定试点，确定金华市金东区、浦江县为传统建筑认定试点。编印出版《留住乡愁（中国传统村落浙江图经第四卷）》第一册。统一制作全省国家级和省级传统村落标志牌1042块，并完成挂牌工作。全年完成美丽城镇建设投资3286亿元，实施项目1.5万个，建成美丽城镇省级样板110个、达标城镇121个。全省84个县（市、区）和1010个乡镇分别编制"一县一计划""一镇一方案"。《浙江省美丽城镇建设评价办法》成为全国首个城镇体检标准，《镇村生活圈配置导则》引领全国小城镇建设发展。12月，省委办公厅、省政府办公厅印发《关于进一步加强历史文化（传统）村落保护利用工作的意见》。

工程质量安全监管

2020年，浙江省深化工程质量安全提升行动。召开工程安全文明标准化和质量标准化推进会，完善建筑工程质量评价体系，开展质量安全专项督查，推动全省工程质量安全持续向好。全年全省创建优质工程182项，其中，"鲁班奖"工程6项，国家级优质工程24项，"钱江杯"省级优质工程152项，浙江省创优水平居全国前列。亚厦装饰股份有限公司、浙江精工钢构集团分别获省政府质量奖和省政府质量管理创新奖。全省建设行业事故起数、死亡人数明显下降，省建设厅获省政府安全生产考核优秀等次。

建筑业

【概况】2020年，浙江省加快推进建筑工业化进程，全面改革保证金制度和施工过程结算办法，加强市场监管，促进建筑业持续平稳发展，主要指标完成情况居全国前列。制定惠企"18条政策"，助推建筑业复工复产。全年全省建筑业实现总产值2.1万亿元，比上年增长2.7%，占全国建筑业总产值的7.9%；完成建筑业增加值3812亿元，占全省地区生产总值（GDP）的5.9%；入库税收721.4亿元，增长19.3%，占全省入库税收的6.1%；新签合同金额2.3万亿元，累计合同金额4.4万亿元；房屋建筑施工面积18.1亿平方米，占全国房屋建筑施工总面积的12.1%，其中新开工面积5.4亿平方米；建筑业从业人员582.1万人，占全国建筑业从业人员的9.3%。

【结构调整优化】2020年，浙江省拥有特级建筑企业80家，其中基础设施领域特级企业14家，占全省基础设施建筑企业的16.9%。全省有产值超过100亿元的建筑企业24家，超过50亿元的75家。中天建设集团有限公司等14家建筑企业被列入全国民营企业500强，占全省500强民营企业的14.6%。长江精工钢结构（集团）股份有限公司、杭萧钢构股份有限公司、浙江东南网架股份有限公司3家企业被列入全国建筑钢结构10强企业。

【改革创新加快】5月21日，联合省发展改革委、省财政厅印发《关于在房屋建筑和市政基础设施工程中推行施工过程结算的实施意见》，着力破解结算难的问题。组织起草关于进一步推进房屋建筑和市政基础设施项目工程总承包发展的实施意见。全省共有615家建筑企业承接工程总承包项目733个，合同金额1613.24亿元。6月1日，省住建厅等11个部门联合印发《关于在全省工程建设领域改革保证金制度的通知》，全面推行工程保函缴纳保证金。至年末，全省建筑行业保函替代率达90%。编制完成《全过程工程咨询服务标准》，并于10月1日起实施，全省基本实现从房建市政到交通、水利、能源等行业全过程工程咨询的全领域推广。全省有188家企业承接全过程工程咨询项目540个，合同金额27.83亿元。深化住房城乡建设领域"证照分离"改革，全面实施告知承诺制审批。

【绿色建筑推广】2020年，浙江省全面实施绿色建筑专项规划，提出建筑项目的绿色建筑等级、装配化建造和住宅全装修等控制性指标要求。开展绿色建筑评价标识工作，新建民用建筑执行一星级以上绿色建筑强制性标准。全年全省城镇新增绿色建筑面积1.6亿平方米，实施高星级绿色建筑示范工程87项、面积1500万平方米。

【监管模式转变】2020年，浙江省推进行业监管向信用管理转变、向事中事后监管转变、向数字化监管转变。建立浙江省建筑市场监管与诚信信息平台数据库，录入企业3万余家、从业人员94万人、工程项目9.7万个、进浙备案企业信息1万条、企业良好信息7095条、个人良好信息4072条、企业不良信息201条和个人不良信息69条。开展发包和承包违法行为专项整治行动，打击建筑市场违法发包、转包、分包和挂靠等行为。进一步完善"双随机、一公开"监管方式，打造以"互联网＋监管"为基础的监管机制，推动事中事后监管数字化、规范化、精细化。建立工资保证金、实名制管理、工资款分账核算、工资按月足额支付、银行代发工资、维权信息公示6项配套制度，全年建设部门查处欠薪案件9件，结案率100%；协助人事社保部门查处欠薪案件105件。提高建筑工人实名制管理信息数据质量，健全全省建筑工人实名制管理信息平台功能，会同省人力社保厅开展建筑产业工人队伍培育试点工作。

【"走出去"发展】 2020年，浙江建筑业积极参与长三角区域、粤港澳大湾区、雄安新区、"一带一路"沿线国家的工程项目和基础设施建设，浙江建筑队伍涉足全球120多个国家和地区。持续实施"走出去"发展战略，对外承包工程业务保持较快增长，全年完成对外承包工程营业额64.4亿美元，新签合同额39.2亿元。浙江省建设投资集团有限公司、浙江省东阳第三建筑工程有限公司和浙江交工集团股份有限公司3家企业跻身国际承包商（ENR）250强，分别位列第82位、第198位和第201位。

【装配式建筑发展】 2020年，浙江省新开工装配式建筑面积1.09亿平方米，占新建建筑面积的30.3%，提前5年实现国家确定的目标，装配式建筑实施面积和比例均居全国前列。推进智能建造和住宅全装修，全年实施住宅全装修面积1.17亿平方米。开展钢结构装配式住宅试点，年内建成钢结构住宅556.6万平方米，其中钢结构农房24.6万平方米。全省有预制装配混凝土结构构件生产基地65个，年产预制混凝土构件766万立方米；规模钢结构生产基地66个（指面积2公顷以上的基地），年产钢结构构件348万吨，基本满足浙江省装配式建筑推进要求。杭州、宁波、绍兴、台州4个设区市和浙江省建工集团有限责任公司等23家企业分别被认定为国家级装配式建筑示范城市、产业基地。

新型城镇化

【概况】 2020年，浙江成为全国主要的人口流入省份之一，常住人口增量连续3年排名全国前列。2020年末，浙江常住人口城镇化率达72.2%，居全国第一方阵。新型居住证制度实现全省覆盖，90个县（市、区）全部建立与居住证挂钩的基本公共服务提供机制。统筹推进大湾区大花园大通道大都市区建设，以大都市区为引领的城镇化格局初步形成。区域发展更加均衡协调，城乡融合发展加快，城乡差距进一步缩小。数字浙江建设持续深化，城乡治理方式迭代升级。首创实施"最多跑一次"改革，政务服务事项实现"一网通办"。全面推动政府数字化转型，"浙里办"网上可办率100%，11个跨部门场景化多业务协同应用上线运行。形成一批经济社会发展强县和特色小镇。2020年中国百强县中，浙江占24席，数量居全国第一。深入实施小城市培育试点，60多个试点镇中，有48个进入全国综合实力千强镇。浙江整体迈入城镇化成熟稳定发展的阶段。

【城乡融合发展】 2020年，浙江省省域空间格局持续优化，城乡融合发展格局基本形成，城乡差距进一步缩小。坚持实施城乡统筹发展战略，持续推进美丽城镇、美丽乡村建设，深入推进"千村示范、万村整治"工程和农村综合改革，城乡居民人均可支配收入比缩小至1.96∶1，保持全国最低。

【区域一体化发展】 2020年，浙江省城市区域化、区域城市化特征明显，杭州、宁波、温州、金义四大都市区核心区以不到全省40%的面积集聚69.5%的常住人口。城镇化以中心城市为核心、带动周边中小城市和小城镇一体化发展的格局形态凸显。县城的功能作用日益突显，成为就地就近城镇化的重要载体。全省县城城镇化基础扎实，53个县城集聚了全省约三分之一的人口，县城的公共服务能力和人口承载能力进一步增强。

大事记

1月

7日 召开全省住房和城乡建设工作会议。

31日 率先在省级层面印发《关于做好全省城镇住房保障工作领域新型冠状病毒感染肺炎防控工作的通知》。

2月

13日 省工程审改办（省住建厅）印发《关于优化工程建设项目审批服务全力保障新冠肺炎疫情防控工作的通知》，全面推行"不见面"审批。

3月

4日 印发《浙江省物业服务企业防控疫情工作规程（试行）》。

10日 省建设厅召开行业监管系统（平台）运行管理专题会议，正式启动厅"一张网"建设。

17日 会同省财政厅、人行杭州中心支行印发《关于做好妥善应对新冠肺炎疫情实施住房公积金阶段性支持政策相关工作的通知》。

4月

20日 省政府召开全省城镇污水处理提质增效工作推进会，副省长陈奕君出席并讲话。

5月

9日 成立由副省长陈奕君任总召集人的建筑业和房地产工作专班，部署开展争先创优行动，推动建筑业和房地产稳定健康发展。

15日 印发《关于进一步做好住宅全装修工作的补充通知》，提出分区域、分类别实施住宅全装修，实现"一城一策"。

20日 《城市建设安全专项整治三年行动方案》出台。

26日 省住建厅等11部门联合印发《关于在全省工程建设领域改革保证金制度的通知》，全面推行工程保函，大幅降低保证金额度。

6月

11日 省委省政府召开全省生活垃圾治理攻坚大会，时任省委书记车俊出席并讲话，时任省委副书记、省长袁家军主持会议。

16日 印发《浙江省建筑行业"红色工地"建设活动导则（试行）》。

22日 全国第一个由省级建设、公安、生态环境、商务、市场监督5部门联合印发的《关于提升精细化管理水平活跃城市消费的指导意见》出台。

7月

4日 同省财政厅、人行杭州中心支行印发《关于改革完善住房公积金有关政策的通知》，实现省内异地购房提取住房公积金"全省通办"。

9日 印发《关于加强和改进城镇老旧小区物业管理工作的指导意见》。

15日 省政府召开第三届浙江省工程勘察设计大师评审会，副省长陈奕君出席。

24日 联合省发改委、省自然资源厅印发《关于优化城镇老旧小区改造项目审批的指导意见》。

7月 印发房地产平稳健康发展城市主体责任制的实施意见以及房地产市场监测评价和重点县（市）"一县一策"方案编制等配套文件。全省11个设区市全部完成房地产长效机制方案编制并实施，在全国率先实现设区市全覆盖，率先实现房地产城市主体责任制实地督查全覆盖。

8月

11日 召开全省住宅全装修项目现场观摩会。

9月

18日 印发《中共浙江省住房和城乡建设厅党组巡察工作实施办法（试行）》，启动对厅直单位巡察工作。

25日 国务院印发《关于同意在浙江省暂时调整实施有关行政法规规定的批复》，允许浙江省对施工图设计文件实行分类管理。

25~26日 第二届长三角区域"数字建筑·数字造价"高峰论坛在浙江湖州举行。

28日 印发《关于做好全装修商品住宅项目样板房管理工作的通知》。

10月

26日 召开浙江省第24个环卫工人节庆祝大会。副省长陈奕君出席。

28日 召开全省农村生活污水治理现场推进会，部署推进农村生活污水治理工作。

30日 省住建厅等7部门印发《关于深化房屋建筑和市政基础设施工程施工图管理改革的实施意见》。

11月

12日 召开全省绿道网建设工作现场会。

下旬 列入考核的政务服务事项实现全部接入并上线应用，50%以上省本级事项实现智能化"秒办"，电子证书在线即时生成，圆满完成年度政务服务2.0建设任务。

12月

18日 省政府召开全省城镇老旧小区改造工作视频会议，副省长陈奕君出席并讲话。

24日 省政府召开全省新时代美丽城镇和特色小镇建设工作推进会，省长郑栅洁出席并讲话，副省长陈奕君主持会议。

25日 全国住房和城乡建设系统抗击新冠肺炎疫情表彰电视电话会议召开，浙江省共有10家单位和30名个人荣获全国抗疫先进集体和先进个人称号，获奖数量居全国第二。

28日 召开2020年度"最美建设人"学习促进会。

（浙江省住房和城乡建设厅）

安 徽 省

概况

【推进住有所居】 城镇常住人口人均住房建筑面积从2015年的34.7平方米增加到2020年的42平方米左右。111.73万户居民享受公共租赁住房保障，城镇低保、低收入住房困难家庭基本实现依申请应保尽保，保障对象中新市民群体占比达43%。累计开工建设棚户区改造住房135.81万套，总量位居全国第四。设区市基本建成政府住房租赁交易服务平台，累计入库备案租赁住房近20万套（间）。开工建设租赁住房2万余套。改造城镇老旧小区3024个，惠及700多万居民。

【提升城市建设品质】常住人口城镇化率提高到57%左右，城市建成区面积达2260平方公里以上。设区城市生活污水集中处理率、燃气普及率、供水普及率、生活垃圾无害化处理率、建成区绿化覆盖率和人均道路面积，均居全国中上水平。海绵城市建设稳步推进，形成省域"万里绿道网"，建成运营城市轨道交通3条、在建10条，总里程达331公里。城市人居环境显著改善，城市综合承载力大幅提升，安徽省已进入城市为主导、城乡统筹发展新阶段。

【提高城市管理精细化水平】城市管理服务平台实现部、省、市互联互通、信息共享，建立长三角一体化城市管理综合行政执法协作机制。设区市建成地下管网地理信息系统和安全运行监测系统。组织开展城市道路、街区市容环境卫生整治试点示范。持续推进城市生活垃圾分类，合肥、铜陵2个国家试点城市基本建成垃圾分类体系，全省共建有分类投放点10697个、分类收集点10904个，投入分类运输车辆1937辆，已有4078个小区、286.5万户居民以及2073所学校开展生活垃圾分类。深入推进城镇公厕提升行动，新建、改造、开放公厕2174座。

【改善农村人居环境质量】累计改造农村危房47万户，其中建档立卡贫困户33.9万户，确保了困难群众不住危房。建立"户集中、村收集、乡镇转运、市县处理"的农村生活垃圾收运处置体系，全面完成非正规垃圾堆放点整治任务。全省累计400个村落列入中国传统村落保护名录，数量位居全国第七。黄山市列入全国传统村落集中连片保护示范市。

法规建设

【法规制定】《安徽省建筑市场管理条例》《安徽省建筑工程招标投标管理办法》于2021年3月1日正式实施；《安徽省无障碍环境建设管理办法》于2020年5月1日起施行。《安徽省绿色建筑发展条例》草案和《安徽省建设工程勘察设计管理办法》《安徽省物业专项维修资金管理暂行办法》修订草案已上报省政府。

【法制建设】落实《安徽省住房和城乡建设厅重大行政决策程序规定》和《安徽省住房城乡建设厅重大行政决策公众参与程序规定》，将重大决策出台前公开征求意见作为决策必经程序。开展重大决策风险评估。在起草《安徽省绿色建筑发展条例》过程中广泛听取意见，按要求组织专家论证，进行风险评估。严格规范性文件制定流程，推进重大事项合法性审查、公平竞争审查全覆盖，认真履行规范性文件前置审查、备案审查和异议审查职责。扎实做好厅发规范性文件清理，并及时向社会公布清理结果。修订《安徽省住房城乡建设厅法律顾问制度》，积极发挥法律顾问作用，广泛听取专业意见建议，有效提升依法行政效能。

【规范执法】全面推行行政执法公示制度、执法全过程记录制度、重大执法决定法制审核制度。在厅本级层面，对所有实施行政处罚的案件均落实了法制审核程序，当年办理完成的行政处罚案件信息均及时进行了网上公示公开。开展执法文书规范文本调研和修订工作，着力规范执法档案信息。印发《安徽省住房城乡建设领域行政处罚权集中行使工作衔接规范（试行）》，构建衔接顺畅、高效便捷的行政处罚工作机制。编制行政处罚调查取证指南、执法规范用语指南、音像记录设备管理办法、装备配备指导标准等制度文件；调整行政处罚自由裁量基准，进一步强化全省住房和城乡建设领域行政处罚行为规范。组织开展2020年度执法人员集中轮训工作，并组织行政执法资格认证专业法律知识考试。出台《安徽省住房城乡建设领域行政执法人员继续教育管理办法（试行）》，编印了《建设专业法律、法规、规章汇编》。

【行政复议应诉】全年共办理行政复议24件，出庭应诉17次，无一起因复议决定引起败诉。全年被复议案件3起，作出的具体行政行为均得到维持。

【普法工作】印发了厅《2020年度普法责任清单》，明确各级各部门普法责任和工作要求，并组织宣贯和培训活动10余次。结合"12·4"国家宪法日，印发安徽省住房城乡建设厅《关于开展2020年"宪法宣传周"活动的通知》。全年两次组织厅机关新晋升处级以上领导干部进行宪法宣誓，组织所有处级干部参加宪法法律知识测试，强化领导干部法治意识。着力加强《城市房地产管理法》《建设工程质量管理条例》《安徽省城市房地产交易管理条例》《安徽省建筑市场管理条例》等法律法规规章的学习宣传。印发了《安徽省住房城乡建设厅学习宣传〈中华人民共和国民法典〉工作方案》和《关于贯彻落实住房城乡建设部加强民法典学习宣传实施意见的通知》，组织3次民法典专题讲座。以《新安晚报》为依托，通过文字、视频等方式集中对《安徽省无障碍环境建设管理办法》进行宣传。大力开展法治文学、法治动漫、法治微视频征集活动，制作《安徽垃圾分类知识教育读本》（幼儿、小学、中学版），丰富学习宣传形式，推动法治文化建设。

房地产业

【概况】坚决落实党中央、国务院及省委省政府关于房地产的决策部署，毫不动摇地坚持房子是用来住的，不是用来炒的定位，突出住房的民生属性，按照稳地价、稳房价、稳预期的目标要求，落实城市主体责任，统筹推进常态化疫情防控和经济社会发展，推动城镇老旧小区改造，完善设施和服务，提高城市宜居水平，防范化解房地产市场风险，全省房地产市场保持平稳健康发展。

【房地产开发与征收】按照省委、省政府关于"六稳""六保"的工作要求，印发《关于统筹推进疫情防控有序推动企业复工开工的通知》《促进房地产市场平稳健康发展工作方案》等文件，抓紧抓实疫情防控工作同时，有序组织行业复工复产。经省政府同意，建立房地产市场平稳健康发展城市主体责任制，积极开展"十四五"住房发展规划编制工作。省房地产市场调控联席会议召开分片区城市房地产市场分析评价调度会，分类指导各地合理增加住宅用地供应规模和时序，加快商品住房项目规划、施工、预售等审批，落实好差别化住房信贷、公积金等政策，有效防控房地产金融风险的同时，支持居民刚性自住等合理性购房需求。印发《关于加强商品房建设及销售行为监管的通知》，切实规范市场秩序，维护当事人合法权益。省级住房城乡建设部门印发国有土地上房屋征收基层政务公开标准目录，明确公开事项目录、标准和流程，指导各地加大信息公开力度，接受社会和被征收人监督。同时做好房屋征收领域投诉举报和信访接待，切实解决群众合法合理诉求，确保了全省房屋征收工作的公平、公正、公开。

【房地产市场监测】印发《关于提升全省房屋网签备案服务效能的通知》《关于做好房屋网签备案信息与相关信息对接共享等工作的通知》等，完善房屋网签备案制度，截至12月底，全省已基本实现房屋交易合同网签备案"省市县"三级联网全覆盖。加强市场监测分析，密切跟踪市场形势，对市场出现异动城市及时做出预警提示，督促城市落实房地产调控主体责任，切实稳定市场。2020年，全省完成房地产开发投资7042.3亿元（全国第7，中部第2），同比增长5.6%；商品房销售面积9534.1万平方米（全国第7，中部第2），同比增长3.3%。

【房地产经纪与租赁】积极培育发展住房租赁市场，指导各地建立住房租赁管理服务平台，并与相关政务平台进行对接共享。积极发挥住房公积金支持职工租赁住房的作用，对满足相关规定的职工允许提取住房公积金用于支付房租。扎实推进合肥市住房租赁国家试点工作，在土地利用、资源整合、市场培育等方面探索突破，推进提升，全年争取中央财政资金8亿元。印发《关于贯彻落实整顿规范住房租赁市场秩序意见的通知》，通过共享市场主体登记信息，规范网络平台房源等信息发布，加强对住房租赁企业监管等，规范住房租赁市场行为。各地建立健全房地产中介行业和从业人员信用管理制度，通过日常巡查、"双随机、一公开"抽查、专项检查等，持续开展房地产中介机构违法违规行为查处工作，并及时向社会通报。

【物业管理】组织修订《安徽省物业管理条例》《安徽省物业专项维修资金管理暂行办法》，制定了《物业服务第三方评价技术规范》《物业管理区域安全管理规范标准》。积极推动建立党建引领物业管理工作机制，打造"红色物业"品牌，逐步建立社区党组织、社区居民委员会、业主委员会和物业服务企业"四位一体"的议事协调机制。推动建立老旧小区后续长效管理维护及日常管理工作机制，因地制宜通过托管、社会组织代管、居民自营等不同管理方式进行管理。印发《关于进一步做好物业管理小区疫情防控工作的通知》《关于做好汛期物业管理和物业服务工作的通知》组织开展疫情防控及防汛救灾。

【城镇老旧小区改造】省政府印发《全面推进城镇老旧小区改造工作实施方案》。省政协召开老旧小区改造月度专题协商会。对《安徽省城镇老旧小区改造技术导则》进行修订，增加成片改造、负面清单、改造项目生成指引等内容。印发《关于加强城镇老旧小区改造工程质量安全管理的工作提示》，将涉及改造的各项审批事项纳入工程建设项目审批管理系统监管范围。各地结合本地实际，组织编制城镇老旧小区改造"十四五"规划。安徽省共申报国家城镇老旧小区改造第一批示范项目20个。

住房保障

【概况】2020年，全省保障性安居工程实现棚户区改造新开工21.42万套，开工率达107.13%；基本建成16.88万套，完成率达110.65%；棚户区改造新增竣工交付15.66万套，约45万棚户区居民实现安居梦。全省新筹集公租房950套，开工率达100%；累计竣工公租房79.45万套，竣工率99.56%，分配77.75万套，分配率97.42%，其中政府投资公租房已全部竣工，分配率99.26%；全年发放租赁补贴3.86万户，完成率达104.56%。2020年，全省共完成老旧小区改造875个，累计完成直接投资35.03亿元，改造房屋面积2463.63万平方米，惠及居民26.09万户。

【棚户区改造】突出精准实施。严把棚改范围和标准，重点改造老城区内脏乱差的棚户区和国有工矿区棚户区。根据各地财政可承受能力，科学确定棚改年度计划。注重品质提升。注重提高棚改安置房建设品质，营造良好居住环境，督促和引导各地强化质量安全监管，全省73个棚改项目获得市级以上创优奖项105个。抓好棚改续建项目竣工交付。按合理工期三年进行调度，将棚改续建项目竣工率纳入住房保障目标管理绩效考核指标。截至12月底，全年棚改安置房新增15.66万套，已连续两年实现安置房竣工交付15万套以上，2017年及以前年度开工的棚改项目竣工率97.17%，超额完成年初制定的竣工率95%的工作目标。继续加大财政资金和土地政策支持。共争取中央和省财政资金46.36亿元，其中中央财政保障性安居工程配套基础设施建设资金27.98亿元、中央财政保障性安居工程专项资金13.98亿元、省级以奖代补资金4.4亿元。提前预安排棚改用地计划指标4366亩。成功发行地方政府棚改专项债券226.93亿元。5月，安徽省合肥市因棚改真抓实干成效明显，被国务院表扬激励。6月，阜阳市颍泉区、宿州市泗县、六安市金寨县因棚改真抓实干成效明显被省政府表扬激励。

【公租房管理】持续加大公租房保障力度。政府投资公租房实现全部竣工交付，企业投资公租房竣工率达98.42%，较年初增长2.4个百分点。实行实物配租和租赁补贴并举，实施分类精准保障，加大对符合条件的新就业无房职工、在城镇稳定就业的无房外来务工人员等新市民的保障力度，截至年底，全省正在实施住房保障新市民群体已占全体保障群体的43%。15.98万户环卫、公交从业人员等基本公共服务住房困难群体享受公租房保障。深入推进政府购买公租房运营管理服务国家级试点工作。全省7个国家级试点城市，共确定38个政府投资公租房项目、2.23万套、约122万m²开展政府购买公租房运营管理试点。通过购买公租房运营管理服务，公租房后期管理职责更加明晰、运营更加规范、服务更加高效，租金收缴率和住户满意度显著提升。

加强公租房信息化建设。对94.68万套公租房房源数据开展贯标校核，安徽省住房保障信息系统省级平台的升级改造按期完成。11月底，全省16个地级以上城市的公租房数据与全国公租房信息系统实现全部并网运行。制定印发《关于进一步加强住房保障信息化管理工作的指导意见》，推进现代信息技术与住房保障工作深度融合。

【住房保障体系建设】推进完善住房保障体系国家试点，指导合肥市积极开展试点工作，研究提出解决新市民住房问题的总体安排，制定完善试点方案，多主体投资、多渠道供给、多政策并举，探索发展保障性租赁住房。目前，合肥市已发展约2万套（间）保障性性租赁住房，用于解决新市民阶段性住房需求。

住房公积金管理

【概况】2020年，安徽省新开户单位11560家，新增开户职工71.02万户，实缴职工454.47万人。全年缴存住房公积金762.63亿元，提取571.44亿元，发放住房公积金贷款421.06亿元，分别比上年同期增长了11.02%、11.66%和15.69%。截至12月底，全省累计缴存住房公积金6240.52亿元，累计提取4248.50亿元，住房公积金缴存余额1992.02亿元。累计发放住房公积金个人住房贷款3565.79亿元，贷款余额1947.04亿元。

【助力企业和职工度过难关】新冠肺炎疫情期间，坚持以人民为中心，落实应对疫情住房公积金阶段性支持政策。2020年3~6月，各地住房公积金管理中心共为3147个企业办理了缓缴住房公积金的申请，涉及缓缴职工40.71万人，缓缴金额17.73亿元。

【融入长三角一体化发展】8月20日，沪苏浙皖的住房城乡建设管理部门及相关城市住房公积金管理中心在上海召开第一次联席会议，并签订了《长三角住房公积金一体化战略合作框架协议》，标志着长三角地区住房公积金深化区域合作，打破信息壁垒，健全政策协同，强化业务合作进入一体化新进程。

【住房公积金监管】在全省开展住房公积金期房贷款担保清理规范专项工作，规范了全省期房贷款阶段性担保行为。建立了审计+稽查评估相结合的监管模式，针对性地开展住房公积金专项审计，及时纠正稽查、审计中发现的问题。加强资金流动性风险防控，实行政策调整备案审查，防止政策大起大落和突破红线，保持了全省住房公积金个人贷款率基本平稳的水平。加大业务培训和指导，组织各中心参加住房城乡建设部委托开展的各类业务培训，并举办了全省住房公积金贷款业务规范培训，及时纠正了个别中心违反有关政策的问题。

【服务效能提升】安徽省 16 个城市中心已完成综合服务平台建设，其中 11 个城市中心和 1 个分中心通过了部省联合验收，实现网上大厅、微信、手机 APP 等 8 大渠道一个平台的便捷服务。完成企业开户"一网通办"目标任务，实现住房公积金单位登记开户、信息变更、缴存业务全程网办。完成国务院部署的 2020 年"跨省通办"任务，实现个人住房公积金缴存贷款等信息查询、正常退休提取住房公积金业务、出具异地贷款缴存使用证明三项服务全程网办。

城乡历史文化保护传承、城市体检评估、建设工程消防设计审查验收

【历史文化名城名镇名村保护】2020 年，全省历史文化名城名镇名村总数 81 个，历史文化街区 29 片，历史建筑 5042 处。省住房和城乡建设厅会同省文物局组织专家对亳州市、安庆市、歙县、绩溪县、寿县等 5 个国家历史文化名城保护工作开展了调研评估。完成全省"十三五"历史文化名城名镇名村保护评估，促进了历史文化保护工作的完善提升。开展了"十四五"历史文化保护规划编制。持续推进了至 2030 年保护规划编制报批工作，《滁州市历史文化名城保护规划》《潜山市历史文化名城保护规划》《凤阳县历史文化名城保护规划》《岳西县响肠镇历史文化名镇保护规划》《凤阳县小岗村历史文化名村保护规划》获省政府批复。大力支持推进黟县、桐城申报国家历史文化名城，住房城乡建设部、国家文物局组织专家对桐城申报国家历史文化名城进行了现场考察。

【城市体检评估】根据住房城乡建设部统一部署，积极组织合肥市开展城市体检工作，围绕"生态宜居、健康舒适、安全韧性、交通便捷、风貌特色、整洁有序、多元包容、创新活力"和社会满意度评价，按照可获取、可计算、可追溯、可反馈的原则，分解具体指标，开展城市体检，按期完成体检报告，顺利完成体检任务。根据合肥样板城市体检情况，谋划 2021 年合肥、亳州国家城市体检和省级城市体检工作，组织全省开展城市防涝体检，大力实施城市更新行动，推动城市高质量发展。

【建设工程消防设计审查验收】制定出台《安徽省建设工程消防设计审查验收实施办法》，并配套印发工作通知，细化工作要求和工作流程。全省 16 个市已经编办批复同意成立消防设计审查验收相关机构。举办 6 期共 1100 人次参加的全省消防设计审查验收培训班，制定《安徽省建设工程消防技术专家库管理办法》，与省消防救援总队联合建立建设项目消防工程信息共享机制。组织开展全省建设工程消防设计审查验收"双随机、一公开"监督检查，并印发检查通报，督促各地依法依规开展工作。公告发布《安徽省安装工程计价定额》（消防工程修编版）。充分利用省工程建设项目审批管理系统，增设消防设计审查验收管理模块。组织召开全省建设工程消防设计审查验收工作推进会。

城市建设

【概况】2020 年，全省新增生活污水日处理能力 70 万吨，全年处理污水 27.45 亿吨，新增城市绿道 659 公里、新增城市公共停车泊位 8.8 万个。

【城市排水防涝】会同省气象局建立完善城市内涝预警预报制度，汛期及时发布城市内涝预警信息 114 次。组织部署各城市开展汛前检查、隐患排查，做好重点区域防范应对。制定印发《全面开展城市内涝体检 系统化优化提升城市排水防涝能力实施方案》，编制《安徽省城市防涝体检技术导则》，组织全省各市县围绕"规划管控、管渠系统、排涝泵站、行泄调蓄、源头减排、内涝高风险点、积涝点、信息化建设和应急处置"八大指标，开展城市内涝体检，形成城市排水防涝体检报告，整理汇编《城市内涝治理工程项目建议书》，涉及项目 450 项，估算投资 1429.3 亿元。先后两批共 18 个县、市列入县城排水防涝率先实施县城（试点），配合省发展改革委争取中央预算内投资 46091 万元。

【海绵城市建设】开展海绵城市建设评估，邀请专家对安徽省海绵城市建设评估工作进行专题辅导，组织技术力量对各城市自评估报告进行审查。印发《关于进一步完善 2020 年度海绵城市建设评估工作的通知》。组织落实人力资源和社会保障部《推进"三峡模式"，改善城市水环境》国家级高级研修班培训。全省累计有 538 平方公里的面积达到海绵城市建设要求，超过城市建成区面积的 20%。

【污水处理】省住房城乡建设厅会同省生态环境厅、省发展改革委联合印发实施《城镇污水提质增效三年行动实施方案（2019—2021 年）》（建城〔2019〕65 号），加快推动城市建成区污水管网全覆盖、生活污水全收集、全处理。2020 年度基本建成

污泥处置项目3个、新增污泥日处理能力415吨,建成城市污水处理厂13座、新增污水日处理能力70万吨,改造修复城市污水管网1562.86公里。2020年,全省累计争取中央中西部补短板建设管网专项补助资金2.428亿元,安排省级"城市五统筹"配套管网改造专项补助资金2.04亿元,用于支持城市污水处理提质增效三年行动项目建设。安徽省芜湖、六安、马鞍山等市先后与三峡集团开展投资合作,已正式签约组织实施芜湖市及所辖市县城镇污水治理PPP项目、六安市城区水环境(厂网河一体化)综合治理PPP项目、马鞍山市长江大保护一期特许经营项目等,总投资超过136亿元。

【园林绿化】2020年,全省新增、改造提升绿地面积近4000平方米、新增改造街头绿地游园225个、新增综合性公园20个、新增城市绿道659公里。截至年底,全省已累计18个设市城市、22个县城、1个城镇成功创建国家园林城市(县城、城镇),20个县成功创建省级园林县城。合肥市全力竞办并成功获得第十四届中国国际园林博览会承办权。黄山市、池州、六安市相继荣获"中国人居环境奖"。

【城市节水】指导推动阜阳等5个缺水型城市、铜陵市深入推进城市节水工作,6市均通过国家节水型城市现场考核,安庆市通过省级节水型城市现场考核。2020年节水宣传周合计开展节水活动384场、发放各类宣传材料13万册、张贴宣传横幅海报8402条、线上宣传点击量10万次等。

【行业安全监管】会同省直9部门印发《安徽省城市地下管线安全监管暨治理城市道路塌陷专项行动工作方案》,全面排查整治城市地下管线及地下管线所处环境各类风险和路面塌陷隐患。印发《关于规范城市公共供水水质信息公开的通知》。坚守安全底线,突出重点领域和薄弱环节,加强城镇供排水、供气、供热、道路桥梁和城市公园动物园等风险排查和隐患治理。按照"双随机、一公开"要求,组织开展了城市燃气、供水生产经营、安全管理情况监督检查并向社会公开检查结果。督促各供水企业严格落实城市供水水质检测日检、月检、半年检(年检)相关规定,定期在城市政府网站进行水质结果公开,接受社会监督。印发《安徽省城镇燃气安全专项整治工作方案》,出台安徽省地方标准《安徽省城镇燃气用户设施安全检查和配送服务规范》。推动城市天然气应急调峰储备设施建设,督促各地城市燃气企业落实年供气量5%的储气任务,提升城市天然气供应保障能力。

【城市黑臭水体治理】实施黑臭水体治理控源截污、内源治理、生态修复、补水活水、长效管理五大工程,建立定期检测、巡查,落实河长制等长效管控机制,巩固城市黑臭水体治理成果,防止水质反弹。开展城市黑臭水体治理重点督导,对治理任务较重的市开展月度重点督导,集中优势力量解决突出问题。会同省生态环境厅组织开展全省城市黑臭水体整治排查工作,巩固城市黑臭水体治理成效。会同省人社厅在芜湖市举办"推进'三峡模式',改善城市水环境"国家级高级研修班,总结推广长江经济带城市污水治理的"三峡模式"。组织开展城市黑臭水体治理效果评估,总结城市黑臭水体治理经验。指导宿州、马鞍山、芜湖市黑臭水体治理国家示范城市建设,总结推广城市污水治理"三峡模式",推行"厂网河湖岸"一体化治理模式。至2020年底,全省设区市建成区231个黑臭水体完成治理、消除黑臭,建立城市黑臭水体治理长效机制,全面完成国家水污染防治计划考核任务。

村镇建设

【概况】完成危房改造1.1万户,实现动态清零。完成1.07万户灾后房屋重建和修缮任务。农村生活垃圾无害化处理率达70%,完成12个非正规垃圾堆放点整治。加强传统村落保护发展工作,黄山市列入财政部、住房城乡建设部全国传统村落集中连片保护示范市。

【脱贫攻坚】全面完成中央脱贫攻坚"回头看"和2019年绩效考核反馈问题整改。制定《2019年农村危房改造实施方案》,明确了农村危房目标任务、质量把控、资金监管、技术支持等工作保障措施。组织对全省165.7万建档立卡贫困户住房安全性逐一进行核验,其中,鉴定安全107.8万户,改造安全49.9万户,保障安全6.8万户,死亡销户1.06万户。扎实推进农村危房改造质量"回头看"排查,在全省动员196名技术人员赴93个县(市、区)配合排查,共排查出13819个存在通风漏雨、墙体裂缝、门窗破损等问题,发现问题全部整改完毕。对涉及农村危房改造的信访情况进行"大起底",对台账中的信访事项做到事事有回应、件件有落实。开展农村危房改造业务培训,提高基层服务和管理农村危房改造能力。建立农村危房改造农户档案管理信息系统,按照"一户一档"的要求,建立农户档案。加大对六安市裕安区定点帮扶力度,做好定点帮扶牵头工作。

【灾后重建】编印《汛期和水灾后房屋安全自查要点宣传挂图》,帮助群众开展自查自救,及时组织开展灾后受损房屋安全排查，确保不漏一户，逐户建档立卡。印发《关于切实做好灾后倒塌房屋重建和损毁房屋修缮工作的通知》，明确补偿标准、范围和主要任务及工作要求，指导各地开展重建工作。召开全省倒塌房屋重建和损毁房屋修缮工作推进会议，对工作进行全面部署。推进灾后房屋重建和修缮，全省住房城乡建设部门共计派出6200余人参与因灾倒塌或受损房屋鉴定排查工作，全省对62040户农房进行鉴定，经鉴定为危房的10708户水毁住房重建修缮工作全部完成。

【农村房屋安全隐患排查】印发《安徽省农村房屋安全隐患排查整治实施方案的通知》，五家牵头单位结合部门实际分别对省政府总方案进行细化，形成"1+5"工作推进模式。召开农房安全隐患排查整治视频培训会议，对全省农房安全隐患排查整治工作进行部署。农村经营性自建房安全隐患排查基本完成，全省共排查农房199.26万户，其中用作经营的农房33.38万户。

【农村生活垃圾治理】完成12个非正规垃圾堆放点整治，占年度整治任务的100%。指导各地按照农村人口300～500人配备1名保洁员的标准，配备农村环卫保洁人员14.82万人，基本做到村庄保洁全覆盖。全省有52个县（市、区）采取PPP模式，其他县（市、区）多以乡镇或划片区进行市场化运作。编印了《安徽省农村生活垃圾治理技术指南》，组织专家开展技术服务。印发《关于加强汛期农村生活垃圾治理工作的紧急通知》，指导各地加强农村生活垃圾治理安全作业意识，加强水灾地区生活垃圾治理工作。

【传统村落保护】指导黄山市制定集中连片保护利用实施方案，编制实施项目，实施连片保护、规模发展，充分发挥示范引领作用，带动区域性的整体保护工作。统一样式、统一标准，统一组织各地开展传统村落挂牌保护，全省400个中国传统村落完成挂牌工作。组织编制《安徽省农房设计技术导则》《安徽省农村住房施工技术导则》等技术规范，规范农房的设计、建设和施工。开展农村建筑工匠培训，提升农村工匠施工技能，提高农房质量水平。指导潜山市开展美好环境与幸福生活共同缔造活动，潜山市被住房城乡建设部列为第一批美好环境与幸福生活共同缔造活动培训基地。

标准定额

【勘察设计管理】落实"放管服"改革要求，优化营商环境，组织修订《安徽省建设工程勘察设计管理办法》，已报请省政府审议。印发《安徽省优秀勘察设计奖评选办法》，引导行业高质量发展，提高工程勘察设计质量和水平。印发《安徽省建筑信息模型技术服务合同（技术部分）示范文本》《安徽省建筑信息模型（BIM）技术服务计费参考依据》，开展安徽省职业技能大赛—2020年全省住房和建设系统建筑信息模型技术员"徽匠"职业技能竞赛和第四届建筑信息模型（BIM）技术应用大赛。2020年全省勘察设计企业新签BIM技术应用项目比2019年增长了108%。开展2020年度全省勘察设计企业及注册人员"双随机、一公开"监督检查，共选派执法人员73人，累计抽查企业96家、项目115个，发现问题85个，责令整改85个，下发执法建议书3份。

【工程建设标准化】加强工程建设标准编制，新立项《城市生命线工程运行监测技术规范》等22项工程建设地方标准，发布《住宅区和住宅建筑通信设施技术标准》等13项工程建设地方标准。组织开展国家工程建设消防技术标准等26项标准宣贯，对113项安徽省工程建设地方标准和图集进行复审，遴选299名专家入选工程建设标准化专家库。推动工程建设标准化改革，指导安徽省土木建筑学会、安徽省建筑节能与科技协会开展工程建设团体标准编制工作，共发布工程建设团体标准8项。积极推进工程建设标准长三角地区互认、共享工作，研究并撰写长三角区域一体化工程建设标准体系研究报告。

【工程造价】修订发布《安徽省消防工程计价定额》《安徽省装配式建筑工程计价定额》《安徽省房屋修缮工程计价定额》，组织开展安全文明施工费费用调整工作。制定《安徽省统一材料价格信息发布基本清单》，建立按月发布《全省建设工程主要材料市场价格信息》机制，按照全省砂石保供稳价重点工作要求及时统计上报砂石材料价格信息。强化工程造价监督管理，组织开展工程造价咨询市场"双随机、一公开"监督抽查，组织对造价咨询企业甲级资质审批告知承诺内容进行核查。积极对接长三角工程造价一体化工作，牵头编制完成《长三角区域工程造价管理共商工作实施方案》。

工程质量安全监管

【工程质量监管】提请省政府出台《关于完善质量保障体系提升建筑工程品质的若干措施》，强化各方责任，完善管理体制。发布《工程质量检测从业人员能力考核纲要》，修订完善《安徽省建设工程质量检测管理规定》，规范检测机构管理。组织各地对全省155家工程质量检测机构的资质情况和检测能力进行全覆盖检查。开展全省在建工程混凝土强度专项检查。持续开展打击违规海砂专项行动，严厉打击违规海砂运输、销售、使用等行为。修订《安徽省建设工程"黄山杯"评选办法》，激励全行业创新创优，开展2020年度"黄山杯"奖评选活动，获奖项目共计178项。开展2020年度省级建设工程工法评审工作，通过评审工法154项。

【建筑施工安全监管】出台《安徽省建筑工地复工人员疫情防控管理预案》《安徽省建筑工地新冠肺炎疫情防控工作指南》，加强疫情防控期间房屋市政工程开复工质量安全工作。出台《安徽省建筑工程预防高处坠落安全管理措施》《安徽省建筑起重机械安全管理十项重点》，开展建筑起重机械设备防倾覆专项整治、预防高处坠落专项治理。出台安徽省《城市建设领域安全专项整治三年行动方案》及贯彻实施细则，成立省住房城乡建设厅安全生产专项整治三年行动工作领导小组，组建省直部门工作专班，建立健全城市建设公共安全隐患排查和安全预防控制体系，完善工作推进机制。提请省安委会印发《关于印发安徽省城市房屋安全专项整治工作方案的通知》，落实城市房屋安全主体责任和监管责任，查处违法违规行为，规范房屋改建改装。建筑施工安全生产事故和死亡人数实现"双下降"。强化安全生产教育培训，严格建筑施工企业"安管人员"和特种作业人员安全生产考核，2020年累计考核12万人次。省住房城乡建设厅会同省人力资源和社会保障厅开展起重机械等特种作业人员培训补贴申报、住建系统省级特种设备安全生产和技能实训基地认定工作。

【无障碍环境建设】省住房城乡建设厅牵头起草的《安徽省无障碍环境建设管理办法》，荣获安徽省2020年度"十大法治事件"提名奖。出台《安徽省无障碍环境建设导则》，为全国首个省级无障碍环境建设标准。无障碍环境城市创建全面推进，滁州市、金寨县、广德市等获得2020年全国无障碍环境示范（达标）市县。

建筑市场监管

【概况】2020年，安徽省建筑业完成总产值9365.1亿元，位居全国第11位；同比增长10.1%，增速位居全国第5位。省外完成建筑业产值2458.6亿元，占全省建筑业总产值的26.3%，同比增长13.5%。建筑业签订合同额12085.8亿元，同比增长35.6%。全年实现建筑业增加值4032.7亿元，按可比价同比增长5.8%，占全省地区生产总值（GDP）的10.4%。完成建筑业税收340.95亿元，占全省税收总额的7.9%，同比增长0.1%。

【招标投标管理】组织清理招标文件中含有的不合理限制或者排斥潜在投标人的内容。针对长期困扰建筑业发展的低价竞标问题，制定印发《关于进一步规范全省房屋建筑和市政基础设施工程招标投标活动的通知》，明确全省房屋建筑、轨道交通、市政基础设施等工程投标报价低于最高投标限价90%、88%、85%，作为异常低价参考标准。建立评审制度，对中标候选人的报价符合异常低价标准的，由评标委员会要求投标人在合理期限内作出澄清或者说明、提供必要的证明材料，并对其合同履行能力及工程质量安全等风险进行全面评估。

【高等级资质企业】2020年，全省新增施工总承包一级资质企业21家。截至年底，具有一级及以上资质的建筑施工总承包企业共456家，其中具有特级资质的企业31家（40项）。

【"走出去"战略实施】2020年，全省在境外承揽业务的建筑业企业共62家，境外工程新签合同额28.07亿美元，完成营业额25.02亿美元。全省建筑业企业参与"一带一路"建设涉及国家29个，新签"一带一路"建设工程合同额11.08亿美元，同比增长18.0%。"一带一路"沿线国家承包工程完成营业额12.81亿美元，占全省境外工程完成营业额的51.2%。

【法规制度体系建设】《安徽省建筑市场管理条例（修订草案）》由省十三届人大常委会第二十三次会议表决通过，自2021年3月1日起施行。《安徽省建筑工程招标投标管理办法（修订草案）》由省政府第125次常务会审议通过，自2021年3月1日起施行。修订印发《安徽省建筑工程施工许可管理实施细则》。

【信用体系建设】贯彻落实《安徽省建筑市场信用管理暂行办法》，完善建筑市场信用平台，持续加强建筑市场信用体系建设，组织开展建筑市场信用评价，推进信用评价成果应用，营造守信激励、失信惩戒的良好氛围。

【工程担保】联合省发改委等部门印发《关于加快推进房屋建筑和市政基础设施工程实行工程担保制度的通知》，全面推行工程保函替代现金形式保证金，降低保证金缴存额度。截至年底，全省工程建设保函替代各类现金形式保证金的比率（按金额计算）达40%，为企业节约现金保证金逾200亿元。

【建筑市场监管】开展建筑工程施工转包违法分

包专项检查，全省共检查项目10960个，检查建设单位9270家，检查施工企业9773家，对企业罚款1692.8万元，停业整顿5家，给予其他处理64家；对个人罚款94.7万元，责令停止执业2人，吊销执业资格3人，给予其他处理101人。

【工程建设项目审批制度改革】印发《关于开展工程建设项目报建提升行动有关工作的通知》，将全省房屋建筑和城市基础设施等工程建设项目全流程审批时间压缩至90个工作日以内。持续优化审批流程，会同省发改委等部门再次优化立项用地规划许可、工程建设许可、施工许可和竣工验收4个阶段审批流程，将全省房屋建筑和城市基础设施等工程建设项目审批事项由79项精简至56项。省工程建设项目审批监管系统已与国家工程建设项目审批管理系统、省政务服务网、省营商环境监测系统、16个市审批管理系统实现互联互通，归集各市建设项目2.2万个、审批事项17万件。各市全部设立工程建设项目审批综合服务窗口，实行工程建设项目各阶段并联审批，推进联合竣工验收。

【农民工工资支付】组织《保障农民工工资支付条例》线上、线下学习活动，印发《关于做好全省住房城乡建设系统根治欠薪冬季攻坚行动有关工作的通知》，开展在建项目全覆盖排查，协调化解建筑农民工工资疑难历史积案6件。2020年，全省住建系统共查处建筑市政工程领域拖欠农民工工资案件430件，涉及农民工6708人，涉案金额11920.2万元，结案率100%。扎实推进建筑工人管理服务信息平台建设，将实名制、工资专户、维权公示等制度落实纳入建筑市场信用管理范围。截至年底，全省实名制登记在册工人近300万人，实时考勤人数超过100万人，上线项目5592个，建筑工人实名制综合考核居全国前列。

建筑节能与科技

【概况】2020年，全省新建建筑节能标准设计、施工执行率均达100%；新增节能建筑面积9989.99万平方米；新增可再生能源建筑应用面积5848.32万平方米；新增绿色建筑竣工面积7690.98万平方米；新增装配式建筑竣工面积2225.6万平方米。

【绿色建筑】联合省发改委等六厅局发布了《关于印发〈绿色建筑创建行动实施方案〉的通知》，在全省范围内开展绿色建筑创建行动；配合省人大城建环资委开展立法调研，积极推进《安徽省绿色建筑发展条例》立法进程，形成《安徽省绿色建筑发展条例（送审稿）》报省政府审议。全省新增绿色建筑开工面积14304.51万平方米，占新开工民用建筑比例为96.23%；新增绿色建筑竣工面积7690.98万平方米，占新竣工民用建筑比例为76.99%。组织评定了12个绿色建筑示范项目，示范面积136万平方米。

【装配式建筑】省政府出台《安徽省人民政府关于促进装配式建筑产业发展的意见》，确立了装配式建筑应用发展目标和重点任务。全省新增装配式建筑竣工面积2225.6万平方米，占新竣工建筑比例17.78%。组织评定了29个装配式示范项目，示范项目505万平方米；支持7家单位入选国家级装配式建筑产业基地，认定了20个省级装配式建筑产业基地，并在全省建筑节能与科技工作推进会上予以授牌。

【建筑节能】督促各地贯彻落实《安徽省民用建筑节能办法》和新版节能65%《安徽省公共建筑节能设计标准》《安徽省居住建筑节能设计标准》要求，积极开展建筑能效提升工作。全省新建建筑节能标准设计、施工执行率均达100%；新增节能建筑面积9989.99万平方米；新增可再生能源建筑应用面积5848.32万平方米，占新建民用建筑比例58.54%；开展既有居住建筑节能改造项目1695栋，改造面积481.98万平方米；开展既有公共建筑节能改造项目93栋，改造面积150.77万平方米；新增公共建筑能耗监管项目209栋，覆盖监管面积417.54万平方米。

【科技支撑】围绕推动多规合一、海绵城市、地下综合管廊、黑臭水体治理、绿色施工、装配式建筑等重点领域开展科技创新，支持重点领域项目申报各类计划项目。2020年，共有88个项目列入2020年厅建设科学技术计划项目；指导推荐了"多曲面空间桁架钢结构智能建造技术研究与应用"等4个项目获安徽省科学技术奖，"高性能异型预制桩与水陆两用施工装备成套技术研发及应用"等4个项目分获国家华夏奖一、二、三等奖。

城市管理监督

【生活垃圾治理】落实《安徽省推进城市生活垃圾分类工作实施方案》，全省已有3818个小区、213.5万户居民，以及5853家公共机构、1592所学校开展生活垃圾分类。2020年新增生活垃圾日处理能力3500吨，全省投入运行生活垃圾处理设施95座，设计处理能力47201吨/日，全省已有10市建成运行厨余垃圾处理设施，日处理能力达到1480吨。推进《安徽省城市生活垃圾分类管理条例》立法工作，合肥、铜陵、蚌埠、阜阳、马鞍山等5市已出台城市生活垃圾管理立法。

【城市精细化管理】在淮南市召开全省城市管理及综合执法工作现场推进会，现场观摩垃圾治理、执法队伍规范化建设和规范摊群点建设，提出对接长三角城市，着力推进城市管理科学化精细化智能化，实现城市治理效能更大提升的目标。对接长三角城市先进管理经验，以市容环境卫生整治为主要内容，推动142条道路、66个街区开展"示范道路""示范街区"试点工作。开展城镇公厕提升行动，全年完成新建、改造、开放公厕2174座，三年累计提升公厕8257座。在疫情防控期间，坚持柔性执法和审慎包容监管，强化为民服务意识，合理设定流动摊贩经营场所，支持城市经济恢复活力。

【执法规范化建设】全省城市管理领域已有26部地方性法规、25部政府规章和11件标准规范出台使用。持续开展城管执法队伍"强基础、转作风、树形象"专项行动，指导各市开展行政执法案卷评查、典型案例分析、执法文书制作等活动，探索"非接触式执法"，运用"电子执法系统""违法停车查处管理系统"等方式规范执法行为。组织开展年度城市管理执法人员集中轮训，全年培训一线执法队员3800余人，三年累计培训超10000人，基本实现全省城管执法人员全覆盖。与上海、江苏、浙江省（市）城管执法主管部门共同签署发布长江三角洲一体化城市管理综合行政执法协作机制，开展长三角地区城管执法系统联合执法整治行动。

【智慧城管建设】根据住房城乡建设部关于建设城市综合管理服务平台的要求，完善、拓展省级智慧城管平台功能并督促各市推动市级平台改造，完成部、省、市三级平台的联通任务；各市制定平台优化建设方案并积极推动项目建设。加强省级平台运用，汇聚城市管理部件、事件信息；对全省231个黑臭水体情况按季度进行监测，共享生态环境部门对污水垃圾处理厂的日监测数据；接收各市已处理地下管网监测预警信息。指导各市县平台向智慧环卫、智慧照明、园林、渣土运输、公厕智能管理等方面进行功能拓展升级。推广合肥市建设"城市生命线"工程安全监测系统经验做法，指导各市推进地下管网地理信息系统和安全运行监测系统的建设和应用。

人事教育

【干部人事】首次利用近1个月的时间集中开展大范围、长时间、深层次的处级干部调研谈话，听取干部个人发展规划以及对厅干部人事工作的意见建议等，共谈心谈话51人次。运用干部调研谈话成果，协同省委组织部完成1名厅二级巡视员晋升工作，实施了3名机关处长、1名厅直单位正职选拔任用，启动6名一级调研员、6名三级调研员晋升工作等工作。

【机构改革】积极争取调整内部机构设置，完成新设综合处的相关职责明确、人员配备。稳妥有序完成厅有关承担行政职能事业单位改革及涉改人员过渡安置工作。

【省委巡视整改】发扬钉钉子精神，加大督查调度力度，持续做好巡视整改"后半篇"文章。截至年底，十届省委巡视反馈的7方面34个问题，已整改完成33个，剩余1个正按计划持续推进，整改成效得到省委巡视办充分认可。

【干部教育培训】高质量举办全省住房城乡建设系统领导干部培训班，首次与全国市长研修学院联合举办"安徽省致力于绿色发展的城乡建设建筑工程品质提升专题培训班"，获得广泛好评。选调4名厅级干部、20名处级干部、16名科级干部和厅直单位有关同志参加省委党校（行政学院）、省直党校等主体班次学习。

【高技能人才培养】圆满完成2020年度"推进三峡模式，改善城市水环境"国家级高研班，以及"装配式钢结构建筑技术与管理"省级高研班。会同厅有关处室和单位，积极推动长三角人才一体化合作落地见效。积极组织推荐厅直单位4位正高级工程师申报2020年百千万人才工程国家级人选。

【专业技术人才】委托完成"安徽省建设工程专业技术资格评审工程项目认定标准"课题研究，完善建设工程系列职称评价体系。公开公平公正组织完成2020年度3139人建设工程系列职称申报和2689人高、中级职称评审工作，新增正高、高级工程师近1900人。

【统战工作】持续推进厅党组联系服务专家工作，推荐住房城乡建设系统5名有关统战对象人选为安徽省新的社会阶层人士联谊会理事和会员，凝聚住房城乡建设行业人才力量。对全厅无党派代表人士等党外干部队伍建设基本情况进行摸底，实施厅管县处级以上党外干部"三案"精准管理。

【厅管社团】认真落实国务院办公厅关于进一步规范行业协会商会收费的通知要求，组织厅管社团开展涉企收费清理检查，未发现有违规涉企收费问题发生。根据省行业协会商会脱钩领导小组要求，积极推进厅管8家专业性协会全部纳入脱钩改革范围，进一步理顺政社关系，促进政府职能转变。

大事记

1月

2日　全省住房城乡建设工作会议在合肥召开。

7日　省政府召开《创优营商环境提升行动方案升级版》新闻发布会，赵馨群就《工程建设项目报建提升行动方案升级版》作新闻发布。

29日　印发《关于做好住房和城乡建设系统新型冠状病毒感染的肺炎疫情防控工作的紧急通知》。

2月

3日　印发成立厅防控新型冠状病毒感染肺炎领导小组及责任分工的通知，赵馨群任组长。

6日　印发《关于进一步做好物业管理小区疫情防控工作的通知》。

7日　印发《安徽省建筑工地复工人员疫情防控管理预案》。

10日　印发《关于扎实做好疫情防控期间房屋市政工程节后复工安全生产工作的紧急通知》。

11日　印发《关于资质资格延续申请办理的公告》。

14日　省工程建设项目审批制度改革领导小组办公室印发《关于进一步做好疫情防控期间工程建设项目审批制度改革有关工作的函》。

28日　印发《关于统筹推进疫情防控有序推动企业复工开工的通知》。

28日　印发《关于贯彻落实妥善应对新冠肺炎疫情　实施住房公积金阶段性支持政策的通知》。

28日　印发《安徽省住房和城乡建设事业发展"十四五"规划编制工作方案》。

自2月1日起，省级核准的房地产开发企业和工程造价咨询企业资质实行电子证照。

3月

5日　安徽省住房城乡建设厅、安徽省卫生健康委联合印发《安徽省建筑工地新冠肺炎疫情防控工作指南》。

9日　安徽省住房城乡建设厅会同省消防救援总队印发《关于建立建设项目消防工程信息共享机制有关工作的通知》。

10日　在全省部署开展疫情隔离观察场所和已开复工项目复工人员集中居住场所安全风险隐患专项排查整治，统筹做好疫情防控和开复工安全风险管控工作。

11日　安徽省合肥市被列为国家2019年棚户区改造工作拟激励城市。同日，住房和城乡建设部确定安徽省合肥市为第十四届中国国际园林博览会承办城市，并为第十三届中国国际园林博览会预备城市。

14日　会同财政厅、人民银行合肥中心支行联合印发《转发住房城乡建设部　财政部人民银行关于妥善应对新冠肺炎疫情实施住房公积金阶段性支持政策的通知》。

17日　经住房城乡建设部工程建设项目审批制度改革领导小组办公室同意，省工程建设项目审批制度改革领导小组办公室在芜湖、铜陵市开展工程建设项目审批时限统计试点工作。

20日　安徽省人民政府办公厅转发省住房城乡建设厅完善质量保障体系提升建筑工程品质若干措施的通知。

24日　安徽省长李国英召开省政府第93次常务会议，听取并原则通过省住房城乡建设厅关于《促进装配式建筑产业发展的实施意见》起草情况的汇报、听取关于落实房地产市场平稳健康发展城市主体责任制有关文件起草情况说明，赵馨群厅长参加会议并汇报。

26日　安徽省住房城乡建设厅第四次全国经济普查工作得到安徽省第四次全国经济普查领导小组通报表彰。

省委省政府授予安徽省住房物城乡建设厅"2019年全省信访工作责任目标考核优秀单位"称号。

4月

7日　安徽省政府出台《关于促进装配式建筑产业发展的意见》。

8日　印发《安徽省城镇老旧小区改造技术导则》（2020年修订版）。同日，安徽省住房城乡建设厅统一服务咨询电话平台投入试运行。

9日　联合省卫健委发布《安徽省建筑工地新冠肺炎疫情防控工作指南》（第二版）。

14日　安徽省住房城乡建设厅、省发展改革委、省自然资源厅、省市场监管局印发《关于加强商品房建设及销售行为监管的通知》。省房地产市场调控联席会议印发《关于落实房地产平稳健康发展城市主体责任制的通知》。

15日　省住房城乡建设厅、省人民防空办公室印发《关于进一步优化施工许可和竣工验收阶段有关事项办理流程的通知》。

16日　一季度全省城市建设重点工作暨重点项目推进会在亳州市召开，副省长周喜安出席会议并讲话。

23日 印发《安徽省住房和城乡建设厅2020年安全生产工作要点》。

27日 印发《关于明确疫情期间资质资格有效期延期的公告》，精准稳妥服务建设行业企业复工复产。

5月

5日 合肥市、霍邱县分别获得国务院办公厅棚户区改造、农村危房改造督查激励。

14日 安徽省房地产市场调控联席会议印发《关于提升全省房屋网签备案服务效能的通知》（皖房联〔2020〕2号）。

18日 印发《关于启用建筑施工企业安全生产许可证电子证书的公告》，从5月21日起，建筑施工企业安全生产许可证开始启用电子证书。

25日 印发《安徽省建筑工程预防高处坠落安全管理措施》，并在全省开展建筑施工预防高处坠落事故专项整治活动。

27日 印发《促进建筑业发展工作方案》（建市〔2020〕39号）。

27~29日，全省住房城乡建设系统领导干部培训班在合肥举办。

28日 牵头制定《安徽省城市建设安全专项整治三年行动实施方案》，以省安委会名义印发。

28~29日，住房城乡建设部住房保障司调研合肥市完善住房保障体系试点工作。

6月

8~12日，住房城乡建设部脱贫攻坚农村危房改造挂牌督战安徽组赴安徽省合肥市、六安市、安庆市、池州市、淮北市、宿州市、亳州市、阜阳市开展农村危房改造挂牌督战工作。

12日 中国建设银行支持发展政策性租赁住房签约仪式在北京举行。合肥市作为第二批签约城市与中国建设银行签署战略合作协议。

17日 印发《安徽省建设工程"黄山杯"奖评选办法》，并组织开展2020年安徽省"黄山杯"奖申报。

18日 印发《安徽省建筑起重机械安全管理十项重点》，并扎实开展建筑起重机械防倾覆专项整治活动，进一步强化起重机械安全管理。

22日 公告发布《城镇排水管道检测与修复技术规程》《民用建筑外门窗工程技术标准》《叠合板式混凝土剪力墙结构技术规程》等4项地方标准。

30日 2020年度农村危房改造任务全部竣工。

7月

1日 安徽省十三届人大常委会第十九次会议表决通过人事任免案，决定任命贺懋燮为安徽省住房和城乡建设厅厅长，免去赵馨群的省住房和城乡建设厅厅长职务。

17日 中国建设银行举办支持市场力量参与城镇老旧小区改造签约仪式，厅长贺懋燮参加。

24日 长三角一体化城市管理综合行政执法协作机制会议在上海召开，上海市、江苏省、浙江省和安徽省城管执法主管部门联合签署协作机制，发布行动计划和协作清单。

26日 安徽省住房城乡建设厅安全生产管理委员会印发《关于印发贯彻安全生产专项整治三年行动实施细则的通知》。

29日 副省长周喜安主持召开研究推进延期交房等房地产领域矛盾纠纷化解处置工作文件修改、提升工程建设项目审批效率等工作专题会。

30日 安徽省政协召开"做好城镇老旧小区改造工作"月度专题协商会，部署老旧小区改造工作。

8月

4日 全省建筑施工起重机械安全生产管理电视电话会议召开，部署安全生产专项整治三年行动工作，加强全省建筑起重机械安全管理，贺懋燮出席并讲话。

6日 2019年北京世界园艺博览会安徽参展筹备工作领导小组办公室印发《关于对2019年北京世界园艺博览会安徽参展工作先进集体和先进个人表扬的通报》，安徽省住房城乡建设厅获"先进集体最佳组织奖"，城市建设处汪恭文、李萍获"先进个人"。

11日 安徽省住房和城乡建设厅与中国银行安徽省分行支持建筑业发展战略合作签约仪式在合肥举行。

14日 联合省财政厅、省发改委、省扶贫办印发《关于切实做好灾后倒塌房屋重建和损毁房屋修缮工作的通知》。

20日 与上海、江苏、浙江省住房城乡建设管理部门在上海共同签署《长三角住房公积金一体化战略合作框架协议》。

25日 印发《安徽省建筑工程施工许可管理实施细则》。

26日 联合省发展和改革委员会、省教育厅、省工业和信息化厅、中国人民银行合肥中心支行、省机关事务管理局、安徽银保监局印发《绿色建筑创建行动实施方案》。

27日 印发《关于推进工程建设建筑垃圾减量化工作的通知》。

31日　召开建筑业发展工作推进会。

9月

2日　印发《安徽省建设工程消防设计审查验收实施办法》和《关于做好建设工程消防设计审查验收有关工作的通知》。

9日　全省城市建设重点工作现场调度会暨灾后恢复重建推进会在安庆市召开。

10日　安徽省2020年地方政府棚改专项债券在上海成功发行，发行额度226.93亿元。

17日　全省建筑业企业座谈会在合肥召开。

21日　在全国率先发布《安徽省无障碍环境建设导则》导则。

25日　上海、江苏、浙江、安徽建设主管部门在浙江省湖州市举行长三角区域建筑业一体化高质量发展战略协作框架协议签约仪式。

28日　淮海经济区住房公积金事业一体化发展第二届主任联席会会议在淮北市举行。

10月

14~15日　全省住房和城乡建设系统装配式建筑"徽匠"职业技能竞赛在淮北市举办。

19日　省住房城乡建设厅向江苏省住房城乡建设厅推荐安徽省16家诚实守信、注重质量安全生产的优秀建筑业企业，参与江苏省建筑市场竞争。

22日　省政府办公厅印发《安徽省农村房屋安全隐患排查整治实施方案》，在全省组织开展农房隐患排查工作。

27~28日　全省城市管理及综合执法工作现场推进会在淮南召开。

11月

1日　启用省级核准的工程监理企业资质证书和施工图设计文件审查机构认定证书电子证照。

25日　联合省人力资源和社会保障厅印发《关于印发安徽省级建筑施工特种作业人员安全生产和技能实训基地认定条件的通知》。

30日　全省10708户灾后倒塌房屋重建和损毁房屋修缮工作全部竣工完成。

12月

1日　在全国率先发布安徽省工程建设地方标准综合管廊运维数据规程。

10日　省重点项目合安高铁消防验收和备案工作全部完成。

11日　省政府办公厅出台《全面推进城镇老旧小区改造工作实施方案》。

14日　公布2020年安徽省建设工程"黄山杯"获奖项目名单（第二批次），共170项工程获奖。

14日　副省长周喜安召开专题会议听取全省城市生活垃圾分类工作情况的汇报。全省农村房屋安全隐患排查整治调度会议召开。

17日　住房和城乡建设部办公厅印发《关于开展建设工程企业资质审批权限下放试点的通知》（建办市函〔2020〕654号），将安徽省纳入试点开展建设工程资质审批权限下放工作。

18日　安徽省住房和城乡建设厅在省政府新闻发布厅举行安徽省"十三五"住房和城乡建设事业发展情况新闻发布会。贺懋燮出席发布会。

18日　副省长周喜安主持召开专题会议，研究工程建设项目审批制度改革市场主体满意度问题。

24日　印发《安徽省安装工程计价定额（消防工程修编版）》《安徽省装配式建筑工程计价定额》《安徽省房屋修缮工程计价定额》，自2021年4月1日起实施。

24日　省十三届人大常委会第二十三次会议审议通过《安徽省建筑市场管理条例》（行业管理法规），自2021年3月1日施行。

30日　安徽省政府颁布《安徽省建筑工程招标投标管理办法》（行业管理办法）（省人民政府令第301号），自2021年3月1日施行。

31日　印发《关于进一步加强住房保障信息化管理工作的指导意见》。同日，印发《安徽省住房和城乡建设系统行政处罚裁量权基准（2020年版）》和《安徽省住房和城乡建设系统行政处罚裁量权实施办法》

（安徽省住房和城乡建设厅）

福 建 省

概况

【疫情期间行业复工复产】2020年，福建省住房和城乡建设厅（简称"福建省住建厅"）做好新冠肺炎疫情防控工作，推动复工复产。省成立市政工程建设服务小组，省委办、省政府办联合出台全面推进复工复产促进住房城乡建设事业健康发展的20条措施，印发建筑工程、物业服务、环境卫生等从业人员健康防护手册，制定有序推进房建市政工程复工10条措施，推动重大项目控制性工程、骨干企业等率先复工复产。开展疫情隔离观察场所和开工复工项目人员集中居住场所安全风险隐患专项排查，保障城市供排水、供气、环卫等市政公用设施正常运行。住建行业经济快速恢复，房地产业、建筑业实现增长，为打赢疫情防控阻击战作出贡献。

【房地产和住房保障】2020年，福建省住建厅深入实施房地产精准调控，实行地价、房价联动，夯实城市主体责任，出台加强预售资金监管指导意见，摸排风险项目，化解信访矛盾，维护社会稳定。全省房地产市场总体平稳，全年完成房地产开发投资6027亿元，同比增长6.2%，商品房销售6067万平方米，同比增长2.3%。推进保障性安居工程建设，全省新开工公租房项目2.48万套，新开工棚改项目4.01万套，基本建成5.5万套，开工率、基本建成率均超额完成。发放公积金个人贷款642亿元，同比增长13%。新开工老旧小区改造项目16.6万户，新完工14万户。全省动态新增1784户危房改造任务全部竣工，82901户国定建档卡贫困户均实现住房安全有保障。全省开展房屋结构安全隐患"百日攻坚"和三年治理行动，全面排查房屋902万栋，发现并处置重大安全隐患房屋6.5万栋。

【城乡建设】2020年，福建省住建厅深入推进补短板九大工程建设，新建改造各类市政管网7159千米、城乡公厕4538个，新增公共停车泊位3.69万个，福州地铁1号线二期建成通车。加强推进生活垃圾分类，全省确定15个街道、乡镇开展示范片区建设，所有设区市（含平潭）建成餐厨垃圾处理厂。推进铁路沿线环境综合整治，46个主要站点提升施工基本完成，全省新整治既有农房（裸房）12.3万栋。探索推进闽台乡建乡创融合发展，引进台湾建筑师团队、乡建乡创人才，举办两岸乡建乡创融合发展论坛，助力乡村振兴。

【建筑风貌保护】2020年，福建省政府办出台加强建筑风貌保护利用9条措施，避免在旧城改造中出现建设性破坏。全系统严格按照世遗大会"两个新提升"要求，推进"六个一批""七个改善"等工作，省级启动"十街十镇百村千屋"行动，全省新认定公布1709栋历史建筑，188个省级传统村落，4条省级历史文化街区，初步搭建省级历史文化资源保护利用信息系统平台，建成福建传统村落建筑海峡租养平台。

【建筑业转型发展】2020年，全省完成建筑业产值1.4亿元，同比增长7.2%。推广新型项目组织方式，培育工程总承包企业。稳步发展装配式建筑，福州市被住房和城乡建设部评为第二批装配式建筑范例城市。推进机制砂项目落地，新增产能年约6180万立方米。开展绿色建筑创建行动，各设区市全年城镇新建建筑比例均达65%以上。对泉州欣佳酒店"3·7"坍塌事故惨痛教训，深刻反思检视，把安全生产放在更加重要位置，省住建厅单独设置安办，每个月16日固定召开党组会进行"议安"，强化对全行业安全生产的统筹协调。全省开展房建市政施工和市政公用行业大排查大整治，各级监管部门共对施工、监理等责任主体动态记54.6万分，整改隐患88249条。全省共有5个项目获"鲁班奖"，11个项目获国家优质工程奖，37项工程获"闽江杯"优质工程奖。

【改革创新机制体制完善】在全省推行建筑业企业电子资质证书，"一趟不用跑，最多跑一趟"比例达90%以上。深入推进工程建设项目审批制度改革，调整施工许可证办理限额，优化社会投资简易低风险工程建设项目审批服务，在福州、厦门开展工程项目审批电子档案和"清单制＋告知承诺制审批"试点，住房和城乡建设部组织开展2019年度第三方评估中福建位列第一。持续实施城市执法体制改革，以"权责清单"厘清业务主管部门和城市管理部门的职责边界，组织推进新型城市基础设施建设，累计47个市县建成投用数字化城管平台，8个设区市与国家平台联网。推进消防机构和人员技术力量建设，规范建设工程消防设计审查验收，全省各地累计成立17家消防技术中心。全面加强行业法治建设，《福建省传统风貌建筑保护条例》《福建省绿色建筑发展条例》提请省人大常委会审议。

【行风作风专项整治】开展"让党中央放心、让人民满意的模范机关"创建活动。省市"六大共建"活动，开展行业文明建设，省住建厅通过全国文明单位复评工作。组织全系统深入开展机关作风和行业行风专项整治，聚焦从业人员职业操守缺失、各类市场主体底线意识淡薄问题，深入查排住建行业存在的薄弱环节和漏洞。同时，开展工程建设行业专项整治，巩固深化扫黑除恶专项斗争成果。

法规建设

【规范性文件清理和合法性审查】2020年，共清理规范性文件490件，其中以省政府或省政府办名义印发的规范性文件10件；以省住建厅名义印发的规范性文件480件。加强对厅规范性文件审查备案，向省政府报送《福建省住房和城乡建设厅关于加强商品房预售资金监管工作的指导意见》《福建省建设工程消防设计审查验收管理暂行实施细则》等规范性文件7份。

【行业依法行政】印发《全省住房城乡建设行业2020年度法治建设工作要点》编印《福建省建设法规政策汇编（2019年）》，作为普法工具书，向厅机关和全系统发放；完成《福建省住房和城乡建设系统行政处罚自由裁量权基准适用规则》和《福建省住房和城乡建设系统行政处罚自由裁量权基准》，梳理房地产类、城市建设类、工程建设与建筑业类法律法规68部，地方性法规、省政府规章14部，自由裁量权基准表格766个。及时研究答复各级住建系统主管部门行政执法和各类企业生产经营政策实施中疑难问题咨询。

【行政复议处罚诉讼案件办理】2020年，福建省住建厅受理复议案件30件（含上年结转1件），其中维持或驳回7件，撤销、确认违法或责令原行政机关履行职责9件，申请人自行撤回而终止5件，不予受理行政复议申请3件，在办6件。对泉州欣佳酒店坍塌事故相关责任单位福建省建筑工程质量检测中心有限公司及相关责任人员依法作出行政处罚。截至年底，行政诉讼案件30件（含上年结转8件），已裁判19件，18件胜诉，1件确认违法（已上诉），其中一审13件，二审3件，再审3件；单独被告7件，共同被告3件。

【"放管服"改革】2020年，福建省住建厅修改完善省住建厅权责清单事项，深入推进行政审批事项梳理，持续推进"互联网＋监管"工作。在2019年机构改革后结合最新三定职责，核定权责事项359项，其中行政许可10项，行政确认6项，行政处罚277项，行政强制1项，行政检查26项，其他行政权力21项，公共服务事项4项，其他权责事项50项。截至年底，权责清单已在网上公开。实现同一审批服务事项在全省范围无差别受理，同标准办理，政务服务"一网通办""异地可办"。全省住建系统行政审批服务事项细化梳理工作基本完成，共计细化梳理成果主项90项，子项598项，孙项0，办理情形86项；监管事项总数72项，明确省住建厅行政检查总数30项，录入检查实施清单30项，完成率100％；重新梳理录入省住建厅行政执法人员93人，明确人员底数；录入行政监管行为数据28215个，监管行为涉及的主项覆盖率45％；录入"双随机、一公开"计划数21个。

【行政执法规范化】印发《福建省住房和城乡建设厅行政执法公示规定》《福建省住房和城乡建设系统行政执法音像记录管理暂行办法》《福建省住房和城乡建设系统行政执法文书范本》《福建省住房和城乡建设厅重大执法决定法制审核项目》，在全省住建系统全面开展行政执法3项制度；会同省司法厅组织龙岩市住建系统行政执法资格考试，315人通过专业考试。出台《福建省住房和城乡建设厅关于厘清城市管理综合行政执法中职责边界的指导意见》（闽建法函〔2020〕65号），明确以"权责清单"划分相对集中的行政处罚权后业务主管部门与其他综合执法部门的职责边界，从案件移送、信访处理、资源共享等方面提出指导意见，得到住房和城乡建设部及全国各地城管部门关注。

房地产业和住房保障

【概况】2020年，福建省支持房地产企业应对疫情影响，快速复工复产，通过协调延长工程建设期、房地产开发贷款展期，缓交土地出让金等金融财税支持政策，帮扶房地产企业。深入实施房地产精准调控，实行地价、房价联动，指导市场活跃、需求量较大的以及库存去化周期短的市县，加大住房供应，稳定市场预期。指导福州、厦门两市实施"一城一策"方案，加快建立稳定房地产市场城市主体责任制。推广安置型商品房建设模式，加快回迁安置，提升安置房品质。出台加强预售金监管指导意见，摸排风险项目，防范市场风险。

【住房保障】2020年，福建省推进保障性安居工程建设。国家下达福建开工6.4万套，包括棚户区改造3.98万套，公租房建设2.47万套，基本建成2.44万套任务。截至年底，全省新开工公租房2.48万套，棚户区改造4.01万套，基本建成5.5万套，基本建成率230%。累计完成投资321.5亿元，完成投资率130.6%。超额完成年度目标任务。

【住房租赁市场培育发展】2020年，福建省加快构建多主体供应、多渠道保障、租购并举的住房制度。福州、厦门两市深入推进中央财政支持住房租赁市场发展试点、集体土地建设租赁住房试点和政策性租赁住房试点工作。由政府主导，福州市新增供应租赁住房5990套，厦门市新增供应租赁住房11319套，完成省委、省政府为民办实事项目。

【物业服务管理】制定《福建省物业服务从业人员健康防护手册》等文件，及时汇总物业服务企业防疫物资需求，统筹调配、分发防疫物资，做好物业服务企业防疫物资保障。部署电动自行车消防安全排查整治专项行动，督促物业服务企业开展电动自行车消防安全排查整治。配合住房和城乡建设部、国家信访局开展物业服务管理、信访调研，为国家出台相应政策提供决策依据。

【专项排查整治】对全省120家房地产估价机构，每个机构随机抽取不少于1份估价报告，组织专家进行背靠背报告评审，并组织开展现场检查。按照省纪委工作部署，联合发展改革委、公安、市场监管等部门，开展住房租赁中介机构乱象整治，出动检查5260人次，检查租赁中介机构和住房租赁企业4599家，发出责令整改书655份，立案查处2家，23家住房租赁中介机构主动停业整顿。指导各地开展物业服务企业"双随机"专项检查，检查项目164个，督促整改问题565处。开展房地产领域信访排查整治，督促企业落实主体责任，自主协调与金融机构融资纠纷，增加工程建设直接投入；督促属地政府加强监管，推动设立司法账户实行资金封闭运行，保障购房户、农民工权益，化解社会风险。出台《关于加强商品房预售资金监管工作的指导意见》，严格实施商品房预售资金监管，防范烂尾楼发生。

【房屋结构安全排查整治】2020年全省开展房屋结构安全"百日攻坚"和三年治理行动，全面排查房屋902万栋，发现并处置重大安全隐患房屋6.5万栋，所有房屋实行"一楼一档"信息化管理。泉州市及时完善房屋结构安全网格化管理制度，厦门市重大安全隐患房屋有效处置率达99%。省住建厅起草《福建省房屋使用安全管理条例》，并上报省政府。

住房公积金监管

【概况】2020年全省缴存住房公积金740亿元，同比增长10%；提取住房公积金566亿元，同比增长17%；发放公积金个人贷款374亿元，同比增长13%；截至年底，全省住房公积金实缴人数385万人，缴存总额5530亿元，缴存余额1913亿元，个贷总额3278亿元，个贷余额1790亿元，个贷使用率93.5%。

【阶段性支持政策贯彻】2020年，全省共有7722家单位申请缓缴住房公积金，累计缓缴金额约5.39亿元。同时，加强资金运行情况监测分析，重点督促个贷使用率较高或增长较快的中心，合理安排资金使用，继续做好个贷使用率稳控工作，全省个贷使用率基本保持平稳。

【住房公积金服务】2020年，福建省住房公积金线上服务持续拓展，落实"跨省通办"，细化梳理服务事项。单位业务实现网厅办理全覆盖，个人业务办理范围不断扩大，信息查询、证明类材料打印、公积金还贷和商贷还贷提取、偿还本金提取、离退休提取、离职提取、出境定居提取等业务实现线上办理。各地提供服务大厅"跨省通办"窗口，并按照"应上尽上""能上尽上"的原则，完善线上服务功能。

【数据共享与系统对接及平台优化】2020年，福建省住房公积金实现与税务购房发票数据以及部分受托银行商贷数据的共享对接，开通商贷还贷提取等网办功能以及完成与福建省社会统一实名身份平台用户认证、省网上办事大厅等系统对接，实现跨平台服务一次登录、申请事项一次点击。公积金核心系统和综合服务平台全年实施31次系统更新，实现977个功能新增及优化工作。5月份完成第二批综合服务平台验收，至此全省全面完成综合服务平台验收工作。

【公积金信息年报披露】2020年，福建省严格贯彻落实住房和城乡建设部等三部委《关于健全住房公积金信息披露制度的通知》要求，提前部署年报编写，做好年报审核汇总，克服疫情影响，设区市和省级住房公积金年度信息分别于3月底、4月底及时完成披露。

城市建设

【概况】 2020年，福建省克服疫情对经济运行的冲击和影响，加快城市建设高质量发展，提升城市品质。深入推进城乡基础设施工程建设；加快推动老旧小区改造和城市更新；推动城市水环境治理、城市供水水质提升、污水处理提质增效；加强行业标准化信息化和安全管理，开展市政公用行业整治专项行动，保障城市供排水、供气、环卫等市政公用设施正常运行。同时，在城市建设中重视历史文化建筑风貌保护，建立有效机制，避免在旧城改造中出现建设性破坏。

【城市基础设施建设】 2020年，福建省城乡基础九大工程补短板建设，完成投资3440亿元，超额完成省定投资计划的14%。全省新建改造各类市政管网7159千米，其中城市道路1470千米，燃气管道1180千米，绿道1074千米，城乡公厕6120座，新增公共停车泊位4.1万个。福州地铁1号线二期建成通车。厦门地铁3号线延伸段、福州地铁2号线东延段和6号线东调段调整方案获国家批复。厦门地铁3号线火车站至蔡厝段建成贯通。厦门、福州两个国家海绵城市建设试点完成验收。

【老旧小区改造】 省政府印发《福建省老旧小区改造实施方案》，全省新启动老旧小区改造31.4万户，新完工老旧小区改造24万户，推动福州市加快国家老旧小区改造试点城市工作。抓好老旧小区改造试点项目30个，争取中央补助资金19.03亿元，省级财政补助资金4.4亿元，各地申请地方政府专项债9.32亿元。

【市政公用设施管理】 开展市政公用行业大排查大整治专项行动，切实做好整改落实，实行清单销号。推动治理地面塌陷隐患，完成48座城市桥梁护栏升级改造，21座重大病害城市桥梁加固改造，26处城市道路隐患和临水临涯整治。落实城市桥梁结构定期检测和建档工作，2347座桥梁落实"一桥一档"，累计定期检测1983座。开展污水运行评估考核、供水行业规范化管理考核、供水企业安全运行评估以及供水水质抽检。

【城市水环境治理】 实施城市污水处理提质增效三年行动，出台污水处理提质增效实施意见，开展排水管网排查，加快管网溯源排查改造。巩固黑臭水体治理成效，推进中央生态环境保护督察相关问题整改。指导福州、漳州、莆田3个国家黑臭水体整治示范城市治理，指导福州、宁德市通过生态环境部、住房和城乡建设部组织的黑臭水体专项检查。推进两轮中央环保督察问题整改，实行月调度。持续推进提升城市供水水质三年行动计划，完成26座水厂提升改造，完成"一户一表"改造6.9万户。建成城市供水水质监测信息系统，实现从水源到管网全过程信息共享和实时监控。2020年全省水质综合合格率99.9%。

【历史文化保护】《关于加强历史文化名城名镇名村传统村落和文物建筑历史建筑传统风貌建筑保护利用九条措施》，建立先普查后征收、专家评审、征求公众意见等机制。明确市、县（区）人民政府在实施旧城更新改造、组织项目建设和开展征地拆迁前，要组织对改造或建设区域内50年以上的建筑进行普查甄别和认定公布，开展文化资源评估论证，提出文化遗产和风貌保护措施。全省严格按照世遗大会"两个新提升"要求，落实文化和自然遗产保护利用"六个一批"工作，持续推进历史文化名城名镇名村、传统村落和历史建筑保护利用，省级启动"十街十镇百村千屋"行动，推动城乡历史文化保护利用提升，实施一批历史文化街区（巷）改善提升项目，加强文化古迹和历史建筑的保护修缮，整治街区景观和不协调建筑，完善基础设施和公共服务设施，修复街区（巷）传统风貌，创新活化利用机制。全省新认定公布省级历史文化名城1座、历史文化街区4条、传统村落188个、历史建筑2338栋。全年完成8个历史文化街区、19个历史文化名镇名村和传统村落的保护规划编制。初步搭建省级历史文化资源保护利用信息系统平台，建成福建传统村落建筑海峡租养平台。《福建省传统风貌建筑保护条例》提交省人大常委会审议。

城市管理

【城市精细化管理】 结合世遗大会"两个新提升"工作，生成140个涉及门前三包、人行道净化、规范"两车"秩序、店牌店招设置等方面项目。拆除违规户外广告、规范店牌店招4.1万面，拆除面积11.2万平方米，规范电动自行车2.5万处、28.7万辆。漳州对"门前三包"立法，聘请"民间街长"上岗，打造示范区；厦门推进渣土车、僵尸车、占道经营小货车、共享单车专项整治。与省检察院联合签署《关于推进窨井盖安全问题治理的协作意见》。印发《关于加快数字化城市管理平台建设的通知》《福建省城市综合管理服务平台建设和联网工作方案》，推进全省平台建设和联网工作。截至年底，有7个设区市及平潭综合实验区与国家平台联网，超额完成年度联网任务。7个设区市、平潭综合实验区和40个县市建成投用数字化城市管理平台。开展城管执法人员分级轮训，组织各地参加住房和城乡建设部城市管理工作台账培训视频会，并填报城市管理工作台账。以"权责清单"厘清业务主管部门和城市管理部门的职责边界，会同省财政厅印发《关于配发城市管理执法制式执勤帽的意见》。

【市容环卫管理】印发《关于完善生活垃圾无害化处理设施建设强化安全运行监督管理的通知》，谋划生活垃圾"零填埋"等"十四五"规划相关工作。全省建成生活垃圾焚烧处理厂29座，焚烧处理能力每日3.7万吨，占总无害化处理能力的77.9%，居全国前列。正在新扩建8座生活垃圾焚烧发电厂，建成后将新增处理能力每日5050吨。委托第三方对全省生活垃圾处理设施安全运行情况及存量垃圾治理完成情况进行评估，形成问题清单，督促各地整改。厦门、漳州、莆田、平潭等地实现原生生活垃圾"只烧不埋"。

【垃圾分类管理】2020年，福建省委召开"三四八"工作机制年中推进会，对全省生活垃圾分类工作进行再检查、再研究、再部署。省住建厅配合省政协开展"积极推进生活垃圾分类处理"专题远程协商会，积极回应委员关切。生活垃圾分类工作首次纳入省委省政府为民办实事项目，省级财政安排补助资金6000万元。开展生活垃圾分类示范片区创建，委托第三方机构完成全省15个示范片区评估。联合团省委开展福建省"美丽新福建·青春在行动"专项活动。垃圾分类政策体系、技术体系和社会支撑体系政府购买服务项目基本完成。全省9个设区市和平潭综合实验区建成餐厨垃圾处理厂，实现全省设区市全覆盖。福州、厦门、漳州、泉州、龙岩、南平、宁德、平潭等8市（实验区）建成大件垃圾处理厂。福州、厦门基本建立垃圾分类投放、收集、运输及处理体系，基本具备垃圾分类条件和能力。这一经验做法在全国城市生活垃圾分类现场会上作书面经验交流。

村镇建设

【概况】2020年，福建省村镇建设年度工作任务多项超额完成，闽台乡建乡创合作在全国推广，被住房和城乡建设部、财政部确定为脱贫攻坚农村危房改造工作积极主动、成效明显的省份，乡镇生活污水和农村生活垃圾市场化工作被列入全国推广案例。

【污水垃圾治理】第一轮中央环保督察福建省住建厅牵头5项整改任务均已完成整改，第二轮中央环保督察3项以及省住建厅配合其他厅局整改任务也按序时推进。全面如期完成112处非正规垃圾堆放点整改销号，并通过住房和城乡建设部第三方机构抽查验收。超额完成新建改造乡镇农村公厕和乡镇垃圾转运系统提升任务，新建改造乡镇公厕和农村公厕分别为613座和4495座，完成率分别是153%和450%，并按照三年行动方案目标建立未实现乡镇公厕每万人目标、农村村村1座以上水冲式公厕目标的台账，实行建账销号，全省乡镇公厕已有7507座、农村公厕约2.4万座，全面实现三年行动目标；乡镇垃圾转运系统提升，任务50个，实际完成79个，完成度158%。推进乡镇污水设施改造提升，重点推进设施损毁改造提升和管网铺设，全省新建改造乡镇污水管网1054千米，全省乡镇污水处理设施实现全覆盖，扣除纳管项目外，共有乡镇污水处理厂（站）700余座，污水日处理能力116万吨。持续推进市场化，已有26个县市区实施以县域为单位捆绑打包乡镇生活污水治理设施改造提升、管网铺设和运行维护"三位一体"市场化，六成以上乡镇污水、八成以上农村垃圾实施了市场化。建立市县乡三级巡查、乡镇包村领导和驻村工作队检查指导、乡镇垃圾转运设施和村庄集中收集点设立监督公示牌、差异化监管、投诉举报等多项机制，实现长效治理。组织农村人居环境整治三年行动自查"预验收"，并配合省人居办开展验收，农村人居环境整治三年行动国家验收组反馈收到福建投诉数量少，对福建此项工作给予肯定。

【农房建设】配合自然资源、农业农村部门出台农房建设审批管理相关文件，强化农房建筑风貌和质量安全管控措施；推动质量安全常识"一张图"宣传落实，各地县乡开展培训，并印发30多万份"一张图"进镇进村入户宣传；配合开展违法占用耕地建房排查治理；推动县县编制建筑立面图集，并推进实施；建立镇村干部和农村建筑工匠分级培训机制，疫情后建立县级村镇建设站长在线培训群，对站长们进行线上政策业务辅导。开展铁路沿线环境综合整治，沿线环境初步实现"绿化全覆盖、全线不露白、基本无裸房、面貌大改观"。

【农村危房改造】采取挂牌督点和蹲点调研方式，跟踪推进动态新增的1784户贫困户危房于6月底前全部完成改造，"十三五"期间全省共完成7.06万户建档立卡贫困户等4类重点对象和其他贫困户危房改造，如期实现建档立卡贫困户"住房安全有保障"目标。结合房屋结构安全隐患大排查大整治百日攻坚专项行动，开展贫困人口住房安全有保障专项整治，全覆盖入户核验82901户国定建档立卡贫困户住房安全。建立落实贫困户信息共享、动态监测、跟踪回访、投诉举报4项机制，巩固夯实工作成效。住房和城乡建设部、财政部将福建省确定为2020年农村危房改造工作积极主动、成效明显的激励省份，国务院办公厅对寿宁县予以督查激励表扬。

【闽台乡建乡创合作】 2020年，福建省住建厅探索推进闽台乡建乡创融合发展，扩大支持项目范围。全省累计引进台湾建筑师团队68支，台湾乡建乡创人才200多名，为全省31个县117个村庄提供陪护式服务，培育出多个闽台乡建乡创合作促进乡村振兴的案例。开展一次成果展示，在厦门举办两岸乡建乡创融合发展论坛，助力乡村振兴，增进两岸文化认同。

建筑业

【概况】 2020年，福建省围绕建筑业重点工作，坚持供给侧结构性改革，着力培育并做大做强龙头企业，推广新型建造方式，推进新型组织方式变革，不断优化建筑市场秩序，推进建筑劳务实名制管理，促进建筑业走向高质量发展路子。全年全省完成建筑业产值1.4万亿元，同比增长7.2%。

【建筑业转型发展】 深入开展建筑业增产增效行动，公布两批198家建筑业重点企业，发挥骨干企业主力军作用，全面推进满产超产，推广新型项目组织方式，研究制定全省工程总承包招投标制度，培育集设计和施工为一体的工程总承包企业。加快推进供给侧结构性改革，稳步发展装配式建筑，修订装配式建筑招投标制度，出台装配式建筑评价管理办法。

【绿色建筑与建筑节能】 2020年，福建省人大常委会审议《福建省绿色建筑发展条例》，省住建厅会同省发展改革委等部门印发《福建省绿色建筑创建行动实施方案》，发布《海峡两岸绿色建筑评价标准》。全省开展绿色建筑创建行动，全面推广绿色建筑、健全绿色建筑标准体系，规范绿色建筑标识管理，提升建筑能效水平，推广装配式建造方式，推动绿色建材应用，加强技术研发推广，建立绿色住宅使用者监督机制，依托建筑工程施工图数字化审查系统推行"互联网＋"监管，严格执行绿色建筑专篇报审制度。2020年，全年执行绿色建筑标准项目2907个，建筑面积11900万平方米，全省城镇新建建筑中绿色建筑面积占比达77.78%。城镇新建建筑执行节能强制性标准基本达到100%，全年竣工节能建筑面积7018万平方米。推行合同能源管理实施公共建筑节能改造，年度完成改造121.98万平方米。印发《加快推进绿色建材认证及推广应用实施方案》，建立绿色建材认证协同工作机制，推动采信数据应用，鼓励本省建材生产企业申报高星级绿色建材标识。

【工程质量安全监管】 强化房建市政工程常态化疫情防控工作，将落实疫情防控措施纳入监督机构日常"双随机"检查内容。部署开展建筑施工安全大排查大整治，加强建筑起重机械等危险性较大工程和地铁等重大工程的安全监管；各级监管部门共发出13989份责令整改通知单，发现安全隐患57556条，督促落实整改。对事故多发市县，加强对主管部门的约谈和督促；对发生安全事故企业执行双倒查制度，倒查安全主体责任落实情况和是否存在转包、挂靠等违法违规行为。开展工程质量安全和检测行业专项整治，组织建设单位对1355个市政道路工程进行"回头看"。推动机制砂项目落地，全省机制砂累计年新增产能约6180万立方米，完成年度目标任务。出台《福建省工程质量安全手册实施细则（试行）》，规范企业质量安全行为；联合八部门出台《福建省完善质量保障体系提升建筑工程品质若干措施》，促进建筑业高质量发展。全省共有5个项目获"鲁班奖"，11个项目获国家优质工程奖，37项工程获"闽江杯"优质工程奖。

【工程造价管理】 落实历史文化街区名镇名村和传统村落保护政策，出台古建筑修缮工程计价规定；出台房屋建筑加固工程预算定额；规范工程总承包计价和招标文件编制，制定工程总承包模拟清单计价与计量规则；落实拖欠农民工工资治理，制定施工过程结算试行办法；落实建筑工人实名制管理，制定建筑工人实名制措施费计价规则；支持地方重点项目建设，指导福州市造价站编制轨道交通工程、市政管网维护等区域性补充定额，指导厦门市造价站编制厦门市城市轨道交通工程预算定额（土建工程）；指导福州、厦门、泉州、三明、宁德5个设区市调整人工费指数，指导福州、厦门、莆田、龙岩4个设区市发布疫情期间人工费指数。加快建立国有资金投资的工程造价数据库。新增312条新材料数据标准。支持省工程造价协会、省体育设施行业协会、省装配式建筑管理协会、省建筑业协会金属结构与建材分会4个协会发布专业工程材料价格信息。完善全省统一人材机发布平台，全省共计发布70余万条各类价格信息。持续扩大建筑市场常用材料价格信息发布范围，发布建筑市场材料价格信息10.6

万条，超年初计划10%以上。组织各地对298家造价咨询企业开展专项检查，对其中116家造价咨询企业予以通报批评，并纳入信用评价。对649家造价咨询企业开展年度信用综合评价。

人事教育

【人才交流服务】 2020年，福建省住建厅牵头，在云易聘平台创建"福建省住房和城乡建设行业企事业单位省外高校人才网络视频招聘会"，共收取来自省内外各院校毕业生简历3000余份。联合福建省教育厅、福建工程学院举办"2021届毕业生及行业人才专场线上招聘会"，共有312家企业参加，提供8232个岗位。

【紧缺人才引进】 2020年，福建省住建厅配合福建省委组织部做好精准引才和引进生工作，为行业引进人才拓宽渠道。组织赴同济大学开展2021届规划建设类引进生宣讲及"福建人才周"宣传工作，审核规划建设类学生报名68名，经选拔，拟引进24名。做好2018届引进生7人期满考核及岗位安排工作，调研引进生用人单位，引导落实引进生培养使用政策。落实2020届规划建设类引进生19名录用工作，其中18名完成职称直评。

【行业人才培训】 2020年，举办厅财政经费支持班次11个，培训914人次。组织全省建设类各类岗位考试345场，参考人数4.89万名，核发岗位证书3.49万本。采取网络培训与集中面授相结合方式，提高培训质量和效益。全年参加继续教育培训人数8.41万人次。

【从业人员专项整治】 2020年，组织省级行业协会联合发出"全省住建行业从业人员职业操守倡议书"，倡导从业人员诚信执业良好风气。组织全省5656家企业、24.7万人次进行自查自纠，及时查处违规行为，全面清查二级建造师资格库，对发现有造假信息行为108人进行相应处理。

大事记

1月

5日 发布福建省工程建设地方标准《海峡两岸绿色建筑评价标准》DBJ/T 13—324—2019，自2020年3月1日起实施。

10日 在福建省人大、政协"两会"上，福建省住建厅作政协提案办理工作典型经验交流。

19日 印发《关于加强防范城市路面塌陷工作的紧急通知》。

2月

4日 福建省应对新型冠状病毒感染肺炎疫情工作领导小组疫情防控、科研攻关及学校组印发《建筑工程从业人员健康防护手册》。

12日 出台《关于加强疫情科学防控有序推进房建市政工程项目复工十条措施的通知》。同时，转发《住房和城乡建设部办公厅关于应对新型冠状病毒感染的肺炎疫情做好住房公积金管理服务工作的通知》，督促各地做好疫情防控和应对工作，全力推行网办和预约办等业务模式，并协调项目组加快开发上线各类网办业务。

29日 福建省住建厅、省文旅厅、省财政厅公布第三批共188个省级传统村落名录。

3月

3日 住房和城乡建设部、财政部确定福建省为2019年度农村危房改造工作积极主动、成效明显的激励省份。

5日 福建省委办、省政府办印发《全面推进复工复产促进住房城乡建设事业健康发展的20条措施》。福建省住建厅联合省财政厅、人民银行福州中心支行印发《关于做好新冠肺炎疫情期间住房公积金阶段性支持政策落实工作的通知》。

18日 印发《关于开展市政公用行业生产运行安全大排查大整治的通知》。

20日 福建省政府办印发《全省房屋结构安全隐患大排查大整治百日攻坚专项行动方案的通知》。

24日 福建省住建厅、省扶贫办印发《关于统筹做好疫情防控和脱贫攻坚保障贫困户住房安全相关工作的通知》。

4月

17日 福建省人民政府公布第四批共4条省级历史文化街区名单。

5月

5日 国务院办公厅印发通报，对2019年农村危房改造工作积极主动、成效明显的福建省惠安县予以督查激励。

6月

3日 福建省住建厅等8个部门印发《推动房屋结构安全隐患大排查大整治重点解决贫困人口住房安全保障的专项整治方案的通知》。

5日 会同省扶贫办印发《关于开展建档立卡贫困户住房安全有保障核验工作的通知》。

12日 印发《贯彻落实安全生产专项整治三年行动计划实施细则》。

同日，福建省宜居环境建设指挥部办公室印发

《2020年城乡基础设施建设实施方案》。

9月

7日　福建省政府办印发《福建省老旧小区改造实施方案》，配套出台老旧小区改造内容、老旧小区改造工作规程和资金支持相关政策。

16日　福建省政府办印发《福建省房屋结构安全专项治理三年行动方案》。

22日　福建省政府召开全省深化"放管服"改革优化营商环境电视电话会议，省长王宁出席会议并讲话，省住建厅在会上作典型经验交流。

24日　印发《关于调整房屋建筑和市政基础设施工程施工许可证办理限额的通知》。

30日　福建省政府办出台加强历史文化名城名镇名村传统村落和文物历史建筑传统风貌建筑保护利用9条措施。

同日，福建省住建厅办公室印发《关于进一步加强城市桥梁隧道安全管理工作的通知》。

10月

20日　住房和城乡建设部召开全国违法建设和违法违规审批专项清查工作电视电话会议，福建省房屋结构安全隐患排查工作在会上作典型经验交流。

27日　会同省发改委等八部门制定《福建省完善质量保障体系提升建筑工程品质若干措施》。

30日　印发《关于进一步做好房建市政工程常态化疫情防控工作的通知》。

11月

27日　转发《住房城乡建设部办公厅关于做好住房公积金服务"跨省通办"工作的通知》，督促各地在服务大厅设置"跨省通办"窗口，受理业务申请。

30日　福建省有中建海峡建设发展有限公司承建的海峡文化艺术中心、厦门特房建设工程集团有限公司承建的"特房·同安新城酒店一期、中建三局集团有限公司承建的兴业银行大厦工程、福建荣建集团有限公司承建的海峡旅游服务中心（旅游会展中心）工程等5项入选2020—2021年度第一批中国建设工程鲁班奖，还有11项入选国家优质工程奖。

12月

8日　国台办在厦门举办2020年两岸企业家峰会年会期间，福建省住建厅以"青春筑梦不负韶华——两岸青年建筑师携手乡建乡创助推乡村振兴"为主题，召开两岸乡建乡创融合发展论坛。

10日　住房和城乡建设部召开全国生活垃圾分类工作现场会，福建省垃圾分类工作在会上作典型经验交流。

21日　住房和城乡建设部召开全国住建工作会议，福建省政策性租赁房试点工作在会上作典型经验交流。

23日　福建省住建厅等部门印发《关于开展城市居住社区建设补短板行动的通知》《关于开展绿色社区创建行动的通知》。

同日　福建省住建厅、发展改革委命名晋江市为"福建省节水型城市"。

（福建省住房和城乡建设厅）

江　西　省

概况

2020年，江西省城乡环境综合整治、城市功能与品质提升、城市体检、建设工程消防设计审查验收、工程项目审批改革等多项工作，得到住房和城乡建设部充分肯定。国家把海绵城市、城市设计、钢结构装配式住宅建设、直饮水等试点示范工作放在江西，让江西先行先试。住房保障工作取得突破性进展，推进了城镇棚户区改造、公共租赁住房建设、老旧小区改造、农村危房改造等工作。全面推进城乡环境综合整治，坚决整治城乡环境各类乱象，守住了江西"新城新貌""新村新貌"，大力实施城市功能与品质提升三年行动，深入实施城镇污水处理提质增效、停车设施提质增量、园林绿化提升、海绵城市建设、黑臭水体整治、城市内涝治理、"厕所革命"等重大工程，城市功能与品质得到大幅提升。房地产市场平稳运行，全省房地产开发投资、商品房销售量和商品房销售价格均保持平稳增长。建筑业转型升级步伐加快，全省建筑业总产值排位由2015年的全国第17位上升到第13位。村镇建设管理全面加强，深入推进美丽宜居乡村建设，扎实推进农村生活垃圾治理，加大城镇污水处理设施建设力度，农村人居环境得到大幅提升。

【同舟共济"克时艰"】面对突如其来的新冠肺炎疫情和历史罕见的特大洪涝灾情，一方面，全力抓好疫情防控和复工复产工作。根据疫情变化，全面加强城镇安全和保障工作；调度协调南昌大学一附院象湖分院加快施工进度，抢时开放隔离病房；研究出台促进房地产市场平稳健康发展12条、做好"六稳"工作落实"六保"任务23条等政策措施。延续勘察设计、建筑施工、工程监理等企业资质有效期，调整施工合同履约及工程价款，推行"不见面审批，不间断服务"，减免国有房产租金、免缴降缴缓缴农民工工资保证金或住房公积金，城市供水供气"欠费不停供"，切实为企业纾困解难。适时出台支持政策，规范发展"地摊经济""夜间经济"，有序助推经济复苏。统筹做好建筑工人返岗、建材供应、疫情防控等工作，深入推进"五个一"安全检查，扎实开展疫情隔离场所和复工人员集中居住场所隐患排查整治，全面推进复工复产。全省环卫、保洁、城管、物业等行业工作者始终抗战在疫情一线，成为城乡运行的"最美逆行者"，全省住建系统有6家单位、11名个人荣获住房和城乡建设部抗击新冠肺炎疫情表彰，还有一批先进集体和个人荣获全省表彰。另一方面，全力抓好灾情救援和灾后重建工作。2020年入汛以来，江西遭遇多轮强降雨，洪涝灾害严重，城乡大量房屋和市政设施受损被毁。全系统迅速进入战时状态，紧急抢修市政设施，全面调查城市内涝和农房安全，迅速组织技术组赶赴受灾严重的县市，开展灾后农村住房安全排查鉴定。对口指导景德镇市做好防汛救灾工作。专门出台重建方案，争取政策支持，全省市政设施和城乡住房恢复重建工作有序推进。

【持之以恒"优环境"】扎实推进生活垃圾分类，建立月调度、季通报、年考核机制，齐抓共管、协调配合、整体联动的工作格局基本形成。狠抓城市道路清扫保洁市场化、机械化、标准化运行，设区市中心城区主次道路机扫率达90.45%、市场化率85.02%。不断完善垃圾分类收运体系，新增焚烧处理设施9座（台）、日处理能力1.3万吨，总数达22座、日处理能力2.2万吨；新增厨余垃圾处理设施27座（台）、日处理能力619吨，总数达39座（台）、日处理能力876吨。设区市城区生活垃圾基本实现"零填埋"。南昌市、宜春市生活垃圾分类国家试点工作有序推进，基本建成生活垃圾分类处理系统。在全国率先制定省级地方标准的农村生活垃圾治理导则，大力推行第三方治理模式。较2018年底通过国检时比，收运处置体系行政村覆盖率提高7.26个百分点，达到99.56%；市场化治理率提高46个百分点，达到75.5%。非正规垃圾堆放点全部整治销号。在14个县探索推行农村生活垃圾分类减量和资源化利用试点，新增广丰区被列为全国示范县，江西省农村生活垃圾积分兑换制和鹰潭市城乡生活垃圾第三方治理模式入选《国家生态文明试验区改革举措和经验做法推广清单》。扎实开展城市建筑工地扬尘治理专项行动，县级以上中心城区建筑工地"六个百分之百"有效落实。扎实推进城镇生活污水处理提质增效，新建改造污水管网1000公里，新增日污水处理能力59.5万立方米，新增49座城镇污水处理厂完成一级A提标改造。九江市、宜春市作为全国黑臭水体治理示范城市，全面完成整改销号。新建改建公厕2.47万座、农户改厕175万户，提前超额完成"厕所革命"三年攻坚任务。扎实开展"线乱拉""防盗窗"等专项整治，共清理广告牌25.22万块、拆除违法违章建筑3.57万处，整治背街小巷3154条，城乡面貌明显改观。全年共实施城市功能与品质提升项目4300多个，完成投资6600多亿元。新建成中小学校90个、医疗机构18个、养老服务项目256个。新增公共停车供给29.5万个，打通断头路104条，南昌市地铁3号线正式通车，二期建设规划调整方案获国家批复。与省直有关部门联合制定《江西省城市居住社区建设补短板行动方案》，全面开展调查摸底并启动试点。专门下发强化城市二次供水设施建设管理的通知，着力保障人民群众饮水安全。景德镇市作为全国直饮水试点城市，已建成一批试点项目并投入运行。印发《关于开展江西省生态园林城市（镇）建设工作的通知》，新增（改建）城镇公园506个，新增城镇绿道585公里，建成一批"小绿地""小游园""口袋公园"。共建成海绵城市建设面积320平方公里，超额完成国家目标任务。切实抓好历史文化街区和历史建筑保护利用，全省新增10处省级历史文化街区。赣州市、景德镇市列入全国城市体检"样本城市"。

【精准施策"促三稳"】1~12月，全省房地产开发完成投资2378.1亿元，同比增长6.2%，增速居中部第3位；商品房销售面积6732.7万平方米，同比增长4.2%，居中部第2位；商品房销售均价7093元/平方米，同比增长5.4%，增幅小于全国和中部平均水平；全省房地产业入库各类税收同比下降8.87%，占全省税收17.58%。建立房地产市场平稳健康发展城市主体责任制和调控评价考核机制。全面完成房屋交易网签系统联网，及时发现城市房地产市场新情况、新问题，对部分城市开展现场调研、督导约谈。组织开展"红五月"百城千企万店房地产消费季活动。出台加强商品房预售资金监管、住宅小区物业管理等文件，深入开展"双随机、一公开"检查、住房租赁市场秩序和安置住房逾期交付问题等专项整治。发挥房地产领域涉稳风险防范处置联席会议机制的作用，稳妥化解房地产领域矛盾纠纷，做到"减存量、控增量、防变量"。全省房地产领域信访问题同比下降24.1%，问题化解率达88.6%。

【加大力度"惠民生"】提前完成农村危房改造任务。全省四类重点对象5150户危房，其中建档立卡贫困户809户，均高质量提前完成改造。80.57万户建档立卡贫困户住房安全保障全部得到核验确认。脱贫攻坚巡视"回头看"反馈问题全部完成整改销号。连续两年共安排7800多万元对建制镇生活污水处理设施运行予以奖补。全省488个建制镇建有生活污水处理设施，覆盖率较上年提高19个百分点。全国首创完成全省传统村落整体保护规划编制，抚州市列为全国传统村落集中连片保护利用示范市。统筹推进农村房屋安全隐患排查整治，基本完成经营性农村自建房的重点排查。

【多措并举"抓转型"】出台《关于促进建筑业转型升级高质量发展的意见》，召开全省建筑业高质量发展电视电话会议，综合施策提升建筑业发展质量效益。全年完成建筑业总产值8649.16亿元，增速8.87%，增速居全国前列。深入推进产业链链长制工作，举办全省房地产建筑产业链银企合作暨供需对接会，为企业提供金融授信600多亿元、发放贷款400多亿元。制定推进装配式建筑发展若干意见和绿色建筑创建行动实施方案。全年新开工装配式建筑面积2000万平方米，约占新开工总建筑面积的17.7%，列全国第一方阵，建立建筑施工企业信用信息评价系统。探索推进"互联网＋监管"无纸化招投标模式，在全国率先推进不见面开标、远程异地评标。发布《关于加强全省房屋建筑和市政基础设施工程招标投标监管工作的通知》。做好农民工工资"治欠保支"工作，拖欠农民工工资案件、人数、金额实现"三下降"。落实城市建设、建筑施工安全生产专项整治三年行动，全面推进安全风险隐患排查与整治，有序开展工程质量管理、安全生产标准化示范工地创建，建筑施工领域安全生产形势总体平稳，事故起数与死亡人数实现"双下降"。有4个项目入选"鲁班奖"，2家企业荣获第二届江西省年度功勋企业。新增发布工程建设地方标准6项，在全国率先执行《绿色建筑评价标准》。

【坚定不移"推改革"】建成覆盖全省122个县（市、区、开发区）的工程建设项目审批系统，审批工程建设项目1.3万个，办理审批服务3.6万件。精简审批事项、压缩审批环节、提升审批效率。印发《关于优化新建社会投资简易低风险工程建设项目审批服务的若干意见》。深入推进"放管服"改革，加快推进政务数据共享。率先在工程造价咨询企业乙级资质审批中实行告知承诺制。大力实施"互联网＋监管"清单管理，扎实抓好"赣服通"住建专区、网上中介服务超市建设。扎实推进建设工程消防设计审查验收改革，出台《江西省建设工程消防设计审查验收管理实施细则（试行）》。省住建厅设立建设工程消防监管处，"江西经验"得到住房和城乡建设部充分肯定。省城镇发展服务中心正式挂牌成立，进一步优化机构设置，强化服务职能。

法规建设

【法规制度建设】《江西省生活垃圾管理条例》《江西省住宅专项维修资金管理办法》申报2021年立法计划建议。开展《江西省生活垃圾管理条例》《江西省历史建筑保护管理办法》立法调研。开展地方性法规、省政府规章和文件清理，向社会公布废止文件104件，需要修改文件58件。印发《关于进一步加强我厅行政规范性文件合法性审核和监督管理工作的通知》，全年对6件行政规范性文件进行合法性审查。

【依法行政建设】印发2020年法治（政府）建设工作计划。印发《关于进一步加强我厅依法行政建设的通知》，加强依法行政建设。制定印发落实中央依法治国办法治政府建设实地督察反馈意见及2019年度法治政府建设考评扣分事项整改工作实施方案。发挥法律顾问、公职律师作用，提供法律服务20次，提出法律审查意见14份。提高依法行政能力，组织参加培训3次。推荐南昌市城管执法支队、九江市住建局、赣州市住建局为全国住建系统法治政府建设重点联系单位。

【"双随机、一公开"】向省推进法治政府建设工作领导小组办公室报送住建厅"双随机"监管事项动态调整有关情况。对"互联网＋监管"检查实施清单进行动态调整，完善"一单两库"数据。向省推进法治政府建设工作领导小组办公室报备行政检查检测点。推进"双随机、一公开"行政执法监督平台应用工作。

【行政执法监督】 转发《住房和城乡建设系统行政处罚案卷评查工作指南》，对标细化落实举措，建立评查长效机制。组织开展全省住建系统行政处罚自由裁量基准梳理修订工作。开展行政执法案卷查评，推动落实"三项制度"。向全省各地征集住房和城乡建设行政执法案例，并向住房和城乡建设部推荐行政执法案例4件。严格执行重大行政执法决定法制审核制度。

【普法依法治理】 印发全省住建系统普法依法治理工作要点，布置年度普法依法治理工作。印发厅直机关普法依法治理工作要点，分解普法工作任务，落实"谁执法谁普法"责任制。开展2次法治讲座，对民法典及住房城乡建设领域行政处罚等进行分析讲解。印发《弘扬法治精神 保障人民权益》民法典系列宣传活动实施方案》。组织收看住房和城乡建设部民法典专题视频讲座。报送农村"法律明白人"法治类视频2部。向省依法治省办报送简报15篇、旬报信息11篇，在法治江西网等媒体发表信息宣传20余篇。

【行政复议和行政应诉】 依法做好受理复议工作，共收行政复议申请22件。办好住房和城乡建设部转办案件。住建厅作为被告的行政诉讼案件1件，在法定期限内应诉答辩。落实行政机关负责人出庭应诉制度，依法履行行政机关负责人出庭应诉职责。

【深化改革】 制订《江西省住房城乡建设厅全面深化改革领导小组2020年工作要点台账》。每季度向省委改革办报送改革进展情况。将改革工作纳入厅机关处室和直属单位绩效考核。编制《江西省住房城乡建设系统统一行政权力清单（送审稿）》，共梳理行政权力事项89项。做好"互联网＋监管"能力第三方评估迎检工作。推进"赣服通"3.0版住建专区和公积金专区建设。梳理"江西12345"政务服务热线清单。推动网上中介服务超市建设。加快推进政务服务"好差评"建设和政务数据共享。推动"跨省通办""省内通办"。

【工程建设项目审批制度改革】 工程建设项目审批制度改革列入省委深改领导小组成员领衔推进重点改革项目，制定《关于持续推进工程建设项目审批制度改革工作方案》，印发《2020年工作要点》。省级共精减2项、下放3项、合并2项。推进联合图审和联合验收。统一信息数据平台，优化审批系统。3月实现了全省122个县（市、区、开发区）全覆盖，省、市、县三级全面使用审批系统。1～11月，省、市、县三级通过工程审批系统审批工程建设项目10888个，办理审批服务27695件。拓展系统功能，制订"一站式"收费对接方案，目前在抚州市开展试点。坚持"日督促、周调度、月汇报"工作机制，运用省级监管平台进行监督检查和分析评估，建立月通报、年评估制度。印发《工程建设项目审批制度改革下步重点工作任务责任清单》。先后到南昌市等8个地市实地调研督促11次，发函督办24次。组织全省各级窗口人员、审批人员和企业申请人员、代办人员培训6645人次。

房地产业

【概况】 2020年，江西省"三增"：土地供应量和价格同比增长。全省房地产用地供应面积6942万平方米，同比增长25.7%，房地产用地成交价款2794.9亿元，同比增长39.8%。房地产投资同比增长。全省房地产开发完成投资2378.1亿元，同比增长6.2%（全国为7.0%）。商品房销售量同比增长。全省商品房销售面积6732.7万平方米，同比增长4.2%，高于全国平均水平1.6个百分点。"三稳"：房地产价格保持平稳。全省新建商品住宅销售均价7093元/平方米，同比增长5.4%，增幅低于全国（11.6%）和中部（7.3%）平均水平。房地产金融平稳运行。12月末，全省房地产贷款余额13557.02亿元，占各项贷款余额的32.54%（比年初低1.61个百分点）。商品住宅库存稳定在合理区间。截至12月底，商品住宅库存4062.2万平方米，去化时间约为9.3个月，比2019年底增加1.5个月，仍处于合理区间。"三降"：房屋新开工面积同比下降。全省房屋新开工面积5301.8万平方米，同比下降9.6%，降幅高于全国（－1.2%）平均水平。商品房批准预售面积同比下降。新建商品房批准预售面积6189.6万平方米，同比下降11.8%。房地产业入库税收同比下降。全省房地产业入库各类税收同比下降8.87%，占全省税收17.58%，占比与上年同期略有下降（去年为19.18%）。

【落实城市主体责任制】 以江西省委办公厅、省政府办公厅名义印发《关于落实房地产市场平稳健康发展城市主体责任制的意见》《江西省城市房地产市场调控评价考核暂行措施》，建立了城市党委承担领导责任、城市政府具体负责的城市房地产市场平稳健康发展主体责任机制，指导南昌市制定"一城一策"工作方案。

【复工复产】 成立复工复产领导小组，召开全省建筑业和房地产业复工复产电视电话会，建立复工复产每周两调度一通报制度，转发房地产业复工复产工作指南,分区分级、分类分业、精准施策推动房地产业高质量复工复产。

【房地产市场稳定工作】发挥房地产市场会商协调机制作用。制定有效应对疫情促进房地产市场平稳健康发展的12条措施。在全省范围内组织开展"红五月"百城千企万店房地产消费季活动。加强房地产市场监测分析和调研督导。防范价格大起大落。指导各地加强新建商品房销售价格调整备案管控。

【化解房地产领域涉稳风险】发挥房地产领域涉稳风险防范处置联席会议机制作用,全力化解房地产领域矛盾纠纷,坚决完成房地产涉稳问题"减存量、控增量、防变量"的目标。督促各地落实领导包案、台账管理、挂牌督办制度,及时转办、持续紧盯并有效化解一批重大涉稳风险问题。截至年底,省联席机制办公室重点督办的272件房地产领域涉稳风险问题已化解或基本化解241件,化解率达88.6%。印发《关于进一步做好房地产领域涉稳矛盾稳控化解工作的通知》。

【加装电梯工作】2020年,江西省加装电梯工作从试点先行转为全面推进。督促各地加快制定本级配套措施,明确地方财政奖补政策,大力开展政策宣传,全面开展既有住宅加装电梯调查摸底工作。督促各地编制《加装电梯工作手册》,提供全方位加梯指引。编制《江西省既有多层住宅加装电梯工程技术标准》,切实规范加装电梯设计、施工、安装、验收工作。定期调度通报全省既有住宅加装电梯工作进展,将加梯工作纳入2020年城市功能与品质提升考核评价重要内容。全省已受理加梯申请875台、完成审批609台、正在施工403台、完成加装164台。

住房保障

【概况】全年棚户区改造开工任务为20.42万套,提前2个月完成年度目标任务。2020年新建(筹集)公租房任务数为8808套(国家任务1100套、省任务6988套),提前1个月完成年度目标任务。2018—2020年,全省改造任务为58.8万套,实际已开工76.01万套,超额完成"三年攻坚"任务,并连续3年提前2个月完成年度开工目标任务。截至12月底,全省公租房已分配71.22万套,分配率达98.5%,其中政府投资公租房已分配66.13万套,分配率达98.9%,分配率保持在较高水平,公租房使用效率进一步提高。截至年底,全省共完成179453户城镇三类贫困群众的排查摸底工作,实施保障74048户,基本实现应保尽保。

【签订目标责任书】3月,省政府与各设区市政府、各设区市政府与所辖县(市)政府签订《2020年住房保障工作目标责任书》,落实目标责任。印发《关于下达2020年全省保障性安居工程建设工作计划的通知》,将目标任务分解下达到各市、县。

【调度督导】3月起实行每月一调度、每月一通报的工作机制。4月27日,省政府召开全省城市功能与品质提升工作推进视频会议,会上宣读了《关于表扬2019年度城市功能与品质提升考核先进单位的通报》及全省保障性安居工程进展情况。10月,分别给新余市政府、抚州市政府去函督促加快保障性安居工程开工进度。

【筹措资金】全年共争取保障性安居工程各类补助资金53.56亿元,争取国开行、农发行新增发放贷款147.4亿元,争取棚改专项债额度1020.5亿元,发行棚户区改造专项债券177.2亿元。

【棚户区改造工作激励对象评选】印发《关于做好2019年度棚户区改造工作激励对象评选推荐工作的通知》,下发《关于对我省2019年度棚户区改造工作积极作为成效明显的地方予以激励支持的通报》,确定宜春市、吉安市、赣州市3个设区市和青山湖区、彭泽县、乐平市、安源区、贵溪市、信丰县、丰城市、鄱阳县、安福县、临川区10个县(市、区)为我省2019年度棚户区改造工作积极作为成效明显的地方予以激励支持。

【整改专项办理工作】4月,印发《关于做好2019年度保障性安居工程审计发现问题整改工作的函》。9月,联合印发《关于进一步做好2019年度保障性安居工程审计发现问题整改工作的通知》。自8月中旬开始,每半月进行一次调度,督促九江、上饶相关部门及时完成整改。

【公租房违规转租专项整治】年初,要求各设区市组织所辖县(市、区)开展公租房违规转租、侵害困难群众利益问题专项整治工作。各市县对公租房(含廉租房)小区进行全面摸底排查,集中排查整改。截至年底,全省共排查800个保障性住房小区,排查出违规转租、空置等问题8382户,已整改8089户(其中:实施清退5172户、自行整改254户、转变保障方式2046户),仍在整改中534户。

【信息系统建设和公租房小区智能化改造】景德镇、宜春、新余、赣州、抚州、吉安6市已使用全国公租房信息系统进行房源项目管理、保障资格申请受理、轮候配租等工作。截至年底,全省累计上线公租房房源约15.2万套,5.6万户保障家庭实现配租签约,实现租金线上批量代扣共计1821笔,累计代扣金额约37.4万元。九江、景德镇、萍乡、鹰潭、新余、赣州、吉安7市已启动公租房小区智能化技术升级改造工作，南昌、宜春、上饶3市正在进行政府采购招标。部分小区已达到较高智能化管理程度。

【"十四五"城镇住房保障发展规划编制】6月，会同省发改委、省财政厅等7个部门印发《关于协助做好"十四五"城镇住房保障发展规划编制前期工作的通知》，并配合课题组赴11个设区市开展规划调研工作。11月，召开《江西省"十四五"城镇住房保障发展规划》专家评审会，原则通过该规划。

【城镇贫困群众脱贫解困】对包括户籍在乡镇的所有城镇特困人员、城镇最低生活保障对象和支出型贫困低收入家庭进行摸底排查，建立工作台账，对符合住房保障条件的困难群众实施应保尽保。建立城镇贫困群众住房保障和公租房分配月报制，对每月进度严重滞后的地区进行约谈和重点督导。分别赴吉安、鹰潭、赣州等地市进行实地督导调研。将城镇贫困群众基本住房保障工作纳入江西省高质量发展考核和江西省城镇贫困群众脱贫解困工作专项考核。

公积金管理

【概况】2020年全省住房公积金新开户单位6115家，实缴单位50138家，比上年净增单位3083家；新开户职工35.87万人，实缴职工285.67万人，比上年净增职工17.65万人；当年缴存额498.08亿元，同比增长12.36%，年末缴存总额3305.91亿元；当年共92.66万名缴存职工提取住房公积金322.29亿元，提取额同比增长11.79%，年末提取总额1790.83亿元，缴存余额1515.08亿元；提取额中，住房消费提取占76.53%，非住房消费提取占23.47%；提取职工中，中低收入职工占95.02%，高收入职工占4.98%。2020年末，提取总额1790.83亿元，比上年末增加21.95%。发放个人住房贷款6.72万笔、263.40亿元（其中异地贷款1530笔、4.88亿元），同比增长3.86%、13.80%，回收个人住房贷款147.15亿元，支持职工购建房833.35万平方米。2020年末，住房公积金个贷率84.43%，逾期率0.3‰，住房贡献率102.63%。

【应对疫情】印发《关于做好新型冠状病毒疫情防控期间住房公积金管理与服务工作的通知》，指导各地管理中心做好"二暂缓"工作。

【提升服务】全省实现个人缴存贷款信息查询、出具住房公积金缴存证明、正常退休提取3项业务的"跨省通办"。基本开通网上业务大厅、微信公众号、手机APP和"赣服通"等服务方式。推进企业缴存登记通过一网通办平台办理。基本完成12329热线与12345热线的并线整合。全面完成住房公积金异地转移接续平台与住房和城乡建设部平台的直连。

【防范风险】深入公积金中心开展实地督导工作，确保住房公积金疫情阶段性政策得到全面落实和准确实施。开展住房公积金领域行业乱象治理回头看的工作。对2018年以来发现的骗提骗贷线索进行再排查、再部署。

建设工程消防监管和城市风貌建设

【概况】10月，建设工程消防监管处正式成立；1月，省编办再次批复成立正处级事业单位江西省工程消防技术研究中心。全省各地单独设置消防处（科、室）个数52个（地市10个，县（市）区42个），全省各级住建部门负责此项工作实际在岗人数604余人，其中行政编26个，事业编75个。全省共有国家名城4个（抚州市、九江市正在申报），省级名城8座，省级历史文化街区75片，已公布历史建筑2177处。

【健全工作机制】印发《江西省建设工程消防设计审查验收管理实施细则（试行）》《关于进一步规范建设工程消防验收（备案）工作的通知》《关于进一步明确我省铁路建设工程和新建变电站工程消防设计审查验收有关工作的通知》。与省教育厅等部门联合印发《关于进一步规范全省校外培训机构审批和管理工作的通知》，明确消防安全职责并建立健全联席会议制度，规范全省校外培训机构审批和管理。

【强化审批质量】印发《建设工程消防设计审查验收检查执法建议书》，压实相关单位主体责任。处理群众信访投诉信件20余件。举办全省建设工程消防设计审查验收培训，全省近2000余名从业人员参加培训。改革"消防专家终身责任制"的管理模式，推行消防专家意见供主管部门重要参考的审批制度，解决消防专家"不愿管、不会管"的问题。

【推进试点示范】持续组织开展历史文化资源普查，摸清资源家底。持续开展省级历史文化名城和第五批省级历史文化街区申报，督促各地扩展保护对象时间跨度，丰富保护对象类型，做到应保尽保。组织专家进行现场踏勘，将第五批历史文化街区名单报请省政府公布。督促31个市、县完成历史建筑确定工作并下发督办函。

【国家历史文化名城调研评估】对全省4座国家

历史文化名城进行调研评估，向住房和城乡建设部申报将南昌市、贵溪市纳入第一批既有建筑消防审批试点城市。12月，住房和城乡建设部和国家文物局组成联合考察组到九江市、抚州市进行实地考察。

【挂牌管理和测绘建档】建立每月调度工作机制，并下发督办函，深入推进全省历史文化街区和历史建筑标志牌设立、测绘建档工作。启动省级历史建筑信息平台建设，制定平台搭建方案，规范历史建筑数字化信息采集，使留存保护对象身份信息从"无"到"有"。

【省级历史建筑保护利用】指导九江市、抚州市做好省级历史建筑保护利用试点工作，构建应保尽保、活化利用的历史建筑保护利用工作机制。研究起草《江西省历史建筑保护利用管理办法》（征求意见稿），并下发各地征求意见。

【保护规划编制备案】督促各地开展保护规划编制和备案工作。会同省文物主管部门组织专家对瑞金市历史文化保护保护规划、瑞金市枣米巷等历史文化街区保护规划进行评审。

【城市特色风貌塑造】组织开展《城市设计管理办法》评估，并形成评估报告上报住房城乡建设部。转发住房城乡建设部、国家发展改革委《关于进一步加强城市与建筑风貌管理的通知》，指导各地切实加强城市设计和建筑风貌管理。转发住房城乡建设部《关于加强大型城市雕塑建设管理的通知》《关于湖北省荆州市巨型关公雕像项目和贵州省独山县水司楼项目有关问题的通报》，要求各地全面梳理已建、在建、拟建的城市雕塑项目，建立台账，发现问题及时纠正、整改，实行销号管理，加强大型城市雕塑管控。

【居住社区建设补短板专项行动】联合省教育厅等13个省直部门印发《江西省城市居住社区建设补短板行动方案》，在全省范围内部署开展城市居住社区建设补短板行动。

【平台建设】转发住房城乡建设部、工业信息化部、中央网信办《关于开展城市信息模型（CIM）基础平台建设的指导意见》，全面推进全省城市CIM基础平台建设和CIM基础平台在城市规划建设管理领域的广泛应用，提升城市精细化、智慧化管理水平。

城市建设与管理

【概况】持续推进城乡环境综合整治，开展"市容环境大扫除、干干净净迎国庆"活动、铁路沿线环境安全综合整治行动、"线乱拉"专项整治，做好黑臭水体治理、城镇污水处理设施建设改造、建制镇生活污水处理设施补短板、生活垃圾分类、非正规垃圾堆放点整治、建筑工地扬尘治理等工作，坚决整治城乡环境各类乱象。以城市功能与品质提升三年行动为抓手，重点攻坚制约城市发展的短板和弱项，有序推进城市"双修"、海绵城市建设，加强城市设计和建筑风貌管控，深入开展城市运行安全专项整治，宜居、智慧、安全、人文的品质城市加快建成。

全省深入推进城市执法体制改革改进城市管理工作，各设区市相继出台执法体制改革的实施意见或方案，实现市政公用、市容环卫、园林绿化等城市管理领域执法机构综合设置。全省城管系统共有城管执法人员9109人，协管人员9944人。各设区市本级及部分县（市、区）集中了环保、交通、市场监管等部门部分行政处罚权。制定省级平台工作方案和建设方案，推进平台联网、建设工作，11个设区市平台在全国率先完成与国家平台互联互通。开展"城管进社区 服务面对面"工作，据统计全省开展城管进社区工作的社区超过1500个。

【污水处理】全面启动城镇污水处理提质增效三年行动，2020年累计新建污水管网约1500公里，新增污水日处理能力59.5万立方米，较去年增加15.5%；2020年度全省城镇污水处理厂累计处理生活污水约13.8万吨，较去年提高约10%。2020年城市、县城污水处理率分别为97.48%和91.55%，超额完成国务院《水污染防治行动计划》要求，城市、县城污水处理率分别达到95%、85%的要求。全省县级及以上城镇污水处理厂全部完成一级A提标改造。117座县级以上城镇生活污水处理厂全部完成一级A提标改造，提前完成国家"十四五"要求的"水环境敏感地区污水处理基本达到一级A排放标准"目标任务。2020年，全省城镇污水处理厂共削减COD 17.2万吨、总氮1.74万吨、总磷2380吨，分别较2017年提高约25%、24%、37%。在全省部署开展污水管网问题排查整治，着力推进解决污水直排、管网错接混接等问题。

【城镇老旧小区改造】全省老旧小区改造共获中央补助资金45.98亿元，印发《江西省人民政府办公厅关于全面推进城镇老旧小区改造工作的实施意见》，全省改造计划331552户，列全国第九，开工率100%，完成改造1173个、惠及居民20.6万余户。

【海绵城市建设】组织开展2020年海绵城市建设效果评估和海绵城市建设项目报送，编制评估报告，强化项目管理。印发《关于进一步加强城镇建设项目落实海绵城市建设要求的通知》，推进全省县城及以上城市开展海绵城市建设。到2020年底，全省城市应建设海绵城市面积314平方公里，实际建成379平方公里，提前超额完成国家确定的城市建成区达到20%以上面积的目标任务。

【黑臭水体整治】全省新增整治完成黑臭水体4个，累计完成33个，已全部完成整治。落实《江西省城市黑臭水体治理三年攻坚战实施方案》，开展黑臭水体治理，推进黑臭水体整治工程建设和验收。33个城市黑臭水体中全部完成整治，如期通过住房城乡建设部和生态环境部的认可与销号，基本实现"长制久清"。在全国率先部署开展县级城市黑臭水体摸底排查和整治工作。九江市黑臭水体整治工作被住房和城乡建设部以专报形式刊发。

【园林绿化】省住房和城乡建设厅、省生态环境厅、省林业局印发《关于开展江西省生态园林城市（镇）建设工作的通知》。组织专家对龙南市、彭泽县、大余县、上犹县、寻乌县、金溪县创建国家园林城市（县城）进行帮扶指导并推荐上报住房和城乡建设部。2020年全省新建城镇公园387个，面积2494公顷；改建城镇公园252个，面积562公顷；新建城镇绿道里程846公里，完成覆绿或软覆盖面积达536公顷。

【市政基础设施】新建改造供水管网6230公里，印发《关于进一步加强全省城市供水节水工作的通知》，推进公共供水漏损控制，城市公共供水漏损率达到9.26%，县城公共供水漏损率达到9.84%，达到了国务院"水十条"要求的公共供水管网漏损率控制在10%以内。新建改造城市道路903公里。编制印发《全省城市公共停车设施提质增量补短板专项行动方案》，新增公共停车位36.2万个。全省累计形成地下综合管廊约138.34公里，较去年新增40.74公里。南昌市城市轨道交通第二期建设规划方案调整获国家发改委批复。全省用气人口达2088.73万，液化石油气供气总量376234.52吨，人工煤气供气总量14836.93立方米，天然气供气总量27.85亿立方米，设市城市燃气普及率97.59%，县城燃气普及率94.14%。印发《江西省生活垃圾焚烧设施布点规划（2018—2030）》。规范城镇生活垃圾填埋场运营，组织专家对全省18个县级城镇生活垃圾填埋场开展无害化等级评定，其中14个填埋场达到无害化等级二级标准。

【市容市貌管理】印发《关于开展"治脏治堵治乱百日攻坚　净化序化美化喜迎国庆"活动的通知》，进行净化治脏、序化治堵、美化治乱专项行动。9月6日，住房和城乡建设部召开"市容环境大扫除、干干净净迎国庆"活动电视电话会议。江西省作为唯一省份做典型发言。制定《江西省城管执法队伍深入开展"强基础、转作风、树形象"三年行动方案》，各设区市也结合本市特点和实际情况出台了三年行动方案。印发《关于全面开展城市生活垃圾分类工作的实施意见》，下发《关于加强全省城市道路机械化清扫工作的通知》。

【生活垃圾分类】6月，省垃圾治理工作厅际联席会议升格为省级工作领导小组，同月召开全省生活垃圾分类工作推进视频会。完成《江西省生活垃圾管理条例（草案）》撰写工作。截至年底，全省正在运营的生活垃圾填埋场50座，日处理能力1.25万吨；建成生活垃圾焚烧处理设施29座，日处理能力2.605万吨，11个设区市城区生活垃圾基本实现"零填埋"；已投入使用的厨余垃圾处理设施设备41座（台），设计日处理能力995.65吨。

【城乡环境整治】4月，省委、省政府召开全省深入推进爱国卫生运动暨城乡环境综合整治工作会议。6月，新华社每日电讯以《江西：从"百姓门口的灯要亮路要平"入手整治环境》为题，报道江西省城乡环境综合整治工作情况。实施乡镇所在地、城郊接合部、城中村、农贸市场等4个重点区域环境整治行动。据统计，全省共实施城乡环境综合整治重大项目2000余个，环境整治资金200多亿元。实施建筑屋顶"脏乱差"、城镇"防盗窗"、线缆"线乱拉"、建筑工地扬尘治理4个突出问题整治行动。全省共清理屋顶9万处，整治不安全、不协调防盗窗50万块，整治建筑工地7000余个，整治线缆13万条。开展4项巩固提升整治行动。实施中心城区、铁路沿线、高速公路沿线、交通和商业秩序4大精细化提升整治行动。全省城乡共清理卫生死角150万处、拆除违章建筑11万处。

村镇规划管理

【概况】2020年，完成5150户四类对象农村危房改造扫尾任务，完成22.8万户四类重点对象农村危房改造台账信息录入，80.57万户建档立卡贫困户住房安全得到核验确认，通过国家脱贫攻坚普查，实现脱贫攻坚住房安全有保障目标任务。全省有中国传统村落343个（位居全国第八位），省级传统村落248个（含国家级146个），传统建筑2万余栋。抚州市入选2020年传统村落集中连片保护利用示范市（全国共10个）。全省99.56%的行政村纳入"村收集、乡转运、区域处理"生活垃圾收运处置体系，提前半年完成三年行动目标。全省526处非正规垃圾堆放点全部整治销号，广丰区被列为农村生活垃圾分类全国示范县。488个建制镇建成生活污水处理设施，覆盖率达67.5%。如期完成经营性农村自建房排查，共排查经营性农房28.3万余户，初判存在安全隐患1037户。

【**农村危房改造**】于都县农村危房改造工作获得国务院2019年落实有关重大政策措施真抓实干成效明显激励和省政府及时奖励。克服新冠疫情影响，指导各地根据疫情发展情况和疫情风险等级分区分类，差异化推进农村危房改造，如期完成危房改造扫尾工作。完成全省80.57万户建档立卡贫困户的信息录入和住房安全有保障核验工作。7月，组织技术组赶赴洪灾严重的县市，开展灾后农村住房安全排查鉴定，制定《江西省洪涝灾害灾后城乡住房恢复重建实施方案》，编写《灾后农房入住后安全简易观察及应急处置明白卡》。全省受灾需维修重建四类重点对象962户，年底全面完成灾后重建任务。印发《建立健全农村危房改造长效机制的指导意见》，加强住房安全动态监测，持续保障农村贫困人口住房安全。

【**农村生活垃圾治理**】落实《江西省农村人居环境整治农村生活垃圾治理专项行动方案》，推行城乡环卫"全域一体化"第三方治理，推动建立"村收集、乡（镇）转运、区域处理"生活垃圾收运处置体系，截至年底，全省99.56%的行政村依托城乡环卫一体化生活垃圾收运处置体系，实现生活垃圾及时收运和无害化处理。指导79个县（市、区）采取全域第三方治理模式，垃圾治理市场化率达84%。综合采取实地督导、下发督办函、书面通报及"回头看"等方式，完成全省526处非正规垃圾堆放点整治攻坚。江西农村生活垃圾积分兑换机制、鹰潭城乡生活垃圾第三方治理模式入选《国家生态文明试验区改革举措和经验做法推广清单》。

【**传统村落保护**】调度和督促各地加快公布传统建筑并实行挂牌保护，在抚州市开展传统建筑保护利用试点工作，并下达资金1000万元。对列入2016年第一批和第二批中央财政支持范围的36个村的传统村落保护项目实施情况进行验收，并对2019年传统村落验收存在问题的村落进行复核。全国首创编制完成《江西省传统村落整体保护规划》。推荐抚州市申报2020年传统村落集中连片保护利用示范市，并成功列入全国十个示范市之一。

【**小城镇建设**】分两批公布省级特色小镇创建名单66个（含国家级特色小镇12个），开展实地督导和年度考核，引导小城镇特色发展。部署重点镇全面建成生活污水处理设施，鄱阳湖、长江沿岸建制镇确保建成生活污水处理设施，"五河"流域沿岸建制镇加快生活污水处理项目推进。安排2300万元资金对10个重点镇及6个长江、鄱阳湖沿岸建制镇生活污水处理设施建设予以奖补。全省488个建制镇建有生活污水处理设施、覆盖率67.5%。其中，124个重点镇及鄱阳湖、长江沿岸建制镇全部具备污水收集处理能力。

【**农房排查整治**】印发江西省农村房屋安全隐患排查整治工作实施方案，建立省级联络员会商的工作机制。组织省、市、县、乡相关负责同志赴湖北罗田县学习考察农房隐患排查工作经验，将玉山作为试点按时限要求开展排查。11月，省政府召开全省农村房屋安全隐患排查整治工作部署暨培训会议，全面启动全省农房排查整治工作。组织开展10余次实地督导，先后召开2次全省农房隐患排查整治工作视频推进会和4次省级农房排查联络员会议，调度部署推进排查整治工作。年底如期完成经营性农村自建房排查工作。

标准定额

【**概况**】2020年，全省共有建设工程造价管理机构49家，其中省级1家、设区市级11家、县（市）级37家，共有工作人员390余人。全省共有工程造价咨询企业210家，其中甲级企业98家，乙级企业（包括暂定乙级）112家。全省共有一级注册造价工程师4064人，二级注册造价工程师1831人。

【**工程造价监管**】我省对工程造价咨询企业资质审批实行告知承诺制，简化审批流程，加强事中事后监管。截至年底，共有19家甲级造价咨询企业、17家乙级（含暂乙）造价企业接受事中或事后核查。完成210家工程造价咨询企业统计报表上报工作，上报率100%。完成我省造价工程师职业资格考试报考资格审核工作，其中一级造价师4225人，二级造价师5039人。

【**工程计价管理**】印发《关于新冠肺炎疫情引起的房屋建筑与市政基础设施工程施工合同履约及工程价款问题调整的若干指导意见》，维护工程发承包双方权益。出台《关于在房屋建筑和市政基础设施工程中推行施工过程结算的实施意见》，优化营商环境。组建江西省建设工程造价专家库，发布《关于调整2017版〈江西省建设工程定额〉综合工日单价的通知》。全年完成定额管理、解释、造价纠纷调解工作约110件。

【工程造价信息】 针对疫情后建筑业产业复工复产的需要，及时启动价格动态监测机制，对砂石、钢材、水泥、球墨铸铁管等常用建筑材料实行市场价格动态管理。发布江西省的典型工程建设造价指标分析、全省各设区市建筑工程实物工程量人工成本信息、建筑工种人工成本信息以及常用材料价格指数走势等数据，做好信息价格发布的事中、事后监管工作。组织人员对南昌、九江、赣州、鹰潭等地市的装配式建筑材料生产厂家进行实地调研，收集意见建议16条，修改和增加的目录6项，完善《省内装配式建筑工程材料信息参考价专刊》的内容。增加发布机制砂信息参考价格。按住房和城乡建设部要求每半年上报我省人工成本信息、城市住宅信息等造价信息材料。按时印发《江西省造价信息》《江西省海绵城市建设工程材料信息参考价专刊》。

【标准化建设】 完成4项工程建设标准：《江西省绿色建筑评价标准》《消防设施物联网系统设计施工验收标准》《江西省既有多层住宅加装电梯工程技术标准》和《基桩自平衡静载试验技术标准》，4项建筑标准设计《CPS反应粘结型防水材料建筑构造》《HY石墨复合保温板外墙外保温建筑构造》《泡沫混凝土自保温砌块外墙建筑构造》和《TLK隔声楼板建筑构造》。完成《CPS反应粘结型防水材料建筑构造》《HY石墨复合保温板外墙外保温建筑构造》和《TLK隔声楼板建筑构造》3项建筑标准设计出版发行工作。

工程质量安全监督

【概况】 全省现有建设工程质量管理机构104个，从业人员1664人。全省共有独立设置的建筑施工安全生产监督站（以下简称：安监站）26个，与建设工程质量监督站（局）合并设置的建筑施工安全生产监督站（局）104个。建筑安监站共有在职正式职工1129人，共有编制1037人，专业技术人员占职工总数的83％。全年监督工程11985项，面积23014.18万平方米。全省办理监督手续的新开工工程7580项，面积13463万平方米。全省竣工验收备案工程6784项，面积11259.7万平方米。全省登记备案建筑施工用塔式起重机8066台、流动式起重机260台、门式起重机70台、物料提升机5196台、施工升降机6734台、高处作业吊篮5423台。全省共发生安全生产事故26起、死亡29人，较2019年分别减少9起、11人。省建设工程安全质量监督管理局共受理质量投诉29起，已完结26起，处理中3起。共有4项工程荣获中国建筑工程鲁班奖、3项工程荣获国家优质工程奖；107项工程荣获江西省优质建设工程奖，其中：杜鹃花奖34项、省优良工程奖73项。全省共有150项工程获得安全生产标准化示范工地称号；江西省建设工程安全质量监督管理局等30个单位获江西省安全生产月活动组委会通报表扬。

【安全标准化建设】 在全省范围内培育创建建筑安全生产标准化示范工地，组织召开"安全生产月"活动暨安全生产标准化示范工地现场观摩会。

【安全生产集中整治】 开展为期3个月的安全生产集中整治。对各设区市责任落实情况、隐患整改情况、监督执法情况和专项整治情况进行督查检查。针对非法违法建设行为、危险性较大的分部分项工程以及年末"三抢"行为开展重点排查、整治。全省共检查房屋市政在建项目1996个，发现安全隐患6206条，整改6080条，整改率98％；发整改通知书933份，停工通知书45份。

【隔离场所安全管理】 开展全省疫情隔离场所和已开复工项目复工人员集中居住场所安全隐患排查，建立排查周报制度。截至12月18日，共排查疫情隔离观察场所1699个；排查已开复工房屋市政工程项目数5353个，排查工地内集中居住板房数9269个，工地外集中租居住建筑数1606个，排查发现存在隐患已全部完成整改。

【危大工程安全管理】 印发《关于开展房屋市政工程危险性较大分部分项工程安全专项治理的通知》，压实企业安全生产主体责任。落实危险性较大分部分项工程管理"月报"制度，每月定期公布危大工程专报，2020年全省累计上报危险性较大分部分项工程9141项（次）。

【开展"百差工地"认定活动】 印发《关于2019年第四季度建筑施工安全生产"百差工地"的通报》《关于2020年上半年建筑施工安全生产"百差工地"的通报》《关于2020年第三季度建筑施工安全生产"百差工地"的通报》，对认定为"百差工地"的293个项目建设、施工、监理单位进行全省通报批评，并要求项目所在地建设行政主管部门督促整改，经验收合格后方可复工。

【督导典型案件查处】 印发第一、二、三季度"全省房屋建筑生产安全事故情况的通报"以及《关于丰城市"8·4"较大生产安全事故的通报》《关于2020年上半年全省建筑施工安全生产事故情况的通报》《关于安远县"12·30"较大生产安全事故的通报》，督促各地汲取事故教训，防范类似事故发生。

【专项整治三年行动】 推进全省城市建设、建筑事故安全专项整治三年行动，全省城市建设领域共整治企业/项目3931家；监管部门排查隐患10631处，整改完成10335处，其中重大隐患30处，已全部完成整改；全省共成立检查组526个，开展督导检查2222处，督导问题3136个；开展行政处罚346次，责令停产整顿22家，吊销企业证照1家，关闭取缔12家，罚款207.71万元；对103家企业开展约谈警示，对47家企业开展联合惩戒。全省建筑施工领域共整治企业/项目5676家；监管部门排查隐患56679处，整改完成55893处，其中重大隐患162处，整改完成160处；全省共成立检查组533个，开展督导检查3703处，督导问题14145个；开展行政处罚955次，责令停产整顿619家，吊销企业证照11家，罚款2781.53万元；对542家企业开展约谈警示，对40家企业开展联合惩戒。

【混凝土质量专项整治】 制定《江西省混凝土工程施工质量专项整治工作方案》，督促各方责任主体尽职履职。印发《关于推进工程质量管理标准化实施与评价工作的通知》，将混凝土工程、模板工程和钢筋工程等三个实施项目中的4个A类子项内容，作为申报工程质量管理标准化示范工程的否决项。

【工程质量管理标准化】 制定《江西省建设工程质量安全手册实施细则（试行）》《关于印发〈工程质量标准化主要内容要求〉的通知》和《关于大力推进全省工程质量管理标准化暨提升工程质量管理标准化示范引领有关工作的通知》，规范工程质量管理标准化工作。召开2020年全省住建领域"质量月"活动暨工程质量管理标准化现场观摩会，10个质量标准化示范项目进行了视频交流；开辟网上现场预约观摩专栏，共有3379人次预约参观，全省各地推荐省级工程质量管理标准化示范工地39项。

【质量安全监督检查】 全省共开展执法检查10800次，其中检查工程为23994项，省级开展2次，检查工程18项，市县级住房和城乡建设主管部门开展10798次，检查工程23976项。全省共下发监督执法检查整改单26024份、行政处罚书1476份，处罚单位1354个，处罚人员219名。其中省级住房和城乡建设主管部门下发监督执法检查整改单13份、行政处罚书23份，处罚单位23个；市县级住房和城乡建设主管部门下发监督执法检查整改单26011份、行政处罚书1453份，处罚单位1331个，处罚人员219名。11月9日，住房和城乡建设部预拌混凝土质量专项抽查第三检查组对南昌市玲岗花园安置房等3个在建安置房工程进行抽查，混凝土工程质量总体受控。

建筑市场

【概况】 2020年，全省完成建筑业总产值8649.16亿元，位列全国第13位，建筑业总产值增速8.87%，比全国平均增速高2.7个百分点，列全国第11位。全年新签合同额8769.13亿元，同比增长14.47%。完成税收入库收入281.66亿元，增长6.2%，占全部税收总额8.22%。2020年省建筑业企业在全球40多个国家开展对外工程承包业务，共完成对外工程承包营业额44.95亿美元，总量居全国第9、中部地区第2。江西国际、江西中煤、中鼎国际、江西水建、江联重工、江西建工入选"全球最大250家国际承包商"榜单，创历史最佳水平，中国江西国际公司、江西中煤建设集团入榜百强。2020年，全省总承包和专业承包建筑业企业13995家，其中特级企业22家，比去年增加1家，一级企业805家，比上年度增加130家。新批省级建设工程工法130项，全省建筑业新技术应用示范工程立项工程55项。2020年，全省建筑业企业完成产值超过百亿元的企业共7家；完成产值在50亿~100亿元之间的企业有23家，比上去增加3家；完成产值为20亿~50亿元之间的企业有53家，比上年增加1家；完成产值为5亿~20亿元之间的企业达到205家，比上年增加29家。江西民营企业100强中建筑企业为26家，比去年减少2家，总营业收入1654.5亿元，上年增长12.98%，占100强企业总营业收入近20%，前30强中，建筑企业为11家，占比超过30%。

【建筑业高质量发展】 省政府办公厅印发《关于促进建筑业转型升级高质量发展的意见》，提出23条措施，统筹谋划全省"十四五"时期建筑业发展工作，是十九届五中全会召开后第一个出台建筑业高质量发展意见的省份。以省政府名义召开全省建筑业高质量发展电视电话会。4个项目入选鲁班奖，中恒建设集团有限公司、中大控股集团有限公司荣获第二届江西省年度功勋企业。

【装配式建筑】 2020年全省新开工装配式建筑面积2491.6万平方米，列全国第10位，占全省新开工建筑面积的比例约为20.2%。赣州市、抚州市荣获国家装配式建筑范例城市，江西武阳装配式建筑产业园区等5家企业荣获国家级装配式建筑产业基地，南昌市政远大等20家企业被评为省级装配式建筑产业基地。会同省工业和信息化厅、省自然资源厅印发《关于加快推进江西省装配式建筑发展的若干意见》，提出工作目标和12条措施。开展装配式建筑发展情况评估，形成评估报告。对6个钢结构试点城市分别给予200万元奖补。

【产业链链长制工作】房地产建筑业作为江西省14个重点产业之一，副省长吴浩担任链长并部署推动建立产业链链长制工作。链长制工作实施以来，共开展走访调研22次，印发支持性政策文件35个，省链长制成员单位与38家企业结对帮扶，指导联系帮助企业解决实际问题。建立了"逢单月调度、半年通报、年终总结"的督查落实机制，收集问题49个，办结42个，办结率85.7%。省住建厅与中国银行江西省分行签署了推进住房城乡建设高质量发展战略合作协议，中国银行江西省分行计划三年内向住房城乡建设领域提供总额为1000亿元人民币的信贷支持。11家建筑业龙头企业与省内重点金融机构签订了银企合作协议。据统计，金融服务团各成员单位为房地产建筑业授信632亿元，发放贷款415亿元。9家房地产龙头企业、37家年产值40亿元重点建筑业企业、5家全球工程承包250强外向型建筑企业、15家装配式建筑企业、6家监理和勘察设计单位、20家钢材水泥陶瓷建材等92家企业列入重点企业清单。

【建筑业复工复产】先后印发《关于做好我省房屋建筑市政工程复（开）工疫情防控和安全生产有关工作的通知》等8个文件，召开复工复产电视电话会议，全省建筑监理企业在疫情期间奉献爱心，累计捐款捐物超2亿元，中国江西国际经济技术合作有限公司、中阳建设集团有限公司、玉茗建设集团有限责任公司荣获江西抗疫贡献企业。投入2.84万建筑工人，新建改建129个专门医院，454个临时隔离场所。

【企业减负增效】会同省人社厅转发新冠肺炎疫情防控期间暂缓缴存农民工工资保证金的通知，疫情期间全省房屋市政工程项目退还农民工工资保证金4.59亿元，免缴缓缴农民工工资保证金约6.21亿元。2020年全省以保函形式缴纳的四类保证金460.86亿元，保函缴纳比例达36.61%。经商省人社厅同意，从2021年开始，省二级临时建造师参加二级建造师考试，可免考《建设工程施工管理》科目。会同省商务厅等部门印发《促进对外工程承包高质量发展实施意见》《关于做好对外承包工程企业国外工程项目业绩和奖项认可有关事项的通知》，为建筑企业"走出去"发展提供政策支持。对企业提出劳务分包取消企业资质和安全生产许可证的要求，印发《关于改进建筑劳务企业资质管理有关事项的通知》。申请调整我省房屋建筑和市政基础设施工程施工许可证办理限额获得住房和城乡建设部批复同意，工程投资额在100万元以下（含100万元）或者建筑面积在500平方米以下（含500平方米）的房屋建筑和市政基础设施工程，可以不申请办理施工许可证。

【建筑市场环境】全省各地住房和城乡建设主管部门检查房屋市政工程项目11735次，发现违法违规项目205个，查处16家企业存在转包违法分包等违法行为，处罚金额2793.69万元。下发《关于对建筑施工企业开展信用信息评价的通知》，12月1日起，近万家企业正式纳入全省信用信息评价系统。

【维护农民工合法权益】推进建筑工人实名覆盖率90.9%，更新率84.97%，均排名全国第1位。全省各级住建部门查处房屋建筑市政工程领域拖欠农民工工资案件181件，涉及人员3267人，涉及金额4947.6万元，已全部解决。

【建设工程监理】全省共有监理企业235家，比上年增加54家，综合甲级资质7家，甲级资质企业70多家，监理从业人员15000余人，注册监理工程师4540人。2020年监理企业承揽合同额27.8亿元，与上年持平，工程监理营业收入预计23.7亿元，比上年增加9.2%。

建筑节能与科技

【概况】2020年，江西省工程勘察设计单位共649家；从业人员171384人。全年全省勘察设计营业收入总额1436.87亿元。组织全省1105人参加2020年度全国注册建筑师考试，组织全省4256人参加2020年度全国勘察设计注册工程师考试。完成2020年注册建筑师634人、注册结构师701人、注册岩土工程师339人继续教育培训工作。

【"六稳""六保"工作】疫情期间，将省住建部门核发的建设工程勘察设计乙级及以下资质有效期于3月1日至6月30日期满的，统一延期至7月31日。印发《关于开展勘察设计企业和个人（房屋建筑工程和市政基础设施）业绩补录工作的通知》，牵头开发"勘察设计企业和个人业绩补录系统"，实行疫情期间业绩补录"不见面办理"。全年完成517条工程业绩补录。

【勘察设计行业改革】转发《国家发展改革委住房城乡建设部关于印发房屋建筑和市政基础设施项目工程总承包管理办法的通知》，推行工程总承包工作。完善数字化审图系统建设，对"江西住建云数字化审图系统"使用情况开展调研和评估，对系统进行调整和优化。

【勘察设计市场监管】 通过单位自查、社保信息核查，对涉及江西省的江西腾达电力设计院有限公司借用8名注册工程师资质用以保资质升资质问题进行核查，完成对江西中京工程质量检测有限公司非法注册岩土工程师问题处理。印发《关于开展2020年度全省建筑节能与绿色建筑检查的通知》，全面开展建筑节能与绿色建筑专项检查。按照"双随机、一公开"的原则，随机抽取82个房屋建筑工程项目，覆盖全省11个设区市及赣江新区，其中公共建筑27个，居住建筑55个，总建筑面积516.23万平方米。

【建筑节能和绿色建筑】 联合印发《江西省绿色建筑创建行动实施方案》，指导全省开展绿色建筑工作。印发《关于加强绿色建筑工程质量监管的通知》，明确自2020年4月1日起，全省城镇规划区内新建民用建筑全面实施《绿色建筑评价标准》。组织编制完成《江西省绿色建筑设计专篇基本级（2020版）》。

【科技创新】 组织开展建设科研项目申报和验收工作，鼓励企业加强建设科技研发，提升建设领域科技创新水平。"地质灾害监测与应急预警技术研究"列入省科技厅"省重点研发计划项目"，"城镇老旧小区绿色更新改造和功能提升关键性技术集成"列入"住房和城乡建设部2020年科学技术项目计划"。组织专家完成新技术应用示范工程的验收。完成"江西省妇幼保健院红谷滩医院一期（Ⅰ标段）"等20个省级项目的验收，委托完成"航信大厦工程"等住房和城乡建设部科技计划项目验收工作。组建工程建设地方标准专家库，印发《关于进一步加强工程建设地方标准管理的通知》，批准发布《旋挖成孔灌注桩施工技术标准》等5项工程建设地方标准和《HY石墨复合保温板外墙外保温建筑构造》等2本图集。

【队伍建设】 组织完成2020年全省二级注册结构工程师和二级注册建筑师改卷工作和2018年度以来施工图设计文件审查和勘察设计质量信息报送工作，做好全省二级注册结构工程师和二级注册建筑师继续教育信息审核和录入住建云平台等。在勘察设计注册工程师和注册建筑师执业考试报名中深化"放管服"改革，优化报名流程，简化报考条件，取消不合理的报考条件限制，全面实行证明事项告知承诺制。全年共有4256人报名参加全国勘察设计注册工程师执业考试，1105人报名参加全国注册建筑师执业考试，报考人数创历史新高。9月，在南昌、赣州、萍乡3个设区市举办培训班，完成年度注册建筑师和注册结构工程师继续教育培训。

【助力城镇发展】 推荐南昌市等8地申报全国无障碍环境示范市县村镇。确定南昌市、景德镇市、萍乡市、宁都县小布镇拟命名为"创建全国无障碍环境示范市县村镇"，赣州市章贡区、南昌县、靖安县、樟树市阁山镇拟命名为"创建全国无障碍环境达标市县村镇"。加强对养老服务设施建设的指导，印发《关于加强无障碍和养老服务设施建设管理的通知》。推进智慧水务建设，推动各地加快智能水表推广应用。推荐鹰潭市智能水表全域化推进智慧水务项目作为我省住建系统优秀物联网产品，面向全国推介。

人事教育

【概况】 全省住房城乡建设领域施工现场专业人员培训机构有69家。5月，全面对接住房城乡建设行业从业人员培训管理信息系统，采用全国统一题库组织在线测试，全年取得电子培训合格证约1.47万人次，办理证书变更、注销等约5万人次。建筑技能人员培训机构有271家，全年取得培训合格证约16.81万人次。

【干部培训】 根据中共江西省委组织部《2020年省直单位举办地方党政领导干部专题培训班计划的通知》精神，10月25～30日，在北京全国市长研修学院举办一期"江西省深化改革绿色发展专题研讨班"，63名县（市、区）分管领导参加研究班学习。

【职业培训】 2月，启动施工现场专业人员远程视频课程培训工作。5月7日至6月17日完成现场专业人员试点测试，8月11日，印发《关于改进全省住房城乡建设领域施工现场专业人员职业培训工作的实施意见》，推进全省现场专业人员职业培训工作全面重启。12月22日，住房和城乡建设部在工作通报中对江西省的职业培训工作给予肯定。

【教育督导】 完成国务院督导组对省政府履行教育职责情况的迎检工作。参加省政府对宜春市政府履行教育职责情况的实地核查验收工作。

大事记

1月

3日　召开江西省住房城乡建设工作会议。

9日　省长易炼红赴九江市调研城市功能品质提升工作。

28日　省住建厅应对新型冠状病毒感染的肺炎疫情工作领导小组召开第一次会议。

2月

19日 省长易炼红主持召开推动房地产业、建筑行业有效应对疫情实现平稳健康发展专题调度会。

24日 召开有效应对疫情推动全省建筑业和房地产业复工复产电视电话会。同日，完成2019年度棚户区改造工作激励对象评选推荐工作。

3月

10日 江西省被确定为2019年农村危房改造工作积极主动、成效明显的省份。

25日 会同省财政厅、省发改委分解下达各市、县2020年保障性安居工程计划任务。

26日 全省各级住建部门在政府网站上公布农村危房改造专线电话。

4月

20日 副省长吴浩主持召开全省房地产平稳健康发展座谈会。

27日 省政府召开全省城市功能与品质提升工作推进视频会，副省长吴浩出席会议。吴昌平书记、卢天锡厅长分别通报2019年度城市功能与品质提升考核先进单位和全省保障性安居工程进展情况。各地城市功能与品质提升工作领导小组成员和保障性安居工程建设有关单位同志共4000余人参加会议。

30日 省房地产业协会和11个设区市房地产业协会在11个分会场统一召开新闻发布会，在全省范围内组织开展"红五月"百城千企万店房地产消费季活动。

5月

5日 宜春市作为落实棚户区改造政策措施真抓实干成效明显的地方获得国务院办公厅督查激励。

8日 省建筑施工安全专业委员会和省城市运行安全专业委员会2020年第一次全体成员会议，副省长吴浩出席。

22日 对全省公租房违规转租问题专项整治情况进行通报。

6月

2日 副省长吴浩深入江西武阳装配式建筑产业园、省建工集团调研，并主持召开房地产建筑产业链发展座谈会。

9日 全省生活垃圾分类工作推进视频会议召开，副省长吴浩出席会议。

10日 召开全省城市建设、建筑施工安全生产专项整治三年行动暨住建领域"安全生产月"活动推进视频会。

16日 会同省发改委、省财政厅印发《关于对我省2019年度棚户区改造工作积极作为成效明显的地方予以激励支持的通报》。

7月

2~3日 副省长吴浩赴宜春、萍乡调研城市功能与品质提升工作。

10日 副省长吴浩调研抚州市城市功能与品质提升工作。

15日 副省长吴浩在南昌市调研城市防洪排涝等工作。

17日 省长易炼红主持召开省工程建设项目审批制度改革领导小组会议，厅长卢天锡汇报省工程建设项目审批制度改革工作进展情况。

22日 副省长吴浩赴吉安市调研城市功能与品质提升工作。

8月

6日 省长易炼红在南昌调研城市建设工作。

18日 广丰县列入2020年全国41个农村生活垃圾分类和资源化利用示范县之一。

19日 全省工程建设项目审批制度改革推进视频会议召开，副省长吴浩出席会议。

9月

9日 副省长吴浩主持召开省房地产建筑产业链链长制工作推进会。厅长卢天锡通报全省房地产建筑产业链链长制工作进展情况。

11日 副省长吴浩在南昌市调研生活垃圾分类工作。

15日 副省长吴浩赴九江市调研城市功能与品质提升、城乡环境综合整治工作。

21日 省住建厅与内蒙古自治区住建厅在南昌市签署建筑业战略合作框架协议。

25日 省住建厅与国家开发银行江西省分行签署开发性金融支持城镇老旧小区改造战略合作协议。

30日 省长易炼红在南昌市考察安全生产工作。

10月

9日 省住建厅向住房城乡建设部部长王蒙徽呈报《以城市体检为抓手把脉问诊"城市病"》的专报。16日，王蒙徽批示"注意加强指导，及时总结"。19日，住房城乡建设部副部长黄艳批示"可以信息共享方式让各省厅学习"。

21日 《消防设施物联网系统设计施工验收标准》正式批准成为省工程建设地方标准，自2021年1月1日起实施。

22日 召开全省房屋交易网签备案系统建设及联网工作视频推进会议。

29日 省住建厅、省工业和信息化厅、省金融监督管理局联合召开省房地产建筑产业链银企合作暨供需对接会。

30日 抚州市、赣州市被认定为第二批装配式建筑范例城市，武阳装配式建筑产业园被认定为第二批园区类装配式建筑产业基地，发达控股集团有限公司、玉茗建设集团有限责任公司、海力控股集团有限公司、中阳建设集团有限公司、江西省建工集团有限责任公司被认定为第二批企业类装配式建筑产业基地。

11月

2日 省长易炼红主持召开56次省政府常务会议，审议通过《关于促进建筑业转型升级高质量发展的实施意见》。

11日 省政府办公厅印发《关于促进建筑业转型升级高质量发展的意见》（赣府厅发〔2020〕34号）。

13日 中共中央政治局常委、国务院副总理韩正深入江西九江市怡庐苑公租房小区调研，厅长卢天锡参加调研现场介绍省保障房建设管理工作情况。

30日 华东六省一市住建厅（委）城市更新和传统村落保护座谈会在景德镇召开。

12月

1日 省住建厅建筑施工企业信用信息评价管理系统正式上线。

9日 省城镇发展服务中心正式挂牌成立。

10日 省政府召开全省建筑业高质量发展电视电话会议，副省长吴浩出席会议。

21日 南昌市、景德镇市、萍乡市、宁都县小布镇4地入选创建全国无障碍环境示范市县村镇，赣州市章贡区、南昌县、靖安县、樟树市阁山镇4地入选创建全国无障碍环境达标市县村镇。

（江西省住房和城乡建设厅）

山 东 省

概况

【**疫情防控与复工复产**】2020年，新冠肺炎疫情期间，山东省40余万城乡环卫工人坚守岗位，65万物业工作人员为2.7万个小区提供排查测温、消毒消杀等服务，市政公用行业18余万职工加强巡检维护，广大建筑业企业主动请战，圆满完成963个集中收治场所和临时隔离点抢建任务。建立重大项目绿色审批通道，开展"不见面"远程审批服务。畅通行政许可"网上申报、邮寄送达、预约咨询"办理渠道，最大限度方便企业和群众办事。加强疫情期间政策扶持，适度降低商品房预售条件，推行保函保险代替保证金，调整延长企业资质有效期，推行全过程结算，继续教育、延续注册实行承诺和延期办理，实行农民工工资保证金和住房公积金缓交政策，阶段性减轻企业负担39亿元。积极协助企业解决劳务用工短缺、材料供应紧张、防疫物资匮乏等难题，指导督促施工现场严格落实防控措施，有序推进工程项目企业复工达产。

【**城市（县城）市政公用设施建设固定资产投资**】2020年，山东省设市城市和县城市政公用设施建设完成固定资产投资1657.8亿元，比上一年增长14.9%。按行业分，供水完成63.1亿元，燃气完成22.1亿元，集中供热完成100.2亿元，轨道交通完成255.9亿元，道路桥梁完成677.2亿元，地下综合管廊完成23.4亿元，排水完成202.6亿元，园林绿化完成146.6亿元，市容环境卫生完成62.6亿元，其他投资完成104.1亿元。

【**城市（县城）市政公用设施建设固定资产投资资金来源**】2020年，山东省设市城市和县城市政公用设施建设本年实际到位资金1453.0亿元，比上一年增长11.0%，其中，上年末结余资金56.9亿元，本年资金来源合计1396.1亿元。本年资金来源中，国家预算资金376.3亿元，国内贷款232.1亿元，债券189.7亿元，利用外资7.2亿元，自筹资金300.5亿元，其他资金290.4亿元。

【**棚改旧改**】2020年，山东省棚户区改造新开工14.75万套，开工率103.2%，基本建成20.38万套，基本建成率170.3%。济南市获评国务院"棚改激励支持城市"，新华社播发武城县棚改"交房即领证"经验做法。提请省政府办公厅印发城镇老旧小区改造实施方案，编制技术导则，开工改造项目1745个、50.8万户，超额完成年度任务。住房城乡建设部刊发山东省老旧小区改造成果汇编和案例集，国家试点省任务圆满完成。

【住房保障】2020年，全省发放住房租赁补贴5.05万户，完成率151%。16设区市公租房信息系统实现数据共享，录入房源20.1万套、在保家庭16.6万户。住房城乡建设部推广东营市公租房数据共享实现减证便民经验做法。印发《关于加快推进人才住房工作的指导意见》，为全国首个省级人才住房政策。

【物业服务】2020年，全省全域推进"齐鲁红色物业"建设，新成立业委会2815个，过半社区成立环境和物业管理委员会，居民小区物业服务覆盖率达到77.8%。开展"大排查、解难题、暖万家"专项行动和物业行业文明创建"品牌提升年"活动，政务服务热线物业领域投诉量下降14%。

【公积金服务】2020年，全省提升公积金服务事项"一网通办"率达到96.5%。全省住房公积金实缴职工人数1011.6万人，全年缴存住房公积金1436.94亿元，提取住房公积金1033.05亿元，发放个人住房公积金贷款799.1亿元。截至年底，全省住房公积金累计缴存总额10799.89亿元，缴存余额4250.65亿元，个人住房公积金贷款余额3621.72亿元，分别比上年增加15.35%、10.5%、12.09%。妥善应对新冠肺炎疫情实施住房公积金阶段性支持政策，全年为企业减负22.87亿元。

【城市品质提升】2020年，山东省住房和城乡建设厅会同11个部门制定设区市城市品质提升评价指标，组织开展评价工作。启动29个试点片区建设，评选亮点特色项目、案例79个。16设区市均编制重点地区城市设计并组织实施。威海精致城市建设取得新进展，成功创建全国首个"美丽城市"建设试点。

【城市基础设施建设】2020年，全省设市城市和县城市政公用设施建设完成固定资产投资1657.8亿元，同比增长14.9%。全省新增综合管廊廊体74.6公里，新建海绵城市面积200平方公里。青岛海绵城市试点、威海综合管廊试点分获国家奖励6000万元、4500万元。新建城市污水管网1664.2公里，改造老旧污水管网445.3公里、合流制管网701.4公里。64处城市易涝点完成整治62处，279座城市下穿式立交桥安装积水警示系统。新（扩）建生活垃圾焚烧厂25座，焚烧处理率达到82.5%。制定支持公共停车场建设5项措施，新增公共停车位3.5万个。枣庄、济宁、德州和滕州被命名为国家节水城市。东营、济宁入选全国无障碍环境示范市。

【城市管理】2020年，出台市容市貌、环境卫生、户外广告、城市照明等6个精细化管理标准，精细化管理政策体系初步建立。济南、青岛等15个设区市与省级数字化城管平台完成对接，13个与住房城乡建设部平台联网，94个市、县（市）数字城管平台通过验收。实施保护城市"绿水青山"、建设"绿廊绿道"等五大增绿工程，39个城镇达到省级园林城镇标准。出台历史文化名城（名镇名村）评估工作方案，完成20座名城和部分名镇、名村保护评估。淄博、潍坊历史文化名城保护规划获省政府批复。

【农村危房改造】2020年，全省3.33万户农村危房改造任务6月底前全部完成，其中2.45万建档立卡贫困户5月底前完成。47.4万国标建档立卡贫困户住房安全保障信息录入和核验工作顺利完成。

【农村改厕改造】2020年，全省改造农村户厕23.5万户、完成151%，建设改造自然村公厕1.25万个、完工率102%。加快农村厕所规范化升级，编制了《农村无害化卫生厕所防冻技术指南》《农村公厕建设与管理规范》《农村改厕服务站建设运行管理指南》，厕所管护水平进一步提高。

【美丽村居建设】2020年，编制实施乡村风貌规划指引、村庄设计导则、美丽村居建设标准图集等技术规范，完成第一批56个省级试点验收，开展第二批100个试点年度评估，形成第三批150个试点建议名单。开展美好环境与幸福生活共同缔造试点，沂南县入选全国第一批共同缔造活动培训基地。

【房地产市场】2020年，山东省坚持"房住不炒"定位，纠正个别市县放松性调控政策。全省完成房地产开发投资9450亿元，增长9.7%；销售商品房13272万平方米，增长4.3%；实现销售额11066亿元，增长7.7%。

【建筑业发展】2020年，全省完成建筑业总产值1.49亿元，增长4.8%，实现增加值5617亿元，占全省地区生产总值的7.7%，缴纳税金641.4亿元，占全省税收比重的7.3%。外出施工产值增长16%，外向度达到22%。工程总承包、全过程咨询加快推进，产业链条不断拓展。企业综合实力持续增强，特级企业达到45家，12家企业荣登全省民营企业百强榜。

【绿色建造】2020年，在全国率先执行公共建筑节能72.5%设计标准。全省建成节能建筑1.16亿平方米、绿色建筑1.06亿平方米，新增二星级及以上绿色建筑标识项目2906.52万平方米，新开工装配式建筑4080.8万平方米，完成既有居住建筑节能改造1454.81万平方米、公共建筑节能改造126.21万平方米，可再生能源建筑应用6409.21万平方米。创新推动钢结构装配式住宅发展，印发"1+N"政策体系，有关经验做法在全国推广。成功举办第五届绿博会和装配式建筑高峰论坛。日照、聊城获批全国装配式建筑范例城市。

【工程质量安全监管】2020年，山东省政府办公厅转发山东省住房和城乡建设厅等12部门《关于进一步完善质量保障体系提升建筑工程品质的实施意见》。启动住宅工程质量信息公示试点，成为全国3个试点省之一。在国家对省级政府质量工作考核中，山东省工程质量得分处于全国领先水平。全省获得11项鲁班奖、28项国家优质工程奖、1项詹天佑奖，获奖数量创历史最高。城市建设安全生产专项整治三年行动深入开展。在建筑业总产值超万亿的10个省市中事故起数最少，住房城乡建设部推广山东省施工安全监管经验做法。

【工程建设项目审批制度改革】2020年，提请省委、省政府将优化工程建设项目审批流程作为深化制度创新加快流程再造样板流程之一，提请省政府印发《全面优化工程建设项目审批流程实施方案》，瞄准国际通行规则和评价标准，对标国内最先进理念和工作水平，全力打造手续最简、环节最少、效率最优的审批管理体系。提请省政府召开全省优化提升工程建设项目审批制度改革推进视频会议，邀请国家工改办领导来山东省召开现场会，参加省政府新闻发布会解读改革措施，通过山东电视台"问政山东"推动解决审批堵点。2020年，省级层面累计修改地方性法规6件，出台配套文件117件，基本搭建了工程建设项目审批"制度框架"。

2020年，在全国省级层面率先编制《工程建设项目审批"一张表单"编制材料清单指引》《工程建设项目审批全过程时间管理计算规则（试行）》，加快推进系统互联互通，推动工程建设项目全流程在线审批。工程建设项目全流程审批时间压减到100个工作日以内，其中简易低风险项目压缩到20个工作日以内。开展简化水气暖报装行动，供水供气供热报装时间分别压减到7个、10个、25个工作日。

【建设教育】2020年，山东省共考核安全管理人员10.7万余人，完成延期复核5.6万余人。考核特种作业人员5.2万余人，完成延期复核4.9万余人。考核燃气从业人员0.3万余人，完成延期复核0.4万余人。考核鉴定建筑技术工人3.7万余人。共办理各类从业人员证书变更、补办及注销事项12.3万余人次。

【建设执业资格注册】2020年，山东省建设执业资格注册中心持续深化"放管服"改革，积极推行告知承诺、容缺受理、网上办理、预约服务等便民措施，取消5项证明材料，资格证书遗失补办、二级结构工程师和二级建筑师注册审批实现当日受理、当日办结。扎实推进注册资格认定事项下放，及时做好系统调整、数据对接、信息共享等工作，及时跟进做好下放后的培训、指导，实现"一网通办"。充分利用大数据改进二级建造师考试报名系统，实现信息共享和自动比对。启用电子化考试合格证明并实现电子签章，全省3.3万人通过"爱山东"APP领取了执业资格电子证照。扎实推进业务系统向省政务服务信息网迁移工作，二级执业师注册认定事项全部纳入省级政务服务平台。全省二级建造师执业资格考试共设置16个考区、30个考点，组织考试10626场次，共13.2万人参加考试，创历年新高。

法规建设

【行政复议应诉】2020年，山东省住房和城乡建设厅重视行政复议应诉工作，着力提升材料准备、出庭辩论、善后处理等工作质量，以化解争议为目标，努力做到"案结事了"。全年山东省住房和城乡建设厅作为被告的行政应诉案件共8件，除1件原告撤诉外，其余全部胜诉；作为被申请人的行政复议案件7件，全部胜诉。按照省司法厅《关于做好涉企业行政案件涉案部门负责人出庭应诉工作的实施意见》要求，山东省住房和城乡建设厅负责人出庭率100%。

【普法教育】落实领导干部学法制度，将法律法规知识学习纳入厅党组理论中心组学习的重要内容，印发实施《山东省住房和城乡建设厅工作人员学法用法制度》，建立部门领导班子和干部职工定期学法制度。制定《普法责任清单》和普法计划，组织《民法典》学习宣传贯彻，发放《民法典》读本，组织收看"民法大家解读《民法典》"、专题辅导报告等课程。全面贯彻"七五"普法规划，开展普法知识宣传。总结省住房城乡建设系统"七五"普法依法治理工作经验。开展"国家宪法日"宪法宣传教育活动。12月3日，《中国建设报》刊登《山东：强化制度建设推动普法长效化》，宣传山东住建系统普法成效。组织参加全省行政执法人员资格考试，住房城乡建设厅参考人员全部通过考试。组织相关人员申领行政执法督察证及行政执法听证主持人证。

【行政执法监督】2020年，组织编制行政处罚执法裁量基准，对勘察设计企业、建筑业企业、监理企业、房地产开发企业、其他建设类企业、注册执业人员、"安管人员"和特种设备作业人员等七部分，列出83项违法情形，逐一明确处罚依据、违法情节和后果、处罚标准，经多次修改完善，征求意见后在网上公示。细化完善了住房城乡建设领域不予处罚、减轻处罚清单，引导督促市场主体依法诚信经营。

【重点领域立法】7月24日，山东省第十三届人民代表大会常务委员会第二十二次会议审议通过了《山东省民用建筑节能条例》《山东省国有土地上房屋征收与补偿条例》《山东省建设工程勘察设计管理条例》《山东省建设工程抗震设防条例》《山东省城市建设管理条例》5件地方性法规修正案。开展了《山东省生活垃圾管理条例（草案）》调研、起草、论证和征求意见工作；完成了《山东省房屋建筑和市政工程质量监督管理办法（修正草案）》起草、会签工作。

【合法性审核】6月，制定完善了行政规范性文件合法性审查、政策措施公平竞争审查工作规范和流程。全年对6件行政规范性文件进行了合法性审核，完成政策措施公平竞争审查8件；办理行政处罚决定法制审核120件、政府信息公开答复合法性审核164件。

【规范性文件管理】7月，开展了行政规范性文件动态清理，废止规范性文件8件，保留有效规范性文件59件。8月，开展了行政规范性文件、政策性文件全面清理工作，对各处室单位提报的400余件各类文件进行了逐件梳理，保留有效行政规范性文件44件，废止行政规范性文件15件，废止政策性文件43件。

【行政权力精简下放】2020年，向16市、中国（山东）自由贸易试验区、中国—上海合作组织地方经贸合作示范区、青岛西海岸新区及有关国家级开发区累计下放或委托下放了18项省级行政权力事项。

房地产业

【概况】据网签数据，2020年山东省新建商品住宅网签成交1.48亿平方米，比上年（下同）减少1.3%；网签均价8215元，增长6.5%；12月底新建商品住宅库存1.63亿平方米，去化周期15.3个月，供需基本平衡。

【房地产市场调控】积极应对疫情影响，指导各市适度降低商品房预售条件和资金监管比例，推行和规范网上销售，全省房地产市场4月份起恢复到常年月均水平。加大市场监测分析，及时向房价上涨偏快的城市制发警示函，向数据异常的有关城市调度情况。组织开展"双随机、一公开"部门联合检查，16市抽查房地产开发企业53家、房屋中介机构200家。全面推行房屋交易、税费缴纳、不动产登记一窗受理、并行办理，在6市试点开展不动产权电子证照在房产交易中亮证应用；大力提升住房品质，针对疫情防控中暴露出的问题和新居住需求，编制发布《山东省健康住宅开发建设技术导则》。

【网签备案管理】4月27日，印发《关于进一步规范房屋网签备案错误信息更正有关工作的通知》通知，要求自5月份起，各地住建部门应逐步将网签备案端口，延伸至房地产开发企业、房地产经纪机构、金融机构，方便房屋交易主体就近办理。6月底前各市、县（市、区）住建部门全面推行房屋（新建商品房和二手房）交易合同网签备案。要求精简备案材料，规范服务内容，能通过部门间信息共享获得的资料，不得要求申请人提供；能够获取电子材料的，不再收取纸质要件。10月底前，各地应使用统一的房屋交易合同示范文本，统一网签备案系统数据标准，统一网签备案业务操作规范，办理时间不超过0.5个工作日。12月底前，各地应将房屋网签备案系统接入当地云政务平台。

【老旧小区整治改造】3月，提请省政府办公厅印发《山东省深入推进城镇老旧小区改造实施方案》，明确老旧小区改造工作由省级统筹指导，各市政府为责任主体，各县（市、区）政府为实施主体，将涉及老旧小区改造的18项重点任务进行分解，逐项明确牵头部门和责任部门。制定《关于优化城镇老旧小区改造项目审批的指导意见（试行）》，精简审批事项和环节，明确不同类型改造项目的审批流程，全流程审批时间不超过20个工作日。年内计划开工改造1743个项目、49.7万户，截至年底，开工1745个项目、50.8万户，超额完成年度目标。

物业管理

【物业服务行业文明行业创建】4月16日，印发《全省物业服务行业"品牌提升年"活动实施方案》，部署实施"1266品牌建设行动计划"，培育10个以市（区、县）为主体的物业区域品牌、创建20个山东优质品牌、优选60个品牌建设典型示范案例、推出600个"质量标杆"物业项目。印发《山东省物业服务企业品牌建设导则》，指导物业服务企业加强品牌建设。6月，开展物业领域"大排查、解难题、暖万家"专项行动，全面排查物业服务政务热线问题和负面舆情，梳理8大类、52792件问题，分类施策同步推进问题整治,问题解决率90%以上。组织开展物业服务行业安全生产职责及边界研究,《老旧小区物业服务规范》通过地方标准立项。

【"齐鲁红色物业"建设】7月9日,与省委组织部联合印发《关于以党建引领物业服务管理促进提升城市社区治理水平的指导意见》,充分发挥党的政治优势和组织优势,引领物业服务有效融入基层治理。9月9日,联合省委组织部在威海召开加强"齐鲁红色物业"建设,提升社区治理水平推进会议。9月30日,会同省委组织部、省民政厅联合印发《"齐鲁红色物业"建设三年行动计划》,推动各地将"红色物业"建设纳入城市基层党建总体部署。至年底,全省16市、110多个区(县、市)成立物业服务行业党组织,淄博市周村区、张店区积极探索打造"红色物业",形成"建立完善四级物业管理体系""街道社区党组织开展物业服务质量评价""社区党组织领办物业企业"等一批典型经验做法。

【物业行业监管】9月,会同市场监管局开展部门联合"双随机、一公开"监督检查,对随机抽取的248个物业服务项目进行现场检查;组织开展物业行业核查,有效规范物业服务行为。编制《山东省物业服务企业信用评价系统使用手册》和视频教程,组织开展两期平台操作培训,指导部分市完成自有系统与省平台的对接。

住房保障

【概况】2020年,山东城镇保障性安居工程建设计划为:新开工棚户区住房改造14.29万套,基本建成棚户区安置住房11.97万套,发放城镇住房保障家庭住房租赁补贴33478户。到12月底,全省全年新开工棚户区住房改造14.75万套,基本建成棚户区安置住房20.38万套,发放城镇住房保障家庭住房租赁补贴50501户,分别完成年度任务的103.2%、170.3%和150.8%。全省累计分配列入国家计划的政府投资公租房19.2万套,分配率97.5%。

【保障房资金筹集】2020年,山东省争取中央财政保障性安居工程专项补助资金7.9亿元,国家发展改革委中央预算内投资补助资金16.9亿元,省级财政安排奖补资金3.8亿元。充分用好国家新增专项债券的政策机遇,有序加快发行进度,2020年山东(含青岛)发行专项债券用于棚改项目合计422.69亿元,发行规模居全国前列。

【棚改工作督导】2020年,为进一步检验山东省棚改项目快建成快配套早交付早入住专项行动阶段性成果,在全省开展"两快两早"专项行动中期评价工作,共销号项目162个项目、93387套竣工交付,涉及20余万户。通过对"两快两早"专项行动工作情况进行阶段性总结,全面掌握了棚改项目建设进度,加快推进棚改安置住房及配套设施建设,加快竣工验收和交付使用。

【国办督查激励】5月5日,国务院办公厅印发《关于对2019年落实有关重大政策措施真抓实干成效明显地方予以督查激励的通报》,其中,济南市获评棚户区改造工作积极主动、成效明显的城市,成为全国10个、山东唯一的国家"棚改激励支持城市"。

【人才安居保障】9月1日,会同省委组织部等12部门制定出台《关于加快推进人才住房工作的指导意见》,指导各地统筹商品住房、市场租赁住房等社会资源和人才公寓、公共租赁住房、政策性租赁住房、共有产权住房等公共产品,逐步建立完善租售并举的人才住房制度体系。市、县(市、区)对新就业无房职工可累积发放不超过36个月的阶段性住房租赁补贴,最低补贴标准应不低于300元/月。各地可按照学历层次等因素分级确定补贴标准,每上调一级上浮标准应不低于50元/月。

【住房租赁市场培育】指导济南市积极稳妥推进中央财政支持住房租赁发展试点工作,济南市出台《关于培育和发展住房租赁市场试点工作的实施意见》等12项配套政策措施,累计筹集租赁房源8.62万套,非居住房屋改建租赁住房经验被住房城乡建设部向全国推广。指导青岛市2020年入选第二批中央财政支持发展住房租赁市场试点城市,青岛市印发《青岛市城镇租赁住房发展规划(2020—2022年)》及房源筹集、资金管理等15项政策,截至年底开工37个项目。印发《关于进一步加强政府性住房租赁服务平台管理工作的通知》,从完善平台功能、严格备案管理、加强房源核验等方面提出具体管理要求。鼓励住房租赁企业机构化、规模化、专业化发展,全省有100家住房租赁企业开展长租业务,经营面积约260万平方米。持续整顿规范市场秩序,开展住房租赁中介机构侵害群众利益问题专项整治,查处违法违规中介机构43家。

公积金管理

【疫情期间阶段性支持政策】为企业纾困,允许受疫情影响的企业缓缴住房公积金。导致生产经营困难的企业,可申请按照5%的最低比例缴存。保障职工权益方面,受疫情影响的职工6月30日前不能正常还款的，不作逾期处理。对支付房租压力较大的职工，合理提高租房提取额度、灵活安排提取时间。全省共8917家企业缓缴住房公积金，3772家企业降低住房公积金缴存比例，共减轻企业负担22.87亿元。受疫情影响的借款职工暂缓偿还住房公积金贷款5687笔、1169万元，3.18万职工提高租房提取额度8431万元。

【公积金归集扩面】2020年，山东省住房公积金缴存覆盖面持续扩大。全年新开户单位39980家，新开户职工106.73万人。实缴职工1011.6万人，缴存额1436.94亿元，分别增长4.56%、9.86%。全省连续四年新增缴存职工突破百万人、新增缴存额突破千亿元，住房公积金制度受益面进一步扩大。缴存职工中，城镇私营企业及其他城镇企业、外商投资企业、民办非企业单位和其他类型单位占42.09%，增加1.29个百分点。新开户职工中，城镇私营企业及其他城镇企业、外商投资企业、民办非企业单位和其他类型单位的职工69.56万人，占全年新开户职工的65.18%，其中非本市户籍的缴存职工42.6万人。

【公积金贷款】2020年，全省公积金行业全年发放个人住房贷款21.81万笔、799.1亿元，增长11.9%、11.39%。住房公积金个人住房贷款利率比同期商业性个人住房贷款基准利率低1.65~2个百分点，2020年发放的住房公积金贷款，偿还期内可为贷款职工节约利息支出185.98亿元，平均每笔贷款可节约8.53万元，降低职工购房贷款成本。职工首次申请使用住房公积金贷款购买自住住房17.97万笔，占当年总发放笔数的82.4%，满足职工对自住住房的刚性需求。中低收入贷款职工占所有贷款职工的比例为97.63%，更多的中低收入群体享受住房公积金制度红利。全面落实住房公积金异地贷款政策，全年发放异地贷款12313笔43.45亿元，增长55.84%、43.61%，保障缴存职工异地购房权益。

【公积金提取】2020年，全省367.8万名缴存职工提取住房公积金1033.05亿元，人数增长8.82%，提取额增长13.53%，提取额占当年缴存额的71.89%，增加2.32个百分点。住房消费类提取继续占主导地位，占全年提取额的80.33%。其中，提取793.14亿元用于购买住房和偿还购房贷款本息，增长13.35%，落实提取住房公积金支付房租政策，全年租房提取31.62亿元，增长38.2%，占当年提取金额的比例逐年上涨，为36.26万无房职工解决住房问题提供资金支持。

【公积金资金运营】全年实现业务收入135.5亿元，增长13.71%。业务支出71.67亿元，增长15.36%，其中，支付职工住房公积金利息55.68亿元，增长13.69%。实现增值收益63.83亿元，增长11.91%，实现住房公积金保值增值。提取城市廉租住房（公共租赁住房）建设补充资金58.29亿元，增长21.32%，累计提取363.71亿元，为全省保障性住房建设提供有力资金支持。

【公积金文明行业创建】5月12日，印发《全省住房公积金文明行业创建"品牌提升年"活动实施方案》，积极开展四个方面的试点示范：住房公积金支持租赁住房发展试点；灵活就业人员自愿缴存住房公积金试点；落实新办企业住房公积金开户登记纳入企业开办全流程办理示范；开展住房公积金贷款系统和不动产登记系统对接工作示范。充分发挥党建的政治思想引领作用和文明创建的凝心聚力作用，提升党建工作质量，打造特色党建品牌。在文明行业创建各项工作中充分发挥党的领导核心作用、基层党支部的战斗堡垒作用、党员先锋模范作用，改进工作作风，提高工作效率，破解难点堵点、打造特色亮点，进一步扩大住房公积金制度覆盖面、受益面。5月29日，召开全省住房公积金行业文明创建活动"品牌提升年"工作推进会议，总结全省住房公积金文明行业创建开展情况，部署开展文明行业创建"品牌提升年"活动。举办品牌提升工作培训，邀请省品牌建设促进会的专家现场授课，指导各市公积金中心开展品牌建设。

【公积金"放管服"改革】组织开展"数聚赋能—优化公积金服务"专项行动，实现证明材料的线上实时核验，实现提取业务"零跑腿"，缴存、贷款业务"一次办好"。积极推广电子营业执照、身份证、不动产权证、不动产权证明、结婚证、离婚证等电子证照在公积金业务中的应用，逐步实现免实体证办理公积金业务。接入企业开办"一窗通"系统，企业开办的同时即可自动办理公积金缴存登记开户。全省住房公积金政务服务事项"一网通办"率达到96.5%，"住房公积金服务大厅"入驻"爱山东"APP，覆盖了全省16市住房公积金高频服务事项。3项服务事项实现"跨省通办"，24项服务事项实现"全省通办"，全行业服务水平得到全面提升。

历史文化名城保护

【概况】2020年，山东省所有城市完成历史建筑数量"清零"工作，历史建筑测绘建档工作全面展开。截至年底，全省共有20座历史文化名城，其中，10座国家历史文化名城、10座省历史文化名城；全省有省政府公布的35处历史文化街区、973座历史建筑。

【法规体系建设】 3月1日，《山东省历史文化名城名镇名村保护条例》（以下简称《条例》）正式施行，这是党的十九大以来全国第一部省级保护条例。3月17日，联合省文化和旅游厅印发《关于宣传贯彻〈山东省历史文化名城名镇名村保护条例〉加强保护管理工作的通知》，对各地开展《条例》宣贯、加强历史文化名城名镇名村保护管理工作提出具体要求。济南、青岛、潍坊等城市通过现场宣传、知识竞赛等方式，向群众讲解条例内容，向管理人员培训保护知识；济南、聊城等城市颁布实施了市保护条例，枣庄等城市研究制定了市保护办法，全省名城保护法规体系不断完善。

【保护规划编制报批】 2020年，全省全面启动新一轮历史文化名城保护规划编制报批工作。淄博、潍坊名城保护规划获得省政府批复。下半年，枣庄、邹城名城保护规划启动报批程序。截至年底，20座历史文化名城的保护规划，济南、淄博、潍坊3座获得省政府批复，聊城名城保护规划提报住房城乡建设部审查。其他名城全面启动了保护规划编制工作。全省35处历史文化街区中，21处完成了保护规划编制报批工作，其中2020年批复两处。

【历史文化街区和历史建筑保护管理】 指导青岛、潍坊、郓城等市县开展新一轮历史文化街区普查工作，指导济南市历下区芙蓉街—百花洲等35处历史文化街区设置标识牌。印发《关于开展历史建筑测绘建档工作的通知》，要求2020年底前完成70%历史建筑测绘建档工作。截至年底，全省公布历史建筑974处，约70%的历史建筑完成测绘建档工作，约60%的历史建筑完成挂牌，92%的历史文化街区设立了标识牌。20座名城公布历史建筑764处，其中挂牌保护的历史建筑占比83%，测绘建档的历史建筑占比70%。

【保护工作评估】 按照"一年一体检、五年一评估"的要求，开展了全省20座历史文化名城保护工作体检。联合省文化和旅游厅印发《山东省历史文化名城（名镇名村）评估工作方案》，截至年底，完成全省20座历史文化名城和部分名镇、名村保护工作评估。评估工作进一步梳理当前存在的问题和不足，对评估发现的保护规划编制报批进展较慢、历史文化街区和历史建筑普查认定推进迟缓、历史建筑测绘建档和挂牌开展不及时等问题，向各名城主管部门和城市政府发出了进一步加强名城保护工作的函。

【保护工作检查】 启动了全省历史文化名城名镇名村保护工作大检查。组织名城名镇名村和文物保护管理人员，邀请规划建设、文物保护方面专家参与，对全省20座名城、50个历史文化街区、49座名镇和72个名村进行"拉网式"检查，全面检视问题不足，指导督促各地加强监督管理，坚决避免大拆大建、拆真建假，未编制报批保护规划，保护管理"宽、松、软"等问题发生。

城市建设

【城市品质提升】 7月17日，组织召开全省城市品质提升行动推进暨试点片区建设视频会议，部署城市品质提升和试点片区建设工作任务。确定济南市历下区燕山街道片区等30个片区为山东省城市品质提升试点片区。争取省财政资金1亿元给予济南市历下区燕山街道片区、潍坊市奎文区东关街道片区、济宁市太白湖新区生态新城片区、泰安市泰山区岱北片区及威海市环翠区卫城片区5个片区支持。

【市政设施建设】 截至年底，全省综合管廊累计建成620公里，2020年全省新增建成74.6公里。全省海绵城市累计在建面积2303.87平方公里，累计建成1658.68平方公里，2020年内设区市新增海绵城市建成200平方公里。13个省直部门单位印发《关于加强城市窨井盖安全管理的若干措施》，截至年底，全省共排查出城市窨井盖约513.46万个，发现解决各类安全隐患1.2万处，安装防坠网36.63万个。

【宜居环境建设】 9月，山东省住房和城乡建设厅会同6部门制定《山东省绿色社区创建行动实施方案》，明确建立健全社区人居环境建设和整治机制、推进社区基础设施绿色化、营造社区宜居环境、提高社区信息化智能化水平、培育社区绿色文化等工作重点。对"十三五"无障碍环境创建9个市县村镇进行验收，东营、济宁创建成为全国无障碍环境示范市，淄博市、威海市创建成为全国无障碍环境达标市。

【城镇燃气】 组织编制《山东省城镇燃气重特大生产安全事故应急预案》和《应急响应工作手册》，确保预案的可操作性。指导地方通过多种渠道提升储气能力，引导港华、华润等8大燃气集团公司利用集团储气资源，加快完成城燃企业储气能力建设任务。各集团公司累计解决省城燃企业储气能力约6.25亿方。城燃企业形成储气能力87723.94万立方米，完成任务目标的108.27%。

【清洁取暖】 2020年，按照通道城市农村平原地区散煤基本清零和非通道城市完成国家规划的目标任务，各级各部门强力推进清洁取暖建设。全省财政投入、用户承担和企业自筹的总投资达到150.56亿元。全省城市（县城）完成清洁取暖改造7816.46万平方米，农村地区完成清洁取暖改造216.35万户，其中7个通道城市共完成174.15万户，9个非通道城市共完成42.2万户，顺利完成全年建设任务。

【污水处理】截至年底，全省建成城市污水处理厂328座，共形成污水处理能力1701万吨/日。对各市污水处理提质增效行动方案逐个进行专家评审，全省城市污水管网排查长度超过9182公里，消除直排口1171个，消除空白区面积75.6平方公里。修复污水管网499.9公里。

【城市黑臭水体治理】截至年底，全省设区城市建成区排查的166条城市黑臭水体，全部完成工程整治并通过"初见成效"和"长制久清"评估验收。全省县城（县级市）建成区排查的104条黑臭水体，全部完成整治。济南、青岛、临沂、菏泽4市成功申报国家黑臭水体示范城市，4市总投资107亿元，其中争取国家资金21亿元，截至年底，4市完成投资105.39亿元。

【城市防汛】印发《关于做好2020年城市防汛工作的通知》，督促各地做好汛前准备工作。厅领导带队成立督导组，对全省16市城市排水防涝及易涝点整治工作进行督导，及时发现问题，加快工作推进。印发《关于认真贯彻落实中央和省领导重要批示精神进一步做好全省城市防汛工作的通知》，严格执行汛期24小时值班制度，组织有关人员对16市城市防汛工作进行再检查、再督战。全省各市县共组织城市防汛应急队伍7.7万余人，开展城市防汛演练511次，汛期累计出动城市防汛人员21.5万人次，开展城市防汛隐患排查2580处，汛期储备城市防汛物资总额2.7亿多元，储备移动排涝泵（车）952台，汛期累计出动移动排涝泵1.5万台次。

【城市节水】2020年，枣庄、济宁、德州和滕州4市入选第十批（度）国家节水型城市，加上原来命名的18个城市，山东省共有22个城市获得国家节水型城市称号，国家节水型城市数量与江苏省并列全国第一。山东省住房和城乡建设厅等5部门对2020年申报城市节水评价的昌邑、高密、莱西、曲阜、邹城市进行资料审查和现场评价，5市达到《城市节水评价》Ⅱ级标准要求。组织专家开展2020年省级节水型企业（单位）、社区（居住小区）评价工作，齐鲁工业大学等186家企业（单位）、中海·奥龙观邸小区等127家社区（居住小区）达到省级节水型企业（单位）、社区（居住小区）标准要求。

城市管理

【城乡环卫一体化】7月，山东省住房和城乡建设厅会同省文明办等11部门联合印发《2020年度全省城乡环卫一体化暗访评估细则》，委托第三方专业机构开展全省城乡环卫一体化暗访评估工作。全省实现农村人居环境整治三年行动要求"到2020年95%以上的村庄实现农村生活垃圾无害化处理"和住房城乡建设部要求"到2020年底，基本实现收运处置体系覆盖所有行政村"的目标。

【生活垃圾分类】在《山东省城市生活垃圾分类制度实施方案》等政策标准基础上，指导16设区市出台垃圾分类实施方案，新选定22个垃圾分类试点县（市、区），建立月调度工作制度。先后组织第三方专业机构赴8个设区市现场调研，起草完成《山东省生活垃圾管理条例》《山东省城乡生活垃圾分类专项规划》《山东省城乡生活垃圾分类技术规范》。全省136个县市区中有40个开展生活垃圾分类工作，全省693个街道办事处中有295个、1129个乡镇中有287个开展生活垃圾分类工作。荣成市、单县入选住房城乡建设部农村生活垃圾分类和资源化利用示范县。

【生活垃圾处理设施建设】对全省城市垃圾处理设施建设运行实行月调度督战、季度通报制度，进一步推进生活垃圾焚烧处理设施建设。截至年底，全省正在运行的生活垃圾处理场（厂）有104座，总设计处理能力为8.21万吨/日。其中，2020年新建20座生活垃圾焚烧处理设施，新增焚烧处理能力1.2万吨/日。另有16座在建（包括前期准备）的生活垃圾处理场（厂），总设计处理能力1.1万吨/日。全省无害化处理生活垃圾2801.1万吨，其中焚烧处理2325.95万吨，焚烧处理率达83.03%，比上年提高14个百分点。

【餐厨废弃物处理】全省建成运行21个餐厨废弃物处理设施，总设计处理能力达3690吨/日，实现一个设区市一厂任务目标。受疫情影响，全省2020年累计处理餐厨废弃物82.87万吨，比上年下降14个百分点。16设区市建成区固定场所餐厨废弃物产生单位与收集运输企业签订收运协议比例均达到70%的目标要求。

【建筑垃圾处置】2020年，全省共有建筑垃圾消纳场80座，总设计库容15346.1万立方米。本年累计接收处置建筑垃圾2371.99万立方米。共建设建筑垃圾资源化利用处理场97座（运行71座，在建26座），总设计处理能力32.99万吨/日（运行23.08万吨/日；在建9.91万吨/日）。全年累计资源化利用建筑垃圾4231.3万吨。

【园林绿化】印发《关于组织开展全省城市增绿攻坚行动的通知》，在全省组织开展城市增绿攻坚行动。全年全省新增城市园林绿地面积万1.13万公顷，新增公园绿地面积0.24万公顷。截至年底，全省城市（县城）园林绿地面积32.93万公顷，城市建成区绿地率达到37.34%；公园绿地面积8.74万公顷，人均公园绿地面积达到17.38平方米；绿化覆盖面积37.87万公顷，城市建成区绿化覆盖率达到41.3%，各项指标均居全国前列。

【城市绿道建设】指导各地按照《山东省绿道建设指引》提升建设质量，完善标志标识等配套设施，对绿道建设定期调度、年度评价，组织开展第二批"山东省最美绿道"评价，共有11个设区市的39条绿道申报"山东省最美绿道"评价。截至年底，建成城市绿道4600余公里。

【园林城市创建】截至年底，全省省级及以上园林城市（县城）共94个，实现省级园林城市（县城）全覆盖；国家级园林城市（县城）共60个，其中，国家生态园林城市2个，国家园林城市31个，国家园林县城27个，国家园林城市数量全国第一。

【数字化城管平台建设】印发《山东省智慧化城市管理平台建设导则》《山东省智慧化城市管理平台建设标准》，推动数字化城市管理平台向智慧化升级。完善省级数字化城市管理平台，济南、青岛等14个市与省平台实现对接，指导济南、青岛等12个城市完成与住房城乡建设部城市综合管理服务平台的联网对接。全省94个市、县（市）全部完成数字城管平台的建设工作，并通过省住建厅或设区市主管部门的验收。78个县（市）级数字化城市管理平台，全部与设区市数字化城市管理平台完成对接工作，实现互联互通。

【城管标准化建设】出台《山东省城市精细化管理标准－环境卫生管理》《山东省智慧化城市管理平台建设标准——市容市貌管理》等4个标准，进一步完善城市管理标准体系，为全省城市精细化管理工作提供依据。制定山东省地方性标准《建筑垃圾运输车辆密闭运输智慧应用通用技术条件》，积极利用物联网、互联网等技术手段提升建筑垃圾运输扬尘防治水平。

【城管执法】印发《关于进一步规范城市管理执法行为的指导意见》，指导各地城管执法部门建立健全执法动态清单、执法人员着装及执法车辆使用、执法权责清单等三项制度。持续推进"721"工作法向广度、深度发展，构建"服务、管理、执法"新模式。探索柔性执法和审慎包容新监管模式，强化源头治理，坚持教育优先。指导各地拓展城市管理执法系统功能，推进执法智能化建设。利用智能化城市管理执法系统，推广"互联网＋执法"新机制。

村镇建设

【概况】2020年，山东省住房和城乡建设厅紧紧围绕乡村振兴和脱贫攻坚等中心任务，坚持以党建为引领，聚力聚焦危房改造、"厕所革命"、美丽村居、小城镇建设等重点工作，全省村镇建设各项工作取得明显成效。全年完成村镇建设投资1762亿元，3.37万户农村危房改造任务如期完成，党中央、国务院安排部署的农村房屋安全隐患排查整治，顺利完成第一阶段工作目标。

【农村危房改造】2020年，山东省住房和城乡建设厅党组先后5次召开会议，传达党中央、国务院和省委、省政府一系列脱贫攻坚会议文件精神，调整充实厅脱贫攻坚工作领导小组，抽调人员成立工作专班，把农村贫困人口住房安全保障作为头号工程、首要工作，努力克服疫情影响，强化措施，全力推进。3月，会同省财政厅等部门印发《2020年农村贫困人口住房安全保障攻坚行动方案》，制定完善一系列配套文件，建立定期调度制度。4月起，组织全厅32个处室、单位成立16个挂牌督战帮扶工作组，对16个设区市采取"一对一"挂牌督战，先后出动帮扶队员192人次，督战66次，奔赴835个乡镇、1831个村、4277户农户现场督战，实现县（市、区）督战全覆盖。截至6月底，全省农村危房改造既定任务全面完成，其中，2.45万户建档立卡贫困户危房改造于5月底前完成；全省47.4万户国标建档立卡贫困户住房安全保障信息录入和信息核验工作按期完成。

【农村无害化卫生户厕改造】3月，山东省住房和城乡建设厅联合省市场监督管理局发布《农村公厕建设与管理规范》，编制印发《农村改厕服务站建设运行管理指南（试行）》，进一步规范指导各地农村改厕后续管理工作。全年全省完成农村无害化卫生户厕改造23.5万户，完成年度计划（15.5万户）的151.5%，累计改造1090.6万户，普及率达到90%以上，提前完成国家要求的"东部地区基本完成农村户用厕所无害化改造"的目标任务。全省建设改造300户以上自然村公厕1.25万个，提前完成年度建设改造计划,累计建设改造2万个,提前完成国家要求的"人口规模较大村庄配套建设公共厕所"的目标任务。2020年,国务院办公厅督查室总结推广无棣县农村改厕后续管护和胶州市农村改厕改水统筹治理经验做法,农业农村部推广转发临沭县农村改厕后续管护和东营区农村改厕后续粪污资源化利用典型案例。2020年在全省开展改厕群众满意度电话调查,群众满意度超过95%,群众的获得感、幸福感不断增强。

【美丽村居建设】积极指导推进前两批156个美丽村居省级试点建设,启动第三批150个试点创建。7月9日,山东省住房和城乡建设厅印发《关于加强省级美丽村居试点村庄建设项目管理的通知》,建立试点村庄建设项目调度制度,每季度调度建设项目推进情况,保障促进试点工作顺利开展。8月20日正式发布《山东省美丽村居建设标准》,对美丽村居建设省级试点村庄的整体布局、村居建筑、村容环境、公共设施、基础设施等内容明确具体要求。10月10日,组织对第一、二批美丽村居建设省级试点工作开展"回头看",对第二批100个美丽村居建设省级试点进行年度评估。

【特色小城镇建设】5月8日,山东省城镇化暨城乡融合发展工作领导小组办公室印发《关于对新生小城市、重点示范镇和特色小镇进行年度绩效评价和验收命名的通知》,组织对全省10个新生小城市、30个重点示范镇和109个特色小镇开展2019年度绩效评价。10月,山东省住房和城乡建设厅对各市推荐命名的省级特色小镇试点进行实地核查。

【建制镇污水治理】7月23日,山东省住房和城乡建设厅印发《关于进一步加强建制镇生活污水治理工作的通知》,督促各市加快补齐建制镇生活污水处理设施短板,确保按时完成既定任务目标。多次印发调度通知,定期调度建制镇污水治理情况。截至12月底,全省207个全国重点镇均具备污水收集处理能力,所有建制镇均建有污水处理设施,形成设计规模374万吨/日,全省建制镇污水处理率达到71%,配套管网建设长度达9028公里。

【特色村镇保护】6月19日,印发《关于实施中国传统村落挂牌保护工作的通知》,指导全省125个中国传统村落统一设置中国传统村落保护标志,规范标志牌制作,统一标准样式,进行挂牌保护。会同省文化和旅游厅印发《关于印发山东省历史文化名城(名镇名村)评估工作方案的通知》,委托第三方对部分名镇名村开展评估。会同省文化和旅游厅印发《关于开展全省历史文化名城名镇名村保护大检查的通知》,部署各地组织力量对全省20座名城、49座名镇、72个名村、50处历史文化街区和相关不可移动文物、历史建筑保护情况进行"拉网式"全面排查。

标准定额

【标准编制管理】2020年,山东省工程建设标准定额站审定50项标准项目列入本年山东省工程建设标准制(修)订计划,确定104项地方标准复审结果,批准发布17项工程建设地方标准,其中包括《既有居住建筑加装电梯附属建筑工程技术标准》《住宅工程质量常见问题防控技术标准》《建筑施工现场管理标准》《城市轨道交通工程沿线既有建(构)筑物鉴定评估技术规程》《城市轨道交通工程安全资料管理标准》《建设工程造价数据交换及应用标准》《装配式混凝土结构钢筋套筒灌浆连接应用技术规程》等。启动编制《山东省住房城乡建设领域工程建设标准化发展规划(2021—2025年)》,为工程建设地方标准化工作提供遵循。

【标准复审】山东省工程建设标准定额站对2015年底以前批准实施以及2015年底以后批准实施但因现行的法律法规、国家标准和行业标准等发生变化而不适用的57项山东省工程建设标准进行复审,最终确定14项继续有效、32项修订、9项予以废止,另外2项拟转化为团体标准。对山东省住房和城乡建设厅负责审核的47项地方标准开展复审工作,经专家审查,确定24项地方标准进行修订,23项地方标准予以废止。

【团体标准发展】2020年,省工程建设标准造价协会、省建筑节能协会等省内行业协会发布《建设工程造价咨询招标投标规范》等20余项团体标准。团体标准编制主体不断扩大,省建筑业协会、省土木建筑学会等协会相继发布2020年度团体标准编制计划。

【计价依据体系完善】2020年,山东省工程建设标准定额站修编《山东省房屋修缮工程消耗量定额》和《山东省市政养护维修工程消耗量定额》,自2021年1月1日起施行,为全省老旧小区、市政基础设施等改造提升工程提供合理确定和有效控制造价的政策依据。发布《山东省城市地下综合管廊工程消耗量定额与工程量清单衔接对照表》,填补了山东省在管廊工程清单计价时缺少编制和计价规则的空白。

【造价咨询资质审批】2020年,山东省住房和城乡建设厅共审批完成各类工程造价咨询单位资质认定申请事项362项,40家乙级晋升甲级资质的实地核查和18家甲级延续网上核查,法定和承诺时限办结率100%,投诉率为零。进一步修改工程造价咨询单位资质认定(乙级)服务指南,保证山东省工程造价咨询企业最大限度享受政策红利。顺利将工程造价咨询单位资质认定乙级延续、变更、遗失补办事项下放至13市,整理《工程造价咨询资质认定行政许可管理文件汇编》,完成业务交接、培训工作。完成对济南、青岛、烟台三市委托下放的工程造价咨询单位认定事项的非现场评估工作,共抽取60家准予许可企业,复核其许可流程、标准等,评估其审批质量。

工程质量安全监管

【概况】修订完善省优质工程评价标准,指导全省建设工程质量创优,做好对鲁班奖、国家优质工程创建工作的培育和技术指导。2020年,全省发生房屋市政安全事故13起、死亡22人,比上年起数下降31.6%、人数持平,事故起数列全国第20位,在建筑业总产值超万亿的10个省市中事故起数最少,山东省住房和城乡建设厅获评全省安全生产考核优秀等次。

【质量保障体系建设】9月16日,山东省政府办公厅转发山东省住房和城乡建设厅等12部门制定的《关于进一步完善质量保障体系提升建筑工程品质的实施意见》,从构建共治格局、完善保障体系、健全支撑体系、强化基础支持四方面提出12条具体措施。5月18日,山东省住房和城乡建设厅印发《山东省住宅工程质量信息公示试点工作方案》,决定在青岛、潍坊、威海、日照4市开展住宅工程质量信息公示试点。

【质量监管能力建设】坚持和完善工程质量安全辅助巡查,组织开展施工现场混凝土实体质量和预拌混凝土、钢筋、保温材料、防水材料、砌筑砂浆等重点材料随机巡查抽测,健全发现、转办、督办三项机制,确保发现问题深入、转办督办及时、闭环整改到位,7轮共抽查项目670个,发现整治隐患问题2.05万项。

【黄河滩区迁建工程质量巡查】5月起,山东省住房和城乡建设厅按照省黄河滩区脱贫专项小组要求,为确保迁建工程结构安全,保障百姓住上放心房和满意房,对菏泽、泰安等易地扶贫搬迁工程,持续开展疫情常态化下的督导巡查。抽调质量专家,分组分轮开展对滩区迁建工程的质量安全监督抽查和巡查,走遍了全部外迁安置区所有工程,覆盖全省6市12个县、区全部在建滩区迁建项目,发现质量隐患1200余条,形成问题整改台账,把整改责任落实到人。

【预拌混凝土专项整治】11月6日,印发《山东省预拌混凝土质量专项整治行动方案》,专项整治行动聚焦预拌混凝土生产、运输和施工现场存在的突出问题。对全省16地市开展了全省预拌混凝土质量专项督查,督查46项工程,倒查46家预拌混凝土生产企业,发现问题917条,下发执法建议书13份。

【检测机构专项整治】6月3日,印发《2020年全省工作质量检测机构专项整治行动方案》,聚焦检测行业存在的突出问题,从检测机构资质合规、检测机构管理和检测机构行为3个方面,开展29项专项整治工作,推进检测机构标准化、规范化、专业化建设,构建守信得益、失信惩戒的市场环境。组织开展"双随机、一公开"检查,重点查处虚假报告,整治发现370条整改意见,下发59份整改通知书。

【检测机构能力验证】9月29日,印发《2020年度全省检测机构热轧带肋钢筋能力验证工作的通知》,组织全省取得钢筋检测资质的检测机构开展热轧带肋钢筋能力验证。参加能力验证的检测机构共有365家,其中,验证结果为满意的312家,占85.48%;验证结果有问题的22家,占6.03%;验证结果不满意的31家,占8.49%。

【安全生产专项整治三年行动】6月23日,印发《关于扎实开展住建系统安全生产专项整治三年行动的通知》,此次专项整治行动强化城市建设安全、提升城市管理水平、深化施工安全治理、完善房屋安全保障4方面、15项重点任务,明确规范建立"四项机制""两个清单"工作制度,围绕"从根本上消除事故隐患",提升城市建设领域安全生产治理水平。各市住建部门紧盯易发群死群伤的高支模、深基坑、脚手架、起重机械等危大工程关键风险,开展拉网排查、百日攻坚,发现处置隐患问题4.9万项。

【安全生产严管重罚】实施"六个一律"严管重罚措施:明确对房地产开发单位实施暂停预售或网签备案限制手段、对国有企业负责人扣减绩效薪酬,建立施工安全风险企业警示公示制度。强化事故处理处罚问责,针对部分市施工安全事故多发态势,下发事故警示通报,组织4次专题约谈、实地督导,规范事故处罚尺度流程,全年暂扣安全许可证93家。

【起重机械"一体化"管理】7月9日,印发《关于推行建筑起重机械"一体化"管理的指导意见》，在全省房屋建筑施工领域推行建筑起重机械"一体化"管理，加快解决建筑起重机械租赁、安装、拆卸、维修和保养等分段管理带来的安全问题，实现责任明晰、管理到位、衔接顺畅，有效防范遏制起重机械生产安全事故，推动建筑施工本质安全生产水平提升。7月10日，印发《关于定期上报建筑起重机械"一体化"管理试点企业和项目名单的通知》，决定对试点企业和项目名单实行动态管理，接受社会监督。公布第一批42家试点企业和72个试点项目。

【安全警示教育推广】发文推广中建八局"行为安全之星""十项零容忍"做法，推行施工企业"三个一"事故警示教育管理。开设"质量安全讲堂"，先后举办3期、培训1.2万人次。

【安全生产责任保险】年内，山东省住房和城乡建设厅积极推行建筑施工安全生产责任保险，全省投保金额达1832万元，为参保企业提供保险保障268亿元。

建筑市场

【规范建筑市场秩序】开展全省建筑市场"双随机、一公开"监管检查，持续严厉打击转包违法分包行为，全省共检查房屋建筑和市政工程项目19141个（次），检查建设单位14067家（次），施工企业16485家（次），对具有违法行为的建设单位和施工企业共计罚款1562万元，停业整顿、限制投标资格企业分别为1家、2家，给予其他处理的企业125家；对具有以上违法行为的个人共计罚款21.75万元，吊销执业资格的1人，给予其他处理的1人。

【建筑市场信用管理】修订《山东省建筑市场信用管理办法》，进一步统一信息标准、采集程序和结果应用，累计录入建筑企业优良信息1854条、不良信息216条，从业人员优良信用信息3285条、不良信用信息63条，有效发挥信用信息的导向作用，为企业营造更加公开公平公正的竞争环境。

【工程担保制度】7月，省住房和城乡建设厅、省人力资源社会保障厅、山东银保监局、青岛银保监局联合印发《关于开展房屋建筑和市政工程农民工工资保证金保证保险工作的意见（试行）》，完善建设工程担保制度，优化营商环境，减轻企业负担，维护建筑工人合法权益。全省投标、履约、农民工工资和工程质量四类保证金共计缴纳450亿元，其中以保险保函形式缴纳232亿元，占比51.6%，有效缓解企业流动资金压力。

【海外施工】2020年，山东省建设企业境外建设项目遍布亚非欧等50多个国家，全省建筑业企业完成出国施工产值636.13亿元，比上年增长4.07%。青建集团、山东高速、烟建集团、天元建设、德建集团、淄建集团7家企业入选2020年度"全球最大250家国际承包商"。其中，青建集团在250家国际承包商中位列第58位，全国排名第12位，全国民营企业中排名第1位。

【建筑农民工工资支付】2020年，山东省住房和城乡建设厅，扎实推进农民工工资支付制度的落实。指导各地畅通欠薪投诉举报渠道，及时协调解决欠薪问题，实现动态清零。及时督办、查处重点案件，对典型案例公开通报曝光。全年全省住建系统共受理欠薪投诉案件10181起，涉及金额18.04亿元，协调解决9722起、17.61亿元，解决率分别达到95.5%、97.6%。厅清欠办直接接访1100批次，受理并妥善处置欠薪投诉76起，为农民工解决欠薪7291万元。

建筑节能与科技

【第五届绿博会】11月13~15日，山东省住房和城乡建设厅会同济南市人民政府，克服新冠疫情不利影响，成功举办第五届山东省绿色建筑与建筑节能新技术产品博览会（以下简称绿博会）。展会期间，同步举办绿色城市发展高峰论坛、绿色建筑高质量发展技术论坛等13场技术交流活动，邀请王建国、肖绪文、岳清瑞、高伟俊4位院士及40余位知名专家、学者做专题讲座。绿博会共设8大主题展区，总展览面积4.6万平方米，参展企业、单位287家，现场搭建超低能耗建筑等实体建筑模型10余栋，现场观展人数达12万人次，网上直播观众近40万人次，达成技术产品买卖意向1341笔、实际签订合同2.1亿元，展示规模、展商水平、关注人数等远超往届，营造了推进城乡建设绿色发展的浓厚氛围。

【绿色建筑规划编制】开展绿色建筑与建筑节能"十四五"发展规划研究，形成规划初稿。6月3日，与省发展改革委、自然资源厅联合印发《关于加强绿色建筑发展专项规划编制实施工作的通知》，组织各市县全面编制绿色建筑发展专项规划，合理确定绿色建筑、装配式建筑发展刚性控制指标和弹性引导指标，并在建设用地出让公告、出让合同中对刚性控制指标要求予以明确。

【绿色建筑创建行动】8月28日，山东省住房和城乡建设厅联合省发展改革委等6部门印发《山东省绿色建筑创建行动实施方案》，提出2020—2022

年全省新增绿色建筑3亿平方米以上，明确推动绿色建筑高质量发展等5方面18项重点任务，建立健全党委政府指导、部门齐抓共管的工作推进机制。

【绿色施工】5月27日，山东省住房和城乡建设厅立项省级绿色施工科技示范工程155个，其中，房建工程126个，建筑面积1303.8万平方米；市政基础设施工程29个，总投资180.9亿元。10月16日，山东省住房和城乡建设厅启动修订《建筑与市政工程绿色施工管理、评价标准》。组织审查《建筑与市政工程绿色施工技术标准》。

【钢结构建筑】6月19日，联合12个省直部门和中央驻鲁机关印发《关于推动钢结构装配式住宅发展的实施意见》。为落实实施意见，制定印发《山东省钢结构装配式住宅型钢构件标准化技术要求》《关于加强钢结构装配式住宅工程质量安全管理的通知》《山东省钢结构装配式住宅建造品质提升技术指南》《关于加强钢结构装配式住宅人才建设工作的通知》《山东省钢结构装配式住宅设计与施工技术导则》《关于加强钢结构装配式住宅试点工程项目建设管理工作的通知》《关于成立山东省钢结构装配式住宅专家委员会的通知》7个配套政策及技术性文件，为钢结构装配式住宅发展提供政策保障。扎实推进钢结构装配式住宅建设试点，落实试点项目214万平方米。推动济南新旧动能转换先行区打造钢结构装配式住宅集中示范区。住房城乡建设部领导先后4次来山东省调研，对试点工作给予充分肯定，部工作简报宣传推广山东省经验做法。积极申报国家第二批装配式建筑示范，日照、聊城获批装配式建筑范例城市，嘉祥高铁产业园获批园区类产业基地示范、德建集团等6家公司获批企业类产业基地示范，累计创建国家级装配式建筑示范（范例）城市7个、产业基地34个。

【建筑节能标准提升】2020年，山东省住房和城乡建设厅提高节能要求，发布新版《公共建筑节能设计标准》，于2020年6月1日起正式实施，在全国率先将公共建筑节能率提升至72.5%。12月4日，编制印发《近零能耗公共建筑技术导则》，开展被动式超低能耗建筑示范调研督导，积极引导发展超低能耗、近零能耗建筑。10月12日，山东省住房和城乡建设印发《关于加强民用建筑节能管理工作的通知》，在全国率先发布建筑节能设计专篇示范文本，进一步规范明确民用建筑节能管理要求。

【科技成果转化】10月10日，山东省住房和城乡建设厅编制发布《山东省装配式临时传染病房设计技术导则》等技术导则5项。指导青建集团组织开展模块化装配式建筑技术体系专家论证，推动新型结构技术体系在山东省工程中率先应用。"十三五"以来，推荐系统内项目获省科技进步一等奖4项、二等奖8项，中国专利优秀奖1项、省专利奖4项，华夏建设科技奖28项，省被动式超低能耗建筑工程技术研究中心、省组合桩基础工程技术研究中心、省轨道交通先进水泥基材料工程技术研究中心3个科研平台列为省级工程技术研究中心，为建设科技创新发展提供了有力支撑。

（山东省住房和城乡建设厅）

河 南 省

概况

2020年，河南省住房城乡建设系统统筹疫情防控和住房城乡建设，攻坚克难，担当作为，圆满完成各项目标任务。全省住房城乡建设领域完成投资超过1.5万亿元、占全省固定资产投资近1/3，实现税收1400多亿元、占全省约30%。

【新型城镇化】2020年，河南省优化郑州国家中心城市、洛阳副中心城市及郑州、洛阳两大都市圈战略定位空间布局。省委、省政府召开加快洛阳副中心城市建设工作推进会，出台《关于支持洛阳以开放为引领加快建设中原城市群副中心城市的若干意见》；省住房城乡建设厅印发《关于支持洛阳以开放为引领加快建设中原城市群副中心城市的意见》；省委办公厅、省政府办公厅印发《洛阳都市圈发展规划（2020—2035）》。出台郑州都市圈生态专项规划，编制完成洛阳都市圈发展规划。深入推进百城建设提质工程，加快补齐基础设施和公共服务短板，改造老旧小区76万户，基本建成棚改安置房24.8万套。截至年底，全省城镇化率达到54.2%，比上年提高 0.99 个百分点，保持了较好的城镇化发展态势，低于全国平均水平 5.8 个百分点。

【疫情防控和复工复产】2020 年，全省市政公用行业 20 多万名职工全力保障城市给排水、供气、供热正常运行，16 万环卫工人认真开展城市保洁消杀，40 多万物业服务人员积极参与社区联防联控，施工企业克服困难高效完成疫情防治医院建设任务。全省暂缓缴纳和清退建筑企业工资保证金 32 亿元，出具保函替代现金 56 亿元，支持 6491 家企业通过缓缴、停缴住房公积金，降低缴存比例，减少缴存额近 10 亿元。全系统 14 个集体、27 名个人获省级以上抗击新冠肺炎疫情先进称号。

【助力三大攻坚战】强力推进脱贫攻坚。全省完成 4 类重点对象危房改造 2.27 万户，实现存量危房清零。完成 158.1 万户建档立卡贫困户住房安全有保障核验。坚持"打、治、建"一体推进，持续开展房屋建筑和市政基础设施工程、城市管理等领域乱象整治。郑州市城乡建设局获全省扫黑除恶专项斗争先进单位。加强污染防治。实施差异化扬尘管控措施，市县城区主次干道基本实现机械化清扫。省辖市建成区 144 处黑臭水体全部完成整治，县市建成区 179 处黑臭水体已完成排污口治理、截污纳管等整治工作。15.3 万户餐饮服务单位全部安装油烟净化设备，基本实现达标排放。

【房地产市场】河南省政府成立房地产市场平稳健康发展领导小组，加快房地产长效机制建设，强化市场运行分析和监测预警，实现房屋交易网签备案全省联网。面对疫情冲击，省住房城乡建设厅会同七部门《关于应对新冠肺炎疫情影响防范和化解房地产市场风险的若干意见》。全省完成房地产投资 7782.29 亿元，同比增长 4.3%，位列全国第五、中部第一；商品住宅销售额 6877.7 亿元，同比增长 4%，位列全国第六、中部第一；商品住宅销售面积 12831.18 万平方米，位列全国第三、中部第一，下降 1.2%，基本实现"稳地价、稳房价、稳预期"目标。加快发展住房租赁市场。12 家专业化住房租赁企业持有存量房源约 5.4 万套。开展住房租赁调查，推动实现住房租赁网签数据全省联网。持续推进住房保障工作。全省开工棚改安置房 16.19 万套、基本建成 24.77 万套，新开工公租房 4623 套。

【百城建设提质工程】2020 年，全省实施百城建设提质工程项目 7900 多个，完成投资 6865.16 亿元。印发《城镇老旧小区综合改造技术导则》，争取国家补助资金 96.5 亿元，完成老旧小区改造 76 万户，超过省民生实事确定的不少于 50 万户的目标。全省新建供热管网 839 公里、热力站 714 座，新增供热面积 5741 万平方米。制定实施历史文化名城名镇名村保护三年行动方案，确定历史建筑 1633 处，开展第七批省级名镇名村调查。研究制定城市与建筑风貌管控实施意见，推进重要节点、重点地区城市设计。开展生态园林城市建设，新增城市绿地 7200 公顷、城市绿道 1000 公里。6 个城市创建为国家节水型城市，4 个城市创建为省级节水型城市。

【城市治理能力】大力推行城市生活垃圾分类，国家试点郑州市垃圾分类覆盖率达 99%，省级试点洛阳市达 50%，全省共完成分类试点 356 万户。建成 10 座垃圾焚烧处理设施，日处理能力 8200 吨。安阳、信阳等地建成 19 座餐厨废弃物处理设施。17 个省辖市数字城管平台与住房城乡建设部平台联网，全年处理事部件超 800 万件。大力推行路（街）长制，加强城市主干道、背街小巷整治提升，强化市政设施运营监管和排水防涝管理。国家首批样本城市郑州、洛阳开展了城市体检。推动实施《河南省物业管理条例》，健全物业管理"1＋N"监管制度，制定实施物业承接查验办法。出台进一步加强城市管理执法服务工作的指导意见，开展"执法服务水平提升年"主题活动，宣传"最美城管人"先进事迹，着力提升城管执法服务水平。河南省加强城管执法队伍建设的做法得到住房城乡建设部的充分肯定，郑州市城管局和漯河、南阳、信阳、兰考等市县城市管理执法支队受到住房城乡建设部表彰。《河南省城市供水管理办法》颁布实施，修订地方性法规和政府规章 3 部。省住房城乡建设厅获全国法治政府建设、全省依法行政工作先进单位称号，许昌市城管局、郑州市金水区城市综合执法局获全省服务型行政执法标兵单位称号。

【村镇建设】2020 年，河南省在 104 个试点乡镇开展环境综合整治。全国县域新型城镇化与小城镇人居环境整治工作现场会在郏县召开。全省 121 个涉农县（市、区）90% 以上村庄基本建成"扫干净、转运走、处理好、保持住"治理体系，济源、新密、兰考、汝州、禹州 5 个国家第一批农村生活垃圾分类试点 83 个乡镇、1934 个行政村开展了分类示范，光山、永城入选国家第二批试点，新郑等 18 个县市开展省级试点。1341 处非正规垃圾堆放点全部完成整治。配合有关部门出台农村宅基地和村民自建住房管理办法，编制农村住房设计图集。完成 2.49 万户农房抗震改造。全省 4.4 万多个非城区行政村全部开展农村房屋安全隐患排查整治。制定实施传统村落保护发展三年行动方案和规划导则，开展传统村落挂牌和第六批省级传统村落普查，推进传统村落数字博物馆建设。

【建筑业转型升级】全省完成建筑业总产值13122.55亿元，同比增长3.3%，总量位居全国第八、中部第二。出台支持建筑业转型发展10条意见，召开全省建筑业转型发展现场会，大力培育龙头骨干企业，新增2家特级企业，全省施工总承包特级企业达到33家、特级资质41项。在全国率先将建筑业、工程监理、勘察设计企业资质延期至2021年6月，惠及企业8900余家，济源、林州、固始、长垣和96个省重点建筑企业建立100个建筑业贫困劳动力就业创业基地。联合八部门出台发展装配式建筑支持政策，将装配式建筑相关要求纳入供地方案，全省累计实施装配式建筑项目2300多万平方米。省住房城乡建设厅等9部门联合印发《河南省绿色建筑创建行动实施方案》，全省绿色建筑占比达55%以上。商丘市、许昌市全面执行绿色建筑标准，政府投资或主导项目达到绿色建筑星级标准。在全国率先编制既有农房建筑能效提升技术导则等系列标准，创新实施农房节能改造，清洁取暖"鹤壁模式"全国推广，10个试点城市开展低能耗、超低能耗建筑试点示范，在国家考核中成绩全优、连续三年位列第一方阵。率先在全国试行工程造价资质告知承诺制，郑州、开封、洛阳自贸区取消工程造价资质审批，探索推广工程造价职业保险。制定22项地方标准和3项定额，基本建成地方标准体系。形成一批绿色施工、建筑信息模型（BIM）技术等集成应用示范工程。由郑州大学作为主要完成单位完成的"淮河流域闸坝型河流废水治理与生态安全利用关键技术"获国家科学技术进步奖二等奖，中建七局、省建科院技术成果分获省科技进步奖和华夏建设科学技术奖。

【工程质量安全监管】2020年，河南省深入开展安全生产专项整治三年行动。重点排查整治地下有限空间作业、城镇燃气、建筑施工危大工程3个领域风险隐患。成立6个暗查暗访组，排查整治安全隐患3000多个。扎实开展房屋建筑安全隐患排查整治专项行动，全省累计排查各类建筑87.5万余栋，加固2497栋、停用1996栋、拆除1579栋、组织人员撤离1472栋。省住房城乡建设厅等10部门联合印发《河南省完善质量保障体系提升建筑工程品质实施意见》，开展建设工程质量检测机构专项治理。全省987家二级（含）以上建筑施工总承包企业和1207个单项合同额亿元以上项目建成运行双控体系。承接建设工程消防设计审查验收，全面开展29类建设工程消防审验。6个省辖市、44个县市成立消防业务科室，增加编制183个。洛阳市隋唐洛阳城应天门遗址保护展示工程、武陟县人民医院急诊医技综合楼及地下停车场工程项目、郑州市奥林匹克体育中心—体育场、濮阳龙丰"上大压小"新建项目4项工程获本年度中国建设工程鲁班奖（国家优质工程），郑州至徐州铁路客运专线工程获中国土木工程詹天佑奖。

【住房城乡建设领域改革】2020年，省住房城乡建设厅审批事项13个主项、126个子项全部实现"一网通办"、零跑腿办理、不见面审批、证照电子化。水、气、暖报装时限分别压缩至5、6、8个工作日以内。工程建设项目全流程审批时间压减到100个工作日以内。全省上线住房公积金服务事项540项，覆盖17个省辖市、济源示范区和9个省直管县（市），接入数量全国领先，住房公积金服务实现掌上办、随身办。

【住房城乡建设系统法规建设】省政府公布《河南省城市供水管理办法》；年内，河南省人大常委会先后批准了《商丘市城市扬尘污染防治条例》《新乡市居民住宅区消防安全管理条例》《驻马店市燃气管理条例》《洛阳市城市河道管理条例》《洛阳市城市轨道交通条例》《焦作市生活垃圾分类管理条例》《漯河市城市绿化条例》《郑州市房屋使用安全管理条例》《开封古城保护条例》《鹤壁市浚县古城保护条例》《南阳市中小学校幼儿园规划建设条例》《洛阳市历史文化名城保护条例》《鹤壁市淇河保护条例》。这些法规的颁布实施，进一步推进全省住房城乡建设事业的高质量发展。

【住房城乡建设执法监督管理】组织召开全省城市管理和执法工作电视电话会议，对深化城市执法体制改革提出新要求。向住房城乡建设部报送执法人员及协管人员管理、城市管理如何与基层治理相结合2个专题调研报告，向省委编办报送城市执法体制改革重点难点问题调研报告。组织各省辖市、济源示范区城市管理执法台账填报联络员培训，按时完成全国城市管理执法台账填报及审核。持续开展"强基础转作风树形象打造人民满意城管"三年行动，印发《关于进一步加强全省城市管理执法服务工作的指导意见》，得到住房城乡建设部肯定。本年度河南省有5个单位和7名个人受到住房城乡建设部通报表扬。组织7名处级干部参加住房城乡建设部举办的全国城市管理执法处级以上干部培训班。组织了全省城市管理执法骨干培训班。在《河南建设》刊发全省城管执法系统首届"最美城管人"事迹专刊，编印《河南省首届"最美城管人"先进事迹宣传画册》，全面展示城管执法队伍新形象。全年共接到住房城乡建设领域投诉举报案件线索439件，实际受理171件，占投诉举报案件线索总数的38.9%。全年共办理安全生产类行政处罚案件22起，对涉及的25家企业进行立案调查，对18家企业下达了行政处罚决定书。对已下达行政处罚决定书的案件均按要求及时提交信用河南网站进行公示。对12批申报安全生产许可证和13批申报建设工程质量检测机构资质的1万余家企业进行了违法违规行为核查。截至年底，共向各级政法机关和纪检监察部门移交涉黑涉恶线索831件，其中省住房城乡建设厅本级移交黑恶线索及"保护伞"线索123件。组织开展工程招投标等重点领域违法违规问题整治。截至年底，全省建成区15.3万家餐饮服务单位全部安装油烟净化设备，基本实现达标排放；192个在线监控平台全部建成，安装在线监控9594家，较年度目标超额完成500余家；全年各地共下发限期整改通知书37399份，约谈餐饮业主10230家，实施行政处罚1122件，曝光642起。

【职工技能竞赛】2020年，河南省组织开展了13个工种的省级职业技能竞赛活动（即防水工、水处理工、建筑信息模型员、测量员、造价员、装配式建筑施工员、砌筑工、钢筋工、架子工、电工、资料员、物业设备维修电工、物业管理服务员等）。在水处理工全国决赛中，中原环保股份有限公司职工张丽萍获得自来水生产工第1名；郑州污水净化有限公司职工陈超越、郝琳分别获得城镇污水处理工第4名、水环境监测员第5名，河南省代表队获大赛团体二等奖。郝琳同时获得全国住房城乡建设系统第46届世界技能大赛水处理工技能竞赛选拔赛第3名，代表全国住房和城乡建设系统选手参加世界技能大赛的集训选拔。参加职业技能竞赛活动的10名职工获得河南省五一劳动奖章称号，30名职工获得河南省技术能手称号。

【中原城乡建设大工匠选树】省住房城乡建设厅、省建设工会组织开展2020年中原城乡建设大工匠推荐选树。评选出了20名"中原城乡建设大工匠"。

【建设人事教育工作】印发《关于明确全省建设类现场专业人员技能工人培训机构恢复开展线下培训所需条件的通知》和《关于在疫情防控常态化条件下做好全省住房城乡建设系统现场专业人员及技能工人培训工作的通知》。举办全省规划建设管理高级研修班。省委组织部、省住房城乡建设厅举办全省提升城市治理能力高级研修班。组织全省现场专业人员复检工作，全年复检82082人。全省培训技能工人62691人，经考核合格发放培训合格证书61423本。组织国务院特殊津贴、省政府特殊津贴、第三届省杰出专业技术人才和第五届中原技能大奖评选工作。组织开展全省住房城乡建设行业技师、高级技师职业资格考评，共有147人考评合格，其中技师职业资格考评合格人员有68人、高级技师职业资格考评合格人员79人。开展第二批装配式建筑人才培养基地遴选推荐工作，河南省建筑科学研究院有限公司等15家单位被确定为全省装配式建筑人才培养基地。

城市建设与管理

【城市基础设施建设】组织编制完成《河南省市政公用设施养护维修定额》《城市道路病害体探测技术标准》《城市道路路面超薄层复合罩面技术标准》《燃气管道采用水平定向钻工法下穿普速铁路路基工程技术导则》4项定额标准。印发《关于加强公共停车设施规划建设管理的实施意见》和《河南省既有停车位电动汽车充电设施建设实施办法》。全省共开工建设管廊260公里（新开工建设130公里，续建128公里），形成廊体155公里。印发《关于开展人行道净化和自行车专用道建设工作的通知》，共开展试点项目44个。组织召开全省城市照明论坛，并对《河南省多功能灯杆技术标准》《河南省夜景照明技术标准》进行了研究讨论。郑州、许昌、济源市成功创建为国家节水型城市，平顶山、新乡等11个省辖市，汝州、登封、长垣3个县级城市成功创建为省级节水型城市，鹤壁、漯河、驻马店、平顶山和汝州、长垣6个城市成功创建国家节水型城市。全省城市污水再生利用能力达到250万吨/日，实际利用率约为180万吨/日。有11个污水处理厂尾水人工湿地建成投运，人工湿地处理能力达到46万吨/日。

【城市生态建设】印发《关于河南省黄河沿线城市水务高质量发展的指导意见》《河南省2020年城市水污染防治攻坚战实施方案的通知》等，推进城市水务高质量发展和水污染治理工作。截至年底，全省省辖市144处黑臭水体已全部整治完成，县（市）179处黑臭水体已全部完成整治，基本消除黑臭现象。全省新增污水处理能力140万吨/日，新增污水管网长度约2000公里，新建及改造污水管网长度1300公里。全省县级及以上城市运营的污水处理厂230座，建成规模1202万吨/日，处理污水量38.06亿立方米，COD年削减量85.56万吨，设市城市和县城污水集中处理率分别达到97.7%、96.4%,省辖市再生水利用率平均达到32.58%,污泥无害化处置率98%。全省城市建城区建设海绵城市项目5000余个,达到海绵城市建设标准的面积约1000平方公里。鹤壁市高质量完成了国家海绵城市试点工作任务,并印发《鹤壁市海绵城市建设工程施工导则》等8部标准规范供全省参考。全省新建改造排水管网长度约850公里。全省共新建燃气管网3200公里,新发展燃气用户113万户,燃气普及率达97%以上。全省共新建、改建供热管网882公里,新建、改造热力站770座,新增集中供热面积6281万平方米。郑州、新乡等7个大气污染通道城市集中供热普及率均达到90%以上,洛阳、三门峡2个汾渭平原城市集中供热普及率达到88%以上。

【城镇老旧小区改造】2020年,全省高质量完成城镇老旧小区改造76万户,超额完成省政府下达的城镇老旧小区改造不少于50万户的目标任务。全省城镇老旧小区完成投资达129.1亿元。在城镇老旧小区改造中,新增配套停车位84774个、加装充电设施59486个,完善文化休闲、体育健身设施5723处,新增、改建社区综合服务设施209个、养老托育服务设施239个,便民市场、便利店、助餐、家政保洁等249个。

【城市管理】2020年,启动《河南省生活垃圾管理办法》修订,先后征求了全省住房城乡建设系统和20多家省直机关的意见建议,计划于2021年出台;启动《河南省城市生活垃圾分类管理条例》立法调研。指导配合焦作市制定出台《焦作市生活垃圾分类管理条例》。截至年底,郑州市完成生活垃圾分类试点246.96万户,覆盖率达98.08%。安阳市、洛阳市、焦作市、开封市4个省级生活垃圾分类试点城市进展顺利,完成58.6万户试点。其他13个省辖市已完成48万户试点。省住房城乡建设厅、省发展改革委召开全省餐厨废弃物无害化处置和资源化利用电视电话会议和餐厨废弃物资源化利用技术研讨会,督促指导各地加快餐厨废弃物处理设施建设。截至年底,全省已建成8座餐厨废弃物处置设施,处理能力达到1105吨/日。截至年底,全省新建成生活垃圾焚烧设施6座,新增焚烧处理能力6500吨/日。各市、县每天对4亿多平方米的主次干道和1.3亿平方米的城乡接合部、背街小巷道路实施机械化清扫;每周组织开展全城大扫除活动,共出动作业600多万人次,清理积存垃圾41万吨,清理小广告70万余处。积极推进城市综合管理服务平台建设联网,研究起草了《河南省城市综合管理服务平台建设工作方案》,上报住房城乡建设部。17个省辖市全部实现与住房城乡建设部平台联网。召开全省城市排水防涝电视电话会议,确保城市平安度汛。在全省建设领域招标投标专项整治会上以及《全省城市供水管理办法》宣贯会上对城市排水防涝工作进行了部署和强调。印发《关于做好2020年城市排水防涝工作的通知》,明确排水防涝重点任务。指导市政公用行业服务提升,在《2020年河南省优化营商环境专项工作方案》《2020年全省工程建设项目审批制度改革工作要点》《2020年全省城市管理重点工作》中明确将供水、供气、供暖报装时限压缩至5个、6个、8个工作日以内。印发《关于进一步深入推进水气暖服务便民化的通知》,要求各地进一步压缩报装时限、推进"一证通办"、推进服务向县乡延伸。省辖市水气暖报装时间已提前达标,部分城市水气暖报装时间压缩至3个工作日以内。

【城市安全生产整治】印发《关于开展城市管理系统安全生产整治的紧急通知》《关于关于切实做好城镇市政设施地下有限空间安全防范工作的紧急通知》《关于进一步加强市政基础设施运行安全的紧急通知》等,部署开展全省城市管理系统安全生产整治。组织召开全省住房城乡建设系统安全管理培训会,组织各地主管部门组织企业和一线作业人员学习。开展排水防涝、燃气管理以及市政设施安全运行暗访,对暗访中发现的问题向当地主管部门下发隐患交办通知书。印发《关于对全省城市市政设施地下有限空间安全防范等进行工作指导和技术交流的通知》,组成18个工作组开展地下有限空间等安全生产工作进行指导交流。编印《排水管道养护作业从业人员安全手册》,并组织全省行业主管部门和相关企业学习。省住房城乡建设厅、省安委办、省应急厅印发《河南省地下有限空间作业安全管理规定》,对地下有限空间作业的安全管控从管理和技术层面进行了规范。印发《关于加强全省住房城乡建设领域地下有限空间作业安全管理的通知》,进一步明确相关工作要求。

印发《关于深化开展燃气安全生产隐患大排查大整治暨用气安全宣传工作的通知》,共检查燃气经营企业数量1915家/次,整改消除隐患4094项。省市场监管局、省住房城乡建设厅、省公安厅、省交通运输厅、省应急管理厅印发《关于开展河南省液化石油气瓶和瓶装液化石油气安全专项整治的通知》,严厉打击非法经营、充装和运输瓶装液化石油气以及翻新报废液化石油气瓶的行为。

印发《关于做好夏秋季供热采暖有关工作的通

知》，全省共检修供热管网 7331 公里，检修热力站、热源厂 8171 座。开展城市供水水质、城镇污水处理和燃气行业"双随机、一公开"监督检查，促进行业运行水平提升。对全省城市道路限高限宽设施开展全面排查、统计，对需要保留的限高限宽设施进行备案登记。参与全省违规设立限高限宽设施联席会议办公室组织督导检查，深入推进限高限宽设施整治。对于城市道路上铁路部门设立的限高限宽设施进行信息核实。据统计，已拆除城市道路限高限宽设施 527 处，需保留登记的城市道路限高限宽设施 745 处。

【智慧城市建设和数字化城市管理】截至年底，各市、县数字城管平台覆盖面积达到 6401 平方公里，纳入平台各类城市部件达到 1458 万个。17 个省辖市、济源示范区和 77 个县（市）建立了数字城管机构。62 个市、县平台通过省住房城乡建设厅或省辖市数字城管主管部门组织的验收。各市、县平台共受理处理各类城市管理问题案件 1080 万件，12319 热线受理处理案件 46.65 万件。印发《河南智慧城管建设导则（试行）》，指导和规范全省智慧城管建设和城市综合管理服务平台搭建。79 个市县已开通微信公众平台或市民通"APP"。18 个市、县初步建成了智慧环卫系统，10 个市、县初步建成了智慧园林系统，12 个市、县初步建成了智慧执法系统。各市、县平台已自建监控 6087 路，共享公安等其他部门监控 34 万路，购置无人机 51 台，信息采集车 111 辆。17 个省辖市城管平台全部实现了与住房城乡建设部平台联网。省住房城乡建设厅等 8 部门联合印发《关于加强城市停车设施建设管理的指导意见》。积极推进智慧停车建设，9 个市、县初步建成了智慧停车系统。郑州市和平顶山市智慧停车项目投入试运行。

【城市设计和城市体检管理】郑州、漯河积极开展总体城市设计和重点地段城市设计编制。其中，郑州市完成重点地段城市设计 54 项、专项城市设计 2 项，城市设计编制覆盖率达 90%，实现重要地区全覆盖；出台《郑州市城市设计管理办法》《郑州市中心城区城市设计导则》《郑州市城市设计编制暂行规定》等法规。漯河市建立了规划编制技术审查中心、重要街区项目城市设计专家决策制度、规划设计项目实施联审联批制度、规划设计项目报建前置辅导制等城市设计四项审查机制，以进一步有效管控城市设计实施效果。全省 14 个省辖市城市完成了城市总体设计，县级以上城市全部开展了重要节点、重点地区的城市设计。郑州市、洛阳市入选 2020 年城市体检的样本城市，两市初步完成城市体检评估工作实施方案，从 8 个方面、"36＋N"个子项评估城市发展质量和水平，为补短板和提升城市韧性打下基础。《河南省地下空间开发利用"十四五"规划》已经省发展改革委备案。

【历史文化名城保护】2020 年，全省 8 个国家级历史文化名城正在结合空间规划积极推进规划期限至 2035 年的保护规划，其中，《商丘市历史文化名城保护规划（2018—2035）》已于 2018 年经省政府批准公布，《濮阳市历史文化名城保护规划（2019—2035）》已报请省政府待公布，《南阳市历史文化名城保护规划（2019—2035）》已通过住房城乡建设部专家评审，郑州市、洛阳市、开封市、浚县等 5 个国家级历史文化名城正在结合空间规划积极修编规划期限至 2035 年的保护规划。15 个省级历史文化名城绝大部分保护规划也正在修编中。4 月，省住房城乡建设厅、省文物局印发《河南省历史文化名城名镇名村保护三年行动实施方案（2020—2023 年）》，全省各级历史文化名城全面启动规划期至 2035 年的各级保护规划编制。省住房城乡建设厅向省人大常委会提请开展《河南省历史文化名城保护条例》修订，现已完成了全省历史文化名城名镇名村条例的起草工作。

【资源普查及保护修缮工作】2020 年，全省普查历史文化街区共计 59 片，其中 15 片已经省政府正式公布；郑州市二砂等 10 片已经省政府核定通过，第三批申报待审核的历史文化街区还有 27 片。国家级历史文化名城均划定历史文化街区 2 片以上（包括待审定），省级历史文化名城均划定历史街区 1 片以上（包括待审定），划定完成率为 100%；确定公布历史建筑 1694 处，普查待公布历史建筑 237 处。全省各地历史建筑已挂牌 575 处，完成建档 767 处，完成保护修缮历史建筑 562 处。根据现有统计数据，全省各级历史文化名城近 3 年资金投入总量 20.7 亿元；全省统计活化利用历史建筑 338 处，其中安阳市 110 处、淇县 48 处、卫辉市 31 处。推动保护修复的方式方法走上正确轨道。开封市成立了开封宋都古城保护与修缮领导协调机制，省政府审议通过了《开封宋都古城保护与修缮规划》，科学推进宋都古城保护与修缮，形成了老城改造的"开封模式"；洛阳市开展大遗址保护、隋唐洛阳城中轴线修复工作，2016 年以来省政府拨付 15 亿元、洛阳市政府持续投入近 20 亿元，推动天明堂遗址保护展示工程。这些地方摒弃了房地产开发，以政府投入为主导、"小规模、微改造"开展古城保护修复的方式方法，将开启全省科学保护历史文化名城的正确方向。

【首届最美城管人评选】2020年，省住房城乡建设厅在全省城管执法系统组织开展了首届"最美城管人"推选活动。张珺等20名同志被评选为全省城管执法系统首届"最美城管人"。

【园林城市创建】2020年，河南省园林城市建设围绕省委、省政府关于建设"森林河南"重大部署和实现"城市园林化"目标，构建具有中原特色的城市园林绿化生态体系。印发《关于做好全省2020年春季城市园林绿化建设各项准备工作的通知》，推动疫情防控常态化条件下加快城市园林绿化建设。组织专家对提出国家园林城市（县城、城镇）创建申请的市县进行调研评估，提出改造建设意见建议。将园林城市（县城）创建作为贯彻落实加强黄河流域生态保护和城市高质量发展的重要举措。全省确定推荐国家生态园林市、园林城市（县城、城镇）创建候选市县镇37个。25个市、县完成了国家园林城市、县城复查，组织国家园林城市系列创建调研评估，鹤壁市等37个城市、县城、城镇开展国家生态园林城市（县城、城镇）创建，国家园林城市（县城、城镇）数量位居全国首位；实现了省级园林城市、县城全覆盖。完成对许昌市等25个市县的园林城市（县城）创建成果巩固提升情况的普查，要求4个县城限期整改，2个县城全面整改。

【省级园林县城及园林城镇评选】组织市政、园林、环境保护专家对有关市县镇（乡）进行相关资料审查和实地考察。经研究，决定命名杞县为"河南省园林县城"；平原城乡一体化示范区为"河南省园林城区"；新郑市辛店镇等34个镇（乡）为"河南省园林城镇（乡）"。

【城市园林绿化高质量发展】2020年，全省城市建成区建设大型公园70个、老旧城区布局建成游园、小微绿地900余处，新增城市绿地面积7200公顷，治理绿地中黄土裸露地面100万平方米，建成城市绿色廊道1200公里，城市建成区绿地率达到36.3%、绿化覆盖率40.13%、人均公园绿地面积13.7平方米，全省城市生态环境得到明显改善。结合城市建成区塌陷区、城市废弃地和建筑垃圾治理、黑臭水体治理，实施水系连通工程，开展城市绿化生态修复，建设沿河湖滨水绿道、林荫道400余公里。推广公园拆围透绿经验，鼓励各市县开展中心城区公园无围墙改造提升行动，满足城市居民入园的便利性，提升植物配置及服务配套设施，增强城市公园绿地防灾避险功能，提高城市公园绿地品质，增强公园绿地绿色生态辐射能力，改善老旧城区生态环境。引导各地利用城市绿地中的闲置地、广场和大型滨河绿地及郊野公园，建设足球场地、增添体育活动设施，建成5人制及以上的足球场地设施462处，并建成一批体育公园。全年建成立体绿化50余万平方米。支持开封38届菊花节、洛阳38届牡丹游园、中国南阳第十届世界月季博览会、鄢陵第20届花卉展等地方大型园林花事展会活动举办，助力地方经济绿色发展和转型升级。编制完成《河南省园林绿化工程预算定额》，推动制定《河南省城市公园管理办法》和《河南省城市绿化实施办法》等，为园林绿化行业高质量发展打好基础。

【绿色廊道建设】按照"有路就有树，有树就有荫"的理念，以"林荫如盖、连续无间断"为目标，实施林荫道建设，加强慢车道、人行道和道路节点绿地的统筹规划建设，构建四通八达、路绿相随的城市生态绿脉。全省城市林荫道达标率达到70%，道路林荫系统进一步完善。以中原城市群建设、郑州国家中心城市建设、洛阳副中心城市群建设为契机，推进城乡一体、功能多样的绿色廊道建设，全省城市建成区新增绿道1200公里。

【城市绿地保护】截至年底，全省122个市（县）完成城市绿地系统规划修编及绿线划定与公示。召开全省城市绿地养护管理现场会，促进城市绿地养护管理工作进一步向标准化和市场化方向迈进。严格实施绿线划定及保护制度，全省17个省辖市、济源示范区均完成市级《城市绿化条例》的立法工作并有效实施。指导各地做好古树名木及古树后备资源的普查，对城市内的古树名木及后备资源进行信息登记存档。引导各地做好城市防灾避险公园建设，加强城市公园绿地在社会公共健康的探索和经验总结。

【城市园林绿化建设督促检查】2020年，河南开展城市园林绿化建设"政绩工程""面子工程"自查自纠，坚决防止城市园林绿化建设中出现反生态、反自然的建设项目。加强在建、待建的城市出入口景观建设项目监管，避免和禁止建设大广场、大草坪、大水面、种大树、植名木、挖湖堆山等形象工程、政绩工程，对已建成的大广场、大色块、大水面、大草坪、挖湖堆山、景观道路（行道树），督促相关市县结合城市基础设施提升，进行综合整治改造，切实把园林绿化工程建成民生工程、民心工程。

【城市维护建设资金】2020年，河南城市市政公用设施建设固定资产投资完成投资1008.58亿元，比上年增长12%。其中，供水208844万元，燃气95970万元，集中供热292446万元，轨道交通

3719970万元，道路桥梁2704778万元，地下综合管廊165282万元，排水659682万元（污水处理262501万元，污泥处置8961万元，再生水利用80496万元），园林绿化1659118万元，市容环境卫生497773万元（垃圾处理449046万元）。

村镇规划与建设

【概况】全省纳入村镇统计的建制镇1068个，乡576个，镇乡级特殊区域3个，行政村42070个，自然村183559个，镇（乡）域建成区及村庄现状用地面积138.5万公顷，村庄常住人口5872.04万人。全年全省村镇建设投资合计1248.46亿元，其中住宅建设投资7321620万元、公共建筑投资1145778万元、生产性建筑投资1321471万元、市政公用设施投资2695719万元。全省镇（乡）域建成区道路长度49877公里，道路面积30507万平方米，污水处理厂517个，年污水处理总量35686万立方米；排水管道长度14656.86公里；年生活垃圾清运量524.55万吨，年生活垃圾处理量410.72万吨；公共厕所10542座。村庄内道路长度198010公里，供水管道长度117838公里；年生活用水量145966万立方米；集中供热面积723.88万平方米；村庄集中供水行政村31220个，排水管道沟渠长度55700公里，对生活污水进行处理的行政村7692个，对生活垃圾进行处理的行政村24758个，有生活垃圾收集点的行政村30978个，年生活垃圾清运量1514.24万吨。

【村镇规划和建设管理】省住房城乡建设厅、省文物局印发《河南省传统村落保护发展三年行动实施方案（2020—2022年）》《河南省历史文化名城名镇名村保护三年行动实施方案（2020—2022年）》，对807个省级传统村落保护发展情况开展检查，警示和退出26个；组织各地对名镇名村保护工作开展情况"一镇（村）一表"自查评估。组织第六批河南省传统村落调查认定，将具有鲜明中原地域特色和传统文化特色的传统村落列入保护传统村落名录；重点关注"长城、长征、大运河和黄河"四大文化主题和红色革命文化，组织各地开展历史文化名镇名村普查推荐。研究制定传统村落保护发展规划编制导则等规范性文件，为传统村落保护发展提供支撑。开展传统村落挂牌保护，更新和完善中国传统村落数字信息。组织征集传统村落摄影作品，举办"寻回老家的路——河南省传统村落摄影作品展览"。印发《关于开展小城镇环境综合整治的实施意见》，指导鹤壁市、宜阳县、郏县、修武县作为全域整治试点开展相关工作，指导市、县两级制定出台实施方案，根据实际分级、分类确立试点示范乡镇104个。指导郏县、修武、宜阳开展乡村建设评价、县域新型城镇化试点。指导光山县入选全国共同缔造活动试点县、成功创建全国第一批共同缔造活动培训基地（全国共17个县），光山县晏河乡帅洼村和槐店乡晏岗村、兰考县东坝乡张庄村、信阳市平桥区明港镇新集村4个村庄入选42个全国共同缔造活动精选试点村。

【农村生活垃圾治理】截至年底，全省121个涉农县（市、区）全部通过省级达标验收，90%以上的村庄农村生活垃圾治理得到有效治理，1341处非正规垃圾堆放点已全部清理整治完成。济源示范区、兰考等7个国家级和新郑市等18个省级农村生活垃圾分类示范试点工作稳步推进，建立起了"扫干净、转运走、处理好、保持住"的农村生活垃圾治理体系，农村环境脏乱差的面貌得到明显改善。

【农村危房改造】全年国家下达河南省危房改造任务1.95万户，补助资金5.01亿元，省配套资金0.64亿元，全省实际完成改造2.27万户，截至6月底，实现存量危房清零。省危房改造工作被住房城乡建设部、财政部确定为2020年工作积极主动、成效明显的省，嵩县被国务院办公厅激励表彰。省住房城乡建设厅报送的《河南省农村危房改造工作进展情况、存在问题及建议》被国务院办公厅采纳为专报，省政府办公厅专门发贺信表扬。

【农房建设管理】省住房城乡建设厅、省农业农村厅、省自然资源厅印发《河南省农村宅基地和村民自建住房管理办法》，对全省做好农房建设管理工作提供制度保障。印发《河南省农村住房设计图集编制导则》，指导全省涉农县（市、区）以县为单位开展农村住房设计图册编制工作。截至年底，全省农村用作生产经营的房屋、公共用房已基本排查完毕。组织编制《河南省农村住房抗震鉴定技术指南（试行）》《河南省新建农村住房抗震设防技术导则（试行）》《河南省农村既有住房抗震加固技术指南（试行）》，对农房抗震设防要求、抗震鉴定、抗震设计及抗震加固标准进行明确。组织编制《高延性混凝土农房加固技术标准》，对农房抗震加固新技术提出材料性能、施工工艺及验收的相关标准。

住房保障和房地产业

【住房保障和保障性安居工程】2020年，全省保障性安居工程责任目标为：新开工棚改安置房12.9万套，新开工公租房4623套，基本建成17.02万套，发放租赁补贴2.01万户。截至年底，全省棚改开工安置房16.19万套，完成年度计划125.5%；基本建成24.77万套，完成年度计划的145.53%；新开工公租房4623套；发放租赁补贴2.1万户；全省保障性安居工程完成投资1165亿元。组织棚改专家对各地申报的棚改计划项目进行逐一现场核查，确保计划项目符合国家棚改要求。印发《关于做好2020年城镇保障性安居工程工作的通知》。同时，逐月对各市县开工、基本建成、公租房分配等工作情况进行全省通报。积极筹措棚改资金。争取中央财政专项补助资金10.31亿元，配套基础设施中央预算内投资补助17.14亿元，省财政补助3.96亿元。推动国开行河南分行和农发行河南分行新增发放贷款397.25亿元。发行棚改专项债334.84亿元，支持了348个棚改项目建设。会同中国建设银行河南省分行举办了全国公租房信息系统推广应用动员暨系统操作培训会，对工作进行了安排部署。逐步推行政府购买公租房后期管理服务，将共同缔造理念纳入公租房小区管理。各省辖市分别打造1~2个公租房管理示范小区。对新乡市部分政府投资公租房予以盘活处置。组织对商丘市部分政府投资公租房盘活处置项目进行核查。认真做好审计发现问题整改。本年共交办各类保障性安居工程资金投入和使用绩效审计问题12批次，整改率全部达到90%以上。扎实推进巡视发现问题整改。建立整改台账，指导相关城市细化整改方案，落实周报、月报制度。郑州市完成公租房准入条件和审批程序调整，郑州、洛阳、平顶山等3个市本年度再新开工建设4623套公租房。全省完成棚改逾期项目整改126个，共8.81万套，整改率86.63%。作为全国试点城市，郑州市确定了以回购安置房项目作为政策性租赁住房为主的思路。初步筹集城市棚户区改造项目计划136个，计划新开工安置住房12万套。

【**房地产开发**】2020年，河南省房地产业实现税收1006.6亿元。1~12月，全省完成房地产开发投资7782.3亿元，位列全国第五、中部第一，同比增长4.3%，增速较1~11月增加0.1个百分点，低于全国2.7个百分点，低于中部地区0.1个百分点。其中，12月完成投资871亿元，同比增长4.5%，环比增长9%，连续9个月当月投资量保持同比正增长。1~12月全省商品房销售面积14100.7万平方米，位列全国第三、中部第一，同比下降1.2%，降幅较1~11月扩大0.7个百分点，低于全国2.8个百分点，高于中部地区0.7个百分点。其中，12月商品房销售2477万平方米，同比下降4.8%，环比增长70.5%。1~12月全省商品房销售金额9364.4亿元，位列全国第六、中部第一，同比增长3.9%，增速较1~11月增加1.1个百分点，低于全国4.8个百分点，高于中部地区2.9个百分点。其中，12月销售额1717.7亿元，同比增长9.5%，环比增长88.4%。1~12月，全省房屋施工面积5.84亿平方米，同比增长1.5%，增速较1~11月增加0.2个百分点。新开工面积1.41亿平方米，位列全国第五、中部第一，同比下降10.9%，降幅较1~11月回落1.8个百分点。其中，12月新开工面积1601.7万平方米，同比增加6.5%，环比增长46.3%。企业到位资金小幅增长。1~12月全省房地产开发企业到位资金8059.1亿元，同比增长1.8%，增速较1—11月回落0.5个百分点。其中，国内贷款559.8亿元，同比下降15.1%；企业自筹资金4644.2亿元，同比增长0.2%；定金及预收款1888.1亿元，同比增长13.9%；个人按揭贷款898.2亿元，同比增长2.3%。与全国相比，全省房地产企业国内贷款占到位资金总量的6.9%，低于全国6.9个百分点，低于中部2.8个百分点，自筹资金占57.6%，高于全国24.8个百分点，高于中部20.4个百分点。据房管部门数据，1~12月，全省商品房销售均价6879元/平方米，同比增长1.7%，其中商品住宅成交均价6730.7元/平方米，增长2.8%。12月商品房成交均价7193.2元/平方米，同比增长8.6%，环比增长3.3%，其中住宅均价7102.5元/平方米，同比增长11.2%，环比增长3.9%。全省房地产开发企业土地购置面积831.27万平方米，同比下降3.1%，较上半年回落3个百分点，较三季度回升4.3个百分点，基本回升至疫情之前水平。截至年底，全省商品房库存1.9亿平方米，较上年同期增加1931万平方米，去化周期17个月。其中，商品住宅1.14亿平方米，较上年同期增加1491.4万平方米，去化周期12个月；非住宅库存7624.9万平方米，较上年同期增加439.57万平方米，去化周期70个月。

【**房地产市场管理**】坚持"房子是用来住的、不是用来炒的"定位，稳步推进房地产市场长效机制建设，成立全省房地产市场平稳健康发展工作领导小组，对落实城市主体责任制进行初步安排。多次召开座谈会商会议进行分析研判，加强市场运行监测和预警提示，督促有关城市采取有效措施稳定房地产市场，总体实现稳地价、稳房价、稳预期目标。建立房地产市场监测平台，加快推进房屋交易合同网签备案和全省联网，加强房地产市场运行监测和预警提示。针对部分地市土地成交价格出现异动情况，及时发函提醒，并提请省政府对有关市政府主要负责人进行约谈。配合省信访工作联席会议，持续推进问题楼盘处置化解，纳入省台账的523个问题楼盘化解425个，化解率81.3%。落实"放管服"改革要求，将二级房地产开发资质审批权限下放至各省辖市、省直管县市及郑州航空港经济综合实验区。

【房地产交易与产权管理】本年全省经房管部门合同备案的商品房成交面积13127万平方米，成交1131420套，与上年同期相比分别下降1.96%和3.49%，成交金额9030亿元，同比下降0.28%。商品住宅成交面积11832万平方米，成交966642套，与上年同期相比分别下降1.73%和1.97%，成交金额7964亿元，同比增长1.01%。全省二手房成交面积2707万平方米，同比下降6.45%，成交247996套，同比下降10.33%，成交金额1453亿元，同比下降6.37%。二手住宅成交面积2556万平方米，同比下降6.35%，成交235498套，同比下降11.04%，成交金额1362亿元，同比下降7.36%。加快推进房屋交易合同网签备案"一网通办"。印发《河南省住房城乡建设厅关于贯彻全国房屋网签备案业务数据标准提升房屋网签备案服务效能的通知》，督促各地强化监测，实现系统联网，加强融合，完善治理体系。印发《关于进一步落实房屋网签备案制度建立房地产市场长效机制的通知》，建立以房屋网签备案数据为基础的房地产市场监测体系。省住房城乡建设厅等六部门转发《住房和城乡建设部等六部门关于加强房屋网签备案信息共享提升公共服务水平的通知》，落实房地产调控政策、保障房屋交易安全、提供便捷交易服务、营造良好市场环境。

【住房租赁管理】截至年底，全省规模化、专业化住房租赁企业200多家。郑州市先后成功申报全国住房租赁市场发展试点、利用集体建设用地建设租赁住房试点、中央财政支持住房租赁市场发展试点城市。印发《关于做好疫情防控常态化前提下房屋租赁管理服务有关工作的通知》，全省非国有房屋权属单位共减免房租近7000万元，有效促进住房租赁市场的健康发展。省住房城乡建设厅等部门转发住房和城乡建设部《关于整顿规范住房租赁市场秩序的意见》，并从6个方面提出明确要求，规范住房租赁市场秩序。指导省房屋租赁行业协会多渠道发布风险提示，提醒群众提高风险防范意识，维护住房租赁市场秩序，维护自身合法权益不受侵害。指导郑州市推进住房租赁试点。郑州市落实省级奖补资金3亿元（含公租房奖补资金1.07亿），多渠道筹集租赁住房60997套，其中国有出让土地建设租赁住房1704套、利用集体建设用地建设租赁住房3354套、利用自有土地建设租赁住房1219套、"城中村"住房改造用于租赁2186套、商办厂房改建用于租赁2943套、购买或划拨土地上新建青年人才公寓49452套。

【房地产估价经纪管理】开展上年度房地产估价机构"双随机、一公开"检查工作，组织专家对随机抽取的40家机构进行了检查。对9家房地产估价机构进行通报批评；对9家房地产估价机构进行责令整改；对涉嫌"挂证"的49名房地产估价师，提请注册机关撤销注册；对1家机构予以注销备案。

【城镇国有房屋征收管理】全年共作出征收决定项目144个，同比增长58%，户数41997户，同比增加22737户，房屋建筑面积780.79万平方米，同比增加431.43万平方米；完成征收项目90个，户数17000户，房屋建筑面积304万平方米。17个省辖市、济源示范区均设有专门的房屋征收中心（办公室），机构、人员相对健全。印发《关于开展国有土地上房屋征收与补偿工作调研的函》，掌握全省国有土地上房屋征收工作情况。指导各地房屋征收主管部门完成了国有土地上房屋征收与补偿领域基层政务公开标准化、规范化目录编制工作。指导各地积极探索国有土地上房屋征收工作新模式。郑州市以"互联网＋房屋征收"的工作理念，全面推行房屋征收与补偿信息系统上线运行。洛阳市印发《涧西区国有土地房屋征迁工作指导意见》，向其他待改造项目全面推广模拟征迁新模式。许昌市政府办公室印发《许昌市中心城区房屋征收工作经费使用管理办法（试行）》，许昌市住房城乡建设局印发《关于进一步加强国有土地上房屋征收补偿信息公开工作的通知》《许昌市城市规划区内国有土地上房屋征收社会稳定风险评估暂行办法（试行）》等规范性文件，进一步完善了房屋征收政策体系。鹤壁市制定了《鹤壁市国有土地上房屋征收与补偿工作流程》《鹤壁市国有土地上房屋征收与补偿信息公开工作规范》，将信息公开贯穿于房屋征收与补偿工作的每一个环节。南阳市出台《南阳市中心城区国有土地上房屋征收补偿监管办法》《关于加强征迁工作推进大城市建设的意见》《关于进一步加强市中心城区国有土地上公建单位房屋征迁工作的通知》等规范性文件，确保征收工作依法依规开展。

【物业管理概况】截至年底，全省注册物业服务企业8700余家，从业人员达40余万人，在管物业项目总数约1.45万个，其中在管居住物业项目近9000个，管理总面积达到17亿平方米。

【物业管理区域疫情防控】印发《关于做好全省住房领域新型冠状病毒感染的肺炎疫情防控工作的通知》，指导物业服务企业落细落实各项防控措施。全省8000余家物业服务企业40万物业人员配合社区开展人员园区消杀、车辆管控、体温检测、隔离人员服务等疫情防控。4月30日，习近平总书记给郑州圆方集团全体职工回信，对物业服务行业为代表的劳动群众为疫情防控和经济社会发展作出的贡献给予了充分肯定和高度赞扬。郑州圆方集团党委获全国抗击新冠肺炎疫情先进集体和全国先进基层党组织两项殊荣。省住房城乡建设厅开展向郑州圆方集团学习活动，印发疫情防控物业特刊，运用多方平台整合并累计推送240余篇物业行业战"疫"故事及经验做法。

【规范物业承接查验行为】印发《河南省物业承接查验办法》，减少因前期房屋建设问题引发物业管理矛盾纠纷。起草了《河南省物业管理矛盾纠纷调处机制调研报告》，梳理出13项矛盾纠纷调处问题，提出5项加强矛盾调处工作措施及3条意见建议，逐步探索物业管理矛盾纠纷大调解格局。

【完善物业管理制度】2020年，省住房城乡建设厅结合政协提案建议及社区治理有关内容，组织行业专家研究修订《前期物业服务合同》《临时管理规约》示范文本。协调组织《河南省物业管理条例》宣讲团深入地市开展政策法规专题培训，多方位多层次对条例内容进行持续宣传。鼓励地市协会加大宣传物业管理政策法规力度，引导有条件的地市将《河南省物业管理条例》贯彻落实与百城提质、创文创卫相结合，为全省物业服务市场发展营造了良好的氛围。

【物业服务行业双随机监督检查】按照2%的比例随机抽取了137家物业服务企业，并结合扫黑除恶专项斗争工作部署和群众反映投诉，定向抽取了3家物业服务企业；从执法人员和专家名录库中随机抽取了20名执法人员和10名监督检查专家，共组成10个联合检查组分赴省辖市、省直管县（市）对全省140家物业服务企业开展了监督检查。针对检查中发现的行政监管不到位、管理服务不规范等问题，下达《督促整改通知书》71份；对于严重违法违规问题，下达了《行政执法建议书》3份，通报42家物业服务企业不同程度违法违规和管理服务不规范问题。

【住房公积金管理概况】全年全省缴存住房公积金881亿元，同比增长10%；提取住房公积金568亿元，同比增长18%；发放个人住房贷款566亿元，同比增长36%，支持14万户职工家庭通过公积金贷款解决了住房问题。截至年底，全省累计归集住房公积金6243亿元，归集余额2842亿元，累计提取3400亿元，累计发放个人住房贷款3647亿元，累计支持145万户职工家庭通过公积金贷款解决了住房问题，个人住房贷款余额2259亿元，个贷率达到79%，基本保持在合理运行区间。

【住房公积金审计】截至年底，除郑州、许昌（已接受审计署专项审计）外，其余16个城市住房公积金中心及辖内直管县和行业分中心的行业专家内审已全部完成，并出具了正式审计报告。各被审计单位积极整改审计发现的问题，相继出台了住房公积金管理的规定或办法，形成靠制度管事、管人、管钱的风险防控机制。印发《关于开展住房公积金专家内审整改工作"回头看"的通知》，对各被审计单位的整改落实情况开展全面自查自纠。2019年9月审计署驻郑州特派办对全省2018年和2019年1～9月住房公积金归集管理使用以及相关政策措施落实情况开展专项审计，共提出28项具体问题。按照省政府要求，由省住房城乡建设厅牵头落实整改。通过建立与财政、审计、人行、监察部门的沟通协调联络机制，印发整改工作方案和台账，组织召开审计整改工作推进会等有力措施，全面推进审计整改。截至年底，仅余分支机构调整和缴存扩面两项问题尚未全部整改到位，仍在持续推进中。

【住房公积金管理"放管服"改革】督促指导省辖市、省直管县（市）和行业住房公积金管理机构纳入所在省辖市统一披露于3月底前完成上年度信息披露工作。在汇总、审核18个省辖市住房公积金管理中心数据的基础上，会同省财政厅、中国人民银行郑州中心支行于4月28日完成全省信息披露年报，并通过省住房城乡建设厅网站向社会公开。省政府印发《关于印发河南省应对疫情影响支持中小微企业平稳健康发展若干政策措施的通知》，省住房城乡建设厅印发《关于应对新冠肺炎疫情影响防范和化解房地产市场风险的若干意见》等一系列措施应对疫情防控、减轻企业负担、推进企业复工复产等；省住房城乡建设厅、省财政厅、中国人民银行郑州中心支行转发《住房和城乡建设部 财政部 人民银行关于妥善应对新冠肺炎疫情实施住房公积金阶段性支持政策的通知》，指导企业开展降比例、缓缴、停缴等自愿缴存工作。截至政策到期时，全省共计支持6491家企业缓缴、降低缴存比例或者停缴住房公积金，涉及职工56.51万人，累计减少缴存额9.44亿元。稳步扩大制度受益范围。指导各地以维护职工权益为出发点，不断加大归集扩面力度，规范行政执法，强化任务落实，制度受益范围稳步扩大。畅通线上线下服务渠道，积极引导缴存职工通过政务平台、网上服务大厅、手机App等线上渠道办理个人住房公积金业务，加快推进住房公积金网上办理，提高"一网通办""零跑腿"办结率。截至年底，住房公积金"一网通办""零跑腿"业务办结量4137万人次，办结率达81.88%。

【打造"数字公积金"】推进综合服务平台建设，实现信息查询、信息发布、互动交流、业务办理等功能，方便职工自助办理住房公积金业务。截至年底，已完成全省17个省辖市、济源示范区住房公积金管理中心的验收工作。推进住房公积金业务"省内通办"和"跨省通办"。已基本实现个人住房公积金缴存贷款等信息查询、正常退休提取公积金、开具缴存使用证明三项业务可通过全国政务服务平台微信小程序、支付宝小程序、豫事办等渠道实现。截至年底，全省接入"豫事办"住房公积金服务事项540项。会同省市场监管局等6部门印发《关于持续优化企业开办服务的意见》，积极推进住房公积金系统接入省政务服务网企业开办"一网通办"服务平台。以许昌市为试点，成功对接河南政务服务网"企业开办专区"主题集成服务，企业开办住房公积金企业缴存登记与其他事项"一网通办"试点工作取得新进展。

工程建设与建筑业

【全省建筑业发展概况】全年全省建筑业总产值13122.55亿元，同比增长3.3%，总量位居全国第八、中部第二；实现建筑业增加值5183亿元，同比增长0.2%，占全省地区生产总值（GDP）的9.4%；建筑业完成税收506亿元，同比增长2.6%，占全省税收总量的10%；全行业从业人数约750万人，其中转移农村就业劳动力约530万人，占全省农村转移就业总人数的17.5%。

全省具有施工总承包或专业承包资质的建筑企业2.6万家，其中施工总承包企业1.4万家，施工专业承包企业1.2万家。施工总承包特级、一级企业数量分别为34家、607家，施工专业承包企业一级企业901家。全省年产值达到500亿元、100亿元、50亿元以上的建筑企业数量分别为2家、7家、33家。全省共有4项工程获得国家"鲁班奖"，120项工程获得河南省建设工程"中州杯"奖。

全省现有国家级及省级装配式建筑示范城市13个、产业基地41家，已投产和在建的部品部件生产基地70余家，年设计产能钢构件400余万吨、PC构件超过700万立方米，可满足8000余万平方米装配式建筑应用。全省累计开工建设装配式建筑项目3000万平方米，截至年底，全省新开工装配式建筑占比达到20.5%。全省城镇绿色建筑占新建建筑比例超过55%，位列全国第一方阵。全省建筑企业共有2个院士工作站、5家博士后工作站，引进院士5名，获批9家省级博士后创新研发基地，8家建筑企业设立工程系列中级职称评审委员会。全省现有注册建造师等工程建设领域持证专业技术人员15万余人，技能工人89万余人。全省7413家总承包企业及专业承包企业签订合同额25948.18亿元，比上年增长6.7%。其中，新签合同金额15935亿元，比上年增长10.1%。在建房屋施工面积6.6亿平方米，比上年增长2.7%，其中本年新开工面积达2.3亿平方米，比上年下降11.2%。全年在河南省工程建设项目招标代理机构信息系统备案的招标代理机构共计510家，从业人员5743名，从业人员5743名，工程招标代理营业收入12.83亿元。

全省对外承包工程及劳务合作完成营业额34.64亿美元，同比下降16.8%，降幅大于全国7个百分点，规模位居全国第十一位。其中，对"一带一路"沿线国家对外承包工程及劳务合作完成营业额14.8亿美元、同比下降13.4%，总额占比42.7%。全年对外承包工程和劳务合作业务新签合同额49.65亿美元，比上年增长12.2%。

全年亿元及以上固定资产投资在建项目9490个，完成投资比上年增长6.8%。大力推进新型基础设施、新型城镇化和交通、水利、能源等领域8280个重大项目建设，新建5G基站3.5万个，太焦高铁、青电入豫、尧山至栾川高速等项目建成投用，中原大数据中心等项目加快推进，西霞院水利枢纽输水及灌区工程、观音寺调蓄工程等"四水同治"等项目开工建设。

全省铁路营业里程6134.02公里，其中高铁1998.02公里；高速公路通车里程7100公里。全省全社会发电装机容量10168.99万千瓦，比上年增加9.3%。

【建筑市场管理概况】以省支持建筑业发展厅际联席会议办公室名义出台了《关于支持建筑业转型发展的十条意见》，建立工作落实机制、专题研究机制、信息沟通机制和政企沟通机制。在新乡召开全省建筑业转型发展现场会，通报了上年全省建筑业转型发展情况，部署了当前和今后一个时期全省建筑业转型发展重点工作。积极培育本地化龙头骨干企业，大力发展总部经济，出台政策吸引省外大型建筑企业迁入河南省，鼓励省内特级建筑企业与地方国资联合成立混合所有制建筑企业或进行混合所有制改革。到林州等地组织主管部门和重点企业召开座谈会，共同分析省内骨干企业发展规模受限原因，研究制定破解办法，为培育建筑业领军企业制定政策措施打下基础。开展工程款支付担保、工程总承包等课题研究，推动建筑业创新。保建筑企业资质资格，将企业资质有效期顺延至2021年6月底，减轻企业负担。推行工程担保制度，全省在保保函8986个，担保金额126.95亿元。助力企业开拓市场。组织省重点建筑企业与百城建设提质工程、城市有机更新和老旧小区改造项目对接。依托济源、林州、固始、长垣4个建筑劳务大县（市）和96个省重点建筑企业建立了100个建筑业贫困劳动力就业创业基地，向全省重点建筑企业发放《践行社会责任 援手困难群体 为全省决战脱贫攻坚贡献建筑业力量》一封信，倡议就近就地招用农民工，稳定和扩大建筑业就业。

【规范建筑市场秩序】开展"双随机、一公开"检查，全省共检查工程项目10222个，查处违法发包、转包、挂靠、违法分包等违法违规项目390个，对建筑企业给予罚款3052.37万元，停业整顿12家，对个人给予罚款118.05万元，责令停止执业1人。不定期开展建筑施工发承包、执业资格挂证等专项治理，净化安全生产外部环境。通过河南省建筑市场监管公共服务平台、各地官网公布建筑市场投诉举报电话，坚决查处群众反映强烈的建筑市场违法违规行为。对发生安全事故和拖欠农民工工资的49家企业进行资质动态核查、对存在弄虚作假行为的7家企业资质依法予以撤销。对进入河南省建筑市场监管公共服务平台的房屋建筑和市政工程项目业绩实行分级管理，并开展数据治理工作。

【规范招标投标活动】印发《河南省房屋建筑和市政基础设施工程项目招投标活动禁止行为清单》和《河南省房屋建筑和市政基础设施工程项目招投标监管禁止行为清单》，进一步加强全省房建市政工程招投标活动监管。指导洛阳市、郑州航空港经济综合实验区开展房建市政工程招投标领域改革试点，探索评定分离、标后评估、社会监督、"互联网＋监管"等机制。组织开展招投标活动的工程建设项目建立承诺制度和"打招呼"登记两项制度。在全省组织开展房屋建筑和市政基础设施工程招标投标专项检查活动，全省共排查项目1650项，发现违法违规线索28个。全省监管范围内的房屋建筑和市政基础设施建设新建项目10333个，其中政府投资和使用国有资金项目7242个，公开招7190个，邀请招标70个，进场交易率100％。

【根治农民工工资欠薪】省住房城乡建设厅、省人力资源社会保障厅印发《关于推进房屋建筑和市政基础设施领域农民工实名制管理和工资支付监管信息化工作的通知》，要求依法纳入住房城乡建设行政主管部门监管的项目，全部实行农民工实名制管理信息化和工资支付在线监管。要求施工总承包企业要在工程项目所在地银行开设农民工工资专用账户，专项用于支付农民工工资。要求施工总承包企业要组织各施工企业、劳务公司，为农民工申办工资支付银行卡或者督促农民工开通社会保障卡银行账户，用于发放农民工工资。规定所有在住房城乡建设部门办理施工许可证的项目，必须缴纳农民工工资保障金，开展工程担保工作，用经济手段落实工程建设领域各方主体责任。明确要求除依法依规设立的投标保证金、履约保证金、工程质量保证金、农民工工资保证金外，其他保证金一律取消，建筑业企业减负降低成本成效明显。分别将人力资源社会保障、法院等部门移送的拖欠民工工资"黑名单"企业，录入了住房城乡建设领域"黑名单"系统进行公示。

【建筑业法规建设与体制改革】印发《河南省建筑市场信用管理实施办法（暂行）》和《河南省建筑市场主体信用评价办法（暂行）》，加快构建以信用为核心的新型建筑市场监管体制。省工程建设项目审批制度改革领导小组办公室印发《关于优化既有建筑装饰装修工程施工许可办理的通知》，将既有建筑装饰装修纳入安全监管范围，扫除安全监管盲点。开展规范招投标市场秩序专项课题调研，形成《河南省工程招投标存在的问题及对策研究》《河南省房屋建筑和市政基础设施工程招投标活动行政监管指导手册》等成果。8月1日起，将省住房城乡建设厅权限内的建筑业企业和工程监理企业资质审批权全面下放至省辖市，为基层放权赋能，更好地服务地区建筑企业。修订《河南省建设工程工程量清单评标办法》，营商环境持续优化。支持洛阳和郑州航空港区开展房建市政工程招投标领域改革试点，努力在简化招标前置条件、推进评定分离等方面探索出一套可复制可推广的工程招投标监管模式。

【工程建设监理】截至年底，全省共有工程建设监理企业380家。其中，综合资质企业28家，占企业总数的7％；甲级企业199家，占企业总数的52％；乙级130家，占企业总数的34％。全省工程建设监理从业人员总数为4.09万人，其中注册监理工程师9768人、省专业监理工程师2.1万余人。建设监理企业全年共承揽业务合同额372亿元，与上年相比增长11%。其中，工程建设监理业务合同额122亿元，占建设监理企业总业务量的33%，与上年相比增长3%；工程项目管理与咨询服务、工程造价咨询及其他业务合同额共91亿元，与上年相比减少24%。建设监理企业实现营业收入327亿元，与上年相比增加65%。其中，工程监理营业收入79亿元，与上年相比增加8%，占总营业收入的24%；工程项目管理与咨询服务、工程造价咨询及其他营业收入82.9亿元，与上年相比增加23%。建设监理企业实现营业收入超亿元的企业有39家，超8000万元的有50家，超过5000万元的有69家，超3000万元的有105家。截至年底，河南省综合资质企业数量居全国第2位，8家工程建设监理企业名列全国工程建设监理收入前100名榜单，业务遍及全国28个省（自治区、直辖市）。电力、铁路、石油化工专业监理走在了全国的前列，部分工程监理企业走出国门，参与了海外工程咨询服务市场的竞争。

【建设工程质量管理】组织召开全省工程质量安全电视电话会议，通报全省工程质量监管情况，印发省住房城乡建设质量安全生产工作要点。召开全省建设工程"质量月"活动暨质量提升推进会，总结交流工程质量管理经验，分析当前面临的形势和存在的问题。召开全省建筑工程质量管理标准化推进观摩会，观摩交流工程质量管理经验，部署全省工程质量管理工作。组织召开全省建设工程质量监督站站长座谈会暨工程质量提升现场观摩会，讨论谋划"十四五"全省工程质量提升工作。完成2020年度中州杯评选工作，对120项获奖项目通报表彰；组织认定2020年第一批"河南省建筑工程质量标准化示范工地"120个。组织开展工程检测机构专项治理，共抽查63家检测机构，发现问题500多条，下发整改通知书64份和执法建议书18份，建议撤销资质10家。建立预拌混凝土生产企业相关信息数据统计上报制度，掌握砂石市场情况，同时组织开展预拌混凝土企业原材料检测能力比对，加强行业管理。《国务院办公厅关于对2019年落实有关重大政策措施真抓实干成效明显地方予以督查激励的通报》中，对河南省易地扶贫搬迁工程质量管理工作给予高度肯定。配合省搬迁办完成了全省易地扶贫搬迁省级评估核查验收。建立《河南省黄河滩区迁建工程台账》，指导黄河滩区居民迁建工程做好开复工、疫情防控及质量安全工作。组织全省建筑工程质量大检查，省住房城乡建设厅组成6个检查组，随机抽取80项工程，累计检查3736项内容，符合项、不符合项分别为2864项、872项，分别占总检查项目的76.65%、23.35%。针对发现问题，共下发整改通知书80份、执法建议书37份。地方标准《民用建筑装配式内装工程技术标准》于8月27日通过专家评审；组织修订河南省市政工程系列用表（2020年版），填补了市政项目技术资料的空白。编制完成《河南省工程质量手册（试行）检查标准》和《河南省工程质量手册（试行）检查表》，为继续推进《工程质量安全手册（试行）》试点提供技术支撑。加强建设工程质量投诉管理，共办理投诉件9件，其中住房城乡建设部转办3件、省住房城乡建设厅转办3件、群众自诉3件，已办结8件。本年，全省市、县两级监督机构共受理质量投诉2008件，办结1882件，办结率92%；调研起草《河南省建设工程投诉管理办法》，并组织合规性审查。

【建筑施工安全管理】印发《全省建设安全工作要点》，对建筑安全生产工作进行了全面安排部署；各省辖市、济源示范区及10个省直管试点县（市）住房和城乡建设局委向省住房城乡建设厅递交了《建筑安全承诺书》，促进安全监管责任落实。多次召开工程现场会、工作推进会、业务培训会和事故警示约谈会、座谈会等，全面分析建筑施工安全生产形势，研究制定工作措施，指导推动安全生产工作的有效开展。抽调专人参加全省住房城乡建设系统安全生产异地执法检查。抽调人员参加省政府安全督查组，对郑州等地重要时段的安全生产工作督导。参与指导中国技能大赛河南省职工职业技能大赛"中建七局杯"安全员、安全讲师技能大赛。

【安全生产双重预防体系建设】采取业务培训会和实地观摩会相结合的方式，提升企业双重预防体系建设能力。先后组织开展了全省双重预防体系及安全生产专项整治三年行动推进现场观摩会、《房屋建筑和市政工程施工安全双重预防建设体系指导手册》视频培训会议、建筑施工起重机械安全监督管理视频培训会、双重预防体系建设现场实操式培训等各类活动，培训32场次，受训企业3000余家，参训人员3万余人。采取实地调研、现场督导、进度跟进等方式，指导全省建筑施工双重预防体系建设工作顺利推进。开展全省双重预防体系示范企业评选，实现全风险隐患双重预防体系建设工作由点到面的整体推进。截至年底，双重预防体系示范企业已完成初选、汇总和上报工作，全年共有35家企业被评为全省示范企业。

【工程安全监督管理】省住房城乡建设厅暗访督导组先后对新乡、焦作、济源、洛阳、平顶山、三门峡、南阳等地市建筑施工现场进行实地督导，并先后召开12次暗查暗访组周调度会，完成暗访问题通报11期。开展安全事故涉事企业安全生产条件复核，强化事故情况在企业资质评审、安全生产许可证延期中的否决作用。开展建筑施工企业安全生产许可证复查审核，全年累计审查建筑施工企业12批次，涉及企业近万家。先后组织起草了《2020年河南建设安全生产工作要点》《河南省危险性较大分部分项工程安全管理实施细则》《附着式升降脚手架管理办法》《建筑施工安全生产事故查处规程》，组织制发了《河南省建筑施工安全资料管理标准》《河南省建筑工程安全文明标准化工地管理办法》等。

【安全生产宣传教育培训】组织干部职工系统学习习近平总书记关于安全生产工作的重要论述和党中央、国务院决策部署以及相关法律法规和标准规范，不断提高干部职工业务水平和履职能力。以开展安全生产月活动为载体，督促指导开展内容丰富、形式多样的建筑安全宣传活动。以"双重预防体系建设"为重点，组织抽调省级专家组成3个现场培训指导组，分批次、分阶段深入各省辖市和济源示范区、10个直管县市，实地帮扶建筑施工企业风险隐患双重预防建设和管理业务提升。

【安全监管信息化建设】2020年，各地市层层设立专职施工生产安全事故快报人员，成立了58名事故快报专职人员队伍，建立了自上而下的生产安全事故快报管理机制。加强施工生产安全事故处理网络建设，划分用户层级。截至年底，全省共建立了1个省级用户、28个市级用户，形成了健全的信息上报网络，实现了施工生产安全事故快报工作的网络化。就施工生产安全事故快报工作制发相关文件，实现了施工生产安全事故快报工作的规范化。组织开展建筑施工安全生产监管信息化管理工作业务培训会，加强对各地市安全事故信息上报工作的指导，提高安全信息化管理水平，提升安全科技保障能力。

【建筑施工安全生产标准化工作】印发《关于开展建筑施工安全生产标准化考评工作的通知》《河南省建筑工程安全文明标准化示范工地管理办法》，大力推进建筑工程安全文明施工标准化建设。上半年共审核认定安全文明工地105项，下半年共审核认定安全文明工地116项。

【勘察设计咨询业管理】2020年，河南省勘察设计企业1200家，其中甲级181家、乙级377家；从业人员121537人，其中专业技术人员71444人，注册工程师24857人。全省勘察设计完成合同额224.35亿元（含工程咨询业务26.34亿元），新签合同额36.89亿元。科技活动费用支出总额达34.7亿元。探索开展建筑师负责制试点，继续开展全过程工程咨询试点。研究提升全省建筑设计创作水平措施意见，探索解决建筑设计行业走出困境的工作思路。组织全省勘察设计行业开展企业诚信评估工作意见研讨，起草《河南省勘察设计行业信用评估评分管理办法（草稿）》，激励信用评价结果优秀企业在市场经营活动中、在政策支持、财政支持、荣誉评选等方面给予优惠优先，对信用评价结果差的单位在市场准入、资质资格管理、招投标等方面依法给予限制，实施勘察设计市场红黑榜制度。

【勘察设计质量管理】截至年底，全省共有施工图审查机构37家，其中一类审查机构23家、二类审查机构14家，从业人员600人。全年共审查建筑工程项目23620个，总建筑面积25736万平方米，市政基础设施工程1336项，总投资728亿元。各地探索取消社会投资小型低风险产业类项目施工图审查，进一步强化勘察设计单位和项目设计负责人执业责任。施工图审查不再作为施工许可证的前置条件，由省辖市住房和城乡建设行政主管部门委托具有相应资格的审查机构对设计图纸质量进行全覆盖抽查。印发《关于印发工程建设勘察设计审查成果文件数字化实施方案的通知》，选定5个省辖市作为试点，年底前基本具备了在全省全面实施工图审计文件数字化交付和审查的条件。各省辖市住房城乡建设局在2019年均已向当地市政府申请2020年施工图审查政府购买经费，郑州市等12个市落实了本年施工图审查经费。充分运用信息化、标准化等手段，全面治理和规范勘察市场，尤其是勘察外业数据。开展"双随机、一公开"工程建设勘察设计审查、市场质量监督检查，对相关项目下发了整改通知书，针对检查中发现的问题及时督促施工图审查机构和勘察设计企业落实整改，消除安全隐患，确保勘察设计质量。

【工程抗震及防灾减灾管理】全省勘察设计质量检查中新建工程的抗震设计基本达到抗震设防标准要求。特别是加强市政基础设施和各类建筑工程的抗震设防监督管理，形成了从勘察设计、施工、监理、工程竣工验收的全过程管理。截至年底，全省完成超限高层建筑工程抗震设计专项审查13项，建筑面积133.6万平方米。对全省新建工程的抗震设防是否符合抗震设防规范要求进行指导和监督，完成超限高层建筑工程抗震设防专项审查13项。做好防灾规划修编。督促指导全省7度以上抗震设防地区抓紧城区抗震防灾规划的修编。建立健全各省辖市震后房屋建筑安全应急评估队伍，同时补充、完善河南省工程抗震专家队伍建设，充分发挥行业专家技术支撑作用。加强对新建、改建、扩建建设工程的抗震设防的管理，确保各项抗震措施落到实处。重点对部分省辖市的建筑工程项目实施抗震设防标准的情况进行了监督检查。建立健全抗震救援机制，印发《全省建设系统地震应急预案有关组织及应急措施的通知》，同时建立和完善震后房屋建筑安全应急评估体系、震害调查等管理制度，指导各省辖市成立了安全应急评估领导小组及专家库。

【工程建设标准定额和工程造价管理】全面开展地方标准复审和标准体系优化工作，组织有关专家对2009年以来发布实施的全省115项工程建设标准进行全面复审，确认继续有效标准有73项，列入修订的24项，废止标准18项。编制完成地方标准22项。颁布实施《河南省居住房城乡建设筑节能设计标准》（寒冷地区75%）、《河南省绿色建筑评价标准》；出台《装配整体式叠合剪力墙结构技术标准》。在《河南省建设工程标准编制工作实施细则》的基础上，进一步规范标准编制相关工作，确保标准编制流程规范化。印发《关于新冠肺炎疫情防控期间工程计价有关事项的通知》《关于重污染天气管控停工期间有关计价事项的通知》《关于发布〈河南省城市轨道交通工程预算定额〉动态调整及相关指数的通知》；测算发布本年人工价格指数、各工种信息价、实物工程量人工成本信息价等标准定额信息。编制《河南省市政公用设施养护维修定额》《河南省园林工程预算定额》；开展《河南省城市地下综合管廊预算定额》《河南省装配式建筑工程预算定额》《河南省绿色建筑工程预算定额》《河南省城市轨道交通工程预算定额》4套专项定额的宣传贯彻培训；完成本年度建设工程计价软件动态考核。发布6期河南省建筑材料价格信息，各种材料共计56772条；建立了多渠道材料价格信息采集体系；及时向住房城乡建设部建设工程造价数据监测平台提供信息数据，全省提供监测基础数据的企业352家，造价监测文件433个，形成造价大数据年度报告；做好河南省工程造价信息网、材料价格信息平台网络维护工作。完成了全省上年工程造价咨询统计调查上报工作。对工程造价咨询企业上报的统计调查数据进行汇总分析，对工程造价咨询企业资质和人员管理情况、注册造价工程师执业行为质量进行综合评估抽查，有效推动工程造价咨询企业的发展。

【建设科技】2020年，"装配式劲性柱混合梁框架结构体系研发与应用"和"中原地区农房品质提升关键技术集成与示范"分别获得本年度河南省科学技术进步二等奖和河南省科学技术进步三等奖，"城市废弃物协同处理处置与资源化利用技术研究与示范"等3个科技项目列入本年度住房城乡建设部科技计划项目。共征集、遴选科研技术类、科技示范类30个项目向住房和城乡建设部申请立项审核。组织开展河南省建设科技计划项目立项，共发布92项软科学、技术开发和科技示范项目。组织全省173项建设科技成果评选。开展建设类领域工程技术研究中心统计调查，推荐申报建设领域的重大创新专项、科技攻关、重点研发与推广专项项目，指导创立河南省基本建设工程检验检测、监测产业技术创新战略联盟和河南省全过程工程咨询产业技术创新战略联盟。

全省建设了一批装配式建筑集成示范，以及超低能耗建筑技术集成应用示范，推动了以新技术、新产品应用的关键技术研究与技术集成。截至年底，已有32个建设科技工程技术研究中心、26个企业技术中心、4个建设类产业技术创新战略联盟。覆盖道桥设施施工、施工信息化管理、混凝土耐久性、隔震施工、建筑节能与绿色建筑、被动式超低能耗住宅等30个研究方向。

【建筑节能】2020年，河南省清洁取暖试点城市居住建筑全部执行"75%"节能标准（其他城市执行"65%＋"节能标准），全省公共建筑全面执行"65%"节能标准，新增建筑节能建筑面积7199万平方米，建筑节能标准执行率达100%。在全国率先颁布实施《河南省居住房城乡建设筑节能设计标准》（寒冷地区"65%＋"）、《河南省居住房城乡建设筑节能设计标准》（寒冷地区75%）和《河南省公共建筑节能设计标准》等提升标准。编制《河南省超低能耗居住房城乡建设筑节能设计标准》《超低能耗建筑节能工程外墙外保温系统施工工法》《河南省低能耗农房技术导则》和《装配式超低能耗建筑技术导则》等技术标准和工法，为超低能耗建筑提供技术支撑。高质量完成民用建筑能源资源统计数据分析，并按时报送至住房城乡建设部。

组织修编《河南省清洁取暖系列导则》（修编）、《河南省清洁取暖建筑能效改造提升项目验收指南》（制订）等技术规范，有效指导清洁取暖试点城市建设。定期召开清洁取暖试点城市建筑能效提升工作座谈会，督促工程项目落地实施。截至年底，全省清洁取暖试点城市新增实施既有农房改造面积约1021万平方米，新增实施城镇既有建筑节能改造面积超1414万平方米；全省清洁取暖试点城市共实施既有农房改造面积约2675万平方米，共实施城镇既有建筑节能改造面积5087万平方米。配合省财政厅完成国家清洁取暖试点城市2019—2020示范年度自评估工作，在国家示范年度绩效评价中河南省10个试点城市整体成绩排在全国第一序列。

指导郑州、新乡和鹤壁3市结合清洁取暖试点城市建设，开展既有公共建筑节能改造，2018—2020年度3市合计完成改造面积443.4万平方米，项目建筑能效提升均在15%以上。全省14个示范市县监测平台运行良好，省级能耗监测平台已能累计接收493栋建筑的数据，监测面积达538.2万平方米。

组织6个检查组赴12个省辖市及其所属22个县（市、区），对86个项目落实《民用建筑节能条例》《河南省发展应用新型墙体材料条例》，强制标准监督实施及年度目标完成情况进行检查，并下发了检查通报。配合省节能降耗工作办公室完成上年度省级政府能源消耗总量和强度"双控"目标责任评价考核工作，配合省应对气候变化和减排工作办公室完成上年省级人民政府控制温室气体排放目标责任考核工作。

【装配式建筑发展】印发《河南省加快落实大力发展装配式建筑支持政策》，全年新开工装配式建筑面积1253.1万平方米，河南五建等6家企业通过住房城乡建设部装配式建筑产业基地认定。印发《河南省加快落实大力发展装配式建筑支持政策的通知》，加快落实工程项目；印发《关于开展装配式建筑示范城区及产业基地评估的通知》，实施装配式建筑示范城区和产业基地评估。印发《2020年科技与标准工作要点》，落实装配式建筑工作任务；郑州岐伯山医院等27个装配式建筑项目（合计面积220.08万平方米）获得本年度省级财政专项奖补资金；建立了省级装配式建筑项目库，实行月调度制度，疫情防控期间积极指导装配式建筑复工复产。截至年底，全省新开工装配式建筑项目面积新增1253.1万平方米。"十三五"期间，全省累计实施装配式建筑项目3000余万平方米。印发《关于组织申报省级装配式建筑示范城区和产业基地的通知》，洛阳市、汝阳县、确山县和汝阳县产业聚集区获批河南省第三批装配式建筑示范城区和产业园区，河南省第一建筑工程集团有限责任公司等20家企业获批省级第三批装配式建筑产业基地。先后编制完成《河南省装配式混凝土建筑施工及验收技术标准》《河南省装配式混凝土建筑技术工人职业技能标准》《河南省装配式钢结构住宅技术导则（试行）》等标准（导则），指导全省装配式建筑发展。组织开发"河南省装配式建筑评价服务系统（试行版）"，实现项目评价线上办理。

【新型墙体材料和绿色建材】2020年，全省新型墙体材料在城市规划区应用比例保持在98%以上。继续对乡镇"禁实"工作实行目标管理，全年共有89个乡镇通过了"禁实"验收。将新型墙体材料应用检查列入省住房城乡建设厅本年度"双随机、一公开"抽查计划，并对检查情况进行通报。公布了河南省第六批新型墙体材料产品标识，涵盖砌块、砖和板材类产品共47个。将省级新型墙体材料认定权限下放至各省辖市、济源示范区、省直管县（市）住房和城乡建设局，自9月1日起实行。指导省内绿色建材评价机构规范开展绿色建材评价，引导企业进行绿色改造和绿色建材评价。截至年底，全省共有153个建材产品获得绿色建材评价标识证书，其中一、二、三星级产品分别为3个、118个、32个，预拌混凝土和预拌砂浆占比约85%，标识产品总数在全国各省中居第二位。省内绿色建材评价机构积极参与"一带一路"国家认证应用情况调研，参与住房城乡建设领域统一认证制度发展规划与实施策略研编等4项住房城乡建设领域认证课题以及《绿色建材评价标准·预拌混凝土》等5部绿色建材评价认证规范。省内绿色建材评价机构陆续派出人员与三星级绿色建材评价机构进行深入研讨交流。印发《河南省绿色建材产品认证实施方案》，推动绿色建材评价标识向绿色建材产品认证过渡，鼓励工程建设项目使用绿色建材采信应用数据库中的产品。

【建设工程消防设计审查验收】2020年，全省共办理消防设计审查5584件，消防验收2390件，消防验收备案2121件。除房屋建筑和市政基础设施工程外，还办理其他29类特殊行业建设工程消防设计审查180件，消防验收192件，消防验收备案65件。组织编制《河南省工程建设项目联合测绘技术导则（试行）》，起草《河南省建设工程消防设计审查验收工作实施细则》，研究制定《河南省建设工程消防设计审查验收技术服务机构管理办法》。建立建设工程消防设计审查验收信息化管理系统，在洛阳上线试运行，配套开发了河南省建设工程消防技术服务机构阳光服务平台。依托永城市试点，探索研究其他29类特殊行业建设工程消防验收现场评定的程序和方法。加强建筑工程消防设计审查验收机构建设，省安监总站加挂"河南省建设工程消防技术服务中心"牌子。省住房城乡建设厅组建河南省建设工程消防技术专家库，组织开展了建设工程消防设计审查验收工作"双随机、一公开"检查和3次特殊消防设计专家评审。

【住房城乡建设执业资格注册管理】全年共受理各类建设执业师注册14.9万人次，建筑施工企业安全管理人员考核18.2万人次。政务服务大厅正式移交注册中心管理。先后完成"互联网＋监管"数据录入，录入监管数据100余条；完成"好差评"评价率提升及办件、评价"双清零"工作，所有48个业务办理项非默认评价好评率总体接近100%；完成掌上"豫事办"业务上线工作，二级建造师、安管人员、二级注册结构工程师事项实现了"豫事办"证书查询功能；先后提出政务服务系统优化方案13项，完成网上咨询答复1600余条，处置舆情183条，补录企业信息475条，处理错漏证书信息438条。配合住房城乡建设部注册中心做好一级建造师、建筑师、造价师、勘察设计工程师、规划师和监理工程师注册管理相关工作，全年打印发放一级建造师证书42批，共15607本；完成一级建造师个人实名认证11213人，企业实名认证3642家。重点做好省本级二级建造师、二级结构师和二级建筑师的审批事务。严把新申请人员安全生产知识考试和网上考核审批关。认真抓好注册执业师和建筑施工安管人员网络继续教育。组织省直单位进行二级建造师考生资格审核工作，共接待考生2000余人，审查合格人员688人。

【工程建设行业专项整治】发布《关于印发全省工程建设行业专项整治工作实施方案的通知》，对全省专项整治工作进行安排部署，营造公平公正的建筑市场环境。围绕工作目标和7个整治重点，印发《全省工程建设行业专项整治工作实施方案》。对正在开展招标投标活动的各类房屋建筑和市政基础设施工程建设项目进行摸底，逐一列出项目清单，深入开展自查自纠活动。建立《正在开展招标投标活动的房屋建筑和市政基础设施工程建设项目台账》。出台一系列制度措施，健全完善招标投标活动事中事后监管机制。各级住房城乡建设主管部门对正在开展的房屋建筑和市政基础设施工程建设项目逐环节进行调查摸底和违法行为线索收集。截至年底，全省共排查项目1650项，发现违法违规线索28个。

【工程建设项目审批管理系统运行管理】省工程建设项目审批制度改革办公室印发《关于加强工程建设项目网上审批服务保障工程建设项目落地的通知》，加强网上审批服务、咨询辅导和宣传引导。各市深入推进"互联网＋政务服务"，持续推行工程建设项目线上、电话服务指导。全省17个省辖市和济源示范区均按照"一家牵头、并联审批、限时办结"的要求，对审批事项清单和审批流程图进行了优化调整。全年全省通过工程建设项目审批管理系统共办理审批服务事项43052件，其中并联审批事项21710件，并联审批率50.43%。落实联合审图和联合验收，全省共实行联合审图项目4629个，联合验收项目1319个。稳步推进"多规合一"业务协同平台建设。截至年底，郑州等11市实现"多规合一"业务协同平台与省级工程建设项目审批管理系统对接，通过"多规合一"业务协同平台策划生成项目44个。截至年底，全省共实施区域评估782.82平方公里。全省工程建设项目审批中广泛实施告知承诺制，全年通过告知承诺制办理事项共6915个。实施企业"红黑名单"管理，全省各市共纳入红名单的企业数量2308个，纳入黑名单的企业数量1142个。对于社会投资小型低风险产业类项目制定差异化的改革举措，将全流程审批时限控制在15个工作日以内。各市均已建成网上中介超市平台，全年全省共服务工程建设项目1000多个，平均压减项目审批时间30%。截至年底，全省各地共入驻中介机构1732家。各市将供水、供电、燃气等市政公用服务纳入审批流程管理，入驻实体政务服务大厅。

【工程建设项目审批管理系统省市县全覆盖】2020年，全省17个省辖市和济源示范区及所辖的157个县（市、区）已全部纳入"工程建设项目审批管理系统"。截至年底，全省共通过该系统在线办理项目18990个，其中立项用地规划许可阶段项目6171个、工程建设许可阶段项目3451个、施工许可阶段项目6338个、竣工验收阶段项目2863个，并行推进项目167个。以工改促进营商环境优化提升，起草《河南省优化营商环境办理建筑许可提升专项方案》《河南省优化营商环境获得用水用气提升专项方案》。召开全省优化营商环境办理建筑许可暨获得用水用气指标提升培训会，对模拟评价情况进行了详细分析和业务培训。帮助各市梳理评价体系，研究改革措施和提升方案，对标对表优化办理建筑许可和获得用水用气营商环境。

【工程建设项目审批制度改革创新】2020年，河南各地大胆探索创新，形成了一批可复制可推广的工程建设项目审批制度改革创新典型做法。郑州市将原事项清单中的主事项由73个合并精简至59个，事项精简率达20%；将材料清单由原518件精简至215件，精简率达59%；进一步细化项目分类、并联审批、告知承诺、合并工程建设许可与施工许可两个审批环节等，大幅压减项目审批时间；"全市域"实施政府购买施工图审查服务，减轻企业负担。洛阳市出台5个豁免清单、4个告知承诺制办法和服务企业发展优化营商环境15条措施；推进公共服务事项"三零"并联审批，实现"零申报、零材料、零跑腿"审批，开创性落实"一次不用跑"。驻马店市实现工程建设项目审批全流程可视化监管，实现从签订招商框架协议到竣工验收全流程所有环节的可视化监管。开封市依托政务服务平台，建立了集"入驻登记、信息发布、公开选取、结果反馈、合同管理、服务评价、监督管理"等"一站式"综合服务的网上中介服务超市，"零门槛、零障碍"进驻9大类共282家中介服务机构，破除行业垄断，节约成本，提高效率。商丘市创新推动建筑工程"多验合一"，将原来分开办理的建筑工程竣工规划核实和土地核验合并为1个验收事项，只需提交1张申请表单，1套申报材料，1次集中踏勘，5个工作日内核发《建筑工程规划土地核实意见》。

【建筑垃圾管理和资源化利用】截至年底，全省核准建筑垃圾清运企业246家，达到"四统一"要求的清运车辆14296台；资源化利用企业32家，建筑垃圾年处置能力6500万吨；规范管理的消纳场（临时堆放点）54个；各地因地制宜开展建筑垃圾综合利用，年共产生建筑垃圾20542万吨，其中拆除垃圾1843万吨、工程弃土18699万吨，综合利用16178万吨，综合利用率达78.75%；持续开展扫黑除恶专项斗争，各地共进行联合执法5058次，查处违法违规车辆7056台，处罚金额2559.51万元，清退违法违规车辆52台。开展车容车貌专项整治，共整修车辆2881台。市、县（区）控尘办组织住建、城管、公安交警等部门开展常态化联合执法，加大对重点地区、重点路段、重点时段的执法检查力度。印发《关于开展河南省渣土运输车辆尾气排放达标专项整治行动的通知》，在全省范围内组织开展为期1个月的渣土车尾气排放达标专项整治行动，共检测渣土车13363台，达标车辆13298台，不达标车辆65台，对不达标车辆暂停办理清运许可。指导各地建筑垃圾主管部门全面开展渣土清运领域安全隐患大排查活动。组织召开《河南省建筑垃圾清运企业信用评价计分办法》研讨会。通过定期考评和违规扣分对清运企业实施分级管理，建立起动态的"信用考评和准入退出机制"。

【河南9人获茅以升科学技术奖——建造师奖】2020年，国家科学技术奖励工作办公室批准设立"茅以升科学技术奖——建造师奖"，该奖项是建造师终身成就奖，也是中国建造师的最高荣誉奖。2020年河南共有9人获此荣誉称号。

大事记

1月

16日 印发《河南省房屋建筑和市政工程施工安全风险隐患双重预防体系建设指导手册（试行）》。

19日 河南省住建厅、文旅厅、文物局、财政厅、自然资源厅、农业农村厅印发《河南省传统村落保护发展三年行动实施方案（2020—2022年）》。

2月

17日 经河南省政府同意，省发改委印发《河南省补短板"982"工程实施方案》。

27日 濮阳市政府印发《濮阳市餐厨废弃物管理办法》。

3月

11日 河南省长尹弘到郑州市调研国土空间总体规划和大都市区空间规划有关情况，并听取了《郑州市国土空间总体规划》编制以及《郑州大都市区空间规划》推进落实情况。

16日 中国传统村落数字博物馆2019年度（第二批）211个村落单馆统一上线。

17日 印发《河南省建筑工程安全文明标准化示范工地管理办法》。

27日 中共河南省委、河南省政府在洛阳市召开加快洛阳副中心城市建设工程推进会，并出台了《关于支持洛阳以开放为引领 加快建设中原城市群副中心城市的若干意见》。

31日 省住建厅、省文物局印发《河南省历史文化名城名镇名村保护三年行动实施方案（2020—2022年）》。

4月

1日 省政府公布新修订的《河南省城市供水管理办法》。

10日 世界最大断面矩形盾构机"南湖号"在中铁工程装备集团上海基地成功下线，标志着中国矩形盾构机设计制造技术再次刷新世界纪录。

11日 中共河南省委、河南省政府印发《关于建立国土空间规划体系并监督实施的意见》。

13日 印发《河南省物业承接查验办法》。

21日 印发《关于支持洛阳以开放引领加快建设中原城市群副中心城市的意见》。

30日 鹤壁市政府印发《鹤壁市传统村落保护暂行办法》。

5月

15日 印发《河南省建设工程质量检测机构资质和建筑施工企业安全生产许可证评审专家管理办法》。

19日 "十三五"全国最大的干线公路建设项目国道310南移项目弘农涧河特大桥完成主跨连续钢梁结构合龙。

6月

16日 发布《河南省绿色建筑评价标准》DBJ41/T 109—2020。

24日 焦作市政府办公室印发《焦作市城市排水管理办法（试行）》。

30日 在河南省城市园林绿化规划建设现场会上，受住房和城乡建设部委托，省住建厅向郑州市颁发"国家生态园林城市"牌匾。郑州市成为长江以北地区首个荣获此殊荣的省会及以上城市。

7月

3日 河南省政府办公厅印发《河南省企业投资项目标准和备案管理办法》。

10日 河南省政府办公厅印发《关于加快推进新型智慧城市建设的指导意见》。

27日 省住建厅、省发改委、省教育厅、省财政厅、省人社厅、省自然资源厅、省生态环境厅、省交通运输厅印发《河南省加快落实大力发展装配式建筑支持政策的意见》。同日，郑州市政府发布《关于加强传统村落保护发展的意见》。

31日 河南省第十三届人大常委会第十九次会议表决通过《洛阳省城市河渠管理条例》《洛阳市城市轨道交通条例》《漯河市城市绿化条例》。

8月

14日 印发《河南省城市园林绿化遥感调查技术导则》。

9月

1日 印发《河南省传统村落保护发展规划导则（试行）》。

7日 省住建厅公布河南省农村生活垃圾分类和资源化利用省级示范县名单。

10日 印发《河南省城镇老旧小区综合改造技术导则（试行）》。

11日 省市场监督管理局正式发布已经省政府批准同意新修订的《工业与城镇生活用水定额》，将于2020年12月2日起正式实施。

26日 河南省第十三届人大常委会第二十次会议批准《郑州市房屋使用安全管理条例》，自2021年1月1日起施行。批准《开封古城保护条例》，自2021年1月1日起施行。

10月

10日 省长尹弘到省住建厅调研百城建设提质工程及文明城市创建工作，并主持召开座谈会。

22日 省住建厅、省发改委、省科技厅、省工信厅、省财政厅、省人社厅、省商务厅、省市场监管局、人民银行郑州中心支行、中银保监会河南监管局印发《河南省完善质量保障体系提升建筑工程品质实施意见》。

11月

13日 《高延性混凝土农房加固技术标准》DBJ41/T 236—2020发布，自2020年12月1日起施行。同日，濮阳市政府印发《濮阳市政府投资项目管理办法》。

28日 河南省第十三届人大常委会第二十一次会议审查批准《洛阳市历史文化名城保护条例》，自2021年3月1日起施行。

12月

17日 洛阳耐火材料厂、洛阳铜加工厂正式入选第四批国家工业遗产名单。

26日 发布《洛阳都市圈发展规划》。

31日 河南省政府发布修订后的《河南省人民防空工程管理办法》。

（河南省住房和城乡建设厅）

湖 北 省

概况

【疫情防控】面对突如其来的新冠肺炎疫情，湖北省住房和城乡建设厅把疫情防控作为头等大事和最紧迫的任务，创造了10天建成火神山医院、12天建成雷神山医院的"中国速度"。牵头履行省指挥部地区专班职责，指导全省3836个城市社区、45248个住宅小区实施封闭管理。湖北省住房城乡建设行业受到中央表彰的抗疫先进集体7个、先进个人11人，受到省委表彰的抗疫先进集体33个、先进个人42人，21个先进集体和60个先进个人受到住房和城乡建设部通报表彰。湖北统筹抓好疫情防控与住房和城乡建设工作经验在全国住房和城乡建设工作会议上交流。

【落实"六稳""六保"要求】"十三五"期间，全省完成房地产开发投资2.3万亿元，销售新建商品住房301.8万套、3.4亿平方米，全省建筑业累计完成总产值超7.35万亿元（连续6年全国第三，中部第一；2020年排名全国第四，中部第一）。2020年全省完成房地产开发投资4888.87亿元，房地产税收收入676亿元，占全部税收的16.6%，建筑业总产值超1.61万亿元，增加值2827.95亿元，占国民生产总值的比重达6.5%以上。

【增进人民福祉】"十三五"期间，聚焦"4类重点对象"，累计投入项目资金92亿元，改造农村危房59万多户，对189.5万户建档立卡贫困户住房安全状况逐户现场核验，农村危房改造实现动态清零。新开工改造棚户区住房119.28万套，超规划任务9.28万套。筹集公租房50.5万套，发放租赁补贴42.2万户，解决了约270万住房困难群众的住房问题。住房公积金新增归集额3780.32亿元、发放贷款2343.03亿元。积极推动城镇老旧小区改造，3871个小区、61.8万户纳入改造并全部开工，已完工2154个小区、35.1万户，居民住房条件显著改善。

【优化人居环境】承担"长江大保护十大标志性战役"中的城市黑臭水体整治、城乡生活污水治理、城乡垃圾无害化处理等三项战役；承担"四个三重大生态工程"建设中的乡镇生活污水治理和城乡垃圾无害化处理工作，并作为"厕所革命"的责任单位。自2017年以来，全省共建设乡镇生活污水处理项目996个，完成总投资317亿元；建成生活垃圾无害化处理设施155座、建成垃圾中转站1987座，全省建制乡镇实现生活污水、垃圾处理全覆盖。全面推进城镇"厕所革命"，全省共新建改建城镇公厕8712座。全省开工建设城市地下综合管廊400公里，入廊管线400多公里。131个城市（县城）生活污水处理厂完成提标改造，出水水质达到一级A排放标准占总数的95.6%，214条设区城市黑臭水体整治全部完成。全面推开"擦亮小城镇"建设美丽城镇三年行动，城镇功能品质得到大幅提升。

【守牢红线底线】制定住建领域《防范化解重大风险工作方案》，全面开展风险排查整改，提高风险预判和处置能力，严密防范各种风险挑战。坚持稳房价稳预期，建设运行全省房地产大数据监测平台，建立调控会商和信息发布制度，全面加强房地产市场监测，对指标异动城市及时预警，市场态势总体平稳。2020年，全省房地产开发投资4888.87亿元，同比下降4.4%，完成投资绝对值在全国31个省区市中排名第9位，在中部六省中排名第3位。认真抓好棚改审计问题整改，2016年以来问题整改率达96.27%。全省房屋市政工程未发生重大亡人事故，安全生产形势总体平稳可控。2020年梅雨期全系统7.6万人次投身抗洪救灾，武汉排水防涝经验在全国推广。

法规建设

【健全机制】湖北省住建厅成立由厅党组书记、厅长任组长，分管厅领导任副组长的法治建设工作领导小组。厅主要领导全程参加《湖北省城乡垃圾管理条例》立法工作，审议年度法治工作计划方案，带头履行法治建设第一责任人职责。制发《厅重大行政决策程序规定》，明确决策主体、事项范围、法定程序、法律责任，强化了决策法定程序的刚性约束。

【推进立法】2020年，推动《湖北省城乡生活垃圾管理条例》立法进程，条例草案已通过省人大一审。出台《湖北省餐厨垃圾管理办法》，进一步明确餐厨垃圾资源化利用和无害化处理的管理办法。出台《住宅工程质量常见问题防控技术规程》等标准规范10余件。

【文件审查清理】 对法律法规，规范性文件，从国家、省级、厅级三个层面进行清理归类。其中，相关法律18部、行政规章28部、住房和城乡建设部规章175部、相关部委文件383件、住房和城乡建设部文件92件、地方性法规10部、省政府规章22部、省政府规范性文件41件。清理厅本级规范性文件210件，征集上报行业法律法规清理意见4批120余条，办理各类征求意见通知135件。

【行政复议与行政应诉】 全年共办理各类法律事务50余件，进行法律论证并出具法律意见书20件，参与办理行政应诉案件16件，审查行政复议案件42件。

【法治宣传教育】 2020年，开展《民法典》《国家安全法》及党内法规专题学习5次，举办住建系统法治工作专题培训200人次，组织机关法治骨干观摩法庭庭审30人次。将共性普法内容、行业重点普法内容细化为12项责任清单。10月29日，在武汉市举办全省住建系统法治工作专题培训。

【优化法治化营商环境】 不断推进双随机工作全覆盖。确定18项"双随机、一公开"抽查事项，形成新的"一表两库一细则"，所有抽查事项占全部行政执法事项的100%，其他事项70%以上。加强信用体系建设。组织全省100余家建筑业失信企业进行信用修复培训，组织企业签订诚实守信承诺书，编写《住建行业信用承诺实施细则》。组织全省法规工作信用体系专题授课，培训人员200余人；建立违法失信黑名单的公开曝光制度以及市场禁入制度，发布行政处罚和不良行为记录信息113条。推进住建行业互联网＋监管工作。完成省本级互联网＋监管系统监管事项清单、行政检查实施清单、住建系统省市县通用权责清单，集中认领住房和城乡建设部全部监管事项，打通了厅内部监管平台与互联网＋监管平台的互联互通。

【行政执法监督】 将规范性文件的合法性审查、廉洁性评估审查、公平竞争性审查作为重要政策措施出台的前置程序，落实公众参与、专家论证、风险评估、合法性审查、集体讨论决定的重大行政决策法定要求。对厅出台的建筑业企业检查、建设工程联合验收等重要规范性文件出具书面合法性审查意见。对厅直接办理的30多起行政处罚案件，从立案、告知、下达处罚决定进行全过程监督。

房地产业

【概况】 2020年，受疫情影响，湖北省房地产投资、销售等指标出现下滑，但随着助企纾困政策的实施，市场走势逐步恢复好转，下半年市场运行态势明显好于上半年，全年全省房地产市场整体保持平稳，好于预期。全省完成房地产开发投资4888.87亿元，同比下降4.4%，较前三季度、上半年分别收窄12.6和34.3个百分点。完成投资绝对值在全国排名第九、中部六省排名第三，与上年持平。单月投资同比增幅从7月起由负转正，7～12月完成投资3284.36亿元，同比增长30.7%。1～12月，全省房地产新开工面积8452.55万平方米，同比下降2.9%；房地产税收收入676亿元，同比下降30.1%，较上半年收窄15.2个百分点；房地产税收占全部税收的16.6%，较上半年提高1.3个百分点。

【房地产精准调控】 4月，湖北省人民政府办公厅印发《关于促进建筑业和房地产市场平稳健康发展措施的通知》，在房地产方面提出了适当优化预售管理、土地出让、金融信贷、审批服务等方面17条具体措施。开展了3轮"下沉企业、助企纾困"活动。强化部门会商联动，与财政、自然资源、税务、金融等部门会商，定期共享供地、信贷、税收、销售等数据信息，研判市场形势，强化政策协同联动。利用全省房地产大数据监测平台，加强房地产市场动态监测预警，督促地方落实主体责任，结合实际采取价格指导、调控供需、引导预期、市场管理等针对性措施，促进市场稳定。督促武汉市抓好"一城一策"试点。出台《关于支持房地产开发企业复工复产确保全市房地产市场平稳健康发展的六条措施》《关于应对新冠肺炎疫情做好商品房交付有关工作的指导意见》政策，确保"三稳"目标落实到位。推进省"十四五"住房发展规划编制工作，完成征求意见稿。督促各地编制实施"十四五"住房发展规划，确定发展目标，明确工作措施，合理引导资源配置和市场预期。加强房屋网签备案工作，转发住房和城乡建设部《关于提升房屋网签备案服务效能的意见》《关于印发全国房屋网签备案业务数据标准的通知》，召开城市房屋交易网签备案及联网工作座谈会，督促各地推进数据联网、数据更新及历史数据整改工作，提升网签备案数据质量。印发《关于开展房地产开发、中介及物业服务市场秩序专项整治工作的通知》，结合住建系统扫黑除恶专项斗争"行业清源"行动，开展市场秩序专项整治。全省共查处开发企业91家、中介机构545家、物业企业41家。

【物业服务管理】 印发《关于〈湖北省住宅小区、办公建筑新型冠状病毒肺炎疫情防控工作指南〉的通知》，编制全省住宅小区、办公建筑新型冠状病毒肺炎疫情防控工作指南；率先提出住宅小区实施封闭管理的要求。争取省指挥部支持，对参与疫情防控的物业企业给予财政补助，全省对3982家物业服务企业共补助资金25402万元。持续推进省、市、县三级成立物业行业党委。截至年底，全省17个市州已有16个成立了物业行业党委，武汉、黄石、黄冈、孝感、随州等地实现了市县两级物业行业党委的全覆盖。推进物业管理全覆盖。截至年底，各市州上报城市住宅小区总数35670个，其中专业化管理、单位自管、业主自治、街道社区托管等各类小区共计31320个。全省物业住宅小区成立业主委员会12592个。

【住房租赁市场】 2020年，省住建厅支持武汉市完成国家年度试点任务，指导宜昌、襄阳、十堰3个省级试点城市做好试点探索。督促加快试点补助资金拨付进度。2020年，武汉市印发了《关于允许商业和办公用房等存量房改造为租赁住房的通知》，明确商改租、工改租的方式路径，已受理19个项目申请。6月、10月和11月，共向12家租赁企业累计拨付试点补助资金6.47亿元，12月底通过预拨方式，向6个项目拨付资金2.38亿元。2019~2020年累计拨付资金10.39亿元。截至年底，武汉市备案223家住房租赁企业（国企10家），运营规模达到1000套（间）或3万平方米以上的机构化企业20家；推动16个国有土地试点项目投入运营，5个集体土地建设租赁住房试点项目开工建设，全年建设筹集租赁住房10.23万套（间）；在全国率先联合打造了"互联网＋租赁＋金融"综合服务平台，累计核验房源68.17万套，合同备案36.66万笔。

【国有土地上房屋征收与补偿】 2020年，湖北省建立征收与补偿管理信息系统。推进省国有土地上房屋征收与补偿管理信息系统建设，建立国有土地上房屋征收与补偿监测制度，完善了计划管理、征收管理、机构管理等工作的信息化建设，实时上报、分类汇总、深度查询和分析统计，保障各地市数据的共享交换，为全省各级房屋征收部门提供了管理工具和决策平台。省住建厅参与信访接待和矛盾纠纷化解工作。7月，共收到信访件365件，其中涉及房地产领域的信访件346件，制订方案，成立11个督导组，督促市（区、县）有关部门对接信访人，积极化解矛盾。指导省征收专委会研究编写《湖北省国有土地上工业企业征迁评估操作指引》。

住房保障

【住房保障政策研究】 2020年，完成了《湖北省公租房保障工作情况调研报告》。会同省财政厅、中南财经政法大学完成"湖北省政府购买公租房运营管理服务定价体系"课题研究工作，此项工作在全国属于创新型研究。委托华中师范大学研究团队开展"构建公租房全链条管理体系"课题调研，创新性地提出了公租房全链条管理的框架。参与组织编制全省"十四五"住房发展规划，研究《湖北省"十四五"城镇住房发展规划（征求征求意见稿）》，明确"十四五"期间，全省住房保障工作要加快构建以公租房、保障性租赁住房和共有产权住房为主体的住房保障体系，以政府为主提供基本保障，实行实物配租和租赁补贴并举，促进住房保障对象以户籍家庭为主向城镇常住人口延伸，促进住房保障方式以政府投入为主向政府政策支持、吸引社会力量投入拓展。

【棚户区改造】 2020年，湖北省稳步推进棚户区改造力度，新开工目标任务4.79万套，已开工4.89万套，开工率102.06%；棚改项目基本建成目标任务5.54万套，已基本建成6.69万套，基本建成率120.78%；租赁补贴发放目标任务2.13万户，已发放租赁补贴3.09万户，完成率144.68%。武汉市荣获国务院2019年度棚改工作激励表彰。对棚改工作推进缓慢的市州进行现场调研跟办。组织开展2019年全省城镇保障性安居工程财政资金绩效评价，经财政部武汉监管局审核评价结果良好。全省已发行棚改专项债515亿元。配合发改、财政部门核实下达安居工程基础配套设施建设中央预算内投资11.8亿元、中央财政城镇保障性安居工程专项资金5.5亿元。积极争取两行棚改贷款支持，先后争取两行新增发放融资贷款90.78亿元。针对2019年保障性安居工程审计问题，组织省财政厅、人民银行武汉分行、省银保监局、武汉市相关单位召开保障性安居工程审计问题整改跟办座谈会，组织专班到现场调查核实，推进审计问题整改。制定《2019年度市州党政领导班子政绩目标考核住房保障工作考核评价细则》，将棚改目标完成情况和公租房小区管理群众满意度测评纳入考评体系。争取省政府对2019年度棚户区改造工作激励支持的市州县予以表彰，并在省级以奖代补资金中安排1000万元予以奖励。

【公租房筹集与分配】 向国家申报湖北省2020

年新筹集公租房5531套的建设计划和5531万元的中央补助资金。截至12月底，新筹集公租房已全部完成开工任务。年内，建立健全常态化申请受理机制，规范完善公租房准入审核机制，简化公租房申请手续。完善待保障对象轮候制度，确定轮候期限，优化轮候规则，对轮候时间超过3年的住房困难家庭加快实施保障。截至11月底，全省公租房分配率达到96.91%，高于住房和城乡建设部公租房分配率90%的要求。

【公租房政府购买服务国家试点】2020年，在做好武汉、襄阳、宜昌、孝感、远安五个国家级试点城市经验总结的基础上，新增咸宁市为国家级试点城市。6个国家级试点城市共选定27个项目，17312套公租房进行试点工作。抓好黄石、鄂州、荆门、黄冈等18个省级试点市县的政府购买公租房运营管理服务的试点工作。下发《关于进一步推进政府购买公租房运营管理服务试点工作的通知》，健全公租房管理长效机制，推广试点成果。引导有资质、有实力的专业机构积极与各地住建部门对接，开展公租房小区运营管理智能化服务合作，切实提升公租房运营管理专业化、规范化水平。

【全国公租房信息系统贯标联网】省住建厅、省建行联合印发《2020年湖北省公租房信息系统贯标和联网接入工作实施方案》，对工作目标、实施范围、职责分工等方面进行明确。召开全省公租房信息系统贯标联网布置会，对全年贯标工作提出明确要求。通过报表制度和月通报等形式，对全省公租房信息系统贯标工作进行督办。截至12月底，全省17个市州已全部实现数据上线联网。各地完成录入政府投资公租房房源（含盘活房源）39.75万套，完成率91%；已完成录入保障家庭27.48万户。

【公租房小区规范管理评价】制发《关于开展全省公租房小区规范管理评价工作的通知》，采取县市自评、市州评价、省级抽评方式对全省公租房小区规范管理工作进行评价。制发《湖北省公租房小区规范管理第三方评价及住户满意度调查实施方案》，对全省17个市州的50个公租房小区开展评价工作，发放满意度调查表4797份，形成评价报告18份。通过评价，参评的50个小区中有30个小区评价结果为优秀，18个小区为优良，2个小区为达标。

公积金管理

【概况】2020年，全年全省新增归集住房公积金927.38亿元，同比增长8.68%，全省累计缴存总额达到6577.39亿元，缴存余额3022.17亿元；新增住房公积金提取额552.35亿元，同比增长7.61%，累计提取总额3555.22亿元。新增个人住房公积金贷款额668.96亿元，同比增长28.58%，累计贷款总额达到4209.96亿元，贷款余额2491.1亿元，个贷率82.43%。

【制定目标任务】制发《2020年全省住房公积金监管工作要点》《2020年度全省住房公积金归集和使用计划表》，要求各地制订具体落实措施，及时将目标任务分解到全省各县市办事处，确保完成年度目标任务。

【"扩面工程行动"】2020年，省住建厅重点瞄准新市民、灵活就业人员、非公单位职工3类群体推进"扩面工程行动计划"实施。各地将住房公积金扩面与支持经济社会发展为企业减负相结合，在落实困难企业降比缓缴减轻负担的同时，采取有效措施推进"扩面工程行动计划"实施，切实扩大制度惠及面。全年全省住房公积金新开户单位11958家，新开户职工516780人。

【助企纾困政策】2020年，湖北省各地认真落实助企纾困政策，帮助企业复工复产。截至6月底，全省累计缓缴企业9504个，累计缓缴职工人数66.14万人，累计缓缴金额13.57亿元。累计降比例缴存企业920个，累计降比例缴存职工98702人，累计减少缴存金额1.02亿元；累计停缴企业2499个，累计停缴职工20.83万人，累计停缴金额3.3亿元。受疫情影响不作逾期处理贷款39385笔，不作逾期处理贷款余额92.3亿元。

【调整使用政策】2020年，进一步提高租房提取额度，缓解受疫情影响职工的租房压力，受疫情影响提高租房提取金额45005人，累计提高租房提取金额6430.09万元。因城施策调整贷款政策，武汉、宜昌等城市提高最高贷款额度加大支持职工购房力度。制订老旧小区加装电梯提取住房公积金政策，支持老旧小区改造。

【信息化建设】组织完成孝感、咸宁、潜江综合服务平台验收工作。督促各市州中心完成规定的3项业务"跨省通办"任务。各地不断完善住房公积金综合服务平台功能，拓展网站、微信、手机APP、12329服务热线等业务办理渠道，推进公积金业务"零接触"办理。

【审计整改工作】落实审计整改工作要求，制定审计整改方案，建立台账，组织召开整改视频推进会，开展整改督查。年内，先后到十堰、襄阳、咸宁、孝感、宜昌、潜江调研督导审计整改工作，完成审计报告指出的整改问题36个。对行业分支机构

"四统一"管理工作推进较慢的分中心下发督办函，要求加大整改力度，确保整改到位。

【**行业监管**】积极争取住房和城乡建设部支持将湖北列为住房公积金数据监管平台试点省份，推进试运行工作。设置专职岗位和人员，实时监控平台运行情况，选定武汉、宜昌为试点城市，下发整改工单，督促试点中心及时排查、整改各类风险预警事项。初步形成线上线下相结合的监管模式。

城市建设

【**城建项目管理**】2020年，建立并完善"湖北省城市建设项目谋划储备推进信息系统"，优化数据分析、月调度等功能板块。编制《湖北省城市建设领域补短板项目谋划工作指引（试行）》。全年入库项目4395个，总投资测算11419.9亿元。拟定《湖北省疫后重振补短板强功能城市补短板工程三年行动实施方案（2020—2022年）》城市补短板部分内容，筛选出城市补短板项目清单。全省共谋划补短板项目1484个，估算总投资2409.81亿元，其中城市基础设施2295.96亿元，公共体育设施113.85亿元。根据补短板三年行动方案，在城建项目谋划信息平台中增加"十大工程"版块，组建全省城市建设重大项目工作专班，建立月调度工作机制。截至年底，全省城市补短板工程总共谋划项目2986个，估算总投资5713亿元；其中上报至省政府的入库项目数1878个，估算总投资2433亿元，已开工564个，开工率30%。

【**城镇老旧小区改造**】截至年底，2019年纳入中央补助支持的城镇老旧小区改造项目全部开工，完工小区1249个，完工率93.28%；2020年纳入中央补助支持的城镇老旧小区改造项目已全部开工，完工小区815个，完工率32.19%。印发《湖北省城镇老旧小区改造工作指南（第二版）》。印发《关于加强城镇老旧小区改造风险防范工作的通知》，制定负面清单，提出风险点与应对措施，防止中央补助资金投向偏差、套取资金及违规挪用等问题发生。印发《关于规范城镇老旧小区改造计划申报工作的通知》，进一步明确申报范围、申报原则、申报时间、申报材料、申报要求等5个方面的要求。下发《关于加快推进全省城镇老旧小区改造工作的实施意见》，从总体要求、组织实施、支持政策、保障措施等方面提出指引，会同相关部门编制工作导则、政策导则和技术导则等操作性文件。2020年，全省城镇老旧小区改造共争取中央支持资金55.28亿元。其中，获得中央财政专项资金16.31亿元，获得中央预算内投资38.97亿元。先后与国开行、建设银行、兴业银行、工商银行、光大银行对接，并签订合作协议，安排老旧小区改造为重点的城市基础设施建设授信额度近6000亿元，初步建立了政府与金融机构合作工作机制。截至年底，全省2019年中央补助资金项目已开工小区1339个，涉及272471户。按小区数统计，开工率为100%。累计完成投资374682.33万元，占预计总投资额的76.98%。2020年，全省中央补助资金项目惠及345193户。按小区数统计，开工率为100%。累计完成投资365072.15万元，占预计总投资额的43.83%。结合《湖北省新型基础设施建设三年行动方案（2020—2022年）》，搭建城市信息模型（CIM）平台，同步推动完整社区建设、老旧小区改造与推动智慧城市建设。年内，湖北省城镇老旧小区改造信息化平台已完成试点城市信息采集。启动约谈机制，督导各地加快项目进度。统筹推进城市居住社区补短板、绿色社区创建与城镇老旧小区改造工作，建立信息平台。湖北省城镇老旧小区工作被住房和城乡建设部推荐全国借鉴。广泛宣传惠民政策，关注老百姓身边的事，收集各地上报的老旧小区改造"小故事"112条，形成《湖北省城镇老旧小区改造小故事》，同步在省住建厅官网、湖北日报手机客户端发布。

【**生态环境建设管理**】印发《湖北省城镇污水处理提质增效行动实施方案》《关于做好2020年城镇污水处理提质增效重点工作的通知》，制定相关工作任务。截至年底，全省完成市政污水收集管网排查1500多公里，新建、改造污水收集管网400多公里。整治各类直排口108个，消除污水管网覆盖空白区13平方公里。全省137个城市（县城）生活污水处理厂基本完成一级A提标改造工程。全省城市污水处理率达到95.8%。印发实施《湖北省2020年城市黑臭水体整治环境保护专项行动实施方案》，截至年底，全省12个地级以上城市建成区已排查出的214个黑臭水体，完成整治任务。省住建厅第1轮中央环保督察整改任务17项已完成整改销号；第1轮中央环保督察"回头看"及专项督察整改任务13项，已完成2项，11项达到序时进度。2018年和2019年长江生态环境警示片披露问题中，需在2020年完成整改的共13个，已完成整改工作，正在组织销号的4个，其他7个正按整改要求推进整改。制定城市小微水体治理工作指南，指导各地加强城市小微水体治理。全年全省新开工海绵城市建设覆盖区域约111平方公里，完成投资57亿元。组织各设市城市开展2020年度海绵城市建设情况评估，已达到海绵城市建设标准的建成区面积为520平方公里，约占城市建成区总面积的20%。其中，武汉市作为海绵城市试点，经过几年建设，取得良好社会效应、环境效应。

【市政基础设施建设管理】2020年，全省人行道净化和自行车专用道试点项目共计36个，已开工30个，开工率83.33%。年内，全省69座城市桥梁护栏隐患全部完成改造。全年全省开工城市地下综合管廊建设项目26个，里程55.6公里。开工建设城市地下综合管廊440公里，建成管廊300公里，完成投资额230亿元。入廊管线总里程400多公里。其中，十堰市自2015年入选全国首批10个地下综合管廊试点城市以来，累计建成管廊、管沟、缆线247公里，走出了一条"山地城市集约化建设、生态敏感区绿色开发、老工业基地二元管线体系整合"的特色之路。以城市供水、老旧小区改造信息化建设为切入点，推动传统基础设施智能化、信息化和智慧水务、智慧市政等重点项目。

【城镇供水管理】2020年，国家供水应急救援中心华中基地落户武汉并顺利建设，城市供水统一服务热线"96510"全省运行，组建"湖北省城镇供水新闻中心"。截至年底，公共供水普及率为98.23%。保障疫情期间供水安全，实行水质检测定期公开制度，指导水源地巡查，加大检测频次，建立供水督导周报制度。下发《关于做好湖北省2020年全国城市节约用水宣传周工作的通知》，组织全省多地开展节水宣传活动共100余场次；发放各类宣传材料24000余册，张贴宣传横幅（海报）1260余条（幅），推送各类节水信息10000余条，各类线上活动及线上宣传材料点击量达到55万余次，覆盖约1530万人口。按照住房和城乡建设部水质督查工作要求，完成湖北省兴山县、秭归县、房县、长阳土家族自治县等共8个县的全部公共供水厂和2个管网点水质抽样检测，水质采样工作基本完成。印发《湖北省城镇二次供水工程技术导则》。搭建"全省城镇供水信息填报分析系统"，下发《关于做好全省城镇供水信息系统填报工作的通知》，督促各地组织城镇供水企业进行基础数据填报，及时掌握全省供水基本情况。协调国家供水应急救援中心华中基地建设，协同省发改委、省财政厅争取资金保障。启动供水重大事故应急预案，应急抢险救援队驰援恩施，协调黄石、荆门等地组织13台供水抢修、运水车辆赶赴灾区。

【城镇燃气安全管理】全省全年天然气供气量625935.94万立方米、液化石油气供气总量309099.25吨，城镇燃气普及率为97.77%。持续开展安全生产专项整治三年行动。印发《关于深刻吸取沈海高速浙江温岭段"6.13"重大液化气槽罐车爆炸事故教训切实做好全省城镇燃气安全生产工作的通知》，狠抓企业主体责任落实。细化"一情况两清单"，确保工作抓细抓实抓到位。印发《关于做好疫情防控期间燃气安全保供工作的紧急通知》，加强企业内部疫情防控，推动用户网上办理业务。制定《湖北省燃气行业新冠肺炎防控和燃气保供工作实施方案》，为全省行业疫情防控和保供提供指引。针对购用气不方便问题，要求相关部门和企业改变服务模式，增加网上圈存点和量予以解决。针对部分区县因交通封闭出现液化石油气短缺问题，紧急报请省指挥部协调有关部门、单位新增产能，解决缺口。制定《2020年全省城镇燃气安全生产隐患大排查大整治行动方案》，组织对全省17个市州75家液化气站安全生产情况进行暗访督查，发现隐患727个，其中一般隐患697个，重大隐患30个，下达执法建议书71份。全年全省城镇燃气行业排查隐患13486个，完成督导检查1307次，行政处罚57次，责令停产整改企业27家，关闭取缔企业32家，罚款88.13万元，移送司法机关9人，约谈警示企业62家，联合惩戒企业12家。

【获得用水用气营商环境】印发《关于优化用水用气报装服务的工作方案》。年内，全省17个地市州均实现用水"321服务"和用气"310服务"。全省供水供气企业拓宽报装渠道，加强信息化建设，自建用水用气报装系统，拓展线上服务业务，实现报装网上办理。

【城市排水防涝】2020年，全省共排查出城市重要易渍水点310多处，疏捞、维护排水管渠6100余公里，调试检修排渍泵站140余座。全省城市建成区现有排水管道36061公里，较"十二五"末增加8943公里，其中雨污合流管网7271公里，较"十二五"末减少3996公里；雨水管道15149公里，较"十二五"末增加7658公里。

村镇建设

【农村危房改造】召开全省脱贫攻坚危房改造动员部署会，对2020年动态新增2314户和因灾受损1474户，建立旬调度机制，组织由厅领导带队12个督导组到各地开展督办，6月30日前实现全省危房动态清零，11月底基本完成因灾受损危房改造。对189.5万户建档立卡贫困户，分别组织逐户核实核验安全状况，逐户进行了现场定位核验，下发《住房安全认定通知书》，确保每一户贫困户住房安全。对中央专项巡视和国家脱贫攻坚成效考核反馈的问题，制定一体整改方案，组成工作组，逐条现场核实线索，省住建厅主要负责人逐条审核研究整改情况，保证各类问题清零销号。省住建厅、省扶贫办和省财政厅联合印发《关于深化问题整改做好住房安全有保障查漏补缺工作的通知》，以"七查"为手段，全面查漏补缺，巩固脱贫攻坚成果。10月以来，启动对全省所有行政村房屋安全隐患进行排查整治，探索建立常态化农村房屋建设管理制度，对动态新增贫困户农村危房，发现一户，改造一户，应改尽改。

【乡镇生活污水治理】组织全省乡镇生活污水治理运营管理及工作验收培训会，推出5个县市典型经验，开展一线调研指导。联合省生态环境厅对全省97个县（市、区）（实际93个有建设任务）逐县评估验收，同步开展政策执行情况评价，逐县聘请专家评审验收结果。优化以奖代补考核办法，联合省生态环境厅、省财政厅完成年度以奖代补资金考核发放。对省级验收反馈问题，建立问题台账，限时整改销号。每天公布进水浓度低的乡镇名单，督促加强整改。实施乡镇生活污水治理信息平台二期建设，运用大数据信息技术，调整管理考核模式，实现"一张网"统揽运营管理，实现了污水处理厂进出水水质全天候监测，建立数字化运营考核机制。每日通报各地污水处理设施运行数据，保证污水处理设施正常稳定运行。

【"擦亮小城镇"建设美丽城镇行动】2020年，湖北省"擦亮小城镇"建设美丽城镇行动被纳入省委省政府重点工作。年初，省住建厅对50个试点镇开展"擦亮小城镇"建设美丽城镇行动评估考核，总结试点经验，督办工作进展。抢抓疫后重振机遇，调研谋划并刊发擦亮小城镇行动工作调研报告。报请省政府出台《湖北省"擦亮小城镇"建设美丽城镇三年行动实施方案》，"擦亮小城镇"建设美丽城镇被纳入《全省国民经济和社会发展第十四个五年规划和二〇三五年远景目标的建议》。组织召开全省推进美丽城镇建设仙桃市现场会，组织编制"擦亮小城镇"建设美丽城镇技术指南和工作导则，加强工作指导。

【传统村落全面挂牌保护】截至12月10日，全省206个中国传统村落完成挂牌工作。组织开展传统村落信息核实录入，有序建设中国传统村落数字博物馆。加强项目争取，恩施州被列为全国传统村落集中连片保护利用示范市，获得中央奖补资金1.5亿元。组织有关专家开展传统村落保护调研指导。

【农村房屋通用图集推广使用】2020年，督促各地编制完善本区域农房图集，对14个农房图集编制推广工作成效较好的予以以奖代补。结合乡村振兴战略和美丽乡村建设，在宜昌、罗田试点创新农房图集推广方式，群众建房扫"二维码"领取农房图集，自由选择特色民居图集、施工图纸，引导建设具有传统文化底蕴的美丽农房。

【美好环境与幸福生活共同缔造】开展美好环境与幸福生活共同缔造工作试点，麻城市被确定为全国培训基地，组织开展了20个共同缔造精品示范村评选。鼓励村镇协会组织研究培训，先后在咸宁、黄冈、荆州、黄石等地举办了多种形式、多种主题的乡村建设工坊，探索村庄设计下乡路径。

城市管理

【城市管理执法体制改革】2020年，按照中央关于综合执法体制改革的总要求，将省城市管理执法监督局调整为厅机关内设机构，更名为城市管理执法监督处（省城市管理执法监督局）。全省所辖12个市均成立城市管理执法委员会，纳入政府组成部门；103个县市区均成立了城市管理执法局，全省城管体制改革总体框架基本落定。

【推进综合执法】指导各地做实"大城管"，建立健全城市管理综合协调机制。各地清理执法事项，形成"集中执法"与"专业执法"相结合的"1+N"模式，整合市政公用、市容环卫、园林绿化及城市管理执法职责。其中，黄冈市城管执法部门实施六部委关于集中行使5方面16项行政处罚权试点改革工作，涉及执法权300多项。鄂州市将文化、文物、出版、广播电视、电影、旅游市场、体育等领域行政处罚权及相应行政强制权划转至城市管理执法部门，综合执法范围更广。

【健全法规制度】围绕市容市貌、环境卫生、立面改造、城管执法、城市综合管理等领域，着力解决执法主体地位不明确、执法程序不完善、司法保障不健全等问题。指导各地修订生活垃圾、户外广告、拆违控违、车辆停放、景观照明、桥梁隧道等重点领域法规规章。出台《湖北省餐厨垃圾管理办法》，起草《湖北省城乡生活垃圾管理条例》。全年全省已出台城市管理领域地方性法规及政府规章60余件，初步构建了城市管理地方立法框架。

【执法力量下沉】持续深化街道管理体制改革，推动城管部门管理权限、编制、人员下放街道，组建统一的综合行政执法中心，在法定授权范围内，以街道名义开展执法工作，并接受县（市、区）职能部门的业务指导和监督。将住建领域158项审批服务执法等权限形成权责清单下放街道，赋予街道规划参与权、综合管理权和对区域内事关群众利益的重大决策和重大项目的建议权。

【创新城市治理方式】指导各地发挥"大城管"平台指挥协调作用，实现城市综合管理检查范围全覆盖。健全逐级考评督办机制，邀请第三方机构每年组织4次暗访，开展市民满意度测评。建立完善9大项、52小项评分指标，综合评价城市建设管理水平和年度重点任务完成情况。指导各地加快推进城市综合管理服务平台建设，下发全省城市综合管理服务平台建设联网工作方案。全省12个设区市全部提前完成与国家平台的联网对接任务，实现市级数字城管平台与国家城市综合管理服务平台互访。推动全省数字城管全覆盖，截至年底，基本建成数字化城市管理信息平台。推动有条件的地区数字城管向智慧城管升级，省级开发运行湖北垃圾治理监管平台、城市管理暗访监督平台，实现覆盖全省的垃圾终端设施建设项目进度全周期监管、城管暗访考核问题的全流程反馈整改。其中，武汉市智慧城管一期项目获得住房和城乡建设部"智慧住建"优秀案例奖和2020银川国际智慧城市博览会"社会治理与服务成就奖"。

【市容市貌整治】指导各地开展环境卫生大扫除，落实生产生活场所的环境整治。指导各地聚焦户外广告、停车秩序、架空管线、渣土扬尘、油烟噪声、拆违控违、养犬管理等开展专项整治和治理。疫情期间，指导各地有序放开马路市场，满足群众生活需要。复工复产阶段，要求各地出台支持地摊经济的有关措施。对占道、出店、地摊等经营形式进行规范引导，科学设置临时便民服务点。

【城市管理执法队伍建设】出台《湖北省城市管理执法行为规范细则》，明确执法主体执法资格、执法规程、执法保障、执法责任等。各级城管部门全面落实"城市管理行政执法公示、全过程记录、重大执法决定法制审核"三项制度，进一步提高城管执法透明度。围绕执法队伍中存在的突出问题，通过完善制度、开展督察、设立曝光台等多种方式及时发现并纠正各种不规范、不文明的执法行为。积极推行"721"工作法，有效化解矛盾纷争，杜绝了粗暴执法和选择性执法。利用"互联网＋"技术，探索"非接触执法"等工作方法，其中武汉市城管执法委将全市14类、352项城管执法适用案全部纳入平台办案，告别"手开单"时代。开通城管现场执法网络缴款系统，全面推行"罚缴分离"，执法效能显著提升。

【疫情防控】疫情防控期间，全省城管系统积极履行城市秩序维护、市容环境管理、方舱医院建设、突发应急事件处置等疫情防控职责，深入社区开展志愿服务。全省城管系统19名个人荣获湖北省抗疫先进个人、12个单位荣获湖北省抗疫先进集体。

标准定额

【服务复工复产】印发《关于新冠肺炎疫情防控期间建设工程计价管理的指导意见》，对疫情期间市州工程造价管理机构加强服务保障提出具体要求。发布《关于调整我省现行建设工程计价依据定额人工单价的通知》，加强全省建设工程定额人工单价动态管理。参与三轮"下沉企业、助企纾困"活动，受理办结反馈问题23个。

【完善计价定额体系】编制《装配式建筑工程投资估算指标》（征求意见稿）、《市政工程消耗量定额》（报批稿）。向住房和城乡建设部反馈《城市公共设施造价指标案例（海绵城市建设工程）》修改建议20条。年内，完成建筑工程概算、仿古定额初稿编制；完成建设项目总投资其他费用定额征求意见稿。推进武汉市城管委等单位申请《湖北省市政公用设施维修养护工程预算定额》编制工作。截至年底，发布补充计价定额4个，正在编制补充计价定额5个，完成2018版计价定额勘误163条，受理各类计价定额技术咨询1105起，解决各类问题2521个。信访渠道回复计价定额技术咨询17起。

【构建多渠道地方标准供给模式】召开年度工程建设领域地方标准申报立项评审会2次，新增地方标准制定项目25个，修订项目4个。截至年底，全省地方标准立项204项，经省住建厅公告实施并报住建部备案94项。历年计划延续编（修）订110项，其中，正在征求意见17项，已召开评审会16项，已上报省市场监管局12项，正在编制65项。

【健全信息发布机制】印发《关于加强复工复产期间建筑材料市场信息价发布工作的通知》，强化建筑材料价格动态监测管理，建立了主要建筑材料日收集、周汇总、半月发布的工作机制，将钢材、砂石等主要材料市场信息价发布频次从每月发布调整至半月发布。组织开展2020年上半年中粗砂、碎石、钢材等主要建筑材料价格同比增长及走势分析工作，形成分析报告。截至年底，向社会发布电子期刊5期，材料市场综合信息价格及机械市场租赁价格15期共计201900余条，发布标准定额法律法规、市场监管、定额管理等动态信息25条。

【日常监管】 印发《关于开展全省工程造价咨询企业专项检查的通知》，部署开展全年全省工程造价咨询企业专项检查工作。全省共抽查企业共计286家（含分公司156家），共计抽查项目500个，下达整改通知书27份，检查结论不合格企业5家，合格率98.3%。省厅派出督查组6组，抽查企业34家，全部合格。开展2019年度工程造价咨询统计调查，审核全省354家企业上报的统计报表，完成了全省工程造价咨询企业数据上报及审核工作。推进二级造价工程师考试，对接交通厅、水利厅进一步明确考生资格审核职责，向人社厅报送了资格审核机构和审核人员信息，配合湖北人事考试院完善《关于2020年度二级造价工程师职业资格考试工作的通知》，组织考试命题和阅卷工作。截至年底，审核造价咨询企业甲级资质延续5家；受理投诉案件9件。

【工程造价改革】 工程造价改革工作被湖北省委全面深化改革领导小组确定为2020年省住建牵头推进的三项改革任务之一。鄂州民用机场工程项目被住房和城乡建设部批复为工程造价改革试点项目，湖北省被住房和城乡建设部确定为工程造价改革试点省份。起草《湖北省建设工程施工过程结算暂行办法》（征求意见稿），完成了征求意见工作。开展工程造价改革宣传活动，参与"造价改革百堂课"系列课程。

工程质量安全

【概况】 2020年，湖北省共监督房屋建筑工程3.1万项、4.66亿平方米，监督市政工程826项。"两书"（新建项目授权书、承诺书）签订率、"一牌"（竣工工程永久性标牌）设置率均为100%。全年共创鲁班奖8项，国家优质工程奖15项，均创历史最好成绩。全年共接到各地上报房屋市政工程生产安全事故28起，死亡36人，其中较大事故2起，死亡9人。全省建筑施工企业安管人员考核合格取证47050人，特种作业人员考核合格取证31890人。工程质量问题信访处置办理案件73件，全省涉质量信访处理率98.91%。

【疫情防控】 印发《呼吸道类临时传染病医院设计导则（试行）》《旅馆建筑改造为呼吸道传染病患集中收治临时医院的有关技术要求》《方舱医院设计和改建的有关技术要求》三个技术指导性文件，指导各地临时医疗设施建设。对18所临时医疗救治场所进行安全检查。协调指导全省住建部门完成3个临时传染病医院、270个方舱医院、2338个隔离点和所有援鄂医疗队驻地宾馆的安全隐患排查工作，确保全省医疗救治场所安全。印发《房屋市政工程建设工地新冠疫情常态化防控工作指南》，指导各地做好常态化防控。

【房屋市政工程复（开）工】 为推进住建行业复工复产，先后向省委省政府报送《疫情防控后期复工复产面临的风险及应对准备的课题研究报告》《关于疫情防控后期住建行业全面复工复产亟需关注的问题及应对准备的情况报告》《临时收治机构的安全隐患和复工复产面临的风险隐患分析及应对措施》等研究报告。印发《湖北省房屋市政工程项目复（开）工及疫情防控工作指南》，督导全省房屋市政工程项目分区分级、分类分时、安全有序复（开）工。会同质安总站、信息中心组织开发房屋市政工程管理系统复（开）工备案模块，全过程为企业和项目复工开工提供便捷服务。开展全省房屋市政工程复开工安全生产暨疫情防控工作视频培训，全省共计960多人参加。

【施工工地安全生产】 制发《房屋市政工程安全生产专项整治三年行动工作任务清单》，建立安全生产长效机制。组织开展疫情防控和安全生产全覆盖督查，共抽查在建工程项目83个，针对督查发现的问题和隐患，共下达限期整改通知书17份，下达执法建议书3份，责成项目所在地下达限期整改通知书9份，执法建议书2份。组织全覆盖检查，共抽查在建项目35个，其中公共建筑3个，商品住宅27个，保障房5个，发现各类隐患问题663项，项目所在地住建部门已于12月20日前书面反馈了整改和处罚情况。下发《关于推广工程质量安全手册试点经验做法的通知》，切实督促指导施工企业做好手册试点经验做法的转化运用，不断提升全省工程质量安全管理水平。贯彻落实《关于加强建筑施工安全事故责任企业人员处罚的意见》，对各地上报的事故实行"三个一律"，即：对事故项目一律严格检查，事故项目施工企业所有在鄂项目一律停工自查，对相关违法违规行为一律从严处罚。积极推进建筑施工领域安全生产诚信体系建设，对降低安全生产条件以及对事故发生负有责任的相关企业和人员，均纳入省级不良行为记录向社会公示。对涉及安全生产违法违规的行政处罚决定书均上传至"行政执法与刑事司法衔接信息共享平台"，督促建筑施工企业主要负责人、项目负责人和专职安全生产管理人员依法履行安全生产义务。全年共暂扣28家建筑施工企业安全生产许可证，下达事故督办通知书16份，对47家企业和18名个人的违法违规行为进行了不良行为公示。建立市级住建部门分片联系交流制度，建立定期网上培训工作机制，每月开展"湖北省建设科技大讲堂"视频培训。开展"安全月"和"安全生产楚天行"活动，大力营造安全生产良好氛围，提高全民安全生产意识。

【公共设施平战两用改造试点】编制《推进公共设施平战两用改革试点工作方案》，成立公共设施平战两用改造专家组，研究大型公共建筑改造条件、改造要求等。对接省发改委、财政厅、自然资源厅、应急厅、卫健委、体育局等有关部门，联合印发《关于推进公共设施平战两用改造试点工作的通知》，细化工作要求，明确具体措施。组织编制《大型公共设施平战两用设计和施工规范》，指导编制《既有大型公共建筑应对公共卫生事件平战两用改造设计导则》《新建大型公共建筑应对公共卫生事件平战两用设计导则》。推进项目试点，组织各市州住建部门根据本地区公共设施改造条件和改造需求申报试点，确定了11个公共设施平战两用改造试点项目。

【消防审验基础工作】2020年，组织开展2次全省消防审验工作调研，梳理问题清单，初步摸清全省消防审验工作的人员编制和经费情况。组织起草《湖北省建设工程消防设计审查验收工作细则》《建设工程特殊消防设计专家评审工作流程》。遴选组建并发布全省消防审验专家库，成立了15人的消防审验专家委员会。组织全省住建系统开展3次有关51号部令、工作细则和文书式样的宣贯视频集中培训，全省共计3537人次参加了培训。推进消防设计审查验收监管信息化建设，启动建设工程联合图审系统的消防审验模块建设，会同信息中心谋划启动施工图审查系统中消防设计审查验收基础信息模块建设。

【全省住建领域汛期自然灾害防治工作】印发《关于切实做好2020年汛期全省住建领域自然灾害防范工作的通知》《关于做好住建系统汛期和高温天气安全生产工作的通知》，对住建领域自然灾害防范工作进行了统筹安排。根据省地质灾害专委会的部署，组织专家组对孝感市及应城、安陆、大悟等地的地质灾害防治工作进行了巡回指导。将抗震设防纳入质量安全监督检查，监督抗震设防标准得到有效贯彻落实。

建筑市场

【概况】2020年，湖北省具有总承包和专业承包资质建筑企业完成总产值16136.10亿元，同比下降5.0%，较前三季度降幅分别收窄44.1%、16.4%和6.1%，居全国第四。全省建成装配式建筑产业基地64个、在建16个。新建装配式建筑项目面积1412.73万平方米，完成年度目标任务750万平方米的188%。新签合同额22055.89亿元，增长9.1%，实现逆势增长。

【装配式建筑】2020年，湖北省新开工建设装配式建筑面积1412.73万平方米，同比增长80.8%。全省装配式建筑从业企业80余家，建设生产基地80个，预制混凝土结构、钢结构和木结构体系生产基地分别是44家、33家、3家，满足了推广地区市场需求。全省装配式建筑没有发生一起质量安全事故。武汉、宜昌成功申报国家级装配式建筑范例城市，成功申报国家级1个园区类产业基地、6个企业类产业基地、3个首批范例项目。

【施工组织方式改革】省住建厅、省发改委和省公共资源交易监督管理局联合印发《湖北省房屋建筑和市政基础设施项目工程总承包管理实施办法》，明确湖北省推进房屋建筑和市政基础设施项目工程总承包的基本原则和部门管理职责，细化工程总承包项目承包与发包、项目实施和监督管理等具体措施，为加快推进工程总承包模式提供了制度保障。

【工程建设行业专项整治】印发《湖北省工程建设行业专项整治工作方案》《关于开展工程建设行业专项整治工作调研的通知》，省住建厅成立工作专班，开展调研督导，推进专项整治工作落实。全年全省排查在建工程3691项，正在招投标的房屋市政工程项目1293项，发现问题线索415条，下达执法建议书或限期整改通知书249份，立案调查127起，对58个单位或个人实施了行政处罚。

【建筑业疫后重振】省住建厅开展多次调研活动，形成《湖北省疫情防控过程中建筑行业大面积停工存在的风险》《全省建筑行业复产复工情况及突出困难调研报告》等专题调研报告。以省政府办公厅名义出台《关于印发促进建筑业和房地产市场平稳健康发展措施的通知》，确保建筑业和房地产市场平稳健康发展。开展全省住建系统"下沉企业、助企纾困"活动，共下沉服务1537次，惠及建筑业和房地产业企业6000余家。搭建政银企合作平台，为行业企业争取综合信用支持4500亿元。制定《全省建筑行业用工保障实施方案》，解决重点地区、重点人群"就业难""用工难"问题。发布《关于新冠肺炎疫情防控期间建设工程计价管理的指导意见》《关于加强复工复产期间建筑材料市场信息价发布工作的通知》，强化建筑材料价格动态监测管理。召开湖北省预拌混凝土协会和湖北省建筑节能协会及大中型企业座谈会，研究破解行业疫后复工复产面临问题的难点。优化营商环境。印发《关于开展建筑业企业资质告知承诺审批试点工作的通知》，从6月1日起，对省住建厅审批的10项行政许可全面实行电子证书，实现网上申报、领证。延长由省内各级住建部门审批的8类企业资质有效期，落实住房公积金阶段性支持政策，支持企业缓缴住房公积金，切实减轻市场主体负担。加强质量安全管理。加大力度推进《工程质量安全手册》提质扩面，印发《关于推广工程质量安全手册试点经验做法的通知》，提炼形成了12条可复制、可推广的好经验、好做法在全省开展宣讲巡讲活动。省住建厅联合省人社厅、省公共资源交易监管局、省公共资源交易中心等共同推进招投标专项加分政策和投标保证金替代政策落实落地；联合省发改委、省财政厅、省人社厅、省公共资源交易监管局、省银保监局、人民银行武汉分行印发《关于转发〈加快推进房屋建筑和市政基础设施工程实行工程担保保险制度的意见〉的通知》，推动资金替代机制落实。

【"十四五"建筑业发展规划编制】5月起，启动全省建筑业发展"十四五"规划的编制任务。印发《关于组织编制湖北建筑业发展"十四五"规划的工作方案》《湖北建筑业发展"十四五"规划（编制总纲）》，组织省住建厅内13个处室单位编写基础稿、修改合成稿，已形成送审稿征求意见。

【重点企业培育】印发《关于增选推荐湖北省建筑业重点培育企业的通知》，在2019年确定的企业范围外再增选推荐80家重点培育企业。扩容后，全省重点培育企业达到248家。

建筑节能与科技

【建筑节能与绿色建筑发展】会同省发改委、省经信厅、省教育厅等6个部门联合印发《湖北省绿色建筑创建行动实施方案》，明确了创建对象、目标、重点任务及组织实施措施。截至年底，全省新增128个绿色建筑标识项目，建筑面积1512万平方米。印发《关于加强和改善绿色建筑与节能管理工作的通知》，明确建设单位为建筑节能首要责任；组织专家对《绿色建筑设计与工程验收标准》《低能耗居住建筑节能设计标准》等地方标准进行修订，新编制湖北省《被动式超低能耗（居住）绿色建筑节能设计标准》，进一步完善全省建筑节能和绿色建筑标准体系。利用省住建厅建设科技大讲堂平台，以视频方式对全省一万余人进行了宣贯培训，邀请专家讲解绿色建筑新标准、新政策。

【标准化工作】全年出台各类标准化文件57项，增长216%。组织全行业申报立项省级标准并获批准43项，增长187%。改变原有的转呈申报的做法，变为主动研究谋划，引导和鼓励市场主体编制出台标准。2020年以来，结合防疫抗疫工作，出台《大型公共设施平战两用设计规范》等一批抗疫情标准化文本。会同市场处组织研究完成《湖北省装配式建筑标准体系》，为装配式建筑的发展和配套标准的研究编制打下基础。

【建设科技工作】印发《湖北省住房和城乡建设厅科学技术委员会章程》，完成了第一批4个专业委员会组建和第二批4个专业委员会筹备工作。会同有关业务处室整合各类专业培训，采用视频方式扩大培训覆盖面，全年累计举办8期。全年全省立项住建部科技计划项目和示范工程12个，立项省建设科技计划项目47个。

【历史文化名城保护】省住建厅和省文旅厅组织开展《湖北省历史文化名城名镇名村保护条例》立法相关工作，形成了条例草案，纳入省人大2021年立法计划，并开展了立法调研。组织制定了《湖北省历史建筑测绘建档操作手册》，明确历史建筑测绘建档及保护图则要求，增加可操作性和指导性，更有效地指导地方开展测绘建档工作。组织对武汉、襄阳、荆州、随州、钟祥五个国家历史文化名城进行了调研评估，并配合住房和城乡建设部做好对荆州历史文化名城保护的检查工作。组织对全省特大型及大型城市雕塑建设情况进行了排查梳理，截至年底，全省有特大型城市雕塑8处，大型城市雕塑28处。联合省发改委、省自然资源厅和省文旅厅印发《关于进一步加强城市历史文化保护与建筑风貌管理的通知》，为进一步加强城市历史文化保护工作和城市建筑风貌管理工作奠定了基础。

【网络安全和信息化建设】印发《关于调整成立省住房和城乡建设厅网络安全和信息化委员会的通知》，将网络和信息化领导小组调整为网络安全和信息化委员会；强化管行业必须管网络安全和信息化的责任，进一步加强领导力量；设立省住建厅网信委办公室，下设"智慧政务、智慧建设、智慧城管、智慧住房"四个工作组。

人事教育

【监督考核管理】适时组织廉政风险分析，对人员招聘、职称评审等重要敏感工作加强工作流程、标准、结果等全过程监督。开展领导干部个人有关事项报告专项整治工作，对2019年以来随机抽查、重点核查的41名干部的填报情况进行分析梳理，查找问题；开展2020年度随机抽查，完成10名随机抽查对象的核查比对；开展因私出国（境）证件专项清理工作，备案登记507人，收缴集中管理因私出国（境）证件426本；加强干部监督工作，下发个人有关事项函询3份。党内警告1人，党内严重警告1人。组织开展厅机关公务员年度考核，对101名机关干部和52名厅直参公人员履职尽责情况进行全面考核，20名干部考核优秀；开展厅直事业单位领导班子和领导干部年度考核。

【组织巡视整改工作】根据省委巡视安排，完成组织人事部门汇报材料和选人用人工作自查报告，按照选人用人专项检查的要求对11个方面的情况进行梳理汇总，配合省委巡视选人用人专项检查组完成了对省住建厅选人用人工作的专项检查。

【干部选拔和教育工作】组织完成厅机关及直属事业单位15名副处级以上领导干部的选拔工作，配合省委组织部开展了副厅级事业单位4名班子副职选配工作。制定了《省住建厅干部业务素质提升三年行动方案》，多措并举、精准施训，高质量教育培训，组织了3期讲座。

【推进职称和行业培训改革】完成了全省建设工程系列高、中级水平能力测试14个专业33600道题的扩容更新工作；组织993人参加了高中级职称评审水平能力测试，对518人开展了职称评审。推进建筑工人和现场专业人员职业培训工作，全年参加培训人员37501人，参加测试人员27944人，通过测试取证11459人。

大事记

1月

8日　2020年全省城市（县城）建设统计工作培训班在武汉举办。

17日　湖北省十三届人大三次会议审议通过了《湖北省乡村振兴促进条例》，于2020年5月1日起施行。

20日　召开扫黑除恶专项斗争领导小组会议。

26日　印发《关于做好住房城乡建设系统新型冠状病毒感染的肺炎疫情防控工作的通知》，对环卫行业及从业人员疫情防控、小区物业管理、建筑施工管控等方面进行部署。

2月

2日　编制《呼吸类临时传染病医院设计导则（试行）》。

7日　印发《关于做好疫情防控期间燃气安全保供工作的紧急通知》。

16日　印发《关于疫情防控期间推进行政审批服务"零跑动"的通知》。

23日　发布《关于新冠肺炎疫情防控期间建设工程计价管理的指导意见》，稳定建筑市场秩序，维护发承包双方合法权益。

3月

16日　全省脱贫攻坚农村危房改造及乡镇生活污水治理工作电视电话会议召开。

18日　编制《湖北省房屋市政工程项目复（开）工及疫情防控工作指南》，分区分级、分类分时安全有序推动我省房屋市政工程项目复（开）工。

20日　组织开展房屋市政工程复（开）工安全生产暨疫情防控工作视频培训。

30日　发布《方舱医院设计和改建的有关技术要求（修订版）》中英双语版。

4月

1日　印发《全省住建系统2020年度"下沉企业、助企纾困"活动实施方案》，加快全省建筑业、房地产业复工复产进程，推动行业平稳健康发展。

12日　省政府办公厅出台《促进建筑业和房地产市场平稳健康发展措施》的通知，其中涉建筑行业11条，房地产行业17条。

15～17日　召开《湖北省城乡生活垃圾管理条例（草案）》立法调研座谈会。

21日　五峰土家族自治县、咸丰县、随县、鹤峰县被命名为"2019年省级园林县城"。

26日　举办第一期"湖北省建设科技大讲堂"。

30日　全省建筑业平稳健康发展措施宣贯暨全省建管工作视频会议召开。

5月

7日　副省长万勇召开专题会议，研究推进农村住房安全有保障和中央脱贫攻坚专项巡视"回头看"等反馈问题整改工作。同日，湖北省武汉建工等6家建筑企业与中国建设银行湖北省分行签订"建筑业支持与纾困计划"合作协议。

11日　举办全省建档立卡贫困户住房安全保障信息核实录入及中央专项巡视"回头看"反馈问题整改工作视频培训。

12日　全省住建领域"5.12"防灾减灾日活动暨全省城市建设安全专项整治三年行动启动仪式在黄石举行。

18日　2020年上半年全省建设工程质量安全大检查动员会召开。

19日　全省推进城乡生活垃圾无害化处理工

电视电话会议召开。

21日 《湖北省住房公积金2019年年度报告》印发。

25日 湖北省新冠病毒肺炎疫情防控工作指挥部召开第101场新闻发布会，介绍湖北省积极应对疫情影响促进建筑业和房地产市场平稳健康发展的政策措施。

31日 《湖北省城乡生活垃圾管理条例（草案）》提交省十三届人大常委会第十六次会议审议。

6月

1日 省住建厅、省应急厅、省交通厅、省水利厅、武汉市城乡建设局联合在武汉3个城区同步组织了"安全生产月"和"安全生产楚天行"活动启动仪式，标志着2020年湖北住建领域"安全生产月"和"安全生产楚天行"活动拉开序幕。

同日 湖北省二级建造师、二级结构工程师电子注册证书上线投入使用，标志湖北省个人注册业务全面进入"零跑动"时代。

2日 2020年湖北省全国公租房信息系统贯标联网推进工作领导小组会议召开。

23日 金融支持住建行业发展专场活动举行，省住建厅及12家住建行业企业分别与兴业银行武汉分行签订战略合作协议。

7月

2日 开展第二轮"下沉企业、助企纾困"活动。

20日 公布2020年湖北省2530个小区纳入中央补助支持老旧小区改造计划。

24日 2020年湖北省建设工程BIM大赛成果公布和交流会议在武汉召开。

27日 召开建筑业发展"十四五"规划编制启动会。

8月

25日 联合省人社厅印发《关于加强全省住房城乡建设企业职工技能提升工作的通知》。

26日 发布《关于全面推进建筑工人实名制平台应用工作的通知》。

30日 2020年武汉建筑及勘察设计行业劳动竞赛"双十佳"选树活动颁奖，共选树出"十佳建设者"和"优秀建设者"40人，"十佳创新项目"和"优秀创新项目"40个。对于名列前茅的6名个人、6个集体，湖北省总工会分别授予"湖北五一劳动奖章"和"湖北省工人先锋号"等荣誉。

9月

11日 《湖北省城市补短板强功能工程三年行动实施方案（2020—2022年）》发布，拟用3年时间打造湖北城市生活的"升级版"。

16日 武汉市、宜昌市获评国家级第二批装配式建筑范例城市，团风经济开发区获评国家级第二批装配式建筑产业基地（园区类），中南建筑设计院股份有限公司、武汉建工集团股份有限公司、美好建筑装配科技有限公司、湖北广盛建设集团有限责任公司、中信建筑设计研究总院有限公司、华新顿现代钢结构制造有限公司6家企业获评国家级第二批装配式建筑产业基地（企业类）。

18日 全省工程品质提升暨质量安全手册推进现场观摩会在宜昌召开。

25日 长江中游城市群住房公积金合作会议在武汉举行。

30日 全国首条深层污水传输隧道——武汉大东湖核心区污水传输系统工程主隧正式通水运行。

10月

14日 《湖北省"擦亮小城镇"建设美丽城镇三年行动实施方案（2020—2022年）》发布。

16日 召开产业工人队伍建设改革专题推进会议。

26日 湖北省决定对程志军等全省200名优秀环卫工人通报表扬，授予他们2020年度湖北省"优秀环卫工人"荣誉称号。

28~29日 全省推进美丽城镇建设现场会在仙桃市召开。

11月

4日 开展第三轮"下沉企业、助企纾困"活动。

5~6日 2020年工程建设行业绿色发展大会在武汉召开。

13日 湖北省住房和城乡建设厅科学技术委员会质量安全专业委员会第一次会议在中国建筑科技馆召开。

18日 全省农村房屋安全隐患排查整治工作视频培训会召开。

26~27日 全省住房公积金管理视频培训班在武汉举办。

12月

2日 鄂州市住房公积金中心通过住房和城乡建设部监管服务平台受理并办结一笔"跨省通办"业务，这是湖北省办理的第一单公积金"跨省通办"业务。

4日 会同省委组织部召开坚持党建引领、推进物业服务全覆盖工作视频推进会。

9日 湖北省住宅工程品质提升暨推进"一证两书"观摩交流活动在襄阳举办。

15日 湖北省住房和城乡建设厅科学技术委员会质量安全专业委员会第二次会议召开。

28日 省住建厅与省国资委共同举办省国有投资平台与部分建筑业企业对接会。

31日 全省住房城乡建设暨党风廉政建设工作视频会议召开。

(湖北省住房和城乡建设厅)

湖 南 省

概况

2020年,省住建厅成功创建第六届全国文明单位。全省住建系统支持疫情防控捐款(物)1.098亿元,省内城建行业30多万一线从业人员、建筑工地未发生一例感染。全省19家单位、22人获评全国及部、省抗疫先进集体、优秀个人。建筑业全年完成总产值1.186万亿元,同比增长9.8%,实现增加值占全省地区生产总值(GDP)比重8.6%。全省完成房地产开发投资4880.44亿元,同比增长9.8%,总量居全国第10、增速居中部第2。湖南省获批全国唯一绿色建造试点省份。全国首个省级装配式建筑全产业链智能建造平台上线试运行。完成城镇棚户区改造89301套,公租房建设开工28334套、发放租赁补贴13.21万户,开工改造城镇老旧小区2135个,全年争取棚改、公租房中央财政专项补助资金居全国首位,争取农村危房改造中央资金居全国第3。全省老旧小区改造6条经验做法入选首批全国推广经验清单。全省1277个非正规垃圾堆放点全部完成整治,共处理陈年垃圾3230万吨,建成乡镇垃圾中转设施123座,圆满完成农村人居环境整治三年行动目标任务。全年"气化湖南工程"新建3条、续建7条、投产2条省内支干线,完成投资10.35亿元,占年度计划的101.5%;完成管道焊接340公里,占年度计划的107.2%,均超额完成年度目标任务。新(扩)建污水处理厂13座,增加处理能力42.5万吨/日,新建改造排水管网1576公里,全省完成投资149.5亿元。建成5个焚烧发电项目,新开工13个,在建18个,完成投资46.91亿元,为年度任务的312.73%;建成餐厨项目1个,开工7个,完成投资4.32亿元。改革措施落地快。在全国首创建立BIM审查标准体系,率先在房屋建筑工程开展BIM审查试点,施工图BIM智能化审查列入住房和城乡建设部首批试点,"零跑腿、零接触、零付费"典型经验做法被国务院办公厅通报表扬。工程建设项目审批制度改革成效居全国前列。

【**战疫复产**】全省物业、环卫、城管投入防疫60.87万人,严格处置医疗废物废水、废弃口罩等特殊有害垃圾600多吨,确保供水供气安全稳定、污水垃圾处置有序。开通项目审批"直通车",建立招投标"绿色通道",顺延工期及资质资格有效期,实施住房公积金阶段性扶持政策为企业减负8.4亿元。积极帮扶中小微企业和个体工商户累计减免房租13.18亿元。防疫发展两手抓、两不误,首次举行了全省二级造价工程师考试,完成5.8万多人土建系列初中级职称组考。举办住建行业职业技能大赛9项,12人获"省五一劳动奖章"、6人获评"省技术能手"。

【**新型城镇化建设**】全省常住人口城镇化率预计达到58.5%,增速高于全国平均水平。城镇空间布局更趋合理,依托湘江发展轴,"3+5"环长株潭城市群联动发展强劲,宁乡、浏阳、韶山—湘乡、醴陵—攸县等城镇组团呈加速成长态势,长岳、长益常、长邵娄等经济走廊初现规模。长株潭一体化"三干"项目通车试运行,长沙地铁3号线、5号线一期工程载客运营,"半小时经济圈"加速形成,城镇承载和辐射带动作用明显增强。城市人居环境显著改善,长江保护修复、洞庭湖水环境综合治理等专项行动顺利收官。

【**城乡建设**】2020年,地级城市污水集中收集率上升10.18个百分点。完成地级城市建成区黑臭水体整治181条,消除比例98.36%。全省新增建成(接入)污水处理设施乡镇340个。长沙市基本建成生活垃圾分类处理系统,其他地级城市(含吉首市)实现公共机构生活垃圾分类全覆盖。常德市、长沙市、郴州市出台生活垃圾管理条例。全省建筑垃圾资源化利用工作获住房和城乡建设部推介。督促市县筹措12.23亿元用于垃圾填埋场问题整改。完成全省1277个农村非正规垃圾堆放点整治工作，全省约40％镇村实行了农村生活垃圾付费制度。"气化湖南"连续两年超额完成任务，郴州市、湘西州首次开通长输管道天然气。湘西自治州成功列入中国传统村落集中连片保护利用示范，获中央财政资金支持1.5亿元。全省658个传统村落实现挂牌全保护。永州市、湘潭县等7个市县申报国家园林城市（县城），申报数量创历史新高。浏阳市、沅江市，长沙县、韶山市分别获批全国农村生活污水治理、生活垃圾分类与资源化利用示范县市。湘潭、浏阳、韶山3市获批全国无障碍创建示范市。全省老旧小区改造6条经验做法入选首批全国推广经验清单。先后编制、修订了供水、燃气等6个应急预案，累计排查城市道路（桥梁、隧道）隐患点段1761处，整改率97.4％。

【房地产市场稳控】 全省严格落实房地产市场平稳健康发展城市主体责任制，全年完成房地产开发投资总量居全国第10、增速居中部第2。开工改造城镇老旧小区2135个，惠及居民超30万户。全年争取农村危房改造中央资金居全国第3，全面完成"因疫因灾"动态新增2.88万户危房改造，高质量通过国家脱贫攻坚检查。170.15万户建档立卡贫困户住房安全保障核验"不漏一户、户户可查"。常德市棚改、通道县危改工作被国务院表彰为真抓实干成效明显地区。长沙住房租赁市场试点新增筹集租赁住房4万套。推进全省既有住宅加装电梯工作完成安装1372台。

【建筑业转型升级】 全省8个试点地区45个钢结构住宅项目加快实施，浅层地热能建筑规模化应用试点工作正式启动。深入开展"四不两直"季度执法检查、质量管理和安全生产标准化考评，试点推行住宅工程质量潜在缺陷保险。完成2020版湖南省建设工程计价办法和消耗量标准编制及宣贯工作；配套发布建设工程电子数据标准，在国内首次实现不同计价软件生成计价文件互看互导互编。严格规范全省消防设计审查验收工作，消防施工纳入质量标准化考评。普铁安全环境整治和马路市场专项整治工作全部整改销号。我省获批全国唯一绿色建造试点省份。全国首个省级装配式建筑全产业链智能建造平台上线试运行。全力根治拖欠农民工工资，省厅被国务院表彰为全国农民工工作先进集体。全省建筑节能工作全国免检，株洲市超低能耗建筑示范居全国前列。

【"放管服"改革】 工程建设项目审批制度改革成效居全国前列。持续深化工程建设项目审批制度改革，建成全省统一的制度体系及管理系统1.0版。全面优化住房公积金归集、提取、贷款等业务办理流程，基本实现"一件事一次办"。大力推进"互联网+政务服务"，建筑业企业资质、人员资格、施工许可等电子化证照管理升级。全省施工和监理招投标全面实现电子化，各市州监管平台和交易系统互联互通形成"全省一张网"，各地远程异地评标工程项目占比超过20％。认真开展"立改废释"工作，《湖南省绿色建筑发展条例》列入省政府2020年立法计划预备审议项目，长沙、郴州、株洲、湘潭4市率先启动建筑垃圾立法。

住房保障

【概况】 常德市被国务院表彰为2019年度棚改工作真抓实干成效明显地区。国家下达湖南省开工建设各类棚户区改造计划91217套，新开工各类棚户区改造91217套，开工率达到100％，完成目标任务的100％；发放公租房租赁补贴任务为127763户，完成发放132459户，完成率为103.68％；开工建设公租房28334套，开工率达到100％；累计完成分配入住108.87万套，总体分配入住率达到98％；计划完成基本建成各类棚户区改造及公租房95145套，各类棚户区改造及公租房基本建成105003套，超额完成年度目标任务，各类棚户区改造及公租房项目完成投资564.57亿元。指导长沙市组织政策性租赁住房开工18个项目5908套（间），完工8个项目1817套。

【规划引领】 建立全省棚改项目库，组织市州全面摸底待改造棚户区情况，对市州报送的项目库情况审核把关。提前谋划2021年计划申报。在住房和城乡建设部组织申报前，提前组织市州预申报，对上报计划规模较大的市州部分县市区进行实地调研、核实，对部分不符合棚改标准、范围的项目和成熟、实施难度大的项目进行核减，做到科学审慎申报。调研市州公租房保障、棚户区改造、新市民住房问题等情况，科学制定"十四五"期间总体思路、发展目标和主要任务。

【项目推进】 省委、省政府将棚改和公租房建设任务完成情况纳入对市州及省住房城乡建设厅等相关省直单位的年度绩效目标考核。年初，省住房城乡建设厅把棚改和公租房建设工作纳入全厅十项重点工作任务，并组织召开全省住房保障工作推进会。对任务进展情况实施月调度制度，每季度下发进展情况通报并排名，督促市州加快任务进度。强化制度保障。下发《湖南省住房和城乡建设厅2020年度真抓实干督查激励措施实施办法》，对棚户区改造工作任务完成、棚改政策实施、居民安置、工程质量等情况进行评分，对排名前列的进行激励。下发《关于确保实现年度重点任务目标的若干措施》，将保障性安居工程、城乡生活垃圾处理等6项工作纳入厅年度重点任务。根据各市州报送的项目调整申请，联合相关部门组织对市州难以推进和落实的项目进行调整。从第二季度开始，每季度开展一次现场调研督办，切实推动任务进度。12月初，组织抽调各市州住保系统业务骨干140余人组成14个调研组，全面核实各县市区2020年计划任务完成情况。会同相关部门制定资金分配方案并及时下达资金，确保资金尽快发挥效益，推动项目进度。争取中央、省级资金37.15亿元，获棚改专项债32.56亿元。

【管理效能】联合省财政厅委托会计师事务所对市州开展专项资金第三方绩效评价工作，认真组织开展自评、现场评价和复评，逐个项目核查，财政部湖南监管局对全省绩效评价获97分的高分，获得中央调增资金额度居全国第一。下发《湖南省住房和城乡建设厅聚焦基本民生保障开展农村危房改造及公租房建设分配领域突出问题专项治理实施方案》，组织市州开展自查、整改并调研督办，有效遏制违规享受公租房行为。举办全省住房保障业务培训班，提高各市州、县市区住保系统干部职工业务能力。开展公租房示范小区创建，引领带动公租房小区运营管理水平提升，促进困难群众由"有房住"向"住得好"转变。

【制度建设】梳理目前公租房管理中存在的问题，修订省公租房分配和运营管理办法。开展关于公租房诚信管理体系的课题研究，起草《湖南省公共租赁住房诚信管理办法》。探索协同推进城镇棚户区改造。联合省财经委等部门开展城市更新专题调研。积极探索将城镇棚户区改造与城镇老旧小区改造协同推进，参与起草《湖南省人民政府办公厅关于全面推进城镇老旧小区改造工作的实施意见》，探索对城镇老旧小区周边棚户区、危房（C、D级）、零星用地及低效用地等，纳入同一改造实施单元，合理利用土地和规划资源，实施集中连片改造。

房地产业监管

【概况】2020年，全省完成房地产开发投资4880.44亿元，同比增长9.8%，总量、增速在全国均排名第10位，在中部排名第4位和第2位。全省新建商品房销售面积9437.44万平方米，同比增长3.7%，总量、增速分别在全国排名第8位、第13位，在中部均排名第3位；新建商品房销售额5947.06亿元，同比增长6.6%，增速较上年提高2.4个百分点。全省房地产施工面积40757.41万平方米，同比增长1.8%。房屋新开工面积10916.16万平方米，同比下降8.5%，增速较上年回落15.7个百分点。房屋竣工面积3963.94万平方米，同比下降0.3%。全省房地产用地供应8898万平方米，同比增长35.5%，较上年提高29.4个百分点。房地产用地出让均价3668元/平方米，同比上涨5.7%，增幅较上年提高3.9个百分点。全省商品住宅销售均价为6302元/平方米，中部排名第6位，全国排名第29位。全省完成房地产税收收入1180.59亿元，同比下降0.31%，降幅较1—9月收窄9.39个百分点；占税收总收入比重为28.58%。房地产税收地方部分977.75亿元，同比增长2.99%；占地方一般公共预算收入比重为32.50%，占比较上年同期提高0.93个百分点；占地方税收收入比重为47.51%，占比较上年同期提高1.47个百分点。

【房地产市场调控】起草《中共湖南省委办公厅、湖南省人民政府办公厅关于建立房地产市场平稳健康发展城市主体责任制的通知（代拟稿）》。每季度组织召开一次促进全省房地产市场平稳健康发展联席会议，及时向住房和城乡建设部和省委省政府提出政策建议，为上级决策提供科学依据和参考；督促长沙认真落实"一城一策"工作方案，加强房地产市场调控，"因城施策"调控的"长沙样本"，得到中央领导的充分肯定和认可，8月11日，《焦点访谈》就长沙房地产市场管理经验进行专题报道。加强房地产市场动态监测，督促各市州及时上报房地产交易网签数据，指导县市房屋交易网签备案联网工作，实现省、市州、县市房屋网签交易备案系统与住房和城乡建设部联网。借鉴工程建设领域审批制度改革经验，优化住房领域全业务流程，打造全省统一的住房领域信息化平台，实现与工程建设项目审批监管系统对接，推进住房行业精确、透明、高效管理。全省房地产市场经受住疫情冲击，呈现出典型的"低开平走、持续回升"的特点，市场复苏态势良好，总体表现为投资稳步回升，市场销售小幅增长，房价平稳可控。

【房地产业务监管】做好新冠疫情应对工作。疫情期间，积极发挥行业协会作用，发动物业服务企业和物业从业人员克服口罩、消毒液等防护物品短缺的影响，积极抗疫。全省物业投入防疫人数47.35

万人，服务物业项目12296个（城区），服务业主1163.5万户；服务业主人数3528万人；服务项目面积78506万平方米；疫情期间累计使用口罩近1010余万个，84消毒液1151吨，酒精287.5吨；红外测温枪15739把，防疫各类物资金额总计达8560.55万元。协助起草《关于切实做好新冠肺炎疫情防控期间企业开复工工作的通知》，全力支持和组织推动企业复工复产。积极帮扶服务业小微企业和个体工商户应对新冠病毒疫情影响、渡过难关。进一步推动《物业管理条例》的实施，配套《湖南省业主大会和业主委员会指导细则》，编制《业主大会议事规则》《管理规约》等系列示范文本。促进物业管理区域内业主大会的成立，方便业主大会决定物业管理区域内的共同事项，搭建电子投票平台，并制定相应的电子投票规则。为完善物业管理监管体系，组织开发物业管理监管平台，逐步引导物业管理监管工作信息化。组织开发全省维修资金数据上报系统，严格执行维修资金统计制度，摸清全省维修资金底数；督促各市州分类别、分项目、分层级列出整改清单，明确整改时限，确保问题销号归零。制定《关于开展2020年度房地产行业涉非涉稳风险专项排查工作的通知》，会同省发改委等五部门转发《关于整顿规范住房租赁市场秩序的意见》，会同省市场监督管理局规范《房屋租赁合同》《商品房买卖合同（预售＋现售）示范文本》《存量房买卖合同示范文本（无中介）》《存量房买卖合同示范文本（有中介）》《存量房买卖委托合同范本》等。组织对全省房地产项目因疫情引发的回款难、停工、欠薪等风险隐患情况进行摸排，并赴市州进行实地调研；开展房地产领域风险隐患调研，并形成《关于我省涉房地产征地拆迁领域信访问题的调研报告》；结合集中化解房地产办证信访突出问题专项行动，赴市州进行调研，积极化解房地产领域矛盾纠纷。在长沙建立广覆盖、多层次的房源供应体系，规则明晰、保障有力的政策支持体系，信息通畅、机制高效的市场监管体系；实施企业园区配套住房工程、重点片区品质住房工程、中心城区宜居住房工程；统筹产出指标、效益指标、满意度指标，各项工作任务基本完成。截至年底，长沙市新增筹集租赁住房65379套；资金使用方面，2020年中央财政支持住房租赁市场发展试点资金8亿元，培育运营1000套以上或面积在3万平方米以上的专业化、规模化企业18家。联合省委财经办、省财政厅、省自然资源厅、长沙市人居环境局对长沙市、湘潭市、株洲市"既有住宅加装电梯工作"进行实地调研，株洲市加装电梯有关做法被省委财经专报刊登。草拟《加快推进既有住宅加装电梯工作方案》。扎实做好建议提案、处遗、违建别墅查处、幼儿园和中小学校配建问题整改等工作，主办的12件建议提案均得到满意答复。稳妥处置相关信访问题，参加处理接待房地产开发、房产交易、征收、物业管理等各类信访投诉案件332起。此外，接待来访群众26批次150余人次。做好领导干部个人事项房产信息的核实查询工作。

建筑业管理

【概况】2020年，湖南省建筑业完成总产值11864亿元，同比增长9.8%，实现增加值3585.49亿元，同比增长5.1%，占全省地区生产总值（GDP）比重8.6%。全年建筑业上缴税收345.79亿元，占全口径税收比重的8.4%。在省外完成建筑业产值3975.16亿元，同比增长13.4%，国际市场对外承包工程新签合同额44.63亿美元，同比下降18.8%，完成营业额22.53亿美元，同比下降25.4%。房屋建筑和市政工程领域共发生建筑施工生产安全责任事故29起、死亡33人，与2019年相比事故起数增加6起、死亡人数增加5人，分别增长26.1%、17.9%。2020年全省建筑业企业创建省长质量奖1项、鲁班奖4项、国优17项、省优262项、芙蓉奖91项。

【质量安全监管】印发《关于2020年全省建筑工程安全生产目标管理工作的通知》，明确2020年全省建筑管理工作要点、工作目标管理评分细则。强化监督规范化工作水平。印发《关于进一步提升建筑工程质量安全监督规范化工作水平的通知》，将住房和城乡建设部《工程质量安全手册》内容逐条细化，落实到日常监督检查工作中。印发《关于进一步加强全省建设工程质量安全监督机构队伍建设的通知》，切实抓好全省工程质量安全监督人员队伍建设方面问题的整改，强化各市州质量监督机构的层级考核，全年组织开展三期全省建设工程质量安全监督人员培训班，参培人员共2234人。持续开展建筑工程质量安全季度执法检查。全年共抽查198个项目，整治隐患3912条、市场不规范行为98项。全省累计开展检查15270余次，整治隐患40870条。研究制定《关于试点推行湖南省住宅工程质量潜在缺陷保险的通知（征求意见稿）》，加快推进住宅工程质量潜在缺陷保险试点。指导省建筑业协会出版《建筑工程施工质量检查岗位手册》，进一步提高施工现场质量管理标注化、规范化水平。向社会公布季度考评不合格工地名单和年度优良工地名单，并与招投标诚信评价体系联动，倒逼责任主体规范质量行为。印发《关于开展2020年度湖南省建设工程质量检验检测机构信用评价申报工作的通知》《湖南省建设工程质量检验检测机构信用评价实施细则》，持续开展质量检测机构信用等级评定，将检测机构质量行为纳入全省各级住建部门执法检查延伸检查内容。全年组织培训检测技术人员2300多人。全年全省各市州共受理工程质量投诉4472起，办结4353起，办结率为97.3%。开展安全生产专项整治三年行动。牵头拟定《湖南省城市建设安全专项整治三年行动实施方案》，将市州部署开展安全生产专项整治三年行动情况作为季度执法检查以及安全专项检查重点。组织省建安专委会全体成员会议和专委会主任带队督导检查，发布《关于在建筑施工领域实施杜绝重特大事故遏制较大事故若干举措的通知》。强化重大隐患挂牌督办制度以及重大事故隐患治理"一单四制"制度落实。组织召开形势分析会，推动监督机构和施工企业开展安全培训教育和隐患风险排查。开展"安全监管执法评价排名"活动。印发《关于继续开展建筑施工安全监管执法评价排名有关工作的通知》，全年房屋市政工程施工领域实施行政处罚827起，曝光违法典型案例297起。深化"强执法防事故""打非治违"行动。全省共实施行政处罚827起，曝光违法典型案例297起；实施暂扣安全生产许可证14家，暂扣人员安全生产考核证书41人，向外省发函提出处罚建议12家；公布112家企业、277名个人不良行为。推进安全生产标准化考评，定期归集汇总各地考评情况，每季度公布考评"不合格"项目，每年度公布考评"优良""不合格"企业。全年公布考评不合格企业7家，不合格项目284个。持续做好住建安责险和事故预防服务工作，为5317个建筑施工项目提供风险保障。

【建筑市场监管】进一步优化营商环境，革新建筑市场监管机制，打好打赢建筑市场"三包一挂""保函代替保证金""无欠薪工地"三个攻坚战。印发《关于进一步加强全省建筑市场监管有关工作的通知》《关于在房屋建筑和市政基础设施工程中推行施工过程结算的实施意见》，推进工程支付担保、施工过程结算和项目关键岗位人员实名制管理。完善信用平台，督促市州采集施工企业和监理企业信用信息，加强信用评价结果在招投标活动中进行应用。修订《湖南省建筑市场不良行为公布制度》。持续开展"三包一挂"专项整治，严厉打击建筑工程施工转包分包等违法行为，全省共查处有违法行为的建设单位352家、施工企业376家，罚款总额达2438.4万元。开展"打非治违"专项执法检查，对全省14个市州共下发执法建议书41份，查处项目共128个，依法依规查处"未报先建"项目共88个，并记录上报建筑市场不良行为。印发《湖南省住房城乡建设领域农民工工作方案》《关于进一步做好保障农民工工资支付工作的通知》等文件，开展实地核查督导，对督导检查发现的欠薪隐患进行挂账销号，跟踪督办解决，全年省本级检查在建项目102个，14个市州检查项目数8569个，督促整改到位项目1114个。推动"省实名制管理平台"与"省劳动保障监督两网化预警系统"互联互通。协调人社等相关部门及时解决欠薪纠纷，全年省本级解决欠薪问题项目26个，涉及农民工人数1908人，清理欠薪金额2186万元。联合省人社厅举办《保障农民工工资支付条例》学习宣传活动。厅建管处被国务院表彰为"全国农民工工作先进集体"。全年全省保函替代保证金711336.61万元，替代率43.59%。

【行业发展】印发《关于切实做好全省房屋市政工程复（开）工疫情防控和安全生产工作的通知》《关于进一步加强全省房屋市政工程复（开）工建筑工人实名制和"互联网+智慧工地"管理工作的通知》《关于全面实行工程建设项目"一网通办""不见面审批"的通知》等文件，指导各地做好复工复产和疫情防控工作，推进"互联网+智慧工地"和"省实名制平台"升级，推动在建项目线上协同管理和精准防控，建立全省建筑工地复开工情况日报告制度，组织企业参保疫情防控保险，免费升级拓宽安责险保障范围，疫情防控期间全省建筑工地未发生一起感染病例。组织参加"中国对外承包工程商会行业年会之平行论坛""一带一路澳门高峰论坛"，加强与外省建筑业企业交流合作。举办"安哥拉驻华大使访问团欢迎餐叙会"，促进湖南省与安哥拉的对外投资、建设、贸易等合作。组织召开"2020年市场经验交流暨项目推介会"和设计单位专项调研会，促进企业分享经验、沟通合作。继续开展"建筑业人才培训百千万工程"，全省完成一百名建筑业企业职业经理人、一千名项目经理、十万名技术工人的培训任务。组织开展3次国际市场经营管理人才培训，累计上千余人参加。搭建商务合作信息平台，为建筑业企业"走出去"发展提供信息服务、项目合作、人才输出、劳务用工、材料采购、设备租赁、项目全过程咨询等信息与合作。积极对接金融监管部门和金融机构，组织召开"暖春行动——支持建筑业企业复工复产政银企对接会"，进一步拓宽企业融资途径和融资渠道。积极对接商务、财政主管部门，组织企业申报"2020年对外投资合作资金""2020年服务贸易发展资金"等政府专项资金，缓解企业项目资金周转压力。

城市建设管理

【抗疫应急工作】 牵头起草印发《关于做好废弃口罩等特殊有害垃圾收集、运输和处置工作的紧急通知》等系列文件，率先在城建行业实施日调度机制，确保全省供水、供气、污水垃圾处理等正常运行。加强一线作业人员防护，多方调配、筹集口罩31万个、手套4.1万双、隔离服2500套、消毒液1600吨，免费发放至市州环卫部门，全省城建行业一线作业人员未发现一例感染。因抗疫得力，厅城建处被省委、省政府表彰为全省抗疫先进集体，城建行业抗疫事迹被省直团工委作为典型报道，省城乡建设行业协会收到省委省政府的联名感谢信。及时组建省级专家组和应急救援队伍，多次赴常德等地指导防汛和灾后重建工作，全年未因城市内涝造成人员伤亡和重大财产损失，省厅被评为2020年防汛抗旱先进集体。全省设市城市海绵城市达标面积达523平方千米，占城市建成区比例为27.12%。8月、11月，发生两次水源污染事件，迅速带领专家赶赴现场，指导各地制定应急处置措施，实现沿线所有水厂出厂水达标，保障城市饮水安全。

【年度考核任务】 涉及城建领域的考核任务共有污水处理、黑臭水体整治、垃圾处理、老旧小区改造、城市节水等5大类9项，分别纳入国务院"水十条"、国家黑臭水体整治攻坚战、省污染防治攻坚战、省河长制工作、省直单位绩效评估等5种渠道的考核。全厅每月围绕考核目标谋划部署、推动工作，并充分利用联点督导、技术服务督导、约谈警示、厅长致信等多种工作手段，持续传导压力，圆满完成年度考核任务。2020年共需完成中央环保督察"回头看"及洞庭湖专项督察、长江经济带生态环境警示片、全国人大执法检查反馈问题整改15个，已完成整改销号13个，剩余2个问题正在有序整改。扎实抓好"景观亮化工程"过度化问题专项整治，牵头制定《湖南省城市景观照明工程建设标准》等4个标准，会同省发改委完成全省138个项目检查。推进住建系统交通问题顽瘴痼疾集中整治，累计排查城市道路（桥梁、隧道）隐患点段1761处，整改1715处，整改率达到97.4%，提前达到专项整治考核要求。

【城市环境基础设施建设】 发布《湖南省城镇二次供水设施技术标准》，印发《进一步加强城镇二次供水设施建设改造管理的通知》，推进城市二次供水专业化、智能化、精细化运行维护管理。全年全省新（扩、改）建城市自来水厂完工12座；新建城市供水管网建设完工975.16公里，改造供水管网完工742.1公里。长沙市、衡阳市、湘潭市、桂阳县成功创建节水型城市。国家干线新粤浙"潜江—郴州"段建成投产；郴州市、湘西州首次用上长输管道天然气，郴州市居民用气价格每方下降1元人民币。30个城市启动排水管网GIS建设，62个市、县编制"一厂一策"方案，全省引入社会资本参与污水处理提质增效项目建设合计达到178亿元，地级城市、县级城市生活污水集中收集率分别较2018年底提高9.4和5个百分点。全面启动地级城市生活垃圾分类工作，印发《地级城市生活垃圾分类工作实施方案》等系列文件，举办全省生活垃圾分类工作现场会。印发《加快填埋场问题整改和垃圾处理设施建设实施方案》等文件，采取超常规措施推动填埋场问题整改，2020年应整改销号的88座填埋场中，75座基本具备销号条件；全省共投入资金12.23亿元，新增渗沥液处理能力1.13万吨/日，其中，临湘市被2020年长江经济带警示片作为整改典型推介。将黑臭水体整治纳入河长制、污染防治攻坚战考核内容，提请省河长办公布黑臭水体河湖长名单，督促各地加快整治。截至年底，全省184个地级城市黑臭水体，完成整治181个，全省黑臭水体平均消除比例达到98.36%，各地级城市建成区消除比例均已达到90%以上，超额完成"水十条"考核任务。长沙市龙王港黑臭水体整治两次获人民日报推介。

【城镇老旧小区改造】 城镇老旧小区改造是湖南省住房和城乡建设厅唯一列入省委、省政府重点民生实事考核的工作事项。截至年底，列入2019、2020年计划的4144个小区已按要求开工或完工，其中，1000个民生实事小区全部开工并超额完成年度投资任务。赴广东省学习考察，联合省人大、省委财经委、省委深改组、省政府办公厅、省财政厅、省发改委等部门，先后赴省内14个市州、32个县市区开展10次调研。组织各地再次开展全面摸排，摸清全省老旧小区底数，在此基础上，制定"十四五"改造规划，建立近三年项目库。初步形成"1+N"政策体系。总结借鉴各地经验并召开11次座谈会听取意见，印发《推进全省城镇老旧小区改造工作的通知》，代省政府起草全省实施意见并报省政府，出台管线同步改造、技术导则、审批制度改革等8个配套文件，基本形成"四梁八柱"的政策体系。省政府在湘潭市召开全省现场推进会，同时，举办专题讲座。召开全省政策培训视频会，参加培训人数达2000多人，直达街道、社区等基层单位，受到各方好评。指导各地"量力而行、尽力而为"制定年度改造计划。对列入计划小区的改造方案开展省级审核，制定《湖南省老旧小区改造实施方案编制模版》、示范文本和审核要点，组建近500人的全省专家库，开展评审92次，完成2710个小区方案的审核。统建省老旧小区改造管理系统，将3800个小区的改造纳入信息化监管，每月线上调度各地工作进展情况并发布排名。开发现场检查APP，2020年三、四季度对14个市州的126个县市区实施全覆盖式检查，抽查项目3200个，及时向市县政府通报问题并督促整改。改造完工时，对照方案验收，形成管理闭环，保证改造质量。在住房和城乡建设部印发的首批全国推广经验清单中，推荐湖南省6条经验（共38条）。

【城市园林绿化】全省共有7个市县申报国家园林城市（县城），创历史新高。完成对汨罗市、平江县等2市4县的动态复查。印发《进一步加强和规范园林绿化工程管理的通知》《园林绿化工程质量安全管理办法》等文件，推动建立行业信用管理、工程质量管理、招投标管理及不良行为记录有效沟通衔接机制。厅城建处被评为2020年全省绿化先进集体。

【行业基础工作】组织编制供水、排水、燃气、照明、环卫、园林等6个专项规划。在全国率先出台《湖南省多功能灯杆技术标准》，被住房和城乡建设部列为全国推荐示范地方标准。发布《老旧小区改造技术导则》《市政排水管网数据采集和地理信息系统建设技术导则》《城镇二次供水设施技术标准》《城市桥梁及其附属设施移交标准》等标准规范。编制或修订供水、燃气、污水、排水、环卫、公园、道路桥梁等7个应急预案。印发《城建项目库建设实施方案》，制定项目库模版，分行业建立13个项目库，目前，审核入库项目达到1.39万个。开发生活垃圾分类与垃圾处理设施等信息系统，实现对项目的台账管理和实时调度。建成老旧小区改造、排水防涝项目库系统。推进排水管网GIS系统建设，对排水管网实施信息化、账册化动态管理强化行业培训。先后举办生活垃圾分类、海绵城市暨污水处理提质增效、供水节水、城镇燃气从业人员等培训，开展"多功能灯杆"技术标准全省巡回宣贯，基本覆盖所有城建行业。举办环卫、供水、排水等行业技能大赛，其中，环卫行业竞赛前三名获得者被授予省五一劳动奖章。

村镇建设管理

【概况】2020年，湖南省现有乡镇1525个，其中建制镇1133个，乡392个（其中民族乡83个）。开展农村4类重点对象住房安全性鉴定"回头看"，积极争取中央资金13.1亿元（全国第三）和省级配套5.4亿元，全面实现贫困农户住房安全有保障目标任务。

【农村危房改造】对170.15万户建档立卡贫困户住房安全保障逐户开展核验，实现"不漏一户，户户可查"。及时将"回头看"排查和因洪涝灾害新增的C、D级危房2.88万户纳入改造计划，积极推动2320户"边缘户"实施农村危房改造。加快改造进度，实行厅领导、相关处室挂牌督战和旬调度通报制度，农村危房改造任务于10月底提前完成，全面实现4类重点对象和边缘户住房安全有保障。湖南省精准实施危房改造的典型做法被国务院扶贫办、人民日报、住房和城乡建设部工作简报等多个单位和媒体推介。加强农村危房改造质量安全管理，开展已改造项目质量安全大排查大整改，省级抽调100多名专家对48个县96个村开展全覆盖排查。加强农村住房建设管理，省政府出台《湖南省农村住房建设管理办法》。

【乡镇污水处理设施建设】积极完善配套政策，出台项目审批、污水处理收费、用地保障、智慧管理、设备指南和财政奖补等6个配套政策文件。制定《全省乡镇污水处理设施建设四年行动财政奖补办法》（湘财建〔2020〕42号），下达奖补资金9.5亿元，安排一般债券资金20亿元，全年省以上支持达到37.2亿元。构建湖南省乡镇生活污水治理信息管理平台，全面实施智慧水务管理。浏阳市、沅江市获批全国农村生活污水治理示范县市。

【农村生活垃圾治理】建成乡镇垃圾中转设施123座，农村生活垃圾收运体系覆盖行政村比例达93.8%，90%以上的村庄实现干净整洁的基本要求，圆满完成农村人居环境整治三年行动目标任务。长沙县、韶山市获批全国农村生活垃圾分类与资源化利用示范县，其典型经验被国家宣传报道。

【传统村落保护利用】湘西自治州成功列入中国传统村落集中连片保护利用示范10个市州之一，获得中央财政资金支持1.5亿元，湘西州人民政府印发《湘西自治州传统村落保护利用工作实施方案》。成功创建50个传统村落数字博物馆，658个传统村落实现挂牌全保护。

勘察设计

【概况】2020年，湖南勘察设计行业共8家单位、14个优秀QC小组入选"2020年工程勘察设计质量管理小组活动成果大赛优胜成果"，其中Ⅰ类成果3个、Ⅱ类成果5个、Ⅲ类成果6个。共207个项目获得"2020年度湖南省优秀工程勘察设计奖"，其中一等奖33个、二等奖71个、三等奖103个。

【施工图审查制度改革】施工图审查"零跑路、零接触、零付费"的改革经验成为全国施工图审查制度改革的标杆，并受到国务院第七次大督查和省政府的通报表扬。施工图审查流程由多专业多部门分别审查备案变为住建、人防、消防联合审查备案，流程大幅精简。勘察文件与施工图设计文件审查实现同时申报，流程得到最大简化，效率进一步提高。全省受理项目9725个，环比减少2.8%，其中办结项目8304个，环比减少1.6%，实现线上审查覆盖全省各市州、县市区（含开发区），线下无审批。率先在全国开展施工图BIM智能化审查试点，印发《关于开展全省房屋建筑工程施工图BIM审查工作的通知》（湘建设〔2020〕111号）。全省各地主管部门严格执法，分别采取记不良行为记录和行政处罚等措施，加大对审查发现的违反工程建设强制性条文的责任单位处罚力度；开展季度勘察设计质量检查，对检查结果进行通报，对存在违法违规行为的有关单位进行处罚。全年共计抽查项目199个，抽查比例2.4%。建立施工图审查情况通报制度，定期通报全省施工图审查情况，促进勘察设计质量和审查效能大幅提高。全年勘察文件和施工图审查平均送审次数分别为1.9次和2.6次，与去年四季度持平；每百个项目审查发现违反工程建设强制性条文33.08条，较上年度增加14.68条。全省办结项目全流程平均总用时为13.7天，远低于我省工改要求的审查和备案总用时18天。

【长株潭融合引导区规划建设研究及示范社区建设】依托"一心一江"构建生态景观格局，"长株潭融合引导区"以绿心和湘江的森林水系为生态本底构建生态安全格局，划定的蓝绿空间占比达75%以上，形成"一心一江"（绿心、湘江）、"五廊十楔"（5条生态廊道和10条景观绿楔）的景观风貌。采用低影响开发理念，在绿心布置国家级园艺博览园、花卉博览园、生态植物园、农耕文化园、运动休闲园等5大生态公园以及湿地、260公里绿道。通过湘江两岸风貌管控和滨水景观空间的建设，将湘江建设成水清景美、媲美塞纳河的文旅休闲景观带。"长株潭融合引导区"作为长株潭一体化的内核区，在产业上由内向外梯度布局，并结合省情和资源禀赋将上游产业、服务型、科技型产业布局在融合区内，充分发挥长株潭领先全省的先进制造业、科技创新、改革开放的优势，在"三干两轨"沿线布局辐射长株潭乃至全省、引擎作用强劲、持续高产出的战略性新兴产业和现代服务业项目，不与长株潭既有产业项目同质化竞争，三条廊道产业各具特色，错位发展、功能互补。形成沿潭州大道的以科技研发、文化旅游等为主导产业的"科技文旅经济走廊"，沿芙蓉大道的以数字信息、生命康养、工程设计等为主导产业的"新兴产业经济走廊"，沿洞株路以互联网经济、临空经济、职业教育等为主导产业的"临空智享"经济走廊。在融合引导区内沿交通干线或轨道交通站点周边确定8处融城社区的选址，规划建设未来社区。

【全过程咨询】全年采用全过程工程咨询模式的工程建设项目116个，平均缩短项目前期工作周期40%～50%，节约投资0.6%～0.8%。印发《湖南省住房和城乡建设厅关于推进全过程工程咨询发展的实施意见》（湘建设〔2020〕91号）、《湖南省房屋建筑和市政基础设施项目全过程工程咨询招标投标管理暂行办法》和招标文件示范文本（2020年版）。筹建湖南省全过程工程咨询发展战略联盟及专家委员会，搭建合作平台，推动全省全过程工程咨询服务健康、高速、可持续发展。先后举办6期全过程工程咨询培训班，培训人员达到1200人。充分利用湖南的先发优势，依托优秀工程项目积极推介全省工程建设企业。

【BIM技术应用】建立BIM审查标准体系，研发启用BIM审查系统，率先在国内开展房屋建筑工程BIM审查试点，全省43家建筑工程甲级设计企业主动申请纳入试点单位。深入14个地市州开展湖南省施工图管理信息系统5.0版暨BIM审查地（州）市巡回培训班，共计1100人参加培训。自8月1日实施BIM审查试点以来，累计19个项目申报BIM审查，其中11个项目已完成审查，BIM送审面积为61.6万平方米。

【芙蓉学校工程建设】按照省政府"统一标准、统一设计、统一风格"的指示精神，规范建设标准，制定通用建设图册，指导标准化建设。改革项目组织建设方式，实行全过程工程咨询和工程总承包，加快项目落地。加强协调联动，全力优化流程，全流程压缩审批时限一半以上。健全完善对芙蓉学校项目建设的监管指导工作机制，每季度对芙蓉学校项目进行重点抽查，第一批建成的芙蓉学校已优质交付。截至年底，全省101所芙蓉学校全部完成全过程工程咨询招标和初步设计审批，90所已完成施工图审查，占比89.1%；38所已通过竣工验收，占比37.6%。

建筑节能与科技及标准化

【概况】2020年，建筑节能"65%标准"在全省全面实施，升级市州中心城市公共建筑能耗监测平台建设，接入建筑620栋，能耗监测在线率达71%（除高校），顺利完成《湖南省公共建筑能耗分析研究报告》。既有公共建筑节能改造和居住建筑节能改造有序推进，由中央财政支持的可再生能源利用试点示范城市验收扫尾全面完成。全省城镇新增绿色建筑竣工面积为4717.6万平方米，占城镇新增民用建筑竣工比例为68.6%，超额完成目标任务18.6个百分点；累计已有180家企业、783个产品获得绿色建材评价标识，居全国首位。全年新建装配式建筑面积达2711.93万平方米，占城镇新建建筑面积比例为30%，圆满完成考核任务，占比指标排全国第六。印发《关于加强我省民用建筑节能与绿色建筑相关管理工作的通知》《湖南省"绿色住建"发展规划（2020—2025）》《关于大力推进浅层地热能建筑规模化应用试点工作的通知》《关于湖南省工程建设地方标准管理的意见》等政策文件，全面落实深化全省建筑节能与绿色建筑"放管服"改革，全力推动建筑科技创新发展。

【绿色建筑立法】2020年，《湖南省绿色建筑发展条例》列为立法出台预备审议项目，省人大常委会副主任杨维刚率省人大环资委、省住建厅一行，前往湘江新区基金小镇等地实地考察绿色建筑实施项目和装配式建筑产业发展情况，协调推进全省绿色建筑发展立法相关工作。在省人民政府、省人大支持下，《条例》成功纳入2021年出台项目计划。

【绿色建造试点】湖南省积极向住房和城乡建设部申报绿色建造试点省，参与住房和城乡建设部绿色建造相关课题研究，圆满完成《推进绿色建造试点工作研究报告》及《推进绿色建造试点工作政策措施研究》重要章节的编制任务。12月31日，住建部印发《关于开展绿色建造试点工作的函》（建办质函〔2020〕677号），湖南省成为全国唯一的绿色建造的试点省。

【国家级装配式建筑产业基地】在第二轮国家级装配式建筑范例城市、产业基地评选中，湖南省吉首市继长沙市后，为全省第二个获批国家级装配式建筑的范例城市；以宁远工业园区、湖南建工集团等企业为代表的湖南省装配式建筑龙头产业，为湖南省再添6家国家级装配式建筑产业基地。

【省级装配式建筑全产业链智造平台】"湖南省装配式建筑全产业链智造平台"于2020年底圆满完成首期研发工作。形成政府侧平台"1库2标准6图集3平台"，企业侧"2平台""2软件""4系统"等多项科技成果，初步实现装配式建筑项目全生命周期各环节的集成协同管理。平台正式进入上线试运行阶段，现已开展两期试运行工作，合计35个实际工程项目试用。政府侧平台现已录入124个装配式建筑项目、22家装配式建筑基地（企业）以及18家工厂信息，初步形成装配式建筑产业大数据规模。

【国家钢结构装配式住宅试点项目建设】完成省政府重点调研课题《关于加快推进我省钢结构装配式住宅建设的调研报告》，破解阻碍钢结构住宅发展的"三板"难题。截至年底，全省8个试点地区共实施钢结构装配式住宅试点项目共27个，总面积144.84万平方米，竣工项目13个，总面积87.89万平方米；主体完工的项目8个，总面积23.67万平方米；在建项目6个，总面积33.28万平方米。修订《湖南省绿色装配式建筑评价标准》，鼓励产业链上下游龙头企业和行业协会编制《钢管混凝土束结构岩棉抹灰外墙保温工程技术规程》《钢管混凝土束结构技术标准》《装配式钢结构住宅建筑技术标准》《外墙外保温工程技术标准》《湖南省空腹楼盖钢网格盒式结构技术规程》等系列团标、企标，逐步完善全省钢结构装配式住宅标准体系。邀请中国建筑金属结构协会钢结构分会副会长胡育科牵头重点课题"钢结构建筑推广目标、政策标准体系与实施路径研究"，助力全省钢结构建筑发展。

【浅层地热能建筑规模化应用试点启动】省住建厅牵头省发改委等部门联合印发《关于大力推进浅层地热能建筑规模化应用试点工作的通知》，决定在全省开展为期三年的以连片地区、集中园区、特色村镇、重大单体建筑为重点的浅层地热能建筑规模化应用试点工作。在试点的基础上逐步在全省推广浅层地热能建筑规模化应用，并争取每年对试点项目的财政资金支持。

【建设科技创新驱动明显增强】全省工程建设地方标准立项35项，发布35项；科研课题立项22项，结题14项；建筑业新技术应用示范工程立项113项，通过验收79项，16项工程通过认定为"湖南省2019年度建筑业新技术应用示范工程"；认定建筑业企业技术中心立项9项，通过运行评价10项，通过认定11项；建设信息化示范工程立项2项，通过验收5项；工程建设工法立项598项，通过2019年度省级工程建设工法284项（其中30项评定为优秀工法）；同时印发《湖南省建筑节能新材料、建设领域新技术推广目录》，改变传统建筑节能推广目录，调整为对建筑节能新材料、建筑科技新技术的推广，开创建设科技创新发展新局面。

住房公积金监管

【概况】2020年，湖南省全年全省新开户单位8836家，实缴单位76482家，净增单位4708家，同比增长6.56%；新开户职工55.73万人，实缴职工475.22万人，同比增长4.21%；缴存额749.09亿元，同比增长9.57%。年末，缴存总额5230.53亿元，比上年末增加16.72%；缴存余额2445.74亿元，比上年末增加13.92%。全年提取额450.18亿元，同比增长12.69%；提取额占当年缴存额的60.00%，同比增加1.57%。年末，提取总额2784.79亿元，比上年末增加19.28%。回收个人住房贷款200.22亿元。年末，累计发放个人住房贷款147.84万笔3459.51亿元，贷款余额2107.83亿元，分别比上年末增加7.50%、13.05%、10.43%。个人住房贷款余额占缴存余额的86.18%，比上年末减少2.73%。

【住房保障】下发《关于进一步完善个人自愿缴存住房公积金机制的通知》，各市州出台《灵活就业人员缴存住房公积金管理办法》《个人自愿缴存住房公积金管理办法》，不断促进惠民利民的住房保障政策制度落地。近五年，全省累计提供购建房资金支持3752.84亿元（购建房提取＋发放贷款），为6759.4万平方米住房面积发放贷款，占销售总面积的16.14%。目前，全省非公企业建制共3.9万家、"非体制内"人员建制167万人，新增缴存人员55.73万人。积极配合住房和城乡建设部落实城镇老旧小区改造既有住宅加装电梯提取住房公积金政策，开展住房公积金增值收益使用政策课题研究，出台租房提取公积金政策，支持11.76万缴存者提取公积金支付房租。印发《湖南省住房和城乡建设厅关于切实做好新冠肺炎疫情防控期间企业开复工作的通知》，维护受新冠肺炎疫情影响的企业、职工享受的切身利益。疫情期间，全省约2900家企业、单位办理缓交住房公积金，39家经营困难企业申请降低缓存比例通过审核，缓交金额达17.02亿元，为企业减轻经济负担8.4亿万元；贷款逾期免除罚息、不作为逾期记录报送征信部门的缴存职工近2万余人。

【信息化建设】进一步完善12329综合服务平台功能，开通服务热线、短信、微博、门户网站等服务渠道。12329热线月接通5.11万人次，发送短信324.6万人次。长沙公积金中心微信公众号关注人数占缴存职工的70%以上；省直、郴州、湘潭、常德、益阳等多家公积金中心通过增加网点导航、贷款测算、贷款发放和提取到账短信通知等功能，缴存职工足不出户就能查询到缴交、提取、贷款、还款详情；建立与公安、民政、人民银行、房产等多部门信息共享平台，15家公积金中心全部接入该平台，实现户籍、婚姻、征信信息网上查询功能。15家公积金中心全部通过测试实现直联，并开通异地贷款业务。全年发放异地贷款5642笔189348.1万元。搭建完成线上服务平台，推动各市州公积金中心网厅、APP、微信端的开发推广，推进"跨省通办"服务事项进程，促进全省公积金业务从"线下办"到"线上办"的转变；加强从业人员能力素质建设，按照《住房公积金管理人员职业标准》，指导各城市公积金中心开展相关培训，做到业务"一次办"；积极增设营业网点，通过推动营业网点建设，铺开公积金服务网络，实现公积金业务"就近办"。

【风险防控】认真落实《住房公积金行政监督办法》，及时开展现场监管和非现场监管。集中开展基本信息、归集挂账、期房保证金和银行账户、逾期贷款等专项清理，确保基本信息清晰可查。制定完善住房公积金归集、提取、贷款实施细则和操作规程，编制操作手册和办事指南，厘清风险防控点。做到外审内核相结合、网上稽核和现场稽核相结合、定期检查和抽查相结合，切实保障资金运营安全。全年全省逾期贷款率为0.026%，个贷率为86.85%，资金处于安全状态。利用电子化检查工具每季度对全省15个公积金中心开展政策执行情况检查和风险隐患排查，并形成季度分析报告按时报送住房和城乡建设部，每月指导各公积金中心开展自查，自查结果省监管部门建立台账，督促其落实整改；印发《关于规范全省住房公积金贷款担保业务的通知》，目前所有开展担保业务的中心由全程担保模式改为阶段性担保。配合审计署长沙特派办对全省住房公积金行业归集管理使用以及相关政策措施落实情况进行全面审计，审计署对湖南省指出的24个问题，完成整改23个，整改完成率为95.8%，整改成效在全国排名靠前；省住房公积金监管部门制定行业乱象治理措施5条，各城市公积金中心建立联合打击骗提骗贷工作机制。长沙、郴州等公积金中心与市公安局联合发布《关于开展打击非法中介违规提取住房公积金工作的通知》；长沙公积金与市中院联合下发《关于建立涉住房公积金审理、执行联动机制的若干意见》。

【队伍建设】各市州中心始终把政治建设摆在首位，充分发挥各级党组织的核心引领作用和党员干部职工的模范带头作用，不断加强干部职工政治建设、思想道德建设、作风建设。持续加强机关作风建设，强化对干部职工的廉政教育，打造一支忠诚、干净、担当的干部职工队伍。2020年，在机构改革的基础上，全省13个市州机构都已升格为正处级，队伍建设不断完善。全年全省各中心共获得文明单位3个，文明标兵单位3个，三八红旗手（巾帼文明岗）6个，先进集体和个人17个，其他荣誉称号26个。长沙、益阳市管理中心赢得"全国文明单位"，长沙还先后获得"全国职工之家""全国巾帼文明岗"等荣誉称号；永州市管理中心荣获全国"三八红旗集体"、全国"青年文明号"等荣誉称号；湘潭、张家界市等管理中心赢得省级文明单位荣誉称号等。

城市管理和执法监督

【城市管理执法体制改革】出台《关于建立城市管理领域事中事后监管与行政处罚衔接机制的指导意见》，进一步理顺城市管理和执法职责边界。联合湖南城市学院开展"城市管理执法监督与执法考核评价课题"研究，完成城市管理执法规范化标准研究报告，拟完成湖南省城市管理综合执法案卷制作要求和城市管理综合行政执法法律文书示范文本；拟完成湖南省对市级城市管理综合执法评价指标体系。

【队伍建设】组织开展2020年城管执法科级干部培训，3期共680人参训。在株洲召开全省城管执法文明行业创建推进会，印发《关于创建城管执法文明行业的实施方案》，部署在全省城管执法队伍中广泛开展文明创建活动。继续深入开展"强基础·转作风·树形象"专项行动，印发《关于做好城市管理执法队伍"强基础·转作风·树形象"三年行动总结和评价工作的通知》。

【城市综合管理服务平台建设】编制完成湖南省城市综合管理服务平台可行性研究报告，并报省发改委申请立项；编制完成湖南省城市综合管理服务平台建设和联网工作方案，并报住房和城乡建设部城市管理监督局。组织召开全省城市综合管理服务平台建设和联网工作座谈会，进一步统一思想，明确工作任务。赴省内省外相关地区开展城市综合管理服务平台调研并拟制完成调研报告，摸清全省城市管理信息化建设现状，为下一步工作开展提供理论依据。扎实推进平台联网工作，完成全省13个地级市（湘西州吉首市除外）联网实现单点登录。

【开展普铁安全环境整治】下发《关于进一步做好普铁安全环境整治工作的通知》，建立整治情况报送制度，对整治职责范围内的逐一拉条挂账销号。截至11月底，完成本系统普铁安全环境隐患问题整改销号。

【行政处罚工作】共接收相关业务处室移交行政处罚案件36件，向相关企业和个人下达处罚告知书72份，下达处罚决定书63份，处罚款已到位40.9万元，撤销11家企业相关资质，暂扣安全生产许可证和安全生产考核合格证书40份。相关企业未提起行政复议或行政诉讼。

建设监督

【概况】全年共完成85个省管工程项目招标文件备案，其中施工招标项目50个，设计施工总承包项目13个，监理招标项目22个，涉及总投资额约687.1亿元；全年共收到招投标投诉333起，其中部转办举报件33起，厅网投诉34起，厅办公室转办投诉件99起，厅长信箱167起。所有投诉件均按时办结，及时回复。

【落实巡视整改措施】2月，省委巡视组向湖南省住房和城乡建设厅反馈巡视问题和意见。厅党组高度重视巡视整改工作，先后召开20余次会议进行部署，研究制定整改方案。3月召开全省电视电话会议，迅速形成省市联动、由上而下、一体推进的工作格局。根据巡视组指出的五个方面问题、四个方面建议，深入剖析原因，细化26项具体问题，制定相应整改措施。逐条逐项全面整改，各项措施均按时限落实到位，获得省委巡视组的高度评价和充分肯定。

【开展专项整治行动】印发《住建领域招投标突出问题专项整治方案》，制定五个方面措施、11项具体任务。成立专项整治工作领导小组，明确整治工作总体要求、工作目标、重点任务，扎实推进专项整治工作落实，并将扫黑除恶工作与专项整治工作紧密结合。全省各地围绕当前招标投标活动中市场主体反映强烈的突出问题，先后主要完成司法判决串通投标罪案件办理、大数据分析问题线索处置、"湖南招标代理监管平台"建立、人脸识别系统的优化以及招标投标政策体系评估等工作，并对中标率过高的25家企业进行集中约谈，取得阶段性成果。全省共完成4726个建设工程项目招标登记备案和监督管理工作，其中施工项目2919个，监理项目564个，工程总承包1243个，涉及总投资额约2044.96亿元。对存在违法违规的企业368家和个人238名依法依规查处，共计罚款9407.6936万元，对42家招标代理机构进行通报批评或被暂停在本行政区域内从业一年，对364名评标专家进行通报批评或被暂停评标一年，11家企业和112个人被列入"失信行为"黑名单。

【加强制度建设】持续完善以"1+X"为基础的招投标制度体系，全省统一实施。全面清理招投标政策文件。各市州共清理文件100余个，废止文件9个，拟修正文件4个。积极开展政策制度的制定和修编。印发黑名单管理办法、《关于进一步落实招投标各方主体责任通知》等。制定工程总承包评标办法及标准文件、信用评价办法。拟定标准货物招标文件初稿。开展招标投标政策体系评估工作。采取课题研究的形式对招投标政策实施情况和存在问题进行全面调研和后评估工作，为政策文件进一步修编和完善奠定基础。

【加强事中事后监管】对省管项目实行招标文件审查的全覆盖，对招标人及代理机构进行行政处理、不良行为记录以及规范化考评，并采集至招标代理机构监管平台。要求全省各市州市本级抽查项目比例不低于20%，县市区不低于40%。全年房屋建筑和市政基础设施项目招投标项目共计4726个项目，核查项目2508个，发现问题线索项目503个，核查率53.1%。4月启动监管平台四大系统的开发，以及与省交易中心平台、短信平台业务对接。9月1日监管平台正式上线运行。截至年底，549家招标代理企业和3820名专职人员完成基本信息报送。配合省发改委共同建设开发"湖南省招标代理机构及从业人员信息管理系统"，依托招标代理机构监管平台，实现发改、住建、交通、水利招标代理监管的统一。与省公管办联合印发通知，通过线上培训、在线考试的方式，对全省8900多名专家评委进行综合业务知识培训和考核。自专项整治开展以来，各地共通报364名住建领域评标专家违法违规行为。

【加大案件查处、惩戒力度】各市州已在局网站公布投诉举报电话，由各地成立工程建设招投标突出问题专项整治工作办公室，建立问题线索移送机制和重要问题线索会商机制，加大对案件的联合查处力度。专项整治开展以来，完成全省各地招投标信访、投诉、举报线索办理共计289起，其中各地纪委监委转交案件101起；完成省市专治办移交大数据分析问题线索2157条核查，查实线索360条。全面精准打击涉及围标串标、出借资质、弄虚作假等违法违规行为。全年全省对136个项目进行行政处罚立案查处，企业和个人累计罚款9407.6936万元。各市州贯彻落实省厅制定的标后稽查标准及清单，积极开展标后稽查工作，将标后稽查工作常态化。各市州强化标后管理，落实建设单位主体责任，对施工、监理人员到位情况进行重点核查，标后履约管理能力得到较好提升。全年各地共检查项目1143个，发现问题线索1313条，下发执法建议书401份，罚款共计773.84万，上报不良行为记录66份，并针对稽查中发现的问题，安排专人负责，限期整改到位，进一步规范市场秩序。

（湖南省住房和城乡建设厅）

广 东 省

概况

2020年，广东省住房和城乡建设厅指导各地级以上市住房城乡建设部门开展新冠肺炎疫情防控。通过研判疫情防控形势，稳妥制定防控措施，狠抓各种防控措施落实。截至年底，全省新排查的动态新增农村危房改造任务11387户全部竣工，落实无房户住户保障任务2596户。2015~2020年，全省完成39.72万户农村危房改造，全面完成贫困户住房安全有保障任务。广东省纳入国家监管平台的527个黑臭水体，各地自评上报全部消除，全省建成城市（县城）生活污水处理设施386座，处理能力2798万吨/日。城乡人居环境持续改善，城市生活垃圾分类有效推进，城市园林绿化建设显著提升，农村生活垃圾收运处置体系基本实现全覆盖，687个镇级填埋场和344个非正规垃圾堆放点全部完成整改，整治存量垃圾约5276万立方米。2020年。广东省住房和城乡建设厅，构建以公共租赁住房、共有产权住房和政策性租赁住房为主的住房保障体系，提升住有所居水平，全方位高质量做好住房保障工作。广东省历史文化街区划定和历史建筑确定的阶段性任务基本完成，划定101处广东省历史文化街区，各市县公布历史建筑3707处，开展广州、潮州等8处国家历史文化名城调研评估，华南研学基地建设取得阶段性成果，263个中国传统村落实施挂牌保护。"放管服"改革深化，简政放权，委托各地级以上市实施8项省级行政职权。大幅压减行政许可承诺时限，共压减各类时限231天，即办事项占比达69%。推行全流程网办，省级住建政务服务事项网上可办理率达99.4%。企业资质类电子证书实现省市县三级全覆盖，换发证书近3万本。

至年底，广东省复工总量居全国前列，重点工程基本复工，全省在建工地在岗工人177.2万人，与2020年春节前统计的工人数相比到岗率达到110%，无一例感染新冠肺炎；全省商品房项目售楼中心开复工4942个，复工率99.7%；住房租赁企业开复工225家，复工率100%；经营租赁住房总数47.6万间，出租率78.2%。

新冠肺炎疫情防控

新冠肺炎疫情暴发以来，广东省住房和城乡建设厅按照广东省新冠肺炎防控指挥部的要求，坚持全国全省"一盘棋"响应机制，统筹推进疫情防控和住房城乡建设。截至年底，广东省复工总量居全国前列，重点工程基本复工，全省在建工地在岗工人177.2万人，与2020年春节前统计的工人数相比到岗率达到110%，无一例感染；全省商品房项目售楼中心复工4942个，复工率99.7%；住房租赁企业复工225家，复工率100%；经营租赁住房总数47.6万套，出租率78.2%。推进"用工实名制系统"工作被中央应对新型冠状病毒感染肺炎疫情工作领导小组简报（141期）刊发，住房公积金管理、防水排涝等工作在住房城乡建设部会议上向全国作经验介绍。

法规建设

【概况】2020年，广东省住房和城乡建设厅落实党政负责人切实履行第一责任人职责制度，发挥"关键少数"的作用。省住房和城乡建设厅在广东省绩效考核依法行政指标部分首次实现零扣分。通过《广东省城乡生活垃圾管理条例》《广东省绿色建筑条例》两部地方性法规，创年度通过地方性法规数量新高。报送2021年度地方性法规、政府规章制定和修订计划4部，为行业发展争取立法资源。印发年度全省普法依法治理工作要点和普法责任清单，围绕疫情防控、民法典等重点内容，突出重点地区、重点人群普法，优化"线上或线下"法制宣传模式，使普法计划、普法内容、普法形式接地气。

【规章、规范性文件专项清理】2020年，广东省住房和城乡建设厅组织开展涉及机构改革的法规、规章和规范性文件专项清理活动，提请省人大常委会和省政府废止、修改部分与机构改革精神不一致的法规、规章和规范性文件。开展民法典衔接专项清理。全年，省住房和城乡建设厅对104项国家和省级层面的行业相关法规规章提出清理意见74条，向省人大常委会和省司法厅提出废止建议2条、修改意见72条。

住房保障

【保障性安居工程建设】2020年，国家下达广东省住房保障考核目标任务为新开工棚户区改造住房10918套、公租房446套，基本建成棚户区改造住房10813套、公租房751套，实施发放租赁补贴25140户。广东省申请棚户区改造专项债券49.7亿元，下达中央和省保障性安居工程补助资金6.88亿元，实现投资301.98亿元。印发《关于印发2020年我省保障性安居工程计划任务的通知》，保障项目顺利推进。全年新开工棚户区改造住房、公租房19473套、465套，发放租赁补贴34525户，基本建成棚户区改造住房、公租房14319套、4029套，分别完成目标任务的178.4%、104.3%、137.3%、132.4%和536.5%。

【住房保障体系建设】2020年，广东省健全以公共租赁住房、共有产权住房和政策性租赁住房为主的住房保障体系，加大住房保障力度，对低保、低收入住房困难家庭实现应保尽保，扩大保障范围，向公共服务领域人群及城镇"夹心层"延伸，推进完善全省城镇住房保障体系。截至年底，全省公共租赁住房和租赁补贴新增保障47293户，累计实施保障78.5万户，惠及住房困难群众253万人；全省实施保障环卫工人、公交司机、青年医生、青年教师、乡村教师等特定群体分别为2450户、4708户、14109户、13266户和602户，解决公共服务领域重点人群住房问题；新增筹集共有产权住房1.98万套，新增筹集建设政策性租赁住房5.48万套。

【政策性租赁住房试点】2020年，按照《住房城乡建设部关于印发完善住房保障体系工作试点方案的函》，推进政策性租赁住房试点。全省筹集5.5万套政策性租赁住房。广州市筹集4.8万套，深圳市筹集6800套，广东省政策性租赁住房工作成效获住房和城乡建设部肯定。

房地产业

【**房地产市场运行**】面对新冠病毒疫情冲击，广东省住房城乡建设系统及时采取措施，促进房地产业复工复产，稳定市场发展。2020年，全省完成房地产开发投资17313亿元，比上年增长9.2%；新建商品房销售面积14908万平方米，比上年增长7.7%，增速创近三年新高；新建商品房销售金额22573亿元，比上年增长14.3%；新建商品房销售价格15141元/平方米，比上年增长6.2%，总体保持稳定；新建商品住宅消化周期12.1个月，总体处于合理区间。

【**房地产市场专项整治**】2020年，广东省住房和城乡建设厅制订房地产市场秩序、物业管理、房地产中介、住房租赁市场4项房地产领域专项整治方案，联合省发展和改革委员会等部门开展房地产中介专项整治，并结合房地产领域扫黑除恶和防范非法集资等专项行动，重点查处房地产开发企业发布虚假广告和虚假房源信息、哄抬房价、捂盘惜售或者变相囤积房源、采用霸王合同欺诈消费者等19类违法违规行为，查处房地产中介非法侵占或者挪用客户交易资金、以捆绑服务方式乱收费、恶意克扣保证金和预订金等17类违法违规行为，查处物业服务企业挪用住宅专项维修资金、擅自利用共用位置经营收费、擅自提高物业服务收费标准等16类违法违规行为。三批243家违法违规企业被省住房和城乡建设厅公开曝光。

【**商品房预售资金监管**】2020年，广东省住房和城乡建设厅委托省房地产行业协会开展商品房预售资金监管专题研究，形成《广东省商品房预售资金监管专题研究报告》，报告提出尽快修订《广东省商品房预售管理条例》和出台《广东省商品房预售资金管理办法》。6月，《2020年广东省房地产市场秩序专项整治工作方案》印发，要求全省各地将"未按要求将商品房预售资金全部纳入监管账户逃避监管，或违规骗取、使用商品房预售资金的行为"作为重点整治内容予以打击。

【**国有住房租赁企业**】推动21个地级以上市建立国有专业化住房租赁机构。截至年底，全省成立51家国有住房租赁企业，累计筹集房源17.1万套。广州越秀集团、广州城投集团、广州珠江实业公司等企业筹集房源解决人才住房问题，深圳市深业集团等开展"稳租金商品房"试点，佛山市建鑫住房租赁有限公司投资12亿元启动佛山建鑫乐家花园集体租赁住房项目，肇庆市建鑫住房租赁有限公司在产业园区附近集建设蓝领公寓。

【**长租房管理**】会同政法、公安、法院、司法、市场监管、金融、信访等部门，建立重点风险企业共防共治机制和部门间风险信息共享机制，摸查长租房企业及房源情况，协同研判处置长租房企业资金链断裂风险，加强对"高进低出"，以及"长收短付"经营模式住房租赁企业监管。

【**住房租赁试点**】指导广州、深圳推进中央财政支持发展住房租赁试点城市，两市新筹集租赁住房163337套；推动广州、佛山、肇庆利用集体建设用地发展住房租赁试点。佛山市顺德区乐从镇葛岸村建鑫乐家花园项目动工建设，建成后可供应租赁住房约3800套；推动佛山市南海区东二南兴村项目等8个利用集体建设用地建设租赁住房项目落地。

住房公积金管理

【**住房公积金稳定运行**】截至12月末，全省住房公积金缴存职工1976.6万人，累计缴存金额20757.1亿元，是全国第一个累计缴存突破两万亿元的省份；累计提取14017.06亿元，累计发放个人贷款8489.45亿元，共计支持224.96万职工家庭使用住房公积金贷款解决或改善住房问题。各项业务指标均居全国前列，缴存和提取指标稳居全国首位，各项业务指标均为历年最高。

【**住房公积金阶段性支持政策暖企惠民**】2月，在全国率先出台多项住房公积金暖企惠民政策措施，相关做法在全国住房公积金应对新冠肺炎疫情工作视频会议上作经验介绍。广东省结合实际实施自愿缴存和暂时停缴等支持政策。据统计，阶段性支持政策惠及全省7000余家企业、20余万户职工家庭。其中，缓缴企业6253家，涉及职工57.16万人，累计缓缴金额7.88亿元；降低比例缴存企业570家，涉及职工13.4万人，累计减少缴存金额1.43亿元；职工无法正常还款不作逾期处理的贷款1.97万笔，涉及贷款余额46.83亿元；提高租房提取额度政策惠及20.75万人次，累计提取金额1.61亿元。

城市与建筑风貌管理

【**城市设计调查评估**】组织开展全省城市设计工作调查评估，摸查各地级市城市设计的编制体系、覆盖范围、编制审批实施、出台实施细则和技术导则等情况。并提出全省城市设计工作在制度化、法治化、体系化、技术性、城市设计地位作用、经费投入6个方面存在的主要问题，并对城市设计法定地位、技术规范、设计体系、管理制度等提出建议。6月，向住房和城乡建设部全面反映广东省城市设计工作开展情况。

【大型城市雕塑建设管理】对已建、在建、拟建的大型城市雕塑项目开展全面排查，指导各市将高度超过10米或宽度超过30米的大型城市雕塑作为城市重要工程项目进行管理，严格控制建设高度超过30米或建设宽度超过45米的城市雕塑，结合实际制订大型城市雕塑年度建设计划。经排查，全省已建、在建、拟建大型及以上城市雕塑114处，其中，已建107处、在建4处、拟建3处。大型城市雕塑110处、特大型城市雕塑4处。

城市体检评估

【广州市城市体检】2020年，广州市先行先试，探索具有广州特色的城市体检新路径。因地制宜细化指标，编制实施城市体检工作指南，指导市、区两级多角度诊断问题及对症下药。打造集"数据采集、动态更新、分析评估、预警治理"功能于一体的综合性城市体检服务平台。率先设立"城市体检观察员"，创新城市体检公众参与方式。依据城市体检结果，制订专项治理行动计划，并纳入政府工作报告，保障城市体检治理措施落地。以城市体检工作为契机，推进"城市病"治理，并结合疫情防控，全力打造韧性城市、健康社区、安全住宅，形成全社会共建、共治、共享新格局。

建设工程消防设计审查验收

【建设工程消防管理】2020年，广东省住房和城乡建设主管部门受理建设工程消防设计审查19401件，办结18864件，办结率97.2%；受理消防验收15258件，办结14903件，办结率97.7%；受理消防验收备案11857件，办结11582件，办结率97.7%。印发《广东省住房和城乡建设厅关于贯彻实施〈建设工程消防设计审查验收管理暂行规定〉的通知》，调整消防审验申报范围、要求及工作模式。印发《广东省住房和城乡建设厅关于贯彻实施〈建设工程消防设计审查验收工作细则〉和〈建设工程消防设计审查、消防验收、备案和抽查文书式样〉的通知》，明确专家评审程序，规范消防查验行为，优化消防审验流程。

城市建设

【概况】2020年，广东省住房和城乡建设厅推动落实《广东省城镇生活污水垃圾处理设施建设"三年攻坚"行动方案（2018—2020）》《广东省打好污染防治攻坚战三年行动计划（2018—2020年）》《广东省城镇污水处理提质增效三年行动方案（2019—2021年）》。践行新发展理念，打好垃圾污水污染防治攻坚战，推进城市黑臭水体整治、生活垃圾分类，着眼能源转型升级，谋划推动城镇燃气体制改革，推进道路桥梁、综合管廊、园林绿化、海绵城市建设、供水节水等市政基础设施建设和管理。截至年底，全省建成区绿化覆盖率43.49%。城镇居民燃气普及率98.3%，城市液化石油气年供气总量331.2万吨，城市天然气年供气总量142.9亿立方米。全省建成城市（县城）污水处理设施386座，日处理能力2798万吨，建成生活污水管网6.8万千米。全省建成启用生活垃圾无害化处理场（厂）147座，总处理能力14.1万吨/日，焚烧占比达到66.7%，生活垃圾无害化处理率达到99.95%，生活垃圾处理能力大幅超过生活垃圾产生量，"十三五"期间新增处理能力10.1万吨/日，占现有总处理能力的73.8%。设施数量和处理总能力均居全国首位。

【城市生活垃圾分类】2020年，广东省人大常委会修订通过《广东省城乡生活垃圾管理条例》，自2021年1月1日起施行。完善垃圾分类"1+N"政策体系，加快建立分类投放、分类收集、分类运输、分类处理的生活垃圾管理系统。截至年底，广州、深圳市建立比较完善的法规政策和标准技术体系，基本建成生活垃圾分类处理系统；珠江三角洲其他城市和粤东西北城市生活垃圾分类工作体制机制逐步完善。12月10~11日，住房和城乡建设部在广东省（广州市）召开全国城市生活垃圾分类工作现场会，交流推广广东强化全省统筹、因地制宜、分类施策的经验模式，部署进一步深入推进生活垃圾分类工作。

【AAA级生活垃圾焚烧项目占全国总数的三分之一】2020年，广东省持续推进生活垃圾焚烧处理设施建设，坚持高标准建设和运营管理，指导行业提高效益、降低成本、生态绿色发展，培育一批拥有自主知识产权的生活垃圾焚烧处理龙头企业。全省建成生活垃圾焚烧发电厂65座，总处理能力9.4万吨/日，走在全国前列。其中拥有16个AAA级（最高等级）生活垃圾焚烧项目，占全国总数的1/3，是全国最多的省份，为全国树立多个生活垃圾焚烧标杆项目。

【城市排水防涝】 指导各地全力推进城市排水防涝工作，全省41个设市城市均已落实市长或副市长担任城市排水防涝安全负责人。截至年底，全省累计建成城市排水管网约12.2万公里，其中累计建成雨水管网约4.1万公里，显著提高了城市排水能力。广东省纳入《防汛抗旱水利提升工程实施方案》的广州、深圳、珠海3个易涝城市，扎实推进城市易涝区段整治，已分别完成城市排水防涝能力建设项目31项、91项以及83项。下发《关于加强2020年城市排水防涝工作确保安全度汛的通知》，召开2020年全省海绵城市、城市排水等工作电视电话推进会；"龙舟水"及台风期间，派出多个督导组分赴一线指导各地做好防汛防风工作。

【城市园林绿化建设】 2020年，广东省推进新一轮绿化广东大行动，省域公园体系基本建成。截至年底，全省城市建成区绿地率39.39%，城市建成区绿化覆盖率43.49%，人均公园绿地面积18.13平方米，公园绿地服务半径覆盖率81.53%，绿地综合效应和环境品质显著提升，广东省有国家生态园林城市1个，国家园林城市19个，国家园林城镇4个，广东省园林城市6个，广东省园林城镇、县城9个。

【城市轨道交通规划建设】 2020年，广州、深圳、佛山、东莞4市建成并开通运营地铁线路28条，运营里程1001千米，站点数595座，总投资5110亿元，日均客运量1273万人次/日。广州、深圳、佛山、珠海4市建成并开通运营有轨电车线路5条，运营里程49千米，站点数75座，总投资49亿元，日均客运量3.69万人次/日。在建（立项）地铁线路34条，里程约728千米，站点数413座，总投资6223亿元。

【城市道路桥梁建设】 2020年，广东省构建城市快速路、主干路和次支路级配合理的路网体系，打通断头路、丁字路，疏通微循环，改造交通拥堵节点，提高道路运行效率。深化道路设施精细化、信息化养护，加强城市道路日常巡查和安全检查，开展专项整治行动，提升道路桥梁养护水平。截至年底，全省累计建成城市道路54015千米，道路面积90822万平方米，城市桥梁8654座，其中大桥特大桥2551座，立交桥868座，2020年度城市道路网密度监测显示，广州、深圳分别位列全国第七、第一。

【城市供水】 2020年，对全省城镇供水规范化管理和二次供水进行专项调研，将发现的问题通报各地市并要求进行整改。截至年底，全省累计建成供水厂326座，其中约60%的城市自来水厂依靠江河水源取水，约35%的城市自来水厂依靠湖库水源取水，约5%的城市自来水厂依靠地下水水源取水。全省约45%的城市自来水厂拥有备用水源。全省城市总供水量100.99亿立方米/年，城市日均供水量3144万立方米/日，供水管道总长13.9万公里，城市用水户数约2215万户，城市供水服务人口约7994万人。

【城市燃气供应】 截至年底，管道天然气年消费量达到142.9亿立方米，全省城燃企业共建成城市门站44座、LNG气化站161座，城镇燃气管道已达4.5万公里，全省城镇居民燃气普及率达到98.3%，城市燃气管道天然气普及率由2015年的30%增长至2020年的50%；瓶装液化石油气年销售量为331.2万吨，全省共建成储配站554座、液化石油气供应站已达4029座，配送服务更加高效，供应保障更加稳定。

【城市生活污水处理】 截至年底，广东省建成城市（县城）生活污水处理设施386座，处理能力2798万吨/日，处理能力连续多年居全国第一位。全年全省城市（县城）新增生活污水处理设施48座，新增处理能力265万吨/日，建设通水污水管网8563千米，年度建设通水里程再创新高。污染防治攻坚战期间（2018—2020年），全省城市（县城）累计新增生活污水处理能力681万吨/日，完成三年攻坚任务的163.05%；累计建成污水管网的2.27万公里，完成三年攻坚任务的210.52%。

【城市黑臭水体治理】 按照"前端治理，有序推进；系统治理，形成合力；标本兼治，重在治本；群众满意，成效可靠"的原则，坚持统筹兼顾、整体施策，建立完善省级统筹、属地实施、多方参与的城市黑臭水体治理体系，系统推进城市黑臭水体治理，综合采取"控源截污、内源治理、生态修复、活水循环"等措施，清理整治黑臭水体沿岸排污口及沿岸垃圾、水面漂浮物、河床底泥，严格控制生活污水、工业废水、农业废水等直排入河，从根本上解决导致水体黑臭的相关环境问题，实现水环境质量稳步提升。

【城市地下综合管廊建设与管理】 2020年，广东省坚持规划引领、试点先行，创新政策支持，加强资金筹措，努力探索管廊管养制度，综合管廊建设稳步推进。截至年底，全省建设综合管廊（含缆线管廊）916千米，其中建成综合管廊（含缆线管廊）484千米，在建综合管廊（含缆线管廊）432千米。"十三五"期间，新建综合管廊（含缆线管廊）407千米。

【海绵城市建设】截至年底,广东省37个设市城市完成海绵建设自评估工作。各市对海绵城市建设形成系统性认识,将海绵城市规划建设理念与各类相关规划衔接,生态环保理念正逐步形成。根据各地上报,全省建成并达到海绵城市要求的面积1234.67平方千米,占城市建成区23.72%。完成2020年国家要求的20%城市建成区达到海绵城市的目标。

【城市生活垃圾处理】2020年,广东省生活垃圾处理设施建成数量和新增处理能力再创历史新高,生活垃圾无害化处理设施新开工和新建成速度为历史最快,全省生活垃圾处理设施处置能力超过生活垃圾产生量。全年新建成28座,新增处理能力22895吨/日。截至年底,全省建成运营147座生活垃圾处理场(厂),总处理能力14.1万吨/日,全省焚烧处理能力占比66.7%,生活垃圾无害化处理率99.95%,全面完成"十三五"规划目标。生活垃圾处理设施数量和总处理能力居全国首位。

村镇建设

【村镇规划建设】2020年,全省1125个乡镇实现生活污水处理设施全覆盖。全省乡村生活垃圾收运处理体系已覆盖所有行政村,按时完成列入中央环保督察整改的505个镇级镇填埋场整改、列入中央环保督察"回头看"督查暨新排查的182个镇级填埋场整改、录入全国非正规垃圾堆放点排查整治信息系统的344个非正规垃圾堆放点整治。练江流域17座城镇污水处理厂全部建成通水,设计日处理规模96.6万吨,实际日处理能力105.75万吨。全面完成农村危房改造任务,农村相对贫困户住房安全有保障基本实现。全省开展两轮农村削坡建房风险点排查,锁定2020—2022年三年整治任务台账。推动成立华南及教育历史研学学校联盟,在韶关浈江区建立华南教育历史研学基地;组织各地统一设置中国传统村落保护标志,实施挂牌保护。住房和城乡建设部通报全国共同缔造活动试点县、片、村中,广东省数量位列全国第一;翁源县设计下乡工作被住房和城乡建设部选为全国6个优秀案例之一。

工程质量安全监督

【工程质量监管】2020年,全省房屋市政工程竣工验收合格工程10526项,一次通过验收合格率99.86%,新办理竣工验收备案工程10177个,纳入监督的在建房屋市政工程未发生质量事故。质量主体责任有效落实,全省签订法定代表人授权书和工程质量终身责任承诺书16764份,设立永久性标牌项目10177个,"两书一牌"签订率100%。全年获"中国建设工程鲁班奖(国家优质工程)"9项、"国家优质工程奖"28项、"广东省建设工程优质奖"102项、"广东省建设工程金匠奖"60项、"广东省建设工程优质结构奖"138项。

【工程质量安全管理制度建设】印发《危险性较大的分部分项工程安全管理规定实施细则》《关于进一步加强建筑起重机械安全管理的紧急通知》《房屋市政工程工地防汛防风工作要点》以及危大工程"六不"施工等系列文件,健全完善房屋市政工程安全生产规章制度。联合印发《广东省住房和城乡建设厅等十二部门关于印发完善质量保障体系提升建筑工程品质实施意见的通知》,提出强化各方责任、完善管理体制、健全支撑体系、加强监督管理等18项具体工作任务。印发《广东省住宅工程质量常见问题防治操作指南(试行)》,从设计方面和施工工艺方面提出常见质量问题的具体解决方案。

建筑市场

【概况】2020年,广东省建筑业总产值18429.71亿元,比上年增长10.8%,排名全国第三,增速全国第四。签订合同额位列全国第二,全省总承包和专业分包建筑企业签订合同额51972.58亿元,其中新签合同额达25699亿元,增长15.9%。建筑业增加值4651.50亿元,比上年增长7.5%,占全省地区生产总值比重达4.2%。广东建筑业平均从业人数372.78万人,占全国的6.0%。建筑业税费总额基本稳定,建筑业税费总额440.69亿元。

【勘察设计与建筑业企业】全省纳入统计的总承包和专业分包企业8334家,增长16.9%,工程勘察企业415家,工程设计企业3325家。全省50亿产值以上总承包和专业分包建筑业企业有64家,完成产值7323.80亿元,占全省总产值的39.7%。国有及国有控股企业产值占总产值比例为42.6%,民营企业产值占总产值比例为57.4%,两者规模总体相当。

【拖欠农民工工资治理与建筑市场用工实名制】2020年,广东省住房和城乡建设厅组织开展根治欠薪冬季专项行动,配合省有关部门开展2019年度省级保障农民工工资支付实地考核和国家考核,全省住房城乡建设领域查处拖欠农民工工资案件243件,为8587名农民工追回工资3.18亿元,欠薪涉及项目数、涉及人数、涉及金额同比分别下降14.7%、28.7%和10.7%。结合疫情防控,推动落实建筑市场用工实名管理制度,全省房屋市政工程项目实名制覆盖率达99.19%，并开展省建筑市场用工实名管理系统建设。推动各地住房城乡建设部门开展工程款拖欠治理工作，累计排查各地政府部门、大型国有企业拖欠建筑业民营中小企业账款10.38亿元，已清偿拖欠账款8.9亿元，未偿还的拖欠款1.48亿元均进入司法程序。

【招标投标监管】 开展建设行业专项整治行动，检查招投标项目1978个，查处违法行为9宗，落实线索清零、行业清源的要求。年内，全省各级住房城乡建设主管部门累计检查项目34394个，对违法转分包等行为合计罚没达2058.57万元。通过广东省建筑市场监管公共服务平台累计公开企业不良行为1200多条、从业人员不良行为380条、企业黑名单信息7条。

人事教育

完成建筑工程技术人才职称评价工作，做到"评前有计划、评时有监督、评后有记录"。在评审前期，制定评审工作计划，调整和扩容评委库，完善评审制度，开设评审政策宣传贯彻培训班，做好材料申报和初审；在评审过程中，严格评审程序、强化评审纪律，确保评审结果客观公正；在评审结束后，做好评审材料审核盖章、评审结果公示和评审材料清退（职称证书发放）等。是年，申报正高级工程师155人、高级工程师2322人、工程师552人、助理级工程师419人、技术员121人，通过人数分别为85人、1399人、417人、405人、116人，通过率分别为54.84%、60.25%、75.54%、96.66%、95.87%。

大事记

1月

1日 清云（清远至云浮）高速公路建成通车。

2日 开展2020年全省工程勘察设计企业资质动态核查。

17日 广东省生活垃圾分类技术研究中心揭牌仪式在广州举行，省政协副主席、省住房和城乡建设厅厅长张少康出席并揭牌。

21日 在广州召开全省住房城乡建设系统安全生产会议，研究制定在建房屋市政工地新冠病毒疫情防控9项措施，部署市政公用设施领域疫情防控工作等。

23日 联合省教育厅、卫生健康委员会、地震局印发《广东省地震易发区重要公共建筑物加固工程实施方案》。

31日 "广东省建筑市场监管公共服务平台""进粤企业和人员诚信信息登记平台"迁移到广东省"数字政府"政务云。

2月

2日 印发《关于以打赢疫情防控阻击战为契机确保在建项目用工实名制管理全覆盖的通知》。

6日 广东省住房和城乡建设厅暂停现场办理建设执业资格注册业务。通过网上申请、邮寄、电子邮件等渠道接收申请资料，实现全流程"零跑动、零见面"审批。

9日 印发《关于充分发挥用工实名制系统作用确保返岗人员健康的紧急通知》。

12日 广东省住房和城乡建设厅与省政务服务数据管理局等部门配合数据共享。

17日 广东省住房和城乡建设厅率先出台《关于全力支持企业复工复产的通知》。

26日 广东省住房和城乡建设厅副厅长郭壮狮在全国住房公积金应对新冠病毒疫情工作视频会议上介绍住房公积金领域暖企惠民政策措施经验。

28日 印发《关于精准施策支持建筑业企业复工复产若干措施的通知》。

3月

13日 住房和城乡建设部在北京召开完善住房保障体系试点工作视频会议，部署广州、深圳等13个试点城市住房保障体系试点工作。广州市副市长林道平在会上介绍发展政策性租赁住房经验。

4月

10日 广东省住房和城乡建设厅党组书记赵坤在肇庆市怀集县开展脱贫攻坚挂牌督战工作。

21~23日 广东省住房和城乡建设厅副厅长刘玮在阳江等粤西4个地市督办城市黑臭水体治理及生活污水处理提质增效、城市管道天然气利用及管网建设。

22~23日 广东省住房和城乡建设厅副厅长郭壮狮在汕头、揭阳督战脱贫攻坚农村危房改造。

27日 广东省住房和城乡建设厅在广州召开2020年住房保障专项工作推进视频会议。

28日 广东省住房和城乡建设厅副厅长刘玮在中山、清远督办城市黑臭水体治理。

29日 广东省政协副主席、省住房和城乡建设厅厅长张少康在韶关市武江区合成氨厂和织布厂西区宿舍调研城镇老旧小区改造工作。

5月

1日 茂名市电白区绿能环保发电一期项目投产发电。

6日　印发《2020年广东省城镇老旧小区改造试点工作推进方案》。

7日　《2020年全省住房城乡建设系统普法依法治理工作要点》《广东省住房和城乡建设厅2021年度普法依法治理责任清单》印发。

9日　中国建设银行与广州市签订发展政策性租赁住房战略合作协议。

同日　印发《2020年全省住房城乡建设系统法治政府建设暨依法行政工作要点》。

14日　在广州召开全省城市燃气建设项目投资工作协调会，传达全省能源重大项目建设总指挥部会议有关精神，介绍全省能源领域投资总体安排。

15日~6月30日　广东省住房和城乡建设厅组织开展全省大规模高铁安全环境整治行动和两轮"回头看"活动。

19日　广东省建设工程标准定额站编制完成《广东省建设工程概算编制办法》。

26日　公布《2020年第一批省建筑业新技术应用示范工程立项名单》。

6月

1日　江门市江海区城央绿廊釜山人行天桥、江门云道、釜山公园竣工并投入使用。

3日　广东省住房和城乡建设厅在广州召开2020年普法推动会。

7日　印发《关于做好公共租赁住房调换互换管理工作的意见》。

23日　在中新广州知识城规划展示厅举行2020年广东省建筑领域节能宣传月活动启动仪式。

7月

1日　广东省住房和城乡建设厅举行纪念建党99周年活动。

16日　广东省住房和城乡建设厅副厅长刘玮在广州组织召开部分地市节水型城市创建工作约谈会。

23日　召开全省城镇老旧小区改造工作在电视电话会议。

27日　住房和城乡建设部办公厅批复广东开展钢结构装配式住宅建设试点。

28日　《广东省人民政府关于全面推进农房管控和乡村风貌提升的指导意见》印发。省委、省政府将农房管控和乡村风貌提升工作列入省委常委会2020年工作要点和省政府工作报告。

30日　广东省住房和城乡建设厅联合省司法厅开展《广东省城乡生活垃圾处理条例》修订。

8月

1日~9月30日　广东省住房和城乡建设厅组织全省地级以上市住房和城乡建设部门组成4个工作小组开展建材打假专项行动。

18日　珠机城际珠海至珠海长隆段正式开通运营，是全国开通运营的首条省方独资建设城际铁路项目。

19日　召开2020年城市黑臭水体治理和生活垃圾分类检查动员培训会。

26~28日　2020年广东省职业技能大赛——广东住房城乡建设行业职业技能竞赛在清远举行。

29~30日　2020年广东省职业技能竞赛——广东物业管理行业职业技能竞赛在广州举行。

9月

2日　印发《全省住房城乡建设系统"七五"普法总结验收工作方案》。

8~11日　2020年广东省行业职业技能大赛——水生产处理工技能竞赛在广州举行。

15日　在江门召开2020年全省推进城镇老旧小区改造暨居住社区建设补短板工作会议。

22~23日　联合省财政厅在茂名开展审计发现问题整改及住房保障任务完成情况督查。

24日　广东省公租房服务进驻"粤省事"平台，江门市公租房申请和查询服务率先在"粤省事"小程序上线。

28日　广东省城乡规划设计研究院承担的住房和城乡建设部科技计划项目"健康街区评价系统及设计模式研究"通过验收。

10月

18日　汕（头）湛（江）高速公路惠州至清远段通车。

19日　印发《关于全面实行建筑工程施工许可证电子证照和强化数字化审图的通知》。

21日　广东省启用按国家统一标准制作的新版二级建造师注册证书电子证照。

23日　广东省首部绿色建筑设计规范——《广东省绿色建筑设计规范》经省住房和城乡建设厅批准发布，自2021年1月1日起实施。

11月

15日　珠西综合交通枢纽江门站开通营运。

23日　全省住房城乡建设行业"两新"党建工作推进会暨建筑工地、社区物业党建工作试点现场会在深圳召开。

24日　全省农村削坡建房风险点排查整治工作现场培训会在梅州市五华县召开。

26日　印发《香港工程建设咨询企业和专业人士在粤港澳大湾区内地城市开业执业试点管理暂行

办法》。

27日　广东省十三届人大常委会第二十六次会议审议通过《广东省城乡生活垃圾管理条例》《广东省绿色建筑条例》。

同日　新版《广东省住房和城乡建设系统行政处罚自由裁量权基准适用规则》《广东省住房和城乡建设系统行政处罚自由裁量权基准（工程建设与建筑业类）》出台。

30日　由广东省城乡规划设计研究院有限责任公司承担的住房和城乡建设部科技计划项目"交通基础设施供给时间的住宅租赁价格影响及合理定价机制研究"通过验收。

同日　广东省市场监督管理局、省住房和城乡建设厅、省工业和信息化厅联合印发《广东省绿色建材产品认证及推广应用实施方案》。

同日　广清城际轨道交通、广州东环城际轨道交通开通运营。北江航道（韶关至乌石）扩能升级工程孟洲坝枢纽二线船闸建成通航。

12月

1～4日　国务院研究室宏观司联合住房和城乡建设部标准定额司、建筑市场监管司组成调研组在深圳、广州开展新模式下多层级清单审核与编制、招标文件与合同范本修订、招标控制价编制等工程造价管理改革试点情况调研。

7日　在广州召开岁末年初安全生产专题会议。

10～11日　住房和城乡建设部在广州召开全国城市生活垃圾分类工作现场会，宣传《关于进一步推进生活垃圾分类工作的若干意见》。

12日　住房和城乡建设部部长王蒙徽、副部长倪虹在广州召开租赁住房座谈会。

同日　中共广东省机构编制委员会办公室印发《关于撤销广东省建筑设计研究院的函》，广东省建筑设计研究院转企改制，收回事业编制720名。

同日　广东省住房和城乡建设厅联合香港特别行政区发展局通过视频连线方式举行香港工程建设咨询企业和专业人士在粤港澳大湾区内地城市开业执业新措施新闻发布会。

30日　广东省"数字住房（粤安居）"一体化平台肇庆试点上线启动仪式在肇庆市举行。

（广东省住房和城乡建设厅）

广西壮族自治区

概况

【疫情防控和行业复工复产】2020年，广西住房和城乡建设厅统筹行业新冠肺炎疫情防控和经济社会发展，以最快的速度、最好的质量抢建12个后备应急医院、3个边境公共卫生应急救治中心项目和29个边境执勤点项目，自治区人民医院邕武医院临时负压病房项目创造"广西速度"。出台行业23条措施，推进行业企业企稳复苏，建筑业企业复工复产经验做法获得住房城乡建设部3次通报表扬。有力支持"地摊经济"发展，新设摊位3.5万余个、新增就业岗位9万余个。

【围绕"六稳""六保"精准施策、精准发力】行业增加值占全区地区生产总值（GDP）的17.3%；固定资产投资、税收分别占全区总量的45.9%、28.8%。2020年全区房地产开发投资同比增长0.8%；商品房销售面积同比增长0.3%。发放住房公积金个人住房贷款275亿元，提取住房公积金400亿元，有力支持住房消费。

【打赢脱贫攻坚住房安全保障战役】坚守"贫困人口不住危房"的底线，对全区156.31万建档立卡贫困户住房安全保障情况进行逐户实地核实，加快农村危房改造进度，全区建档立卡贫困户全部实现住房安全有保障。6个定点帮扶贫困村贫困发生率清零；厅村镇处、上林县西燕镇岜独村党支部被评为全国脱贫攻坚先进集体。

【持续改善乡村风貌和农村人居环境】1.015万个基本整治型村庄、406个设施完善型村庄改造项目全部竣工，高铁、高速公路沿线风貌带建设全面启动，全区非正规垃圾堆放点整治、村级垃圾处理设施、农村公厕、道路硬化、公共照明及2个全国农村污水治理示范县创建等任务基本完成，在3市8县（区）17个乡（镇）开展农房管控试点。23个新型城镇化示范县建设项目、101个百镇建设项目、59个少数民族乡建设项目通过验收，83个乡改镇建设项目、61个特色小镇项目稳步推进。

【住房保障】2020年,棚户区改造新开工7.01万套、基本建成9.66万套;危旧房改住房改造新开工9983套,基本建成9392套。列入国家计划的公共租赁住房分配比例达到95.35%,2020年新开工和建成数均居全国第5位;年内对19.7万户环卫、公交等困难群体实施精准分类保障。全国首创"专项债+"贷款等六类市场化融资新模式,获得棚改信贷融资380.66亿元,融资经验获全国会议推广,入选全区优秀改革案例。全区城镇老旧小区改造开工18.37万套,超额完成国家下达任务。

【城市基础设施建设】建设改造地下管网达5200公里,新建181个镇级污水处理厂;全区生活垃圾焚烧处理比例达到61.2%。设区市生活垃圾分类工作全面启动。4市1县被评为全国无障碍环境示范市县。全区14个设区市建成并运行城市综合管理服务平台。

【建筑业高质量发展】培育国家级装配式建筑范例城市1个、建筑产业基地3个。全区房建市政工程领域实现电子化招投标常态化。培育1家广西企业成为全国全过程工程咨询龙头企业。发布26项工程建设地方标准、图集,地方标准首次荣获全国"标准科技创新奖"项目奖一等奖。广西成为全国首个完成大型公共建筑工程后评估试点项目任务的省(区),成为全国建筑工程质量第三方试评价的2个试点省(区)之一。全区新增节能建筑面积5835.41万平方米,折合节能量99.63万吨标准煤;新增绿色建筑面积3362.56万平方米。新型墙体材料占墙材总量的80%以上。

法规建设

【概况】2020年,自治区住房城乡建设厅围绕建设社会主义法治国家总目标,强化党政主要负责人履行推进法治政府建设第一责任人职责,切实推进法治政府建设,顺利通过国家和自治区法治政府督察、七五普法规划验收,并获检查组高度肯定。法治政府建设和普法依法治理工作得到住房城乡建设部的肯定,全年完成国家、自治区、各市140余部法规规章草案的征求意见答复工作。

【行业立法】结合《民法典》的颁布,及时全面修订《广西壮族自治区物业管理条例》,自2021年1月1日起正式实施;《广西城市管理综合执法条例》于11月4日通过自治区政府常务会议审议并提请自治区人大常委会审议;完成《广西生活垃圾分类管理条例》立法调研工作。

【加强法治政府建设】《广西城市管理综合执法条例》《广西生活垃圾分类管理条例》立法进程加快。731项行政处罚裁量基准实现动态调整,圆满完成国家和自治区法治政府建设督察、七五普法规划验收。

【规章、规范性文件清理】组织开展涉及《民法典》《优化营商环境条例》、机构改革、生态文明建设、野生动物保护等法规规章及规范性文件清理。完成《中国(广西)自由贸易试验区条例(草案)》《北海市城市绿化条例》等自治区、各市70余部法规规章的征求意见答复工作。

【重大决策和规范性文件】修订重大行政决策程序规定并印发重大决策流程图,强化全过程管控,确保重大行政决策公开、透明、科学。完成25件规范性文件和重大行政决策合法性审查。在新冠肺炎疫情防控期间,及时出台全区住房城乡建设行业支持打赢疫情防控阻击战促进经济稳增长的若干措施、疫情防控期间建设工程计价指导意见、住房公积金阶段性支持政策等政策文件,保障全区住房城乡建设系统各行业稳定运行。

【权责清单和裁量权基准动态调整】全面梳理权责清单事项,同步调整本系统市、县、乡三级权责清单和规范化通用目录,完善行政权力运行流程,构建职责明确的依法治理体系。对2017年建立的广西住房城乡建设系统700余项行政处罚自由裁量基准进行动态调整,印发了《广西住房城乡建设行政处罚自由裁量权适用规则》和《广西住房城乡建设行政处罚自由裁量基准(2020版)》,实现行政执法精细化管理。

【合法性审核全覆盖机制】全面将法规草案、规范性文件、重大行政决策、经济合同、行政许可、行政处罚、信访答复、重大法律事务等事项纳入合法性审查。出台《自治区住房城乡建设厅工作规则》《关于进一步规范厅本级经济合同管理有关工作的通知》,完善依法行政制度体系。

【公职律师和法律顾问制度】制定了《法律顾问工作规则》《聘请法律顾问遴选程序规定》,成立公职律师办公室,聘请常年法律顾问,公开选聘法律顾问单位,法律顾问团队全面参与重大行政决策、规范性文件、重大行政执法决定、经济合同等各项法律事务的合法性审核和案件办理,从源头上提高法律风险防范能力。

【普法宣传】编印《法律法规汇编》《行政复议行政诉讼典型案例》,深入工地现场开展"律师以案释法"活动。开展生活垃圾分类进校园、公益广告宣传等活动。先后录制《广西乡村微课堂》《住房保障惠民生，安居梦圆在八桂》《建设工程消防设计审查验收管理暂行规定宣贯》等微视频，打造普法微课堂。9月16日，自治区党委依法治区办检查验收组到自治区住房城乡建设厅检查验收"七五"普法工作情况，对自治区住房城乡建设厅给予高度肯定并拟作为经验案例向中央检查组推荐。

房地产业

【概况】2020年，广西围绕稳地价、稳房价、稳预期的调控目标，全力做好房地产市场调控工作，积极应对疫情影响，召开2次房地产工作会议，多措并举落实房地产市场调控主体责任。组织各市研究制定常态化疫情防控下房地产市场稳增长的措施，加快推动房地产投资、商品房销售恢复到2019年同期水平。

【房地产开发】2020年，房地产开发完成投资3845.62亿元，同比增长0.8%，投资连续9个月实现正增长。房地产业实现税收465.09亿元，占全自治区税收收入的18.5%。南宁、柳州、北海、防城港、来宾5市房地产开发投资同比下降，其余9市房地产开发投资同比增长。其中，百色、河池、崇左3市同比增长超30%。商品住房建设完成投资2983.51亿元，占房地产开发投资总量的77.6%，同比增长2%。

【房地产开发企业】2020年，房地产开发企业到位资金4979.30亿元，同比下降1.5%。其中，国内贷款资金680.75亿元，同比下降1.8%；企业自筹资金1343.22亿元，同比下降5.6%；定金及预收款1672.42亿元，同比下降0.7%；个人按揭贷款1010.44亿元，同比增长3.2%；其他到位资金272.23亿元，同比下降0.6%；利用外资0.24亿元，同比下降73.3%。

【商品房销售】2020年，商品房销售面积6729.02万平方米，同比增长0.3%，增速实现由负转正，较上年同期回落7.7个百分点。其中，商品住房销售面积6007.45万平方米，同比下降1.1%，增速较上年同期回落9.8个百分点。9个设区市商品房销售面积同比增长，5市同比下降，其中，北海、防城港2市同比下降超过20%。商品住房销售面积占商品房销售总量的89.3%。90～144平方米的改善型住房为商品住房主销户型，144平方米以下普通商品住房分别占商品住房销售面积和销售套数总量的87.9%和92.4%。

【商品房销售价格】2020年，全区商品房平均售价为6318元/平方米，同比下降2.9%；商品住房平均售价为6331元/平方米，同比下降1.7%。其中，柳州、桂林、北海、防城港、贵港市商品住房平均售价降幅超过5%。根据国家统计局发布的全国70个大中城市房价指数显示，12月，南宁市新建商品住宅销售价格同比增长5.2%，同比增速在全国排名第18位，环比增长0.2%，环比增速在全国排名第28位；桂林市新建商品住宅销售价格同比增长0.9%，同比增速在全国排名第56位，环比增长0.2%，环比增速在全国排名第28位；北海市新建商品住宅销售价格同比下降3%，同比增速在全国排名第70位，环比下降0.5%，环比增速在全国排名第67位。

【物业服务】2020年，通过并施行《广西壮族自治区物业管理条例》。截至年底，全区共有物业管理区域10966个。物业服务企业3298家，企业从业人员约17.7万人；物业服务项目6818个，其中住宅项目5891个，非住宅项目927个；物业服务面积53725.77万平方米，其中住宅项目47890.35万平方米，非住宅项目5835.42万平方米；业主自管项目1245个，其他管理人管理项目1948个；成立业主大会1707个；企业主营业务收入45.37亿元。

【"老友议事会"设立】2020年，广西探索建立业委会临时过渡性组织——"老友议事会"，指导南宁市创新提出在无业委会的小区，先行成立过渡性居民自治组织——"老友议事会"，引导居民自主协商讨论小区改造、日常维护、后续管理等事宜。设立"老友议事会"的做法作为经验交流案例，于4月列入住房城乡建设部《城镇老旧小区改造试点成果汇编》向全国宣传推广。

【疫情防控】2020年疫情期间，广西18万物业服务从业人员积极参与社区联防联控，为5800多个物业小区筑起抗疫"防火墙"，为保障居民日常生活、企业复工复产和抗击疫情提供了有力支持。年底，广西保利物业服务有限公司党支部书记、总经理陈海仙作为物业从业代表，获得全国住房城乡建设系统抗击新冠肺炎疫情先进个人表彰。

【白蚁防治】2020年，14个设区市共承接新建房屋白蚁预防工程项目1453个，建筑总面积7744.422万平方米；新建房屋白蚁预防施工项目数787个，施工面积4671.8675万平方米；共承接新建房屋白蚁灭治工程3686个，完成回访复查面积10195.03万平方米。区住房城乡建设厅城市白蚁智能监控技术试点推广应用于3月顺利通过验收。成功举办2020年广西白蚁防治职业技能竞赛。开展广西区内中国传统村落白蚁危害专项调研工作，基本摸清了自治区内中国传统村落白蚁危害及治理现状。白蚁防治动漫科普片《智能防治白蚁，共建智慧城市》获2020年广西十佳科普视频一等奖，并入选"学习强国"平台；第一部白蚁防治工程指导丛书《广西白蚁危害综合治理案例选编》获得2020年广西十佳科普读物三等奖。

住房保障

【概况】2020年，全区棚户区改造新开工建设7.01万套，基本建成9.66万套，新筹集公租房7666套，发放租赁补贴3.46万户，各项指标均完成国家下达的年度目标任务。截至12月底，全区保障性安居工程完成投资262.49亿元。其中，城市棚户区改造完成投资249.66亿元，国有工矿棚户区改造完成投资1.07亿元，公共租赁住房完成投资11.65亿元，经济适用住房完成投资0.11亿元。

【公共租赁住房】截至12月底，全区新筹集公共租赁住房7666套，已100%完成开工任务。已发放租赁补贴3.46万户，超额完成年度任务。列入国家计划的公共租赁住房累计开工建设46.97万套，已分配44.78万套，分配比例为95.35%。其中，列入国家计划的政府投资公共租赁住房（不含已依照规定盘活的公共租赁住房）累计开工建设39.15万套，已分配37.66万套，分配比例为96.18%。2020年，全区新增公共租赁住房实物保障任务2.13万套，超额完成年度任务。全区正在实施公共租赁住房保障的低保家庭、低收入家庭、中等偏下收入家庭、新就业无房职工和稳定就业外来务工人员共48.24万户（实物保障44.78万户，住房租赁补贴保障3.46万户），2020年新增解决各类住房保障对象4.33万户。其中，正在实施公共租赁住房保障青年医生、青年教师、进城落户农民等新市民共8.66万户；乡村教师、环卫工人、公交司机、消防救援人员和家政从业人员等重点领域、重点行业住房困难群体共4.02万户；残疾人、优抚对象、困境儿童家庭等低保低收入家庭共0.9万户。

【危旧房改住房改造开竣工】全区危旧房改住房改造新审批16个项目，计划新建住房12824套，总建筑面积222.88万平方米。新开工建设住房21个项目9983套住房，基本建成住房37个项目9392套住房，完成投资33.11亿元，超额完成全年目标任务。截至年底，全区累计审批危旧房改住房改造项目625个，重新集约利用土地约557.7万平方米，拟拆除旧房69976套，拆除总面积550万平方米，其中拆除住房面积458万平方米；计划新建住房206616套，新建总面积2960万平方米。新建住房面积2320万平方米，投资928亿。累计开工项目437个，1852.36万平方米，128998套住房；累计建成项目335个，1047.29万平方米，99818套住房。

【棚户区改造】2020年，广西棚户区改造新开工任务为6.985万套。截至12月底，已开工7.01万套，完成年度开工任务的100.36%。棚户区（危旧房）改造基本建成任务为3.56万套。截至12月底，已基本建成9.66万套，超额完成年度任务。全区发行棚户区改造专项债券共计63.96亿元，用于支持在建、续建棚户区改造建设共71个项目12万套。创新棚户区改造市场化融资机制，为全区持续推进棚户区改造工作提供了坚强的资金保障。2020年，全区累计签订合同501亿元，发放各项融资资金380.66亿元，支持全区棚户区改造在建和新开工建设项目共计153个。目前，14个设区市及111个县（市、区）均已启动棚户区改造市场化融资。自治区人民政府专门拨出工作经费，用于奖励各市县棚户区改造先进单位。奖励柳州、桂林、百色、贺州和崇左市等5个棚户区改造真抓实干成效明显城市，每个设区市奖励100万元。

公积金管理

【概况】2020年，全区公积金用于住房消费达603.16亿元，同比增长21.03%，其中，住房消费提取327.82亿元，同比增长14.07%，发放住房公积金贷款275.34亿元，同比增长30.51%。

【住房公积金归集】2020年，全区新开户职工38.06万人，同比增长3.67%；新增缴存528.77亿元，同比增长11.26%。截至年底，全区住房公积金缴存职工384.7万人，同比增长5.47%；累计缴存3931.74亿元，缴存余额1357.42亿元，同比分别增长15.54%和10.45%。

【住房公积金使用】2020年，全区住房公积金提取400.3亿元，同比增长11.67%，提取率（本期提取额占本期缴存额的比率）为75.7%，同比增加0.28个百分点。截至年底，全区住房公积金累计提取2574.32亿元，同比增长18.41%，累计提取率为65.48%。全区发放个人住房贷款7.35万笔、275.34亿元，同比分别增长20.76%、30.51%；回收个人住房贷款106.4亿元，同比增长9.12%。截至年底，累计发放个人住房贷款1929.95亿元，同比增长16.64%；个人住房贷款余额1240.3亿元，同比增长15.62%，占缴存余额（个贷率）的91.37%，同比增长4.09个百分点。个人住房贷款逾期1.03亿元，同比增长11.28%，逾期率为万分之8.34，同比下降0.33个万分点。

【住房公积金资金运作】 2020年，全区住房公积金业务收入42.86亿元，同比增长13.63%；业务支出23.1亿元，同比增长18.61%；实现增值收益19.77亿元，同比增长8.32%。

【公积金缴存】 2020年，全区参加自愿缴存人数1.6万人、同比增长超过2倍，缴存住房公积金1.85亿元，同比增长2.6倍；截至年底，全区参加自愿缴存人员2.49万人、归集金额2.41亿元，已累计为2382个自愿缴存人员（家庭）发放住房公积金贷款8.08亿元。

【公积金平台建设】 截至年底，广西实现全区15个公积金中心（分中心）全部通过住房城乡建设部综合服务平台验收。持续推动全区各公积金中心接入监管信息系统，实现全区住房公积金行业数据共享、各相关政府部门数据的跨部门共享，为各地优化业务流程、简化办理材料提供数据支持。积极推进区内12329住房公积金与12345政府热线的对接工作。

建设工程消防监管

【概况】 2020年，全区全年累计受理消防设计审查4360项，办结4254项，办结率达97.6%；受理消防验收3338项，办结3252项，办结率达97.4%；受理验收备案2550项，抽查1314项。

【组织机构和人员编制】 2020年全区共有南宁、柳州、桂林、梧州、玉林、百色、钦州、防城港、北海和来宾等10个设区市设立建设工程消防科室；南宁、贵港、贺州和百色市成立了消防技术服务中心。同时，各设区市均能落实专门从事建设工程消防设计审查验收的工作人员，人员编制数量较2019年增加了20人，增长率为125%。

【信息化技术与消防审验】 5月31日，依托已建成的广西建设工程消防设计审查验收备案管理平台，新增上线全国首个建设工程消防移动端"桂建消"APP、广西建设工程消防检测技术服务机构信息化管理模块和消防技术专家库管理模块，实现建设工程消防验收检测查验数据的实时采集、传输、比对和分析，构建了更加完整的"建设工程消防设计审查验收"信息化管理及数据体系。

【建设工程消防技术服务信用体系建设】 6月和11月，对全区76家建设工程消防检测技术服务机构和104个建设工程检测工作质量开展诚信综合考核评价，共发出整改建议书57份，指出存在问题345项，通报批评建设工程消防检测技术服务机构14家，责令整改并暂停获取二维码资格8家。7月和12月，开展了建设工程消防设计文件技术审查工作质量核查，共抽查24家提供消防设计文件技术审查的施工图审查机构和89个项目，共发现涉嫌违反强条148条，违反严格类条文的问题396条。

【建立部门工作协调机制】 1月，自治区住房城乡建设厅与广西消防救援总队联合召开座谈协商会，共同研究建立部门间消防工作定期会商督导机制、信息共享、深化消防执法改革等重点工作，于6月建立建设工程消防监督管理工作例会制度，并联合印发建设工程消防监督管理会商督导机制实施方案，于9月联合印发关于加强建设工程火灾事故调查的通知，明确双方共同参与火灾事故的原因调查。5月起，自治区住房城乡建设厅先后与应急管理厅、交通运输厅等部门开展建设工程消防设计审查工作座谈调研会，就专业工程设计资质、设计人员相关资格和资历、相关领域的经验做法、设计审查重点难点内容进行充分调研，与各行业主管部门探索建立健全行之有效的专业资源协作共享机制，开展相关专业建设工程消防技术专家的推荐征集工作。

【建设工程消防技术专家库】 通过全区征集、单位推荐、个人自荐等方式开展了建设工程消防技术专家征集工作，经评审认定，共511人入选建设工程消防技术专家库成员名单。

【消防审验工作模式】 10月，住房城乡建设部建筑节能与科技司在广西组织召开了全国的工作座谈会和现场观摩会，推广广西开展建设工程消防查验的工作模式和经验。同时，自治区住房城乡建设厅消防办受住房城乡建设部邀请，先后赴西安、昆明、海口、杭州、武汉、南京、成都、内蒙古等地协助开展全国建设工程消防审验培训班授课，介绍广西建设工程消防设计审查验收工作经验和做法。

【广西建设工程消防协会成立】 1月6日，广西建设工程消防协会获自治区民政厅批准成立。该协会属于非营利性服务团体，由自治区住房城乡建设厅开展业务指导，主要职能有开展国内外建设工程领域的消防学术研究和交流，举办展览、讲座和论坛，开展消防教育、培训和多种形式的社会化建设工程消防知识宣传；组织开展建设工程消防相关行业自律管理、调研论证和技术咨询，引导和规范执业行为；协助住房城乡建设主管部门开展对全区建设工程消防工作的调研指导，为相关决策提供依据及意见和建议；承担或参与起草、修订有关建设工程消防法规和技术标准；组织参与建设工程消防相关的公益事业，开展消防法律法规、消防科技和消防业务咨询等社会中介服务；编辑建设工程消防学术刊物、书籍和音像制品及杂志；举荐人才，表彰、奖励在建设工程领域消防科技进步、消防公益事业和行业自律规范发展中做出突出贡献的个人和单位。

【规章制度】2月20日，自治区住房和城乡建设厅印发《关于印发进一步贯彻落实消防安全责任制实施细则工作方案的通知》（桂建消〔2020〕1号），进一步明确了厅机关各相关处室的消防安全职责分工及工作准则。7月1日，自治区住房城乡建设厅同广西消防救援总队联合印发《广西建设工程消防监督管理会商督导机制实施方案的通知》（桂建消〔2020〕5号），建立起了建设工程消防监督管理会商督导工作机制。9月23日，自治区住房城乡建设厅同广西消防救援总队联合印发《关于共同加强建筑火灾原因调查工作的通知》（桂消〔2020〕263号），对住房城乡建设部门和消防救援机构与在火灾原因调查过程中的组织领导、职责分工和协作配合等内容作出了具体规定。12月28日，《广西建设工程消防设计审查验收指导细则（试行）》印发实施指导建设、设计、施工、工程监理和建设工程消防技术服务机构等单位的从业人员开展消防查验工作。

城市建设

【概况】2020年，自治区城市道路长度同比增长3570.12千米，面积同比增加6268.26万平方米，建成轨道交通增加27千米、1条线路；地下管网建设改造地下管网达5200千米；城镇污水处理能力达520.45万立方米/日，城镇污水处理率达98.47%，成为全国第7个、西部第2个实现镇级污水处理设施全覆盖的省、区；全区70段166.10千米城市黑臭水体全部消除；城镇生活垃圾无害化处理率达到100%，焚烧处理比例达59.70%，实现了城镇生活垃圾由"填埋"处理为主向"焚烧"处理为主的历史转变；南宁市已全面开展垃圾分类工作，进展处于全国第一档次，其余城市正在推进18个示范片区、23个示范点生活垃圾分类工作，已建成50吨以上的厨余垃圾处理设施6个、厨余垃圾就地资源化处理项目27个，日处理能力1382吨；全区累计建成海绵城市面积达到322.52平方千米以上；全区全社会供水综合生产能力达到964.69万立方米/日，用水普及率达到99.29%；全区天然气供气能力170941.06万立方米，液化石油气供气457697.05吨，燃气普及率达99.19%以上；全区城镇老旧小区累计开工改造21.97万套，惠及城镇居民65.79万人；大力开展"美丽广西·宜居城市"建设评价考核活动，南宁市、北流市获2020年宜居城市综合奖。

【城市交通】截至年底，广西的城市道路桥梁固定资产投资同比增加550456.15万元。全区城市（县城）道路长度20962.79千米，桥梁2094座，同比增加3570.12千米；道路面积41397.84万平方米，同比增加6268.26万平方米；建成区道路面积率16.18%，同比增加1.19%；人均城市道路面积22.94平方米，同比增加3.18平方米；建成区平均路网密度8.37千米/平方千米，同比增加0.92千米/平方千米。全区公共停车场停车位258184个；配建停车场停车位2298748个，同比增加12274个；路内停车位数287658个，同比增加33620个。全区建成轨道交通108.06千米，线路4条，同比增加27千米、1条线路。

【城市照明】截至年底，全区道路照明约1183488盏，安装路灯道路长度12212.01千米，同比增加1025.28千米；城市照明总用电量55978.44万千瓦时，同比增加4518.90万千瓦时；城市照明装灯总功率159553.41千瓦。

【地下管网及管廊建设】2020年，全区地下管网共开工1406个项目，累计完成投资169.89亿元，建设改造地下管网达5200千米。截至年末，全区地下管网及管廊建设总长度71175千米，同比增长12128千米。累计建成排水管道27560千米（含污水、雨水及雨污合流制管道），同比增长5857千米；供水管道31962千米，同比增长3045千米；燃气管网11503千米，同比增长3183千米；地下综合管廊150千米，同比增长43千米。

【海绵城市建设】2020年，广西在城市建设和更新中留白增绿，采取"渗、滞、蓄、净、用、排"等措施，增强城市雨水调蓄能力，优先解决居住社区积水内涝、雨污水管网混错接等问题。截至年底，全区累计建成海绵城市面积超过322.52平方千米，占全区城市建成区面积的21%。完成19个易涝积水点整治，城市内涝治理初显成效。南宁市那考河海绵城市建设项目入围迪拜国际可持续发展最佳范例奖。

【污水处理设施建设】截至年底，全区累计建成城镇污水处理厂124座，生活污水处理能力达到520.15万吨/日，全区城市污水处理率达98.47%。2020年全年处理生活污水15.14亿立方米，削减COD 18.93万吨。全区累计建成镇级污水处理设施723座，全面实现"镇镇建成污水处理设施"目标，成为全国第7个、西部第2个实现镇级污水处理设施全覆盖的省、区。设区市、县级市全部具备污泥无害化处置能力；南流江、九洲江流域74个建制镇均建成镇级污水处理厂并稳定运营。

【黑臭水体治理】截至年底，黑臭水体治理累计投入256.9亿元，全区70段、共166.1千米的城市黑臭水体基本消除。

【垃圾处理设施建设】截至年末，全区累计建成城镇生活垃圾无害化处理设施96座，正在运行70座，垃圾无害化处理能力达2.16万吨/日，生活垃圾无害化处理率已达100％。其中，建成垃圾焚烧处理设施19座，处理能力1.29万吨/日，焚烧处理能力占总处理能力59.7％，实现全区城镇生活垃圾处理以"埋"为主到以"烧"为主的历史转变。全区已建成50吨以上的厨余垃圾处理设施6个、厨余垃圾就地资源化处理项目27个，日处理能力1382吨。

【垃圾分类】截至年底，南宁市基本实现建成区生活垃圾分类全覆盖，其余13个设区市基本建成18个生活垃圾分类示范片区和23个示范点。全区投放垃圾分类收集容器325615个，配置各式垃圾分类清运车6664辆，新增有害垃圾暂存点66个。

【城市供水】截至年末，全区公共供水综合生产能力869.16万立方米/日，建成水厂164座，供水管道长度31962.05千米，用水人口1781.89万人。

【城市节水】截至年末，全区城市（县城）计划用水户数8966户，计划用水户实际用水量446716.24万立方米，重复利用水量352919万立方米，重复利用率79.00％，节水措施投资总额2488.3万元，城市节水建设指标有所下降。

【城市供气】截至年末，全区天然气供气管道长度11503.08千米，同比增长12.89％；天然气供气能力170941.06万立方米，同比增长80.26％；储气能力1191.15万立方米，同比增长45.20％；天然气用气人口779.44万人，同比增长31.22％；全区液化石油气供气457697.05吨，同比增长2.25％；液化石油气用气人口976.04万人，同比减少3.42％。全区14个设区市已实现市政天然气管道供气，12个设区市完成城市门站建设并实现长输管道供气，北海实现中石化LNG外输管道供气；已有53个县实现管道天然气利用，全区燃气普及率达99.19％以上。

【城市管理执法】2020年，城管执法体制改革进一步深化，柳州市推广使用"非接触式"执法，南宁、梧州、百色、崇左进一步理顺交通管理、环境保护、违法建设等方面行政处罚权的划转行使。全区各设区市均已建成运行数字化城管平台，其中9个市已实现与国家平台联网。柳州、北海建立"移动执法工作站"，梧州市创新"数字城管＋啄木鸟＋街长制"城市管理模式，发挥基层治理共建共治的优势；灵山、靖西等县市建成运行县级数字化城管平台，并依托平台不断拓展智慧管理领域。

【助力地摊经济】2020年，为落实统筹推进疫情防控和经济社会发展决策部署，全区累计新划定摊区500余片，新设置摊位3.5万余个，增加就业岗位9万余个，有效缓解低收群体就业难问题。与此同时，加强日常监管，保障交通顺畅、保障市容环境秩序。

村镇规划建设

【概况】2020年，广西有建制镇702个（不含104个县人民政府驻地镇和纳入城市规划区内的建制镇，下同），乡政府驻地集镇307个（不含5个纳入城市规划区内的乡，下同），村庄（自然村）约16.7万个（不含城中村，下同），村民委员会所在村约1.42万个。村镇户籍人口约4750.71万人，常住人口约4251.47万人，户籍户数1280.53万户。建制镇建成区面积986.50平方千米，比上年增加34.45平方千米，户籍人口565.72万人，常住人口530.32万人，人均用地面积186.02平方米/人。乡政府驻地集镇建成区面积124.65平方千米，比上年增加5.3平方千米，户籍人口78.24万人，常住人口74.35万人，人均用地面积167.66平方米/人。村庄现状建设用地面积合计5049.53平方千米，户籍人口4105.96万人，常住人口3644.42万人，人均建设用地138.56平方米/人。全年村镇建设投资总额559.64亿元，其中住宅建设投资312.06亿元，公共建筑投资33.74亿元，生产性建筑投资35.88亿元，市政公用设施投资177.96亿元；村镇房屋竣工总面积4160.36万平方米（建制镇958.79万平方米，乡115.7万平方米，村3085.06万平方米），其中，住宅竣工3398.09万平方米，占竣工总面积的81.68％；公共建筑竣工362.51万平方米，占8.7％；生产性建筑竣工面积399.76万平方米，占9.6％。截至年底，全区村镇住宅建筑总面积141297.39万平方米，人均住宅建筑面积29.74平方米。村镇公共建筑总面积11769.4万平方米，生产性建筑总面积6266.78万平方米。

【村镇基础设施建设】2020年，广西村镇建设投资559.63亿元，其中市政公用设施建设投入177.96亿元（包括供水设施投入27.69亿元），房屋建设投资381.68亿元,道路桥梁投入78.77亿元。建制镇用水普及率88.89%(按常住人口计算,下同),人均日生活用水量105.98升;乡用水普及率为89.28%,人均日生活用水量100.90升;村庄用水普及率79.86%,人均日生活用水量92.36升。建制镇实有道路长度13298.14千米,道路面积9305.06万平方米;乡实有道路长度2817.92千米,道路面积1662.3万平方米。村庄内部道路长度116092.49千米,本年新增4086.63千米,更新改造2573.24千米,村庄道路面积65885.93万平方米,本年新增3859.82万平方米,本年更新改造2071.06万平方米。全区乡镇拥有桥梁2176座,供水管道长度15032.27千米,排水管道5782.39千米。建制镇建成区绿化覆盖率15.18%,绿地率9.46%,生活垃圾处理率96.95%,燃气普及率76.36%;乡建成区绿化覆盖率15.25%,绿地率10.73%,生活垃圾处理率96.55%,燃气普及率58.78%。乡镇全年生活垃圾清运量239.23万吨(镇、乡建成区,不包括村),生活垃圾处理量231.84万吨(镇、乡建成区,不包括村),生活垃圾处理率96.91%;拥有环卫专用车辆5638辆,公共厕所3015座。有生活垃圾收集点的行政村13360个,占行政村总数的99.84%;对生活垃圾进行处理的行政村13340个,占99.69%;对污水进行处理的行政村3108个,占23.23%。

【**农村危房改造**】2020年,全区住房城乡建设系统以集中攻坚作战模式全力推动脱贫攻坚住房安全保障工作。5月底,基本完成全区农村危房改造竣工任务;6月15日,基本完成贫困户搬家入住;此外,共拆除危旧房13.87万栋。自治区住房城乡建设厅推动全区脱贫攻坚住房安全保障提前完成任务的经验做法获得自治区党委、政府通报表扬。全区2019、2020年度建档立卡贫困户等4类重点对象农村危房改造任务共78310户,如期于2020年6月底前全部竣工,农户全部搬家入住;全区156.31万户建档立卡贫困户全部实现住房安全有保障,圆满完成脱贫攻坚住房安全保障任务。

【**建立住房安全保障档案**】创新开发"桂农安居"手机APP系统,精准建立建档立卡贫困户住房安全保障档案,确保住房安全保障不漏一户、不落一人。3月至4月中旬,自治区住房城乡建设厅组织3.3万人分为1.32万个工作组,利用"桂农安居"手机APP系统,对全区156.31万户建档立卡贫困户开展逐户实地核实。动员建筑施工等企业支援200名专业技术人员对生土结构、木结构、砖木结构和20世纪90年代以前建设的农房进行复核;组织开展市级交叉审核、对疑似住房安全保障不到位的贫困户进行复核,最终形成广西建档立卡贫困户住房安全保障档案,并结合相关信息完成全国农村危房改造脱贫攻坚三年行动农户档案信息检索系统的录入。

【**新型城镇化和特色小镇**】截至年底,广西全区常住人口城镇化率达54.2%(按全国第七次人口普查公布数据计算),较2019年增长3.11%。截至12月底,23个新型城镇化示范县均符合建设要求已通过验收。截至年底,全区101个百镇建设示范工程、59个少数民族乡建设示范项目均已通过验收。3月,下达2020年度特色小镇奖补资金,目前特色小镇所有奖补资金已全部下达。4月开展了17个建设期首次动态评估和第二批17个广西特色小镇核心区规划和产业策划编制工作,9月召开2020年度特色小镇培育专题培训会和首批27个培育期特色小镇培育阶段验收评估。11月自治区发展改革委建立广西特色小镇培育清单。截至12月底,第一批44个广西特色小镇累计完成投资达634亿元,引进企业825家,其中行业龙头或全国500强企业109家。

【**村容村貌治理**】全区有75个县(市、区)开展乡村规划师挂点服务试点工作,90%以上的村庄组建了村民理事会,95%以上的村庄制定了村规民约,组建了近6000个新乡贤理事会。截至年底,全区累计完成750个行政村(约10000个屯)"多规合一"实用性村庄规划成果编制并通过专家评审。有6.22万个村庄开展"三清三拆"环境整治,各地累计清理池塘5.7万处、沟渠淤泥9.06万处;拆除乱搭乱盖7.16万处共计212.01万平方米,拆除农村危旧房21.36万栋共计1066.36万平方米,拆除废旧建筑5.66万处;开展"三微"整治11.14万处共计193.82万平方米。列入2020年广西农村人居环境整治、乡村风貌提升计划任务范围的1.015万个基本整治型村庄、406个设施完善型村庄建设已全部竣工;82个精品示范型村庄建设已竣工62个,竣工率为75.61%,完成投资率为87.08%(绩效目标要求为全部开工,并完成投资50%以上);完成300个绿化美化特色精品示范村建设,累计种植各类苗木66.3万株,累计绿化面积达2200余亩;实施37条乡村风貌提升示范带建设;130个村级生活垃圾处理设施建设项目全部开工;106个村屯道路硬化项目、62个农村非正规垃圾堆放点整治项目、1500个村屯公共照明项目、1800个村级公共服务中心全部竣工。2020年12月,广西应邀在全国村容村貌整治现场会上做经验介绍。

【**历史文化名镇名村和传统村落保护**】3月,向全区住房城乡建设系统下达120个自治区级以上传统村落保护规划编制任务，截至12月底，已全部完成规划编制任务。完成第五批104个中国传统保护发展规划专家集中审查。下达2020年度列入自治区本级财政支持范围的191个中国传统村落项目建设计划，截至12月底，累计完成投资12891.06万元。对280个中国传统村落实施挂牌保护，定期组织专家开展传统村落巡查工作，对广西传统村落保护发展实施全方位指导服务，对保护不力的行为进行通报。

标准定额

【建筑信息模型（BIM）技术推广应用】依托BIM联盟组织开展了第二届BIM技术论坛等BIM技术交流活动，举办全自治区BIM技术应用现场推进会、第四届"八桂杯"BIM技术应用大赛。指导试点项目应用BIM技术，通过多种方式对26个广西建筑信息模型（BIM）技术应用试点项目进行了验收，试点项目共获4项国际大奖、26项国家级奖项、27项自治区级奖项、26项基于BIM技术的专利、工法，辅助完成40多项QC成果。

【工程定额造价管理】编制完成并发布实施《广西壮族自治区城镇环境卫生作业消耗量及费用定额》，开展《园林绿化及仿古建筑工程消耗量定额》及各专业配套费用定额等4部定额和广西建设工程概算调整办法的编制工作。编制并发布《南宁市龙岗大道二期污水管工程泥水平衡机械顶管d1000、d2800（硬岩顶进）》等5部一次性补充定额。联合自治区发展改革委、财政厅成立自治区造价改革试点工作小组，并与财政厅联合发布《广西建设工程造价改革试点实施方案》，明确南宁、柳州、桂林、北海、玉林5个城市作为广西建设工程造价改革试点城市，全面推进造价改革工作。

【造价咨询企业执业、从业动态监管】全区报送建设工程造价成果文件共1816份，其中控制价1435个、合同价283个、结算价98个、概算价24个。对全自治区工程造价咨询企业2019年度执业情况开展专项监督检查工作，共检查78家企业，对在检查中发现的不达标企业，依法依规对其下发整改通知书，对整改未达标的工程造价咨询企业进行撤销资质处罚。

工程质量安全监督

【概况】2020年，广西持续开展住宅工程质量满意度四年提升专项行动。全年共有30800个工程将分户验收数据上传至质安监信息管理系统。全年未发生一般及以上等级质量事故。共获鲁班奖3项、国家优质工程奖20项、詹天佑奖1项、中国安装之星11项、中国建筑工程装饰奖42项。

【房屋建筑工程监管】2020年，全区新受监房屋建筑工程6271项，面积15302.9万平方米，造价2719.50亿元；新受监市政工程726项，造价452.7亿元；竣工验收房屋建筑工程4325项，面积7102.1万平方米；竣工验收市政工程393项；住宅工程质量用户满意度达到85.4%，比上年提高1.1个百分点，超过预设的82%的目标；全区监督机构共发出停工整改通知书4280份、整改通知书15012份，消除质量隐患15696起；处理投诉2619起，已结案2603起。全年未发生一般及以上等级质量事故。2020年，持续开展住宅工程质量满意度四年提升专项行动。印发《广西壮族自治区住宅工程质量分户验收管理规定》全区住宅工程质量用户满意度达到85.4%。

【建筑工程质量评价】2020年，住房城乡建设部确定广西为全国工程质量第三方试评价的2个试点省（区）之一，广西选定柳州和贺州作为试评价设区市，参加住房城乡建设部质安司组织的试评价研究会议，在贺州市和柳州市各随机抽取15个在建工程开展实体质量试评价，广西建设工程质量监管和工程质量评价获得住房城乡建设部肯定。

【安全生产】2020年，发生工程事故62起、死亡69人，与2019年相比事故起数减少11起、死亡人数减少7人，同比分别下降15.07%和9.21%，按百亿元产值死亡率计算同比下降16.13%，全区住建系统安全生产总体形势保持稳定，发生1起死亡6人的较大安全生产事故。全年25个工程获全国建设项目施工安全生产标准化工地；338个工地获"广西建设施工安全文明标准化工地"称号，其中有24个为示范工地，获奖数量创历史新高。

【安全生产主体责任】全年对所有设区市、县实现100%全覆盖督查，压实企业安全生产主体责任。年内组织开展4次全区建筑施工质量安全大检查，完成对全区14个设区市及105个县区的全覆盖督查，累计抽检项目287个，下发停工整改建议书196份、整改建议书171份，对71家企业予以暂停投标和承揽业务资格，对207名执业人员予以暂停执业资格。全年累计开展8次建设工程安全生产暗访检查，累计检查34个设区市及所辖的26个县（市、区），累计随机抽查在建工程129个，涉及施工单位107家、监理单位98家，共发出停工整改建议书65份、隐患整改建议书64份。

【重大危险源监管检查】 全年共对南宁市组织开展4次城市轨道交通工程质量安全检查，随机抽查14个在建轨道交通工程，涉及14家施工企业和11家监理企业，共发出13份质量安全隐患整改建议书和1份质量安全停工整改建议书，停工整改率为7.7%。对8市及所辖12县区开展市政基础设施工程质量安全专项检查，随机抽查31个在建市政基础设施工程，其中涉及桥梁工程8个、道路工程22个、污水处理及管道工程1个，共发出隐患整改建议书13份，停工整改建议书18份，停工整改率为58.1%。共开展了3次建筑起重机械专项检查，累计检查塔式起重机154台、施工升降机92台、物料提升机40台；对存在较多安全隐患的71塔式起重机、31施工升降机和18台物料提升机所涉及的项目均督促当地发出整改通知书。

建筑市场

【概况】 2020年，在一季度建筑业产值下降9.9%的情况下，全年完成建筑业产值5853.24亿元，增速达到8.2%，高于全国平均水平2个百分点，实现建筑业增加值1903.37亿元，占全区地区生产总值（GDP）达8.6%。建筑业税收235.5亿元，占全区税收收入的10.3%。

【应急医院项目建设】 2020年，统筹完成12个后备应急医院，3个边境公共卫生应急救治中心项目和29个边境执勤点项目建设，特别是经过12昼夜的加班抢工顺利建成邕武医院临时负压病房项目（广西小汤山医院），创造了大型负压病房项目建设的广西速度，为全区打赢疫情防控阻击战作出了积极贡献。自治区住房城乡建设厅建筑市场建管处获得全国住房城乡建设系统抗击新冠肺炎疫情先进集体。

【建筑业复工复产工作】 2020年，全区建筑工地未发生新冠肺炎感染。先后6次组织召开全区建筑业复工复产视频调度会，建立重点项目和重点企业清单，实施"点对点"服务。组织制定行业开（复）工指南和系列支持企业满岗达产的政策措施，使用5亿元建安劳保费结余资金补助企业加快复工复产。全区建筑工地在2月底全面实现复工，4月底全面实现满产达产。印发的建筑工地复工指南，建筑工地疫情防控和复工复产工作获得住房城乡建设部3次通报表扬，并刊发专门简报进行全国经验推广。

【制度建设】 印发《广西壮族自治区房屋建筑和市政工程建设项目招标代理机构诚信综合评价管理办法（试行）》，构建"守信激励 失信惩戒"的建筑市场秩序。印发《对部分建筑业企业资质实施特许核准的通知》，全年引进20家央企和区外特级企业在广西成立独立法人子公司。

【建筑市场监管】 2020年，广西开展整顿规范房屋建筑和市政工程领域建筑市场秩序三年行动，共开展建筑市场层级监督调研4次，调研项目376个，发现违法分包挂靠行为6起，对42家企业作出暂停投标资格1个月的处理。共指导督促有关地区住房城乡建设局查处违法项目24个，对17家单位违法行为共罚款1569.71万元；查处个人违法行为6起，对个人罚款金额5.99万元。开展建筑业企业资质核查，对27家资质不达标、24家未参加核查的建筑业企业勒令整改，暂停投标资格3个月。加强诚信库管理，严格工程项目信息审核和平台历史业绩录入审核管理，建立完善责任追溯机制，并对已查实在广西平台录入的413个虚假历史业绩进行删除，对已在全国平台显示的82个历史业绩上报住房城乡建设部进行删除，对已查实在平台录入了虚假历史业绩信息的265家建筑企业，作出关闭其历史业绩录入权限的处理。

【"桂建通"平台】 拓展"桂建通"平台疫情防控、工资直发、电子合同、产业工人班组登记等功能，并启用新的监管端"V2.0"APP。截至年底，"桂建通"平台累计录入农民工实名制信息197.9万人，代发农民工工资超过404亿元。2020年全区住房城乡建设领域欠薪案件、人数、金额与2019年同期相比分别下降50%以上，实现了连续3年大幅度下降。依托"桂建通"平台上线运行建筑产业工人教育培训系统，构建建筑工人培训—实操—考核—评价（鉴定）标准体系，提升广西建筑产业工人队伍培育管理服务水平及工作效率。

【装配式建筑试点示范】 培育贺州市成为国家级装配式建筑示范城市，华蓝集团股份公司、广西景典钢结构有限公司、广西贺州城建投资集团有限公司成为国家级装配式建筑生产示范基地；新增防城港市为自治区级装配式钢结构住宅试点城市；新建成投产5个装配式建筑产业基地；全区共安装装配式农房700余套，建成荔浦马岭镇装配式农房示范点。目前，全区已投产装配式建筑生产基地39个，其中PC生产基地17个，PC部品部件已投产总设计年产能达145万立方米，可供2400万平方米装配式混凝土建筑建设，满足未来2年广西装配式发展规模需要。组织装配式建筑助力全区住房安全保障战役，212家建筑业企业认购装配式农房1422套，共安装装配式农房700余套。

建筑节能与科技

【概况】2020年，广西城镇新建民用建筑在设计阶段和施工阶段执行节能强制性标准的比例分别达到100%和99.1%，新建节能建筑面积约5835.41万平方米，折合节能量约99.63万吨标准煤，超额完成2020年度建筑节能目标任务。全区城镇新增绿色建筑开工报建面积约7966.93万平方米，竣工验收约3362.56万平方米，城镇新建建筑中绿色建筑面积占比达57.62%；新增绿色建筑设计评价标识项目26个，建筑面积约354.6万平方米，其中二星级以上绿色建筑评价标识项目15个，占绿色建筑评价标识项目总数的57.7%。全区墙材产业由粗放型向高质量方向转变，全区新型墙体材料占墙材总量比例达到80%以上，城市房屋建设推广使用新型墙材总比例超过95%，乡镇农村农房建设使用新型墙体材料占比达30%以上，新型墙材企业共消纳固体废弃物约2700万吨，自治区本级完成墙改基金收入1208万元，下拨装配墙板生产线装备研究开发、工业废渣资源化利用生产等四大类21个示范项目599.6万元补助基金，完成28个各类新型墙材示范项目建设和墙改科研项目验收。关停淘汰39家以上轮窑落后企业，全面完成第三批12个县城"限黏"和230个乡镇"禁实"工作任务。

【公共建筑节能改造】2020年，广西安排自治区本级财政节能减排（建筑节能）专项资金1500万元用于支持5个县（市、区）开展既有公共建筑节能改造示范县建设；安排专项资金500万元用于支持5所学校（医院）开展节能绿色化改造示范建设。新增公共建筑能耗监测65栋，覆盖建筑面积约94.05万平方米；累计对1893栋民用建筑进行能源资源统计，覆盖建筑面积约5607.89万平方米。印发《自治区住房城乡建设厅机关事务管理局关于开展全区建筑节能领域合同能源管理应用情况摸底调查的通知》，做好合同能源管理项目储备工作。

【可再生能源建筑应用】2020年，广西新增太阳能光热建筑应用面积764.3万平方米、太阳能光热集热器面积15.29万平方米、浅层地能建筑应用面积30.66万平方米、太阳能光电建筑应用装机容量0.418兆瓦。安排自治区本级财政节能减排（建筑节能）专项资金600万元用于支持4个可再生能源建筑应用示范县（区）建设。

【禁实限黏】开展第三批12个县城"限黏"和230个乡镇"禁实"工作，召开专题会议，对市、县（区）"限黏""禁实"工作进行验收。全区农村使用新型墙体材料产品及装配式建筑比例不断提高，为实施"乡村振兴战略"农房建设奠定坚实基础。截至年末，"禁实限黏"工作全面完成，黏土实心砖退出历史舞台，实现了墙材产业生产资源由黏土向非黏土转变。

【淘汰落后产能】自治区住房城乡建设厅等6部门联合印发《关于公布关停淘汰砖瓦轮窑及立窑、无顶轮窑、马蹄窑等落后生产工艺企业名单的通知》，实施多部门合作开展关停淘汰落后产能专项工作，指导和帮助市县落实关停淘汰落后产能工作，确保关停淘汰落后产能工作按时间节点关停拆除38家轮窑落后企业。截至年末，全区全面完成关停淘汰落后砖瓦轮窑生产企业的目标任务，全面完成墙材产业关停淘汰落后产能工作任务。

【新型墙体材料产业结构】2020年，广西推进结构与节能一体化的自保温复合保温新型墙材开发生产和推广应用，加大墙改专项基金对融合式装配墙材生产开发的扶持力度，全年取得新墙材认定企业共216家。自治区本级完成墙改基金收入1208万元，下拨装配墙板生产线装备研究开发、工业废渣资源化利用生产等四大类21个示范项目599.6万元补助基金，完成28个各类新型墙材示范项目建设和墙改科研项目验收。

【建设科技成果】实施广西工程建设地方标准《居住建筑节能65%设计标准》DBJ/T 45—095—2019、《公共建筑节能65%设计标准》DBJ/T 45—096—2019、《绿色建筑评价标准》DBJ/T 45—104—2020，进一步完善广西建筑节能与绿色建筑标准体系。全年共验收建设科技示范工程11项，核发13个建设科技成果推荐证书。"全穿插式装配式建筑技术的研究与应用"等39个项目列为2020年广西科学技术计划项目。推荐5个项目申报住房城乡建设部2020年科学技术计划项目，其中有1个项目获批。推荐1个项目列入广西科学研究与技术开发计划项目，获得60万元经费支持。中建三局第一建设工程有限责任公司完成的"超高层结构快速高效施工成套综合技术"获2020年度华夏建设科学技术奖三等奖。

人事教育

【业务学习】组织学习了《党政领导干部选拔任用工作条例》《公务员职务与职级并行规定》《公务员平时考核办法》等系列政策文件以及与绩效考核、职称评定、机构改革、干部管理等方面知识，着力解决"知识恐慌""能力恐慌""本领恐慌"问题。

【干部选拔任用和职级晋升】 全年共完成厅机关和厅属单位13名副处级以上干部提拔、从地市相关单位和厅属单位调入11名干部、厅机关交流任职5名处级干部、5名干部试用期满，30名干部晋升职级的相关手续，并配合自治区党委组织部完成2名二级巡视员的考察工作。

【干部日常监督管理】 组织开展自治区住房城乡建设厅2020年领导干部报告个人有关事项工作，并对厅机关及厅属单位填报范围内的所有干部开展政策宣传及填报培训；配合自治区党委组织部完成2019年度厅领导班子和领导干部考核测评工作，完成2019年度厅机关和厅属单位干部年度考核、厅机关及厅属参公单位人员2020年度平时考核；会同相关处室编制《自治区住房城乡建设厅"一把手"权力清单和负面清单》，牵头起草了《自治区住房城乡建设厅领导干部约谈制度》；组织厅机关及厅属单位干部人事档案专项审核工作并对相关业务进行培训，开展自治区住房城乡建设厅2019年度领导干部个人有关事项报告随机抽查及核实；组织完成自治区住房城乡建设厅公务员信息更新采集、公务员统计、工资统计和人力资源社会保障统计工作。

【人员招录和选聘】 配合自治区党委组织部，做好广西2020年度定向招录选调生考察工作；组织厅属单位墙改站、质安站、造价站完成2020年度考试录用工作；完成住房城乡建设行业两新组织党建组织员的选聘工作；指导广西建职院及广西城建校组织开展2020年度公开招聘实名编和非实名编人员工作，督促指导厅属有关单位开展竞聘上岗岗位聘用工作。

【干部教育培训和行业人才队伍建设】 制定《2020年度自治区住房城乡建设厅教育培训计划》并组织实施，全年举办23期专题培训班，培训干部1900多人次；牵头制定《自治区住房城乡建设厅2020年度人才工作目标责任制考核指标任务分解表》；进一步推进广西工程系列住房城乡建设行业职称评审制度改革，组织制定行业正高级职称评审条件，并对副高、中、初级评审条件进行了修订，年度职称申报人员再创历史新高，其中正高级职称申报146人，副高级职称参评人员809人，中初级职称参评人员376人。

大事记

1月

6日 发布《关于2019年全区住宅工程质量用户满意度问卷调查情况的通报》。

9日 自治区住房城乡建设厅、广西消防救援总队在南宁召开建设工程消防监督管理工作座谈协商会。

13~16日 组织开展2019年度全区建筑施工安全生产和消防安全履职暨2020年春节前建筑施工安全生产、消防安全、根治欠薪工作情况检查。

17日 出台《自治区住房城乡建设厅关于印发〈广西壮族自治区住房和城乡建设厅工作规则（修订）〉的通知》。

19日 发布《关于加强〈生活垃圾分类宣传工作〉的通知》。

30日 印发《自治区住房城乡建设厅关于加强全区住房城乡建设系统新型冠状病毒感染的肺炎疫情防控工作的通知》。

31日 广西版"小汤山医院"——自治区人民医院邕武医院临时负压病房项目正式开工。

2月

6日 印发《自治区住房城乡建设厅关于进一步加强全区住房城乡建设系统新型冠状病毒感染的肺炎疫情防控工作的通知》。

14日 印发《关于推行建筑施工企业安全生产许可证电子证书的通知》。

14日 报请自治区新冠肺炎疫情防控工作领导小组指挥部印发《建筑工地疫情防控工作"十严格"》。

15日 自治区人民医院邕武医院临时负压病房项目完成项目建设，正式交付使用。

21日 出台《关于印发全区住房城乡建设行业坚决支持打赢疫情防控阻击战促进经济稳增长的若干措施的通知》。

28日 发布《关于印发〈广西地下管网基础设施建设三年大会战实施方案（2020—2022年）〉的通知》。

3月

11日 自治区住房城乡建设厅等6部门联合印发《关于公布关停淘汰砖瓦轮窑及立窑、无顶轮窑、马蹄窑等落后生产工艺企业名单的通知》，明确于2020年12月31日前淘汰砖瓦轮窑及立窑、无顶轮窑、马蹄窑等土窑。

17日 印发《关于进一步加强全区城镇老旧小区改造项目管理工作的通知》。

18日 印发《关于申请建筑业企业资质重新核定有关事项的通知》。

20日 自治区住房城乡建设厅制定出台委托中国（广西）自由贸易试验区实施建筑业企业、房地产企业资质核准工作方案，决定自2020年5月1日起将建筑业企业资质核准（总承包特级、一级、部分二级及部分专业承包一级、二级除外）、房地产开发企业二级资质核定（核定、延续、变更、遗失补办）事项委托中国（广西）自由贸易试验区南宁片区、钦州港片区、崇左片区管理委员会实施。

20日　出台《关于印发〈自治区生活垃圾分类工作领导小组2020年工作要点〉的通知》。

27日　自治区住房城乡建设厅等3部门联合印发《关于贯彻落实住房城乡建设部等三部门妥善应对新冠肺炎疫情实施住房公积金阶段性支持政策的通知》。

4月

7日　印发《关于建立城镇老旧小区改造项目储备库的通知》。

8日　自治区住房城乡建设厅、财政厅联合发布《关于使用建筑安装工程劳动保险费结余资金支持全区建筑施工企业复工复产促进经济社会平稳运行的紧急通知》。

13日　印发《2020年广西优化营商环境获得用气专项实施方案》《2020年广西优化营商环境获得用水专项实施方案》。

14～20日　组织开展2020年第一次全区建筑市场暨工程质量安全层级监督检查。

21日　召开2020年全区城镇老旧小区改造和地下管网基础设施建设三年大会战工作电视电话会。

5月

6日　自治区生活垃圾分类工作领导小组办公室首次印发《广西推进城市生活垃圾分类工作简报》。

7日　自治区住房城乡建设厅、自然资源厅、农业农村厅联合印发《关于加强我区农房管控的实施意见》。

8日　自治区人民政府在南宁市邕宁老城区控源截污改造工程项目现场举办广西"五网"建设大会战地下管网项目集中开工仪式。

11～12日　自治区党委书记鹿心社赴河池市都安瑶族自治县、大化瑶族自治县调研农村危房改造、饮水安全工程建设等重点难点问题和应对疫情影响有关情况。

12日　自治区住房城乡建设厅、工业和信息化厅联合印发《关于广西地下管网基础设施建设三年大会战工业园区项目清单的通知》。

13日　自治区整改办第四督导组到自治区住房城乡建设厅开展中央脱贫攻坚专项巡视"回头看"和国家脱贫攻坚成效考核反馈广西意见整改工作督导。

20日　自治区住房城乡建设厅党组书记、厅长周家斌率队调研南宁市城市黑臭水体治理工作情况，现场调研南宁市水环境指挥部厂网河湖一体化管控平台运行情况和沙江河流域治理成效。

22日　自治区住房安全保障战役指挥部办公室召开住房安全保障工作调度视频会，传达学习习近平总书记对毛南族实现整族脱贫作出的重要指示精神，学习自治区领导对住房安全保障的指示要求，通报近期工作进展情况，部署有关工作。

29日　住房城乡建设部对广西农村危房改造开展"云督战"核验工作。

29日　自治区政府办公厅下发《关于印发2020年全区城镇保障性安居工程建设工作实施方案的通知》。

6月

3日　自治区住房城乡建设厅、教育厅联合印发《关于开展生活垃圾分类知识进校园活动的通知》。

3～4日　在柳州市、钦州市分别召开中央环境保护督察"回头看"反馈意见整改工作片区会。

4日　贺州市通过住房城乡建设部组织的装配式建筑国家级示范城市评审。

5日　自治区人民政府在南宁市召开全区住房城乡建设重点工作电视电话会议。

11日　在南宁市轨道一号城项目举行全区住房城乡建设系统"安全生产月"和"安全生产八桂行"活动暨全区城市建设安全专项整治三年行动启动仪式。

16日　广西壮族自治区生活垃圾分类工作领导小组办公室出台《关于印发〈广西壮族自治区生活垃圾分类工作考核暂行办法〉的通知》。

18日　住房城乡建设部对广西农村危房改造实行挂牌"云督战"。

19日　印发《广西建筑产业工人队伍培育试点2020年工作任务》。

23日　广西推进生活垃圾分类工作新闻发布会在南宁召开。

23日　召开工程建设行业专项整治工作电视电话会议，印发《关于深化扫黑除恶专项斗争开展工程建设行业专项整治的通知》。

25～30日　组织开展全区房建市政工程建筑施工生产安全事故典型案例巡讲暨安全生产普法宣传活动。

7月

2日　自治区党委常委、副主席黄世勇到自治区住房城乡建设厅调研，并召开座谈会听取全区脱贫攻坚住房安全保障、乡村风貌提升工作情况汇报。

6～7日　自治区党委书记鹿心社到玉林市调研乡村风貌提升、农村人居环境整治等工作。

22日　南宁市入选第二批中央财政支持住房租赁市场发展试点城市。

24日　自治区十三届人大常委会第十七次会议审议通过《广西壮族自治区物业管理条例》。

31日　召开2020年全区地下管网建设三年大会战及城镇老旧小区改造年中工作推进会暨政金企融资对接会。

31日　自治区住房城乡建设厅、财政厅、人民银行南宁中心支行联合印发《关于进一步深入开展个人自愿缴存住房公积金业务工作的通知》。

8月

20日　中央电视台《朝闻天下》栏目以《走向我们的小康生活 广西南宁：水清岸绿生活美》为题，报道南宁市那考河和沙江河治理成效。

27日　全区乡村风貌提升工作现场推进会在玉林市召开。

9月

4日　召开2020全区乡村风貌提升工作推进会暨"共同缔造"推进会。

7～11日　组织调研组赴四川省、陕西省开展生活垃圾管理立法调研。

8日　召开南宁市城市轨道交通线网规划（2020—2035）技术审查会，审查南宁市城市轨道交通线网规划。

14～17日　自治区住房城乡建设厅、文化和旅游厅组织有关专家，对桂林市、柳州市和北海市3座国家历史文化名城保护工作进行自治区级调研评估。

22日　组织全区地下管网项目单位参加由自治区人民政府举办的"广西基础设施补短板'五网'建设大会战项目银企对接会"。

23日　自治区人民政府公布第六批自治区级历史文化街区名单，确定梧州市桂北路—四坊路历史文化街区、五坊路—大中路历史文化街区和大东路历史文化街区3片街区为第六批自治区级历史文化街区。

25日　自治区住房安全保障战役指挥部办公室召开2020年9月住房安全保障工作视频调度会。

29日　自治区住房安全保障战役指挥部办公室召开2020年8个计划脱贫摘帽县建档立卡贫困户住房安全保障巩固工作动员暨业务培训会。

10月

10日　广西加强农房管控工作专题会议在南宁召开。

12～13日　自治区党委常委、自治区副主席黄世勇到南宁市武鸣区、马山县、宾阳县调研指导农村人居环境整治和乡村风貌提升等工作。

20日　广西住房城乡建设工作专题会议在南宁召开。

11月

4日　自治区十三届人民政府第68次常务会议审议通过《广西壮族自治区城市管理综合执法条例（草案）》，并按程序报自治区人大常委会审议。

9日　召开全区脱贫攻坚住房安全保障工作暨农村房屋安全隐患排查整治工作动员视频会。

10～11日　举办《广西壮族自治区物业管理条例》宣传贯彻培训班。

13日　召开2020年全区历史文化保护工作会议。

16日　广西壮族自治区人民政府办公厅印发《全面推进广西城镇老旧小区改造工作的实施方案》。

23日　召开2020年全区城市建设重点工作视频会议。

24～30日　生态环境部工作组到南宁市开展为期7天的生态环境保护统筹强化监督城市黑臭水体整治专项督查。

12月

1日　召开全区保障性安居工程工作视频调度会议。

10～11日　住房城乡建设部在江苏省南京市举办乡村风貌塑造培训班，自治区住房城乡建设厅受邀介绍广西乡村风貌提升三年行动工作情况与典型案例，向全国各地分享广西以"共同缔造"理念开展乡村风貌提升工作的经验。

15日　举办全区城镇老旧小区改造培训班，重点培训发行地方政府专项债、推广南宁市成立"老友议事会"实践经验、编制城镇老旧小区改造技术导则、实施方案和优化审批流程政策解读。

16日　召开全区城镇老旧小区改造地方政府专项债工作座谈会。

17日　全国住房保障工作座谈会在南宁市召开。

17日　崇左市住房公积金管理中心以优秀等级通过住房城乡建设部住房公积金综合服务平台验收。标志着广西全面成住房公积金综合服务平台。

17日　2020年度全区住房公积金运行分析会暨个人自愿缴存住房公积金业务现场推进会在玉林市

召开。

21日、23日 人民日报客户端、《中国新闻社》《广西日报》先后刊登题为《全区设区市公积金贷款"只进一扇门"》的报道，介绍广西住房公积金不断优化办事流程、减少办事环节、压缩办理时限，提高职工办理住房公积金业务效率的经验做法。

25日 自治区保障性安居工程领导小组城镇保障性安居工程办公室在贺州市钟山县举办全区保障性安居工程现场培训班。

（广西壮族自治区住房和城乡建设厅）

海 南 省

住房和城乡建设

概况

2020年，在海南省委、省政府的坚强领导下，全省住房城乡建设系统抢抓机遇，直面挑战，扎实工作，全面完成了各项工作任务，取得了较好的成绩。海南省住房和城乡厅（以下简称"省住建厅"）厅机关被中央文明委授予"第六届全国文明单位"称号；"开展省域'多规合一'改革试点"（联合申报）"建筑工程施工许可告知承诺制"（单独申报）两项制度创新案例分别获第一届"海南省改革和制度创新奖"一等奖、三等奖；全省住建系统有2家单位、3人被表彰为全国住建系统抗击新冠疫情先进集体、先进个人，5人、3家单位被评为"2019年度海南省打赢脱贫攻坚战先进集体和先进个人"；农村危改工作被住房城乡建设部、财政部评定为积极主动、成效明显的省份，其中海南省琼海市农村危房改造工作被国务院办公厅评为督查激励对象；省住建厅在2020年度海南省平安建设考核、法治政府建设考核、新闻发布考核均被评为优秀等级，在2020年度海南省《省政府工作报告》第三方评估排名省直机关第四名。

法规建设

【健全政策法规体系】修改完善《海南经济特区物业管理条例》，启动《海南省绿色建筑条例》立法进程；先后全面梳理自贸港建设需调整的法律法规，清理与民法典不符法规、规章、规范性文件，提出调法调规事项5项，修改规范性文件1件；完成《海南省住房城乡建设行政处罚自由裁量细化基准表》的修订，汇编成册印发各市县，进一步规范住房城乡建设领域自由裁量权标准；全面梳理现行有效住建领域法律法规规章并汇编成册印发各市县。

【开展普法宣传】扎实开展2020年全民国家安全教育日普法宣传活动，利用多种宣传手段强力推动活动深入开展。开展"七五"普法自查整改，圆满完成海南省普法办和住房城乡建设部"七五"普法总结验收，继续利用海南省法治宣传教育云平台组织开展在线学法活动。

【严把合法性审查关口】对拟制定印发的规范性文件、通知通报、合同文本等，就制定主体、权限、程序、内容、形式等进行全面审查，完成法律审核文件约400余件。

房地产业

【房地产业发展概况】海南坚持房子是用来住的、不是用来炒的定位。从服务于自贸港建设大局出发，继续严格执行"全域限购"等一系列房地产调控政策，坚决防范炒房炒地投机行为，保持房地产市场平稳运行，通过建立调控长效机制、加强引导管控、推进安居型商品住房建设、加强房地产市场整治等一系列措施，进一步加强房地产市场调控和促进房地产业转型发展。通过持续坚持"全域限购"，房地产"一业独大"局面有所改善，房地产调控基本达到预期目标，市场运行稳中有降，市场秩序总体良好，房地产业转型取得初步成效。

【商品房建设】房地产开发投资基本持平。全年全省完成房地产开发投资1341.67亿元，同比增长0.4%，全省房地产开发投资占固定资产投资的38.7%，比重比2019年末下降2.9个百分点。商品房新开工面积有所下降。全年全省商品房施工面积8600.05万平方米，同比下降6.7%。其中，住宅施工面积5895.75万平方米，下降11.8%；办公楼施工面积367.55万平方米，增长42%；商业营业用房施工面积1177.76万平方米，增长2.4%；其他房屋施工面积1147.86万平方米，增长1.9%。住宅施工面积占商品房施工面积的68.6%。商品房本年新开工面积1064.95万平方米，同比下降12.7%。其中，住宅新开工面积677.16万平方米，下降18.3%；办公楼新开工面积92.43万平方米，增长74.3%；商业营业用房新开工面积134.87万平方米，下降21.4%；其他房屋新开工面积160.49万平方米，下降3.7%。住宅新开工面积占商品房新开工面积的63.6%。

【商品房销售】2020年，海南省商品房销售面积、销售金额大幅收窄。全年全省商品房销售面积751.54万平方米，同比下降9.4%。其中，住宅销售面积626.19万平方米，下降13.2%；办公楼销售面积45.27万平方米，增长57.3%；商业营业用房销售面积37.98万平方米，下降18.5%；其他房屋销售面积42.09万平方米，增长30.0%。全省商品房销售金额1232.08亿元，同比下降3.4%。其中，住宅销售金额1048.92亿元，下降3.8%；办公楼销售金额73.96亿元，增长32.5%；商业营业用房销售金额73.29亿元，下降19.0%；其他房屋销售金额35.92亿元，下降7.6%。全年全省商品房销售均价16394元/平方米，同比增长6.6%，基本保持在1.6万元/平方米左右。其中，住宅销售均价16751元/平方米，增长10.8%；办公楼销售均价16337元/平方米，下降15.8%；商业营业用房销售均价19297元/平方米，下降0.6%；其他房屋销售均价8533元/平方米，下降28.9%。

【房地产市场管理】印发实施《中共海南省委办公厅 海南省政府办公厅关于建立房地产市场平稳健康发展城市主体责任制的实施意见》，要求落实房地产市场调控主体责任，实施"一城一策"，推动房地产平稳健康发展。为加强市场管控，实施本地居民多套住房限购政策以及安居型商品住房试点建设和现房销售等制度。继续实施住房建设总量管控和年度计划管控。下达2020年度商品住宅实施计划，要求各市县2020年度商品住宅实施计划主要面向本地居民（含户籍居民、常住居民）和引进人才家庭供应的商品住宅，并指导各市县督促房地产企业开展复产复工。支持规范住房租赁市场发展。省住建厅等6部门联合转发《〈关于整顿规范住房租赁市场秩序的意见〉的通知》，明确系列支持政策和完善监管机制。升级改造全省大集中式房地产信息管理系统，建设租赁管理服务平台，于6月上线试运行，并组织各市县业务负责人开展培训及实地业务指导。先后印发《关于进一步做好房地产市场调控有关工作的通知》《2020年房地产市场专项整治工作方案》《关于做好国庆节假日期间房地产市场监管工作的通知》等文件，部署各市县持续开展房地产市场整治。2020年海南省共检查821个开发项目和889家中介机构，约谈开发企业212家，对违规开发企业、中介机构和个人采取停业整顿、行政罚款、取消备案、取消购房资格、取消从业资格等措施，并先后4次在主流媒体上公开曝光一批违法违规企业、中介机构和个人，形成有力震慑。配合海南省委人才发展局研究制定有关政策和解读有关人才政策，参与《营商环境面对面—人才服务保障》节目录制，积极做好人才住房保障政策宣传。研究和推进人才住房保障工作，配备1名人才服务专员，为高层次人才提供购房、人才公寓申请等业务咨询服务。加大指导各市县落实人才住房保障政策，指导市县发放人才住房补贴和加大人才公寓筹集，切实解决各类引进人才的住房问题，确保人才安居乐业。

【加强物业管理】通过落实省政府支持中小企业共渡难关八条措施、帮助企业复工复产七条措施和其他扶持措施、加快推进房地产企业复工复产，指导市县逐步恢复线下交易。下发《关于做好物业管理区域有关疫情防控工作的通知》，指导小区物业积极配合街道、社区等相关部门做好疫情防控工作。出台《关于支持物业服务企业做好住宅小区疫情防控工作的通知》，给予参与住宅小区疫情防控的物业服务企业资金补助，省、市县共安排3772.8万元补助资金予以支持。积极推动《海南省特区物业管理条例》修订工作，着力解决业主大会和业主委员会成立难、业主投票表决难、住宅专项维修资金使用难等焦点和难点问题，将物业管理纳入基层社会治理，明确街道办事处、乡镇人民政府和居委会物业管理职责，提升物业管理服务水平。组织市县开展物业管理区域公共设施排查整治，督促物业服务企业按照物业服务合同约定，加强对物业管理区域房屋共用部分和共用设施设备进行维修、养护和管理，并配合消防、公安等有关部门做好物业管理区域内消防安全专项整治以及安全防范工作，确保物业管理区域的公共安全。转发《关于组织开展打通"生命通道"集中治理行动的通知》，对违建设施、违规搭建的广告牌、住宅小区等占用、堵塞消防车通道等行为实行专项整治，杜绝占用、堵塞消防通道车的违法行为。对2000年前竣工验收存量小区，将抄表到户改造纳入老旧小区改造计划必选内容，同步实施。

住房保障

【城镇保障性安居】 2020年，中央下达海南省2020年棚户区改造计划8563套，其中城镇棚户区改造7555套、国有垦区危房改造1008套；基本建成各类棚户区改造1611套；计划发放城镇住房保障家庭租赁补贴5141户，新筹集公租房2949套。全省棚户区改造开工7054套，开工率为82.4%，其中城镇棚户区改造6046套、国有垦区危房改造1008套，开工率分别为80.3%和100%；各类棚户区改造基本建成2784套，计划完成率172.8%；发放城镇住房保障家庭租赁补贴11156户，计划完成率217%；公租房开工2949套，开工率100%。开展安居型商品住房建设试点和基层教育卫生人员住房保障专项计划。海南省政府办公厅印发《关于开展安居型商品住房建设试点工作的指导意见》和《关于解决全省基层教师和医务人员住房问题的指导意见》，在6个市县启动安居型商品住房试点建设。2020年末，全省完成14宗937.52亩用地出让工作，10个项目开工，共计9756套。

【城镇老旧小区改造】 省住建厅联合省发展和改革委员会、省自然资源与规划厅、省财政厅等单位制定印发《海南省城镇老旧小区改造工作指导意见（试行）》，同时出台了《海南省城镇老旧小区改造技术导则（试行）》《海南省城镇老旧小区改造工作流程》等文件，指导市县有序开展城镇老旧小区改造。计划改造的197个老旧小区、涉及2万户居民全部开工。

公积金管理

2020年，海南省住房公积金缴存142.1亿元，提取91.5亿元；发放个人贷款103.3亿元，使用率、个贷率分别达到94.1%和86.6%。

建设工程消防设计审查验收

根据中共海南省委机构编制委员会《关于建设工程消防设计审查验收职责划转核增行政编制的批复》文件，海南省核增10名行政编制2020年全部到岗任职，顺利承接了建设工程消防设计审查职能。2020年，全省办理消防设计审查工作人员共45人，受理建设工程消防设计审查611个，组织召开特殊建设工程特殊消防设计审查专家评审会5次。出台《海南省建设工程消防专业技术专家库管理办法》，确定119名消防领域专家，充分发挥专家的智力支持和技术支撑作用。多次选派各市县相关业务人员参加住建部组织的消防设计审查验收业务培训班，建立沟通交流渠道，提高审批人员的业务水平。组织开展消防业务培训，聘请规范组专家人员授课，全省消防设计审查主管部门、勘察设计单位和图审机构约300人参加培训。

城市建设

【燃气工程建设】 2020年，海南省19个市县（三沙除外）主城区已开通使用管道天然气，城市燃气普及率约97.73%，城市燃气管道累计建设约5579公里；农村燃气普及率约95.13%，农村管道燃气累计建设约1000公里。会同省财政厅、省自然资源和规划厅、省交通运输厅拟定《关于推进燃气下乡"气代柴薪"工作的指导意见》。编制完成《海南省农村管道燃气工程建设及运行管理标准》，12月25日正式发布，自2021年2月1日起实施。5月印发《关于进一步优化供气报装接入的通知》，将供气报装接入优化为报装受理、验收通气2个环节，办理时限压缩至4个工作日。同时要求供气企业要于5月30日前入驻当地政务（审批）服务大厅，供气报装事项嵌入工改系统，为建设单位提供"一站式"服务。印发《安全用气宣传手册》，对日常生活中常见的安全知识进行了普及。举办燃气行业管理人员培训班，进一步提高燃气管理人员业务水平。

【城市道路建设】 2020年，海南省按照"窄马路、密路网"的城市道路布局理念，重点加强城市次干路、支路建设，完善城市道路网络，实施立体交通系统，构建城乡统筹、区域一体的交通网络，科学有序开展市政路网建设及改造。海口市文明东越江通道、白驹大道改造及东延长线等项目顺利建成通车；海南国际会展中心周边配套基础设施项目（一期）、椰海大道和东线高速互通立交工程、海瑞大桥与滨江西路互通立交工程、国兴大道人行通道等项目加快推进建设；海秀快速路（二期）如期推进。三亚市实施建设25个道路项目，重点推进总部经济凤凰海岸单元（三亚湾规划一至七路、三亚湾延长线）、东岸单元（溪美路、溪秀路、溪翠路）、凤凰水城区域市政路等道路工程项目建设，累计完成新建及改建道路约16.85公里。截至年底，全省城市（含县城）建成区平均路网密度9.82公里/平方公里，建成区道路面积率14.3%。

【园林绿化建设】 2020年，海南省持续规范园林绿化常态化管理，通过覆盖全省各市县的园林绿化专项督导和园林绿化重要指标核查，初步构建园林绿化指标空间数据库，进一步规范包括绿化养护、护绿补绿植绿、公园绿地管理等在内的监管机制。整体提升综合公园对外服务功能，通过召开现场会等多种形式指导市县推动综合公园外语标识标牌规范建设工作，海口市等8个市县按期保质完成31个综合公园12324个外语标识标牌设置。扎实推进花园城市建设，编制出台《海南省花园城市建设花木种植导则》并配套花木植物推荐名录、图鉴、分区推荐名录、应用参考实例等，指导市县全面提升城镇园林绿化功能和景观效果，营造具有海南热带风光特色城市绿化景观。截至年底，建成区绿化覆盖面积20356公顷、建成区绿化覆盖率40.11%，全省累计建成公园155个、绿道1086公里。

【城市地下综合管廊建设】截至年底，海南省累计建成廊体133.33公里。其中，海口市共有11个管廊项目获海南省优质结构工程奖，5个项目获海南省安全文明"标准化"工地奖。海口江东新区管廊专项规划已完成公示，（一期）工程包含14条综合管廊。投入使用的管廊为33.8公里，已入廊管线总长度为160.91公里，其中电力54.24公里，通信80.14公里，水务22.55公里，燃气3.98公里。

【海绵城市建设】2020年，海南省海口市、三亚市、儋州市、琼海市、文昌市、东方市、万宁市、五指山市8个设市城市海绵城市建设工作稳步推进，海口市于9月通过住房和城乡建设部海绵城市抽检。

【垃圾处理设施建设】2020年，海口三期等7座生活垃圾焚烧发电厂新扩建项目建成运营，增加生活垃圾焚烧处理能力7200吨/日。截至年底，8座生活垃圾焚烧发电厂正常运营，全省生活垃圾焚烧处理能力达11575吨/日。生活垃圾处理能力首次超过生活垃圾产生量，海南省生活垃圾实现从"填埋为主、焚烧为辅"向"全焚烧"历史性转变。截至年底，海南省累计建成生活垃圾填埋场16座，设计处理能力达3434吨/日。渗滤液处理站19座，处理能力达5610吨/日。餐厨垃圾处理厂2座，处理能力达500吨/日。建筑垃圾处理厂2座，处理能力达5400吨/日。逐步完善全省垃圾处理设施体系建设，保证垃圾及时处理。

村镇建设

【农村危房改造】2020年，海南省完成4类重点对象及建档立卡边缘易致贫户危房改造1350户，全面完成住房安全有保障扫尾工作。全省在完成危房改造扫尾工作任务的基础上，集中智慧、集中力量启动建档立卡贫困户住房安全有保障核验工作，在全国范围内率先完成148134户建档立卡贫困户住房核验工作，并对核验发现的问题及时查缺补漏。

【农村"厕所革命"】2020年，海南省大力推进农村"厕所革命"工作，先后印发《海南省2020年农村户用厕所化粪池防渗漏改造实施方案》《海南省农村农户改厕考核验收办法》《渗漏化粪池分类改造（技术）方案》等系列文件，建立起覆盖农村改厕建设、资源化利用、认定、验收等环节的政策体系，同时核理出全国独创的改厕施工"一二三四五"口诀（"一坑"施工规范：成品化粪池坑体底部做垫层处理，做到"实"和"平"。回填土分层回填，做夯实处理。回填需注水。坑体顶部做盖板处理，顶部高出地坪。"二口"预留规范：预留清渣口、清粪口，二口不得封死或锁死，便于后期清掏维护。"三池"设置规范：三格池容积比原则为2:1:3，隔板密封不串水，整池容积≥1.5立方米。"四管"安装规范：进粪管、排气管和两条过粪管不得错装或反装，高度、管径要符合要求。过粪管对角布置，生活污水不得排入化粪池。"五有"厕屋：有门、有窗、有便器、有内外批荡、有地面硬化。独立式厕屋建筑风貌融入当地建筑风格和自然风光）。2020年完成新建农村卫生厕所7.67万座，全省累计建成农村卫生厕所125.13万座（不含镇墟），农村卫生厕所覆盖率达到98.8%，超额完成国家三年（2018—2020年）人居环境整治农村卫生厕所覆盖率达到90%的目标。为妥善解决厕所化粪池渗漏污染水源、土壤问题，海南省率先启动化粪池防渗漏改造工作，创新性提出4种模式9种防渗漏改造技术方法。2020年完成厕所防渗漏改造8.1万户。

【乡村民宿建设】2020年，海南省建成乡村民宿200家，建成乡村民宿集群4个，其中3家获评"金宿"、14家获评"银宿"，乡村民宿发展初具规模。省住建厅牵头对《海南省乡村民宿管理办法》进行了全面修订。在乡村民宿开办流程上，将工程质量竣工验收、消防验收和备案、特种行业经营许可、公共卫生许可、食品经营许可、消防准入等进行整合，乡村民宿经营者只要作出一次有关承诺，提供一套包括房屋、治安、卫生、食品、消防等涉及公共安全相关的材料，即给予登记备案，"一张表单、一套材料、一次提交、多方复用"。

【中国传统村落】积极探索传统村落保护利用、活态传承的发展之路，发挥社会力量在传统村落保护中的作用，恢复传统村落活力。2020年，完成64个中国传统村落全部实施挂牌保护工作，完成47个传统村落保护发展规划编制，传统村落保护发展工作列入海南省"十四五"专项规划。

【农房安全隐患排查整治】 10月23日，海南省政府印发《海南省农村房屋安全隐患排查整治工作实施方案》，全省力争用3年时间完成排查整治工作。组建海南省农村房屋安全隐患排查整治工作领导小组，全省按照全面摸底、分类排查、重点整治、压茬推进原则，有重点、分层次、按时限有序开展农村房屋安全隐患排查整治工作。2020年，全省全面完成2552个行政村40757栋用作经营的农村自建房安全隐患排查，行政村排查覆盖率100%，初判存在安全隐患的用作经营农村自建房1095栋。

标准定额

【标准定额管理】 为贯彻落实《关于大力发展装配式建筑的实施意见》《关于推进钢结构装配式建筑应用与发展相关事项的通知》，加快推进海南省钢结构装配式建筑发展，进一步提高建筑钢结构质量，编制《海南省建筑钢结构防腐技术标准》；为加强海南省生活垃圾转运设施、生活垃圾焚烧厂、生活卫生填埋场、厨余垃圾处理厂的过程监管，促进企业运营管理和工艺水平提高，保障公众利益，编制《海南省生活垃圾转运及处理设施运行监管标准》；为推动国家生态文明试验区（海南）建设，规范海南省建筑垃圾处理全过程，促进建筑垃圾统一管理、集中处理、综合利用，提高建筑垃圾减量化、资源化、无害化和安全处理水平，编制《海南省建筑垃圾资源化利用技术标准》。完成《海南省建设工程造价电子数据标准》等十项标准的复审工作。开展《海南省建筑塔式起重机防台风安全技术标准》实施评价工作，形成标准立项、编制、发布、宣贯、评价的工作闭环。修编《海南省装饰装修工程综合定额》，为合理确定和有效控制工程造价发挥了积极作用。与海南省财政厅联合编制《海南省省本级200万元以下建设类项目常用支出预算标准（试行）》，提升预算编制与执行效率。跟踪调查人工砂石原材料等重点工程要素价格变化情况，及时调整建筑工人人工单价，全年发布各类价格信息3万余条。率先在全国范围内制定"证照分离"后企业开展造价咨询业务的具体实施意见，起草完成《关于对在中国（海南）自由贸易试验区依法开展工程造价咨询活动加强事中事后监管的通知（试行）》，为提高事中事后监管水平和推进海南省落实好"证照分离"改革提供重要保障。开展全省工程造价咨询企业成果文件质量专项检查，发布《2020年海南省房屋建筑工程和市政工程典型案例技术经济指标》。

工程质量安全监督

【工程质量管理】 印发《海南省全装修住宅工程质量分户验收管理办法》，开展全省商品住宅全装修验收专项抽查，全面提升全省商品住宅工程质量和品质。以住宅建设工程质量投诉处理等内容为重点，对18个市县开展为期2周的建设工程质量专项督查，发现问题20余处，下发责令改正通知单18份，责令改正50余件问题。开展全省住宅建设工程质量投诉处理专项清查活动，建立住宅建设工程质量投诉举报统计季度直报长效机制，明确各市县建设工程举报投诉处理联络员。完善建设工程质量检测监管制度，修订《海南省建设工程质量检测管理办法》，编制印发《海南省建筑领域检测机构监督检查指标清单和评分办法（暂行）》《关于建筑领域检测行业"双随机一公开"监管工作实施办法》《关于印发〈建筑领域检测机构"双随机一公开"2020年度抽检工作计划（试行）〉的通知》，实施开展建筑领域检测行业"双随机一公开"检查。牵头组织太平洋保险等企业进行座谈研究，扎实开展建设工程质量潜在缺陷保险有关工作落地实施的调研和咨询工作。开展"海南IDI保险战略与发展研究"和"海南IDI保险创新与实施方案"两项工程质量保险课题研究，指导督促海口市、儋州市试点地区抓好项目和企业试点工作。联合中国银保监会海南监管局、省财政厅等单位制定并经省政府同意印发了《关于印发〈海南省房屋建筑工程质量潜在缺陷保险实施细则（试行）〉及其配套文件的通知》。

【施工安全】 以海南省安全生产委员会名义印发《海南省城市建设安全专项整治三年行动实施方案》，召开全省城市建设安全专项整治三年行动工作部署会和全省在建工地安全施工电视电话视频会议，开展建设工程安全生产专项检查，对海口市71个在建项目开展安全专项检查，涉及危大工程项目29个，抽查塔吊55台，施工升降机40台，发出安全整改告知书64份，发现存在主要安全隐患共计768项，对检查发现存在安全隐患较多的9个项目和27家参建单位予以通报批评。持续推进建设工程安全文明施工，全省累计安装扬尘监测设备1869台，其中施工项目1748台，搅拌站121台，全省325个在建项目安装自动喷雾系统。

建筑市场

【建筑业概况】 2020年，海南省具有资质等级的建筑企业单位有3899家，其中总承包特级1家，总承包一级41家，总承包二级109家，总承包三级1714家，具有专业承包资质的887家，劳务分包企业899家。全省资质内建筑企业全年房屋建筑施工面积1211万平方米，省内资质内建筑企业共完成总产值485亿元。

【建筑业改革创新】印发《关于推行建筑工程施工许可证电子证照的通知》《关于应用信息化系统做好施工许可审批等工作的通知》，指导督促全过程监管平台与工改系统的平台对接，推动审批制度改革。落实海南省委办公厅、省政府办公厅《关于鼓励农民工到重点项目重点企业务工的八条措施》要求，推进建设工程产业工人技能提升计划的实施。

【建筑市场监管】加强与省人社部门的配合协调，参与海南省根治欠薪行动监督检查，多措并举根治农民工欠薪问题。开展建筑工地实名管理水平专项提升行动，加强标后履约监管，进一步规范建筑市场秩序。

【建筑市场诚信管理】启动房屋建筑工程全过程监管信息平台二期建设，以装配式建筑管理、数字化交付和智慧工地等功能应用为重点，整合项目基本情况、建设进度与商品房、保障房的销售、分配、管理等关键环节信息，逐步实现建筑全生命周期的管理与可追溯。启动建筑市场诚信管理办法及诚信评分标准修订工作，同时增加施工图审查机构、注册建筑师等人员的诚信评价标准制定，健全诚信激励和失信惩戒机制，营造"一处失信、处处受制"的信用环境。截至年底，全省共采集记录企业良好记录1950条，人员良好记录469条，企业不良记录1312条，人员不良记录348条，列入黑名单企业59个。

建筑节能与科技

【建筑节能】2020年，海南省城镇新建民用建筑全部执行国家节能强制性标准，设计和竣工验收阶段建筑节能标准执行率均为100%。全省累计执行节能标准的建筑22181.84万平方米，其中2020年新增节能建筑面积3830.28万平方米。加快太阳能光热、光伏系统推广应用，推进可再生能源建筑多元化利用，其中2020年利用太阳能集热器面积24.37万平方米，应用建筑面积910万平方米。

【绿色建筑】2020年，海南省新增执行绿色建筑标准项目639个，建筑面积2857.21万平方米；新增绿色建筑标识项目25个，建筑面积246.73万平方米（其中设计标识24个，建筑面积241.57万平方米；运营标识1个，建筑面积5.16万平方米）。城镇绿色建筑占新建建筑的74.6%。全省绿色建筑强制推广项目统一按照《海南省绿色建筑设计说明专篇（2019年版）》进行设计、图审。起草海南省绿色建筑（装配式建筑）"十四五"规划，修改完善的《海南省绿色建筑发展条例（草案）》被省人大列为研究起草、条件成熟时适时安排审议的法规项目。联合省发改委、教育厅等6部门印发《海南省绿色建筑创建行动实施方案》，持续开展绿色建筑创建行动。

【施工图审查】2020年，海南省房屋建筑工程和市政基础设施工程继续实行施工图审市场化和"多审合一"机制。施工图技术审查时间统一压缩到3～5个工作日。消防设计审查验收职能移交住建部门后，图审机构负责全省建设工程消防设计图纸的技术审查，各市县主管部门只进行形式审查，1个工作日内出具《建设工程消防设计审核意见书》。将消防设计审查纳入施工许可同时统一办理，同时出件（意见书和许可证），不再单独办理消防设计审查事项。在全省范围内逐步缩小审查范围；在重点园区取消施工图审查（或缩小审查范围）；加强事中事后监管。组织开展2020年海南省房屋建筑和市政工程勘察设计和施工图审查质量抽查工作，累计抽查项目80个，覆盖全省18家施工图审查机构，核查发现的22条漏审强条涉及8家审图机构，市县主管部门依法对涉及的审图机构进行查处。

【装配式建筑推广】2020年，全省确定采用装配式方式建造的建筑面积已超过1000万平方米，呈现大幅度增长态势。海南省政府办公厅印发《关于加快推进装配式建筑发展的通知》，省资规厅联合省住建厅印发《关于加快制定装配式建筑容积率奖励实施细则的通知》，从政策监管机制、产能布局、科技创新引导、容积率奖励、监督与问责等方面推进海南省装配式建筑发展。组织开展海南省装配式建筑示范项目和示范基地评审，认定省级装配式示范项目4个、省级装配式示范基地1个。举办第三届中国建筑工业化融合发展产业峰会，统筹推进临高金牌港装配式建筑产业园建设。截至年底，海南省已投产的构建生产基地共14家，其中混凝土预制构件生产基地8家，钢构件生产基地6家。

【工程抗震】印发《关于进一步加强海南省超限高层建筑工程抗震设防审查工作的通知》，确保工程抗震安全。完成并公布海南省第二届超限高层建筑工程抗震设防审查专家库专家名单39人。编制发布了《海南省建筑机电工程抗震技术标准》，提高我省建筑机电工程的抗震设计与施工水平。联合省应急管理厅、省地震局印发《关于加快推进实施海南省地震易发区房屋设施加固工程的通知》，指导组织各市县制定本地加固工程实施方案，做好加固工程统计评估工作，加快推进加固工程建设。

城乡环境卫生管理

【城乡垃圾处理】 海南省累计建成运营生活垃圾焚烧发电厂8座，处理能力达11575吨/日，生活垃圾填埋场16座，设计处理能力达3434吨/日。圆满完成第一轮中央环保督察整改任务和第二轮中央环保督察整改阶段性任务。累计建成生活垃圾转运站274座，转运能力12834吨/日，垃圾收集点约2万个，农村清扫保洁行政村实现全覆盖，初步建立起全省城乡生活垃圾转运处理体系，保证全省城乡生活垃圾及时转运处理。

【垃圾分类】 2020年，省级层面制定《生活垃圾分类工作实施方案》《生活垃圾分类标志》《生活垃圾分类管理指南》《垃圾分类处理标准体系》《生活垃圾分类管理考核评价办法》等系列指导性文件。10月1日起，海口市、三亚市、儋州市、三沙市四个地级市全域实行垃圾分类，并根据行政区域规划和社会经济发展特点，积极创建垃圾分类示范项目并稳步扩大覆盖范围。其他市县也逐步启动试点工作，逐步提升海南省生活垃圾无害化处理及资源化利用水平。

【海上环卫】 3月10日，海南省政府办公厅印发《海南省建立海上环卫制度工作方案（试行）》，明确提出：2020年，海口市、三亚市、文昌市、洋浦经济开发区作为试点全面启动海上环卫工作，岸滩和近海海洋垃圾治理实现全覆盖；2021年，试点地区海上环卫构建起完整的收集、打捞、运输、处理体系，其他沿海市（县）全面启动海上环卫工作；到2023年，海南省海上环卫工作实现常态化、规范化管理。省住建厅联合海南省农业农村厅印发了《关于明确渔船从事海上环卫作业有关事项的通知》，指导市县结合渔民转产转岗部署，租用或征用符合条件的渔船开展海上环卫作业。4个试点地区印发工作方案，稳步开展试点工作。

人事教育

【提升人才引进服务质量】 制定了《港澳台地区建筑领域专业人才在海南自由贸易试验区、自由贸易港执业备案指引》等文件，为境外专业技术人员执业提供政策依据。积极做好高层次人才认定和流动人员专业技术资格确认工作，建筑行业认定高层次人才70名，其中领军人才3名；流动人员专业技术资格确认99名，其中正高级3人。积极指导企业培育人才和申报人才团队，推荐邢灵敏申报"南海工匠"，推荐海南天鸿市政设计股份有限公司为2020年博士后科研工作站，推荐热带海岛装配式建筑设计与规划创新团队等9家海南省人才团队参与认定，其中2个人才团队入选海南省"双百人才团队"，2个入选储备团队。

【培养专业技术技能人才】 圆满组织完成全省建筑领域高级、正高级职称评审工作。印发《海南省二级建造师执业资格考试管理办法》《海南省二级建造师执业资格制度管理规定》《海南省二级造价师职业资格考试管理办法》《海南省二级造价师职业资格制度管理规定》等文件，顺利完成各类注册工程师全国统考报名资格审查工作，组织完成了2020年我省二级建造师考试考务工作，共有18032名考生参加考试。积极稳妥开展全省施工现场专业人员职业培训考核工作，全年共培训8637人。

【提升住建系统干部综合素养】 组织开展"大学课堂进机关"专题讲座、全省住建系统和住建行业党委专题培训班等；组织全体女干部职工开展疫情防控、歌颂祖国等主题的线上诗歌合诵。通过设立《每日一读》英语专栏、"趣英语"小视频、线上英语配音、聘请外教老师现场授课等多种形式，营造英语学习氛围。通过组织一系列的培训学习，帮助干部职工逐渐克服本领恐慌，适应自贸港建设新要求。

大事记

1月

2日　发布《海南省地下综合管廊建设及运行维护技术标准》DBJ 46—052—2019。

22日　发布《海南省建设工程"绿岛杯"奖评选标准》DBJ 46—010—2020。

2月

4日　印发《海南省建设工程质量检测管理办法》。

5日　省住房和城乡建设厅、省发改委、省资规厅、省财政厅联合印发《海南省城镇老旧小区改造指导意见（试行）》，全面启动我省城镇老旧小区改造工。

18日　印发《关于疫情期间项目复工实行告知承诺备案的通知》。

21日　印发《关于新冠肺炎疫情期间建设工程计价有关事项的通知》。

25日 公布第三批海南省工程建设标准专家库入库专家名单。

28日 印发《关于对建筑工地加快复工开工予以诚信奖励及优化施工许可服务的通知》。

3月

2日 印发《关于在我省住房城乡建设领域开展企业资质和安全生产许可证告知承诺审批工作的通知》。

3日 省住房和城乡建设厅应急管理考核2019年被评为优秀等级。

3日 印发《海南省加快推进城市精细化管理工作的指导意见》。

6日 发布《海南省市政设施养护技术标准》DBJ 46—053—2020。

10日 省政府办公厅印发《海南省建立海上环卫制度工作方案（试行）》。

13日 印发《海南省住房和城乡建设厅关于在中国（海南）自由贸易试验区依法开展工程造价咨询活动加强事中事后监管的通知（试行）》。

24日 省住房和城乡建设厅、省财政厅、扶贫工作办公室印发《海南省2020年4类重点对象农村危房改造实施方案》。

4月

28日 印发《海南省全装修住宅工程质量分户验收管理办法》。

24日 印发《工程造价咨询企业诚信评分标准》和《注册造价工程师诚信评分标准》。

28日 省政府办公厅印发《关于开展安居型商品住房建设试点工作的指导意见》。

28日 省政府办公厅印发《关于解决全省基层教师和医务人员住房问题的指导意见》。

29日 省农村"厕所革命"推进工作小组办公室印发《海南省2020年农村户用厕所化粪池防渗漏改造实施方案》。

5月

8日 印发《关于进一步优化供气报装接入的通知》。

12日 省农村"厕所革命"推进工作小组办公室印发《渗漏化粪池分类改造方案》。

15日 省住建厅2019年省派定点扶贫单位工作成效评价等级评定为"好"。

6月

8日 省住建厅2019年新闻发布工作被评估为优秀单位。

12日 发布《海南省新建住宅小区供配电设施建设技术标准》DBJ 46—036—2020。

18日 印发《海南省建设工程消防专业技术专家库管理办法（试行）》。

24日 发布《省工程建设项目审批制度改革工作领导小组办公室关于全面应用海南省工程建设项目审批管理系统的通知》。

30日 省政府办公厅印发《海南省生活垃圾分类工作实施方案的通知》。

7月

9日 印发《关于表彰2020年度海南省建设工程绿岛杯奖获奖单位的通报》。

22日 发布《省住房和城乡建设厅关于建设工程企业资质延续有关事项的通知》。

23日 省工程质量安全监督管理局被中共海南省委直属机关工作委员会命名省直机关第二批"创建文明单位示范点"。

29日 发布《省住房和城乡建设厅 省财政厅关于表彰2019年海南省农村危房改造工作激励对象的通报》。

8月

14日 省住房和城乡建设厅2019年度应急管理工作被评定为优秀等级。

14日 印发《海南省住房和城乡建设厅关于建筑领域检测行业"双随机、一公开"监管工作实施办法（试行）》。

9月

1日 印发《海南省城镇老旧小区改造技术导则（试行）》。

8日 印发《关于认定海南省2020年第一批装配式示范项目和示范基地的通知》。

30日 联合省发改委印发《海南省生活垃圾无害化处理设施建设三年行动方案（2020—2022年）》。

10月

14日 发布《省住房和城乡建设厅 省财政厅 省扶贫工作办公室关于印发〈海南省2020年农村危房改造和农房抗震改造实施方案〉的通知》。

26日 印发《关于表彰市容环境卫生先进集体和先进个人的通报》。

11月

17日 联合省发改委、省民政厅、省公安厅、省生态环境厅、省水务厅、省市场监督管理局印发《海南省绿色社区创建行动实施方案》。同日，印发《关于进一步加强海南省超限高层建筑工程抗震设防审查工作的通知》。

19日 印发《海南省城市精细化管理标准（暂

行)》。

12月

9日 印发《海南省城镇老旧小区改造工作流程》。同日,印发《2020年海南省建筑工程和市政工程典型案例技术经济指标》。

23日 印发《关于做好全省生活垃圾填埋场停止使用工作的函》。同日,公布2020年全省住房城乡建设系统行政执法人员专业法律法规知识培训考试成绩。

25日 发布《海南省农村管道燃气工程建设及运行管理标准》。同日,发布《海南省农村管道燃气工程建设及运行管理标准》DBJ 46—054—2020。

26日 发布《海南省建筑垃圾资源化利用技术标准》DBJ46—055—2020、《海南省生活垃圾转运及处理设施运行监管标准》DBJ 46—056—2020。

30日 发布《海南省建筑钢结构防腐技术标准》DBJ 46—057—2020。

31日 联合省交通运输厅、省自然资源和规划厅、省生态环境厅、省市场监督管理局、省气象局、省委军民融合发展委员会办公室印发《海南省加氢站建设审批流程(试行)》。

31日 联合省发展和改革委员会、省教育厅、省工业和信息化厅、中国人民银行海口中心支行、省机关事务管理局、中国银行保险监督管理委员会海南监管局印发《海南省绿色建筑创建行动实施方案》。

(海南省住房和城乡建设厅)

城乡规划

村庄规划

2020年,先后印发《海南省村庄规划管理条例》《海南省村庄规划编制技术导则》《海南省村庄规划编制审批办法》,明确村庄规划编制主要内容、工作要求,规范村庄规划技术指标、成果要求、审批程序,形成从法规、规章到技术标准体系的政策集成创新,率先在全国建立较为完善的村庄规划政策法规和技术标准体系。召开村庄规划现场会,举办2期全省村庄规划培训班,提升村庄规划管理人员和技术人员水平。开展村庄规划竞赛,遴选出优秀获奖成果44个,优秀组织奖4个。组织村庄规划设计优秀成果展。开展市县域分类布局研究,完成2441个行政村分类,编制完成595个村庄规划成果。

城乡历史文化保护传承

组织全省历史建筑普查摸底,建立历史建筑"一房一档一图则"名录,各市县公布历史建筑共444处,促进历史建筑依法保护、合理利用。开展历史文化名城调研评估工作,邀请城乡规划、文物保护方面的专家,对海口市历史文化名城保护工作深入开展评估工作,并下发问题清单,督促整改落实。

城市与建筑风貌管理

组织开展全省城市设计和建筑风貌管控培训班,提升基层规划工作人员规划素养和管理水平,推动海南特色风貌规划管控工作。

城市体检评估

为贯彻《中共中央 国务院关于建立国土空间规划体系并监督实施的若干意见》,落实建立国土空间规划定期评估制度要求,海口市和三亚市依托国土空间基础信息平台和国土空间规划"一张图",结合国土空间总体规划编制工作开展城区范围划定和城市体检评估工作,形成城区范围确定成果和城市体检评估成果,并建立年度体检评估制度,实现国土空间规划的全周期闭环管理。

(海南省自然资源和规划厅)

水务建设与管理

城市供水保障

印发《关于切实做好2020年元旦、春节期间供水安全工作的通知》和《关于做好新型冠状病毒感染肺炎疫情期间城乡水务工作的紧急通知》。在疫情期间,采取提高出厂水余氯量、加强管网水持续消毒功能和加大水质检测频次、加强厂区防疫、强化应急管理等措施,强化供水保障。疫情期间,海南省23家城市(县城)供水企业缓收水费共3539万元。针对文昌卫星发射等重要活动,指导文昌市制定供水应急保障预案,并在发射期间驻点,有力保障了重要活动的供水安全。组织开展了2020年度海南省城镇供水规范化管理考核工作,其考核结果通报市县政府,保障城镇供水安全。印发《海南省水务厅关于成立〈海南省城乡供水管理条例(草案)〉起草工作领导小组的通知》,已经完成《海南省城乡供水管理条例(草案)》,并于11月16日经七届海南省政府第61次常务会议审议通过。印发《海南省水务厅关于印发〈海南省城乡供水一体化建设管理指导意见（试行）〉的通知》（琼水城水〔2020〕40号），逐步建立"统一规划、统一建设、统一管护，标准化建设、规模化发展、企业化运营、专业化管理"的城乡供水体系。

2020年，海南省23家城市（县城）供水企业，供水能力为244.4万立方米/日，2020年供水量为5.66亿立方米，城镇供水人口达到401.19万人，供水普及率达到97.73%，海南省城市（县城）DN75（含）以上供水管道总长5866.96公里，平均供水管网漏损率为9.27%，供水水质综合合格率除五指山（99%）、屯昌（99%）、白沙（99）、昌江（99.8%）、乐东（98%）、琼中（99%）、洋浦（99.89%）外，其余市县均为100%。

黑臭水体治理

截至年底，列入住房城乡建设部、生态环境部处重点监控的29个城市黑臭水体全部消除黑臭。海口美舍河凤翔段被水利部评为"水利风景区"，生态环境部在官网上推介美舍河水体治理成功案例，水利部科技推广中心授予海口市鸭尾溪"水环境综合治理工程水利先进实用技术优秀示范工程"称号。

城市内涝防治

印发《关于切实做好城市排水防涝工作的函》《关于做好2020年城市排水防涝工作的通知》，确保2020年城市（县城）安全度汛。督促各城市排水防涝主管部门按照易涝点整治"一点一案"要求，抓紧推进城市排水防涝设施建设。印发《关于做好县城排水防涝设施建设有关工作的通知》，督促市县研究提出2020年县城排水防涝设施中央预算内投资计划需求，合理申报投资计划。印发《关于进一步加强城市排水防涝工作的通知》，实行城市排水防涝月调度制度。2020年，海南省城市易涝点治理共完成投资2813.3万元，共清理排水管道981165.0米，明沟及盲沟共1440.0米，淤泥642.5立方米，雨水检查井及雨水箅子16019座。

城镇污水治理

印发《2020年全省城乡水务工作要点》，明确各项建设任务。省水务厅与全省市县水务部门"一对一"视频连线，督促完成年度目标任务。建立完善城镇生活污水处理设施和配套管网建设问题专项整改工作机制，加快推进解决城镇污水处理设施和配套管网建设的突出行业性、系统性生态环境问题。由厅领导带队组成督导组，赴全省各个市县多次督导第一轮、第二轮中央生态环境保护督察和国家海洋督察反馈意见整改工作落实情况，以及建制镇污水处理设施建设情况。持续指导市县细化当地城镇污水处理提质增效三年实施方案，组织编制《海南省城镇排水管网排查与验收技术指南》，开展城镇污水配套管网排查和管网设施建设改造。印发《海南省水务厅关于完善城镇污水处理提质增效补助资金项目库的通知》，要求市县积极做好项目储备。

2020年海南省新增城镇污水处理能力6.5万立方米/日，新增污水配套管网1963公里，处理规模达到160万立方米/日，污水及合流管网长度达到5200公里。2020年累计处理污水4.5亿立方米，城市（县城）污水集中处理率达到98.33%。

（海南省水务厅）

重 庆 市

住房和城乡建设

概况

2020年，重庆市住房城乡建委党组坚持以习近平新时代中国特色社会主义思想为指导，深入贯彻习近平总书记对重庆提出的营造良好政治生态，坚持"两点"定位、"两地""两高"目标，发挥"三个作用"和推动成渝地区双城经济圈建设等重要指示要求，统筹推进疫情防控和住房城乡建设工作，全力以赴战疫情、战复工、战脱贫、战洪水，"四战"全胜振奋人心，年度目标任务全面完成。

法规建设

【概况】 深入学习习近平总书记全面依法治国新理念新思想新战略和中央全面依法治国委员会会议精神，坚持用习近平总书记全面依法治国新理念新思想新战略统领住房城乡建设领域法治建设工作。印发《关于深入学习宣传贯彻习近平总书记全面依法治国新理念新思想新战略和重要讲话精神的通知》，营造遵法学法用法的浓厚氛围。

【立法】 完成《重庆市城市综合管廊管理办法》（政府规章）调研、起草、征求意见、修改论证等工作，经第124次市政府常务会审议通过。《关于加强主城区"两江四岸"保护利用和建设管理的决定》完成调研、起草等基础性工作，配合市人大城环委多次修改论证。报送《重庆市无障碍环境建设与管理规定》（制定）、《重庆市物业专项维修资金管理办法》（修订）等立法建议项目7件，在法治下推进改革、在改革中完善法治。

【行政复议和行政诉讼、行政执法】 推行行政执法公示、实施执法全过程记录、实行重大执法决定法制审核。健全完善市场主体名录库和执法检查人员名录库，制定《重庆市住房城乡建设领域随机抽查事项清单》，在房地产开发、建筑管理、勘察设计等领域推进"双随机、一公开"监管事项100%覆盖。严格落实行政机关负责人出庭应诉制度，完善复议应诉主协办制度，加强案件办理指导，提高案件办理质量。办理复议诉讼案件80件（其中行政复议61件，诉讼案件19件），与2019年比同期增长34%。针对复议应诉过程中发现的工作漏洞和瑕疵，以案改治理、以案改监管、以案改制度、以案改作风，切实保障相对人合法权益。

【普法】 做好法治政府建设（2016—2020年）收官工作，深入推进行业普法，全面落实领导干部学法用法制度。出台纾困惠企政策，助力企业复工复产。坚持"一手抓疫情防控、一手抓项目复工"。强化政策宣传，组织上传"政策直通车"平台涉企优惠文件23件。

房地产业

【概况】 2020年，受疫情影响，重庆市房地产开发投资增速下降，项目开工建设有所减少。全年全市完成房地产开发投资4352亿元，同比下降2.0%，其中住宅投资3189亿元，同比下降1.8%；商品房新开工面积5948万平方米，同比减少11.6%，其中住宅新开工面积4107万平方米，同比减少10.6%。中心城区完成房地产开发投资2910亿元，同比下降5.2%，其中住宅投资2075亿元，同比下降5.9%；商品房新开工面积2925万平方米，同比减少20.4%，其中住宅新开工面积1935万平方米，同比减少20.7%。全市出让经营性用地4.88万亩，同比增加18.1%，其中出让住宅用地3.95万亩，同比增加20.8%。中心城区出让经营性用地1.84万亩，同比增加36.6%，其中出让住宅用地1.46万亩，同比增加38.5%。

【房地产市场调控】 2020年，重庆市住房城乡建委始终坚持"房子是用来住的、不是用来炒的"定位，全市房地产市场总体较为平稳健康，供需基本平衡、房价稳中有升，风险总体可控。面对新冠肺炎疫情带来的重大风险和挑战，重庆市住房城乡建委战疫情、促复工、扶企业、稳市场，继续贯彻落实好《重庆市建立和完善房地产市场平稳健康发展长效机制工作方案》，发挥好房地产调控市级部门联席会议机制，进一步加强供需双向调节，保障刚需和改善性需求，坚决遏制投机炒房；加强市场运行监测和分析研判，全力实现"稳地价、稳房价、稳预期"目标，保证了全市和中心城区房地产市场平稳健康发展。

【中央财政支持住房租赁试点】 2020年，全市住房租赁制度建设初步构建，市场主体积极性显著提高，各类典型项目加速落地，财政支持撬动社会投入效应开始显现。推动出台了《重庆市人民政府办公厅关于加快培育和发展住房租赁市场的实施意见》（渝府办发〔2020〕72号）；全年累计筹集租赁房源共计8.24万套，其中新改建房源4.02万套，盘活存量房源4.22万套；推动成立国有租赁住房平台公司"重庆市渝地辰寓住房租赁有限公司"，新增专业化规模化住房租赁企业15家；上线运行住房租赁服务平台，截至年底，1693家住房租赁企业和房地产经纪机构通过平台进行开业报告和机构备案，完成租赁合同备案9.6万份。

【房地产市场秩序专项整治】 印发《关于疫情期间房屋交易管理服务有关工作的通知》，切实净化市场环境。持续开展"双随机、一公开"监督检查，按照全市"3+N"专项治理工作要求，联合市市场监管局组织召开了房地产领域广告宣传信访突出问题专项整治动员会，形成了房地产广告宣传规范指导意见。加强房地产市场舆情监测处置，积极组织房地产市场领域网上辟谣行动，会同宣传、网信等部门及时处置网络炒作渲染房价涨跌、制造恐慌的负面舆情。印发《住房租赁领域信访突出问题专项治理工作方案》，指导各区搭建调解平台，有效化解住房租赁合同纠纷，配合公安部门对涉嫌合同诈骗的公司进行立案侦查，确保住房租赁领域的社会稳定。

【房地产市场矛盾风险化解】编制了《2020年防范化解房地产市场重大风险实施方案》和工作要点，从5个方面大力推进风险防范化解工作。印发了《关于进一步加强风险项目管控做好房地产领域风险防范化解工作的通知》，防止各类矛盾风险汇聚叠加。全年共化解各类风险点45个。

【房地产开发】2020年，全市完成房地产开发投资4352亿元，同比下降2.0%，其中中心城区完成投资2910亿元，同比下降5.2%。全市商品房施工面积27368万平方米，同比下降2.2%，其中中心城区15029万平方米，同比下降2.2%；商品房新开工面积5948万平方米，同比下降11.6%，其中中心城区2925万平方米，同比下降20.4%；商品房竣工面积3774万平方米，同比下降25.5%，其中中心城区1879万平方米，同比下降26.5%。

【房地产开发管理】严格企业资质审批，依法清理"僵尸企业""空壳公司"，截至年底，全市房地产开发企业2639家，其中一级资质企业66家、二级资质企业725家，一二级资质企业占比达30%。规范实施项目资本金和预售资金监管，有效控制房地产项目开发建设风险，2020年，全市项目资本金监管余额60.1亿元，预售资金核定监管金额602.8亿元。截至年底，全市67个"久建未完"项目，已有39个项目恢复建设，完成投资逾70亿元。2020年，全市计划打造智慧小区100个，实际打造107个，同比增长39%，超额完成年度目标任务。制定全市房地产开发建设领域信访突出问题专项治理工作方案，房地产领域信访形势总体平稳可控。

【房地产开发资金】至12月末，全市房地产行业贷款余额1.50万亿元，同比增长8.8%。其中，房地产开发贷款余额2940亿元，同比下降4.7%；个人住房贷款余额11101亿元，同比增长14.1%。全年全市房地产开发企业新增到位资金5780亿元，同比下降2.9%，其中定金及预收款同比下降7.3%、个人按揭贷款同比下降13.3%。

【配套费征收】2020年，全市累计征收配套费178.02亿元，同比下降24.9%。全市累计办理配套费征收面积9915.19万平方米，同比下降6.0%。

住房保障

【公租房统筹使用】2020年提供3.29万套公租房面向符合条件的保障对象摇号配租，提供0.53万套公租房统筹用作安置房，分别完成目标任务的165%和106%。累计分配公租房54万套，促进解决新市民住房困难问题，累计惠及140余万住房困难群体。

【人才安居保障】牵头出台《重庆市人才安居实施意见》（渝科教人办〔2020〕3号），为系统化开展人才安居提供制度保障。指导区县筹集拎包入住的人才公寓3万套，市级公租房提供青年人才定向配租房源6万套，圆满完成人才安居任务。

【公租房社区治理】持续实施公租房就业创业促进计划，累计帮助8万余居民实现就业创业。7月5日，中央政治局委员、国务院副总理胡春华，中央政治局委员、市委书记陈敏尔赴民安华福公租房社区考察，对公租房小区"家门口"就业创业模式给予充分肯定。在公租房小区实施养老服务促进计划，推动建成街道养老服务中心7个、社区养老服务站24个，为1.2万名老人建立动态健康档案。

【房屋征收管理】2020年，全市新下达征收决定86个，涉及被征收户数10497户、142.78万平方米；累计完成征收签约14925户、218.87万平方米，货币安置率87.26%。完成18个市级重大项目交地任务，化解26个征拆难卡点。

【棚户区改造】2020年，完成国家下达重庆市棚户区改造目标32613户（任务完成比例101%）、426.56平方米，完成投资231.07亿元。积极争取并落实国家棚改专项资金6.8亿元，其中中央棚改补助资金2.1亿元，中央预算内投资4.7亿元，申请棚改专项债券额度达94.76亿元。

【物业行业监管】新冠肺炎疫情期间，组织全市3000余家物业企业、30万余物业人，持续坚守在近万个物业小区抗"疫"一线，第一时间在全市筑起一道有力的"家园"疫控防护墙。住房城乡建设部副部长倪虹对重庆市物业抗疫工作取得的成效做出肯定批示，物业监督管理处被表彰为全国住房和城乡建设系统抗击新冠肺炎疫情"先进集体"。

【老旧小区改造】2020年计划实施改造729个小区，截至年底，已累计启动改造城镇老旧小区1842个、3375万平方米，惠及居民37.6万户。同步改造提升养老、托幼、农贸商超等配套设施3980处、加装电梯2129部、新增停车位1.9万个、改造水电气约22万户。

【智能小区建设】进一步修订完善重庆市《智能物业小区评价指标体系》，制定住宅类一级指标5类，二级指标45类，评价内容105项；非住宅类一级指标 5 类，二级指标 36 类，评价内容 90 项，推动智慧物业服务提档升级。截至年底，全市进行智慧物业服务提档升级的小区 3100 个，共创建智慧物业小区 756 个。

住房公积金管理

【归集情况】年度归集 475.57 亿元，同比增长 10.73%，完成住房公积金管委会下达的年度计划（350 亿元）的 135.88%。截至年底，全市缴存单位 5.33 万个，同比增长 11.27%，缴存职工 371.25 万人，同比增长 5.30%。累计缴存额 3388.32 亿元，缴存余额 1211.28 亿元。

【提取情况】全年共有 94 万名缴存职工提取住房公积金 346.27 亿元，提取额同比增长 7.33%；占当年缴存额的 72.81%，比上年减少 2.31 个百分点。累计提取使用 2177.05 亿元。

【贷款情况】全年发放个人住房贷款 6.95 万笔、270.11 亿元，同比分别增长 12.64%、14.40%。贷款余额 1390.61 亿元（含贴息贷款余额 195.34 亿元），同比增长 11.08%。截至年底，累计发放个人住房贷款 72.91 万笔、2133.59 亿元（含贴息贷款 256.91 亿元）。

【风险防控情况】2020 年年底，全市住房公积金个贷逾期额共计 1464.76 万元，个贷逾期率 0.12‰。截至年底，住房公积金贷款风险准备金余额 329701.29 万元。

【增值收益情况】全年住房公积金实现增值收益 16.76 亿元，同比增长 15.79%。

【成渝地区双城经济圈住房公积金一体化发展】建立川渝两省市住房公积金信息共享机制，实现住房公积金缴存、提取、贷款等信息实时在线共享，简化异地转移接续和异地贷款办理手续。2020 年，两地共办理异地转移接续 4000 余人次，涉及资金 0.82 亿元；重庆向四川缴存职工发放 1076 余笔，涉及资金 4.11 亿元（其中，通过缴存证明无纸化方式发放异地贷款 347 笔，涉及资金 1.3 亿元）。

城市设计

【概况】2020 年，重庆勘察设计行业营业收入平稳增长，行业营业收入完成 487.57 亿元，占年度目标 400 亿元的 121.9%，新增甲级企业 8 家和甲级资质 18 项，截至 12 月底，全市共有勘察设计企业 570 家（含勘察劳务企业），其中甲级企业占比 35.1%。截至 12 月底，全市勘察设计类注册人员 4129 人，行业从业人员 41051 人，其中专业技术人员 31719 人，占比达 77.3%。全年全市共有 138 家市内企业对外开拓市场，新签合同金额 292.6 亿元；截至 12 月底，市外入渝企业达到 1622 家，全国百强中有 80 家，十强中有 9 家已入渝承接业务。截至 12 月底，全市累计实施工程总承包项目 428 个，合同金额 925 亿元；推动开展全过程工程咨询试点，全年实施全过程工程咨询项目 117 个，投资额达 611.8 亿元。

【勘察设计行业监管】开展 2020 年重庆市勘察设计资质和勘察设计类注册人员资格动态核查，共核查企业 60 家，注册人员 360 人，把注册师和专业技术人员变动情况与企业资质进行有效联动管理，约谈了违规市内外勘察设计企业 101 家、311 人次，通报企业 57 家。截至 12 月底，共核准企业资质 117 家 182 项。发布《重庆市勘察设计行业诚信管理暂行办法》（渝建发〔2020〕5 号），加强对勘察设计企业和从业人员的信用约束。1~12 月，全市完成初步设计审批 1171 项，施工图审查备案 4467 个，抽查各类建设工程项目勘察外业 540 个。完成超限高层建筑工程抗震设防专项审查 57 项。

【行业"放管服"改革】发布了《关于重庆市工程勘察设计企业资质实行告知承诺审批制度的通知》（渝建发〔2020〕4 号），进一步扩大资质审批告知承诺范围。印发了《关于进一步优化房屋建筑和市政基础设施工程施工图审查的通知》（渝建勘设〔2020〕20 号），指导区县进一步优化社会投资小型低风险项目勘察设计管理，实行工程勘察和施工图审查政府购买服务。及时发布了《关于做好疫情防控期间勘察设计企业复工复产工作统筹推进行业转型发展的通知》和《关于疫情防控期间延长有关管理服务事项有效期支持企业发展的通知》，推动勘察设计企业科学有序复工复产，保障工程项目高效推进建设；及时组织编制并发布了《新型冠状病毒肺炎集中隔离场所（宾馆类）应急改造暂行技术导则》《新型冠状病毒肺炎防控期公共建筑运行管理技术指南》，为实施集中隔离场所应急改造，加强公共建筑安全合理运行提供了技术指导。

【建筑品质提升】组织编制《重庆市市政工程品质提升设计导则》并通过专家审查，建立了市政工程环境景观与主体工程同步设计、同步审查工作机制。下达标准设计制修订计划 36 项，发布标准设计 16 项。加快《重庆市无障碍环境建设与管理规定》立法工作，完成"十三五"无障碍环境市县村镇创建工作，梁平区、万盛经开区为"创建无障碍环境达标区（市）"，云阳县为"创建无障碍环境示范县"。发布《重庆市历史建筑修复建设管理办法》(渝建发〔2020〕3号),为加强历史建筑保护建设管理和指导修复建设提供重要支撑。指导协会组织开展注册师继续教育,将装配式建筑、绿色建筑与建筑节能新标准等内容纳入继续教育课程。组织各相关单位参观"中国建筑学会建筑创作大奖(1949—2019)获奖作品巡展重庆站",举办2020年"大师讲堂"和第三届山水城市可持续发展国际论坛。

城市建设

【城市道路】2020年,重庆市曾家岩大桥主线等14个重点项目顺利完工通车,科学城隧道等16个重点项目顺利开工建设,打通未贯通道路25条,完成堵乱点改造50个。中心城区城市道路建设完成投资320亿元。2020年中心城区推动开工和续建公共停车场76个,建成渝中区棉花街公共停车场等项目17个,建成泊位数约0.89万个。中心城区开工建设山城步道16条,建设完成约172公里;新建和提档升级25座人行天桥和地通道,已完工华宇锦绣花城人行天桥等14座。

【轨道交通】2020年,轨道交通累计完成投资326.8亿元,超额完成年度投资任务并连续7年实现正增长。建成环线剩余段、1号线朝小段、5号线一期南段(石桥铺—跳磴)、6号线支线二期等41公里线路,运营线路总里程增加至370公里,正式形成"环+射线"轨道交通运营网络。日均客运量约310万乘次,日最高客运量约387万乘次,占公共交通出行总量的40%以上。加快推进2号线大修及更新改造、轨道与地面公交换乘整体提升118处公交换乘站点建设任务按期完成、5处轨道运营站点提质增效工程顺利实施。持续推进城市轨道交通第二期、第三期建设规划项目和城轨快线璧铜线、江跳线12条(段)、总里程229公里线路持续加快推进建设,建设规模达到重庆市历年之最。

【排水排污】2020年,完成9座、启动9座城市生活污水处理厂新改扩建,新增城市生活污水处理能力23万吨/日;完成7座城市生活污水处理厂提标改造、123座乡镇污水处理设施技术改造,实现了城市生活污水处理厂全部达到一级A标排放;建设改造城市污水管网1119.53公里;建设改造乡镇污水管网1296.46公里。全年共处理城市生活污水约14.95亿吨,重庆市城市生活污水集中处理率达95%以上,削减化学需氧量(COD)33.1万吨,生化需氧量(BOD)17.55万吨,悬浮物(SS)31.05万吨,氨氮(NH3—N3)3.01万吨,总氮(TN3)3.32万吨,总磷(TP)0.53万吨,有效保护了三峡库区水环境。全年无害化处置污泥约107.38万吨,全市污泥综合无害化处置率达95.5%以上。

【"两江四岸"治理提升】岸线治理提升有序推进,十大公共空间陆续启动建设,珊瑚公园片区等项目动工建设,九龙外滩广场(一期)已初见成效;李子坝片区、南滨路二塘段项目已完成前期工作。推进菜园坝沿江防洪安全专项整治,完成8万平方米棚房拆除,涉及经营户2406户、市场从业人员1万余人。加强滨江岸线管控,将岸线管控从109公里拓展至394公里。印发《两江四岸核心区整体提升实施方案》,全年实施项目64个,完工19个,完成投资63.6亿元。完成了长江文化艺术湾区建设本底调查和投融资模式研究,起草了《长江文化艺术湾区实施方案》,率先启动了美术公园项目建设。

【"清水绿岸"治理】2020年,先后下达中央和市级补助资金3亿元用于中心城区20条河流"清水绿岸"治理提升,其中中央公园镜湖、白沙河一期、苦竹溪示范段、跳蹬河九龙坡段、盘溪河江北段、肖家河江北段陆续完工。截至年底,累计建成"清水绿岸"河段长约91.3公里,累计完成投资约45亿元。

【统筹沿江防洪排涝与城市建设试点】与住房城乡建设部、水利部共同编制《重庆市统筹沿江防洪排涝和城市建设开展基础设施灾后重建工作试点实施方案》,明确了5大类26项工作任务,涉及项目(包)68个、总投资约756亿元。有序推进被洪水淹没的基础设施系统排查、沿江受损道路、供水、电力、燃气、通信等市政工程及配套设施恢复完善工作,持续推进磁器口综合整治、九龙滩治理提升、盘溪河清水绿岸等项目建设,共实施项目(包)25个,完成投资约16亿元。

【城市体检】2020年,配合住房城乡建设部完成8个维度50个体检指标的填报和社会满意度调查,在此基础上,构建了"50个基础指标+19个特色指标+24个补充指标"的城市自体检指标体系,形成了自体检综合报告,并选定永川区作为2020年中心城区外城市体检的试点区。

【海绵城市建设】制定《海绵城市监测技术导则》《海绵城市建设项目评价标准》《建设工程海绵城市建设效果专项评估技术指南》等市级标准,对全市42个区县进行了综合评估。截至年底,建成达海绵城市建设要求的排水分区821个,面积共计421平方公里,占城市建成区比例为24.2%,达到国家海绵城市考核目标。

【城市管线建设】 截至年底,重庆市现有管线84618.29公里,其中心城区47648.93公里、其他区县30487.38公里。根据2020年城市管线年度计划,重庆市计划新建城市管线2488.87公里,总投资61.73亿元,较去年计划新增管线增加3.1%。

【城市综合管廊建设】 截至年底,全市共有27个区县因地制宜实施综合管廊建设,累计开工管廊141.6公里,累计建成廊体126.9公里,累计完成投资56.7亿元,建设规模在全国主要城市中处于中上水平。2020年全市新开工管廊32.4公里,同比增长49%,新建成廊体33.7公里,新完成投资12亿元。

村镇建设

【小城镇建设】 2020年,推进以"两加强三完善"为主要内容的市级特色小城镇环境综合整治,安排市级补助资金3.2亿元,实施市级特色小城镇环境综合整治项目121个。

【农村人居环境整治】 2020年,全市完成农村旧房整治提升6.2万户,打造美丽庭院2.17万个,安装公共照明或庭院灯5.08万盏,整治销号农村非正规建筑垃圾堆放点29处。

【传统村落保护发展】 制定《重庆市传统村落评价认定指标体系》,开展重庆市传统村落名录建设,22个村落列为重庆市传统村落。印发《关于做好全市传统村落挂牌保护工作的通知》,全市132个传统村落实现挂牌保护。出台《"十四五"期间传统村落保护发展行动方案》,制定《传统村落保护发展项目和市级补助资金管理办法(试行)》,安排市级补助资金1000万元,实施彭水县鞍子镇木瓯水等4个传统村落保护发展市级项目建设。

【脱贫攻坚住房安全保障】 2020年,重庆市始终保持"不获全胜决不收兵"的攻坚态势,统筹抓好疫情防控、应对暴雨洪灾等自然灾害和住房安全保障工作,组织开展了住房安全保障情况调查摸排、农村危房改造分片督导和"回头看"、住房安全有保障情况核验等工作,共争取中央财政补助资金2.81亿元,落实市级财政补助资金0.23亿元,完成农村危房改造12725户(其中建档立卡贫困户3025户),全市建档立卡贫困户等重点对象全部实现了住房安全有保障目标。

【设计下乡和共同缔造活动】 出台《重庆市设计下乡人才管理办法(试行)》,开展了第二批设计下乡人才征集活动,引导支持规划师、建筑师、工程师和艺术家下乡服务1000余人次。制定《重庆市设计下乡市级补助资金管理办法(试行)》,安排市级补助资金576万元,编制村落设计示范方案36个、农房建设示范图集36套。渝北区入选全国共同缔造活动培训基地,渝北区洛碛镇杨家槽村落、彭水县鞍子镇木瓯水村落列为全国设计下乡•共同缔造试点村。全市开展共同缔造活动的国家、市、区(县)三级试点村共计36个。

工程质量安全监督

【建筑质量】 2020年,重庆市建筑业获得中国建设工程鲁班奖4项,中国土木工程詹天佑奖1项,国家优质工程奖8项,"三峡杯"优质结构工程奖100项,"巴渝杯"优质工程奖60项。全市竣工备案工程2999项,较上年减少8%;面积8867.13万平方米,较上年减少8.8%。全年监管工程共8718个,建筑面积2.82亿平方米,其中市管项目496个,建筑面积420.64万平方米。

【工程监理】 重庆市本地工程监理企业共148家,其中综合类4家,专业甲级79家,专业乙级59家,专业丙级6家;市外入渝工程监理企业706家。全市共有监理从业人员34240人,其中注册类人员17092人,地方监理人员17148人。工程监理企业经营范围从单一的工程监理服务,拓展延伸至勘察设计、招标代理、工程造价咨询、全过程咨询服务等领域。部分工程监理企业积极响应"一带一路"倡议,为迪拜阿拉马克图姆机场、玻利维亚穆通钢铁项目等一批具备国际影响力的项目提供了全过程咨询服务。

【建筑行业安全生产】 2020年,全市住房和城乡建设领域共发生生产安全事故合计139起,死亡142人,未发生较大及以上事故。其中,房屋和市政基础设施建设工程(含轨道)共发生生产安全事故100起,死亡102人;另有村镇建设(含农村危房改造、自建房等)、建筑安装、装饰、装修(含个人装修)活动、城镇房屋拆除等本行业其他类别事故22起,死亡23人;工商贸其他17起,17人。

建筑市场

【概况】 2020年,重庆市有特级资质企业10家,一级资质企业730家。全市共有本地建筑施工企业13494家。针对社会投资小型低风险建设项目,陆续出台形成了"1+14"政策体系,改革后小低项目全流程办理只保留4个审批环节,总耗时不到16天。

2020年,重庆市完成建筑业总产值8974.97亿元,同比增长9.1%,增速较上年提高3.9个百分点,高于全国平均水平2.9个百分点。重庆市建筑业总产值占全国的比重较上年提高0.1个百分点，总量位居全国第12位，增速位居全国第10位。2020年，重庆市建筑业克服疫情影响，实现增加值3001.44亿元，同比增长3.4%。建筑业增加值对重庆市地区生产总值的贡献率为9.3%，拉动重庆市经济增长0.4个百分点。

【行业发展】"十三五"期间，全市累计新增特级资质施工企业7家，新增一级资质施工企业287家。建筑企业总计13384家，较"十二五"时期增加62.31%，其中一级及以上施工企业754家，同比增加14.4%，稳居西部第一梯队行列。2020年，一级及以上资质企业实现建筑业产值4263.63亿元，完成全市47.5%的产值额，本地企业实现产值50亿元以上共16家，20亿元以上共32家，"十三五"期间，监理造价专业配套能力不断提升，全市工程监理企业共计138家，相比"十二五"时期增加38家，其中甲级及以上82家，同比增加21家。全市造价咨询企业共计285家，相比"十二五"时期增加59家，其中甲级163家，同比增加56家。

【教育培训】"十三五"期间，重庆市建筑业吸纳本市农村劳动力100.32万人。截至年末，全市共有注册建造师51418人，注册造价工程师5100人，注册监理工程师4546人。全市共培训建筑工人41.86万人、装配式建筑工人1434人、农村建筑工匠13109人，高技能人才9002人。全市共培训施工现场专业人员21.23万人，特种作业人员32260人，检测人员5200人，共发放"安管人员"安全生产考核合格证书83455个。2人荣获"全国五一劳动奖章"，12人荣获"重庆市五一劳动奖章"，7人荣获"全国住房城乡建设行业技术能手"，2人荣获"重庆十佳农民工"。

【建筑业改革创新】"十三五"期间，完成"智慧住建"一期建设，建成智慧住建云服务平台和行业大数据中心，实现住房城乡建设政务信息系统100%迁移上云，形成约28亿条数据资产，包含工程项目约19万个、企业约2万家、人员约200万人和城建档案数据约3亿条，从设计和施工阶段推动BIM技术项目1381个次。"十三五"期间，成功创建国家级装配式建筑范例城市，目前正在实施装配式建筑项目135个，建筑面积约849余万平方米；有54宗5万平方米以上的土地在供地方案中明确装配式建筑实施要求，计容建筑面积达1063.4万平方米，装配式建筑占新建建筑比例达16%。发布《重庆市装配式建筑产业发展规划（2018—2025年）》，培育建成6个国家级产业基地、28个市级产业基地，形成混凝土部品部件生产企业16家、年产能235万立方米，钢结构构件生产企业13家、年产能241万吨，内隔墙部品企业19家、年产能2425万平方米的现代建筑产业集群。

【建筑业"放管服"改革】"十三五"期间，重庆市纳入住房城乡建设部资质审批权限下放试点范围。向两江新区下放建设工程施工许可、建筑施工企业安全生产许可证核发等行政审批事项权力；在自由贸易试验区试点开展部分建设工程企业许可事项"证照分离"改革。实现"一个窗口"接件、出件率100%，"一张表单"落实率100%，审批服务事项及申报材料精简率50%以上，审批时限压缩一半以上。全市所有施工企业均纳入诚信评价体系，同时出台《重庆市房屋和市政基础设施工程质量检测信用管理办法》。修订出台《重庆市建设工程造价管理规定》（第307号政府令），制定了安全文明施工、分户验收、竣工档案编制等费用标准；加强了建筑安装材料价格风险管理指导，试点推行施工过程结算、计价依据解释及造价纠纷调解、信息采集发布等制度，编制了2018年计价定额等12部计价依据，形成了专业全覆盖和贯穿工程建设全过程的定额体系。造价信息服务转向公益性电子服务，免费向社会发布40个主要人工材料价格成本指标，工程造价服务水平明显提升。实施农民工工资保证金差异化缴纳政策，推行银行保函缴纳制度，实行"告知承诺制"，"十三五"期间，全市建筑领域累计减免工资保证金284.89亿元。

【建筑市场监管】"十三五"期间，重庆市稳步开展工程质量常见问题专项治理，推进工程质量管理标准化，有效遏制了工程质量事故发生。全市质量监督系统共受理建设工程质量投诉22624件，已办理完毕22615件，按时完结率100%。重庆市房屋市政工程新办理质量监督手续的工程签署"两书"覆盖率为100%，新办理竣工验收备案工程设立永久性标牌和建立质量信用档案达到100%，签署法定代表人授权书、工程质量终身责任承诺书的工程10372项，设立永久性标牌的工程8497项。较大及以上安全生产事故得到基本遏制，自2017年6月至2020年末，连续42个月未发生较大及以上安全事故。出台《重庆城市建设施工现场文明施工标准》等系列制度，累计整治施工围挡56.12万延米，安全网换新约975.03万平方米，裸土覆盖约1043.84万平方米。全面施行农民工工资专用账户管理及银行代发制度，在全国率先构建了省级工资专户管理网络系统，在线实时监测工资专户资金动态及农民工工资代发情况。"十三五"期间，处置农民工欠薪投诉 2625 件，帮助 13.83 万农民工解决欠薪 25.81 亿元，较"十二五"期间分别下降了 63.0%、48.4%和 23.9%。

【"智慧工地"建设】印发《关于推进智能建造的实施意见》（渝建科〔2020〕34 号），发布《智慧工地建设与评价标准》DBJ50/T—356—2020，启用重庆市智慧工地管理平台，提升工程现场智能化和精细化管控水平。构建了覆盖"建设主管部门、企业、工程项目"三级联动的"智慧工地"管理体系，建成智慧工地 3330 个。建成"智慧工地"平台，已收集建筑从业人员实名制信息 129 万条、考勤信息 4286 万条，通过"智慧工地"平台报送处理监理报告 9750 份，对 4.9 万条工程质量验收记录实施了动态监管。

建筑节能与科技

【概况】2020 年，修订发布了重庆市《绿色建筑评价标准》等 4 部绿色建筑地方标准，组织绿色建筑技术培训近 1 万人次，发布了《重庆市绿色建筑创建行动实施方案》，完成了国家能耗总量和强度"双控"考核。

【绿色建筑标准执行】2020 年，绿色建筑占城镇新建建筑的比例已达 57.24%，组织实施高星级绿色建筑 784.89 万平方米（含生态小区 586.93 万平方米），全面完成国家明确的"到 2020 年，绿色建筑占城镇新建建筑的比例达 50%"的目标。

【绿色能源应用】以区域集中供冷供热为重点，继续推进 320 万平方米的悦来生态城、120 万平方米的仙桃数据谷区域集中供能项目加快建设，强化可再生能源建筑应用项目实施质量，2020 年已组织实施可再生能源建筑应用项目 107.98 万平方米，完成全年目标任务。

【既有建筑节能改造】发布《公共建筑绿色改造技术标准》，组织实施既有公共建筑改造面积 127 万 m^2，超额完成全年目标任务。

【绿色建材应用】调整了建筑节能技术备案与性能认定管理方式，组织开展了 80 余项绿色建材评价，启动了绿色建材采用应用数据库建设，将绿色建材应用比例要求纳入了绿色建筑相关标准内容推动落实。

【行业信息化发展】2020 年，全市共有 857 个项目应用了 BIM 技术，征集了 BIM 技术应用示范项目 21 个，组织了第五届 BIM 技术应用竞赛，评选出获奖作品 60 项，有效推动建筑信息模型（BIM）技术正向设计和全生命周期集成应用。

大事记

2 月

重庆市城市建设档案馆新馆库建设项目取得建设工程规划许可证。

5 月

1 日 《重庆市物业管理条例》正式实施。

6 月

6 日 住房和城乡建设部科技与产业化发展中心和重庆市城建档案馆主编的《建设工程档案信息数据采集标准》编号 T/CECS 707—2020 获得中国工程建设标准化协会的批准发行，并于 2020 年 12 月 1 日起实施。

16 日 重庆市被住房和城乡建设部列为全国 36 个城市体检样本城市之一。

7 月

5 日 中央政治局委员、国务院副总理胡春华，中央政治局委员、市委书记陈敏尔赴民安华福公租房社区考察就业创业工作，胡春华高度评价"这种在'家门口'的就业创业模式，贴近老百姓需要，做得很好"。

8 月

4 日 组织召开西南地区样本城市体检工作座谈会。会议由住房和城乡建设部建筑节能与科技司副司长邢海峰主持。

24 日 《重庆市城市轨道交通第四期建设规划（2020—2025 年）》取得国家发展改革委批复。

11 月

重庆市住房和城乡建设委员会、重庆市发展和改革委员会、重庆市财政局、重庆市规划和自然资源局联合编制《重庆市轨道交通 TOD 综合开发实施方案》并印发实施。

20 日 重庆市公租房管理局荣获第六届全国文明单位称号。

12 月

28 日 《重庆市城市综合管廊管理办法》经重庆市人民政府第 124 次常务会议审议通过，并以重庆市人民政府令第 342 号公布。

（重庆市住房和城乡建设委员会）

城乡规划

城乡历史文化保护传承

【概况】截至年底，重庆市有 11 个历史文化街区，20个传统风貌区；23个中国历史文化名镇，30个市级历史文化名镇；1个中国历史文化名村，45个市级历史文化名村，644处历史建筑。

【历史文化保护】完成《重庆市历史文化名城名镇名村保护条例》实施评估。完成全市"历史文化街区划定和历史建筑确定"普查工作，组织对主城棚户区、城中村、危旧改等老旧片区进行全面筛查，作为优秀省市代表在全国"两定"工作调度会上作专题报告。开展新一轮《国土空间总体规划历史文化名城保护专项规划》编制，并开展"重庆市历史文化整体价值研究""重庆建设国家重要文化中心研究"等工作；组织各区县全力推进规划期限至2035年的历史文化资源保护规划的修编以及新增加资源名录的保护规划新编工作；完成"山城江城特色体系研究""长江文化线路（重庆段）保护传承研究""成渝文化廊道研究""自然资源文化纲要"等研究工作。推进两江交汇核心区整体提升、大田湾—文化宫—大礼堂文化风貌片区保护提升、山城步道等专项规划的落地实施；有序推进十八梯、湖广会馆、山城巷、磁器口、金刚碑等一批重点传统风貌街区保护修缮利用和环境品质提升。利用信息技术手段，完成历史文化资源库"一库两平台"建设，为保护规划编制和保护修缮实施提供技术支撑；推进历史文化资源测绘数据建档；完成全市历史文化名镇、名村、街区的实施评估；利用大数据等技术创新开发建立"历史建筑监控管理平台"，逐步实现对全市历史建筑集视频监控、异常预警、视界防护于一体的全方位立体化实时监控。

城市与建筑风貌管理

【城市规划】2020年，中心城区国土空间规划工作聚焦打造"山水之城，美丽之地"总体目标定位，全面推动中心城区国土空间分区规划，组织开展中心城区详细规划编制，制定优化详细规划分级管理办法，建立项目策划生成机制，谋划中心城区城市设计，开展东部生态城规划、西部（重庆）科学城国土空间规划、长江文化艺术湾区策划规划、礼嘉悦来智慧园区域规划、TOD综合开发等专项规划，开展中心城区强度高度密度分区、"四山"管控区优化调整、小街区规制、绿色立体网络体系、主城都市区工业用地等规划研究。推进社区规划师试点，做好2020年度国土空间规划城市体检评估、规划设计单位资质管理工作。

【建筑规划】编制《"千里江岸·山水江城"——重庆市江城江镇江村滨江地带品质提升专项规划》，提出5个总体目标和35条规划指引，进一步提升重庆市江城、江镇、江村滨江地带品质。启动《重庆市江镇滨江地带品质提升规划导则》和《重庆市江村滨江地带品质提升规划导则》编制工作，提出针对性的规划提升导则，实现重庆市滨江地带品质提升规划导则全覆盖。

配合开展"两江四岸"规划建设管理立法工作，建立法定化的刚性约束制度和长效管理机制，维护"两江四岸"有关规划的权威性，保障公共利益，推动规划建设管理工作高效衔接和有效实施，实现一张蓝图干到底。形成《加强主城区"两江四岸"规划建设管理的决定（草案初稿）》。

组织编制《重庆市城市色彩规划方案》，制定《重庆市老旧住宅增设电梯暂行管理办法》，引导公共服务设施合理布局，注重普惠型和差异型公共设施体系构建。

村镇规划建设

【乡镇国土空间规划】2020年，《重庆市乡镇国土空间规划编制规程》形成初步成果，探索乡镇规划与区县国土空间规划上下传导内容。启动乡镇国土空间总体规划试点，梁平区竹山镇在"四山"管控面积不减少的前提下，调整优化布局，编制竹山镇国土空间规划，保障民宿等合理的乡村振兴项目建设需求；万州区恒河乡提出"三条控制线"优化调整方案，在恒河乡国土空间规划编制中予以吸纳；启动石柱县中益乡、城口县东安镇国土空间规划编制，优化建设用地空间布局，助推脱贫攻坚和乡村振兴。

【村庄规划】推进"多规合一"实用性村庄规划编制改革，实现全市行政村规划"应编尽编"。更新《重庆市乡村规划设计导则》，引导新建农房适度集中、建筑风貌融入环境。制订《重庆市村庄规划编制审批办法》，基本形成村庄规划全流程管理体系。制订《重庆市村庄规划编制技术指南》，从规划的主要内容、技术路线、成果形式等方面对规划编制进行规范。

开展村庄规划示范。综合产业基础、交通条件、人居环境、资金投入等情况，结合市级乡村振兴重点镇村，评选出全市村庄规划20个示范村。"实用性村庄规划编制改革"网络投票排名第3，入选2020年重庆市"我最喜欢的10项改革"。

【专项工作】推进"三峡库心·长江盆景"跨区域发展规划实施。完善规划内容，制定实施方案，确定8大重点建设区，制定20项重点建设任务，细化为4大类29项由市级统筹实施的重大项目。

开展《江镇江村滨江地带品质提升专项规划》编制。梳理60个镇500个村价值特征，形成40条品质提升规划指引，着力解决滨江镇村功能及产业提升与发展问题。

启动第四批规划师下乡工作，累计选派59名专业技术骨干进驻镇村。开发"重庆乡村庄规划APP"，重庆市作为全国五个代表之一，在新时代全国乡村庄规划师制度高峰论坛做了经验交流。

以梁平区为试点，开发"步移式"村镇建设用地选址系统。通过信息化手段准确定位乡村建设项目，自动与空间管制要素叠加分析，及时反馈选址的合理性，避免农房建设占用生态保护红线和永久基本农田问题。

（重庆市规划和自然资源局）

四 川 省

概况

【抗击新冠肺炎疫情】 2020年，面对突如其来的新冠肺炎疫情，四川省住建系统在全国率先开展社会源废弃口罩收运处置，全力保障城镇供排水、供气、环卫保洁等正常运行，积极推动复工、复产，迅即开展疫情隔离观察场所和开复工项目集中居住场所安全隐患排查整治。进入常态化防控后，先后制定和落实支持建筑业和房地产业应对疫情冲击、公租房及国有房产租金减免和延期、住房公积金缓交和降比、延长企业资质和人员资格有效期、缓交农民工工资保证金等一批帮扶措施，统筹解决建筑工人返岗受阻、建材供应不足、工地防疫物资匮乏等难题，着力为企业和群众纾难解困，推动建筑业和房地产业快速复苏。全省8家单位、17人被住房和城乡建设部表彰为抗疫先进集体和先进个人。

【脱贫攻坚任务全面完成】 全力推进农村危房改造，建立厅领导对口联系市（州）的挂牌督战机制，实行省、市、县、镇、村5级联动，在不到一个月时间内完成所有建档立卡贫困户住房安全有保障核验及抽查工作，如期完成年度21.90万户、4类重点对象存量危房改造、档案资料规范完善和信息录入等任务，全省188万户建档立卡贫困户均已实现住房安全有保障。持续关心、走访、培训凉山州脱贫攻坚综合帮扶工作队81名住建队员，持续做好定点帮扶工作，帮助得荣县巩固脱贫成果、提升脱贫质量，稳步推进就业扶贫、产业扶贫和消费扶贫。

【房地产市场监管和住房保障工作进一步加强】 建立城市主体责任制，报请省政府出台关于建立房地产市场平稳健康发展城市主体责任制的实施意见，指导各地落实主体责任，全省房地产市场总体平稳。在4个城市开展省级财政支持住房租赁市场发展示范工作。指导成都稳妥处置住房租赁企业"暴雷""跑路"事件，租赁市场秩序逐步规范。狠抓"问题楼盘"化解处置，化解"问题楼盘"438个，占总量的75.30%，为18.20万户居民、6万户商家解决急难愁盼问题。加大住房保障力度，开展政策性租赁住房和政府购买公租房运营管理服务试点，狠抓保障性住房和安置房质量管理，建立住房保障诚信体系，完善公租房动态核查机制，住房保障"两清单、两机制"逐步完善。深化"农民工住房保障行动"，实施"家在四川"人才安居工程，新增保障对象4.20万户，将新市民纳入租赁补贴发放范围的市（州）增至10个。创新制定棚改项目全生命周期管理办法，提前完成10.48万套棚改任务。加强住房公积金管理服务，严格住房公积金全流程监管，服务效能有效提升，总体运行平稳可控。

【城市生态环境持续改善】 加快市政基础设施补短板，完成市政基础设施投资1860亿元，同比增长14.90%。污水垃圾"三推方案"1826个项目，累计完工1824个，城市（县城）污水处理率、生活垃圾无害化处理率分别达95.78%、99.93%。深化污水处理提质增效三年行动，城市污水集中收集率达47%。"厕所革命"三年行动圆满收官，累计新改建公厕1.80万座。持续改善城市人居环境；启动实施绿色社区创建行动，编制完成城市生活宜居指数和住宅设计规范。累计实施城市生态修复"双百工程"2.40万公顷。105个城市黑臭水体全部治理竣工。排查整治铁路沿线环境安全隐患1.30万个，进度居全国前列。3市、2县成功创建国家园林城市（县城），5个缺水城市成功创建国家和省级节水型城市，创建全国无障碍环境示范（达标）市（县、镇、村）9个。大力推进城市生活垃圾分类，健全完善生活垃圾分类标准制度，完成《四川省城乡生活垃圾管理条例》立法调研，垃圾焚烧处理能力占比达54.30%，厨余垃圾处理能力达2715千克/日，成都等3个国家重点城市生活垃圾回收利用率均达36%以上。加强城市排水防涝工作，清淤疏通排水管网1.46万千米，清淤量30.80万立方米，统筹调配全系统防汛救灾力量，有效应对和处置连续暴雨洪涝灾害。

【村镇建设取得新进展】报请四川省委、省政府出台关于推进中心镇改革发展的指导意见，建立厅际联席会议制度。加强建制镇污水处理设施建设和运行管理，建制镇污水处理率达51.60%，除三州外的建制镇污水处理设施覆盖率达90%。探索形成以"二次四分法"为主、多种模式相结合的分类模式，以及集中处理、片区处理和就地就近处理相结合的治理模式。全国农村生活垃圾分类示范县全省增至9个。累计整治非正规垃圾堆放点1618处，销号率99.90%。全省农村生活垃圾收转运处置体系覆盖率达92%。启动农房风貌整治提升试点，进一步规范农村住房建设管理。完成农房安全隐患排查整治第一阶段任务，排查经营性农房26.50万户。开通"四川民居"公众号，探索建立"数字农房"管理服务一体化平台，"互联网+农房设计下乡"取得积极进展。报请省人大审议通过《四川省传统村落保护条例》，甘孜州入选全国首批传统村落集中连片保护利用示范市州。

【建筑业转型升级取得新成效】制定建筑强省工作方案和建筑产业发展规划，在全国率先建立建筑业发展质量评价指标体系。建成全省建筑业发展服务平台，成立驻外区域中心，实现"走出去"服务国内全覆盖。培育发展工程总承包市场，制定工程总承包管理办法，遴选156家企业和125个项目开展试点。新开工装配式建筑4850万平方米，占新建建筑面积22%。开展绿色建筑创建行动，新增绿色建筑面积1.10亿平方米，占新建建筑面积的68%。出台建筑垃圾管理指导意见，建筑垃圾资源化利用水平不断提高。推进产业工人和人才队伍建设，加强建筑工人实名制管理，落实根治欠薪各项制度。出台《四川省建设工程技术人员职称申报评审基本条件》，试点推进施工现场专业人员职业培训。印发完善质量保障体系提升建筑工程品质的实施意见，推行工程质量安全手册制度。建成全省建筑工地扬尘（噪声）监测系统，实现扬尘实时在线监控。推进城市建设安全生产专项整治三年计划，推行安全生产清单制管理，开展"排险除患"集中整治，建立省级"曝光台"，常态化开展"四不、两直"暗访、暗查，建筑施工安全事故起数和死亡人数实现双下降。顺利完成建设工程消防设计审查验收职责承接工作，实现平稳过渡。

【城市更新与治理稳步推进】加快城镇老旧小区改造，建立"五个一"机制，出台10条支持措施，确定40个试点示范项目，全年新开工改造老旧小区4219个、46.50万户做好《四川省物业管理条例》修订工作，出台物业服务行业信用信息管理办法。开展历史文化名城、名镇、名村保护省级立法，完成历史文化街区划定和历史建筑确定工作，实施历史建筑测绘建档三年行动。完成城市建成区古树名木建档挂牌。出台优化城市管理服务引导户外经济有序健康发展的指导意见。城管执法体制改革基本完成。抓好城市体检试点，探索建立体检评估机制，促进城市精细化治理。

【住建领域营商环境持续优化】加快工程建设项目审批制度改革，建成全省工程建设项目审批管理系统（2.0版），并与国家系统实现对接，全省房建和市政项目审批时间平均压减至100个工作日内，全年通过系统受理工程项目1.40万个、审批事项3.30万件。优化省级31项依申请政务服务事项和6项代办事项流程，全年受理网上政务服务事项102万余件，总量居全省前列。全系统办理信访投诉事项20.70万件，未发生影响社会安全稳定的重大集访、群访事件。深化"放管服"改革，房地产领域率先实行资质审批告知承诺制。优化安全生产许可证审批变更事项，实现电子化审查、即时办结。完善施工图审查机构认定流程和执业范围。推行工程保函和保证保险替代现金形式缴纳保证金，实行建筑工人工资保证金差异化管理。并建立全省统一标准电子招标文件体系，实行招投标情况书面报告和投诉在线办理，建立完善招标代理机构信用监管和插手干预招投标登记报告制度，工程建设招投标实现全流程电子化。狠抓行业专项整治，累计排查线索2578条，办结2570条。持续开展建筑市场违法违规行为专项整治，累计排查问题4368个，办结4322个。强力推进建筑企业资质审批系统治理，资质审批制度不断完善。统筹推进工程建设招投标系统治理和工程建设行业专项整治，处罚违法违规单位270家，曝光典型案例83个。

【川渝住建领域合作迈出实质性步伐】加强与重

庆市住建、城管部门合作，分别签署全面合作框架协议，逐步推动合作事项走深走实。设立"川渝住房公积金一体化绿色通道"，在全国率先实现跨省域住房公积金信息数据直联、共享。设立"住房保障一体化绿色通道"，提供两地跨区域申请公租房办理服务。建立"川渝两地房地产展示平台"，在全国率先实现跨省域房地产项目和房源信息共享。实现建筑业从业人员资格互认、信息对接互动，共同举办首届装配式建筑职业技能竞赛。整合川渝两地建设职业教育资源，成立川渝建设职教联盟。

法规建设

【疫情防控与法治保障】 1月25日，四川省住房和城乡建设厅先后下发《关于切实做好新型冠状病毒感染肺炎疫情期间城市环境卫生工作的紧急通知》《关于全力做好房地产行业新型冠状病毒感染肺炎疫情防控工作的紧急通知》《关于切实做好新型冠状病毒感染肺炎疫情建筑工地防控工作的紧急通知》等8个紧急通知，切实做好新冠肺炎疫情防控；先后制定《关于支持物业服务企业做好新冠肺炎疫情防控工作的通知》《关于加强疫情防控积极推进建设工程项目复工的通知》等20余个政策文件，对企业复工复产和人民正常生活恢复进行安排部署。

【法治政府建设】 审议《四川省物业管理条例（修订）》《四川省城乡生活垃圾分类管理条例》等住建领域省级地方立法草案，制定《四川省住房和城乡建设厅示范推动解决住房城乡建设领域地方立法质量不高问题的实施方案》，严格落实全省法治政府建设重点任务台账，对推进全省住建系统法治建设作出具体安排部署，并把法治政府建设任务进行分解落实。

【重点领域立法】 2020年住建领域省级地方立法项目列入省政府计划9个，其中制定项目2个、调研项目7个。根据省政府立法计划，制定立法推进方案，明确住建领域省本级立法项目进度安排和责任人，按月进行督导。《四川省传统村落保护条例》草案报经省政府常务会审查后提交省人大常委会审议，12月底正式公布；《四川省城乡生活垃圾分类管理条例》等7个立法调研项目按要求完成调研成果，并报送省司法厅。开展《四川省物业管理条例》《四川省工程建设项目招标代理办法》立法后评估。制发《示范推动解决住房城乡建设领域地方立法质量不高问题的实施方案》。

【规范性文件管理】 对行政规范性文件的制定、备案、清理进行规范化管理，实行统一编号、统一发布、统一备案。全年对6件省委、省政府代拟文件和14件厅发行政规范性文件出具合法性审查意见，其中已出台实施10件厅发行政规范性文件，均按要求报请备案审查，未出现被确认违法或撤销的情况。

【行政复议和行政应诉】 全年共收到行政复议申请12件，全部办结，纠正地方违法、不当行政行为4件；办理行政应诉案件11件，厅本级具体行政行为未出现诉讼败诉或者被上级机关撤销、确认违法、责令履行的情形。

房地产市场监管

【开发投资】 2020年，四川省全年房地产开发投资7315.31亿元，同比增长11.30%，比全国7%的平均增速高4.30个百分点，其中住宅投资5330.14亿元，占72.90%，同比增长14.30%；非住宅投资1985.17亿元，占27.10%，同比增长4%。

【开工面积】 全省房屋新开工面积13939.74万平方米，同比下降9%，比全国1.20%的平均降幅多7.80个百分点，其中住宅新开工面积9631.06万平方米，同比下降6.40%；非住宅新开工面积4308.68万平方米，同比下降14.40%。

【商品房销售】 全省商品房销售面积13257.75万平方米，同比增长2.20%，比全国2.60%的平均增速低0.40个百分点，其中商品住宅销售面积10902.37万平方米，同比增长4.30%；非住宅销售面积2355.38万平方米，同比下降6.80%。截至12月底，全省商品住宅待售面积8322万平方米，消化周期10个月。

【二手房交易】 2020年，四川省二手房成交面积4235.16万平方米，同比下降3.40%，其中二手住宅成交面积3664.49万平方米，同比下降3.40%；二手非住宅成交面积570.67万平方米，同比下降3.50%。

【新建商品住宅价格】 12月份，全省3个列入国家重点监控的大、中城市，成都市新建商品住宅价格指数同比上涨6.30%，环比下降0.30%；泸州市新建商品住宅价格指数同比下降0.20%，环比下降0.20%；南充市新建商品住宅价格指数同比下降0.90%，环比下降0.10%。

【资金来源】 四川省房地产开发企业实际到位资金10173.17亿元，同比增长8.80%。从资金来源构成看，国内贷款1144.33亿元，同比增长2.30%，占总到位资金的11.20%；利用外资5.60亿元，同比下降14.50%，占总到位资金的0.10%；自筹资金

3291.37亿元，同比增长8.30%，占总到位资金的32.40%；定金及预收款3874.28亿元，同比增长11.20%，占总到位资金的38.10%；个人按揭贷款1761.01亿元，同比增长17.40%，占总到位资金的17.30%；其他资金96.58亿元，占总到位资金的0.90%。

【房地产贷款余额】12月末，四川省房地产贷款余额21322.54亿元，同比增长11.90%，增速较同期下降3.80个百分点，其中个人住房贷款余额14539.55亿元，同比增长14.40%，增速较同期下降3.70个百分点。

【川渝合作平台】搭建"川渝两地房地产展示平台"，被川、渝两地政府列入《成渝地区双城经济圈便捷生活行动方案》，在全国率先实现跨省域房地产项目和房源信息共享。截至12月底，网上点击量达5.60万人次，入驻优质房地产开发企业162家，推出线上销售楼盘356个、面积5100多万平方米，入驻经纪人118名。

【住房租赁试点】指导成都市出台《成都市住房和城乡建设局等9部门关于进一步加强住房租赁市场管理的通知》《关于开展住房租赁资金监管的通知》《关于加强住房租赁企业开业报告管理的通知》，新增专业化、规模化住房租赁企业12家。会同省财政厅，在绵阳、南充、宜宾、泸州4市启动为期三年的省级财政支持住房租赁市场发展示范试点，由省级财政安排补助资金，每市每年给予2000万元财政补助资金。

【房地产市场管理】报请省政府出台《关于建立房地产市场平稳健康发展城市主体责任制的指导意见》，建立房地产市场"监测—评价—问责"体系。全省批准预售商品房面积13880.68万平方米，同比下降0.20%，其中批准预售商品住宅面积10190.49万平方米，同比下降0.60%；批准预售非住宅面积3690.19万平方米，同比增长0.90%。制定物业企业安全责任清单参考模板（1.0版），组织专家力量赴9个市，对1341个企业、2092人次进行现场培训。建立房屋安全风险隐患数据库，录入"四川省房屋质量安全智慧监管平台"有关安全风险隐患数据。开展金堂、芦山县和康定市试点调研、动员培训、电子化考试、系统录入等工作。将小区消防车通道安全治理纳入2020年住房城乡建设系统安全生产监管要点，全省住宅物业管理项目排查15023个；非住宅物业管理项目排查1994个；发现一般隐患5028处，已整治4919处；发现重大隐患131处，已整治71处。

【风险管控防范化解】会同11个部门联合印发《关于分类化解处置房地产领域"问题楼盘"的指导意见》，开展全省"问题楼盘"化解处置专项行动。全省共排查"问题楼盘"582个，化解处置438个，化解率75.30%，帮助18.20万户居民、6万户商家解决了急、难、愁、盼问题。

【中介市场管理】10月27日，省政府办公厅印发《四川省行政审批中介服务"网上超市"建设方案》，计划到2022年底，四川省将实现所有行政审批中介服务网上展示、网上选取、网上竞价、网上签约、网上催办、网上评价，中介服务需求方可在行政审批中介服务"网上超市"与中介服务机构自主交易。

【物业管理】《四川省物业管理条例》修订于12月底报请省政府审议。出台川建行规〔2020〕2、12、13、16号等4个房地产业行政规范性文件，占全厅行政规范性文件总数的25%。会同13个部门联合印发《关于加快物业服务业转型升级助推城市基层治理能力提升的指导意见》。会同省发改委等部门联合印发《关于支持物业服务企业做好新冠肺炎疫情防控工作的通知》，将物业服务纳入社区防控体系。印发《四川省物业服务企业信用信息管理办法》《关于启用全省物业服务企业信用信息管理系统的通知》，全省各市（州）申报物业服务企业7384个，系统录入3853个，占比52.20%。初步确定四川省服务业"三百工程"名单，物业服务企业和服务品牌首次获选"三百工程"。

【既有住宅电梯增设】截至12月底，收到19个市（州）既有住宅电梯增设申请5403部，是前4年既有住宅电梯增设总数的2倍。

住房保障

【保障性租赁住房建设试点】2020年开始，开展保障性租赁住房建设试点，探索在成都、泸州、绵阳、宜宾、南充等5个市开展保障性租赁住房（原政策性租赁住房）省级建设试点，进一步完善新市民住房保障。

【两张清单】截至12月底，全国公租房信息系统已采集导入房源495972套，比2019年底增加2993套；采集保障家庭470262户、749775人，分别比2019年底增加10612户、28078人。"两张清单"初步实现人—房相适。

【公租房】截至12月底，四川省共筹集公租房63.90万套，其中政府投资公租房51.16万套、企业自建公租房12.05万套、长期租赁公租房0.69万套。

在保家庭60.70万户，其中低保、低收入及中等偏下收入家庭45.20万户和新就业无房职工4.90万户，稳定就业外来务工人员10.60万户。"十三五"期间，累计向37.50万户困难家庭发放了租赁补贴5.70亿元，将30多万农民工等新市民纳入公租房保障。城镇低保、低收入家庭基本实现应保尽保。2020年新增保障家庭4.20万户（包括租赁补贴），其中"新市民"群众3.90万户。

【政府购买公租房运营管理服务】截至12月底，四川省3市、2区、2县共7个政府购买公租房运营管理服务均已确定承接主体，制定了绩效评价考核办法，共涉及49个试点小区，覆盖公租房22972套。

【棚户区改造】城镇棚户区改造开工10.50万套，开工率100%；完成投资556.70亿元，其中新开工项目投资366.60亿元、续建项目投资190亿元。下达城市棚户区改造和公租房保障中央、省补助资金15.58亿元，其中中央财政专项补助资金5.83亿元、省级财政专项补助资金3.45亿元、中央第一批基建资金6.30亿元。南充市、遂宁市分别获得2018年、2020年国务院棚改表彰激励。

【人才公寓】2020年，成都市制定《成都市人才公寓租售管理办法》，出台《成都市拍卖土地配建人才公寓管理暂行办法》，进一步拓宽人才公寓筹集建设渠道。筹集建设人才公寓及产业园区配套住房333万平方米，提供住房2.20万套。14个区（市、县）20个达到租售条件的项目，面积合计310万平方米，提供住房1.60万套。

【川渝合作】实施川渝住房保障便捷行动，设立"住房保障一体化绿色通道"，提供两地跨区域申请公租房"无差别受理、同标准办理"服务，共同筹备"川渝安居·助梦启航"信息化服务平台，推进保障政策公开、信用互认、异地网上受理申请。

住房公积金监管

【基本情况】截至12月底，四川省住房公积金实际缴存人数724.47万人，缴存总额8706.21亿元、余额3593.96亿元，累计1527.67万人提取住房公积金总额5112.25亿元，累计向179.70万户家庭发放贷款总额4782.66亿元、余额2910.83亿元，个贷率80.99%、逾期率为0.20‰。累计上缴财政廉租住房建设补充资金185.70亿元。

【缴存贷款和保值增值】四川省全年缴存住房公积金1197.79亿元，新增开户职工93.18万人，246.24万人提取住房公积金772.52亿元，同比增长12.14%。向16.86万户缴存职工发放住房公积金个人贷款671.81亿元，同比增长20.30%。实现住房公积金增值收益58.20亿元，同比增长17.52%，增值收益率1.72%，结余资金683亿元。

【疫情防控】21个市、州出台住房公积金支持政策。截至12月，降低缴存比例、缓缴住房公积金的企业共计6216个，涉及缴存职工59.52万人，缓缴、降低缴存比例、少缴住房公积金10.97亿元，同比分别增长130.91%、94.19%、265.67%。

【川渝合作机制】截止到12月底，川渝两地住房公积金信息共享9824人次，互认、互贷6295人/件，涉及资金4.81亿元，提供缴存证明1607件。联合印发《深化川渝合作推动成渝地区双城经济圈住房公积金一体化发展工作方案的通知》《深化川渝合作推动成渝地区双城经济圈住房公积金一体化发展工作机制的通知》，组建成渝双城经济圈住房公积金一体化发展联合办公室，并召开第2次联席会议。

【成、德、眉、资同城化】建立成（都）、德（阳）、眉（州）、资（阳）住房公积金同城化发展工作协调机制，指导4城市住房公积金管理中心召开协调会，开展同城化工作研究。签署《关于推进住房公积金同城化发展的合作协议》，确定工作范围；制定《成德眉资住房公积金同城化发展2020年工作项目清单》，明确工作内容。

城乡历史文化保护利用与传承

【保护立法】牵头开展并完成《四川省历史文化名城名镇名村保护条例》立法调研报告，指导绵阳出台《绵阳市历史建筑和历史文化街区保护条例》，着力构建全省城乡建设历史文化保护传承政策法规体系。

【名城保护】督促各级历史文化名城完善保护规划编制、审批和备案工作，基本实现全省8座国家历史文化名城、27座省级历史文化名城保护规划全覆盖；协同省文物局完成8座国家历史文化名城评估；推动各地探索建立城市更新改造中历史文化预评估制度，切实完善保护措施。

【要素普查】完成历史文化街区划定和历史建筑确定五年专项行动，全省共划定历史文化街区102片，数量位居全国第一，确定历史建筑1139处，新命名富顺省级历史文化名城1座，报请省政府核定公布第四批历史文化街区62片，推进历史建筑测绘建档三年行动。

【活化利用】指导成都结合历史城区有机更新，推动天府锦城"八街九巷十景"历史城区有机更新项目建设，覆盖42条街巷，串联50个社区、664个老旧院落、28个历史建筑、64个文保单位，总投资达6.30亿元；实现55处历史建筑和工业遗产活化利用，形成一批活化利用典范。

城镇老旧小区改造

【建立完善政策标准体系】报请省政府办公厅印发《关于全面推进城镇老旧小区改造工作的实施意见》；印发《老旧小区改造技术导则》《专项改造规划编制大纲》等技术标准；编印《老旧小区改造工作手册》；在全省范围遴选40个老旧小区改造试点示范项目；初步建立老旧小区改造数据信息系统，提供支撑。11月底出台《支持城镇老旧小区改造十条措施》。

【争取国家资金支持】四川省有4193个老旧小区、46.27万户纳入2020年度中央补助支持改造计划，数量排全国第三位。争取中央财政补助资金约22亿元、中央预算内投资约50.70亿元，合计72.70亿元。

【扎实推进项目建设】先后分7批赴12个市指导调研改造工作，帮助解决问题。会同省发展改革委、财政厅印发《关于开展城镇老旧小区改造试点示范工作的通知》，确定了40个试点示范项目。纳入2020年改造计划的小区11月底前全部开工，全年实际新开工改造46.50万户，超额完成年度目标。

城市与建筑风貌管理

【生态园林城市创建】下发《关于开展2020年园林城市系列创建申报工作的通知》，命名10个省级重点公园、10个省级生态园林村、106个省级园林式居住小区（单位），全省城市建成区绿地率达到36.90%、绿化覆盖率达到41.90%、人均公园绿地面积达到14平方米。

【城市古树名木保护】在全省市、县建成区开展新一轮城市古树、名木调查认定工作，与省林草局联合上报省政府认定公布全省城市和乡村共10720株一级古树和91株名木，指导各地完成市、县建成区内古树名木"一树一档"建档挂牌工作。

【城市生态修复"双百工程"】积极实施城市生态修复"双百工程"，建设规模超2.40万公顷，累计完成投资额296.40亿元。指导宜宾、泸州、攀枝花市共完成130.40千米长江岸线生态综合治理和466.24公顷长江岸线滨河绿地建设。

【推进城市绿道体系建设】充分发挥好绿廊的生态、旅游、交通、科普教育等多种功能，初步形成融合生态景观、慢行交通、文体娱乐、时尚消费、文化创意等多种功能的绿色脉络，全省城市绿道建设累计超过7500千米。

【川渝园林领域合作】与重庆市城管局签订《推动成渝地区双城经济圈建设城市管理领域一体化发展合作框架协议》，积极组织住建园林系统参展"中国（重庆）第三届长江上游城市花卉艺术博览会"，与重庆市合作组建"双城和鸣"特展区，共同展示成渝双城经济圈城市生态环境建设和园林产业发展成果。

城市体检评估与城市更新

【城市体检】指导成都、遂宁有序开展城市体检工作，形成2020年城市体检报告，为全省城市体检指标体系建设奠定工作基础，明晰了城市更新先期工作的实践路径。

【城市雕塑建设管理】印发《关于全面排查大型城市雕塑项目建设管理情况的通知》，组织各地全面开展特大型城市雕塑、大型城市雕塑建设管理情况排查；助力攀枝花三线建设英雄纪念碑建设。

建设工程消防设计审查验收

【机构设置】省委机构编制委员会于8月批准增设建设工程消防监督管理处，于9月批准四川省勘察设计审查中心更名为四川省建设工程消防和勘察设计技术中心，在承担原职能职责基础上增加建设工程消防设计审查验收的技术服务职责。

【监管工作"大会战"】召开全省建设工程消防监管工作"大会战"动员部署会，开展为期半年的全省建设工程消防监管工作"大会战"行动。完成《四川省建设工程消防设计审查验收实施细则（试行）》《四川省特殊建设工程特殊消防设计专家评审管理规定（试行）（送审稿）》；与省大数据中心多次会商，实现与工程建设项目审批管理系统有效对接。

市政建设与管理

【城市路网】截至12月底，四川省城市（县城）道路累计长度突破3万千米，道路面积达到6.50亿平方米，增长近60%，人均道路面积16.50平方米，增长31.90%。成都市四环以内快速路网实施里程完成率达89%，主干路网实施里程完成率达100%，"环+射"的骨干路网体系基本形成。绵阳市建成区道路面积率由2015年的12.93%提升到2020年底16.16%，路网密度由2015年的6.68千米/平方千米提高到2020年的7.91千米/平方千米；绵阳市已建成新区"四纵、四横"骨架道路35条共38.20千米，建成各类道路配套管网超过200千米。

【城市桥梁】泸州市长江二桥及连接线工程西连接线正在进行路面施工，完成投资约7.81亿；长江六桥及连接线工程北连接线竣工通车，南连接线正在进行附属工程施工，完成投资约4.05亿元；长江五桥及连接线工程已完成方案设计及审查；已完成茜草长江大桥东岸互通立交（二期）工程、茜草片区市政道路（西区）、泸州城北高铁枢纽站周边配套市政道路工程（二期）前期勘察设计。绵阳市双碑大桥、八家堰大桥等项目全线通车，桥梁改造项目全面完成。内江市黄荆坝大桥、银杏桥、玉峰桥等3座桥梁建成投用。

【轨道交通】成都市新增轨道交通运营线路5条共216千米，地铁开通运营里程从66千米增至518千米，有轨电车运营里程39千米，轨道交通总里程跃居全国第四。5条地铁线共216千米实现开通运营，年开通里程突破全国纪录，第四期建设规划8个地铁项目共176千米全部实现开工。

【市政设施】四川省累计建成排水管道10.40万千米，增长315%，558个重要易涝点已整治440个，剩余118个正按时序推进，77个排水防涝重点项目全面完成。供水管道长度达到6.67亿千米，综合生产能力1788万立方米/日，城市（县城）供水普及率达95.90%；地方政府3天储气调峰能力达到1.54亿立方米，建成城市（县城）燃气管线1.90万千米，年输气能力达到450亿立方米，燃气普及率达93.80%。1826个污水垃圾"三年推进方案"项目建设，累计完工1824个，完成投资872.10亿元。启动首批10个市、县生态环境建设试点，城市生活污水集中收集率达到48.20%；报请出台新一轮城镇生活污水垃圾处理设施建设三年推进方案；出台《四川省绿色社区创建行动实施方案》，全面启动绿色社区建设。

【公共设施】全国第一批停车场试点示范城市工作稳步推进，39个智慧停车场开工建设，将提供停车泊位1.80万个。建成充电桩3.40万根，新、改建公共厕所4893座。成都市31个重大文化设施项目建设全面铺开。13个新建场馆、36个改造场馆等50多个为世界大学生运动会提供硬件支撑的重大体育项目加快建设。居住区基本公共服务设施项目新建3338个，建成区规划实施率提升至80.70%，其中中小学、幼儿园新建809所，新增学位52.50万个。

【海绵城市】四川省累计建成海绵城市789平方千米。遂宁市制发《2020年海绵城市建设实施方案》，加快推进102个在建项目建设，完成《遂宁市海绵城市建设与管理条例》起草并上报市人大立法审议。截至12月底，市中心城区海绵城市建设改造面积26.85平方千米，占中心城区建成区面积的30.86%。射洪市和蓬溪、大英县海绵城市完工面积占城市建成区面积比例分别达20.41%、26.48%、20.15%，均超额完成年度目标任务和国务院指标要求。

【综合管廊】四川省累计建成地下综合管廊1148.50千米。成都市累计开工地下综合管廊278千米，建成廊体179千米，约45千米管廊实现管线入廊运行。遂宁射洪市完成10.10千米管廊建设，河东新区启动建设综合管廊7.47千米。

【节水城市创建】全年培育、创建节水型企业（单位）332家、节水型小区188个。成都、遂宁等5个缺水城市成功创建国家级节水型城市。

【城市管理】出台《城市污水处理设施运营管理办法》，强化城市道路扬尘治理，印发《关于加强脏车入城和在城市道路上行驶管理降低城市道路扬尘的指导意见》。制定《关于优化城市管理服务引导户外经济有序健康发展的指导意见》，实行包容审慎执法。

【川渝合作】分别与重庆市住建委、城市管理局签署全面合作框架协议，在设施共建等9方面达成合作意向；与重庆市住建委就住房保障、公积金一体化、城乡建设博览会、职教联盟等方面进行深度合作。相继签署《成渝两地城市管理领域战略合作框架协议》《万达开川渝统筹发展示范区城市管理领域协同发展合作备忘录》，推动川渝合作走深走实。

村镇建设

【法制建设】2020年，出台《四川省传统村落保护条例》，使传统村落保护纳入法制化、规范化轨道。成都市印发《成都市农村住房建设质量安全管理办法（试行）》；绵阳市研究制定《加强农房建设与宅基地管理工作方案》；雅安市住建局牵头起草的《雅安市农村生活垃圾分类处理若干规定》于2021年1月1日起正式实施。

【脱贫攻坚住房安全保障】全面完成全省2019年4类重点对象存量危房改造任务21.90万户，其中藏区新居0.98万户、彝家新寨2.17万户；188万户建档立卡贫困户住房安全有保障核验工作全面完成；农村危房改造"一户一档"资料得到规范；省委"两不愁、三保障"回头看大排查发现住房安全保障问题6.90万个和国家五部委农村危房改造回头看排查等问题台账已实现全部清零。

【百镇建设行动】德阳市26个百镇建设试点镇

完成基础设施建设投资13.16亿元，就近吸纳转移农业人口0.97万人；带动全市小城镇完成基础设施建设投资15.15亿元，就近吸纳转移人口1.82万人。泸州市摩尼、太伏、天仙、奇峰、黄荆5个镇正式命名为四川省第二批扩面增量"百镇建设行动"新增试点镇，省"百镇建设行动"试点镇达到25个；完成小城镇基础设施建设投资15.50亿元、公共服务基础设施投资5.60亿元，引导特色产业投资37亿元。宜宾市30个"百镇建设行动"试点镇2020年完成基础设施和公共服务设施建设投资共49.90亿元，有效吸纳农业转移人口10.58万人，产业投资增长263.83亿元。

【特色小镇创建】全年攀枝花市有12个镇通过省级考核验收。遂宁市启动第二批"生态宜居城镇建设"评估验收，验收通过花园小镇4个、生态小镇6个，累计建成花园小镇5个、生态小镇15个。

【中心镇创建】绵阳市出台《关于推进中心镇改革发展的实施意见》。内江市研究出台《关于加快推进中心镇建设的实施方案》，筛选出12个镇争创"省级百强中心镇"。

【传统村落保护】甘孜州被确定为第一批全国2020年传统村落集中连片保护利用10个示范市、州之一，获中央财政补助资金1.50亿元。成都市完成古镇、古村落资源普查，形成《成都市古镇古村落调查及保护利用策略研究报告》，10个中国传统村落全部实现挂牌保护。广元市新增挂牌保护历史建筑118处，编制传统村落保护规划59个，完成全市第一批47处乡土建筑评选、评审和保护。雅安市完成17个中国传统村落数字博物馆建设和挂牌保护工作。广安市完成11个中国传统村落挂牌保护工作。

【最美古镇古村落创建】开展第三批最美古镇、古村落创建工作，形成"四川最美古镇、古村落"品牌。成都市双流区黄龙溪镇、大邑县安仁镇获评第三批"四川最美古镇"。内江市东兴区平坦镇十里村、资中县罗泉镇禹王宫村成功进入四川省第三批"四川最美古村落"名录。雅安市荥经县新添镇新添村、芦山县双石镇围塔村、雨城区碧峰峡镇后盐村、草坝镇范山村、望鱼镇望鱼村5个传统村落列为第三批"四川最美古村落"。广安市广安区石笋镇石笋社区成功申报为第三批"四川最美古村落"。木里县俄亚纳西族乡大村被列入第三批"四川最美古村落"名单。

【农房建设】截至12月底，四川省累计完成26.60万户用作经营农村自建房摸底排查和信息录入工作，信息系统行政村排查覆盖率100%。推进"互联网+农房设计下乡"活动，"四川民居"公众号关注量已超过6万人。累计建成100余栋绿色节能的现代夯土和轻钢装配式农房。内江市66932户建档立卡贫困户住房安全保障情况全部录入检索信息系统，并完成核验。

【农村危房土坯房改造】2020年，四川省农村土坯房改造共计开工55.60万户，竣工53.21万户。攀枝花市"4类重点对象"农村危房改造竣工2233户，危房改造任务如期完成；省级下达攀枝花市土坯房改造目标任务13028户全部完成。达州市累计实施建档立卡贫困户等4类重点对象农村危房改造8.23万户，通过新村建设实施土坯房改造4.90万户，完成22.26万户住房安全鉴定，抽查2356户，建档立卡贫困户农村危房实现"动态清零"。广元市完成7147户农村经营性房屋安全隐患排查，完成土坯房改造61480户，超省目标任务2575户。

【乡镇污水垃圾处理设施】年内，四川省三推乡镇污水垃圾处理设施建设项目累计完工3958个，完工率为100%；累计完成投资203亿元。污水处理设施覆盖率达82%，其中18个地级市为90%、三州为41%；建制镇污水处理率达51.60%。德阳市建制镇污水处理能力达到6.90万千千克/日，污水处理率达到75%以上。绵阳市乡镇生活垃圾设施收、转、运覆盖率100%。雅安市57个建制镇基本实现污水处理设施全覆盖，污水处理率达51%。

【农村生活垃圾分类处置】年内，四川省92%的行政村生活垃圾得到有效治理，全国生活垃圾分类及资源化利用示范县全省新增2个，达到9个。印发《关于推进全省农村生活垃圾分类和处置工作的指导意见》。整治非正规垃圾堆放点1618处，整治销号率99.90%。雅安市完成100个"高岗村模式"示范村评选，生活垃圾收、转、运和处置体系覆盖率达到95%以上。名山区成功创建全国第二批农村生活垃圾分类和资源化利用示范县。绵阳市指导全市1582个行政村将农村生活垃圾治理纳入村规民约，全年完成新、改建农村生活垃圾分类收集点8324个，新增生活垃圾收集车969台，行政村生活垃圾得到有效治理，比例达到99%。

标准定额

【概况】2020年共计立项编制标准48项，其中修编4项，评审通过25项，发布27项。

【装配式建筑】编制完成《四川省混凝土结构居住建筑装配式装修工程技术标准》《四川省塔式起重机装配式基础技术标准》《装配式钢结构城市地下综

合管廊工程技术标准》。

【质量监督安全生产】编制完成《四川省房屋建筑和市政基础设施建设工程质量监督标准》《四川省建筑与桥梁结构监测实施与验收标准》；立项《四川省既有建筑外墙饰面安全性检测鉴定标准》《内爬式塔式起重机安装使用拆卸安全技术规程》。

【技术创新】编制完成《四川省不透水土层地下室排水卸压抗浮技术标准》《四川省城镇节段预制超高性能混凝土梁桥技术标准》《四川省城市轨道交通工程整体预制简支箱梁施工技术标准》《玄武岩纤维及其复合材料应用技术标准》《筒仓式地下停车库工程技术标准》，立项《内嵌式中低速磁浮交通系统设计标准》。

【精细化管理】编制完成《四川省城镇污水处理厂运行管理标准》《四川省高速公路服务区规范化建设标准》等；立项《四川省住宅设计标准》《四川省智慧物业基础数据标准》《四川省智慧物业共用设施设备编码标准》《四川省智慧工地建设技术标准》《四川省建设工程造价电子数据标准》（修编）。

【建筑节能】编制完成《四川省被动式超低能耗建筑技术标准》《四川省不燃型聚苯颗粒复合板建筑保温工程技术标准》《四川省海绵城市建设工程评价标准》等；立项《四川省钢丝网架模板现浇混凝土复合保温系统技术规程》《攀西地区民用建筑节能应用技术标准》。

【抗震设防】编制完成《四川省地震烈度9度区建筑轻质墙体技术标准》《四川省城市轨道交通桥梁减隔震支座应用技术标准》《四川省抗震设防超限高层民用建筑工程界定标准》等。

【川渝合作】推进川、渝地区工程建设地方标准一体化建设，起草《川渝两地工程建设地方标准互认工作指导意见》，启动川、渝两地工程建设地方标准互认清单。

工程质量安全监管

【基本情况】依据房屋建筑质量安全监管平台，排查城市既有房屋建筑1亿平方米。

【安全监督】联合省市场监管局开展建筑施工、起重机械、轨道交通工程安全隐患专项整治，全面推行安全生产清单制管理。严格落实《四川省危险性较大的分部分项工程安全管理规定实施细则》，强化危大工程专项施工方案编制、审核、论证、执行等过程管控。加强对企业安全生产条件核查力度，约谈并暂扣安全生产许可证35家。针对安全生产事故企业立案35件，作出行政处罚决定30个，对违反危大工程管理规定暂扣安全生产许可证的立案3件。

【质量监督】印发《关于完善质量保障体系提升建筑工程品质的实施意见》，提出22项改革任务。编制《四川省工程质量安全手册实施细则（试行）》。全省新办理质量监督手续工程全部签署法定代表人授权书、工程质量终身责任承诺书；新办理竣工验收备案工程全部设立永久性标牌。开展检测机构人员信用评价和检测机构专项整治。在成都市开展工程质量保险试点。

【隐患整治】推进建筑施工起重机械专项治理2年行动。开展起重机械专项检查61次，抽查20个市（州）92个工程项目、104台设备，发现安全隐患414项，责令停用或拆除48台。开展决战、决胜凉山州脱贫攻坚农房建设质量安全巡检百日攻坚行动，督促整治农房建设质量安全隐患3053项。截至12月底，全省农村房屋安全风险排查完成，共排查行政村2.70万个，排查用作经营的农村自建房26.50万户，发现存在安全隐患2609户，全部采取转移人员、停止经营、维修整治等措施消除安全隐患。

【工程创优与标准化工地创建】2020年，四川建筑企业获国家"鲁班奖"5项、"国家优质工程奖"12项、"天府杯奖"90个。创建省级安全生产文明施工标准化工地224个。

建筑市场监管

【行业发展】2020年，四川省建筑业完成总产值15612.70亿元，同比增长6.40%，较全国平均水平高出0.20个百分点；全国建筑业总产值为263947亿元，四川占比5.91%，较2019年度提升0.01个百分点，排名保持全国第五、西部第一。全年实现建筑业增加值4277.50亿元，按可比价同比增长3.20%，占全省地区生产总值（GDP）的8.80%，占比与2019年度持平。经济贡献率为6.72%，较2019年度提高0.22个百分点。房屋建筑工程完成产值10467.90亿元，同比增长1.90%，占总产值比重67%，占比较2019年度下降3个百分点。全省建筑业完成竣工产值6690亿元，同比增长8.80%，竣工率42.80%，较2019年度上升0.80个百分点。

年内，四川省建筑业签订合同额36668.5亿元，同比增长13.3%，其中2019年结转合同额16509.5亿元，本年新签合同额20159亿元，较2019年度同期分别增长13.80%和12.80%。全国建筑业劳动生产率为422906元/人，同比增长5.80%；四川建筑业劳动生产率为342207元/人，同比下降2.80%，增速低于全国平均水平8.60个百分点。

2020年，成都经济区建筑业完成总产值7662.10亿元，同比增长7.20%，占全省建筑业总产值的49.08%，占比上升0.37个百分点；川南经济区建筑业完成总产值3304.30亿元，同比增长6.60%，占全省的21.16%，占比上升0.03个百分点；川东北经济区建筑业完成总产值3983.50亿元，同比增长4.90%，占全省的25.51%，占比下降0.39个百分点；攀西经济区建筑业完成总产值571亿元，同比增长5.70%，占全省的3.66%，占比下降0.02个百分点；川西北经济区建筑业完成总产值91.60亿元，同比增长9%，占全省的0.59%，占比上升0.01个百分点。2020年，成都市建筑业完成总产值5822.70亿元，同比增长7.40%，增速高出全省平均水平1个百分点，占全省比重上升0.40个百分点至37.30%，为近5年来首次上升。泸州（1500.80亿元）和南充（1412.29亿元）分别排名省内二、三位。绵阳（813.20亿元）、巴中（704.70亿元）、宜宾（703.20亿元）、达州（615.80亿元）、遂宁（517.10亿元）完成总产值均超过500亿元。21个市（州）全部实现产值正增长。

印发《四川省住房和城乡建设厅关于进一步促进民营建筑企业健康发展的通知》，加大纾困解难力度，引导民营建筑业企业在加强管理、人才培养等多方面创新，支持民营建筑业企业拓展城镇老旧小区改造以及新型基础设施建设领域业务，推动民营建筑业企业转型升级和提质增效。清理对民营建筑企业生产经营活动设置的不平等限制条件，在全省范围内梳理近几年出台的建筑领域政策文件，整改、废除违反公平竞争原则的条款。将工程建设领域暂缓缴存农民工工资保证金政策执行期限延长至年底，缓解民营企业资金压力。

【企业经营】年内，特级资质企业建筑业完成总产值2256.30亿元，同比增长28.10%；一级总承包资质企业完成建筑业总产值5079.10亿元，同比增长9.10%；特级和一级施工总包资质企业建筑业完成总产值7335.40亿元，产业集中度为47%，较2019年度上升3.30个百分点。

四川省有2376家建筑业企业完成产值超过亿元，完成总产值共14136.70亿元，占全省总产值的90.50%；签订合同额共33914.60亿元，占全省签订合同额的92.50%；完成竣工产值共6005.30亿元，占全省竣工产值的89.80%。产值1亿~10亿元的企业2129家，10亿~50亿元的企业219家，50亿~100亿元的企业17家。产值超百亿元的企业有11家。

截至12月底，全省新增特级施工总承包企业2家，达30家，其中双特企业3家、三特企业3家。特级资质数量达40项，其中建筑工程19项、公路工程7项、水利水电工程4项、铁路工程3项、市政工程5项、冶金工程2项。新增一级施工总承包企业44家，达813家。总承包一级资质1172项，其中建筑工程677项、公路工程77项、市政工程304项、铁路工程5项、港口与航道工程1项、水利水电工程15项、电力工程16项、矿山工程12项、冶金工程2项、石油化工工程6项、通信工程20项、机电工程37项。

【市场拓展】2020年，四川建筑业企业省外完成产值2874.20亿元，同比下降2.10%，占总产值的18.40%，外向度较2019年下降1.60个百分点，比全国平均值（34.50%）低16.10个百分点，差距较2019年度扩大1.70个百分点。在12个省份完成产值实现增长；18个省份完成产值同比下降。云南、贵州、重庆和广东仍然是川企省外完成产值前4名。四川境外承包工程完成营业额51.80亿美元，同比下降18.50%；对外承包工程新签合同额62.40亿美元，同比下降66.50%。11月10日，召开"全省建筑业企业'走出去'发展工作会"。对近三年对外开拓的100家先进企业、100名优秀企业经理和200名优秀项目经理进行了表彰。开发建设"四川省建筑业发展服务平台"网站。

市场监管

【建筑市场秩序】开展建筑业企业资质条件核查，对3000余家不满足资质条件的企业进行公示，督促整改。持续开展建筑市场违法、违规行为专项治理两年行动。截至12月底，累计检查在建工程项目5.30万个（次），排查乱点、乱象4368个，整改办结4322个；对11901名注册建造师的执业资格和执业行为进行了双随机检查；记录不良行为1704次，涉及685个建筑类企业和531名从业人员。

【建设工程招标投标管理】印发《关于加强房屋建筑和市政工程招标文件监督工作的通知》，明确监督重点；印发《关于办理房屋建筑和市政工程招标投标情况书面报告有关事项的通知》，明确办理流程，规范监管职责；修订《四川省房屋建筑和市政基础设施工程招标投标活动投诉处理办法》，统一处理标准。建立全省统一标准电子招标文件体系，实现招标、投标全流程电子化。完善招标代理机构信用监管，规范招标代理市场。推进招、投标领域廉政建设。开展房屋建筑和市政工程招、投标领域突出问题系统治理,项目自查8182个,核查3316个,核查比例达到40.50%,发现问题项目1303个;抽查777个,发现问题项目476个,全系统共收到信访举报线索448条。系统治理期间,全省项目核查和信访举报问题线索处理完成并办结1584条。全省住建系统处罚违法、违规问题项目152个,处罚单位270家(其中对招标代理机构处罚36家)、个人50人,罚款金额1405.05万元,不良行为记录119家(其中招标代理机构37家)。

【建设工程造价管理】完成四川省"20定额"编制任务并正式出版发行。出台《四川省住房和城乡建设厅关于房屋建筑和市政基础设施工程推行施工过程结算的通知》。出台《四川省住房城乡建设厅关于改进和完善建设工程定额计日工单价和人工费调整工作的通知》,发行《四川工程造价信息》12期,发布材料信息价格31万余条和人工费调整文件、造价指数各2次。印发《四川省建设工程造价总站关于进一步做好新冠肺炎疫情防控期间建设工程施工合同管理的指导意见》。开发"四川省材料价格信息大数据动态分析系统""典型工程造价测算平台",做好20定额人工费调整系数和计日工单价测算工作。在"四川省工程造价监管与信用一体化工作平台"中收集备案业绩4万余条。招标控制价网上备案1002条,工程竣工结算网上备案1447条。计价依据解释处理和造价争议调解2600多件,涉及争议金额约22亿元。

【建设工程总承包】出台《四川省房屋建筑和市政基础设施项目工程总承包管理办法》,印发《四川省房屋建筑和市政基础设施项目工程总承包推进工作方案》。遴选156家工程总承包试点企业和125个工程总承包试点示范项目,大力推进工程总承包试点。

【拖欠农民工工资行为根治】落实《保障农民工工资支付条例》,形成根治欠薪核心制度。通过开展根治拖欠农民工工资春季、冬季行动,参加根治拖欠农民工工资督导,加大欠薪案件排查,严厉打击恶意欠薪行为。全省住建系统查处拖欠农民工工资案件668件,解决拖欠工资3.40亿元,涉及农民工1.30万人。

装配式建筑

【生产基地与行业发展】2020年,四川省建成装配式混凝土生产基地34家,年产能468万立方米;建成装配式钢结构生产企业65家,年产能247万千克/年。全省新开工装配式建筑4850万平方米,占全年新建建筑的22%,占比较2019年度提高6.40个百分点。

【钢结构装配式住宅建设试点】在成都、绵阳、宜宾、广安市和甘孜、凉山州深入开展钢结构装配式住宅建设试点,确定12个装配式建筑示范项目,全年新开工钢结构装配式住宅103万平方米。

【装配式建筑示范评选】宜宾市和4家企业分别被住房和城乡建设部评为国家装配式建筑示范城市和装配式建筑产业基地,8个项目入选住房和城乡建设部《装配式建筑评价标准》范例项目。

人才培养

【执业资格注册】全年新增建筑工程类执业资格注册人员1.62万人,年末共有注册建筑师0.32万人、注册勘察设计工程师0.99万人、注册建造师24.36万人、注册监理工程师1.68万人、注册造价工程师1.31万人。

【职业教育培训】2020年,全省新增建筑工人培训合格17.62万人、职业技能鉴定合格人员0.35万人、建筑施工企业"安管人员"7.54万人、建筑施工特种作业人员1.95万人,年末相关管理或技能人员共有290.26万人。

【建筑产业工人培育】持续推进建筑产业工人队伍培育试点,积极培育建筑产业工人队伍。叙永县共投入资金2476.60万元,3年共培训建筑工人13365次,输出建筑产业工人5.20万人,年创收35亿元。

【首届川渝住建行业职业技能竞赛】11月3日至5日,四川省住房和城乡建设厅、重庆市住房和城乡建设委员会联合主办的2020年川渝住房城乡建设行业装配式建筑职业技能竞赛暨四川技能大赛2020年"川建工"职业技能竞赛在中国五冶(成都)建筑科技产业园成功举行,竞赛分为职工组和学生组,设混凝土工、砌筑工、架子工、建筑信息模型技术员等4类、7个竞赛项目,共122支队伍参加竞赛。经过公平公正竞赛及严格规范评审,最终463名获奖个人和106家单位获奖。

勘察设计与建筑节能

【政策法规】制定出台《四川省房屋建筑和市政基础设施工程抗震设防专项审查评审专家抽取管理试行办法》;完成《关于进一步加强房屋建筑和市政基础设施施工图审查管理工作的通知》的修订工作和《四川省建设工程消防设计审查验收实施细则(送审稿)》《四川省特殊建设工程特殊消防设计专家

评审管理规定（试行）（送审稿）》。

【违建别墅清查整治】组成督导组，对责任片区开展6轮专项督导，参加省委、省政府暗访组行动各1次，共核查项目426个，下发工作督导函7份，处置违法在建项目1个。下发《关于切实做好违建别墅清理整治工作的通知》。

【建筑物抗震】制定《四川省房屋建筑抗震设防专项审查技术要点》，填补了四川省抗震设防专项审查无相关审查标准的空白。制定《四川省房屋建筑和市政基础设施工程抗震设防专项审查评审专家抽取管理试行办法》。截至12月31日，共组织抗震设防专项审查项目518个，一次性审查通过率为60%，修改率为37%，复审率为3%，提出修改意见和建议3000余条。有效提升了勘察设计质量。截至12月，共组织30项超限高层建筑抗震设防审查、532项新建房屋建筑与市政基础设施审查论证。

【建设科技】编制《关于成立四川省住房城乡建设领域创新工作领导小组的通知》《关于推动住房城乡建设领域创新发展的工作方案》。编制完成《四川省不透水土层地下室排水卸压抗浮技术标准》《四川省城市轨道交通桥梁减隔震支座应用技术标准》等7项标准。在成都、绵阳、宜宾、广安市和甘孜、凉山州深入开展钢结构装配式住宅建设试点。编制完成四川省《推进建筑信息模型（BIM）技术应用指导意见》初稿。在调研成果基础上编制了四川省省本级城市信息模型（CIM）基础平台（一期）建设方案（建议稿）。

【建筑节能】编制《四川省被动式超低能耗建筑技术标准》《四川省不燃型聚苯颗粒复合板建筑保温工程技术标准》等5项技术标准。会同省发改委等8个部门编制《四川省绿色建筑创建行动实施方案》。出台《关于加强城市建筑垃圾管理与资源化利用的指导意见》，明确建筑垃圾排放和资源化利用"双控指标"。2020年眉山市新增绿色建筑面积1202.22万平方米。全市累计建成绿色建筑面积4377.97万平方米。内江市新增绿色建筑550.50万平方米，占新建建筑面积的81.10%。雅安市新开工建筑面积72.73万平方米，其中绿色建筑面积66.71万平方米，绿色建筑占新建建筑比重为92%。

【散装水泥发展】6月印发《四川省散装水泥发展应用专项规划编制导则》。2020年，全省累计推广散装水泥7800万吨，水泥散装率达60%，圆满完成目标任务。据测算，全年全省因发展散装水泥节约标煤177.50万吨、减少粉尘排放78.40万吨、二氧化碳排放468万吨、二氧化硫排放1.50万吨，实现综合经济效益35.20亿元。2月4日，印发《关于加强全省预拌混凝土和预拌砂浆企业节后复产疫情防控工作的通知》，督促和指导预拌混凝土和预拌砂浆企业有序复工复产。到2月底，全省预拌混凝土和预拌砂浆企业复工复产达到75%以上，有效保障全省建设项目复工复产对预拌混凝土和预拌砂浆的需求。6月8～12日，开展全省散装水泥宣传周活动，大力宣传《四川省散装水泥管理条例》和《四川省绿色环保搅拌站建设、管理及评价标准》。全省预拌混凝土、预拌砂浆搅拌站的扬尘噪声监测设备和远程视频监控设备安装率达到80%以上。全省搅拌站绿色环保达标率达到60%以上。印发2020年散装水泥工作要点，健全预拌混凝土质量安全监管体系。2020年各市（州）城市建成区范围内新开工项目的巡查率100%，对违规行为的处罚率100%，修订《四川省建筑市场责任主体不良行为记录管理办法》，进一步完善散装水泥行业信用管理手段。

人事教育

【机构改革】经省委编办批复同意，省住建厅成立建设工程消防监督管理处；将直属自收自支事业单位四川省勘察设计审查中心更名为四川省建设工程消防与勘察设计技术中心，核定为公益一类事业单位。承接消防职能的机构框架搭建基本完成。省住建厅2家经营类事业单位的改制工作进展顺利。省住建厅30家直属事业单位，涉及撤销、合并17家单位，改革占比达57%。

【干部管理】实施四川省深度贫困地区干部教育培训帮扶三年计划，2020年分别在成都市和西昌市共培训250人次。全年累计培训干部2053人次；选派30名干部参加省委组织部、住房和城乡建设部年度系列培训活动。修订完善《事业单位内设科室及科室领导干部任用管理办法（试行）》。

【人才培养】出台《四川省建设工程技术人员职称申报评审基本条件（试行）》。基本建成四川省建设工程职称评审信息查询系统，有效遏制职称证书造假乱象。建成住建厅专家库信息管理系统，完成厅专家库首次推荐工作，共聘用2072名专家。确定29家试点单位启动实施施工现场专业人员职业培训试点工作。截至11月26日，全省共计颁发《住房和城乡建设领域施工现场专业人员职业培训合格证》1.90万余本。印发《四川省住房城乡建设领域职业技能提升行动计划实施方案》。成立川渝建设职教联盟。

新型城镇化

【概况】 编制出台《四川省新型城镇化规划（2014—2020年）》《四川省城镇体系规划（2014—2030年）》；报请省委、省政府印发《关于加强城市规划建设管理工作的实施意见》《关于深入推进新型城镇化建设的实施意见》，出台《四川省推动农业转移人口和其他常住人口在城镇落户方案》。截至年底，全省百万以上人口城市达到7个，形成由1个特大城市、6个大城市、8个中等城市、138个小城市和1978个小城镇构成的城镇体系；全省常住人口城镇化率达55%左右，五年累计促进500余万农业转移人口市民化。

【城乡建设与治理】 加强城市市政基础设施建设，完成投资1833亿元。新增轨道交通运营线路5条、216千米，1826个污水垃圾"三年推进方案"项目建设，累计完工1824个，完成投资872.10亿元，建成充电桩3.40万根，新（改）建公共厕所4893座。启动首批10个市、县生态环境建设试点；城市生活污水集中收集率达到48.20%；报请出台新一轮城镇生活污水和城乡生活垃圾处理设施建设三年推进总体方案；出台《四川省绿色社区创建行动实施方案》；排查整治铁路沿线环境安全隐患问题12819个。

累计清淤疏通城市排水管网1.40万千米、暗涵639千米、集水检查井61.80万个，清淤量30.80万立方米。地方政府3天储气调峰能力达到1.54亿立方米。成都、遂宁等5个缺水城市成功创建国家级节水型城市。制定出台《关于优化城市管理服务 引导户外经济有序健康发展的指导意见》。启动省、市污水垃圾设施运行监管平台互联、互通工作，出台《城市污水处理设施运营管理办法》。印发《关于加强脏车入城和在城市道路上行驶管理降低城市道路扬尘的指导意见》。大力推进城市生活垃圾分类，3个国家级和4个省级试点示范城市成效明显。指导新都、温江区和都江堰市全国无障碍环境市县村镇创建工作，顺利迎接住房和城乡建设部专家团体检查验收。新都区新繁街道被评为全国无障碍环境示范镇，温江区、都江堰市被评为全国无障碍环境达标市县。

【城乡融合发展】 土地方面，利用改革政策，发展多种形式乡村产业和业态。人才方面，培养现代农业产业经营管理人才和技术骨干人才。探索通过推行"岗编适度分离"、工资待遇和职称评定政策创新、建立县域专业人才统筹使用制度、委托培养、定向培养、学历教育等多种方式，把教育、卫生、文化等专业人才引向乡村、留在乡村。探索通过多种方式引进和培养乡村干部人才和社会管理人才。投入方面，探索通过政策性担保、贷款风险金、贷款贴息基金、农村信用体系建设和加强基础金融服务、合作金融和金融产品创新等方式。探索通过国有公司、设立引导基金、PPP、特许经营、参股控股、以工代赈、民办公助、村民自建和政策引导等多种方式，引导社会资金和农民群众增加对农业农村投入。新型集体经济发展方面，探索结合农村集体产权制度改革，发展壮大集体经济；探索多种方式支持集体经济组织发展农业集体经营；探索支持集体经济组织与城市工商资本合作联合盘活农村资源资产，发展多种产业业态。城乡民生共享机制方面，探索通过多种方式在县域内推动城乡基本公共服务均等化、一体化，包括统筹城乡建设发展规划、基础设施建设管护、社会事业发展等。乡村治理机制方面，探索通过多种方式，提高乡镇政府社会管理和公共服务能力，提高村"两委"村级治理、公共服务和带动发展能力。

【城市群发展】 出台22条支持四大城市群和15条支持7个区域中心城市加快发展的政策措施，制定18条支持成都平原经济区住建领域协同发展措施。构建以四大城市群为主体形态和以成都国家中心城市为龙头、大中小城市和小城镇协调发展的城镇化发展格局。促进攀枝花、绵阳、自贡、南充加快发展，推动内江、泸州、宜宾、乐山、德阳、达州、遂宁建成大城市。努力构建成都平原、川南、川东北及攀西城市群。落实成渝地区双城经济圈建设战略。

【成德眉资同城化】 7月，成、德、眉、资4市共同启动编制了《成德眉资同城化暨成都都市圈公共服务共建共享三年实施方案（2020－2022年）（送审稿）》，《成德眉资同城化发展生态环境保护规划》已形成送审稿，《成德眉资同城化暨成都都市圈生态环保联防联控联治实施方案》已备案，《成德眉资大气污染防控科技攻关方案（2020－2022）》已修订完善，4市携手联防、联控、联治，计划三年基本消除重污染天气。建设成德眉资数智环境综合应用平台，建立"生态环境大数据＋"体系，构建"污染防治"线上工作体系。7月27日，四川省推进成德眉资同城化发展领导小组第二次会议召开，审议通过《共建龙泉山城市森林公园打造同城化绿色发展示范区合作方案》，成、德、眉、资4市将共建龙泉山城市森林公园，培育打造同城化绿色发展示范区。

【城乡环境综合治理】全年召开城管执法领域生态环境保护专项执法行动工作会2次，安排部署2020年专项执法行动相关工作。全省城市管理执法队伍共排查受理各类污染事件117365件，纠正75193件，处罚8047件，罚没金额2605.92万元。出台《四川省城市生活污水处理设施运营管理办法（试行）》，印发《关于推进全省农村生活垃圾分类和处置工作的指导意见》，制定《四川省城市管理执法领域生态环境保护专项执法行动方案》。开展《四川省城乡生活垃圾分类管理条例》立法调研工作，完成了立法草案。截至12月底，全省生活垃圾无害化处理率设市城市达到100%；全省农村生活垃圾收转运处置体系覆盖率91.90%。

会同省生态环境厅打好城市黑臭水体治理攻坚战，全面推进城市黑臭水体治理。累计争取国家13亿专项资金支持内江、德阳和南充3个国家黑臭水体治理示范城市建设。纳入"全国城市黑臭水体整治监管平台"105个地级及以上城市建成区黑臭水体（总长度368.80千米）治理工程均已竣工，实现地级及以上城市建成区黑臭水体消除比例达90%以上，达到"水十条"目标任务。完成"四川省建筑工地扬尘监测信息系统"省级平台建设，21个市（州）相继完成本地区工地扬尘在线监测系统建设，于12月底全部实现与省平台对接，全省房建、市政项目施工扬尘污染防治实现信息化实时管控。印发《关于调增工程施工扬尘污染防治费等安全文明施工费计取标准的通知》。报请省政府办公厅出台《四川省城镇生活污水和城乡生活垃圾处理设施建设三年推进总体方案（2021—2023年）》。出台《四川省城市污水处理设施运营管理办法》。截至12月底，全省城市、县城、建制镇污水处理率分别达到96.30%、91.10%、51.60%。完成四川省城市污水垃圾处理设施建设运行管理平台建设。

8月，省住建厅等8个省级部门联合成都铁路局集团公司、成都铁路监督管理局印发《四川省普速铁路沿线安全环境专项整治工作方案》。实行省住建厅、成都铁路监督管理局、成都铁路局集团公司"三牵头"机制，负责专项整治日常工作、综合协调及各项任务督办落实。成都铁路局集团公司制定了《成都局集团公司关于认真贯彻落实习近平总书记重要批示精神全面加强普速铁路安全隐患综合治理工作的决定》《普速铁路安全隐患综合治理专项整治方案》。制定《铁路安全隐患综合治理资料汇编》。累计完成网口封闭270处、上跨线隐患整治28处、防洪路基整治131件、高铁桥下封闭68.80千米、公铁并行增设护桩5.16千米。联合组建铁路沿线安全环境专项整治督导组，对12个市州、所辖47个县市区、街道进行专项督导检查，制止查处各类违法行为70件，实施行政处罚13起，罚款628.60万元。投入路外安全宣传经费387万元，印制《铁路安全知识读本》《致铁路沿线群众一封信》等30余万份，有针对性开展集中法治宣传教育700余场次，提高铁路沿线群众守法意识和安全防范意识。截至11月17日，全省普速铁路各类安全隐患7066处，已完成整治6894处，整治率97.60%。其中国家要求2020年完成整治的6542处环境类安全隐患，已于11月13日全部整治清零，整治率100%，高出全国平均整治率4个百分点。9月8日，省政府办公厅印发《关于进一步做好四川省境内铁路线路安全保护区划定工作的通知》，截至12月底，各级政府会同铁路部门完成安保区图纸签认及设立标桩工作。全省18个市州已全部完成安保区划定公告。全省18个市州"双段长"责任制建立完成。9月，省住建厅印发《关于报送普速铁路沿线安全环境治理"一、二级双段长"责任名单的通知》，在全省率先推出"双段长+"路地协作机制以及科技护路等新的探索和做法。

省住建厅牵头中央环保督察反馈问题整改任务9项，配合整改任务9项，其中2020年底前应完成的8项牵头任务和9项配合任务均已全面完成。省级环保督察发现问题涉及住建领域共1091个问题，至12月底已整改完成1087个，完成率99.60%，其余4个乡镇污水垃圾整改项目均在按时序推进。

2018年国家移交四川省住建领域牵头督导的长江生态环境问题全面完成。2019年国家移交的13个问题，应于2020年底前完成的9个问题全面完成。2020年国家移交问题涉及省住建厅12个，已指导各地制定完善整改方案。省住建厅牵头督导的中央环保督察"回头看"反馈问题12项整改任务，应于2020年底前完成的10项均全面完成。省住建厅牵头督导的沱江流域水污染专项督察反馈意见10项整改任务，应于2020年底前完成的9项全面完成。

【"厕所革命"】四川省新（改）建公共厕所目标任务5724座，农村户厕80.30万户。截至12月底，全省新（改）建公共厕所6548座，完成率114.40%，其中城市、乡镇（街道）公共厕所2526座，完成率115.30%；农村公共厕所2268座，完成率114.10%；交通厕所478座，完成率122.90%；景区景点厕所1276座，完成率110.30%。整村推进农村"厕所革命"行政村2199个，完成率110%；

新（改）建农村户厕87.10万户，完成率104.70%。《"厕所革命"三年行动方案》实施以来，全省累计新（改）建公厕19561座，新（改）建农村户厕228.90万户，农村卫生厕所普及率达到86%，超额完成三年目标总任务。2018年以来，全省累计下达城镇公厕专项资金1.10亿元；农村厕所中央、省资金26.80亿元，市、县配套资金14.40亿元；交通厕所专项资金2057万元；旅游厕所中央、省资金和社会资金8.90亿元用于厕所建设改造。

【河（湖）长制工作】2020年，全面落实《2020年四川省全面落实河长制湖长制工作要点》，大渡河河（湖）长制工作取得积极进展。指导大渡河流域5市（州）编制《2020年度大渡河河长制湖长制工作清单》，流域5市（州）将各项目标任务分解，有效推进工作落地落实。全年牵头开展2轮次大渡河暗访检查，督促问题整改，落实整改成效。先后修订完善全省十大主要河流河长制工作住房城乡建设系统分工表，配合省河长办梳理完成2020年四川省河（湖）长制工作要点，配合省总河长办、省河长办开展2019年度考核工作，协助省河长办加快锦江流域省级单位排水问题治理，配合岷江、青衣江、长江（金沙江）等河流完成2020年度"工作清单"制定工作。截至12月底，大渡河流域96个污水垃圾处理设施项目全面开工，完工94个，累计完成投资22.80亿元。大渡河流域纳入全国信息平台的黑臭水体已全部治理竣工。指导流域5市（州）加大沿岸生态环境治理力度，对流域沿岸生活污水垃圾处理、沿河渣场和农村面源污染等情况进行拉网式排查。指导流域5市（州）全力推动水污染防治专项整治行动。指导流域5市（州）制定出台河湖管理范围划定及岸线规划工作方案，全力推进流域面积1000平方千米以上河流河道管理范围划定与流域面积50平方千米以下河流河道管理范围划定工作。优化调整各级河（湖）长，共设立四级河（湖）长3077人，比2019年新增1020人，筑牢了大渡河管理保护基础。2020年，流域5市（州）各级河（湖）长开展巡河调研37992次。

大事记

1月

15日 召开全省住房城乡建设工作会议。

17日 召开全省城市建设管理工作会议。

25日 以厅长张正红为组长的应对新型冠状病毒感染肺炎疫情工作领导小组成立。

31日 张正红主持召开应对新型冠状病毒感染肺炎疫情工作领导小组"坝坝会"，安排部署疫情防控工作。

2月

10~11日 党组书记、厅长张正红带队前往成都市天府国际生物城省疾控中心等重点建设项目，督导检查疫情防控和复工复产工作。

24日 张正红带队前往成都市调研房地产行业疫情防控和复产复工工作。

3月

17日 厅生态环境保护工作领导小组暨生态环境保护督察工作领导小组召开2020年第一次会议。

26日 召开全省村镇建设工作视频会议暨脱贫攻坚住房安全有保障挂牌督战动员会。

27日 召开成渝地区双城经济圈住房公积金一体化发展座谈会。

4月

8日 召开全省城市排水防涝工作电视电话会议。

17日 全省民营建筑企业座谈会召开。

23日 四川省农村住房建设统筹管理联席会议办公室召开2020年第1次农房建设统筹管理工作会议和《农村危房改造脱贫攻坚三年行动农户档案信息检索系统》录入工作动员暨培训视频会议。

25日 正式启用全省物业服务企业信用信息管理系统。

27日 川渝两地住房城乡建设部门在成都组织召开深化川渝合作推进成渝地区双城经济圈住房城乡建设工作座谈会。

27日 举行成渝地区双城经济圈住房公积金一体化发展第一次联席会议暨两地信息共享平台上线发布仪式。

28日 召开全省住房城乡建设系统法治工作视频会。

30日 四川省住建厅和重庆市城市管理局召开成渝地区双城经济圈建设电视电话座谈会，共商两省市城市管理一体化发展合作事宜。

5月

9日 印发《关于做好房屋建筑和市政工程招投标领域突出问题系统治理工作的通知》。

10日 四川规模最大的易地扶贫搬迁安置点迎来首批住户，安置来自昭觉县全县28个乡镇、92个边远山村的3900余户18000余人。

15日 全省城市管理执法工作视频会召开。同日，召开落实《保障农民工工资支付条例》座谈会。

22日 与省自然资源厅等部门联合召开全省

"问题楼盘"化解处置推进工作视频会议。

6月

9~10日 四川省住建厅、重庆市住建委在重庆召开川渝住房城乡建设博览会筹备座谈会。

7月

3日 2020年上半年住房城乡建设系统经济形势分析座谈会召开。

6日 编制出台《四川省工程质量安全手册实施细则（试行）》。

10日 全省建设工程质量安全工作座谈会召开。

13日 四川省钢木结构装配式住宅产业联盟暨四川省钢木结构装配式建筑产业技术研究中心召开成立大会，四十余家产业联盟成员单位参加成立大会。

22日 召开四川省住房城乡建设事业"十四五"规划编制工作专题会。

31日 成渝两地实现跨省域住房公积金信息数据直联共享和异地贷款职工缴存证明无纸化。

8月

4日 召开《四川省物业管理条例》（修订）听证会。

11日 2020年上半年全省建筑业形势分析会召开。

24日 全国11个城市体检试点城市——成都市城市体检工作领导小组第一次全体会议召开。

9月

7日 四川省藏区31个贫困县规划建设人才重点培训班在成都市开班。

8日 召开全省住建系统行业经济运行调度会。

10日 四川省委副书记、省长尹力主持召开省政府第54次常务会议，审议通过《全面推进城镇老旧小区改造工作的实施意见》。

18日 建筑企业"走出去"发展成都经济圈座谈会在眉山市召开，讨论《加快转变建筑业发展方式推动建筑强省建设工作方案（征求意见稿）》。

24日 四川省人民政府办公厅印发《关于全面推进城镇老旧小区改造工作的实施意见》。

10月

15日 召开全省城市黑臭水体长制久清工作推进情况调度会。

22日 编制出台《四川省建设工程工程量清单计价定额》。

11月

3日 召开全省完善住房保障体系工作座谈会。同日，推动成渝地区双城经济圈建设住房和城乡建设领域协同发展工作联席会议第二次会议暨合作协议签约在重庆召开。

10日 全省建筑业企业"走出去"发展工作会召开。

23日 召开四川省推进"厕所革命"三年行动工作总结电视电话会。

23日 全省建设工程消防监管工作会议召开。

26日 召开四川省房地产管理工作会议。

12月

4日 全省住建系统今冬明春城市扬尘防治工作会议召开。同日，召开全省房屋建筑和市政设施承灾体调查试点工作动员培训会议。

15日 全省住房城乡建设系统工作视频会召开。

24日 召开定点扶贫工作视频会议，张正红出席会议并讲话。

（四川省住房和城乡建设厅）

贵 州 省

概况

2020年，贵州省住建系统坚持以习近平新时代中国特色社会主义思想为指导，不忘初心、牢记使命，增强"四个意识"、坚定"四个自信"、做到"两个维护"，坚持以人民为中心，坚持新发展理念，坚持以脱贫攻坚统揽住房城乡建设工作全局，住房安全保障硬仗圆满收官，住建领域"十三五"各项规划目标圆满完成。

【坚决打赢住房安全保障硬仗】 秉持"贫困不除、愧对历史"的使命感，"群众不富、寝食难安"的责任感，"小康不达、誓不罢休"的紧迫感，务求精准，尽锐出战，高质量打赢脱贫攻坚住房安全保障硬仗。

【坚决打好污染防治攻坚战】深入实施"大生态"战略行动,大力推进生态文明建设。深入推进城镇生活垃圾无害化处理设施建设三年行动,推动生活垃圾处理设施规范化运营管理。出台城市(县城)污水垃圾处理设施运行管理办法,全省城市(县城)新增污水收集管网1084公里,新增污水处理能力35.4万吨/日。印发《贵州省2020年坚决打赢建制镇生活污水处理设施建设攻坚战工作要点》,编制《贵州省建制镇生活污水处理设施建设技术手册》,同步开发乡镇生活污水处理数字化管理平台,推行全省建制镇生活污水建设运营数据省、市、县"一张图"管理,全年新建成建制镇生活污水处理设施310个。印发城镇建筑施工扬尘专项治理工作方案,全省安装在线扬尘监测和视频监控设备工地达1935个。开展道路扬尘治理,全省重点区域机扫率达70%以上,各县城区机扫率均达60%以上。编制完成《贵州省城镇园林绿化管护规范》《贵州省城镇园林绿化施工及验收规范》《贵州省小微公园设计与建设管理标准》。全省城市建成区绿地率达36.36%。毕节市、仁怀市获贵州省园林城市称号,黄平县旧州镇获得贵州省园林城镇称号。

【持续深化完善城镇住房体系】全面落实房地产宏观调控政策,启动编制"十四五"住房发展规划。与建行贵州省分行合作,建设涵盖省市县三级的房地产市场监测"一张网"信息平台。继续组织9个中心城区开展培育和发展住房租赁市场试点,重点督导贵阳市开展好利用集体建设用地建设租赁住房试点工作。印发《关于继续做好专项整治住房租赁中介机构等房地产乱象有关工作的通知》,将专项整治工作纳入常态化管理。争取城镇保障性安居工程中央各类补助资金16.57亿元,争取2020年地方政府棚改专项债资金103.31亿元。

【全面着力抓好城镇建设管理】全省新增城市(县城)市政道路480公里,累计建成城市轨道交通线路75.17公里,建成城市公共停车位34671个。实施城镇老旧小区改造360个,争取中央各类补助资金25.6亿元。扎实推进"4个100"海绵型示范项目建设,累计建成海绵型示范道路170条、海绵型示范公园绿地164个、海绵型示范小区155个、生态景观示范河道107条。组织各地编制县城排水防涝设施建设系统化方案,建成雨水管网499公里。全省城市(县城)新增供水规模30.1万立方米/日,新增供水管网776公里。修订出台《贵州省城镇容貌标准》,推进城市综合管理服务平台建设和联网工作。颁布实施《贵州省历史文化街区保护管理办法》,9个市(州)印发实施历史建筑保护管理办法,核定公布历史文化街区18个,确定公布历史建筑1051处。

【有效有力推进建筑业转型升级】加快推进担保、保险、工程总承包、全过程咨询服务改革试点,完成建筑业总产值4080.24亿元,同比增长9.8%。通过设计审查的绿色建筑项目984个,总建筑面积3264.89万m^2。实施《贵州省工程质量安全手册(试行)》及其实施细则,大力开展检测、混凝土质量等专项整治。持续推进建筑工程和城市建设安全专项整治三年行动,全省房建市政领域事故起数、死亡人数同比实现大幅"双降"。

【坚定不移抓好自身建设】制定预防提醒谈话工作规定,推动"惩治极少数"向"管住大多数"拓展。落实"基层减负年"要求,切实减轻基层负担。深入推进"让党中央放心、让人民群众满意的模范机关"创建活动,围绕"六个过硬",聚焦中央和省委重大决策部署,建立责任落实、督促检查、典型激励、动态管理四个机制。结合"厅长包片、处长包县"暨全体干部职工下基层工作机制,开展省市县村四级党支部结对学习,深入推进第一书记驻村帮扶、扶志扶智行动。注重在脱贫攻坚和疫情防控一线识别、培养、选拔、激励干部,加强教育培训,建设高素质专业化干部队伍。

法规建设

【深化"放管服"改革】组织开展住建领域深化"放管服"改革优化营商环境调研暗访,深入部分县(区)进行优化营商环境调研解剖,赴外省开展营商环境调研,助推全省住建领域营商环境持续优化提升。

【规范性文件监督管理】印发《贵州省住房和城乡建设厅关于修改、废止、宣布失效部分规范性文件和公布现行有效规范性文件的通知》,废止规范性文件7件,宣布失效规范性文件3件,修改规范性文件2件,公布现行有效的规范性文件99件,清理结果向社会公布。

【"双随机、一公开"监管】2020年,全省住建系统开展随机抽查活动1722次,随机抽查监管对象8358户,随机选派执法人员6136人次,通过省"双随机、一公开"监管平台公示抽查活动8181次。

房地产业

【房地产开发】2020年,贵州省房地产开发完成投资3418.75亿元,比上年增长14.3%,增幅高于全国平均水平7.3个百分点,高于西部地区6.1个百分点。贵阳市完成投资1299.91亿元,占全省房地产投资总额的38.02%,遵义市完成投资702.33亿元,占全省房地产投资总额的20.54%。全省商品房销售面积5552.51万平方米,同比增长4.3%,增速高于全国平均水平1.7个百分点,高于西部地区1.7个百分点。

【助推房地产企业复工复产】印发《关于切实做好防疫期间全省房地产开发企业复工复产有关工作的通知》,要求各地积极优化商品房预售监管资金的拨付流程,加快监管资金拨付速度。要求各地优化办事流程,简化办事程序,可采取"容缺审批"方式进行审批。要求各地要积极采取缓、减、免交相关费用的措施,切实轻企业负担。要求各地要坚决落实中央房地产宏观调控政策,坚持"房住不炒"定位不动摇。

【大力发展住房租赁市场】印发《省住房城乡建设厅关于进一步组织开展中心城市发展住房租赁市场试点有关工作的通知》,要求各地开展摸底调查,完善实施方案,加强协调配合,积极开展试点。组织贵阳市开展住房租赁市场情况调研工作,形成调研报告。推荐并指导贵阳市参加申报中央财政支持住房租赁市场发展试点城市。

【进一步强化物业服务管理工作】印发《贵州省城镇既有住宅加装电梯工作指南(试行)的通知》,推进全省城镇既有住宅加装电梯工作。与省财政厅联合印发了《关于启用〈贵州省住宅专项维修资金专用票据(电子)〉财政电子票据的通知》,全面推进财政电子票据改革。

【常态化开展住房租赁中介机构等专项整治行动】印发《关于继续做好专项整治住房租赁中介机构等房地产有关工作的通知》,要求各地推进专项整治住房租赁中介机构等工作。

住房保障

【城镇保障性安居工程建设】印发《贵州省2020年城镇保障性安居工程工作要点》,并会同省相关部门先后印发《关于建立棚户区改造风险预警机制的实施方案》《贵州省城镇保障性安居工程专项资金管理办法》《贵州省中央预算内投资保障性安居工程专项管理实施细则》;开展全省公交司机、环卫工人住房保障摸底调查;开通个人申请公租房APP及网络端,真正做到了"掌上办、网上办"。2020年,全省棚户区改造开工4.93万套,开工率100.62%;已基本建成7.15万套,完成率125.38%;已发放城镇住房保障家庭租赁补贴4.85万户,完成率112.27%;全省累计分配公租房75.42万套,分配率达到95.33%;年度完成投资441.19亿元,占年度投资计划的220.59%。

【全面打赢住房安全保障硬仗】在全国率先实施农村危房改造同步"三改"、农村老旧住房透风漏雨整治和农村人畜混居整治,累计实施农危房改造75.1万户、同步配套"三改"45.5万户、实施透风漏雨整治30.6万户、人畜混居整治7.12万户,191.2万建档立卡农户住房安全全部得到保障。在住房和城乡建设部和财政部公布的2020年全国农村危房改造工作中积极主动、成效明显的省(区、市)名单中,贵州省排名全国第二。制定挂牌督战管理制度,组织2400余人对12个挂牌督战县的52.12万户建档立卡农户开展住房保障户户见、零遗漏。组织实施全省农危房改造工程质量、资金兑付等四个方面问题整改清零行动,派出工作组共156人对排查出的所有问题整改情况进行全覆盖实地核验。会同扶贫、民政等部门开展脱贫攻坚农村住房安全保障数据档案整县验收,分批、分类对全省85个县区191.2万户建档立卡农户住房安全保障数据档案进行验收。因灾动态新增实施危房改造2959户、动态新增透风漏雨整治28780户全部改造或整治完成。会同扶贫、财政、民政、移民等部门,对全省330万户危房改造户、192万户建档立卡户开展"回头看",确保脱贫攻坚住房保障工作质量。

公积金管理

【住房公积金运行】截至年底,全省住房公积金缴存总额2924.48亿元,个人提取总额1640.18亿元,缴存余额1284.29亿元;累计向82.24万户职工家庭发放个人住房贷款2057.84亿元贷款余额1294.03亿元,个人住房贷款率100.76%;逾期贷2918.72万元,逾期率0.226‰;试点项目贷款余额4180.00万元。2020年,全省住房公积金共归集455.15亿元,比上年同期增长9.88%;个人提取312.44亿元,比去年同期增长16.82%;向8.26万户职工家庭发放个人住房贷款324.66亿元,比去年同期增长19.66%;实现增值收益14.31亿元。

【住房公积金监管】会同省财政厅、人民银行贵阳中心支行联合印发《关于妥善应对新冠肺炎疫情落实住房公积金阶段性支持政策的通知》;会同省财政厅和省教育厅联合下发《关于进一步加强教职员工住房公积金缴存管理的通知》;实现了个人住房公积金缴存贷款等信息查询、出具贷款职工住房公积金缴存使用证明、正常退休提取住房公积金等3项服务事项"跨省通办";印发《关于做好利用住房公积金支持城镇老旧小区改造工作的通知》,积极推进住房公积金支持城镇老旧小区改造工作。

城市建设管理

【城市黑臭水体治理】加快推进六盘水市、安顺市国家级黑臭水体治理示范城市建设。经生态环境部现场督查与住房和城乡建设部评估认定,全省地级城市建成区黑臭水体已全部消除并初步实现长制久清。

【城市供水和节水型城市创建】大力推进城市(县城)供水管网建设,加快推进漏损管网改造。有序推进供水水质监测和供水规范化考核工作。遵义市、安顺市成功创建国家节水型城市;息烽县、普定县、施秉县、雷山县等县(市)成功创建省级节水型城市,截至年底,全省节水型城市数量达到18个。

【市政道路建设】2020年以来,全省城市(县城)市政道路建设改造加快推进,市政快速路、主次干路、支路和街区道路不断完善,道路体系结构持续优化,市政道路网密度和通达性持续提升,全省城市(县城)新增市政道路480公里。

【推进城管执法队伍"强基础、转作风、树形象"专项行动】全面推行贵州省城市管理(综合行政执法)义务监督员制度、文明执法承诺制度和满意度调查制度"三项制度"。全省各级城市管理主管部门建立、完善各项管理制度、监督制度、协调机制686项,开展法律法规政策宣传3265次,签订"文明执法承诺书"11784份,聘请义务监督员1142人,发放并回收满意度调查问卷25442份。全年各地城市管理(综合行政执法)部门行政案件立案88426件,办结83252件,行政处罚金额约1.6亿元。

【园林绿化工作】毕节市、仁怀市获贵州省园林城市称号,黄平县旧州镇获得贵州省园林城镇称号。编制完成《贵州省城镇园林绿化管护规范》《贵州省城镇园林绿化施工及验收规范》《贵州省小微公园设计与建设管理标准》。委托贵州师范大学继续教育学院举办2020年贵州省园林绿化干部能力提升培训班,培训市州(县、区)园林绿化干部127人次。

【市容环卫工作】修订出台《贵州省城镇容貌标准》,于2020年3月印发实施;印发《关于报送城市建筑垃圾治理工作情况的通知》,进一步加强城市建筑垃圾消纳场的安全管理;推进城市道路扬尘治理工作,提升城镇道路机械化清扫率。全省平均城市道路机械化清扫率达89.18%,重点区域达70%以上,各县城区达60%以上;做好疫情期间环卫工人复工工作,疫情期间全省环卫工人到岗率超过90%。会同省财政厅等5部门联合印发《贵州省关于切实保障环卫行业职工合法权益的意见》,推动环卫事业健康发展。

【城镇老旧小区改造】全面摸底全省2000年底前建成的城镇老旧小区情况。印发《贵州省城镇老旧小区改造技术导则(试行)》《贵州省既有住宅加装电梯图集》《贵州省城镇既有住宅加装电梯工作指南(试行)》《贵州省城镇老旧小区改造工程建设项目审批制度改革指导意见(试行)》《贵州省住房和城乡建设厅关于做好利用住房公积金支持城镇老旧小区改造工作的通知》《贵州省住房和城乡建设厅关于做好住宅专项维修资金支持城镇老旧小区改造工作的通知》等文件指导各地城镇老旧小区改造。2020年度全省实施改造360个小区,涉及6万户。

小城镇建设

【概况】截至年底,全省833个建制镇有831个建成生活污水处理设施(另有松桃县甘龙镇和黎平县地坪镇因处于地灾区和淹没区,暂缓项目实施),处理规模77.15万吨/日,管网7146.45公里。

【加强统筹】会同省发改委、财政厅、生态环境厅、水利厅印发《贵州省2020年坚决打赢建制镇生活污水处理设施建设攻坚战工作要点》,坚决打赢建制镇生活污水治理攻坚战。

【压实地方责任】公布了小城镇生活污水治理责任人名单,确保责任落实到人。对全省建制镇污水处理设施建设运营情况实行月调度、月通报,并将通报情况抄送市(州)党委、政府。

【加强业务指导】编制《贵州省建制镇生活污水处理设施建设技术手册》,指导各地因地制宜、实事求是选择技术模式和处理工艺。组织专家先后对9个县区所辖的82个建制镇逐一分析研究,按照"一厂一策"的原则,对每个镇的污水处理项目设计方案进行技术分析,提出解决措施,并要求市(州)主管部门比照省级标准,对所辖的其他县区逐一进行技术指导。

【强化督促提示】及时梳理工作推进滞后地区,并列为实地暗访对象,深入一线督促指导。2020年共开展了10次暗访督导,涉及23个县区117个建制镇。组织召开"全省建制镇生活污水处理设施建设座谈提醒会",逐一与全省建制镇生活污水处理设施建设进度缓慢的 27 个县区座谈，督导各地切实履行主体责任，加大项目推动力度。

【搭建数字化平台管理】开发建设乡镇生活污水处理数字化管理平台，推行全省建制镇生活污水建设运营数据省、市、县"一张图"管理。

【启动乡镇污水管网普查】委托第三方开展乡镇污水收集管网普查试点，重点选择赤水河流域干流和一级支流的 46 个建制镇。目前，试点普查管网长度 399.8 公里、涉及 67211 户，总结形成实用、可操作的管网普查方法。

【统筹资金保障】会同省财政厅下达 2020 年村镇建设发展专项资金 1.4 亿元、彩票公益金 1.5 亿元，共计 2.9 亿元支持 9 个市州建制镇污水处理设施建设。

【启动整县推进乡镇污水治理工作】会同省发改委、省财政厅、生态环境厅印发《省住房城乡建设厅等四部门关于整县推进乡镇生活污水处理设施及配套管网提升工程的通知》，明确率先在赤水河流域 9 个县（区）和其他市（州）部分积极性较高的县（区），先期开展整县推进乡镇生活污水处理设施及配套管网提升工程试点。

农村人居环境和传统村落保护

【改善农村人居环境】根据贵州数字乡村监测数据，截至年底，贵州省农村生活垃圾收运处置体系行政村覆盖率达 96.5%，已配置转运车 972 辆、清运车 6071 辆、收集点 117635 个；全省 833 个建制镇中，有 767 个建制镇建有独立转运站、25 个镇与周边乡镇共建共享、41 个镇采取直收直运模式，所有建制镇均具备转运生活垃圾能力；全国非正规垃圾堆放点排查整治信息系统显示，全省 716 个非正规垃圾堆放点全部整治销号。会同省农业农村厅、省生态环境厅印发《2020 年贵州省村镇生活垃圾治理工作要点》，明确各牵头单位的重点任务和各项目标要求。会同省生态环境厅、省农业农村厅转发《住房和城乡建设部办公厅生态环境部办公厅水利部办公厅农业农村部办公厅关于做好 2020 年非正规垃圾堆放点整治工作的通知》，完成集中式饮用水水源地保护区填报工作，督促地方加快非正规垃圾堆放点整治销号。商请省财政厅下达村镇生活垃圾收运体系建设专项资金 3.4 亿元，用于村镇生活垃圾收运体系建设和运营维护、非正规垃圾堆放点整治补助。构建了由省住房城乡建设厅、省农业农村厅、省生态环境厅等分头负责完善农村生活垃圾收运处置体系、村庄保洁长效机制、探索建立生活垃圾回收利用体系、开展非正规垃圾堆放点排查整治的治理体系。经省人民政府同意印发《贵州省农村生活垃圾治理专项行动方案》。印发《贵州省农村生活垃圾治理技术导则（试行）》，指导各地因地制宜开展农村生活垃圾治理；印发《关于进一步做好农村生活垃圾治理整县验收工作的通知》，委托第三方评估机构对整县推进农村生活垃圾收运体系建设县区实地核查验收。印发《关于做好农村生活垃圾收运体系数字化监测平台接入工作的通知》，率先在全国建设省级农村生活垃圾收运体系数字化监测平台，实现全省农村生活垃圾收运监管数据省市县"一张图"管理。

【传统村落保护】截至年底，全省 724 个村寨列入前五批中国传统村落名录 122 个传统村落入驻贵州省传统村落数字博物馆。编制全省完成第五批传统村落保护发展规划，起草《贵州省传统村落高质量发展五年行动计划》等政策文件，指导黔东南州申报中国传统村落示范市，并完成《黔东南州传统村落集中连片保护利用建设工作实施方案》。在台江县登鲁村等 40 余个城乡社区推进共同缔造试点工作，并深入推进 41 个省级传统村落示范打造工作。

标准定额

启动《贵州省园林绿化养护计价定额》《贵州省绿色建筑工程计价定额》编制工作。全年发布《贵州省建设工程造价信息》共 12 期，开展磷石膏建材产品和预制装配式部品部件信息的发布工作。根据"双随机、一公开"监管原则，加强对工程造价咨询企业及从业人员的事中事后监管，对 10 家工程造价咨询企业行专项检查，占全省工程造价咨询企业的 7%，并将检查结果通过"贵州省双随机监管平台"向社会公开。累计接待工程造价咨询和纠纷调解 2101 人次，解答问题约 2018 条。

工程质量安全监管

【质量监管】落实工程质量安全手册制度，对执行良好的企业和项目给予激励，对不执行或执行不力的依法依规严肃查处并通报批评；统筹开展工程质量安全监督检查，加强施工工地扬尘污染防治工作。加强对保障性住房、安置房等工程质量的督查，确保工程质量；重点开展质量安全监管体制机制创新、质量安全监督机构职责定位和适应市场化监管手段研究，为质量安全发展提供智力支撑和政策储备。以推进"双随机、一公开"为手段，以创新工程质量安全监管方式为动力，以发现质量安全问题为导向，有效防控质量安全风险隐患，进一步落实企业质量安全主体责任。印发《贵州省绿色生态小区评价标准》，指导贵阳市建筑设计院有限公司等4家企业获评国家级装配式建筑产业基地；开展2020年省级装配式产业基地及示范项目申报，2020年全省城镇新建绿色建筑项目共计1104个，总建筑面积5752.10万平方米。绿色生态小区实施运管项目4个，总面积为252.48万 m²。全省城镇新建装配式建筑项目共计141个，总建筑面积为335.10万平方米。

【安全监管】印发《关于新型冠状病毒感染的肺炎疫情防控期间房屋建筑和市政工程项目开（复）工有关事宜的通知》《贵州省新型冠状病毒感染的肺炎疫情防控期间房屋建筑和市政工程项目开（复）工指导手册》《关于做好房屋建筑和市政工程领域节后和疫情防控期间复工安全生产工作的通知》等文件，全省3477个房屋市政工程项目2月底全面复工复产。认真组织开展安全生产专项整治三年行动，加快建立"两个清单"。2020年以来，全省共组织开展各类安全生产检查3255次，检查项目4166个/次，下发整改通知书3066份，曝光安全生产违法违规典型案例6个。排查整改扬尘违法违规行为939条，施工扬尘方面处以罚款27万元。全面排查疫情隔离观察场所和服务人员集中居住场所安全风险隐患，共排查涉疫场所建筑698栋。

建筑市场

【概况】2020年，贵州省完成建筑业总产值4080.24亿元，同比增长9.8%。省内企业有施工单位6397家（其中，特级资质13家，一级资质107家，二级资质1077家，三级资质2099家，专业承包企业3101家），监理单位215家，设计单位363家，勘察单位166家，造价咨询33家，劳务企业1861家，招标代理343家，城市园林74家；检测机构379家；商混企业228家；施工图审查机构17家；起重机械设备企业39家；机械检测企业7家。

【建筑行业人才队伍】全省从业人员60.9万人，其中注册类人员38.6万人，非注册类人员22.3万人。全省一级注册建造师10183人，二级注册建造师46491人，一级注册建筑师876人，二级注册建筑师977人，注册监理工程师3165人，建筑业施工企业安全生产"三类人员"11.69万人，特种作业人员1.65万人，施工员、机械员、资料员、安全员等各类施工现场管理人员总数突破18万人。

【农民工实名制管理】运用大数据监管方式监测农民工工资支付情况。省建筑工人管理服务信息平台监管实名制登记项目6470个，其中在建项目3876个，完工项目1841个，停工项目753个，实名制登记工人总数为52.88万人。全省住建部门追回农民工工资13497.49万元。

【劳务就业扶贫】认真贯彻全省劳务就业扶贫工作会议精神，落实《省委办公厅、省人民政府办公厅关于进一步加强劳务就业扶贫工作的实施意见》要求，大力推进稳岗就业。全省房屋市政领域累计开发建档立卡贫困劳动力和易地扶贫搬迁劳动力岗位18.76万个，实现就业5.58万人。

建筑节能与科技

【绿色建筑】以贵州省人民政府办公厅名义印发《贵州省绿色建筑及磷石膏建材推广联席会议制度》，建立了联席会议制度，并明确了联席会议的职责及各成员单位的分工。下发了《关于废止〈贵州省居住建筑节能设计标准〉等3项贵州省工程建设地方标准的通知》《关于明确绿色建筑相关政策和标准有关问题的通知》《关于开展绿色建筑、装配式建筑统计工作的通知》。发布《绿色生态小区评价标准》，推进绿色建筑规模化发展。2020年全省通过设计审查的绿色建筑项目共计984个，总建筑面积为3264.89万平方米。绿色生态小区实施运管项目9个，总面积为388.57万 m²。

【装配式建筑】印发《关于开展绿色建筑、装配式建筑统计工作的通知》，发布《贵州省装配式建筑评价标准》。贵阳市建筑设计院有限公司等4家企业获评国家级装配式建筑产业基地，9家企业获评省级装配式建筑产业基地，8个项目获评省级装配式建筑示范项目。2020年，我省累计7家企业获评国家级装配式建筑产业基地，培育省级装配式建筑示范项目49个，省级产业基地10个，示范城市1个。2020年全省城镇通过设计审查的装配式建筑项目共计40个，总建筑面积为75.06万平方米。

【磷石膏建材推广应用】组织召开"贵州省磷石膏建材产品应用推广会"。落实目标考核责任制，继续执行在建项目磷石膏建材应用清单和计划上报制度，并逐月通报和对推进乏力的市（州）住建局进行工作约谈。强化技术支撑力度，发布第二批推广目录。新编工程建设地方标准1部、标准设计2部、省级工法4部，按月发布磷石膏造价信息。会同省投资促进局等单位在长沙召开磷石膏新型建材招商会，帮助企业拓展省外市场。

【新型墙体材料革新】会同省市场监管局等部门开展2020年新型墙体材料质量专项抽检工作，对全省经认定的156家企业生产的166批次样品以及9个市（州）、贵安新区74个工程抽取了81批次样品进行了抽查，促进新型墙体材料产品质量进一步提升。开展2020年度磷石膏新型墙体材料示范工程评选工作，从省级新型墙体材料专项基金列支501万给予补助，支持磷石膏新型墙体材料的推广应用。2020年全省新增资源综合利用新型墙体材料认定企业21家、27个产品，其中2家企业利用磷石膏生产砌块和墙板。委托中建科研检测中心对全省新型墙体材料管理人员和企业分批进行"贵州省互联网＋新型墙体材料革新信息化管理系统"培训工作，实现了对9个市（州）、贵安新区以及88个县（市、区、特区）新型墙体材料工作主管部门有关人员培训全覆盖。

人事教育

【机构变化情况】省住房城乡建设厅设16个内设机构和离退休干部处、机关党委，有下属正处级事业单位14个（参公管理单位3个，全额拨款事业单位6个，自收自支事业单位5个）。10月，厅直属副厅级单位省城乡规划设计研究院转企改制方案获批。

【人才教育培训】组织开展以贵州省脱贫攻坚住房安全保障政策解读和常见问题解析为主题的"新时代学习大讲堂"业务知识专题讲座，举办两期省住房城乡建设厅忠诚于党服务于民作风优良处级干部轮训班。举办31期城镇老旧小区改造工作业务培训等系列培训。2020年，共有126人申报正高级职称，评审通过105人；共有353人申报副高级职称，评审通过338人。

大事记

1月

3日 召开全省现代化工产业发展工作会议暨领导小组第三次（扩大）会议。

印发《关于公布2019年度"贵州省建筑安全文明施工样板工地"和"贵州省建筑工程优质质量结构工程"的通知》。

9日 贵州省第十三届人民代表大会常务委员会第十四次会议任命周宏文为贵州省住房和城乡建设厅厅长。

13日 举行贵州省电子政务网络省市县乡村五级覆盖开通仪式。

16日 省住房城乡建设厅省财政厅印发《关于开展2019年度全省农村危房改造和住房保障绩效评价的通知》。

20日 召开2020年全省小城镇生活污水处理设施建设目标任务部署会。印发《贵州省脱贫攻坚农村危房改造和住房保障挂牌督战工作方案》。

22日，印发《省住房城乡建设厅关于开展人行道净化和自行车专用道建设工作的意见》。

2月

1日 印发《贵州省住房和城乡建设厅关于认真做好房屋建筑和市政工程施工领域新型冠状病毒感染的肺炎疫情外防输入内防扩散的紧急通知》。

5日 印发《贵州省新型冠状病毒感染的肺炎疫情防控期间房屋建筑和市政工程项目开（复）工指导手册（试行）》《关于贵州建工集团有限公司等15家建筑施工企业通过安全生产标准化评价的通知》《做好疫情期间脱贫攻坚农村危房改造和住房保障有关工作的紧急通知》。

6日 印发《贵州省住房和城乡建设厅关于新型冠状病毒感染的肺炎疫情防控期间房屋建筑和市政工程项目开（复）工有关事宜的通知》。

7日 厅党组书记、厅长周宏文参加省直部门支持保障从江县打赢脱贫攻坚战暨从江县脱贫攻坚省级定点挂牌督战工作会议。印发《关于切实做好城镇住房保障工作领域新型冠状病毒感染肺炎防控工作的通知》。

18日 印发《关于应对新冠肺炎疫情防控期间支持建筑企业复工复产若干措施的通知》。

19日 转发《新型冠状病毒肺炎应急救治设施设计导则（试行）》。

27日 印发《关于修订贵州省房屋建筑和市政工程标准招标资格预审文件和招标文件有关条款的通知》。

3月

1日 省住房城乡建设厅等六部门印发《关于加快推进房屋建筑和市政基础设施工程实行工程担保制度的实施意见》。

4日 印发《省住房城乡建设厅省发展改革委关于印发加快全省餐厨废弃物处置设施建设指导意见的通知》。

5日 厅党组书记、厅长周宏文在省政府参加研究长期整户外出务工建档立卡农户返乡后安全住房政策相关工作专题会议。

6日 周宏文在省委参加决战决胜脱贫攻坚座谈会；参加研究"9＋3"贫困县（区）脱贫攻坚和农村产业革命重点工作专题会。

13日 省住房城乡建设厅等六部门印发《关于

进一步明确建档立卡贫困户住房安全保障相关事宜的通知》。

16日 召开促进建筑业做强做大工作座谈会。

17日 召开脱贫攻坚农村危房改造和住房保障挂牌督战视频调度会。厅党组书记、厅长周宏文出席会议并讲话。发布工程建设地方标准《贵州城市轨道交通岩土工程勘察规范》。

19日 召开房地产市场暨住房发展规划编制工作电视电话会议。发布《省住房城乡建设厅关于2020年全省城市排水防涝安全及重要易涝点整治责任人名单的通告》。

31日 周宏文在省委参加贵州省脱贫攻坚"冲刺90天打赢歼灭战"动员大会，并现场签订责任状；在省政府参加研究加快推进全省重大项目建设积极做好稳投资工作专题会议。

4月

1日 周宏文在省政府参加研究加快推进全省重大项目建设积极做好稳投资工作专题会议。省住房城乡建设厅等五部门印发《贵州省脱贫攻坚农村住房安全保障数据档案整县验收方案》。

10日 全省城市排水防涝暨汛期安全工作电视电话会议在贵阳召开。

13日 以电视电话会议形式召开全省住房和城乡建设工作会议暨脱贫攻坚农村危房改造和住房安全有保障挂牌督战推进会。发布《贵州省既有住宅加装电梯图集》。

22日 召开全省住房城乡建设系统工程建设领域突出问题专项整治工作动员部署会。

23日 召开全省住房城乡建设系统2020年全面从严治党暨党风廉政建设视频会议。印发《贵州省房屋建筑和市政基础设施工程质量管理标准化导则》。

26日 省住房城乡建设厅省发展改革委省财政厅印发《贵州省2020年城镇老旧小区改造工作方案的函》。

28日 厅党组书记、厅长、省工程建设项目审批制度改革领导小组办公室主任周宏文主持召开专题会议研究全省工程建设项目审批制度改革工作。

5月

8日 召开全省住房城乡建设系统安全生产专项整治三年行动动员部署会议。厅党组书记、厅周宏文出席会议并讲话。印发《贵州省房屋市政工程智慧工地数字监管服务平台建设工作方案》。

9日 发布工程建设地方标准《贵州省绿色生态小区评价标准》。

6月

1日 周宏文主持召开专题会议，研究生态环保、城镇老旧小区改造、磷石膏建材推广应用等工作。

3日 周宏文主持召开专题会议，研究生态环保、改善营商环境和城镇老旧小区改造等工作。

4日 召开建筑业和房地产业融合发展座谈会。

5日 召开全省城市建设重点工作推进会暨集体提醒谈话会。印发《省住房城乡建设厅关于规范建设工程档案验收相关工作的通知》。

19日 印发《关于加快推进我省全过程工程咨询服务发展的实施意见》。

22日 印发《省住房城乡建设厅关于进一步清理整顿城建档案综合服务收费的通知》。

24日 召开全省历史文化名城名镇名村街区保护工作专题电视电话会议。遵义市城市黑臭水体治理工作约谈会召开。

29日 全省脱贫攻坚挂牌督战农村住房安全保障问题整改推进会暨脱贫攻坚普查住房安全保障动员会召开。

30日 召开工程建设领域突出问题专项整治工作领导小组第二次调度研判会。

7月

3日 召开全省住房城乡建设系统工程建设领域突出问题专项整治工作推进视频会。

6日 举办忠诚于党服务于民作风优良干部轮训班。

13日 印发《关于发布贵州省住房城乡建设领域"十三五"推广应用和限制、禁止使用技术目录（第二批）的公告》。

19日 全省脱贫攻坚住房安全保障全面普查专题会议召开。

24日 印发《关于疫情防控期间建筑施工企业安全生产许可证审批有关事宜的通知》。

29日 召开磷石膏装配式（积木式）建房技术和西部大开发税收优惠政策研讨会。

8月

6日 召开安全生产事故约谈会议暨全省房屋市政工程安全生产工作电视电话会议。

10日 印发《贵州省城镇既有住宅加装电梯工作指南（试行）》。

12日 印发《关于加强建筑安全玻璃应用管理的通知》。

13日 印发《全省预拌混凝土质量专项检查方案》。

24日 印发《贵州省危险性较大的分部分项工

程安全管理规定实施细则（试行）》。

31日　省住房城乡建设厅省扶贫办转发《住房城乡建设部办公厅国务院扶贫办综合司关于做好因洪涝地质灾害影响贫困户农户住房安全保障工作的通知》。

9月

1日　印发《贵州省住房城乡建设系统2020年"质量月"活动方案》。印发《关于公布贵州省建筑施工企业100强名单的通知》。

3日　召开工程建设领域突出问题专项整治工作领导小组第三次调度研判会。

10日　印发《省住房城乡建设厅关于优化营商环境规范用水用气报装服务的通知》。

11日　省住房城乡建设厅等七部门印发《贵州省绿色社区创建工作方案》；省住房城乡建设厅　省扶贫开发办公室印发《开展脱贫攻坚"建新房住危房"全面排查的通知》。

18日　印发《关于公布2018—2019年度贵州省级施工工法的通知》。

24日　印发《贵州省关于切实保障环卫行业职工合法权益的意见》《贵州省建设工程消防设计审查验收管理实施细则》。由省住房城乡建设厅、中国建设银行贵州省分行主办的2020年贵州省房地产信息系统建设推进工作现场会在六盘水召开。

10月

12日　印发《关于进一步明确建设工程消防审查验收相关事宜的通知》。

13日　印发《关于建设工程领域消防技术服务机构报送从业相关信息的通知》。

16日　省住房城乡建设厅召开青年干部座谈会。

19日　全省住房城乡建设系统安全生产电视电话会议召开。

25日　印发《关于命名普定县、息烽县、施秉县、雷山县为贵州省节水型城市的通报》。

26日　召开全省住房城乡建设系统重点工作和主要指标完成情况调度会。省住房城乡建设厅等五部门印发《贵州省脱贫攻坚农村住房安全保障"回头看"工作方案的通知》。

27日　扫黑除恶专项斗争重点行业领域突出问题专项整治交叉督导会在省住房城乡建设厅召开。

11月

2日　召开专项资金绩效评价和财政再评价整改工作布置暨绩效评价管理工作培训会议。

5日　报送《关于"国家和我省应对新冠肺炎疫情出台的涉企优惠政策落实和'两直达'资金使用情况督促报告反馈问题"阶段性整改情况的报告》。

12日　报送《贵州省住房和城乡建设厅关于推荐全国住房和城乡建设系统抗击新冠肺炎疫情先进集体和先进个人的报告》。

13日　全省住房城乡建设系统工程建设领域突出问题专项整治公众满意度座谈会召开。

17日　金融支持贵州省城镇老旧小区改造合作框架协议签约仪式举行。

25日　印发《贵州省脱贫攻坚农村住房安全保障近期重点工作专项督查方案》。

12月

14日　公布我省传统村落美好环境与幸福生活共同缔造活动试点村名单。《建设工程档案预验收向联合验收的转变》被甄选为国家档案局2020年度全国经济科技档案工作创新案例活动的有一定推广价值案例。

15日　全省房屋市政工程安全生产工作视频会议召开。

21日　印发《省住房城乡建设厅关于规范施工图审查机构聘用审查人员的通知》。

22日　全省磷石膏综合利用工作会议召开。

23日　全省异地扶贫搬迁后续扶持工作推进会召开。

30日　印发《关于公布2020年度"贵州省建筑安全文明施工样板工地"和"贵州省建筑工程优质质量结构工程"的通知》。

31日　全省住房和城乡建设系统"今冬明春城市市政公用设施运行安全和保供工作电视电话会议"召开。印发《贵州省住房和城乡建设厅关于2020年度贵州省"黄果树杯"优质工程评选结果的通报》。省住房城乡建设厅省发展改革委省水利厅联合印发《关于命名六枝特区、金沙县、册亨县为贵州省节水型城市的通报》。

（贵州省住房和城乡建设厅）

云 南 省

概况

2020年，云南省累计建成城市（县城）污水处理厂157座，乡镇污水处理厂（站、设施）558座，污水配套管网2.51万公里。2019年、2020年共计完成3592个老旧小区、28.41万户改造任务，惠及群众90余万人。完成城市基础设施建设投资635亿元，新建海绵城市90平方公里、污水配套管网859公里、燃气管网749公里；城市生活垃圾分类有序推进，新增分类投放设施3.32万套、分类收运车辆217辆，改、扩建分类中转站26座，新建的13座生活垃圾焚烧发电厂全部开工。全省新建、改造提升各类厕所161.22万座，城市（县城）建城区旱厕全面消除，8.4万座公厕分别达到"三无三有""四净三无两通一明""三净两无一明"标准；全省新建、改造洗手设施8.62万座，其中3万座洗手设施打点接入"一部手机游云南"APP。

2020年，组织完成20.56万户农房抗震改造。全省房地产开发投资完成4505.19亿元，同比增长8.5%；全省房地产开发投资完成4505.19亿元，同比增长8.5%。累计建成和在建公租房91.01万套，已分配入住公租房87.54万套，其中2020年新增分配入住公租房0.96万套，2020年发放租赁补贴5.08万户，超额完成年度发放城镇住房保障家庭租赁补贴4.5万户的任务。

命名腾冲市为国家园林城市，命名峨山县、河口县、勐腊县、宾川县、剑川县为国家园林县城。工程建设项目审批时间进一步压减至90个工作日内。

法规建设

【推进立法】报送修订《云南省燃气管理办法》《云南省物业管理规定》等5件2021年立法工作计划。对涉及云南省住房和城乡建设厅工作的37件次法律、法规、规章提出了修改意见。

【普法宣传教育】编制《2020年度普法责任清单》；围绕"防控疫情、法治同行"专题开展普法宣传活动、4.15全民国家安全教育日专题普法宣传活动、《中华人民共和国民法典》学习宣传贯彻活动、12.4宪法宣传周法治宣传活动；订购并发放《中华人民共和国民法典》300余册。

【依法行政】评查行政执法案卷507件，其中行政许可案卷492件，行政处罚案卷1件，行政复议案卷14件。对42件重大行政执法决定进行法制审核，其中行政处罚8件、不予行政许可29件、行政许可撤销3件、注销许可2件。

【行政复议】2020年共审理行政复议案件14件，受理7件，不予受理7件。实质审理的7件行政复议案件均在法定期限内办结。

【规范性文件】出台《云南省住房和城乡建设厅关于印发〈云南省城镇公共厕所管理办法（试行）〉的通知》等6件规范性文件。印发《云南省住房和城乡建设厅关于宣布失效部分文件的决定》《云南省住房和城乡建设厅关于废止和修改有关文件的决定》，对14件规范性文件和3件其他文件宣布失效，对1件规范性文件和1件其他文件进行修订。

【建议提案办理】办理人大代表建议27件，政协提案51件，其中主办（含独办、分办）18件建议和27件提案，办理协商率、满意率均达到100%。

房地产业

【概况】截至年底，云南省房地产开发企业有3626家，其中：一级资质16家，二级资质211家，三级资质223家，四级资质1672家，暂定资质1504家。房地产行业从业人员近40万人。

【房地产开发投资】2020年，全省房地产开发投资完成4505.19亿元，同比增长8.5%。开发投资总量占全省固定资产投资比重为27%，对固投增长的贡献率达35%，其中，商品住宅投资3317.55亿元，同比增长9.5%。

【商品房销售】2020年，全省商品房销售面积4857.26万平方米，同比增长0.5%。全省商品房销售额3969.91亿元，同比增长3.2%。

【商品房存量】截至年底，全省商品房累计可售面积9324.74万平方米，同比增长24%；商品住宅累计可售面积4633.66万平方米，同比增长31.8%。

【重点城市房价】12月，昆明市新建商品住宅价格环比上涨0.3%、同比上涨5.6%，大理市环比下降0.2%、同比上涨1.7%；二手住宅方面，昆明市环比上涨0.1%、同比上涨3.0%，大理市环比下降0.2%、同比上涨2.5%。

【房地产用地供应】2020年，全省供应房地产用地5770宗，用地面积7.3万亩，同比下降7.36%；土地成交价款1278.36亿元，同比下降8.1%。

【房地产信贷】截至年底，全省房地产贷款余额8868.76亿元，同比增长16.2%，较年初新增1238.22亿元，占各项贷款新增额的35.2%；其中，个人住房贷款余额6135.28亿元，同比增长24.3%。全省房地产贷款不良率0.88%（其中，个人住房贷款、房产开发贷款不良率分别为0.29%、4.58%），较年初下降个0.1个百分点，低于同期各项贷款不良率0.85个百分点。

【房地产税收】2020年，完成房地产业（直接）税收收入375.01亿元，同比增长1.45%，占全省税收收入（不含海关代征）的10.97%。落实减税降费和疫情防控优惠政策，共计减免房地产业税收39.32亿元。

【规范房屋网签备案】2020年，全省16个州（市）、129个县级房产主管部门全面启用新建及存量商品房购房合同网签系统，实现新建商品房、存量房交易网签备案。开发建设完成全省租赁综合服务平台，推进"互联网＋网签"、网签即时备案，提升网签备案服务效能。

【创新物业管理模式】完成2019年物业服务企业信用评价和等级评定及公示，启动《云南省物业管理规定》的修订，促进全省物业管理服务规范健康发展。

【规范房地产中介行业市场秩序】2020年，房地产乱象整治共181起，其中涉及开发行业153起，涉及物业行业13起，涉及中介行业15起。

住房保障

【脱贫攻坚农村危房改造】2020年，组织完成922个乡镇2459个行政村2.23万户开展督战和帮扶指导工作。

【加强调研指导督战】印发《脱贫攻坚农村危房改造问题整改调研指导督战工作方案》，组建12个工作调研指导督战组，共计深入922个乡镇2459个行政村2.23万户开展督战和帮扶指导工作。

【棚户区改造】2020年国家下达3.3万套的棚户区改造开工任务，基本建成任务3.8万套。全年共开工3.6万套，开工率108.3%；城镇保障性安居工程基本建成5.5万套，完成率142%，完成投资193.4亿元，全面超额完成全年目标任务。全年共争取各类资金112.07亿元，其中，中央财政补助4.32亿元、国家发展改革委配套设施建设补助10.73亿元、专项债券95.3亿元、省级补助资金1.72亿元。

【公共租赁住房分配管理】2020年，云南省累计建成和在建公租房91.01万套，已分配入住公租房87.54万套。其中2020年新增分配入住公租房0.96万套。2020年发放租赁补贴5.08万户，超额完成年度发放城镇住房保障家庭租赁补贴4.5万户的任务。

【公共租赁住房信息化建设】实施公租房信息系统建设三年行动计划，按照"省级负总责、市县抓落实"的原则，分类实施、分步推进全国公租房信息系统建设工作。2020年，57个县（市、区）全部实现公租房信息上线联网。

公积金管理

【经济指标】截至年底，云南省住房公积金归集总额4583.92亿元，同比增长14.82%；归集余额1657.25亿元，同比增长7.66%；个人住房贷款总额2827.01亿元，同比增长10.34%；个人住房贷款余额1343.32亿元，同比增长4.97%；住房公积金个人提取总额2926.64亿元，同比增长19.31%；住房公积金个人住房贷款率达81.06%。1~12月，缴存住房公积金591.60亿元，同比增长8.31%；提取住房公积金473.68亿元，同比增长11.44%；发放住房公积金个人住房贷款264.82亿元，同比增长0.01%。

【推进住房公积金放管服改革】推动"一部手机办事通—我的住房公积金"主题事项上线开通工作。截至年底，全省17家中心已完成查询事项上线工作，昆明、省直、普洱、曲靖、楚雄、保山、德宏、丽江、迪庆中心已上线办理事项，其余8家住房公积金管理中心已具备线上办理能力。

【落实住房公积金阶段性支持政策】6月，制定并公布住房公积金缓缴、贷款逾期、租房提取的阶段性支持政策具体办法。1~6月，通过实施住房公积金阶段性支持政策，为全省受疫情影响的企业累计缓缴1.70亿元，职工累计缓缴1.68亿元。

【降低企业成本】根据《住房城乡建设部 财政部 人民银行关于改进住房公积金缴存机制进一步降低企业成本的通知》要求，延长执行阶段性降低住房公积金缴存比例和缓缴住房公积金政策至4月30日。1~4月，通过实施降低住房公积金缴存比例，为经营困难企业降低成本1203万元。

【开展电子稽查】 截至年底，全省各州（市）住房公积金管理中心电子稽查得分在全国名列前茅，住房公积金管理水平和风险防控能力、服务质量得到了提高。

【扩大住房公积金制度覆盖面】 积极开展灵活就业人员和年轻人自愿缴存公积金试点，督促各地认真研究提取住房公积金支持城镇老旧小区措施办法。截至年底，云南省2020年新增缴纳公积金人数26.47万人。

城市建设

【污水处理提质增效】 截至年底，全省累计建成城市（县城）污水处理厂157座，乡镇污水处理厂（站、设施）558座，污水配套管网2.51万公里；加快推进城镇污水处理设施提质增效，排查整治破损、漏损污水管网2561公里，消除污水管网空白区29.2平方公里，整治消除污水直排口2780个；全省城市（县城）污水处理能力由2015年底的337万吨/日提高到2020年底的400.6万吨/日，年底污水处理率为95.00%，平均COD进水浓度为233.41毫克/升，污泥无害化处理处置率达90.1%；全省重点流域、敏感区域、九大高原湖泊城镇污水处理设施全面达到一级A排放标准，滇池流域污水处理设施优于一级A排放标准，建成较为完善的城镇污水处理运营监管体系。

【老旧小区改造】 2020年争取到位国家专项资金31.26亿元，争取特别国债3.15亿元、地方政府专项债1.9亿元，积极配合省发改委储备项目186个，申报项目93个，截至12月底，全省累计完成老旧小区改造项目投资41.82亿元；2020年度改造任务2233个小区、18.05万户，开工率100%，完工率57.06%。昆明市五华区、红河州弥勒市、玉溪市峨山县、昭通市威信县、丽江市古城区等总结形成了一批可推广、可复制的经验。

【城市更新】 云南省人民政府印发《关于统筹推进城市更新的指导意见》并召开全省城市更新工作现场会。2020年共计完成2233个老旧小区、18.05万户改造任务，惠及群众54万余人；城市基础设施不断完善，完成建设投资635亿元，新建海绵城市90平方公里、污水配套管网859公里、燃气管网749公里。

【历史文化保护管理】 印发《云南省人民政府关于同意香格里拉市仓房和金龙街区为省级历史文化街区的批复》，同意香格里拉市仓房和金龙街区2片街区为省级历史文化街区。全省确定公布历史建筑1783处，较2019年初增加910处。统筹推进全国省级历史文化名城体系保护传承规划编制试点、大理市级保护管理规定全国试点工作。

【黑臭水体整治】 出台《云南省城市黑臭水体治理攻坚战行动方案（2018—2020年）》并向社会公布，推荐申报昭通市、昆明市分别列入国家第一、二批城市黑臭水体治理示范城市，获得中央资金10亿元。全省完成黑臭水体整治投资87.87亿元，进入"全国城市黑臭水体整治监管平台"33条，整治消除黑臭比例100%，长制久清比例91%。昭通市、昆明市总结形成了部分在全国可推广、可复制的示范经验。

【城市生活垃圾分类】 全面启动城市生活垃圾分类工作，全省新增设置分类投放设施3.32万套、分类收运车辆217辆，改、扩建分类中转站9座，新开工建设生活垃圾焚烧发电厂8座、完工6座，新增生活垃圾焚烧处理能力6720吨/日，新开工建设餐厨废弃物处置设施6座。

【统筹疫情防控和复工复产】 新冠肺炎疫情发生后，全省1.9万城管人员、5.1万环卫工人、20万物业服务人员坚守一线，积极参与抗疫工作。设置"废弃口罩专用"垃圾收集容器1.7万余个，规范处理有害垃圾8万余吨。

【厕所革命】 新（改）建各类厕所161.22万座，其中：新（改）建城市公厕1058座、旅游厕所1238座、学校厕所7120座、行政村村委会所在地公厕4208座、农村无害化卫生户厕159.86万座，出台《云南省城镇公共厕所管理办法（试行）》。自7月推进爱国卫生"公共厕所全达标行动"以来，消除城区旱厕840座，城市（县城）建成区旱厕全面消除，取消收费，行政村村委会所在地实现1座以上无害化卫生公厕全覆盖。8.4万座公厕实现达标管理，其中：2.01万座公厕达到"三无三有"标准，4.97万座公厕达到"四净三无两通一明"标准，1.84万座农村公厕达到"三净两无一明"标准，3.01万座公厕可用"一部手机游云南"APP进行查找。

【园林城市创建】 1月22日，住房城乡建设部印发《住房城乡建设部关于命名2019年国家生态园林城市、园林城市（县城、城镇）的通知》，命名腾冲市为国家园林城市，命名峨山县、河口县、勐腊县、宾川县、剑川县为国家园林县城。

【城乡特色风貌提升】 7月10日，会同省发展改革委印发《云南省住房和城乡建设厅 云南省发展和改革委员关于进一步加强城市和建筑风貌管理的通知》，要求加强城市与建筑风貌管理，提升城市形象和建筑风貌水平。

【城市管理执法体制改革】截至年底，云南省129个县（市、区）中将城市管理执法单独设置为政府组成部门的增加到71个。单独成立城市管理局的地级城市有昆明市、曲靖市。

【城市管理精细化】有序开放室外经营场地，对扩大就业、恢复生产经营助力复市复业。助力小微实体经济，取消门店牌匾事前审批制度，做好提前告知和指导服务等工作。

【创新城市治理方式】完成云南省城市综合管理平台建设方案可行性研究报告及立项申请。城市智慧服务、城市综合管理服务平台、城市信息模型建设、5G智慧灯杆建设和智慧燃气建设等5项新基建工作已列入省发展改革委确定的全省新基建项目（2020—2022年）。

村镇规划建设

【农村房屋安全隐患排查整治】截至年底，云南省完成第一阶段1.14万个行政村农村房屋安全隐患排查整治工作，排查房屋98.45万户，排查覆盖率达到100%，基本完成重点排查工作。

【农村危房改造】2020年，全省排查锁定2020年动态新增4类重点对象危房户4026户（含福贡县4月底锁定易地搬迁回退农危改户435户），于6月底全面竣工入住。

【聚焦"三区三州"多措并举攻克堡垒】2020年，怒江州实现了8870户危房动态"清零"目标，为独龙族实现整族脱贫，"一步跨千年"奠定了坚实基础。独龙江乡1086户群众彻底告别了过去简陋的杈杈房，全部住上了安居房。

【建档立卡户住房安全核验】截至6月底，组织完成全省187.17万户建档立卡户住房安全核验工作，所有建档立卡户均达到住房安全有保障要求，实现了住房安全信息数据归档，并在国家组织的脱贫攻坚普查工作中得到印证。

【农房抗震改造试点】会同省财政厅制定《云南省农房抗震改造试点实施方案》；编制《云南省农村住房抗震认定与抗震改造工作指南（试行）》印发各地执行。组织完成20.56万户农房抗震改造。

【"气化乡村 燃气下乡"试点】按照"先试点、再推广、层层推进、连片实施"的模式，选取大理州祥云县、昆明市富民县第一批5个乡镇83个自然村整体推进。组织编制完成《云南省"气化乡村 燃气下乡"示范县LPG微管网供气建设方案》《LPG微管网供气系统工程设计方案》。

【农村生活垃圾治理】推行城乡一体化、镇村一体化和就地就近治理三种模式，建立健全农村生活垃圾收运处置体系。全省1198个乡镇镇区和约12.70万个村庄生活垃圾得到治理，分别占99.23%和98.6%。

【爱国卫生专项行动】统筹推进省住房城乡建设厅牵头负责的"清垃圾、扫厕所、勤洗手"3个专项行动，截至12月底共清除13.57万个垃圾点位和88万吨垃圾，城区大体量裸露垃圾基本消除，城中村等卫生死角得到有效整治；全省新建、改造提升各类厕所10720座，消除城区旱厕840座，2.01万座公厕达到"三无三有"标准，4.97万座公厕达到"四净三无两通一明"标准，2.01万座农村公厕达到干净、卫生标准；全省新建、改造洗手设施8.62万座，其中3.01万座洗手设施打点接入了"一部手机游云南"APP。

【人居环境整治提升】推进大滇西旅游环线城镇人居环境整治提升专项规划工作开展。1月15日，根据大滇西旅游环线建设工作小组第一次会议精神，省人居办组织召开了《大滇西旅游环线城镇人居环境整治提升专项规划》征求意见座谈会，根据各相关厅局和州（市）意见修改完善专项规划，并就下步工作提出要求。

【农村非正规生活垃圾堆放点整治】印发《云南省非正规生活垃圾堆放点整治技术指引（试行）》，督促指导各地切实加快非正规生活垃圾堆放点整治。全省录入国家信息系统的非正规垃圾堆放点全部完成整治销号，并完成了位于县级及以上集中式饮用水水源地保护区的堆放点的标注。

【传统村落保护发展】大理州成功申报2020年度全国传统村落集中连片保护利用示范州（市），获得1.5亿元中央财政资金补助。

【中国传统村落数字化建设】云南省共有708个村落列入中国传统村落名录，数量居全国第二。其中，全省106个传统村落上线中国传统村落数字博物馆，包括92个精品馆和14个标准馆，建馆数量居全国第一。

【历史文化名镇名村列级】根据《住房和城乡建设部 国家文物局关于公布第七批中国历史文化名镇名村的通知》（建科〔2019〕12号），命名通海县河西镇、凤庆县鲁史镇、姚安县光禄镇、文山市平坝镇为第七批中国历史文化名镇，命名沧源县勐角乡翁丁村、泸西县永宁乡城子村为第七批中国历史文化名村。

标准定额

【标准定额】 批准立项工程建设地方标准26项，发布实施14部，组织复审7部。无障碍环境创建工作成效显著，其中普洱等5地拟被命名为"创建全国无障碍环境示范市县"，怒江州泸水市拟被命名为"创建全国无障碍环境达标市县"。

【工程造价】 全省共计307家有资质造价咨询企业（甲级103家、乙级204家），工程造价行业执（从）业人员约4.2万余人。组织审查《2020版云南省建设工程计价标准》，自2021年5月1日起实施。中国云南·南亚东南亚建设工程材料及设备价格监测平台在全国率先上线运行。建立专家和网络调解纠纷机制，高效保障市场平稳运行。组织完成了2020年度全国二级造价工程师（云南省）考试考务工作，27015人次参加考试。

工程质量安全监督

【工程质量安全】 2020年，云南省房屋市政工程质量安全监督覆盖率达100%，监管范围内的房屋市政工程领域未发生较大及以上安全生产事故。全年共获鲁班奖3项、全国建设工程项目施工安全生产标准化交流学习工地13个，创建省级工程质量管理标准化示范项目65个、安全生产标准化工地133个。

【安全生产专项整治】 制定下发《云南省城市建设安全专项整治三年行动实施方案》《云南省住房和城乡建设领域安全生产专项整治三年行动计划实施细则》《安全生产专项整治三年行动配合工作任务清单分工方案》和八项工作制度措施，统筹推进安全生产专项整治三年行动计划落实。

【违法建设和违法违规审批清查】 成立违法建设和违法违规审批专项清查工作领导小组，制定印发《云南省违法建设和违法违规审批专项清查整治实施方案》，对云南省违法建设和违法违规审批清查工作进行了全面安排部署，明确专项整治工作清查范围、整治重点、时间表和路线图。

【疫情防控和开工复工安全防范】 组织开展全省疫情隔离观察场所和已开复工项目复工人员集中居住场所安全风险隐患专项排查，共排查疫情隔离观察场所1701个，复工人员集中居住场所3409个，组织人员撤离7栋危险建筑，完成整改建筑321栋，及时消除各类重大安全隐患。

【施工现场安全生产隐患排查】 全年共开展4次工程质量安全综合督查，抽查在建项目115个，发现各类质量安全隐患1009条，下发隐患整改通知书60份，执法建议书8份。开展脱贫攻坚易地扶贫搬迁项目专项排查治理，实地对全省74个易地扶贫搬迁项目的质量安全管理情况进行督查检查，对5个州（市）19个万人以上重点易地扶贫搬迁项目质量安全问题进行挂牌督战，共发现203个问题隐患，逐一督促完成整改。

建筑市场

【建筑业概况】 2020年，云南省完成建筑业总产值6724.8亿元，同比增长9.8%；完成建筑业增加值2834.1亿元，占全省地区生产总值（GDP）比重达11.6%，不变价增长6.5%；税收343.6亿元，增长10.7%。

【勘察设计审查】 截至年底，全省勘察设计业完成初步设计审查82项；完成施工图审查12138.21万平方米/5631项。

【勘察设计资质管理】 全省共有勘察设计企业907家，其中勘察甲级26家，设计甲级90家。全年共完成27批次782项勘察设计企业资质审批工作，获住房和城乡建设部批准甲级资质11项。出台《云南省住房和城乡建设厅关于暂停实施工程项目报建备案、合同登记和省外建筑企业信息登记等4个事项的通知》，暂停实施省外勘察设计企业入滇信息登记证。

【注册建筑师资格考试】 组织完成云南省全国一、二级注册建筑师考试，组织2093人8202科次人员报名应考；完成了云南全国勘察设计注册工程师考试，组织6021人14710科次人员报名应考。截至年底，全省共有全国一级注册建筑师503人、二级注册建筑师569人；勘察设计工程师1972人、二级注册结构工程师251人。

【教育培训】 组织注册建筑师366人、注册结构工程师245人、注册岩土工程师67人进行继续教育工作。

【建设注册考试】 2020年度，组织完成年度二级建造师、勘察设计注册工程师、房地产估价师和一、二级注册建筑师及二级造价工程师等6项注册类执业资格考试8.1万余人；完成全省住房城乡建设行业从业人员线上考核4.3万余人；开展行业从业人员网络教育（继续教育）培训19.43万人；服务窗口业务接件47.8万余件，制证29万余本，业务工作量与2019年同比增长112%。

【建设工程消防】 构建完善并逐步理顺全省建设工程消防设计审查验收管理体系，全面承接31类建设工程消防设计审查验收工作。5月，成立第一届云南省建设工程消防技术专家委员会,为全省建设工程消防设计审查提供技术支撑。2020年,各州(市)、县(市、区)消防设计审查验收主管部门共受理建设工程消防设计审查验收项目7121个,办结6864个,办结率96.4%。

【招投标监管】2020年,完成现场监督483场次,省级共办理招标文件备案486个,招投标情况报告书备案428个、中标合同金额58.9亿元。研究制定《投诉举报信访案件办理处置规程》。截至年底,省级共受理并处理各类投诉举报信访件共20件,均依法规范处置。

【施工许可管理】4月实现施工许可证核发行政审批事项纳入工建系统网上审批办理,10月实现施工许可证电子证照网上核发。省级共核发施工许可证42个。

【建筑企业管理】2020年,全省新增住房城乡建设部核发资质10项,其中特级(综合)2项、一级(甲级)资质8项;省级审批施工企业资质3231家次,入滇登记企业4227家次,工法评审153项;直接从事建筑业活动的从业人员平均人数187.4万人,同比增长3.5%。截至年底,全省建筑施工企业达到12257家,包括特级12家(14项)、一级1002家,二级4098家;监理企业达到230家,检测企业307家。

【落实工程建设领域保证金收缴制度】2020年,共办理投标保证金保险业务59470笔,工程履约保证金保险业务875笔,为4893家企业提供了总保额169.34亿元的保证金担保,降低节约企业财务成本费用约3.56亿元。

【农民工工资】2020年,协调处理拖欠农民工工资265件,涉及10829人,解决农民工工资约3.64亿元;开展农民工工资保证金试点工作。

【建筑从业人员管理】2020年,组织5.6万余名考生参加二级建造师考试。截至年底,全省共有注册建造师6.5万人;各类培训、注册、变更8万人次;建筑施工单位企业负责人、项目负责人安全生产考核合格证、普通工种、特殊工种证书保有量约36.5万本。

建筑节能与科技

【节能建筑】2020年,新修订发布《云南省民用建筑节能设计标准》DBJ53/T—39—2020、《既有建筑节能改造技术规程》DBJ53/T—108—2020、《云南省太阳能(热水系统)建筑一体化应用示范工程案例》。设计和施工阶段执行建筑节能强制性标准比例均达到100%。完成了2020年全省建筑节能"双随机、一公开"专项检查。

【绿色建筑】全省城镇新建建筑全面执行绿色建筑标准,设计阶段绿色建筑占新建建筑比重为82.28%,绿色建筑年度竣工面积3843.77万平方米,占新建建筑面积占比65.49%,超额完成2020年度占比达到50%的既定目标。2020年,云南省共13个项目获得绿色建筑评价标识,申报建筑面积221.16万平方米。其中,设计标识8个,运行标识5个,运行标识占比提升明显。

【绿色建材】2020年全省获得绿色建材标识企业共有18家,累计有56家(三星34家、二星22家),认证数量和市场应用率在西部省份位居前列。发布两批绿色装配式建筑"四新"与建材推广目录,共计27类67项绿色装配式建筑"四新"技术与建材入库。

【装配式建筑】全省新开工装配式建筑362万平方米,新增国家装配式建筑产业基地2个,累计7个,另有省级产业基地16个、省级示范城市1个。

【建设科技】通过住房城乡建设部科技计划项目立项5个,完成住房城乡建设部委托验收项目3个。批准立项省级科学技术计划项目90个。

防震减灾与恢复重建

【自然灾害防治能力提升重点工程】印发《云南省住房城乡建设领域自然灾害风险普查工作方案》,督促指导盈江县、双柏县、建水县3个国家试点县住房城乡建设部门做好城镇房屋建筑、农村房屋建筑和市政设施普查工作。制定印发《云南省地震易发区房屋设施抗震加固改造实施方案》,建立省级部门联络协调机制。

【建筑工程抗震设防管理】制定修订《云南省建筑工程抗震设防专项审查管理办法》《云南省建筑工程抗震设防审查技术要点》《建筑工程抗震设防专项审查办事指南》《建筑工程抗震设防专项审查业务手册》,实现全省建筑工程抗震设防审查审批闭环管理。2020年,全省受理审查1101个项目1856个单体1840.39万平方米;其中,省级受理审查89个项目202个单体909.03万平方米,按时办结率100%,提速率达40%。

【推进城市抗震防灾专项规划编制实施】组织位于高烈度设防区和地震重点危险区49个城市(县城)编制完成抗震防灾专项规划。截至年底,全省共完成75个城市、县城抗震防灾专项规划编制,实现高烈度区和地震重点危险区全覆盖。

【隔震减震技术研发应用】"建筑安全风险防控

关键技术与应用研究"成功列入省科技重点研发计划社会发展专项（公共安全方向）项目，获得项目经费支持860万元。完成高性能屈曲约束支撑研发、高阻尼橡胶支座研发、低摩擦弹性滑板支座产品成套技术、黏滞阻尼墙产品成套技术、电涡流调谐质量阻尼器产品成套技术、建筑摩擦摆隔震支座产品成套技术等多项课题研究，多项研究成果国内领先、填补省内空白。编制《建筑工程叠层橡胶隔震支座性能要求和检验标准》《建筑工程叠层橡胶隔震支座施工及验收标准》2个地方标准和《建筑隔震构造详图》1个地方标准图集。截至12月底，全省应用减隔震技术建筑工程设计阶段908个项目1291个单体1280.92万平方米，其中，隔震建筑399个项目637个单体480.49万平方米，减震建筑509个项目654个单体800.43万平方米，全省减隔震技术推广应用居全国之首。

【地震应急管理】修订印发《云南省住房城乡建设系统地震应急处置工作手册》，编制住建系统重特大地震应急处置工作方案和地震应急响应处置流程及模板，完善地震应急响应工作机制。启动地震应急三级响应，有序处置巧家"5.18"5.0级地震，省市县住房城乡建设系统累计派出178人，完成巧家县1569户2971间民房、200栋公共建筑和市政基础设施应急排查评估工作。

人事教育

【机构编制管理】12月，根据云编办〔2020〕227号文件，将名城处更名为城市设计与名城处；撤销住房保障建设计划处、住房保障管理处，设立住房保障处（正处级内设机构）；设立城市更新处（正处级内设机构），核增副处级领导职数1名。

【干部培养】2020年度，向省委推荐提拔省管干部1名，配合省委组织部完成1名省管干部试用期满考核；报经省委组织部批准，选拔任用处级领导干部12名，共选派2名干部参加省委扶贫工作队赴怒江、昭通开展扶贫工作；选派1名干部到上海挂职锻炼；选派1名同志到会泽县挂职副县长；完成21名干部晋职晋级工作，完成6名干部轮岗交流，接收3名军转干部、1名退役士兵。选派10名同志到挂包帮扶贫点进行锻炼。

【教育培训】共选派厅级领导干部参训6人次，处级干部参训3人次，科级干部参训1人次；选派30名人员参加干部专题研修；组织142名干部参加干部在线网络培训。举办了2期深入学习贯彻党的十九届四中全会和习近平总书记考察云南重要讲话精神暨"万名党员进党校"培训班，实现党员干部教育培训（轮训）全覆盖。

【职称评审】组织开展建筑工程系列职称评审工作。2020年圆满完成初级2批次，中级2批次，高级5批次共计9批次的职称评审工作，共1716人申报，共1199人评审通过。

【劳动保障管理】确定新录用人员工资及职务变动人员、工作调动人员晋升工资事宜；完成了厅机关及厅属事业单位，接收军队转业干部和退役士兵5人、转正定级10人、职务（岗位）变动90人、调入（出）10人、退休4人、死亡4人，工资确定、转移，养老金、一次性丧葬抚恤金的核定、清理整治"吃空饷"问题自查和清理规范津贴补贴自查等工作。

【事业单位改革】根据云南省委编办统一部署，推进厅属云南省城乡规划设计研究院、云南省工程建设标准设计研究院、云南建筑技术发展中心3家生产经营类事业单位转企改制工作。

大事记

1月

6日　副省长张国华到云南省住房和城乡建设厅调研指导工作。

8日　在省注册考试中心二楼会议室对厅直属机关各党组织2019年度落实党的建设、意识形态、党风廉政建设"三个责任制"情况进行了集中检查考核。

14日　国家发展改革委批复实施《滇中城市群发展规划》。

17日　在昆明召开2020年全省住房城乡建设工作会议。

2月

19日　云南省住房和城乡建设厅党组书记、厅长、《城乡建设志》编纂委员会主任马永福主持召开《城乡建设志》编纂工作会议。

26日　副省长和良辉到云南省住房和城乡建设厅调研指导灾后恢复重建工作。

28日　组织召开全省住房城乡建设系统统筹推进疫情防控和重点工作电视电话会议。

3月

13日　云南省住房和城乡建设厅在厅机关与丽江市人民政府举行交流座谈。云南省住房和城乡建设厅党组书记、厅长马永福与丽江市委副书记、市长郑艺就城市管理、城市基础设施建设、城乡人居环境提升、棚户区改造、农房抗震改造、稳定房地产市场等工作进行深入交流。

20日 召开2020年党的建设暨党风廉政建设工作会议。

4月

10日 云南省政府与中国燃气控股有限公司在昆明签署战略合作协议,省政府授权省住房城乡建设厅厅长马永福代表省政府与中国燃气控股有限公司马金龙副总裁共同签署《云南省人民政府 中国燃气控股有限公司战略合作协议》。

21日 省委副书记王予波到云南省住房和城乡建设厅调研农村危房改造整改工作。

26日 全省城镇老旧小区改造暨厕所革命生活垃圾分类推进电视电话会议在昆明召开,省委常委、副省长、省委统战部部长张国华出席会议并讲话。

29日 云南省住房和城乡建设厅派驻祥云县下庄镇大仓社区第一书记、扶贫工作队队长和云娟荣获"全国向上向善好青年"——脱贫攻坚"扶贫助困好青年"称号。

5月

15日 云南省人民政府办公厅印发《云南省人民政府办公厅关于加强传统村落保护发展的指导意见》。

18日 21时47分59秒,巧家县(北纬27.18,东经103.16度)发生5.0级地震,震源深度8公里。地震发生后,云南省住房和城乡建设厅按照地震应急预案,立即启动Ⅲ级响应,云南省住房和城乡建设厅工作组于19日8时30分赶赴灾区了解灾情、指导开展抗震救灾工作。

20日 云南省住房和城乡建设厅组成工作组赴昭通市巧家县地震灾区指导开展抗震救灾及恢复重建工作。

6月

10日 印发《云南省住房和城乡建设厅关于组织开展中国传统村落挂牌保护工作的通知》,启动中国传统村落挂牌保护工作。

28日 开省城乡规划设计院违纪违法问题"以案促改"专题会议。

7月

1日 省委书记陈豪、省长阮成发率队调研昆明市城市更新改造工作。

7日 省纪委常委、省委巡视工作领导小组成员、省委巡视办主任杨军一行深入省住房城乡建设厅调研指导巡察工作。

8月

6~8日 2020第十一届云南国际建筑及装饰材料博览会在昆明举办。本次展会参展规模、参展人次和交易情况均创下了历届云南建博会之最。

29~31日,举办深入学习贯彻党的十九届四中全会和习近平总书记考察云南重要讲话精神暨"万名党员进党校"培训班,共有300余人参加培训。

9月

4日 云南省2020年度住房城乡建设系统"质量月"启动仪式暨质量标准化观摩会在昆明市呈贡区雨花六号地块城市棚户区改造项目现场举行。

9日 全省"清垃圾、扫厕所、勤洗手"爱国卫生专项行动暨城镇老旧小区改造现场推进会在玉溪市峨山县召开。副省长王显刚出席会议并讲话。

16日 组织开展2020年全省住房城乡建设系统"质量月"线上培训活动,共13万余人参加了本次培训。

22日 云南省住房和城乡建设厅与万科企业股份有限公司在昆明签署全面战略合作协议,双方将以历史文化名城名镇保护利用及品牌打造、城市更新改造、康养及文旅项目建设、乡村振兴、行业标准研究等方面进一步深化政企合作。

10月

16日 召开全省烂尾楼清理整治工作视频会议,安排部署全省烂尾楼清理整治工作。

11月

11日 云南省住房和城乡建设厅党组书记、厅长马永福一行赴祥云县下庄镇大仓社区、金旦村调研指导定点扶贫及乡村振兴工作。

13日 全省农村房屋安全隐患排查整治工作动员部署电视电话会议在省政府办公厅召开,副省长王显刚出席会议。

27日 由云南省职工经济技术创新工程领导小组、省总工会、省人力资源社会保障厅、省住房城乡建设厅主办的云南省第十七届职工职业技能大赛传统工匠(木工)技能竞赛决赛在昆明拾翠民艺公园开赛。全省各州市共280人报名参赛。

28日 由云南省住房和城乡建设厅指导,省建设工会、省房地产业协会联合主办的2020年"保利杯"云南省物业行业职业技能竞赛在昆明安宁开幕。9个州市代表队和7个企业代表队400余名选手参赛。

12月

8日 云南省住房和城乡建设厅举行深入学习宣传贯彻党的十九届五中全会精神省委宣讲团报告会。全厅干部职工共600余人参加。

18日 由云南省职工经济技术创新工程领导小

组、云南省总工会、云南省人力资源和社会保障厅、云南省住房和城乡建设厅主办的"云南省第十七届职工职业技能大赛装配式建筑技能竞赛"在宜良县工业园区举行。

(云南省住房和城乡建设厅)

西藏自治区

概况

西藏自治区住建厅始终坚持以习近平新时代中国特色社会主义思想为指导，贯彻落实习近平总书记关于治边稳藏系列重要论述和新时代党的治藏方略，立足新发展阶段，贯彻新发展理念，构建新发展格局，紧扣"四件大事"和"四个确保"，正确处理好"十三对关系"，着力加强住房保障和城乡建设管理，推进城乡融合高质量发展，各项工作取得了新的成效。2020年住建领域重点项目年度计划投资161.6亿元，实际完成投资247.6亿元，占2020年投资计划的153%，同比增长15%。

城乡基础设施建设与发展

【提高城镇供排水能力】投资7.1亿元，实施拉萨市中心城区水系修复及生态治理工程、泽当城区排水防涝工程、仁布县县城供水工程等项目。目前全区共有79座供水厂，配套供水管网长度3028.6公里，县城及以上城镇日供水量达到87.71万立方米，全区城市公共供水普及率达到95.03%，县城及以上城镇公共供水普及率达到87.63%，相比"十二五"末，公共供水普及率分别提高了9.75和32.63个百分点。

【推进城镇供暖工程】投资1.4亿元，新建1个县城及5个高寒高海拔乡镇大院供暖项目。目前全区4个地市所在地和13个县城建成了城镇供暖工程，供暖面积达3102.82万平方米。全区33个海拔4000米以上的县城中19个县城实施了县城集中供暖项目。

【优化城镇路网布局】实施拉萨河沿线特色空间滨河路市政工程、山南泽当大道、拉萨藏热大桥等市政道路桥梁。目前全区城镇内初步形成了快速路、主干路、次干路和支路组成的道路网络系统，全区市政道路里程达到3500多公里。

【加强城镇公园绿地建设】实施了林芝市工布公园、阿里地区狮泉河镇河库连通及生态修复等项目。共建成153座公园，城市建成区绿地面积达到6431.26公顷，绿地率为35.33%，相比"十二五"末，建成区绿地面积增加了451.26公顷，城市绿色生态宜居得到较大改善。

【推进城市地下综合管廊建设】实施了拉萨市、日喀则市、那曲市、狮泉河镇等城镇的地下综合管廊项目建设。目前全区地下综合管廊长度达到36.54公里。

【稳步推进特色小城镇建设】共落实投资89亿元，建成了勒门巴民族乡、曲孜卡乡、吉塘镇等一批展示民族文化、发展边境特色生态旅游、融合度假休闲和边贸物流的特色小镇，发挥城镇聚集效应，为城乡融合发展积累经验。

【开展历史街区划定和历史建筑确定】积极开展全区历史街区划定和历史建筑确定工作。目前全区共申报2个历史街区和320座历史建筑。

【加快西藏文化广电艺术中心项目建设】落实自治区部署要求，组建工作机构，强化组织领导，加强沟通协调，统筹推进项目建设。截至12月底，累计完成工程建设投资9.4亿元，完成实物工程量10.46万平方米，分别占概算批复的61%和76.79%。

住房保障与房地产

【加大住房保障力度】完成投资29.11亿元，城镇棚户区改造15961套(户)，新建公租房8966套；续建项目绝大多数基本建成。1.2万户城镇低收入住房困难家庭领取租赁补贴6671万元。干部职工按月住房补贴标准提高到1000元/月。通过实物配租和货币补贴，全区城镇低保和低收入家庭实现应保尽保；2961名创业高校毕业生住房得到保障。建立公租房信息系统。

【强化房地产市场调控】不断强化顶层设计，完善政策支撑，加强制度建设，持续完善城市住房供给体系，促进房地产市场逐步走向价格合理、供求平衡、保障多元、风险可控、预期平稳的健康发展状态。积极落实常态化疫情防控举措，推动项目复工复产，全区在建房地产开发项目197个，完成投资165亿元，其中民间投资91亿元，为全年计划的195.29%，占全区住建领域投资的66.64%。

【提高公积金服务效率】住房公积金使用提标扩面，住房公积金使用率达123%，住房公积金个人贷款率达71%（分别比"十二五"末增长35.6%、28.1%），5.15万户家庭通过住房公积金贷款解决住房问题、改善了住房条件。在中国银行等六家银行设置13个公积金服务网点，提高公积金管理服务效率。

民生工程建设

【全面完成危房改造任务】共落实各级补助资金10.35亿元，全面完成农牧区建档立卡贫困户等4类重点对象危房改造4.36万户；安排资金6.27亿元，实施全区动态新增4类重点对象以及低收入群体住房安全抗震改造；完成全区16.4万户建档立卡贫困户住房安全再核验，积极排除隐患，保障住房安全。

【促进农牧民增收】制定了《西藏工程建设领域促进就业暂行办法》，加强技能培训，加大政策支持，明确政府投资400万以下的基建项目，全部交由农牧民施工队承建；明确将吸纳农牧民就业人数作为信用等级评定加分项，鼓励企业吸纳农牧民转移就业。2020年全区住建领域共转移农牧民就业11.24万人，实现劳务创收21.15亿元，其中400万以下项目带动农牧民转移就业3.51万人，农牧民增收7.73亿元。

【促进高校毕业生就业】制定《西藏自治区工程建设领域促进就业暂行办法》《全区工程建设领域促进西藏籍高校毕业生就业工作方案》，从住房保障、招投标加分、执业资格、职称认定、项目带动等方面制定优惠政策，促进高校毕业生就业。组织协调建设类企业持续开展招聘活动提供就业岗位，其中区外就业岗位135个，建筑市场监管与诚信一体化平台审核通过就业的西藏籍高校毕业生3048人。

【深化定点扶贫】厅班子成员落实驻村工作指导责任，先后9次带队深入那曲、昌都5个驻村点开展驻村调研和慰问工作，帮助解决实际困难。2020年，厅系统党员干部落实扶贫结对帮扶资金13万余元，共结对帮扶106户594人。各驻村工作队共为民解难事急事、办实事累计99件，涉及资金1000万余元。累计完成消费扶贫5.19万余元。

城乡环境基础设施和生态文明建设

【加快城乡污水垃圾处理设施建设】2020年投资16.8亿元，新（改）建54座城镇污水处理设施，建设56座生活垃圾无害化处理设施。目前全区共建成投入运行32座污水处理厂，日污水处理能力达到31.16万吨，配套收集管网长度达954公里，建成试运行14座污水处理厂；建成107座生活垃圾填埋场，89座转运站。全区设市城市及县级以上城镇污水处理率分别达到94.94%和75.4%，相比"十二五"末，分别提高了44.94个百分点和29.92个百分点；设市城市及县级以上城镇生活垃圾无害化处理率分别达到98.34%和96.76%，相比"十二五"末，处理率分别提高了7.01个百分点和16.76个百分点，全区污水垃圾处理能力得到显著提升。

【积极推广垃圾分类】制定出台生活垃圾分类实施方案，健全工作机制。落实1.12亿元，支持拉萨市建设生活垃圾分类处理配套设施及日喀则市生活垃圾填埋场改扩建和餐厨垃圾处理项目建设。拉萨市、日喀则市通过PPP模式分别投资1.1亿元和2.2亿元，建设餐厨垃圾处理设施。

【推进人居环境整治】制定印发《西藏自治区农牧区生活垃圾收运处置管理办法（试行）》《西藏自治区生态补偿脱贫岗位村庄保洁员管理办法（试行）》，开展村庄人居环境整治试点建设；投资874.14万元，在拉萨市墨竹工卡县工卡镇塔巴村扎实推进环境突出问题治理，为全区农村人居环境整治积累了可复制可推广的好经验好做法。完成非正规垃圾堆放点整治，销号率达100%，目前全区农村生活垃圾处理率达90%。

【加快推动绿色建筑发展】出台了《西藏自治区绿色建筑管理办法》《西藏自治区绿色建筑评价标识实施细则》。在山南隆子县、玉麦边境小康乡等开展装配式钢结构建筑项目试点，2020年度全区新建装配式建筑面积124万平方米，占新建建筑比例的11%。完成了2019年度绿色建筑等级认定统计工作。

【完成"厕所革命"项目建设】全区1983座厕所革命项目已全部建成并投用。建立运维管理机制，指导督促各地市加强后期运维管理，保障厕所正常运行。

边境小康村建设

【加强边境地区基础设施建设】组织编制624个边境小康村村庄规划和技术审查。指导地市加强边境地区基础设施建设，624个边境小康村已全部开工建设，竣工600个。21个边境县城建成区面积46平方公里，市政道路总里程295.58公里，公共供水普及率84.45%；11个边境县城实现供暖，供暖面积347.03万平方米；4个县城建成污水处理厂，12个县城正在建设污水处理设施，污水处理率80%；21个边境县城建设了生活垃圾填埋场，生活垃圾无害化处理率95.69%。

【抓好玉麦小康乡建设】认真贯彻落实习近平总书记重要回信精神，加强指导、谋划规划、部署建设，完成住房以及生活垃圾收集处理、村内道路等建设任务，所有67户农牧民迁入新居，极大改善了群众的生产生活质量。

【启动边疆明珠小镇建设】编制了《2020年边疆明珠小镇试点建设工作方案》《边疆明珠小镇建设指南》，积极争取和筹措资金，加快推进建设。

行业治理

【加快工程审批制度改革】贯彻《西藏自治区关于全面开展工程建设项目审批制度改革实施方案》，出台14个配套政策制度，审批事项由67项压缩至43项，审批时间压缩至100个工作日以内。工程建设项目审批事项实现网上办理，已完成1594件审批事项。

【深化"互联网+政务服务"建设】厅系统权责清单由122项压减至78项，5人进驻自治区三级服务大厅，所有行政许可、公共服务类事项全部纳入自治区政务服务网，不断提升行政服务效率。

【强化城市治理】积极推进数字化城管信息平台建设，目前拉萨、林芝、日喀则、那曲市已初步建成并发挥效益；积极争取住房和城乡建设部和江苏省住建厅、南京市城管局支援，拉萨市城管综合服务平台上线运行，并与部城管平台联网，城市管理效率大幅提高。加强城市供水、燃气等市政公共服务设施管理，确保城市安全。

【规范建筑市场秩序】深入开展全区工程建设领域市场秩序专项整治，分别于6月份和10月份对建筑市场秩序进行专项检查，发出执法建议书84份，各地住建部门依法查处违法行为91起，处罚金额1200余万元。对资质申报中弄虚作假的10家企业进行通报。严肃处理"挂证"行为，注销挂证183人并记入不良行为记录。持续深化扫黑除恶专项斗争，所有转交区住建厅的案件全部化解清零。

【深入开展督查检查】制定《自治区住房和城乡建设厅组织开展2020年度督查检查考核工作方案》，由厅领导带队，组成三个检查组分赴部分地市，重点围绕住建领域新冠肺炎疫情防控、重点项目建设、工程质量安全等开展督查检查考核。全区住建系统共出动人员20余人次，检查单位、部门61次。发现一般隐患172处，立即整改172处，制定防范整改措施和限时整改56处，全年住建领域未发生重特大安全生产事故。

强化党的建设

【加强理论武装】全年召开12次党组会、13次党组理论学习中心组学习会，持续深化学懂弄通做实习近平新时代中国特色社会主义思想，及时跟进学习习近平总书记关于高质量发展、城乡建设、西藏工作等系列重要论述和党的十九届五中全会、中央第七次西藏工作座谈会精神，紧扣"四件大事"和"四个确保"，集中学习研讨，部署贯彻措施，统筹推进住建领域经济发展、脱贫攻坚、生态环保、边境建设等工作，为住建事业高质量发展领航掌舵，确保党中央和区党委的决策部署扎扎实实贯彻到位。

【强化政治建设】深入贯彻落实新时代党的建设总要求，增强"四个意识"、坚定"四个自信"、做到"两个维护"，持续深化"不忘初心、牢记使命"主题教育成果，始终做到在政治思想行动上同以习近平同志为核心的党中央保持高度一致。深化全面从严治党，坚决落实好区党委"三个牢固树立"要求，严格执行中央八项规定及其实施细则精神和自治区党委实施办法精神，精文减会控制在年初目标以内。进一步规范督察检查考核，形成了10余篇高质量的专项调研报告，汇总形成《关于推进我区住建领域治理体系和治理能力现代化建设调研报告》报区党委，主动解决基层部门存在的困难和问题，切实做到为基层减负。

【加强干部队伍建设】深入贯彻落实新时代党的组织路线，严格执行《公务员法》《干部选拔任用工作条例》《公务员职务、职级与级别管理办法》，坚持党管干部、党管人才原则，结合住房城乡建设系统实际，突出事业为上、人岗相适、人事相宜，加强专业技术干部选拔任用，全年选拔任用和职级晋升科级22人、县处级32人，努力建设凝聚人心、干事创业的干部队伍。

（西藏自治区住房和城乡建设厅）

陕 西 省

概况

2020年,在新冠肺炎疫情的特殊之年,陕西省住建系统深入学习贯彻习近平总书记来陕考察重要讲话和对住建工作重要批示精神,坚持新发展理念,聚焦高质量发展,贯通落实"五项要求""五个扎实",打赢三大攻坚战,扎实做好"六稳"工作,落实"六保"任务,全力开展住建领域各项工作。持续完善住房保障和住房市场体系;始终把"两镇"建设作为城乡融合的桥头堡、乡村振兴的排头兵;坚持扶持和监管两手抓、两手硬;坚持把农村危房改造助力脱贫攻坚作为重要政治任务;着眼稳地价、稳房价、稳预期目标,房地产市场平稳健康发展;贯彻落实省委、省政府《县域经济发展和城镇建设三年行动计划(2020—2022年)》;致力于绿色发展,积极开展园林城市创建活动;着眼转变城市发展方式,推动城市结构优化、功能完善和品质提升;坚持督政查企并重,施工扬尘监管扎实有力;突出装配式建筑施工;发挥立法引领作用,城管执法制度体系不断完善;摸清行业现状,化解矛盾难题,物业管理工作不断规范;优化住建行业营商环境,"放管服"改革持续深入;严格落实中央、省决策部署,全面完成住房和城乡建设任务,脱贫攻坚、老旧小区改造、管理执法体制改革成效显著,为全省统筹推进疫情防控和经济社会发展做出了积极贡献。多项工作经验和做法得到省政府和住房城乡建设部充分肯定。

法规建设

【概述】 2020年,积极推进法治政府示范创建活动,扎实做好行业立法相关工作,认真办理行政复议应诉案件,努力加强省住建系统法治宣传教育。省住建厅先后被中共陕西省委全面依法治省委员会命名为"全省法治政府建设示范单位",被中共陕西省委全面依法治省委员会办公室、中共陕西省委普法工作领导小组办公室、陕西省司法厅表彰为"全省国家工作人员学法用法考试优秀单位",被省司法厅表彰为"全省行政复议先进集体",厅政策法规处相继荣获"全省法治建设先进集体""全省行政立法工作先进单位"等。

【法治政府示范创建】 印发《省住建厅〈创建法治政府建设示范省级部门活动方案〉》,召开专题任务部署会。先后整理报送443份创建资料,印发8期专题简报,编印300册应知应会手册,形成自查综合报告。省住建厅被省委依法治省委命名为全省法治政府建设示范单位,是继2015年被省政府命名为全省依法行政示范单位之后,又一全省法治工作综合性荣誉。

【行业立法】 先后多次对省物业管理条例(修订)开展调研、座谈和集中审改,相继经过了省人大第2、3次集中审议。组织起草《陕西省城市桥梁安全保护办法(草稿)》,征求15家省直部门和全省设区市市政公用设施主管部门意见建议,配合省司法厅完成2次修改及调研。报送2021年度立法项目计划建议,提供拟审议项目、预备审议项目草稿及情况说明。配合省人大、省司法厅完成87件法律法规、规章制度等意见建议征求工作。

【法律法规清理及规范性文件合法性审查备案】 集中组织对15件地方性法规、4件省政府规章、38件省政府及厅行政规范性文件进行清理。提出省住建厅行政规范性文件废止失效建议6件,宣布废止失效6件。先后完成《陕西省建设工程消防技术专家库管理规定》《陕西省房地产开发企业信用信息管理暂行办法》《陕西省市政公用事业特许经营管理试行办法》5份规范性文件合法性审查,及时审定并备案。对厅机关采购合同、行政处罚、政府信息公开、消防验收、房屋租赁等56个事项予以合法性审查。

【行政复议应诉案件办理及行业"放管服"改革】 全年受理20起行政复议案件,已办结21起(含上年留转5起),参加5起行政诉讼案庭审。在省级部门率先落实行政机关负责人出庭应诉制度,同时协调推进厅机关工作人员旁听庭审活动。中国(陕西)自由贸易试验区住建领域涉企经营许可事项实行全覆盖清单管理,推进直接取消审批、实行告知承诺、优化审批服务方式改革。取消11项规范性文件设定的证明事项,在厅网站进行公布。

【法治宣传教育】全面总结上报"七五"普法经验。组织机关工作人员学法用法考试，被省委普法办表彰为"全省国家工作人员学法用法考试优秀单位"。参加住房城乡建设部民法典专题辅导讲座，制作宣传展板10张、购买民法典书籍134册。结合行政复议案件办理，邀请法律顾问、被申请人和厅机关相关人员召开专题研讨座谈。利用网络等多媒体大力宣传陕西出台全国首部省级城市管理综合执法地方性法规，入选陕西省首届"陕西省十大法治事件"。在厅官网开辟"法治政府建设"和"疫情防控普法宣传"专栏，宣传法律法规23部，传达上级会议精神9次，推送法治格言120条。利用厅工作微信群宣传法治文章60余篇，发送OA手机法治短信14条。编印《住房和城乡建设法律法规文件汇编》100本，发放《百姓法治宝典》600余本，邀请专家就依法行政进行专题授课辅导。

城市建设与管理

【概况】2020年，陕西省设西安、咸阳、宝鸡、渭南、铜川、延安、榆林、汉中、安康、商洛10个省辖市和西咸新区、杨凌农业高新技术产业示范区以及兴平、华阴、韩城、神木、子长、彬州6个县级市。城区面积2597.11平方公里，城区人口1294.61万人，建成区面积1372.2平方公里，供水普及率97.88%，燃气普及率98.62%，建成区供水管道11200.97公里，人均城市道路面积16.73平方米，建成区排水管道10067.78公里，人均公园绿地面积12.79平方米，建成区绿化覆盖率40.8%，建成区绿地率37.09%。有力有序有效推进全省城市出入口景观建设排查整治、脱离实际造景造湖专项治理等专项治理工作和节水型城市创建、历史文化名城保护、县城建设、老旧小区改造等。

【县城建设】印发《2020年全省县城建设示范县创建活动方案》，在全省范围内择优选择有一定基础和条件的县（市）作为"县城建设示范县"创建活动县（市），统筹带动全省县城建设高质量发展。配合省发改委、省财政厅，委托陕西省政府投资评审中心，对县域经济发展和城镇建设试点县（市）《实施方案》进行审核，指导试点县（市）按照专家组和3部门提出的问题，对方案进行修改完善，对2019年度资金安排存在问题的项目进行调整，进一步完善2020年度项目安排计划，并联合下达了2020年县域经济发展和城镇建设专项资金10亿元。

【老旧小区改造】会同省级相关部门印发了《2020年全省城镇老旧小区改造工作实施要点》《关于在城镇老旧小区改造中开展"美好幸福小区"建设示范（试点）活动的通知》《陕西省城镇老旧小区改造导则》等文件。会同省发展改革委、省财政厅下拨2020年中央补助资金56.79亿元，省级财政配套资金3.7亿元，支持全省城镇老旧小区改造工作。作为未来五年内住房城乡建设部确定的支持市场力量参与城镇老旧小区改造全国五个试点省份之一，国家开发银行将向陕西省授信300亿元贷款额度，重点支持市场力量参与城镇老旧小区改造项目。全省计划开工2877个老旧小区改造项目，涉及36.4万户居民。实际新开工2943个老旧小区改造项目，涉及36.6万户居民，超额完成年度开工任务，改造量居全国第三。其中，1361个城镇老旧小区惠及20.43万户居民的改造项目已完成改造工作。

【市政管网"补短"行动】2020年，陕西省住房和城乡建设厅聚焦"地级及以上城市建成区基本无生活污水直排口，基本消除城中村、老旧城区和城乡接合部生活污水收集处理设施空白区，基本消除黑臭水体"行动目标，督促指导各地全面提升城市生活污水集中收集效能。先后会同省财政厅抽调相关领域专家对全省2020年拟支持项目进行评审筛选了12个支持项目并给予资金支持，共计下达中央污水处理提质增效专项资金12964万元。

【历史文化名城保护】会同省文物局制定印发《2020年陕西省历史文化名城名镇名村保护工作实施方案》，明确2020年全省历史文化名城名镇名村街区保护工作目标任务和时间节点，召开全省历史文化名城名镇名村保护工作视频会议，督促指导各地市加快推进历史文化名城名镇名村保护工作。4月，省政府公布命名第二批省级历史文化街区12片，确定历史建筑226处，下拨180万元专项资金用于国家历史文化名城保护规划编制工作。

【地下综合管廊、海绵城市工作】2020年，印发《关于报送海绵城市、地下综合管廊建设工作总结的通知》，对各地海绵城市、地下综合管廊建设进展情况进行梳理汇总，并印发《关于全省海绵城市、地下综合管廊建设情况的通报》，指出存在的主要问题，督促各地进一步加大工作力度。组织各地主管部门参加海绵城市建设评估工作视频培训，指导各地搞好海绵城市评估工作。

【节水型城市创建】与省发改委、省水利厅、省生态环境厅联合印发《2020年陕西省国家节水城市创建工作实施方案》。举办2020年国家节水型城市创建及全省碧水保卫战网络培训班。指导西安市、铜川市、延安市等城市对照陕西省节水型企业、节水型单位、节水型居民小区考核标准,全年创建了31家企业、201家单位、421家居民小区,经考核符合标准。西安市、延安市成功创建为国家节水型城市,咸阳市、铜川市、渭南市、榆林市、汉中市、安康市、商洛市、杨凌示范区8个城市(区)通过了国家节水型城市达标考核。

【生活垃圾分类示范】 制定《城市生活垃圾分类示范小区建设导则》,指导科学分类。启动城市生活垃圾分类省级示范区建设,编制实施方案,召开推进会,开展双月点评,示范引领全省垃圾分类工作。提请省委审定,省政府印发了《陕西省城市生活垃圾分类规划(2019—2025年)》,得到住房和城乡建设部的充分肯定,作为先进经验,以简报形式在全国推广。并在全国城市生活垃圾分类工作现场会上做了先进经验介绍。

【城市黑臭水体整治】 提请省政府召开全省黑臭水体治理专题会,印发2020年工作方案,建立一张图、一个表、一个系统、一张网、一个报告的"五个一"工作机制。对尚未实现长制久清的6处黑臭水体实行挂牌督战,印发整改通报,一对一反馈。会同省生态环境厅扎实开展专项行动,督促加快实施治理项目工程。指导各地认真做好效果评估,组织集中审核,实现长制久清目标。

【污水处理】 深入推进《陕西省城镇污水提质增效三年行动实施方案》(2019—2021年),定期召开视频调度推进会,督促各地加快补齐设施短板,对工作滞后的市(区)采取约谈等措施督促整改,并邀请住房和城乡建设部有关负责同志和专家,组织召开全省城镇污水处理提质增效工作培训班,提升行业管理人员业务水平。加强污水处理设施运行监管,不断完善"月通报、年终考评"的考评机制,利用全国城镇污水处理管理信息系统和全省污水处理设施监管平台,实现对污水处理厂的实时监测,及时预警,确保污水处理设施正常运营。截至年底,全省城市污水处理率达到95.54%,县城达到93.47%。

【生活垃圾处理设施运行管理整治活动】 印发《全省城市生活垃圾处理设施整治工作方案》等系列政策文件,督导各地做好垃圾处理场规范化管理,加快垃圾焚烧厂建设,强化设施运行监管。开展生活垃圾填埋场无害化等级评定,补齐设施设备配置短板。起草了建筑垃圾治理、餐厨废弃物整治工作实施方案。加强餐厨垃圾和建筑垃圾管理,提高机械化清扫水平,加强城市道路扬尘治理,指导各地切实抓好扬尘污染管控,持续加大评价监管力度,确保按时完成道路扬尘治理目标任务。

【市政公用设施】 出台《陕西省城市管理疫情防控工作指南》等系列政策措施,全力保障新冠肺炎疫情防控期间市政公用行业安全平稳运行。会同省财政厅制定县城排水防涝治理试点三年行动方案,在全省选择10个县区开展治理工作试点,每县区支持1000万元。配合省发改委组织县城编制排水设施建设系统化方案,争取排水防涝专项资金1.1925亿元。强化城镇燃气重点部位和使用环节安全管理,开展冬季用气高峰城镇燃气安全调研督导。印发集中供热服务标准和服务承诺书范本。开展市政公用行业拉网式排查,全面梳理行政主管部门和运营单位有关职责。整治城市道路坍塌风险隐患,开展城市道路限高限宽设施和检查卡点专项整治行动,推进《陕西省城市桥梁安全保护办法》立法。

【园林城市创建】 印发《2020年陕西省园林城市(县城)创建工作方案》,通过组织资料审核、技术调研、整改提升、考核验收、社会公示,严把质量关,按程序上报省政府。三原县、潼关县、延长县、佳县、紫阳县5个县创建为省级(生态)园林县城。

【城管执法】 扎实开展"强基础、转作风、树形象"专项行动,印发了《陕西省提升城管执法服务水平活动方案》,开展理想信念教育、岗位练兵、便民服务、"城管开放日"等活动。2020年,宝鸡市城市管理执法局被中央文明委表彰为第六届"全国文明单位",以执法治乱小缩影制作的微电影《谁挡了道》,在全国第五届平安中国"三微"比赛暨优秀政法文化作品评选表彰活动中荣获"优秀微电影""最佳音乐奖"奖项。西安市新城区城管局、宝鸡市渭滨区城管局、铜川城市管理执法支队、延安市宝塔区城管局、商南县城市管理执法大队被住房和城乡建设部通报表彰为2020年度"强基础、转作风、树形象"表现突出单位。制定出台了《陕西省城市管理执法协管人员管理办法(试行)》,加强城管执法协管人员的队伍建设和管理。召开全省执法一线大(中)队长培训会,全省科级及以上干部完成培训4723人次,科级以下干部完成培训14631人次。制定印发《陕西省省级城市综合管理服务平台工作方案》《全面开展城市综合管理服务平台建设工作通知》,组织住房和城乡建设部平台建设专家对咸阳市、铜川市平台建设方案进行评审。10个设区市全部完成与国家平台联网任务,其中咸阳市城管局数字城管实践案例入编国家《数字化城市管理案例汇编》教材。

【秦岭生态环境保护】 按照省秦岭生态环境保护委员会相关要求,及时转发《陕西省秦岭生态环境保护2020工作要点》《落实省秦岭生态环境保护委员会全体会议部署重点工作任务》等文件，对涉秦岭六市工作进行安排部署并提出要求。会同省级有关部门对宝鸡市涉秦岭县（区）现场专项检查68项，对照台账随机抽查检查33项，核查群众现场举报1件。积极开展《陕西省秦岭生态环境保护条例》施行一周年宣传活动，通过官网和微信公众号对《条例》进行宣传。

村镇规划建设

【概况】2020年，35个省级重点示范镇完成投资119.85亿元，占年度任务的149.81%，同比增长0.22%；31个文化旅游名镇（街区）完成投资44.59亿元，占年度任务的148.63%，同比增长1.04%。全省42个村落列入第五批中国传统村落名录，106个村落列入第三批省级传统村落名录。137个村为陕西省美丽宜居示范村。

【两镇建设】修订2020版"两镇"建设评价指标体系，会同省财政厅、省自然资源厅分别下发了《关于同意2020年省级重点示范镇和文化旅游名镇（街区）补助资金建设项目备案的通知》《关于进一步做好重点示范镇和文化旅游名镇（街区）规划建设管理工作的通知》，制定下发2020年度35个省级重点示范镇、31个文化旅游名镇（街区）建设目标任务，指导各地对标目标任务推进建设。

【跟踪指导】下发《关于做好2020年省上跟踪指导考核市级重点镇建设工作的通知》。截至年底，20个省上跟踪指导考核重点镇建设完成投资159.84亿元，镇均7.99亿元。将洋县马畅镇列入2020年省上跟踪指导考核市级重点镇，指导其做好规划编制，加快项目建设等相关工作。

【农村生活垃圾整治】下发了2019年度和2020年分季度农村生活垃圾治理工作进展情况通报。建立完善《农村生活垃圾治理工作年度台账》《农村生活垃圾治理工作反馈问题核查整改台账》和《农村生活垃圾非正规堆放点整治台账》，围绕2019年以来农村生活垃圾治理83个重点问题，共下发核查整治问题通知单39份，明确整改时间和整改责任人，全部整改完成后，又对农村生活垃圾非正规堆放点整治开展"回头看"，防止发生反弹和产生新的非正规堆放点。同时按照省委1号文件精神，在全国农村生活垃圾分类和资源化利用6个示范县（区）的基础上，指导西安市长安区等12个全省农村生活垃圾分类减量示范县（区）制定了本地区农村生活垃圾治理工作实施方案。截至12月底，全省农村生活垃圾得到有效治理的行政村比例达到93.96%。

【开展共同缔造活动】陕西省委、省政府将开展共同缔造活动写入2020年1号文件，为全省推进此项工作提供了根本遵循。印发了《在城乡人居环境建设和整治中开展美好环境与幸福生活共同缔造活动实施方案》。在推进"百村示范 百团帮扶"共同缔造活动的基础上，突出全国第一批共同缔造活动精选试点县区（西安市蓝田县、杨凌示范区杨凌区）、试点村（西安市蓝田县董岭村、杨凌示范区杨凌区王上村、咸阳市礼泉县袁家村、延安市延川县梁家河村）共同缔造活动。12月，住房城乡建设部与陕西省签订了《关于在城乡人居环境建设中开展美好环境与幸福生活共同缔造活动合作框架协议》，并在西安市长安区举办全国美好环境与幸福生活共同缔造活动培训班。

【传统村落保护】印发《关于进一步做好全省传统村落保护发展有关工作的通知》，会同省财政厅积极与住房和城乡建设部和财政部对接，将渭南市列为2020年全国传统村落集中连片保护利用示范市，争取中央财政补助资金1.5亿元。对全省113个中国传统村落保护标志统一设计、统一制作、统一悬挂。完成《陕西省传统村落传统建筑保护与利用调研报告》。

【房屋安全隐患排查整治】按照国家关于开展农村房屋安全隐患排查整治工作的安排部署，提请省政府办公厅印发了我省工作方案，成立领导小组，印发《陕西省农村房屋安全隐患排查整治工作指引》和《陕西省农村房屋隐患排查技术导则（试行）》。截至12月底，用作经营的农村自建房已全部排查完毕。

【农房品质提升】对杨陵区、平利县等14个农房建设试点县（区）进行工作指导，印发《开展试点示范工作强化农房风貌提升》的工作简报，摘编县（区）农房建设经验，供各地参考借鉴。截至12月，共有69个示范点6513户示范农房。全年共有408户装配式钢结构农房，并组织编写《陕西省钢结构农房设计方案图集》设计了35套方案。截至年底，共有110个示范点12033户参照《陕西省农房设计图集》进行建设。

建筑业

【概况】2020年，陕西省建筑领域认真统筹推进新冠疫情防控和建筑业发展，狠抓疫情防控期间企业复工复产、工程建设项目审批制度改革、违规插手干预工程建设专项整治等重点工作，推动建筑业高质量发展。截至12月底,全省完成建筑业总产值8501.13亿元,同比增长7.8%,实现建筑业增值2599.8亿元,同比增长7%,占地区生产总值(GDP)比重9.93%。特级资质企业增至32家。

【政策措施】先后印发疫情期间复工复产指导意见、建筑材料保障供应、建设工程计价、稳民生稳发展二十二条措施等配套政策,深入20家企业进行调研,协调解决了建筑企业31378人的用工需求和建筑材料产销供需问题,全力支持企业复工复产稳就业。结合决战决胜脱贫攻坚工作实际,全省各级住建部门重点关注7224名有就业意愿的、有劳动能力的未脱贫劳动力,对其逐一问询,了解就业需求,及时协调解决36名上述人员在建筑行业就近就业。陕西省疫情期间强化安全生产"红线"、对复工企业和施工人员给予一定补助、重大项目劳保费暂缓或分批缴纳的经验做法被住房和城乡建设部转发全国学习借鉴。

【工程建设项目审批改革】大力推行疫情防控期间建设项目"不见面"审批,推行招投标备案告知承诺制,重点项目采取分阶段审查或边设计边审查,优化审批流程,压缩审批时限,助力企业复工复产。对标国办改革实施意见,注重经常性检查督导、加快相关政策落地见效的同时,成立联合工作组对各地工改工作开展情况进行全面督查考评,会同省发改委督查办、营商办、职转办联合发文通报,并列出各地问题清单、限时完成整改。陕西省按照国办改革实施意见要求建成了统一的工程建项目审批和管理体系。延安市"创新推进'六一个'工程建设项目审批改革"的经验做法被国务院职转办专刊转发,省政府主要领导作出批示予以肯定。

【政策扶持】先后召开企业经济运行分析会、中小企业座谈会,深入企业调研,了解企业在发展过程中存在的问题和困难。坚持扶持本土骨干企业与引进省外优势企业"两轮驱动",将本省121家优势企业列为省级重点扶持对象,吸引大型骨干建筑企业子公司总部迁至陕西或在陕成立子公司,在人员转注、评先创优、资质晋升和增项等方面给予支持。截至年底,中铁22局、中国黄金、中铁建工等30家优势企业在陕成立子公司。

【市场整治】印发住建系统开展领导干部违规插手干预工程建设突出问题专项整治实施方案、信息报送机制等文件,建立专项整治专班,指导各地全面开展问题排查整治工作。清理拖欠中小民营企业工程款专项治理,对拖欠民营企业工程款的国有企业进行了约谈,督导双方达成还款方案,切实减轻民营企业负担。下发加强招标投监管的通知,对3家企业串通投标、3名评专家未公正评标、18家企业拖欠农民工工资的行为进行查处,13家企业因拖欠农民工工资被列入"黑名单",依法向社会公布了9起重大劳动保障违法行为的典型案例,对447家外省入陕企业提供虚假登记信息的行为进行了通报。10月,分三组对全省建筑市场进行了督查,查处违法违规企业36家,并在全省范围进行了通报。同时,完善建筑业从业人员实名制管理系统,大力推行建筑工人实名制管理,督导各地及时填报在建项目建筑工人实名制落实情况,确保信息及时更新,提升建设项目管理水平。

【整治拖欠农民工工资】对18家企业拖欠农民工工资的行为进行查处,13家企业因拖欠农民工工资被列入"黑名单"。截至年底,全省住建主管部门协助人社部门查处欠薪案件296起,涉及农民工4617人,涉及金额9001.6911万元;全省住建部直接查处拖欠农民工工资案件33起,涉及农民工1412人,涉及金额2532.27万元,保障建筑工人的合法权益得到有效维护。

工程质量安全监督

【政策措施】4月,印发《2020年建筑工程质量安全监管工作要点》《关于完善质量保障体系提升建筑工程品质的实施意见》,指导编制完成《建筑工程资料管理规程》,统一资料的整理、归档要求。主动与财政等部门沟通联系,争取保障监督机构工作经费,开展全省工程质量安全监督机构调研。下发《关于开展2020年度陕西省工程建设工法评审工作的通知》,鼓励企业采用新技术、新工艺,总结施工经验,提升施工技术水平。

【扬尘污染防治】印发《蓝天保卫战2020年工作方案的通知》。将建筑施工扬尘管控要求纳入省级文明工地考核指标和企业信用记录。召开全省2020年度文明工地暨施工扬尘防治现场观摩会。11月下旬,对各市(区)进行督导调研,重点检查市(区)落实国家、省有关蓝天保卫战部署情况。下发《关于打好2020年建筑施工扬尘污染防治攻坚战确保完成国家考核目标任务的通知》,对存在工作短板的7个市进行通报。印发《关于做好2020—2021年秋冬季建筑施工铁腕治霾工作的通知》《关于进一步强化建筑施工扬尘管控的通知》和《关于开展蓝天保卫战决战决胜攻坚行动的紧急通知》,明确年底最后冲刺阶段任务,并派出2个暗访组,采取"四不两直"的方式对关中部分市(区)进行暗查暗访,对3个市发函通报情况。建立健全督查检查机制，将建筑工地全部纳入监管范围，全省住建系统全年累计责令整改4517起，行政罚款341起，共处罚金1877万元。

【强化施工安全】 制定印发《建设工程安全专项攻坚行动方案》，充分汲取咸阳市秦都区"4·8"坍塌事故教训，全面排查整治存在的问题隐患和安全风险，督促企业落实安全生产主体责任，切实做好重大风险隐患防范化解工作。印发《专项整治三年行动实施方案》，全面开展安全隐患排查整治。向3个市住建局下发事故督办函，并派员赴现场督导调研，不断夯实各方安全生产责任。全省住建系统累计检查项目9218个（次），下达行政处罚决定329份，罚款1595万元，惩戒和曝光典型案例65起，暂扣安全生产许可证10起，向外省发函协查4起，责成责任单位处罚失职人员6人。

【改进监管方式】 印发《关于继续深入开展全省房屋建筑违法建设和建筑施工安全生产专项整治的通知》等3份文件，全面推行"双随机、一公开"检查方式，落实监管责任。有序开展市区交叉检查，大力开展安全隐患排查和事故防范等工作。向5个市政府（管委会）下发建设工程领域安全生产提示函，进一步压实属地管理责任。制订印发建筑施工安全生产网格化监管的通知，建立住建系统建筑施工安全生产网格化监管机制，有效落实行业监管责任。加强行业动态监管，规范建筑施工企业安全生产行为，保证建筑施工企业安全生产条件。

【标准化考评】 印发《关于进一步简化优化建筑施工企业安全生产许可证管理工作的通知》，全面推进建筑施工企业安全生产标准化考评工作。2020年共组织18726家企业开展安全生产标准化考评工作，组织指导3520家企业完成安全生产许可证延期考评，对379个竣工项目进行工程项目安全生产标准化考评，累计10万余名安管人员依据考评合格实施了证书延期，累计完成14余万建筑施工企业安全管理、特种作业人员考试考核工作。

【创优评选】 坚持工程质量第一，树立创新发展理念，以创建精品工程为抓手，鼓励企业争创国优省优工程。建立完善省级文明工地评选、创建省优质工程长安杯、争创国家优质工程鲁班奖三级荣誉机制，引导企业争先创优，带动提升全省工程质量水平。2020年获得5项鲁班奖和19项国家优质工程奖，分别居全国第3和第5位，其中交大创新港项目建筑面积达159万平方米，为鲁班奖评选以来全国规模最大的项目。

建筑节能与科技年鉴

【绿色建筑水平提升】 印发《陕西省绿色建筑创建行动实施方案》，召开全省绿色建筑创建行动工作推进会，大力推动城市提升绿色建筑发展。印发《关于设区城市新建建筑全面执行绿色建筑标准的通知》，立项开展《绿色建筑工程质量验收标准》《建筑与市政工程绿色施工评价标准》《绿色建筑空间声环境质量验收标准》编制工作。"中联西北工程设计研究院科技办公楼"项目获得全国绿色建筑创新奖二等奖。全年共增加墙材认定3批共39个产品、续期5批45个产品，新增绿色建筑竣工面积1638.08万平方米，占新建建筑竣工面积比例达53%。

【建筑能效提升】 新建建筑全面推行《严寒和寒冷地区居住建筑节能设计标准》JGJ 26—2018，推进既有建筑节能改造，关中地区农村既有居住建筑节能改造1254户，完成《陕西省关中地区农村既有居住建筑节能改造实施方案（2019—2021年）》的100.5%；城镇既有居住建筑节能改造完成1845.15万平方米，既有公共建筑绿色改造58.11万平方米。印发《关于加强北方地区冬季清洁取暖试点城市建筑能效提升工作的通知》《关于推进全省城镇老旧小区改造工作的实施意见》，推动关中地区农村既有居住建筑节能改造，城镇老旧房屋功能改造与宜居节能同步推进、一体化实施。组织编制《农村既有建筑能效提升指引》《城市老旧小区建筑能效提升技术指南》《既有建筑外墙外保温缺陷探查及加固技术指南》。

【装配式建筑发展】 2020年，全省装配式建筑新开工面积1202.38万平方米。年度新增国家装配式建筑产业基地3个，国家装配式建筑范例城市1个。印发《关于加强和规范装配式建筑设计工作的通知》，建立月上报、季统计、半年通报的管理机制。制定发布了《陕西省装配式建筑评价标准》《装配式建筑（混凝土结构）施工图设计文件审查要点》《装配式建筑工程质量验收统一标准》等7项地方工程标准；组织开发建设装配式建筑数字化管理系统并上线运行。西安市和陕西金泰恒业房地产有限公司等被住房和城乡建设部列为国家第二批装配式建筑范例城市和产业基地。

【地热能建筑供热技术推广应用】 在国内率先颁布地方工程标准《中深层地热地埋管供热系统应用技术规程》DBJ61/T166—2020。印发《关于规范和加强地热能建筑供热系统建设管理工作的通知》和

《关于下达 2020 年地热能建筑供热目标任务的通知》。每半年对各地地热能供热工作开展情况进行一次通报，大力推进地热能供热项目建设。全年共开展地热能建筑供热项目建设 1210.17 万平方米，其中中深层地热能供热面积新增 680.51 万平方米，增长率达 47.4%，西安和西咸新区占比最大，分别为 127.94 万平方米和 430 万平方米。

【建设科技创新与成果】印发《关于组织申报 2020 年陕西省建设科技计划项目的通知》，科研开发项目立项 30 个，绿色施工科技示范工程项目立项 33 个。推荐 2020 年度住房和城乡建设部科技计划项目 25 项，立项 9 个（其中，示范工程项目 1 个，软科学 2 个及科研开发项目 6 个）；推荐住房和城乡建设部项目库专家 30 名。推荐 2020 年度陕西省科学技术奖提名项目 4 项；建设行业获得 2019 年度陕西省科学技术奖 5 项。

长安大学赵均海教授团队"建筑结构爆炸效应与损伤评估"获 2020 年度陕西省科学技术进步奖二等奖；黄华教授团队"大型公共混凝土结构连续倒塌破坏机制与性能提升技术"获 2020 年度陕西省科学技术奖二等奖；马乾瑛副教授团队"减隔震技术生产及应用成套技术"获中国产学研创新成果奖二等奖。西安建筑科技大学牛荻涛教授团队"复杂环境混凝土结构耐久性基础理论及应用"获 2020 年度陕西省科学技术进步一等奖；薛建阳教授团队项目"约束再生混凝土结构体系关键技术及工程应用"获 2020 年度陕西省科学技术进步二等奖；徐善华教授团队项目"腐蚀环境既有钢结构性能评估与提升关键技术"获中国钢结构协会科学技术奖一等奖；李志华教授参与，西安建筑科技大学作为第二完成单位的项目"城镇污水处理厂智能监控和优化运行关键技术及应用"获 2020 年度国家科学技术进步二等奖；文波教授获第十三届陕西青年科技奖。中国建筑西北设计研究院赵元超总建筑师领衔完成的"西安南门广场综合提升改造项目"获得"2020 年度陕西省优秀工程设计奖一等奖"；张锦秋总建筑师领衔完成的"黄帝文化中心"，获得"2020 年度陕西省优秀工程设计奖一等奖"；李冰副总建筑师领衔完成的"西安迈克中心"，获得"2020 年度陕西省优秀工程设计奖一等奖"；安军副总建筑师领衔完成的"延安机场迁建工程航站楼"获得"2020 年度陕西省优秀工程设计奖一等奖"。

勘察设计和标准定额

【概况】2020 年，全省勘察设计企业完成产值 709 亿元，同比增长 9.2%。12 家勘察设计单位和 1826 个项目开展全过程咨询服务，34 家特级施工总承包企业获得建筑设计甲级资质，3 家建筑设计甲级企业获得施工总承包一级资质。179 个项目获得省级优秀勘察设计奖，2 人荣获国家勘察设计大师称号。

【行业质量监管】组织完成《陕西省工程勘察设计企业受疫情影响调研报告》，协调中国建筑西北设计研究院等单位主动参与西安市公共卫生中心项目、陕西省重大传染病防治中心项目以及改造应急传染病医院项目设计咨询等各类工作。对本省和省外进陕勘察设计企业及施工图审查机构经营活动、从业人员情况、勘察设计业质量等情况进行检查，对 6 家单位计入给予通报。做好《陕西省工程勘察设计行业发展"十四五"规划》编制，先后召开 6 次座谈会，12 次技术讨论会，调研政府主管部门、行业协会和勘察设计单位 5 次，共收集到 13 个方面的 29 条意见，现已完成送审稿。

【施工图审查】启动西安、延安、渭南和汉中数字化审图系统建设试点，西安市、渭南市施工图数字化审查系统正式运行。建立全省施工图审查机构管理信息系统，推进 28 家施工图审查机构入驻陕西省政务服务网，入驻住房和城乡建设部勘察设计质量信息管理业务系统。对施工图审查机构 110 余名非注册类人员进行继续教育培训。督促施工图审查机构对 2018 年度以来 3 年全省房屋建筑和市政基础设施工程施工图设计文件审查和勘察设计质量监管信息进行梳理上报，完成 2019 年全省勘察设计行业统计调查工作。

【工程建设标准】制定《陕西省工程建设地方标准管理办法》，拟于 2021 年出台实施。召开"培育、规范全省工程建设团体标准"座谈会，形成"陕西省工程建设团体标准培育监管调研报告"。对发布实施满 5 年的 54 项工程建设标准及 63 项建筑标准设计，组织开展评估及复审工作。征集 2021 年工程建设标准制订计划 95 项。装配式建筑、5G 建设等 16 项重点领域地方标准发布实施。编印《陕西省基础教育学校旱厕改造技术指南》，推进全省中小学校改厕工作，该项工作受到省政府领导表扬。

【建设工程抗震设防审查】对超限高层建筑工程组织专家进行抗震设防专项审查。对"西安国际足球中心"等 24 个项目进行抗震设防专项审查，支持重点项目按照时间节点推进。编制《陕西省城乡建设抗震防灾十四五规划》，召开 2 次工作推进会，1 次规划座谈会，12 次技术研讨会，征求各地市及有关专家意见，吸收采纳十余条，现已完成送审稿，拟于2021年发布。

【消防工程设计审验】 搭建省市县三级共用"陕西省建设工程消防设计审查验收备案服务管理平台",实现同省政务服务平台、工改平台互通对接。2020年,全省线上申报消设计审查1818项,消防验收1200项,竣工验收备案2653项。9月、10月,组成关中、陕南、陕北三个调研组,调研完成《陕西省建设工程消防审验工作开展情况调研报告》《全省建设工程消防设计审查验收管理系统与信息共享平台互联互通建设调研报告》两篇调研报告。同时,对各地存在的问题,点对点通报,跟踪督改。11月13日,在西咸新区组织召开全省建设工程消防验收现场观摩暨工作开展情况反馈与座谈会,全省各地市消防审验一线主管人员共计130余人参加会议。

【消防安全整治】 会同省消防救援总队研究制定消防安全专项执法行动,下发《关于印发建设工程消防安全专项整治行动实施方案的通知》,召开全省住建、消防救援部门动员部署会,重点开展夯实工程参建单位消防安全主体责任、严厉查处建设工程消防安全违法行为、加强施工现场消防安全管理和重点领域消防安全整治。向消防救援部门移交了三家消防设施检测公司出具虚假报告的违法线索。对7起建设工程消防设计审查验收典型违法案例进行通报,强化建设工程各方主体责任意识和法律意识。2020年,各地住建部门共办理四类消防违法行政处罚案件108起,罚款计584.9万元,责令停止施工103家。

【勘察设计奖评选】 经省政府同意,将全省勘察设计奖纳入全省评比表彰目录。全年评优申报项目数量较往年增长60%,完成优秀工程勘察奖、优秀工程设计奖(建筑、市政、工业类)、优秀工程建设标准设计和优秀工程勘察设计计算机软件奖评选,提升全行业的精品意识和创新活力。

房地产市场监管

【概况】 2020年,陕西省完成房地产开发投资4404.39亿元,同比增长12.8%;商品房销售5188.8万平方米,同比下降4.9%;全省销售均价8590元/平方米,同比增长8.28%。实现了房地产开发投资持续增长、住房价格基本稳定、市场调控体系不断健全的运行态势。

【政策措施】 制定《做好疫情防控前提下分类有序推动建设行业企业复工复产实施方案》,各地采取不见面审批、优化销售管理、缓解企业资金压力等方式,竭尽全力纾解开发企业困局。组织专家分析疫情对房地产的影响,形成了《新冠肺炎疫情对我省房地产市场的影响分析及对策》。召集省级有关部门参加的省政府房地产专题会议,系统分析疫情影响之下全省房地产市场形势,发布《陕西省房地产行业疫情防控工作指南》。指导西安市出台了《关于进一步加强房地产市场调控的通知》,继续保障刚需自住性需求,强化房地产市场调控。召开全省房地产市场座谈会,分析当前房地产市场形势,研究审核各地市新建商品住宅销售价格、二手住宅销售价格、住宅用地价格、住宅租赁价格等年度调控指标。指导各地加快研究制定房地产调控"一城一策"实施方案,确保房地产市场平稳健康发展。指导西安市下发了《关于印发〈西安市商品房销售信息公示管理规定〉的通知》,进一步规范开发企业、经纪机构销售行为。

【房屋网签备案】 深入西安、宝鸡、咸阳、汉中、渭南、榆林、铜川市开展调研督导,全力解决辖区网签备案系统建设历史欠账和遗留问题。截至年底,全省103个县(区)已实现了房屋网签备案系统联网,"一张网"建设覆盖率100%。主动对接省级有关部门,积极推动房屋网签备案信息共享,联合省公安厅等六部门转发住房城乡建设部六部委《关于加强房屋网签备案信息共享提升公共服务水平的通知》,为相关单位和个人办理抵押贷款、纳税申报等业务提供便捷服务,优化营商环境。

【市场整顿】 年初通报7家房地产企业在资质申报过程中弄虚作假行为,并计入信用档案,加强房地产市场监管。指导各地市继续完善房地产信用平台信息录入,研究解决系统平台试运行中的问题,督促各地市将开发企业违法违规行为按要求录入企业诚信档案,加快建立完善房地产诚信评价体系。联合省委网信办开展为期一个月清理破坏陕西房地产市场秩序违法违规有害信息专项整治行动,共受理处置违法违规账号76个,约谈整改房地产营销公司和传媒公司7家,清理各类违法违规贴文270余篇,房地产市场营商环境持续改善,网络空间秩序持续向好。住房城乡建设部对我省此次开展的专项行动给予了高度肯定。

【房屋租赁市场整治】 印发《关于进一步巩固和深化漠视侵害群众利益问题专项整治工作的通知》,联合省发改委、省公安厅、省市场监管局、省银保监局、省网信办印发《关于转发住房和城乡建设部等六部委〈关于整顿规范住房租赁市场秩序的意见〉的通知》,建立住房租赁市场长效监管机制。牵头联合省公安厅、发改委等6部门赴西安市开展住房租赁中介乱象专项整治工作情况进行专项督导检查，保持高压严查态势，营造良好的租赁市场环境。

【住房租赁市场发展试点】指导西安市成功获批第二批中央财政支持试点申报城市，自2020年起，中央财政将连续3年每年拨付8个亿元，总计24亿元支持西安市住房租赁市场试点。出台了《西安市规范住房租赁市场管理办法》《西安市住房租赁资金监督管理实施意见（试行）》等政策文件，搭建完成西安市住房租赁交易服务平台，全力推动西安市住房租赁市场发展相关配套文件落地。

【物业管理】编制印发《陕西省物业管理区域新型冠状病毒感染的肺炎疫情防控工作导则（试行）》《陕西省物业管理区域复产复工期间新冠肺炎疫情防控工作导则（试行）》和《陕西省住建行业坚决打赢新冠肺炎疫情防控阻击战稳企业稳民生稳发展二十二条措施》；制定印发《陕西省物业服务企业信用评价管理办法（试行）》，搭建完成了陕西省物业服务企业诚信评价监管平台，并向全省物业管理部门在线宣贯培训。依托全省物业诚信管理平台，通过建立黑名单制度、信用评级公开等方式，推动物业企业规范服务。西安联诚物业管理有限公司项目经理白杨荣获"全国抗击新冠肺炎疫情先进个人"，榆林万家物业服务有限公司付丽霞、陕西省西咸新区空港新城物业管理有限公司分别获全国住房和城乡建设系统抗击新冠疫情先进个人和先进集体。

保障性住房

【概况】2020年，陕西省保障性安居工程完成投资258亿元，城市棚户区改造新开工1.9076万套，新开工套数占年度计划的112.94%。基本建成1.6652万套，基本建成套数占年度计划的219.05%。发放城镇住房保障家庭租赁补贴4.4075万户，占年度计划的112.23%。

【公租房保障】全年累计改善15.2319万住房困难群众居住条件，其中：0.89万环卫工人、0.24万公交司机、1.41万残疾人、1.29万青年教师等。截至2020年底，累计解决了8100户退役军人、伤残军人及家属的住房困难问题，受到省委、省政府、省军区表彰。

【危房改造】组织开展"三排查三清零"及"回头看"，对全省146.0414万户建档立卡户进行住房安全鉴定，对622.1679万户一般户进行了住房安全核查，对排查鉴定出的危房立行立改，确保住房安全。中省财政投入6.706亿元，全省累计改造967户动态新增危房，建档立卡贫困户危房存量、增量和灾情疫情导致的变量全部清零，中央和省委巡视反馈问题整改任务全部清零，建档立卡贫困户"四清一责任"清单签字背书全部完成。陕西省住房和城乡建设厅危房改造办公室荣获2020年省脱贫攻坚奖组织创新奖。

【债务风险防范】会同财政厅建立棚改贷款资金长效机制，研究制定了《关于进一步加强棚户区改造贷款到期偿还工作的通知》，建立棚改还款准备金制度和债务监测预警机制，防范政府债务风险。积极向国家争取棚改专项债296亿元，重点支持棚改续建项目。会同省发改委、省财政厅下达棚改基础配套资金9.9288亿元，财政专项资金2.983亿元。

【公租房"一网通办"】先后印发《关于住房保障信息平台贯标工作的通知》《关于全面推进公租房申请审核"一网通办"工作的通知》等文件，按要求完成省公租房数据联网采集工作和住房保障信息平台升级改造工作。主动对接省信息中心和省级相关部门，获取民政等8个单位71项共享数据，实现公租房申请审核省级相关部门数据共享，对外开通陕西省住房保障服务平台，实现全省范围内公租房申请审核"一网通办"。

【和谐社区·幸福家园】严格对照63项创建标准，确定93个年度创建名单，指导西安市曲江新区曲江乐居二期等10个小区开展创建工作。指导各市抓紧实施，通过市级验收后上报省厅。截至年底，已验收完成32个小区达到省级标准。同时，对2017年省级命名的小区进行复验，防止管理滑坡，服务缩水。

住房公积金监管

【概述】2020年，全省归集住房公积金592.90亿元，完成年度计划的141.17%；发放个人住房贷款358.71亿元，完成年度计划的159.43%；提取住房公积金354.30亿元，完成年度计划的150.77%。全省14个管理中心（含省直、长庆分中心）综合服务平台建设全部按照住房和城乡建设部要求通过验收，并以《住房城乡建设工作简报》形式，推广了西安、宝鸡中心的经验做法。全省14个公积金中心已与省公积金监管平台连通。审计署《关于陕西省2019年住房公积金和住宅专项维修资金审计报告》指出，全省公积金方面的20个问题已全部整改到位。

【实施疫情支持政策】为2883家企业、26.92万名职工分别办理了公积金缓缴2.66亿元、1.98亿元，为107家企业办理降比例缴存535.98万元。对

16017笔疫情期间职工不能正常偿还住房公积金贷款的，不转逾期、不计罚息、不影响个人征信，涉及贷款41亿元。

【扩大缴存覆盖面】完善自主缴存等政策，加大宣传和催建催缴力度，全力推进多层次扩大缴存覆盖面工作，除党政机关事业单位、国有企业全覆盖外，非公企业、社会团体等新市民、中低收入群体较为集中的单位增加明显。截至12月底，全省非公单位缴存人数132.11万人。较"十二五"期末，全省净增缴存职工129.86万人，增长了32.57%，缴存总额增长117.25%。

【住房消费支持】优先保障首套住房贷款需求，兼顾改善型住房需求；通过合理调整贷款条件和最高限额，简化贷款流程，压缩审批时限，实施差别化贷款等政策，积极开展组合贷款和异地贷款，支持个人住房需求，个人住房贷款快速增加。通过适度放宽提取政策，支持住房消费合理使用，"十三五"期间共办理提取1424.48亿元，资金使用率达92.30%，公积金支持住房消费的力度明显增强。

【风险防控】指导各地管委会提高决策质量，调整充实决策委员会成员，优化决策机制，使住房公积金政策更加适应经济社会发展需要和缴存职工需求。强化风险防控措施，杜绝违规违纪行为发生。缩减住房公积金存款账户，清理"一人多户"、违规多缴，消除运营风险。认真组织专项督查，主动配合全面审计。推动各中心与省监管平台实现实时监管。坚持信息公开披露制度，及时发布年度报告。

【信息化建设】组织全省各管理中心召开信息化建设工作推进会，签订了信息共享合作协议。12月23日，陕西省企业开办全程网上办平台上线启动仪式在西安举行，企业开办即可实现"一站式"办理住房公积金缴存登记，并与市场监管、公安、银行、社保、税务等部门信息共享，全面推进省内跨地区、跨部门信息共享工作。

【服务改进】实施"互联网+公积金"工程，实现与全国异地转移接续平台直连，做到了公积金"账随人走，钱随账走"。各地公积金综合服务平台全部建成，缴存职工足不出户就能了解个人公积金账户情况、办理有关业务。大力推进"一张网"便捷服务模式。

人事教育

【概况】2020年，深入贯彻落实新时代党的组织路线，坚持好干部标准，把省委"三项机制"要求贯穿干部选、育、管、用全过程，努力创造良好的干事创业环境。

【干部队伍】全年提任处级领导干部4名，推荐2名干部晋升二级巡视员、调转任5名厅直单位干部到机关任职，选调消防机构5名专业人员到厅消防处任职，接收博士选调生2名，接收5名军转干部。完成44名公务员职级晋升，对2名干部进行交流任职，选派2名干部到住房和城乡建设部挂职锻炼、3名干部继续在贫困县挂职，2名处级干部辞去领导职务，抽调25人（次）参加省委省政府重点任务工作专班或全省重点任务，鲜明树立了"能者上、优者奖、庸者下、劣者汰"用人导向，有效激励全厅干部干事创业、担当作为。

【干部培训】举办两期学习习近平总书记来陕考察重要讲话专题培训班，一期"弘扬延安精神、净化政治生态"专题培训班，培训干部285人（次），做到处级干部全覆盖。联合省委组织部、住房和城乡建设部干部学院共同举办了全省"贯彻新发展理念，推动城市高质量发展"专题培训班，进一步增强推进城市高质量发展的能力。积极开展网络培训、自主选学，累计选调180余名干部参加住房和城乡建设部、省委组织部和其他部门组织的各类专题培训、调训，230余名干部参加省干部网络学院培训，有效拓宽干部培训渠道，提升干部履职能力。

【干部监管】完成115名处以上干部个人有关事项的填报、统计汇总和数据上报工作，查核16人，组织财产合法性验证1人。对2019年以来随机抽查、重点查核、查核验证发现的问题进行全面梳理，建立台账，对填报不一致人员，逐人开展谈话，准确把握政策界限，从严从实处理。深入开展领导干部亲属在领导干部工作地或分管领域违规经商办企业等问题专项治理工作，组织12名省管干部、85名处级以上领导干部填写自查报告表，逐人签订领导干部承诺书，按照要求做出郑重承诺。严格执行干部福利保障政策，落实带薪休假、谈心谈话、健康体检等制度，把关心关爱干部政策落到实处。

【驻村联户扶贫】对照2019年中央巡视反馈问题及"三排查三清零"有关文件精神，按照时间节点完成中央巡视问题整改工作。梳理2018年、2019年驻村扶贫工作情况和有关资料，全面完成省委扶贫攻坚专项巡视整改工作。起草制定《陕西省住建厅驻村工作队管理办法》，加强驻村工作队人员管理和关心关爱。指导扶贫团驻村工作队优化帮扶工作计划和推进措施，组织对驻村工作情况进行全面调研，3次组织召开住靖边县扶贫团联席会，帮助解决突出问题。积极协调共下达2020年驻村联户帮扶资金68万元。继续抓好产业帮扶，为贫困户引进羊子、肉牛、肉猪饲养和扩大养殖规模，并协调畜牧技术人员深入贫困户家中指导，提高养殖技术。积极推行土地流转和农户种植托管，实施了800亩藜麦、油葵、萝卜的种植，养牛场存栏数扩大到24头，农机租赁年创收5万元，同时引进了60kW光伏发电等项目。开展"道德模范户""文明家庭""脱贫致富模范户"等创建活动，14人获奖。实施了村广场步道、村小学设施维修和运动场沥青铺设、大闫路人行步道等项目，对村广场、道路等实施了点亮工程，引进种植500多棵松树苗，对东高峁荒坡进行了绿化。协调有关单位在村小学开展"助力脱贫、圆梦微心愿"主题党日活动，让孩子们感受到社会的关爱。通过发展产业、危房改造、易地搬迁、义务教育、生态扶贫等政策，全村26户贫困户已脱贫20户，实施兜底脱贫6户，贫困户全部实现脱贫。

【行业技能人员培训】积极开展施工现场专业人员职业培训试点工作，截至年底，全省19家试点培训机构共开展培训104期，累计培训10308人，考核取证5804人。强化建筑工人职业技能培训工作，对2家培训机构限期整改，13家机构退出培训机构名录，增补7家培训机构。完成陕西省建筑工人职业培训管理信息系统"一网通办"改造升级。合同省人社、财政部门出台《关于开展建设行业农民工职业技能提升行动有关事项的通知》《关于进一步推进建设行业农民工职业技能提升行动有关事项的通知》等政策文件，及时将建设行业农民工培训纳入全省职业技能提升行动，推动住建行业人才队伍技能水平不断提升。

【建筑人才职称评审】2020年，遴选247名专家纳入职称评审专家库，及时调整厅职称改革领导小组及其办公室成员，落实无纸化评审要求，严格评审工作程序，圆满完成2020年度工程系列建筑类198人的职称评审工作。

大事记

1月

1日 自1月1日起，省直机关事业单位住房公积金由省国库支付局移交到省住房资金管理中心统一管理。2～3日，省资金中心分两期举办了移交业务培训会。

2日 省住建厅通报全省建筑市场秩序专项整治督查情况。

7日 印发《关于进一步推进建筑施工安全生产标准化考评工作的通知》。组织召开全省城乡建设统计改革部署会。同时开展城乡建设统计报表制度和信息系统培训。

9日 印发《关于2019年下半年房地产市场乱象典型案例的通报》。

10日 全省住房公积金系统超额完成年度目标任务，2019年归集公积金突破500亿元。

19日 省住建厅、省文化旅游厅、省文物局、省财政厅、省自然资源厅和省农业农村厅六部门联合印发通知，公布了第三批陕西省传统村落名录。

20日 印发《关于优化建筑施工企业安全生产许可证管理工作的通知》。

21日 陕西省工程建设项目审批网上办事大厅正式上线试运行，实现了省工程建设项目审批管理系统与陕西政务服务网的对接。

22日 全省工程建设领域防治"新型冠状病毒感染的肺炎疫情"工作领导机构成立。

23日、26日 分别下发《关于做好防控新型冠状病毒感染的肺炎疫情工作的通知》和《关于进一步做好新型冠状病毒感染的肺炎疫情防控防护工作的通知》，成立了厅疫情防控工作领导小组。

2月

2日 中共陕西省住房和城乡建设厅党组发布《关于进一步加强党的领导坚决打赢疫情防控阻击战的通知》。

3日 省住建厅印发通知，明确自即日起，在疫情防控期间全省住建政务服务事项，实行"网上办、邮寄办、不见面"方式办理。同日，就做好新型冠状病毒感染肺炎疫情防控期间农村危房改造脱贫攻坚有关工作提出要求。

4日 印发《陕西省建筑工地复工期间新型冠状病毒感染肺炎疫情防控暨施工安全指南》。

6日 开始施行《新型冠状病毒应急医疗设施设计标准》。

8日 印发《陕西省物业管理区域新型冠状病毒感染的肺炎疫情防控工作导则（试行）》。

10日 副省长徐大彤到西安市碑林区兴庆路生活垃圾压缩站、蓝田县生活垃圾无害化（焚烧）处理厂检查疫情防控期间城市生活垃圾收集转运处置工作。

14日 印发《关于新型冠状病毒肺炎疫情防控期间建设工程计价有关的通知》。

15日 提出住建行业坚决打赢新冠肺炎疫情防控阻击战稳企业稳民生稳发展二十二条措施。

17日 省住建厅印发通知，明确自即日起至疫情结束前，陕西省省级房屋及市政工程项目招投标备案工作所有材料实行承诺制。

24日　印发《做好疫情防控前提下分类有序推动建设行业企业复工复产实施方案》。

25日、26日　副省长徐大彤赴咸阳市、西安检查调研疫情防控期间市政公用行业保供情况。

28日　陕西省住房资金管理中心支付宝城市服务功能日前全面上线。

3月

2日　副省长徐大彤赴西安市检查调研建筑企业复工复产和安全生产情况。

5日　省住房资金管理中心推出八项惠民惠企政策措施。

6日　印发《2020年全省国家节水型城市创建工作实施方案》。

7日　印发《关于疫情期间促进建筑施工企业复工复产的指导意见》。

10日　召开全省积极应对新冠肺炎疫情决战农村危房改造脱贫攻坚视频会议。

13日　为深刻吸取泉州市欣佳酒店"3·7"坍塌事故教训，省住建厅认真贯彻落实省委省政府、住房和城乡建设部相关安排部署，印发通知，在全省范围内集中开展疫情隔离场所和开复工项目人员集中居住场所安全风险隐患整治督导调研。同日，印发《关于做好保障性安居工程项目疫情防控和开复工工作的通知》。

17日　全省住房城乡建设工作会议召开。同日，印发《关于规范和加强地热能建筑供热系统建设管理工作的通知》。

20日　副省长徐大彤带领省级相关部门负责同志，赴渭南市华州区调研农村危房改造工作。

21日　省住建厅印发通知，就全面做好2020年村镇建设工作进行部署，并明确各项工作目标。

26日　印发《全省住建系统稳就业助力复工复产工作实施方案》。

30日　印发《决战决胜脱贫攻坚全面开展"三排查三清零"工作实施方案》。

31日　省人力资源和社会保障厅对外公布劳动监察部门认定的2020年第一批拖欠农民工工资"黑名单"。省住建厅对涉及房屋建筑和市政基础设施工程建设领域的6起欠薪案件进行了通报。同日，会同省财政厅及省级有关部门编制完成了《陕西省城市生活垃圾分类规划（2019—2025年）》。

4月

1日　开启2020年度省级重点扶持建筑业优势企业申报工作。

10日　省住建厅扫黑办召开厅扫黑除恶专项斗争联络员座谈会。

13日　印发《关于在住建系统开展领导干部违规插手干预工程建设突出问题专项整治实施方案》。

14日　省住建厅党组书记、厅长韩一兵赴延安市调研老旧小区改造、城市管理和小城镇建设等工作，并与延安市座谈。

15日　省住建厅成立10个调研组，集中对农村危房改造工作开展调研。同日，省住建厅印发通知，决定自即日起在全省房屋建筑和市政基础设施领域开展非法违法建设专项整治。

16日　副省长徐大彤赴西安市浐灞生态区调研建筑工地安全生产工作。

17日　印发优化营商环境加强招标投标监管十项措施。同日，印发《2020年工程质量安全监管工作要点》。

20日　省住建厅决定近期对全省住建领域工程质量、扬尘防治监管信息系统涉企收费情况进行清理排查。

22日　组织召开建设工程消防设计审查验收规范性文件征求意见座谈会。

24日　韩一兵主持召开党组扩大会议，传达学习习近平总书记来陕考察时的重要讲话重要指示精神，以及省委书记胡和平在省委常委（扩大）会议上的讲话要求，研究贯彻落实措施。

26日　省住房和城乡建设厅、省财政厅联合印发通知，启动支持鼓励建筑企业对外市场拓展奖励申报。

28日　省住建厅召开全省历史文化名城名镇名村保护工作视频会。

29日　印发《关于切实做好住房和城乡建设系统"五一"期间和汛期安全生产工作的通知》。

29日　印发住建领域易地扶贫搬迁后续扶持工作方案。

30日　省住建厅、省财政厅、人民银行西安分行联合发布《陕西省住房公积金2019年年度报告》。同日　省住建厅印发《关于做好省级行政许可的建筑业工程施工、监理、造价咨询、勘察设计企业资质延续工作的通知》。

5月

7日　副省长徐大彤赴咸阳市旬邑县调研督导2019年中央脱贫攻坚专项巡视"回头看"和成效考核反馈农村危房改造问题整改工作，并召开农村危房改造工作片区推进会。同日，陕西省优秀工程勘察设计奖评审会在西安召开。

8日　印发《陕西省提升城管执法服务水平活动方案》。同日，组织专家对《西安市城市节水专项规划（2019—2035年）》进行评审。

11日　召开建设工程省级消防审验综合管理平台建设推进会。

19～20日　副省长徐大彤在延安市调研督导中央脱贫攻坚专项巡视"回头看"和成效考核反馈农村危房改造问题整改工作，并召开农村危房改造工作片区推进会。

22日　省住建厅组织召开领导干部违规插手干预工程建设突出问题自查自纠推进会。

27日　省工程建设项目审批制度改革领导小组办公室组织召开全省工程建设项目审批制度改革政策落地推进会。

29日　省住建厅党组成员、副厅长刘浩主持召开汉中市历史文化名城保护规划编制推进会。同日，印发《〈建设工程消防设计审查验收管理暂行规定〉实施细则》《陕西省建设工程消防技术专家库管理规定》和《陕西省建设工程特殊消防设计专家评审管理规定》。

6月

1日　开展住建系统现有"全国文明单位"复查验收工作。

2日　组织举办全省消防审验政策宣贯培训视频会。

3日　召开全省住建系统扫黑除恶专项斗争推进视频会。

5日　启动工程建设管理技术应用试点示范工作。

9日　副省长徐大彤赴西咸新区，就中央环保督察"回头看"反馈城镇污水处理厂未完成整改问题进行调研督导。

11日　省住建厅联合省公安厅、发改委、市场监管局、银保监局、网信办对西安市住房租赁中介乱象专项整治工作开展情况进行专项督导检查。

12日　省住建厅、省财政厅召开省级垃圾分类示范区建设启动会。

23日　省住建厅组织召开重点建筑业企业上半年经济分析座谈会。

30日　住建厅组织召开全省住房城乡建设领域施工现场专业人员职业培训试点工作会。

7月

9日　陕西省在城镇老旧小区改造中开展"美好幸福小区"建设示范（试点）活动。

14日　印发《关于进一步在全省房屋建筑和市政基础设施工程建设行业开展专项整治工作的通知》。

21日　省住房和城乡建设厅召开2020年上半年全省住房保障工作点评会，通报各地市上半年目标任务完成情况，并对下半年有关工作进行部署安排。

24日　蓝田县和杨陵区被住房和城乡建设部授予"全国美好环境与幸福生活共同缔造活动培训基地"。同日，省住建厅、省自然资源厅联合发文，就进一步做好全省重点示范镇和文化旅游名镇（街区）规划建设管理工作提出具体要求。

8月

3日　印发《关于进一步做好农村住房建设试点示范有关工作的通知》。

6日　组织召开全省建筑施工违法违规工程及安全生产隐患排查整治电视电话会。

11日　副省长徐大彤赴西咸新区、西安市分别调研督导中央生态环境保护督察"回头看"反馈问题整改，检查城市排水防涝工作。

13日　省住建厅党组书记、厅长韩一兵赴商洛市洛南县调研检查农房在洪灾中的受损情况。

21日　组织召开《陕西省建设工程消防技术专家库管理规定》视频宣贯会。

26日　举办全省住房和城乡建设领域施工现场专业人员职业培训试点工作观摩交流座谈会。同日，会同省文物局组织召开《榆林历史文化名城保护规划》专家咨询会。

28日　印发《2020年全省县城建设示范县创建（试点）活动方案》，并随文下发《陕西省县城建设示范县（试点）评价标准（试行）》。同日，对全省市、区（县）两级住建主管部门工作人员进行建设工程消防产品业务知识和政策培训。

9月

1日　群众新闻网陕西住建频道正式上线。同日，召开全省建筑施工安责险启动视频会议。

3日　省住建厅、省消防救援总队联合召开全省建设工程消防安全专项整治工作会议。

4日　召开法治政府建设暨"七五"普法工作推进会。

7日　全省即日起开展建筑施工基坑工程百日安全专项行动。

15日　省住建厅召开城镇污水处理提质增效专题推进会。

16日　组织陕西省城乡规划设计研究院编制了《陕西省城镇老旧小区改造导则》。

21日 会同全国市长研修学院（住房和城乡建设部干部学院）举办全省"贯彻新发展理念，推动城市高质量发展"专题培训班。同日，召开全省房地产工作座谈会。省住建厅、省生态环境厅对铜川市城市黑臭水体治理工作开展实地督导。

22日 副省长徐大彤在汉中市调研农村危房改造、"两镇"建设工作。同日，会同省高级人民法院、省公安厅等部门转发住房和城乡建设部等六部委《关于加强房屋网签备案信息共享提升公共服务水平的通知》。

22～27日 住房和城乡建设部、国家发展和改革委员会组织考核组对西安市、延安市创建国家节水型城市工作进行现场考核。

24日，国家开发银行陕西省分行支持市场力量参与陕西省城镇老旧小区改造签约仪式在西安举行。

27日 省住建厅、省财政厅在西安市召开全省垃圾分类示范区建设点评会。

28～29日 对商洛市国家园林城市创建工作进行技术初验。

29日 组织召开中小民营建设工程企业座谈会。

10月

14日 召开全省住建系统城镇小区配套幼儿园治理工作视频推进会。

14～15日 对三原县省级生态园林县城创建工作进行实地考核验收。

14～19日 住房和城乡建设部城乡建设绿色发展重点工作督查检查组就西安市、汉中市建筑节能、绿色建筑、装配式建筑和绿色建材工作，历史文化保护传承工作，建设工程消防设计审查验收工作开展实地检查与指导。

15～17日 举办全省施工图审查机构非注册专业技术审查人员继续教育培训班。

16日 召开全省今冬明春城镇供热采暖工作会议。

20～21日 对省级园林县城佳县创建工作进行实地考核验收。

28日 在西安举办全省城市管理一线执法大（中）队长业务培训会。

28～29日 对延长县创建省级园林县城工作进行实地考核验收。

29日 召开全省保障性安居工程三季度工作视频会。同日，召开全省住建系统扫黑除恶专项斗争和行业专项整治工作推进会。

30日 全省文明工地暨施工扬尘防治现场观摩会在西安市召开。

11月

2日 召开全省城镇水务重点工作推进会。

3～4日 对潼关县创建省级生态园林县城工作进行实地考核验收。

11日 陕西省今年前三季度全省"两镇"建设提前完成年度目标任务。

12日 全省建设行业农民工职业技能提升行动政策宣贯会在西安召开。

17日 印发《陕西省城镇集中供热服务标准（暂行）》《陕西省城镇集中供热服务承诺书范本（试行）》。

17～18日 对紫阳县创建省级生态园林县城工作进行实地考核验收。

25日 全省装配式建筑技术交流及项目观摩会在西咸新区召开。

12月

1日 陕西省城管系统微电影获平安中国奖项。

4日 省住建厅以视频会议形式组织调度各市（区）三年行动各项目标任务推进情况。

8日 全省城乡建设档案工作会议在西安召开。同日，省住建厅荣获全省国家工作人员学法用法考试优秀单位。

15～16日 举办陕西省绿色建筑专题培训。

15～17日 组织对商洛市、渭南市住房公积金管理中心和省住房资金管理中心综合服务平台建设使用情况进行检查验收。

17日 全省建设工程安全生产现场会在西安召开。

23日 陕西省企业开办全程网上办平台上线启动仪式在省市场监督管理局举行。

23～24日 在西安市举办全省城镇污水处理提质增效工作培训班。

28日 省农村房屋安全隐患排查整治工作领导小组办公室召开全省农村房屋安全隐患排查整治视频推进会。

（陕西省住房和城乡建设厅）

甘 肃 省

概况

2020年是极不寻常的一年，面对新冠肺炎疫情的冲击、自然灾害的考验和繁重的发展任务，甘肃省住建系统始终坚持以习近平新时代中国特色社会主义思想武装头脑、指导实践、推动工作，在甘肃省委省政府的坚强领导和住房和城乡建设部正确指导下，统筹推进复工复产和行业发展，奋力夺取疫情防控和经济社会发展"双胜利"。

法治政府建设

按照《法治政府建设实施纲要（2015—2020年）》《2020年甘肃省法治政府建设工作要点》，制定印发甘肃省住建系统《2020年法治政府建设工作要点》，推进落实法治政府建设重点工作。

【依法行政】严格执行《甘肃省人民政府重大行政决策程序规定》，落实专家论证、合法性审查、公开征求意见、风险评估、集体讨论决定等程序。完成《甘肃省建筑市场管理条例》《甘肃省建设行政执法条例》的修订工作。对照《民法典》中涉及住建领域的相关规定，全面梳理地方性法规、规章并制定修订计划。制定印发《省住建厅规范性文件管理办法》，落实规范性文件审查备案制度，2020年向省司法厅备案规范性文件8件，报请省政府废止规范性文件及其他政策措施3件，修订厅规范性文件2件。落实"七五"普法工作要求，制定印发《甘肃省住房和城乡建设厅学法用法制度》《2020年度普法依法治理工作计划》；全面推行行政执法公示、执法全过程记录、重大执法决定法制审核制度，制定《甘肃省住房和城乡建设厅行政处罚程序规定》、全省住建系统《行政处罚自由裁量权基准及其适用规则》《"减轻处罚""从轻处罚""不予处罚"事项清单》；依法开展事中、事后公示，公开公示行政许可信息52930条、行政处罚信息82条；强化行政执法监督，印发《关于开展建设行政执法案卷评查的通知》，在基层单位全面自查的基础上，抽查14个市州、37个县区住建、城市管理执法部门案卷386件，现场反馈《评查意见表》94份、整改意见建议400余条。

【深化"放管服"改革】印发《关于进一步提升政务服务能力优化营商环境的通知》。新编制3项消防相关政务服务事项实施清单，申请取消9项不再办理事项，对4项未认领事项逐项说明原因报省政管办备案。全程网办事项新增55项共计63项，11项政务服务事项优化为即办件，18项政务服务事项实行证明事项告知承诺制，7项高频政务服务事项实现"省内通办"、3项高频政务服务事项实现"省内通办"。落实"互联网＋监管"，梳理住建系统监管事项目录清单113项，编制省级行政检查事项实施清单41项，制定《甘肃省住房和城乡建设厅随机抽查事项清单（2020年版）》，在省部门协同监管平台批量导入企业信息8156条，录入执法检查人员信息134条。采取实地督查、网络监测、重点监管等方式开展抽查检查，涉及工程建设项目229个、市场主体723家，实现了"双随机、一公开"监管全覆盖，部门联合"双随机、一公开"监管常态化。强化信用监管，在"甘肃省部门协同监管平台""互联网＋监管"系统和信用甘肃·执法信息公示采集系统等多个平台、渠道公示行政许可和行政处罚等信用信息。

房地产业

【概况】2020年1月，甘肃省房地产开发投资1355.64亿元，同比增长7.8％。房地产开发施工面积11328.26万m^2，同比增长3.2％。新开工面积3534.11万m^2，同比增长6.9％。竣工面积881.36万m^2，同比增长30.7％。全省商品房销售面积1967.92万m^2，同比增长15.4％。截至12月底，全省商品住宅累计可售面积2986.09万平方米，商品住宅去化周期16.22个月，全省平均商品住宅去化周期已进入正常阶段。

【市场调控和监管】代拟起草《中共甘肃省委办公厅 甘肃省人民政府办公厅关于落实城市主体责任严格房地产市场调控评价考核工作的通知》并于2020年3月印发执行。赴兰州、天水、张掖、嘉峪关、庆阳等市对当地主体责任落实和"一城一策"

方案建立情况进行了调研指导。起草下发《甘肃省房地产市场调控工作协调小组办公室关于对全省房地产市场调控工作主体责任落实及评价体系建立情况实施考核的工作方案》。会同省自然资源厅、省市场监管局、省银保监局等部门，以省房地产市场调控工作协调小组名义对全省14个市州和兰州新区的房地产市场调控主体责任落实、监测评价机制建立、防范化解房地产金融风险及信访工作开展情况进行了全面的考核，并将考核结果向省政府进行了专题上报。以市州为主体开展了房地产市场整治和租赁中介行为乱象治理工作。起草《关于整顿规范住房租赁市场秩序的意见》，并会同省发展改革委、省公安厅等6部门联合印发全省各地贯彻落实。健全完善以房屋网签备案制度为基础的房地产交易管理体系，先后印发《甘肃省住房和城乡建设厅贯彻落实〈关于提升房屋网签备案服务效能的意见〉〈关于印发全国房屋网签备案业务数据标准的通知〉方案》《甘肃省住房和城乡建设厅等6部门关于贯彻落实〈关于加强房屋网签备案信息共享提升公共服务水平的通知〉的通知》等文件，全面完成14个市州、86个县区房屋网签备案系统与国家联网，实现全省新建商品房和存量房网签备案业务全覆盖。会同自然资源、金融监管等5部门印发《关于有效防范化解房地产行业金融风险实施方案》，对各部门、各市州的工作任务进一步作了明确。印发《关于进一步做好房地产领域疫情防控工作的通知》《关于贯彻落实〈住建部办公厅关于印发房地产企业复工复产指南〉的通知》，对疫情期间房地产企业复工提出明确要求。建设住房租赁政府服务平台，为租客网上租房提供新渠道。截至年底，全省累计发布房源586791套，其中公租房392901套，市场化房源发布193890套；实现房源交易10041笔；累计注册用户388986户。其中：本年新增社会化房源78455套，新增签约支付2175笔，新增注册用户147174户，新增监管备案38300笔。

【物业管理】 3月会同省发展改革委、市场监管等部门印发《关于整顿规范物业服务市场秩序的意见》，保证物业服务市场规范运行。会同省财政厅出台《甘肃省住宅专项维修资金管理办法》，为抓好物业服务管理奠定了制度基础。制定出台甘肃省《住宅小区物业服务导则》，实现对物业服务企业、业主大会业主委员会、业主和专业经营单位等各方主体的指引作用。

住房保障

全省2020年棚改计划新开工11.62万套，棚改基本建成4.86万套，发放住房租赁补贴4.05万户。截至12月底，全省共争取中央财政专项资金16.62亿元、中央预算内投资配套设施资金17.71亿元，落实省级财政配套资金3.38亿元，争取棚改专项债券资金47.09亿元。棚户区改造新开工11.67万套，开工率为100.5%；棚改基本建成5.73万套，完成率为118.1%；棚户区改造和保障性住房项目完成投资312.49亿元。发放城镇住房保障家庭租赁补贴4.14万户、14201万元，完成率为102.1%。兰州市作为中央补助支持新建筹集公租房的71个重点城市之一，2020年计划新筹集公租房2586套，已开工2586套，开工率为100%。制定印发《2020年住房保障工作要点》，促进棚改项目开工复工。印发《关于报送2020年第一批城镇棚户区改造实施计划的通知》。向省政府上报《关于重新核定全省2020年棚户区改造项目计划的请示》，经省政府同意后7月7日下发《关于重新核定2020年棚户区改造实施计划的通知》。为保证计划项目的顺利实施和年终保障性安居工程跟踪审计和财政资金绩效评价奠定基础，向国家部委争取地方政府棚改专项债券支持，国家将棚改列入地方政府专项债支持范围，极大缓解了棚改项目资金需求。甘肃省申报棚改专项债券项目经过国家发展改革委审核反馈，符合申报条件的有141个，改造任务11.19万套，项目总投资948.19亿元，专项债券资金需求为360.42亿元，其中：2020年棚改项目50个，改造任务4.09万套，专项债券资金需求为180.39亿元；历年棚改续建项目91个，改造任务7.1万套，专项债券资金需求为180.03亿元。指导各地对2018年、2019年的棚改续建项目、2020年棚改新建项目基础设施配套资金需求进行了上报。今年国家下达甘肃省中央预算内投资基础设施配套资金17.7亿元，已配合省发改委将资金全部分配下达到具体棚改项目。14个市州全部实现了公租房信息系统数据联网共享。制定下发《甘肃省公租房信息系统建设实施方案》，推进公租房申请、受理、审核、分配以及后期管理的"全流程覆盖"和各市、县全部建立并使用公租房业务管理系统的"全区域覆盖"。

公积金监管

【概况】 2020年，甘肃省住房公积金运行平稳，住房公积金缴存、提取、个人贷款发放和个贷率呈现"三升一降"的特点。缴存额稳步增长，全年新增缴存额324.11亿元，同比增长7.73%；提取业务大幅提升，全年新增提取额229.94亿元，同比增长

10.35%；贷款发放额小幅增长，全年新增个人住房贷款发放额197.87亿元，同比增长1.75%；个贷率小幅回落，个人住房贷款率76.46%，比上年末减少1个百分点。2020年末，全省住房公积金缴存余额1145.49亿元，同比增长8.96%；个人贷款余额875.92亿元，同比增长7.56%。

【公积金监管】推动全省住房公积金分支机构调整工作，白银、金昌、平凉、酒泉市政府按期报送移交实施方案，平凉市政府和金昌市政府移交工作基本完成。兰州市印发《兰州市人民政府接收甘肃省电力公司住房公积金管理分中心、窑街煤电集团公司住房公积金办事处实施方案》。下发《甘肃省住房和城乡建设厅关于进一步推进审计发现问题整改工作的通知》。各中心对问题线索中涉及的工作人员按照干部管理权限进行问责和处理。截至年底，死亡缴存人员继承人、受遗赠人退还公积金账户余额等问题基本都整改到位。撰写完成《甘肃省住房和城乡建设厅关于妥善应对新冠肺炎疫情实施住房公积金阶段性支持政策实施效果的调研报告》并上报住房和城乡建设部住房公积金监管司。建立了省级和市级缓缴企业公积金台账。据统计，全省有426家企业申请缓缴住房公积金，涉及缴存职工8.03万人，缓缴金额3.74亿元。同时，职工因受疫情影响未正常还款的，不作逾期处理、不计罚息，切实减轻了疫情期间企业及缴存职工的经济压力。高质量完成住房公积金年度报告披露工作。2020年酒泉、张掖、金昌、定西、武威等城市在披露报告的同时，从支持职工住房消费、支持住有所居的角度解读，向社会宣传住房公积金制度的作用。

建设工程消防设计审查验收

全省全年共办理消防审批项目3408项，其中建设工程消防设计审查1369项（房建1084项，市政21项，其他类型工程264项），办理建设工程消防验收825项（房建655项，市政6项，其他类型工程164项），验收备案1214项（房建938项，市政25项，其他类型工程251项）。

印发《甘肃省住房和城乡建设厅关于进一步做好全省建设工程消防设计审查验收工作的通知》《甘肃省建设工程消防设计审查验收管理实施细则（试行）》。公布了甘肃省建设工程消防技术专家库第一批专家名单（251人），制定印发《甘肃省建设工程消防技术专家库管理办法（暂行）》。组织编制《甘肃省建设工程消防技术审查要点》，于2021年1月1日起施行。在全省范围内组织《建设工程消防设计审查验收管理暂行规定》和《甘肃省建设工程消防设计审查验收管理实施细则》的宣贯培训共3次，参会人员354人次。各市州同步组织宣贯培训20多次。编制印刷《甘肃省建设工程消防设计审查验收管理文件资料汇编》。印发《甘肃省住房和城乡建设厅关于推进全省建设工程消防设计审查验收工作信息化建设的通知》，目前省级信息化平台框架初步建成，正在与各市州进行数据对接。进行为期三个月的对全省14个市州及兰州新区住建部门的建设工程消防设计审查验收工作开展情况的调研。期间，共组织召开座谈会16场。

城市建设

【基础设施建设】上半年启动"甘肃省城市市政基础设施建设监管平台"的搭建，于7月份试运行，8月份启动正式运行。下发《关于上报抗疫特别国债项目进展情况暨做好信息录入工作的通知》以及《关于召开甘肃省城市市政基础设施建设监管平台暨2021年度城市建设统计系统部署会的通知》，于12月29日组织各市（州）、县（市、区）行业主管部门副局长以及《监管平台》科室负责人和专职人员进行业务培训。

印发《关于做好2020年城市（县城）污水处理及配套设施建设改造工作的通知》《关于进一步做好城市（县城）污水处理设施建设运营监管工作的通知》，要求各地加强对污水处理厂的监管力度。会同省生态环境厅联合印发《关于加强城镇生活污水处理设施运行监管确保稳定达标排放的通知》，会同省发展改革委印发《甘肃省城镇生活污水处理设施补短板强弱项实施方案》。会同省财政厅向兰州市、酒泉市、嘉峪关市、金昌市、张掖市、庆阳市、甘南州下达污水处理提质增效专项资金共3192万元。截至年底，全省城市、县城污水处理率达到97.11%、93.95%，已完成了《甘肃省贯彻落实中央生态环境保护督察反馈问题整改方案》要求的95%、85%的总体目标任务。全省已开工建设污水管网950公里，开工率达到117.13%，其中建成管网866.64公里，任务完成率达到107.27%。截至年底，全省93座城市（县城）生活污水处理厂中，已有54座达到一级A排放标准，占全省总数的58%，已完成了全省50%的城市、县城污水处理厂达到一级A排放标准的年度工作目标。开展2020年城市黑臭水体环境保护专项行动，截至年底，全省18条黑臭水体已完成整治工作达到长制久清整治效果。下发《关于做好2020年城市（县城）供水监管工作的通知》《关于做好城市（县城）节水降损工作的通知》，组织开展城市供水规范化考核，加强供水管网漏损管控；组织各地开展以"养成节水好习惯，树立绿色新风尚"为主题的节约用水宣传周活动。安排甘肃省城市供水水质监测中心对嘉峪关市、酒泉市、陇南市供水水质进行普查，全省城市供水漏损率达到10%以下。张掖市、金昌市、嘉峪关市、酒泉市、庆阳市、定西已经达到国家节水型城市标准。

制定印发《解决城市环境治理问题专项方案》，指导各地大力推行道路机械化等低尘作业方式。截至年底，各市州所在城市建成区机械化清扫率达到81%（2020年目标任务为70%），其他县市区建成区达到74%（2020年目标任务为60%）。完成打赢蓝天保卫战的2020年目标任务。

指导各地贯彻落实《甘肃省人民政府办公厅关于加快推进海绵城市建设的实施意见》。嘉峪关市、天水市、武威市、张掖市、平凉市、华亭市、玉门市、敦煌市、庆阳市、定西市、陇南市11个设市城市基本完成城市建成区20%以上面积，达到国家要求。截至年底，国家批复的256个项目已完工227个，完工率88.67%，已完成投资47.93亿元，投资完成率达到101.2%。剩余29个项目主要为工程绿化、亮化方面项目，计划2021年开春实施。

印发《进一步加强城市（县城）停车设施建设管理的指导意见》，指导各地加快研究制定停车设施建设规划，形成以配建停车为主体、路外公共停车为辅助、路内停车为补充的停车设施供给模式。截至年底，全省各城市现有停车设施5026个，停车泊位97.17万个，其中：公共停车场2325个，泊位30.63万个；各类配建停车场2701个，泊位54.83万个，路内停车位（含临时停车位）11.71万个。

指导各地落实住房和城乡建设部等四部委《关于进一步加强城市地下管线建设管理有关工作的通知》和《关于进一步加强城市市政地下管线建设管理工作实施意见》的工作要求，各地开始城市市政地下管线排查工作，对辖区内已建成并投入运行的城市供水、排水（雨水和污水）、燃气、供热等市政地下管线及相关附属设施进行排查。

【市政公用行业管理】指导各地贯彻落实《甘肃省城市生活垃圾分类工作实施方案》，制定印发《甘肃省城市生活垃圾分类工作省级奖补资金管理办法》《甘肃省城市生活垃圾分类工作评价考核暂行办法》《全省城市生活垃圾分类工作2020年工作要点》，下达了省级奖补资金，对各地工作进行了评估考核。至兰州市作为国家"46个重点城市"之一，生活垃圾分类基本实现全覆盖，覆盖居民95.09万户，生活垃圾回收利用率达到35.45%，通过了住房和城乡建设部考核评估验收。全省城市生活垃圾分类工作在2020年全面启动。

联合省财政厅组成联合检查组，进行了以"景观亮化过度化问题专项治理"为重点，涵盖城市排水防涝、老旧小区改造、污水处理设施提标改造、污水处理提质增效以及污水管网建设等城市建设管理方面的专项检查。

指导各地健全完善城市市政公用设施养护、维护检测长效机制。在重点领域危险化学品安全风险进行全面摸排，完善供水安全应急保障措施，加强对供水企业使用药剂如液氯等危化品的管理，建立危化品使用台账。两次对涉及城市市政基础设施安全方面的工作进行了专项检查。成立4个督查组，对城市市政公用基础设施安全运行进行督查。尤其是对供（排）水和燃气企业的安全运行进行了重点检查，采取"双随机一公开"的检查方式，共抽查供水企业24家、污水处理厂20家，城燃企业35家。对检查中发现的问题下发17份《市政设施安全运行问题整改通知书》。

先后两次下发紧急通知，对城市（县城）排水防涝工作再次进行了安排部署。结合全省住建领域建筑市场和工程质量安全生产大检查，将剩余29个积水点的整治作为督导重点内容，按照"一点一策，一点一方案"进行整治。截至12月底，全省剩余积水点4处，为兰州2处、定西2处。

对全省2019—2020年度供暖保供工作情况进行了通报，要求各城市供热主管部门对辖区内供热设备、管网运行状况进行全面评估，科学统筹做好供热基础设施建设、设备安装的工作，坚决杜绝因供热设施设备改造建设而影响供暖工作正常进行的行为。

【老旧小区改造】2020年，全省共申报落实城镇老旧小区改造计划任务17.45万户、改造小区1020个，整合项目79个，计划总投资67.96亿元。争取中央财政补贴3批、配合省发改委争取中央预算内投资2批。共争取落实中央补助资金25.29亿元，其中补足2019年项目缺口资金4.08亿元，安排2020年改造项目21.21亿元。至12月底，2019年改造项目（7.92万户、25个项目）有序推进、大部分已完工；2020年改造项目（17.45万户、79个项目）全部开工建设；两年的旧改项目已累计完成投资45.75亿元，在旧改项目中新增配套停车位11730个、加装充电桩等充电设施1735个，配套建设社区综合服务设施等公共服务设施60个。

省政府办公厅印发《关于全面推进城镇老旧小区改造工作的实施意见》，省住建厅配套编制了《甘肃省城镇老旧小区改造技术导则（试行）》，在白银市组织召开了全省城镇老旧小区改造工作推进会暨政策培训会。同时，积极接洽金融机构，省住建厅与国开行甘肃省分行、农发行甘肃省分行、建设银行甘肃省分行分别签订了金融贷款支持城镇老旧小区改造战略框架协议，三家金融机构将对甘肃省"十四五"期间城镇老旧小区改造提供300亿元的贷款支持，有效破解甘肃省老旧小区改造资金难题。指导各地择优推荐老旧小区改造示范项目，根据申报名额，甘肃省推荐10个项目为第一批示范项目（兰州市2个、白银市5个、金昌市1个、平凉市1个、武威市1个）。

【历史文化名城名镇名村保护】截至年底，全省共划定历史文化街区26片，均由省政府发文公布。共确定历史建筑124处，均由地方政府发文公告，并在住房和城乡建设部历史文化街区和历史建筑数据信息平台上完成填报，部分城市历史建筑已完成了挂牌，并开展了测绘建档工作。9月，对市州开展历史文化街区和历史建筑工作进行了省级验收。印发《全省历史文化名城名镇名村保护近期工作要点》和《关于加强历史文化名城名镇名村保护工作的指导意见》，指导市州开展历史文化保护工作，督促各地完成历史文化名城名镇名村和历史文化街区保护规划的编制工作，对保护规划编制工作滞后的市州发函进行了督办。委托兰州大学城市规划设计研究院对张掖、武威、天水、敦煌4个国家历史文化名城进行调研评估，通过现场调研和查阅相关资料形成了《甘肃省国家历史文化名城保护工作调研评估报告》。

村镇建设

【农村危房改造】2020年，甘肃全省排查动态新增危房149户，已全面改造完成。下达2020年农村危房改造补助资金13.63亿元（中央12.86亿元、省级0.77亿元），由各地优先用于动态新增危房改造任务，剩余资金按涉农资金整合要求统筹使用。组织开展建档立卡贫困户住房安全保障信息核验，对全省2013年以来136.3万户建档立卡贫困户住房进行了逐户核验，所有贫困户住房安全均得到保障。

【全域无垃圾专项治理】联合省电视台开展明察暗访11次，对整改落实情况"回头看"10次，建立健全长效机制，推进全域无垃圾治理工作有力、有效、有序开展。在省电视台开设全域无垃圾专项治理宣传专栏《净美甘肃》，制作播出12期，播出红黑榜36条。运用卫星遥感技术和无人机航拍技术对全省86个县（市、区）全面排查清理整治各类垃圾堆积点43257处，全面解决垃圾堆积顽疾问题。联合省妇联在全省建立了600个"巾帼家美积分超市"示范点，激发调动家庭成员积极参与到垃圾治理中来。研究制定了《全省全域无垃圾三年专项治理行动工作成效考核评价方案》，委托第三方评价机构开展实地季度考核评价，形成综合评价排名，在省级主要媒体予以公布，促进各地垃圾治理工作深入开展。

【重点镇污水处理设施建设】对照任务目标和时间节点，建立工作台账和任务清单，实施一月一调度工作机制；对进展缓慢的重点镇定期开展专项督导检查，对工作滞后的县市区及时进行约谈通报；将13个建设进度滞后及6个已建成但未正常运行的重点镇，列入省政府及省环保督察重点督办内容，督促地方加快建设进度，切实落实建设主体责任。

【传统村落保护】督促指导各地于8月前采集录入完成了54个传统村落基础数据填报工作，更新完善了2个2019年入驻中国传统村落数字博物馆村落的基础信息。通过购买服务方式，统一设计制作了传统村落标志牌，完成了甘肃省54个列入中国传统村落名录村落的挂牌保护，建设了2个中国传统村落数字博物馆甘肃省示范馆，已入驻中国传统村落数字博物馆精品馆。

标准定额

【工程建设标准管理】下达了《装配式混凝土构件制作与验收技术规程》等39项编制和修编计划，组织召开了《装配式建筑工程设计文件编制深度规定》等36个项目编制启动会，完成了《复合地基褥垫层技术规程》等35项工程建设标准和标准设计（22项工程建设标准、13项标准设计）的审查、报批、备案工作。多次举办工程建设标准化知识讲座，宣讲我国标准化工作的体制与机制、标准编制的主要原则与标准化改革目标、任务等，助力复工复产取得实效。协调推进养老、无障碍环境建设等工作。积极推进无障碍环境建设，完成"十三五"全国无障碍环境市县村镇创建验收工作；做好人口老龄化及养老服务联络工作；发布《既有建筑增设电梯技术导则》《既有居住建筑新增电梯构造图集》，保障了城市老旧住宅小区电梯改造任务的顺利完成。修改完善了相关专项业务制度和工作流程图等，并抓好监督指导，推进工作落实。

【工程造价监管】 印发《甘肃省造价管理总站关于受新冠肺炎疫情影响调整建设工程计价有关事项的通知》（甘建价字〔2020〕5号）、《甘肃省住房和城乡建设厅关于受新冠肺炎疫情防控影响工程计价调整的指导意见》（甘建价〔2020〕145号），截至年底，全省累计656个项目、369家企业调整了工程计价事项，调整计入的金额为45024万元。764个项目、124家企业按照不可抗力的规定予以顺延工期。印发《甘肃省住房和城乡建设厅 甘肃省发展和改革委员会 甘肃省财政厅关于在房屋建筑和市政基础设施工程中推行施工过程结算的实施意见》（甘建价〔2020〕214号），截至年底，128个项目、87家企业已享受"施工过程结算"政策。完成《关于推进甘肃省工程造价改革工作的报告》。结合实际情况对现行费用定额进行修订，对有关工程调研、测算，制定了《甘肃省建设工程计价规则》，并及时进行组织宣贯，共计宣贯1500余人次。开展《甘肃省建设工程造价管理条例》修订工作。

组织编制完成《甘肃省装配式建筑工程预算定额》及地区基价。开展"甘肃省建设工程定额编制（修订）项目计划"的征集工作，指导社会力量编制定额，共收到《甘肃省城市地下综合管廊工程预算定额》《现浇泡沫砼轻钢龙骨复合墙补充定额》《甘肃省抗震加固工程预算定额》等8项立项申请，经评审后立项7项。编制完成《甘肃省建筑与装饰工程预算定额地区基价》《甘肃省安装工程预算定额地区基价》《甘肃省建设项目工程结算编制规程（初稿）》，修编《甘肃省建筑抗震加固工程预算定额》《甘肃省建筑维修工程预算定额》，开展《甘肃省城市地下综合管廊工程预算定额》《甘肃省房屋修缮工程预算定额》的编制。

印发《甘肃省建设工程造价管理总站关于对现行定额水平及费用实际收支情况进行调研的通知》。赴"甘南文旅会展中心EPC总承包项目"进行实地调研，针对该项目结算中存在的问题予以指导，并完成《关于"甘南文旅会展中心EPC总承包项目"结算中有关问题解释及一次性单位估价表（补充定额）的批复》。完成二级造价工程师教材《建设工程计量与计价实务》（建筑工程、安装工程）的编写，配合人社厅等部门完成了考试资格审查，审查符合免试基础科目人员5770人，制定了甘肃省二级造价师注册管理办法。

【工程招标投标管理】 所有招标投标业务均在"甘肃省房屋建筑和市政基础设施工程电子招投标大数据系统"在线受理。2020年省招标办受理招标项目179个，金额78.98亿元。梳理现行规范性文件，对与上位法不一致文件进行了清理，整理出台了《甘肃省房屋建筑和市政基础设施工程总承包招标评标定标办法》，并印发全省实施。编制了《甘肃省房屋建筑和市政基础设施项目标准工程总承包资格预审文件》《甘肃省房屋建筑和市政基础设施项目标准工程总承包招标文件（适用于资格预审）》和《甘肃省房屋建筑和市政基础设施项目标准工程总承包招标文件（适用于资格后审）》。起草了《甘肃省房屋建筑和市政基础设施工程勘察投标评标办法》《甘肃省房屋建筑和市政基础设施工程设计招标评标办法》《甘肃省房屋建筑和市政基础设施工程招标代理机构管理办法（试行）》和《甘肃省房屋建筑和市政基础设施工程评标专家管理办法》。牵头起草了《甘肃省住房和城乡建设厅开展工程建设行业专项整治工作方案》，形成《甘肃省住房和城乡建设厅关于工程建设行业专项整治工作总结》报住房和城乡建设部。

工程质量安全监管

【概况】 2020年，全省各级住建部门累计监督房屋市政工程13397项，房屋建筑面积23085万平方米，市政工程总长度3470.9千米，工程总造价6420亿元。全年未发生质量事故，发生建筑施工安全事故23起、死亡26人，未发生较大及以上安全事故，质量安全形势总体平稳受控。2020年全省共有36项工程被评选为甘肃省建设工程飞天奖（其中6项工程获飞天金奖），2项工程获国家优质工程奖，2项工程获中国建设工程鲁班奖。

【制度建设】 印发《甘肃省预拌混凝土质量管理办法》《建筑工程施工现场安全资料管理标准》《甘肃省住房和城乡建设厅房屋建筑和市政基础设施工程施工重大及以上质量安全事故应急预案》《甘肃省2020年房屋市政工程施工扬尘防治提升行动实施方案》《加强全省房屋市政工程施工企业本质安全体系建设的实施意见》《关于切实做好疫情防控积极组织房屋市政工程开工复工的工作指南》《甘肃省房屋市政工程施工涉及危险化学品使用安全工作指南》《关于加强城镇老旧小区改造工程质量安全管理的通知》《关于加强房屋市政工程施工现场食堂食品安全管理的通知》等文件，不断完善监管制度，构建长效管理机制，规范参建各方质量安全行为，指导住建领域质量安全管理工作。

【质量品质提升】 联合省发改委等11部门印发《关于完善质量保障体系提升建筑工程品质的若干措

施》，提出23条具体措施，推动建筑工程品质提升。编印《甘肃省工程质量安全手册实施细则》（共5册）、《房屋市政工程质量常见问题防治手册》（共3册），提高施工技术及质量安全管理水平。扎实开展"质量月"活动，举办质量安全标准化成果系列展示观摩交流活动，推广先进企业项目工程质量管理经验，推进质量安全标准化建设，促进建筑工程质量品质提升。

【安全综合整治】组织开展住建领域安全专项整治三年行动、违法违规建设审批和城市房屋建筑安全风险隐患排查整治工作，制定印发实施方案和工作手册，定期调度协调解决实际问题、统计分析工作进展，并对市州住建部门工作情况进行督导。针对关键时期、关键领域安全管控工作，制定针对性安全防范措施办法，持续加强企业本质安全体系建设。组织开展全省住建领域工程质量安全生产大检查，采取"双随机、一公开"和"双重交办、双重督办"方式，依法查处违法违规行为，督促整改问题隐患。依法依规核发建筑施工安全生产许可证、安管人员考核证和特种作业人员操作资格证。

【督查执法检查】2020年，全省各级住建部门开展各类质量安全监督执法检查5344次（省级4次，市县5340次），检查工程17781项（省级126项，市县17655项），下发监督执法检查整改单8289份（省级136份，市县8153份），行政处罚书454份（省级39份，市县415份），处罚单位337个（省级12个，市县325个），处罚人员127名（省级30个，市县97名），实施信用惩戒37起（省级7起，市县30起），曝光违法违规典型案例181起（省级161起，市县20起）。组织开展全省工程质量检测机构及预拌混凝土生产企业质量专项监督检查，省级住建部门对13家工程质量检测机构及24家预拌混凝土生产企业进行了监督抽查，下发整改通知书25份，执法建议书4份，市县住建部门共检查168家工程质量检测机构，359家预拌混凝土生产企业，下发整改通知书293份，实施行政处罚22起。

【安全事故查处】严格执行事故统计报送、挂牌督办、分析通报、警示约谈、责任追究等各项事故管理制度。全年共实施行政处罚32次，其中暂扣企业安全许可证12家，暂扣或吊销人员安全证书22人，停止注册监理工程师执业7人。

【施工扬尘管控】建立评价、分析、报告、督查等工作机制措施，通过提升行动，各地整改查处力度明显加大，扬尘防治水平显著提升。2020年，省级住建部门开展督查3次，下发整改通知书11份、执法建议书10份，督促实施罚款处罚24.5万元；市县住建部门下发整改通知书1912份，行政处罚17起，罚款53.8万元。

【行业乱象整顿】制定《2020年度全省住建领域开展未竣工验收擅自投入使用行业乱点乱象整治工作方案》，组织新一轮的摸排行动，对摸排出的项目采取一事一策分类治理和逐项销号整治的措施，整治行动期间共摸排出问题项目1195项，整改完成920项，占总数的77%。

建筑市场

【建筑市场监管】2020年全省完成建筑业总产值1935亿元，同比增长1%，实现增加值558.53亿元，同比增长1%，占全省地区生产总值（GDP）比重达6%。开展了全省住建领域建筑市场和工程质量安全生产大检查，随机抽查在建房屋建筑和市政基础设施工程98项，总建筑面积624.65万平方米，总造价167.14亿元；抽查市政公用行业74家。下发《质量安全问题整改通知书》117份、《市政设施安全运行问题整改通知书》17份、《建设行政执法建议书》54份、执法建议书中涉及建筑市场违法违规行为的共计28份。8月，联合省招标办制定印发《甘肃省住房和城乡建设厅开展工程建设行业专项整治工作方案》，开展了为期四个月的工程建设行业专项整治行动。联合省市场监管局，发起建筑市场、建设工程消防设计审查验收和园林绿化行业等部门联合"双随机、一公开"检查。2020年三季度，全省共检查房建、市政项目3943项，检查建设单位2399家，检查施工企业2582家，查处违法发包单位3家，违法转包企业1家，对1家企业吊销资质证书，3家企业限制了投标资格，对建设单位和施工企业实施罚款处罚1641.40万元，对个人违规行为实施罚款处罚305.29万元。持续推进建筑工程施工发包与承包等违法违规行为专项整治行动。修订《甘肃省建筑市场管理条例》，该条例于8月1日起施行。联合甘肃省建筑业联合会通过网络直播方式，面向全省住建领域对《甘肃省建筑市场管理条例》进行了宣贯。制定印发《关于实行建筑业从业人员实名制管理工作的通知》，全面启用"甘肃省建筑业从业人员实名制管理平台"，对建筑工地施工现场所有人员进行实名制管理（含监理人员），该平台已与省人社厅"甘肃省农民工工资支付管理公共服务平台"并库建设，并通过了住房和城乡建设部平台测试审核。联合省人社厅印发《关于进一步做好根治房屋建筑和市政基础设施工程建设领域欠薪工作的通知》，向全省住建领域下发平台软硬件接入协议，全面推进全省房屋和市政工程建设现场"实名制"管理工作。

制定印发《关于贯彻落实住建部、国家发改委〈房屋建筑和市政基础设施项目工程总承包管理办法〉推行工程总承包的通知》，积极推进工程总承包模式。2020年底，本地设计企业已有3家单位申请取得了施工总承包二级资质，具备了工程总承包"双资质"条件。联合省发改委等13个部门制定《关于推动智能建造与建筑工业化协同发展实施意见》。出台《甘肃省住房和城乡建设厅等部门关于推进房屋建筑和市政基础设施工程实行工程担保制度的实施意见》等纾困惠企政策，大力推行工程担保制度，降低"四类保证金"额度，有效减轻了建筑企业负担。印发《甘肃省住房和城乡建设厅关于进一步推动工程担保制度落实的通知》，并会同甘肃省土木建筑学会制定《甘肃省工程担保管理办法（试行）》及相应的担保行业规定。现已推荐认定3家经营稳健、信誉良好的担保公司开展工程担保业务。2020年对武威、白银两市根治欠薪工作开展了4轮包保督导。2020年三季度，全省住建部门共协助人社部门解决欠薪案件136起，涉及项目122个，涉及企业123家，涉及人员2143人，涉案金额3397.31万元；住建部门单独解决欠薪案件94起，涉及项目90个，涉及企业104家，涉及人员3244人，涉案金额5030.31万元。

建筑节能与科技

【绿色建筑与建筑节能】 印发《甘肃省绿色建筑创建行动实施方案》。自10月起，省内城镇新建公共建筑、各类政府投资民用建筑、新建8万平方米以上（含）的住宅小区、各类建设科技示范工程全面执行绿色建筑标准；建筑面积1万平方米以上（含）的政府投资公益性建筑，达到星级绿色建筑标准。截至年底，累计支持建设67个示范项目，4个项目获得国家绿色建筑创新奖，2个项目列入国家绿色建筑典型案例，部分项目获得了零能耗建筑、近零能耗建筑、星级绿色建筑、健康建筑等性能认定。全省绿色建筑竣工面积占城镇新建建筑竣工面积比例达到68.79%，超额完成"十三五"期末绿色建筑占新建建筑比例50%的目标任务。

修订《甘肃省民用建筑节能管理规定》，于1月23日由甘肃省人民政府令第153号发布施行。在持续推进太阳能光热光伏建筑一体化应用的基础上，探索推进了空气源热泵的应用、中深层地岩热在办公建筑和校园工程中的应用，收到了良好的效果。全省城镇新建建筑100%执行建筑节能强制性标准；完成既有居住建筑节能改造1208万平方米，超额完成"十三五"1000万平方米的目标任务；督促并完成兰州市公共建筑节能改造试点100.63万平方米，超额完成50万平方米的目标任务。

【装配式建筑】 出台系列政策文件，进一步规范装配式建筑发展、完善相关制度。有针对性地培育装配式建筑产业基地和示范项目，目前有经认定的国家装配式产业基地4个、省级产业基地12个，国家级装配式建筑示范项目1个、省级示范项目3个。初步统计，目前装配式钢结构年产能约50万吨、装配式混凝土构件年产能约30万立方米，兰州、天水、嘉峪关等地已初步形成规模化发展的格局。颁布实施《装配式混凝土构件制作与验收标准》等5项地方标准，正在编制《装配式钢结构住宅工程施工质量验收规程》等6项地方标准。在研装配式建筑技术攻关课题37项。甘肃建投兰州新区10万平方米装配式钢结构住宅荣获中国钢结构金奖。全省已建成装配式建筑123.8万平方米，在建装配式建筑项目122万平方米。超额完成省政府确定的到2020年底完成装配式建筑100万平方米的目标任务。

【建设科技】 "甘肃省建设科技项目管理系统""甘肃省建设科技专家库管理系统""甘肃省建筑节能绿色建筑月度统计报表系统"和"建设科技成果推广平台"通过了验收。在新冠肺炎疫情期间，紧急开发了科技计划的网络评审系统，完成了2020年省建设科技计划项目的立项工作和疫情期间的科技项目结题验收工作，全年共验收科技项目15个，结题25个。推荐并获立项住房和城乡建设部科技计划项目1项，推荐并获得省科技进步奖三等奖1项，2个项目获得国家绿色建筑创新奖三等奖。

城市管理执法监督

【城市执法体制改革】 甘肃省会城市兰州市设置市城市管理委员会，嘉峪关市设置市城市管理执法局，均为市政府工作部门；其他12个市（州）在住建局加挂城市管理执法局牌子，承担城市管理执法职责。县级层面，86个县（市、区）中，24个县（市、区）单独设置城市管理综合执法局，为县政府工作部门；42个县单设城市管理综合执法局，为县政府直属事业单位；19个县设城市管理综合执法局，为县住建局下属事业单位；1个县在县住建局加挂城市管理综合执法局牌子。86个县（市、区）中有33个县城市管理综合执法局参照公务员管理。2020年底，兰州、嘉峪关等10个市（州）完成了市级城市管理综合服务平台建设，9个市（州）实现了与省级和国家平台联网，提前完成了住建部平台联网任务。38个县（市、区）完成了平台建设，10个县（市、区）正在建设中。

先后印发《关于改进城市街区商户门头牌匾设置管理工作方式的意见》《甘肃省城市户外广告设施设置审批事项管理措施》《甘肃省城市管理执法监督局关于开展对城市大型户外广告设施设置及在建筑物、设施上悬挂、张贴宣传品进行抽查的工作方案》等文件，各地城市管理部门开展大型户外广告设施摸排工作，截至7月份，省级共计录入1264条检查对象信息，并定期对数据进行更新。指导全省城市管理执法部门开展共享单车乱停乱放整治，推进定点取车、定点还车技术应用，引导市民形成规范停放的习惯，《中国建设报》以《打造共享单车治理"兰州经验"》为题，刊登介绍兰州市城管委在共享单车停放管理方面的经验做法和取得的成效。配合公安部门开展全省城市养犬管理专项治理行动和"文明养犬"宣传活动，印发《城市养犬管理专项治理工作方案》。印发《关于做好城市管理执法领域新冠肺炎疫情防控工作的通知》《关于城市管理助力"地摊经济"增强城市活力的指导意见》《甘肃省城市管理执法队伍标准化和执法规范化建设的指导意见》。全省13300余名一线城市管理执法人员完成统一制式服装工作，700多辆城市管理执法车辆完成车辆编号和标志标识喷涂工作，实现了执法制式服装和标志标识的统一。各地城市管理执法部门建立了协管人员招聘、管理、奖惩、退出等制度，开展协管人员岗前、在岗培训。全省城市管理执法部门加大装备配备，基本满足在编执法人员每人一部执法记录仪的工作需要，全省配备城市管理执法公务用车余500辆，共3800余座，租用或借用公务用车平台车辆220余辆，骑行车262辆，基本满足执法工作需要。白银市出台了《白银市城市管理综合执法条例》，是全省首部市级城市管理的地方法规。

【违法建设治理】 强化督导，改进工作措施，积极督导各市（州）城市建成区违法建设治理工作的进度。对治理进度滞后的部分城市进行现场督促指导工作，特别是针对省会兰州市城市违法建设治理工作存量大、进度慢等问题。多次到兰州市开展工作座谈和交流并查看现场，研究探索解决问题的办法，合力推动治理工作；结合景观亮化过度化等城市建设管理工作专项检查，对全省城市违法建设治理工作进行了现场督促和检查。截至12月底，全省累计治理城市建成区存量违法建设面积1363.49万平方米，已全面按期完成全部存量治理任务。

勘察设计

2020年甘肃省政府连续第3年将城市老旧住宅加装电梯工作列为省政府为民办实事项目，全省500部加装电梯已于9月30日全面安装完成。3月31日，"甘肃省房屋建筑和市政基础设施审图管理系统"正式运行，并同住房和城乡建设部全国建筑市场公共服务平台对接。甘肃省施工图审查除涉密项目外，全部通过系统实行数字化送审。联合省财政厅印发《关于推行以政府购买服务方式开展施工图审查工作的通知》（甘建设〔2020〕228号）；印发《关于进一步做好施工图审查政府购买服务工作的通知》（甘建发电〔2020〕147号）。对施工图审查机构及审查人员进行增补，现阶段甘肃施工图审查机构已增至11家。向住房和城乡建设部建筑市场管理司上报《关于申请调整全国建筑市场公共监管服务平台住建厅核发的工程勘察、工程设计企业资质有效期的函》。无需企业申请，将全国"四库一平台"中勘察设计企业资质有效期自动延续，保障企业不受疫情影响。修订《甘肃省优秀工程勘察设计奖评选办法（试行）》《甘肃省工程勘察设计大师评选办法（试行）》。截至11月底，全省共完成施工图审查备案项目4011项。组织相关专家分4个督查组对各市州和部分县区建设工程勘察设计及消防设计审查进行了专项检查。检查出问题项目52个，督促整改问题109条，下发《建设行政执法建议书》2份，对检查发现的相关问题及单位进行了全省通报。检查在兰州市注册领取营业执照且承揽业务较多的省外勘察设计企业分支机构（分公司）总计34家。

与省地震局、省发改委共同牵头实施"地震易发区房屋设施加固工程"（以下简称"加固工程"）。目前，住建行业承担的"加固工程"第一阶段的抗震性能普查任务已全面完成，全省共计排查2000年之前建成的城市老旧房屋22397栋、约7636万 m^2，排查市政桥梁2620座，约74.3km，排查市政管线23865条，约11354km。甘肃省第一次全国自然灾害综合风险普查工作已在全省13个试点县（区）有力有序展开，前期工作部署、软件熟悉、数据整理、技术培训等相关工作已全面完成。

人事教育

2020年度，受理各类执业资格人员各项注册业务申报48853人次。其中：勘察设计、规划等573人次，造价工程师2404人次，一级建造师7742人次，二级建造师36336人次，监理工程师1798人次。2020年省级二级造价师考试报名实行了告知承诺制。共完成各类报名122145人次，其中勘察设计类5254人，一级造价师6880人，二级造价师18711人，房地产估价师382人，二级建造师90918人。核发一级建造师、造价工程师、二级建造师、监理工程师、勘察设计类等各类执业资格证书、注册证书共计8869人次。为满足全省建筑企业及从业人员对继续教育的不同需求，对符合条件的13家登记备案的培训机构和企业鼓励推行线上、线下相结合的培训方式。已完成7967人二级建造师继续教育数据收集入库工作，并完成技术工人培训数据入库共48232人。

大事记

2月

1日 甘肃省房屋建筑和市政基础设施审图管理系统上线运行。

6日 全省住房城乡建设工作会在兰州召开。

3月

4日 "甘肃省建筑施工项目开工复工备案及工地人员管理"应用程序正式上线运行。

4月

30日 召开全省新版信息系统部署及培训工作视频会议。

5月

29日 召开全省《建设工程消防设计审查验收管理暂行规定》暨《甘肃省建设工程消防设计审查验收管理实施细则》视频宣贯培训会。

6月

9日 甘肃省工程造价咨询企业发展现状研讨座谈会在兰州召开。

19日 召开EPS模块建筑现场观摩会。

7月

6日 省工程建设项目审批制度改革工作领导小组办公室召开第二次（扩大）会议。

13日 甘肃省住房和城乡建设厅与上海同济城市规划设计研究院、同济大学建筑设计研究院集团建立战略合作伙伴关系。

13日 组织举办"甘肃省房屋市政工程质量安全工作推进暨标准化建设观摩交流会"活动。

24日 组织召开全省住房公积金分支机构调整工作推进会议。

8月

4日 召开2020年厅安委会第三次全体会议暨安全生产专项整治三年行动推进会。

9月

4日 召开全省城市管理执法队伍标准化和执法规范化建设工作经验交流座谈会。

23日 组织举办"甘肃省建设工程质量月活动暨质量安全标准化成果展示观摩交流会"。

10月

28日 全省城镇老旧小区改造工作推进会暨政策培训会在白银市召开。

11月

23日 召开试点地区房屋建筑和市政设施调查工作培训会议。

12月

4日 举行宪法日宣誓仪式。

（甘肃省住房和城乡建设厅）

青 海 省

概况

2020年，青海省住房城乡建设系统切实落实习近平总书记对青海工作提出的"四个扎扎实实"重大要求，聚焦实施"五四战略"，奋力推进"一优两高"，全力抓"六保"促"六稳"，统筹疫情防控和行业发展，住建领域重点民生项目和固定资产投资目标任务超额完成。《青海省燃气管理条例》通过省人大常委会审议颁布实施，《青海省志·城乡建设志》正式出版印刷，青海省住房城乡建设厅机关被精神文明建设指导委员会命名为第六届全国文明单位；青海省住房城乡建设系统被省委省政府评为2019年度脱贫攻坚先进集体；青海省住房城乡建设厅城市建设管理处和西宁市城市管理行政执法局被住房城乡建设部命名为全国住房城乡建设系统抗疫先进集体；青海建筑职业技术学院被评定为青海省事业单位脱贫攻坚记大功集体,青海建筑职业技术学院党委书记刘康宁被评为全国先进工作者。2020年,1项工程获得中国建设工程鲁班奖,3项工程获得中国建筑装饰奖,1项工程获得建设工程BIM大赛奖,9项工程荣获建设工程项目施工安全生产标准化工地,1项工程获得国家优质工程,14项工程荣获青海省建设工程"江河源"杯奖,70项工程获得省级安全标准化示范工地。

住房和城乡建设

【城镇基础设施建设】印发《青海省2020年美丽城镇建设实施方案》,在黄南州河南县宁木特镇等10个镇安排整合各类市政基础设施建设项目131个,总投资达到15.42亿元。编制完成《青海省城市生活垃圾分类研究报告》,报请省政府印发《青海省城市生活垃圾分类实施方案》,确定青海省相关城镇2020年、2022年、2025年生活垃圾分类工作目标及工作任务。指导西宁市积极推进生活垃圾分类试点工作,西宁市生活垃圾分类覆盖居民累计30.4万户,达标占比95%。召开青海省城镇公共供水安全运行培训及安排部署会,委托国家水质监测网西宁监测站组织完成乌兰县等12个县的供水水质抽样检测工作。印发《青海省城镇生活污水处理厂运行监督管理办法》,落实下达中央专项资金1.62亿元,6个设市城市生活污水处理提质增效工作有序推进。组织召开全省城市建设领域安全生产电视电话会议、安排部署会和工作培训会,研究制定《青海省市政公用基础设施安全排查技术导则》《青海省城镇市政基础设施安全生产大排查大治理工作方案》。加强疫情防控期间环境治理,组织青海省9600多名环卫职工在生活垃圾"日产日清"和无害化处理基础上,做好生活垃圾收集、运输、处理环节的消杀工作。截至年底,全省城市(县城)建成区面积达420.29平方公里,污水处理率达94.3%,生活垃圾无害化处理率达97.2%,建成区绿地率达29.42%,分别较2019年末提高1.02、3.45和3.11个百分点。

【城镇保障性安居工程】2020年,青海省确定实施城镇棚户区改造新开工11324套、基本建成10950套、入住12176套;实施城镇老旧小区改造改造5万套,涉及小区472个;发放住房租赁补贴8467户。截至12月底,棚户区改造新开工11332套、基本建成12972套、入住15027套,分别完成年度目标任务的100.07%、118.47%和123.41%,完成投资34.94亿元;老旧小区改造项目全部开工实施,完成投资6.56亿元(含2019年结转续建项目完成投资1.18亿元);发放住房租赁补贴8492户,完成年度目标任务的100.30%。2020年落实并下达城镇保障性安居工程中央和省级补助资金17.73亿元,其中:城镇棚户区改造中央财政补助资金和基础配套4.53亿元(中央财政补助资金2.38亿元,基础设施配套资金2.15亿元),租赁补贴0.222亿元,城镇老旧小区改造中央和省级财政补助资金12.98亿元(中央补助资金11.95亿,省级财政补助资金1.03亿元)。组织海西、海南和果洛等地区成功发行城镇棚户区改造专项债券8.9亿元。修订出台《青海省公共租赁住房管理实施细则》,从政策层面优化了公租房管理工作。报请省政府办公厅印发《青海省关于全面推进城镇老旧小区改造工作的实施方案》。

【公积金管理】截至年底,青海省住房公积金缴存总额1007.81亿元,提取总额662.42亿元,缴存余额345.39亿元,贷款总额614.11亿元,贷款余额284.07亿元,个贷率82.25%。1～12月,青海省住房公积金缴存额127.08亿元,提取额111.42亿元,发放个人贷款86.19亿元,同比分别增长7.92%、增长12.96%、增长22.1%。印发《关于疫情防控期间做好全省住房公积金行业相关工作的通知》,积极推行业务网上办理或电话预约办理。印发《关于妥善应对新冠肺炎疫情贯彻落实住房公积金阶段性支持政策的通知》,共为178家企业3.9万名职工缓缴住房公积金1.5亿元。开展风险隐患排查工作,每月组织各中心进行内部稽查,督促各地对发现的问题和疑点及时进行整改和防控。完成西宁中心综合服务平台验收工作,实现个人住房公积金缴存贷款等信息查询、出具贷款职工住房公积金缴存使用证明、正常退休提取住房公积金3项服务事项"跨省通办"。

【村镇建设】在农牧民危旧房改造"清零"的基础上,采取厅级干部包市(州)、41名处级干部包县的方法开展分片督办,推动农牧民危旧房改造巩固提升和"补针点睛"工作。组织对青海省14.54万户建档立卡贫困户住房逐户进行核验,住房安全有保障目标全部实现。全面完成农牧民危旧房改造档案资料整理和系统信息录入,截至年底,89万户农牧民实现了住房安全有保障全覆盖。制定印发《关于分解下达2020年农牧民居住条件改善工程任务的通知》,实行农牧民居住条件改善工程月报和工作通报制度。会同省财政厅制定印发《青海省农牧民居住条件改善工程奖补资金管理使用办法》,进一步规范项目资金使用管理。3万户农牧民居住改善工程新建任务全部开工,年内累计完成投资13.3亿元。继续大力推进300个高原美丽乡村建设,下达2020

高原美丽乡村建设省级财政专项资金 4 亿元。截至 12 月底，青海省 300 个高原美丽乡村建设开工率为 100%。通过省级财政补助、地方财政配套、项目资金整合、援建帮建以及群众自筹等方式筹集建设资金，累计完成投资 14.4 亿元，整合各类建设项目 1075 个，安装太阳能路灯 14173 盏，村庄道路改造 307.6 公里，配置村庄环境整治垃圾运转设施 135 台、果皮箱 6126 个，新建村民活动广场 203 个，66 个村实施了乡村电网改造，新建村级综合服务中心 41 个，配置文体设施设备 104 套。农牧区生活垃圾治理取得新进展，91.7% 的行政村生活垃圾得到有效治理。联合七部门印发《关于推进全省农牧区生活垃圾分类和处置体系建设的实施意见》，推动建立农村生活垃圾收运处置体系，195 处非正规垃圾堆放点整治任务全面完成。督促指导"两园一州四县（市、区）"开展全域无垃圾省创建活动。贵德县成功申报为"全国农村垃圾分类和资源化利用示范县"。会同省生态环境厅在贵德县、德令哈市各 5 个村开展农村生活垃圾分类试点村建设。

【房地产业】2020 年，青海省房地产开发完成投资 421.35 亿元，同比增长 3.7%，增幅比 2019 年同期回落 11.8 个百分点。其中，商品住宅投资 292.32 亿元，同比下降 0.6%，增幅比 2019 年同期回落 36.8 个百分点，商品住宅投资占房地产开发总投资的 69.4%。2020 年青海省房屋施工面积 2943.51 万平方米，同比增长 0.7%。其中，住宅施工面积 2021.89 万平方米，同比增长 4.7%；商业营业用房施工面积 420.14 万平方米，同比下降 16.0%；办公用房施工面积 67.47 万平方米，同比下降 22.9%；其他房屋施工面积 434 万平方米，同比增长 7.6%。报请省委省政府出台促进房地产市场平稳健康发展建立城市主体责任制相关政策，印发《关于建立房地产市场平稳健康发展城市主体责任制的实施方案》。组织对青海省新设立房地产企业信用评价，发布 2019 年度新办的 7 家房地产开发企业和 16 家物业服务企业信用评价结果。开展房地产市场乱点乱象整治，对 10 家房地产开发企业、13 家物业服务企业、10 家房地产经纪机构、2 家房地产评估机构予以通报。优化"青海住房平台"，提升行业管理服务水平，升级改造青海省房屋交易监管服务平台，建设完成覆盖省、市、县、企业四级包含房屋交易监管子系统、房屋交易服务子系统和房屋交易监测子系统三个子系统的青海省房屋交易监管服务系统，为房地产市场监测分析提供决策依据和技术支撑。出台《进一步加强业主委员会履职管理意见》，不断健全完善共建共治共享的基层治理制度。

【建筑节能与科技】2020 年，发布五批绿色建筑评价标识项目，33 个项目获得一星级及以上绿色建筑评价标识（设计阶段），建筑面积达 299 万平方米。城镇绿色建筑占新建建筑比重达 55.6%，提前完成"十三五"规划目标。组织完成《青海省绿色建筑设计标准》等 12 项工程建设地方标准编制发布工作。印发《关于做好工程建设地方标准复审工作的通知》，对现行有效并实施五年以上的 37 项工程建设地方标准组织专家进行复审。组织推荐"中房·蓝韵项目高原高海拔地区三星级绿色建筑——'三恒'新风系统关键技术研究和示范工程项目建设"申报住房和城乡建设部"科技助力经济 2020"重点专项行业项目。完成西宁万科城等项目建筑业十项新技术 4 个示范工程立项、2 个示范项目验收工作。组织青海省规划设计研究院有限公司等 4 家企业申报住房和城乡建设部"2020 年科学技术计划项目"。积极培育装配式构配件生产企业。青海省宝恒绿色建筑产业股份有限公司被住房和城乡建设部认定为第二批国家装配式建筑产业基地。加强标准宣贯培训，推进建筑工程建造方式转型升级，组织进行针对建设全过程的工程建设标准与绿色技术进行观摩培训和技术交流；组织 100 余家企业开展建设领域部分新技术、新材料、新产品展示。大力推进行业"四新"技术推广应用，印发《青海省绿色建材评价标识申报指南》。发布《青海省建设领域先进适用技术与产品目录（第六批、第七批）》，涉及 27 家企业的 10 类产品、技术，累计纳入该目录企业达 88 家，产品、技术 21 类；发布《青海省绿色建材评价标识产品目录（第五批、第六批）》，涉及 17 家企业的 6 类 38 个产品，累计有 41 家企业的 7 类 74 个产品获得绿色建材评价标识。

【依法行政】积极协调青海省人大、司法厅对《青海省国有土地上房屋征收与补偿条例》《青海高原美丽城镇建设促进条例》开展省内外调研、论证、研讨、广泛征求意见、修改完善等立法程序，经青海省第十三届人大常委会第二十二次会议通过。更新权力清单及岗位责任清单，全厅权力责任事项共 173 项，其中行政许可 6 项，行政处罚 161 项，公共服务 6 项，梳理"四级四同""三级四同"政务服务事项，及时将调整情况上报青海省政务服务管理系统。积极推进"互联网＋政务服务"，实现勘察、设计、施工、监理、工程质量检测、房地产企业资质、施工企业安全生产许可证核发等审批事项网上受理。制定《青海省全面开展工程建设项目审批制度改革实施方案》，精简审批事项16项，压缩审批时限55个工作日，压减办理要件356个，保留审批事项50项。印发《青海省工程建设项目审批事项清单及流程图（指导版）》，统一31项审批事项的名称、法规依据、实施层级、要件等内容，并取消审批事项1项、合并2项，相应制定了政务服务事项要素标准化统一规范信息。印发《关于进一步规范行政规范性文件制定报备工作的通知》，全年报备党内规范性文件5件、行政规范性文件3件，并积极开展规章制度"立、改、废"工作，全面清理现行有效的行政规范性文件，形成文件汇编。印发《青海省住房和城乡建设厅行政执法公示制度行政执法全过程记录制度重大行政执法决定法制审核制度实施细则》。依法办理行政复议案件，针对下级行政主管部门在实施具体行政行为方面存在的不适当性问题，及时下发行政复议意见书，防止行政不作为、乱作为情况发生。将《民法典》列入厅党组会、厅中心组学习内容，加大宣贯力度。

【政务公开】印发《2020年度政府信息公开工作要点》《青海省住房和城乡建设厅政府信息公开指南》《青海省住房城乡建设厅主动公开信息基本目录》，推进行业重点改革信息公开。全年依申请公开政府信息5件。建立建筑市场、房地产市场信用信息公示及查询平台，建筑业企业及房地产企业资质均在平台统一申报管理。加强"互联网+"宣传力度，及时公开最新法律法规、政策文件及行业主管部门工作动态等信息。

【建设人事教育】2020年，完成3名副处级领导干部选拔任用和2名一级调研员、4名四级调研员、15名一级主任科员及以下职级晋升工作，对2019年度选拔任用的10名正处级、7名副处级领导干部和1名新招录公务员进行试用期满考核，接收安置军队转业干部3名。完成66名领导干部个人有关事项报告填报和10名领导干部个人有关事项报告核查工作，对2021年填报工作进行了动员部署和培训。制定印发《省住房城乡建设厅2020年度教育培训计划》，全年完成各类职业技能培训22703人次，占年度目标任务的175%。推进职业资格注册管理"放管服"改革，进一步减少审批环节、缩短审批时限，推行在线业务办理模式。全年完成建筑行业职业资格考试资格审查2万余人次，办理各类注册业务1万余人次。制定印发《关于做好2020年度建设工程专业技术人员继续教育的通知》和《关于开展2020年度建设工程系列职称评审工作的通知》，完成406名申报人员资格审查。

大事记

1月

6日　发布《青海省多层民用建筑电梯设置标准》《青海省绿色建筑施工质量验收规范》，该标准于3月2日起实施。

9日　召开住房公积金管理工作座谈会，对西宁住房公积金管理中心和省直分中心住房公积金管理服务及信息化建设情况进行了调研。

10日　召开青海省住房和城乡建设工作会议在西宁召开，副省长匡湧出席并讲话。

31日　印发《关于疫情防控期间省外建筑企业进青登记办理的通知》。

2月

2日　印发《青海省住房和城乡建设厅关于疫情防控期间建筑企业资质及安全生产许可证办理的有关通知》。

3日　印发《关于疫情防控期间做好全省住房公积金行业相关工作的通知》。

5日　印发《青海省住房和城乡建设厅关于切实做好建筑工地新型冠状病毒感染的肺炎疫情防控工作的通知》。

13日　会同省财政厅、省发展和改革委员会下达2020年城镇棚户区改造计划。

14日　制定印发《2020年全省农牧民危旧房改造巩固提升工作方案》。同日，青海省城乡住房建设领导小组办公室向全省各市州城乡住房建设领导小组印发《2020全省城镇住房保障工作要点》。

19日　印发《青海省住房和城乡建设厅关于印发〈青海省房屋建筑和市政基础设施项目开复工疫情防控和安全生产保障指南〉的通知》。

24日　印发《青海省住房和城乡建设厅关于印发〈2020年青海省建筑业工作要点〉的通知》。同日，联合省人力资源和社会保障厅印发《关于进一步加强房屋建筑和市政基础设施工程建筑工人实名制管理工作的通知》。

27日　住房城乡建设部、省政府成立省部共建高原美丽城镇示范省工作领导小组，住房城乡建设部部长和省政府省长担任领导小组组长。

3月

2~13日　青海省住房和城乡建设厅抓疫情防控抓复工复产调研指导组分赴西宁市、海东市等地调研指导住建行业工程项目复工复产、一季度完成固定资产投资，重点工作任务申报安排及全省住房城乡建设工作会议精神贯彻落实情况。

3日 组织举办2020年全省住建领域重点项目开复工和安全生产动员会。

4日 印发《关于妥善应对新冠肺炎疫情贯彻落实住房公积金阶段性支持政策的通知》。

12日 印发《青海省住房和城乡建设厅关于印发〈青海省工程质量安全手册（试行）〉的通知》。印发《青海省住房和城乡建设厅关于印发〈青海省2020年度房屋建筑和市政基础设施项目市场违法行为专项整治方案〉的通知》。

13日 联合省人力资源和社会保障厅印发《青海省建筑工人实名制管理实施细则（试行）》。

19日 省政府办公厅印发《青海省公共租赁住房管理实施细则》。同日，召开全省城市建设领域安全生产电视电话会议，副省长匡涌出席会议并讲话。

23日 组织各地住房城乡建设和发改部门召开2020年城镇老旧小区改造计划任务安排部署会，推进年度城镇老旧小区改造工作。

25日 会同省发改委等11个省级联席会议成员单位联合印发《青海省住房和城乡建设厅等11部门关于2019年度全省新设立房地产企业信用评价结果的通报》（青建房〔2020〕72号）。

26日 印发《青海省住房和城乡建设厅关于印发〈房屋建筑与市政基础设施建筑施工安全风险隐患管控清单〉的通知》。

27日 青海省10家住房公积金管理中心向社会披露2019年度住房公积金信息。

28日 制定印发《2020年全省高原美丽乡村建设工作实施方案》。

31日 印发《青海省房地产领域2020年乱点乱象专项整治工作方案》。

4月

1日 召开全省农牧民危旧房改造脱贫攻坚工作视频会议，厅党组书记葛文平出席会议并讲话。同日，制定印发《青海省市政公用基础设施安全排查技术导则》和《青海省城镇市政基础设施安全生产大排查大治理工作方案》。

20日 制定出台《青海省城市管理执法行为规范》和《青海省城市管理综合行政执法文书（试行）》。填补了青海省城市管理综合行政执法相关制度的缺失。同日，省住房和城乡建设厅、省财政厅、中国人民银行西宁中心支行联合向社会公布《青海省住房公积金2019年年度报告》。

21日 会同省发展和改革委员会、省财政厅下达全省2020年城镇老旧小区改造计划。

22日 印发《青海省农牧民危旧房改造脱贫攻坚"补针点睛"专项行动方案》。

23日 印发《青海省教育厅 青海省住房和城乡建设厅关于印发〈青海省2020年城镇小区配套幼儿园治理工作方案〉的通知》。

5月

7日 省住房城乡建设厅、省委组织部、省公安厅、省民政厅印发《关于进一步加强业主委员会履职管理的意见》。

13日 举办城镇保障性安居工程业务培训视频会议。

21日 印发《关于进一步加强工程勘察设计行业管理工作的若干意见》。

25日 联合省公安厅印发《关于建立打击防范住房城乡建设领域违法行为协作机制的通知》。

26日 印发《青海省住房和城乡建设厅关于加强建设工程消防检测机构管理的通知》。

29日 印发《青海省住房和城乡建设厅关于印发〈2020年青海省住房城乡建设系统"安全生产月"活动方案〉的通知》。

6月

10日，省部共建高原美丽城镇示范省工作领导小组以视频方式召开第一次全体会议。会议审议通过《高原美丽城镇示范省建设实施方案》《高原美丽城镇示范省建设试点工作方案》。

11日 发布《青海省装配式混凝土结构预制构件制作和验收规范》，于8月1日起实施。

18日 联合海东市人民政府召开全省城镇燃气安全事故应急演练暨现场观摩会，全省各地燃气行业管理人员和燃气企业主要负责人共350余人参加了观摩会。

28日 在海东市乐都区中天璟园项目和碧水园项目（二期）召开建筑工程安全生产标准化暨应急救援演练示范观摩会。

7月

1日 修订印发《青海省城镇生活污水处理厂运行监督管理办法》。

10日 组织召开全省城镇保障性安居工程工作推进会。同日，召开2020年城镇老旧小区改造配套基础设施建设项目申报工作安排部署会。

16日 印发《青海省住房和城乡建设厅关于公布2019年度青海省省级工法的通知》。

16~17日 举办全省住建行业"节能宣传周"和"低碳日"活动；在海东市宝恒PC装配式建筑产业生产基地举办绿色建筑发展政策宣贯、地方标准培训、组织观摩装配式建筑产业基地。

23日　与中国燃气控股有限公司签订了招商引资合作协议，启动液化石油气微管网供气技术省级试点工作。同日，西宁市湟中区入选第一批全国美好环境与幸福生活共同缔造活动培训基地名单。印发《关于开展绿色建筑和建筑节能工作专项督查和"双随机、一公开"执法检查的通知》。

27日　印发《青海省住房和城乡建设厅关于印发〈青海省城镇建设安全专项整治三年行动实施方案〉〈青海省建筑施工安全专项整治三年行动实施方案〉及任务清单的通知》。

31日　在西宁市城北区美丽水街萨尔斯堡西区三期项目召开青海省住宅项目质量分户验收暨竣工交付标准化观摩会。

8月

6日　匡湧赴西宁市调研城镇老旧小区改造项目，并召开座谈会。

12日　印发《青海省建设领域先进适用技术与产品目录（第六批）》《青海省绿色建材评价标识产品目录（第五批）》。

18日　海南藏族自治州贵德县入选2020年农村生活垃圾分类和资源化利用示范县。

21日　印发《青海省住房和城乡建设厅关于公布2020年上半年省级建筑施工安全标准化示范工地名单的通知》。

24日　会同省财政厅制定印发《青海省农牧民居住条件改善工程省级资金管理办法》。

9月

3日　印发《青海省住房和城乡建设厅关于加强雷暴等极端天气下建筑工地安全管理工作的通知》。

8日　印发《青海省住房和城乡建设厅关于全面推行建筑工程施工许可证电子证照的通知》。

10日　省住房和城乡建设厅等十部门印发《关于推进建筑垃圾减量化促进资源化利用的实施意见》的通知。

23日　印发《青海省住房和城乡建设厅关于印发青海省住建领域安全生产专项整治三年行动相关工作制度的通知》。

27～28日　住房和城乡建设部党组成员、副部长倪虹分别在青海省西宁市湟中区和大通县召开定点扶贫部县（区）联席会议，青海省副省长匡湧出席会议。

30日　印发《青海省岩土工程勘察文件质量安全技术审查要点》《青海省建筑工程施工图设计文件质量安全技术审查要点》。

10月

12日　公布2020年第四批绿色建筑评价标识项目，共计5个项目。

14日　组织各地对"十四五"时期落实"住有所居"有关情况进行摸底调查，并形成调研报告。

15日　报请省政府印发《青海省城市生活垃圾分类工作实施方案》。

16日　联合省应急管理厅印发《关于在建筑施工领域落实青海省安全生产责任保险工作的通知》。

22日　印发《青海省住房和城乡建设厅 青海省发展改革委员会 青海省财政厅 青海省农业农村厅 青海省自然资源厅 青海省市场监管局 青海省应急管理厅 青海省生态环境厅 青海省交通运输厅关于农牧区推进液化石油气微管网供气技术的实施意见》，标志着燃气下乡正式启动。

23日　印发《全省农村牧区房屋安全隐患排查整治工作方案》。

28日　省住房和城乡建设厅、省市场监督管理局发布《青海省生活垃圾分类标准》等七项青海省工程建设地方标准。

11月

3日　印发《全省脱贫攻坚农牧民危旧房改造"苦干六十天、圆满收好官"行动方案》，并召开全省住建系统决战决胜脱贫攻坚农牧民住房安全有保障工作视频会议。

5日　举办2020年度第三期工程建设标准宣贯培训会，同步开展了建筑领域新技术新产品推广展示，共140余人参加培训。

9日　匡湧赴西宁市调研城镇老旧小区改造项目，并召开座谈会。同日，省委办公厅、省政府办公厅印发《关于建立房地产市场平稳健康发展城市主体责任制的实施方案》。

17日　青海省住房城乡建设厅和省物业管理协会组织全省物业行业岗位大练兵大比武活动，全省房地产行政主管部门和物业服务企业700余人参与活动观摩学习。

18日　联合省教育厅、省消防救援总队联合印发《关于妥善解决青海省教育等领域建设工程消防设计审查验收历史遗留问题的通知》。

20日　根据青海省消防安全委员会《关于印发〈2020年今冬明春火灾防控工作实施方案〉的通知》，印发《青海省住房和城乡建设厅关于印发〈青海省住房城乡建设系统2020年今冬明春火灾防控工作实施方案〉的通知》《青海省住房和城乡建设厅关于开展房屋建筑和市政基础设施建设项目施工现场关键岗位人员在岗信息化考勤工作的通知》。

26日 联合中国铁路青藏集团有限公司联合印发《关于进一步加强铁路沿线建筑施工安全管理的通知》。

12月

1日 召开青海省农牧民危旧房改造行业扶贫新闻发布会，向社会通报了脱贫攻坚行业扶贫工作相关情况，全省脱贫攻坚住房安全有保障工作取得决定性胜利。

18日 省住房和城乡建设厅、省市场监督管理局发布《青海省居住建筑节能设计标准—75％节能》等四项青海省工程建设地方标准。

21日 公布2020年第五批绿色建筑评价标识项目，共计11个项目。

28日 印发《青海省建设领域先进适用技术与产品目录（第七批）》《青海省绿色建材评价标识产品目录（第六批）》。

29日 印发《青海省住房和城乡建设厅关于公布2020年下半年省级建筑施工安全标准化示范工地名单的通知》。

（青海省住房和城乡建设厅）

宁夏回族自治区

概况

2020年，在宁夏回族自治区党委和政府的坚强领导下，全区住房城乡建设系统深入学习贯彻落实习近平总书记视察宁夏重要讲话精神为统领，紧紧围绕"建设黄河流域生态保护和高质量发展先行区"目标，以构建与疫情防控相适应的住房城乡建设秩序为重点，统筹抓好住建领域"六稳""六保"任务落实，加快全区住房城乡建设事业高质量发展。

【住房保障水平提升】大力推进老旧小区改造，完成全区2000年以前建成住宅小区调查摸底，建立改造项目监管体系，共改造老旧住宅小区36247户（套），完成投资157312万元。计划改造城镇棚户区住房5300套，实际开工6202套，占年度计划的117.1％，完成投资13.39亿元。发放租赁补贴9031户，改善了30多万群众的住房条件。加大低收入困难人群住房保障，建成公租房信息化系统并在全国率先使用，严格准入退出机制，累计入住公租房17.27万套。改造农村危窑危房1.7399万户，实现"建档立卡"贫困户危房全部清零。在全国率先全面推开抗震房改造，完成农房调查和抗震性能评估24万户，实施抗震宜居农房改造2.2万户，占年度计划任务的107％。

【房地产业平稳发展】坚持"房子是用来住的，不是用来炒的"，坚持因城施策、"一城一策"，督导银川市出台市场调控"银八条"，因地制宜发展房屋租赁和二手房市场，鼓励房地产企业从绿色、节能等方面提升房屋供给质量。印发《2020年整顿规范房地产市场秩序方案》，明确35项违法违规行为和市场乱象问题。倡导房地产企业针对疫情期减免房租，累计减免9000万元。发挥住房公积金支持职工个人合理住房消费作用，积极推进公积金管理标准化、服务规范化。

【城镇功能更加完善】制定《2020年全区新型城镇化建设重点任务》，明确4个领域、18个方面具体任务，加快大中小城镇协同发展。加快城市更新改造，会同有关部门争取各类资金104380.09万元，完成老旧小区计划任务36247户（套），占年度计划任务的69.33％；开工16038户（套），开工率为100％，完成投资157312万元。科学推进城市地下综合管廊建设和入廊工作，各地累计开工建设管廊项目62.3公里，形成廊体61.49公里，完成投资76.26亿元。加强城市生态建设，按照"300米见绿、500米成园"要求，指导各市、县（区）对标国家及自治区"十三五"目标加强园林绿化项目建设。持续推进污水处理提质增效三年行动，累计争取各类补助资金2.86亿元，支持各地建设了一批城镇污水收集和处理设施。全区13条黑臭水体整治任务全部完成，并按照住房乡建设部、生态环境部要求开展了整治效果评估，公众满意率均达到90％以上。全区常住人口城镇化率预计增长1个百分点左右。

【城市管理效益提升】深入开展"强基础、转作风、树形象"专项行动,积极推行行政执法"三项制度",全面提升文明执法水平。推动数字城管向民生领域延伸,5个地级市全部建成数字化城市管理平台,银川市成功举办全球智慧城市峰会。规范开展"地摊经济"管理和公厕提档升级、"见框停车"等行动,保障城市秩序。印发《关于全面开展生活垃圾分类工作的实施意见》,编制全区生活垃圾分类规范和评价标准,共处理生活垃圾135万吨。全面推进物业管理"六个标准化"服务,做好全区2683个、1.82亿平方米住宅小区物业区域疫情防控。印发《全区住房城乡建设系统扫黑除恶专项斗争2020年工作要点》,中央督导组及12337举报平台交办的5个线索全部办结。

【乡村建设步伐加快】按照"到2020年全区所有乡镇和90%规划村庄达到美丽乡村建设标准"目标,高标准完成20个美丽小城镇、100个美丽村庄建设。提请自治区政府出台《关于推进美丽乡村建设高质量发展的实施意见》,启动重点镇和美丽宜居村庄、传统村落等新形态、新模式村镇建设项目。试点推进农村生活垃圾分类和资源化利用示范项目创建,加快农村生活垃圾治理全覆盖,整治销号全区75个非正规垃圾堆放点,生活垃圾有效治理的村庄达到95%。利通区、隆德县被评为2020年度全国农村生活垃圾分类和资源化利用示范县。

【建筑产业转型发展】积极推进绿色建筑和装配式发展,全年实施绿色建筑面积1440万平方米,完成既有建筑节能改造185万平方米、可再生能源应用试点示范55093平方米,建筑节能标准设计执行率100%,全区装配式建筑总面积达到100万平方米,培育2个装配式建筑产业化示范基地,3个自治区级建筑产业化基地。全年完成区内企业建筑产值641.81亿元,同比增长6.7%。出台鼓励与区外先进建筑企业联姻合作、优化资质管理的优惠政策,加快人员资质管理改革,推动企业竞争力提升。积极推进"智慧建管",发布《智慧工地建设技术标准》,建立覆盖勘察设计、施工图审查、招投标、施工许可、合同管理、工程建设安全管理、质量管理、竣工验收备案各环节的协同平台,实施智慧建管试点项目36个,19.8万名农民工纳入实名制管理平台。

【质量安全有效管控】搭建关键岗位人员线上管理平台,开展质量安全与企业管理标准化双考评、标准化建设观摩、建筑工人技能大赛等活动。承接消防职能调整,出台《关于进一步做好特殊建设工程消防设计审查工作的通知(试行)》《关于做好建设工程消防验收工作的通知》等政策文件,推进建设工程消防设计审查验收备案网上办理。完成《宁夏建设工程勘察设计管理条例》修订,印发《关于推进全区施工图设计文件审查制度改革工作的通知》《关于开展施工图设计文件免审试点的通知》等政策。

【改革活力持续释放】全面深化工程建设项目审批制度改革,所有事项实现100%网上办理,对一般既有建筑(含老旧小区)改造等6类高频办理项目实行"定制审批",全流程审批时限政府投资项目控制在85个工作日以内、社会投资项目控制在60个工作日以内、小型低风险项目控制在25个工作日以内。疫情防控期间推行的"三加两变"审批改革经验被国家工改办以2020年1号文件向全国推广,工程建设项目审批"一张网、集成办"改革被国家发展改革委作为"一省一案例"收录在《中国营商环境报告2020》中向全国推广。进一步加大行政审批改革力度,共取消、合并政务服务事项11项,精简资质申报材料8大类121项。制定《全区住房城乡建设领域"证照分离"改革全覆盖试点实施方案》,对住房城乡建设领域13项涉企经营许可事项实行清单化管理,"证照分离"改革在全区率先一步到位。积极推进"互联网+监管",对4700多家区内外建筑企业、7.5万名从业人员进行信用管理,企业覆盖率95%以上。总结推广银川市、盐池县、红果子镇国家第三批新型城镇化综合试点经验。

新型城镇化建设和城市管理

【概况】2020年,围绕国家和自治区新型城镇化"十三五"规划及年度重点工作,编制印发《2020年自治区新型城镇化建设重点任务工作》,认真落实建设黄河流域生态保护和高质量发展先行区要求,以促进人的城镇化为核心,有序推进农业转移人口市民化,不断完善顶层设计,持续优化城镇空间格局,加快城镇建设由规模扩张向质量提升转变,不断提升城市功能和宜居水平,支持特色小镇有序发展,加快推动城乡融合发展,积极稳妥推进新型城镇化有序发展。2020年,宁夏常住人口城镇化率为64.96%;户籍人口城镇化率为47.09%,比2019年提高0.7个百分点。坚持以改善城市人居生态环境为主线,以提升城市承载力和综合竞争力为重点,不断推进城市基础设施建设,加强城市运行管理,全区人均城市道路面积达到26.36平方米,城市污水处理率达到97.02%,公共供水普及率达到98.08%,燃气普及率达到91.06%。

【城镇化试点】将城镇化试点与推进全区城镇化工作有机衔接，下达城镇化试点奖补资金400万元。第三批国家新型城镇化试点顺利通过国家发展改革委评估验收。银川市在优化营商环境、推动审批服务改革、探索形成智慧城市建设新格局和推行"互联网＋医疗健康"模式等方面取得良好的成效；盐池县加快城乡一体化进程，在积极推进城乡供水一体化、大水坑石油小镇建设、盐池滩羊产业发展、医疗改革等方面，全面推进国家新型城镇化综合试点工作纵深发展；红果子镇完善行政管理体制改革，营造宜居环境，推进城乡融合发展，全力创建一二三产业融合发展示范区，为新型城镇化发展创造良好环境。

【历史文化名城和历史建筑保护】制定《宁夏回族自治区历史建筑确定标准》，在全区7个设市城市开展历史建筑及潜在对象的摸排、确定、建档和公布挂牌确工作。截至年底，全区共确定挂牌公布历史建筑44处，其中银川市22处，完成历史建筑（一期）测绘建档及保护图则制定27处，完成挂牌27处。

【地下综合管廊建设】指导银川市、石嘴山市、吴忠市、宁东管委会共开工建设城市地下综合管廊62.30公里。截至年底，累计形成廊体61.49公里，累计完成投资77.26亿元。其中，银川市开工建设43.62公里，累计形成廊体43.62公里，累计完成投资62.42亿元。

【海绵城市建设】指导各地结合城镇老旧小区改造，新建改建道路、广场、停车场、公园绿地等建设项目，通过透水铺装、建设雨水花园等措施，增强道路、绿地对雨水的消纳功能；新建、改扩建一批城市生活污水处理厂、再生水厂、雨污分流、排水防涝、黑臭水体治理等项目，全面推进海绵城市建设。全区7个设市城市累计建成海绵城市面积为123.62平方公里，占全区设市城市建成区总面积的比例为24.95％。

【城镇水污染防治】全区13条黑臭水体整治任务全部完成，并按照住房城乡建设部、生态环境部要求开展了整治效果评估，公众满意率均达到90％以上。持续开展城镇污水处理提质增效三年行动，积极争取资金支持固原市城镇污水处理提质增效、中卫市长城街老旧集污管网改造、隆德县城北片区排污管网配套设施建设等项目建设。2020年，全区城市生活污水排放总量为36756万立方米，污水处理总量为34691万立方米，城市生活污水处理率达到97.02％。

【改善人居环境】指导银川市积极创建国家生态园林城市，同心县、中宁县积极创建国家园林县城，石嘴山市积极做好国家园林城市复查整改。指导各地调整优化城市绿化布局，对标国家及自治区"十三五"目标加强园林绿化项目建设。2020年，全区共实施园林绿化项目96项，概算投资4亿元，新建绿化总面积600余公顷，年度城市建成区绿地率提高0.5个百分点。

美丽乡村建设

【概况】2020年，紧扣脱贫攻坚和全面建成小康社会目标任务，围绕"产业兴旺、生态宜居、乡风文明、治理有效、生活富裕"乡村振兴战略总要求，统筹抓好疫情防控和村镇项目建设，高质量推进美丽乡村建设发展，圆满完成既定的各项目标任务。高标准完成美丽小城镇20个、美丽村庄建设100个。

【美丽乡村建设】提请自治区人民政府制定出台《关于推进美丽乡村建设高质量发展的实施意见》，面向乡村现代化建设，积极谋划启动重点小城镇和高质量美丽村庄、传统村落保护等新一轮美丽乡村建设重点工程。加快智慧乡村建设，配套研发"宁夏村镇建设在线监管信息系统"，进一步优化项目建设流程，切实提高村镇建设和管理水平。支持新建"集聚提升类、城郊融合类"高质量美丽村庄50个，占年度任务的100％，完成固定资产投资2.71亿元，占年度总投资计划的181％。

【特色小（城）镇】加强特色小城镇建设日常指导监督管理，及时调整配齐驻镇志愿服务联络员，落实特色小城镇自治区财政奖补资金5000万元，整合和吸引社会投资1.2亿元。实施年度各类项目31个，其中建设产业园区5个，吸纳就业1.5万人。"十三五"期间，自治区财政对特色小城镇累计奖补资金达6亿元，整合和拉动社会投资近120亿元，开工建设各类项目380多个。全区有7个小城镇入选国家级特色小城镇。按照美丽乡村建设既定政策，在全面完成2019年20个美丽小城镇两年建设周期既定项目的同时，组织申报、开工新建美丽小城镇20个，占年度任务的100％，完成固定资产投资4.35亿元，占两年建设周期总投资计划的109％。

【农村危窑危房改造】深入开展"四查四补"，建立并严格落实"日查周调月改季住半年评"工作机制，排查核定的1.7399万户贫困户危窑危房于6月30日改造完成，如期实现脱贫攻坚"贫困群众住房安全有保障"目标。对19.08万户建档立卡贫困户住房安全有保障工作进行逐户核验，全部通过国家验收。危窑危房改造经验做法得到住房和城乡建设部肯定推广。圆满完成脱贫攻坚贫困户住房安全有保障任务目标。

【抗震宜居农房建设】提请自治区人民政府出台《全区抗震宜居农房改造建设实施方案》，制定《宁夏农村住房抗震性能评估导则（试行）》《宁夏抗震宜居农房加固改造建设技术导则》等标准规范，研发宁夏抗震宜居农房改造建设在线监管信息系统及手机APP端数据采集系统，在全国率先全面推开抗震房改造，在逐户开展农房调查和抗震性能评估基础上，对达不到抗震设防要求的唯一住房支持实施抗震宜居农房改造，已完成农房调查和抗震性能评估24万户，实施抗震宜居农房改造2.2万户，占年度计划任务的107%。开展排查消除农村住房不安全因素专项行动，排查出全区农村住房总量112.8989万户，其中：安全住房110.2554万户，非贫困户等C级危房1.7048万户、D级危房0.9387万户，并制定《全区农村非贫困户和自主迁徙居民等特殊群体危房整治专项行动方案》，对其中符合抗震宜居农房改造政策的纳入补助范围提前实施改造，对房屋闲置、不愿意改造和另有安全住房等不符合支持政策的，综合采取劝导到安全房居住、拆除新建、停住封存并过渡安置、空置清理等措施，加大清理整治力度，共结合危窑危房改造建新拆危清理不安全住房15万户，基本消除农村住房安全隐患。

【农村人居环境整治】制定垃圾治理设施设备配备规范和建设计划，优化户、村、乡镇、区域或县城四级垃圾治理机构、保洁人员、收运设备、中转和处理设施配建。累计配置户用分类垃圾桶16万多个、室外定点投放垃圾箱10万多个、小型垃圾收集车6700多辆，中大型垃圾转运车800多台，改造建设乡村垃圾中转站223个、填埋场187个，配备保洁人员2万多名，55个非正规垃圾堆放点全部完成整治并销号，基本实现全区村庄全覆盖。开展疫情防控农村生活垃圾专项治理，防止垃圾传播扩散疫情。制定出台《关于建立农村生活垃圾分类治理体系的指导意见》，确立农村生活垃圾"两次六分、四级联动"新的治理模式，调动农户初次自主分类、保洁员二次专业分类积极性；充分利用村内商店、闲置农房和乡村收集中转等设施，先易后难实施垃圾分类分拣、就地就近分类归集转运或处置，开展可再生资源垃圾回收、大件垃圾拆解等试点；组织区内外专家团队合作，开展有机垃圾堆肥等科研攻关和试点试验，推动垃圾分类由点到面逐步展开。22个县（区）开展垃圾分类治理行政村684个。积极开展垃圾分类示范创建活动，培育自治区级示范县16个、示范乡镇41个、示范村300个，继永宁县之后，利通区、隆德县被评为2020年度全国农村生活垃圾分类和资源化利用示范县。

法规建设

【强化法治保障】严格落实中央、自治区法治政府建设与责任落实督察工作规定，推行主要负责人带头述法制度。制定印发《2020年全区住房城乡建设系统推进依法治建和法治政府建设重点任务分工方案》《2020年住房城乡建设系统普法依法治理工作要点及落实分工方案》，修订《住房和城乡建设厅普法责任制"四清单一办法"》。成立厅法治建设领导小组，下发《关于加强普法和法治政府建设联络协调工作的通知》，建立全区住建系统法治建设信息报送、培训交流、协调会商及联络负责工作机制。公开选聘2家律所为厅机关及厅属单位提供法律服务。

【推进行业立法】完成《宁夏建筑管理条例》《宁夏建设工程勘察设计管理条例》《宁夏建设工程造价管理条例》"打包"修订。提请自治区政府出台《关于推进美丽乡村建设高质量发展的实施意见》。对廉租住房和经济适用住房保障办法开展立法后评估，提出修订建议。

【强化规范性文件审查、清理】对6件厅发规范性文件进行合法性审查并及时报备，报备率、及时率、规范率均为100%。对住建领域11件地方性法规、10件政府规章、6件党内规范性文件、13件自治区政府规范性文件、345件厅发规范性文件开展集中清理，被自治区政府办公厅通报表扬。

【法治培训和宣传】完善学法用法制度，组织宪法、民法典专题培训4次。以"宪法宣传周""安全教育培训月""节能宣传月"等活动为载体，广泛开展"法律八进"活动。充分运用数字化城管平台开展"互联网＋城管法治宣传"行动，增强普法宣传实效。扎实开展厅系统"七五"普法验收评估，得到住房城乡建设部法规司和自治区依法治区办的充分肯定。法治建设和普法工作经验被中国建设报刊载。

【从严执行"三项制度"】着力推动规范公正文明执法，做出行政处罚6件，开展专项行政检查5次，全部向社会公示。强化执法全过程记录培训，实现了执法记录仪对现场执法活动实时监控和记录备案全覆盖。实行重大执法决定法制审核提前介入，将法制审核"关口"前移，变"后续审查"为"会审前置"。

【推进行业依法治理】 深入开展扫黑除恶专项斗争，重点加强工程建设和房地产领域突出问题专项整治，办结督导组交办及自行摸排线索12件。修订《宁夏工程建设项目审批事中事后监管办法》，制定《宁夏预拌混凝土企业信用评价管理办法（试行）》《宁夏工程勘察设计企业和勘察设计注册工程师信用评价管理办法（试行）》《宁夏房地产开发企业信用信息管理办法（试行）》，完成建筑市场监管服务系统与自治区"互联网＋监管"系统数据对接，进一步加强事中事后监管，有效提升行业监管水平。

房地产业与市场

【概况】 根据自治区统计局数据显示，1～12月，全区房地产投资433.3亿元，同比增长7.5%；商品房销售面积1094.8万平方米，同比增长8.4%；商品房待售面积993.1万平方米，同比增长3.7%，商品房和住宅库存去化周期均持续处于合理区间。

【规范整治房地产市场秩序】 持续开展房地产市场秩序整顿规范工作，明确重点查处房地产企业易发生的35项违法违规行为和市场乱象问题，督促各市、县加强房地产开发、中介机构及从业人员的监管，加大对违法违规行为的查处曝光力度，全区共计检查房地产开发企业和中介机构1195余家，查处违法违规地产企业40家，其中：开发企业10家、经纪机构4家、估价机构3家、物业企业23家；解决各类物业矛盾纠纷7000多件，下发房地产开发企业限期整改通知书1000余份。

【积极防范化解房地产市场风险】 严格落实属地管理主体责任，进一步完善风险排查、风险预警、领导包抓、限期化解等工作机制。指导各市、县住建部门主动与自然资源、市场监督、人社、税务、信访、司法、公安、银行等部门联动协作，有效防范和化解房地产市场风险，帮助有关市、县加快化解遗留的逾期交房、"烂尾楼"等问题。研究制定《市县化解房地产风险考核细则》，重点考核实际工作成效，进一步落实地方政府主体责任，促进全区房地产风险化解工作不断夯实。

【扎实推进房地产市场高质量发展】 深入推进供给侧结构性改革，统筹兼顾房地产市场去库存和高质量发展，指导各市、县结合当地实际加强房地产市场供需双向调节，促进供求平衡。积极推动全装修、装配式、绿色建筑等商品住房开发建设，认真落实《宁夏回族自治区商品住宅全装修项目评审办法》，充分发挥财政资金激励引导作用，鼓励房地产开发企业从绿色、节能、科技、装配式、全装修、配套设施、优质物业服务等方面提升房屋供给质量。截至年底，全区共有8家房地产开发企业开发的15个项目获得了国家"广厦奖"。

【提升房地产市场监测分析能力】 按照自治区"数字政府"等信息化工作要求，为各市、县建设"宁夏互联网＋智慧房产服务平台"，年底前初步完成全区联网运行，有效实现全区信息系统和数据标准统一、监管和服务并重、政务云集中部署、数据省级大集中等目标任务，解决了基层住建部门相关信息系统滞后不统一、建设资金紧张、技术人员不足、部门间信息无法实时共享等难题，促进了"国家—自治区—地级市—县（区）"四级联网模式运行，已成为全国房地产市场数据库的重要组成部分。各市、县均建立和完善房地产市场运行数据统计和市场监测预警指标体系，助力全国、全区房地产市场监测"一张网"建设。

【强化物业服务管理】 先后印发《关于进一步做好疫情防控期间物业管理工作的通知》《住宅物业管理区域新型冠状病毒肺炎疫情防控工作操作指引（试行）》等文件，做好全区约1.8亿平方米住宅小区物业区域疫情防控工作。住房城乡建设厅房地产管理处被住房城乡建设部评为"全国住房和城乡建设系统抗击新冠肺炎疫情先进集体"。开展全区物业管理和物业信访工作调研，形成《关于宁夏回族自治区物业管理工作调研情况的报告》，有关意见建议被住房城乡建设部采纳。制定《关于明确住宅小区内供电设施移交有关事项的通知》，修订《物业服务合同（示范文本）》，进一步规范物业服务管理。与自治区高院联合建立多元一体的矛盾调解机制并印发相关文件，将物业矛盾纠纷纳入司法调解工作。

住房保障

【概况】 2020年，宁夏回族自治区统筹疫情防控和开复工工作，坚持以"四率"为抓手扎实推进保障性安居工程建设。2020年，宁夏回族自治区计划改造城镇棚户区住房5300套，实际开工6202套，占年度计划的117.1%，计划投资6亿元，实际完成投资13.39亿元，占年度计划223.2%。同时，注重提高住房保障效率，公租房入住率始终保持在90%以上，通过实物配租和发放租赁补贴，对17.27万户城镇住房困难家庭提供了住房保障。疫情期间，全区住房保障部门注重做好城市低收入住房困难家庭的住房保障和服务管理工作，突出解决环卫、公交、青年教师、新就业大学生及退役军人等新市民群体住房困难，全年保障公交、环卫职工2509套，青年教师、青年医生2307套，退役军人1452套，外来务工人员37640套，发放住房租赁补贴9031户。

【城镇棚户区改造荣获"广夏奖"】2020年自治区政府将棚户区改造项目列入为民办实事内容，在实施棚户区改造项目中，除争取中央财政补助资金1.3804亿元和中央预算内配套基础设施补助资金0.8742亿元外，自治区分两批下达配套补助资金2.5499亿元。

【公共租赁住房管理不断完善】组织起草《关于完善城镇住房保障体系的指导意见（试行）》征求意见稿，不断规范完善公租房分配使用管理规定。同时，加强对公租房资产管理，定期组织开展资产盘点，做到"账、卡、物"相一致。公租房信息化建设有序推进，银川市正式全面启用"全国公租房信息管理系统"，成为全国首个全流程实质性应用该系统的省会城市。2020年底，全区其他地级城市已顺利完成公租房信息系统新框架下信息采集上线工作，此项工作受到住房和城乡建设部的肯定。

住房公积金管理

【概况】2020年，全区归集住房公积金115.79亿元，同比增长4.90%，提取住房公积金88.32亿元，同比增长7.30%，发放住房公积金个人贷款1.66万笔，同比下降4.60%。发放住房公积金个人贷款69.77亿元，同比增长3.21%，支持职工购房208.75万平方米，为职工节约利息支出83798.89万元。截至年底，全区住房公积金实缴人数达66.49万人，累计归集1008.72亿元，累计提取654.79亿元，累计发放个人住房贷款29.97万笔654.93亿元，个贷率80.90%。

【落实阶段性支持政策助力企业复工复产】联合自治区财政厅、人民银行银川中心支行转发《住房和城乡建设部、财政部和人民银行关于妥善应对新冠肺炎疫情实施住房公积金阶段性支持政策的通知》，将住房公积金各项支持政策落到实处。自支持政策实施以来，全区共受理1721家企业缓缴申请，涉及职工134435人，缓缴金额59598.26万元（其中企业部分29799.13万元、个人部分29799.13万元），纾解企业资金压力，以实际行动帮助企业渡过难关。

【规范和完善住房公积金运行管理】发布《关于印发〈宁夏住房公积金业务操作规范〉的通知》，《宁夏住房公积金业务操作规范》正式实施，进一步优化流程、压缩环节、精简要件，推动住房公积金行业高质量发展奠定坚实基础。印发《自治区住房和城乡建设厅关于进一步规范我区住房公积金管理的通知》持续优化提升服务水平，不断拓宽制度普惠面，完善健全风险防控体系，为全自治区住房公积金健康发展提供保障。

【认真落实"优化营商环境"改革要求】全面完成2020年"跨省通办"任务目标，个人住房公积金缴存贷款等信息查询和正常退休提取依托于综合服务平台的网上业务大厅已实现全程网办。与自治区市场管理厅对接"企业开通一网通办平台"，共享企业主体信息数据，实现企业开办与企业缴存登记"一网通办、一次办结"，减少审核环节，压缩开办时间。各中心建立差评和投诉问题调查核实、督促整改和反馈机制的"好差评"管理体系，推进公积金规范化、标准化、精细化服务再升级。

建筑业与质量安全

【概况】2020年，全区房建和市政基础设施开复工项目1257个，其中2019年续建项目788个，2020年新建项目402个，全区开复工率达到95%；开复工项目中，2019年政府投资项目复工313个，2020年新建政府投资项目173个。到2020年底，全区建筑业企业2418家，其中本地施工总承包特级资质1家；施工总承包一级资质企业21家，专业承包一级资质企业44家；勘察设计单位113家，其中甲级13家；工程监理企业80家，其中甲级26家；造价咨询企业118家，其中甲级28家；招标代理机构260家。区内企业完成建筑业总产值641.81亿元，同比增长6.7%；建筑业增加值326.78亿元，同比增长3.4%，占全区地区生产总值8.34%。

【安全文明标准化工地和鲁班奖】2020年，评选自治区级工法53项。吴忠市人民医院迁建项目（一期）门诊医技楼、住院楼工程和石嘴山银行银川分行办公大楼两个项目荣获2020年度中国建设工程鲁班奖。按照年初制定的《关于开展2020年度自治区级建筑施工质量安全标准化示范工程认定工作的通知》工作部署安排，督促各地住房城乡建设行政主管部门按照相关规定对辖区项目全数开展建筑施工质量安全标准化考评，引导全区建筑业企业加强现场安全文明施工管理，加大隐患排查治理力度，推动全区建筑施工领域安全生产管理水平稳步提升。各市、县（区）共开展项目标准化考评600余项，推荐自治区级质量标准化示范工地118项，安全标准化示范工地187项，经自治区级建筑施工质量安全标准示范工地抽查认定质量标准化示范工地112项，安全标准化示范工地158项。同时要求各地以五市为单位，组织相关行业专家对各辖区内施工总承包企业逐个进行考评。全区共考评建筑施工企业572家，考评为优秀等级的企业69家，良好等级的企业178家，合格等级的企业93家，基本合格等级的企业121家，不合格等级的企业111家。

【安全生产】2020年，全区共发生房屋建筑及市政基础设施工程施工生产安全事故5起，死亡4人，重伤1人，无较大及以上生产安全事故发生，事故起数及死亡人数较"十三五"期间年均水平分别下降40%和55%。

【建筑市场规范】制定印发《关于进一步深化建筑领域突出问题专项整治实施方案》，明确2020年专项整治范围和工作要求。在依法必须公开招投标的房屋建筑和市政基础设施工程项目范围内，开展恶意竞标、强揽工程、转包、违法分包等突出问题专项整治工作。对宁夏圣峰建设有限公司违法分包案件进行调查，制定下发《关于规范全区工程建设项目审批中介服务管理的通知》，发布自治区级工程建设领域行政审批事项中介服务事项清单，明确工程建设领域行政审批中介服务范围和收费标准，全面规范工程建设领域行政审批中介服务管理。

【建设工程招投标管理】制定印发《宁夏房屋建筑和市政基础设施工程电子招标投标活动监督管理工作规程》，对监督管理权限、职责、方式、事项及内容进行了明确。会同公管局印发《关于房建和市政基础设施工程电子招标投标启用"不见面开标系统"的通知》。

建筑节能与科技

【概况】截至年底，新建建筑节能设计和施工阶段执行节能标准的比率达到100%，既有居住建筑节能改造实施185万平方米，新建建筑中绿色建筑占比达到64%。绿色建材评价标识工作有序推进，新型墙体材料应用比例达到90%，全区建设装配式建筑面积累计完成100万平方米，新增太阳能光热建筑面积252万平方米。制定发布了8地标准，完善宁夏工程建设标准化专家库，开展全区工程建设标准工作落实及标准强制性条文实施情况调研。完成《宁夏回族自治区建设工程造价管理条例》的修订工作。

【建筑节能】开展了全区建筑节能、绿色建筑、装配式建筑实施情况专项检查，督促指导各地严格执行建筑节能、绿色建筑等工程建设标准。2020年，全年共完成新建建筑1440万平方米，新建建筑节能标准执行率达到100%，各地完成既有居住建筑节能改造共185万平方米。

【绿色建筑】印发《关于进一步加强绿色建筑管理工作的通知》，全面推行2019年版《绿色建筑评价标准》。与自治区发展改革委等七部门联合印发《宁夏回族自治区绿色建筑创建行动实施方案》，开展为期三年的绿色建筑创建行动。年内新增实施绿色建筑面积930万平方米，绿色建筑占新建建筑比例达64%。联合自治区市场监督厅、自治区工业和信息化厅印发《宁夏绿色建材产品认证推广及生产应用实施方案》，强化绿色建材产品认证推广工作。

【建筑产业现代化】全年实施装配式建筑100万平方米，培育2个装配式建筑产业化示范基地，3个自治区级建筑产业化基地，其中宁夏建筑工业装配产业化有限公司被评为国家级产业化基地。

【建筑科技】强化科技成果和实用技术推广转化，积极组织实施绿色施工科技示范工程、建筑业新技术应用示范工程、绿色智慧建造示范工程、装配式建筑示范工程建设。大力推广应用工程建设关键技术和工法，以技术进步支撑装配式建筑、绿色建造等新型建造方式发展。年内已组织完成25家企业申报的134项自治区级工法关键技术鉴定，组织新技术新产品鉴定3项；新技术新产品推广认证6项。发布《宁夏建设领域推广应用和限制禁止使用技术和产品目录》（2020版技术公告）。

【建设标准制定】完成了《智慧工地建设技术标准》DB64/T 1684—2020、《建设工程检测报告编制导则》DB64/T 1685—2020、《复合保温板结构一体化系统应用技术规程》DB64/T 1539—2020、《湿陷性黄土地区低矮居住建筑地基处理技术规程》DB64/T 1702—2020、《混凝土结构成型钢筋加工配送技术标准》DB64/T 1703—2020等8项标准的审定备案和发布。

【建设法规修订】健全和完善工程造价政策法律制度，完成了《宁夏回族自治区建设工程造价管理条例》的修订工作，于6月9日经自治区第十二届人民代表大会常务委员会第二十次会议审议通过，自公布之日起实行。

【建设定额管理】印发《自治区住房和城乡建设厅关于新冠肺炎疫情防控期间建设工程造价计价有关事项的通知》；为贯彻落实自治区建设工程造价管理条例修订，进一步简化工程建设项目审批流程，全面取消了建设工程类别确认管理制度。

【造价信息发布】修订完成《关于发布全区工程材料及人工价格信息的通知》。利用工程材料及人工价格采编审系统进行价格信息的采集、编制和审核工作,按时发布了6期《宁夏工程造价》(双月刊)。

【造价咨询企业】 自治区现有本地工程造价咨询企业165家,较2019年末增加32家,增长率24%;其中甲级资质企业40家,乙级(含暂乙级)资质企业125家;外省进宁工程造价咨询分支机构216家,较2019年末增加12家,增长率5%。

勘察设计与消防

【概况】 2020年,全区共有勘察设计企业128家,其中甲级资质企业16家,具备施工图审查资质的机构7家,其中一类机构5家,二类机构2家,125家外省勘察设计企业登记诚信信息。2019年行业营业收入达到31.1亿元,行业从业人员达到5455人,其中各类专业注册人员1033人(2020年未统计)。全区共受理建设工程消防设计审查707件,办结689件;受理建设工程消防验收768件,办结749件;受理建设工程消防验收备案583件,办结561件;办结率分别达到97.45%、97.53%和96.23%。

【勘察设计行业监管】 修订《宁夏建设工程勘察设计管理条例》,印发《宁夏回族自治区工程勘察设计企业和勘察设计注册工程师信用评价管理办法(试行)》,构建以信用为核心的市场监管体制。缩小施工图设计文件审查范围,对未涉及主体承重结构变动的立面改造等6类小型工程施工图实施免审。开展勘察设计单位施工图免审试点,认定2家免审试点企业。进行年度全区勘察设计市场质量专项执法检查,检查企业46家,抽检项目60个,对存在问题的勘察设计企业给予诚信扣分。

【建设工程消防设计审查验收】 制定印发《关于做好建设工程消防验收工作的通知》《关于进一步做好特殊建设工程消防设计审查工作的通知(试行)》等相关文件,明确了消防设计审查验收的程序、法律文书等。组建涵盖建筑、结构、给排水、暖通、电气、建筑施工、建筑消防等专业领域的消防专家库,充分发挥专家的技术支撑优势。

综合执法监督

【城市执法体制改革】 创新城市治理机制,加强城市管理综合统筹。依托卫星遥感和无人机监测巡查系统,实现城市管理执法精细化、智能化新突破,提升城市管理执法效能。有效运用数字城管监督考核,城市管理业务实现数字化、信息化、智能化和综合化。推进城市综合管理服务平台建设联网,提高城市管理信息化水平。5个地级市及8个县(市)整合完成数字化平台。大力推行七分服务、两分管理、一分执法的"721"工作法,制定执法文明用语,明确了紧急言行和行为标准,从根本上杜绝了粗暴执法行为的发生。推进"城管进社区",依托社区平台,建立城管社区工作站,切实解决群众需求。建立网格化管理体系,实行24小时巡查值班制度,加强常态化监管。

【扫黑除恶专项斗争】 对5家存在串标、转包问题依法进行查处。共受理质量投诉3087起,下发隐患整改通知书491份,下发停工整改通知书123份,行政处罚143.6万元。累计检查房地产企业1195家,受理投诉举报400余件,查处违法违规房地产企业55家,曝光典型案例3个,解决各类物业矛盾纠纷8000余次。截至12月31日,自治区级共办理线索58条,已全部核查办结。

【行政执法监督】 2020年全区行政处罚案件共7087件。其中:警告7087件、罚款3632件、没收违法所得17件、责令停止执业13件、经法制审核的案件2818件。持有执法证件人员941名、法制审核人员59名。在厅网站公示行政检查结果,逐项列明表扬情况与处罚情况。自治区本级实施行政处罚6件,均在行政处罚决定书下发之日起7个工作日内将处罚结果在"信用中国(宁夏)网""宁夏互联网+监管网""自治区住房和城乡建设厅门户网"3个网站进行公示。

【市容环境卫生】 整治占道经营、清理流动摊贩7000余处,规范乱停乱放非机动车辆15489辆,清理各类占道经营5480余人次,清理乱贴乱画、乱拉乱挂、乱树牌匾3000余处;划设停车泊位1.7万个,非机动停车线2万余米,规范非机动车辆5000余辆次,处罚非机动车乱停放210余起。共整治背街小巷40处,维修路面1020处、人行道砖500处,改造公厕53处,拆除违法建设4000平方米,清理卫生死角1500余处、乱堆乱放6000余处,清理各类垃圾120万余吨。加大对违规设置广告牌匾清理力度,拆除5200余块,档次提升4600余块。查处扬尘、污染路面等投诉案件132起,对违规拉运、污染路面等行为进行行政处罚126500元。

【城市生活垃圾分类】 起草制定了《关于进一步推进生活垃圾分类工作的实施方案》,编制《宁夏城市生活垃圾分类及评价标准》,进一步规范城市生活垃圾类别、源头减量、分类投放与收集、分类运输、分类处理处置、分类管理等标准。建设固原市生活垃圾卫生填埋场、红寺堡区生活垃圾集中转运工程、中卫市生活垃圾填埋场和贺兰县建筑垃圾处置等一批重点项目。全区城市生活垃圾无害化处理率达到 99.86%。

【疫情防控】 全区 19000 余名城市环卫工人和 3000 余名城管队员全部参与疫情防控工作。制定印发了《关于进一步做好全区城市市容环卫系统新型冠状病毒感染的肺炎疫情防控工作的通知》《关于进一步做好全区城市管理执法系统新型冠状病毒感染的肺炎疫情防控工作的通知》《城市生活垃圾（疫情期）分类指导手册》《关于进一步做好疫情防控期间环卫保洁人员防护工作的通知》等指导性文件，指导各地做好从业人员安全防护和垃圾收运处等重点工作。加大生活垃圾收集、运输、处置监管力度，坚持生活垃圾日产日清。疫情期间，每日有 7000 余名城市环卫工人工作在一线，每日清运垃圾 3000 余吨。

人事教育

【干部教育培训】 年内，争取培训资金 140 万元，制定印发《2020 年全区住房城乡建设系统教育培训计划》，全年共安排培训项目 31 个，培训全区住建系统干部职工 5000 余人。印发《关于开展 2020 年厅系统干部网络培训的通知》，对厅系统 84 名学员网络学习情况及时进行督学，县处级以上干部完成学习贯彻党的十九届四中全会精神厅处级干部网络轮训任务。选派厅系统 7 名干部参加自治区党校春秋季学期教育培训班。选派全区住建系统 10 名干部参加"全国住房城乡建设系统领导干部致力于绿色发展的城乡建设专业能力提升系列培训班"。

【高层次人才培养】 为全面掌握专业技术人才队伍基本情况，增强人才工作的前瞻性和精准性，完成全区住建系统人才盘点工作，共盘点我厅评审助理工程师以上专业技术人员 1514 人，一级执业师注册工程师 4820 人。组织力量完成厅系统高层次人才信息统计补录工作，增加补录了高层次退休人员以及研究生学历人员 25 人。推荐 1 人为自治区青年拔尖人才培养工程人选。

【建筑行业人员培训】 制定印发《关于进一步规范建筑施工企业主要负责人、项目负责人和专职安全生产管理人员安全生产考核及教育培训工作的通知》《2020 版全区建筑施工企业"安管人员"安全生产考核题库》等文件，有效强化了安全生产考核管理工作。全面推行电子证书，对核发的"安管人员"和特种作业人员 42711 件纸质证书全部换发电子证。积极推动二级建造师、"安管人员"和特种作业人员电子证照纳入自治区统一电子证照库，总计入库 79075 件。全年组织建筑领域从业人员教育培训 26357 人，其中"安管人员"10048 人，施工现场专业人员 1727 人，特种作业人员 3024 人，建筑工人 11558 人；开展住房城乡建设领域施工现场专业人员职业培训试点，完成培训 8 期次、1727 人；组织二级注册建造师继续教育 5458 人次。

（宁夏回族自治区住房和城乡建设厅）

新疆维吾尔自治区

概况

2020 年，新疆维吾尔自治区住房城乡建设系统深入贯彻落实党中央和自治区党委、人民政府一系列决策部署，紧紧围绕贯彻落实第二次、第三次中央新疆工作座谈会精神，聚焦新时代党的治疆方略，坚持改革创新、担当作为、凝心聚力、攻坚克难，住房城乡建设事业取得了全方位、开创性的成就。

【疫情防控和复工复产彰显行业新担当】 抓好行业常态化疫情防控工作，加强城镇供水、市容环卫、污水垃圾处理运营监管，指导全区物业服务企业积极参与社区联防联控，确保城市安全平稳运行。有序推动工程建设项目复工复产，全力做好建筑工人返岗、建材供应、建筑工地疫情防控等工作。全面落实纾困惠企政策，全区累计减免城市市政公用基础设施配套费 31.33 亿元，为 895 家受疫情影响的企业缓缴住房公积金 3.03 亿元，做到应免尽免、应缓尽缓。乌鲁木齐城市管理局等 6 个集体和党进等 8 名同志，获得全国住房城乡建设系统抗击新冠肺炎疫情先进集体和先进个人。

【脱贫攻坚目标任务圆满完成】 建立脱贫攻坚住房安全有保障监测预警和动态帮扶机制，全面完成 77.9 万户建档立卡贫困户安全住房核验比对工作，确保"不漏一户、不漏一人"。进一步加强定点扶贫工作，认真履行伽师县对口帮扶牵头单位职责，助力伽师县完成脱贫攻坚目标任务。深化行业扶贫，动员全行业力量参与产业扶贫、消费扶贫、就业扶贫和技能培训，为打赢脱贫攻坚战贡献了住建行业力量。

【城市品质显著提升】扎实开展新型城镇化研究，起草新时代新型城镇化高质量发展意见并报送政府。改善城市居住环境。发布公园绿地建设管理指导意见，启动开展绿色社区创建行动，制定"15分钟活动圈"导则和"城市病"治理导则等，全面开展城市体检和评估工作。出台老旧小区改造和加装电梯指导意见，编制技术导则和规划，在阿克苏地区召开城市管理暨老旧小区改造现场推进会，推进阿克苏祥和里等一批老旧小区改造试点工程，全区新开工改造城镇老旧小区1090个，圆满完成年度目标任务，惠及居民19.34万户。加强城市精细化管理，出台城市地下管线建设管理、城市停车管理、快递末端服务发展工作等意见，编制城市精细化管理、智慧社区和建筑物通信基础设施建设等技术导则和标准，加快推进城市运行管理服务平台建设和联网，不断增强城市综合服务功能。

【城乡安全发展质量稳步提高】深入开展城市建设安全专项整治三年行动，部署开展房屋建筑和市政设施自然灾害风险普查工作，城市安全韧性和抗风险能力进一步增强。统筹推进农村房屋安全隐患排查整治工作，建立厅际联席会议制度，完成用作经营的农村自建房排查任务，共计排查17.94万座。加强质量安全监管，启动开展"两违"专项清查整治工作，全面推行安全总监制度，安全管理能力和水平进一步提升。顺利承接消防设计审查验收职责，下大力气开展专项排查整治，2万余栋问题建筑消防安全隐患得到有效消除。

【农村人居环境显著改善】加强农房建设管理，全区建设一般户农村安居工程7.5万户。编制实施村容村貌整治技术导则、农村生活垃圾收集转运和处置体系建设标准，推进乡村风貌改善和生活垃圾治理。编制城镇基础设施向农村延伸技术导则和小城镇建设技术指南，补齐城镇基础设施配置不充分、发展不均衡短板，推动小城镇高质量发展。稳妥推进南疆"煤改电"居民供暖设施改造工程，按期完成28.87万户入户改造任务。

【住房保障体系更加健全】全区棚户区改造开工7.31万套，圆满完成年度任务。全区新筹集公租房开工2.61万套，占全国总完成量的21%，同时，修订公租房管理办法，出台进一步加强城镇住房租赁补贴工作意见，优化"准入、使用、退出"标准，公租房运营管理服务水平不断提高。提升住房公积金服务效能，制定全区统一的归集、提取、贷款、资金管理业务规范，同时建立住房公积金司法执行联动机制，得到住房和城乡建设部肯定并在全国推广。

【房地产市场平稳健康发展】坚持"房子是用来住的、不是用来炒的"定位，结合自治区实际研究出台实施意见，指导各地因城施策，落实城市主体责任，稳妥实施房地产调控长效机制，基本实现了稳地价、稳房价、稳预期。加强房地产市场监测，初步建立以房屋网签备案系统为基础的房地产市场监测体系，实现自治区、地州、县市联网全覆盖。

【建筑业转型发展提质增速】全面推进工程总承包管理和工程担保制度，大力推行资质资格网上审批和电子证照核发，积极推进全流程电子招投标全覆盖，评定分离纳入国家试点地区。全面启动建筑领域技术工种3年20万人职业技能培训就业行动，在喀什地区召开现场观摩推进会，协调动员19家培训机构、350家建筑企业与南疆四地州33个县市建立对口帮扶机制，全区开展培训7.98万人次、实现新增就业6.73万人，超额完成年度任务。新疆建设职业技术学院完成首批200余人次师资培训，组织开展2批次职业经理人培训。出台绿色建筑创建行动实施方案，试点推广建筑保温与结构一体化、太阳能光热与电能互补技术。

【行业治理能力和治理水平进一步提升】积极推行权责清单制度，"双随机、一公开"综合执法检查实现14个地州市全覆盖。开展"十四五"行业发展规划纲要和28项专项规划编制，以高水平规划引领高质量发展。启动信息化建设两年行动，加快推进工程建设云、消防建设云平台、智慧工地、指挥调度中心、城市运行管理服务平台5个系统建设。启动信用体系建设三年行动，搭建以建筑业、房地产业、市政公用行业企业和从业人员为主体，项目业绩为支撑的信用监管体系。在全国率先与发改委投资项目在线监管平台实现全数据融合，全区线上审批项目1.24万个。

【党的建设全面加强】以党的政治建设为统领，持续深入学习习近平新时代中国特色社会主义思想，自觉以党的创新理论武装头脑、指导实践。认真学习贯彻党的十九届五中全会和第三次中央新疆工作座谈会精神，在全系统迅速掀起学习热潮。全面加强机关党的建设，推动党建与业务工作深度融合。推动全面从严治党不断深化，持续巩固"不忘初心、牢记使命"主题教育成果，以工程建设领域、物业服务、公租房建设分配等为重点开展专项整治，严肃查处侵害群众利益突出问题。加强干部能力和作风建设，始终把提升各级领导干部的政治判断力、政治领悟力、政治执行力作为方向，采取线上线下、示范引领和现场观摩、理论学习和实践应用等方式，开展管理和专业能力培训近百次，对脱贫攻坚住房安全有保障、建筑职业技能培训就业、消防隐患排查整治等重点任务，做到指导服务全覆盖。

法规建设

【行政执法】制定厅系统执法检查计划，整合执法力量，不断加大住房城乡建设领域违法违规行为打击力度，加强住房城乡建设领域监管。2020年，自治区本级立案21件，下达《行政处罚决定书》25份。对13家单位12个单位责任人共处5790247.09元罚款，已收缴国库1666644.76元，剩余款项按照法定程序催缴；办理行政复议案件2件，行政应诉案件9件，胜诉率100％。

【执法体制改革】自治区城市管理执法监督局（建设行政执法局）积极推进全区城市管理执法机构设置，起草《自治区城市管理执法情况分析报告》《关于自治区城市管理执法机构设置有关情况的报告》，研究分析全区城市管理执法机构设置、执法队伍、执法人员及编制、执法方式、管理职责划定、平台建设等相关情况，借鉴全国各省执法体制改革经验做法，立足现有城市管理和执法职能，针对自治区本级、地州层面及市县层面机构设置、城管执法机构职责、执法人员配备比例、编制提出合理建议。

【行政审批制度改革】发布《关于扎实做好住房城乡建设系统"六稳""六保"工作的公告》，提出12项政策措施稳妥推进我区住房城乡建设事业改革发展。研究印发《自治区住房和城乡建设厅关于进一步深化"放管服"改革优化营商环境提升政务服务水平的意见》，统筹推进自治区住房城乡建设系统常态化疫情防控和经济社会发展工作。印发《自治区住房和城乡建设厅关于进一步规范资质审批告知承诺制的公告》，全面推行告知承诺制。

【信访举报】2020年，共受理信访复查案件5件，办结5件，结案率100％；办理住建部转办案件13件、自治区信访局转送案件1件，办结率100％。

【政策法规】全面梳理权责清单事项，制定《自治区住房和城乡建设厅行政职权目录》，梳理出厅本级行政职权共237项，其中，行政许可3项12类、行政处罚208项、行政检查15项，行政确认2项、其他行政权力9项；梳理厅本级政务服务事项12项。编制厅机构职能目录，在厅门户网站依法公开机构职能及直属单位职能，定期更新信息内容。制定行政审批事项服务指南，规范审批申请材料、审批条件、审批流程和审批时限。《新疆维吾尔自治区城镇生活垃圾管理条例》和《新疆维吾尔自治区建筑市场管理条例（修改）》两部调研论证立法项目稳步推进。

房地产业

【概况】深入贯彻落实党中央、国务院关于房地产调控工作的决策部署，坚持房子是用来住的、不是用来炒的定位。2020年，全区房地产开发投资1260.89亿元，同比增长17.4％。其中：住宅投资878.42亿元，同比增长21.3％。

【房地产政策、协调与指导】报请自治区党委、人民政府印发自治区落实城市主体责任促进房地产市场平稳健康发展的实施意见。落实自治区监控和指导责任，通过下发《工作提醒函》督促各地落实城市主体责任，因城施策、一城一策，落实稳地价、稳房价、稳预期工作任务，确保房地产市场平稳健康发展。

【住房市场体系建设】督促指导各地加大工作力度，加快推进房屋网签备案系统"一张网"建设，进一步提高网签备案服务效能，提升公共服务水平。全区14个地州市均住房租赁服务平台已上线运行，企业租赁发布2116套，已出租356套；共享（个人）租赁发布房源1008套，已出租540套；公租房信息系统导入房源信息547499套。

【房地产市场监测】2020年，全区累计商品房施工面积14268.4万平方米，同比增长10％；新开工面积4525.97万平方米，同比增长49.2％；竣工面积901.53万平方米，同比下降19.3％，其中：商品住房施工面积9552.6万平方米，同比增长17％；新开工面积3289.36万平方米，同比增长51.3％；竣工面积929.23万平方米，同比下降17.4％；商品房销售面积1963.69万平方米、销售额1145.79亿元，同比分别增长13.9％和10.8％，其中：住宅销售面积1773.61万平方米、销售额991.08亿元，同比分别增长17.3％和12.9％。

【房屋征收与评估、房地产经纪】组织开展房地产估价专家委员会鉴定房地产评估报告工作。受理各地申请专家鉴定评估报告5份；印发《关于规范国有土地上房屋征收补偿有关问题的通知》，依法规范围有土地上房屋征收活动。规范房地产市场秩序，实施联合惩戒制度，发布了《关于发布房地产开发企业严重失信名单的公告》，印发《关于对13家失信房地产开发企业实施联合惩戒的函》。印发了《关于加强自治区房地产经纪行业管理的通知》，规范房地产经纪机构管理，维护房地产交易秩序。

【物业服务与市场监督】会同自治区发改委、自治区民政厅、自治区财政厅、自治区市场监管局印发《自治区物业服务行业专项整治工作方案》，安排部署专项整治工作，召开四次视频会，对物专项整治工作进行督促落实和再安排、再部署。加强对各地工作开展情况督促指导，督办查处案件6件，编写报送工作信息8篇。目前，14个地（州、市）均已制定《物业服务行业专项整治工作实施方案》，建立公布了物业投诉举报电话。截至目前，各地共检查物业服务企业2361家，其中：依法列入黑名单5家，限期整改1325家，停业整顿9家，罚款8家，清出市场10家。受理投诉举报案件3500件，依法查处案件1105件，曝光典型案件51件。加强物业管理长效机制建设，起草了《自治区物业服务质量提升三年行动计划（2021—2023年）》。

住房保障

【概况】2020年，新疆维吾尔自治区城镇棚户区改造目标任务73160套。截至12月底，全区实施城镇棚户区改造75085套，开工率103%，完成投资159.05亿元。其中，哈密市、巴州、伊犁州、阿勒泰地区、昌吉州5个地（州、市）超额完成年度开工任务。自治区计划新筹集公租房35987套，截至12月底，全区新筹集公租房36707套，完成年度开工任务的102%，完成投资16.98亿元。

【住房保障政策】修订《自治区公租房管理办法（试行）》（新政办发〔2019〕124号）（以下简称《办法》），由自治区人民政府印发各地人民政府执行；会同自治区财政厅联合印发《关于进一步加强自治区城镇住房租赁补贴工作的意见》（新建保〔2020〕1号）（以下简称《意见》），优化公租房低保、低收入住房困难家庭、城镇中等偏下收入住房困难家庭、新就业外来务工人员等保障对象的"准入、使用、退出"标准。依据已出台的《办法》和《意见》，指导各地（州、市）完善公租房租金、分配、退出等相关制度。截至12月底，各县（市、区）修订、出台公租房管理相关方面制度30余件。

【住房保障】自治区是经济欠发达地区，财政相对薄弱，历史欠账多，棚户区改造启动较晚。自治区党委、自治区人民政府坚决贯彻落实党中央、国务院关于保障和改善民生、大力推进棚户区改造的决策部署，各地各部门加大投入、精心组织、全力推进，城镇棚户区改造取得显著成效，城镇中低收入困难群众和棚户区居民住房条件得到明显改善，实现了"出棚进楼"的目标。

【住房保障监督与管理】下发《关于完成好2020年城镇保障性安居工程工作的函》，对各地2020年提出具体要求，组织各地提前谋划相关工作，确保如期完成年度各项工作任务。联合自治区财政厅、自治区发改委相关业务处室组织两批服务指导组先后赴南疆地区10个县（市、区）和东疆地区，对新建项目开工进度缓慢、审计整改工作落后、公租房信息系统录入工作滞后的县、（市、区），开展专项服务指导。

【信息化建设与管理】积极推进全国公租房信息系统数据录入，全区设区的4个城市已完成房源信息录入任务，乌鲁木齐市和克拉玛依市公租房已全部实现信息化管理。同时，组织其他城市同步加快公租房信息系统房源录入工作，全区公租房录入工作整体提前。目前，全区公租房信息系统房源已录入90.7万套，录入率为98.72%。

【重点工作、新举措】层层确定任务、落实工作责任，督促指导各地坚持规划先行，认真编制实施方案，及时召开形势分析会，指导各地科学编制住房保障规划，加强资金监管。召开城镇保障性安居工程电视电话会议，在全区范围内按月通报各地州市、各行业部门开工情况，督促指导进展缓慢的地州市、行业部门加快推进项目实施，确保按期完成2020年目标任务。对审计发现问题进行梳理，分类建立问题整改清单，向各地下发整改督办函，落实整改责任，明确整改措施和时限；建立整改月报制度，落实清零销号，进一步促进整改工作落实。目前，自治区审计厅反馈2019年保障性安居工程问题65条，已全部整改完毕。会同自治区发展改革委、自治区财政厅、自治区自然资源厅、自治区人民银行和银保监局印发《关于做好2019年度城镇保障性安居工程审计发现问题整改专项办理工作方案》（简称《方案》）；结合《方案》内容，在全区六大工程复工复产工作推进视频会议上对专项办理工作作出说明，每半月汇总梳理整改工作进度。专项办理4条问题、单项办理5条问题（含专项办理4条问题）全部整改完毕，形成《城镇保障性安居工程审计发现问题整改专项办理工作的函》上报住房城乡建设部住房保障司。

【集资建房手续办理】 自治区区直机关单位集资建房历史遗留问题共涉及93家单位、123个项目、339栋建筑、40596套住房（不含国企、中央驻疆单位），其中：干部职工住房38121套，拆迁安置、物业用房、公用房2475套。截至9月底，40596套住房首登不动产权证书已全部办理完毕；建立审核人员资格和办理分户不动产证的长效机制，各区直机关建房单位按照规定缴纳相关税费后即可办理分户不动产证书（有15000余套住房取得分户不动产权证书）。10月，向自治区人民政府上报《关于〈自治区解决区直机关单位集资建房历史遗留问题工作报告（代拟稿）〉的请示》提请整改销号。经自治区人民政府党组同意报自治区党委完成整改销号。

住房公积金监管

【概况】 截至12月末，全区住房公积金实缴职工220.68万人，缴存总额3616.21亿元，同比增长14.98%；累计办理提取2238.25亿元，占缴存总额的61.89%；累计为100.91万家庭发放个人住房贷款1969.05亿元，同比增长15.25%，住房公积金已经成为缴存职工改善住房条件、解决住房问题的重要资金来源。

【机构及人员情况】 自治区住房公积金监管机构：自治区住房和城乡建设厅、自治区财政厅、人民银行乌鲁木齐中心支行3个部门。截至12月末，全区住房公积金从业人员共计1190人，其中：在编人员739人，聘用人员451人，聘用人员占37.90%。

【政策落实】 面临突发新冠肺炎疫情，全区14个中心采取"单位值守＋居家办公＋线上办理"工作模式，保证业务办理不受影响。疫情期间，线上办理业务85.91万笔，确保了疫情防控和业务办理两不误；12329热线日均接听电话1447通以上；恢复正常办公秩序以来，及时上线互联网预约系统，减少人员聚集，通过预约服务办理业务3.76万笔，实现"线下预约办、线上自主办"。通过微信公众号和门户网站向广大缴存职工推送全民"战疫"和住房公积金支持政策等信息56篇，确保特殊时期"业务不停顿、服务不断档、监管不缺位"。在落实好住房和城乡建设部、自治区人民政府支持企业复工复产政策的基础上，结合疫情防控工作实际，分城施策，指导乌鲁木齐等地制定延续性支持政策。2020年累计为895家受疫情影响的企业缓缴住房公积金3.03亿元；放宽连续缴存认定，3.07万家缴存单位158.28万名缴存职工受益；不做逾期处理的住房公积金贷款8.27万笔、3.28亿元；为4.74万名缴存职工通过线上渠道办理租房提取5.68亿元。塔里木油田住房公积金于5月6日完成属地化移交，实现与巴州住房公积金管理中心的"统一决策、统一管理、统一制度、统一核算"。与自治区高级人民法院联合发布《全区住房公积金执行联动机制指导意见》，填补了我区民事诉讼案件中住房公积金执行程序的空白，这一探索性做法得到住房和城乡建设部肯定并向全国推广。5月1日，颁布实施《新疆住房公积金监管信息系统基础数据标准》，有力地促进了自治区"智慧公积金"建设。制定全疆统一的住房公积金"归集、提取、贷款、资金管理"四项业务规范，为自治区实现住房公积金业务"全疆通办""跨省通办"奠定了坚实基础。积极协调金融机构开展贴息贷款业务，2020年共有7家银行为3个地州市发放贴息贷款0.89万笔、46.56亿元。鼓励并指导吐鲁番市和乌鲁木齐市开展异地放款业务，在全国首次实现城市间的资金融通使用。积极配合自治区审计厅做好乌鲁木齐、吐鲁番、博州、哈密等地专项审计工作。召开行业廉政风险防控会议，对存在的问题在全区范围内举一反三、以点带面、以查促改，健全了风险防控长效机制。

【信息化建设】 与自治区市场监督管理局密切合作，将住房公积金单位开户整合至企业开办环节。2020年，已有11个地区92家单位实现自动开户，提升了住房公积金制度对中小微企业的吸引力。与自治区政务服务平台建立数据接口，全区住房公积金查询和"三提一贷"业务实现了一网通办、一次办结。通过互联网渠道累计办理各项业务252.15万笔，业务离柜率达78%以上。全区住房公积金系统按时完成年的3项"跨省通办"任务，并于年底提前完成2021年任务清单中"实现住房公积金单位异地登记开户"的业务，实现新疆缴存职工全程网办。对"智慧公积金"平台优化升级，完善业务流程和平台设置，推进疆内住房公积金业务"通缴、通提、通贷、通还"，实现业务由"分散办理"到"全城通办"再到"全疆通办"。新疆"智慧公积金"平台被住房和城乡建设部评为全国信息化建设优秀示范案例。

【宣传工作】 2020年末，"新疆住房公积金"网站站群访问量超过3251.93万次，日均约2.97万余次。2020年，"新疆住房公积金"微信公众号累计推送47期257篇文章，累计阅读量271.7万次，朋友圈转发15.1万次；在人民网、CCTV-2、学习强国和《中国建设报》等国家级以上媒体宣传报道29篇次，在《新疆日报》和天山网等省级以上媒体宣传报道52篇次。

【住房公积金服务改进情况】 全区住房公积金综合业务离柜率达78%，截至年底，开通网上业务大厅的实缴单位3.58万家，占3.58万家实缴单位的100%；注册使用"手机公积金"APP人数154.58万，占220.68万实缴职工的70.05%；12329服务热线提供咨询服务752.13万次，用户满意度为99.68%。

城市建设

【概况】 截至年底，自治区城镇供水厂152座，相比"十二五"末增加2座；城镇供水总量约为11.91亿立方/年，相比"十二五"末增加3.54亿立方/年；供水管道总长2.03万公里，相比"十二五"末增加约0.93万公里；城镇用水普及率约99.14%，相比"十二五"末提高0.5个百分点。全区建成污水处理厂111座，相比"十二五"末增加26座，设计污水处理能力约307.87万立方/日，相比"十二五"末增加32万立方/日，城镇污水处理率96.43%，相比"十二五"末增加12.86个百分点，所有县市城区已实现污水处理能力全覆盖。城镇在运行生活垃圾处理场90座，相比"十二五"末增加21座，生活垃圾无害化处理量467万吨，相比"十二五"末增加91万吨，城镇生活垃圾无害化处理率98.64%，相比"十二五"末增加32.17个百分点。城镇燃气普及率97.33%，相比"十二五"末增加4.08个百分点，天然气供气总量62.84亿立方米，相比"十二五"末增加12.44亿立方米。城镇集中供热面积约5.1亿平方米，相比"十二五"末增加1.5亿立方米。全区城市（县城）道路长度共16384.38公里，相比"十二五"末增加6229.11公里。建成区绿化覆盖率39%，相比"十二五"末增加4个百分点，建成区绿地率35.93%，相比"十二五"末增加3.59个百分点，人均公园绿地面积约13.82平方米，相比"十二五"末增加2.47个百分点；全区有园林城市（县城、城区）71个，其中国家园林城市15个，相比"十二五"末增加3个，国家园林县城22个，相比"十二五"末增加10个，自治区园林城市5个，自治区园林县城21个，自治区园林城区6个。

【城市市政公用设施固定资产投资】 2020年完成城市市政公用设施固定资产投资202.43亿元，其中：道路桥梁、排水、市容环境卫生投资分别占城市市政公用设施固定资产投资的37.37%、12.09%和8.24%。

【老旧小区】 自治区人民政府印发《关于自治区全面推进城镇老旧小区改造工作的指导意见》，印发《关于做好2020年城镇老旧小区改造工作的通知》《关于加快推进既有住宅加装电梯工作的指导意见》，编制发布《建筑物通信基础设施建设标准》《自治区城镇老旧小区改造工程建设技术导则（试行）》《自治区智慧社区（小区）建设技术导则（试行）》《自治区既有住宅加装电梯建设技术导则（试行）》《既有住宅加装电梯工程设计指导（构造选例）》。2020年开工改造城镇老旧小区1090个，涉及19.34万户，完成投资34.56亿元。

【城镇供热】 制定印发《关于全力做好2020—2021年采暖季城镇供热保障工作的通知》，组织召开视频会议，督促指导各地城镇供热主管部门做好冬季集中供热各项工作。截至年底，全区城镇集中供热总量（蒸汽）430万吉焦，热水供热总量24370万吉焦，集中供热管道18100.63公里，集中供热面积5.1亿平方米。

【城镇燃气】 印发《关于开展2020年自治区城镇燃气安全隐患专项治理工作的通知》（新建城〔2020〕24号），重点整治燃气经销、存储、加装、运输、配送场所（站点）及设备，以及城镇燃气用户端设备，确保城镇用气安全。各地共排查城镇燃气安全隐患359项，已全部整改。

【城镇供水】 会同自治区发展改革委、自治区公安厅、自治区生态环境厅编制完成2020年水质督查通报并下发各地，督促问题整改。会同自治区发改委等14个厅局编制完成《自治区城镇供水安全保障提升行动方案（2021—2023年）》，进一步指导各地州提高城镇供水安全保障能力。截至年底，全区共建成城镇供水厂152座，城镇供水总量约为11.91亿立方/年，供水管道总长2.03万公里，城镇用水普及率约99.14%，公共管网漏损率控制在10%以内。

【道路桥梁】 协助自治区交通厅制定印发《关于印发〈关于深入开展道路限高限宽设施和检查卡点专项整治行动实施方案〉的通知》，确保城市道路安全运行。截至年底，全区城市（县城）道路长度共16384.38公里，道路面积共28689.17万平方米，城市（县城）桥梁共943座，道路照明灯共932505盏。

【园林绿化】 会同自治区自然资源厅、自治区林业和草原局联合印发《关于加强自治区城市公园绿地建设管理工作的指导意见》，进一步提高公园绿地建设和规范化运营管理水平。全区城市建成区绿化覆盖率达到39%，全区设市城市建成区绿地率为35.93%，全区人均公园绿地面积13.82平方米/人，公园绿地服务半径覆盖率为77.22%，其中，城市人均公园绿地面积、公园绿地服务半径覆盖率达到"十三五"规划目标。

【城镇污水处理】 联合相关部门印发《关于加强城镇污泥处理处置工作的指导意见》，明确全区污泥处理处置总体要求、重点任务和保障措施的相关意见建议。截至2020年底共建成投运城镇生活污水处理厂111座，一级A排放标准92座（含通水调试），一级A排放标准城镇污水处理设施较2018年初增加70座。全区20座设市城市、67座县城中，18座城市、59座县城开展污水再生利用工作，全区污水再生利用率约34.05%。乌鲁木齐市、克拉玛依市、吐鲁番市、哈密市4座地级城市建成区无生活污水直排口，城中村、老旧小区、城乡接合部生活污水收集空白区正在逐步消除，2020年底完成相关目标任务。

【城镇环境卫生】 截至年底，全区在运行城镇生活垃圾填埋处理场90座，无害化处理能力22653吨/日；建成并投入使用餐厨废弃物资源化处置利用项目6座，生活垃圾焚烧发电厂6座。

【试点城市生活垃圾分类】 联合印发《关于开展2020年自治区城市生活垃圾分类试点城市考核评价工作的通知》，会同自治区发改、生态环境、商务、机关事务管理等部门，组织行业专家，对自治区城市生活垃圾分类试点城市开展考核评价工作。通过政府引导和社会宣传，企业及居民知晓率和参与率有了新的提高，部门各司其职，行业齐抓共管的工作机制逐步完善，试点城市正在加快构建生活垃圾收集转运处置体系，推进生活垃圾分类与再生资源回收"两网融合"，形成生活垃圾减量化、资源化、无害化的长效机制。

【城镇生活垃圾无害化处理】 印发《关于开展自治区城镇生活垃圾卫生填埋场处理设施建设运营管理专项治理暨无害化等级评定工作的通知》（新建城〔2020〕11号），组织城镇生活垃圾无害化处理行业专家，赴8个地州市、24个县市开展自治区城镇生活垃圾处理设施建设运营管理专项治理和卫生填埋场无害化处理等级评定工作，形成《关于对2020年自治区城镇生活垃圾填埋处理无害化等级评定情况的通报》。截至年底，全区在运行城镇生活垃圾填埋处理场90座，达到无害化处理标准卫生填埋场86座，城镇生活垃圾无害化处理率达到98.64%。

【历史名城保护】 截至年底，自治区有5座国家历史文化名城、6座自治区历史文化名城、3个中国历史文化名镇、1个自治区历史文化名镇、4个中国历史文化名村、1个自治区历史文化名村、2个国家级历史文化街区、27个自治区级历史文化街区，18个村庄列入中国传统村落名录，各地公布了257栋历史建筑，"历史文化名城—历史文化街区—历史文化名镇名村—历史建筑"多个层级的保护体系得到进一步完善。截至年底，全区4座国家历史文化名城、3座自治区历史文化名城、2座国家历史文化名镇、1座中国历史文化名村和14个历史文化街区的保护规划已批准实施，为历史名城名镇名村及历史文化街区的保护提供了科学的规划依据。

村镇建设

【脱贫攻坚】 会同自治区财政厅下达中央财政农村安居工程补助资金12.139亿元，自治区地方政府债券农村安居工程补助资金30亿元，确保补助资金及时足额拨付至建房农户。截至年底，全区农村安居工程建设任务75000户全部竣工。脱贫攻坚大排查中鉴定为C、D级非建档立卡危房农户1370户于6月底全部竣工，如期实现我区所有农户住房安全有保障任务目标。升级上线自治区农村安全住房管理信息系统，完成全区779738户建档立卡贫困户住房安全保障信息认定核验工作，实现全区建档立卡贫困户住房安全保障信息化管理。开展农村房屋安全隐患排查整治工作，截至12月31日，全区排查农村房屋总量127.15万座，其中：用作经营的农村自建房17.94万座，基本完成用作经营的农村自建房排查任务。

【农村生活垃圾治理】 研究制定《自治区农村生活垃圾收集、转运和处置体系建设标准》《2020年自治区非正规垃圾堆放点整治工作方案》等政策文件，服务指导县市、乡镇因地制宜开展农村生活垃圾治理工作。2020年全区农村生活垃圾治理项目共计50个，截至12月底，已开工45个，开工率达90%；已竣工29个，竣工率为58%；完成投资8.36亿元，投资完成率为74.19%。各地结合地域特点，形成"户集、村收、乡镇转运、县市处理""户集、村收、乡镇处理""户集、村收、就近处理"的农村垃圾治理模式，全区农村生活垃圾收运处置体系覆盖的行政村达到8861个，占全区行政村总数的比例为97.40%；全区排查出的145处农村非正规垃圾堆放点全部完成整治。

【村容村貌整治】 编制印发《自治区农村村容村貌整治技术导则》，为各地加强村庄建筑、公共环境、道路设施、绿化美化、公用设施等整治提升提供技术支持。研究起草《关于推进乡村振兴战略加强自治区农村住房建设管理的指导意见》，指导各地规范农房规划、设计、建设、竣工、验收管理，提高农村住房建设质量。组织开展"自治区美丽宜居村庄建设路径"课题研究，梳理总结近年来自治区村庄建设工作经验，探索提出今后一段时间全区村庄宜居建设的目标、任务和实现路径。

【小城镇建设】研究编制《自治区小城镇建设技术指南》《自治区城镇基础设施向农村延伸导则》《自治区村镇建设发展"十四五"规划》，助推新型城镇化等方面提供政策引导和技术指引。针对各地重点镇垃圾、污水处理方面存在的典型问题，采取视频通报、下发提醒函、实地督导等多种形式，督促指导有关各地对照各项任务目标，截至年底，全区重点镇生活垃圾无害化处理率34.18%，具备污水收集处理能力的重点镇为100个，占比93.46%，完成了中央环保督察反馈问题整改任务要求。

【全国重点镇建设】全区共有全国重点镇107个（其中城关镇28个），中国特色小镇10个，中国传统村落18个，住房城乡建设部改善农村人居环境示范村7个，住房城乡建设部美丽宜居小镇示范5个，美丽宜居村庄示范14个，住房城乡建设部农村生活垃圾分类和资源化利用示范县1个，全国美好环境与幸福生活共同缔造培训基地1个。

【村镇建设统计】截至年底，全区共有镇乡级区域918个，其中：建制镇381个（其中纳入城市统计80个），乡507个（其中纳入城市统计36个），镇乡级特殊区域30个（其中纳入城市统计3个）；共有行政村8809个，村庄20927个。村镇户籍人口共1353.96万人，建成区及村庄建设用地面积310227.13公顷。截至年底，建制镇供水普及率为95.71%，燃气普及率为30.23%，污水处理率为30.82%，生活垃圾处理率为87.43%（无害化处理率为46.28%）；乡供水普及率为91.11%，燃气普及率为13.25%，污水处理率为8.49%，生活垃圾处理率为71.52%（无害化处理率为40.13%）；镇乡级特殊区域供水普及率为96.24%，燃气普及率为37.50%，污水处理率为76.87%，生活垃圾处理率为65.87%（无害化处理率为31.13%）；村庄供水普及率为93.14%，燃气普及率为6.72%，对生活污水进行处理的行政村有1744个，占比21.32%，对生活垃圾进行处理的行政村有6669个，占比81.52%（无害化处理的有3227个，占比39.45%）。乡镇级区域人居住宅面积为57.24平方米；村庄人均住宅面积为38.93平方米。

【传统村落保护与发展】自治区共有5批18个村落入选中国传统村落名录，经全面评估，全区18个传统村落共有7738户，25219人，现存传统建筑数量1904座，有"新疆蒙古族奶酒酿造工艺""塔塔尔族撒班节""哈萨克谚语""金银铜铁手工艺""木器手工艺"等自治区级及以上非物质文化遗产项目。传统村落的人居环境得到明显改善，18个传统村落集中供水户数为5600户，占比达72.37%；使用燃气户数180户，占比2.33%；日常可热水淋浴的户数为3253户，占比42.04%；生活垃圾收集、转运和处置体系基本实现全覆盖，消防设施基本达到设防要求。所有传统村落均有驻村工作实地指导，均实施了村落传统建筑和历史环境要素保护措施。经统计，全区18个传统村落上年度投入村落保护资金共计1.27亿元，上年度接待游客数量共计55.58万人次。其中，5个传统村落的利用状态为独自利用，12个传统村落的利用状态为与周边连片利用，利用形式涵盖观光、民宿、美食、康养、文创等。

标准定额

【标准规范管理】2020年，组织编制《新疆住房城乡工程建设标准化"十四五"规划》，批准发布工程建设地方标准（设计）20项，指导新疆工程建设标准化协会制定团体标准（设计）5项，包括《住宅设计标准》《建筑物通信基础设施建设标准》《既有住宅加装电梯工程设计指导（构造选例）》《新疆维吾尔自治区公共建筑应对"疫情病毒"运行管理应急措施指南》《新疆维吾尔自治住宅小区应对"疫情病毒"运行管理应急措施指南》。同时，为科学合理使用畜牧业建筑标准，会同自治区农业农村厅联合发布《关于进一步规范使用畜牧业建筑标准的通知》。

【工程造价管理】印发《关于规范明确自治区工程造价咨询企业相关业务事项的通知》将区外造价咨询企业在区内承接业务备案改为网上备案；印发《新疆维吾尔自治区住房和城乡建设厅关于实行工程造价咨询乙级资质审批告知承诺制的公告》，率先在自治区实行资质审批告知承诺制；印发《自治区工程造价咨询企业及从业人员信用评价管理办法（试行）》，加强工程造价行业信用体系建设；会同自治区人社厅、自治区交通厅、自治区水利厅联合印发了《新疆维吾尔自治区二级造价工程师职业资格考试实施办法》，积极推动二级造价师考务工作实施。

【实施指导监督工作】组织开展自治区工程建设标准化和建筑行业信用体系建设培训班，进一步提升基层单位及工作人员业务能力水平。

【无障碍、养老设施建设】 会同自治区残疾人联合会印发《关于加强无障碍环境市（县）创建工作的通知》，督促"十三五"期间各创建市县做好自查及问题整改工作；组织开展对各创建市县的实地检查，进行工作指导并推进整改；督促创建市县完善并上报申报材料，配合住房城乡建设部等部门完成对初审通过的阿克苏市、伊宁市 2 个市县的创建验收抽查工作，最终确定阿克苏市、伊宁市为无障碍环境示范市县，库尔勒为达标市县。制定出台《关于加强无障碍环境建设工作的指导意见》，不断提升自治区无障碍环境、养老服务设施建设管理水平。通过举办无障碍建设培训班等，提升自治区无障碍环境创建整体意识，并切合实际采取有效措施促进实施，为自治区无障碍环境建设有序开展提供保障。

【各类工程造价计价实施情况】 印发实施了《关于应对新冠肺炎疫情影响做好我区建设工程计价有关工作的通知》，解决新冠肺炎疫情影响下的各类工程造价纠纷。发布执行 2020 版《房屋建筑与装饰工程消耗量定额》《市政工程消耗量定额》；完成《安装工程补充消耗量定额》《建筑安装、市政费用定额》征求意见稿编制；编制发布《关于新疆建设工程扬尘污染防治增加费计取方法的公告》。

工程质量安全监督

【工程质量监管】 截至 12 月，全区各级建设工程质量监督机构累计监督房屋建筑工程 16986 项，较 2019 年上升 31%，面积合计 1.43 亿 m²，较 2019 年上升 26%，监督工程造价 3884.7 亿元，较 2019 年上升 53%，其中，公共建筑 5702 个，新监督工程项目 10121 个；累计监督市政工程 1938 项，较 2019 年上升 23%，监督工程造价 587.94 亿元，较 2019 年上升 17%，截至目前，全区共受理质量投诉 1228 起，较 2019 年上升 19%，结案 1180 起，结案率 96%，较 2019 年上升 3.9%。各级质量监督机构加大巡查、抽查力度，共抽查在建房屋建筑工程 35672 项，下发整改通知书 8107 份，行政处罚 218.96 万元。

【质量投诉处理】 印发《关于进一步规范我区建筑工程质量投诉处理流程的通知》，进一步完善房屋建筑工程质量投诉流程。在厅门户网站公布投诉渠道，受理投诉的岗位加装录音电话，在法定节假日或非工作日可记录投诉人投诉录音，确保投诉电话不漏接、投诉事件不漏办。全年共依法依规受理群众来信来访质量投诉 6 起，及时转办并跟踪处理，已全部办结。

【综合执法检查】 6 月，开展质量安全监督检查和暗查暗访，对 8 个地（州、市）开展综合执法检查。重点检查了 8 个地（州、市）22 个县（市、区）122 个项目的施工质量安全，下发停工整改通知书 63 份，其中，整改通知书 53 份，停工通知书 10 份，下发执法建议书 5 份，自治区立案 9 件。11 月，赴巴州库尔勒市、若羌县开展行业综合督查工作。实地走访 5 个物业小区、对涉及"一房多卖"抽取 5 户进行电话访谈；走访立体停车库（装配式建筑）1 个、装配式部品生产厂家 1 个；检查城市污水处理厂 3 个、城市垃圾处理厂 2 个、垃圾焚烧发电厂 1 个、老旧小区改造示范点 2 个、垃圾分类试点小区 1 个；检查农村富民安居工程 3 处、在建工程项目 8 个、工程质量检测机构和商品混凝土搅拌站各 1 家。

【建筑施工安全监管】 2020 年自治区发生房屋建筑及市政工程生产安全事故 19 起、死亡 21 人。其中，乌鲁木齐市发生 15 起、死亡 17 人；巴州发生 1 起、死亡 1 人；吐鲁番市发生 2 起、死亡 2 人；和田地区发生 1 起、死亡 1 人。安全生产形势总体平稳，但事故总量仍然偏大，不容乐观。

【城市建设安全专项整治三年行动】 印发了《自治区城市建设安全专项整治三年行动实施方案》《学习宣传贯彻习近平总书记关于安全生产重要论述专题实施方案》《落实企业安全生产主体责任三年行动专题实施方案》。成立自治区城市建设安全专项整治三年行动专办。制定《新疆维吾尔自治区住房和城乡建设厅城市建设安全专项整治三年行动挂图作战任务（问题）清单》。同时，要求各地（州、市）住建部门参照制定符合本地实际的任务清单，明确部门工作内容、工作要求，责任到人。召开了 3 次全区城市建设安全专项整治三年行动视频会议，统筹推进专项整治工作。

【"双信工程"建设】 编制完成《自治区房屋市政工程"智慧工地"服务一体化平台建设项目实施方案》《自治区智慧工地一体化服务平台功能需求建设任务书》。目前已完成自治区级、地（州、市）级、县（市、区）级政府端智慧工地监管平台部署搭建、内部测试验证和问题修复工作。同时，在乌鲁木齐市华府里商住小区等 4 个小区开展试点建设工作。制定《新疆维吾尔自治区建筑市场信用评价管理办法（试行）》，加强预拌混凝土生产企业和质量检测机构信用评价，切实提升自治区建筑市场管理能力和管理水平。

【违法建设和违法违规专项清查工作】 印发《自治区房屋建筑违法建设和违法违规审批专项清查整

治工作实施方案》，在全区范围内部署城市房屋建筑违法建设和违法违规审批专项清查整治工作。召开了违法建设和违法违规专项清查专题会议。对接中国联通新疆分公司，启动开发房屋建筑违法建设和违法违规审批专项清查移动端APP，实现对清查整治工作信息快速采集录入、核查比对、信息统计分析等功能。

【建筑工地扬尘污染治理】4月，组织人员分2组赴乌鲁木齐市和昌吉州共12个建筑工地，对施工现场扬尘治理情况进行实地督导检查。通过安装视频监控设备、扬尘在线监测设备等方式，对施工现场扬尘数据进行实时监控，不断提高扬尘污染治理的技术水平和效率。编制了《建筑工程施工现场扬尘污染防治标准》XJJ119—2020，规范建筑工程施工现场扬尘污染防治管理措施，提高建筑工程施工现场文明施工管理水平。

【工程质量安全日常监管】严肃查处安全事故及降低安全生产条件行为，对18家企业安全生产许可证进行了暂扣处理。开展"安全生产月"现场观摩和工程质量安全标准化工地"云观摩"活动。召开自治区工程建设领域安全生产警示教育"云观摩"会议，各地住建部门及有关企业共3万余人在线参会。下发《关于推行自治区建筑施工企业安全总监制和项目专职安全生产管理人员委派制的通知》，建立健全建筑施工企业和项目安全生产管理责任体系。印发了《自治区建设工程质量检测和预拌混凝土行业专项治理工作方案》，自2020年9月至2021年12月，在全区范围内开展建设工程质量检测和预拌混凝土行业专项治理。印发了《自治区住房城乡建设行业推进安全宣传"五进"工作实施方案》，扎实推进安全宣传"进企业、进现场、进宿舍、进社区、进家庭"。制定《自治区住宅工程质量分户验收管理办法》，保障住宅工程的质量和使用功能，提高住宅工程总体水平。制定《自治区工程建设单位质量安全首要责任管理办法》，有效降低质量安全事故风险及工程质量安全隐患。开展安全生产许可证申请条件复核，对473家企业的安全生产许可证（新申请、延期）条件进行了复核，其中157家企业符合条件，316家企业不符合要求，对不符合要求的企业督促其整改。

【获奖工程】2020年，新疆医科大学新校区建设项目（一期）第七标段等14项工程获国家建设工程安全生产标准化工地。新疆财经大学学生第二食堂等179项工程获自治区建设工程安全生产标准化工地。

【城建档案】全区城乡建设档案专业管理技术人员共有编制146个，实有在岗工作人员173人（其中专职人员126人，兼职人员47人）。自2018年机构改革之后，各地（州、市）城建档案馆不再统一归口住房和城乡建设行政主管部门管理。全区城建档案管理机构积极开展项目建设过程中形成的重要影像资料管理工作，2020年馆藏照片档案23万余张，声像档案2万余盒。乌鲁木齐市、克拉玛依市和哈密市等城市（乡）建设档案馆积极组织或参与地下管线普查工作，与地下管线产权单位基本完成了信息共享，初步实现了地下管线档案的动态管理。以上3地管理信息平台建成后，30515千米地下管线普查数字化档案和相关数据相继入馆，建成运行的管线信息系统基本满足了当地规划、建设和城管部门调阅利用需求。

抗震和应急保障

【城乡建设抗震防灾】完成《自治区住房和城乡建设系统抗震防灾"十四五"规划》主要框架编写工作；成立自治区房屋建筑和市政公用设施抗震防灾工作领导小组办公室，拟定领导小组工作规则及办公室工作细则，起草了具体实施方案。组织编制《新疆建筑抗震标准及实施情况调研工作报告》，报住房和城乡建设部标准定额司；印发《自治区城镇小区配套幼儿园建设管理办法》，建立健全城镇小区配套幼儿园建设有关机制；以"防灾减灾日"和防灾减灾宣传周为契机做好防灾减灾知识的普及、宣传。深入推进防灾减灾知识进进企业、进工地，通过各种行之有效的方式，向社会大众普及防灾减灾知识，不断提高全员安全防范意识和自我保护能力。

【应急管理】完成《自治区住房和城乡建设系统突发事件应急体系建设"十四五"规划》主要框架编写工作；修订既有应急预案，编制《自治区住房城乡建设系统应急物资储备标准》，协调配合做好供水应急演练，印发《关于调整自治区住房和城乡建设系统抗震防灾应急管理机构组成人员的通知》《关于推荐自治区住房城乡建设抗震防灾、勘察设计、消防技术专家库的通知》，启动应急体系信息软件开发，持续提升应急处置能力。制定相应演练脚本的范本，明确区地县三级住建部门应急演练指标，完善应急演练脚本。

建设工程消防监管

【勘察设计质量监管与行业技术进步】完成《自治区工程勘察设计行业发展"十四五"规划》主要

框架编写工作；对全区施工图审查机构进行监督检查，对于施工图审查机构内部管理松散、审图不规范、履职不到位等情况进行通报；对勘察设计企业违反工程建设强制性标准、存在严重质量问题等情况进行通报、处罚。

【建设工程消防设计审查验收】完成《自治区住房城乡建设工程消防监督管理事业"十四五"规划》主要框架编写工作；扎实开展自治区建筑工程消防设计审查验收问题专项工作，全面排查出20667栋问题建筑需要整改销号，一批符合条件的建筑工程完善了手续，使这些建筑工程获得了合法合规的"身份"，一大批多年遗留的"老大难"问题得以解决，基本完成整改工作，达到既定目标；研发信息化系统（新疆消防建设综合管理云平台（一期））于3月1日上线运行以来，已办结业务近5万件，平均办理时长不超过6天。

建筑市场

【概况】2020年，全区建筑业完成总产值2693.12亿元（含疆内企业在疆外完成建筑业总产值400.7亿元），同比增长18.2%；建筑业企业签订合同额5828.15亿元，其中：新签合同额3783.88亿元；实现税收88.72亿元。深化建筑业体制机制改革，持续推进建筑业"放管服"改革，推动工程招投标制度改革，优化审批服务和营商环境，引导建筑业企业转型升级，大力发展装配式建筑，推进建筑市场信用体系和信息化建设，推动建筑领域3年20万人培训就业工作，开展工程建设行业专项整治，推动全区建筑业高质量发展。

【建设工程招投标】印发《新建维吾尔自治区建设工程招标代理机构约谈制度》《关于加强工程建设项目招标代理机构事中事后监管的通知》《新疆维吾尔自治区房屋建筑和市政基础设施工程建设项目招标代理机构信用评价管理办法（试行）》，进一步规范工程招标投标市场秩序。积极推行远程异地评标，研究制定试点工作方案，在自治区本级与伊犁州、克拉玛依市、阿克苏地区、和田地区开展试点。按照"疫情防控常态化"的要求，积极推进"不见面"开标工作。2020年，全区通过"不见面"开标方式完成2080个项目的招投标工作。积极推进全流程电子招投标全覆盖，评定分离纳入全国试点地区。

【建筑业体制机制改革】会同自治区发改委印发《自治区房屋建筑和市政基础设施工程总承包管理实施意见》，在全区房屋建筑和市政基础设施工程中推行工程总承包管理，2020年全区689个项目采用工程总承包方式发包，合同金额超过400亿元。会同自治区发改、财政、人社等部门印发《自治区关于推进房屋建筑和市政基础设施工程实行工程担保制度的实施意见》，推行以银行保函和保证保险代替现金担保，2020年全区工程建设领域以银行保函和保证保险形式缴纳保证金2.98亿元。

【建筑市场监管】全面推行资质审批告知承诺制，优化审批流程，提高审批效率，压缩审批时限。进一步规范资质核查程序，加强审批后的事中事后监管。组织开展企业资质审批告知承诺制核查3次，累计核查企业189家，涉及247项资质，查处不符合资质相关规定和申报资质材料弄虚作假企业75家，涉及97项资质。建成全区统一的工程建设项目审批管理系统，制定57项审批事项清单，研究制定了并联审批、联合审图、联合验收、区域评估、多测合一、中介服务管理等23个配套文件，全区共有12200余个项目通过审批系统办理，并联审批率达到40%，事项覆盖率达到90%以上，审批时间压缩至120个工作日内。会同自治区工信、人社等部门，指导各地做好清理拖欠民营企业中小企业账款和农民工工资工作，2020年，全区住建部门共清理拖欠民营企业中小企业账款28.07亿元，查处拖欠农民工工资案件127起，清理拖欠农民工工资9503.1万元，涉及农民工人数4879人。

【行业专项整治】开展全区住房城乡建设领域工程建设行业专项整治，累计摸排线索222条，立案113起，处罚企业194家、人员211人；罚处金额3964.42万元，停产、停业、暂扣行政许可7家；曝光典型案例57件，约谈招标代理机构142家，约谈相关责任人173人，有力规范全区工程招投标市场秩序。

【信用体系建设】研究制定《自治区建筑市场信用评价管理办法》及评价标准，开展建筑业企业信用评价工作，推进企业信用信息在资质审批、市场准入、招标投标、从事建筑业活动等环节的综合运用，推动建立守信激励和失信惩戒制度。

【信息化建设】加快推进新疆工程建设云平台建设，全面推行电子化审批，实现资质资格全流程网上申报审批和电子证照核发。推进数据入库工作，以大数据为基础，提升信息化监管水平，截至年底，疆内外36260家建筑业企业，各类从业人员1078509人信息已入库，29079个工程建设项目在新疆工程建设云平台办理了施工许可。推行建筑工人实名制管理，实现国家与自治区、自治区与各地州实名制管理平台的互联互通和数据动态更新。2020年，全区

38273名建筑工人已实名录入系统。

【装配式建筑】 积极引导政府投资的城镇保障性安居工程、公共建筑和市政基础设施项目大力推广装配式建筑，鼓励房地产开发项目中建设装配式建筑。推进工程总承包、BIM技术、全装修模式在装配式建筑中的推广应用。2020年，全区新建装配式建筑721.9万平方米，4家装配式建筑企业成功申报国家第二批装配式建筑产业基地。

【南疆四地州贫困劳动力转移就业】 配合人社部门做好2020年南疆三地州5.1万贫困劳动力转移就业工作，其中转移至建筑业企业就业766人。印发《关于加强南疆四地州深度贫困地区富余劳动力转移就业人员用工管理工作的通知》，指导各地规范建筑业企业用工管理，加强对转移就业人员的服务保障。

【建筑领域3年20万人培训就业】 积极推进全区建筑领域技术工种3年20万人职业技能培训就业工作，进一步提高南疆四地州建筑业转移就业人员专业技术水平，培育发展壮大自治区建筑产业工人队伍，累计培训建筑领域各类技术工种近8万人次，实现新增就业6.73万人。建筑业企业与培训基地对口帮扶机制，支持校企合作和劳务服务机构建设，健全培训就业组织体系，提升培训质量和学员就业率。推动劳务分包市场发展，引导本地建筑业劳务企业转型，积极吸纳本地劳动力，大力发展木工、电工、砌筑、钢筋制作等以作业为主的本土劳务分包企业，逐步实现劳务作业公司化、专业化管理。

【建筑企业资质审查审批】 截至年底，全区共有建筑业企业6323家，其中特级企业9家，总承包一级企业122家，总承包二级企业1110家，专业承包一级企业160家，专业承包二级企业1688家。监理企业168家，其中综合资质4家，甲级52家。勘察企业155家，其中综合资质8家，专业甲级26家，乙级90家。设计企业329家，其中行业甲级16家，专业甲级36家。招标代理机构432家。实现年产值50亿元以上建筑业企业6家，50亿元以下、10亿元以上建筑业企业34家。

【建筑行业劳保统筹】 完成全区14个地（州、市）20个设市城市、67个县城的城镇供水、污水处理与再生利用、生活垃圾处理、供热、燃气行业运营情况的摸底调查工作，建立自治区五大行业市政基础设施现状基础信息台账。建立由102名专家组成的自治区市政行业专家库，为行业发展提供技术支持。办理完成271家企业共计4.11亿元建筑工程社保费的专户转基本户业务，审核办理专户注销企业103户。完成全区28个地（州、市）统筹站共计2245.7万元固定资产的划转及上年度社保费票据的审核工作。

建筑节能与科技

【建筑节能】 全区城镇新建民用建筑已全面执行建筑节能强制性标准，居住建筑执行75%节能设计标准，公共建筑执行65%节能设计标准，设计阶段和施工阶段执行率均达到100%。开展了建筑节能调研、检查和技术指导服务工作。2020全区新增节能建筑面积约4830.57万平方米，其中居住建筑约2966万平方米，公共建筑约1864.57万平方米。截至年底，累计节能建筑4.283亿平方米。印发《关于进一步加强我区农村居住建筑节能工作的通知》，编制了《新疆农村居住建筑节能设计标准（试行）》。积极鼓励自治区农村新建安居房执行节能标准。各地将建筑节能改造与老旧小区改造工程、城市美化亮化工程、冬季清洁取暖、大气污染防治等工作相结合，推广以供热企业为主体的集中连片改造模式，通过政府、企业、居民多渠道筹措资金，加强建筑节能改造、项目实施管理及定期调度等力度，并取得一定成效。2020年完成改造658.56万平方米，截至2020年底，累计完成11842.57万平方米。

【绿色建筑】 会同11个部门联合印发了《新疆维吾尔自治区绿色建筑创建行动实施方案》（新建科〔2020〕9号），明确了到2022年当年新建民用建筑中绿色建筑面积占比达到85%的创建目标，提出了全面执行绿色建筑标准等11项重点任务和4项保障措施。编制发布标准《自治区绿色建筑评价》XJJ 126—2020。2020年，自治区新增绿色建筑4115.7万平方米，占新建建筑比例85.2%，全区累计绿色建筑面积14578万平方米。强制推广绿色建筑项目总数量20340个，面积14979.2平方米。共有6个项目取得绿色建筑评价标识，建筑面积为117.14万平方米，其中取得设计标识的项目1个，建筑面积为10.02万平方米，取得运营标识的项目5个，建筑面积107.12万平方米。截至年底，自治区累计获得一二三星级绿色建筑标识项目91个，建筑面积为1598.7万平方米，其中一星级85.5万平方米，二星级1136.15万平方米，三星级377.05万平方米。其中取得设计标识的项目62个，建筑面积为1042.94万平方米，取得运营标识的项目29个，建筑面积为555.76万平方米。

【建筑结构保温一体化】 编制完成了"建筑结构保温一体化"4个技术标准，印发《关于在我区推广应用建筑保温与结构一体化技术的通知》、《关于进一步加强自治区建筑保温与结构一体化技术推广应用的通知》，开展了建筑结构保温一体化技术试点工程建设和宣贯培训工作，示范工程建筑面积合计约5.52万平方米，均在年底已全部完工。

【绿色建材】会同自治区工信厅联合成立自治区绿色建材推广和应用工作协调组；积极推动绿色建材评价工作，结合自治区绿色建材发展的实际情况，开展了宣贯培训工作，积极引导建材生产企业参与绿色建材评价认证。截至年底，共有4家机构可在自治区开展绿色建筑评价工作；目前自治区有5家单位3类产品取得绿色建材评价标识证书（均为三星级）。

【清洁能源电供暖】按照自治区人民政府《南疆四地州煤改电工程（一期）实施方案（2019—2021年）》要求，2020年煤改电（一期）工程共涉及南疆三地州199个乡镇、1078个村、288672户居民。其中：喀什地区163548户，克州25933户，和田地区99191户。下发《关于做好2020年南疆四地州煤改电居民供暖设施改造工程的通知》（新建科〔2020〕3号），提出目标任务、职责划分、进度安排、项目招标模式、施工注意事项、有关工作要求等。为充分发挥行业专家技术指导和决策咨询作用，调整了原有自治区电供暖专家委员会，印发了《关于调整自治区电供暖专家委员会的通知》（新建科〔2020〕10号）。制作10万份汉维双语宣传挂图《新疆农村煤改电安装示意图》，发放南疆三地州。多次前往喀什地区、和田地区、克州14个县市开展了服务指导和督导工作。10月底，克州、喀什地区、和田地区已完成2020年煤改电居民供暖设施改造工程的施工任务，每年可形成节煤29万吨，减排二氧化碳77.14万吨、二氧化硫2465吨、氮氧化物2146吨的能力。

【建设领域大气污染防治】印发《关于印发〈自治区住房和城乡建设领域2020年节能和应对气候变化工作要点〉的通知》，对涉及自治区住房和城乡建设领域工作的节能减排和应对气候气候变化及大气污染防治工作提出了部署和要求。

【新型墙体材料认定】2020年共办理34家企业25种产品的新型墙体材料认定，产品包括建筑隔墙轻质条板、普通干混砂浆、普通湿拌砂浆、聚合物砂浆、节能装饰保温一体板、外墙保温材料、岩棉条、铝合金窗、塑料窗、蒸压加气混凝土砌块等。

【建设科技成果推广】组织对7家单位申报的10项科技成果推广项目颁发了自治区住房和城乡建设行业科技成果推广证书。委托新疆土木建筑学会组织对纤维增强覆面木基结构装配式房屋技术等2项技术在新疆应用进行了可行性论证。开展了建筑结构与保温一体化技术、建筑节能新标准的宣贯培训工作，参加人员200余人。组织自治区建筑设计、结构设计、施工、房地产开发等领域专家对新疆昌合大业建筑科技有限公司研发生产的铝合金模板进行了座谈交流。与新疆大学举行了框架合作协议签约暨揭牌仪式等。

【新技术应用示范项目】截至年底，组织对8家单位申报的22项"自治区建筑业10项新技术应用示范工程"进行了验收评审，经评定，3项工程应用新技术的整体水平达到国内领先水平，12项工程达到国内先进水平，6项工程达到自治区领先水平，1项工程达到自治区先进水平。

【建筑领域教育培训管理】2020年住房城乡建设行业培训机构备案共20家，共培训92054人次，其中"安管人员"继续教育21500人次；二级建造师继续教育16700人次；特种作业人员参加新取证7000人，特种作业人员复审5158人次；施工现场专业人员参加新取证7438人，继续教育20000人次；工人技能鉴定取得证书5100人；检测试验员新取证3955人次，实验员继续教育2729人次，燃气从业人员新取证1050人次，燃气从业人员继续教育1424人次。

【建筑领域培训就业】根据《自治区建筑领域技术工种3年20万人职业技能培训就业行动方案（2020—2022年）》，2019～2022年计划开展培训25万人次，其中2020年6万人次、2021年9万人次、2022年10万人次；实现新增就业20万人，其中2020年5万人、2021年7万人、2022年8万人。截至年底，各地累计培训建筑领域各类技术工种79774人次、占年度计划的132.96%，实现新增就业67281人、占年度计划的134.56%。

城市管理监督

【城管执法政策法规】自治区城市管理执法监督局（建设行政执法局）出台《自治区城市管理标准体系（试行）》《自治区城市精细化管理技术导则（试行）》《自治区城市综合管理服务平台建设导则（试行）》《自治区住房和城乡建设行政执法工作手册》。修订《自治区户外广告设施及户外招牌设置技术标准》，编制《自治区城市网格化管理技术导则》《自治区城市管理执法"十四五"规划》《自治区住房城乡建设领域行政处罚案件办理指引》，扎实推进城市管理执法标准化、规范化。印发《关于加强自治区城市精细化管理的通知》《关于做好常态化疫情防控下城市管理执法工作的通知》，积极指导各地城市管理执法部门落实好六稳六保工作要求，进一步规范我区一线执法人员行为。印发《关于转发〈住房和城乡建设部办公厅关于开展城市综合管理服务平台建设和联网工作的通知〉的通知》《关于印发〈自治区城市综合管理服务平台建设和联网工作方案〉的通知》，推动全区各地开展城市综合管理平台建设联网工作。

【城市管理执法指导服务】自治区城市管理执法监督局（建设行政执法局）组织开展了6期线上培训，平台试点推进会3次，全区各级城市管理执法主管部门近万人参加了培训。为基层同志发放城市管理执法书籍2530余本，不断提升自治区执法人员专业素养。开展4个地级市、3个县级市城市综合管理服务平台、智慧市政、智慧社区（小区）技术服务指导工作。指派业务骨干前往喀什地区、昌吉州和塔城地区等地开展"携案带教"和"跟案带教"进行执法办案业务指导，进一步提升基层执法人员的案件查办水平。

【全区城管执法指导】2020年，自治区城市管理执法监督局（建设行政执法局）对全区11个地（州、市）34个县（市、区）组织开展了"双随机、一公开"综合执法检查。共抽检285个项目，下发执法建议书13份，指导各地下发整改（停工）通知书134份。"双随机、一公开"综合执法检查通报已在新疆建设网公示，切实做到依法监管、公正高效、公开透明。

【扫黑除恶】2020年，自治区本级出台法规、标准、规范十余项，探索建立了建设工程招投标环节"评定分离"等系列新的监管制度和措施，各地制定专项整治方案、制度等255项。摸排招投标活动中问题线索203条，立案99起，处罚企业148家、人员149人，处罚金额1881.05万元，曝光典型案例57件。新摸排问题线索274条，均已核查完毕。

【住房和城乡建设领域重大案件组织查处】2020年，本级立案21件，下达《行政处罚决定书》25份，办结3件。对13家单位12个单位责任人共处5790247.09元罚款，已收缴国库1666644.76元，剩余款项按照法定程序催缴。共受理群众投诉举报、上级部门或业务处室转来的各类案件48件，不予受理14件，转处室办理5件，转属地办理27件，协调解决1件，移交自治区公安厅扫黑办1件。当年办结25件，其余案件正在进一步调查中。

【获奖情况】新疆维吾尔自治区乌鲁木齐市沙依巴克区城市管理局（城市管理行政执法局）、新疆维吾尔自治区克拉玛依市白碱滩区（高新区）城市管理局、新疆维吾尔自治区奎屯市城市管理局、新疆维吾尔自治区昌吉市城市管理综合执法大队、新疆维吾尔自治区喀什市城市管理局被评为住房城乡建设部"强转树"专项行动表现突出单位。新疆维吾尔自治区吐鲁番市高昌区城市管理行政执法局大队长洪涛、新疆维吾尔自治区哈密市伊州区城市管理行政执法局城管大队长马新、新疆维吾尔自治区阿勒泰地区富蕴县住房和城乡建设局城管大队大队长卢思义、新疆维吾尔自治区克州阿克陶县城市管理综合行政执法局负责人买买提·吐逊被评为住房城乡建设部"强转树"专项行动表现突出个人。

人事教育

【机构变化】根据自治区党委机构编制委员会《关于自治区建设工程消防设计审查验收工作有关机构编制事宜的批复》（新党编委〔2020〕53）精神，同意在自治区住建厅增设内设机构"建设工程消防监管处"，核定行政编制5名、处级领导职数2名（1正1副），主要负责建设工程消防设计审查验收制度规范制定和指导监督管理等工作，所需编制在新疆维吾尔自治区住房和城乡建设厅行政编制总额内调剂解决。调整后，新疆维吾尔自治区住房和城乡建设厅处级领导职数43名。同意在自治区建设工程质量总站加挂"新疆维吾尔自治区建设工程消防设计审查技术服务中心"牌子，核增事业编制10名、副县级领导职数1名，其中从新疆建设职业技术学员事业编制中调剂5名、自治区本级事业编制总额内调剂5名，具体承担消防设计审查验收、消防规范性文件和技术标准制定等相关技术服务工作，参与相关火灾事故技术调查分析等工作。调整后，自治区建设工程质量总站（自治区建设工程消防设计审查技术服务中心）事业编制20名，领导职数3名（1正2副）；新疆建设职业技术学员事业编制478名。

【建设职工教育培训】积极稳妥推动培训市场化和社会化，做好建筑领域技能工种3年20万人职业技能培训就业相关工作，大力推动建筑产业工人队伍的培训培育，并对乌鲁木齐市相关培训机构开展的安全三类人员新取证考试、特种工理论及实操考试、建筑工人技能鉴定理论及实操考试等进行巡考工作。2020年在克孜勒苏乡塔格艾日克（17）村培训实操基地完成了5期包含电焊工、建筑电工、砌筑、钢筋、架子工、镶贴工等工种的培训，共计培训学员234名。

【干部教育培训】按计划做好各级党校、行政学院常规班次的学员调训工作和网络培训工作，按规定选派培训12人次，86人参加了网络学习教育。

【"访惠聚"驻村工作】对驻村成绩突出且符合条件的优先提拔使用，2020年以来提拔使用干部35人均有驻村工作经历。筹措100余万元为每个工作队、深度贫困村保障必要的工作经费，厅领导每月与驻村干部谈心谈话不少于1次，春节、古尔邦节、国庆、中秋期间由厅级领导带队慰问驻村队员及其家属，并2次组织队员家属到村里"探亲"，着力改善驻村条件、关注驻村干部身心健康、关心关爱驻村干部及家属等，解决后顾之忧，做好坚强后盾。始终坚持警钟长鸣、警惕常在，持续加强社会面管控，完善矛盾纠纷源头预防，毫不放松抓好维护稳定各项工作，全年实现"三不出"。脱贫攻坚任务全面实现，喀什地区伽师县克孜勒苏乡7个村所有贫困户年人均纯收入稳定超过现行扶贫标准，"两不愁三保障"和饮水安全问题全面如期实现，均已实现"一降五通七有"。深入细致落实常态化疫情防控措施，切实保障人民生命安全，经受住了三次疫情防控的严峻考验。科学制定干部包户住户计划，压实包户住户责任，7个驻村工作队累计收集群众困难诉求和矛盾纠纷968条，已解决842条，正在积极协调上级部门解决126条。持续加强基层党组织建设，落实"五帮八带"和后备干部培养工作机制，7个工作队累计教育引导43名进步村民递交了入党申请书，培养35名入党积极分子，发展正式党员21名，进一步建强基层战斗堡垒。

【脱贫攻坚】履行好伽师县脱贫攻坚挂牌督战牵头单位职责，建立完善协调联系机制，牵头组织自治区25家对口帮扶单位召开4次推进会，及时掌握各单位脱贫攻坚工作开展情况，开展脱贫攻坚成效考核，并将相关情况汇总上报挂牌督战伽师县省级领导。制定《厅定点包联贫困村决战脱贫攻坚实施方案》《关于进一步加强定点包联工作的通知》，建立厅领导定点包联贫困村、干部职工定点包联贫困户制度，5～6月分批组织厅领导和处室（单位）负责同志开展挂牌督战，确保2020年6个拟退出深度贫困村高质量打赢脱贫攻坚战。

【"民族团结一家亲"活动】组织厅机关处室、各直属事业单位246名干部职工参加"民族团结一家亲"和民族团结联谊活动。开展"民族团结一家亲"活动5轮19批次，累计参加人数311人次，捐款12余万元，捐物800余件，为群众现场解决困难诉求或办理实事好事52件；组织开展"民族团结一家亲"联谊活动168场次，累计覆盖人数3千余人次；新疆建设职业技术学院全体干部职工结合开展"三进两联一交友"活动，327名教职工联系学生、家长2786人，捐款捐物折算约1万元，举办各类联谊活动148场次。

【获得国家、自治区先进工作情况】2020年，村镇建设处荣获"全国脱贫攻坚先进集体"称号；住房公积金监管处荣获"全国住建系统信息化建设优秀示范案例"奖；人事处荣获"自治区脱贫攻坚先进集体"称号；自治区城市管理执法监督局（建设行政执法局）荣获自治区扫黑除恶先进集体；新疆建设职业技术学院荣获全国住房和城乡建设系统抗击新冠肺炎疫情先进集体；驻伽师县克孜勒苏乡阿亚克兰干村"访惠聚"工作队支部委员会荣获"自治区脱贫攻坚先进基层党组织"称号；自治区城市管理执法监督局荣获"自治区扫黑除恶专项斗争先进集体"称号；党进同志荣获全国住房和城乡建设系统抗击新冠肺炎疫情先进个人；张广文同志荣获自治区内地新疆籍人员服务管理工作先进个人；张绍辉同志荣获自治区优秀退休干部荣誉称号；陈龙同志荣获自治区党委信息工作表现突出个人；郑德顺同志荣获自治区人大代表建议、批评、意见办理工作先进个人；苗家伟同志荣获"自治区扫黑除恶专项斗争先进个人"称号。

【党风廉政建设】制定《厅党组全面从严治党责任清单》《厅党风廉政建设和反腐败工作要点》，层层签订《党风廉政建设责任书》，认真开展第二十二个党风廉政教育月活动，深化运用监督执纪"第一种形态"。制定《厅党组运用监督执纪"第一种形态"的若干具体措施》，对3个处室进行约谈；处理厅党员干部27人次，督促指导新疆建设职业技术学院党委对12名违规违纪人员进行处理。制定《关于贯彻习近平总书记重要批示精神深入落实中央八项规定精神的若干规定》，适时开展节假日廉政提醒、专项检查等工作。开展重点领域廉政风险排查，梳理13类53个廉政风险点，制定122条防控措施。研究制定《新疆维吾尔自治区住房和城乡建设厅行政职权目录（2020版）》，梳理出厅本级行政职权237项，其中行政许可3项12类、行政处罚208项、行政检查15项、行政确认2项、其他行政权力9项，稳步推进行政职权目录标准化、规范化建设。作为2020年8家试点单位之一，完成对自治区城市管理执法监督局党支部巡查工作，发现3类9个具体问题，并指导抓好整改落实，11月9日，厅党组第二巡察组对新疆建设职业技术学院党委开启巡察工作。

【精神文明建设】 2020年，持续深化精神文明创建活动，促进党建与创建深度融合。持续做好推荐选树道德模范、最美人物、身边好人等先进典型工作。组织成立学雷锋志愿服务队，适时开展环境整治、文明交通等志愿服务行动。积极参加"文明家庭""五好家庭""最美家庭""星级文明户"等创建活动。把"民族团结一家亲"和民族团结联谊活动作为推进文明家庭创建的有效载体，通过结对认亲这一具体途径，建设具有新疆特色的"一帮一、一对红"文明家庭。创建文明校园，加强师德师风建设，持续深化拓展"三进两联一交友"活动，坚定理想信念、厚植爱国主义情怀、铸牢中华民族共同体意识。

信息化建设

【升级协同办公系统功能及硬件设备】 为提高协同办公系统使用效率，完成协同办公系统功能模块升级工作。为保障系统稳定性及提高系统运算速度，升级采购服务器。截至目前，自治区住建厅内网办公系统本年度共新建并处理了11447条流程，其中公文处理相关流程5780条、经费报批相关流程1544条、督办流程2852条及日常工作批示流程1271条。

【推进自治区住房城乡建设综合监管和服务一体化信息系统项目】 为构建"3+5+3"的"智慧住建"信息化建设项目框架为载体，以"5"个支撑平台为基础，以"3"个服务体系为辅助，实现"数据全共享、应用全融合、业务全覆盖、过程全监管"。先后起草出台了《自治区住建领域"智慧住建"顶层设计规划方案》《自治区住房和城乡建设行业信息化两年（2020—2021）行动方案》（正在征求意见）。2020年重点围绕升级改造工程建设云平台、升级新疆消防建设综合监管系统、建设城市综合管理服务平台、建设智慧工地服务一体化平台、建设指挥调度（培训）中心5个项目，编制了项目可研报告并征求了各相关厅局的意见建议，经报自治区人民政府批准后已经开始实施。建立项目进展情况汇报制度、"总体院"制度、"专题会议"制度、"廉政风险防控方案"、周报制度5项管理制度，加强项目过程管理。加快推进指挥调度（培训）中心项目，制定了每周2次例会及监理单位、初设单位坐班制度，每周按照初设方案编制组定期专题汇报内容及监理单位反馈内容研究部署相关工作。

【替代安全可靠产品】 2020年年底前，基本完成需替代应用系统的适配和改造。预计年底前完成替代计算机终端和服务器总量均不少于需替代总量32%的目标任务。

【加强网络信息安全】 完成新增服务器、更换老旧楼层交换机及网络安全设备特征库升级等工作以优化网络链路环境，提高系统响应速度。升级和优化硬件防火墙、入侵防御和WEB安全网关等安全设备的特征库和安全规则，提高了信息系统的防御能力。原则上对数据及服务器应用每月定期巡检。每季度和重大节假日前夕对数据进行灾备。

【建设集约化官网】 完成新疆建设网集约化建设工作，集约化网站具备清理僵尸栏目，完善内容纠错、网页防篡改等功能，完成IPV6对接。截至11月4日，建设网发布了1515条信息，微信公众号共发布信息100余条。

【推动数据共享建设】 根据自治厅实际需求（系统迁移、新应用建设）向自治区信息中心申请云资源，编制了将建设厅机房中的既有9套系统迁移到政务云平台的技术方案、摸排电子政务云平台和电子政务外网网络全疆覆盖情况、协调解决华为云和电子政务外网云平台的互联互通技术难点问题、调查厅属信息化系统、整理数据资源目录、梳理网上行政审批、工程建设云等系统的数据标准，为下一步加快住房城乡建设工作与信息化工作深度融合，全面提升住建行业服务平直和科学治理能力，提供科学合理的决策支持。

【致力脱贫攻坚】 协调自治区电子政务外网管理办公室，按照住房城乡建设部技术要求申请虚拟服务器，按期完成系统部署工作，并积极配合完成村镇建设处和研发单位对于后期系统运行所需系统资源和硬件资源扩容需求。

大事记

1月

16日　召开建设行业企业助力脱贫攻坚座谈会。

17日　在乌鲁木齐召开自治区住房城乡建设工作电视电话会议。

19日　新疆喀什地区伽师县发生6.4级地震，震源深度16千米，第一时间启动应急预案，成立抗震救援工作组，指导喀什地区住房和城乡建设局开展房屋受损情况核查、应急评估、隐患排查评估工作。

28日　印发《关于扎实做好自治区住房和城乡建设系统新型冠状病毒感染肺炎疫情期间防控工作的紧急通知》。

3月

1日　新疆维吾尔自治区住房和城乡建设厅研发

的信息化系统（新疆消防建设综合管理云平台（一期）于2020年3月1日上线运行，实现数字化管理、移动化服务、网上审批功能。

18日 召开"访惠聚"驻村工作队新队员行前动员会。

4月

9日 自治区住建厅党组召开"访惠聚"驻村返回干部座谈会。

10日 在乌鲁木齐雅玛里克山后山区域组织开展"绿化环境，美化人生"义务植树志愿服务活动。

10日 印发《自治区建设工程消防设计审查验收备案技术服务机构监督管理办法（试行）》《自治区建设工程消防设计审查验收专家组管理办法（试行）》《新疆消防建设综合管理云平台等信息系统运行管理办法（试行）》。

14日 召开南疆四地州建筑产业工人培训和就业座谈会。

15日 自治区住建厅召开干部职工大会，号召全体党员向加思来提·马合苏提同志学习。

17日 印发《自治区城镇小区配套幼儿园建设管理办法》。

18日 印发《自治区建设工程消防设计审查验收管理暂行规定实施细则》。

21日 由新疆维吾尔自治区住房和城乡建设厅、喀什地区伽师县人民政府合作共建的"新疆维吾尔自治区建筑产业工人就业实训基地"签约并揭牌。

29日 组织各地、州、市、县住房和城乡建设局（建设局）参加住房城乡建设部举办的《建设工程消防设计审查验收管理暂行规定》

5月

13日 自治区住建厅党组召开脱贫攻坚专项巡视"回头看"反馈问题整改专题民主生活会。

18日 召开"十四五"规划调研座谈会。

19日 印发《关于印发〈自治区住房城乡建设领域打通"生命通道"集中攻坚行动方案〉的通知》。

21日 召开全区住房城乡建设系统电视电话会议，部署住房城乡建设系统安全生产专项整治三年行动。

22~26日 自治区住建厅党组书记、副厅长叶林带队前往伽师县调研、开展脱贫攻坚挂牌督战工作。

6月

4日 印发《关于进一步加强施工图设计文件审查管理工作的通知》，赴塔城、博乐、克拉玛依、阿勒泰等地施工图审查机构开展检查。

5日 通过视频方式举办物业服务行业专项整治和房屋网签备案培训。

23日 自治区副主席吉尔拉·衣沙木丁到住房和城乡建设厅调研指导工作。

24日 公示《2020年自治区住房和城乡建设系统抗震和应急保障工作要点》。

30日 召开全区工程建设行业专项整治工作动员部署会暨《保障农民工工资支付条例》宣贯视频会议。

7月

9日 组织全区各级住房城乡部门参加住房和城乡建设部建筑节能与科技司举办的《建设工程消防设计审查验收工作细则》《建设工程消防设计审查、消防验收、备案和抽查文书样式》宣贯培训会。

15日 自治区住建厅党组召开2020年巡察试点工作动员部署会议。

8月

25日 新疆维吾尔自治区住房和城乡建设厅组织开展财务内控管理业务培训。

30日 组织厅机关及所属事业单位开展"十四五"规划编制项目化推进业务培训视频会议。

9月

4日 召开全区住房城乡建设系统视频会议，通报行业重点复工、中小微企业和个体工商户复工复产扶持性政策落实情况，对下一步工作做出部署安排。

8日 自治区住建厅党组书记叶林主持召开全区住房和城乡建设系统扫黑除恶专项斗争暨行业专项整治工作视频推进会。

14日 自治区住建厅与新疆大学政校合作框架协议签约暨揭牌仪式在新疆大学博达校区举行。

17日 召开促进房地产平稳健康发展工作座谈会。

21日 召开"访惠聚"驻村工作队轮换队员座谈会。

23~25日 组织全区住建系统开展了住房城乡建设事业高质量发展"十四五"规划编制培训视频会议。

27日 新疆维吾尔自治区住房和城乡建设厅召开党组理论学习中心组（扩大）会议，传达学习第三次中央新疆工作座谈会精神。

29日 建筑领域技术工种培训就业现场观摩推进会在喀什地区召开。

10月

30日 自治区住建厅党组召开2020年下半年党风廉政建设专题会议。研究部署党风廉政建设工作。

11月

17日 组织召开全区物业服务行业专项整治阶段性工作总结视频会议。

26日 印发《新疆维吾尔自治区施工图审查机构及从业人员信用评价管理办法（试行）》。

27日 召开2020年度城市体检工作视频培训会。

12月

9日 自治区住建厅县处级及以下党员干部党的十九届五中全会和第三次中央新疆工作座谈会精神集中培训班开班。同日，根据《关于自治区建设工程消防设计审查验收工作机关机构编制事宜的批复》，批准设立消防监管处和消防技术服务中心，是全国第18个省级成立处、第10个成立中心的地区，得到了住房城乡建设部的表扬。

（新疆维吾尔自治区住房和城乡建设厅）

新疆生产建设兵团

城镇建设和管理

【老旧小区改造】2020年，新疆生产建设兵团（以下简称"兵团"）总投资5.23亿元，推进35个总面积130.99万平方米的老旧小区改造工作，惠及职工群众1.793万户。年末，35个改造项目有12个完成，涉及1.07万户，其他23个项目均按计划实施。

【城镇污水处理】2020年，争取中央财政资金2860万元，用于三师51团、十四师皮展农场城镇污水管网和处理设施提标改造。2020年，城镇新增排水管网约210千米，新增污水处理能力10万立方米/日。城市污水集中处理率达到95%以上。年末，城镇污水处理设施152座，处理能力达到170万立方米/日，排水管网达到约3797千米。

【城市生活垃圾处理】稳步推进4个城市、2个园区城市生活垃圾分类试点工作，建成生活垃圾分类试点小区64个、分类收集站点234个。2020年新增无害化处理能力146吨/日。各城市新增道路清扫保洁面积约717万平方米，其中新增机械化清扫面积约202万平方米；新增公共厕所15座。城市生活垃圾无害化处理率达到95%以上。年末，城市生活垃圾无害化处理厂8座，无害化处理能力1305吨/日，道路清扫保洁面积约3875万平方米，其中机械化清扫面积约2740万平方米，公共厕所287座。

【城市道路桥梁建设】2020年，城市建成区新增道路长度143千米，新增道路面积341万平方米，新增桥梁9座。年末，城市建成区道路长度约1356千米，道路面积2356万平方米，桥梁51座，人均城市道路面积27.04平方米，建成区道路面积率9.5%。

【城市园林绿化建设】2020年，城市新增绿地面积约1602公顷，新增公园绿地面积约134公顷。年末，城市人均公园绿地面月23平方米，建成区绿地率32.52%，建成区绿化覆盖率36.22%。国家园林城市4个。

【城市供水供气供热】2020年，城市新增供水管网约315千米，新增供气管网约44千米，新增供热管网约150千米，新增供热面积约528万平方米。年末，城市安全饮水普及率达到99%、燃气（含瓶装液化石油气）普及率达到95%、集中供热普及率达到97%。

【历史建筑确定】2020年，全兵团共摸排统计出历史建筑25处，其中城市历史建筑8处、团场（镇）历史建筑17处。印发《关于在城市更新改造中切实加强历史文化保护坚决制止破坏行为的通知》，加强历史建筑的保护。

【城市管理监督】年末，13个师市[不含十一师（建工师）]城市管理综合行政执法支队全部挂牌成立。2020年，兵团住房和城乡建设局配合兵团党委组织部于6月举办为期7天的"提升城镇管理能力专题研讨班"，培训各师市城市管理领导、业务骨干50人。组织5批次11名处级管理人员参加全国城市管理执法培训学习。推进城市综合管理服务平台建设，第八师石河子市作为兵团城市综合管理服务平台建设试点单位，初步实现与国家平台联网对接，第一师阿拉尔市平台进入试运行阶段，第二师铁门关市、第五师双河市启动平台建设。

连队（农村）建设

【农村危房改造】 2020年，国家下达兵团农村危房改造计划5000户，下达中央财政补助资金1.5亿元。截至年底，5000户农村危房改造全部竣工，完成当年计划任务。

【农村生活污水治理示范县创建】 12月，第一师三团入选全国农村生活污水治理示范县。2020年投资3000万元，新建污水处理厂1座，处理规模3000立方米/日。

【生活垃圾治理】 9月、10月，先后制定《兵团连队生活垃圾分类收运处置体系建设指南》《关于全面推进兵团连队生活垃圾治理的指导意见》，推进连队生活垃圾就地分类减量和回收利用。建立连队生活垃圾治理"红黑榜"制度，每月对所有团场、连队逐级进行考核，进行公布通报4次，倒逼滞后团场、连队抓好问题整改。年末，兵团连队生活垃圾收运处置体系覆盖率达到90%以上，113个非正规垃圾堆放点全部完成整治销号。第十三师红星四场被住房和城乡建设部评为全国农村生活垃圾分类和资源化利用示范县。

建筑业

【概况】 2020年末，兵团有建筑业企业467家，其中建筑施工企业406家（特级资质企业3家，一级29家，二级85家）；监理企业23家（综合资质企业1家，甲级8家，乙级8家）；勘察设计企业27家（甲级9家，乙级13家）；审图机构11家。

2020年，实现建筑业增加值321.91亿元，比上年的289.21亿元增长7.5%。资质以上建筑企业完成建筑业总产值1010.93亿元，比上年的930.3亿元增长8.7%，增速比上年提高7个百分点。其中，国有控股企业完成681.3亿元，增长2.8%，增速比上年提高3.2个百分点。外拓建筑市场完成总产值189.25亿元，下降0.2%，增速比上年回落5.9个百分点，占兵团比重从20.4%下降至18.7%。其中，在外省完成产值153.58亿元，增长18.5%，增速比上年提高16.1个百分点，占比从13.9%上升至15.2%。其中，第十一师（建工师）在外省完成产值147.02亿元，增长29.5%；其他师合计完成6.56亿元，下降59.2%。

2020年，资质以上建筑企业签订合同额1889.57亿元，比上年增长16.1%，增速比上年提高14.8个百分点。其中，新签合同额1278.95亿元，增长31.8%，增速比上年提高34.9个百分点，12个师新签合同额实现增长，7个师增长两成以上，2个师增长1倍以上；上年结转合同额610.62亿元，下降7.1%，增速比上年回落15.6个百分点。

特级、一级高资质企业完成建筑业总产值715.31亿元，比上年增长11.9%；拉动总产值增长8.2个百分点，增长贡献率94.7%；占比70.8%，比上年提高2.1个百分点。二级企业完成总产值160.22亿元，下降15.5%，拉低增长3.1个百分点；占比15.8%，比上年降低4.6个百分点。三级企业完成总产值135.4亿元，增长33.1%；拉动增长3.6个百分点，增长贡献率41.8%；占比13.4%，比上年提高2.5个百分点。

2020年，新增资质以上建筑企业41家，比上年增长95.2%，完成总产值60.79亿元，增长1.75倍；拉动总产值增长4.2个百分点，增长贡献率48%。资质以上建筑企业房屋建筑施工面积2923.68万平方米，比上年增长3.2%；其中新开工房屋面积1532.1万平方米，增长33%。房屋建筑竣工面积947.72万平方米，下降1.1%。

2020年，兵团在境外完成建筑业总产值35.67亿元，比上年下降40.6%，增速比上年降低54.2个百分点，占比从6.5%降至3.5%。102家建筑企业完成产值下降或整年停工，占兵团建筑企业总数38.6%；完成建筑业总产值264.69亿元，比上年下降26.2%。其中，小微企业55家，占下降企业数的54%；完成建筑业总产值21.54亿元，下降41.8%。

【建筑市场管理】 印发《关于对房屋和市政工程领域招投标违法违规典型项目挂牌督办的通知》，在1565个涉嫌工程招投标违法违规问题线索中梳理出30个典型项目进行挂牌督办；印发《关于加快推进房屋市政工程招投标违法违规问题核查整治工作的通知》，加快推进问题线索核查整治进程；采取点对点方式对违法违规行为认定迟滞、整治工作缓慢等4类问题进行督办；于4月下旬、9月中旬组成以局领导带队的两个督导组，先后对多个师市房屋市政工程领域违法违规行为专项整治情况进行督导。2020年，处罚责任人员31人，处罚责任单位51家，罚款340万元。

【建设工程安全监督】 2020年，先后组织房屋市政工程施工安全生产隐患大排查大整治、"安全生产月"、巡查暗访、专项排查整治等行动，排查整治了一大批安全生产隐患。全年共检查工程4583项次，下发整改通知书2919份，处罚152家企业，罚款1147.61万元，信用惩戒79人，曝光典型案例123起。遏制生产安全事故取得实效，2020年兵团住建行业共计发生生产安全事故1起,死亡1人,与去年同期相比,事故起数减少2起,下降66.7%,死亡人数减少2人,下降66.7%。

房地产业

【房地产开发投资】2020年,兵团房地产开发投资149.24亿元,比上年增长3%,增速比上年回落4.4个百分点。其中,国有控股开发投资27.62亿元,增长9.8%,占比18.5%;民间开发投资121.62亿元,增长1.6%,占比81.5%。从项目用途看,住宅投资107.39亿元,增长17.7%,占比72%,拉动房地产开发投资增长11.2个百分点;办公楼投资1.24亿元,下降13.4%,占比0.8%;商业营业用房投资28亿元,下降23.4%,占比18.8%;其他房屋投资12.61亿元,下降19.4%,占比8.4%。14个师市开发投资增速呈现"10增4降"。开发在建和在售项目594个,增长15.1%;在建项目294个,增长40.7%,其中新增项目124个,增长1.34倍。新增项目开发投资拉动3/4的增长。新增项目开发投资58.14亿元,增长6.2%,占比39%,拉动房地产开发投资增长2.3个百分点,贡献率77.8%;续建项目开发投资91.1亿元,增长1.1%,占比61%,拉动增长0.7个百分点。

2020年,兵团房地产开发房屋施工面积2270.78万平方米,比上年下降6.1%,增速比上年回落15.6个百分点,其中住宅施工面积1557.94万平方米,增长3.4%;房屋新开工面积561.02万平方米,增长33%,增速比上年提高35.9个百分点,其中住宅新开工面积454.6万平方米,增长50.5%;房屋竣工面积204.34万平方米,增长73.5%,增速比上年提高77个百分点。

【商品房销售】2020年,兵团商品房销售面积336.54万平方米,比上年下降4.5%,增速比上年回落6.3个百分点;商品房销售面积352.23万平方米;商品房销售额170.8亿元,下降2.5%,降幅比上年收窄4.7个百分点。商品住宅销售面积300.98万平方米,增长4.9%,占比89.4%,拉动商品房销售面积增长4个百分点;办公楼销售面积1.82万平方米,下降38.8%,占比0.6%,拉低增长0.3个百分点;商业营业用房销售面积24.17万平方米,下降26.1%,占比7.2%,拉低增长2.5个百分点;其他房屋销售面积9.57万平方米,下降67.8%,占比2.8%,拉低增长5.7个百分点。14个师市商品房销售面积增降各半,其中5个师市增长四成以上。从商品住宅户型看,90~144平方米商品住宅销售面积235.18万平方米,增长9.9%,占商品房销售面积比重由上年的60.7%提高到69.9%,其中期房销售面积214.59万平方米,增长29.9%。在库企业待开发土地面积342.48万平方米,增长1.04倍,增速比上年提高34.3个百分点;土地购置面积197.33万平方米,增长2.11倍,增速比上年提高263.2个百分点。

2020年,兵团商品房销售均价每平方米5075元,比上年增长2%。其中,商品住宅销售均价4890元,增长1.8%;办公楼销售均价5821元,下降26.8%;商业营业用房销售均价8306元,增长0.1%;其他房屋销售均价2593元,下降3.3%。14个师市商品房销售均价呈现"8增6降",7个师市增速高于兵团平均水平。

2020年,兵团商品房待售面积357.68万平方米,比上年增长59.7%。其中,住宅待售面积123.41万平方米,增长38.3%,占比34.5%;商业营业用房待售面积196.35万平方米,增长82.6%,占比54.9%。从待售时间看,待售1~3年的面积144.44万平方米,增长63.3%,占比40.4%;待售3年以上的面积119.22万平方米,增长59.2%,占比33.3%。从各师市看,12个师市商品房待售面积增长,9个师市增长两成以上,3个师市增长1倍以上。

【房地产市场管理】全年共审核办理兵团房地产开发企业资质52家。截至年末,兵团有房地产开发企业367家,其中一级资质房地产企业5家,二级资质房地产企业23家,三级资质房地产企业31家,四级资质房地产企业70家,暂定资质房地产企业238家。有从业人员2.3万人。5月,印发《关于加强房屋网签备案工作进一步提升服务效能的通知》,全面推行房屋网签备案制度。年末,兵团14个师市均正常开展房屋买卖合同网签备案,覆盖率100%。9月8日,与农行新疆兵团分行签署战略协议,共同开发建设兵团房产管理信息平台。

【物业服务专项整治】截至年末,兵团各师市有住宅小区1392个,由396家物业企业提供服务。7月,印发《兵团物业服务行业专项整治工作方案》。共检查小区1376个,占小区总量的98.85%;检查物业服务企业388家,占97.98%。检查发现问题线索313条,受理投诉举报329件,现场整改524件,发出限期整改通知书49份,给予罚款6家、列入黑名单物业服务企业4家、清除出兵团物业服务市场的4家。

住房保障

【城镇棚户区改造】 2020年,兵团实施城镇棚户区改造5532户,补助资金8734.6万元,其中:二师737户,补助资金,1164.46万元;八师4195户,补助资金6622.14万元,十二师600户,补助资金948万元。

【公共租赁住房】 2020年,兵团十一师新建公租房200套,补助资金800万元。

【住房租赁补贴】 2020年,兵团发放租赁补贴182户,补助资金36.4万元,其中:一师53户,补助资金10.6万元;六师30户,补助资金6万元;十师32户,补助资金6.4万元;十二师67户,补助资金13.4万元。

【住房公积金管理】 2020年,兵团住房公积金新开户单位579家,净增单位424家;新开户职工3.01万人,净增职工1.09万人;实缴单位5221家,实缴职工25.81万人,缴存额47.99亿元,分别比上年增长3.02%、0.05%、5.08%。年末,缴存总额344.54亿元,增长16.18%;缴存余额152.26亿元,增长10.15%。

2020年,提取住房公积金35.53万人次;提取额33.97亿元,比上年增长3.45%。截至年末,累计提取总额192.28亿元,增长21.46%。是年,发放个人住房贷款1.08万笔41.49亿元,分别增长27.64%、41.61%。回收个人住房贷款8.99亿元。累计发放个人住房贷款7.14万笔157.61亿元,贷款余额101.52亿元,分别增长17.78%、35.73%、47.07%。支持职工购建房128.85万平方米,职工通过申请住房公积金个人住房贷款,节约购房利息支出6886.48万元。发放异地住房公积金贷款300笔10686.7万元。截至年末,发放异地贷款总额20797.23万元,异地贷款余额18018.54万元。

兵团住房公积金管理中心贯彻执行国家、自治区及兵团应对新冠肺炎疫情阶段性支持政策。7月,调整部分住房公积金政策:在9月30日前受疫情影响企业可申请缓缴或降低比例;因单位缓缴,职工未能正常缴纳住房公积金不影响其申请贷款;9月30日前贷款职工不能正常还款的,不做逾期处理;12月30日前提高租房提取额度。截至年底,批准单位缓缴33家8810人,涉及金额4930万元;批准单位降低比例7家1459人,涉及金额102.92万元;不做逾期处理的贷款471笔,涉及金额93.01万元;办理租房提取1847笔,涉及金额928.97万元。

(新疆生产建设兵团住房和城乡建设局)

大 连 市

概况

2020年,大连市实现房地产投资753.1亿元,同比增长5.9%,商品房销售面积714.8万平方米,同比增长8.5%,销售额950.9亿元,同比增长20.6%。完成建筑业产值821.9亿元,同比增长11.9%。全市所有新建民用建筑全部执行绿色建筑标准;新开工装配式建筑245万平方米,占比达到30%,大连市被认定为国家装配式建筑范例城市。全年改造老旧小区76个、204万平方米,惠及居民3.49万户,推进130条背街小巷(区域)改造;对开放式居民小区实行封闭,建设封闭栏杆15万米,封闭老旧散楼区域921个,惠及居民35.8万户。制定《大连市物业管理区域管理办法》《不良行为记分规则》等系列制度,推进物业管理全覆盖。全年新建市政燃气管网63.7公里,改造铸铁管网70公里,完成20.3万户天然气置换和1.4万户新通管道燃气。更新改造供热管网168公里,淘汰居民燃煤供暖锅炉50台,辽宁省8890平台投诉量同比下降69.3%,用户满意度、反馈率、办结率均为100%。农村生活垃圾处置体系实现全覆盖,生活垃圾分类辐射到每个农户,完成全部166处非正规垃圾堆放点整治。改造农村危房545户;印发实施方案和技术导则,推动农房抗震改造试点。推进全域海绵城市建设,顺利通过国家海绵城市试点验收。全年推进重点项目88项,菱湾桥、潮来桥改建、金龙路拓宽改造等工程完工。

法规建设

【相关文件】 2020年,市政府办公室先后发布

《大连市人民政府办公室关于进一步规范我市企业新职工住房货币补贴有关问题的通知》《大连市人民政府办公室关于印发大连市政策性住房配建管理办法的通知》《大连市人民政府办公室关于印发大连市共有产权住房建设管理暂行办法的通知》《大连市人民政府办公室关于推进公有住房出售工作的通知》《大连市人民政府办公室关于进一步推进既有住宅加装电梯工作的实施意见》。

【依法行政】印发《大连市住房和城乡建设局2020年依法行政（法治住建）工作要点》，组织开展修订《大连市建筑市场管理条例》和制定《大连市海绵城市管理条例》立法调研论证工作。印发《开展地方性法规、政府规章和规范性文件清理工作方案》，清理地方性法规5件、政府规章12件、市政府规范性文件27件、市住建局规范性文件65件，并将清理结果在局网站公示。审查局规范性文件6件，并报送市司法局备案。研究向各区市县、先导区住房和城乡建设部门下放市政基础设施工程施工许可证核发等7项行政职权。《大连市住房和城乡建设"十四五"规划》列入2020年市政府重大行政决策事项目录，拟定市住建局重大行政决策事项目录。全面落实行政执法"三项制度"。完善"双随机、一公开"监管系统，实现"一键"随机抽取检查对象、随机选派执法检查人员、及时公布查处结果。积极推进一网通办工作，形成市住建局政务服务事项清单并动态调整，实现住建系统政务服务事项"三统一"。组织协调局自建业务系统与市大数据中心一体化平台完成对接。编制市住建局政务服务信息共享资源目录。印发《大连市住房和城乡建设局"社会治理 法治先行"宣传年活动方案》《大连市住房和城乡建设局"谁执法谁普法"责任清单》《大连市住房和城乡建设局关于依法防控新冠肺炎疫情切实保障人民群众生命健康安全和经济社会稳定发展的工作方案》。

房地产业

【概况】2020年，大连市房地产投资、商品房销售面积、销售额主要指标增速全部实现由负转正。全市完成房地产投资753.1亿元，比上年增长5.9%；实现商品房销售714.8万平方米、950.9亿元，比上年分别增长8.5%、20.6%。至年末，商品住房待售面积765万平方米，静态去化周期14个月。

【房地产市场调控】发布《关于规范商品房销售和网签备案行为的通知》，进一步规范开发企业销售、网签行为；印发《大连市专项整治住房租赁中介机构乱象工作方案》，促进市场平稳健康发展。

【房地产去库存】出台《全市推进房地产去库存工作方案》提出8条工作措施，明确落实主体责任、加强数据统计、加强督查考核等3项工作要求。组织各区市县、开放先导区梳理本地区闲置和停缓建项目情况，建立《大连市闲置和停缓建项目台账》，推进县城去库存及盘活停缓建项目。

【房地产市场秩序监管】先后下发《关于规范商品房销售和网签备案行为的通知》和《购房注意事项提示》等系列文件。9月15日，联合市公安局、市市场监督管理局、市城市管理局下发《关于开展大连市房地产市场秩序专项整治工作的通知》，对房地产开发企业和中介机构开展为期2个月房地产市场秩序专项整治。9月28日，同市自然资源局、中国银行保险监督管理委员会大连监管局、人民银行大连中心支行下发《关于进一步加强和规范商品房预售资金监督管理的通知》，进一步加强对重点监管资金支取的监督管理。联合市自然资源局、市税务局、中国银行保险监督管理委员会大连监管局、人民银行大连中心支行、市市场监督管理局等部门先后下发《关于印发〈大连市存量房交易合同网签备案管理办法〉实施细则的通知》《关于印发〈大连市存量房买卖合同（范本）〉的通知》《关于大连市规范存量房交易合同网签备案认证管理工作的通知》，明确要求存量房网签备案工作，12月1日起大连市存量房网签备案赋码合同作为办理纳税申报、不动产转移登记、存量房个人贷款等业务重要依据。

【住房租赁市场】2020年，大连市多渠道增加租赁住房供应，鼓励通过在新建商品住房项目中配建租赁住房，增加租赁房源供给。出台《大连市政策性住房配建管理办法》，进一步规范房地产用地挂牌出让方案中政策性住房配建工作。全年全市供应租赁住房9946套，推出青年公寓401套、长租公寓1800余套。大连市房屋租赁网签备案系统、移动端应用于6月正式运行。开展房地产经纪行业"星级评定"工作，"星级评定"系统平台已注册机构896家，已注册人员10802人（参与测评人数8998人），获得4星以上机构、从业人员分别为7家、1829人。

住房保障

【概况】2020年，大连市新增公共租赁住房货币补贴保障3252户、高层次及产业发展与城市发展急需紧缺人才保障875户；新受理并审核合格高校毕业生9940人。全年发放符合条件的公共租赁住房保障家庭补贴2.9万户、1.47亿元，发放高校毕业生类人才家庭住房补贴1.2万户、0.83亿元，发放引进人才住房补贴1567名、1亿元。在3个新建商品住房项目中配建各类政策性住房830套，配建面积7.52万平方米。2213户经济适用住房保障家庭办理完善产权。大连市住房城乡建设事务服务中心完成375户保障对象配租公共租赁住房，办理退房及腾退703户（套）。

【人才住房保障】2020年，大连市发放各类人才住房补贴14402名、18288.9万元。其中，按2015年政策执行的情况发放高层次人才安家费9名、860万元（含用人单位承担的172万元），发放产业发展急需紧缺人才租房补贴655名、1064.6万元，发放高校毕业生住房补贴7676名、2939.3万元；按2019年政策执行的情况发放高层次人才安家费344名、7294.4万元，发放城市发展紧缺人才租房补贴559名、802.8万元，各区住建部门向符合2019年政策的5014名高校毕业生发放租房补贴5133.2万元，向145人发放购房补贴194.8万元。

【政策性住房配建】6月13日，大连市人民政府办公室出台《大连市政策性住房配建管理办法》，规范政策性住房配建管理。年内，3宗成交地块按此管理办法签订配建政策性住房协议。

【共有产权住房】6月13日，大连市人民政府办公室出台《大连市共有产权住房建设管理暂行办法》，解决"夹心层"的基本住房问题。10月，首批共有产权住房项目受理工作启动，该项目主要是由石门山经济适用住房剩余房源转化，共326套，销售均价13640元/平方米，受理1791户。截至年底，实现销售248套。

城市体检评估、建设工程消防设计审查验收

【城市体检评估】2020年，大连市入选住房和城乡建设部城市体检样本城市。大连市组建市级项目领导小组，并在区级层面建立项目实施小组，确保城市体检深入基层。大连市城市体检项目组引入遥感影像数据、互联网大数据等城市运行数据，探索了城市体检数据获取的新途径。同时，利用信息技术与大数据，搭建城市体检信息管理智能平台，为实现"一年一体检、五年一评估"提供强有力的智能支撑。城市体检信息平台具备指标管理、可视化展示及平台管理等功能。

【建设工程消防设计审查验收】2020年，大连市办结消防设计审查245件，消防验收134件，消防验收备案467件。完成了恒力石化150万吨/年乙烯项目、PTA项目和中国科学院大学能源学院等一批重大项目消防验收工作。新冠疫情发生后，为市六院负压病房改造和市疾控中心两个重点应急工程启动消防审验"绿色通道"。下发《关于调整大连市建设工程消防设计审查验收及备案抽查市区两级权限划分的通知》，对全市建设工程消防设计审查验收及备案抽查的市、区两级权限重新进行划分，部分地区实现了全口径属地管理，进一步完善和丰富区级审批链条。遴选44名消防验收专家和50名消防设计审查专家组成第一批大连市建设工程消防审验专家库。调整大连市建设工程联合审批平台相关模块，通过部门之间信息共享，进一步增强建筑火灾防控和救援能力。全年组织5次消防业务培训，累计对600余人次进行授课。

城市建设

【概况】2020年，大连市制定实施《大连2049城市愿景规划》，在国内率先配套建立国土空间规划政策法规体系；"两新一重"项目快速实施，大连湾海底隧道等一批基础设施稳步推进；改造老旧小区76个，343户棚户房区域居民实现搬迁。

【城市道路桥梁建设】实施道路桥梁交通基础设施建设工程9项，其中6项工程完工；大连市城市桥梁安全防护隐患设施更新工程、2019年道路改（扩）建工程、新建盲步道工程持续推。城市道路桥梁设施完好率97.1%。

【停车场建设】重点推进中山区民康街停车场、西岗区儿童医院停车场、甘井子区中升凌志立体停车场、高新园区腾飞E区二期机械式立体停车场、中心医院北院停车场5个停车场建设。至年末，除中心医院北院停车场转下年续建外，其余4个停车场均完成项目建设。

【老旧小区改造工程】2020年，大连市完成204万平方米老旧小区改造任务。按照"应封尽封"原则，封闭老旧散楼区域921个，涉及居民35.8万户，建设封闭铸铁栏杆14.95万米。全面启动中山区、西岗区、沙河口区棚户房区域整治工作。出台《大连市人民政府办公室关于进一步推进既有住宅加装电梯工作的实施意见》。

【城市供气】2020年，大连市有城镇燃气企业（场站）206家，其中管道燃气企业24家、瓶装液化石油气企业157家、汽车加气企业25家。全市各类燃气管网6466公里，其中市内四区3039公里、其他区市县（开放先导区）3427公里。全市有各类燃气用户209万户，其中人工煤气用户47万户、天然气用户131万户、液化石油气用户31万户。人工煤气

年用气量1.8亿标准立方米、天然气年用气量5.5亿标准立方米、液化石油气用气量8.7万吨。

【天然气入连建设工程】2020年，大连华润燃气有限公司完成新建市政燃气管网工程64公里，完成铸铁管改造70公里。中山区、西岗区、沙河口区、甘井子区、高新技术产业园区28个小区2.1万户新开通管道燃气，256个小区20.3万户实现天然气取代工煤气。

【城市供热】2020年，大连市中山区、西岗区、沙河口区、甘井子区及高新技术产业园区有供热单位71家，供热建筑面积15790万平方米，其中热电联产供热面积7550万平方米、区域锅炉房供热面积8240万平方米。市内有供热厂（站）71座，其中热电厂7座、区域锅炉房64座；供热主次管网长5012公里。城市集中供热普及率99%，城市住宅供热普及率99.9%。

【城市供热准备】2020年，大连市城市供热设施维修改造供热管网157.9公里。大连市住房和城乡建设局按照"冬病夏治"要求，重点解决好上一供热期重点难点16项问题，对标对表推进工作落实，6月始，每半月调度一次，9月始，每周调度一次。推进拆炉并网工作，落实好清洁取暖、推进污染防治攻坚战和打赢蓝天保卫战重要任务。推进供热行业信息化管理，实现全市"一张网"管理。推行"互联网+便民缴费"，实现便民服务事项"提速增效"。督导供热企业10月25日前完成供热设施维修改造，做好供热准备，进行冷、热态系统调试。成立督查组，专项督导检查供热管理工作及供热企业准备工作进展情况，确保全市供热企业11月1日开始热态调试运行。11月5日，大连市进入供热期，按时供热率100%。

【供热质量管理】召开供热调度会，落实降温预警调度制度，9次下发供暖预警调度令，利用可视化监管平台检查热源站点供回水温度，抽查用户室温监测点情况，发现问题及时解决。坚持每日督查制度，发布《供热每日专报》152期。加强供热诉求办理，投诉100%24小时办结并100%回访。开展行业明察暗访，出动检查人员636人次，暗访锅炉房、换热站366座，实地走访入户1734户，发现问题立即通报整改。开展供热末期督查，保证供热末期平稳运行。督促指导供热企业在居民小区安装热用户远传固定室温监测点2000余个。

村镇规划建设

【农村生活垃圾治理】建立8300余人的农村保洁队伍，按需配置收集设施和转运车辆，推进终端处理设施建设，哈仙岛低温热解项目投入运行，农村生活垃圾处置体系实现全覆盖；加快生活垃圾分类减量，落实"三级包保责任制"，推广"五指分类法"，生活垃圾分类辐射到每个农户；完成全部166处非正规垃圾堆放点整治。

【农村危房改造】2020年，大连市改造农村危房772户，其中C级危房334户、D级危房438户。使用中央财政农村危房补助资金634万元、市级财政配套补助资金1827万元、县级财政配套补助资金595万元。

标准定额

2020年，大连市有工程造价咨询企业67家，其中甲级企业39家、乙级（含暂定级）企业28家。全年完成营业收入9.2亿元，比上年增长85.1%。其中，工程造价咨询营业收入4.4亿元，比上年增长8.2%。涉及工程造价总额1460.3亿元，工程结（决）算阶段审减工程造价总额115.2亿元。至年末，从业人员3061人，其中一级注册造价工程师588人，高级职称590人。加强工程造价信息管理，向辽宁省住房和城乡建设厅上报工程造价信息2.4万条。

工程质量安全监督

【建设工程质量监督管理】2020年，大连市各级住建部门监督在建项目建筑面积2856万平方米；组织联合验收414项，建筑面积1221.7万平方米。监督在建地铁单位工程42项，其中车站17项，面积16.6万平方米；区间段25项，长度33千米；风水电安装工程2项；车站装修工程2项。监督在建市政燃气管道及附属设施228.7千米。开展全市房屋建筑冬期施工工程质量专项检查，随机抽查全市在建冬期施工工程质量，抽查9个区市县、开放先导区的16项工程，存在较多质量问题7项工程，向所在地建设主管部门下发督办整改通知单5份。开展全市房屋建筑工程开（复）工质量专项检查，抽查14个区市县、开放先导区的29项工程，存在较多质量问题3项工程，向所在地建设主管部门下发督办整改通知单2份。开展在建房屋建筑工程质量大检查，抽查15个区市县、开放先导区的33项工程，存在较多质量问题6项工程，向所在地建设主管部门下发督办整改通知单5份。开展在建地铁工程质量大检查，检查工程62项次，发现问题43项，下达责令整改通知书37份。

【建设工程监理行业管理】 2020年，大连市有建设工程监理企业53家，其中综合资质企业2家。按专业分类，房屋建筑工程甲级34家、乙级12家、丙级3家；市政公用工程甲级23家、乙级21家、丙级4家；机电安装工程甲级1家、乙级5家；公路工程甲级1家；电力工程甲级3家、乙级10家；化工石油工程甲级2家、乙级3家；水利水电工程乙级1家、丙级2家；港口与航道工程甲级1家、乙级2家；冶炼工程甲级2家；矿山工程甲级1家；通信工程乙级1家；铁路乙级1家。注册监理工程师1072人，注册造价工程师154人，各类注册人员合计1630人次。企业从业人数4502人。

【建筑施工安全监督】 2020年，检查覆盖所有区市县、开放先导区，抽查房屋建筑和市政基础设施工程992项次，排查整治各类安全隐患1856处。全年全市建筑施工领域未发生重大及以上安全生产事故。印发《关于大连市房屋建筑与市政基础设施工程施工工地安装扬尘在线监测和远程视频监控系统的补充通知》。将列入《在线扬尘监控系统运行情况通报》黑榜名单项目作为重点检查对象，落实工地扬尘管理系统化、措施化。印发《关于试点推广围挡基坑喷淋装置的通知》，实现扬尘管控智能化。开展"安全生产月"系列活动，举办"5·26起重设备安全管理培训会""6·23消防安全知识培训会"。做好疫情期间的安全生产三类人员继续教育考核及特种作业人员考试考核工作，制定《大连市建筑行业安管人员、特种作业人员疫情期间考核工作方案及防控应急预案》。组织2927人参加考核，1960人通过安全管理人员考核。177人通过特种作业人员考核。

建筑市场

【概况】 截至年末，大连市有建筑业企业3186家，其中特级企业5家、一级企业221家、二级企业1076家、三级及其以下企业1884家。资质以上建筑业总产值821.9亿元，比上年增长11.9%；施工面积3625.7万平方米，新开工面积1198.3万平方米，就业人员17.4万人。一项工程被评为2020—2021年度第一批国家优质工程；52项工法被确定为辽宁省工程建设工法；5项工程获评中国建筑业协会安全交流活动3A级文明工地；8个项目通过2020年辽宁省建筑业绿色施工示范工程验收；19家企业被评为2020年辽宁省优秀建筑业企业。全市获评大连市优质工程"星海杯"单位工程32项、群体工程1项、小区工程4项、水工工程2项，获评辽宁省优质工程"世纪杯"单体19项、市政工程2项，获评辽宁省优质结构单体工程66项、市政工程8项。

【建设市场监管机制改革】 2020年，大连市开展"清单制＋告知承诺制"审批改革试点。制定印发《大连市人民政府办公室关于印发大连市开展"清单制＋告知承诺制"审批改革试点工作实施方案的通知》，进一步压缩审批时限。改革后全市社会投资小型仓库、厂房等工业类工程建设项目全流程审批时限不超过10个工作日，社会投资带方案出让土地工程建设项目不超过17个工作日，既有改造工程建设项目全流程审批时限不超过8个工作日。此外，针对大连市存在20项短板，制定印发《大连市人民政府办公室关于印发大连市进一步优化工程建设项目审批服务改革方案的通知》。至年末，全市社会投资小型工程建设项目审批时限压缩至30个工作日以内，其他社会投资工程建设项目审批时限压缩至37个工作日以内，财政投融资工程建设项目审批时限压缩至47个工作日以内。

【建设市场管理】 2020年，大连市开展整治建筑工程施工发包与承包违法行为专项行动，印发《关于开展我市建筑市场执法检查的通知》《大连市建筑市场违法违规行为专项整治工作方案》《关于开展建筑市场绿色建筑和装配式建筑联合检查的通知》。3~12月，开展全市建筑市场违法违规行为专项整治工作。全市各区市县、先导区建设行政主管部门共检查建设项目633个，检查建设单位499家（次）、施工企业541家（次）、监理企业433家（次）。其中26个建设项目存在建筑市场违法违规行为，处罚涉及问题31家企业和29人。

【建设工程招投标管理】 2020年，大连市建筑工程领域完成建设工程招标项目1280个，比上年增长6%；招标总额206亿元，比上年增长104.6%。全市完成电子化招投标项目1029项，网上招标项目备案1084项，发布招标公告1080条，招标文件备案1278项，发布中标候选人公示1273条，中标结果公示1283项，招标人发出中标通知书1274项。至年末，大连市建设工程招标代理机构有197家，比上年增加45家，增长29.6%。2月14日，印发《关于做好疫情防控期间建设工程招投标工作的指导意见》，并在全省率先组织研发"网上不见面"开标。5月25日，印发《关于大连市房屋建筑和市政基础设施工程材料采购及勘察设计等前期项目招标投标电子化的通知》，自2020年7月1日起，勘察设计等前期项目招投标全部实行电子化。至此，大连市房屋建筑和市政基础设施工程勘察设计、施工、监理、材料采购等全部实现电子标，且招投标活动实现全流程电子化和网上办理。7月22日，印发《关于建设工程造价咨询服务招投标项目有关企业资质要求的通知》。7月30日，印发《促进大连市建筑业高质量发展的实施意见》，首次提出改革定标方法，推进评定分离。

建筑节能与科技

【建筑节能】 2020年，大连市继续实施既有居住建筑节能改造工程（暖房子工程），总投资1.94亿元，全年完成改造面积60.4万平方米，共改造建筑180栋，惠及居民9625户。全年落实装配式建筑项目15个、建筑面积352万平方米；新开工装配式建筑245万平方米，装配式建筑占新建筑比例30%，超额完成市政府下达的25%的考核指标。9月，大连市获国家装配式建筑范例城市称号，都市发展设计集团有限公司获国家装配式建筑示范基地称号。

【绿色建筑发展】 印发《大连市2020年度绿色建筑工作绩效考评办法》，确定全市2020年绿色建筑发展任务指标。全年新增绿色建筑面积848.9万平方米，占新开工建筑面积的100%，超额完成省政府提出的90%的考核指标。年度竣工绿色建筑面积600.9万平方米，占竣工建筑面积比例81.6%。2020年，9个项目获绿色建筑二星级设计评价标识，总建筑面积62.2万平方米；7个项目获绿色建筑一星级设计评价标识，总建筑面积33.5万平方米。

【建设科技项目推广利用】 2020年，大连市大连湾海底隧道建设工程等4个工程项目参加10项新技术应用示范工程申报并通过省住房和城乡建设厅初审。

人事教育

加强干部队伍建设，严格按照新修订的《党政领导干部选拔任用工作条例》和中共辽宁省委组织部干部管理"4+10"文件要求，开展机关及事业单位领导干部选拔任用。坚持实践锻炼培育人。大力实施素质工程，着力提高年轻干部的理论素养和业务能力，将年轻干部选派到住建系统改革攻坚、重大项目、综合协调等吃劲负重岗位经受历练。

大事记

1月

2日 大连市共有11个物业服务项目入选"2019年辽宁省物业服务标杆项目"称号，标杆项目数量位居全省第一。

17日 召开大连市2020年住房城乡建设会议，市委常委、副市长骆东升出席会议。

2月

19日 召开大连市住建领域开复工工作会议。

20日 印发《关于做好大连市新冠肺炎疫情防控期间房屋建筑和市政基础设施工程开（复）工工作的指导意见》。

3月

5日 大连市首个工程建设"不见面"开标项目，标志着大连市建设工程招投标正式开启"不见面"时代。

15日 大连市人民政府办公室印发《关于应对新型冠状病毒肺炎疫情保障城乡有序建设的政策意见》。

23日 大连市人民政府办公室印发《关于进一步规范我市企业新职工住房货币补贴有关问题的通知》。

4月

7日 省住建厅党组书记、厅长魏举峰来连专题调研老旧小区改造及建筑业开复工情况。

17日 召开2020年大连市住建领域安全生产工作会议。

5月

8日 大连市政府召开全市老旧小区改造和背街小巷整治工作视频会议。

27日 大连市住建局、大连市建设工程质量与安全监督中心举办2020年全市建筑施工起重设备安全管理培训会。

6月

13日 大连市人民政府办公室印发《大连市政策性住房配建管理办法》、《大连市共有产权住房建设管理暂行办法》。

15日 大连市人民政府办公室印发《大连市物业管理区域管理办法》。

17日 出台《大连市物业服务企业和项目经理信用信息管理办法》和《大连市物业服务企业和项目经理不良行为记分规则》。

30日 大连市人民政府办公室印发《大连市开展工程建设项目"清单制＋告知承诺制"审批改革试点工作实施方案》。

7月

9日 市长陈绍旺现场调研城市建设项目。

15日 发布《关于规范商品房销售和网签备案行为的通知》和《购房注意事项提示》。

8月

19日 市委常委、副市长骆东升现场调研甘井子区老旧小区改造项目；专题研究市内四区棚户房区域捆绑开发工作。

9月

10日 大连市被住房和城乡建设部评为国家装配式建筑示范城市。

22日 召开全市房地产和建筑业经济运行调度会议。

10月

31日 印发《大连市进一步优化工程建设项目审批服务改革方案》。

11月

9日 大连市人民政府办公室印发《关于推进公有住房出售工作的通知》。

13日 大连市人民政府办公室印发《关于进一步推进既有住宅加装电梯工作的实施意见》。

12月

1日 大连市内四区正式实行存量房交易合同网签备案。

4日 出台《大连市城市房屋使用安全管理办法》。

（大连市住房和城乡建设局）

青 岛 市

概况

2020年，山东省青岛市住房城乡建设局深入贯彻落实习近平总书记视察山东视察青岛重要讲话、重要指示批示精神，落实习近平总书记关于统筹推进疫情防控和经济社会发展的重要讲话、重要指示精神，按照中央决策部署和省、市工作要求，围绕统筹住房和城乡建设领域疫情防控和经济社会发展，深入推进改革创新，加快重点工作攻坚，全面落实"六稳""六保"任务，推动我市住建事业高质量发展取得了积极成效。

房地产业

【概况】 2020年，全市新建商品住宅成交1585.72万平方米（13.53万套），同比增长6.43%，市场成交好于去年同期。全市新建商品住宅销售价格指数环比累计上涨2.9%，完成稳房价目标任务。全市房地产开发投资2045.1亿元，同比增长13.4%，房地产开发投资稳定增长。

【保持房地产市场平稳健康发展】 2020年，全市房地产开发完成投资2045.1亿元，同比增长13.4%；各类房屋新开工面积3312.4万平方米，同比减少4.6；新建商品房批准预售1998.17万平方米，同比减少9.80%。全市新建商品房销售15.36万套，同比增长1.15%；面积1783.53万平方米，同比增长2.17%；金额2265.97亿元，同比增长11.18%。全市二手房成交6.05万套，同比增长16.38%；面积546.37万平方米，同比增长19.10%；金额678.62亿元，同比增长18.90%。截至年末，全市新建住房库存184690套，同比增长22.62%；面积2192.85万平方米，同比增长20.52%；去化周期16.6个月。主办"2020年百日万店消费季网络房展"。依托网络媒体，实现网上选房。全市新建房、二手房日均成交较展会前分别增长98%和104%。累计拨付预售监管资金1307亿元，有效缓解了企业资金压力。

【创新实施商品房交付流程再造】 出台《青岛市新建商品住宅交付流程指导意见》，提出了"建筑装修一体、样品实体一致、房屋交付明晰"的监管思路并付诸实施。规范房屋和物业质量查验，对房屋交付条件、流程等进行了全面梳理和改革，推出了多项便民利企举措。实施交易监管网络系统再造，将服务向开发企业、房产中介和业主端延伸，进一步完善数据采集、交易监管、统计监测等功能，推动政务服务不断提速增效。

【规范新建商品住宅全装修建设管理】 出台《加强新建商品住宅全装修建设管理的通知》，进一步加强对新建商品住宅全装修建设中设计、施工、销售、交付等关键环节的监管，落实企业主体责任，为规范全装修建设管理提供了制度保障。

住房保障

【公共住房建设】出台文件对参与疫情防控一线的医疗卫生、公交、环卫、物业等行业符合住房保障条件的群体，予以租金减免和增发住房租赁补贴。经审核，计划减免租金总额约为65.8万元，增发住房租赁补贴总额约为8.7万元。青岛市已经连续十四年将住房保障工作纳入市政府为民办好的实事，2020年，全市已开工建设公租房2005套，新增住房租赁补贴5606户，圆满完成年度目标任务。相继出台优惠政策，将公交、环卫等公共服务行业新就业无房职工、稳定就业的外来务工人员纳入住房租赁补贴保障范围。开展全市住房困难新市民摸底调研，编制了试点实施方案，并积极组织引进社会资本参与我市政策性租赁住房建设和筹集工作。与中国建设银行签订战略合作协议，合作期内中国建设银行将提供总额不低于250亿元的优惠贷款。在全市范围开展公租房违规转租转借行为专项整治，累计入户排查5万余户，检查发现违规转租转借公租房家庭共176户，已完成整改55套，收回房屋102套，住房城乡建设部印发专题工作简报，在全国推广我市典型经验。开发建设住房保障公共服务系统并全面推行电子合同，实现住房保障"一站式"办理，截至年底，累计服务7.8万余人次，保障资格在线审核8000余户。按照"1+N"模式开发并上线运行住房租赁服务信息监管平台，截至年底，完成房源核验25838次，登记备案企业2134家，经纪人注册1585人，备案房源3.2万套。公房出售业务进驻市民服务分中心。截至年底，共受理房改业务件350余件；审查100余个单位职工住房补贴发放资格，为1000余名职工发放住房补贴；受理50个已购自管公房小区维修基金使用申请，为900余户居民提供维修基金约100万元，进一步改善居民居住条件。

【人才住房建筹和供应】鼓励房地产开发企业自筹资金参与人才住房建设和运营，支持高校、科研院所、医疗机构和大企业等单位利用自有土地建设人才住房。截至年底，我市共建设和筹集人才住房项目206个，房源10.04万套（间），年度任务圆满完成。在印发《青岛市住房发展规划（2018—2022年）》和《青岛市人民政府关于加强人才住房建设和管理的实施意见》（青政发〔2020〕2号）的基础上，密集出台了攻坚行动方案、促进企业恢复正常生产经营、盘活剩余安置用房、明确建设和筹集措施、支持存量非居住房屋改建、价格确定程序、房源分配方案等12项政策文件，进一步健全了人才住房建设和筹集工作的顶层设计。在莱西、胶州、平度三市选取发展前景好、配套较为完善的区域创新开展人才小镇建设试点工作。放宽人才住房项目预售条件，即项目达到主体封顶即可销售，将企业办理预售时间缩短了一年以上。2020年，全市供应人才住房项目共44个、房源1.21万套，是往年平均供应量的1.8倍，为全市人才引进工作作出积极贡献。

【住房租赁市场发展】我市成功入选第二批中央财政支持住房租赁市场发展试点城市，未来三年试点期内，我市将获得24亿元中央奖补资金，专项用于住房租赁市场发展。联合市委网信办、市发改委等九部门出台《关于进一步促进住房租赁市场平稳健康有序发展的通知》，围绕推进供给侧改革、强化需求侧保障、维护市场秩序等方面出台16条措施。建立部门联合查处机制，组织各区市检查中介机构门店1029家次；开发上线"房屋租赁管理平台"，通过信息化手段提升管理服务效能；创新建立租赁企业投诉、信访问题落实不到位公示制度，公示受投诉租赁企业62家，有效督促租赁企业解决投诉问题600余件，群众满意度大幅提升。

【老旧小区改造】2020年，累计争取上级资金3.7亿元，启动老旧小区改造3.2万户，开工建筑面积约236万平方米，超额完成省确定的年度目标任务。促进城投集团等市属企业与各区市合作，引入北京愿景集团参与青岛市老旧小区改造的设计、运营，提升老旧小区改造后的管理运营水平。先后在全省作3次典型发言，完成住房和城乡建设部试点成果汇编2套，工作经验将在全国推广。2020年，完成既有居住建筑节能改造改造532.5万平方米，惠及居民约6.6万户。每年可节约燃煤约2.7万吨，减少碳排约7.2万吨。

【棚户区改造】2020年，启动棚户区改造2.93万户，发行棚改债券48亿元，争取中央专项资金2.48亿元，基本建成棚改安置房1.51万套，进一步改善棚户区居民住房条件。

【直管公房管理】出台《关于进一步规范直管公房资产资金管理的通知》《关于公有住房使用权上市交易后办理房屋承租变更手续有关意见》等政策文件，提升直管公房制度化规范化管理水平。做好房屋确权登记工作，积极帮助城发集团协调解决确权登记难题，对7批34处、建筑面积32950.61平方米房屋完成确权登记。服务华通集团调整"公房承租人"事宜，涉及的37处直管公房承租人变更已全部办理完毕。下发《关于做好直管公房新型冠状病毒感染肺炎疫情防控工作的通知》，接管公共租赁住房

684套，建筑面积3.92万平方米。

【房屋修缮工程质量监督】 2020年，对市南、市北、李沧三区23项社会修缮工程实施质量监督，工程面积约42.85万平方米，共402栋；对历史城区保护更新项目实施质量安全监督，工程面积约22.56万平方米，涉及三普建筑、风貌建筑、省级文保建筑等约259处，共下达整改通知单33份。监督红瓦修复工程，面积约3万平方米，共55处64栋。既有住宅加装电梯工程共监督61处82部电梯，下达整改通知单25份，为房屋修缮工程质量安全提供保障。

【房屋使用安全生产监管】 深入开展大检查、专项整治三年行动等一系列危险房屋排查整治工作，共排查房屋19734栋，建筑面积6132万平方米，存在安全隐患房屋21栋，已治理12栋，8栋已列入拆迁改造计划，1栋已出具加固方案。开展擅自改变房屋结构问题整治行动，联合市城管局共受理各类举报投诉信访100余件，摸排发现问题20余处，均已督促整改。修订应急预案，强化应急响应和救援能力，实现对既有房屋和在建房屋建筑工程统一有效应急管理。

【开展白蚁防治公共服务】 2020年，全市276个新建房屋白蚁预防施工项目持续推进，总预防面积达871万平方米，为开发建设单位减负降费1742余万元；提供免费白蚁灭治服务130户，灭治面积达7.8万平方米，投入监控装置230多套；开展历史文化街区建筑蚁情蚁害调查、防控114处，传统村落蚁情防控398户；白蚁防治科普展厅获"全国白蚁防治科普教育北方（青岛）基地""市级科普教育基地""市未成年人社会课堂"称号；与中国海洋大学合作开展"白蚁体内低分子量有机酸的检测技术研究"。

交通基础设施建设

【加快构建城市快速路网体系】 围绕交通基础设施建设攻势，统筹构建内畅外达的市政路网体系，推进新机场配套道路建设，开工建设新机场高速连接线（双埠—夏庄段）工程，落实"顶格协调"机制、强化"区局联动"机制、建立"目标倒逼"机制，有效解决项目穿越既有铁路线等诸多难题，目前已具备主线通车条件，开工建设胶州湾第二隧道。

【提升主次干道通行能力】 开展未贯通道路打通攻坚行动，会同相关区市打通36条未贯通道路，完成50条道路整治提升，进一步改善市民出行环境；加快实施太原路东延段工程，项目建成后将进一步优化环湾路、铁路北客站周边交通组织，缓解交通压力。开工建设株洲路打通及株洲路匝道工程，建成后可作为大桥接线二期地面道路的临时替代道路，实现崂山北片区与大桥接线的高效联通。

城市品质改善提升

【康复大学校园建设】 康复大学项目是国家级重点工程项目，被列入《国民经济和社会发展第十三个五年规划纲要》《国家教育事业发展"十三五"规划》《"十三五"加快残疾人小康进程规划纲要》《"十三五"推进基本公共服务均等化规划》四个国家级规划，是"健康中国"战略的重要组成部分。2020年，康复大学建设项目取得山东省发改委下达的项目建议书、可行性研究报告批复，完成环评、节能、规划选址意见书、建设用地规划许可证、土石方整理、桩基建筑工程施工许可等相关手续。自2020年3月开工建设以来，回填土石方310万立方米，灌注桩基6000余根，浇筑承台1500余个，加快推进建筑基础和主体工程施工，累计完成投资约16亿元，顺利完成"开工建设康复大学校园"攻势任务。

【政策性住房建设】 2020年，全市已确定人才住房建设主体的房源达10.04万套（间），基本建成人才住房房源1.6万套，顺利完成"启动建设和筹集人才住房10万套、建成可分配政策住房1.6万套"攻势任务。

【棚户区改造】 2020年，市住房城乡建设局以"抓防控、保平安、促复工"为工作目标，统筹推进疫情防控和棚改复工工作，加强部门联动，保障全市棚改工作有序推进。截至目前，共启动棚改2.93万套（户），完成目标任务的108%。

【老旧小区改造】 通过对老旧小区基础设施的改造、便民设施的完善、服务设施的提升，优化小区生活环境、提升居民生活品质。截至目前，开工老旧小区改造建筑面积约236万平方米，完成目标任务的148%，涉及居民楼807栋，惠及居民3.2万户。

【节能保暖改造】 通过任务分解、定期调度等措施，督促各区市加快推进保暖改造工作。全市完成节能保暖改造532.5万平方米，完成目标任务的107%，惠及居民6.6万户。

【老城区保护更新】 按照"市级统筹、区级实施、市区联合、分工协作"的工作机制，积极协调各区推进老城区保护更新项目，探索审批流程再造，强化部门整体协同，试点项目快速推进，老城区保护更新初见成效。2020年，济南路拓宽项目已完成房屋征收和拆除，启动道路拓宽工程建设，完成地下和管线部分施工；中山路步行街已完成总体策划设计；北京路5号院已进行修缮并运营；宁阳路12号、17号院完成加固修缮以及街区环境整治提升施工；黄岛路片区完成招商，已开工建设；四方路等7个街区完成8.3万平方米建筑修缮工作，占7个街区整体修缮工作的30%以上；潍县路19号已确定改造更新规划设计方案并组织施工，顺利完成攻势任务。

【美丽示范街区建设】 以"提升功能、优美环境、留住记忆、激发活力"为目标，以"传承文化、改善民生、集聚产业、适度配套"为原则，坚持街景提升等"面子工程"与管线下地改造等"里子工程"并重，4个美丽示范街区按照"市级抓统筹、区级抓作战"方式组织实施。截至目前，大学路、沂水路、馆陶路3个美丽示范街区项目建设全部完成，四方路街区广兴里周边博山路、易州路等4条道路整治完成，潍县路、芝罘路等4条道路已完成工程总量的75%以上，顺利完成年度任务。

【停车设施建设】 2020年，全市建成公共停车场28个，新增泊位9100个以上，完成目标任务的115%。开展既有经营性停车设施联网改造，经营性停车场静态数据全部接入，动态数据接入泊位约8万个。针对医院、老旧小区等重点区域开展8个停车综合治理示范区试点，各区政府编制完成综合治理方案并组织实施，顺利完成攻势任务。

新型城镇化发展

【概况】 2020年，青岛市聚力推进新型城镇化和城乡融合发展，开放现代活力时尚的国际大都市建设取得明显成效，农业转移人口市民化质量持续提升，2020年全市常住人口城镇化率达到74.12%，获评"2020中国最具幸福感城市"。

【农业转移人口市民化进一步加快】 克服疫情不利影响，实施稳定扩大就业"四大行动"，为7.6万户企业发放稳岗返还资金4.19亿元，稳定岗位204.5万个，促进农村劳动力转移就业12.26万人。完善户籍"1+6"服务模式，落实毕业学年在校大学生落户青岛政策，起草完成新一轮户籍改革意见，进一步放宽落户随迁政策，累计有106万农村转移人口落户城镇。

【区域协调发展格局进一步优化】 推动胶东经济圈协同联动、加快崛起，牵头建立"3+N"机制（3是指"决策—协调—执行"机制，N是指若干具体推动落实机制），实施联合规划、联合落实、联合推介，在全省首创政务服务"区域通办"新模式，启动建设莱阳—莱西一体化发展先行示范区，在北京联合举办胶东经济圈一体化推介大会，发布1000亿元规模的山东半岛城市群基础设施投资基金，在国内外引起较大反响。构建黄河流域"9+5"城市合作机制，推动建立35个合作联盟、签署40个合作协议，成功承办"2020·青岛·陆海联动研讨会"，沿黄九省区"9+5"城市共同签署合作倡议。加快重大交通设施建设，建成胶东国际机场，潍莱高铁建成通车，结束了平度不通高铁的历史，在省内率先实现县县通高铁；市内轨道交通达到6条、运营里程246公里；高速公路通车里程达到860公里。推进平度中等城市试点，高水平实施"突破平度莱西攻势"，实施工业化、农业现代化、新型城镇化和提升交通基础设施四大工程。

【城乡融合发展水平进一步提升】 印发《青岛市推进国家城乡融合发展试验区建设实施方案》，建立城乡融合发展重大项目库，高质量召开了纪念"莱西会议"30周年座谈会，莱西市《"一统领三融合"打造乡村治理新格局》作为山东省唯一县级案例，入选全国首批27个乡村振兴典型案例；以土地规模化、组织企业化、服务专业化、技术现代化、经营市场化为引领，提高农业的质量效益和竞争力，全市土地规模化经营率达到68%，农业科技进步贡献率达到70%，实现天然气"镇镇通"、客运（公交）"村村通"、道路硬化"户户通"，经济收入10万元以上村庄达80%。创建省级美丽乡村26个、市级示范村100个，打造美丽乡村示范片28个。

【宜居宜业人居环境进一步改善】 聚焦"一老一小"，开展普惠养老、托育专项行动，新增2573张普惠养老床位和920张普惠托位，数量居计划单列市首位。精心打好城市品质改善提升攻势，实施绿化、亮化、美化工程，浮山湾夜景灯光秀成为城市新名片；实施老旧小区改造704个，建成海绵城市223平方公里，水、电、气、暖、路等基础设施加快完善。深入开展"我爱青岛·我有不满·我要说话"民声倾听主题活动，收集市民建议226万件，办结率达到99.6%。坚持绿色发展，万元地区生产总值（GDP）能耗下降17.5%，在全国首批实现全域原生生活垃圾零填埋，城乡生活垃圾分类覆盖率达100%。

【改革开放创新活力进一步激发】 深化"放管服"改革，取消行政权力事项149项。除特殊事项外，市级依申请行政许可事项100%"最多跑一次"、100%网上可办。深化农村土地"三权"分置改革，流转土地经营权318万亩，发展家庭农场、农民合作社、社会化服务组织2.8万家，带动小农户100多万户；99.1%的村庄完成了集体产权制度改革，483.4万农民成为集体经济股东，量化集体资产449.5亿元、分红14.4亿元。在全省率先发布农业领域轻微违法行为不予行政处罚清单，惠及市场主体20多万家。坚持用平台思维、生态思维链接全球资源，加快打造"一带一路"国际合作新平台，上合示范区签约落户项目67个、总投资1500亿元，引进市场主体3500家，对"一带一路"沿线国家进出口增长30%以上。

村镇建设

【农村生活垃圾分类】建立"区市统筹、镇街监管、村级收集、市场化服务"的"3+x"城乡环卫一体化运作模式，新增13处镇级农村垃圾处理终端，形成"分类投放、分类运输、分类处置"的全链条处置模式。100个村庄（社区）开展垃圾分类示范村达标创建活动，全市5439个村庄（社区）垃圾分类覆盖率、生活垃圾无害化处理率均达100%。基本实现农村生活垃圾分类减量化、处理无害化和资源化利用。

【农村改厕后续管护和农村公厕建设】7个区（市）农村改厕智能管护平台全部建成投入运行，群众通过App可以快捷报抽报修。全市建成管护服务站100个，配备抽粪车268辆、抽粪队伍475人，统筹做好厕具维修、粪污抽取等日常管护工作。分片区配建生物发酵池61处，对粪污集中贮存、二次发酵，就地就近消纳。出台《青岛市农村公厕建设改造实施方案》《2020年青岛市农村公厕建设改造工作考核办法》等相关政策文件，推进农村公厕建设规范实施。2020年建成农村公厕455座，实现300户以上自然村公共厕所全覆盖。

【农村清洁取暖】制定印发《青岛市2020年冬季清洁取暖建设实施方案》《青岛市农村地区清洁取暖示范镇（街）评选和奖励办法》《关于进一步明确青岛市农村地区清洁取暖建设推进有关事项的处理意见》等相关文件，推行清洁取暖改造招投标制度，推广使用清洁取暖建设信息系统，促进清洁取暖建设科学化、规范化。围绕推进清洁取暖建设和安全使用，制作宣传音视频和宣传册（页）下发区（市），组织开展农村地区清洁取暖培训，编印下发《青岛市农村地区冬季清洁取暖培训手册》。开展清洁取暖建设改造全过程抽查及取暖材料和设备质量第三方抽检，落实企业和村庄"双安全员"制度，组织"清洁取暖农户温暖行"专项活动，保障群众安全过冬。2020年，共完成农村清洁取暖改造9.2万户。

【美丽村居试点村庄】高质量打造崂山区东麦窑社区、城阳区青峰社区、即墨区台子村、胶州市四甲村、平度市官庄北村、莱西市沟东村六个第二批美丽村居省级试点村庄。启动市级美丽村居试点申报工作，鼓励区（市）开展本级美丽村居试点建设工作，"村嵌山海间、乡融田园里"的"鲁派民居"青岛样板初步显现。

【特色小镇建设】组织全市11个省级特色小镇进行年度绩效评价和验收命名工作。我市即墨区蓝村跨境电商小镇作为全省唯一以跨境电商为产业特色小镇正式批复命名。跨境电商小镇总规划面积3.2平方公里。经过三年建设打造，小镇跨境电商、物流、新零售等产业蓬勃发展，基础配套设施有效提升，宜居宜业的特色小镇拔地而起。

【农村困难群体住房安全】2020年，全市农村危房改造560户工程已全部完工，竣工验收率100%。同时对全市1.3万户建档立卡贫困户住房安全情况开展精准排查，逐户开展房屋危险等级鉴定，并建立排查鉴定台账，实现建档立卡贫困户住房鉴定全覆盖。

城市基础设施建设

【城市道路建设】全力推进新机场高速连接线（双埠—夏庄段）工程，召开"决战300天誓师动员大会"，完成世界最大跨径钢箱梁转体桥转体，主线桥梁于11月底实现贯通。推进胶州湾第二海底隧道项目，项目方案顺利通过市委常委会、市政府常务会研究，已于10月底启动项目建设。环湾路与长沙路立交项目于10月启动建设；太原路东延段主线桥梁主体结构已完成70%。建立未贯通项目储备库，充分发挥"市级统筹调度，区市级主导作战"优势，坚持一线攻坚，打通25条未贯通道路。全年累计完成79条道路整治提升工作，为市民提供良好的出行环境。通过优化5处节点道路的通行环境，有效缓解了交通拥堵状况。在胶宁高架路、杭鞍高架路等市管重点桥梁设施上增设隔声屏3.6公里，有效降低了交通噪声对周边居民生活的影响。采用BOT特许经营模式组织实施的7座人行天桥全部建成并投入使用。完成了市南区新湛二路人防停车场等项目28个，全市新增公共停车泊位9100个以上。开展公共停车场联网改造，静态数据全部接入，动态数据接入的泊位约8万个，共享停车场98个，涉及泊位8000余个。开展道路停车泊位智能化改造，试点完成20条道路，泊位1161个，实现"无人值守、无感支付"。制定《关于进一步加强停车设施规划建设管理工作的实施意见》等政策文件，鼓励公共停车场建设和联网管理，提高停车产业化水平。选取8个停车矛盾突出区域试点开展停车综合治理，新开通运营公共停车场15个，涉及泊位8000余个，联网泊位1.8万余个，优化道路泊位约2500个；通过停车场"平改立"、道路泊位优化、医患停车泊位置换等方式，逐步缓解妇女儿童医院等9家重点医院停车难。在沿海一线试点建设停车诱导屏51处，通过分级停车诱导实现对青岛湾片区停车资源的整合，减少社会车辆无效巡游导致的交通拥堵，缓解区域停车难问题。

【海绵城市建设】 截至12月底，青岛市新建海绵城市面积30平方公里，累计完成海绵城市面积223平方公里，城市建成区26%面积达到海绵城市建设要求，顺利通过住房和城乡建设部2020年度海绵城市建设绩效评估。以市政府办公厅名义印发《青岛市海绵城市规划建设管理办法》，强化了我市海绵城市全过程、全行业、全类型管控。2020年度建设完成青岛市海绵城市及排水监测评估考核系统开发，对建成区范围内的源头减排项目、排水分区及建成区整体的海绵效应进行评价，推动海绵城市建设全生命周期智慧化管理，该项目列入2020年度山东省住房城乡建设科技计划项目。

【地下综合管廊建设】 2020年，在崂山区生态健康城、西海岸新区、城阳区动车小镇以及即墨老城区，开工建设各类管廊约40公里、建成25公里。截至年底，全市累计建成的干线、支线、缆线管廊达140余公里。入廊管线全面涵盖给水、再生水、雨水、污水、热力、燃气、电力和通信等，总长度近1000公里。起草《青岛市地下综合管廊规划建设管理办法》，提高基础设施服务保障能力。定期开展综合管廊运营维护管理考评和安全管理督导检查，全年开展运维考评4次，将考评结果形成通报，推动综合管廊规范运维。指导各综合管廊项目开展应急演6次，保障管廊平稳运行。

【市级重点公共服务项目建设】 2020年，开工建设康复大学、市中波发射台、山东大学齐鲁医院（青岛）二期、青岛大学附属医院国际医疗中心等市级重点公共服务项目；主城区和浮山新区范围内开工建设配套教育设施开工5所、竣工6所，完成市政配套项目17个，进一步提升城市公共服务承载力、保障力。

【市政公用设施建设】 全市累计完工城市供热配套面积634.18万平方米，占计划数的158.55%；累计完工天然气管网259公里，占计划数的129.5%。"十三五"期间，全市实现集中供热能力1.4万兆瓦，集中供热面积由1.6304亿平方米扩大到2.8109亿平方米，增长率72.4%，新建燃气管网3852.17公里，均位列全省第一。全市各镇村累计建设天然气管道750余公里，惠及近80处镇村居民25000余户，清洁取暖用户10000余户，年用气量700余万立方米，陆续完成了西海岸新区张家楼镇等39处的天然气管道或LNG气化站建设。全面完成全市管道天然气"镇镇通"工程。通过工程建设、租赁等形式累计完成储气能力7602.4万立方米，超额完成国家确定的"2020年底前城燃企业要形成年用气量5%的储气能力"考核目标。完成西海岸新区大新庄垃圾填埋场筛分处置工程，处理库存垃圾20.6万吨。完成平度市焚烧二期项目建设，新增焚烧能力300吨/日，全市累计达到8700吨/日，基本实现原生垃圾零填埋。2020年，青岛市运行加氢撬装站一座，在建固定站一座。研究制定《关于加强市区路灯设施建管衔接工作的通知》，进一步规范市区路灯设施建设移交工作。开展市内三区背街小巷照明提升，改善部分道路照明条件。编制发布了《青岛市多功能智能杆建设标准》。城阳区以"阳光合杆+智慧应用"模式，开展全区多功能综合杆一体化运营工作，完成多功能综合杆建设390基、智慧灯杆建设150基，上线城阳区智慧灯杆综合管理平台。

建筑业

【概况】 2020年，全市实现建筑业产值3000.2亿元，同比增长6.8%，增幅居全省第一。实现税收99.48亿元，同比增长5.2%，比全市税收总额增幅高8.3个百分点，占全市税收总额的5.8%。

【建筑业改革发展】 制定印发《市住房和城乡建设局经济运行应急保障指挥部建筑业工作组工作方案》，建立了定期调度分析、信息互通交流、问题会商解决三项工作机制，跟踪监测建筑市场情况，确保建筑业复工复产。实地走访企业80余家，实际解决40余家企业业绩认定、信用修复等实际困难。为171家企业对接53.7亿元金融需求，缓缴44家企业1744.2万元保证金，帮助企业渡过疫情难关。落实新增规模以上建筑业企业奖补政策，奖补建筑业企业23家共计460万元，有效激发了市场主体活力。印发了《关于深化建筑业保证保险试点工作的通知》，创新采用浮动份额的方式激发保险机构拓展业务的积极性，进一步扩大政策覆盖面。2020年，全市开展各类保证保险业务11291单,盘活企业资金约55.1亿元;截至年底,保险签单总笔数总计20892笔,累计盘活企业保证金约111.8亿元。出台《关于进一步在房屋建筑和市政工程中落实优质优价政策的通知》,在鼓励工程建设各方创建各级优质工程的同时,为争先创优的企业减轻经济负担。

【推动建筑业企业转型】扶持中铁建工山东等6家企业晋升施工总承包一级,92家企业实现资质增项。支持企业用资本的逻辑成事,德才装饰顺利通过中国证监会发审会,将成为山东省首家主板上市建筑装饰企业。加大招商引资工作力度,山东尚智、山东威如2家施工总承包一级资质企业落户青岛。青建集团等8家企业入选全省建筑业30强,入选企业数量位居全省首位,5家企业入选山东省民营企业百强,17家建筑业企业入选2019年青岛百强企业名单,23家企业入选青岛百强民营企业,入选企业数量连创新高。支持我市建筑业企业合理应对疫情,2020年完成出国产值322.6亿元,与去年基本保持持平,成功承揽埃及独立电站项目、菲律宾动力数据中心等大型海外项目。

【建筑业人才队伍建设】先后成功承办2020年山东省住房和城乡建设行业职业技能竞赛和全国住房和城乡建设行业职业技能竞赛决赛,我市参赛选手获得全部三个竞赛工种个人的第一名和团体第一的优异成绩。"以赛代练、以赛促学",以岗位练兵和技术比武为助推器,不断促进建筑工程品质提升和建筑业健康持续发展。

【建筑业市场监管】出台新版《青岛市建筑市场信用考核管理办法》,在信用考核办法中新增建筑市场主体"黑名单"管理内容,明确了列入"黑名单"的六种情况。进一步优化了信用考核等级,信用等级由原来的四个等级调整为六个等级,有力调动企业争先创优积极性,便于进行差异化监管;同时对良好行为和不良行为事项进行了细化。2020年度评出建筑工程施工总承包AAA级企业28家、AA级企业58家、A级企业200家。

【工程质量安全监管】会同全市15个部门印发了《贯彻落实关于进一步完善质量保障体系提升建筑工程品质的实施意见重点任务分工方案》,明确了健全质量标准体系等12个方面的29条工作任务,着力提升建筑工程品质。制定了《青岛市建筑工程质量安全手册实施细则》,细化700余条措施;开展建筑工程质量第三方抽查7轮,抽查在建工程189个,提出整改意见3600条;专项巡查在建工程477个,提出整改意见1300余条;开展"硬核"行动,对全市181家预拌混凝土企业及25个分站开展检查232次,提出整改意见1576条;委托第三方检测机构开展监督抽测工作,抽测建材427组,主体结构1397个构件,发现并及时处置不合格建材、实体构件183个次。开展"天平"行动,对全市65家检测机构及45个分支机构检查160次,提出整改意见673条,对11家检测机构进行了全市通报。出台《青岛市住宅工程质量分户验收作业指导书(试行)》,落实住宅工程质量分户验收制度。在全省率先推广"先验房后交房"青岛模式,12个项目4500余户业主参与。开展住宅工程"渗透、开裂"专项整治两大行动提升;组织全市建筑工程质量提升现场观摩会3次。我市申报的中国·红岛国际会议展览中心工程荣获"鲁班奖",9项工程获国家优质工程奖,11项工程获华东地区优质工程奖。落实全国全省住宅工程质量信息公示试点任务,截至目前全市已有97个住宅工程公示质量信息。出台了《关于优化二次装修工程质量监督服务流程的通知》实施分类监管。制定扬尘治理新要求,明确各方主体14项责任,细化防尘降尘30项措施,提升扬尘管控10项标准。组织全市各级建设主管部门开展实地检查14000余个次。压实属地责任,开展区市扬尘巡查12轮,巡查建筑工地700余个次。印发《青岛市建设工程扬尘治理考评办法》,开展区市建设扬尘治理量化考评3次。大力推进围挡雾化喷淋、新型洗车机、环保固尘剂等抑尘新措施应用。创新开发青岛市建设工地渣土车AI智能识别管控系统,周均筛查渣土运输车辆7000余车次。

【安全生产监管】新冠肺炎疫情暴发初期,立即组织监督人员返岗,对春节期间18处未停工建筑项目开展疫情防控检查、帮扶,总结归纳"两集中一封闭"疫情防控工作法,编制《疫情防控指导手册》,确保防控无延迟、无空挡。制定《疫情常态化防控检查单》,一手抓安全生产,一手抓防控。共检查疫情防控工作1250余个次,对各区市33个工地进行督导,确保青岛市房屋建筑工程"零感染"。帮扶企业复工复产,开展调研座谈,成立帮扶小组,针对企业反映的问题,零延时安排专人到项目一线帮助解决。狠抓企业主体责任落实,全面管控重大危险源管理,深入推进风险隐患双重预防体系建设运行,启动房屋建筑工程安全生产专项整治三年行动和预防高处坠落事故专项整治行动。坚持开展"四不两直"式日常检查和专项检查,并对各区市工作开展情况进行督导。编制印发《施工用可燃易燃材料消防安全管理导则》《关于加强房屋建筑工程现场机械车辆安全管理工作的指导意见》，提高施工消防安全管理标准、填补施工现场机械车辆管理方面的空白。持续开展起重机械二次检测工作，完成390台起重机械检测任务。开展青岛市第三方安全生产辅助巡查，发现各类隐患已全部整改完成。全市22支应急救援队伍常备应急救援力量、物资，时刻备战。5月，在崂山区一处建筑工地举行实战拉动演练，22支应急队伍全部及时响应，出动各类工程机械、车辆41辆，人员400余人。

【保障农民工合法权益】以"漠视侵害群众利益问题专项整治"为切入点，推进农民工工资支付"四项制度"和工资支付监管平台建设工作。工资支付平台实现对1400余个项目32万余人实名制管理，并累计代发工资27.49亿元。开展用工和工资发放规范检查，共检查项目1337个次，约谈企业11次。强化欠薪违法行为信用惩戒，对90家施工企业进行了通报，将66名包工头清出青岛市建筑市场，扣除市场主体信用考核分628分。立案查处工程建设领域违法分包、转包、挂靠等违法违规行为4起，罚款金额9.5万元。受理解决欠薪投诉486起，涉及农民工3054人次，涉及金额4516.4万元。办理市长热线、市长信箱、信访来访1682件。

【工程建设标准造价管理】加强造价专业人才队伍建设，荣获山东省2020年度数字工程造价应用技能竞赛优秀组织奖。加强行业经济运行指标调度工作，确保在受新冠肺炎疫情影响的情况下，行业产值实现新突破。依托海尔卡奥斯COSMOPlat平台建立青岛市工程造价咨询行业平台，助推我市大型造价咨询企业入驻，为企业提供面向世界的展示平台。加强造价咨询企业"走出去"政策引导，促行业国际化发展同时缓解行业竞争压力。2020年，5家造价咨询企业走出国门，在6个国家开展咨询业务14项。持续开展工程建设标准组织实施情况抽查工作，规范施工现场标准实施行为。共抽查30个项目，提出整改意见90余条。协同推进无障碍设施建设相关工作，指导平度市南村镇创建"全国无障碍环境示范镇"；加强新建项目无障碍设施建设督导，共抽查市内七区新建小区13个。

勘察设计业

【概况】2020年，青岛市勘察设计行业实现营业收入204.74亿元，同比增长9.84%；新签合同额260.23亿元，同比增长5.12%。全市工程勘察设计行业拥有各类资质勘察设计企业280家，其中甲级109家（其中综合甲1家，行业甲8家）、乙级133家、丙级38家；培育6家企业晋升甲级资质，引进1家外地甲级企业落户；勘察设计从业人员28257人，各类注册从业人员4074人，较2019年增加371人。

【市场秩序不断优化】修订勘察设计单位和从业人员信用考核管理办法，发布《住宅设计质量提升指引》，开展勘察设计市场与质量"双随机、一公开"检查，抽查企业50家。深入开展建筑师、工程师、建造师深入乡村一线"三下乡"活动，开展村庄建筑设计、施工质量安全、历史文化保护、编制标准规范、宣传教育培训"五服务"，建立设计志愿服务队18支。

【施工图审查改革】发布《关于深化施工图审查改革的通知》，施工图审查不再计入工程项目主流程审批时间，社会投资简易低风险项目取消施工图审查，其他项目施工图审查后置。发布《关于印发〈青岛市政府购买施工图审查服务实施办法〉的通知》，完成了新一轮的政府购买服务招标工作。

【既有住宅加装电梯】发布了《关于进一步推进既有住宅加装电梯工作的通知》《市级既有住宅加装电梯奖补资金管理办法》，修订《青岛市既有住宅加装电梯暂行办法》。试点"老旧小区改造＋加装电梯"模式，成片连片加装取得阶段性成果。2020年共完成157部电梯加装，并顺利交付使用。

【勘察设计学术交流】会同青岛市勘察设计协会举办《建筑设计防火规范》和《建筑防烟排烟系统技术标准》规范培训班，开展基于BIM的装配式协同设计平台、钢结构设计软件应用技术培训、建筑文化主题系列学术交流活动。

物业行业管理

【概况】2020年，青岛市物业覆盖面积达3亿平方米，物业管理项目近4000个。全市具有物业管理项目的物业企业1246家，物业从业人员约11.1万人。

【物业管理疫情防控】面对新冠肺炎疫情，在全省率先打出了疫情防控系列"组合拳"。截至年底，全市3900多个项目参与疫情防控，消杀病媒246万次，发放宣传资料908万份，近2000名行业党员，11余万物业人员坚守一线。国务院应对新冠疫情联防联控机制第十指导组对青岛市督导时，对部分物业小区参与防控工作给予高度评价。

【加强物业行业党建引领】印发了《关于加强物业服务行业党建工作引领提升城市基层治理水平的若干措施》《青岛市"党建领航 物管先锋"全覆盖、

高品质三年行动方案》等相关行业党建政策。发布《青岛市红色物业党建示范点创建标准》，制定党建示范点创建考核细则，推动打造"物管先锋"党建品牌体系，培育10家党建示范点，物业服务品牌企业20家，标兵企业100家，示范项目200个。

【提升物业服务行业服务管理水平】启动青岛市物业行业"品牌提升年"系列活动，完成"12121"（创建10个党建示范点、20个物业服务品牌、100家标兵企业、200个示范项目、100名服务明星）业务目标任务；开展了"物业大家谈"系列宣传工作；启动"物业管理知识大讲堂"线上、线下培训和现场观摩活动，全年共对3000多人次的企业项目经理级别进行培训；发起"胶东五市物业管理一体化"备忘录签署、行业协会联盟成立，揭开胶东物业管理发展新篇章；首次编印《全市物业管理领域数据分析情况报告》，为行业发展提供有力支撑；编印《全市物业管理行业安全生产分类分级动态管理指导意见》、评定标准以及工作预案示范文本。

【加大物业管理市场整治力度】牵头开展住宅小区管理服务提升行动，累计巡检物业项目500余个，整改问题129件，均整改完毕；全面对接省信用档案系统，将1323家企业信息导入系统；开展"大排查、解难题、暖万家"专项行动，联合六部门开展"物业管理领域突出问题整治行动"，构建定期查究、备案查究长效机制，全市共开展1000余次走访活动，组织召开200余次座谈会、恳谈会。征集问题线索4000余件，问题解决率达到了94%，投诉比率同比下降约15%。

【推进智慧物业管理服务平台建设】2020年青岛市被住房和城乡建设部确定为全国8个"智慧物业"试点城市之一，结合青岛市物业管理法规政策制定完善情况，将持续推进"青岛市智慧物业管理服务平台"建设工作，让"指尖管家"进入广大群众的工作和生活，让广大群众享受更加安全、便捷、幸福的智慧物业服务。

大事记

1月

2日 《康复大学校园总体规划及建筑概念性设计方案国际征集》专家评审会议召开。会议由青岛市副市长朱培吉主持。

8日 我市OceanWe国际海洋创新工坊等57项建筑工程获得2019年度山东省建筑工程优质结构奖，获奖数量位居前列。同日，我市大跨度钢结构高空对接安装施工工法等159项工法获得省级建设工法，占全省总量的31%，位居全省首位。

20日 副市长刘建军对全市住房城乡建设等领域开展安全生产督导检查。

26日 下发《关于成立新型冠状病毒感染肺炎疫情防控指挥部的通知》《关于加强新型冠状病毒感染肺炎疫情防控工作的紧急通知》，成立疫情防控指挥部，建立"日调度、日上报"制度，全面开展全市住建领域疫情防控工作。

31日 青岛市青建集团股份公司承建的李沧区图书馆等29项工程获2019年度山东省建筑质量"泰山杯"获奖工程。

2月

8日 山东省委常委、青岛市委书记王清宪赴青岛地铁1号线土建二标04工区海泊桥站调研疫情防控和企业复工复产情况并看望慰问奋战在生产一线的干部职工。

20日 青岛市人民政府印发《关于加强人才住房建设和管理的实施意见》，2020年全市计划建设和筹集人才住房不少于10万套。

20日 市住房城乡建设局携手中国燃气控股有限公司所属中国燃气公益基金会，分别向青岛即墨区段泊岚镇捐款10万港币，莱西市马连庄镇捐赠10万港币，平度市仁兆镇捐赠5万港币，平度市白沙河街道捐赠5万港币，用于疫情防控工作。

3月

1日 青岛市人民政府办公厅印发《青岛市人民政府办公厅关于进一步加强停车设施规划建设管理工作的实施意见》。

2日 市委编办下发《关于调整市建筑工程质量监督站机构编制有关事项的批复》，撤销市建筑工程质量监督站加挂的市建筑工程质量检测站牌子。

4日 全市住房和城乡建设工作会议召开。

11日 新机场高速连接线（双埠－夏庄段）工程"决战300天誓师动员大会"隆重举行，市委副书记、市长孟凡利出席大会。

24日 组织召开全市农村贫困人口住房安全保障工作会议。

26日 邀请市人大代表、政协委员走进历史城区，对"美丽街区"建设、红瓦修复等工作进行现场督导。

31日 会同市民政局、市财政局等七部门联合制定了《关于印发〈关于推进城镇住房保障家庭租赁补贴工作的实施意见〉的通知》。同日，山东省委宣传部等12个部门联合公布2019年度省学雷锋志愿服务"四个100"先进典型名单，青岛"牵手关爱 七彩假期－建设工地小候鸟驿站"爱心暑托班被评为"最佳志愿服务项目"。

4月

1日 市住房城乡建设局市政处会同城阳区住房城乡建设局对新机场高速连接线（双埠－夏庄路段）工程32号墩柱进行了混凝土浇筑前验收，这是新机场高速连接线首个墩柱顺利通过验收，标志着该工程正式由地基基础工程施工转向地上桥梁主体施工。

2日 市住房城乡建设局与建设银行青岛市分行召开全面合作交流会。市住房城乡建设局局长陈勇、建设银行青岛市分行行长郝子建出席会议。

8日 局党组成员、副局长杜本好主持召开市物业服务行业党委会第一次全体会议。同日，联合市发展改革委、市公安局等四部门共同发布了《关于印发〈青岛市机械式立体停车设施规划建设管理实施细则（试行）〉的通知》。

15日 印发了《关于进一步在房屋建筑和市政工程中落实优质优价政策的通知》。同日，编发《青岛市建筑工程质量安全手册实施细则（试行）》（质量篇）。

16日 省委常委、市委书记、康复大学（筹）领导小组组长、临时党委书记王清宪主持召开康复大学顶层战略规划专题会议，听取工作进展情况汇报。

20日 住房和城乡建设部党组书记、部长王蒙徽在《关于报批青岛市绿色城发展试点方案的函》上批示"支持试点，按'致力于绿色发展的城市建设的意见'完善方案"。同日，市委常委、副市长薛庆国主持召开全市人才住房建设工作视频会。

26日 发布《青岛市绿色建筑与超低能耗建筑发展专项规划（2021—2025）》。

28日 市建筑工程质量监督站联合青岛市建设工程质量协会印发《青岛市建筑工程质量检测行业质量管理指导手册》。同日，市住房城乡建设局组织开展2020年全市装配式建筑工程施工质量观摩活动。

30日 全省物业行业文明创建活动"品牌提升年"工作推进会（青岛分会场）暨青岛市物业管理工作部署落实会在市住房城乡建设局召开。同日，青岛市建筑业协会公布2019年度青岛市建设工程质量"青岛杯"奖名单和2019年度青岛市房屋建筑优质结构工程奖名单。山东省住房和城乡建设厅公布了第一届"好工匠 新鲁班"和"好工匠"名单，青岛市建设系统2名一线职工当选"好工匠 新鲁班"，5名一线职工当选"好工匠"，位居全省前列。

5月

7日 市住房和城乡建设局组织召开全市住建领域安全生产视频会议。

12日 《青岛市城市高架预制装配式桥梁技术导则（试行）》正式发布实施。

20日 青岛市人民政府办公厅印发《青岛市在建市政工程应急预案》，该预案由市住房城乡建设局牵头修编。

30日，青岛市首个全钢结构装配式及首个WELL认证注册小学——青岛澳门路小学项目顺利通过教学楼主体结构验收，全面进入装饰、安装阶段。

6月

2日 青建集团股份公司等8家企业入围2019年度全省建筑业企业综合实力30强，入围企业数量与济南市并列第一。

9日 会同市财政局、市发展改革委联合印发了《关于调整公共租赁住房申请条件和保障标准等有关问题的通知》。

12日 中国建设银行支持发展政策性租赁住房签约仪式在京举行，青岛市与中国建设银行签订《发展政策性租赁住房战略合作协议》。

13~15日 委托北京安捷工程咨询有限公司，组织权威专家对我市安全风险评级较高的8个在建城市轨道交通工程盾构/TBM施工工点进行了专项检查。

19日 印发《关于深化建筑业保证保险试点工作的通知》《应对疫情影响加快项目审批促进投资增长的四条措施》。

22日 会同市财政局等五部门联合发布了《关于贯彻落实相关行业疫情防控一线人员公租房补助政策有关问题的通知》。

28日 出台新版《青岛市建筑市场信用考核管理办法》。

29日 发布《关于在全市住建领域扎实开展城市建设安全专项整治三年行动的通知》。

30日 联合市财政局发布了规范性文件《青岛市政府购买施工图审查服务实施办法》，自2020年8月1日起施行，有效期至2025年7月31日。

30日 启动首个新建物业（商品房）交付流程再造试点——交房即可办证。

7月

2日 市住房城乡建设局、市地方金融监管局联合召开青岛市绿色城市试点工作金融支持座谈会。

同日，印发《关于印发青岛市建设工程质量检测机构专项整治"天平"行动方案的通知》。

3日　组织各区市住房和城乡建设行政主管部门在万科未来城项目观摩新建物业（商品房）交付流程再造试点工作并召开2020年上半年全市房地产市场管理工作座谈会。

4日　在新机场高速连接线（双埠－夏庄段）工程首跨主线桥梁架成功，标志着全线主线桥梁架设施工正式拉开序幕。

9日　在即墨区国际智慧新城619地块召开"2020年青岛市建筑工程安全管理暨智慧化工地观摩会"。

13日　青岛市委副书记、市长孟凡利主持召开市住房制度改革和住房保障工作领导小组视频会议。

17日　青岛市建设工程档案在线接收系统项目通过专家验收。

22日　青岛市入选第二批中央财政支持住房租赁市场发展试点城市。同日，青岛市住房制度改革和住房保障工作领导小组印发《关于印发〈青岛市住房制度改革和住房保障工作领导小组工作规则〉及〈青岛市住房制度改革和住房保障工作领导小组办公室工作规则〉的通知》。同日，山东省首个"零碳社区"项目——青岛奥帆中心零碳社区智慧能源系统深度利用项目签约仪式在青岛国际会议中心举行。

8月

7日　发布《青岛市城乡建设档案管理办法》，自2020年10月1日起施行。

12日　青岛市农村生活垃圾分类和城乡环卫一体化观摩座谈会在城阳区召开。

20日　印发《关于印发青岛市预拌混凝土（砂浆）行业专项治理"硬核"行动方案的通知》。

27日　青岛市建设工地渣土车AI智能识别管控系统正式投入运行，为山东省内首个建成使用的渣土车管控系统。

9月

1日　青岛市海绵城市及排水监测评估考核系统启动建设。

10日　青岛市第十五届建筑业职业技能大赛暨全国住房城乡建设行业"中青建安杯"职业技能竞赛选拔赛开赛。

14日　联合市发展和改革委、市公安局、市财政局、市自然资源和规划局、市市场监督管理局共同发布了《关于对公共停车场建设及联网管理进行资金奖补的通知》。

25日　在全省率先发布《青岛市装配式建筑补充计价依据》。

28日　印发《关于支持和规范存量非居住房屋改建租赁型住房工作的意见》。

10月

26日　市政府办公厅正式印发《青岛市海绵城市规划建设管理办法》。

28日　市住房城乡建设局与中国建设银行青岛分行签署了《战略合作协议》。

29日　举行胶州湾第二隧道工程开工仪式，省委常委、市委书记王清宪宣布项目正式开工。

11月

12日　《青岛市新建商品住宅交付流程指导意见》正式印发。

16日　联合市公安局、市自然资源和规划局共同发布了《关于印发〈青岛市公共停车场（库）建设技术导则〉的通知》。

20日　会同青岛市自然资源和规划局印发了《关于加快推进存量建设用地建设人才住房有关事宜的通知》。同日，市住房城乡建设局被中央文明委授予第六届"全国文明单位"称号。

30日　联合市公安局等12部门印发《关于印发〈青岛市多功能智能杆建设标准〉的通知》。同日，历史城区"红瓦"修复二期项目完工，43处，50栋，2万余平老建筑红瓦修复任务顺利完成。

12月

3日　全国建设工程消防设计审查验收工作座谈会议在青岛召开。

7日　印发《贯彻落实关于进一步完善质量保障体系提升建筑工程品质的实施意见重点任务分工方案》。

12日　青岛市住房和城乡建设局联合青岛地铁集团有限公司组建的城市轨道交通工程青岛专家工作站在青岛正式揭牌成立，这是全国首个城市轨道交通工程专家工作站。

15日　采用BOT的特许经营模式建设的劲松五路实验二中等7座人行天桥全部建成并投入使用。

16日　由市住房城乡建设局主办、青岛国信发展集团有限公司承办，市应急管理局、市公安局等五部门共同参与的2020年联合应急救援实战演练在青岛胶州湾隧道举行。

21日　印发《青岛市市政市场信用考核管理办法》。

30日　印发实施《青岛市城镇租赁住房发展规

划（2020—2022年）》。同日，历史建筑保护标识牌方案设计、专家评审、意见征集、生产制作等工作全面完成，316处历史建筑实现挂牌保护。

（青岛市住房和城乡建设局）

宁 波 市

概况

2020年，宁波市完成住房城乡建设投资2727.9亿元，其中城市基础设施建设投资（含老旧小区改造、棚户区改造）402.5亿元、美丽城镇建设投资506.5亿元、房地产开发投资1818.9亿元。

【打赢疫情防控阻击战】 新冠肺炎疫情暴发后，宁波市第一时间动员全市5万多名物业职工，坚守2300多个物业小区，构筑起联防联控的"铜墙铁壁"。组建"物业房管防控攻坚团队、建筑工地防控复产团队、房地产业防疫复产团队"三支队伍300多人奔赴一线，开展联防联控。成立62人疫情防控志愿队伍，并对111个楼道和6栋隔离楼房进行消毒。第一时间成立建筑业和房地产专班以及4个专项工作组，帮助企业开机重启。组织数千辆包车远赴省外接人返岗，同步简化复工流程。推动全市2382项建设工程全数提前复工。密集出台稳企业促发展"十二条"等系列举措，精准打出"降成本、减负担、优审批、延期限"等组合拳，强化政策对冲，提振企业信心。先后发放物业疫情防控补助超2亿元，设立总金额400亿专项贷款，为企业纾困解难。建筑业企业先后建造方舱医院1个，改造隔离酒店3家，安装集装箱隔离房200余个，捐款捐物4000多万元。宁波市住房和城乡建设局荣获全国住建系统抗击疫情先进集体，杨再达、郑凤同志荣获先进个人。

【喜获城乡争优大丰收】 2020年，牵头完成年度投资2123.8亿元，占计划的127.1%；三年完成总投资6038.8亿元，占计划的126.4%。谋定住房城乡建设"十四五"规划和新型城市化进程中城市建设发展纲要。住建领域"全域统筹"和"集中财力办大事"财权事权改革基本完成，市六区城建计划统筹和投资管理机制"1+X"政策体系陆续制定出台，全市"市级决策、区级实施"管理模式和"建设一盘棋"统筹格局初步形成。新建成地下综合管廊14.7公里。轨道交通新增运营里程57.5公里。新增快速路里程14.4公里并加快向外围延伸，中心城区15分钟可达覆盖率达到90%。新建成绿道214公里，姚江北岸滨江绿道获评"浙江最美绿道"，琴桥西立体停车库建成投用。宁波市荣获全省美丽城镇建设优秀设区市，奉化区、鄞州区、慈溪市荣获优秀区县（市），庄市街道、梁弄镇荣获成绩突出集体，集士港镇等15个乡镇（街道）获评首批省级样板。启动"十百千"农房建设工程，建成194公里镇级污水管网。

【树立住建为民好口碑】 实施"无房家庭优先购房"新政，保障近1.2万户无房家庭优先买到新房。新增保障住房困难家庭9547户，发放公租房租赁补贴15425户，并在全省率先完成住房保障政务服务系统2.0建设。制定出台《人才安居专用房筹集管理办法》，筹集人才安居专用房714套。全市归集住房公积金301.1亿元，同比增长12.6%。完成城镇危旧房改造854户、9.7万平方米，城中村改造721户、13.9万平方米，棚改新开工安置房及货币化安置19963套。完成50946户农村困难家庭人员和住房信息录入比对，实施困难家庭危房即时限时救助，127户农村困难家庭危房全部整治改造完毕，提前完成"决战决胜脱贫攻坚"任务。实现公积金提取网点156个乡镇（街道）全覆盖，推出公积金"商贷委提"服务新举措。建立"互联网+商品房预（现）售管理"政务服务体系，全国首个"拍卖房屋交易一条龙服务"落地宁波，房产交易网签实现"不见面"办事。"阳光征收"品牌入选法治浙江"重要窗口"100例，完成施工图审查制度重大改革，实现工程建设所有项目审批70个工作日内，超额完成国家"120个工作日"和省定"最多90天"改革目标。

【提速行业治理现代化】 印发实施《关于整顿规范住房租赁市场秩序的实施意见》，全力确保房地产市场健康稳定。全年完成房地产开发投资1818.9亿元，同比增长6.8%；完成商品房销售1858.2万平方米，同比增长8.4%，取得历史最好成绩。印发实施《党建引领社区治理推动住宅小区物业管理工作的指导意见》。镇海区完成《住宅小区物业管理条例》修订起草，建立物业常态检查和物业服务"红黑榜"制度，全面推行"三联单"制度，上线运行物业企业和项目经理信用信息平台。全年完成建筑业总产值3055亿元，同比增长3.1%，其中省内建筑业总产值2326亿元，同比增长6.2%。新开工装配式建筑面积1519万平方米，超额完成年度任务。新增绿色建筑项目334个、3363万平方米。印发实施《关于推进建筑垃圾减量化资源化利用的若干意见》，建筑垃圾资源化利用率达到60%。助力"无废城市"创建和美丽宁波建设。建筑工程起重机械管理长效机制建立健全，危大工程等重点领域安全风险监管进一步强化，"智慧工地"管理体系基本建成，预拌制品和预制产品质量全过程质监体系初步形成。省二建设集团5项工程获国家优质工程奖、51项工程获评省建筑施工安全生产标准化管理优良工地、25项工程获"钱江杯"奖、70项工程获评"甬江建设杯"优质工程奖。

【探索转型发展新路子】印发实施《关于建立房地产市场平稳健康发展城市主体责任制的实施意见》，全市房地产市场稳定健康发展长效机制基本形成。成功入围中央财政奖补住房租赁试点城市。印发《加快培育和发展住房租赁市场的实施意见》，起草《推进"新宁波人"安居工程的实施意见》等配套政策，筹集租赁房源2万余套（间）。探索形成"统筹整合、项目生成、资金筹措"等九方面老旧小区改造经验，得到住房和城乡建设部高度肯定，先后入选住房和城乡建设部城镇老旧小区改造"九项机制试点案例集"和"可复制政策机制清单"。印发实施《城镇老旧小区改造三年行动方案（2020—2022年）》，全年完成老旧小区改造108个、697万平方米，惠及居民7.9万余户，超额完成政府民生实事工程。完成智慧汽车基础设施和机制建设一期、二期试点，发放首张开放道路自动驾驶测试汽车牌照，实现了L4级别、时速50~70公里自动驾驶，并在道路标准制定、软硬件标准化、市场化运营管理等方面取得新成果。划定杭州湾新区12.8平方公里深化试点范围，力争打造全域支持车路协同智能网联示范区。大力推进钢结构装配式住宅试点，落实项目56个、64万平方米，钢结构住宅指标和技术标准全部建立。

【鼓足干事创业驱动力】把学习贯彻习近平总书记考察浙江重要讲话精神作为首要政治任务，建立"不忘初心、牢记使命"长效机制，不断推动学习成果转化为奋进动力。全面强化党建引领，扎实开展"六有一好"红色工地创建，大力推进党风廉政建设，统筹完成局属事业单位改革。选派22名干部奔赴重大工程、重点区块一线锤炼本领。宁波市住房和城乡建设局荣立争创全国文明城市"六连冠"集体三等功，李博古同志荣立生态省建设三等功，归律同志被评为"浙江最美建设人"，54名干部得到市级以上奖励或表扬，出台12项行政规范性文件，行政应诉案件、行政复议案件分别同比下降77%和62%。局本级执法证持有率达到90%。住建系统政务公开在第三方评测中高居全市所有区县（市）和市直单位榜首。

房地产业

【概况】2020年，宁波市完成房地产开发投资1818.9亿元，同比增长6.8%；全市销售商品房1858.2万m²（居全省首位），同比增长8.4%；全市新建商品住宅价格指数同比上涨4.4%，涨幅在70个大中城市中排名31位，在21个试点城市中排名第11位；截至年底，全市商品住宅存量843.6万m²，消化周期为6.4个月，其中市区为6个月，五个县（市）为6.9个月，但潜在库存有3000万m²以上，后续供应量较为充足。

【强化长效机制主体责任落实】坚持因城施策、一城一策，夯实城市主体责任，努力保持调控政策的连续性和稳定性，推动宁波市房地产市场平稳健康发展。印发《关于建立房地产市场平稳健康发展主体责任制的实施意见》，分级分类明确各区县（市）主体责任。截至年底，各地已形成房地产市场长效机制工作方案初稿。

【房地产市场调控】年初，为应对疫情影响，采取了一系列有针对性的房地产纾困措施。针对疫情后市场快速回暖、价格指数大幅上涨的新情况、新问题，及时研究出台了"十条新政"加大调控力度，稳定房地产市场。7月20日，印发《关于进一步完善商品住房销售行为切实保障居民自住需求的通知》，切实保障刚需，抑制投机投资行为。

【房地产市场整治】针对受疫情影响延期交房问题，及早落实"一项目一方案"，构建部门联动机制，合理确定"不可抗力"适用时间，原计划6月底前交付的52个商品房项目、涉及住户3.3万户，均得到妥善解决，未发生一起群体性信访事件。制定出台《关于完善新建住宅全装修工作的通知》及相关配套政策，着力遏制"清水装修"等不当行为；建立了装修价格评估公示制度，着力解决装修标准不透明问题；强化了全装修住宅质量管控和销售行为监管，着力防范因装修引起的各类矛盾纠纷。针对房价地价差过低可能影响住宅质量问题，及时出台相关措施，着力从全过程加强监管，确保工程建设质量。

【全面推进住房租赁市场建设】2020年7月，宁波市入围第二批住房租赁试点，并获得每年8亿元、三年24亿元的中央财政专项补助。草拟了《关于全面推进中央财政支持住房租赁市场发展试点工作实施意见（送审稿）》《关于宁波市非住宅改建为租赁住房工作的指导意见（初稿）》《宁波市中央财政支持住房租赁市场发展试点专项资金使用管理办法（初稿）》等文件。

【监管服务平台建设】牵头宁波市房产大数据监管服务可视化平台建设工作，为市场监测分析提供技术支撑。将房产市场监管服务平台终端延伸到试点的平台型企业的交易现场，标志着全国首个"拍卖房屋交易一条龙服务"在宁波落地。将房屋租赁合同备案业务模块由存量房业务平台迁移至住房租赁监管服务平台，并于7月完成住房限购政策调整和无房家庭优先购房政策实施的技术开发部署，新建住房无房优先认购意向登记网上端口和手机端顺利上线。实现房产交易网签不见面办事，在线完成条款协商、电子签名确认，突破交易时空限制。开发商品房预/现售管理系统，统一了我市商品房预现售证书编号规则，实现了证照电子化和市级部门数据共享。充分利用省市两级公共数据共享平台，对外提供共享接口调用49.68万余次，调用外部共享接口533.56万余次。数据共享成果已入选2020年度宁波市公共数据共享应用优秀案例。

【举办第25届住博会】10月30日至11月2日，宁波市举办第25届中国宁波国际住宅产品博览会，展览面积4.2万平方米，展位2500余个，现场参观人次约7.8万。展会期间还举办了中国宁波房地产高峰论坛等一系列活动。邀请宁波房地产和相关行业及媒体人士到现场，探讨房地产市场的发展和变革。

住房保障与棚户区改造

【狠抓住房保障量化目标任务】截至年底，宁波市新增保障住房困难家庭9547户（其中实物配租3188户、租赁补贴6359户），发放公租房租赁补贴15425户，实现政府投资公租房（含租赁补贴）累计保障人数占城镇常住人口比例2.2%，并已于9月底按期完成27632条公租房历史数据补录工作。

【科学编制住房保障十四五规划】会同市住房保障中心专门成立住房保障十四五规划编制小组，配合上海房科院编制宁波市住房保障"十四五"规划，并多次召集各区（县）市住房保障部门座谈。目前，已完成初稿，进入征求意见阶段。

【助力疫情防控和保障民生】截至年底，宁波市减免120户政府投资公租房商铺、租金合计166万元；对488户承租政府投资公租房的医护、环卫、公交和物业等四类人员减免租金55.5万元；增发四类人员公租房租赁补贴518户，增发金额28.2万元。切实纾解受疫情影响的企业和住房困难人员的实际困难。

【主动作为排查低保低边家庭】印发《2020年宁波市住房保障工作要点》，将低保低边等社会救助家庭保障的年度目标任务对各县区进行了责任分解，并明确要求各县区市住建部门主动联系当地民政，获取社会救助家庭的名册清单，对13274户城镇低保、低边家庭进行排摸，发现符合住房保障条件家庭1877户，已实施保障1808户，剩余69户未保障家庭已配合街道做好宣传和通知工作，切实做到申请一户、保障一户。

【指导应家保障房余房销售及建成交付工作】会同市住房保障中心开展应家限价房573套余房销售的相关准备和培训工作。本次余房销售中共有3857户家庭申请购买限价房，已完成选房定位和合同签订工作。同时，积极指导、协调项目建成验收及交付相关工作，确保2649套保障性房源于11月底顺利完成工程竣工验收和集中交付工作。

【积极做好人才安居专用房源筹集工作】制定出台《宁波市人才安居专用房筹集管理办法（试行）》，并协助市委组织（市委人才办）做好2020年人才安居专用房筹集计划的编制工作。会同市住房保障中心和相关部门开展对8个新建商品项目中配建的人才安居专用房源及配套车位的选定工作，现已选定配建的人才安居专用房714套、合计83221.2平方米，可售车位393个、备用车位24个。

建筑业

【概况】2020年，宁波市完成建筑业总产值3055.2亿元，同比增长3.1%，建筑业总产值位居全省第3位（第一位杭州市，第二位绍兴市），占全省建筑业总产值的比重为14.6%，比2019年同期下降0.1个百分点。全市建筑业新签订合同额3323.5亿元，同比增长6.4%。2020年，全市建筑业实现增加值656.3亿元，占全市地区生产总值的比重为5.3%，比2019年提高0.1个百分点。

2020年，全市建筑业企业在省外完成建筑业产值728.8亿元，同比下降5.7%；省外完成产值占全市建筑业总产值的比重为23.9%，比2019年同期下降2.2个百分点。

2020年，全市新开工装配式建筑299个，面积1519万平方米（包括工业建筑和民用建筑），同比增长15.5%；其中装配式住宅和公共建筑（不含场馆）199个，面积1314万平方米，同比增长28.1%。装配式建筑发展工作连续第六年在全省建筑工业化考核中被评为优秀。

截至年底，宁波市共有建筑业企业2739家，其中特级企业16家，一级企业312家，二级企业1264家；全市共有勘察设计企业198家，其中甲级企业84家；全市共有工程监理企业81家，其中综合资质5家，甲级企业43家；目前，全市建筑业有上市企业12家。

宁波市企业承建（参建）的5个工程项目荣获2020～2021年度国家优质工程鲁班奖，其中主承建项目3项，参建项目2项；此外，宁波市建筑业企业还获得国家优质工程奖8项（含参建），浙江省"钱江杯"优质工程奖30项。

【推进建筑业改革创新】召开全市建筑业发展大会，制定出台了《关于促进建筑业高质量发展的实施意见》等新一轮扶持政策。督促各地各单位按照《宁波市建筑企业管理工作专班实施方案》要求，进一步规范工程建设行业管理。同市发改委制定出台了《关于推进全过程工程咨询服务发展的实施意见》，引导企业发展EPC工程总承包和全过程工程咨询业务，实现企业多元化发展。2020年共引进交通、水利工程二级以上资质企业45家。组织召开宁波市建筑业与房地产企业供需合作推介会，优选了80家信誉好、实力强的建筑业企业白名单，向房地产开发企业推荐，引导房地产开发企业与白名单内建筑企业开展战略合作。2020年，全市共签出保险单48163单，比2019年增长158.7%，为2500多家企业释放保证金142.8亿元，比2019年增长124.9%，为企业减负约4.1亿元。

【加强建筑市场监管】组织开展建筑工程施工发包与承包违法行为专项整治行动，成立联合检查组，随机抽取了34个工程项目，对建筑市场行为进行监督检查。其中对涉嫌违法发包工程的7个项目、涉嫌转包工程的3个项目、涉嫌资质挂靠的1个项目以及未领取施工许可证违法开工建设的1个项目，下发了行政处罚建议书。制定印发《全市建筑工程突出问题集中攻坚行动方案》，开展建筑工程突出问题集中攻坚。印发《关于切实加强分包管理规范建筑市场秩序的若干意见》，厘清针对建筑市场行为的民事法律规范与行政管理行为的边界。构建"线下有监管、线上有留痕"的动态化监管和差异化监管体系。组织开展工程建设领域专业技术人员职业资格"挂证"等违法违规行为专项整治。召开建筑市场及欠薪问题集中约谈会议，约谈部分存在较大问题项目的属地监管部门，警示约谈了部分建设单位、总承包单位、监理单位、劳务分包单位、专业承包单位主要负责人，问询了百姓网上舆论较为关注的工程项目相关单位负责人。开展建设工程根治欠薪专项行动联合督查，对问题项目和欠薪历史遗留项目跟踪督查落实。加大检查政府投资工程项目和国企项目力度，确保政府投资项目和国企项目不发生欠薪问题。出台印发《关于建筑用工实名制管理助力疫情防控推进复工复产的通知》并正式上线启用"宁波市建筑工人信息管理平台"，实现全市在建项目用工实名制管理全覆盖。在用工基础信息及从业信息基础上，增加采集疫情防控相关信息，建立健全务工人员疫情防控管理体系。同时与全国建筑工人管理服务信息平台及省建设厅诚信数据仓实现统一对接，实现数据信息自动实时同步。草拟《关于修订印发宁波市建筑业企业务工人员工资支付担保管理办法的通知》。发布《关于开展宁波市2020年度建设工程施工合同履约评价工作的通知》，开展了为期近2个月的施工合同履约情况检查。制定印发《宁波市住房城乡建设领域扫黑除恶专项斗争行业乱象集中整治专项行动方案》。对重点领域群众反映最强烈、最突出的热点、难点问题以及监管中存在的漏洞，组织开展专项整治，全面构建住建领域涉黑涉恶问题打防管控工作体系。

【推进装配式建筑发展】协调资规部门在土地出让公告或规划条件中明确实施钢结构装配式住宅要求。组织编制《宁波市钢结构装配式住宅体系指引》《宁波市装配式混凝土预制构件设计细则及构造图集》《宁波市装配式混凝土预制构件建模和编码标准》等标准图集。开展装配式建筑实施情况专项督查；初步搭建完成装配式建筑区块链管理平台，落实测试运行项目系统接入及系统完善工作。培育了5个国家级装配式建筑产业基地、5个省级建筑工业化示范基地、4个省级建筑工业化示范企业、2个省级建筑工业化示范项目。开展装配式钢结构住宅建设高级研修班，指导建筑业协会开展十余次培训，组织装配式建筑安装施工要点等多个相关培训。

【强化建设工程造价管理】出台《宁波市住房和

城乡建设局关于疫情防控期间合理确定工程合同价款的指导意见》。发布《宁波市住建局、发改委、财政局关于转发浙江省工程建设其他费用定额（2018版）等七部定额的通知》，组织完成《浙江省房屋建筑与装饰工程概算定额（2018版）》等七部定额的宣贯工作。及时更新修改宁波市信用能力动态评价标准，完成系统数据调整，按季公布企业信用能力等级。组织开展"疫情下数字经济驱动造价行业变革"和"宁波市工程造价咨询企业执业能力提升研修班（全过程工程咨询实务）"等线上线下讲座，助推我市工程造价咨询企业做大做强。

城建工程

【抢抓重大城建项目推进速度】 2020年，安排城建项目43项（其中续建17项、新开工26项），计划完成年度投资94亿元。截至12月底，市本级城市基础设施建设累计完成投资约94.2亿元。

【加快推进城建项目建设】 截至12月底，机场快速路南延南段、三官堂大桥、中兴大桥首通段、三路高架绿化美化工程、三江口公园等项目顺利建成，环城南路西延、西洪大桥、世纪大道快速路等工程继续加快推进，鄞州大道-福庆路（东钱湖段）快速路等15个项目相继开工建设。

【深化推进智慧汽车试点工作】 开展二期试点工作经验交流总结，与市经信局、市城管局、市公安交警局、杭州湾新区管委会等部门进行座谈交流，取得了部分可推广、可复制的工作经验。将宁波杭州湾新区滨海新城12.8平方公里作为城市智慧汽车基础设施和机制建设深化试点工作范围，分阶段打造成为全域支持车路协同智能网联的示范区。目前已基本确定设计内容及建设内容，并签订初步设计合同，正对路测设备、云控平台、车辆购买及租赁进行多方案比选，同时正与运营单位开展运营方案对接。项目报批正在进行立项和可行性研究报告批复工作。

【开展"十四五"规划和城建体制改革研究】 开展城市基础设施建设十四五发展专项规划研究，分别对市六区各部门开展了工作对接和实地调研。提出到2025年，宁波城市基础设施基本形成与温馨宜居的现代化大都市相适应的高效、融合、绿色、安全、智慧的城市基础设施体系。进一步完善城建项目投资变更管理，梳理市、区两级城建项目管理体制，推动形成市级统筹，属地落实的城建工作管理机制。开展树木支撑建设和管理改革和城建项目征拆先行等配套制度研究。

【全力开展市政道路雨污分流改造工作】 联合市五水共治办、市河长办、市水利局、市生态环境局印发《全面推进宁波市河道水环境整治"截污"行动方案》，分解落实市政道路雨污合流管改造五年实施计划（2019—2023）。编制印发《中心城区市政道路雨污合流管改造五年实施计划（2019-2023年）》，截至12月底，已完成合流管改造14.6公里，剩余改造任务将结合市政道路改造和地块开发建设有序推进，并考虑先行截污处置。组织实施宁波市北区污水处理厂三期2号主干管工程，目前已开工建设。

安全生产监督管理

【概况】 2020年，宁波市有204个工程项目获评国家、省、市安全文明施工标准化工地。房屋建筑和市政基础设施工程领域全年共发生5起安全生产责任事故，死亡8人。全年发布《护航复工复产安全生产攻坚行动工作方案》《全市住房城乡建设系统安全生产专项整治三年行动工作方案》和《全市建筑起重机械安全专项治理行动方案》等重要文件并推动落实，极力稳定全市房屋建筑和市政基础设施工程建筑施工安全生产形势，全力保障人民群众生命财产安全。

【推进建筑施工领域改革创新】 建立健全建筑施工安全生产风险辨识管控和隐患排查双重预防体系，制定印发《宁波市建筑工程风险管控细则》。全市房屋建筑和市政基础实施工程领域全面开展风险辨识评估，常态化加强隐患排查治理工作。首创推行起重机械"保险＋风控服务"创新机制，印发《关于开展建筑工程起重机械保险工作的通知》和《宁波市建筑工程起重机械保险实施细则》，形成了承保、检测、风险管控服务链条化管理体系。大力推进"智慧工地"建设，印发《关于全面加快宁波市智慧工地建设的通知》，制定"智慧工地"标准，分级分阶段推进"智慧工地"落地实施，通过信息化手段改进传统的监管方式和行业模式，实现"整体智治"。

【加强建筑施工安全管理】 开展全市建筑工程安全生产大检查、全市住建系统"护航复工复产安全生产攻坚行动"、全市建设工程消防安全专项整治、轨道交通工程建设项目专项检查等，督促企业落实安全生产主体责任。召开全市建筑工程安全生产工作会议，部署2020年全市建筑工程安全生产工作，与各地建设主管部门签订年度安全生产目标管理责任书，压实管理责任。严格事故查处，进行安全生产警示约谈，督促相关责任主体开展现场警示教育，对发生事故的企业进行安全生产条件复查，全年共向省住建厅建议暂扣相关施工企业安全生产许可证书10家，撤销或暂扣从业人员安全生产考核合格证书27个。先后组织开展全市轨道交通工程盾构涌水突发事故和建筑工程火灾安全事故应急演练、全市安全监督人员和建筑施工企业主要负责人安全知识培训等，全力提升安全管理水平。制定并发布《全市建筑施工从业人员安全和消防技能提升工程实施方案》，截至年底，全市累计培训各类建筑施工从业人员4.3万余人，提前超额完成年度培训目标。

【强化施工领域监管执法】全年共对全大市建筑工程安全生产进行3次监督执法检查，共抽查了全大市88个在建项目，下发88份问题隐患整改督办通知书，责令停工整改工程项目8个，责令拆除起重机械5台，暂停使用建筑起重机械17台，对104家相关责任主体进行公开批评，实施建筑施工安全生产重大事故隐患挂牌督办工程项目1个，相关整改工作全部完成。二是建筑施工企业安全差异化监管，对五类存在严重质量安全问题的建筑工程实施重点监管，2020年共将142家建筑业企业列入建设工程质量安全重点监管企业名单，并在宁波市建筑市场信用信息平台中予以信用惩戒。

【扎实开展安全生产专项整治三年行动】2020年，宁波市住房和城乡建设局紧紧围绕"城市建设安全专项整治"这一牵头专项工作，全面梳理涉及包括其他专题专项的牵头及配合工作共计110项（173条细分任务），制定《全市住房城乡建设系统第二轮安全生产专项整治三年行动工作方案》。自三年行动开展以来至2020年年底，全市住建系统共排查并整改隐患17258条，全市共实施行政处罚190次，责令停工整顿86个工程项目，罚款425.0245万，各级主管部门共警示约谈181家企业，城市建设安全专项2020年年度的五项任务已经全部完成。

（宁波市住房和城乡建设局）

厦 门 市

概况

2020年，厦门市建设局以习近平新时代中国特色社会主义思想为指导，全面贯彻落实习近平总书记对福建、厦门工作的重要讲话重要指示批示精神，紧紧围绕市委市政府部署要求，坚持稳中求进工作总基调，坚持党建统领，强力推进"岛内大提升、岛外大发展"、招商引资与项目建设攻坚、城乡环境改善、民生补短板、行业高质发展等各项任务落实，特别是在复工复产、建筑业高质量发展、建筑业招商引企、重点项目建设、重大改革攻坚、城市面貌提升、查处建筑市场违法行为、根治欠款欠薪工作、历史风貌建筑消防设计审查、既有建筑内部改造、建设工程审批制度改革等方面，重点开展了工作。

城市建设

【概况】2020年，厦门市建设局认真贯彻落实全市加快建设高颜值大会工作要求，有序推进街区立面整治，完成246栋建筑立面整治提升。强化城市夜景照明管理，形成具有厦门特点的夜间景观照明。大力协调推动公共停车设施建设工作，全年新增路外公共停车泊位6213个。2020年，厦门市安排重点项目415个，总投资8940.1亿元，年度计划投资1272.4亿元。全年开工项目104个，竣工项目68个，实际完成投资1767.8亿元，超495.4亿元，完成年度计划138.9%，连续6年完成投资突破千亿。

【街区立面综合整治】牵头组织开展23公里山海健康步道实施沿途影响景观建筑物改造提升工程，思明、湖里两区整治提升21处、246栋建筑立面；完成《厦门经济特区建筑外立面管理若干规定》立法、宣贯工作；完成建筑外立面装饰装修、改造、维护技术导则初稿编制；配合推进中山路、高崎渔港等重点片区改造提升工作。

【推进夜景照明提升】结合疫情防控工作，制作以"共同战役·我的同乡英雄"为主题的夜景动态宣传图文。联合相关部门印发《厦门市城市夜景照明提升实施方案（2020—2025）》，积极推动各区及相关片区指挥部因地制宜开展夜景照明提升；充分发挥市夜景集中控制中心的优势，有序做好重大活动和重要节日期间夜景亮灯保障。

【公共停车场建设管理】2020年，推动相关单位加快公共停车设施项目施工建设，完工项目32个，新增路外公共停车泊位6213个;制定全市城区停车设施行动方案(2020—2025),持续推动城区停车泊位有效供给;完成《厦门市停车场建设发展"十四·五"专项规划》的编制工作;完成《厦门市停车场建设服务导则》的编制工作。

【重点项目建设成效显著】 2020年,一批战略性新兴产业集群项目加快落地建设,128个产业项目完成投资443.9亿元。社会事业项目稳步提升,130个社会事业项目完成投资303.2亿元。重点加快推进"两新一重"项目建设,141个城乡基础设施项目完成投资476.9亿元。全面加快岛外新城和重大片区开发建设,16个新城配套项目完成投资543.8亿元。

村镇建设

【铁路、高速公路沿线环境综合整治】 2020年,在完成上一轮铁路、高速公路(以下简称"两高")沿线环境综合整治任务的基础上,统筹疫情防控和加快推动建设项目开复工,全力推进"两高"沿线景观提升工作,达到预期目标。截至12月底,各项年度任务均超额完成。拆除乱建乱搭17.7万平方米,实施农房平改坡2937栋,整治裸房2023栋;新建绿地和绿化带61.5万平方米,修复治理已毁山体和青山挂白5处;清理垃圾堆放点210处,治理畜禽渔业养殖场2处,整治沿线工地40处。

【农房整治】 按照以村民为主体的"以奖代补、共同缔造"模式推进既有农房整治,鼓励村民自己实施,同时配套做好技术服务,让村民从"被动执行"到"主动参与",改善既有农房平屋顶隔热、防水和风貌差的问题。2020年,完成农房平改坡2665栋,整治裸房1543栋。

保障性安居工程

【概况】 2020年,厦门市保障性住房建设继续以推动"双千亿"项目为抓手,围绕"扩大有效投资、补齐民生短板"等重要任务,着眼全市发展,圆满完成省、市政府下达的各项任务和工作目标。全面完成市委、市政府提出的"2017—2020年开工建设保障性住房10万套"目标,保障性住房建设达到新的里程碑。

【建设进展】 以"地铁站点+保障性住房"的全新理念重点打造的三个保障房地铁社区一期工程于2020年全面竣工并交付使用。起草安置房建设标准经市政府研究后通过,并以市建设局名义印发《关于安置房建设标准的若干指导意见》,指导全市安置房建设。高质量、高水平的安置房精品工程。统筹把控质量、安全、进度、维保等各项工作,确保建设速度和建设质量稳步提升。洋唐居住区保障性安居工程A11地块2019年获得"国家优质工程奖"之后,2020年其配套设施项目(鼓锣公园)再次获得"国家优质工程奖"。福建省委、省政府"为民办实事"工作任务,推进祥平二期等七个保障性住房建设,投资目标24.03亿元,实际完成投资35.98亿元。厦门市委、市政府"为民办实事"任务,2020年须新开工各类保障性住房8000套,实际开工9726套。保障房涉及的各项建设投资任务,其中省、市重点项目投资分别完成年度计划的185.17%、153.11%,加快补齐民生短板建设投资任务完成年度计划的122.31%,双千亿投资工程保障房项目建设投资任务,完成年度计划的111.48%。

建筑业

【概况】 2020年,注册地在厦门市的企业完成建筑业总产值2765.04亿元,比2019年同期增长10.5%,高于全省平均增幅。新增入统企业262家,带来148.52亿元的新增产值,拉动全市增幅5.9个百分点,贡献率达56.5%。截至年末,拥有施工总承包资质企业数量1506家,专业承包资质公司数量2506家。

【促进建筑业发展】 出台《厦门市促进建筑业高质量发展若干意见》,从推进建筑业产业结构调整、转变产业发展模式、推进建筑业科技创新与技术进步、支持企业"走出去"发展、探索劳务用工体制改革、提高企业服务保障、规范建筑市场运行等方面,优化建筑业服务改革。全面落实全市招商大会精神,出台扶持政策,积极引进有实力的建筑业企业,发展总部经济。全年累计引进39家施工企业(其中总承包一级企业21家)。实施建筑企业增产增效行动,遴选69家本市增产增效行动重点企业(含37家省级重点企业),挂钩解决企业发展中存在的困难。

【建筑市场管理】 不断加强建筑市场整顿工作,严厉打击电子投标文件雷同、投标业绩弄虚作假以及低价投标扰乱建筑市场等乱象,严厉打击围标串标、违法分包以及转包挂靠等乱象,严厉打击评标专家收受投标人钱款、违法违规参与投标活动等乱象,严厉打击中介机构执业乱象。对一批企业、个人采取行政监管行为,对7家企业和17名评标专家做出行政处罚,对164家企业记录不良行为记录。组织开展全市招标代理机构和造价咨询企业行风整顿,印发《厦门市建设行业行风整治专项行动方案》，对存在问题的有关企业和个人依法依规作出处理，并对外公布检查结果。组织开展建设工程合同履约检查，对全市在建的房屋建筑和市政基础设施工程开展专项整治，累计检查项目114个，发出整改通知书48份，记录各方主体不良行为记录8次，约谈企业105家。

【招投标管理】制订《关于印发建设工程招投标"评定分离"办法（试行）的通知》《厦门市建设项目投融资建设一体化模式实施方案（试行）》《关于台湾建筑企业参与房屋建筑与市政基础设施工程项目施工招标投标活动有关事项的通知》；制订《关于贯彻执行省住建厅印发的工程总承包招标文件范本的通知》《关于调整部分招标文件范本内容及电子投标保函相关事项的通知》；结合本市建筑市场实际制订《关于土石方及场平工程采用简易施工招投标评标办法的通知》《关于调整房屋建筑和市政基础设施工程信用评价结果运用及简易评标办法的通知》；制订《关于进一步规范公路水运水利等专业工程招标业绩设置的若干意见》；制订《关于报建及招标文件备案等公共服务事项下放通知》，将项目报建、招标文件备案等公共服务事项下放到区建设行政主管部门。健全招投标投诉处理"四有"机制，受理有审批、咨询有专家、决定有集体、过程有记录，确保投诉处理工作规范、有序开展。

【工程造价管理】完善工程定额编制，发布《厦门市城市轨道交通该工程预算定额》（土建工程）、《附着式电动整体提升脚手架的补充定额》，制订《厦门市城镇生活污水管网及泵站养护维修经费标准》《厦门市重点项目施工工期目标设定参考标准》（房屋建筑工程）、《厦门市重点建设项目建设工期指导规范》（征求意见稿）。推广工程造价"背靠背"编审分离经验做法。进一步完善综合价格发布机制，每天发布水泥、钢筋等材料综合价格，每周发布砂、石、砖、管桩、混凝土、沥青等材料综合价格，每月发布市场材料综合价格和苗木参考价格，并向省造价总站提供各类综合价格。

【疫情防控和复工复产】印发《建筑业企业科学防控疫情和有序复工复产指导意见的通知》，确保疫情防控和复工复产两不误。印发《关于发布厦门市建设工程人工费动态指数的通知》《关于新型冠状病毒肺炎疫情引起的建设工程计价问题若干指导意见》，将厦门市人工费动态指数上调至1.2016，上调安全文明施工费20%，扩大主材调差范围，明确工期延误等计价指导意见。出台招投标便民措施，印发《疫情防控期间厦门市建设工程招标投标活动有关事项通知》。

消防设计审查验收

【厦门市消防审验中心成立】4月16日，厦门市委编办批复成立厦门市建设工程消防设计审查验收中心，公益一类副处级事业单位，隶属厦门市建设局管理，主要承担建设工程消防设计审查验收技术性、辅助性和事务性工作的法定职责。9月18日，召开市消防审验中心干部任职大会，中心开始进入正式运行准备阶段。12月21日，举行厦门消防审验中心揭牌仪式。

【消防设计管理】2020年，厦门市建设局按照"一令两细则"规定，完成消防设计审查权责事项清单及办事指南的相应调整并向社会公开；进一步规范消防设计技术审查行为，将施工图审查机构消防设计审查内容纳入审查机构综合考核评价；进一步提升消防服务水平，组织厦门国际会展中心四期B8B9馆等重点项目消防设计专家评审；市、区两级共办理房建、市政类工程消防设计行政审批630件。践行文物保护"最小干预"原则，在国内首次提出"历史风貌建筑防火设计目的为有效提升消防安全水平"，组织编制出台《厦门市历史风貌建筑设计防火导则（试行）》，填补现行国家工程建设消防技术标准不适应历史风貌建筑防火设计的空缺。

【消防审查验收】10月以来，市消防审验中心开展"全程跟踪指导"服务，确保项目进展顺利。参加市建设局服务省市重点项目"轻骑兵"系列项目，协助各指挥部和业主代建单位摸清各项目有关消防方面的重点难点问题。组织"厦门新会展中心项目（展览中心）特殊消防设计专家评审会"，开展该项目特殊消防设计合规性评审和厦门国际会展中心四期B8B9馆增补演艺功能特殊消防设计专家评审意见落实情况的专项审核会议；参加10多个项目的消防验收评定工作；参与轨道3号线消防验收讨论会、参加轨道3号线蔡厝站机电工程相关测试；开展首轮消防设计审查质量的抽查工作。

物业管理

【物业行业管理】据2020年底统计，厦门市登记备案的物业服务企业共有537家，物业服务从业人员总人数25134人；物业服务管理项目约2389个，在厦物业服务管理面积约1.46亿平方米。2020年，共对1262个物业服务管理项目开展物业服务质量星级评定，其中：五星级91个，占比7.2%；四星级41个，占比3.2%；三星级420个，占比33.3%；

二星级469个,占比37.2%;一星级181个,占比14.3%;不达标项目60个,占比4.8%。

【老旧小区改造】 截至年底,全市累计完成506个老旧小区改造,涉及居民6.34万户、房屋1922栋、建筑面积约475.97万平方米。改造过程中,针对近年来发现的"改造成果难以维系、财政投入难以为继、补齐公共生活服务设施短板工作难以同步、社会治理体系探索难以深入"等问题,市政府印发《厦门市老旧小区改造工作实施方案》,创新引入社会资本参与老旧小区改造,保障改造工作可持续。

建设工程管理

【概况】 2020年,厦门市有2个项目获得"中国建设工程鲁班奖(国家优质工程)";2个项目获得"国家优质工程奖";3个项目获得2020年"中国钢结构金奖";5个项目评为全国建设工程项目施工安全生产标准化工地;有14项、20个单位工程评为"闽江杯奖";103项工程通过"市建设工程评优活动"评审。至年底,厦门市监管的在建工程项目1470个,工程总造价2317.8亿元。全年在建工程质量安全生产形势平稳,没有发生较大及以上等级安全生产事故。

【工程质量安全监管】 坚持建设工程质量安全"双随机"检查、监管警示和约谈制度。巩固并推广质量安全巡查模式,开展各类质量安全生产专项整治活动。全年召开4次全市建设工程质量安全生产形势分析会议,累计巡查工程项目3616次,发现一般事故隐患14330条(一般安全隐患均已整改到位),发出责令整改通知书896份,发出局部停工通知27份,发出全面停工通知12份,通报批评单位409家,记录信用监管行为P类单位409家,约谈409家(次)责任主体,对5家施工单位做出暂扣安全生产许可证的行政处罚,暂停14家施工单位在厦门市承接工程施工相关业务。

【轨道工程监督管理】 轨道交通3号线,9月26日全线洞通,2020年12月18日全线轨通。积极推广轨道工程标准化建设经验,积极推进轨道工程管片生产、盾构施工、临时用电等标准化成果应用,4号线5标、6号线2标的标准化建设还在省部检中得到高度肯定。研究总结轨道工程先进工法,会同各参建单位创新"近海域全断面砂层盾构始发""洞内盾构机弃壳解体"等多个工艺工法,实现多项行业技术零的突破,"海上钻孔桩施工泥浆多孔同步循环回收绿色施工工法",获得国家知识产权局实用新型专利和发明专利。

【建筑行业行风整治】 组织开展建设工程检测行业行风整治行动,对全市检测机构全覆盖监督检查,共对12家次检测机构发出《责令改正(整改)通知书》,对6家次存在问题较多的检测机构分别记录批评类信用监管行为。积极配合省质安总站对厦门检测机构开展的鉴定质量监督检查,对厦门两家检测机构进行督查检查。保持商品混凝土等主要建筑材料质量监督抽查抽测常态化、制度化,及时对桩基检测开展监督检查,并着重对高崎污水处理厂、新体育中心等重点项目桩基检测进行监督指导。

【建筑废土处置监管】 2020年,共办理建筑废土处置外运许可证458件,申报外运量约4065万立方米;备案《建筑垃圾处置核准》(建筑废土处置证-工程消纳场-审批改备案)47件,消纳量1012.4万立方米。核准《城市建筑垃圾处置核准》(建筑废土处置证-消纳场)(资源化利用)17件,年处理量2989万立方米。审批数据同步推送至市渣土管控平台。进一步加强在建工地的日常检查,2020年共检查工地约397个次。对未及时办理建筑废土处置许可、文明施工管理措施不到位的134家施工企业进行约谈,对113家施工企业发出责令整改通知书,对26家违反规定的在建工地的施工单位、监理公司记录不良行为纪录。

建筑节能科技

【概况】 厦门市积极推进建设领域绿色发展,大力发展绿色建筑,推进建筑节能,推广绿色建材。完成"十三五"公共建筑节能改造工作任务,累计实施公共建筑节能改造面积居全省第一。

【深入推广绿色建筑】 2020年,厦门市竣工绿色建筑面积582.08万平方米。办理发放4批绿色建筑财政奖共计1.47亿元,涵盖10个绿色建筑项目、7000多户业主。

【持续开展节能改造】 2020年,厦门市完成公共建筑节能改造面积36.16万平方米。"十三五"期间,厦门市公共建筑节能改造362.66万平方米,超额完成省政府下达的190万平方米改造任务,完成总量名列全省第一。

技术综合管理

【装配式建筑系统推进】 研究制订加快发展的系列文件,明确了目标任务、扶持政策、职责分工、联络机制等;明确装配式建筑/装修评价的程序、标准等事项,催生和认定了福建省首个装配式装修项目。2020年共设计认定13个项目,总建筑面积约86

万平方米；当年实施总建筑面积约 23 万平方米。

【推进建筑新技术应用】扶助 14 家建筑企业申报认定为省级企业技术中心。策划组织开展两次主题沙龙活动，引导企业加强技术创新、关注装配建造。

【技术综合协调服务】加强技术-政策综合指导，廓清装配式建筑工程总承包管控的框架与脉络，保障太保颐养等重点项目有序推进。扎实统筹专项业务。组织编制厦门市"十四五"建设事业专项规划；筹划组织住宅工程质量常见问题专项检查。

【建筑信息模型技术】梳理工作任务、明确处室分工，保障 BIM/CIM 建设推进。组织编制 BIM 的应用交付、分类和编码、数据存储等技术标准。继续推进 BIM 技术应用的试点示范，指导市档案馆等项目 BIM 全过程试点。

行政审批

【深化工程建设项目审批制度改革】将各专项验收事项及竣工验收备案事项合并为综合验收事项，主动出具竣工验收备案证明文件；"建筑废土处置许可证-外运"事项由行政许可事项转变为备案；墙改基金返退比例统一提高到 100%，推行电子文书，进一步简化返退手续；优化"一会四函一书"工作流程，推动重大重点项目开工；试点开展"清单制+告知承诺制"，小型社会投资工业类项目等三类项目施工许可实行告知承诺制，即来即办。

【"放管服"改革】取消房屋市政项目报建事项、工程造价咨询企业设立分支机构备案事项；将省级、市级建筑业企业技术中心初审两个事项转为业务处室日常工作事项；推动"强区放权"改革，将部分建筑业企业资质认定和建筑施工企业安全生产许可证核发审批服务事项下放各区建设局。

【推行"不见面"审批】审批事项全部进驻省网办事大厅，持续推动"互联网＋政务服务"。新冠肺炎疫情防控期间，通过全程网办、"双向邮寄办"等，推动审批事项实现"一趟不用跑"不见面审批。2020 年不见面审批的办件量 36657 件，办件量超过办件总量的 99.9%。

勘察设计管理

【概况】2020 年，在厦门市承接勘察设计业务的企业 205 家，其中勘察单位 82 家，建筑设计单位 123 家（不含装修等其他专项）。全年完成厦门市勘察设计工程项目 2650 个，其中工程勘察项目 789 个、设计项目 1559 个（含装修工程），市政工程设计 302 个。

【工程勘察监管】强化土工实验室管理，规范勘察市场秩序，对勘察单位在厦门设立土工试验室情况进行专项监督检查，以文件形式公布符合规定条件的 35 家土工试验室名单。加强勘察现场管理，2020 年勘察现场检查共计 6 次，特别对地下工程安全进行严格监管。会同市交通局、市轨道办以及市发改、资规等多个部门出台厦门市轨道交通安全保护区管理办法，形成规范地铁交通安全保护区内施工、作业行为的刚性规定及监督制度，切实保障我市轨道交通安全。

【工程设计】推行勘察设计招投标"评定分离"模式，压实招标人责任，优化招投标模式，提升勘察设计水平。开展工程设计行业行风整治专项工作。组织在厦从事勘察设计活动的勘察设计单位对照法律法规，对企业质量保证体系、市场行为及项目勘察设计质量自查自纠，共涵盖 124 家单位，8908 名从业人员，并将自查自纠情况通过网络公示。抽检 5 家勘察设计单位的内部管理体系和 10 个勘察设计项目的质量。对 3 家工程设计责任主体予以行政处罚，督促其建立长效管理机制。引入 2 家台湾建筑师事务所在厦备案，促进两岸良性交流，引入台湾优秀人才，助力提升厦门市建筑设计水平。

【施工图审查管理】进一步缩小施工图审查范围，对 13 类规模较小、技术简单、质量安全风险较小的房屋建筑和市政基础设施工程，免予施工图审查，并以承诺书代替施工图审查合格书办理施工许可证。开展施工图购买服务绩效考核工作，组织对 13 家施工图审查购买服务水平开展考核，依据考核结果开展差异化管理。及时对接部分因工期紧、规模大、技术要求高等因素无法按既定流程开展施工图审查的项目，根据项目情况推动施工图审查工作。

大事记

1 月

10 日　国务院根治拖欠农民工工资工作领导小组办公室副主任王程一行来厦调研欠薪预警信息化建设情况及在建工程项目落实工资支付保障制度情况。

13 日　住房和城乡建设部副部长黄艳召开厦门市城市轨道交通第二期建设规划调整（2016—2022 年）专题会议。同日，厦门市建设局印发《关于做好建筑工程春节期间及节后复工施工安全生产工作的通知》。

2月

2日 出台《厦门市建设局关于疫情防控期间我市建设工程招标投标活动有关事项的通知》。

11日 市委书记胡昌升前往同安区、翔安区、湖里区调研建设项目复工及疫情防控工作。

28日 厦门市第十五届人民代表大会常务委员会第三十二次会议通过《厦门经济特区建筑外立面管理若干规定》。

4月

16日 市委编办批复厦门市建设工程消防设计审查验收中心成立。

23日 市政府办公厅印发《厦门市人民政府办公厅关于印发加快发展装配式建筑实施意见的通知》。

5月

18日 印发《厦门市建设局关于服务机场片区指挥部工作实施细则的有关通知》。

26日 市委书记胡昌升调研东部体育会展新城片区指挥部。

6月

4~5日 福建省住建厅受住房城乡建设部委派对厦门市建设局实地复查第六届全国文明单位创建工作。

15日 国务院安委办2019年度省级政府安全生产和消防工作考核组来厦,重点考核厦门市建筑施工安全生产隐患大排查大整治、施工现场消防隐患排查治理等工作开展情况,考核组对市建设局内业资料、工地围挡图集编制等工作给予高度肯定。

28日 开展2020年度轨道交通工程防台防汛防疫综合应急演练暨观摩。

8月

3日 印发《关于进一步加强渣土处置安全生产,确实落实防范渣土车道路交通亡人事故的通知》。

11日 厦门市建设局推动以市政府名义印发《厦门市促进建筑业高质量发展指导意见》。

19日 厦门市建设局、厦门市发展改革委员会、厦门市公安局、厦门市工信局、厦门市市场监督管理局联合出台《厦门市新能源汽车停车服务收费优惠措施》。

9月

3日 厦门市建设局、厦门市重点建设项目领导小组办公室组织开展市重点项目和代建管理相关政策的培训。

11月

18日 开展2020年度轨道交通及配套工程综合应急演练暨观摩。

23~27日 北京市住房和城乡建设委员会赴厦门市建设局学习调研优化营商环境办理建筑许可指标等相关改革工作。

12月

3日 北京市停车管理事务中心来厦调研停车信息系统建设相关工作。

18日 轨道交通3号线全线轨通。

26日 出台《建设工程招投标"评定分离"办法(试行)》。

31日 厦门市建设局筹拍的扫黑除恶专项斗争主题微视频《沙霸覆灭记》,在全国第五届平安中国"三微"比赛中,获得优秀微视频奖。

(厦门市建设局)

深圳市

住房和城乡建设

概况

深圳市面积1997.47平方公里,常住人口1756.01万人,在册户籍人口642.46万。2020年,全市地区生产总值27670.24亿元,同比增长3.1%。全年固定资产投资比上年增长8.2%,其中,基础设施投资增长7.2%,工业投资增长0.5%。建筑业总产值4777亿元,比上年增长9.5%。住建领域经济增量约占全市地区生产总值(GDP)的12.7%。

新开工商品住房1236万平方米,创近十年新高。"十三五"期间,全市共建设筹集公共住房44.24万套,供应26.1万套,均为"十二五"时期的2.4倍。全年用水总量20.22亿立方米,同比下降1.93%,万元地区生产总值(GDP)用水量7.32立方米，较2015年下降35.6%，用水效率全国领先。城市轨道交通在建线路16条，共231公里，穗莞深城际铁路深圳机场至前海段正式开工，大湾区城际铁路建设全面提速。

全市绿化覆盖面积10.18万公顷，建成区绿化覆盖率43.38%。《深圳市生活垃圾分类管理条例》正式实施，全市3800多个小区、1700多个城中村、1600多个机关事业单位、2500多所中小学幼儿园实现垃圾分类全覆盖。生活垃圾分流分类回收量达到9000吨/日以上，回收利用率超过40%，无害化处理率100%。

法规建设

深入推进法治政府建设，统筹推进《深圳经济特区住房公积金管理条例》《深圳经济特区消防条例》等重点立法9部，推出重大行政决策制度3项，发布规范性文件17部。落实行政执法"三项制度"，处罚案件252宗，处罚金额约2236万元。落实"谁执法、谁普法"责任制，普法宣传举措获广东省全省推广。推进工程建设项目审批制度改革，在"深圳90"改革基础上进一步深化改革，修订出台《深圳市政府投资建设项目施工许可管理规定》《深圳市社会投资建设项目报建登记实施办法》，政府投资工程、社会投资工程从进入在线审批系统到完成不动产登记的审批时限，由97个、45个工作日分别缩短至41个、30个工作日。

房地产业

【**房地产开发**】2020年，深圳市房地产累计开发投资完成额为3562.58亿元，同比增长16.4%。全市固定资产投资完成额同比增长8.2%，房地产开发投资占固定资产投资比重为44.8%，同比提高3.2个百分点。其中，商品住宅累计开发投资完成额1932.83亿元，同比增长27.3%，占房地产开发投资的比重为54.3%，非住宅累计开发投资完成额1629.75亿元，同比增长5.8%。全年商品房累计新开工面积1882.36万平方米，同比增长29.3%，其中，商品住宅累计新开工面积983.10万平方米，同比增长27.2%；全市商品房施工面积9661.44万平方米，同比增加21.3%，其中住宅4793万平方米，同比增加21%。截至年底，深圳市共有房地产开发企业1512家，从业人员48387人。

【**房地产市场**】2020年，深圳市新建商品房销售面积858.57万平方米，同比增长16.7%。其中，新建商品住宅销售面积617.05万平方米，同比增长25.2%，预售新建商品住宅销售面积448.86万平方米，占比72.7%，现售新建商品住宅销售面积为168.19万平方米，占比27.3%。非住宅销售面积241.52万平方米，与上年同期基本持平。截至年底，全市商品房库存面积1049.39万平方米，环比增长9.6%，其中商品住宅库存面积519.73万平方米（51039套），环比增长8.9%。按照过去12个月平均销售规模计算，全市商品住宅去化周期为10.1个月，较上月末增长0.8个月，较年初减少3.4个月，处于合理去化区间，供应相对充足，居民合理购房需求得以保障。

【**精准调控房地产市场**】坚持"房住不炒"定位，7月15日发布《关于进一步促进我市房地产市场平稳健康发展的通知》，出台深户满3年方可在本市购买商品住房、完善差别化住房信贷政策提高非普通住房首付比例等"新深八条"措施，有效遏制投机炒房行为。进一步加强深圳市商品住房购房资格审查和管理，在全国率先研究建立二手住房成交参考价格发布机制。深入开展房地产市场专项治理，严厉打击捂盘惜售、哄抬房价、虚假宣传等行为。住房价格涨幅明显回落，市场热度明显降温，全年一手房价格涨幅控制在5%，二手住房价格指数回落2个百分点，刚需购房占比从60%提高至90%左右。

住房保障

【**保障性住房**】2020年，深圳市安居工程完成投资约349.08亿元，计划供应公共住房用地168.2公顷，实际供应公共住房用地134.3公顷。计划建设筹集安居工程项目8.1万套，实际建设筹集项目121个、约8.85万套，完成年度任务目标的109%；计划基本建成（含竣工）安居工程项目2.28万套，实际基本建成（含竣工）项目39个、约2.31万套，完成率101.3%。"十三五"期间，全市建设筹集公共住房44.24万套，超额完成原定的40万套任务目标，是"十二五"期间的2.47倍，创下历史新高。2020年，全市公共住房计划供应4万套，实际供应约4.17万套，超额完成年度计划。2020年省住建厅下达深圳市的棚户区改造开工任务为3000套，实际完成5456套，完成率182%；基本建成任务2106套，实际完成2195套，完成率为104%。持续发放住房保障货币补贴，连续14年对全市低保及低保边缘家庭实施应保尽保，全年共面向993户低保、低保边缘家庭及低收入家庭发放住房租赁补1172.53万元，其中面向963户低保、低保边缘家庭发放租赁补贴1148.3万元，面向30户低收入家庭发放租赁补贴24.23万元。

【**完善住房供应与保障体系**】持续完善中国特色

社会主义先行示范区住房供应与保障体系。修改完善公共租赁住房、安居型商品房和人才住房三类公共住房建设管理暂行办法，并提请市委市政府审议发布。发布《深圳市公共住房专营机构房源配租衔接工作规程》等19项配套细则，稳步开展公共住房租金定价工作，基本建成居民收入财产大数据中心及核对系统，搭建起"1＋3＋N"政策体系的"四梁八柱"。"以人民为中心深化住房制度改革"获评第八届广东省市直机关"先锋杯"工作创新大赛深圳选拔赛岗位创新组十佳项目。

公积金管理

2020年，新增住房公积金开户单位（不含尚未缴存）3.12万户、新增开户个人（不含尚未缴存）98.71万户、新增归集资金812.27亿元、提取资金620.86亿元、新增发放住房公积金贷款372.65亿元。截至年底，深圳市住房公积金累计缴存额4642.38亿元，累计提取额2595.72亿元，累计共为30.29万户家庭提供低息贷款1885.56亿元，惠及1500余万职工。为缓解受新冠肺炎疫情影响的企业生产经营压力，住房公积金支持政策被纳入市政府发布的"惠企十六条"，全年共支持7422家企业少缴、缓缴住房公积金6.9亿元；实行新冠肺炎疫情期间自愿缴存，累计支持70家企业少缴住房公积金1278万元；明确社会团体等单位在新冠肺炎疫情期间享有与企业同样的支持政策。为受新冠肺炎疫情影响职工在住房公积金贷款、还贷和提取等方面提供4大保障；阶段性提高租房提取额度，将7月－12月租房提取额度由当月应缴存额的65％提高至80％，减轻疫情期间职工房租支付压力。"互联网＋公积金服务"打通职工办事最后一公里，在"粤省事"微信小程序、"i深圳"APP、支付宝三个自助渠道推出在线签订自助办理服务协议功能，真正实现职工"零跑动"一键提取住房公积金，全年共200余万职工在线签订协议，提取业务网上办理量占比突破98％；粤港澳大湾区内首个实现通过互联网平台全程线上办理公积金异地转入业务。

城乡历史文化保护传承、城市与建筑风貌管理、建设工程消防设计审查验收

【城市历史文化保护传承】开展羊台山地名变更考证与社会影响评估，6月，羊台山地名恢复为阳台山。对不规范地名进行摸底排查和清理整治，并全面梳理全市道路桥梁名称，规范道路命名管理。推进地名普查成果转化，开展深圳地名典、志、图录编纂工作，完成《深圳市标准地名词典》《深圳市地名志》《深圳市标准地名图录》等一批地名成果图书编制和出版。

【城市与建筑风貌管理】发布《深圳市历史风貌区和历史建筑保护办法》，确定及公布深圳市历史风貌区（第一批）和历史建筑（第二批）保护名录。推动《深圳市历史风貌区和历史建筑保护标志设计和设置指引》《深圳市城市紫线规划》等文件修编，初步建立深圳市历史风貌区和历史建筑保护技术规范体系。

【建设工程消防设计审查验收】全年办理完成消防设计审查业务802宗、竣工消防验收及备案业务357宗，合格率平稳可控。累计验收面积3513万平方米，年人均验收面积超过319万平方米，审批合格269宗，合格率为75.4％。顺利完成盐田三期国际集装箱码头等7个港口危险货物集装箱堆场项目的消防设计审查和验收，圆满解决消防审批历史遗留问题。采取提前介入、现场指导、线上检查、"夜间错时"验收等措施，助力36项重大项目顺利完成竣工消防验收。落实企业约谈制度，先后约谈督促恒大地产、龙光地产、深圳湾创科中心、佳兆业等15个单位落实主体责任。探索引入第三方检测机构技术服务，倒逼消防安全质量提升，一方面强化对建设工程消防产品监管，全年共委托检验消防产品336项；另一方面，对辖下高层、医院、大型商业综合体、高危等消防重点项目开展消防设施检测和现场评定工作，全年共开展相关检测34宗，实现消防施工质量、消防验收工作效能双提升。顺利完成消防设计审查验收备案业务整体划转，实现"无缝对接、平稳过渡"。

城市建设

【城市基础设施建设】推进新型城市基础设施建设试点，加快推进基于信息化、数字化、智能化的新型城市基础设施建设和改造。市区住建部门监管的房屋市政工程共1631项，总建筑面积1亿㎡。着力提升公共服务供给水平，开展《深圳市城市规划标准与准则》修订工作，完善社区警务室、初级中学、母婴室等设施规划标准，修订危险废弃物贮存填埋设施环境防护距离、雨水管渠设计标准、餐厨垃圾处理设施用地选址要求等内容。编制《深圳市内涝防治完善规划》，保障城市安全。印发《深圳市信息通信基础设施专项规划》，开展深圳市数据中心、5G等新基建的进一步建设。推进新皇岗口岸联检大楼、综合业务楼、深圳机场飞行区扩建工程－T4航

站区软基处理工程等项目，深圳电网北环110kV架空线改造入地电缆隧道工程于12月完工。12月，市属公园"厕所革命"工程第一批50座项目正式完工，横跨深圳市六个区，分布于12个市属公园内。

【道路交通设施建设】 2020年，深圳市规划打造1000公里高快速路网体系。加快构建"十横十三纵"路网体系，新建成道路里程254公里，全市高快速路总里程突破600公里，南坪快速三期等35个重大交通建设项目建成投入使用。梅观高速快速化改造等47个项目开工建设，其中春风隧道是我国在建最大直径盾构隧道，妈湾跨海通道是我国在建最大直径海底盾构隧道，也是深圳市首条超大直径海底隧道。

【城市轨道交通建设】 全年完成轨道交通工程总里程167公里，共8条线路，106座车站，109个区间。全市城市轨道交通在建线路16条，共231公里。6月29日，穗莞深城际铁路深圳机场至前海段开工建设，标志着大湾区城际铁路建设全面提速。10月28日，2号线三期等4条新线段同步开通初期运营，至此，深圳城市轨道交通运营里程达到411公里，位居全国第四。10月30日，深圳市轨道交通12、13号线PPP项目成功签约落地，这是继深圳轨道交通在BOT、"轨道＋物业"投融资模式之后的又一创新探索，也是深圳市通过公开招标引进专业化社会资本在轨道交通基建项目上的首批尝试。

标准定额

深圳市被列入国家首批工程标准国际对标试点城市，深圳特色的建设标准体系初步建立。开展中小学教学用房建设标准改革，着力解决土地资源紧约束条件下学位供给能力问题和学校建设问题，努力为社会培养更高素质的综合性人才提供建筑空间和功能上的技术支撑、基础保障。建立对标国际的工程建设"深圳标准"体系框架，发布标准规范近140部。启动重点领域标准国际化对标。发布建设标准规范18部，累计发布144部，对标欧洲标准、英国标准，打造工程建设领域"深圳标准"。

工程质量安全监督

【工程质量管理】 加强建筑材料监督抽检，抽检钢筋原材、混凝土原材料等材料7719组，合格率98.8%。开展违规海砂专项治理行动，累计抽检混凝土试块共72组，合格率100%；抽检混凝土原材料123组，合格率100%，总体上，深圳市在建建筑用砂石和预拌混凝土全过程监管处于受控状态。高标准完成建设工程质量委托检测任务，全年检测材料样品12万组，出具试验报告8.5万份。开展工程结构质量专项检查，共检查项目265个，发放责令整改195份，责令停工9份，省动态扣分65份，大部分项目质控体系和资料完善，实体结构质量良好，在建工程质量总体情况良好，处于受控状态。

【安全生产管理】 2020年，深圳市房屋市政工程安全生产形势平稳可控，未发生较大及以上生产安全事故，建筑业事故数量和死亡人数下降21.6%和9%，两项指标达近三年最低值。紧抓重大风险源管控，对危大工程进行动、静态分级分类重点监管，实施台账化管理；严格落实危大工程专项方案编审、专家论证制度，强化源头把关。深入开展小散工程安全生产专项整治行动，全年累计受理小散工程备案12.7万余项，共出动检查人员38.8万余人次，检查小散工程27.8万余项次，排查整治小散工程隐患40.6万余项，深圳市小散工程安全纳管创新举措走在全国前列，在全省乃至全国已形成示范效应。出台《基坑支护技术标准》《建设工程安全文明施工标准》等地方标准，初步实现"围挡之外无工地，围挡之内标准化"。开展施工安全系列专项整治，市区住建部门全年共检查深基坑5146项次，塔吊6061项次，脚手架5271项次，高支模2406项次，其他危大工程2168个项次，排查整改隐患8.21万项。建立企业巡查纠察制度，行政处罚等执法数量保持全省第一。全面应用"深圳市建设工程智能监管平台"，实现建设工程信息化管理，提高监管效能。构建线上线下相结合、学习与实训互为补充的多形式培训体系，着力推进从业人员专业化，提升安全系数。强化防汛防风和应急管理，提前落实落细台风防御工作；组建由五大央企＋三家市属企业为第一梯队的18支应急队伍，28名专家组成的应急专家组，形成应急指挥、应急队伍一体化的应急救援体系。

【建设工程监理】 全年市区住建部门累计出动检查人员13.7万人次，检查项目4.38万项次，排查整改隐患8.21万项，发出整改9.15万份、责令停工2434份、责令整改2.38万份、不良行为扣分1.08万份、黄色警示1117份、红色警示102份、约谈项目556个，立案查处430起，处罚罚款1575万元（位居广东省首位）。每季度公示安全生产工地"红黑榜"，全年在《深圳特区报》《深圳商报》等主流媒体曝光安全生产较差工地355个。组织4个局级督查组，带领企业安全分管负责人一起参与督查，压实企业主体责任，累计督查746个，排查整治问题5532项。成立交叉巡查工作领导小组和13个巡查小组开展市区交叉巡查，形成强大声势和高压监管态势。

建筑市场

【建筑业概况】 2020年，深圳市完成建筑业总产值达4777.69亿元，同比增速9.5%，增速分别高于一季度、上半年和前三季度27.3个、6.8个和4.4个百分点，呈前低后高、逐季抬升态势，但比上年同期增速（25.7%）明显回落16.2个百分点。2020年，深圳市建筑业现价增加值为946.61亿元，同比增速6.3%，占全市地区生产总值（GDP）比重为3.4%，与2019年基本持平。印发《2020年建筑业稳增长奖励措施实施细则》，积极推进深圳市建筑业产值稳增长，全年共受理2436家、3761项建筑业企业资质核准业务；引入中建八局等20家大型央企在深圳成立子公司，实现法人和资质"双落地"，做大做强建筑产业。

【规范建筑业管理】 针对建筑市场领域存在的围标串标、对投标人设置各类不合理限制和壁垒、转包挂靠、违法分包、申请资质弄虚作假、人员"挂证"等问题，坚持边扫边治边建，扎实开展行业专项治理行动。2020年共开展专项行动6批次，累计出动检查人员350余人次、检查130家企业、69个项目，共发出责令整改通知书50份，处罚43宗，取得了阶段性成果。

【产业工人队伍建设】 推进特区建工培训学院等10家训练基地建设，开展"送教进工地"系列活动441场，免费为4.4万余名一线工人提供培训；印发"十四五"产业工人队伍建设和职业训练行动方案，探索建立产业工人管培模式。

【招标投标管理】 全年建设工程招标项目共5489个，招标项目总金额3281亿元，分别增长3.7%和10.2%。在全面推行招标投标"评定分离"制度的基础上，树立高质量发展理念，对标国际商务规则，加强廉政风险防控，出台《关于进一步完善建设工程招标投标制度的若干措施》。印发《关于支持民营企业积极参与国有资金投资工程建设的若干措施》，支持民营建筑企业积极参与投标竞争和城市建设。实施《深圳市建筑市场主体信用管理办法》，加快构建以信用管理为核心的建筑市场监管体制。探索"区块链+"招投标应用，打造全国首个"区块链+招标投标"平台。推动电子保函在工程交易领域应用，BIM电子招投标系统获国家发展改革委在全国推广。

建筑节能与科技

【建筑节能与绿色建筑】 2020年，深圳市新增绿色建筑评价标识项目160个，建筑面积1698.86万平方米，其中高星级绿色建筑占比达到91%，累计绿色建筑标识项目1359个、建筑面积1.28亿平方米，绿色建筑规模居全国前列。新建民用建筑全面建成绿色建筑，政府投资和国有资金投资的大型公共建筑、标志性建筑严格按照高星级绿色建筑建设。推动高能耗、低能效既有公共建筑实施节能改造，全年完成44个项目节能改造以及核评，既有公共建筑节能改造面积达288万平方米。组织编制《深圳市既有公共建筑绿色改造技术规程》《深圳市既有建筑绿色改造评价标准》。组织开展"节能宣传月"活动，研究推进粤港澳大湾区人才共建机制，支持行业协会联合"9+2"城市群成立粤港澳大湾区绿色建筑产业联盟。

【装配式建筑】 2020年，深圳市新开工装配式建筑面积1812万平方米，占全市新开工建筑面积比例由2015年的不到5%上升到2020年的38%，提前超额完成国家30%的目标任务。全市装配式建筑总规模也从2015年的48万平方米，增长到2020年的3494万平方米，6年时间增长71倍。2020年，坪山高新区综合服务中心项目荣获"鲁班奖"；汉京金融中心等6个项目获评国家《装配式建筑评价标准》范例项目，数量占全省的75%，其中广东省获评为AA级的装配式建筑项目全部来自深圳；深圳建科院等4个单位获评为国家第二批装配式建筑产业基地，数量占全省的66%。装配式建筑政策标准体系建设不断加强，发布《深圳市建筑工程铝合金模板技术应用规程》等2部标准，编制完成《居住建筑室内装配式装修技术规程》。

【建设科技】 发布工程建设领域科技计划项目管理办法，实施158项科技计划项目。3项成果荣获市科技进步奖（其中2项为一等奖、1项为二等奖），23项成果荣获华夏建设科学技术奖。发布建设标准规范18部，累计发布144部，对标欧洲标准、英国标准，打造工程建设领域"深圳标准"。

人事教育

制修订局党组工作规则等14项工作制度方案，从"铸魂""强基""凝心""聚力""提质""清风"等"六大工程"着力，推动模范机关创建迈上新台阶。以事业单位改革为契机，形成机构职责优化调整建议；协助市委编办理清人防工程等职责边界，做好机构改革"后半篇文章"；工程建设项目招投标平台顺利移交深圳交易集团；承接城建档案管理职责，人员业务有序交接。

学好用活新《公务员法》《职务职级并行规定》，2020年干部提拔调动103人次，其中处级干部59人次，选拔力度近年少有，干部职工获得感成色更足。同时，进一步落实"一岗双责"，建立与市纪委派驻四组定期会商、日常监督协作等机制。聚焦房地产、重大项目建设、招投标等8个廉政风险防范重点领域和34个廉政风险点，推出六大方面50项举措。

大事记

3月

1日 《深圳经济特区物业管理条例》正式实施，与之相配套的规范性文件陆续出台。

5月

26日 "《深圳经济特区物业管理条例》颁布"当选2019年度深圳十大法治事件。

6月

6日 深圳湾超级总部基地的中央绿轴开工，正式迈入全面建设阶段。

7月

1日 深圳市房屋建筑和市政基础设施工程取消施工图审查，实行告知承诺制。深圳成为全国首个全面取消施工图审查的城市。同日，《深圳市建筑废弃物管理办法》正式实施，这是深圳市首部综合性、系统性、全面性的建筑废弃物管理规章。

2日 举行深圳市建筑工程人工智能审图试点启动暨第一次工作会议，深圳市建筑工程人工智能审图试点工作正式启动。

15日 联合七部门共同发布《关于进一步促进我市房地产市场平稳健康发展的通知》，并及时出台有关细则，指引政策落地，有效遏制投机炒房行为。

8月

10日 发布《深圳市发展住房租赁市场中央财政专项资金管理办法》，加强专项资金的使用管理，保障专项资金使用安全，提高专项资金使用效益。

21日 发布国内首个《房屋建筑工程造价文件分部分项和措施项目划分标准》。

27日 粤港澳大湾区绿色建筑产业联盟成立。

9月

17日 深圳市住房和建设局、市消委会与市物业协会联合发布《深圳市物业服务行业自律公约》。首批共407家物业服务企业率先签署自律公约。

10月

22日 发布《深圳市物业专项维修资金管理规定》，自2020年11月1日正式施行。

11月

12日 深圳湾超级总部基地首个超高层项目深湾汇云中心封顶。

（深圳市住房和建设局）

城 乡 规 划

概况

2020年，深圳市规划和自然资源局坚持负责担责守责，尊重城市发展规律，突出以人为本、生态优先，以前瞻视野、系统思维科学谋划先行示范区的空间蓝图，在国土空间总体规划、法定图则编制、交通规划、建筑设计、历史风貌区保护等工作中不断突破，充分发挥规划引领作用，努力为城市发展赋能增效。

国土空间总体规划

大力推进《深圳市国土空间总体规划（2020—2035年）》的编制工作，基本形成包括20个专题研究报告在内的一整套规划成果；组织召开第二次专家咨询会，完成规划成果全市各部门及各区意见征询工作；先后向陈如桂市长、张勇副市长汇报国土空间规划工作情况，获得高度肯定；积极参与自然资源部相关规程起草工作和相关技术试点工作，多次作为城市代表在自然资源部组织的全国国土空间规划编制工作推进会上介绍深圳经验。同步开展分区规划编制工作，全方位统筹指导分区规划编制；加强对各分区规划的统筹和技术指导，向各分区规划下发工作技术指引、提出工作要求、提供基础数据，明确传导规则；先后与十个分区规划团队分别开展深入的座谈交流，成功组织召开三次国土空间规划工作推进会，深入推进市、区两级规划的传导互动，进一步夯实市级总规编制成果。

法定图则

持续推进法定图则编制及修编，2020年共开展法定图则和深汕特别合作区控制性详细规划新编、修编35项，其中6项已审批通过；完成法定图则局部调整180余项，主要涉及公共服务设施、城市基础设施、保障房和产业等项目的规划调整。为贯彻落实国土空间规划体系管理要求，建立适应现阶段存量土地利用的法定图则管理制度，加快推进法定图则管理制度改革，划定全市758个标准单元。完成法定图则编制技术规定修订，按照高品质空间建设要求，强化蓝绿体系、15分钟生活圈、城市设计等内容，按照高效率传导管控要求，建立以标准单元为基础工具的传导管控体系，提出促进规划实施的分级、分类编制方法以及促进监督评估的规划实施台账制度；开展了法定图则审批工作规程修订，进一步规范明确相关审批流程。

公共服务设施规划

开展《深圳市城市规划标准与准则》公共设施章节修订，完善交警中队、社区警务室、初级中学、母婴室等设施规划标准。推进高中教育高质量发展，在2019年完成第一批次34所高中选址的基础上，2020年再完成第二批次14所高中用地选址，共计可提供约10.16万个学位，完成《深圳市高中布局专项规划》编制。完成《深圳市高等教育院校专项规划》编制，完成中国科学院深圳理工大学、深圳创新创意设计学院、香港中文大学（深圳）音乐学院用地规划调整，并开展深圳海洋大学、天津大学佐治亚理工深圳学院等高校选址研究。完成了《深圳市医疗卫生设施布局专项规划》编制。公共服务设施专项规划将作为深圳市国土空间总体规划的专项规划之一，在下层次国土空间分区规划和其他下层次规划编制中继续细化落实。

交通规划

积极推进各层级交通规划的编制与研究工作。全面加快深圳市轨道交通规划建设，配合深圳市发改委编制轨道四期建设规划调整，并于3月获得国家发展改革委正式批复；编制完成《深圳市城市轨道近期建设线路交通详细规划》《深圳市城市轨道近期建设枢纽交通详细规划》《轨道12号线北延段交通详细规划》《轨道5号线南延段交通详细规划》《轨道22号线段交通详细规划》，启动轨道16号线南延段、29号线、9号线西延段交通详细规划前期工作。积极与省发改委、中国铁路工程总公司沟通，取得《粤港澳大湾区城际铁路建设规划》批复，将涉及深圳市的穗莞深城际南延线、港深西部快轨、深大城际、深惠城际、深惠城际大鹏支线、深珠城际、深莞增城际、常龙城际、塘龙城际等城际铁路纳入规划。完成《深圳市干线道路网规划（2020—2035）》《深圳市物流场站布局规划（2021—2035）》等规划成果编制工作，完成并印发《大型建筑公交场站配建指引（修订）》《深圳市直升机起降点布局规划》。

市政规划

编制完成《深圳市蓝线优化调整方案》，为国土空间规划编制和涉水空间管理提供支撑；联合市水务局完成《深圳市内涝防治完善规划》编制，确保深圳市排水、防涝、防洪、防潮系统融合、相互协调，保障城市安全；开展《深圳市城市规划标准与准则》中暴雨强度公式、雨水管渠设计标准、危险废弃物贮存填埋设施环境防护距离、餐厨垃圾处理设施用地选址要求、新建项目停车场充电桩配建指标内容的修订工作；完成"深圳市市政基础设施规划实施台账（三期）""深圳市天然气区高压管网评估研究""深圳市东部综合管廊带规划研究""深圳市四大环境园规划建设实施评估""深圳市沥青搅拌站选址研究"等项目研究；联合市工业和信息化局、市通信管理局编制完成并印发《深圳市信息通信基础设施专项规划》，指导深圳市数据中心、5G等新基建的下一步建设。

城市与建筑设计

编制完成《深圳市重点区域规划建设设计指引导则》，经市重点区域开发建设总指挥部审议通过并印发执行。完成《深圳市香蜜湖片区综合性城市设计》《大鹏新区南澳西涌城市设计国际咨询》，国际咨询整合成果已上报市政府审议通过；协助并指导各区编制完成燕子湖片区、光明科学城中心区、深汕特别合作区滨海地区城市设计国际咨询成果整合以及《西丽湖国际科教城城市设计》。开展并编制完成《深圳"山海连城计划"概念城市设计》，营造深圳的一脊十八廊"魅力生态骨架"；加快推进《深圳特色风貌区保育与活化策略研究》，在大历史观下梳理识别出深圳的特色风貌区，传导活态化保育理念；推动深圳进一步建成全民友好型城市，完成《深圳市无障碍城市专项规划》的编制工作。积极推进十大文化设施城市设计及前期工作，牵头开展深圳歌剧院和深圳海洋博物馆建筑设计方案国际竞赛，向全球征集建筑设计创意，完成国际竞赛评审并评选出前三名优胜设计机构。完成深圳市城市规划馆展览筹备，并于8月底正式对外开放；召开第六届深圳公共雕塑展，以"35日生长"为主题，将艺术植入城市公共空间，推动城市公共艺术的讨论和普及。

重大民生设施规划建设

出台《深圳市落实住房制度改革加快住房用地供应的暂行规定》，最大限度拓宽住房用地供应渠道，同时加大产业、文教体卫等项目空间保障力度，加快建设"新时代十大文化设施"和"十大文化街区"。

地名管理及历史文化保护

【地名管理】 开展不规范地名摸底排查情况和清理整治的不规范地名清单梳理，并按要求上报省级管理部门；完成《深圳市规划道路桥梁名称梳理》并获市政府批准，全面解决道路无名、重名、不规范命名等问题，规范道路命名管理；开展羊台山地名变更考证与社会影响评估工作，并于6月经深圳市政府批准同意将羊台山地名恢复为阳台山；推进地名普查成果转化，完成《深圳市标准地名词典》《深圳市地名志》《深圳市标准地名图录》等一批地名成果图书编制和出版。

【历史风貌区和历史建筑保护】 完成并发布《深圳市历史风貌区和历史建筑保护办法》，确定及公布深圳市历史风貌区（第一批）和历史建筑（第二批）保护名录；推动《深圳市历史风貌区和历史建筑保护标志设计和设置指引》等相关技术文件的编制，积极推进《深圳市城市紫线规划》修编，初步建立深圳市历史风貌区和历史建筑保护技术规范体系。

土地二次开发

【城市更新】 《深圳经济特区城市更新条例》经深圳市第六届人民代表大会常务委员会第四十六次会议于12月30日通过，形成存量用地开发的"深圳方案"；出台《深圳市工业楼宇及配套用房转让管理办法》，规范工业楼宇及配套用房分割转让条件、受让人资格等；印发《深圳市拆除重建类城市更新单元规划审批规定》《深圳市拆除重建类城市更新单元规划审批操作规则》，进一步规范和完善拆除重建类城市更新单元规划审批工作，提高行政审批效率；探索城市更新单元计划有效期管理机制，以促进城市更新单元的实施；研究并出台"小地块"城市更新政策，结合原特区内实际情况，对难以大片区统筹的零散片区开展"针灸式"疗法，形成对大片区统筹城市更新工作的有益补充。2020年，全市通过城市更新供应土地303公顷，完成综合整治旧工业区144万平方米。

【土地整备】 拓宽土地整备利益统筹政策对象，针对国有已出让用地、已征转但经济关系未理顺的建设用地等，积极开展土地整备政策创新，形成《深圳市已出让产业用地土地整备利益统筹项目管理办法（试行）》《深圳市已征转未完善出让手续用地处置办法》征求意见稿；研究起草《关于土地整备利益统筹试点项目地价缴交有关事项的通知》《关于土地整备利益统筹项目涉及的历史遗留违法建筑处理用地处置有关事项的通知》，进一步完善土地整备利益统筹政策体系；开展土地整备规划编制技术指引政策修订工作，进一步提升土地整备规划编制和审批工作的规范化、制度化、专业化。围绕持续推进33片较大面积产业空间土地整备、全球招商30平方公里产业用地供应、"两个百平方公里级"高品质产业空间整备三个目标，全力推进产业空间土地整备工作，全年完成较大面积产业空间整备1067公顷。强力推进高中、综合医院、污水处理厂等民生设施的土地整备工作，开展"民生设施用地整备专项行动"，全年完成470公顷民生设施用地整备的签约工作。

执法监察

成立深圳市查处违法建筑和处理农村城市化历史遗留问题领导小组，由市长担任组长，加强对治理工作的组织领导。制定发布《深圳市违法建设治理攻坚行动实施方案》，打好全市违法建设治理攻坚仗；印发《关于开展违法建设排查工作的函》，组织开展全市违法建设查漏补缺、摸底排查；修订完善《2020年度违法建设治理之内业核查工作规范》，进一步规范违法建设治理数据上报及核查工作；下发《关于明确通过人民法院强制执行程序转让的产业类和公共配套类历史遗留违法建筑地价缴纳标准的通知》，修订历史遗留建筑处理操作指引、格式文书。

对新增违建"零容忍"，组织全市开展"规划土地监察在行动"违法建筑集中拆除专项行动。全年共拆除消化各类违法建筑2735.55万平方米，提前一个月完成年度目标任务。各区加快临时用地、临时建筑审批，多措并举保障重大项目建设、推进企业复工复产，为统筹做好疫情防控和经济社会发展、落实"六稳""六保"贡献规划土地监察力量。

全力推进历史遗留建筑处理，截至年底，共计4100栋、1189.21万平方米历史遗留建筑申请处理，1279栋、384.72万平方米完成初审，311栋、111.96万平方米完成处理并取得处理证明书（280栋产业类、31栋公共配套类），217栋、39.16万平方米完成简易处理。

（深圳市规划和自然资源局）

政策法规文件

建设工程消防设计审查验收管理暂行规定

中华人民共和国住房和城乡建设部令第 51 号

《建设工程消防设计审查验收管理暂行规定》已经 2020 年 1 月 19 日第 15 次部务会议审议通过，现予公布，自 2020 年 6 月 1 日起施行。

住房和城乡建设部部长　王蒙徽
2020 年 4 月 1 日

建设工程消防设计审查验收管理暂行规定

第一章　总　则

第一条　为了加强建设工程消防设计审查验收管理，保证建设工程消防设计、施工质量，根据《中华人民共和国建筑法》《中华人民共和国消防法》《建设工程质量管理条例》等法律、行政法规，制定本规定。

第二条　特殊建设工程的消防设计审查、消防验收，以及其他建设工程的消防验收备案（以下简称备案）、抽查，适用本规定。

本规定所称特殊建设工程，是指本规定第十四条所列的建设工程。

本规定所称其他建设工程，是指特殊建设工程以外的其他按照国家工程建设消防技术标准需要进行消防设计的建设工程。

第三条　国务院住房和城乡建设主管部门负责指导监督全国建设工程消防设计审查验收工作。

县级以上地方人民政府住房和城乡建设主管部门（以下简称消防设计审查验收主管部门）依职责承担本行政区域内建设工程的消防设计审查、消防验收、备案和抽查工作。

跨行政区域建设工程的消防设计审查、消防验收、备案和抽查工作，由该建设工程所在行政区域消防设计审查验收主管部门共同的上一级主管部门指定负责。

第四条　消防设计审查验收主管部门应当运用互联网技术等信息化手段开展消防设计审查、消防验收、备案和抽查工作，建立健全有关单位和从业人员的信用管理制度，不断提升政务服务水平。

第五条　消防设计审查验收主管部门实施消防设计审查、消防验收、备案和抽查工作所需经费，按照《中华人民共和国行政许可法》等有关法律法规的规定执行。

第六条　消防设计审查验收主管部门应当及时将消防验收、备案和抽查情况告知消防救援机构，并与消防救援机构共享建筑平面图、消防设施平面布置图、消防设施系统图等资料。

第七条　从事建设工程消防设计审查验收的工作人员，以及建设、设计、施工、工程监理、技术服务等单位的从业人员，应当具备相应的专业技术能力，定期参加职业培训。

第二章　有关单位的消防设计、施工质量责任与义务

第八条　建设单位依法对建设工程消防设计、施工质量负首要责任。设计、施工、工程监理、技术服务等单位依法对建设工程消防设计、施工质量负主体责任。建设、设计、施工、工程监理、技术服务等单位的从业人员依法对建设工程消防设计、施工质量承担相应的个人责任。

第九条　建设单位应当履行下列消防设计、施工质量责任和义务：

（一）不得明示或者暗示设计、施工、工程监理、技术服务等单位及其从业人员违反建设工程法律法规和国家工程建设消防技术标准，降低建设工程消防设计、施工质量；

（二）依法申请建设工程消防设计审查、消防验收，办理备案并接受抽查；

（三）实行工程监理的建设工程，依法将消防施

工质量委托监理；

（四）委托具有相应资质的设计、施工、工程监理单位；

（五）按照工程消防设计要求和合同约定，选用合格的消防产品和满足防火性能要求的建筑材料、建筑构配件和设备；

（六）组织有关单位进行建设工程竣工验收时，对建设工程是否符合消防要求进行查验；

（七）依法及时向档案管理机构移交建设工程消防有关档案。

第十条 设计单位应当履行下列消防设计、施工质量责任和义务：

（一）按照建设工程法律法规和国家工程建设消防技术标准进行设计，编制符合要求的消防设计文件，不得违反国家工程建设消防技术标准强制性条文；

（二）在设计文件中选用的消防产品和具有防火性能要求的建筑材料、建筑构配件和设备，应当注明规格、性能等技术指标，符合国家规定的标准；

（三）参加建设单位组织的建设工程竣工验收，对建设工程消防设计实施情况签章确认，并对建设工程消防设计质量负责。

第十一条 施工单位应当履行下列消防设计、施工质量责任和义务：

（一）按照建设工程法律法规、国家工程建设消防技术标准，以及经消防设计审查合格或者满足工程需要的消防设计文件组织施工，不得擅自改变消防设计进行施工，降低消防施工质量；

（二）按照消防设计要求、施工技术标准和合同约定检验消防产品和具有防火性能要求的建筑材料、建筑构配件和设备的质量，使用合格产品，保证消防施工质量；

（三）参加建设单位组织的建设工程竣工验收，对建设工程消防施工质量签章确认，并对建设工程消防施工质量负责。

第十二条 工程监理单位应当履行下列消防设计、施工质量责任和义务：

（一）按照建设工程法律法规、国家工程建设消防技术标准，以及经消防设计审查合格或者满足工程需要的消防设计文件实施工程监理；

（二）在消防产品和具有防火性能要求的建筑材料、建筑构配件和设备使用、安装前，核查产品质量证明文件，不得同意使用或者安装不合格的消防产品和防火性能不符合要求的建筑材料、建筑构配件和设备；

（三）参加建设单位组织的建设工程竣工验收，对建设工程消防施工质量签章确认，并对建设工程消防施工质量承担监理责任。

第十三条 提供建设工程消防设计图纸技术审查、消防设施检测或者建设工程消防验收现场评定等服务的技术服务机构，应当按照建设工程法律法规、国家工程建设消防技术标准和国家有关规定提供服务，并对出具的意见或者报告负责。

第三章 特殊建设工程的消防设计审查

第十四条 具有下列情形之一的建设工程是特殊建设工程：

（一）总建筑面积大于二万平方米的体育场馆、会堂，公共展览馆、博物馆的展示厅；

（二）总建筑面积大于一万五千平方米的民用机场航站楼、客运车站候车室、客运码头候船厅；

（三）总建筑面积大于一万平方米的宾馆、饭店、商场、市场；

（四）总建筑面积大于二千五百平方米的影剧院，公共图书馆的阅览室，营业性室内健身、休闲场馆，医院的门诊楼，大学的教学楼、图书馆、食堂，劳动密集型企业的生产加工车间，寺庙、教堂；

（五）总建筑面积大于一千平方米的托儿所、幼儿园的儿童用房，儿童游乐厅等室内儿童活动场所，养老院、福利院，医院、疗养院的病房楼，中小学校的教学楼、图书馆、食堂，学校的集体宿舍，劳动密集型企业的员工集体宿舍；

（六）总建筑面积大于五百平方米的歌舞厅、录像厅、放映厅、卡拉OK厅、夜总会、游艺厅、桑拿浴室、网吧、酒吧，具有娱乐功能的餐馆、茶馆、咖啡厅；

（七）国家工程建设消防技术标准规定的一类高层住宅建筑；

（八）城市轨道交通、隧道工程，大型发电、变配电工程；

（九）生产、储存、装卸易燃易爆危险物品的工厂、仓库和专用车站、码头，易燃易爆气体和液体的充装站、供应站、调压站；

（十）国家机关办公楼、电力调度楼、电信楼、邮政楼、防灾指挥调度楼、广播电视楼、档案楼；

（十一）设有本条第一项至第六项所列情形的建设工程；

（十二）本条第十项、第十一项规定以外的单体建筑面积大于四万平方米或者建筑高度超过五十米的公共建筑。

第十五条 对特殊建设工程实行消防设计审查制度。

特殊建设工程的建设单位应当向消防设计审查验收主管部门申请消防设计审查，消防设计审查验收主管部门依法对审查的结果负责。

特殊建设工程未经消防设计审查或者审查不合格的，建设单位、施工单位不得施工。

第十六条 建设单位申请消防设计审查，应当提交下列材料：

（一）消防设计审查申请表；

（二）消防设计文件；

（三）依法需要办理建设工程规划许可的，应当提交建设工程规划许可文件；

（四）依法需要批准的临时性建筑，应当提交批准文件。

第十七条 特殊建设工程具有下列情形之一的，建设单位除提交本规定第十六条所列材料外，还应当同时提交特殊消防设计技术资料：

（一）国家工程建设消防技术标准没有规定，必须采用国际标准或者境外工程建设消防技术标准的；

（二）消防设计文件拟采用的新技术、新工艺、新材料不符合国家工程建设消防技术标准规定的。

前款所称特殊消防设计技术资料，应当包括特殊消防设计文件，设计采用的国际标准、境外工程建设消防技术标准的中文文本，以及有关的应用实例、产品说明等资料。

第十八条 消防设计审查验收主管部门收到建设单位提交的消防设计审查申请后，对申请材料齐全的，应当出具受理凭证；申请材料不齐全的，应当一次性告知需要补正的全部内容。

第十九条 对具有本规定第十七条情形之一的建设工程，消防设计审查验收主管部门应当自受理消防设计审查申请之日起五个工作日内，将申请材料报送省、自治区、直辖市人民政府住房和城乡建设主管部门组织专家评审。

第二十条 省、自治区、直辖市人民政府住房和城乡建设主管部门应当建立由具有工程消防、建筑等专业高级技术职称人员组成的专家库，制定专家库管理制度。

第二十一条 省、自治区、直辖市人民政府住房和城乡建设主管部门应当在收到申请材料之日起十个工作日内组织召开专家评审会，对建设单位提交的特殊消防设计技术资料进行评审。

评审专家从专家库随机抽取，对于技术复杂、专业性强或者国家有特殊要求的项目，可以直接邀请相应专业的中国科学院院士、中国工程院院士、全国工程勘察设计大师以及境外具有相应资历的专家参加评审；与特殊建设工程设计单位有利害关系的专家不得参加评审。

评审专家应当符合相关专业要求，总数不得少于七人，且独立出具评审意见。特殊消防设计技术资料经四分之三以上评审专家同意即为评审通过，评审专家有不同意见的，应当注明。省、自治区、直辖市人民政府住房和城乡建设主管部门应当将专家评审意见，书面通知报请评审的消防设计审查验收主管部门，同时报国务院住房和城乡建设主管部门备案。

第二十二条 消防设计审查验收主管部门应当自受理消防设计审查申请之日起十五个工作日内出具书面审查意见。依照本规定需要组织专家评审的，专家评审时间不超过二十个工作日。

第二十三条 对符合下列条件的，消防设计审查验收主管部门应当出具消防设计审查合格意见：

（一）申请材料齐全、符合法定形式；

（二）设计单位具有相应资质；

（三）消防设计文件符合国家工程建设消防技术标准（具有本规定第十七条情形之一的特殊建设工程，特殊消防设计技术资料通过专家评审）。

对不符合前款规定条件的，消防设计审查验收主管部门应当出具消防设计审查不合格意见，并说明理由。

第二十四条 实行施工图设计文件联合审查的，应当将建设工程消防设计的技术审查并入联合审查。

第二十五条 建设、设计、施工单位不得擅自修改经审查合格的消防设计文件。确需修改的，建设单位应当依照本规定重新申请消防设计审查。

第四章 特殊建设工程的消防验收

第二十六条 对特殊建设工程实行消防验收制度。

特殊建设工程竣工验收后，建设单位应当向消防设计审查验收主管部门申请消防验收；未经消防验收或者消防验收不合格的，禁止投入使用。

第二十七条 建设单位组织竣工验收时，应当对建设工程是否符合下列要求进行查验：

（一）完成工程消防设计和合同约定的消防各项内容；

（二）有完整的工程消防技术档案和施工管理资料（含涉及消防的建筑材料、建筑构配件和设备的进场试验报告）；

（三）建设单位对工程涉及消防的各分部分项工程验收合格；施工、设计、工程监理、技术服务等单位确认工程消防质量符合有关标准；

（四）消防设施性能、系统功能联调联试等内容检测合格。

经查验不符合前款规定的建设工程，建设单位不得编制工程竣工验收报告。

第二十八条 建设单位申请消防验收，应当提交下列材料：

（一）消防验收申请表；

（二）工程竣工验收报告；

（三）涉及消防的建设工程竣工图纸。

消防设计审查验收主管部门收到建设单位提交的消防验收申请后，对申请材料齐全的，应当出具受理凭证；申请材料不齐全的，应当一次性告知需要补正的全部内容。

第二十九条 消防设计审查验收主管部门受理消防验收申请后，应当按照国家有关规定，对特殊建设工程进行现场评定。现场评定包括对建筑物防（灭）火设施的外观进行现场抽样查看；通过专业仪器设备对涉及距离、高度、宽度、长度、面积、厚度等可测量的指标进行现场抽样测量；对消防设施的功能进行抽样测试、联调联试消防设施的系统功能等内容。

第三十条 消防设计审查验收主管部门应当自受理消防验收申请之日起十五日内出具消防验收意见。对符合下列条件的，应当出具消防验收合格意见：

（一）申请材料齐全、符合法定形式；

（二）工程竣工验收报告内容完备；

（三）涉及消防的建设工程竣工图纸与经审查合格的消防设计文件相符；

（四）现场评定结论合格。

对不符合前款规定条件的，消防设计审查验收主管部门应当出具消防验收不合格意见，并说明理由。

第三十一条 实行规划、土地、消防、人防、档案等事项联合验收的建设工程，消防验收意见由地方人民政府指定的部门统一出具。

第五章 其他建设工程的消防设计、备案与抽查

第三十二条 其他建设工程，建设单位申请施工许可或者申请批准开工报告时，应当提供满足施工需要的消防设计图纸及技术资料。

未提供满足施工需要的消防设计图纸及技术资料的，有关部门不得发放施工许可证或者批准开工报告。

第三十三条 对其他建设工程实行备案抽查制度。

其他建设工程经依法抽查不合格的，应当停止使用。

第三十四条 其他建设工程竣工验收合格之日起五个工作日内，建设单位应当报消防设计审查验收主管部门备案。

建设单位办理备案，应当提交下列材料：

（一）消防验收备案表；

（二）工程竣工验收报告；

（三）涉及消防的建设工程竣工图纸。

本规定第二十七条有关建设单位竣工验收消防查验的规定，适用于其他建设工程。

第三十五条 消防设计审查验收主管部门收到建设单位备案材料后，对备案材料齐全的，应当出具备案凭证；备案材料不齐全的，应当一次性告知需要补正的全部内容。

第三十六条 消防设计审查验收主管部门应当对备案的其他建设工程进行抽查。抽查工作推行"双随机、一公开"制度，随机抽取检查对象，随机选派检查人员。抽取比例由省、自治区、直辖市人民政府住房和城乡建设主管部门，结合辖区内消防设计、施工质量情况确定，并向社会公示。

消防设计审查验收主管部门应当自其他建设工程被确定为检查对象之日起十五个工作日内，按照建设工程消防验收有关规定完成检查，制作检查记录。检查结果应当通知建设单位，并向社会公示。

第三十七条 建设单位收到检查不合格整改通知后，应当停止使用建设工程，并组织整改，整改完成后，向消防设计审查验收主管部门申请复查。

消防设计审查验收主管部门应当自收到书面申请之日起七个工作日内进行复查，并出具复查意见。复查合格后方可使用建设工程。

第六章 附 则

第三十八条 违反本规定的行为，依照《中华人民共和国建筑法》《中华人民共和国消防法》《建设工程质量管理条例》等法律法规给予处罚；构成犯罪的，依法追究刑事责任。

建设、设计、施工、工程监理、技术服务等单位及其从业人员违反有关建设工程法律法规和国家工程建设消防技术标准，除依法给予处罚或者追究刑事责任外，还应当依法承担相应的民事责任。

第三十九条 建设工程消防设计审查验收规则

和执行本规定所需要的文书式样，由国务院住房和城乡建设主管部门制定。

第四十条 新颁布的国家工程建设消防技术标准实施之前，建设工程的消防设计已经依法审查合格的，按原审查意见的标准执行。

第四十一条 住宅室内装饰装修、村民自建住宅、救灾和非人员密集场所的临时性建筑的建设活动，不适用本规定。

第四十二条 省、自治区、直辖市人民政府住房和城乡建设主管部门可以根据有关法律法规和本规定，结合本地实际情况，制定实施细则。

第四十三条 本规定自2020年6月1日起施行。

住房和城乡建设部关于修改建筑业企业资质管理规定和资质标准实施意见的通知

建市规〔2020〕1号

各省、自治区住房和城乡建设厅，北京、天津、重庆市住房和城乡建设委，上海市住房和城乡建设管委，新疆生产建设兵团住房和城乡建设局，国务院有关部门建设司（局），中央军委后勤保障部军事设施建设局，国资委管理的有关企业：

为贯彻落实国务院"放管服"改革要求，《外商投资建筑业企业管理规定》（建设部、对外贸易经济合作部令第113号）、《〈外商投资建筑业企业管理规定〉的补充规定》（建设部、商务部令第121号）已废止。根据《内地与香港关于建立更紧密经贸关系的安排》，决定对《建筑业企业资质管理规定和资质标准实施意见》（建市〔2015〕20号）予以修改，现通知如下：

在第一条"资质申请和许可程序"中增加第（十三）款："香港服务提供者和澳门服务提供者申请设立建筑业企业时，其在香港、澳门和内地的业绩可共同作为评定其在内地设立的建筑业企业资质的依据。管理和技术人员数量应以其在内地设立的建筑业企业的实际人员数量为资质评定依据"。此后条款编号顺延。

本通知自印发之日起施行。

中华人民共和国住房和城乡建设部
2020年1月16日
（此件主动公开）

住房和城乡建设部关于开展人行道净化和自行车专用道建设工作的意见

建城〔2020〕3号

各省、自治区住房和城乡建设厅，直辖市住房和城乡建设（管）委、北京市交通委员会、城市管理委员会、城市管理综合行政执法局，天津市城市管理委员会，上海市交通委员会、城市管理行政执法局，重庆市城市管理局，新疆生产建设兵团住房和城乡建设局：

为深入贯彻落实习近平总书记关于住房和城乡建设工作的重要批示精神，完善城市步行和非机动车交通系统，改善城市绿色出行环境，提升城市品质，现就开展人行道净化和自行车专用道建设工作提出以下意见。

一、总体要求

以习近平新时代中国特色社会主义思想为指导，全面贯彻党的十九大和十九届二中、三中、四中全会精神，坚持以人民为中心的发展思想，贯彻落实新发展理念，按照高质量发展要求，聚焦群众步行和自行车出行"走不通、不安全、不舒适"等突出问题，坚持以人为本、统筹实施，坚持因地制宜、有序推进，坚持创新机制、形成合力，开展人行道净化专项行动，推动自行车专用道建设，切实改善绿色出行环境，使人民群众走得通畅、走得安全、走得舒适。

二、开展人行道净化专项行动

（一）确保人行道连续畅通。

清理占道行为。建立健全部门联动机制，加大联合执法力度，全面清理违法占道行为。严控机动车占道停放，严管在人行道上施划机动车停车位，已经施划的机动车停车位要充分研究论证，确有必要的要加强规范管理，影响通行的要坚决取消。规范设置人行道上的自行车停放点，合理确定互联网租赁自行车投放规模和停放区域，定期清运地铁出入口等重点区域损坏、废弃的租赁自行车。重点整治餐饮店、洗车店等沿街商户的违法占道经营行为，规范流动摊点经营行为。

保障通行空间。完善人行道网络，打通断头道路，连接中断节点，优化过街设施，提高通达性，顺畅连通学校、幼儿园、医院、商场、菜市场、体育场、车站、公园和广场等。拓宽过窄人行道，保障改造后的人行道宽度不低于2米。推广使用下沉式井盖，使井盖表面与人行道铺装保持一致。完善人行道上盲道等无障碍设施，保障连续、畅通。

（二）确保人行道通行安全。

完善安全措施。尽量避免人行道与非机动车道共板设置，确需共板设置的，要采取安全隔离措施，防止行人和非机动车出行冲突。合理设置必要的隔离护栏、隔离墩、阻车桩等设施，推广应用电子监控设备，阻隔车辆进入人行道行驶。人行道上行道树树池表面应与人行道平顺，不符合要求的要予以改造。加强人行道上方牌匾、灯箱等悬挂物管理，防止发生坠落事故。

加强管养维护。严格执行《城镇道路养护技术规范》，加强人行道设施日常巡查和管理养护，及时排查和消除设施破损、路面坑洼、井盖缺失沉陷等安全隐患。统筹人行道地下管线建设，避免短期内重复开挖和长期占用人行道。建立健全城市道路破损举报、受理和处置工作机制，畅通群众投诉举报渠道，及时处理群众反映的问题。

（三）确保人行道通行舒适。

规范路面设施。加强人行道上各类设施管理，严重影响行人通行的设施要立即予以处置，闲置和废弃的设施要予以归并和拆除，不符合节约道路空间要求的设施要逐步规范。推行"多杆合一""多箱合一""多井合一"，集约设置人行道上各类杆体、箱体、地下管线等，逐步将人行道上各类设施有序布置在设施带中。推动人行道上方电力、通信等架空线入地，清理空中"蜘蛛网"。

改善步行环境。人行道路面铺装要选择耐磨、透水、防滑的材料，不得使用易滑石材等材料。根据实际情况科学合理选择道路铺装面板尺寸，尽量减少面板拼缝，确保人行道铺装平整度。推动人行道周边口袋公园、迷你花园等建设，有条件的区域适当配置休憩设施、雕塑小品等，提升人行道空间品质。采用满足步行要求的照明方式，消除暗区盲点，改善人行道夜间照明。

三、推动自行车专用道建设

（一）科学规划自行车专用道。依据城市综合交通体系规划，衔接城市轨道交通、公共交通等专项规划，科学编制自行车专用道规划，构建连续、通畅、安全的自行车专用道网络。在市政道路红线内设置自行车专用道，有效串联重要商业区、大型居住区、集中办公区、城市公园等，满足群众短途通勤和接驳公共交通的需求。因地制宜规划路权专有、封闭隔离、快速通行的独立自行车专用道。依托城市绿道，规划以休闲、游憩、健身为主要功能的自行车专用道。

（二）统筹建设自行车专用道。以群众实际出行需求和意愿为导向，依据自行车专用道规划，结合城市道路建设和改造计划，成片、成批、成网统筹建设自行车专用道。自行车专用道可采用绿化带、护栏等形式与机动车道隔离。独立自行车专用道可根据实际选择地面、高架或地下等建设形式，合理配置出入口和停车点，安装必要的安全围护设施，保障道路坡度的平缓，确保骑行安全快捷顺畅。依托绿道建设的自行车专用道要按照生态优先、适地适树、地域特色的原则，营造环境优美、体现文化特色的骑行环境，并配套建设具备休憩、交通换乘、综合服务等功能的设施。

（三）强化自行车专用道管理。制定加强自行车专用道管理的制度措施，建立健全多部门协同管理的工作机制。严格整治违规停放机动车和摆放设施设备等非法占用自行车专用道的行为，严禁挤占自行车专用道拓宽机动车道，保障自行车专用道有效通行宽度。完善自行车专用道的标识、监控系统，禁止机动车进入自行车专用道，保障自行车路权。

四、组织实施

（一）加强组织领导。各省级住房和城乡建设（城市道路）管理部门要指导各市（县）明确牵头单位，加强部门协调，主动沟通公安、交通等部门，建立健全多部门协调推动人行道净化和自行车专用道建设的工作机制。要广泛开展"美好环境与幸福生活共同缔造"活动，充分发挥基层党组织的领导作用，开展多种形式的基层协商，发动群众共建共治共享绿色出行环境。

（二）用好综合平台。各地要依托数字化城市管理平台、城市信息模型（CIM）基础平台等综合平台，将人行道和自行车专用道建设、管理信息实时接入平台，加强分析研判，及时发现和处置群众步行和自行车出行中存在的突出问题，推进建立长效管理机制。

（三）开展试点示范。各省级住房和城乡建设（城市道路）管理部门要在本行政区域内每个地级及以上城市选择3~5个区域开展人行道净化和自行车专用道建设试点。试点区域要聚焦中心城区主要道路、医院、学校、图书馆、市民中心等公共服务设施周边，群众生活休闲、购物旅游、集中居住场所等重点区域。有条件的城市可根据实际情况建设独立自行车专用道示范项目，探索创新体制机制和方式方法，形成可复制、可推广的经验。

（四）强化督促指导。各省级住房和城乡建设（城市道路）管理部门要切实加强对各城市人行道净化和自行车专用道建设工作的跟踪调度和督促指导，结合城市体检评估，查找问题和短板，制定整改措施，确保工作落到实处。我部将委托第三方机构对各地工作情况进行评估评价，对于工作成效明显的城市，在申报联合国人居奖、中国人居环境奖、国家园林城市时，予以优先考虑。

中华人民共和国住房和城乡建设部
2020年1月3日

（此件主动公开）

住房和城乡建设部关于提升房屋网签备案服务效能的意见

建房规〔2020〕4号

各省、自治区住房和城乡建设厅，直辖市住房和城乡建设（管）委，新疆生产建设兵团住房和城乡建设局：

为全面贯彻《优化营商环境条例》，进一步落实经国务院同意印发的《住房城乡建设部关于进一步规范和加强房屋网签备案工作的指导意见》（建房〔2018〕128号），推进房地产领域"放管服"改革，提高房屋交易管理服务效能，向各类房地产市场主体提供规范化、标准化、便捷化的服务，营造稳定、透明、安全、可预期的良好市场环境，为建立房地产市场监测体系，落实房地产市场调控工作提供支撑，现提出如下意见。

一、全面采集楼盘信息

（一）建立健全楼盘数据。楼盘表是房屋信息基础数据库，是实施房屋交易合同网签备案，开展房屋交易、使用和安全管理的基础。市、县住房和城乡建设部门应当按照规定建立健全覆盖所辖行政区域的各类新建商品房和存量房的楼盘表。

（二）优化流程精简材料。市、县住房和城乡建设部门应当加强房屋面积管理工作，落实房屋面积测量规范标准要求，为房地产开发企业等各类市场主体提供规范、便捷、高效的预（实）测绘成果审核服务。建立楼盘表所需材料，能够通过部门间共享获取的，不再要求当事人提供；能够获取电子材料的，不再收取纸质要件。

（三）统一数据标准规范。市、县住房和城乡建设部门应当按照统一的数据标准要求建立楼盘表。楼盘表具体包含房屋坐落、房屋编码、建筑面积、房屋用途、土地用途、房屋性质、房屋所有权人、交易状况等房屋基础数据。各地房屋交易合同示范文本的内容应当包含建立楼盘表必需的数据指标。

（四）动态更新楼盘表信息。市、县住房和城乡建设部门开展商品房预售许可、商品房现售备案、房屋交易合同网签备案、交易资金监管、物业管理、住宅专项维修资金管理、房屋征收等业务产生的，或者通过部门间信息共享获取的交易状况和权利状况相关信息，应当及时载入楼盘表，实现楼盘表信息动态更新。

二、提供自动核验服务

（五）自动核验交易主体。市、县住房和城乡建设部门应当推动房屋网签备案系统与公安、民政、税务、人力资源社会保障、市场监管、自然资源、法院等部门和单位相关信息系统联网，通过信息共享等方式自动核验交易主体的身份、婚姻状况、税收、社会保障、市场主体登记、不动产登记、失信被执行人等信息，逐步实现当事人仅凭身份证件即可完成交易主体核验。

（六）自动核验房源信息。市、县住房和城乡建设部门应当通过比对楼盘表实现房源信息真实性核验。通过信息共享等方式，逐步实现房屋网签备案系统自动核验新建商品房是否取得预售许可或者现售备案，房屋是否存在查封、抵押、按政策未满足上市交易条件等限制交易或者权利负担的情形。

三、优化网签备案服务

（七）推进"互联网＋网签"。积极推行"互联网大厅"模式，鼓励使用房屋交易电子合同，利用大数据、人脸识别、电子签名、区块链等技术，加快移动服务端建设，实现房屋网签备案掌上办理、不见面办理。优化窗口服务，做好"一窗受理"，提供房屋交易、缴税和登记集中办理、一次办结服务。

（八）延伸端口就近办理。市、县住房和城乡建设部门应当将房屋网签备案端口延伸至房地产开发企业、房地产经纪机构、金融机构，方便房屋交易主体就近办理、当场办结。新建商品房买卖，由房地产开发企业与购房人签订买卖合同时办理网签备案；通过房地产经纪机构成交的存量房买卖，由房地产经纪机构在当事人签订买卖合同时办理网签备案；金融机构提供房屋贷款的，可由金融机构为当事人办理房屋买卖合同、抵押合同网签备案。

（九）实现网签即时备案。按照减环节、减材料、减时限的要求，编制统一标准的房屋网签备案流程和办事指南。当事人仅需录入交易合同必填字段，房屋网签备案系统即可自动比对核验楼盘表信息及交易主体资格，自动生成合同文本。推行房屋交易合同网上签约即时备案，当事人完成签约后，通过相关技术手段实现即时备案，生成备案编码，在楼盘表中自动更新房屋交易状况信息。

（十）保障交易便捷安全。当事人申请变更、注销网签备案的，住房和城乡建设部门应当及时办理，在变更、注销网签备案前，不得重复办理同一套房屋的交易合同网签备案。市、县住房和城乡建设部门应当建立交易资金监管制度，商品房预售资金应当用于有关工程建设，纳入监管的存量房交易资金应在房屋转移登记完成后立即划转，不得挪作他用。

四、提高数据使用效能

（十一）强化信息对接共享。市、县住房和城乡建设部门履行房屋交易管理职能过程中，能通过信息共享获取的数据，不再要求当事人重复提交。加快将房屋交易网签备案信息与国家政务服务一体化平台对接，及时交换数据信息，提升公共服务水平。

（十二）拓宽数据应用范围。市、县住房和城乡建设部门应当推送房屋网签备案数据，方便税务、金融、住房公积金、自然资源、公安、民政、教育、财政、人力资源社会保障、市场监管、统计、法院等部门和单位及相关公共服务部门利用，为当事人办理税务、贷款、住房公积金、不动产登记、积分落户、子女入学、市场主体登记、强制执行等业务和公共服务提供便利，让数据多跑路，让群众少跑腿。

五、推进全国一张网建设

（十三）落实城市主体责任。各地应当落实城市主体责任，建立以房屋网签备案数据为基础的房地产市场监测体系，为房地产市场调控提供数据支撑和决策依据，促进房地产市场平稳健康发展。市、县住房和城乡建设部门应当及时完善房屋网签备案系统，按照房屋网签备案业务操作规范要求，统一流程开展房屋网签备案工作，及时获取和上传交易数据，实现新建商品房、存量房网签备案全覆盖。提高房屋网签备案数据质量，加强房屋网签备案价格监测，确保数据真实准确。

（十四）构建房屋管理平台。市、县住房和城乡建设部门应当以房屋网签备案系统为基础，整合资质许可、房屋面积管理、房屋预售、交易资金监管、住房专项维修资金监管、房屋征收、信用管理等系统，加快建设具有自动核验、便捷查询、统计监测等功能的房屋管理基础平台。按照统一的数据创建、采集、检查、存储和传输标准，实时更新房屋信息。

（十五）强化信息安全防护。各级住房和城乡建设部门要强化网络安全意识，严格执行信息安全等级保护和信息系统分级保护制度，严格个人隐私信息保护。加强信息基础设施网络安全防护，把数据安全纳入房屋管理基础平台建设和使用的全周期，在业务办理、数据维护和数据共享等关键环节严把安全关。

（十六）加快市县系统联网。各城市住房和城乡建设部门应当将市本级房屋网签备案系统向所辖区县扩展，全面覆盖所辖行政区域，按要求接入全国房地产市场监测系统。各省级住房和城乡建设部门应当落实监督指导责任，指导所辖城市住房和城乡建设部门按照工作要求，完善网签备案系统建设。推进房屋网签备案系统全国联网，实现部门间数据共享，建立跨地区、跨部门、跨层级的全国房地产市场数据库。

附件：房屋网签备案业务操作规范

中华人民共和国住房和城乡建设部

2020年3月26日

附件

房屋网签备案业务操作规范

1 楼盘表业务

1.1 定义

楼盘表是住房和城乡建设部门基于房产测绘成果建立，记载各类房屋基础信息和应用信息的数据库，是实施房屋网签备案业务操作、开展房屋交易、使用和安全管理的基础，在不同业务应用场景中可表现为表格、数据集等形式。

1.2 依据

《中华人民共和国城市房地产管理法》《中华人民共和国测绘法》《商品房销售管理办法》《房产测绘管理办法》等相关规定。

1.3 楼盘表内容

1.3.1 物理状况信息。包括丘数据、项目基本信息、幢数据、房屋基本单元、房屋编码、房屋坐落、建筑面积、建成年份、建筑结构、户型结构、房屋朝向、房屋楼层等。

1.3.2 权利状况信息。包括土地使用权利人、土地性质、土地用途、土地使用期限、宗地编号等土地权利状况信息，以及房屋所有权人、房屋性质、房屋用途等房屋权利状况信息。

1.3.3 交易状况信息。

（1）房屋买卖信息。包括买卖当事人、成交价格、成交时间、付款类型等。

（2）房屋抵押信息。包括抵押当事人、评估价格、贷款金额、贷款方式等。

（3）房屋租赁信息。包括租赁当事人、租赁价格、租赁套间、租金支付方式、押金、租赁期限等。

（4）房屋查封限制信息。包括查封限制人、被查封限制人、查封期限等。

1.3.4 其他应记载的信息。包括物业管理、交易资金监管、住宅专项维修资金管理、房屋征收等。

1.4 新建商品房楼盘表

1.4.1 提交主体。房地产开发企业等各类市场主体。

1.4.2 提交时间。完成房屋预（实）测绘后。

1.4.3 提交材料。

（1）房产测绘成果报告；

（2）建筑物符合规划许可、竣工验收（实测绘）相关材料。

1.4.4 建立楼盘表。市、县住房和城乡建设部门对各类市场主体提交的材料进行审核，包括房产测绘成果适用性、界址点准确性、面积测算依据与方法等内容，并采集规划许可、土地审批、建设审批、测绘成果及相关电子图表信息，建立房屋楼盘表。

1.5 存量房楼盘表

存量房未建立楼盘表的，可通过信息共享等方式采集房产测绘成果，获得房屋物理状况、权利状况、交易状况等信息，补建楼盘表并逐步完善。

1.6 图示

楼盘表业务流程图（见图1）。

2 房屋买卖合同网签备案

2.1 定义

房屋买卖合同网签备案是买卖双方当事人通过政

府建立的房屋交易网签备案系统，在线签订房屋买卖合同并进行备案的事项，是房屋交易的重要环节。

2.2 依据

《中华人民共和国城市房地产管理法》《城市房地产开发经营管理条例》《城市商品房预售管理办法》《国务院办公厅关于促进房地产市场平稳健康发展的通知》（国办发〔2010〕4号）、经国务院同意印发的《住房城乡建设部关于进一步规范和加强房屋网签备案工作的指导意见》（建房〔2018〕128号）等相关规定。

2.3 要求

市、县住房和城乡建设部门按照及时、准确、全覆盖的要求，加强房屋买卖合同网签备案管理，全面实行新建商品房、存量房网签备案制度。

2.4 办理主体

2.4.1 新建商品房网签备案，由房地产开发企业办理。

2.4.2 存量房网签备案，通过房地产经纪机构成交的，由房地产经纪机构办理。

2.4.3 存量房网签备案，通过买卖双方当事人自行成交的，由双方当事人办理。

2.4.4 金融机构提供贷款的，宜由金融机构办理。

2.5 办理方式

市、县住房和城乡建设部门应向经网签备案系统注册的房地产开发企业、房地产经纪机构、金融机构等提供网签备案端口，方便当事人就近办理、当场办结。

2.5.1 新建商品房交易的，房地产开发企业宜在销售现场登录网签备案系统办理网签备案。

2.5.2 通过房地产经纪机构成交存量房的，房地产经纪机构宜在经营场所登录网签备案系统现场办理网签备案。

2.5.3 买卖双方当事人自行成交存量房的，双方当事人可通过互联网或手机应用软件（APP）登录网签备案系统，也可通过房地产交易中心等政务服务大厅窗口办理网签备案。

2.5.4 金融机构提供贷款的，宜在金融机构现场登录网签备案系统办理网签备案。

2.6 购房核验

2.6.1 核验方式。通过信息共享等方式获取核验所需信息，完成交易主体和房源信息自动核验。

2.6.2 提交材料。

（1）新建商品房网签备案，提交买受人身份证明。

（2）存量房网签备案，提交买卖双方当事人身份证明。通过信息共享未获得房屋产权信息的，还需提交房屋权属证书。

2.6.3 办理时限。

即时自动核验。

2.6.4 交易主体核验。

2.6.4.1 核验买受人是否具备购房资格。

（1）是否属于失信被执行人；

（2）是否属于限制购买房屋的保障对象；

（3）是否属于实施限购城市（县）的限购对象；

（4）是否属于不具备购房资格的境外机构或个人；

（5）其他依法依规限制购买情形。

2.6.4.2 核验出售人是否具备售房资格。

（1）出售人是否属于房屋所有权人；

（2）出售人是否属于限制民事行为能力的自然人。

2.6.5 房源信息核验。

（1）新建商品房是否取得预售许可或现售备案；

（2）是否属于按政策限制转让的房屋；

（3）是否满足政策性住房上市交易条件；

（4）是否存在抵押、查封等限制交易情形；

（5）其他依法依规限制转让情形。

2.7 办理流程

2.7.1 录入合同。房屋网签备案系统自动导入买卖双方当事人及房屋信息，当事人在线填写成交价格、付款方式、资金监管等合同其他基本信息，自动生成网签合同文本。

2.7.2 签章确认。买卖双方当事人在打印出的网签合同上签章确认并将合同签章页上传至房屋网签备案系统。有条件的城市，可以采用电子签名（签章）技术，在网签备案系统中予以确认。

2.7.3 备案赋码。核验通过的，完成网上签约即时备案，赋予合同备案编码。

2.7.4 网签备案信息载入楼盘表。网签备案后，将合同备案编码、购房人基本信息、成交价格、付款方式、资金监管等房屋买卖合同网签备案信息载入楼盘表。

2.7.5 将楼盘表信息推送至相关部门。

2.8 房屋买卖中抵押合同网签备案

房屋买卖需要抵押贷款的，抵押合同网签备案参照买卖合同网签备案流程办理。

2.9 图示

2.9.1 新建商品房买卖合同网签备案业务流程图（见图2）。

2.9.2 存量房买卖合同网签备案业务流程图（见图3）。

3 信息利用

3.1 要求

住房和城乡建设部门通过城市政府"一体化"政务服务平台，共享楼盘表、网签备案等相关数据，加强部门间数据交换和使用管理，落实便民利企政策，提升服务水平。

3.2 信息服务领域

3.2.1 政务服务。与税务、金融、住房公积金、自然资源、公安、民政、教育、财政、人力资源社会保障、市场监管、统计、法院等部门共享数据，为当事人办理税务、贷款、住房公积金、不动产登记、积分落户、子女入学、市场主体登记、强制执行等业务和公共服务提供便捷服务。

3.2.2 房屋交易服务。通过开放网签备案系统，为房屋买卖当事人提供房屋交易主体、房源信息自动核验服务。

3.2.3 金融服务。向住房公积金管理、金融机构等部门开放数据，为当事人办理购房贷款等业务提供便捷服务。

3.2.4 公用事业服务。向供水、供电、供气、供热等公用企事业单位开放数据，为当事人办理水电气热等业务提供便捷服务。

3.2.5 企业服务。向房地产开发企业、房地产经纪机构、住房租赁企业、物业管理企业等开放数据，提升企业办事效率。

4 交易资金监管

4.1 定义

交易资金监管是房屋交易网签备案过程中，由住房和城乡建设部门、政府授权的银行业金融机构或具有相应资质的第三方机构对商品房预售资金、存量房交易资金等实施监管，是确保房屋交易资金安全的重要环节。

4.2 依据

《中华人民共和国城市房地产管理法》《城市商品房预售管理办法》《国务院办公厅关于促进房地产市场平稳健康发展的通知》（国办发〔2010〕4号）、经国务院同意印发的《住房城乡建设部关于进一步规范和加强房屋网签备案工作的指导意见》（建房〔2018〕128号）相关规定。

4.3 要求

市、县住房和城乡建设部门要加强商品房预售资金、存量房交易资金监管。商品房预售资金应当用于有关的工程建设，不得挪作他用，存量房交易资金应在房屋完成转移登记后划转，保证交易安全，实现符合条件即时拨付，方便企业和群众办事。

4.4 监管范围

4.4.1 商品房预售资金全部纳入监管。

4.4.2 通过房地产经纪机构成交的存量房买卖佣金，应当纳入交易资金监管。除当事人提出明确要求外，存量房交易资金也应纳入资金监管。

4.4.3 存量房自行成交的，由当事人选择是否进行交易资金监管。

5 附则

5.1 房屋租赁合同网签备案和其他形式的房屋抵押合同网签备案流程另行制定。

5.2 各地应当按照本规范要求，及时完善房屋网签备案系统，统一流程开展房屋网签备案工作。

住房和城乡建设部 国家文物局关于印发《国家历史文化名城申报管理办法（试行）》的通知

建科规〔2020〕6号

各省、自治区住房和城乡建设厅、文物局（文化和旅游厅/局），海南省自然资源和规划厅，直辖市规划和自然资源委（局）、住房和城乡建设（管）委、文物局，新疆生产建设兵团住房和城乡建设局、文物局：

为贯彻落实党中央、国务院关于历史文化保护传承工作的决策部署和要求，加强国家历史文化名城保护工作的整体性和系统性，进一步规范国家历史文化名城申报管理工作，住房和城乡建设部会同国家文物局依据相关法律法规，制定了《国家历史文化名城申报管理办法（试行）》，现印发你们，请认真贯彻执行。

中华人民共和国住房和城乡建设部
国家文物局
2020 年 8 月 10 日

（此件公开发布）

国家历史文化名城申报管理办法
（试行）

为进一步加强和规范国家历史文化名城申报管理工作，依据《中华人民共和国文物保护法》《历史文化名城名镇名村保护条例》等相关法律法规规定，制定本办法。

一、适用范围

本办法适用于国家历史文化名城申报和指定工作。

二、条件标准

（一）国家历史文化名城应具有下列重要历史文化价值之一。

1. 与中国悠久连续的文明历史有直接和重要关联。在国家政权、制度文明、国家礼仪、农业手工业发展、商贸交流、社会组织、思想文化、宗教信仰、文学艺术、科学技术、城市与建筑、自然地理、人文地理、军事防御等方面具有重要地位。

2. 与中国近现代政治制度、经济生活、社会形态、科技文化发展有直接和重要关联。突出反映近现代战争冲突与灾害应对、革命运动与政治体制变革、工商业发展、生活方式变迁、新思想新文化传播、科学技术发展、城市与建筑等方面的历史进程或杰出成就。

3. 见证中国共产党团结带领中国人民不懈奋斗的光辉历程。突出反映中国共产党诞生、创建革命根据地、长征、建立抗日民族统一战线、夺取人民解放战争胜利、完成新民主主义革命等方面的伟大历史贡献。

4. 见证中华人民共和国成立与发展历程。突出反映社会主义制度建立与发展、工业体系建立、科技进步、城市建设、重大工程建设等方面取得的巨大成就。

5. 见证改革开放和社会主义现代化的伟大征程。突出反映中国特色社会主义制度建立、社会主义市场经济体制确立、经济特区建设发展、沿海开放城市发展、科技创新和重大工程建设等方面取得的伟大成就。

6. 突出体现中华民族文化多样性，集中反映本地区文化特色、民族特色或见证多民族交流融合。

（二）国家历史文化名城应具有能够体现上述历史文化价值的物质载体和空间环境。

1. 体现特定历史时期的城市格局风貌、历史文化街区和历史建筑保存完好。历史文化街区不少于 2 片，每片历史文化街区的核心保护范围面积不小于 1 公顷、50 米以上历史街巷不少于 4 条、历史建筑不少于 10 处。

2. 各级文物保护单位不少于 10 处，保存状态良好，且能够体现城市历史文化核心价值。

三、工作要求

申报国家历史文化名城的城市（县）应满足以下工作要求：

（一）完成保护对象测绘建档、建库、挂牌工作。

1. 对历史文化街区和历史建筑进行测绘，建立数字化档案，档案内容包括基础信息、测绘成果、保存保护状况、修缮利用情况、产权变更情况、建设资料等。

2. 建立历史文化名城保护管理平台，平台包括各类保护对象的数字测绘成果和基础信息、保护修缮、产权变更、建设资料等数字档案。

3. 设立历史文化街区和历史建筑标志牌。

4. 依法完成文物保护单位"四有"工作，将各级文物保护单位的保护措施纳入相关规划。

5. 依法制定文物保护单位和未核定为文物保护单位的不可移动文物的具体保护措施，并公告施行。

（二）完善保护管理规定。

1. 开展历史文化名城保护规划编制工作，评估历史文化价值、保护利用现状及存在问题，确定保护内容和重点，划定保护范围，提出保护展示利用策略建议，提出近期保护工作计划等。

2. 在历史文化名城保护规划基础上，以地方性法规、地方政府规章或规范性文件的形式，制定相关保护管理办法并实施，明确保护目标、保护对象、保护范围、保护利用和建设控制具体要求、各保护主体的权利责任、奖惩措施等。

（三）健全保护管理机制。

1. 建立和完善历史文化保护相关机制，统筹协调历史文化名城保护有关工作，审议保护工作重大事项。

2. 明确保护管理部门、职责分工，配备保护管理专门人员。

3. 保障经费投入，将保护资金列入本级财政预算。

4. 建立保护工作实施监督、意见反馈的公众参与机制。

（四）其他要求。

近3年未发生大拆大建、拆真建假、破坏保护对象等致使城市（县）历史文化价值受到严重影响的事件，未发生重大文物安全事故和重大文物违法事件。

四、工作程序

（一）申报程序。

1. 准备阶段。申报国家历史文化名城的城市（县）应对照国家历史文化名城条件标准，开展本市（县）历史文化价值研究，对历史文化资源进行普查，积极开展不可移动文物认定公布和文物保护单位核定公布，推动完成历史文化街区和历史建筑的认定公布工作。

2. 评估阶段。完成准备工作后，由城市（县）人民政府向省级住房和城乡建设（规划）主管部门提出评估申请。省级住房和城乡建设（规划）主管部门会同省级文物主管部门研究提出意见，经省、自治区、直辖市人民政府同意后，报请住房和城乡建设部、国家文物局开展评估。收到评估申请后，住房和城乡建设部会同国家文物局组织专家对申报城市（县）进行评估，出具是否符合国家历史文化名城条件标准的评估意见。

3. 审查阶段。经评估符合国家历史文化名城条件标准的城市（县），在2年内达到本办法提出的工作要求后，由省、自治区、直辖市人民政府提出申请，经住房和城乡建设部会同国家文物局组织有关部门、专家进行论证，提出审查意见，报国务院批准公布。

（二）指定程序。

对符合国家历史文化名城条件标准而没有申报的城市（县），住房和城乡建设部会同国家文物局向该城市（县）所在地的省、自治区、直辖市人民政府提出申报建议。省级住房和城乡建设（规划）主管部门和省级文物主管部门应督促该城市（县）按照本办法要求开展相关工作。

接到申报建议1年后仍未申报的，住房和城乡建设部会同国家文物局向国务院提出直接确定该城市（县）为国家历史文化名城的建议，对提醒、约谈、督促后仍不履行职责的相关责任人，按照干部管理权限向相关党组织或部门提出开展问责的建议。

五、申报材料

申报材料包括申报文本和附件。

（1）申报文本。

1. 申报城市（县）简介，包括基本情况、历史沿革、地方特色等。

2. 条件标准符合情况。对照国家历史文化名城条件标准，阐述城市（县）的历史文化价值、相应的物质载体和空间环境等情况。

3. 保护管理工作情况。对照工作要求，阐述保护对象数字档案和管理平台建设、保护规划编制实施、地方保护法规制定、保护管理机制完善等情况。

4. 重要图表，包括历史文化街区、历史建筑、不可移动文物等各类保护对象清单，与保护清单相对应的保护对象空间分布图、保护规划相关重要图纸等。

（2）附件。

1. 佐证材料，包括省级历史文化名城（若有）、历史文化街区、历史建筑公布文件，以及与不可移动文物、世界文化遗产保护有关的文件等。

2. 其他影像资料，包括申报国家历史文化名城的视频宣传片、各类保护对象的照片，以及其他能够展现城市（县）历史文化价值特色的图片或电子幻灯片等。

住房和城乡建设部等部门关于加快新型建筑工业化发展的若干意见

建标规〔2020〕8号

各省、自治区、直辖市住房和城乡建设厅（委、管委）、教育厅（委）、科技厅（委、局）、工业和信息化主管部门、自然资源主管部门、生态环境厅（局）、人民银行上海总部、各分行、营业管理部、省会（首府）城市中心支行、副省级城市中心支行、市场监管局（厅、委）、各银保监局，新疆生产建设兵团住房和城乡建设局、教育局、科技局、工业和信息化局、自然资源主管部门、生态环境局、市场监管局：

新型建筑工业化是通过新一代信息技术驱动，以工程全寿命期系统化集成设计、精益化生产施工为主要手段，整合工程全产业链、价值链和创新链，实现工程建设高效益、高质量、低消耗、低排放的建筑工业化。《国务院办公厅关于大力发展装配式建筑的指导意见》（国办发〔2016〕71号）印发实施以来，以装配式建筑为代表的新型建筑工业化快速推进，建造水平和建筑品质明显提高。为全面贯彻新发展理念，推动城乡建设绿色发展和高质量发展，以新型建筑工业化带动建筑业全面转型升级，打造具有国际竞争力的"中国建造"品牌，提出以下意见。

一、加强系统化集成设计

（一）推动全产业链协同。推行新型建筑工业化项目建筑师负责制，鼓励设计单位提供全过程咨询服务。优化项目前期技术策划方案，统筹规划设计、构件和部品部件生产运输、施工安装和运营维护管理。引导建设单位和工程总承包单位以建筑最终产品和综合效益为目标，推进产业链上下游资源共享、系统集成和联动发展。

（二）促进多专业协同。通过数字化设计手段推进建筑、结构、设备管线、装修等多专业一体化集成设计，提高建筑整体性，避免二次拆分设计，确保设计深度符合生产和施工要求，发挥新型建筑工业化系统集成综合优势。

（三）推进标准化设计。完善设计选型标准，实施建筑平面、立面、构件和部品部件、接口标准化设计，推广少规格、多组合设计方法，以学校、医院、办公楼、酒店、住宅等为重点，强化设计引领，推广装配式建筑体系。

（四）强化设计方案技术论证。落实新型建筑工业化项目标准化设计、工业化建造与建筑风貌有机统一的建筑设计要求，塑造城市特色风貌。在建筑设计方案审查阶段，加强对新型建筑工业化项目设计要求落实情况的论证，避免建筑风貌千篇一律。

二、优化构件和部品部件生产

（五）推动构件和部件标准化。编制主要构件尺寸指南，推进型钢和混凝土构件以及预制混凝土墙板、叠合楼板、楼梯等通用部件的工厂化生产，满足标准化设计选型要求，扩大标准化构件和部品部件使用规模，逐步降低构件和部件生产成本。

（六）完善集成化建筑部品。编制集成化、模块化建筑部品相关标准图集，提高整体卫浴、集成厨房、整体门窗等建筑部品的产业配套能力，逐步形成标准化、系列化的建筑部品供应体系。

（七）促进产能供需平衡。综合考虑构件、部品部件运输和服务半径，引导产能合理布局，加强市场信息监测，定期发布构件和部品部件产能供需情况，提高产能利用率。

（八）推进构件和部品部件认证工作。编制新型建筑工业化构件和部品部件相关技术要求，推行质量认证制度，健全配套保险制度，提高产品配套能力和质量水平。

（九）推广应用绿色建材。发展安全健康、环境友好、性能优良的新型建材，推进绿色建材认证和推广应用，推动装配式建筑等新型建筑工业化项目率先采用绿色建材，逐步提高城镇新建建筑中绿色建材应用比例。

三、推广精益化施工

（十）大力发展钢结构建筑。鼓励医院、学校等公共建筑优先采用钢结构，积极推进钢结构住宅和农房建设。完善钢结构建筑防火、防腐等性能与技术措施，加大热轧H型钢、耐候钢和耐火钢应用，推动钢结构建筑关键技术和相关产业全面发展。

（十一）推广装配式混凝土建筑。完善适用于不同建筑类型的装配式混凝土建筑结构体系，加大高性能混凝土、高强钢筋和消能减震、预应力技术的集成应用。在保障性住房和商品住宅中积极应用装配式混凝土结构，鼓励有条件的地区全面推广应用预制内隔墙、预制楼梯板和预制楼板。

（十二）推进建筑全装修。装配式建筑、星级绿色建筑工程项目应推广全装修，积极发展成品住宅，倡导菜单式全装修，满足消费者个性化需求。推进装配化装修方式在商品住房项目中的应用，推广管线分离、一体化装修技术，推广集成化模块化建筑部品，提高装修品质，降低运行维护成本。

（十三）优化施工工艺工法。推行装配化绿色施工方式，引导施工企业研发与精益化施工相适应的部品部件吊装、运输与堆放、部品部件连接等施工工艺工法，推广应用钢筋定位钢板等配套装备和机具，在材料搬运、钢筋加工、高空焊接等环节提升现场施工工业化水平。

（十四）创新施工组织方式。完善与新型建筑工业化相适应的精益化施工组织方式，推广设计、采购、生产、施工一体化模式，实行装配式建筑装饰装修与主体结构、机电设备协同施工，发挥结构与装修穿插施工优势，提高施工现场精细化管理水平。

（十五）提高施工质量和效益。加强构件和部品部件进场、施工安装、节点连接灌浆、密封防水等关键部位和工序质量安全管控，强化对施工管理人员和一线作业人员的质量安全技术交底，通过全过程组织管理和技术优化集成，全面提升施工质量和效益。

四、加快信息技术融合发展

（十六）大力推广建筑信息模型（BIM）技术。加快推进BIM技术在新型建筑工业化全寿命期的一体化集成应用。充分利用社会资源，共同建立、维护基于BIM技术的标准化部品部件库，实现设计、采购、生产、建造、交付、运行维护等阶段的信息互联互通和交互共享。试点推进BIM报建审批和施工图BIM审图模式，推进与城市信息模型（CIM）平台的融通联动，提高信息化监管能力，提高建筑行业全产业链资源配置效率。

（十七）加快应用大数据技术。推动大数据技术在工程项目管理、招标投标环节和信用体系建设中的应用，依托全国建筑市场监管公共服务平台，汇聚整合和分析相关企业、项目、从业人员和信用信息等相关大数据，支撑市场监测和数据分析，提高建筑行业公共服务能力和监管效率。

（十八）推广应用物联网技术。推动传感器网络、低功耗广域网、5G、边缘计算、射频识别（RFID）及二维码识别等物联网技术在智慧工地的集成应用，发展可穿戴设备，提高建筑工人健康及安全监测能力，推动物联网技术在监控管理、节能减排和智能建筑中的应用。

（十九）推进发展智能建造技术。加快新型建筑工业化与高端制造业深度融合，搭建建筑产业互联网平台。推动智能光伏应用示范，促进与建筑相结合的光伏发电系统应用。开展生产装备、施工设备的智能化升级行动，鼓励应用建筑机器人、工业机器人、智能移动终端等智能设备。推广智能家居、智能办公、楼宇自动化系统，提升建筑的便捷性和舒适度。

五、创新组织管理模式

（二十）大力推行工程总承包。新型建筑工业化项目积极推行工程总承包模式，促进设计、生产、施工深度融合。引导骨干企业提高项目管理、技术创新和资源配置能力，培育具有综合管理能力的工程总承包企业，落实工程总承包单位的主体责任，保障工程总承包单位的合法权益。

（二十一）发展全过程工程咨询。大力发展以市场需求为导向，满足委托方多样化需求的全过程工程咨询服务，培育具备勘察、设计、监理、招标代理、造价等业务能力的全过程工程咨询企业。

（二十二）完善预制构件监管。加强预制构件质量管理，积极采用驻厂监造制度，实行全过程质量责任追溯，鼓励采用构件生产企业备案管理、构件质量飞行检查等手段，建立长效机制。

（二十三）探索工程保险制度。建立完善工程质量保险和担保制度，通过保险的风险事故预防和费率调节机制帮助企业加强风险管控，保障建筑工程质量。

（二十四）建立使用者监督机制。编制绿色住宅购房人验房指南，鼓励将住宅绿色性能和全装修质量相关指标纳入商品房买卖合同、住宅质量保证书和住宅使用说明书,明确质量保修责任和纠纷处理方式,保障购房人权益。

六、强化科技支撑

(二十五)培育科技创新基地。组建一批新型建筑工业化技术创新中心、重点实验室等创新基地,鼓励骨干企业、高等院校、科研院所等联合建立新型建筑工业化产业技术创新联盟。

(二十六)加大科技研发力度。大力支持BIM底层平台软件的研发,加大钢结构住宅在围护体系、材料性能、连接工艺等方面的联合攻关,加快装配式混凝土结构灌浆质量检测和高效连接技术研发,加强建筑机器人等智能建造技术产品研发。

(二十七)推动科技成果转化。建立新型建筑工业化重大科技成果库,加大科技成果公开,促进科技成果转化应用,推动建筑领域新技术、新材料、新产品、新工艺创新发展。

七、加快专业人才培育

(二十八)培育专业技术管理人才。大力培养新型建筑工业化专业人才,壮大设计、生产、施工、管理等方面人才队伍,加强新型建筑工业化专业技术人员继续教育,鼓励企业建立首席信息官(CIO)制度。

(二十九)培育技能型产业工人。深化建筑用工制度改革,完善建筑业从业人员技能水平评价体系,促进学历证书与职业技能等级证书融通衔接。打通建筑工人职业化发展道路,弘扬工匠精神,加强职业技能培训,大力培育产业工人队伍。

(三十)加大后备人才培养。推动新型建筑工业化相关企业开展校企合作,支持校企共建一批现代产业学院,支持院校对接建筑行业发展新需求、新业态、新技术,开设装配式建筑相关课程,创新人才培养模式,提供专业人才保障。

八、开展新型建筑工业化项目评价

(三十一)制定评价标准。建立新型建筑工业化项目评价技术指标体系,重点突出信息化技术应用情况,引领建筑工程项目不断提高劳动生产率和建筑品质。

(三十二)建立评价结果应用机制。鼓励新型建筑工业化项目单位在项目竣工后,按照评价标准开展自评价或委托第三方评价,积极探索区域性新型建筑工业化系统评价,评价结果可作为奖励政策重要参考。

九、加大政策扶持力度

(三十三)强化项目落地。各地住房和城乡建设部门要会同有关部门组织编制新型建筑工业化专项规划和年度发展计划,明确发展目标、重点任务和具体实施范围。要加大推进力度,在项目立项、项目审批、项目管理各环节明确新型建筑工业化的鼓励性措施。政府投资工程要带头按照新型建筑工业化方式建设,鼓励支持社会投资项目采用新型建筑工业化方式。

(三十四)加大金融扶持。支持新型建筑工业化企业通过发行企业债券、公司债券等方式开展融资。完善绿色金融支持新型建筑工业化的政策环境,积极探索多元化绿色金融支持方式,对达到绿色建筑星级标准的新型建筑工业化项目给予绿色金融支持。用好国家绿色发展基金,在不新增隐性债务的前提下鼓励各地设立专项基金。

(三十五)加大环保政策支持。支持施工企业做好环境影响评价和监测,在重污染天气期间,装配式等新型建筑工业化项目在非土石方作业的施工环节可以不停工。建立建筑垃圾排放限额标准,开展施工现场建筑垃圾排放公示,鼓励各地对施工现场达到建筑垃圾减量化要求的施工企业给予奖励。

(三十六)加强科技推广支持。推动国家重点研发计划和科研项目支持新型建筑工业化技术研发,鼓励各地优先将新型建筑工业化相关技术纳入住房和城乡建设领域推广应用技术公告和科技成果推广目录。

(三十七)加大评奖评优政策支持。将城市新型建筑工业化发展水平纳入中国人居环境奖评选、国家生态园林城市评估指标体系。大力支持新型建筑工业化项目参与绿色建筑创新奖评选。

中华人民共和国住房和城乡建设部
中华人民共和国教育部
中华人民共和国科学技术部
中华人民共和国工业和信息化部
中华人民共和国自然资源部
中华人民共和国生态环境部
中国人民银行
国家市场监督管理总局
中国银行保险监督管理委员会
2020年8月28日

(此件公开发布)

住房和城乡建设部关于落实建设单位工程质量首要责任的通知

建质规〔2020〕9号

各省、自治区住房和城乡建设厅，直辖市住房和城乡建设（管）委，北京市规划和自然资源委，新疆生产建设兵团住房和城乡建设局：

为贯彻落实《国务院办公厅关于促进建筑业持续健康发展的意见》（国办发〔2017〕19号）和《国务院办公厅转发住房城乡建设部关于完善质量保障体系提升建筑工程品质指导意见的通知》（国办函〔2019〕92号）精神，依法界定并严格落实建设单位工程质量首要责任，不断提高房屋建筑和市政基础设施工程质量水平，现就有关事项通知如下：

一、充分认识落实建设单位工程质量首要责任重要意义

党的十八大以来，在以习近平同志为核心的党中央坚强领导下，我国工程质量水平不断提升，质量常见问题治理取得积极成效，工程质量事故得到有效遏制。但我国工程质量责任体系尚不完善，特别是建设单位首要责任不明确、不落实，存在违反基本建设程序，任意赶工期、压造价，拖欠工程款，不履行质量保修义务等问题，严重影响工程质量。

建设单位作为工程建设活动的总牵头单位，承担着重要的工程质量管理职责，对保障工程质量具有主导作用。各地要充分认识严格落实建设单位工程质量首要责任的必要性和重要性，进一步建立健全工程质量责任体系，推动工程质量提升，保障人民群众生命财产安全，不断满足人民群众对高品质工程和美好生活的需求。

二、准确把握落实建设单位工程质量首要责任内涵要求

建设单位是工程质量第一责任人，依法对工程质量承担全面责任。对因工程质量给工程所有权人、使用人或第三方造成的损失，建设单位依法承担赔偿责任，有其他责任人的，可以向其他责任人追偿。建设单位要严格落实项目法人责任制，依法开工建设，全面履行管理职责，确保工程质量符合国家法律法规、工程建设强制性标准和合同约定。

（一）严格执行法定程序和发包制度。建设单位要严格履行基本建设程序，禁止未取得施工许可等建设手续开工建设。严格执行工程发包承包法规制度，依法将工程发包给具备相应资质的勘察、设计、施工、监理等单位，不得肢解发包工程、违规指定分包单位，不得直接发包预拌混凝土等专业分包工程，不得指定按照合同约定应由施工单位购入用于工程的装配式建筑构配件、建筑材料和设备或者指定生产厂、供应商。按规定提供与工程建设有关的原始资料，并保证资料真实、准确、齐全。

（二）保证合理工期和造价。建设单位要科学合理确定工程建设工期和造价，严禁盲目赶工期、抢进度，不得迫使工程其他参建单位简化工序、降低质量标准。调整合同约定的勘察、设计周期和施工工期的，应相应调整相关费用。因极端恶劣天气等不可抗力以及重污染天气、重大活动保障等原因停工的，应给予合理的工期补偿。因材料、工程设备价格变化等原因，需要调整合同价款的，应按照合同约定给予调整。落实优质优价，鼓励和支持工程相关参建单位创建品质示范工程。

（三）推行施工过程结算。建设单位应有满足施工所需的资金安排，并向施工单位提供工程款支付担保。建设合同应约定施工过程结算周期、工程进度款结算办法等内容。分部工程验收通过时原则上应同步完成工程款结算，不得以设计变更、工程洽商等理由变相拖延结算。政府投资工程应当按照国家有关规定确保资金按时支付到位，不得以未完成审计作为延期工程款结算的理由。

（四）全面履行质量管理职责。建设单位要健全工程项目质量管理体系，配备专职人员并明确其质量管理职责，不具备条件的可聘用专业机构或人员。加强对按照合同约定自行采购的建筑材料、构配件和设备等的质量管理，并承担相应的质量责任。不得明示或者暗示设计、施工等单位违反工程建设强制性标准，禁止以"优化设计"等名义变相违反工程建设强制性标准。严格质量检测管理，按时足额支付检测费用，不得违规减少依法应由建设单位委托的检测项目和数量，非建设单位委托的检测机构出具的检测报告不得作为工程质量验收依据。

（五）严格工程竣工验收。建设单位要在收到工程竣工报告后及时组织竣工验收，重大工程或技术复杂工程可邀请有关专家参加，未经验收合格不得交付使用。住宅工程竣工验收前，应组织施工、监理等单位进行分户验收，未组织分户验收或分户验收不合格，不得组织竣工验收。加强工程竣工验收资料管理，建立质量终身责任信息档案，落实竣工后永久性标牌制度，强化质量主体责任追溯。

三、切实加强住宅工程质量管理

各地要完善住宅工程质量与市场监管联动机制，督促建设单位加强工程质量管理，严格履行质量保修责任，推进质量信息公开，切实保障商品住房和保障性安居工程等住宅工程质量。

（一）严格履行质量保修责任。建设单位要建立质量回访和质量投诉处理机制，及时组织处理保修范围和保修期限内出现的质量问题，并对造成的损失先行赔偿。建设单位对房屋所有权人的质量保修期限自交付之日起计算，经维修合格的部位可重新约定保修期限。房地产开发企业应当在商品房买卖合同中明确企业发生注销情形下由其他房地产开发企业或具有承接能力的法人承接质量保修责任。房地产开发企业未投保工程质量保险的，在申请住宅工程竣工验收备案时应提供保修责任承接说明材料。

（二）加强质量信息公开。住宅工程开工前，建设单位要公开工程规划许可、施工许可、工程结构形式、设计使用年限、主要建筑材料、参建单位及项目负责人等信息；交付使用前，应公开质量承诺书、工程竣工验收报告、质量保修负责人及联系方式等信息。鼓励组织业主开放日、邀请业主代表和物业单位参加分户验收。试行按套出具质量合格证明文件。

（三）加强工程质量与房屋预售联动管理。因发生违法违规行为、质量安全事故或重大质量安全问题被责令全面停工的住宅工程，应暂停其项目预售或房屋交易合同网签备案，待批准复工后方可恢复。

（四）强化保障性安居工程质量管理。各地要制定保障性安居工程设计导则，明确室内面积标准、层高、装修设计、绿化景观等内容，探索建立标准化设计制度，突出住宅宜居属性。政府投资保障性安居工程应完善建设管理模式，带头推行工程总承包和全过程工程咨询。依法限制有严重违约失信记录的建设单位参与建设。

四、全面加强对建设单位的监督管理

各地要建立健全建设单位落实首要责任监管机制，加大政府监管力度，强化信用管理和责任追究，切实激发建设单位主动关心质量、追求质量、创造质量的内生动力，确保建设单位首要责任落到实处。

（一）强化监督检查。建立日常巡查和差别化监管制度，对质量责任落实不到位、有严重违法违规行为的建设单位，加大对其建设项目的检查频次和力度，发现存在严重质量安全问题的，坚决责令停工整改。督促建设单位严格整改检查中发现的质量问题，整改报告经建设单位项目负责人签字确认并加盖单位公章后报工程所在地住房和城乡建设主管部门。工程质量监督中发现的涉及主体结构安全、主要使用功能的质量问题和整改情况，要及时向社会公布。

（二）强化信用管理。加快推进行业信用体系建设，加强对建设单位及其法定代表人、项目负责人质量信用信息归集，及时向社会公开相关行政许可、行政处罚、抽查检查、质量投诉处理情况等信息，记入企业和个人信用档案，并与工程建设项目审批管理系统等实现数据共享和交换。充分运用守信激励和失信惩戒手段，加大对守信建设单位的政策支持和失信建设单位的联合惩戒力度，营造"一处失信，处处受罚"的良好信用环境。对实行告知承诺制的审批事项，发现建设单位承诺内容与实际不符的，依法从严从重处理。

（三）强化责任追究。对建设单位违反相关法律法规及本通知规定的行为，要依法严肃查处，并追究其法定代表人和项目负责人的责任；涉嫌犯罪的，移送监察或司法机关依法追究刑事责任。对于政府投资项目，除依法追究相关责任人责任外，还要依据相关规定追究政府部门有关负责人的领导责任。

本通知适用于房屋建筑和市政基础设施工程。各省、自治区、直辖市住房和城乡建设主管部门可根据本通知要求，制定具体办法。

中华人民共和国住房和城乡建设部
2020 年 9 月 11 日
（此件公开发布）

住房和城乡建设部等部门关于加强和改进住宅物业管理工作的通知

建房规〔2020〕10号

各省、自治区、直辖市、新疆生产建设兵团住房和城乡建设厅（委、管委、局）、党委政法委、文明办、发展改革委、公安厅（局）、财政厅（局）、人力资源社会保障厅（局）、应急厅（局）、市场监管局（厅、委），各银保监局：

居住社区（住宅小区）是居民生活的主要空间，是基层社会治理的重要内容。住宅物业管理事关群众生活品质，事关城市安全运行和社会稳定。为深入贯彻党的十九大和十九届四中、五中全会精神，全面落实《中华人民共和国民法典》、《中共中央 国务院关于加强和完善城乡社区治理的意见》和《中共中央办公厅印发〈关于加强和改进城市基层党的建设工作的意见〉的通知》有关要求，加快发展物业服务业，推动物业服务向高品质和多样化升级，满足人民群众不断增长的美好居住生活需要，现就加强和改进住宅物业管理工作通知如下。

一、融入基层社会治理体系

（一）坚持和加强党对物业管理工作的领导。推动业主委员会、物业服务企业成立党组织。建立党建引领下的社区居民委员会、业主委员会、物业服务企业协调运行机制，充分调动居民参与积极性，形成社区治理合力。推动业主委员会成员和物业项目负责人中的党员担任社区党组织兼职委员，符合条件的社区"两委"成员通过法定程序兼任业主委员会成员。鼓励流动党员、退休人员中的党员将组织关系转入社区党组织，推动市、区两级机关和企事业单位党组织、在职党员主动参与社区治理，有效服务群众。

（二）落实街道属地管理责任。街道要建立健全居住社区综合治理工作制度，明确工作目标，及时研究解决住宅物业管理重点和难点问题。鼓励街道建立物业管理工作机制，指导监督辖区内物业管理活动，积极推动业主设立业主大会、选举业主委员会，办理业主委员会备案，并依法依规监督业主委员会和物业服务企业履行职责。指导开展物业承接查验并公开结果，监督物业项目有序交接。突发公共事件应对期间，街道指导物业服务企业开展应对工作，并给予物资和资金支持。委托物业服务企业承担公共服务事项的，应当向物业服务企业支付相应费用。

（三）推动城市管理服务下沉。推动城市管理服务向居住社区延伸，依托城市综合管理服务平台，建立群众反映问题的受理处置机制。明确部门和单位职责清单，压实工作责任，及时查处物业服务区域内违章搭建、毁绿占绿、任意弃置垃圾、违反规定饲养动物、电动自行车违规停放充电、占用堵塞公共和消防通道等违法违规行为。依法明确供水、排水、供电、供气、供热、通信、有线电视等专业运营单位服务到最终用户，落实专业运营单位对物业服务区域内相关设施设备的维修、养护和更新责任。

（四）构建共建共治共享格局。街道要发挥居民的主体作用，调动社区社会组织、社会工作服务机构、社区志愿者、驻区单位的积极性，共同参与居住社区治理，构建共建共治共享的基层社会治理体系，实现决策共谋、发展共建、建设共管、效果共评、成果共享。畅通居民投诉渠道，健全12345热线投诉转办机制，提高投诉处置效能。加强物业管理调解组织建设，发挥基层综治中心和网格员作用，积极促进物业管理矛盾纠纷就地化解。

二、健全业主委员会治理结构

（五）优化业主委员会人员配置。街道负责指导成立业主大会筹备组、业主委员会换届改选小组，加强对业主委员会的人选推荐和审核把关。鼓励"两代表一委员"参选业主委员会成员，提高业主委员会成员中党员比例。探索建立业主委员会成员履职负面清单，出现负面清单情形的，暂停该成员履行职责，提请业主大会终止成员资格并公告全体业主。市、县住房和城乡建设部门、街道要加强业主委员会成员法律法规和业务培训，提高业主委员会成员依法依规履职能力。

（六）充分发挥业主委员会作用。业主大会可根据法律法规规定，通过议事规则和管理规约约定，授权业主委员会行使一定额度内业主共有部分经营收益支出、住宅专项维修资金（以下简称维修资金）使用决策权力。业主委员会应当督促业主遵守法律法规、议事规则、管理规约和业主大会决议，对业主违规违约行为进行劝阻。对多次催交仍拖欠物业费的业主，可根据管理规约规定的相应措施进行催交。探索将恶意拖欠物业费的行为纳入个人信用记录。

（七）规范业主委员会运行。业主委员会应当定期召开会议，在决定物业管理有关事项前，应公开征求业主意见，并报告社区党组织和居民委员会。业主大会可授权业主委员会聘请专职工作人员承担日常事务，明确工作职责和薪酬标准。探索建立业主委员会换届审计制度。

（八）加强对业主委员会监督。业主委员会每年向业主公布业主共有部分经营与收益、维修资金使用、经费开支等信息，保障业主的知情权和监督权。业主委员会作出违反法律法规和议事规则、管理规约的决定，街道应当责令限期整改，拒不整改的依法依规撤销其决定，并公告业主。业主委员会不依法履行职责，严重损害业主权益的，街道指导业主大会召开临时会议，重新选举业主委员会。加大对业主委员会成员违法违规行为查处力度，涉嫌犯罪的移交司法机关处理。

三、提升物业管理服务水平

（九）扩大物业管理覆盖范围。街道要及时积极推动业主设立业主大会，选举业主委员会，选聘物业服务企业，实行专业化物业管理。暂不具备设立业主大会条件的，探索组建由社区居民委员会、业主代表等参加的物业管理委员会，临时代替业主委员会开展工作。结合城镇老旧小区改造，引导居民协商确定老旧小区的管理模式，推动建立物业管理长效机制。鼓励物业服务企业统一管理在管项目周边老旧小区。暂不具备专业化物业管理条件的，由街道通过社区居民委员会托管、社会组织代管或居民自管等方式，逐步实现物业管理全覆盖。

（十）提升物业服务质量。全面落实物业服务企业服务质量主体责任。物业服务企业要健全服务质量保障体系，建立服务投诉快速处理机制，加强人员车辆管理，定期巡检和养护共用部位、共用设施设备，采取合理措施保护业主的人身、财产安全，做好绿化养护，协助规范垃圾投放并及时清扫清运，改善居住环境，提升居住品质，打造优秀物业服务项目。发挥物业行业协会作用，编制物业服务标准，规范从业人员行为。支持物业服务企业兼并重组，推动物业服务规模化、品牌化经营，提升整体服务水平。

（十一）完善物业服务价格形成机制。物业服务价格主要通过市场竞争形成，由业主与物业服务企业在物业服务合同中约定服务价格，可根据服务标准和物价指数等因素动态调整。提倡酬金制计费方式。城市住房和城乡建设部门要公布物业服务清单，明确物业服务内容和标准。物业行业协会要监测并定期公布物业服务成本信息和计价规则，供业主和物业服务企业协商物业费时参考。引导业主与物业服务企业通过合同约定物业服务价格调整方式。物业服务价格实行政府指导价的，由有定价权限的价格部门、住房和城乡建设部门制定并公布基准价及其浮动幅度，建立动态调整机制。

（十二）提升物业服务行业人员素质。推动物业服务人员职业技能等级认定工作。开展职业技能培训和竞赛，提高从业人员整体素质和技能水平。引导物业服务企业健全薪酬制度和员工激励制度，引入高技能人才和专业技术人才。物业服务企业在保障安全、业主共同决策同意的前提下，可利用闲置房屋用于员工住宿。符合条件的员工优先纳入住房保障范围。组织开展最美物业人宣传选树活动，增强从业人员荣誉感和归属感。

四、推动发展生活服务业

（十三）加强智慧物业管理服务能力建设。鼓励物业服务企业运用物联网、云计算、大数据、区块链和人工智能等技术，建设智慧物业管理服务平台，提升物业智慧管理服务水平。采集房屋、设施设备、业主委员会、物业服务企业等数据，共享城市管理数据，汇集购物、家政、养老等生活服务数据，确保数据不泄露、不滥用。依法依规与相关部门实现数据共享应用。

（十四）提升设施设备智能化管理水平。鼓励物业服务企业以智慧物业管理服务平台为支撑，通过在电梯、消防、给排水等重要设施设备布设传感器，实现数据实时采集。建立事件部件处置权责清单，明确处置业务流程和规范，实现智慧预警、智慧研判、智慧派单、智慧监督。

（十五）促进线上线下服务融合发展。鼓励有条件的物业服务企业向养老、托幼、家政、文化、健康、房屋经纪、快递收发等领域延伸，探索"物业服务＋生活服务"模式，满足居民多样化多层次居住生活需求。引导物业服务企业通过智慧物业管理服务平台，提供定制化产品和个性化服务，实现一键预约、服务上门。物业服务企业开展养老、家政等生活性服务业务，可依规申请相应优惠扶持政策。

五、规范维修资金使用和管理

（十六）提高维修资金使用效率。优化维修资金使用流程，简化申请材料，缩短审核时限。建立紧急维修事项清单，符合清单内容的，业主委员会可直接申请使用维修资金，尚未产生业主委员会的，由街道组织代为维修，并从维修资金中列支相关费用。因供水、排水、消防、电梯等紧急事项使用维修资金的，维修工程竣工后，应当公开维修资金使用数额。探索维修资金购买电梯安全责任保险。

（十七）健全维修资金管理制度。提高维修资金管理机构专业化、规范化管理水平。采用公开招标方式，综合存款利率、资产规模和服务效能等因素，择优确定专户管理银行，控制专户管理银行数量。探索委托专业机构运营维修资金，提高资金收益水平，并将收益分配给业主。加快维修资金管理信息系统建设，方便业主实时查询。每年披露资金管理和使用情况，接受社会监督。加强维修资金监管，严肃查处侵占挪用资金等违法违规行为。

（十八）加大维修资金归集力度。推动新建商品房在办理网签备案时，由建设单位代为足额缴纳维修资金。加大对建设单位、物业服务企业代收维修资金的清缴力度。业主共有部分经营收益应当主要用于补充维修资金。逐步实行商品房与已售公房维修资金并轨管理。

六、强化物业服务监督管理

（十九）建立服务信息公开公示制度。物业服务企业应当在街道指导监督下，在物业服务区域显著位置设立物业服务信息监督公示栏，如实公布并及时更新物业项目负责人的基本情况、联系方式以及物业服务投诉电话、物业服务内容和标准、收费项目和标准、电梯和消防等设施设备维保单位和联系方式、车位车库使用情况、公共水电费分摊情况、物业费和业主共有部分经营收益收支情况、电梯维护保养支出情况等信息，可同时通过网络等方式告知业主公示内容。物业服务企业开展家政、养老等服务业务也应对外公示，按双方约定价格收取服务费用。物业服务企业不得收取公示收费项目以外的费用。

（二十）建立物业服务企业信用管理制度。建立物业服务信用评价制度，制定统一的信用评价标准，建设全国信用信息管理平台。根据合同履行、投诉处理、日常检查和街道意见等情况，采集相关信用信息，实施信用综合评价，依法依规公开企业信用记录和评价结果。依据企业信用状况，由城市住房和城乡建设部门授予信用星级标识，实行信用分级分类监管，强化信用信息在前期物业管理招标投标、业主大会选聘物业服务企业、政府采购等方面的应用。

（二十一）优化市场竞争环境。加强物业服务企业登记注册信息部门共享，探索建立健全物业服务合同备案、项目负责人备案制度。完善物业管理招标投标制度，加强招标投标代理机构、评标专家和招标投标活动监管。引导业主委员会通过公开招标方式选聘物业服务企业。住房和城乡建设部门在征求街道意见的基础上，建立物业服务企业红黑名单制度，推动形成优胜劣汰的市场环境。对严重违法违规、情节恶劣的物业服务企业和直接责任人员，依法清出市场。

各地区各部门要坚持以人民为中心的发展思想，把加强和改进住宅物业管理作为保障和改善民生、创新基层社会治理的重要举措，切实加强组织领导，优化机构设置，配齐专业人员，加强舆论宣传，落实工作责任，研究制定出台配套政策措施，确保本通知确定的各项任务落到实处。住房和城乡建设部将会同相关部门对贯彻落实情况进行评估，总结各地经验，及时完善住宅物业管理有关制度。

住房和城乡建设部
中央政法委
中央文明办
发展改革委
公安部
财政部
人力资源社会保障部
应急部
市场监管总局
银保监会
2020年12月25日

（此件主动公开）

住房和城乡建设部关于印发中国国际园林博览会管理办法的通知

建城〔2020〕25 号

各省、自治区住房和城乡建设厅，直辖市住房和城乡建设（管）委、园林绿化主管部门，新疆生产建设兵团住房和城乡建设局：

现将修订后的《中国国际园林博览会管理办法》印发给你们，请遵照执行。

中华人民共和国住房和城乡建设部
2020年3月6日
（此件主动公开）

中国国际园林博览会管理办法

第一章 总 则

第一条 为做好中国国际园林博览会（以下简称园博会）的组织管理工作，规范园博会申办、组织实施及中国国际园林博览会展园（以下简称园博园）运营维护管理，保障园博会各项活动正常有序开展，特制定本办法。

第二条 园博会是以习近平新时代中国特色社会主义思想为指导，贯彻落实新发展理念和以人民为中心的发展思想，坚持生态优先，推动城市高质量发展，不断满足人民群众对美好环境与幸福生活的向往，促进美丽城市建设，提高园林城市建设水平，综合展示国内外城市建设和城市发展新理念、新技术、新成果的国际性展会。

第三条 园博会以园博园为主要展示场地。

园博园的建设应坚持人与自然和谐共生的原则。因地制宜保护自然风貌和山水格局，改善提升城市生态和人居环境，彰显地域特色和时代特征，传承发展中华优秀传统文化。

园博园的建设要充分利用新理念、新方式、新技术，鼓励通过生态修复方式建设园博园。园博园选址要尽可能在城市建成区或周边，贴近社区和市民生活圈。园博园的绿地、水系要成为城市整体绿地系统、水系统的有机组成部分。

园博园展馆的建设应遵循"适用、经济、绿色、美观"的建筑方针，充分利用改造存量建筑，新建展馆要考虑后续利用，严格控制规模。采用绿色建筑、装配式建筑、智能建筑等新型建造方式，展示新时期城市建设水平。

第四条 园博会以展览、展示活动为主，重点展示城市创新、协调、绿色、开放、共享发展的成果，展示新时代城市转型发展和城市美好生活，展示人居环境建设和城乡社区治理的经验做法，展示美丽宜居、绿色生态、文化传承、智慧创新、安全韧性新型城市建设的示范案例。

第五条 展会期间可结合展会主题开展多元参与的高层论坛、新技术新产品新标准发布、学术交流、技能竞赛、技艺展演等活动。

园博会国际高层论坛应汇集国内外及社会各界智慧，聚焦历史文脉传承、生态保护修复、人居环境改善，以创新引领未来城市发展。

第二章 组织和职责

第六条 园博会由住房和城乡建设部、承办城市所在省（自治区、直辖市）人民政府共同主办。

园博会由承办城市人民政府、所在省（自治区）住房和城乡建设主管部门共同承办。直辖市承办时，其住房和城乡建设和园林绿化主管部门为具体承办单位。

住房和城乡建设部可邀请国务院相关部门、国内外有关组织、有关行业学会协会参与主办或协办。

第七条 住房和城乡建设部是园博会第一主办单位，主要职责包括：

（一）组织社会各界参与园博会，推动园博会创新发展并不断增强国际影响力；

（二）组建园博会组委会、指导委员会，授权并监督指导委员会开展工作；

（三）监督指导园博园后续利用和保护管理。

第八条 承办城市所在省（自治区、直辖市）人民政府是园博会的第二主办单位，主要职责包括：

（一）对承办单位提供相关指导服务，督促承办单位兑现申办承诺书中的承诺，按期完成筹办和运营各项工作；

（二）协调与园博会相关的各有关部门之间的关系。

直辖市人民政府主办时，应主动兑现申办承诺。

第九条 承办单位在主办单位领导下开展工作，主要职责包括：

（一）在广泛征求社会各界意见的基础上，组织制定园博会总体方案、园博园规划设计方案、园博园展后可持续发展方案，以及园博会开闭幕式、展览展示、高层论坛等活动方案，报组委会审定后实施；

（二）成立专门的筹办机构，具体负责园博会筹办和组织实施工作，组织实施园博园相关建设工程管理，保障工程质量安全；

（三）开展园博会宣传推介，组织园博会展览展示、高层论坛等活动；

（四）负责保障园博会筹办和园博园运营维护管理经费，积极配合组委会开展各项工作，提供满足园博会需要的交通、市政基础设施和其他公共服务设施，负责园博会举办期间安全保障工作；

（五）协调参展方参展工作，督促工作进度并监督质量，为参展方提供必要的服务和后勤保障；

（六）做好园博园的后续利用和保护管理。

第十条 协办单位主要职责包括：

（一）协助组织园博会展览展示、高层论坛等活动；

（二）协助组织园博会宣传推介；

（三）协助组织园博会技能竞赛活动；

（四）协助邀请相关国际组织和专家参加园博会等。

第十一条 园博会组委会由主办单位、承办单位相关负责同志组成，下设办公室作为日常办事机构。园博会组委会主要职责包括：

（一）统筹领导园博会筹办和组织实施工作；

（二）审定园博会总体方案、园博园规划设计方案和园博园展后可持续发展方案；

（三）审定园博会开闭幕式、展览展示、高层论坛等活动方案；

（四）组织召开园博会新闻发布会、开展技能竞赛活动；

（五）听取园博会筹办期间各项工作进展情况报告，及时协调解决筹办过程中的重大问题。

园博会指导委员会由有关专家和单位组成，主要职责是对园博会的筹办和组织实施以及重点工作开展技术指导、咨询服务和评估，协助做好园博园相关规划和设计方案的审查、论证。

第十二条 园博会举办时间由承办城市人民政府商所在省（自治区）人民政府、住房和城乡建设部确定。直辖市承办时，由直辖市人民政府商住房和城乡建设部确定。

会期一般为3至6个月。

第三章 申办和筹备

第十三条 住房和城乡建设部适时组织申办工作，确保每届园博会的承办城市于该届园博会开幕之时2年前确定。

第十四条 园博会采取自愿申办原则。申办城市应具备举办大型国际性综合展会的经验及组织和经费保障能力，能够根据展会需求统筹建设园博园、主要展馆及相应配套设施。

申办城市应在城市绿色发展、生态修复、城市特色与风貌保护、智慧城市建设等方面具有典型示范作用。积极参与往届园博园展园建设的城市予以优先考虑。

第十五条 符合申办条件的城市人民政府，经省（自治区）人民政府同意，在规定期限内由省级住房和城乡建设主管部门向住房和城乡建设部提出申请。直辖市申办时，由直辖市人民政府向住房和城乡建设部提出申请。

申办园博会应提交城市人民政府承诺书、申办报告并附省（自治区）人民政府意见。

第十六条 申办期限截止后，住房和城乡建设部组织遴选并一次确定两届园博会承办城市。后一届园博会承办城市同时作为前一届园博会的预备城市。

遴选采取专家评议和实地调研等方式综合开展。

承办城市于园博会开幕前1年不能开工建设园博园，或承办条件发生重大变化，不再适合承办的，改由预备城市承办。

第十七条 园博会实行开放办展。遵守园博会举办宗旨和办会原则的国内外城市、团体、企事业单位、个人，按自愿原则依法参加园博会各项活动。

参展方的权利义务由参展方与承办单位协议约定。参展经费原则上由参展方自行承担。

参展方应将参展方案报组委会审定，并严格按照组委会审定的参展方案组织实施，保质、保量、按时完成。

第四章 管理和利用

第十八条 承办单位应加强园博会筹办和运营期间安全保障工作，完善相关设施设备，制定相关应急预案并进行演练，确保展会安全有序举办。

第十九条 园博园作为城市公园绿地保留的部分不能少于50公顷，并划定城市绿线，纳入城市绿地系统管理。园博会闭幕后园博园内展园、展品的处置，由参展方与承办单位协议约定。

第二十条 承办城市人民政府应严格执行园博园展后可持续发展方案，不得随意变更申办报告和政府承诺书内的重大内容。确需变更的，展会期间须报组委会审议，展会结束后须经所在省（自治区）住房和城乡建设主管部门提出意见报住房和城乡建设部批准。直辖市承办时，由直辖市人民政府向住房和城乡建设部报批。

第二十一条 住房和城乡建设部对在园博会建设、运营期间有突出贡献的单位和个人进行表扬。

第二十二条 住房和城乡建设部对园博园的后续利用和保护管理进行监督。对存在违反有关规定和申办承诺的问题，限期整改。对整改不到位的，给予通报批评，并暂停所在省（自治区、直辖市）园博会申办工作。

第五章 附 则

第二十三条 加强知识产权保护，做好园博会标志等产品的开发使用。园博会会徽为"花"字的变体，其黄、红、蓝三部分分别为C、Y、B三个字母，是"CHINA"及"园博"汉语拼音字母的缩写。园博会会旗是以园博会会徽为图案的白色旗帜。园博会会歌为《七彩的梦》。园博会吉祥物由承办单位负责征集和初审，报组委会审定后公布。园博会文化创意产品由承办单位引入市场机制开发经营。

第二十四条 本办法由住房和城乡建设部负责解释。

第二十五条 本办法自印发之日起施行。2019年7月18日住房和城乡建设部印发的《中国国际园林博览会管理办法》（建城〔2019〕79号）同时废止。

附件：1. 中国国际园林博览会申办城市人民政府承诺书（样本）

2. 园博会申办报告要点

3. 中国国际园林博览会承办城市遴选标准

财政部 住房和城乡建设部关于政府采购支持绿色建材促进建筑品质提升试点工作的通知

财库〔2020〕31号

各省、自治区、直辖市、计划单列市财政厅（局）、住房和城乡建设主管部门，新疆生产建设兵团财政局、住房和城乡建设局：

为发挥政府采购政策功能，加快推广绿色建筑和绿色建材应用，促进建筑品质提升和新型建筑工业化发展，根据《中华人民共和国政府采购法》和《中华人民共和国政府采购法实施条例》，现就政府采购支持绿色建材促进建筑品质提升试点工作通知如下：

一、总体要求

（一）指导思想。

以习近平新时代中国特色社会主义思想为指导，牢固树立新发展理念，发挥政府采购的示范引领作用，在政府采购工程中积极推广绿色建筑和绿色建材应用，推进建筑业供给侧结构性改革，促进绿色生产和绿色消费，推动经济社会绿色发展。

（二）基本原则。

坚持先行先试。选择一批绿色发展基础较好的城市，在政府采购工程中探索支持绿色建筑和绿色建材推广应用的有效模式，形成可复制、可推广的经验。

强化主体责任。压实采购人落实政策的主体责任，通过加强采购需求管理等措施，切实提高绿色建筑和绿色建材在政府采购工程中的比重。

加强统筹协调。加强部门间的沟通协调，明确相关部门职责，强化对政府工程采购、实施和履约验收中的监督管理，引导采购人、工程承包单位、建材企业、相关行业协会及第三方机构积极参与试点工作，形成推进试点的合力。

（三）工作目标。

在政府采购工程中推广可循环可利用建材、高强度高耐久建材、绿色部品部件、绿色装饰装修材料、节水节能建材等绿色建材产品，积极应用装配式、智能化等新型建筑工业化建造方式，鼓励建成二星级及以上绿色建筑。到2022年，基本形成绿色建筑和绿色建材政府采购需求标准，政策措施体系和工作机制逐步完善，政府采购工程建筑品质得到提升，绿色消费和绿色发展的理念进一步增强。

二、试点对象和时间

（一）试点城市。试点城市为南京市、杭州市、绍兴市、湖州市、青岛市、佛山市。鼓励其他地区按照本通知要求，积极推广绿色建筑和绿色建材应用。

（二）试点项目。医院、学校、办公楼、综合体、展览馆、会展中心、体育馆、保障性住房等新建政府采购工程。鼓励试点地区将使用财政性资金实施的其他新建工程项目纳入试点范围。

（三）试点期限。试点时间为2年，相关工程项目原则上应于2022年12月底前竣工。对于较大规模的工程项目，可适当延长试点时间。

三、试点内容

（一）形成绿色建筑和绿色建材政府采购需求标准。财政部、住房和城乡建设部会同相关部门根据建材产品在政府采购工程中的应用情况、市场供给情况和相关产业升级发展方向等，结合有关国家标准、行业标准等绿色建材产品标准，制定发布绿色建筑和绿色建材政府采购基本要求（试行，以下简称《基本要求》）。财政部、住房和城乡建设部将根据试点推进情况，动态更新《基本要求》，并在中华人民共和国财政部网站（www.mof.gov.cn）、住房和城乡建设部网站（www.mohrd.gov.dn）和中国政府采购网（www.ccgp.gov.cn）发布。试点地区可根据地方实际情况，对《基本要求》中的相关设计要求、建材种类和具体指标进行微调。试点地区要通过试点，在《基本要求》的基础上，细化和完善绿色建筑政府采购相关设计规范、施工规范和产品标准，形成客观、量化、可验证，适应本地区实际和不同建筑类型的绿色建筑和绿色建材政府采购需求标准，报财政部、住房和城乡建设部。

（二）加强工程设计管理。采购人应当要求设计单位根据《基本要求》编制设计文件，严格审查或者委托第三方机构审查设计文件中执行《基本要求》的情况。试点地区住房和城乡建设部门要加强政府采购工程中落实《基本要求》情况的事中事后监管。同时，要积极推动工程造价改革，完善工程概预算编制办法，充分发挥市场定价作用，将政府采购绿色建筑和绿色建材增量成本纳入工程造价。

（三）落实绿色建材采购要求。采购人要在编制采购文件和拟定合同文本时将满足《基本要求》的有关规定作为实质性条件，直接采购或要求承包单位使用符合规定的绿色建材产品。绿色建材供应商在供货时应当提供包含相关指标的第三方检测或认证机构出具的检测报告、认证证书等证明性文件。对于尚未纳入《基本要求》的建材产品，鼓励采购人采购获得绿色建材评价标识、认证或者获得环境标志产品认证的绿色建材产品。

（四）探索开展绿色建材批量集中采购。试点地区财政部门可以选择部分通用类绿色建材探索实施批量集中采购。由政府集中采购机构或部门集中采购机构定期归集采购人绿色建材采购计划，开展集中带量采购。鼓励通过电子化政府采购平台采购绿色建材，强化采购全流程监管。

（五）严格工程施工和验收管理。试点地区要积极探索创新施工现场监管模式，督促施工单位使用符合要求的绿色建材产品，严格按照《基本要求》的规定和工程建设相关标准施工。工程竣工后，采购人要按照合同约定开展履约验收。

（六）加强对绿色采购政策执行的监督检查。试点地区财政部门要会同住房和城乡建设部门通过大数据、区块链等技术手段密切跟踪试点情况，加强有关政策执行情况的监督检查。对于采购人、采购代理机构和供应商在采购活动中的违法违规行为，依照政府采购法律制度有关规定处理。

四、保障措施

（一）加强组织领导。试点地区要高度重视政府采购支持绿色建筑和绿色建材推广试点工作，大胆创新，研究建立有利于推进试点的制度机制。试点地区财政部门、住房和城乡建设部门要共同牵头做好试点工作，及时制定出台本地区试点实施方案，报财政部、住房和城乡建设部备案。试点实施方案印发后,有关部门要按照职责分工加强协调配合,确保试点工作顺利推进。

(二)做好试点跟踪和评估。试点地区财政部门、住房和城乡建设部门要加强对试点工作的动态跟踪和工作督导,及时协调解决试点中的难点堵点,对试点过程中遇到的关于《基本要求》具体内容、操作执行等方面问题和相关意见建议,要及时向财政部、住房和城乡建设部报告。财政部、住房和城乡建设部将定期组织试点情况评估,试点结束后系统总结各地试点经验和成效,形成政府采购支持绿色建筑和绿色建材推广的全国实施方案。

(三)加强宣传引导。加强政府采购支持绿色建筑和绿色建材推广政策解读和舆论引导,统一各方思想认识,及时回应社会关切,稳定市场主体预期。通过新闻媒体宣传推广各地的好经验好做法,充分发挥试点示范效应。

中华人民共和国财政部
中华人民共和国住房和城乡建设部
2020年10月13日

信息公开选项:主动公开

住房和城乡建设部关于印发政府信息公开实施办法(修订)的通知

建办〔2020〕35号

部机关各单位、直属各单位:

《住房和城乡建设部政府信息公开实施办法(修订)》已经2020年1月19日第15次部务会审议通过,现印发你们,请认真贯彻执行。

中华人民共和国住房和城乡建设部
2020年4月16日

(此件主动公开)

住房和城乡建设部政府信息公开实施办法
(修 订)

第一章 总 则

第一条 为推进和规范住房和城乡建设部政府信息公开工作,保障公民、法人和其他组织依法获取政府信息,提高政府工作透明度,建设法治政府,依据《中华人民共和国政府信息公开条例》和有关法规、规定,结合住房和城乡建设部工作实际,制定本办法。

第二条 本办法适用于住房和城乡建设部机关(以下简称部机关)在履行行政管理职能和提供公共服务过程中,依法向社会公众以及管理、服务对象公开相关政府信息的活动。

本办法所称政府信息,是指部机关在履行职责过程中制作或者获取的,以一定形式记录、保存的信息。

第三条 住房和城乡建设部政务公开领导小组负责领导和协调部政府信息公开工作,审定相关制度,研究解决信息公开工作中的重大问题。

住房和城乡建设部政务公开领导小组办公室(以下简称部公开办)负责部机关政府信息公开的日常工作,具体职能是:

(一)组织办理部机关的政府信息公开事宜;

(二)组织维护和更新部机关公开的政府信息;

(三)组织编制部机关的政府信息公开相关制度、政府信息公开指南、政府信息公开目录和政府信息公开年度报告;

(四)组织部机关各单位对拟公开的政府信息进行审查;

(五)部机关规定的与政府信息公开有关的其他职能。

第四条 政府信息公开是住房和城乡建设部的一项基本工作制度,部机关各单位主要负责人负责本单位政府信息公开工作的组织领导,综合处长或办公室主任负责本单位政府信息公开相关事宜的具体组织协调。

第五条 部机关公开政府信息，应当坚持以公开为常态、不公开为例外，遵循公正、公平、合法、便民的原则。

第六条 部机关应当及时、准确地公开政府信息。部机关发现影响或者可能影响社会稳定、扰乱社会和行业管理秩序的虚假或者不完整信息的，应当通过部新闻办公室发布准确的政府信息予以澄清。

第七条 部机关应当建立健全政府信息发布协调机制。各单位拟发布涉及部内其他司局或其他机关的政府信息，应当进行协商、确认，保证发布的信息准确一致。

部机关各单位发布政府信息依照法律、行政法规和国家有关规定需要批准的，经批准予以公开。

第八条 部机关应当编制、公布并及时更新政府信息公开指南和政府信息公开目录，加强政府信息资源的规范化、标准化、信息化管理，加强政府信息公开平台建设。

第二章 公开的主体和范围

第九条 以下政府信息由住房和城乡建设部负责公开：

（一）住房和城乡建设部独立制作的政府信息；

（二）住房和城乡建设部牵头制作的政府信息；

（三）住房和城乡建设部保存的，直接从公民、法人和其他组织获取的政府信息。但住房和城乡建设部从其他行政机关获取的政府信息，由制作或最初获取该政府信息的行政机关负责公开。法律、法规对政府信息公开的权限另有规定的，从其规定。

第十条 住房和城乡建设部公开政府信息，采取主动公开和依申请公开的方式。

第十一条 下列信息不予公开：

（一）依法确定为国家秘密的政府信息，法律、行政法规禁止公开的政府信息，以及公开后可能危及国家安全、公共安全、经济安全和社会稳定的；

（二）涉及商业秘密、个人隐私等公开会对第三方合法权益造成损害的；但是，第三方同意公开或者不公开会对公共利益造成重大影响的，予以公开；

（三）住房和城乡建设部的内部事务信息，包括人事管理、后勤管理、内部工作流程等方面的信息；

（四）住房和城乡建设部机关在履行行政管理职能过程中形成的讨论记录、过程稿、磋商信函、请示报告等过程性信息和行政执法案卷信息，但法律法规和国家有关规定上述信息应当公开的，从其规定；

（五）法律、法规规定其他不得公开的信息。

第十二条 部机关各单位在拟公开政府信息前，应当依照《中华人民共和国保守国家秘密法》以及其他法律、法规和国家有关规定，对拟公开的政府信息进行审查。

不能确定政府信息是否可以公开的，应当依照法律、法规和国家有关规定报有关主管部门或者保密行政管理部门确定。

第十三条 住房和城乡建设部根据政府信息依申请公开情况对不予公开的政府信息进行定期评估审查，建立健全政府信息管理动态调整机制，及时公开因情势变化可以公开的政府信息。

第三章 主 动 公 开

第十四条 对涉及公众利益调整、需要公众广泛知晓或者需要公众参与决策的政府信息，部机关应当主动公开。

第十五条 部机关应当根据本办法第十四条的规定，主动公开下列政府信息：

（一）政府信息公开指南和政府信息公开目录，包括政府信息的分类、编排体系、获取方式和政府信息公开工作机构的名称，以及政府信息的索引、名称、内容概述、生成日期等内容；

（二）机关职能、机构设置、办公地址、办公时间、联系方式、负责人姓名、工作分工；

（三）部门规章类：住房和城乡建设部制定或者联合其他部门制定的部门规章；

（四）发展规划和产业政策类：住房和城乡建设事业中长期发展规划，有关专项发展规划，产业政策、发展战略，以及依法应当公开的部工作计划等；

（五）管理政策类：部机关制定印发的规范性文件；

（六）行政执法类：行政处罚、行政强制、行政许可、行政检查等执法行为主体、职责、权限、依据、程序、救济渠道及执法决定的执法机关、对象、结论，涉敏感信息的除外；

（七）工程建设标准规范类：发布工程建设标准规范的公告及文告；

（八）统计数据类：依法应当公开的住房和城乡建设行业相关统计数据信息；

（九）工作动态类：依法应当公开的工作动态信息；

（十）财政预算、决算信息；

（十一）行政事业性收费项目及其依据、标准；

（十二）部机关集中采购项目的目录、标准实施情况；

（十三）扶贫、教育等方面的政策、措施及其实施情况；

（十四）公务员招考的职位、名额、报考条件等事项以及录用结果；

（十五）法律、法规、规章和国家有关规定应当主动公开的其他政府信息。

第十六条 对属于主动公开范围的信息，应当采取符合该信息特点、便于公众及时准确获得的以下一种或几种方式予以公开：

（一）住房和城乡建设部门户网站；

（二）中国建设报；

（三）住房和城乡建设部文告；

（四）新闻发布会、新闻通气会、记者招待会；

（五）中央主要新闻媒体；

（六）国家规定的其他政务媒体。

其中，住房和城乡建设部门户网站是信息公开的主渠道。

第十七条 属于主动公开范围的政府信息，应当自该政府信息形成或者变更之日起20个工作日内及时公开。法律、法规对政府信息公开的期限另有规定的，从其规定。

第十八条 主动公开政府信息应当按照下列程序进行：

（一）主办单位在核签《住房和城乡建设部发文审核单》时，同时审签《住房和城乡建设部政府信息公开审查表》。由拟稿人对拟制的政府信息进行审查，明确公开属性，随公文一并报批，拟不公开的，要说明理由。对拟不公开的政策性文件，报批前应送部公开办审查。《住房和城乡建设部政府信息公开审查表》应与《住房和城乡建设部发文稿纸》一并报办公厅（秘书处）审核。

（二）办公厅（秘书处）在核稿时，审查主办单位是否已填写《住房和城乡建设部政府信息公开审查表》。

（三）文件印制完成后，主办单位应于10个工作日内将核签的《住房和城乡建设部政府信息公开审查表》原件及该政府信息的正式文本（含电子版）交部公开办。未经部公开办审查同意公开的公文，主办单位不得向社会发布。

部公开办定期向部领导报送有关情况。

（四）对可以公开的政府信息，部公开办按规定对信息进行分类、编码、标注后，由信息中心上传至部门户网站"信息公开专栏"。

第十九条 工程建设标准、定额管理信息，由标准定额司按照工程建设标准管理的有关规定予以公开。

第二十条 住房和城乡建设部按照国务院统一部署，不断增加主动公开的内容。

第四章 依申请公开

第二十一条 公民、法人或者其他组织申请获取政府信息的，应当采用书面形式向部公开办提出，按照"一事一申请"的原则填写并提交《住房和城乡建设部政府信息公开申请表》，一个政府信息公开申请表只对应一个政府信息项目；采用书面形式确有困难的，申请人可以口头提出，由部公开办代为填写政府信息公开申请。

两个（含）以上申请人申请公开同一条政府信息的，可以填写提交一份申请表。政府信息公开申请应当包括下列内容：

（一）申请人的姓名或者单位名称、身份证明、营业执照、联系方式，代为申请的还需提交代理人的姓名、身份证明、联系方式以及由申请人签署的授权委托书，每张申请表均须申请人在签字栏签字确认；

（二）申请公开的政府信息的名称、文号或者便于行政机关查询的其他特征性描述；

（三）申请公开的政府信息的形式要求，包括获取信息的方式、途径。

《住房和城乡建设部政府信息公开申请表》可以到住房和城乡建设部指定场所领取或自行复制，也可以从住房和城乡建设部门户网站下载。

第二十二条 部机关收到政府信息公开申请的时间，按照下列规定确定：

（一）申请人当面提交政府信息公开申请的，以提交之日为收到申请之日；

（二）申请人以邮寄方式提交政府信息公开申请的，以行政机关签收之日为收到申请之日；

（三）以平常信函等无需签收的邮寄方式提交政府信息公开申请的，部公开办应当于收到申请的当日与申请人确认，确认之日为收到申请之日；

（四）申请人通过其他方式提交政府信息公开申请的，以双方确认之日为收到申请之日。

第二十三条 部公开办收到申请后，应当进行审查，对符合要求的，予以受理。对申请内容不明确的，部公开办应自收到申请之日7个工作日内一次性告知申请人作出补正，说明需要补正的事项和合理的补正期限。答复期限自部公开办收到补正的申请之日起计算。申请人无正当理由逾期不补正的，视为放弃申请，部机关不再处理该政府信息公开申请。

第二十四条　依申请公开的政府信息公开会损害第三方合法权益的，部机关应当书面征求第三方的意见。第三方应当自收到征求意见书之日起15个工作日内提出意见。第三方逾期未提出意见的，由部机关依照本条例的规定决定是否公开。第三方不同意公开且有合理理由的，部机关不予公开。部机关认为不公开可能对公共利益造成重大影响的，予以公开，并将决定公开的政府信息内容和理由书面告知第三方。

第二十五条　申请公开的政府信息由住房和城乡建设部牵头制作的，部机关应该征求其他行政机关意见，其他行政机关在收到征求意见书之日起15个工作日内未提出意见，则视为其他行政机关同意公开相应的政府信息。部机关应按照相关法律法规的规定决定是否予以公开。

第二十六条　部公开办收到政府信息公开申请，能够当场答复的，应当当场予以答复；不能当场答复的，应当自收到申请之日起20个工作日内予以答复；如需延长答复期限，应当告知申请人，延长答复的期限不得超过20个工作日。

部机关征求第三方和其他机关意见所需时间不计算在前款规定的期限内。

第二十七条　对申请人提出的政府信息公开申请，按照以下程序办理：

（一）部公开办对信息公开申请进行登记；

（二）部公开办根据信息内容和部机关各单位职责分工确定主办单位，在3个工作日内将《政府信息公开申请转送单》和《住房和城乡建设部依申请公开政府信息审查表》送主办单位；

（三）主办单位一般要在3个工作日内，对政府信息公开申请提出处理意见，经单位主要负责同志核签后送部公开办；

（四）部公开办一般应在2个工作日内根据主办单位处理意见答复申请人。对于涉及重大、敏感问题的政府信息公开申请，部公开办答复申请人前，告知书应经部保密办会签。

第二十八条　申请人申请公开政府信息的数量、频次明显超出合理范围，部公开办可以要求申请人说明理由。部公开办认为申请理由不合理的，告知申请人不予处理；部公开办认为申请理由合理，但是无法在《中华人民共和国政府信息公开条例》第三十三条规定的期限内答复申请人的，可以确定延迟答复的合理期限并告知申请人。

第二十九条　部机关各单位对申请公开的政府信息提出是否公开意见时，应根据不同情况分别进行处理：

（一）所申请公开信息已经主动公开的，告知申请人获取该政府信息的方式、途径；

（二）所申请公开信息可以公开的，向申请人提供该政府信息，或者告知申请人获取该政府信息的方式、途径和时间；

（三）依据《中华人民共和国政府信息公开条例》和本办法第十一条的规定决定不予公开的，告知申请人不予公开并说明理由；

（四）经检索没有所申请公开信息的，告知申请人该政府信息不存在；

（五）所申请公开信息不属于住房和城乡建设部负责公开或需另行制作的，告知申请人无法提供并说明理由；能够确定负责公开该政府信息的行政机关的，告知申请人该行政机关的名称、联系方式；

（六）已就申请人提出的政府信息公开申请作出答复、申请人重复申请公开相同政府信息的，告知申请人不予重复处理；

（七）所申请公开信息属于工商、不动产登记资料等信息，有关法律、法规对信息的获取有特别规定的，告知申请人依照有关法律、法规的规定处理；

（八）所申请公开信息补正仍不明确的，告知申请人无法提供；

（九）所申请公开信息名实不副、非正常申请、确认已获取信息的，告知申请人不予处理；

（十）所申请公开信息属于公开出版物的，告知申请人不予处理。

第三十条　申请公开的信息中含有不应当公开或者不属于政府信息的内容，但是能够作区分处理的，部机关应当向申请人提供可以公开的政府信息内容，并对不予公开的内容说明理由。

第三十一条　向申请人提供的信息，应当是已制作或者获取的政府信息。除本办法第三十条规定能够做区分处理的外，需要部机关对现有政府信息进行汇总、加工、分析或重新制作的，部公开办可以不予提供。

第三十二条　申请人以政府信息公开申请的形式进行信访、咨询、投诉、举报、侮辱等活动，应当告知申请人不作为政府信息公开申请处理并可以告知通过相应渠道提出。

第三十三条　部机关依申请提供政府信息，不收取费用。但是申请人申请公开政府信息的数量、频次明显超过合理范围的，部机关可以按国家有关规定收取信息处理费。

第三十四条 申请公开政府信息的公民存在阅读困难或者视听障碍的，部机关应当为其提供必要的帮助。

第三十五条 多个申请人就相同政府信息向部机关提出公开申请，且该政府信息经评估审查属于可以公开的，部机关可以纳入主动公开的范围。

对部机关依申请公开的政府信息，申请人认为涉及公众利益调整、需要公众广泛知晓或者需要公众参与决策的，可以建议部机关将该信息纳入主动公开的范围。部公开办经评估审查认为可以主动公开的，应当及时主动公开。

第五章 监督和保障

第三十六条 部机关应当建立健全政府信息公开工作考核制度、评议制度和责任追究制度，定期对政府信息公开工作进行考核、评议。

第三十七条 部公开办应当加强对政府信息公开工作的日常指导和监督检查。

第三十八条 部公开办应当对政府信息公开工作人员定期进行培训。

第三十九条 部公开办应当每年1月31日前向社会公布上一年度政府信息公开工作年度报告。

第四十条 政府信息公开工作年度报告应当包括下列内容：

（一）住房和城乡建设部主动公开政府信息的情况；

（二）部公开办收到和处理政府信息公开申请的情况；

（三）因政府信息公开工作被申请行政复议、提起行政诉讼的情况；

（四）政府信息公开工作存在的主要问题及改进情况；

（五）其他需要报告的事项。

第四十一条 公民、法人或者其他组织认为在政府信息公开工作中侵犯其合法权益的，可以依法申请行政复议或者提起行政诉讼。

第四十二条 公民、法人和其他组织有权对部机关的政府信息公开工作进行监督，并提出批评和建议。

第四十三条 政府信息公开工作所需经费纳入部年度预算，以保障政府信息公开工作的正常开展。

第四十四条 部机关有关单位违反《中华人民共和国政府信息公开条例》《中国共产党纪律处分条例》和本办法规定，有下列情形之一的，由住房和城乡建设部政务公开领导小组给予批评教育并限期整改；情节严重的，对单位直接负责的主管人员和其他直接责任人依法予以处分；构成犯罪的，依法追究刑事责任：

（一）不依法履行政府信息公开职能的；

（二）不及时更新公开的政府信息内容、政府信息公开指南和政府信息公开目录的；

（三）违反规定收取费用的；

（四）通过其他组织、个人以有偿服务方式提供政府信息的；

（五）公开不应当公开的政府信息的；

（六）违反《中华人民共和国政府信息公开条例》和本办法规定的其他行为的。

第六章 附　则

第四十五条 已经移交档案馆的政府信息的管理，依照有关档案管理的法律、行政法规和国家有关规定执行。

第四十六条 本办法由住房和城乡建设部政务公开领导小组负责解释。

第四十七条 本办法自印发之日起实施。

住房和城乡建设部　国家发展改革委关于废止收容教育相关文件的通知

建标〔2020〕37号

各省、自治区住房和城乡建设厅、发展改革委，海南省自然资源和规划厅，直辖市住房和城乡建设

（管）委、规划和自然资源局（委）、发展改革委，新疆生产建设兵团住房和城乡建设局、发展改革委，公安部：

为贯彻落实《全国人民代表大会常务委员会关于废止有关收容教育法律规定和制度的决定》，经审查清理，决定对《住房和城乡建设部 国家发展和改革委员会关于批准发布〈收容教育所建设标准〉的通知》（建标〔2010〕223号）及《收容教育所建设标准》（建标147—2010）予以废止。

特此通知。

中华人民共和国住房和城乡建设部
中华人民共和国国家发展和改革委员会
2020年4月17日
（此件主动公开）

住房和城乡建设部关于推进建筑垃圾减量化的指导意见

建质〔2020〕46号

各省、自治区住房和城乡建设厅，直辖市住房和城乡建设（管）委，北京市规划和自然资源委，新疆生产建设兵团住房和城乡建设局：

推进建筑垃圾减量化是建筑垃圾治理体系的重要内容，是节约资源、保护环境的重要举措。为做好建筑垃圾减量化工作，促进绿色建造和建筑业转型升级，现提出如下意见：

一、总体要求

（一）指导思想。

以习近平新时代中国特色社会主义思想为指导，深入贯彻落实新发展理念，建立健全建筑垃圾减量化工作机制，加强建筑垃圾源头管控，推动工程建设生产组织模式转变，有效减少工程建设过程建筑垃圾产生和排放，不断推进工程建设可持续发展和城乡人居环境改善。

（二）基本原则。

1. 统筹规划，源头减量。统筹工程策划、设计、施工等阶段，从源头上预防和减少工程建设过程中建筑垃圾的产生，有效减少工程全寿命期的建筑垃圾排放。

2. 因地制宜，系统推进。根据各地具体要求和工程项目实际情况，整合资源，制定计划，多措并举，系统推进建筑垃圾减量化工作。

3. 创新驱动，精细管理。推动建筑垃圾减量化技术和管理创新，推行精细化设计和施工，实现施工现场建筑垃圾分类管控和再利用。

（三）工作目标。

2020年底，各地区建筑垃圾减量化工作机制初步建立。2025年底，各地区建筑垃圾减量化工作机制进一步完善，实现新建建筑施工现场建筑垃圾（不包括工程渣土、工程泥浆）排放量每万平方米不高于300吨，装配式建筑施工现场建筑垃圾（不包括工程渣土、工程泥浆）排放量每万平方米不高于200吨。

二、主要措施

（一）开展绿色策划。

1. 落实企业主体责任。按照"谁产生、谁负责"的原则，落实建设单位建筑垃圾减量化的首要责任。建设单位应将建筑垃圾减量化目标和措施纳入招标文件和合同文本，将建筑垃圾减量化措施费纳入工程概算，并监督设计、施工、监理单位具体落实。

2. 实施新型建造方式。大力发展装配式建筑，积极推广钢结构装配式住宅，推行工厂化预制、装配化施工、信息化管理的建造模式。鼓励创新设计、施工技术与装备，优先选用绿色建材，实行全装修交付，减少施工现场建筑垃圾的产生。在建设单位主导下，推进建筑信息模型（BIM）等技术在工程设计和施工中的应用，减少设计中的"错漏碰缺"，辅助施工现场管理，提高资源利用率。

3. 采用新型组织模式。推动工程建设组织方式改革，指导建设单位在工程项目中推行工程总承包和全过程工程咨询，推进建筑师负责制，加强设计与施工的深度协同，构建有利于推进建筑垃圾减量化的组织模式。

（二）实施绿色设计。

4. 树立全寿命期理念。统筹考虑工程全寿命期的耐久性、可持续性，鼓励设计单位采用高强、高性能、高耐久性和可循环材料以及先进适用技术体系等开展工程设计。根据"模数统一、模块协同"原则，推进功能模块和部品构件标准化，减少异型和非标准部品构件。对改建扩建工程，鼓励充分利用原结构及满足要求的原机电设备。

5. 提高设计质量。设计单位应根据地形地貌合理确定场地标高，开展土方平衡论证，减少渣土外运。选择适宜的结构体系，减少建筑形体不规则性。提倡建筑、结构、机电、装修、景观全专业一体化协同设计，保证设计深度满足施工需要，减少施工过程设计变更。

（三）推广绿色施工。

6. 编制专项方案。施工单位应组织编制施工现场建筑垃圾减量化专项方案，明确建筑垃圾减量化目标和职责分工，提出源头减量、分类管理、就地处置、排放控制的具体措施。

7. 做好设计深化和施工组织优化。施工单位应结合工程加工、运输、安装方案和施工工艺要求，细化节点构造和具体做法。优化施工组织设计，合理确定施工工序，推行数字化加工和信息化管理，实现精准下料、精细管理，降低建筑材料损耗率。

8. 强化施工质量管控。施工、监理等单位应严格按设计要求控制进场材料和设备的质量，严把施工质量关，强化各工序质量管控，减少因质量问题导致的返工或修补。加强对已完工工程的成品保护，避免二次损坏。

9. 提高临时设施和周转材料的重复利用率。施工现场办公用房、宿舍、围挡、大门、工具棚、安全防护栏杆等推广采用重复利用率高的标准化设施。鼓励采用工具式脚手架和模板支撑体系，推广应用铝模板、金属防护网、金属通道板、拼装式道路板等周转材料。鼓励施工单位在一定区域范围内统筹临时设施和周转材料的调配。

10. 推行临时设施和永久性设施的结合利用。施工单位应充分考虑施工用消防立管、消防水池、照明线路、道路、围挡等与永久性设施的结合利用，减少因拆除临时设施产生的建筑垃圾。

11. 实行建筑垃圾分类管理。施工单位应建立建筑垃圾分类收集与存放管理制度，实行分类收集、分类存放、分类处置。鼓励以末端处置为导向对建筑垃圾进行细化分类。严禁将危险废物和生活垃圾混入建筑垃圾。

12. 引导施工现场建筑垃圾再利用。施工单位应充分利用混凝土、钢筋、模板、珍珠岩保温材料等余料，在满足质量要求的前提下，根据实际需求加工制作成各类工程材料，实行循环利用。施工现场不具备就地利用条件的，应按规定及时转运到建筑垃圾处置场所进行资源化处置和再利用。

13. 减少施工现场建筑垃圾排放。施工单位应实时统计并监控建筑垃圾产生量，及时采取针对性措施降低建筑垃圾排放量。鼓励采用现场泥沙分离、泥浆脱水预处理等工艺，减少工程渣土和工程泥浆排放。

三、组织保障

（一）加强统筹管理。各省级住房和城乡建设主管部门要完善建筑垃圾减量化工作机制和政策措施，将建筑垃圾减量化纳入本地绿色发展和生态文明建设体系。地方各级环境卫生主管部门要统筹建立健全建筑垃圾治理体系，进一步加强建筑垃圾收集、运输、资源化利用和处置管理，推进建筑垃圾治理能力提升。

（二）积极引导支持。地方各级住房和城乡建设主管部门要鼓励建筑垃圾减量化技术和管理创新，支持创新成果快速转化应用。确定建筑垃圾排放限额，对少排或零排放项目建立相应激励机制。

（三）完善标准体系。各省级住房和城乡建设主管部门要加快制定完善施工现场建筑垃圾分类、收集、统计、处置和再生利用等相关标准，为减量化工作提供技术支撑。

（四）加强督促指导。地方各级住房和城乡建设主管部门要将建筑垃圾减量化纳入文明施工内容，鼓励建立施工现场建筑垃圾排放量公示制度。落实建筑垃圾减量化指导手册，开展建筑垃圾减量化项目示范引领，促进建筑垃圾减量化经验交流。

（五）加大宣传力度。地方各级住房和城乡建设主管部门要充分发挥舆论导向和媒体监督作用，广泛宣传建筑垃圾减量化的重要性，普及建筑垃圾减量化和现场再利用的基础知识，增强参建单位和人员的资源节约意识、环保意识。

中华人民共和国住房和城乡建设部

2020年5月8日

财政部 住房城乡建设部关于下达 2020 年中央财政农村危房改造补助资金预算的通知

财社〔2020〕59 号

有关省、自治区、直辖市财政厅（局）、住房城乡建设厅（建委、农委）：

按照党中央、国务院关于打赢脱贫攻坚战、加快推进农村危房改造、实施地震易发区房屋设施加固工程以及"逐步建立农村低收入群体安全住房保障机制"的有关要求，根据《住房城乡建设部 财政部 国务院扶贫办关于加强建档立卡贫困户等重点对象危房改造工作的指导意见》（建村〔2016〕251号）、《住房城乡建设部 财政部关于印发农村危房改造脱贫攻坚三年行动方案的通知》（建村〔2018〕115号）等规定，结合有关省（自治区、直辖市）建档立卡贫困户、低保户、农村分散供养特困人员、贫困残疾人家庭（以下简称4类重点对象）危房改造、地震高烈度设防地区农房抗震改造等农村基本住房安全保障需求、财力情况、工作绩效、政策支持等因素，现下达2020年农村危房改造补助资金预算（项目名称：农村危房改造补助资金，项目代码：Z135080000029，指标金额详见附件1）。现将有关事项通知如下：

一、2020年中央财政补助资金由你省（自治区、直辖市）优先用于完成去年脱贫攻坚农村危房改造"回头看"排查等发现以及今年动态新增的4类重点对象存量危房改造任务，确保按期完成"两不愁三保障"脱贫攻坚目标任务。在此基础上，由你省（自治区、直辖市）统筹安排，用于抗震设防烈度7度及以上地区农房抗震改造，以及其他低收入农户基本住房安全保障支出。该项收入列2020年政府收支分类科目"1100258住房保障共同财政事权转移支付收入"，支出列"221住房保障支出"。

二、你省（自治区、直辖市）要综合考虑各县的实际需求、建设管理能力、地方财力、工作绩效等因素，合理分配补助资金，指导各县细化落实措施，抓紧工程实施，确保脱贫攻坚住房安全扫尾工程任务于2020年6月底前完成，今年动态新增建档立卡贫困户危房改造任务于2020年底前全部竣工，其他3类重点对象危房改造任务于2021年6月底前全部竣工。有关省（自治区、直辖市）分配给贫困县的资金增幅不低于该项资金平均增幅，一律采取"切块下达"，资金项目审批权限完全下放到县，不得指定具体项目或提出与脱贫攻坚无关的任务要求；继续倾斜支持"三区三州"等深度贫困地区，下达"三区三州"等深度贫困地区的资金金额不低于附件1所列金额。

三、你省（自治区、直辖市）要创新改造方式和补助政策，通过因地制宜推广适宜改造方式和技术、建设农村集体公租房、利用闲置农房和集体公房置换等方式，努力做到政策托底，切实保障特困农户的基本住房安全。要及时查漏补缺，妥善解决包括已实施危房改造后由于小型自然灾害等原因又返危等各类贫困户住房安全问题。在确保完成脱贫攻坚住房安全有保障目标任务的基础上，兼顾具有致贫、返贫风险的贫困"边缘户"群体的基本住房安全，探索建立脱贫攻坚与乡村振兴相衔接的农村低收入群体住房安全保障长效机制。有关省（自治区）要综合采取措施，优先解决好边境地区农村居民的住房安全问题。

四、根据《国务院办公厅关于对真抓实干成效明显地方进一步加大激励支持力度的通知》（国办发〔2018〕117号）和《住房和城乡建设部 财政部关于印发农村危房改造激励措施实施办法的通知》（建村〔2019〕15号）规定，中央财政对《国务院办公厅关于对2019年落实有关重大政策措施真抓实干成效明显地方予以督查激励的通报》（国办发〔2020〕9号）确定的农村危房改造激励对象，按照每个激励对象500万元的标准，增加安排了其所在省（自治区、直辖市）的补助资金。有关省（自治区、直辖市）应将该部分资金下达激励对象，对其给予奖励。

五、为进一步加强预算绩效管理，切实提高财政资金使用效益，按照《中共中央 国务院关于全面实施预算绩效管理的意见》要求，请在组织预算执行中对照你省(自治区、直辖市)区域绩效目标(详见附件2)做好绩效监控,确保年度绩效目标如期实现。同时,请参照中央做法,将本省(自治区、直辖市)绩效目标及时对下分解,做好省内预算绩效管理工作。

六、你省(自治区、直辖市)财政、住房城乡建设部门要密切合作,按照《财政部 住房城乡建设部关于印发〈中央财政农村危房改造补助资金管理办法〉的通知》(财社〔2016〕216号)和《财政部 民政部 住房城乡建设部 中国残联关于修改中央财政困难群众救助等补助资金管理办法的通知》(财社〔2019〕114号)等要求,加强对农村危房改造补助资金的使用管理,加快预算执行进度,提高资金使用效益。

附件:1. 2020年中央财政农村危房改造补助资金分配表
2. 中央对地方转移支付区域绩效目标表

中华人民共和国财政部
中华人民共和国住房和城乡建设部
2020年6月9日

附件1:

2020年中央财政农村危房改造补助资金分配表

单位:万元

地 区	补助资金总额	其中:		其中:
		已下达资金	本次下达资金	深度贫困地区资金
合 计	1845000	1791003	53997	958423
北 京	867	3392	−2525	0
天 津	2854	4666	−1812	0
河 北	36491	32647	3844	14818
山 西	51421	72733	−21312	34491
内蒙古	45167	32982	12185	30451
辽 宁	35769	46458	−10689	22446
吉 林	25722	11615	14107	4158
黑龙江	59997	74878	−14881	15915
江 苏	6438	16457	−10019	0
安 徽	55588	42908	12680	23545
福 建	8154	5004	3150	0
江 西	37156	30058	7098	0
山 东	65071	32305	32766	18128
河 南	76415	103007	−26592	10614
湖 北	87308	82273	5035	41092
湖 南	131070	34326	96744	30377
广 东	7931	2471	5460	0
广 西	90907	60971	29936	37638
海 南	11896	10348	1548	745
重 庆	28111	29951	−1840	4560
四 川	171013	210196	−39183	61594
贵 州	84576	74590	9986	47693
云 南	323333	523252	−199919	210222
西 藏	41804	3340	38464	39504
陕 西	54261	31774	22487	35595
甘 肃	128546	60721	67825	113980
青 海	17625	3177	14448	9279
宁 夏	38119	26671	11448	34935
新 疆	121390	127832	−6442	116643

附件2：

中央对地方转移支付区域绩效目标表
（2020年度）

项目名称			农村危房改造补助资金	
中央主管部门			[120]住房城乡建设部	
省级财政部门		有关省、自治区、直辖市财政厅（局）	省级主管部门	有关省、自治区、直辖市住房城乡建设厅（建委、农委）
年度总体目标		1. 完成建档立卡贫困户、低保户、分散供养特困人员、贫困残疾人家庭等4类重点对象存量危房改造任务。 2. 在抗震设防烈度7度及以上地区开展农房抗震改造。 3. 支持其他低收入农户基本住房安全保障。		
绩效指标	一级指标	二级指标	三级指标	指标值
	产出指标	数量指标	4类重点对象存量危房改造	100%
			农房抗震改造	根据实际情况合理安排
			其他低收入农户基本住房安全保障	根据实际情况合理安排
		质量指标	改造后房屋验收合格率	100%
			农房设计	有基本设计
		时效指标	4类重点对象危房改造当年开工率	100%
			建档立卡贫困户危房改造任务当年竣工率	100%
		成本指标	农村危房改造执行分类分级补助标准，对深度贫困地区特困户倾斜支持	100%
			科学选择改造方式减轻农户负担	因地制宜
	效益指标	社会效益指标	改造后房屋在相当于本地区抗震设防烈度地震中表现	无严重损毁
			人畜分离、卫生厕所等基本卫生条件	基本保障
			北方地区建筑节能改造	根据实际推广
			钢结构装配式农房等新型建造技术应用	根据实际推广
			贫困县可按照统筹整合使用财政涉农资金的相关要求，依据当地脱贫攻坚规划，在农业生产发展和农村基础设施建设的范围内，将资金统筹安排使用	统筹使用资金
		可持续影响指标	农村危房改造后房屋保持安全期限	拆除重建的≥30年 维修加固的≥15年
	满意度指标	服务对象满意度指标	危房改造户满意度	≥90%

住房和城乡建设部等部门关于推动智能建造与建筑工业化协同发展的指导意见

建市〔2020〕60号

各省、自治区、直辖市及计划单列市、新疆生产建设兵团住房和城乡建设厅（委、管委、局）、发展改革委、科技厅（局）、工业和信息化厅（局）、人力资源社会保障厅（局）、生态环境厅（局）、交通运输厅（局、委）、水利厅（局）、市场监管局，北京市规划和自然资源委，国家税务总局各省、自治区、直辖市和计划单列市税务局，各银保监局，各地区铁路监督管理局，民航各地区管理局：

建筑业是国民经济的支柱产业，为我国经济持续健康发展提供了有力支撑。但建筑业生产方式仍然比较粗放，与高质量发展要求相比还有很大差距。为推进建筑工业化、数字化、智能化升级，加快建造方式转变，推动建筑业高质量发展，制定本指导意见。

一、指导思想

以习近平新时代中国特色社会主义思想为指导，全面贯彻党的十九大和十九届二中、三中、四中全会精神，增强"四个意识"，坚定"四个自信"，做到"两个维护"，坚持稳中求进工作总基调，坚持新发展理念，坚持以供给侧结构性改革为主线，围绕建筑业高质量发展总体目标，以大力发展建筑工业化为载体，以数字化、智能化升级为动力，创新突破相关核心技术，加大智能建造在工程建设各环节应用，形成涵盖科研、设计、生产加工、施工装配、运营等全产业链融合一体的智能建造产业体系，提升工程质量安全、效益和品质，有效拉动内需，培育国民经济新的增长点，实现建筑业转型升级和持续健康发展。

二、基本原则

市场主导，政府引导。充分发挥市场在资源配置中的决定性作用，强化企业市场主体地位，积极探索智能建造与建筑工业化协同发展路径和模式，更好发挥政府在顶层设计、规划布局、政策制定等方面的引导作用，营造良好发展环境。

立足当前，着眼长远。准确把握新一轮科技革命和产业变革趋势，加强战略谋划和前瞻部署，引导各类要素有效聚集，加快推进建筑业转型升级和提质增效，全面提升智能建造水平。

跨界融合，协同创新。建立健全跨领域跨行业协同创新体系，推动智能建造核心技术联合攻关与示范应用，促进科技成果转化应用。激发企业创新创业活力，支持龙头企业与上下游中小企业加强协作，构建良好的产业创新生态。

节能环保，绿色发展。在建筑工业化、数字化、智能化升级过程中，注重能源资源节约和生态环境保护，严格标准规范，提高能源资源利用效率。

自主研发，开放合作。大力提升企业自主研发能力，掌握智能建造关键核心技术，完善产业链条，强化网络和信息安全管理，加强信息基础设施安全保障，促进国际交流合作，形成新的比较优势，提升建筑业开放发展水平。

三、发展目标

到2025年，我国智能建造与建筑工业化协同发展的政策体系和产业体系基本建立，建筑工业化、数字化、智能化水平显著提高，建筑产业互联网平台初步建立，产业基础、技术装备、科技创新能力以及建筑安全质量水平全面提升，劳动生产率明显提高，能源资源消耗及污染排放大幅下降，环境保护效应显著。推动形成一批智能建造龙头企业，引领并带动广大中小企业向智能建造转型升级，打造"中国建造"升级版。

到2035年，我国智能建造与建筑工业化协同发展取得显著进展，企业创新能力大幅提升，产业整体优势明显增强，"中国建造"核心竞争力世界领先，建筑工业化全面实现，迈入智能建造世界强国行列。

四、重点任务

（一）加快建筑工业化升级。

大力发展装配式建筑，推动建立以标准部品为基础的专业化、规模化、信息化生产体系。加快推动新一代信息技术与建筑工业化技术协同发展，在建造全过程加大建筑信息模型（BIM）、互联网、物联网、大数据、云计算、移动通信、人工智能、区块链等新技术的集成与创新应用。大力推进先进制造设备、智能设备及智慧工地相关装备的研发、制造和推广应用，提升各类施工机具的性能和效率，提高机械化施工程度。加快传感器、高速移动通讯、无线射频、近场通讯及二维码识别等建筑物联网技术应用，提升数据资源利用水平和信息服务能力。加快打造建筑产业互联网平台，推广应用钢结构构件智能制造生产线和预制混凝土构件智能生产线。

（二）加强技术创新。

加强技术攻关，推动智能建造和建筑工业化基础共性技术和关键核心技术研发、转移扩散和商业化应用，加快突破部品部件现代工艺制造、智能控制和优化、新型传感感知、工程质量检测监测、数据采集与分析、故障诊断与维护、专用软件等一批核心技术。探索具备人机协调、自然交互、自主学习功能的建筑机器人批量应用。研发自主知识产权的系统性软件与数据平台、集成建造平台。推进工业互联网平台在建筑领域的融合应用，建设建筑产业互联网平台，开发面向建筑领域的应用程序。加快智能建造科技成果转化应用，培育一批技术创新中心、重点实验室等科技创新基地。围绕数字设计、智能生产、智能施工，构建先进适用的智能建造及建筑工业化标准体系，开展基础共性标准、关键技术标准、行业应用标准研究。

（三）提升信息化水平。

推进数字化设计体系建设，统筹建筑结构、机电设备、部品部件、装配施工、装饰装修，推行一体化集成设计。积极应用自主可控的BIM技术，加快构建数字设计基础平台和集成系统，实现设计、工艺、制造协同。加快部品部件生产数字化、智能化升级，推广应用数字化技术、系统集成技术、智能化装备和建筑机器人，实现少人甚至无人工厂。加快人机智能交互、智能物流管理、增材制造等技术和智能装备的应用。以钢筋制作安装、模具安拆、混凝土浇筑、钢构件下料焊接、隔墙板和集成厨卫加工等工厂生产关键工艺环节为重点，推进工艺流程数字化和建筑机器人应用。以企业资源计划（ERP）平台为基础，进一步推动向生产管理子系统的延伸，实现工厂生产的信息化管理。推动在材料配送、钢筋加工、喷涂、铺贴地砖、安装隔墙板、高空焊接等现场施工环节，加强建筑机器人和智能控制造楼机等一体化施工设备的应用。

（四）培育产业体系。

探索适用于智能建造与建筑工业化协同发展的新型组织方式、流程和管理模式。加快培育具有智能建造系统解决方案能力的工程总承包企业，统筹建造活动全产业链，推动企业以多种形式紧密合作、协同创新，逐步形成以工程总承包企业为核心、相关领先企业深度参与的开放型产业体系。鼓励企业建立工程总承包项目多方协同智能建造工作平台，强化智能建造上下游协同工作，形成涵盖设计、生产、施工、技术服务的产业链。

（五）积极推行绿色建造。

实行工程建设项目全生命周期内的绿色建造，以节约资源、保护环境为核心，通过智能建造与建筑工业化协同发展，提高资源利用效率，减少建筑垃圾的产生，大幅降低能耗、物耗和水耗水平。推动建立建筑业绿色供应链，推行循环生产方式，提高建筑垃圾的综合利用水平。加大先进节能环保技术、工艺和装备的研发力度，提高能效水平，加快淘汰落后装备设备和技术，促进建筑业绿色改造升级。

（六）开放拓展应用场景。

加强智能建造及建筑工业化应用场景建设，推动科技成果转化、重大产品集成创新和示范应用。发挥重点项目以及大型项目示范引领作用，加大应用推广力度，拓宽各类技术的应用范围，初步形成集研发设计、数据训练、中试应用、科技金融于一体的综合应用模式。发挥龙头企业示范引领作用，在装配式建筑工厂打造"机器代人"应用场景，推动建立智能建造基地。梳理已经成熟应用的智能建造相关技术，定期发布成熟技术目录，并在基础条件较好、需求迫切的地区，率先推广应用。

（七）创新行业监管与服务模式。

推动各地加快研发适用于政府服务和决策的信息系统，探索建立大数据辅助科学决策和市场监管的机制，完善数字化成果交付、审查和存档管理体系。通过融合遥感信息、城市多维地理信息、建筑及地上地下设施的BIM、城市感知信息等多源信息，探索建立表达和管理城市三维空间全要素的城市信息模型（CIM）基础平台。建立健全与智能建造相适应的工程质量、安全监管模式与机制。引导大型总承包企业采购平台向行业电子商务平台转型，实现与供应链上下游企业间的互联互通，提高供应链协同水平。

五、保障措施

（一）加强组织实施。各地要建立智能建造和建筑工业化协同发展的体系框架，因地制宜制定具体实施方案，明确时间表、路线图及实施路径，强化部门联动，建立协同推进机制，落实属地管理责任，确保目标完成和任务落地。

（二）加大政策支持。各地要将现有各类产业支持政策进一步向智能建造领域倾斜，加大对智能建造关键技术研究、基础软硬件开发、智能系统和设备研制、项目应用示范等的支持力度。对经认定并取得高新技术企业资格的智能建造企业可按规定享受相关优惠政策。企业购置使用智能建造重大技术装备可按规定享受企业所得税、进口税收优惠等政策。推动建立和完善企业投入为主体的智能建造多元化投融资体系，鼓励创业投资和产业投资投向智能建造领域。各相关部门要加强跨部门、跨层级统筹协调，推动解决智能建造发展遇到的瓶颈问题。

（三）加大人才培育力度。各地要制定智能建造人才培育相关政策措施，明确目标任务，建立智能建造人才培养和发展的长效机制，打造多种形式的高层次人才培养平台。鼓励骨干企业和科研单位依托重大科研项目和示范应用工程，培养一批领军人才、专业技术人员、经营管理人员和产业工人队伍。加强后备人才培养，鼓励企业和高等院校深化合作，为智能建造发展提供人才后备保障。

（四）建立评估机制。各地要适时对智能建造与建筑工业化协同发展相关政策的实施情况进行评估，重点评估智能建造发展目标落实与完成情况、产业发展情况、政策出台情况、标准规范编制情况等，并通报结果。

（五）营造良好环境。要加强宣传推广，充分发挥相关企事业单位、行业学协会的作用，开展智能建造的政策宣传贯彻、技术指导、交流合作、成果推广。构建国际化创新合作机制，加强国际交流，推进开放合作，营造智能建造健康发展的良好环境。

中华人民共和国住房和城乡建设部
中华人民共和国国家发展和改革委员会
中华人民共和国科学技术部
中华人民共和国工业和信息化部
中华人民共和国人力资源和社会保障部
中华人民共和国生态环境部
中华人民共和国交通运输部
中华人民共和国水利部
国家税务总局
国家市场监督管理总局
中国银行保险监督管理委员会
国家铁路局
中国民用航空局
2020年7月3日
（此件主动公开）

住房和城乡建设部　国家发展改革委　教育部　工业和信息化部　人民银行　国管局　银保监会关于印发绿色建筑创建行动方案的通知

建标〔2020〕65号

各省、自治区、直辖市住房和城乡建设厅（委、管委）、发展改革委、教育厅（委）、工业和信息化主管部门、机关事务主管部门，人民银行上海总部、各分行、营业管理部、省会（首府）城市中心支行、副省级城市中心支行，各银保监局，新疆生产建设兵团住房和城乡建设局、发展改革委、教育局、工业和信息化局、机关事务管理局：

为贯彻落实习近平生态文明思想和党的十九大精神，依据《国家发展改革委关于印发〈绿色生活创建行动总体方案〉的通知》（发改环资〔2019〕1696号）要求，决定开展绿色建筑创建行动。现将《绿色建筑创建行动方案》印发给你们，请结合本地区实际，认真贯彻执行。

中华人民共和国住房和城乡建设部
中华人民共和国国家发展和改革委员会
中华人民共和国教育部
中华人民共和国工业和信息化部
中国人民银行
国家机关事务管理局
中国银行保险监督管理委员会
2020年7月15日
（此件主动公开）

绿色建筑创建行动方案

为全面贯彻党的十九大和十九届二中、三中、四中全会精神，深入贯彻习近平生态文明思想，按照《国家发展改革委关于印发〈绿色生活创建行动总体方案〉的通知》（发改环资〔2019〕1696号）要求，推动绿色建筑高质量发展，制定本方案。

一、创建对象

绿色建筑创建行动以城镇建筑作为创建对象。

绿色建筑指在全寿命期内节约资源、保护环境、减少污染，为人们提供健康、适用、高效的使用空间，最大限度实现人与自然和谐共生的高质量建筑。

二、创建目标

到2022年，当年城镇新建建筑中绿色建筑面积占比达到70%，星级绿色建筑持续增加，既有建筑能效水平不断提高，住宅健康性能不断完善，装配化建造方式占比稳步提升，绿色建材应用进一步扩大，绿色住宅使用者监督全面推广，人民群众积极参与绿色建筑创建活动，形成崇尚绿色生活的社会氛围。

三、重点任务

（一）推动新建建筑全面实施绿色设计。制修订相关标准，将绿色建筑基本要求纳入工程建设强制规范，提高建筑建设底线控制水平。推动绿色建筑标准实施，加强设计、施工和运行管理。推动各地绿色建筑立法，明确各方主体责任，鼓励各地制定更高要求的绿色建筑强制性规范。

（二）完善星级绿色建筑标识制度。根据国民经济和社会发展第十三个五年规划纲要、国务院办公厅《绿色建筑行动方案》（国办发〔2013〕1号）等相关规定，规范绿色建筑标识管理，由住房和城乡建设部、省级政府住房和城乡建设部门、地市级政府住房和城乡建设部门分别授予三星、二星、一星绿色建筑标识。完善绿色建筑标识申报、审查、公示制度，统一全国认定标准和标识式样。建立标识撤销机制，对弄虚作假行为给予限期整改或直接撤销标识处理。建立全国绿色建筑标识管理平台，提高绿色建筑标识工作效率和水平。

（三）提升建筑能效水效水平。结合北方地区清洁取暖、城镇老旧小区改造、海绵城市建设等工作，推动既有居住建筑节能节水改造。开展公共建筑能效提升重点城市建设，建立完善运行管理制度，推广合同能源管理与合同节水管理，推进公共建筑能耗统计、能源审计及能效公示。鼓励各地因地制宜提高政府投资公益性建筑和大型公共建筑绿色等级，推动超低能耗建筑、近零能耗建筑发展，推广可再生能源应用和再生水利用。

（四）提高住宅健康性能。结合疫情防控和各地实际，完善实施住宅相关标准，提高建筑室内空气、水质、隔声等健康性能指标，提升建筑视觉和心理舒适性。推动一批住宅健康性能示范项目，强化住宅健康性能设计要求，严格竣工验收管理，推动绿色健康技术应用。

（五）推广装配化建造方式。大力发展钢结构等装配式建筑，新建公共建筑原则上采用钢结构。编制钢结构装配式住宅常用构件尺寸指南，强化设计要求，规范构件选型，提高装配式建筑构配件标准化水平。推动装配式装修。打造装配式建筑产业基地，提升建造水平。

（六）推动绿色建材应用。加快推进绿色建材评价认证和推广应用，建立绿色建材采信机制，推动建材产品质量提升。指导各地制定绿色建材推广应用政策措施，推动政府投资工程率先采用绿色建材，逐步提高城镇新建建筑中绿色建材应用比例。打造一批绿色建材应用示范工程，大力发展新型绿色建材。

（七）加强技术研发推广。加强绿色建筑科技研发，建立部省科技成果库，促进科技成果转化。积极探索5G、物联网、人工智能、建筑机器人等新技术在工程建设领域的应用，推动绿色建造与新技术融合发展。结合住房和城乡建设部科学技术计划和绿色建筑创新奖，推动绿色建筑新技术应用。

（八）建立绿色住宅使用者监督机制。制定《绿色住宅购房人验房指南》，向购房人提供房屋绿色性能和全装修质量验收方法，引导绿色住宅开发建设单位配合购房人做好验房工作。鼓励各地将住宅绿色性能和全装修质量相关指标纳入商品房买卖合同、住宅质量保证书和住宅使用说明书，明确质量保修责任和纠纷处理方式。

四、组织实施

（一）加强组织领导。省级政府住房和城乡建设、发展改革、教育、工业和信息化、机关事务管理等部门，要在各省（区、市）党委和政府直接指导下，认真落实绿色建筑创建行动方案，制定本地区创建实施方案，细化目标任务，落实支持政策，指导市、县编制绿色建筑创建行动实施计划，确保创建工作落实到位。各省（区、市）和新疆生产建设兵团住房和城乡建设部门应于2020年8月底前将本地区绿色建筑创建行动实施方案报住房和城乡建设部。

（二）加强财政金融支持。各地住房和城乡建设部门要加强与财政部门沟通，争取资金支持。各地要积极完善绿色金融支持绿色建筑的政策环境，推动绿色金融支持绿色建筑发展，用好国家绿色发展基金，鼓励采用政府和社会资本合作（PPP）等方式推进创建工作。

（三）强化绩效评价。住房和城乡建设部会同相关部门按照本方案，对各省（区、市）和新疆生产建设兵团绿色建筑创建行动工作落实情况和取得的成效开展年度总结评估，及时推广先进经验和典型做法。省级政府住房和城乡建设等部门负责组织本地区绿色建筑创建成效评价，及时总结当年进展情况和成效，形成年度报告，并于每年11月底前报住房和城乡建设部。

（四）加大宣传推广力度。各地要组织多渠道、多种形式的宣传活动，普及绿色建筑知识，宣传先进经验和典型做法，引导群众用好各类绿色设施，合理控制室内采暖空调温度，推动形成绿色生活方式。发挥街道、社区等基层组织作用，积极组织群众参与，通过共谋共建共管共评共享，营造有利于绿色建筑创建的社会氛围。

住房和城乡建设部等部门关于印发绿色社区创建行动方案的通知

建城〔2020〕68号

各省、自治区、直辖市住房和城乡建设厅（委、管委）、发展改革委、民政厅（局）、公安厅（局）、生态环境厅（局）、市场监管局（厅、委），北京市城市管理委、园林绿化局、水务局，天津市城市管理委、水务局，上海市绿化和市容管理局、水务局，重庆市城市管理局，新疆生产建设兵团住房和城乡建设局、发展改革委、民政局、公安局、生态环境局、市场监管局：

按照《国家发展改革委关于印发〈绿色生活创建行动总体方案〉的通知》（发改环资〔2019〕1696号）部署要求，住房和城乡建设部、国家发展改革委等6部门共同研究制定了《绿色社区创建行动方案》，现印发实施。

中华人民共和国住房和城乡建设部
中华人民共和国国家发展和改革委员会
中华人民共和国民政部
中华人民共和国公安部
中华人民共和国生态环境部
国家市场监督管理总局
2020年7月22日

（此件主动公开）

绿色社区创建行动方案

为深入贯彻习近平生态文明思想，贯彻落实党的十九大和十九届二中、三中、四中全会精神，按照《绿色生活创建行动总体方案》部署要求，开展绿色社区创建行动，现制定具体方案如下。

一、创建目标

绿色社区创建行动以广大城市社区为创建对象，即各城市社区居民委员会所辖空间区域。开展绿色社区创建行动，要将绿色发展理念贯穿社区设计、建设、管理和服务等活动的全过程，以简约适度、绿色低碳的方式，推进社区人居环境建设和整治，不断满足人民群众对美好环境与幸福生活的向往。通过绿色社区创建行动，使生态文明理念在社区进一步深入人心，推动社区最大限度地节约资源、保护环境。

到2022年，绿色社区创建行动取得显著成效，力争全国60％以上的城市社区参与创建行动并达到创建要求，基本实现社区人居环境整洁、舒适、安全、美丽的目标。

二、创建内容

（一）建立健全社区人居环境建设和整治机制。绿色社区创建要与加强基层党组织建设、居民自治机制建设、社区服务体系建设有机结合。坚持美好环境与幸福生活共同缔造理念，充分发挥社区党组织领导作用和社区居民委员会主体作用，统筹协调业主委员会、社区内的机关和企事业单位等，共同参与绿色社区创建。搭建沟通议事平台，利用"互联网+共建共治共享"等线上线下手段，开展多种形式基层协商，实现决策共谋、发展共建、建设共管、效果共评、成果共享。推动城市管理进社区。推动设计师、工程师进社区，辅导居民谋划社区人居环境建设和整治方案，有效参与城镇老旧小区改造、生活垃圾分类、节能节水、环境绿化等工作。

（二）推进社区基础设施绿色化。结合城市更新和存量住房改造提升，以城镇老旧小区改造、市政基础设施和公共服务设施维护等工作为抓手，积极改造提升社区供水、排水、供电、弱电、道路、供气、消防、生活垃圾分类等基础设施，在改造中采用节能照明、节水器具等绿色产品、材料。综合治理社区道路，消除路面坑洼破损等安全隐患，畅通消防、救护等生命通道。加大既有建筑节能改造力度，提高既有建筑绿色化水平。实施生活垃圾分类，完善分类投放、分类收集、分类运输设施。综合采取"渗滞蓄净用排"等举措推进海绵化改造和建设，结合本地区地形地貌进行竖向设计，逐步减少硬质铺装场地，避免和解决内涝积水问题。

（三）营造社区宜居环境。因地制宜开展社区人居环境建设和整治。整治小区及周边绿化、照明等环境，推动适老化改造和无障碍设施建设。合理布局和建设各类社区绿地，增加荫下公共活动场所、小型运动场地和健身设施。合理配建停车及充电设施，优化停车管理。进一步规范管线设置，实施架空线规整（入地），加强噪声治理，提升社区宜居水平。针对新冠肺炎疫情暴露出的问题，加快社区服务设施建设，补齐在卫生防疫、社区服务等方面的短板，打通服务群众的"最后一公里"。结合绿色社区创建，探索建设安全健康、设施完善、管理有序的完整居住社区。

（四）提高社区信息化智能化水平。推进社区市政基础设施智能化改造和安防系统智能化建设。搭建社区公共服务综合信息平台，集成不同部门各类业务信息系统。整合社区安保、车辆、公共设施管理、生活垃圾排放登记等数据信息。推动门禁管理、停车管理、公共活动区域监测、公共服务设施监管等领域智能化升级。鼓励物业服务企业大力发展线上线下社区服务。

（五）培育社区绿色文化。建立健全社区宣传教育制度，加强培训，完善宣传场所及设施设置。运用社区论坛和"两微一端"等信息化媒介，定期发布绿色社区创建活动信息，开展绿色生活主题宣传教育，使生态文明理念扎根社区。依托社区内的中小学校和幼儿园，开展"小手拉大手"等生态环保知识普及和社会实践活动，带动社区居民积极参与。贯彻共建共治共享理念，编制发布社区绿色生活行为公约，倡导居民选择绿色生活方式，节约资源、开展绿色消费和绿色出行，形成富有特色的社区绿色文化。加强社区相关文物古迹、历史建筑、古树名木等历史文化保护，展现社区特色，延续历史文脉。

三、组织实施

（一）建立工作机制。绿色社区创建行动由住房和城乡建设部牵头，国家发展改革委、民政部、公安部、生态环境部、市场监管总局等单位参与。全国层面加强部门协调配合，及时沟通相关工作情况。各地有关部门要把绿色社区创建工作摆上重要议事日程，在当地人民政府的统一领导下，建立部门协作机制，形成工作合力，共同破解难题，统筹推进绿色社区创建。

（二）明确工作职责。各级住房和城乡建设部门要做好绿色社区创建行动的牵头协调工作，会同有关部门扎实开展调查研究，按照统筹规划、分步推进、尽力而为、量力而行的原则，合理安排创建目标和时序，科学制定本地区绿色社区创建行动实施方案。各省（区、市）制定的实施方案，要于2020年8月底前报住房和城乡建设部。市县住房和城乡建设部门会同有关部门指导城市社区结合创建行动，开展人居环境建设和整治，推动基础设施绿色化，营造宜居环境、培育绿色文化。省级住房和城乡建设部门要会同有关部门加强对市县绿色社区创建工作的指导。

（三）抓好示范引领。各地要建立激励先进机制，优先安排居民创建意愿强、积极性高、有工作基础的社区开展创建，发挥示范引领作用，探索可复制可推广的经验做法。要及时总结和推广绿色社区创建行动中的经验做法，建设一批绿色社区创建行动示范教育基地，以点带面，逐步推开创建活动。结合城镇老旧小区改造，同步开展绿色社区创建。

（四）做好评估总结。省级住房和城乡建设部门要会同有关部门，对本地区绿色社区创建行动开展情况和实施效果进行年度评估，总结创建进展成效，于每年11月30日前将年度总结评估报告报住房和城乡建设部。

四、保障措施

（一）统筹相关政策予以支持。各地住房和城乡建设部门要加强与财政部门沟通，争取资金支持。各地应统筹用好城镇老旧小区改造、绿色建筑、既有建筑绿色化改造、海绵城市建设、智慧城市建设等涉及住宅小区的各类资金，推进绿色社区创建，提高资金使用效率。鼓励和引导政策性银行、开发性银行和商业银行加大产品和服务创新力度，在风险可控前提下，对参与绿色社区创建的企业和项目提供信贷支持。通过政府采购、新增设施有偿使用、落实资产权益等方式，吸引各类专业机构等社会力量，投资参与绿色社区创建中各类设施的设计、改造、运营。

（二）强化技术支撑。各地在社区人居环境建设和整治中，应积极选用经济适用、绿色环保的技术、工艺、材料、产品。要因地制宜加强绿色环保工艺技术的集成和创新，加大绿色环保材料产品的研发和推广应用力度。根据创建工作需要，立足当地实际，制订绿色社区建设标准和指标体系。

（三）加强宣传动员。各地要加大绿色社区创建行动的宣传力度，注重典型引路、正面引导，宣传绿色社区创建行动及其成效，营造良好舆论氛围。要动员志愿者、企事业单位、社会组织广泛参与绿色社区创建行动，形成各具特色的绿色社区创建模式。对绿色社区创建行动中涌现的优秀单位、个人和做法，要通过多种方式予以表扬鼓励。

附件：绿色社区创建标准（试行）

附件

绿色社区创建标准（试行）

内容		创建标准
建立健全社区人居环境建设和整治机制	1	坚持美好环境与幸福生活共同缔造理念，各主体共同参与社区人居环境建设和整治工作
	2	搭建沟通议事平台，利用"互联网＋共建共治共享"等线上线下手段，开展多种形式基层协商
	3	设计师、工程师进社区，辅导居民有效谋划人居环境建设和整治方案
推进社区基础设施绿色化	4	社区各类基础设施比较完善
	5	开展了社区道路综合治理、海绵化改造和建设，生活垃圾分类居民小区全覆盖
	6	在基础设施改造建设中落实经济适用、绿色环保的理念
营造社区宜居环境	7	社区绿地布局合理，有公共活动空间和设施
	8	社区停车秩序规范，无占压消防、救护等生命通道的情况
	9	公共空间开展了适老化改造和无障碍设施建设
	10	对噪声扰民等问题进行了有效治理
提高社区信息化智能化水平	11	建设了智能化安防系统
	12	物业管理覆盖面不低于30%
培育社区绿色文化	13	社区有固定宣传场所和设施，能定期发布创建信息
	14	对社区工作者、物业服务从业者等相关人员定期开展培训
	15	发布了社区居民绿色生活行为公约
	16	社区相关文物古迹、历史建筑、古树名木等历史文化资源得到有效保护

住房和城乡建设部关于加强大型城市雕塑建设管理的通知

建科〔2020〕79号

各省、自治区住房和城乡建设厅，海南省自然资源和规划厅，直辖市住房和城乡建设（管）委、规划和自然资源委（局），新疆生产建设兵团住房和城乡建设局：

为贯彻落实习近平总书记重要指示批示精神，加强大型城市雕塑建设管理，治理滥建巨型雕像等"文化地标"现象，保护和传承历史文脉，塑造城市特色风貌，弘扬民族精神、时代精神和中国精神，现就有关事项通知如下：

一、充分认识大型城市雕塑的重要作用

大型城市雕塑作为城市公共场所中的艺术品，是城市环境的组成要素，是城市文化品位的集中反映，是城市精神风貌的重要标识。随着群众对于城市文化、公共艺术的认识和需求不断提高，各地建设了一批富有文化底蕴的优秀城市雕塑作品，在营造公共环境、提升文化品位、塑造特色风貌等方面发挥了良好作用。同时，一些城市雕塑存在尺度过大、品质不高、题材不适宜以及与周边环境不协调等问题，特别是一些地方对于弘扬中华优秀传统文化的认识和理解存在偏差。

习近平总书记多次强调要坚定文化自信讲好中国故事，创作无愧于时代的优秀作品。各地要充分认识大型城市雕塑的重要作用，贯彻新发展理念，坚持以人民为中心的创作导向，树立正确的政绩观、文化观、价值观和审美观，落实地方政府主体责任，完善制度机制，加强事前事中事后全过程监管，切实在城市雕塑建设管理中坚定文化自信，增强文化自觉，弘扬中华优秀传统文化，反映人民群众精神追求，传播新时代中国价值理念。

二、明确建设管理重点

（一）加强大型城市雕塑管控。按照《城市雕塑工程技术规程》（JGJ/T399—2016），将高度超过10米或宽度超过30米的大型雕塑作为城市重要工程建设项目进行管理，严格控制建设高度超过30米或宽度超过45米的大型雕塑，严禁以传承文化、发展旅游、提升形象等名义盲目建设脱离实际、脱离群众的大型雕塑。

（二）加强重要地区雕塑管理。按照《历史文化名城名镇名村保护条例》《城市绿化条例》《风景名胜区条例》等有关法律法规规定，加强历史文化保护和自然景观环境等重要地区以及城市重要轴线、景观节点上的雕塑建设管理，确保雕塑形体与城市功能、环境、空间尺度相匹配，雕塑内涵与城市历史、文化、景观风貌等相协调，原则上不得在历史文化名城、文物保护单位等保护范围和山水景观敏感地区建设大型城市雕塑。

（三）加强重大题材雕塑审查。坚持讲品位、讲格调、讲责任，抵制低俗庸俗媚俗，加强对标志性、纪念性、主题性大型城市雕塑题材的审查，确保其符合城市文化定位和群众审美追求。把握城市雕塑的思想性、公共性、艺术性等价值特征，加强涉及重要政治人物、历史人物和反映重要事件等重大题材城市雕塑的审查审批，属于同一题材且已建设的，原则上不再重复建设。新建城市雕塑涉及纪念设施、大型露天宗教造像的，按照国家有关规定严格履行报批程序。

三、完善管理制度机制

（一）健全大型城市雕塑建设管理制度。结合地方实际和人民群众精神文化需要，制定城市雕塑建设规划和大型城市雕塑建设计划，明确城市雕塑布局、数量、主题、投资等内容，并与相关规划做好衔接。开展重点地区城市设计，强化对大型城市雕塑选址、体量、题材等的指导约束。按照城乡规划法、建筑法、文物保护法等有关法律法规规定，大型城市雕塑要按照工程建设项目履行建设审批程序。

（二）完善大型城市雕塑设计方案审批机制。健全大型城市雕塑设计方案比选、专家评审、公众参与、科学决策机制，将雕塑题材、形式、结构以及与周边环境的协调性等作为重点审查内容，对于存在抄袭模仿、低级趣味等问题，或群众反映强烈、专家争议较大的，不得批准设计方案。结合工程建设项目审批管理、城市设计管理、城市总建筑师试点，加强对大型城市雕塑设计方案审批把关，发挥相关领域专家作用，提升城市文化特色、艺术品位。

（三）完善大型城市雕塑施工和维护机制。依法依规加强大型城市雕塑工程质量和安全监管，雕塑主创人员要全程监督雕塑制作和施工，确保按设计方案施工，不得随意变更经批准的设计方案。建立大型城市雕塑日常维护管理制度，明确维护责任单位，定期进行清洗、加固和维修，保持雕塑结构安全、外观整洁和形象风采。

四、完善政策措施

（一）落实地方主体责任。各市县城市雕塑主管部门要落实管理职责，完善城市雕塑建设管理制度机制，加强城市雕塑管理与城市风貌管理、城市设计、建筑设计等工作融合，强化城市雕塑建设与城市规划、建设、管理等工作统筹，保持与文化和旅游、园林绿化等部门沟通协调，切实将大型城市雕塑建设纳入工程建设项目审批管理程序，协调建立相对稳定的建设和维护资金渠道。

（二）繁荣雕塑创作。支持和引导城市雕塑创作人员树立以人民为中心的创作导向，创作彰显时代特色、体现艺术水准的精品力作。表彰为城市雕塑创作作出突出贡献、取得突出成绩的雕塑创作人员

和设计单位，发挥正向激励作用。组织开展文艺评论，宣传推广优秀雕塑作品，鞭挞贪大媚洋、山寨抄袭、低俗媚俗的雕塑，引领创作新风尚。

（三）开展培训和宣传。加强对领导干部、相关部门管理人员的培训，协调在地方各级党校（行政学院）、干部学院增加城市雕塑管理相关培训课程，提高领导干部和管理人员的文化素养和艺术修养。定期对雕塑创作人员、设计单位等进行培训，加强历史文化保护传承、城市设计、城市风貌等方面的教育，提升专业素养，增强社会责任感。采取多种形式宣传普及城市雕塑文化相关知识，提高全社会的文化自信和艺术审美水平。

（四）加强监督管理。各省级住房和城乡建设部门要加强与相关部门工作协同对接，加大对大型城市雕塑建设项目审查审批的指导力度。我部将组织全国城市雕塑建设指导委员会及其办公室进一步规范行业管理，加强对各地城市雕塑建设的指导监督，对于大型城市雕塑突破底线、管理工作不力，建设形象工程、政绩工程、造成恶劣社会影响负有责任的领导干部，按照干部管理权限向相关党组织或者机关、单位提出开展问责的建议。

各省级住房和城乡建设部门要按照本通知要求，立即组织本行政区域内各市县对已建、在建、拟建的城市雕塑项目开展全面排查，对涉及滥建巨型雕像等"文化地标"现象或存在违背城市发展规律、破坏生态环境和历史文化风貌等问题的城市雕塑项目，要及时纠正、整改。

中华人民共和国住房和城乡建设部

2020 年 9 月 29 日

（此件有删减）

住房和城乡建设部　市场监管总局关于印发园林绿化工程施工合同示范文本（试行）的通知

建城〔2020〕85 号

各省、自治区住房和城乡建设厅、市场监督管理局（厅），直辖市住房和城乡建设（管）委、市场监督管理局（委），北京市园林绿化局，天津市城市管理委员会，上海市绿化和市容管理局，重庆市城市管理局，新疆生产建设兵团住房和城乡建设局、市场监督管理局：

为规范园林绿化工程建设市场签约履约行为，促进园林绿化行业高质量发展，住房和城乡建设部、市场监管总局联合制定了《园林绿化工程施工合同示范文本（试行）》（GF-2020-2605），现印发给你们，自 2021 年 1 月 1 日起试行。试行中如有问题，请及时与住房和城乡建设部城市建设司、市场监管总局网络交易监督管理司联系。

中华人民共和国住房和城乡建设部

国家市场监督管理总局

2020 年 10 月 23 日

（此件公开发布）

住房和城乡建设部等部门关于推动物业服务企业发展居家社区养老服务的意见

建房〔2020〕92 号

各省、自治区、直辖市住房和城乡建设厅（委、管委）、发展改革委、民政厅（局）、卫生健康委、医保局、老龄办，新疆生产建设兵团住房和城乡建设局、发展改革委、民政局、卫生健康委、医保局、老龄办：

为贯彻落实党中央、国务院关于加快发展养老服务业的一系列决策部署，充分发挥物业服务企业常驻社区、贴近居民、响应快速等优势，推动和支持物业服务企业积极探索"物业服务＋养老服务"模式，切实增加居家社区养老服务有效供给，更好满足广大老年人日益多样化多层次的养老服务需求，着力破解高龄、空巢、独居、失能老年人生活照料和长期照护难题，促进家庭幸福、邻里和睦、社区和谐，现就推动物业服务企业发展居家社区养老服务提出以下意见。

一、补齐居家社区养老服务设施短板

（一）盘活小区既有公共房屋和设施。清理整合居住小区内各类闲置和低效使用的公共房屋和设施，经业主共同决策同意，可交由物业服务企业统一改造用于居家社区养老服务；政府所有的闲置房屋和设施，由房屋管理部门按规定履行程序后，可交由物业服务企业用于居家社区养老服务。鼓励物业服务企业与房地产开发企业协商，将开发企业自持的房屋改造为养老服务用房，允许按照适老化设计要求优化户均面积、小区车位配比等指标，相关建设工程应符合国家工程建设消防技术标准和消防安全管理要求。

（二）保障新建居住小区养老服务设施达标。新建居住小区应落实居家社区养老服务设施规划建设要求，按照相关政策和标准配套建设居家社区养老服务设施，并与住宅同步规划、同步建设、同步验收、同步交付使用。对缓建、缩建、停建、不建养老服务设施的项目，在整改到位之前不得组织竣工验收。支持利用集体建设用地发展养老服务设施。加强居家社区养老服务设施设计、施工、验收、备案等环节的监督管理，保障设施建设达标。

（三）加强居家社区养老服务设施布点和综合利用。按照集中和分散兼顾、独立和混合使用并重的原则，完善居家社区养老服务设施布点。在老年人较多的若干相邻小区，集中建设老年服务中心，可交由物业服务企业为老年人提供全托、日托、上门、餐饮、文体、健身等方面的服务，提高养老设施使用效率。因地制宜多点布局小型养老服务点，作为居家社区养老服务中心的有效补充，方便小区老年人就地就近接受服务。

（四）推进居家社区适老化改造。支持物业服务企业根据老年人日常生活和社会交往需要，进行增设无障碍通道、加装电梯等设施适老化改造，以及提供地面防滑、加装扶手、消除地面高差等居家社区适老化改造。

二、推行"物业服务＋养老服务"居家社区养老模式

（五）养老服务营收实行单独核算。物业服务企业开展居家社区养老服务，应当内设居家社区养老服务部门，专门提供助餐、助浴、助洁、助急、助行、助医、照料看护等定制养老服务，并按国家有关规定，建立健全财务会计制度，对社区养老服务的营业收支实行单独核算。

（六）支持养老服务品牌化连锁化经营。支持物业服务企业根据自身条件，结合养老需求，成立独立的居家社区养老服务机构，实现居家社区养老服务规模化、品牌化、连锁化经营。物业服务企业已经取得居家社区养老服务机构营业执照的，允许其跨区域经营居家社区养老服务。

（七）组建专业化养老服务队伍。鼓励开展居家社区养老服务的物业服务企业建立养老服务专业人员队伍，加强岗前培训及定期培训。协调职业院校、培训机构为物业服务企业培养养老护理、康复、社会工作、心理咨询等专业人员提供人力资源支持。按规定落实养老服务从业人员培训费补贴、职业技能鉴定补贴等政策。将符合条件的养老服务从业人员纳入公租房或政策性租赁住房保障范围。

三、丰富居家社区养老服务内容

（八）支持参与提供医养结合服务。鼓励物业服务企业开办社区医务室、护理站等医疗机构，招聘和培训专业人员，为老年人提供基本医护服务，支持将符合条件的医疗机构纳入医保支付范围。支持社区医务室、护理站与大型医疗机构建立长期合作关系和就医双向转介绿色通道。鼓励医护人员到社区医务室、护理站执业，并在职称评定等方面享有同等待遇。探索开展居家老年人上门医疗卫生服务。

（九）支持开展老年人营养服务和健康促进。鼓励物业服务企业因地制宜地开办小区老年餐桌，提供送餐上门服务。鼓励开办社区课堂，开展老年人思想道德、科学文化、养生保健、心理健康、法律法规、家庭理财、闲暇生活、代际沟通、生命尊严等方面教育，加强对老年人及其家属的营养和照护知识培训，指导老年人开展科学的体育健身活动，搭建老年文化活动平台。支持设置老年人康复辅助器具配置、租赁站点，满足老年人相应康复需求。

（十）发展社区助老志愿服务。鼓励物业服务企业加强与社区居民委员会、业主委员会的沟通合作，共同健全社区动员和参与机制，开展社区居民结对帮扶老年人志愿服务活动，以及敬老助老孝老主题教育和代际沟通活动，加强对老年人的精神关爱服务，为老年人参与社区生活搭建平台。

（十一）促进养老产业联动发展。支持物业服务企业在提供居家社区养老服务中，加强与专业养老机构信息和业务联通，开展技术交流、人员培训、资源共享和客户转介等方面的合作，推进居家、社区、机构养老融合发展，积极构建全方位、多层次、立体化的养老服务体系。

四、积极推进智慧居家社区养老服务

（十二）建设智慧养老信息平台。鼓励物业服务企业对接智慧城市和智慧社区数据系统，建设智慧养老信息平台，将社区老年人生活情况、健康状态、养老需求、就医诊疗等数据信息纳入统一的数据平台管理；开辟家政预约、购物购药、健康管理、就医挂号、绿色转诊等多项网上服务功能，提升居家社区养老服务智能化水平。

（十三）配置智慧养老服务设施。鼓励物业服务企业对居家社区养老服务设施进行智能化升级改造，配置健康管理、人身安全监护、家用电器监控、楼寓对讲和应急响应等智能设施。大力推广物联网和远程智能安防监控技术，实现24小时安全自动值守，提高突发事件应对能力，降低老年人意外风险。

（十四）丰富智慧养老服务形式。鼓励物业服务企业参与开发居家社区养老服务智能终端、应用程序等，拓展远程提醒和控制、自动报警和处置、动态监测和记录等功能。以失能、独居、空巢老年人为重点，建立呼叫服务系统和应急救援服务机制。支持打造"互联网＋养老"模式，整合线上线下资源，精准对接助餐、助浴、助洁、助行、助医等需求与供给，为老年人提供"点菜式"便捷养老服务。

（十五）创新智慧养老产品供给。鼓励物业服务企业参与研发推广智能可穿戴设备、便携式健康监测设备、智能养老监护设备、家庭服务机器人等智能养老服务产品，推进人工智能、虚拟现实、5G等新兴技术在居家社区养老智能产品中的应用。支持物业服务企业发展以老年产品为特色的电商服务平台，为老年人提供多元、个性、精准的智能产品。

五、完善监督管理和激励扶持措施

（十六）加强养老服务监管。物业服务企业开展居家社区养老服务和有关设施应符合消防、环保、卫生、应急管理等相关标准及行业管理要求。物业服务企业为老年人提供居家社区养老服务，应严格保障老年人的信息安全，避免个人信息泄露。

（十七）规范养老服务收费行为。居家社区养老服务收费应当遵循诚实信用、公平合理、费用与服务水平相适应的原则。居家社区养老服务收费必须明码标价，在服务区域内的显著位置公示企业名称、服务内容、收费标准、投诉方式等事项，确保老年人的知情权、参与权、选择权和监督权。

（十八）拓宽养老服务融资渠道。鼓励商业银行向提供居家社区养老服务的物业服务企业发放资产（设施）抵押贷款和应收账款质押贷款，并参照贷款基准利率，结合风险分担情况，合理确定贷款利率水平。支持物业服务企业以企业未来收益权、土地使用权为担保发行债券。鼓励商业保险、基金、信托、社保基金等资金投资居家社区养老服务项目，降低物业服务企业负债率。

（十九）建立协同推进机制。加强组织领导，强化部门协同，将发展居家社区养老服务工作纳入养老服务部际联席会议制度，统筹推进。住房和城乡建设部负责物业服务企业开展居家社区养老服务组织协调工作，民政部负责养老服务工作的业务指导、监督管理，国家卫生健康委负责指导社区医务室、护理站设立和运营工作，国家医保局负责指导将符合条件的医疗机构纳入医保协议管理范围，全国老龄办负责老年人照顾服务指导工作。地方省级政府有关部门按照职责分工负责本行政区内推动物业服务企业发展居家社区养老服务相关工作。市县政府有关部门负责落实落细各项政策措施，积极探索实践，及时研究解决问题，为物业服务企业开展居家社区养老服务创造条件。

中华人民共和国住房和城乡建设部
中华人民共和国国家发展和改革委员会
中华人民共和国民政部
中华人民共和国国家卫生健康委员会
国家医疗保障局
全国老龄工作委员会办公室
2020年11月24日

（此件公开发布）

住房和城乡建设部等部门印发《关于进一步推进生活垃圾分类工作的若干意见》的通知

建城〔2020〕93号

各省、自治区、直辖市人民政府,中央和国家机关有关部门、单位:

《关于进一步推进生活垃圾分类工作的若干意见》已经中央全面深化改革委员会第十五次会议审议通过,现印发给你们,请结合实际认真贯彻落实。

住房和城乡建设部
中央宣传部
中央文明办
国家发展改革委
教育部
科技部
生态环境部
农业农村部
商务部
国家机关事务管理局
共青团中央
中华全国供销合作总社

2020年11月27日

(此件公开发布)

住房和城乡建设部关于印发建设工程企业资质管理制度改革方案的通知

建市〔2020〕94号

各省、自治区住房和城乡建设厅,直辖市住房和城乡建设(管)委,北京市规划和自然资源委,新疆生产建设兵团住房和城乡建设局,国务院有关部门:

《建设工程企业资质管理制度改革方案》已经2020年11月11日国务院常务会议审议通过,现印发给你们,请认真贯彻落实,进一步放宽建筑市场准入限制,优化审批服务,激发市场主体活力。同时,坚持放管结合,加大事中事后监管力度,切实保障建设工程质量安全。

中华人民共和国住房和城乡建设部
2020年11月30日

(此件公开发布)

建设工程企业资质管理制度改革方案

为贯彻落实2019年全国深化"放管服"改革优化营商环境电视电话会议精神和李克强总理重要讲话精神,按照《国务院办公厅关于印发全国深化"放管服"改革优化营商环境电视电话会议重点任务分工方案的通知》(国办发〔2019〕39号)要求,深化建筑业"放管服"改革,做好建设工程企业资质(包括工程勘察、设计、施工、监理企业资质,以下统称企业资质)认定事项压减工作,现制定以下改革方案。

一、指导思想

以习近平新时代中国特色社会主义思想为指导，贯彻落实党的十九大和十九届二中、三中、四中、五中全会精神，充分发挥市场在资源配置中的决定性作用，更好发挥政府作用，坚持以推进建筑业供给侧结构性改革为主线，按照国务院深化"放管服"改革部署要求，持续优化营商环境，大力精简企业资质类别，归并等级设置，简化资质标准，优化审批方式，进一步放宽建筑市场准入限制，降低制度性交易成本，破除制约企业发展的不合理束缚，持续激发市场主体活力，促进就业创业，加快推动建筑业转型升级，实现高质量发展。

二、主要内容

（一）精简资质类别，归并等级设置。为在疫情防控常态化条件下做好"六稳"工作、落实"六保"任务，进一步优化建筑市场营商环境，确保新旧资质平稳过渡，保障工程质量安全，按照稳中求进的原则，积极稳妥推进建设工程企业资质管理制度改革。对部分专业划分过细、业务范围相近、市场需求较小的企业资质类别予以合并，对层级过多的资质等级进行归并。改革后，工程勘察资质分为综合资质和专业资质，工程设计资质分为综合资质、行业资质、专业和事务所资质，施工资质分为综合资质、施工总承包资质、专业承包资质和专业作业资质，工程监理资质分为综合资质和专业资质。资质等级原则上压减为甲、乙两级（部分资质只设甲级或不分等级），资质等级压减后，中小企业承揽业务范围将进一步放宽，有利于促进中小企业发展。具体压减情况如下：

1. 工程勘察资质。保留综合资质；将4类专业资质及劳务资质整合为岩土工程、工程测量、勘探测试等3类专业资质。综合资质不分等级，专业资质等级压减为甲、乙两级。

2. 工程设计资质。保留综合资质；将21类行业资质整合为14类行业资质；将151类专业资质、8类专项资质、3类事务所资质整合为70类专业和事务所资质。综合资质、事务所资质不分等级；行业资质、专业资质等级原则上压减为甲、乙两级（部分资质只设甲级）。

3. 施工资质。将10类施工总承包企业特级资质调整为施工综合资质，可承担各行业、各等级施工总承包业务；保留12类施工总承包资质，将民航工程的专业承包资质整合为施工总承包资质；将36类专业承包资质整合为18类；将施工劳务企业资质改为专业作业资质，由审批制改为备案制。综合资质和专业作业资质不分等级；施工总承包资质、专业承包资质等级原则上压减为甲、乙两级（部分专业承包资质不分等级），其中，施工总承包甲级资质在本行业内承揽业务规模不受限制。

4. 工程监理资质。保留综合资质；取消专业资质中的水利水电工程、公路工程、港口与航道工程、农林工程资质，保留其余10类专业资质；取消事务所资质。综合资质不分等级，专业资质等级压减为甲、乙两级。

（二）放宽准入限制，激发企业活力。住房和城乡建设部会同国务院有关主管部门制定统一的企业资质标准，大幅精简审批条件，放宽对企业资金、主要人员、工程业绩和技术装备等的考核要求。适当放宽部分资质承揽业务规模上限，多个资质合并的，新资质承揽业务范围相应扩大至整合前各资质许可范围内的业务，尽量减少政府对建筑市场微观活动的直接干预，充分发挥市场在资源配置中的决定性作用。

（三）下放审批权限，方便企业办事。进一步加大放权力度，选择工作基础较好的地方和部分资质类别，开展企业资质审批权下放试点，将除综合资质外的其他等级资质，下放至省级及以下有关主管部门审批（其中，涉及公路、水运、水利、通信、铁路、民航等资质的审批权限由国务院住房和城乡建设主管部门会同国务院有关部门根据实际情况决定），方便企业就近办理。试点地方要明确专门机构、专业人员负责企业资质审批工作，并制定企业资质审批相关管理规定，确保资质审批权下放后地方能够接得住、管得好。企业资质全国通用，严禁各行业、各地区设置限制性措施，严厉查处变相设置市场准入壁垒，违规限制企业跨地区、跨行业承揽业务等行为，维护统一规范的建筑市场。

（四）优化审批服务，推行告知承诺制。深化"互联网＋政务服务"，加快推动企业资质审批事项线上办理，实行全程网上申报和审批，逐步推行电子资质证书，实现企业资质审批"一网通办"，并在全国建筑市场监管公共服务平台公开发布企业资质信息。简化各类证明事项，凡是通过政府部门间信息共享可以获取的证明材料，一律不再要求企业提供。加快推行企业资质审批告知承诺制，进一步扩大告知承诺制使用范围，明确审批标准，逐步提升企业资质审批的规范化和便利化水平。

（五）加强事中事后监管，保障工程质量安全。

坚持放管结合,加大资质审批后的动态监管力度,创新监管方式和手段,全面推行"双随机、一公开"监管方式和"互联网+监管"模式,强化工程建设各方主体责任落实,加大对转包、违法分包、资质挂靠等违法违规行为查处力度,强化事后责任追究,对负有工程质量安全事故责任的企业、人员依法严厉追究法律责任。

三、保障措施

(一)完善工程招投标制度,引导建设单位合理选择企业。持续深化工程招投标制度改革,完善工程招标资格审查制度,优化调整工程项目招标条件设置,引导建设单位更多从企业实力、技术力量、管理经验等方面进行综合考察,自主选择符合工程建设要求的企业。积极培育全过程工程咨询服务机构,为业主选择合格企业提供专业化服务。大力推行工程总承包,引导企业依法自主分包。

(二)完善职业资格管理制度,落实注册人员责任。加快修订完善注册人员职业资格管理制度,进一步明确注册人员在工程建设活动中的权利、义务和责任,推动建立个人执业责任保险制度,持续规范执业行为,落实工程质量终身责任制,为提升工程品质、保障安全生产提供有力支撑。

(三)加强监督指导,确保改革措施落地。制定建设工程企业资质标准指标说明,进一步细化审批标准和要求,加强对地方审批人员的培训,提升资质审批服务能力和水平。不定期对地方资质审批工作进行抽查,对违规审批行为严肃处理,公开曝光,情节严重的,取消企业资质审批权下放试点资格。

(四)健全信用体系,发挥市场机制作用。进一步完善建筑市场信用体系,强化信用信息在工程建设各环节的应用,完善"黑名单"制度,加大对失信行为的惩戒力度。加快推行工程担保和保险制度,进一步发挥市场机制作用,规范工程建设各方主体行为,有效控制工程风险。

(五)做好资质标准修订和换证工作,确保平稳过渡。开展建设工程企业资质管理规定、标准等修订工作,合理调整企业资质考核指标。设置1年过渡期,到期后实行简单换证,即按照新旧资质对应关系直接换发新资质证书,不再重新核定资质。

(六)加强政策宣传解读,合理引导公众预期。加大改革政策宣传解读力度,及时释疑解惑,让市场主体全面了解压减资质类别和等级的各项改革措施,提高政策透明度。加强舆论引导,主动回应市场主体反映的热点问题,营造良好舆论环境。

附件:1. 建设工程企业资质改革措施表
   2. 改革后建设工程企业资质分类分级表

附件1

建设工程企业资质改革措施表

1. 工程勘察资质			
资质类别	序号	勘察资质类型	改革措施
综合资质	1	综合资质	保留,不分等级
专业资质	1	岩土工程	合并为岩土工程专业,设甲、乙两级
	2	岩土工程勘察分项	
	3	岩土工程设计分项	
	4	岩土工程物探测试检测监测分项	
	5	水文地质勘察	
	6	海洋工程勘察	
	7	海洋岩土勘察分专业	
	8	海洋工程环境调查分专业	
	9	工程测量	合并为工程测量专业,设甲、乙两级
	10	海洋工程测量分专业	
劳务资质	1	工程钻探	与岩土工程物探测试检测监测分项部分内容合并为勘探测试专业,设甲、乙两级
	2	凿井	

续表

2. 工程设计资质

资质类别	序号	行业	设计资质类型	改革措施
综合资质	1	综合	综合资质	保留，不分等级
行业资质及其包含专业资质	1	建筑	建筑行业资质	保留，设甲、乙两级
			建筑工程专业	保留，设甲、乙两级
			人防工程专业	保留，设甲、乙两级
	2	市政	市政行业资质	保留，设甲、乙两级
			行业资质（燃气工程、轨道交通工程除外）	保留，设甲、乙两级
			给水工程专业	保留，设甲、乙两级
			排水工程专业	保留，设甲、乙两级
			城镇燃气工程专业	保留，设甲、乙两级
			热力工程专业	保留，设甲、乙两级
			道路工程专业	合并为道路与公共交通工程专业，设甲、乙两级
			公共交通工程专业	
			桥梁工程专业	保留，设甲、乙两级
			城市隧道工程专业	保留，只设甲级
			载人索道专业	并入机械军工行业机械工程专业
			轨道交通工程专业	保留，只设甲级
			环境卫生工程专业	并入环境工程通用专业
	3	公路	公路行业资质	保留，只设甲级
			公路专业	保留，设甲、乙两级
			特大桥梁专业	保留，只设甲级
			特长隧道专业	保留，只设甲级
			交通工程专业	保留，设甲、乙两级
	4	铁道	铁道行业资质	调整为铁路行业，设甲、乙两级
			桥梁专业	保留，只设甲级
			隧道专业	保留，只设甲级
			轨道专业	保留，只设甲级
			电气化专业	保留，只设甲级
			通信信号专业	保留，只设甲级
	5	水运	水运行业资质	调整为港口与航道行业，设甲、乙两级
			港口工程专业	合并为港口工程专业，设甲、乙两级
			港口装卸工艺专业	
			修造船厂水工工程专业	
			航道工程专业	合并为航道工程专业，设甲、乙两级
			通航建筑工程专业	
			水上交通管制工程专业	

续表

资质类别	序号	行业	设计资质类型	改革措施
行业资质及其包含专业资质	6	民航	民航行业资质	保留,设甲、乙两级
	7	水利	水利行业资质	保留,设甲、乙两级
			水库枢纽专业	保留,设甲、乙两级
			引调水专业	保留,设甲、乙两级
			灌溉排涝专业	保留,设甲、乙两级
			围垦专业	保留,设甲、乙两级
			河道整治专业	合并为河道整治与城市防洪专业,设甲、乙两级
			城市防洪专业	
			水土保持专业	合并为水土保持与水文设施专业,设甲、乙两级
			水文设施专业	
	8	电力	电力行业资质	保留,设甲、乙两级
			火力发电专业(含核电站常规岛设计)	调整为火力发电工程专业,设甲、乙两级
			水力发电专业(含抽水蓄能、潮汐)	调整为水力发电工程专业,设甲、乙两级
			风力发电专业	合并为新能源发电工程专业,设甲、乙两级
			新能源发电专业	
			送电工程专业	合并为送变电工程专业,设甲、乙两级
			变电工程专业	
	9	核工业	核工业行业资质	并入电力行业
			反应堆工程设计(含核电站反应堆工程)专业	合并为核工业工程专业,设甲、乙两级
			核燃料加工制造及处理工程专业	
			铀矿山及选冶工程专业	
			核设施退役及放射性三废处理处置工程专业	
			核技术及同位素应用工程专业	
	10	煤炭	煤炭行业资质	保留,设甲、乙两级
			矿井专业	保留,设甲、乙两级
			露天矿专业	保留,设甲、乙两级
			选煤厂专业	保留,设甲、乙两级
	11	冶金	冶金行业资质	与建材行业合并为冶金建材行业,设甲、乙两级
			金属冶炼工程专业	合并为冶金工程专业,设甲、乙两级
			金属材料工程专业	
			焦化和耐火材料工程专业	
			冶金矿山工程专业	调整为冶金建材矿山工程专业,设甲、乙两级
	12	建材	建材行业资质	与冶金行业合并为冶金建材行业,设甲、乙两级
			水泥工程专业	合并为建材工程专业,设甲、乙两级
			玻璃、陶瓷、耐火材料工程专业	
			新型建筑材料工程专业	
			无机非金属材料及制品工程专业	
			非金属矿及原料制备工程专业	调整为冶金建材矿山工程专业,设甲、乙两级
	13	化工石化医药	化工石化医药行业资质	保留,设甲、乙两级
			炼油工程专业	合并为化工工程专业,设甲、乙两级
			化工工程专业	

续表

资质类别	序号	行业	设计资质类型	改革措施
行业资质及其包含专业资质	13	化工石化医药	化工矿山专业	保留，设甲、乙两级
			石油及化工产品储运专业	保留，设甲、乙两级
			生化、生物药专业	合并为原料药专业，设甲、乙两级
			化学原料药专业	
			中成药专业	合并为医药工程专业，设甲、乙两级
			药物制剂专业	
			医疗器械专业（含药品内包装）	
	14	石油天然气	石油天然气行业资质	并入化工石化医药行业，设甲、乙两级
			油田地面专业	合并为油气开采专业，设甲、乙两级
			气田地面专业	
			海洋石油专业	保留，设甲、乙两级
			管道输送专业	并入石油及化工产品储运专业，设甲、乙两级
			油气库专业	
			油气加工专业	并入化工工程专业，设甲、乙两级
			石油机械制造与修理专业	
	15	电子通信广电	电子工程行业资质	与通信、广电行业合并为电子通信广电行业，设甲、乙两级
			电子整机产品项目工程专业	合并为电子工业工程专业，设甲、乙两级
			电子基础产品项目工程专业	
			显示器件项目工程专业	
			微电子产品项目工程专业	
			电子特种环境工程专业	
			电子系统工程专业	保留，设甲、乙两级
			通信工程行业资质	与电子、广电行业合并为电子通信广电行业，设甲、乙两级
			有线通信专业	保留，设甲、乙两级
			邮政工程专业	取消，已取得邮政工程专业资质的企业，可直接换发相应等级的建筑工程专业资质
			无线通信专业	合并为无线通信专业，设甲、乙两级
			通信铁塔专业	
			广电工程行业资质	与电子、通信行业合并为电子通信广电行业，设甲、乙两级
			广播电视中心专业	合并为广播电视制播与电影工程专业，设甲、乙两级
			电影工程专业	
			广播电视发射专业	合并为传输发射工程专业，设甲、乙两级
			广播电视传输专业	
	16	机械	机械行业资质	与军工合并为机械军工行业，设甲、乙两级
			通用设备制造业工程专业	合并为机械工程专业，设甲、乙两级
			专用设备制造业工程专业	
			交通运输设备制造业工程专业	

续表

资质类别	序号	行业	设计资质类型	改革措施
行业资质及其包含专业资质	16	机械	电气机械设备制造业工程专业	合并为机械工程专业，设甲、乙两级
			金属制品业工程专业	
			仪器仪表及文化办公机械制造业工程专业	
			机械加工专业	
			热加工专业	
			表面处理专业	
			检测专业	
			物料搬运及仓储专业	
	17	军工	军工行业资质	与机械合并为机械军工行业，设甲、乙两级
			导弹及火箭弹工程专业	合并为军工工程专业，设甲、乙两级
			弹、火工品及固体发动机工程专业	
			燃机、动力装置及航天发动机工程专业	
			控制系统、光学、光电、电子、仪表工程专业	
			科研、靶场、试验、教育培训工程专业	
			地面设备工程专业	
			航天空间飞行器工程专业	
			运载火箭制造工程专业	
			地面制导站工程专业	
			航空飞行器工程专业	
			机场工程专业	
			船舶制造工程专业	
			船舶机械工程专业	
			船舶水工工程专业	
			坦克、装甲车辆工程专业	
			枪、炮工程专业	
			火、炸药工程专业	
			防化、民爆器材工程专业	
	18	轻纺	轻纺行业资质	与农林、商物粮行业合并为轻纺农林商物粮行业，设甲、乙两级
			轻工工程行业资质	
			纺织工程行业资质	
			制浆造纸工程专业	合并为轻工工程专业，设甲、乙两级
			食品发酵烟草工程专业	
			制糖工程专业	
			日化及塑料工程专业	
			日用硅酸盐工程专业	
			制盐及盐化工程专业	
			皮革毛皮及制品专业	
			家电电子及日用机械专业	
			纺织工程专业	合并为纺织工程专业，设甲、乙两级
			印染工程专业	

续表

资质类别	序号	行业	设计资质类型	改革措施
行业资质及其包含专业资质	18	轻纺	服装工程专业	合并为纺织工程专业,设甲、乙两级
			化纤原料工程专业	
			化纤工程专业	
	19	农林	农林行业资质	与轻纺、商物粮行业合并为轻纺农林商物粮行业,设甲、乙两级
			农业工程行业资质	
			林业工程行业资质	
			农业综合开发生态工程专业	合并为农业工程专业,设甲、乙两级
			种植业工程专业	
			兽医/畜牧工程专业	
			渔港/渔业工程专业	
			设施农业工程专业	
			林产工业工程专业	合并为林业工程专业,设甲、乙两级
			林产化学工程专业	
			营造林工程专业	
			林业资源环境工程专业	
			森林工业工程专业	
	20	商物粮	商物粮行业资质	与轻纺、农林行业合并为轻纺农林商物粮行业,设甲、乙两级
			冷冻冷藏工程专业	合并为商物粮专业,设甲、乙两级
			肉食品加工工程专业	
			批发配送与物流仓储工程专业	
			成品油储运工程专业	
			粮食工程专业	
			油脂工程专业	
	21	海洋	海洋行业资质	取消,已取得海洋行业和专业资质的企业,可直接换发水利、电力等相近行业的相应资质。
			沿岸工程专业	
			离岸工程专业	
			海水利用专业	
			海洋能利用专业	
事务所资质	1		建筑设计事务所	保留,不分等级
	2		结构设计事务所	
	3		机电设计事务所	
专项资质	1		建筑装饰工程设计专项	调整为建筑装饰工程通用专业,设甲、乙两级
	2		建筑智能化工程设计专项	调整为建筑智能化工程通用专业,设甲、乙两级
	3		照明工程设计专项	调整为照明工程通用专业,设甲、乙两级
	4		建筑幕墙工程设计专项	调整为建筑幕墙工程通用专业,设甲、乙两级
	5		轻型钢结构工程设计专项	调整为轻型钢结构工程通用专业,设甲、乙两级
	6		风景园林工程设计专项	调整为风景园林工程通用专业,设甲、乙两级
	7		消防设施工程设计专项	调整为消防设施工程通用专业,设甲、乙两级
	8		环境工程设计专项(分为5个分项资质)	取消5个分项,合并为环境工程通用专业,设甲、乙两级

续表

3. 施工资质

资质类别	序号	设计资质类型	改革措施
施工总承包资质	1	施工总承包企业特级资质	调整为施工综合资质，不分行业，不分等级
	2	建筑工程施工总承包	保留，设甲、乙两级
	3	公路工程施工总承包	保留，设甲、乙两级
	4	铁路工程施工总承包	保留，设甲、乙两级
	5	港口与航道工程施工总承包	保留，设甲、乙两级
	6	水利水电工程施工总承包	保留，设甲、乙两级
	7	市政公用工程施工总承包	保留，设甲、乙两级
	8	电力工程施工总承包	保留，设甲、乙两级
	9	矿山工程施工总承包	保留，设甲、乙两级
	10	冶金工程施工总承包	保留，设甲、乙两级
	11	石油化工工程施工总承包	保留，设甲、乙两级
	12	通信工程施工总承包	保留，设甲、乙两级
	13	机电工程施工总承包	保留，设甲、乙两级
专业承包资质	1	地基基础工程专业承包	保留，设甲、乙两级
	2	起重设备安装工程专业承包	保留，设甲、乙两级
	3	预拌混凝土专业承包	保留，不分等级
	4	模板脚手架专业承包	保留，不分等级
	5	桥梁工程专业承包	保留，设甲、乙两级
	6	隧道工程专业承包	保留，设甲、乙两级
	7	钢结构工程专业承包	并入建筑工程施工总承包
	8	环保工程专业承包	合并为通用专业承包，不分等级
	9	特种专业工程专业承包	
	10	建筑装修装饰工程专业承包	合并为建筑装修装饰工程专业承包，设甲、乙两级
	11	建筑幕墙工程专业承包	
	12	防水防腐保温工程专业承包	保留，设甲、乙两级
	13	电子与智能化工程专业承包	合并为建筑机电工程专业承包，设甲、乙两级
	14	建筑机电安装工程专业承包	
	15	城市及道路照明工程专业承包	
	16	消防设施工程专业承包	保留，设甲、乙两级
	17	古建筑工程专业承包	保留，设甲、乙两级
	18	公路路面工程专业承包	合并为公路工程类专业承包或公路工程施工总承包，设甲、乙两级
	19	公路路基工程专业承包	
	20	公路交通工程专业承包	
	21	铁路铺轨架梁工程专业承包	并入铁路工程施工总承包
	22	铁路电务工程专业承包	合并为铁路电务电气化工程专业承包，设甲、乙两级
	23	铁路电气化工程专业承包	
	24	机场场道工程专业承包	合并为民航工程施工总承包，设甲、乙两级
	25	民航空管工程及机场弱电系统工程专业承包	
	26	机场目视助航工程专业承包	

续表

资质类别	序号	设计资质类型	改革措施
专业承包资质	27	港口与海岸工程专业承包	合并为港口与航道工程类专业承包，设甲、乙两级
	28	航道工程专业承包	
	29	通航建筑物工程专业承包	
	30	港航设备安装及水上交管工程专业承包	
	31	水工金属结构制作与安装工程专业承包	合并为水利水电工程类专业承包，设甲、乙两级
	32	水利水电机电安装工程专业承包	
	33	河湖整治工程专业承包	并入水利水电工程施工总承包
	34	输变电工程专业承包	保留，设甲、乙两级
	35	核工程专业承包	保留，设甲、乙两级
	36	海洋石油工程专业承包	并入石油化工工程施工总承包
施工劳务企业资质	1	不分等级	调整为专业作业资质，由审批制改为备案制，不分等级

4. 工程监理资质

资质类别	序号	监理资质类型	改革措施
综合资质	1	综合资质	保留，不分等级
专业资质	1	房屋建筑工程专业	调整为建筑工程专业，设甲、乙两级
	2	铁路工程专业	保留，设甲、乙两级
	3	航天航空工程专业	调整为民航工程专业，设甲、乙两级
	4	水利水电工程专业	取消，其资质要求执行有关行业主管部门规定，已取得资质企业可换发同等级电力工程或市政公用工程专业资质
	5	公路工程专业	取消，其资质要求执行有关行业主管部门规定，已取得资质企业可换发同等级市政公用工程或机电工程专业资质
	6	港口与航道工程专业	取消，其资质要求执行有关行业主管部门规定，已取得资质企业可换发同等级市政公用工程或机电工程专业资质
	7	通信工程专业	保留，设甲、乙两级
	8	市政公用工程专业	保留，设甲、乙两级
	9	冶炼工程专业	调整为冶金工程专业，设甲、乙两级
	10	农林工程专业	取消，不再设置资质准入限制，已取得资质企业可换发同等级市政公用工程或机电工程专业资质
	11	矿山工程专业	保留，设甲、乙两级
	12	化工石油工程专业	调整为石油化工工程专业，设甲、乙两级
	13	电力工程专业	保留，设甲、乙两级
	14	机电安装工程专业	调整为机电工程专业，设甲、乙两级
事务所资质	1	不分专业、等级	取消

附件2

改革后建设工程企业资质分类分级表

1. 工程勘察资质

资质类别	序号	勘察资质类型	等级
综合资质	1	综合资质	不分等级
专业资质	1	岩土工程	甲、乙级
	2	工程测量	甲、乙级
	3	勘探测试	甲、乙级

2. 工程设计资质

资质类别	序号	设计资质类型	等级
综合资质	1	综合资质	不分等级
行业资质	1	建筑行业	甲、乙级
	2	市政行业	甲、乙级
	3	公路行业	甲级
	4	铁路行业	甲、乙级
	5	港口与航道行业	甲、乙级
	6	民航行业	甲、乙级
	7	水利行业	甲、乙级
	8	电力行业	甲、乙级
	9	煤炭行业	甲、乙级
	10	冶金建材行业	甲、乙级
	11	化工石化医药行业	甲、乙级
	12	电子通信广电行业	甲、乙级
	13	机械军工行业	甲、乙级
	14	轻纺农林商物粮行业	甲、乙级
专业和事务所资质	1	建筑行业建筑工程专业	甲、乙级
	2	建筑行业人防工程专业	甲、乙级
	3	市政行业（燃气工程、轨道交通工程除外）	甲、乙级
	4	市政行业给水工程专业	甲、乙级
	5	市政行业排水工程专业	甲、乙级
	6	市政行业燃气工程专业	甲、乙级
	7	市政行业热力工程专业	甲、乙级
	8	市政行业道路与公共交通工程专业	甲、乙级
	9	市政行业桥梁工程专业	甲、乙级
	10	市政行业隧道工程专业	甲级
	11	市政行业轨道交通工程专业	甲级
	12	公路行业公路专业	甲、乙级
	13	公路行业特大桥梁专业	甲级
	14	公路行业特长隧道专业	甲级
	15	公路行业交通工程专业	甲、乙级
	16	铁路行业桥梁专业	甲级
	17	铁路行业隧道专业	甲级
	18	铁路行业轨道专业	甲级
	19	铁路行业电气化专业	甲级
	20	铁路行业通信信号专业	甲级

续表

资质类别	序号	设计资质类型	等级
专业和事务所资质	21	港口与航道行业港口工程专业	甲、乙级
	22	港口与航道行业航道工程专业	甲、乙级
	23	水利行业水库枢纽专业	甲、乙级
	24	水利行业引调水专业	甲、乙级
	25	水利行业灌溉排涝专业	甲、乙级
	26	水利行业围垦专业	甲、乙级
	27	水利行业河道整治与城市防洪专业	甲、乙级
	28	水利行业水土保持与水文设施专业	甲、乙级
	29	电力行业火力发电工程专业	甲、乙级
	30	电力行业水力发电工程专业	甲、乙级
	31	电力行业新能源发电工程专业	甲、乙级
	32	电力行业核工业工程专业	甲、乙级
	33	电力行业送变电工程专业	甲、乙级
	34	煤炭行业矿井工程专业	甲、乙级
	35	煤炭行业露天矿工程专业	甲、乙级
	36	煤炭行业选煤厂工程专业	甲、乙级
	37	冶金建材行业冶金工程专业	甲、乙级
	38	冶金建材行业建材工程专业	甲、乙级
	39	冶金建材行业冶金建材矿山工程专业	甲、乙级
	40	化工石化医药行业化工工程专业	甲、乙级
	41	化工石化医药行业化工矿山专业	甲、乙级
	42	化工石化医药行业石油及化工产品储运专业	甲、乙级
	43	化工石化医药行业油气开采专业	甲、乙级
	44	化工石化医药行业海洋石油专业	甲、乙级
	45	化工石化医药行业原料药专业	甲、乙级
	46	化工石化医药行业医药工程专业	甲、乙级
	47	电子通信广电行业电子工业工程专业	甲、乙级
	48	电子通信广电行业电子系统工程专业	甲、乙级
	49	电子通信广电行业有线通信专业	甲、乙级
	50	电子通信广电行业无线通信专业	甲、乙级
	51	电子通信广电行业广播电视制播与电影工程专业	甲、乙级
	52	电子通信广电行业传输发射工程专业	甲、乙级
	53	机械军工行业机械工程专业	甲、乙级
	54	机械军工行业军工工程专业	甲、乙级
	55	轻纺农林商物粮行业轻工工程专业	甲、乙级
	56	轻纺农林商物粮行业纺织工程专业	甲、乙级
	57	轻纺农林商物粮行业农业工程专业	甲、乙级
	58	轻纺农林商物粮行业林业工程专业	甲、乙级
	59	轻纺农林商物粮行业商物粮专业	甲、乙级
	60	建筑设计事务所	不分等级
	61	结构设计事务所	不分等级
	62	机电设计事务所	不分等级
	63	建筑装饰工程通用专业	甲、乙级
	64	建筑智能化工程通用专业	甲、乙级
	65	照明工程通用专业	甲、乙级
	66	建筑幕墙工程通用专业	甲、乙级
	67	轻型钢结构工程通用专业	甲、乙级
	68	风景园林工程通用专业	甲、乙级
	69	消防设施工程通用专业	甲、乙级
	70	环境工程通用专业	甲、乙级

3. 施工资质

资质类别	序号	施工资质类型	等级
综合资质	1	综合资质	不分等级
施工总承包资质	1	建筑工程施工总承包	甲、乙级
	2	公路工程施工总承包	甲、乙级
	3	铁路工程施工总承包	甲、乙级
	4	港口与航道工程施工总承包	甲、乙级
	5	水利水电工程施工总承包	甲、乙级
	6	市政公用工程施工总承包	甲、乙级
	7	电力工程施工总承包	甲、乙级
	8	矿山工程施工总承包	甲、乙级
	9	冶金工程施工总承包	甲、乙级
	10	石油化工工程施工总承包	甲、乙级
	11	通信工程施工总承包	甲、乙级
	12	机电工程施工总承包	甲、乙级
	13	民航工程施工总承包	甲、乙级
专业承包资质	1	建筑装修装饰工程专业承包	甲、乙级
	2	建筑机电工程专业承包	甲、乙级
	3	公路工程类专业承包	甲、乙级
	4	港口与航道工程类专业承包	甲、乙级
	5	铁路电务电气化工程专业承包	甲、乙级
	6	水利水电工程类专业承包	甲、乙级
	7	通用专业承包	不分等级
	8	地基基础工程专业承包	甲、乙级
	9	起重设备安装工程专业承包	甲、乙级
	10	预拌混凝土专业承包	不分等级
	11	模板脚手架专业承包	不分等级
	12	防水防腐保温工程专业承包	甲、乙级
	13	桥梁工程专业承包	甲、乙级
	14	隧道工程专业承包	甲、乙级
	15	消防设施工程专业承包	甲、乙级
	16	古建筑工程专业承包	甲、乙级
	17	输变电工程专业承包	甲、乙级
	18	核工程专业承包	甲、乙级
专业作业资质	1	专业作业资质	不分等级

4. 工程监理资质

资质类别	序号	监理资质类型	等级
综合资质	1	综合资质	不分等级
专业资质	1	建筑工程专业	甲、乙级
	2	铁路工程专业	甲、乙级
	3	市政公用工程专业	甲、乙级
	4	电力工程专业	甲、乙级
	5	矿山工程专业	甲、乙级
	6	冶金工程专业	甲、乙级
	7	石油化工工程专业	甲、乙级
	8	通信工程专业	甲、乙级
	9	机电工程专业	甲、乙级
	10	民航工程专业	甲、乙级

住房和城乡建设部 市场监管总局关于印发建设项目工程总承包合同（示范文本）的通知

建市〔2020〕96号

各省、自治区住房和城乡建设厅、市场监督管理局（厅），直辖市住房和城乡建设（管）委、市场监督管理局（委），北京市规划和自然资源委员会，新疆生产建设兵团住房和城乡建设局、市场监督管理局：

为促进建设项目工程总承包健康发展，维护工程总承包合同当事人的合法权益，住房和城乡建设部、市场监管总局制定了《建设项目工程总承包合同（示范文本）》（GF-2020-0216），现印发给你们，自2021年1月1日起执行。在执行过程中有任何问题，请与住房和城乡建设部建筑市场监管司、市场监管总局网络交易监督管理司联系。原《建设项目工程总承包合同示范文本（试行）》（GF-2011-0216）同时废止。

中华人民共和国住房和城乡建设部
国家市场监督管理总局
2020年11月25日

（此件公开发布）

住房和城乡建设部关于进一步深化工程建设项目审批制度改革推进全流程在线审批的通知

建办〔2020〕97号

各省、自治区、直辖市工程建设项目审批制度改革工作领导小组办公室，新疆生产建设兵团工程建设项目审批制度改革工作领导小组办公室：

为贯彻落实《国务院办公厅关于全面开展工程建设项目审批制度改革的实施意见》（国办发〔2019〕11号）、《国务院办公厅关于进一步优化营商环境更好服务市场主体的实施意见》（国办发〔2020〕24号）部署要求，深化工程建设项目审批制度改革，加快推进工程建设项目全流程在线审批，不断提升工程建设项目审批效能，优化营商环境，现将有关事项通知如下：

一、持续破解堵点问题推动关键环节改革

（一）进一步优化审批流程。全面梳理当前本地区工程建设项目全流程审批事项、环节、条件等，针对企业和群众反映强烈的堵点问题，制订切实可行的精简优化措施，最大限度优化审批流程。健全工程建设项目联审机制，按照"一家牵头、部门配合、成果共享、结果互认"要求，细化完善相关配套政策和运行规则，提升并联审批、联合审图、联合验收等审批效率。统一审批事项办理流程规则和办事指南，推动工程建设项目审批标准化、规范化。提高审批咨询、指导服务水平，推行帮办代办、"互联网+"等服务模式，形成线上线下联动融合的审批咨询辅导服务机制。

（二）加强项目前期策划生成和区域评估。建立完善项目策划生成机制，在"多规合一"基础上加强业务协同，先行完成考古调查等项目前期工作，统筹协调项目建设条件及评估评价事项要求，鼓励通过前期策划生成明确项目建设管控要求、技术设计要点、审批流程、事项清单和材料清单，简化项目后续审批手续。在各类开发区、工业园区、新区和其他有条件的区域，深化落实区域评估，进一步明确开展区域评估的事项清单和技术标准，及时公开评估结果。强化评估成果运用，明确项目具体建设条件和要求，以及实行告知承诺制的具体措施。

（三）精简规范技术审查和中介服务事项。工程建设项目审批所涉及的技术审查和中介服务事项，无法律法规规定的一律取消。健全完善技术审查和中介服务管理制度，公开办理（服务）指南，明确适用范围、服务标准、办事流程、服务收费和承诺时限。制定公布技术审查事项审查标准，鼓励通过信息化手段提高技术审查效率，支持开展智能化"电子辅助审批"探索。进一步完善工程建设项目中介服务网上交易平台功能，推动中介服务机构"零门槛、零限制"进驻，实现中介服务网上展示、服务委托、成果提交、监督评价等全过程管理。

（四）优化市政公用服务程序。全面优化供水、排水、供电、燃气、热力、广播电视、通信等市政公用服务报装接入流程，可将市政公用服务报装提前到工程建设许可阶段办理，推行"一站式"集中服务、主动服务。市政公用服务单位通过工程建设项目审批管理系统（以下简称工程审批系统）实时获取项目市政公用服务接入需求、设计方案、图档等相关信息，实现与主体工程同步设计、同步建设、竣工验收后直接接入。规范市政公用行业管理，公开服务标准和服务费用，加强服务质量监督和用时管理。

二、全面推行工程建设项目分级分类管理

（五）细化项目分类和改革措施。根据具体情况和实际需要，进一步细化本地区工程建设项目分类，对工业、仓储、居住、商业、市政、教育、医疗、城镇老旧小区改造、城市更新等工程建设项目，分级分类制定"主题式""情景式"审批流程，按照工程建设项目类型、投资类别、规模大小、复杂程度、区域位置等情况，制订更加精准的分类改革措施和要求，实现精细化、差别化管理。建立健全基于工程风险等级的监管机制，切实加强事中事后监管。结合工程建设项目审批制度改革，进一步优化乡村建设项目审批流程。

（六）推行"清单制＋告知承诺制"审批改革。对一般社会投资的工业类项目推行告知承诺制审批，根据项目特点和风险等级，建立并公布不同类型项目的审批事项清单和告知承诺制审批事项清单。对于实行告知承诺制审批的事项，相关部门制定并公布具体要求，申请人按照要求作出书面承诺，审批部门直接作出审批决定。在确保安全前提下，对社会投资的小型低风险新建、改扩建项目，由政府部门发布统一的企业开工条件，企业取得用地、满足开工条件后作出相关承诺，政府部门直接发放相关证书，项目即可开工。对于规划建设条件明确、建筑结构相对简单或采用标准化方案设计的建设工程，探索将建设工程规划许可证和施工许可证合并办理。

三、加快推进工程建设项目全流程在线审批

（七）推进工程建设项目审批全程网上办理。按照《工程建设项目审批全流程网上办理规程》（见附件），加强工程审批系统运行管理，不断提升工程建设项目审批全流程网上办理水平，2020年底前实现工程建设项目审批涉及的行政审批、备案、评估评审、中介服务、市政公用服务等事项全部线上办理，公开办理标准和费用。除复杂事项以及需要现场踏勘、听证论证的事项外，加快推动工程建设项目审批从申请受理、审查决定到证件制作的全流程全环节在线办理。推行工程建设项目从勘察、设计、施工到竣工验收全过程数字化图纸闭环管理，各部门在线使用"一套图纸"，并按照电子档案要求实时归集、动态维护、安全管理。精简明确联合验收所需测绘成果，推进联合测绘成果在线共享应用。加强对审批全过程线上监管，实行审批环节亮灯预警管理，及时分析研判审批运行情况，有针对性地优化办事流程，提高审批服务效能。

（八）加强审批全过程信息共享。加快推进工程审批系统与投资审批等相关部门既有审批系统互联互通，实现工程建设项目审批申报信息一次填报、材料一次上传、相关评审意见等过程信息和审批结果信息实时共享。建立权威高效的数据共享协调机制，完善供需协调、规范使用、争议处理、监督考核、安全管理等数据共享制度，保障审批事项全覆盖、审批信息实时高效流转、审批全过程自动留痕。统一完善工程建设项目审批信息互联互通、实时共享技术标准和基础条件，不断提升数据共享质量、时效性和完整性。推进工程审批系统与建筑市场监管、施工现场监督、房地产管理等相关系统平台协同应用。

（九）提升网上审批服务便利度。建立健全工程建设项目网上审批服务工作机制，明确网上咨询服务、在线并联审批、联合会商等办理流程和服务责任。持续完善工程审批系统网上信息发布、咨询服务、申请、互动、投诉建议等服务功能，鼓励提供智能申报指引，辅助企业快速确定审批流程、事项清单、材料清单，自动关联相关电子证照和前序成

果材料。持续丰富移动端信息获取、信息查询等功能，推动实现更多事项"掌上办""指尖办"，切实方便企业和群众办事。

四、健全推进改革工作长效机制

（十）进一步完善改革协同推进机制。各地工程建设项目审批制度改革工作领导小组办公室要切实担负起推进改革的工作职责，健全长效管理机制，坚持统筹谋划，加强部门协同，深入推进各项改革任务落实，及时研判当前工程建设项目审批存在的突出问题，完善配套制度和工作机制，重大改革问题及时报告改革工作领导小组。

（十一）健全改革工作评估机制。建立科学、合理的工程建设项目审批制度改革评估机制，定期对本地区改革政策措施落实情况、工作成效进行评估，查找问题和不足，加强评价结果运用，持续推动工程建设项目审批制度改革，实现以评促改、以评促管、以评促优。

（十二）建立良好的政企沟通机制。加强国家工程审批系统"工程建设项目审批建议和投诉"小程序推广应用，运用政务服务"好差评"系统、政府门户网站、调研座谈等多种渠道倾听和收集企业和群众意见建议，建立常态化联系机制，及时回应企业和群众诉求。

各地要认真贯彻落实国务院工程建设项目审批制度改革各项任务要求，围绕提高市场主体感受度、满意度和获得感，持续深化工程建设项目审批制度改革，结合实际研究制订更多切实有效的改革举措，优化审批流程，提高审批效率，及时总结可复制可推广的成功经验。各省、自治区、直辖市工程建设项目审批制度改革工作领导小组办公室要加强对本地区改革工作的监督指导，强化统筹协调和督促落实，确保改革措施落地见效，相关落实情况与每月改革进展情况一并报我部。

附件：工程建设项目审批全流程网上办理规程

住房和城乡建设部
2020 年 12 月 2 日

（此件公开发布）

附件

工程建设项目审批全流程网上办理规程

1　定义

工程建设项目审批全流程网上办理，是指依托工程建设项目审批管理系统（以下简称工程审批系统），通过线上线下融合互通的方式，实现工程建设项目从立项到竣工验收和公共设施接入服务全流程所有审批服务事项网上办理。

2　依据

《国务院关于在线政务服务的若干规定》（中华人民共和国国务院令第 716 号）

《国务院关于加快推进全国一体化在线政务服务平台建设的指导意见》（国发〔2018〕27 号）

《国务院办公厅关于印发"互联网＋政务服务"技术体系建设指南的通知》（国办函〔2016〕108 号）

《国务院办公厅关于全面开展工程建设项目审批制度改革的实施意见》（国办发〔2019〕11 号）

《国务院办公厅关于建立政务服务"好差评"制度提高政务服务水平的意见》（国办发〔2019〕51 号）

《国务院办公厅关于进一步精简审批优化服务精准稳妥推进企业复工复产的通知》（国办发明电〔2020〕6 号）

《国务院办公厅关于进一步优化营商环境更好服务市场主体的实施意见》（国办发〔2020〕24 号）

《住房和城乡建设部关于印发〈工程建设项目审批管理系统管理暂行办法〉的通知》（建办〔2020〕47 号）

《工程建设项目审批管理系统数据共享交换标准》（V2.0）

《信息处理　数据流程图、程序流程图、系统流程图、程序网络图和系统资源图的文件编制符号及约定》（GB 1526—1989）

《电子政务业务流程设计方法　通用规范》（GB/T 19487—2004）

《电子文件归档与电子档案管理规范》（GB/T 18894—2016）

《审批服务便民化工作指南》（GB/T 37277—2018）

3　适用范围

工程建设项目从立项到竣工验收和公共设施接

入服务全流程审批服务事项,包括行政许可等审批事项和技术审查、中介服务、市政公用服务以及备案等其他类型事项。

4 基本要求

4.1 推进全流程网上办理。坚持以应用为导向,持续完善工程审批系统网上信息公开、申请、审批、互动等服务功能,实现工程建设项目审批从咨询、申请、受理、审查、决定、证件制作等环节全过程在线办理,全面推行工程建设项目审批全流程网上办理。

4.2 统一服务标准。工程建设项目线上线下审批服务实行一套标准,审批流程、事项清单、办事指南等相关信息通过政务服务大厅、工程审批系统网页客户端、移动客户端等服务渠道同源发布。

4.3 全流程时效管理。工程审批系统实时记录线上线下行政审批、技术审查、中介服务和市政公用服务等全流程用时,实时归集相关审批服务信息。

4.4 公共支撑。以统一身份认证、统一电子印章、统一电子证照等公共支撑系统作为技术保障,推进工程建设项目审批全流程网上办理。

4.5 电子材料。鼓励采用加盖有效电子印章的电子材料作为申请材料,减少纸质材料扫描录入工作量,方便申请人网上办事。

4.6 信息共享。建立工程建设项目审批信息共享机制,推进工程审批系统与全国一体化在线政务服务平台(以下简称政务服务平台)对接,与投资项目在线审批监管平台等相关部门既有审批管理系统互联互通,加强部门间信息共享,可以通过部门间信息共享互认互用的电子证照、电子材料,申请人无须重复提交。

5 项目前期策划生成

5.1 项目前期策划生成流程。项目前期策划生成线上流程一般包括启动生成、合规性审查、部门协同、意见汇总等,如图1所示:

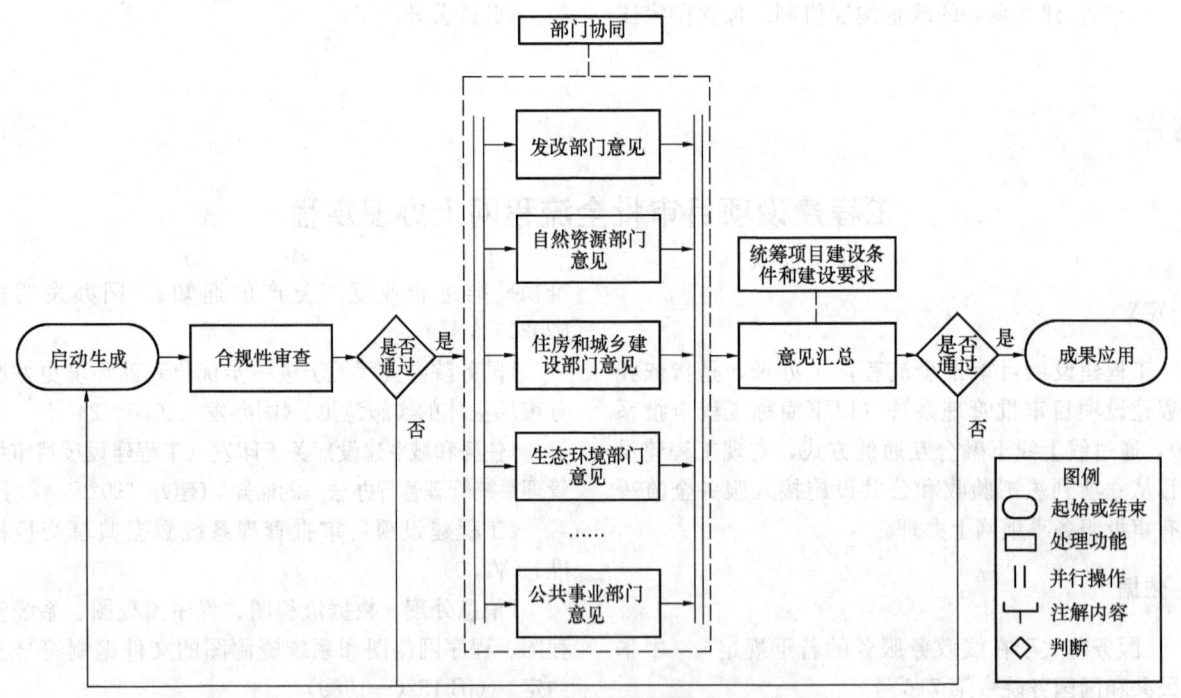

图1 工程建设项目前期策划生成流程示例

5.2 启动生成。项目发起部门通过工程审批系统"多规合一"业务协同功能发起项目策划生成。

5.3 合规性审查。相关部门通过工程审批系统"多规合一"业务协同功能进行合规性审查,确定项目预选址是否符合相关法律法规规定以及规划要求。

5.4 部门协同。项目前期策划生成工作的牵头部门发起部门协同,在线征求相关部门意见,各部门根据职能提出项目建设条件以及需要开展的评估评价事项等要求。

5.5 意见汇总。项目前期策划生成工作的牵头部门统筹协调各部门提出的建设条件和建设要求,确定项目是否通过策划生成。

5.6 成果应用。通过策划生成的项目,其项目信息、建设条件和建设要求纳入工程审批系统。鼓励通过前期策划生成明确项目建设控制要求、技术设计要点、审批流程、事项清单和材料清单，为建设单位办理审批业务提供有效指引。

6 网上申报

6.1 信息公开。工程审批系统应通过多种渠道主动公开工程建设项目审批流程、事项清单、办事指南、时限要求、办理标准、收费项目、收费依据、收费标准等信息，方便申请人及时获取。

6.2 申报流程。工程建设项目网上申报流程一般包括用户注册、用户登录、咨询服务、网上申报、信息查询，如图2所示：

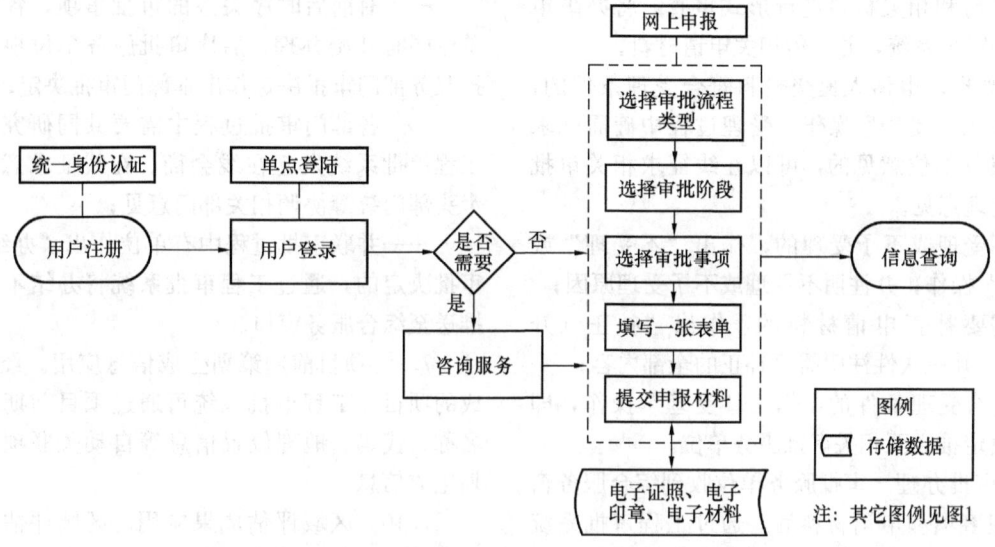

图2 工程建设项目网上申报流程示例

6.3 用户注册。申请人首次申报的，可以在工程审批系统进行注册，工程审批系统利用统一身份认证服务完成用户实名认证。申请人已经在政务服务平台注册的，工程审批系统利用政务服务平台统一身份认证服务获取申请人实名认证信息。

6.4 用户登录。申请人通过实名认证后，登录工程审批系统网上综合服务窗口。

6.5 咨询服务。申请人可以在线了解工程建设项目审批流程、办事指南等信息，在线咨询材料准备、办理流程等方面问题。

6.6 网上申报。申请人根据网上申报指引，选择项目审批流程类型、审批阶段、审批事项，按阶段填报"一张表单"，上传相关电子材料。

——申请人通过工程审批系统填报过的项目信息、事项信息以及相关电子材料，各审批服务单位直接登录工程审批系统获取，或由工程审批系统按需推送至相关审批业务系统，不得要求申请人重复填报。

——已纳入统一电子证照库的申请材料，申请人可以从关联到的电子证照材料中选择；

——已提交过的电子材料，申请人可以从历史材料中选择。

6.7 信息查询。申请人可以在线实时查看审批服务办理进度。审批过程中受理、办结等关键环节的办理进度和办理意见信息，通过短信、网页、移动客户端等方式即时告知申请人。

7 网上审批

7.1 审批流程。工程建设项目网上审批流程一般包括接件、受理、审批办理、审批办结，如图3所示：

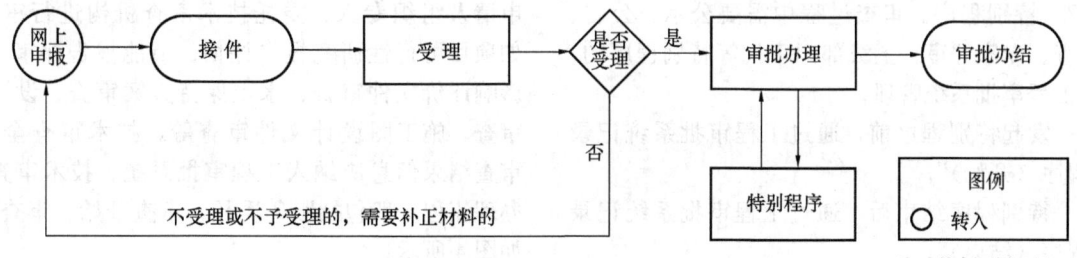

图3 工程建设项目网上审批流程示例

7.2 接件。综合服务窗口工作人员（以下简称窗口人员）接收申请人线上线下提交的办事申请和相关材料。

——申请人网上办理的，窗口人员通过工程审批系统对办事申请和相关材料进行形式审查；

——申请人到现场办理或邮寄办理的，窗口人员对办事申请和相关材料进行形式审查，将办事申请录入工程审批系统，并上传相关申请材料。

7.3 受理。申请人提交材料符合受理条件的，窗口人员作出"受理"操作。受理过程中确需征求相关审批服务单位意见的，可以在线征求相关审批服务单位受理意见。

——不受理或不予受理的，作出"不受理"或"不予受理"操作，并注明不受理或不予受理原因；

——需要补正申请材料的，作出"补正（开始）"操作，并一次性注明需要补正的全部内容；

——符合受理条件的，作出"受理"操作，即时将受理决定推送至相关审批服务单位。

7.4 审批办理。审批服务单位收到综合服务窗口转交办理事项和申请材料后，通过工程审批系统进行"开始办理"操作，开始对申请材料进行实质审查。

7.5 审批办结。审批服务单位作出审批决定后，将审批结果、相关评审意见、电子证件等通过工程审批系统反馈至综合服务窗口，由综合服务窗口统一向申请人反馈办理结果。审批结果采用电子证件的，告知申请人登录工程审批系统获取审批结果。需要纸质材料的，综合服务窗口可以依申请通过邮寄方式送达。

审批服务单位办理结果电子证件同步归集到"电子证照库"。

7.6 统一代码管理。按照相关规定，需要使用项目代码的工程建设项目，申请人在办理审批服务事项时，应提供准确的项目代码。工程建设项目根据实际需要分期分批建设的，由工程审批系统生成工程代码。工程审批系统通过项目代码（工程代码）实现全流程相关信息的归集和管理。

7.7 特别程序。审查过程中需要公示、公告、现场勘查、专家评审、上级部门审批等特别程序的，应纳入工程审批系统管理。

——发起特别程序前，通过工程审批系统记录"特别程序（开始）"；

——特别程序结束后，通过工程审批系统记录"特别程序（结束）"；

——特别程序成果材料纳入工程审批系统。

7.8 并联审批。多个事项并联办理的，综合服务窗口同时推送至各相关部门进行办理。工程审批系统自动生成"并联审批实例编码"，关联相关部门审批信息。

——没有前后时序关系的审批事项，各审批服务单位自行作出审批决定；

——有前后时序关系的审批事项，各审批服务单位同时开始办理，后序审批服务单位根据前序审批服务部门审批决定作出本部门审批决定；

——各部门审批过程中需要共同研究的，通过工程审批系统发起在线会商、在线征求意见，阶段牵头部门统筹协调相关部门意见；

——并联审批过程中有单位作出"办结不通过"审批决定的，通过工程审批系统将办结不通过原因推送至综合服务窗口。

7.9 项目前期策划生成信息应用。经过策划生成的项目，工程审批系统可通过项目前期策划时的名称、代码、地理位置信息等自动关联项目前期策划生成信息。

7.10 区域评估成果应用。区域评估范围内的工程建设项目在首次申报时，工程审批系统通过项目地理位置信息自动关联所属区域相关评估结果，区域评估成果材料无需申请人提交。

7.11 告知承诺制审批服务事项。对于实行承诺制办理的审批服务事项，审批服务单位按告知承诺制要求办理，部门办理开始时间、办理结束时间、办理结果、申请人履行承诺情况等信息纳入工程审批系统。

7.12 实时流转。需要通过部门审批业务系统办理审批的，工程审批系统实时将办事申请、申请材料等推送至部门审批业务系统；部门审批业务系统实时将受理决定、办理过程关键环节信息、办理结果信息、电子证件等实时推送至工程审批系统，实现审批信息实时流转。

8 技术审查

8.1 审查流程。法律法规规定需要审批部门或申请人组织专家、委托技术审查机构进行审查的，如项目可行性研究报告评估、节能报告评审、环境影响评价文件审查、水土保持方案审查、设计方案审查、施工图设计文件审查等，技术审查全过程、审查结果信息应纳入工程审批系统。技术审查网上办理流程一般包括服务委托、审查开始、审查结束，如图4所示；

8.2 服务委托。在线发布技术审查办事指南、

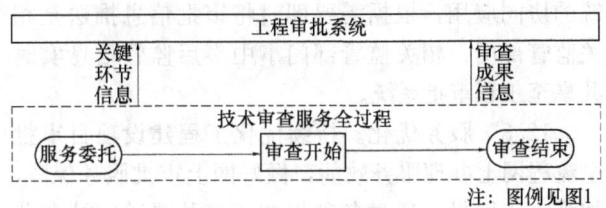

图 4 技术审查流程示例

材料要求等信息，申请人或审批部门在线办理服务委托、提交相关材料。

8.3 审查开始。技术审查机构在线接收申请人提交或审批部门推送的电子材料，进行审查。审查开始环节信息纳入工程审批系统。

8.4 审查结束。审查结束后，技术审查机构将审查结果、审查结束环节信息和相关结果电子材料纳入工程审批系统。审批部门可依据技术审查结果电子材料作出审批决定。确需纸质材料的按照要求将纸质材料送至审批部门。

9 中介服务

9.1 服务流程。工程建设相关项目建议书编制、可研报告编制等中介服务事项应纳入中介服务网上交易平台。申请人通过中介服务网上交易平台办理业务的，其服务委托、服务过程和相关成果信息共享至工程审批系统。中介服务流程一般包括服务委托、服务开始、服务结束，如图5所示：

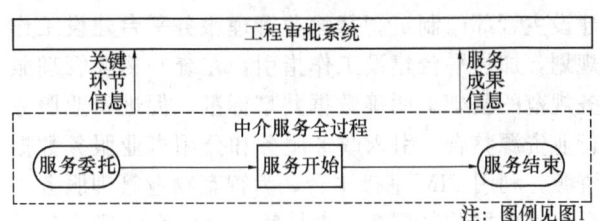

图 5 中介服务流程示例

9.2 服务委托。申请人可以通过中介服务网上交易平台查看办事指南、选择中介服务机构，委托信息应实时同步到工程审批系统。

9.3 服务开始。中介服务机构按照申请人委托开展服务，服务开始环节信息和服务结束环节信息时间纳入工程审批系统。

9.4 服务结束。中介服务机构编制成果电子材料纳入工程审批系统，通过项目代码关联到相应项目，申请人办理审批事项时可直接使用，作为办理审批手续的材料。确需纸质材料的，按照要求将纸质材料送至审批部门。

10 市政公用服务

10.1 服务流程。工程建设项目涉及的供水、排水、供电、燃气、热力、广播电视、通讯等市政公用服务的报装和接入实行网上"一站式"服务，报装和接入全过程及相关信息纳入工程审批系统。市政公用服务流程一般包括报装受理、验收接入，如图6所示：

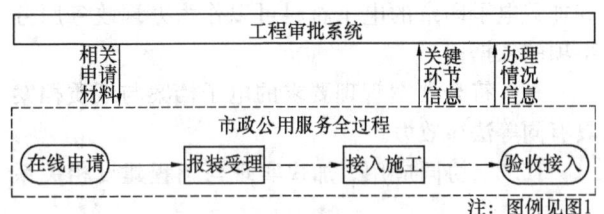

图 6 市政公用服务流程示例

10.2 报装受理。申请人在线获取办事指南、收费标准等相关信息，在线提出报装申请，并提交相关材料。市政公用服务单位通过工程审批系统受理报装申请，按程序办理报装。报装受理开始时间、办结时间信息和办理结果信息纳入工程审批系统。

10.3 验收接入。市政公用服务单位通过工程审批系统受理验收接入申请，按程序办理验收接入。验收接入开始时间、办结时间信息和办理结果信息纳入工程审批系统。

10.4 技术指导。申请人在办理工程建设许可阶段审批事项时，市政公用服务单位可以通过工程审批系统实时获取项目设计方案、图档等相关信息。市政公用服务单位靠前服务，与申请人对接市政公用接入方案。

11 网上互动

11.1 审批服务评价。按照《国务院办公厅关于建立政务服务"好差评"制度提高政务服务水平的意见》（国办发〔2019〕51号）建立工程建设项目审批全流程网上办理"好差评"制度，持续提升工程审批系统网上审批服务水平。

11.2 建议和投诉。将国家工程审批系统"工程建设项目审批制度改革建议和投诉"微信小程序二维码展示在本地区网上综合服务窗口显著位置。各地应登录国家工程审批系统，对企业和群众对本地区提出的建议和投诉及时进行处理反馈。

12 服务保障

12.1 推进电子签名、电子印章、电子证照、电子材料、电子档案在工程建设项目全流程网上办理过程中的应用。

——有效可靠的电子签名，与手写签名或者盖章具有同等法律效力；

——电子印章与实物印章具有同等法律效力，加盖电子印章的电子材料合法有效；

——电子证照与纸质证照具有同等法律效力；

——除法律、行政法规另有规定外，电子证照和加盖电子印章的电子材料可以作为办理政务服务事项的依据；

——符合档案管理要求的电子档案与纸质档案具有同等法律效力。

12.2 协同应用。加快实现与工程建设相关系统的协同应用，根据需要即时将审批信息推送至相关监管部门，相关监管部门事中事后监管信息实时共享至工程审批系统。

12.3 服务优化。持续优化工程建设项目审批全流程网上办理服务效能，做好网上审批服务保障，加强宣传引导，通过各种媒体、多种渠道向社会公开工程建设项目网上办理途径和方法，引导申请人通过网上办理相关审批事项。

12.4 效能监督。以工程建设项目网上办理便利度和服务评价为重点，结合企业和群众建议投诉情况，对工程建设项目全流程相关审批服务单位效率、质量进行监督检查，及时发现网上办理存在的问题和不足，督促解决整改。

住房和城乡建设部等部门关于推动物业服务企业加快发展线上线下生活服务的意见

建房〔2020〕99号

各省、自治区、直辖市及新疆生产建设兵团住房和城乡建设厅（委、管委、局）、工业和信息化主管部门、公安厅（局）、商务主管部门、卫生健康委、市场监管局（厅、委）：

为深入贯彻落实《中共中央 国务院关于加强和完善城乡社区治理的意见》《国务院关于加快推进"互联网＋政务服务"工作的指导意见》，推进基于信息化、数字化、智能化的新型城市基础设施建设，对接新型基础设施建设，加快建设智慧物业管理服务平台，补齐居住社区服务短板，推动物业服务线上线下融合发展，满足居民多样化多层次生活服务需求，增强人民群众的获得感、幸福感、安全感。现就推动物业服务企业加快发展线上线下生活服务提出如下意见。

一、构建智慧物业管理服务平台

（一）明确平台基础功能。广泛运用5G、互联网、物联网、云计算、大数据、区块链和人工智能等技术，建设智慧物业管理服务平台，对接城市信息模型（CIM）和城市运行管理服务平台，链接各类电子商务平台。以智慧物业管理服务平台为支撑，打造物业管理、政务服务、公共服务和生活服务应用，构建居住社区生活服务生态，为居民提供智慧物业服务。

（二）支持物业服务企业建设平台。住房和城乡建设主管部门制定智慧物业管理服务平台建设工作规划，加强平台建设工作指引，在统一物业管理服务规范的基础上明确数据共享标准，促进物业服务行业资源整合。引入政务服务和公用事业服务数据资源，利用CIM基础平台，为智慧物业管理服务平台提供数据共享服务。支持物业服务企业联合建设通用、开放的智慧物业管理服务平台，降低平台建设运营成本，提高服务资源整合能力。鼓励大型物业服务企业开放自有智慧物业管理服务平台功能，拓展服务范围，为中小物业服务企业提供平台支撑和技术支持。引导各类智慧物业管理服务平台加强与电商、科技、金融、快递等第三方平台互联互通，实现资源对接、互补。利用智慧物业管理服务平台对物业服务企业及其从业人员进行信用信息收集、整理和利用，加强信用管理和信用评价，规范物业服务企业经营行为。

（三）保障平台安全运营。严格落实网络和数据安全法律法规和政策标准，建立健全安全管理制度，采用国产密码技术，增强安全可控技术和产品应用，加强日常监测和安全演练,确保智慧物业管理服务平台网络和数据安全。规范与第三方平台合作,在数据安全、应用安全、网络安全、应急处理等方面,制定安全管理策略,实现智慧物业管理服务平台计算资源和数据资源的有序共享。全面建立隐私数据保护机制,保障用户知情权、选择权和隐私权。

二、全域全量采集数据

(四)采集物业管理数据。以加强城市新型基础设施建设为基础,大力推进居住社区物联网建设,对设施设备进行数字化、智能化改造,补齐数字化短板。对设施设备赋予唯一识别码,运用传感器、全球定位、射频识别、红外感应等装置与技术,全面感知、识别和记录水、电、气、热、安防、消防、电梯、水泵、照明、管线、变压器等设施设备运行数据。运用物联网、大数据、人工智能等先进技术,实时记录物业服务动态信息。对物业服务基础资料和档案进行全面数字化。

(五)共享公共服务数据。通过数据集成、应用集成和平台集成等技术手段,推动智慧物业管理服务平台与各类政务服务平台、公用事业服务平台相关资源、信息和流程的协同和共享。充分利用数据交互成果,为住房公积金、住房保障、就医、就学、养老、供水、供电、供气、供暖以及社区警务等各种应用场景提供动态需求信息。

(六)优化数据资源管理。依托智慧物业管理服务平台,对多主体、多来源、多应用、多服务产生的数据进行全周期系统化管理。优化数据组织方式,按照用途、用户、权限等维度对数据封装打包,进行分布式文件存储。鼓励物联网设备制造企业按照统一标准接入智慧物业管理服务平台,并与CIM基础平台、公共服务平台以及各类电子商务服务平台实现便捷数据交互。

三、推进物业管理智能化

(七)推动设施设备管理智能化。提高设施设备智能管理水平,实现智能化运行维护、安全管理和节能增效。通过基于位置的服务(LBS)、声源定位等技术,及时定位问题设备,实现智能派单,快速响应,提高维修管理效率。通过大数据智能分析,对消防、燃气、变压器、电梯、水泵、窨井盖等设施设备设置合理报警阈值,动态监测预警情况,有效识别安全隐患,及时防范化解相关风险。监测分析设施设备运行高峰期和低谷期情况,科学合理制定设备运行时间表,加强节能、节水、节电控制,有效降低能耗。

(八)实现车辆管理智能化。加强车辆出入、通行、停放管理。增设无人值守设备,实现扫码缴费、无感支付,减少管理人员,降低运营成本,提高车辆通行效率。统筹车位资源,实现车位智能化管理,提高车位使用率。完善新能源车辆充电设施,方便绿色出行。实时监控车辆和道闸、充电桩等相关设施设备运行情况,保障车辆行驶和停放安全。

(九)促进居住社区安全管理智能化。推动智能安防系统建设,建立完善智慧安防小区,为居民营造安全的居住环境。完善出入口智能化设施设备,为居民通行提供安全、快捷服务。根据居民需要,为儿童、独居老人等特殊人群提供必要帮助。加强对高空抛物、私搭乱建、侵占绿地等危害公共环境和扰乱公共秩序的行为分析,及时报告有关部门,履行安防管理职责。

四、融合线上线下服务

(十)拓宽物业服务领域。鼓励物业服务企业依托智慧物业管理服务平台,发挥熟悉居民、服务半径短、响应速度快等优势,在做好物业基础服务的同时,为家政服务、电子商务、居家养老、快递代收等生活服务提供便利。发挥物业服务企业连接居住社区内外的桥梁作用,精准掌握居民消费需求,对接各类供给端,通过集中采购等方式,为居民提供优质商品和服务。推动物业服务线上线下融合,促进物业服务企业由物的管理向居民服务转型升级。

(十一)对接各类商业服务。构建线上线下生活服务圈,满足居民多样化生活服务需求。连接居住社区周边餐饮、购物、娱乐等商业网点,对接各类电子商务平台,为居民提供定制化产品和个性化服务,实现家政服务、维修保养、美容美发等生活服务一键预约、服务上门,丰富生活服务内容。通过在居住社区布设智能快递柜、快件箱、无人售卖机等终端,发展智能零售。

(十二)提升公共服务效能。推进智慧物业管理服务平台与城市政务服务一体化平台对接,促进"互联网+政务服务"向居住社区延伸,打通服务群众的"最后一公里"。对接房屋网签备案、住房公积金、住房保障、城市管理、医保、行政审批、公安等政务服务平台,为政务服务下沉到居住社区提供支撑。对接供水、供电、供气、供暖、医疗、教育等公用事业服务平台,为居民提供生活缴费、在线预约等便民服务。鼓励物业服务企业线下"代跑腿""接力办",助力实现公共服务线上"一屏办""指尖办"。

（十三）发展居家养老服务。以智慧物业管理服务平台为支撑，大力发展居家养老服务。通过线上预约，为老年人提供助餐、助浴、保洁、送药等生活服务。对接医疗医保服务平台，提供医疗资源查询、在线预约挂号、划价缴费、诊疗报告查询、医保信息查询、医疗费用报销等医疗医保服务。加强动态监测，为居家养老提供安全值守、定期寻访、疾病预防、精神慰藉等服务，降低老年人意外风险。

五、推进共建共治共享

（十四）加强党组织对物业工作领导。依托智慧物业管理服务平台，加强社区党组织对物业工作的领导，促进党建引领下的社区居民委员会、业主委员会、物业服务企业协调运行机制有效发挥，推动物业管理与基层治理的深度融合。通过"指尖上的党务"促进社区党建工作。

（十五）促进城市管理下沉。对接城市运行管理服务平台，实现城市管理进社区。畅通居民投诉举报网络渠道，结合城市管理线下执法，有效治理私搭乱建、侵占绿地、乱堆乱放、张贴小广告等违法违规行为。把智慧物业管理服务平台作为城市管理政策宣传、政策解读、信息发布、舆论引导、执法结果公示的重要窗口，方便居民开展政策咨询、提出政策建议、实施政策监督，增强居民对城市管理工作的认同和支持，推动居民参与城市管理，营造"人民城市人民建，人民城市为人民"的良好氛围。

（十六）发动居民共建共治共享。通过智慧物业管理服务平台调动居民参与居住社区事务的积极性和主动性。建立"网上议事厅"，引导居民参与互动，不断完善业主大会议事规则。畅通电子投票渠道，对重大事项进行表决。公开利用业主共有部位开展停车、广告、租赁等经营收支明细及入账情况，以及住宅专项维修资金使用及结存信息，接受居民监督。组织居民开展线上线下形式多样的居民互助、邻里守望活动，共同缔造美好家园。

六、加强领导统筹推进

（十七）切实加强组织领导。各省级住房和城乡建设、工业和信息化、公安、商务、卫生健康、市场监管部门要会同有关部门完善协作机制，细化职责分工，建立保障措施，指导各地推进物业服务企业发展线上线下生活服务。各地要加强组织领导，统筹协调各方力量，整合利用已有信息化基础设施和数据资源，整体谋划、系统推进，及时研究解决工作中遇到的困难。

（十八）分期分批组织实施。按照先试点探索、后全面覆盖的模式，区分商品房、保障性住房和老旧小区等不同类型，结合城镇老旧小区改造、绿色社区创建、完整居住社区建设等工作，以点带面、分类推进，逐步提高物业服务智慧化水平。2021年，各省（区、市）选择部分基础条件较好的城市开展试点。在试点工作的基础上，总结形成可复制、可推广的实践经验，加快推进智慧物业管理服务平台建设，实现居住社区生活服务线上线下融合，推动城市提质增效，促进城市高质量发展。

住房和城乡建设部
工业和信息化部
公安部
商务部
卫生健康委
市场监管总局
2020年12月4日

（此件公开发布）

住房和城乡建设部等部门关于加快培育新时代建筑产业工人队伍的指导意见

建市〔2020〕105号

各省、自治区、直辖市及计划单列市、新疆生产建设兵团住房和城乡建设厅（委、管委、局）、发展改革委、教育厅（局）、工业和信息化厅（局）、人力资源社会保障厅（局）、交通运输厅（局、委）、水利厅（局）、市场监管局、总工会，北京市规划和自然资源委，国家税务总局各省、自治区、直辖市和计划单列市税务局，各地区铁路监督管理局，民航各地区管理局，中华全国铁路总工会、中国民航工会全国委员会、中国金融工会全国委员会、中央和国家机关工会联合会：

党中央、国务院历来高度重视产业工人队伍建设工作，制定出台了一系列支持产业工人队伍发展的政策措施。建筑产业工人是我国产业工人的重要组成部分，是建筑业发展的基础，为经济发展、城镇化建设作出重大贡献。同时也要看到，当前我国建筑产业工人队伍仍存在无序流动性大、老龄化现象突出、技能素质低、权益保障不到位等问题，制约建筑业持续健康发展。为深入贯彻落实党中央、国务院决策部署，加快培育新时代建筑产业工人（以下简称建筑工人）队伍，提出如下意见。

一、总体思路

以习近平新时代中国特色社会主义思想为指导，全面贯彻党的十九大和十九届二中、三中、四中、五中全会精神，统筹推进"五位一体"总体布局和协调推进"四个全面"战略布局，牢固树立新发展理念，坚持以人民为中心的发展思想，以推进建筑业供给侧结构性改革为主线，以夯实建筑产业基础能力为根本，以构建社会化专业化分工协作的建筑工人队伍为目标，深化"放管服"改革，建立健全符合新时代建筑工人队伍建设要求的体制机制，为建筑业持续健康发展和推进新型城镇化提供更有力的人才支撑。

二、工作目标

到2025年，符合建筑行业特点的用工方式基本建立，建筑工人实现公司化、专业化管理，建筑工人权益保障机制基本完善；建筑工人终身职业技能培训、考核评价体系基本健全，中级工以上建筑工人达1000万人以上。

到2035年，建筑工人就业高效、流动有序，职业技能培训、考核评价体系完善，建筑工人权益得到有效保障，获得感、幸福感、安全感充分增强，形成一支秉承劳模精神、劳动精神、工匠精神的知识型、技能型、创新型建筑工人大军。

三、主要任务

（一）引导现有劳务企业转型发展。改革建筑施工劳务资质，大幅降低准入门槛。鼓励有一定组织、管理能力的劳务企业引进人才、设备等向总承包和专业承包企业转型。鼓励大中型劳务企业充分利用自身优势搭建劳务用工信息服务平台，为小微专业作业企业与施工企业提供信息交流渠道。引导小微型劳务企业向专业作业企业转型发展，进一步做专做精。

（二）大力发展专业作业企业。鼓励和引导现有劳务班组或有一定技能和经验的建筑工人成立以作业为主的企业，自主选择1~2个专业作业工种。鼓励有条件的地区建立建筑工人服务园，依托"双创基地"、创业孵化基地，为符合条件的专业作业企业落实创业相关扶持政策，提供创业服务。政府投资开发的孵化基地等创业载体应安排一定比例场地，免费向创业成立专业作业企业的农民工提供。鼓励建筑企业优先选择当地专业作业企业，促进建筑工人就地、就近就业。

（三）鼓励建设建筑工人培育基地。引导和支持大型建筑企业与建筑工人输出地区建立合作关系，建设新时代建筑工人培育基地，建立以建筑工人培育基地为依托的相对稳定的建筑工人队伍。创新培育基地服务模式，为专业作业企业提供配套服务，为建筑工人谋划职业发展路径。

（四）加快自有建筑工人队伍建设。引导建筑企业加强对装配式建筑、机器人建造等新型建造方式和建造科技的探索和应用，提升智能建造水平，通过技术升级推动建筑工人从传统建造方式向新型建造方式转变。鼓励建筑企业通过培育自有建筑工人、吸纳高技能技术工人和职业院校（含技工院校，下同）毕业生等方式，建立相对稳定的核心技术工人队伍。鼓励有条件的企业建立首席技师制度、劳模和工匠人才（职工）创新工作室、技能大师工作室和高技能人才库，切实加强技能人才队伍建设。项目发包时，鼓励发包人在同等条件下优先选择自有建筑工人占比大的企业；评优评先时，同等条件下优先考虑自有建筑工人占比大的项目。

（五）完善职业技能培训体系。完善建筑工人技能培训组织实施体系，制定建筑工人职业技能标准和评价规范，完善职业（工种）类别。强化企业技能培训主体作用，发挥设计、生产、施工等资源优势，大力推行现代学徒制和企业新型学徒制。鼓励企业采取建立培训基地、校企合作、购买社会培训服务等多种形式，解决建筑工人理论与实操脱节的问题，实现技能培训、实操训练、考核评价与现场施工有机结合。推行终身职业技能培训制度，加强建筑工人岗前培训和技能提升培训。鼓励各地加大实训基地建设资金支持力度，在技能劳动者供需缺口较大、产业集中度较高的地区建设公共实训基地，支持企业和院校共建产教融合实训基地。探索开展智能建造相关培训，加大对装配式建筑、建筑信息模型（BIM）等新兴职业（工种）建筑工人培养，增加高技能人才供给。

（六）建立技能导向的激励机制。各地要根据项目施工特点制定施工现场技能工人基本配备标准，明确施工现场各职业（工种）技能工人技能等级的配备比例要求，逐步提高基本配备标准。引导企业不断提高建筑工人技能水平，对使用高技能等级工人多的项目，可适当降低配备比例要求。加强对施工现场作业人员技能水平和配备标准的监督检查，将施工现场技能工人基本配备标准达标情况纳入相关诚信评价体系。建立完善建筑职业（工种）人工价格市场化信息发布机制，为建筑企业合理确定建筑工人薪酬提供信息指引。引导建筑企业将薪酬与建筑工人技能等级挂钩，完善激励措施，实现技高者多得、多劳者多得。

（七）加快推动信息化管理。完善全国建筑工人管理服务信息平台，充分运用物联网、计算机视觉、区块链等现代信息技术，实现建筑工人实名制管理、劳动合同管理、培训记录与考核评价信息管理、数字工地、作业绩效与评价等信息化管理。制定统一数据标准，加强各系统平台间的数据对接互认，实现全国数据互联共享。加强数据分析运用，将建筑工人管理数据与日常监管相结合，建立预警机制。加强信息安全保障工作。

（八）健全保障薪酬支付的长效机制。贯彻落实《保障农民工工资支付条例》，工程建设领域施工总承包单位对农民工工资支付工作负总责，落实工程建设领域农民工工资专用账户管理、实名制管理、工资保证金等制度，推行分包单位农民工工资委托施工总承包单位代发制度。依法依规对列入拖欠农民工工资"黑名单"的失信违法主体实施联合惩戒。加强法律知识普及，加大法律援助力度，引导建筑工人通过合法途径维护自身权益。

（九）规范建筑行业劳动用工制度。用人单位应与招用的建筑工人依法签订劳动合同，严禁用劳务合同代替劳动合同，依法规范劳务派遣用工。施工总承包单位或者分包单位不得安排未订立劳动合同并实名登记的建筑工人进入项目现场施工。制定推广适合建筑业用工特点的简易劳动合同示范文本，加大劳动监察执法力度，全面落实劳动合同制度。

（十）完善社会保险缴费机制。用人单位应依法为建筑工人缴纳社会保险。对不能按用人单位参加工伤保险的建筑工人，由施工总承包企业负责按项目参加工伤保险，确保工伤保险覆盖施工现场所有建筑工人。大力开展工伤保险宣教培训，促进安全生产，依法保障建筑工人职业安全和健康权益。鼓励用人单位为建筑工人建立企业年金。

（十一）持续改善建筑工人生产生活环境。各地要依法依规及时为符合条件的建筑工人办理居住证，用人单位应及时协助提供相关证明材料，保障建筑工人享有城市基本公共服务。全面推行文明施工，保证施工现场整洁、规范、有序，逐步提高环境标准，引导建筑企业开展建筑垃圾分类管理。不断改善劳动安全卫生标准和条件，配备符合行业标准的安全帽、安全带等具有防护功能的工装和劳动保护用品，制定统一的着装规范。施工现场按规定设置避难场所，定期开展安全应急演练。鼓励有条件的企业按照国家规定进行岗前、岗中和离岗时的职业健康检查，并将职工劳动安全防护、劳动条件改善和职业危害防护等纳入平等协商内容。大力改善建筑工人生活区居住环境，根据有关要求及工程实际配置空调、淋浴等设备，保障水电供应、网络通信畅通，达到一定规模的集中生活区要配套食堂、超市、医疗、法律咨询、职工书屋、文体活动室等必要的机构设施，鼓励开展物业化管理。将符合当地住房保障条件的建筑工人纳入住房保障范围。探索适应建筑业特点的公积金缴存方式，推进建筑工人缴存住房公积金。加大政策落实力度，着力解决符合条件的建筑工人子女城市入托入学等问题。

四、保障措施

（一）加强组织领导。各地要充分认识建筑工人队伍建设的重要性和紧迫性，强化部门协作、建立协调机制、细化工作措施，扎实推进建筑工人队伍建设。要强化建筑工人队伍的思想政治引领。加强宣传思想文化阵地建设，深化理想信念教育，培育和践行社会主义核心价值观，坚持不懈用习近平新时代中国特色社会主义思想教育和引导广大建筑工人。要按照《建筑工人施工现场生活环境基本配置指南》《建筑工人施工现场劳动保护基本配置指南》《建筑工人施工现场作业环境基本配置指南》（见附件）要求，结合本地区实际进一步细化落实，加强监督检查，切实改善建筑工人生产生活环境，提高劳动保障水平。

（二）发挥工会组织和社会组织积极作用。充分发挥工会组织作用，着力加强源头（劳务输出地）建会、专业作业企业建会和用工方建会，提升建筑工人入会率。鼓励依托现有行业协会等社会组织，建设建筑工人培育产业协作机制,搭建施工专业作业用工信息服务平台,助力小微专业作业企业发展。

(三)加大政策扶持和财税支持力度。对于符合条件的建筑企业,继续落实在税收、行政事业性收费、政府性基金等方面的相关减税降费政策。落实好职业培训、考核评价补贴等政策,结合实际情况,明确一定比例的建筑安装工程费专项用于施工现场工人技能培训、考核评价。对达到施工现场技能工人配备比例的工程项目,建筑企业可适当减少该项目建筑工人技能培训、考核评价的费用支出。引导建筑企业建立建筑工人培育合作伙伴关系,组建建筑工人培育平台,共同出资培训建筑工人,归集项目培训经费,统筹安排资金使用,提高资金利用效率。指导企业足额提取职工教育经费用于开展职工教育培训,加强监督管理,确保专款专用。对符合条件人员参加建筑业职业培训以及高技能人才培训的,按规定给予培训补贴。

(四)大力弘扬劳模精神、劳动精神和工匠精神。鼓励建筑企业大力开展岗位练兵、技术交流、技能竞赛,扩大参与覆盖面,充分调动建筑企业和建筑工人参与积极性,提高职业技能;加强职业道德规范素养教育,不断提高建筑工人综合素质,大力弘扬和培育工匠精神。坚持正确的舆论导向,宣传解读建筑工人队伍建设改革的重大意义、目标任务和政策举措,及时总结和推广建筑工人队伍建设改革的好经验、好做法。加大建筑工人劳模选树宣传力度,大力宣传建筑工人队伍中的先进典型,营造劳动最光荣、劳动最崇高、劳动最伟大、劳动最美丽的良好氛围。

附件:1. 建筑工人施工现场生活环境基本配置指南
    2. 建筑工人施工现场劳动保护基本配置指南
    3. 建筑工人施工现场作业环境基本配置指南

住房和城乡建设部
国家发展改革委
教育部
工业和信息化部
人力资源社会保障部
交通运输部
水利部
税务总局
市场监管总局
国家铁路局
民航局
中华全国总工会
2020年12月18日

(此件公开发布)

住房和城乡建设部关于加强城市地下市政基础设施建设的指导意见

建城〔2020〕111号

各省、自治区、直辖市人民政府,新疆生产建设兵团,国务院有关部门和单位:

城市地下市政基础设施建设是城市安全有序运行的重要基础,是城市高质量发展的重要内容。当前,城市地下市政基础设施建设总体平稳,基本满足城市快速发展需要,但城市地下管线、地下通道、地下公共停车场、人防等市政基础设施仍存在底数不清、统筹协调不够、运行管理不到位等问题,城市道路塌陷等事故时有发生。为进一步加强城市地下市政基础设施建设,经国务院同意,现提出以下意见。

一、总体要求

(一)指导思想。以习近平新时代中国特色社会主义思想为指导,全面贯彻党的十九大和十九届二中、三中、四中、五中全会精神,按照党中央、国务院决策部署,坚持以人民为中心,坚持新发展理念,落实高质量发展要求,统筹发展和安全,加强城市地下市政基础设施体系化建设,加快完善管理制度规范,补齐规划建设和安全管理短板,推动城市治理体系和治理能力现代化，提高城市安全水平和综合承载能力，满足人民群众日益增长的美好生活需要。

（二）工作原则。

坚持系统治理。将城市作为有机生命体，加强城市地下空间利用和市政基础设施建设的统筹，实现地下设施与地面设施协同建设，地下设施之间竖向分层布局、横向紧密衔接。

坚持精准施策。因地制宜开展以地下设施为主、包括相关地面设施的城市市政基础设施普查（以下称设施普查），在此基础上建立和完善城市市政基础设施综合管理信息平台（以下称综合管理信息平台），排查治理安全隐患，健全风险防控机制。

坚持依法推进。严格依照法律法规及有关规定落实城市地下市政基础设施相关各方责任，加强协同、形成合力，推动工作落实，不断完善长效管理机制。

坚持创新方法。运用信息化、智能化等技术推动城市地下市政基础设施管理手段、模式、理念创新，提升运行管理效率和事故监测预警能力。

（三）目标任务。到2023年底前，基本完成设施普查，摸清底数，掌握存在的隐患风险点并限期消除，地级及以上城市建立和完善综合管理信息平台。到2025年底前，基本实现综合管理信息平台全覆盖，城市地下市政基础设施建设协调机制更加健全，城市地下市政基础设施建设效率明显提高，安全隐患及事故明显减少，城市安全韧性显著提升。

二、开展普查，掌握设施实情

（四）组织设施普查。各城市人民政府负责组织开展设施普查，从当地实际出发，制定总体方案，明确相关部门职责分工，健全工作机制，摸清设施种类、构成、规模等情况。充分运用前期已开展的地下管线普查等工作成果，梳理设施产权归属、建设年代、结构形式等基本情况，积极运用调查、探测等手段摸清设施功能属性、位置关系、运行安全状况等信息，掌握设施周边水文、地质等外部环境，建立设施危险源及风险隐患管理台账。设施普查要遵循相关技术规程，普查成果按规定集中统一管理。

（五）建立和完善综合管理信息平台。在设施普查基础上，城市人民政府同步建立和完善综合管理信息平台，实现设施信息的共建共享，满足设施规划建设、运行服务、应急防灾等工作需要。推动综合管理信息平台采用统一数据标准，消除信息孤岛，促进城市"生命线"高效协同管理。充分发挥综合管理信息平台作用，将城市地下市政基础设施日常管理工作逐步纳入平台，建立平台信息动态更新机制，提高信息完整性、真实性和准确性。有条件的地区要将综合管理信息平台与城市信息模型（CIM）基础平台深度融合，与国土空间基础信息平台充分衔接，扩展完善实时监控、模拟仿真、事故预警等功能，逐步实现管理精细化、智能化、科学化。

三、加强统筹，完善协调机制

（六）统筹城市地下空间和市政基础设施建设。各地要根据地下空间实际状况和城市未来发展需要，立足于城市地下市政基础设施高效安全运行和空间集约利用，合理部署各类设施的空间和规模。推广地下空间分层使用，提高地下空间使用效率。城市地下管线（管廊）、地下通道、地下公共停车场、人防等专项规划的编制和实施要有效衔接。明确房屋建筑附属地下工程对地下空间利用的底线要求，严禁违规占用城市地下市政基础设施建设空间。

（七）建立健全设施建设协调机制。各城市人民政府要建立完善城市地下市政基础设施建设协调机制，推动相关部门沟通共享建设计划、工程实施、运行维护等方面信息，切实加强工程质量管理。地下管线工程应按照先深后浅的原则，合理安排施工顺序和工期，施工中严格做好对已有设施的保护措施，严禁分散无序施工。地铁等大型地下工程施工要全面排查周边环境，做好施工区域内管线监测和防护，避免施工扰动等对管线造成破坏。科学制定城市地下市政基础设施的年度建设计划，强化工程质量安全要求，争取地下管线工程与地面道路工程同步实施，力争各类地下管线工程一次敷设到位。

四、补齐短板，提升安全韧性

（八）消除设施安全隐患。各地要将消除城市地下市政基础设施安全隐患作为基础设施补短板的重要任务，明确质量安全要求，加大项目和资金保障力度，优化消除隐患工程施工审批流程。各城市人民政府对普查发现的安全隐患，明确整改责任单位，制定限期整改计划；对已废弃或"无主"的设施及时进行处置。严格落实设施权属单位隐患排查治理责任，确保设施安全。

（九）加大老旧设施改造力度。各地要扭转"重地上轻地下"、"重建设轻管理"观念，切实加强城市老旧地下市政基础设施更新改造工作力度。建立健全相关工作机制，科学制定年度计划，逐步对超过设计使用年限、材质落后的老旧地下市政基础设施进行更新改造。供水、排水、燃气、热力等设施权属单位要从保障稳定供应、提升服务质量、满足用户需求方面进一步加大设施更新改造力度。

（十）加强设施体系化建设。各地要统筹推进市政基础设施体系化建设，提升设施效率和服务水平。增强城市防洪排涝能力，建设海绵城市、韧性城市，补齐排水防涝设施短板，因地制宜推进雨污分流管网改造和建设，综合治理城市水环境。合理布局干线、支线和缆线管廊有机衔接的管廊系统，有序推进综合管廊系统建设。加强城市轨道交通规划建设管理，引导优化城市空间结构布局，缓解城市交通拥堵。完善城市管道燃气、集中供热、供水等管网建设，降低城市公共供水管网漏损率，促进能源和水资源节约集约利用，减少环境污染。

（十一）推动数字化、智能化建设。运用第五代移动通信技术、物联网、人工智能、大数据、云计算等技术，提升城市地下市政基础设施数字化、智能化水平。有条件的城市可以搭建供水、排水、燃气、热力等设施感知网络，建设地面塌陷隐患监测感知系统，实时掌握设施运行状况，实现对地下市政基础设施的安全监测与预警。充分挖掘利用数据资源，提高设施运行效率和服务水平，辅助优化设施规划建设管理。

五、压实责任，加强设施养护

（十二）落实设施安全管理要求。严格落实城市地下市政基础设施建设管理中的权属单位主体责任和政府属地责任、有关行业部门监管责任，建立健全责任考核和责任追究制度。设施权属单位要加强设施运行维护管理，不断完善管理制度，落实人员、资金等保障措施，严格执行设施运行安全相关技术规程，确保设施安全稳定运行。

（十三）完善设施运营养护制度。加强城市地下市政基础设施运营养护制度建设，规范设施权属单位的运营养护工作。建立完善设施运营养护资金投入机制，合理制定供水、供热等公用事业价格，保障设施运营正常资金。定期开展检查、巡查、检测、维护，对发现的安全隐患及时进行处理，防止设施带病运行。健全设施运营应急抢险制度，迅速高效依规处置突发事件，确保作业人员安全。

六、完善保障措施

（十四）加强组织领导。各省级人民政府要健全牵头部门抓总、相关部门协同配合的工作机制，督促指导本地区城市人民政府扎实推进城市地下市政基础设施建设各项工作，完善项目资金、政策制度等保障措施。住房和城乡建设部会同有关部门对设施普查和综合管理信息平台建设工作进行指导和支持。

（十五）开展效率评估。各地要结合城市体检，组织开展城市地下市政基础设施运行效率评估，找准并切实解决突出问题和短板，保障设施安全运行。住房和城乡建设部会同相关部门进行监督指导，推动效率评估各项任务措施落地见效。

（十六）做好宣传引导。各地要加大对城市地下市政基础设施建设工作的宣传，推广可借鉴案例，推介可复制经验，引导市场主体积极参与，发动社会公众进行监督，增强全社会安全意识，营造良好舆论氛围。

住房和城乡建设部
2020年12月30日

（此件公开发布）

住房和城乡建设部关于印发2020年工程建设规范标准编制及相关工作计划的通知

建标函〔2020〕9号

国务院有关部门，各省、自治区住房和城乡建设厅，海南省自然资源和规划厅、水务厅，直辖市住房和城乡建设（管）委及有关部门，新疆生产建设兵团住房和城乡建设局，国家人防办，中央军委后勤保障部军事设施建设局，有关行业协会，有关单位：

为落实工程建设标准改革要求，推进工程建设高质量发展，保障工程质量安全，改善民生，保护生态环境，我部组织制定了《2020年工程建设规范标准编制及相关工作计划》，现印发给你们，请抓紧安排落实。

中华人民共和国住房和城乡建设部
2020年1月14日

（此件主动公开）

住房和城乡建设部　国务院扶贫办关于开展建档立卡贫困户住房安全有保障核验工作的通知

建村函〔2020〕85号

各省、自治区、直辖市住房和城乡建设厅（住房和城乡建设委，住房和城乡建设管委）、扶贫办（局），新疆生产建设兵团住房和城乡建设局、扶贫办：

为深入贯彻落实习近平总书记关于决战决胜脱贫攻坚系列重要讲话和重要指示精神，贯彻落实党中央、国务院决策部署，确保高质量实现贫困户住房安全有保障目标任务，决定开展建档立卡贫困户住房安全有保障核验工作（以下简称核验工作），现通知如下。

一、深刻认识开展核验工作的重要意义

到2020年实现现行标准下的农村贫困人口全部脱贫，是党中央向全国人民作出的郑重承诺，必须如期实现。稳定实现农村贫困人口"两不愁三保障"是贫困人口脱贫的基本要义和核心指标。党的十八大以来，在"中央统筹、省负总责、市县抓落实"和"五级书记抓扶贫"等机制推动下，通过农村危房改造、易地扶贫搬迁等方式，贫困户住房安全有保障目标任务基本实现。

按照党中央、国务院工作部署，从2020年7月开始，国家将开展脱贫攻坚普查工作，全面了解贫困人口脱贫情况。在确保如期完成脱贫攻坚农村危房改造扫尾工程任务的同时全面开展核验工作，是检验各地贯彻落实习近平总书记"让贫困人口不住危房"重要指示精神的具体举措，是坚决兑现党中央庄严承诺的具体行动，是确保顺利完成脱贫攻坚普查的基础性工作。地方各级住房和城乡建设部门、扶贫部门要切实把思想和行动统一到习近平总书记重要讲话精神和党中央决策部署上来，以对党和人民高度负责的态度认真组织开展核验工作，确保"不漏一户，不落一人"。

二、对标"让贫困人口不住危房"目标任务，扎实做好核验工作

住房和城乡建设部、国务院扶贫办搭建脱贫攻坚住房安全有保障信息平台（以下简称信息平台），开发核验手机APP。地方各级住房和城乡建设主管部门、扶贫部门要有序组织本辖区内的乡（镇），根据信息平台中本辖区所有建档立卡贫困户身份信息，按照"鉴定安全""改造安全""保障安全"3项分类，以行政村为单位逐户核验住房安全有保障情况。其中，贫困户住房经鉴定或评定为A级或B级的，视为"鉴定安全"；通过农村危房改造、易地扶贫搬迁、生态移民、水库移民和避险搬迁等方式解决贫困户住房安全的，视为"改造安全"；采取集体公租房、幸福大院、租赁闲置农房、投亲靠友等方式保障贫困户住房安全的，视为"保障安全"。要通过信息化手段加强核验工作成果的监督管理，指导乡（镇）、行政村将核验工作情况和住房现状照片等信息在信息平台（或手机APP）中进行登记，核验一户、登记一户。对于经核验发现的贫困户住房安全问题，要予以妥善解决，确保贫困户住房安全有保障。核验工作要在2020年6月底前完成。

三、压实工作责任，周密组织实施，确保如期完成核验工作

核验工作时间紧、任务重，要坚决落实"中央统筹、省负总责、市县抓落实"工作机制。住房和城乡建设部、国务院扶贫办统筹指导各地做好核验工作。省级住房和城乡建设部门、扶贫部门要督促指导市县严格落实主体责任，明确任务分工，狠抓工作落实，确保实现全省（区、市）核验工作全覆盖。县级住房和城乡建设部门、扶贫部门要组织本辖区乡（镇）、行政村充分发挥村"两委"和驻村第一书记、驻村工作队作用，严实深细开展核验工作。在核验工作中，要力戒形式主义和官僚主义，确保核验过程真实，核验结果准确，核验信息完整。

住房和城乡建设部、国务院扶贫办将适时对各地核验工作进度进行通报。

中华人民共和国住房和城乡建设部
国务院扶贫开发领导小组办公室
2020年5月28日
（此件主动公开）

住房和城乡建设部 国家文物局关于开展国家历史文化名城保护工作调研评估的通知

建科函〔2020〕118号

各省、自治区住房和城乡建设厅、文物局（文化和旅游厅/局），海南省自然资源和规划厅，直辖市规划和自然资源委（局）、住房和城乡建设（管）委、文物局，新疆生产建设兵团住房和城乡建设局、文物局：

为贯彻落实习近平总书记关于历史文化保护重要指示批示精神，切实加强和改进历史文化名城保护工作，针对部分国家历史文化名城存在的保护内容不完整、保护利用不到位、保护制度不完善等问题，住房和城乡建设部、国家文物局决定开展2020年国家历史文化名城（以下简称名城）保护工作调研评估。现将有关事项通知如下：

一、调研评估内容

各名城贯彻落实党中央和国务院重大决策部署、完成名城保护具体工作任务以及执行相关法律法规的情况。具体包括：

（一）历史文化资源普查认定工作情况。

1. "历史文化街区划定和历史建筑确定"专项工作进展情况。重点调研评估是否按照应保尽保原则划定历史文化街区、确定历史建筑。

2. 2012年以来文物保护单位核定公布以及未核定公布为文物保护单位的不可移动文物登记公布情况。

（二）保护对象的保护利用情况。

1. 城市山水环境、整体格局风貌的保护情况。重点调研评估是否存在破坏地形地貌、砍伐老树、建设不协调建筑等影响名城景观风貌的情况。

2. 历史文化街区传统格局风貌保存现状、基础设施完善和公共服务设施提升情况。重点调研评估是否存在大拆大建、拆真建假、长期失管失修造成传统风貌破坏、居住环境差的情况。

3. 历史建筑保护修缮、活化利用等情况。重点调研评估是否存在安全隐患、损坏拆除、修后未用等情况。

4. 文物保护单位及未核定公布为文物保护单位的不可移动文物保护管理、活化利用等状况。重点调研评估已批准文物保护修缮项目进展情况、开放利用情况，是否存在文物安全隐患、文物违法等情况。

（三）保护管理工作情况。

1. 历史建筑测绘建档、挂牌情况，历史建筑省级数据库建设情况，历史文化街区建档、标志牌设置情况。

2. 名城保护规划、街区保护规划的编制审批备案和实施情况。

3. 名城保护的地方性法规、规章和技术标准等制定和执行情况。

4. 名城保护日常监管、违法行为监督处罚等情况，历次各级评估检查中发现问题的整改情况和长效机制建立情况。

5. 名城保护工作培训、交流学习和社会参与情况。

6. 文物保护单位"四有"工作完成情况，具体保护措施公告施行情况及纳入相关规划情况。

7. 未核定公布为文物保护单位的不可移动文物保护管理情况，具体保护措施公告施行情况。

二、组织方式和时间安排

（一）名城自查自评。自本通知印发之日起至2020年8月底，各名城开展自查自评，填写《国家历史文化名城调研评估表》（见附件），形成自查报告，于2020年8月31日前报送省级住房和城乡建设（规划）、文物主管部门。北京、上海、天津、重庆4座名城的自查报告直接报送住房和城乡建设部、国家文物局。

（二）省级调研评估。自本通知印发之日起至2020年9月中旬，各省级住房和城乡建设（规划）主管部门会同文物主管部门结合本地实际情况，根据新冠肺炎疫情防控要求，灵活采用名城交叉互评、专家评估、第三方评估等方式开展调研评估，综合名城自查自评情况形成省级调研评估报告和问题清单，于2020年9月20日前报送住房和城乡建设部、国家文物局。

（三）部门重点调研。自本通知印发之日起至2020年9月30日，住房和城乡建设部会同国家文物局选择若干名城开展重点调研。

三、工作要求

（一）落实主体责任。各省级住房和城乡建设（规划）、文物主管部门要充分认识调研评估工作的重要意义，做好本省（区）名城自查自评和省级调研评估组织工作。

（二）提高评估质量。各省级住房和城乡建设（规划）、文物主管部门要督促指导各名城认真做好自查自评，实事求是总结经验、查找问题，自查报告应数据翔实、直面问题。加强省级调研评估工作，求真务实摸清情况、解剖典型，调研评估报告要言之有物、结论清晰。

（三）做好后续工作。各省级住房和城乡建设（规划）、文物主管部门要及时向各名城反馈省级调研评估意见，督促各名城及时对自查自评和省级调研评估中发现的问题进行整改。对调研评估中发现的名城保护工作好经验、好做法，要及时宣传推广。

住房和城乡建设部会同国家文物局将根据调研评估情况，对保护工作成效显著、群众普遍反映良好的名城予以通报表扬；对保护不力导致名城历史文化价值受到严重影响的，依法将其列入濒危名单并公布，情节严重的将报请国务院撤销其名城称号。对不尽责履职、工作不力，造成名城历史文化价值受到影响的领导干部，以及对造成名城列入濒危名单或撤销称号直接负责的主管人员和其他直接责任人员，按照干部管理权限向相关党组织或者机关、单位提出开展问责的建议。

住房和城乡建设部：徐知秋
电话：010-58933769　传真：010-58933042
邮箱：ghsmcc@mohurd.gov.cn
国家文物局：聂政
电话：010-56792082　传真：010-56792133
邮箱：ziyuanchu@ncha.gov.cn
附件：国家历史文化名城调研评估表

中华人民共和国住房和城乡建设部
国家文物局
2020年7月31日

（此件公开发布）

住房和城乡建设部办公厅关于加强新冠肺炎疫情防控有序推动企业开复工工作的通知

建办市〔2020〕5号

各省、自治区住房和城乡建设厅，直辖市住房和城乡建设（管）委，新疆生产建设兵团住房和城乡建设局，有关行业协会，有关中央企业：

为深入贯彻习近平总书记在统筹推进新冠肺炎疫情防控和经济社会发展工作部署会议上的重要讲话精神，认真落实党中央、国务院有关决策部署，加强房屋建筑和市政基础设施工程领域疫情防控，有序推动企业开复工，现就有关事项通知如下：

一、牢固树立大局意识，有序推动企业开复工

（一）分区分级推动企业和项目开复工。地方各级住房和城乡建设主管部门要增强"四个意识"、坚

定"四个自信"、做到"两个维护",切实提高政治站位,在地方党委和政府统一领导下,根据本地疫情防控要求,开展企业经营和工程项目建设整体情况摸排,加强分类指导,以县(市、区、旗)为单位,有序推动企业和项目开复工。低风险地区要全面推动企业和工程项目开复工,中风险地区要有序推动企业和工程项目分阶段、错时开复工,高风险地区要确保在疫情得到有效防控后再逐步有序扩大企业开复工范围。涉及疫情防控、民生保障及其他重要国计民生的工程项目应优先开复工,加快推动重大工程项目开工和建设,禁止搞"一刀切"。

(二)切实落实防疫管控要求。地方各级住房和城乡建设主管部门要积极与地方卫生健康主管部门、疾控部门加强统筹协调,根据实际情况制定出台建设工程项目疫情防控和开复工指南,重点对企业组织管理、人员集聚管理、人员排查、封闭管理、现场防疫物资储备、卫生安全管理、应急措施等方面提出明确要求,细化疫情防控措施,协助企业解决防控物资短缺等问题。强化企业主体责任,明确已开复工项目施工现场各方主体职责,严格落实各项防疫措施,切实保障企业开复工后不发生重大疫情事项,全力服务国家疫情防控大局。

(三)加强施工现场质量安全管理。地方各级住房和城乡建设主管部门要加强开复工期间工程质量安全监管工作,加强风险研判,制定应对措施,创新监管模式,严防发生质量安全事故。对近期拟开复工项目,简化工程质量安全相关程序要求,优化工程质量安全相关手续办理流程,鼓励实行告知承诺制,加强事后监管,可以允许疫情解除后再补办有关手续。对工程项目因疫情不能返岗的管理人员,允许企业安排执有相应资格证书的其他人员暂时顶岗,加快工程项目开复工。督促企业落实安全生产主体责任,加强工程项目开复工前安全生产条件检查,重点排查深基坑、起重机械、高支模以及城市轨道交通工程等危险性较大的分部分项工程安全隐患,强化进场人员开复工前质量安全、卫生防疫等交底,对准备工作不充分、防范措施不落实、隐患治理不到位的工程项目,严禁擅自开复工。督促工程建设单位切实保障工程项目合理工期,严禁盲目抢工期、赶进度等行为。

二、加大扶持力度,解决企业实际困难

(四)严格落实稳增长政策。地方各级住房和城乡建设主管部门要会同有关部门建立企业应对疫情专项帮扶机制,认真贯彻落实国家有关财税、金融、社保等支持政策,指导企业用足用好延期缴纳或减免税款、阶段性缓缴或适当返还社会保险费、减免房屋租金、加大职工技能培训补贴等优惠政策。加快推动银企合作,鼓励商业银行对信用评定优良的企业,在授信额度、质押融资、贷款利率等方面给予支持,有效降低企业融资成本。大力推行工程担保,以银行保函、工程担保公司保函或工程保证保险替代保证金,减少企业资金占用。严格落实涉企收费清单制度,坚决制止各类乱收费、乱罚款和乱摊派等行为,切实降低企业成本费用。

(五)加强合同履约变更管理。疫情防控导致工期延误,属于合同约定的不可抗力情形。地方各级住房和城乡建设主管部门要引导企业加强合同工期管理,根据实际情况依法与建设单位协商合理顺延合同工期。停工期间增加的费用,由发承包双方按照有关规定协商分担。因疫情防控增加的防疫费用,可计入工程造价;因疫情造成的人工、建材价格上涨等成本,发承包双方要加强协商沟通,按照合同约定的调价方法调整合同价款。地方各级住房和城乡建设主管部门要及时做好跟踪测算和指导工作。

(六)加大用工用料保障力度。加强部门协调联动,积极帮助企业做好工人返岗、建筑材料及设备运输、防疫物资保障等工作。统筹推进建筑业产业链上下游协同复工,加强上下游配套企业沟通,协助企业解决集中复工可能带来的短期内原材料短缺或价格大幅上涨等问题。强化企业用工保障,做好农民工返岗复工点对点服务保障工作,指导农民工主要输出地和输入地做好人员返岗的对接和服务,鼓励采用点对点包车等直达运输方式,减少分散出行风险。开展建筑工地用工需求摸查,及时发布用工需求信息,鼓励企业优先招用本地农民工,引导企业采取短期有偿借工等方式,相互调剂用工余缺。支持企业开展农民工在岗培训,鼓励有条件的地区设立复工补助资金,对农民工包车、生活、培训等提供补贴,解决农民工返岗的后顾之忧。

(七)切实减轻企业资金负担。加快清理政府部门和国有企业拖欠民营企业账款,建立和完善防范拖欠长效机制,严禁政府和国有投资工程以各种方式要求企业带资承包,建设单位要按照合同约定按时足额支付工程款,避免形成新的拖欠。规范工程价款结算,政府和国有投资工程不得以审计机关的审计结论作为工程结算依据,建设单位不得以未完成决算审计为由,拒绝或拖延办理工程结算和工程款支付。严格执行工程建设领域保证金相关规定,保证金到期应当及时予以返还,未按规定或合同约

定返还保证金的，保证金收取方应向企业支付逾期返还违约金。优化农民工工资保证金管理，疫情防控期间新开工的工程项目，可暂不收取农民工工资保证金。

三、加快推进产业转型，提升行业治理能力

（八）全面落实建筑工人实名制管理。所有开复工项目原则上实行封闭管理，严格按照有关规定落实建筑工人实名制，实时记录施工现场所有人员进出场信息，实行体温检测制度，严禁无关人员进入施工现场，最大限度减少施工现场人员流动。对不能实行封闭管理的工程项目，要明确施工区域，做好建筑工人实名制管理，管控人员流动。有条件的工程项目要做到作业区、办公区和生活区的相对隔离，并对施工现场划分作业区域，根据作业特点定时记录区域内人员信息。

（九）大力推进企业数字化转型。企业要加强信息化建设，更多通过线上方式布置工作、实施质量安全管理、召开会议、汇报情况、招聘队伍、采购建材和机械物资等，推进大数据、物联网、建筑信息模型（BIM）、无人机等技术应用，提高工作效率，减少人员聚集和无序流动。

（十）积极推动电子政务建设。全面推行电子招投标和异地远程评标，对非必须到现场办理的业务，一律采用线上办理。对涉及防疫防控或保障城市运行必需等特殊情况的应急工程项目，经有关部门同意可以不进行招标。大力推行施工许可线上全流程办理和电子证照，进一步简化审批流程。有条件的地区可采用"在线申报、在线审批、自行打证"模式，不再经政府办事窗口现场办理。

（十一）推动资质审批告知承诺制改革。实行资质申报、审批、公示、公告等业务的"一网通办"，鼓励采用邮寄等方式领取证书。各地可进一步扩大审批告知承诺制适用范围，减少资质申报材料，提高审批效率。

四、加强组织领导，落实监管责任

（十二）建立完善工作机制。地方各级住房和城乡建设主管部门要认真履职尽责，在做好各项疫情防控工作的同时，统筹开展房屋建筑和市政基础设施工程领域企业和工程项目开复工工作。结合地方实际，进行专题研究部署，加强与相关部门协作联动，切实采取有效措施，协调解决企业开复工遇到的实际困难和问题，最大程度减少企业负担和损失，帮助企业尽快恢复正常生产经营。

（十三）加大指导监督力度。地方各级住房和城乡建设主管部门要加强对疫情防控期间企业经营的监测分析和指导监督，落实监管职责，明确责任分工，加强对新建、改建、扩建项目开复工的监管，强化疫情防控措施落实，及时上报实施过程中存在的问题及相关建议。充分发挥行业协会作用，及时了解市场运行情况和企业诉求。加强舆论宣传引导，打造各方协力、众志成城的良好氛围，坚决打赢疫情防控的人民战争、总体战、阻击战。

中华人民共和国住房和城乡建设部办公厅
2020年2月26日

住房和城乡建设部办公厅 国务院扶贫办综合司关于统筹做好疫情防控和脱贫攻坚保障贫困户住房安全相关工作的通知

建办村〔2020〕6号

各省、自治区、直辖市住房和城乡建设厅（住房和城乡建设委，住房和城乡建设管委）、扶贫办（局），新疆生产建设兵团住房和城乡建设局、扶贫办：

为贯彻落实习近平总书记在决战决胜脱贫攻坚座谈会及统筹推进新冠肺炎疫情防控和经济社会发展工作部署会上的重要讲话精神，深入落实党中央、国务院脱贫攻坚决策部署，确保如期实现贫困户住房安全有保障目标任务，现就统筹抓好新冠肺炎疫情防控和脱贫攻坚农村危房改造相关工作通知如下。

一、克服新冠肺炎疫情影响，加快推进农村危房改造任务扫尾

（一）明确农村危房改造任务及完成时限。地方各级住房和城乡建设部门要进一步加强与扶贫部门协作，对2019年已下达尚未竣工的存量任务以及"回头看"排查出的新增任务等农村危房改造扫尾任务逐户建立台账，统筹用好提前下达的2020年中央财政农村危房改造补助资金，倒排工期，压实责任，确保所有建档立卡贫困户需改造的危房2020年6月底前全部竣工。

（二）分区分级推进农村危房改造工程复工。要按照分区分级精准复工复产的工作要求，根据不同地区的新冠肺炎疫情防控工作情况，指导所辖地区有序推进农村危房改造复工。疫情严重的地区，在重点抓好疫情防控的同时，做好人工、建筑材料等准备，根据疫情防控形势逐步实施改造。没有疫情或疫情较轻的地区，要集中精力加快实施改造。相关省份要加强对"三区三州"等深度贫困地区和受疫情影响严重的贫困地区工作支持指导力度，加大资金投入，定期调研督导。

（三）做好农村危房改造过程新冠肺炎疫情防控。要做好农村危房改造施工人员的防护知识普及，增强自我保护意识。根据本地区疫情防控形势督促农村危房改造施工人员使用必要的防护用品，保障身体健康安全。加强对农村危房改造施工人员的健康状况监测，发现疫情应及时采取应对措施并向当地有关部门报告。

二、对标脱贫攻坚普查，完善档案信息管理

（四）完善信息录入与管理。在国务院扶贫办提供建档立卡贫困户信息的基础上，住房和城乡建设部对脱贫攻坚三年行动农户档案信息检索系统（以下简称信息检索系统）进行升级。省级住房和城乡建设部门要指导县级住房和城乡建设部门对照信息检索系统中的建档立卡贫困户信息，逐户梳理其住房安全保障方式和住房安全有保障的认定结果，并于2020年6月底前完成相关信息录入工作。同时，县级住房和城乡建设部门要加快农村危房改造农户档案的信息录入工作，对已录入信息认真校核完善，确保农村危房改造农户档案信息真实、完整。

（五）加强信息互通与共享。地方各级住房和城乡建设部门和扶贫部门要加强信息系统数据的互联互通，确保所掌握的建档立卡贫困户住房安全保障情况口径一致。地方各级住房和城乡建设部门要定期将本地区农村危房改造进展情况及时提供给本级扶贫部门，扶贫部门要及时更新完善扶贫开发信息系统有关数据，并将更新完善后的数据及时反馈住房和城乡建设部门。

三、抓好问题整改，巩固脱贫成效

（六）抓好问题整改。要对照中央脱贫攻坚专项巡视"回头看"、2019年扶贫成效考核以及各地脱贫攻坚大排查等发现的问题，逐项建立台账，明确整改方向，落实整改责任，按照"立行立改、边查边改"的原则，持续深入抓好危房改造质量不高、补助资金拨付缓慢、项目管理不规范等问题整改工作。有关省份要通过实地走访、入户暗访、个别抽查等方式，加大督导力度，确保问题整改到位。

（七）巩固脱贫成效。要结合问题整改，深入分析农村危房改造工作责任落实、监督管理、制度执行等方面存在的突出问题，举一反三，完善相关政策和工作机制，推动建立长效机制。用好漠视侵害群众利益专项整治工作成果，把着力解决群众最关心最直接最现实的利益问题作为一项长期工作常抓不懈。对贫困户住房安全保障情况实施动态监测，及时跟踪并解决出现的新问题，根据当地实际研究建立防止返贫的工作机制。

从2020年4月起，省级住房和城乡建设部门要联合扶贫部门每月6日前向住房和城乡建设部村镇建设司和国务院扶贫办规划财务司报送上月末建档立卡贫困户危房改造工程进度情况。

中华人民共和国住房和城乡建设部办公厅
国务院扶贫开发领导小组办公室综合司
2020年3月16日
（此件主动公开）

住房和城乡建设部办公厅关于印发房屋市政工程复工复产指南的通知

建办质〔2020〕8号

各省、自治区住房和城乡建设厅，直辖市住房和城乡建设（管）委，新疆生产建设兵团住房和城乡建设局，山东省交通运输厅，上海市交通委：

为统筹做好新冠肺炎疫情防控和工程质量安全工作，指导各地建筑业企业稳步有序推动工程项目复工复产，我部制定了《房屋市政工程复工复产指南》，现印发你们，请结合实际参照执行。

中华人民共和国住房和城乡建设部办公厅
2020年3月24日
（此件主动公开）

房屋市政工程复工复产指南

1 总则

1.1 为统筹做好新冠肺炎疫情防控和工程质量安全工作，指导建筑业企业稳步有序推动工程项目复工复产，根据国务院应对新冠肺炎疫情联防联控机制《企事业单位复工复产疫情防控措施指南》，结合建筑业实际情况，制定本指南。

1.2 本指南适用于新冠肺炎疫情防控期间房屋市政工程复工复产施工现场的运行和管理。

1.3 各参建单位（含建设、施工、监理等）项目负责人是本单位工程项目疫情防控和复工复产的第一责任人，按照"谁用工、谁管理、谁负责"要求，严格落实各项防控措施，确保疫情防控和工程质量安全管控到位。

1.4 地方各级住房和城乡建设主管部门及有关部门应当在地方党委和政府统一领导下，积极指导和帮扶建筑业企业分区分级、分类分时、有条件复工复产。坚持分区分级精准监管，按照疫情防控风险等级，采取差异化策略，开展疫情防控和质量安全监督检查，及时妥善处置突发事件，坚决防止发生聚集性传染事件和质量安全事故。

2 复工复产条件

2.1 防控机制

组建疫情防控复工复产工作组，统筹指导工程项目疫情防控和质量安全管控工作。工作组设立可疑症状报告电话，并指定专人负责对接工程项目所在地的政府、街道、社区及定点医院，按照属地管理要求定期报送有关信息，保证信息渠道畅通。

2.2 专项方案

编制工程项目疫情防控方案和复工复产组织方案，并制定工程项目落实疫情防控责任承诺书，对现场管理、人员管控、物资储备和应急处置等作出安排，明确具体要求和措施，并要求工程项目全体人员认真落实。

2.3 人员健康管理

2.3.1 指定专人负责人员健康管理，建立"一人一档"制度，切实掌握人员流动情况，按照疫情防控要求，对聘用的所有人员进行健康管理。

2.3.2 加强与务工人员的沟通联系，严格执行项目所在地人员管控要求，杜绝不符合规定人员复工复产的情况。加强异地返程人员管理，做好返工人员的行程安排，鼓励协调或帮助同一地区人员采取"点对点"包车方式集中返回。

2.4 施工现场准备

2.4.1 施工现场采取封闭式管理。严格施工区、材料加工和存放区、办公区、生活区等"四区"分离，并设置隔离区和符合标准的隔离室。现场不具备条件的，应按照标准在异地设置。

2.4.2 在卫生健康、疾控等专业部门指导下，对施工现场所有场所进行全面消毒杀菌。

2.4.3 根据工程规模和务工人员数量等因素，合理配备体温计、口罩、消毒剂等疫情防控物资。

2.4.4 安排专人负责文明施工和卫生保洁等工作，按照相关规定分类设置防疫垃圾（废弃口罩等）、生活垃圾和建筑垃圾收集装置。

2.5 质量安全检查

2.5.1 施工单位、监理单位项目负责人及关键岗位人员原则上应当到岗履职。

2.5.2 对施工管理人员和务工人员，特别是新进场建筑工人和转岗人员，组织开展疫情防控知识和工程质量安全管理为重点的教育培训。

2.5.3 严格做到"五个必须"，建设单位必须召开安全例会，施工单位必须安全管理措施到位，项目部必须安全检查到位，项目人员必须安全教育到位，监理单位必须安全监理履职到位。

2.5.4 工程复工前应当全面开展施工现场安全隐患排查，突出检查脚手架、高支模等模板支撑体系是否牢固，起重机械等使用前是否进行了维护保养，深基坑变形监测是否超过报警值等。质量安全隐患未消除或整改不符合要求的，不得复工复产。

3 现场疫情防控

3.1 人员登记

3.1.1 严格执行门卫登记检查制度。通过建筑工地实名制管理系统，对进入施工现场的人员进行实名制考勤、登记和核查，禁止无关人员进入现场。所有进入现场的人员必须佩戴口罩。

3.1.2 在施工现场进出口设立体温监测点，对所有进入施工现场人员进行体温检测并登记，每天测温不少于两次。凡有发热、干咳等症状的，应阻止其进入，并及时报告和妥善处置。

3.1.3 建立建设、施工、监理等单位各类人员实名名册，并对所有人员排查身体状况后建立健康卡，如实记录人员姓名、年龄、家庭地址、联系电话、进退场时间、身体健康等信息。

3.2 施工组织

3.2.1 按照疫情防控相关要求，修订完善施工组织设计、专项施工方案、应急预案等，增加疫情防控要求、措施等内容，落实疫情防控所需物资、人员、资金等。

3.2.2 优化施工计划与组织，优先安排机械进场作业，合理安排所需从业人员较多、有限空间等分部分项工程施工作业，杜绝人员聚集性作业。

3.2.3 保证施工作业区、工地生活区和办公区内洗手设施的正常使用，配备肥皂或洗手液。

3.3 宣传教育

3.3.1 组织开展疫情防控知识宣传教育，利用现场展板、网络、手机终端等方式，督促现场人员做好自身防护，做到勤洗手、勤通风、戴口罩，减少人员聚集，提高自我防护意识。

3.3.2 每日对现场人员开展卫生防疫岗前教育。宣传教育应尽量选择开阔、通风良好的场地，分批次进行，人员间隔不小于1米。

3.4 作业区管理

3.4.1 对施工现场起重机械的驾驶室、操作室等人员长期密闭作业场所进行消毒，予以记录并建立台账。施工现场起重机械投入使用前应组织检查，将驾驶室、操作室是否消毒作为必查项。

3.4.2 加大巡查检查力度，检查作业环境是否满足施工防疫要求，检查施工人员防护防疫措施是否到位。发现问题及时整改，第一时间消除防疫隐患。

3.5 办公及生活场所管理

3.5.1 现场办公场所、会议室、宿舍应保持通风，每天至少通风3次，每次不少于30分钟。

3.5.2 宿舍人员宜按减半安排，减少聚集，严禁通铺。对本地务工人员应加强下班后的跟踪管理。

3.5.3 工地现场食堂应严格执行卫生防疫规定，严禁工地区域饲养、宰杀、食用野生动物。通过正规渠道购买食品物资，全力把好食品安全关。严禁垃圾乱倒，做好垃圾储运、污水处理、沟渠及下水道疏通、消毒工作。

3.5.4 食堂就餐应采取错时就餐、分散就餐等方式方法，应避免就餐人员聚集。

3.5.5 定期对宿舍、食堂、盥洗室、厕所等重点场所进行消毒，并加强循环使用餐具清洁消毒管理，严格执行一人一具一用一消毒。

4 质量安全管理

4.1 隐患排查

4.1.1 排查危险性较大分部分项工程安全状况。认真检查专项施工方案的制定、更新和落实情况，严禁不编制、不执行专项施工方案的违法违规行为。

4.1.2 排查脚手架、高支模等模板支撑体系安全状况。认真检查脚手架、高支模等模板支撑体系的基础、连墙件，斜撑和剪刀撑、扣件螺栓等关键部位结构的连接、杆件的紧固和架体基础稳定。

4.1.3 排查起重机械设备安全状况。认真检查起重机械基础、机械与基础的连接固定、保险和限位装置等关键部位，保证设备保持稳定、灵敏、可靠、牢固。

4.1.4 排查深基坑工程施工安全状况。认真检查深基坑工程（含人工挖孔桩）有无变形，作业前先进行通风，排除残留气体，保持空气流通。

4.1.5 排查城市轨道交通工程施工安全状况。认真检查城市轨道交通工程明挖法、暗挖法、盾构及高架桥各项施工安全条件。

4.1.6 对排查出的问题，应列出安全和质量问题（缺陷）隐患清单，并依据相关标准规范，制定可靠的整改方案，及时采取有效措施消除隐患。

4.2 风险管控

4.2.1 严格把好材料、设备等进场质量安全关。严禁将存在安全隐患的设备用于施工中，严禁将不合格的材料用到工程上。

4.2.2 加强工程质量安全管理，坚决杜绝盲目抢工期，遏制质量安全事故发生。确需调整工期的，应经过专家论证，确保施工安全。

4.2.3 加强分部分项工程质量安全验收管理，严禁将不合格工程当作合格工程验收后进入下道工序施工。城市轨道交通工程关键节点施工前应落实条件核查制度，提高风险预防控制能力。

5 应急管理

5.1 应急准备

组建应急队伍，配齐配足应急物资，并接受当地卫生健康、疾控等部门专业培训，制定疫情防控应急预案。

5.2 应急处置

5.2.1 发生涉疫情况，应第一时间向有关部门报告、第一时间启动应急预案、第一时间采取停工措施并封闭现场。

5.2.2 按照应急预案和相关规定进行先期处置，安排涉疫人员至隔离观察区域，与现场其他人员进行隔离，并安排专人负责卫生健康、疾控等部门防控专业人员的进场引导工作，保障急救通道畅通。

5.2.3 积极配合卫生健康、疾控等部门做好流行病学调查、医学观察，对现场进行全面消杀。

5.2.4 根据属地要求，及时、全面、准确向有关部门报送疫情防控信息。

6 监督管理

6.1 加强对复工复产期间的疫情防控和工程质量安全的监督检查，对发现的疫情防控不到位、施工安全隐患和工程质量问题，严格跟踪督促相关责任单位和责任人整改到位。

6.2 对监督检查中发现复工条件达不到要求、履职不到位，造成疫情蔓延扩散或工程质量安全事故的，应实施停工整改，并依法追究有关单位、人员的责任。

7 保障措施

7.1 对因疫情不可抗力导致工期延误，施工单位可根据实际情况依法与建设单位协商，合理顺延合同工期。停工期间或工期延误增加的费用，发承包双方按照有关规定协商处理。

7.2 因疫情防控发生的防疫费用，可计入工程造价。因疫情造成的人工、建材价格上涨等成本，发承包双方应加强协商沟通，按照合同约定的调价方法调整合同价款。

7.3 严禁政府和国有投资工程以各种方式要求施工单位带资承包。建设单位应按照合同约定按时足额支付工程款，不得形成新的拖欠。

7.4 政府和国有投资工程不得以审计机关的审计结论作为工程结算依据，建设单位不得以未完成决算审计为由，拒绝或拖延办理工程结算和工程款支付。

7.5 严格执行工程建设领域保证金相关规定，保证金到期应当及时予以返还，未按规定或合同约定返还保证金的，保证金收取方应向企业支付逾期返还违约金。疫情防控期间新开工的工程项目，可暂不收取农民工工资保证金；投标保证金、工程质量保证金等其他保证金，可结合当地实际情况采用银行保函或缓缴等方式。

7.6 地方各级住房和城乡建设主管部门及有关部门要积极研究、主动作为，加强对复工复产保障政策的解读、细化和落实，向企业宣传好、解释好、落实好政策，支持企业依法享受税收、成本、金融、保险等优惠政策，打通政策落地"最后一公里"。对材料、设备等供应短缺，影响工程复工复产的，应会同有关部门积极协调解决，真正让企业得到实惠、受到激励，更加坚定复工复产信心。

住房和城乡建设部办公厅关于印发施工现场建筑垃圾减量化指导手册（试行）的通知

建办质〔2020〕20号

各省、自治区住房和城乡建设厅，直辖市住房和城乡建设（管）委，北京市规划和自然资源委，新疆生产建设兵团住房和城乡建设局：

为指导施工现场建筑垃圾减量化工作，促进绿色建造发展和建筑业转型升级，我部组织编制了《施工现场建筑垃圾减量化指导手册（试行）》。现印发给你们，请参照执行。

中华人民共和国住房和城乡建设部办公厅
2020年5月8日
（此件主动公开）

施工现场建筑垃圾减量化指导手册
（试行）

住房和城乡建设部
2020年5月

目 录

1 总则
2 总体要求
3 施工现场建筑垃圾减量化专项方案的编制
4 施工现场建筑垃圾的源头减量
5 施工现场建筑垃圾的分类收集与存放
6 施工现场建筑垃圾的就地处置
7 施工现场建筑垃圾的排放控制
8 附则
附录A 施工现场建筑垃圾减量化相关标准名录
附录B 施工现场建筑垃圾出场相关统计表

1 总则

1.1 为解决工程建设大量消耗、大量排放等问题，从源头上减少工程建设过程中建筑垃圾的产生，实现施工现场建筑垃圾减量化，促进绿色建造发展和建筑业转型升级，特制订本指导手册。

1.2 本指导手册适用于新建、改建、扩建房屋建筑和市政基础设施工程。

1.3 本指导手册应当与相关标准规范和工程所在地相关政策配套使用。

2 总体要求

2.1 施工现场建筑垃圾减量化应遵循"源头减量、分类管理、就地处置、排放控制"的原则。

2.2 建设单位应明确建筑垃圾减量化目标和措施，并纳入招标文件和合同文本，将建筑垃圾减量化措施费纳入工程概算，及时支付所需费用。

2.3 建设单位应建立相应奖惩机制，监督和激励设计、施工单位落实建筑垃圾减量化的目标措施。

2.4 建设单位应积极采用工业化、信息化新型建造方式和工程总承包、全过程工程咨询等组织模式。

2.5 设计单位应充分考虑施工现场建筑垃圾减量化要求，加强设计施工协同配合，保证设计深度满足施工需要，减少施工过程设计变更。

2.6 设计单位应积极推进建筑、结构、机电、装修、景观全专业一体化协同设计，推行标准化设计。

2.7 设计单位应根据地形地貌合理确定场地标高，开展土方平衡论证，减少渣土外运。

2.8 施工单位应编制建筑垃圾减量化专项方案，确定减量化目标，明确职责分工，结合工程实际制定有针对性的技术、管理和保障措施。

2.9 施工单位应建立健全施工现场建筑垃圾减量化管理体系，充分应用新技术、新材料、新工艺、新装备，落实建筑垃圾减量化专项方案，有效减少施工现场建筑垃圾排放。

2.10 施工单位宜建立建筑垃圾排放公示制度，在施工现场显著位置公示建筑垃圾排放量，充分发挥社会监督作用。

2.11 监理单位应根据合同约定审核建筑垃圾减量化专项方案并监督施工单位落实。

3 施工现场建筑垃圾减量化专项方案的编制

3.1 施工单位在总体施工组织设计和主要施工方案确定后，编制施工现场建筑垃圾减量化专项方案，方案中应包括工程概况、编制依据、总体策划、源头减量措施、分类收集与存放措施、就地处置措施、排放控制措施以及相关保障措施等。

3.2 工程概况应包括工程类型、工程规模、结构形式、装配率、交付标准以及主要施工工艺等。

3.3 编制依据应包括相关法律、法规、标准、规范性文件以及工程所在地建筑垃圾减量化相关政策等。

3.4 总体策划应包括减量化目标、工作原则、组织架构及职责分工、工程各阶段建筑垃圾成因分析及产生量预估。

3.5 源头减量措施可包括设计深化、施工组织优化、永临结合、临时设施和周转材料重复利用、施工过程管控等。

3.6 分类收集与存放措施应包括建筑垃圾的分类、收集点、堆放池的布置及运输路线等。

3.7 就地处置措施应包括工程渣土、工程泥浆、工程垃圾、拆除垃圾等就地利用措施。

3.8 排放控制措施应包括出场建筑垃圾统计和外运等。

3.9 保障措施应包括人员、经费、制度等保障。

4 施工现场建筑垃圾的源头减量

4.1 施工现场建筑垃圾的源头减量应通过施工图纸深化、施工方案优化、永临结合、临时设施和周转材料重复利用、施工过程管控等措施，减少建筑垃圾的产生。

4.2 施工单位应在不降低设计标准、不影响设计功能的前提下，与设计人员充分沟通，合理优化、深化原设计，避免或减少施工过程中拆改、变更产生建筑垃圾。

1 地基基础优（深）化设计：结合实际地质情况优化基坑支护方案、优化基础埋深和桩基础深度等；

2 主体结构优（深）化设计：优化并减少异形复杂节点、节约使用结构临时支撑体系周转材料等；

3 机电安装优（深）化设计：采用机电管线综合支吊架体系、机电结构连接构件优先预留预埋、机电装配式等；

4 装饰装修优（深）化设计：采用装配式装修、机电套管及末端预留等。

4.3 在满足相关标准规范的情况下，建设单位应支持施工单位对具备条件的施工现场，水、电、消防、道路等临时设施工程实施"永临结合"，并通过合理的维护措施，确保交付时满足使用功能需要。

1 现场临时道路布置应与原有及永久道路兼顾考虑，充分利用原有及永久道路基层，并加设预制拼装可周转的临时路面，如：钢制路面、装配式混凝土路面等，加强路基成品保护；

2 现场临时围挡应最大限度利用原有围墙，或永久围墙；

3 现场临时用电应根据结构及电气施工图纸，经现场优化选用合适的正式配电线路；

4 临时工程消防、施工生产用水管道及消防水池可利用正式工程消防管道及消防水池；

5 现场垂直运输可充分利用正式消防电梯；

6 地下室临时通风可利用地下室正式排风机及风管；

7 临时市政管线可利用场内正式市政工程管线；

8 现场临时绿化可利用场内原有及永久绿化。

4.4 施工现场办公用房、宿舍、工地围挡、大门、工具棚、安全防护栏杆等临时设施推广采用重复利用率高的标准化设施。

4.5 施工单位应优化施工方案，合理确定施工工序，实现精细化管理。

4.6 在地基与基础工程中，可采取以下措施：

1 根据场地地质情况和标高，合理优化施工工艺和施工顺序，平衡挖方与填方量，减少场地内土方外运量；

2 基坑支护选用无肥槽工艺，例如地下连续墙、护坡桩等垂直支护技术，避免放坡开挖，减少渣土产生；

3 根据支护设计及施工方案，精确计算材料用量，鼓励采用先进施工方法减少基坑支护量；

4 根据现场环境条件，优先选用可重复利用的材料。如：可拆卸式锚杆、金属内支撑、SMW工法桩、钢板桩、装配式坡面支护材料等；

5 在灌注桩施工时，采用智能化灌注标高控制方法，减少超灌混凝土，减少桩头破除建筑垃圾量；

6 采用地下连续墙支护的工程，地下连续墙经防水处理后作为地下室外墙，减少地下室外墙施工产生的建筑垃圾；

7 深大基坑开挖需设置栈桥时，优先选用钢结构等装配式结构体系，并充分利用原基坑支护桩和混凝土支撑作为支撑体系。

4.7 在主体结构工程中，可采取以下措施：

1 钢筋工程采用专业化生产的成型钢筋。现场设置钢筋集中加工场，从源头减少钢筋加工产生的建筑垃圾。钢筋连接采用螺纹套筒连接技术；

2 地面混凝土浇筑采用原浆一次找平，实现一次成型减少二次找平。采用清水混凝土技术及高精度砌体施工技术减少内外墙抹灰工序。建筑材料通过排版优化采用定尺，减少现场切割加工量；

3 在保证质量安全的前提下，优先选用免临时支撑体系，如：利用可拆卸重复利用的压型钢板作为楼板底模等。采用临时支撑体系时，优先采用可重复利用、高周转、低损耗的模架支撑体系，如：自动爬升（顶升）模架支撑体系、管件合一的脚手架、金属合金等非易损材质模板、可调节墙柱龙骨、早拆模板体系等。

4.8 在机电安装工程中，可采取以下措施：

1 机电管线施工前，根据深化设计图纸，对管线路由进行空间复核，确保安装空间满足管线、支吊架布置及管线检修需要；

2 安装空间紧张、管线敷设密集的区域，应根据深化设计图纸，合理安排各专业、系统间施工顺序，避免因工序倒置造成大面积拆改；

3 设备配管及风管制作等优先采用工厂化预制加工，提高加工精度，减少现场加工产生的建筑垃圾。

4.9 在装饰装修工程中，可采取以下措施：

1 推行土建机电装修一体化施工，加强协同管理，避免重复施工；

2 门窗、幕墙、块材、板材等采用工厂加工、现场装配，减少现场加工产生的建筑垃圾；

3 推广应用轻钢龙骨墙板、ALC墙板等具有可回收利用价值的建筑围护材料。

4.10 应按照设计图纸、施工方案和施工进度合理安排施工物资采购、运输计划，选择合适的储存地点和储存方式，全面加强采购、运输、加工、安装的过程管理。鼓励在一定区域范围内统筹临时设施和周转材料的调配。

4.11 鼓励采用成品窨井、装配式机房、集成化厨卫等部品部件，实现工厂化预制、整体化安装。

4.12 应结合施工工艺要求及管理人员实际施工经验，利用信息化手段进行预制下料排版及虚拟装配，进一步提升原材料整材利用率，精准投料，避免施工现场临时加工产生大量余料。

4.13 设备和原材料提供单位应进行包装物回收，减少过度包装产生的建筑垃圾。

4.14 应严格按设计要求控制进场材料和设备的质量，严把施工质量关，强化各工序质量管控，减少因质量问题导致的返工或修补。加强对已完工工程的成品保护，避免二次损坏。

4.15 应结合BIM、物联网等信息化技术，建立健全施工现场建筑垃圾减量化全过程管理机制。鼓励采用智慧工地管理平台，实现建筑垃圾减量化管理与施工现场各项管理的有机结合。

4.16 应实时统计并监控建筑垃圾的产生量，以便采取针对性措施减少排放。

5 施工现场建筑垃圾的分类收集与存放

5.1 施工现场建筑垃圾分类

1 施工现场建筑垃圾按《建筑垃圾处理技术标准》CJJ/T 134 分为工程渣土、工程泥浆、工程垃圾、拆除垃圾；

2 施工现场工程垃圾和拆除垃圾按材料的化学成分可分为金属类、无机非金属类、混合类；

金属类包括黑色金属和有色金属废弃物质，如废弃钢筋、铜管、铁丝等；

无机非金属类包括天然石材、烧土制品、砂石及硅酸盐制品的固体废弃物质，如混凝土、砂浆、水泥等；

混合类指除金属类、无机非金属类以外的固体废弃物，如轻质金属夹芯板、石膏板等。

3 鼓励以末端处理为导向对建筑垃圾进一步细化分类。

5.2 应制定施工现场建筑垃圾分类收集与存放管理制度，包括建筑垃圾具体分类，分时段、分部位、分种类收集存放要求，各单位各区域建筑垃圾管理责任，台账管理要求等。

5.3 工程渣土和工程泥浆分类收集及存放

1 结合土方回填对土质的要求及场地布置情况，规划现场渣土暂时存放场地。对临时存放的工程渣土做好覆盖，并确保安全稳定；

2 施工时产生的泥浆应排入泥浆池集中堆放，泥浆池宜用不透水、可周转的材料制作。

5.4 工程垃圾和拆除垃圾分类收集及存放

1 应设置垃圾相对固定收集点，用于临时堆放；

2 应根据垃圾尺寸及质量，采用人工、机械相结合的方法科学收集，提升收集效率；

3 应设置金属类、无机非金属类、混合类等垃圾的堆放池，用于垃圾外运之前或再次利用之前临时存放。易飞扬的垃圾堆放池应封闭。垃圾堆放池宜采用可重复利用率高的材料建造；

4 垃圾收集点及堆放池周边应设置标识标牌，并采取喷淋、覆盖等防尘措施，避免二次污染。

5.5 施工现场危险废物是指具有腐蚀性、毒性、易燃性等危险特性的废弃物，主要包括废矿物油、废涂料、废粘合剂、废密封剂、废沥青、废石棉、废电池等，应按《国家危险废物名录》规定收集存放。

6 施工现场建筑垃圾的就地处置

6.1 施工现场建筑垃圾的就地处置，应遵循因地制宜、分类利用的原则，提高建筑垃圾处置利用水平。

6.2 具备建筑垃圾就地资源化处置能力的施工单位，应根据场地条件，合理设置建筑垃圾加工区及产品储存区，提升施工现场建筑垃圾资源化处置水平及再生产品质量。

6.3 工程渣土、工程泥浆采取土质改良措施，符合回填土质要求的，可用于土方回填。

6.4 工程垃圾中金属类垃圾的就地处置，宜通过简单加工，作为施工材料或工具，直接回用于工程，如废钢筋可通过切割焊接、加工成马凳筋、预制地坪配筋等进行场内周转利用；或通过机械接长，加工成钢筋网片，用于场地洗车槽、工具式厕所、防护门、排水沟等。

6.5 工程垃圾和拆除垃圾中无机非金属建筑垃圾的就地处置，宜根据场地条件，设置场内处置设备，进行资源化再利用。

1 再生粗骨料可用于市政道路水泥稳定碎石层中；将再生粗骨料预填并压浆形成再生混凝土，可用于重力式挡土墙、地下管道基础等结构中；

2 高强度混凝土再生粗骨料通过与粉煤灰混合，配制无普通硅酸盐水泥的混凝土，可用作填料和路基；

3 废砖瓦可替代骨料配制再生轻集料混凝土，用其制作具有承重、保温功能的结构轻集料混凝土构件（板、砌块）、透气性便道砖及花格、小品等水泥制品。

6.6 施工现场难以就地利用的建筑垃圾，应制定合理的消防、防腐及环保措施，并按相关要求及时转运到建筑垃圾处置场所进行资源化处置和再利用。

7 施工现场建筑垃圾的排放控制

7.1 施工单位应对出场建筑垃圾进行分类称重（计量）。禁止携载未分类垃圾的运输车辆出场。

7.2 建筑垃圾每次称重（计量）后，应及时记录且须按各类施工现场建筑垃圾实际处理情况填写，并保持记录的连续性、真实性和准确性。记录应留存备查。记录分为日常记录表和统计表，具体可参考附录B表1、2。

7.3 施工现场建筑垃圾称重（计量）设备应定期进行标定，保证获取数据的准确性。

7.4 鼓励现场淤泥质工程渣土、工程泥浆经脱水或硬化后外运。

7.5 在施工现场出入口等显著位置宜实时公示建筑垃圾出场排放量。

7.6 出场建筑垃圾应运往符合要求的建筑垃圾处置场所或消纳场所。

7.7 严禁将生活垃圾和危险废物混入建筑垃圾排放。生活垃圾和危险废物应按有关规定进行处置。

8 附则

8.1 各省级住房和城乡建设主管部门可在本指导手册基础上，结合实际编制本地区建筑垃圾减量化实施手册。

8.2 本指导手册由住房和城乡建设部负责解释。

附录A 施工现场建筑垃圾减量化相关标准名录

一、《建筑垃圾处理技术标准》CJJ/T 134
二、《建筑工程绿色施工规范》GB/T 50905
三、《建筑工程绿色施工评价标准》GB/T 50640
四、《绿色建筑评价标准》GB/T 50378

五、《工程施工废弃物再生利用技术规范》GB/T 50743

六、《混凝土和砂浆用再生细骨料》GB/T 25176

七、《混凝土用再生粗骨料》GB/T 25177

八、《再生骨料应用技术规程》JGJ/T 240

九、《再生混凝土结构技术规程》JGJ/T 443

十、《再生混合混凝土组合结构技术规程》JGJ/T 468

十一、《再生骨料地面砖和透水砖》CJ/T 400

十二、《建筑垃圾再生骨料实心砖》JG/T 505

附录 B

附表1 施工现场建筑垃圾出场记录表（示例）

填表日期： 编号：

工程名称			
施工阶段			
施工现场建筑垃圾类别		重量（t）	备注
工程渣土			
工程泥浆			
工程垃圾拆除垃圾	金属类		
	无机非金属类		
	混合类		

附表2 施工现场建筑垃圾出场统计表（示例）

填表日期： 编号：

工程名称				
总承包单位				
开/竣工日期	开工日期：_____ 竣工日期：_____ 总工期：_____			
工程规模			工程类型	□公共建筑 □居住建筑 □市政设施
装配式	□是（装配率_____%） □否		装修交付标准	精装修（比例_____%）
施工现场建筑垃圾类别		重量（t）		备注
工程渣土				
工程泥浆				
工程垃圾拆除垃圾	金属类			
	无机非金属类			
	混合类			

注：1. 装配率可参考《装配式建筑评价标准》GB/T 51129。
2. 精装修比例指精装修面积占建筑面积的比例。
3. 备注中可注明建筑垃圾具体名称。

住房和城乡建设部办公厅关于全面推行建筑工程施工许可证电子证照的通知

建办市〔2020〕25号

各省、自治区住房和城乡建设厅,直辖市住房和城乡建设(管)委,新疆生产建设兵团住房和城乡建设局:

为进一步贯彻落实《国务院关于加快推进全国一体化在线政务服务平台建设的指导意见》(国发〔2018〕27号),深化"放管服"改革,提升建筑业政务服务质量,按照国务院办公厅电子政务办公室要求,决定在全国范围内推广应用建筑工程施工许可证电子证照(以下简称施工许可电子证照)。现将有关事项通知如下:

一、全面推行施工许可电子证照。自2021年1月1日起,全国范围内的房屋建筑和市政基础设施工程项目全面实行施工许可电子证照。电子证照与纸质证照具有同等法律效力。

二、统一电子证照标准。地方施工许可发证机关要按照国务院办公厅电子政务办公室发布的《全国一体化在线政务服务平台电子证照—建筑工程施工许可证》标准(C0217-2019,附件1)和我部制定的《建筑工程施工许可证电子证照业务规程》(附件2)要求,依托地方政务服务平台、工程建设项目审批管理系统或施工许可审批系统,完善相关信息功能,建立施工许可电子证照的制作、签发和信息归集业务流程,规范数据信息内容和证书样式,完善证书编号、二维码等编码规则,形成全国统一的电子证照版式。

三、实现电子证照信息归集。地方施工许可发证机关应在发证后5个工作日内,将电子证照文件(含电子印章)及业务信息上传至省级建筑市场监管一体化工作平台。省级建筑市场监管一体化工作平台每个工作日应对本行政区域内的信息进行汇总,并通过部省数据对接机制上传至全国建筑市场监管公共服务平台(以下简称公共服务平台)。公共服务平台进行归集和存档,并按要求向国家政务服务平台报送。

四、加快推进电子证照应用。公共服务平台及微信小程序向社会公众提供施工许可电子证照信息公开查询以及二维码扫描验证服务,并向各省级住房和城乡建设主管部门实时共享施工许可电子证照信息,实现施工许可电子证照跨地区的互联互通。地方各级住房和城乡建设主管部门应在相关办事场景中持续推进电子证照应用,通过相关政务服务系统的数据共享和业务协调,推动实现政务服务事项"一网通办"。

地方各级住房和城乡建设主管部门要充分认识推行施工许可电子证照的重要意义,加强组织保障,细化职责分工,统筹协调相关信息系统的业务衔接,在国家政务服务平台建设和工程建设项目审批制度改革的整体框架下,制定工作计划,落实经费保障,于2020年9月底前完成相关信息系统的升级改造以及数据接口的技术开发、管理权限认证和数据联调测试,满足电子证照业务开展和信息互联互通的技术条件。

各省级住房和城乡建设主管部门要加强对本行政区域内施工许可电子证照业务的监督指导,建立和完善相关管理制度,明确实施主体,细化实施步骤,推动施工许可电子证照业务有序开展和规范化管理。请各省级住房和城乡建设主管部门明确1名工作联系人,于2020年7月15日前将《工作联系人登记表》(附件3)电子版发送至邮箱:yangguang@mohurd.gov.cn。各地在推行施工许可电子证照过程中遇到的问题,请及时与我部建筑市场监管司联系。

联系人及电话:杨光 010-58933262
技术咨询电话:010-88018260 转 805/852

附件:1. 全国一体化在线政务服务平台电子证照-建筑工程施工许可证标准
2. 建筑工程施工许可证电子证照业务规程
3. 工作联系人登记表

中华人民共和国住房和城乡建设部办公厅
2020年6月11日
(此件主动公开)

住房和城乡建设部办公厅关于在城市更新改造中切实加强历史文化保护坚决制止破坏行为的通知

建办科电〔2020〕34号

各省、自治区住房和城乡建设厅，海南省自然资源和规划厅，直辖市规划和自然资源委（局）、住房和城乡建设（管）委，新疆生产建设兵团住房和城乡建设局：

具有保护价值的城市片区和建筑是文化遗产的重要组成部分，是弘扬优秀传统文化、塑造城镇风貌特色的重要载体。保护好、利用好这些珍贵历史文化遗存是城乡建设工作的使命和任务。近期一些地方在城市更新改造中拆除具有保护价值的城市片区和建筑，对城市历史文化价值和特色风貌造成了不可挽回的损失。为了在城市更新改造中进一步做好历史文化保护工作，现就有关问题通知如下：

一、推进历史文化街区划定和历史建筑确定工作。各地要加快推进历史文化街区划定和历史建筑确定专项工作，按照应划尽划、应保尽保原则，及时查漏补缺，确保具有保护价值的城市片区和建筑及时认定公布。认定公布后，要及时挂牌测绘建档，明确保护管理要求，完善保护利用政策，确保有效保护、合理利用。

二、加强对城市更新改造项目的评估论证。对涉及老街区、老厂区、老建筑的城市更新改造项目，各地要预先进行历史文化资源调查，组织专家开展评估论证，确保不破坏地形地貌、不拆除历史遗存、不砍老树。对改造面积大于1公顷或涉及5栋以上具有保护价值建筑的项目，评估论证结果要向省级住房和城乡建设（规划）部门报告备案。

三、加强监督指导。省级住房和城乡建设（规划）部门要加大指导和监督管理力度，组织市（县）对已经开工的城市更新改造项目开展自查，确保具有保护价值的城市片区和建筑得到有效保护，对发现的问题及时整改。

各级住房和城乡建设（规划）部门要会同有关部门，落实管理责任，在城市更新改造中加强历史文化保护传承工作，切实做到在保护中发展，在发展中保护。对不尽责履职、保护不力，造成历史文化遗产价值受到影响的领导干部、主管人员和其他直接责任人员，按照干部管理权限向相关党组织或者机关、单位提出开展问责的建议。

住房和城乡建设部办公厅
2020年8月3日

住房和城乡建设部办公厅　国务院扶贫办综合司关于做好因洪涝地质灾害影响贫困农户住房安全保障工作的通知

建办村电〔2020〕37号

各省、自治区、直辖市住房和城乡建设厅（委、管委）、扶贫办（局），新疆生产建设兵团住房和城乡建设局、扶贫办：

入汛以来，全国多地相继发生洪涝地质灾害，人民群众生命财产遭受严重损失，保障贫困农户住房安全压力加大。为深入贯彻习近平总书记关于防汛救灾和决胜脱贫攻坚系列重要指示精神，落实党中央、国务院决策部署，克服灾情带来的不利影响，确保如期完成脱贫攻坚住房安全有保障目标任务，现就关于做好有关工作通知如下：

一、抓紧摸排住房灾损情况

地方各级住房和城乡建设、扶贫部门要按照同级党委、政府统一部署，抓紧汇总统计建档立卡贫困户住房受损情况，将因洪涝地质灾害造成住房受损导致住房安全问题及时提交当地政府和相关部门。要充分利用建档立卡贫困户住房安全有保障信息平台和核验手机APP"灾情上报"模块，指导各地依靠村"两委"、驻村第一书记和驻村工作队力量，及时摸排建档立卡贫困户住房因灾受损相关情况。

二、适时开展灾损住房安全性鉴定

洪涝地质灾害形势平稳后，县级住房和城乡建设部门要组织专业技术力量，及时对建档立卡贫困户住房安全有保障信息平台和核验手机APP"灾情上报"模块中的贫困户住房，逐户开展房屋安全性鉴定，明确房屋安全性鉴定结论，给出针对性的改造建议，并逐户建立改造台账。

三、切实保障贫困农户住房安全

地方各级住房和城乡建设部门要在同级党委、政府的领导下，加强与应急管理、民政、财政等部门的协同配合，有序开展受灾贫困农户的过渡安置和住房恢复重建工作。要及时妥善安置因灾导致房屋冲毁或倒塌不能居住的建档立卡贫困户，灵活采用建设活动板房、租住借住集体公房或闲置农房等多种方式，切实保障受灾农户生命财产安全。对因灾灭失或鉴定为C类和D类的住房，及时纳入地方灾后恢复重建规划，通过多种方式保障受灾贫困农户住房安全，做好建设过程质量安全管理。

四、统筹实施农村危房改造

要统筹用好中央下达农村危房改造补助资金，按照《财政部 住房城乡建设部关于下达2020年中央财政农村危房改造补助资金预算的通知》（财社〔2020〕59号）要求，持续关注洪涝地质灾害对贫困农户住房安全的影响，及时查漏补缺，妥善解决包括已实施危房改造后因灾返危等各类贫困农户住房安全问题。对于符合危房改造条件的建档立卡贫困户等4类重点对象住房，可由地方统筹纳入年度农村危房改造计划，其中建档立卡贫困户危房改造争取在2020年底前完工。

五、探索建立动态监测机制

地方各级住房和城乡建设、扶贫部门要以建档立卡贫困户住房安全有保障核验工作为基础，探索建立贫困农户住房安全保障动态监测机制，及时发现、及时解决因自然灾害等不可抗力造成的已脱贫建档立卡贫困户住房返危问题，有效防止因灾返贫致贫，巩固脱贫攻坚成果，确保贫困农户不住危房。

各级住房和城乡建设、扶贫部门要强化沟通协调配合，做好数据比对衔接，强化工作举措，扎实做好受灾贫困农户住房安全保障各项工作。省级住房和城乡建设、扶贫部门要在2020年12月底前，按月汇总建档立卡贫困户房屋灾损情况和重建进展情况，于每月月底前报住房和城乡建设部、国务院扶贫办。

住房和城乡建设部办公厅
国务院扶贫办综合司
2020年8月21日

住房和城乡建设部办公厅关于印发工程造价改革工作方案的通知

建办标〔2020〕38号

各省、自治区住房和城乡建设厅、直辖市住房和城乡建设（管）委，新疆生产建设兵团住房和城乡建设局：

为贯彻落实党的十九大和十九届二中、三中、四中全会精神，充分发挥市场在资源配置中的决定性作用，进一步推进工程造价市场化改革，决定在全国房地产开发项目，以及北京市、浙江省、湖北省、广东省、广西壮族自治区有条件的国有资金投资的房屋建筑、市政公用工程项目进行工程造价改革试点。现将《工程造价改革工作方案》印发你们，请切实加强组织领导，按照工作方案制订改革措施，积极推进改革试点工作。试点过程中遇到的问题及时与我部联系。

联系电话：010-58933216

中华人民共和国住房和城乡建设部办公厅

2020 年 7 月 24 日

（此件主动公开）

工程造价改革工作方案

工程造价、质量、进度是工程建设管理的三大核心要素。改革开放以来，工程造价管理坚持市场化改革方向，在工程发承包计价环节探索引入竞争机制，全面推行工程量清单计价，各项制度不断完善。但还存在定额等计价依据不能很好满足市场需要，造价信息服务水平不高，造价形成机制不够科学等问题。为充分发挥市场在资源配置中的决定性作用，促进建筑业转型升级，制定本工作方案。

一、总体思路

以习近平新时代中国特色社会主义思想为指导，深入贯彻落实党中央、国务院关于推进建筑业高质量发展的决策部署，坚持市场在资源配置中起决定性作用，正确处理政府与市场的关系，通过改进工程计量和计价规则、完善工程计价依据发布机制、加强工程造价数据积累、强化建设单位造价管控责任、严格施工合同履约管理等措施，推行清单计量、市场询价、自主报价、竞争定价的工程计价方式，进一步完善工程造价市场形成机制。

二、主要任务

（一）改进工程计量和计价规则。坚持从国情出发，借鉴国际通行做法，修订工程量计算规范，统一工程项目划分、特征描述、计量规则和计算口径。修订工程量清单计价规范，统一工程费用组成和计价规则。通过建立更加科学合理的计量和计价规则，增强我国企业市场询价和竞争谈判能力，提升企业国际竞争力，促进企业"走出去"。

（二）完善工程计价依据发布机制。加快转变政府职能，优化概算定额、估算指标编制发布和动态管理，取消最高投标限价按定额计价的规定，逐步停止发布预算定额。搭建市场价格信息发布平台，统一信息发布标准和规则，鼓励企事业单位通过信息平台发布各自的人工、材料、机械台班市场价格信息，供市场主体选择。加强市场价格信息发布行为监管，严格信息发布单位主体责任。

（三）加强工程造价数据积累。加快建立国有资金投资的工程造价数据库，按地区、工程类型、建筑结构等分类发布人工、材料、项目等造价指标指数，利用大数据、人工智能等信息化技术为概预算编制提供依据。加快推进工程总承包和全过程工程咨询，综合运用造价指标指数和市场价格信息，控制设计限额、建造标准、合同价格，确保工程投资效益得到有效发挥。

（四）强化建设单位造价管控责任。引导建设单位根据工程造价数据库、造价指标指数和市场价格信息等编制和确定最高投标限价，按照现行招标投标有关规定，在满足设计要求和保证工程质量前提下，充分发挥市场竞争机制，提高投资效益。

（五）严格施工合同履约管理。加强工程施工合同履约和价款支付监管，引导发承包双方严格按照合同约定开展工程款支付和结算，全面推行施工过程价款结算和支付，探索工程造价纠纷的多元化解决途径和方法，进一步规范建筑市场秩序，防止工程建设领域腐败和农民工工资拖欠。

三、组织实施

工程造价改革关系建设各方主体利益，涉及建筑业转型升级和建筑市场秩序治理。各地住房和城乡建设主管部门要提高政治站位、统一思想认识，坚持不立不破的原则，统筹兼顾、周密部署、稳步推进。

（一）强化组织协调。加强与发展改革、财政、审计等部门间沟通协作，做好顶层设计，按照改革工作方案要求，共同完善投资审批、建设管理、招标投标、财政评审、工程审计等配套制度，统筹推进工程造价改革。

（二）积极宣传引导。加强工程造价改革政策宣传解读和舆论引导，增进社会各方对工程造价改革的理解和支持，及时回应社会关切，为顺利实施改革营造良好的社会舆论环境。

（三）做好经验总结。充分尊重基层、企业和群众的首创精神，认真总结可复制、可推广的经验，不断完善工程造价改革思路和措施。

关于启用新版全国农村危房改造脱贫攻坚三年行动农户档案信息检索系统的通知

建司局函村〔2020〕16号

各省、自治区、直辖市住房和城乡建设厅（住房和城乡建设委、住房和城乡建设管委）村镇建设处，新疆生产建设兵团建设局住房保障处：

为贯彻落实《住房和城乡建设部办公厅 国务院扶贫办综合司关于统筹做好疫情防控和脱贫攻坚保障贫困户住房安全相关工作的通知》（建办村〔2020〕6号）要求，按照2020年全国村镇建设工作会议部署，我司升级了全国农村危房改造脱贫攻坚三年行动农户档案信息检索系统（以下简称"新版信息系统"），并于2020年4月正式上线。现将有关事项通知如下：

一、启用新版信息系统的意义

新版信息系统是为了完成贫困户住房安全有保障目标任务，统筹掌握所有建档立卡贫困户住房安全保障信息而建立的综合数据信息系统。新版信息系统是进行全国脱贫攻坚普查的基础依据之一，相关数据的完整、真实、准确是体现贫困户住房安全保障工作全面完成的重要标志。

二、新版信息系统的主要内容

新版信息系统增加了建档立卡贫困户住房安全保障信息模块，可录入所有建档立卡贫困户的住房安全保障途径、具体保障方式信息及佐证材料等，并进行汇总、统计与分析。所有建档立卡贫困户基本信息和采用易地扶贫搬迁方式保障贫困户住房安全的信息由国务院扶贫办提供并已导入系统。对实施农村危房改造的建档立卡贫困户，可通过新版信息系统直接查询、录入相关信息。

新版信息系统数据继续存储于各省级农村危房改造数据中心，并在住房和城乡建设部信息中心同步备份，确保信息数据的时效性、完整性、安全性。

三、填报工作要求

（一）及时录入建档立卡贫困户住房安全保障信息。各地要在"回头看"排查基础上，按照鉴定安全、改造安全、保障安全三种分类，逐户核实所有建档立卡贫困户的住房安全信息，并将原住房安全鉴定（评定）结论、住房安全保障方式、工程开竣工和入住时间等信息准确录入新版信息系统，并上传相应佐证材料。对于发现新版信息系统中建档立卡贫困户基本信息存在错误或缺失的，须及时更正和补充。

（二）及时补充完善农村危房改造农户档案信息。各地要加快建档立卡贫困户农村危房改造农户档案信息录入，确保系统内改造户数、开竣工信息与实际情况一致。要参考新版信息系统预警提示，对原录入信息进行核实、补充和更正，确保信息完整、真实、准确。以上所有录入工作均需在2020年6月底前完成。

（三）严格信息录入和审核。地方各级住房和城乡建设部门要对照新版信息系统说明与填报指南，统一信息录入工作要求与标准，加强对信息录入人员的业务培训。县级主管部门要明确信息审核人，加强对录入信息的审核把关。录入人、审核人等信息需同步录入新版信息系统。

（四）加强统筹协调与部门合作。建档立卡贫困户住房安全保障信息涉及众多部门，地方各级住房和城乡建设部门要加强与其他有关部门的统筹协调和部门合作，主动获取除农村危房改造以外的其他住房安全保障方式有关信息。同时，加强部门间信息互通与共享，确保数据一致。

各地住房城乡建设门务必高度重视，统筹脱贫攻坚危房改造扫尾任务完成和信息录入工作，压实责任，倒排工期，严控质量，加强与相关部门的沟通协作，确保完成目标任务。同时，要按照相关管理要求，不断完善非建档立卡贫困户农村危房改造农户档案信息。

中华人民共和国住房和城乡建设部村镇建设司
2020年4月8日

住房和城乡建设部办公厅关于应对新型冠状病毒感染的肺炎疫情做好住房公积金管理服务工作的通知

建办金函〔2020〕71号

各省、自治区住房和城乡建设厅,直辖市、新疆生产建设兵团住房公积金管理委员会、住房公积金管理中心:

为坚决贯彻习近平总书记关于做好新型冠状病毒感染的肺炎疫情防控工作的重要指示精神,落实党中央、国务院关于疫情防控工作的决策部署,做好疫情防控期间住房公积金管理服务工作,维护缴存单位和职工权益,现就有关工作通知如下:

一、切实提高思想认识,贯彻落实各级党委、政府关于疫情防控工作的决策部署,落实落细疫情防控措施。住房公积金管理中心要按照当地党委、政府的统一部署,做好营业大厅对外服务时间安排,合理安排人员值班、上岗。要加强对营业大厅和服务设施的清洁消毒,上岗工作人员做好个人防护。

二、积极引导缴存单位和职工通过政务平台、网上营业厅、12329服务热线、微信公众号、手机APP等线上渠道办理住房公积金业务。对无法线上办理的,可倡导单位、职工疫情结束后再到现场办理。确需到现场办理的,实行预约办理和错峰办理,实现分时段合理分流,减少职工等待时间,减少人员聚集。

三、切实保障受疫情影响缴存职工的住房公积金贷款权益。对因感染新型肺炎住院治疗或隔离人员、疫情防控需要隔离观察人员、一线医务人员等参加疫情防控工作人员以及受疫情影响暂时失去收入来源的人群,可灵活调整其住房公积金贷款还款安排,合理延后还款期限。上述人员疫情防控期间未能正常还款的,可不作逾期处理,不作为逾期记录报送征信部门,已报送的予以调整。

四、优化提取办理流程,为缴存职工提取住房公积金提供便利。在疫情防控期间,对提取住房公积金有时限要求的,可延期办理;对支付房租压力较大的租房职工,可根据其实际需求合理确定租房提取额度、灵活安排提取时间,保障职工的租房提取需求。

五、住房公积金缴存单位及自愿缴存个人因受疫情影响,未能按时足额缴存住房公积金的,可向住房公积金管理中心说明情况并在一定期限内办理补缴。其间,职工的住房公积金缴存时间连续计算,不影响职工申请租房提取和住房公积金贷款的权益。

六、落实《住房和城乡建设部财政部人民银行关于改进住房公积金缴存机制进一步降低企业成本的通知》(建金〔2018〕45号)要求,支持受疫情影响导致生产经营困难的企业按规定申请降低住房公积金缴存比例和暂缓缴存住房公积金。住房公积金管理中心要开辟绿色通道,加快受理审批。

请各地住房公积金管理中心按照本通知精神,结合本地实际,明确疫情防控期间的各项管理服务措施和操作办法,确保工作落实到位。各省、自治区住房和城乡建设厅要加强对住房公积金管理服务措施落实情况的指导监督。

中华人民共和国住房和城乡建设部办公厅

2020年2月10日

住房和城乡建设部关于组织开展城市建设领域防疫情补短板扩内需调研工作的通知

建科函〔2020〕72号

各省、自治区住房和城乡建设厅，直辖市住房和城乡建设（管理）委员会：

受新冠肺炎疫情影响，目前城市运营面临较大压力，群众正常生产生活秩序受到干扰，统筹疫情防控和经济社会发展、在防控常态化条件下加快恢复生产生活秩序、积极有序推进复工复产任务艰巨。为深入贯彻落实习近平总书记关于统筹推进新冠肺炎疫情防控和经济社会发展系列重要讲话精神，补齐城市建设对防范传染病特别是应对重大传染病方面的短板，提高城市安全韧性，增强群众生产生活便利性，保障经济社会发展目标任务落实，我部决定组织开展城市建设领域防疫情补短板扩内需调研。现将有关事项通知如下：

一、调研内容

围绕中央关于统筹推进新冠肺炎疫情防控和经济社会发展以及本地人民政府相关要求，重点从城市、社区、建筑等3个层面开展调研。城市层面主要从城市在区域协同发展、城市空间布局、城市公共设施和基础设施建设、城市信息化建设以及城市管理等方面进行分析评估。社区层面主要从社区管理、社区公共服务设施配置、物业、老旧小区改造等方面进行分析评估。建筑层面主要从公共建筑、住宅建筑尤其是高层住宅在设计、使用和管理等方面进行分析评估。

二、工作要求

各省、自治区、直辖市住房和城乡建设主管部门要把调研作为落实中央关于统筹推进新冠肺炎疫情防控和经济社会发展要求的一项重要任务，组织本省（区）城市开展调研。充分运用权威统计数据、遥感影像数据、地理国情普查数据、大数据等进行分析，并采取社会调查等方式了解公众意见。直辖市是本次调研的重点城市，各省（区）应选择1-2个代表性城市作为调研的重点城市，我部将积极支持并参与重点城市的调研。调研完成后，各城市要撰写调研报告。

各省、自治区住房和城乡建设主管部门要结合各城市调研报告，撰写本省（区）城市建设领域防疫情补短板扩内需调研报告。

中华人民共和国住房和城乡建设部

2020年4月29日

（本文有删减）

住房和城乡建设部办公厅关于加强新冠肺炎疫情防控期间房屋市政工程开复工质量安全工作的通知

建办质函〔2020〕106号

各省、自治区住房和城乡建设厅，直辖市住房和城乡建设（管）委，新疆生产建设兵团住房和城乡建设局，山东省交通运输厅，上海市交通委员会：

当前，各地房屋市政工程（以下简称工程）逐渐进入全面恢复施工阶段，新冠肺炎疫情防控和工程开复工质量安全压力交织叠加。各地要认真贯彻落实习近平总书记关于统筹推进疫情防控和经济社会发展的重要指示精神，精准做好疫情防控和质量安全监管工作，有序推动工程开复工，保障工程质量安全。现就有关事项通知如下：

一、提高政治站位，严格落实责任

（一）强化政治意识。各地要进一步增强"四个意识"、坚定"四个自信"、做到"两个维护"，自觉把思想和行动统一到习近平总书记重要讲话精神和党中央决策部署上来，按照坚定信心、同舟共济、科学防治、精准施策的总要求，及时查漏补缺，坚决防止麻痹思想、厌战情绪、侥幸心理、松劲心态，坚决避免因工程开复工发生的聚集性疫情事件。

（二）坚持分区分级精准复工和监管。各地要根据疫情防控形势，制定差异化防控策略，实施分区分级精准开复工措施。低风险地区要全面推动企业和工程项目开复工，加大质量安全检查力度；中风险地区要在严格防控疫情的前提下，有序推动企业和工程项目分阶段、错时开复工，合理确定检查频次；高风险地区要确保在疫情得到有效防控后再逐步有序扩大工程开复工范围，原则上采用"互联网＋监管"方式进行抽查。对检查、抽查发现存在违法违规行为的，要从严依法查处。

（三）落实质量安全生产责任。各地要牢固树立质量安全发展理念，进一步强化政府监管责任和企业主体责任，做到守土有责、守土担责、守土尽责。坚持科学防控、精准施策，聚焦疫情对工程质量安全带来的冲击影响，深入分析工程开复工面临的各类质量安全隐患，在做好防疫防控工作的前提下，认真落实各项质量安全防范措施，坚决遏制质量安全事故。

二、坚持科学防控，强化精准施策

（四）做好工程开复工准备。各地要严格遵守疫情防护和开复工安全有关规定，合理安排开复工计划，对涉及国计民生重大建设项目和重点项目要优先推动开复工。建设单位、施工单位提前做好务工人员使用计划，可采取局部开工、部分施工、优先安排机械施工等措施，实施分批分阶段复工返岗。建设单位项目负责人及施工单位项目负责人不能到岗，原则上不得开复工。

（五）完善疫情防控体系。各地要建立开复工疫情防控管理体系，编制疫情防控工作方案，制定防控应急预案，随时监控工地疫情变化，及时上报健康信息。明确专人对接属地社区和疫情防控主管部门，形成部门联动、群防群控机制。及时妥善处置突发事件，做到"早发现、早隔离、早治疗"，防止聚集性传播，坚决杜绝聚集性疫情事件。

（六）加强现场防疫管理。实施建筑工地封闭管理。加强工地隔离防护设施建设，落实返岗人员隔离措施；摸排人员流向及来源，做到"即到即报"；最大限度减少工地现场人员外出流动；施工作业区域应采取相对隔离封闭措施，各施工作业面尽量减少交叉流动。全面落实建筑工人实名制管理。对进场工人实行每日体温检测登记，落实"一人一档"制度；对进出入工地的车辆、工具一律登记进出去向，进行冲洗、消毒。实行严格消毒制度。对施工人员集中的作业区、办公区、生活区、食堂、宿舍、厕所等重点部位和人员密集场所，采取定时消毒、清洁、通风换气等措施；保障职工饮水、洗手、通风等自然生活条件；工程项目部实行分餐、错时用餐，人员配备独立餐具，避免集中就餐。严格按照有关规定和规范，对生活垃圾、医用垃圾、化学品垃圾、建筑垃圾进行专业化分类回收处置。

（七）加强培训教育工作。各地要督促企业按照国家和本地区有关疫情防控的要求，在开复工前通过微信、视频等方式，对从业人员进行卫生防疫教育。要抓好质量安全教育培训，可采取网上免费授课的方式，组织专家对重点岗位人员、新录用人员进行质量安全培训，指导建筑工人提高质量安全防范意识，准确识别现场质量安全风险，熟练掌握安全防护和操作技能，正确使用安全防护用具。严格开展上岗前疫情防范、质量安全技术交底，确保各项要求落实到每一名员工、每一个岗位。

（八）坚决防止盲目抢工期。各地要督促建设单位切实保障工程项目合理工期安排，严禁盲目抢工期、赶进度等行为。要充分考虑疫情对工期造成的影响，科学确定工期及每个阶段所需的合理时间，严格执行合理工期。工期确需调整的必须经过充分论证，并采取相应措施，通过加大投入、优化施工组织等措施，确保工程质量安全。要根据疫情防控和安全防范需要，加大文明施工措施费用保障力度，确保防疫、安全的投入和措施落实到位。

（九）加强重大风险管控。各地要督促建设单位牵头组织开展开复工前安全条件检查，严格检查安全生产责任落实情况，重点检查建筑起重机械、深基坑、模板工程及支撑体系、脚手架、施工临时用电设施以及城市轨道交通工程等危险性较大工程的设备安全状况和现场防护情况,并对重要文件落实、专项施工方案、人员教育培训情况进行检查,及时发现问题,及时整改、不留死角。

（十）加强施工质量管理。各地要督促建设、施工、监理等单位完善项目质量保障体系,落实质量责任制度,严把"到岗履职关、材料检测关、过程控制关、质量验收关",不得放松质量要求、降低质量标准。要重点加强对混凝土、钢筋等建筑材料质量检测工作,防止因价格上涨偷工减料、使用不合格材料,切实保证工程质量。

三、优化管理举措，提高服务水平

（十一）加强工作指导。各省级住房和城乡建设主管部门要指导所辖地区有序推动工程开复工，全面掌握本行政区域内各地市工程开复工基本情况，及时了解开复工过程中遇到的困难和问题，加强分类指导，统筹做好建筑工人返岗、建材供应、建筑工地疫情防控和物资保障等工作。

（十二）推行安全生产承诺制。对安全管理较好、2019年以来没有发生生产安全事故的企业，在落实安全防范措施的前提下，由企业主要负责人作出安全承诺自行复工复产，不再层层报备、现场验收盖章。对2019年发生生产安全事故和基础薄弱的企业，实行精准监管、重点指导帮扶。

（十三）网上办理开复工审核。各地要对企业申报新建、改扩建施工许可和复工安全条件审核的项目，优化报批审核流程，实施网上快速办理，落实不见面审批服务，待疫情防控结束后再进行现场核验。对于开复工申请达到各项条件要求的，合格一个开复工一个。对于达不到开复工条件的，坚决不允许开复工。

（十四）实行到期证件自动顺延。各地要主动为工程开复工做好服务，帮助企业解决实际困难，支持企业安全开复工。在疫情防控期间，企业安全生产许可证和企业主要负责人、项目负责人、安全生产管理人员及特种作业人员安全证书到期的，有效期自动顺延至疫情防控结束。

（十五）采取临时顶岗措施。各地要对因疫情不能返岗的工程管理人员，允许企业安排执有相应资格证书的其他人员暂时顶岗，顶岗期间要确保疫情防控和质量安全责任落实到位。针对企业面临的重点难点问题和重大风险隐患，组织专家对企业实施点对点网上会诊，解决现场问题，帮助企业有效防控质量安全风险。

（十六）利用信息化监管。各地要严格控制对企业和工地现场的检查，除涉及防疫、安全、质量、消防等必要检查外，疫情期间原则上不到企业和工地现场检查。完善安全隐患排查治理信息化系统，以自动分析报告替代人工统计填表。对自查自报自改安全风险隐患的，重点实行线上跟踪指导服务。充分运用远程视频监控等在线检查管理方式，开展更加精准有效的质量安全监管。

四、严格值班值守，强化应急准备

（十七）强化协调指挥。各地要加强组织领导，充分发挥各级领导干部模范带头作用，深入一线，分析问题、解决难题。加强与应急管理、卫生健康部门对接联动，加强疫情和质量安全形势判断，积极主动做好相关工作。

（十八）加强应急准备和值班值守。各地要制定疫情期间质量安全事故处置应急预案，做好应急准备，强化应急演练，加强与专业应急救援队伍密切联系，时刻保持应急状态。要严格落实领导干部带班和重要岗位24小时值班及事故信息报告制度，对突发情况要及时有效应对，并按规定程序和时限及时上报信息。

中华人民共和国住房和城乡建设部办公厅
2020年3月5日

关于进一步落实工程质量安全手册制度的通知

建司局函质〔2020〕118号

各省、自治区住房和城乡建设厅，直辖市住房和城乡建设（管）委，新疆生产建设兵团住房和城乡建设局：

《工程质量安全手册（试行）》自印发以来，各地高度重视，大胆探索、先行先试，形成一系列好的做法和经验，对提升工程质量安全水平起到了积极推动作用。为进一步完善质量安全保障体系，认真落实工程质量安全手册（以下简称手册）制度，着力提升工程质量安全管理标准化和规范化水平，现将有关事项通知如下：

一、加快健全手册体系

各地要加快编制印发地方手册和企业手册，逐步完善国家、省级和企业三级手册体系。地方手册要符合法律法规、国家和地方标准，力求简洁实用，体现地区特色。企业手册要结合工艺、工法，通过制作配套图册、录制视频等形式将手册内容具体化、形象化。湖北省制定了省级手册和图册，北京市制定了手册检查实施细则，取得一定效果，各地可从我部网站上下载参考，下载地址为：部网站首页—工程质量安全监管—政策发布。

二、加强手册示范引领

各地要坚持样板引路、试点先行，选取部分龙头企业和项目开展手册应用试点，将手册要求与企业和施工现场质量安全管理相结合，尽快落地一批具有社会影响力和示范作用的工程项目，以点带面、全面推进。要积极探索信息化等手段，搭建手册应用平台，方便手册在施工现场参阅和执行，推动手册逐步实现企业、项目和人员全覆盖。

三、加大手册宣传力度

各地要通过会议、现场观摩、培训等形式开展手册宣传贯彻，解读手册内容和要求，明确工作目标和重点任务，增进各级主管部门和企业对手册的认识和理解。要将手册内容纳入建筑工人技能培训体系中，编制培训教材，规范项目实施人员作业行为。要充分利用报刊、网络、电视等媒体以及"质量月""安全生产月"活动等平台，营造学习、应用手册的良好氛围。

四、强化手册督促落实

各地要将手册要求落实到各类质量、安全评优中，根据手册内容制定检查实施细则，积极开展"双随机、一公开"检查，对手册执行良好的企业和项目给予评优评先等政策激励，对不执行或执行不力的依法依规严肃查处并曝光。

请于2021年1月31日前，将手册实施成果报我司工程质量监管处。执行中遇到的问题，请及时反馈我司。

联系人：邱健 010-58933293　58934250（传真）

住房和城乡建设部工程质量安全监管司

2020年12月25日

住房和城乡建设部办公厅关于做好2020年城市排水防涝工作的通知

建办城函〔2020〕121号

各省、自治区住房和城乡建设厅，北京、天津、上海市水务局，重庆市住房和城乡建设委员会，海南省水务厅，新疆生产建设兵团住房和城乡建设局：

为贯彻习近平总书记在统筹推进新冠肺炎疫情防控和经济社会发展工作部署会议上的重要讲话精神，按照国家防汛抗旱指挥部办公室《关于抓紧做好汛前准备工作的通知》（国汛办电〔2020〕2号）要求，在统筹推进新冠肺炎疫情防控工作的同时，做好城市排水防涝工作，现就有关事项通知如下。

一、严格落实工作责任

省级住房和城乡建设（水务）主管部门要督促本地区城市落实《住房和城乡建设部关于2020年全国城市排水防涝安全及重要易涝点整治责任人名单的通告》（建城函〔2020〕38号）要求，将工作责任逐一落实到具体岗位和个人，杜绝出现责任盲区。城市排水防涝安全责任人要根据当地新冠肺炎疫情防控形势，扎实推进城市排水防涝工作，确保城市安全度汛，避免出现因暴雨内涝导致的人身伤亡事故和重大财产损失。

二、加强安全隐患排查整治

省级住房和城乡建设（水务）主管部门要指导督促本地区城市排水主管部门分区分类开展排水防涝隐患排查整治，及时清疏堵塞的排水管网，确保排水能力；及时补齐修复丢失、破损的窨井盖，落实防坠落措施；做好易积水路段周边路灯、通信等配电设施的安全防护，防止人员触电；在易发内涝积水的立交桥下、过街通道、涵洞等设置必要的监控设备、警示标识，汛期时根据需要安排人员值守；加强泵站、闸门等设施的汛前维护，确保安全、正常运转；疏浚具有排涝功能的城市河道，保障雨水行泄通畅。

三、加强作业人员防护

省级住房和城乡建设（水务）主管部门要指导督促本地区城市排水主管部门，在新冠肺炎疫情高风险城市的全部区域和新冠肺炎疫情中、低风险城市中的医院、集中隔离点周边区域开展管道清疏时，采用机械化作业，尽可能减少作业人员接触污水；确需人员下井作业的，要切实做好安全防护，穿戴防护服、佩戴口罩和护目镜等。严格执行管道、暗涵、集水井等密闭空间的安全操作规程，落实安全生产措施，避免发生作业人员中毒、坠落等伤亡事故。

四、完善落实应急预案

省级住房和城乡建设（水务）主管部门要指导督促本地区城市排水主管部门总结往年工作经验，及时完善城市排水防涝应急预案，细化应急响应程序和处置措施；进一步加强与应急管理、公安、消防、交通运输、水利、气象等部门的联动，做好河道与市政排水管网的水位协调调度，协助做好汛期城市交通组织、疏导和应急救援疏散等；要按照应急预案备足防汛抢险物资，充实抢险队伍并开展培训演练。

五、加快易涝区段整治工作

省级住房和城乡建设（水务）主管部门要指导督促本地区城市排水主管部门按照统筹城市防洪与城市排水防涝的工作要求，扎实推进城市易涝区段整治，补齐短板。《防汛抗旱水利提升工程实施方案》确定的100个易涝城市（见附件1），要在每季度第一个月15日前填报易涝区段整治进展信息，填报网址为http://wsxm.cin.gov.cn。

六、做好汛期值守和信息报送

省级住房和城乡建设（水务）主管部门要督促本地区城市排水主管部门严格执行汛期值守制度，落实专人值班；要加强与气象、水利、应急管理等相关部门的信息共享，及时掌握雨情、涝情、水情。

七、加大宣传引导力度

地方各级排水主管部门要广泛宣传城市排水防涝安全常识，提高公众防灾避险意识和自救能力；及时准确发布预警预报信息，引导公众主动应对；积极回应媒体舆论关切，主动发言发声，做好舆论引导工作。

联系人：辛文克　陈玮　牛璋彬
电话：010－58933326　58933542（传真）
邮箱：hmcs@mohurd.gov.cn

中华人民共和国住房和城乡建设部办公厅
2020年3月17日
（本文有删减）

抄送：国家防汛抗旱总指挥部办公室，水利部、应急管理部、审计署办公厅。

住房和城乡建设部办公厅关于印发住房和城乡建设部2020年扶贫工作要点的通知

建办村函〔2020〕152号

部机关各单位、直属各单位，社团第一党委、社团第二党委：

《住房和城乡建设部2020年扶贫工作要点》已经2020年3月30日第21次部党组会议审议通过，

现印发给你们，请按照工作分工认真研究落实。

中华人民共和国住房和城乡建设部办公厅

2020年4月3日

（本文有删减）

住房和城乡建设部2020年扶贫工作要点

2020年是决胜全面建成小康社会、决战脱贫攻坚之年，是脱贫攻坚收官之年。为贯彻落实习近平总书记在决战决胜脱贫攻坚座谈会及统筹推进新冠肺炎疫情防控和经济社会发展工作部署会上的重要讲话精神，根据国务院扶贫开发领导小组工作部署，对标对表《中共中央 国务院〈关于打赢脱贫攻坚战三年行动的指导意见〉重要政策措施分工方案》要求，制定我部2020年扶贫工作要点。

一、总体思路

以习近平新时代中国特色社会主义思想为指导，深入学习贯彻党的十九大和十九届二中、三中、四中全会精神，认真贯彻落实
习近平总书记关于努力克服疫情影响，确保高质量完成脱贫攻坚目标任务的重要指示精神，切实保持攻坚态势，强化攻坚责任，不折不扣做好脱贫攻坚专项巡视"回头看"（以下简称"回头看"）整改工作，紧紧围绕实现贫困户住房安全有保障目标任务，倾斜支持"三区三州"等深度贫困地区，着力补齐贫困人口住房安全短板。坚决落实"四个不摘"工作要求，凝聚攻坚合力，帮扶和推动定点扶贫县和大别山片区全面完成脱贫攻坚任务，巩固脱贫攻坚成果。加强总结宣传，研究建立解决相对贫困的长效机制，确保高质量全面完成我部脱贫攻坚任务。

二、主要任务

（一）不折不扣做好"回头看"整改工作。根据中央脱贫攻坚专项巡视"回头看"反馈意见，研究制定"回头看"整改工作方案，建立问题清单、责任清单、任务清单，压实整改责任。切实加强工作调度，及时纠正和解决问题，确保做到真改实改，以整改的实际成效确保全面完成脱贫攻坚任务，巩固脱贫攻坚成果。

（二）集中力量攻克深度贫困堡垒。坚决落实中央关于新增脱贫攻坚资金、新增脱贫攻坚项目、新增脱贫攻坚举措主要用于深度贫困地区工作要求，聚焦全面解决"三保障"问题，动员行业力量，强化资金投入和技术帮扶，倾斜支持"三区三州"等深度贫困地区，加强工作调度，应对疫情影响，解决突出问题，确保深度贫困地区和全国一道全面完成贫困户住房安全有保障目标任务。

（三）坚决完成贫困人口住房安全有保障目标任务。指导和督促各地将"回头看"排查发现的建档立卡贫困户等4类重点对象危房改造任务作为新增任务全部列入2020年中央财政补助资金支持范围，并按照分区分级精准复工复产的要求，有序推动农村危房改造工作。对新增任务较多、排查发现问题突出的地区开展挂牌督战，深入实地开展专项调研督导，确保4类重点对象危房改造扫尾任务于2020年6月底前全部完成。指导和督促各地对照全国建档立卡贫困户情况，完善脱贫攻坚三年行动农户档案信息检索系统，确保到2020年6月底前达到国家脱贫攻坚普查验收要求。深入开展调查研究，探索建立解决农村相对贫困人口住房安全问题的长效机制，推进脱贫攻坚与乡村振兴有效衔接，切实保持扶贫政策连续性稳定性，确保新产生的农村危房能够及时纳入改造范围。

（四）持续推进定点扶贫和联系大别山片区脱贫攻坚工作。认真落实"四个不摘"工作要求，签订中央单位定点扶贫责任书，确保各项指标计划数不低于2019年计划数。研究制定定点扶贫年度工作计划，明确帮扶举措，落实帮扶责任，全力支持定点扶贫县克服疫情影响，高质量完成脱贫攻坚目标任务，巩固脱贫攻坚成果。继续在农村危房改造、"美好环境与幸福生活共同缔造"活动、城镇老旧小区改造、建筑业产业扶贫、城镇基础设施建设管理、历史文化名城名镇名村和传统村落保护等方面对大别山片区给予政策指导和倾斜支持，加强与片区省份以及有关中央单位沟通联系，召开大别山片区脱贫攻坚推进会议，持续发挥沟通、协调、指导和推动作用，助力大别山片区打赢脱贫攻坚战。

三、工作要求

（一）加强组织领导。各单位要持续深入学习习近平总书记关于扶贫工作的重要论述，学习党中央、国务院脱贫攻坚决策部署，切实增强做好决战决胜脱贫攻坚工作的责任感、使命感、紧迫感。要提高政治站位，强化政治担当，主要负责同志要认真研

究切实抓好脱贫攻坚工作，要把"回头看"指出的问题与脱贫攻坚成效考核发现的问题和"不忘初心、牢记使命"主题教育检视出的问题统筹起来，一体研究、一体部署、一体整改。要把问题整改和脱贫攻坚日常工作结合起来，确保如期完成脱贫攻坚任务。

（二）加强扶贫领域作风建设。各单位要深入贯彻落实中央八项规定及其实施细则精神，严格落实部党组和驻部纪检监察组力戒形式主义、官僚主义"十不准"规定。深入开展调查研究，扎实落实帮扶举措，强化扶贫资金使用管理，坚持不懈抓好各项工作落实，切实减轻基层负担。部有关单位要会同驻部纪检监察组持续深入开展扶贫领域腐败和作风问题专项治理，深化漠视侵害群众利益专项整治工作成果，及时梳理和通报典型案例，并开展约谈和问责，全面提高脱贫攻坚工作成效。

（三）加强总结宣传。各有关单位要认真梳理总结住房和城乡建设领域脱贫攻坚工作，充分利用部门户网站、中国建设报等媒体，组织开展脱贫攻坚系列宣传报道，重点宣传农村危房改造、定点扶贫、联系大别山片区脱贫攻坚工作中的实践经验、生动案例和住房和城乡建设系统脱贫攻坚先进典型，充分展示住房和城乡建设领域脱贫攻坚工作成效，形成良好的舆论氛围。

住房和城乡建设部办公厅关于开展 2020 年度海绵城市建设评估工作的通知

建办城函〔2020〕179 号

各省、自治区住房和城乡建设厅，北京市水务局，天津、上海、重庆市住房和城乡建设（管理）委员会，新疆生产建设兵团住房和城乡建设局：

为深入贯彻《国务院办公厅关于推进海绵城市建设的指导意见》（国办发〔2015〕75 号）精神，落实系统化全域推进海绵城市建设的工作部署，我部决定开展 2020 年度海绵城市建设评估工作。现就有关事项通知如下：

一、各省级住房和城乡建设（水务）部门负责组织本地区所有设市城市，以排水分区为单元，对照《海绵城市建设评价标准》（GB/T 51345—2018），从自然生态格局管控、水资源利用、水环境治理、水安全保障等方面对海绵城市建设成效进行自评，并指导设市城市按照《海绵城市建设自评估报告要点》编制自评估报告。

二、自评估工作结束后，我部将委托第三方技术单位对部分设市城市海绵城市建设成效进行复核。具体事项另行通知。

联系人：陈玮　牛璋彬
电话：010-58933160　58933542（传真）
e-mail：hmcs@mohurd.gov.cn

中华人民共和国住房和城乡建设部办公厅
2020 年 4 月 15 日
（此件主动公开）（本文有删减）

住房和城乡建设部标准定额司关于开展 2020 年度建筑节能与绿色建筑发展情况统计工作的通知

建司局函标〔2020〕193 号

各省、自治区住房和城乡建设厅，直辖市住房和城乡建（管）委，新疆生产建设兵团住房和城乡建设局：

按照《节约能源法》《民用建筑节能条例》有关规定，为做好建筑节能与绿色建筑工作，掌握各地建筑节能与绿色建筑发展情况，决定开展 2020 年度建筑节能与绿色建筑发展情况统计工作。现将有关事项通知如下：

一、统计内容

（一）建筑节能基本情况统计。统计内容包括 2020 年度各地建筑节能基本情况、新建建筑执行节能强制性标准情况、北方采暖地区既有居住建筑节能改造情况、夏热冬冷地区既有居住建筑节能改造情况、公共建筑节能监管体系建设情况、可再生能源利用情况和建筑节能体制机制建设情况。

（二）绿色建筑基本情况统计。统计内容包括 2020 年度各地绿色建筑基本情况、评价标识进展情况、强制及推广进展情况、绿色建筑体制机制建设情况。

二、有关要求

各省、自治区、直辖市住房和城乡建设主管部门要高度重视本次统计和调查工作，认真组织收集相关数据。上报内容包括 2020 年建筑节能与绿色建筑数据和 2020 年工作总结，请于 2021 年 1 月 18 日前，通过建筑节能与绿色建筑综合信息管理平台（http://jzjn.cin.gov.cn/web1/login.php）完成上报。

三、联系方式

联 系 人：孟光、任玉杰　电话：010-58934548
技术支持：凡培红　　　　电话：010-58934942

住房和城乡建设部标准定额司
2020 年 12 月 18 日

住房和城乡建设部办公厅关于实施中国传统村落挂牌保护工作的通知

建办村函〔2020〕227 号

各省、自治区住房和城乡建设厅，天津、上海、重庆市住房和城乡建设（管）委，新疆生产建设兵团住房和城乡建设局，北京市农业农村局：

为贯彻落实中共中央办公厅 国务院办公厅《关于实施中华优秀传统文化传承发展工程的意见》要求，推动传统村落保护传承和发展，我部决定统一设置中国传统村落保护标志（以下简称保护标志），实施挂牌保护。现就有关事项通知如下。

一、统一保护标志设计样式

保护标志由中国传统村落徽志、主题词、村落名称、二维码、监制单位、公布日期等 6 部分组成，具体样式及要求见附件。中国传统村落徽志、主题词、监制单位按统一样式及内容制作，村落名称、二维码、公布日期要根据每个村落实际情况确定具体内容并按统一样式制作。村落名称为公布列入中国传统村落名录的具体村落名称，不写其所在的乡镇、县(市、区、旗)、市(州、盟、地区)及省(市、自治区)。二维码为该村链接到中国传统村落数字博物馆的标记(网站地址：www.dmctv.cn)，可通过扫描二维码查看到其村落信息。公布日期为公布该村列入中国传统村落名录的具体年月。

二、落实挂牌要求

中国传统村落标志牌（以下简称标志牌）为悬挂匾牌，可用于室内或室外悬挂展示。我部提供标志牌样式，各地可根据当地特色选择木、石、金属等适宜材质制作。各地也可根据实际情况按一定比例放大制作成碑状标志牌，但文字、内容等应与保护标志要求一致。民族自治地区可另外矗立少数民族文字书写（镌刻）的标志牌，内容应与汉字内容相同。

所有列入中国传统村落名录的村落都要设置标志牌，原则上各地要在2020年12月底前完成挂牌工作。省级住房和城乡建设部门及相关部门负责本行政区域内的挂牌保护工作（含标志牌制作）。标志牌的知识产权属于我部，除用于中国传统村落挂牌保护外，不得用于其他用途。

三、完善村落相关信息

已列入中国传统村落名录的村落基本信息已录入中国传统村落数字博物馆，社会公众均可查询。请各地根据实际情况抓紧更新和完善中国传统村落信息，按村落信息格式表（含标志牌照片）填写后发送至中国传统村落信息维护单位电子邮箱（zgct-clsb@163.com）。

标志牌样式、历次公布文件、中国传统村落对应的二维码、村落信息格式表可以通过网络下载，网址为 http://listed.dmctv.cn/index/。

联系人及联系方式：
村镇建设司　周文理　010-58934567
信息维护单位　张海荣　010-58323846
附件：标志牌样式及要求

中华人民共和国住房和城乡建设部办公厅
2020年5月11日
（此件主动公开）

附件

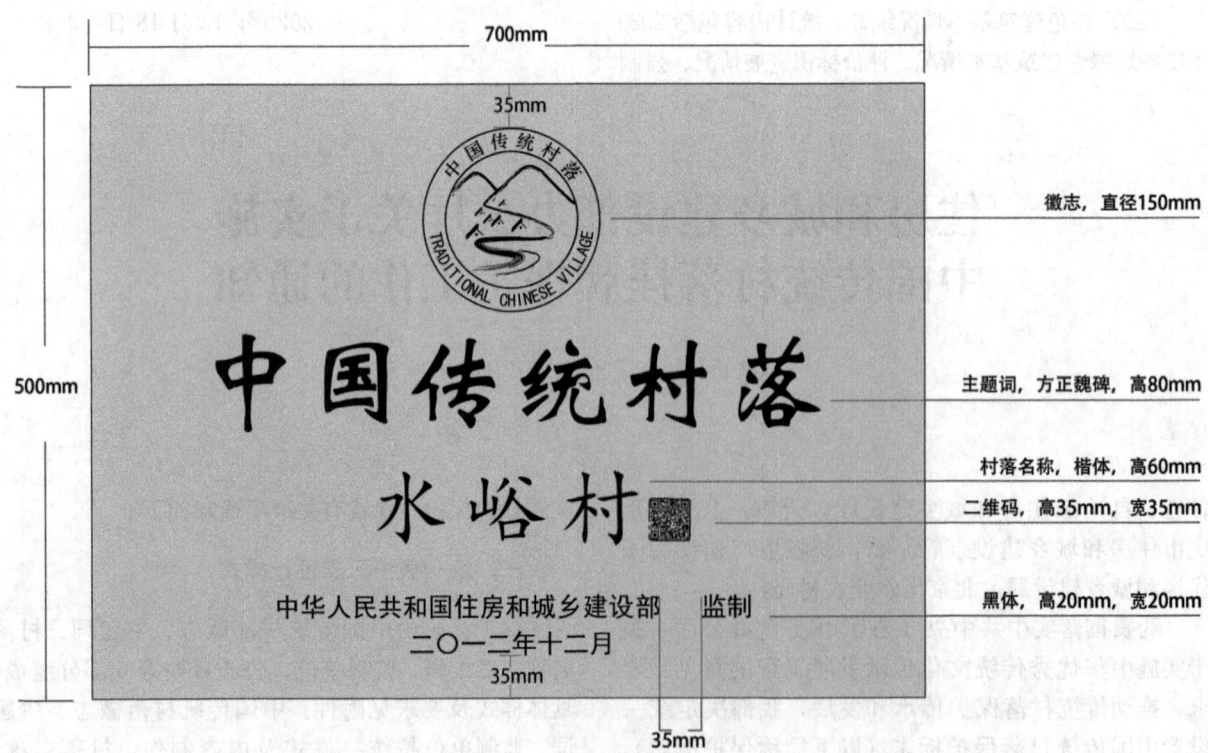

住房和城乡建设部办公厅关于开展工程建设行业专项整治的通知

建办市函〔2020〕298号

各省、自治区住房和城乡建设厅，直辖市住房和城乡建设（管）委，新疆生产建设兵团住房和城乡建设局：

为深入贯彻落实中央领导同志重要指示批示精神，按照全国扫黑除恶专项斗争领导小组工作部署，以及《住房和城乡建设部关于进一步加强房屋建筑和市政基础设施工程招标投标监管的指导意见》（建市规〔2019〕11号）有关要求，加强对房屋建筑和市政基础设施工程建设活动的监督管理，排查整治突出问题，深入推动"行业清源"，决定开展工程建设行业专项整治，现将有关事项通知如下。

一、总体要求

坚持以习近平新时代中国特色社会主义思想为指导，深入学习贯彻党的十九大和十九届二中、三中、四中全会精神，认真贯彻落实党中央关于扫黑除恶专项斗争的决策部署，聚焦房屋建筑和市政基础设施工程建设领域恶意竞标、强揽工程、转包、违法分包、贪污腐败等突出问题，开展专项整治，强化源头治理，构建长效常治的制度机制，营造良好的建筑市场秩序，促进建筑业高质量发展，增强人民群众的获得感、幸福感、安全感。

二、整治重点

（一）招标人在招标文件设置不合理的条件，限制或者排斥潜在投标人，或招标人以任何方式规避招标。

（二）投标人相互串通投标或者与招标人、招标代理机构串通投标，或者投标人以向招标人、招标代理机构或者评标委员会成员行贿的手段谋取中标。

（三）投标人以他人名义投标、挂靠、借用资质投标或者以其他方式弄虚作假，骗取中标。

（四）投标人以暴力手段胁迫其他潜在投标人放弃投标，或胁迫中标人放弃中标，强揽工程。

（五）投标人恶意举报投诉中标人或其他潜在投标人，干扰招标投标正常秩序。

（六）中标人将中标项目转让给他人，或者将中标项目肢解后分别转让给他人，以及将中标项目违法分包给他人。

（七）党政机关、行业协（学）会等单位领导干部或工作人员利用职权或者职务上的影响干预招标投标活动。

三、实施步骤

专项整治自2020年6月开始，为期4个月，分3个阶段推进。

第一阶段：方案制定（2020年6月）。各省级住房和城乡建设主管部门负责制定本行政区域内专项整治工作方案，指导监督各市、县（区）专项整治工作，可针对本地区突出问题增加整治内容，部省市联动共同推进专项整治。

第二阶段：组织实施（2020年7月—8月）。各省级住房和城乡建设主管部门组织各市、县（区）对正在开展招标投标活动的房屋建筑和市政基础设施工程项目进行调查摸底，及时发现工程招标投标活动中存在的违法违规行为和乱象问题线索，建立工作台账，加强分析研判，对确实存在的突出问题进行全面检查和整治，依法查处违法违规行为，整顿治理行业乱象，对行业领域中涉黑涉恶苗头性、倾向性问题形成有效震慑。

第三阶段：总结巩固（2020年9月）。地方各级住房和城乡建设主管部门总结专项整治工作，提炼经验做法，制定和完善相关政策制度，巩固专项整治成果。我部将通报专项整治工作开展情况和取得的成效。

四、主要任务及要求

（一）提高政治站位。地方各级住房和城乡建设主管部门要充分认识工程建设行业突出问题对市场秩序的破坏和对市场主体切身利益的损害，把专项整治作为增强"四个意识"、坚定"四个自信"、做到"两个维护"的具体检验，坚决落实行业监管部门监管责任，认真抓紧抓实各项工作，确保专项整治取得成效，回应群众期待。

（二）加强组织领导。地方各级住房和城乡建设主管部门要高度重视，细化工作任务和分工，明确专项整治工作具体内容、目标要求、工作措施、进度安排、责任单位和责任人等，加强工作调度和政策指导，强化过程管理，有序推进落实。要进一步加强与政法部门的协作配合，建立和完善信息共享、线索移交、联动查处、通报反馈的协调机制，推动行政执法和刑事司法的有效衔接，强化对监察、司法、检察建议和公安提示函（以下统称"三书一函"）的跟踪问效，形成齐抓共管的工作合力。

（三）深入稳步推进。地方各级住房和城乡建设主管部门要畅通投诉举报渠道，加强对群众举报内容的梳理、研判和反馈。要把"三书一函"作为专项整治的切入口，重点从本地区破获的涉黑涉恶案件入手，深入剖析黑恶势力滋生蔓延原因，及时发现前端治理中的问题。要按照"双随机、一公开"原则，通过现场巡查、档案抽查、专项检查等多种方式，加强对招标投标活动的日常监管，及时查找和填补监管漏洞。要加强对评标专家和招标代理机构的监管，引导和督促其依法依规履职。对查实的违法违规行为，应当依法依规从严出行政处罚，对情节严重的，应当记入信用档案，开展信用惩戒，直至清出市场。对本地区的突出问题，应当集中力量攻坚克难，确保整治工作取得实效，最大限度挤压黑恶势力滋生空间。对发现的涉黑涉恶问题线索，应当及时移交政法部门，并配合开展案件侦办工作。对发现的领导干部或工作人员违法违纪问题线索，应当及时移交纪检监察部门。

（四）及时汇总上报。地方各级住房和城乡建设主管部门要建立工作台账，及时总结专项整治推进落实情况。省级住房和城乡建设主管部门负责汇总本行政区域内专项整治实施情况，形成书面总结报告，于2020年9月5日前报送我部建筑市场监管司，报告内容应包括总体情况、工作措施、取得的成效（包含查处的违法违规行为、整治消除的行业乱象、移送的涉黑涉恶问题线索等量化指标）、发现的典型案例、建立或完善的制度机制、工作建议等。

（五）强化监督指导。地方各级住房和城乡建设主管部门要建立任务跟踪督导机制，密切跟进各项工作进展。对整治不积极、效果不明显的地区和单位，要通过约谈、通报等方式督促其履职尽责，确保专项整治工作落实到位。对表现突出、成效显著的单位和个人，要予以表扬和奖励。

（六）加强宣传引导。地方各级住房和城乡建设主管部门要通过政府门户网站和当地主流媒体，加强对专项整治的舆论宣传，有计划地宣传报道一批典型案件，广泛发动市场主体和社会群众参与专项整治。要及时向群众公示整治重点，通告工作进展，公布整治成果，做到整治内容直面群众关切，整治过程邀请群众参与，整治结果接受群众监督。

（七）建立长效机制。地方各级住房和城乡建设主管部门要坚持边打边治边建，研究梳理涉黑涉恶和乱象问题所暴露出的行业隐患和监管漏洞，及时健全完善行业监管制度，切实巩固整治成果。要认真贯彻落实建市规〔2019〕11号文件要求，积极推进工程招标投标制度改革，进一步加强招标投标活动监管，全面推行电子招标投标，推动市场形成价格机制，加快推行工程担保制度，完善建筑市场信用体系。鼓励各地结合地方实际，创新监管机制，探索实行政府投资工程集中建设管理、评定分离等方式方法，加强对招标投标交易信息的共享、分析和应用，提高工程招标投标监管水平，形成可复制可推广的实践经验。

请省级住房和城乡建设主管部门明确1名同志作为专项整治工作联络员，于2020年6月30日前将本地区专项整治工作方案和联络员登记表报送我部。各地在推进专项整治过程中遇到的问题，请及时与我部联系。

附件：专项整治工作联络员登记表

中华人民共和国住房和城乡建设部办公厅

2020年6月12日

（此件主动公开）

住房和城乡建设部办公厅关于印发《城市管理行政执法文书示范文本（试行）》的通知

建办督函〔2020〕484号

各省、自治区住房和城乡建设厅，北京市城市管理委员会、城市管理综合行政执法局，天津市城市管理委员会，上海市住房和城乡建设管理委员会，重庆市城市管理局，新疆生产建设兵团住房和城乡建设局：

为加强城市管理执法制度化法治化建设，进一步规范城市管理执法行为，保护行政相对人的合法权益，根据行政处罚法、行政强制法、《城市管理执法办法》等法律法规规定，我部制定了《城市管理行政执法文书示范文本（试行）》，现印发给你们，请结合工作实际，参照执行。

中华人民共和国住房和城乡建设部办公厅
2020年9月17日
（此件公开发布）

住房和城乡建设部办公厅关于印发房屋建筑和市政基础设施工程施工现场新冠肺炎疫情常态化防控工作指南的通知

建办质函〔2020〕489号

各省、自治区住房和城乡建设厅，直辖市住房和城乡建设（管）委，新疆生产建设兵团住房和城乡建设局，山东省交通运输厅，上海市交通委：

为深入贯彻落实党中央、国务院关于抓紧抓实抓细新冠肺炎疫情常态化防控工作决策部署，全面落实"外防输入、内防反弹"的总体防控策略，科学有序做好房屋建筑和市政基础设施工程施工现场疫情常态化防控工作，我部制定了《房屋建筑和市政基础设施工程施工现场新冠肺炎疫情常态化防控工作指南》，现印发给你们，请结合实际参照执行。

中华人民共和国住房和城乡建设部办公厅
2020年9月21日
（此件公开发布）

房屋建筑和市政基础设施工程施工现场新冠肺炎疫情常态化防控工作指南

1 总 则

1.1 为深入贯彻落实党中央、国务院关于抓紧抓实抓细新冠肺炎疫情常态化防控工作决策部署，全面落实"外防输入、内防反弹"的总体防控策略，科学有序做好房屋建筑和市政基础设施工程施工现场疫情常态化防控工作，根据国务院联防联控机制《关于做好新冠肺炎疫情常态化防控工作的指导意见》，结合建筑业实际，制定本指南。

1.2 本指南适用于房屋建筑和市政基础设施工程施工现场新冠肺炎疫情常态化防控管理。

1.3 地方各级住房和城乡建设主管部门及有关部门应在地方党委和政府统一领导下，坚持预防为主、科学管理、精准防控的原则，严格落实行业监管职责，切实加强对施工现场疫情常态化防控工作的指导，督促参建各方严格执行各项防控措施，确保疫情常态化防控到位。

2 防控体系建设

2.1 建立疫情常态化防控工作体系

各参建单位（含建设、施工、监理等）应结合项目实际，制定本项目疫情常态化防控工作方案，建立健全工作体系和机构，明确疫情防控责任部门和责任人，设置专职疫情防控岗位，完善疫情防控管理制度。

2.2 强化参建各方疫情常态化防控主体责任

建设单位是工程项目疫情常态化防控总牵头单位，负责施工现场疫情常态化防控工作指挥、协调和保障等事项。施工总承包单位负责施工现场疫情常态化防控各项工作组织实施。监理单位负责审查施工现场疫情常态化防控工作方案，开展检查并提出建议。建设、施工、监理项目负责人是本单位工程项目疫情常态化防控和质量安全的第一责任人。各方应各司其职、加强配合，切实履行疫情防控和质量安全主体责任。

3 人员管理

3.1 健康管理

3.1.1 严格执行项目所在地人员管控要求，依托全国一体化政务服务平台及建筑工地实名制管理系统等信息化手段，核实项目人员身份及健康信息，不私招乱雇，不使用零散工和无健康信息的劳务人员，不得在项目之间无组织调配使用劳务人员，不得使用按照有关规定需要隔离观察的劳务人员。

3.1.2 项目部应按照疫情防控要求，对参建各方聘用的所有人员进行健康管理，建立"一人一档"制度，准确掌握人员健康和流动情况。

3.2 人员进出

3.2.1 在施工现场进口设立体温监测点，对所有进入施工现场人员进行体温检测和"健康码"查验，核对人员身份和健康状况。凡有发热、干咳等症状的，应禁止其进入，并及时报告和妥善处置。

3.2.2 外来人员确需临时进入施工现场的，由项目部指定专人对接。进入施工现场前应测体温、核对人员身份及健康状况等有关情况，核实无误并登记后方可进入。

3.2.3 入境人员、中高风险地区人员、密切接触者及确诊治愈出院患者等确需返回施工现场的重点人群，应在严格执行完项目所在地有关规定，经核实"健康码"无误后，方可返回施工现场，并做好至少两周的健康监测和跟踪随访。

3.3 人员防护

3.3.1 项目部应按照疫情常态化防控需要为员工配发防护用品，并建立物资台账。

3.3.2 在人员密集的封闭场所、与他人小于1米距离接触时需要佩戴口罩。在密闭公共场所工作的厨师、配菜员、保洁员等重点人群要佩戴口罩，项目部要做好日常管理。

3.4 宣传教育

3.4.1 通过宣传栏、公告栏、专题讲座、线上培训、班前教育、技术交底等方式，加强对施工现场人员防疫政策、健康知识的宣传教育培训，着力提升从业人员的防范意识和防控能力。

3.4.2 加强公共卫生教育培训，引导施工现场人员养成勤洗手、常通风、科学佩戴口罩、使用公勺公筷等良好卫生习惯。

3.4.3 宣传教育应尽量选择开阔、通风良好的场地，分批次进行，人员间隔不小于1米。

4 施工现场管理

4.1 施工现场准备

4.1.1 施工现场应采取封闭式集中管理，严格进、出场实名制考勤。办公区、生活区、施工区、材料加工和存放区等区域应分离，围挡、围墙确保严密牢固，尽量实现人员在场内流动。

施工现场应设置符合标准的隔离室和隔离区。现场不具备条件的，应按标准异地设置。

4.1.2 办公场所、会议室、生活区域及其他人员活动场所应定期通风换气和清洁卫生，定期消毒，重点对人员密集场所（区域）和频繁接触物品（部位）进行消毒。

加强施工现场环境卫生整治，消除卫生死角盲区，保证施工现场内洗手设施的正常使用，并应配备肥皂或洗手液。

在公共区域设置废弃防疫物资专用回收箱（垃圾桶），定期对专用垃圾桶进行消毒处理。

4.1.3 各参建单位要按照采储结合、节约高效的原则，储备适量的、符合国家及行业标准的口罩、防护服、一次性手套、酒精、消毒液、智能体温检测设备等防疫物资，建立物资储备台账，确保施工现场和人员疫情常态化防控防护使用需求。施工现场人员应正确使用和存储消毒液、消毒设备、酒精等防疫物资，防止意外吞食中毒或引发火灾。

4.2 施工组织

4.2.1 施工单位在编制施工组织设计、专项施工方案等时应增加疫情常态化防控专篇，提出优化施工作业，减少人员聚集和交叉作业等具体举措。

4.2.2 各参建单位要按照《建筑法》《建设工程质量管理条例》等法律法规和工程建设强制性标准，加强项目质量管理，落实质量责任。要重点加强对桩基础、混凝土等关键环节质量管理，切实保证工程质量。

4.2.3 对建筑起重机械、深基坑、模板工程及支撑体系、脚手架、施工临时用电设施以及城市轨道交通工程等安全状况和现场防护情况加大检查力度，对发现的问题及时整改，不留死角，严格落实安全生产责任制度。

4.3 施工区管理

4.3.1 定期对地下室、管廊、下水道、施工机械、起重机械驾驶室及操作室等密闭狭小空间及长期接触的部位进行消毒，并形成台账。施工机械等宜采取专人专用的原则，同时优化施工现场的工序、工艺，并尽可能多的使用信息化技术手段，减少人员接触、聚集和交叉作业。需要进入施工现场的车辆，应予以消毒。

4.3.2 加大施工现场巡查力度，检查作业环境是否满足疫情常态化防控要求，其中重点区域是否消毒为必查项；检查施工人员防护防疫措施是否到位。发现问题及时整改，第一时间消除防疫隐患。

4.4 办公区管理

4.4.1 严格控制同一办公场所人员数量，尽量减少人员聚集。办公时应尽量保持1米以上的接触距离。

4.4.2 严格控制会议频次和规模，尽量减少室内会议和缩短会议时间。

4.5 生活区管理

4.5.1 生活区距离工地较远的项目，尽量做到生活区到施工区封闭管理，鼓励安排专车接送人员上下班。合理安排生活区的出入口，入口要有专人负责测温、核对人员身份和健康状况等。

4.5.2 宿舍原则上设置可开启窗户，定期通风及消毒。每间宿舍居住人员宜按人均不小于 $2m^2$ 确定，尽量减少聚集，严禁使用通铺。宿舍内宜设置生活用品专柜、垃圾桶等生活设施，环境卫生应保持良好。

4.5.3 工地食堂应依法办理相关手续并严格执行卫生防疫规定。食品食材的采购应选择正规渠道购买，建立采购物资台账，确保可追溯。严禁生食和熟食用品混用，避免肉类生食，避免直接手触肉禽类生鲜材料。严禁在工地食堂屠宰野生动物、家禽家畜。

食堂原则上采取分餐、错峰用餐等措施，减少人员聚集，并且实施排队取餐人员的间距不小于1米，食堂就餐人员的间距不小于1米的安全措施，避免"面对面"就餐和围桌就餐。

食堂应保持干净整洁，定期通风及消毒，严格执行一人一具一用一消毒，不具备消毒条件的要使用一次性餐具。

5 应急管理

5.1 建立应急机制

项目部要坚持疫情常态化防控和应急处置相结合的原则，建立健全疫情常态化防控应急机制，按照项目所在地分区分级标准及时完善应急预案，明确应急处置流程，适时开展应急演练，确保责任落实到人。

建立联防联控机制，对接属地社区、卫生健康、疾控等部门，全面落实各项疫情常态化防控措施。

5.2 应急处置措施

5.2.1 发生涉疫情况，应第一时间向有关部门报告、第一时间启动应急预案、第一时间采取停工措施并封闭现场。

5.2.2 按照应急预案和相关规定进行先期处置，安排涉疫人员至隔离观察区域，与现场其他人员进行隔离，并安排专人负责卫生健康、疾控等部门防控专业人员的进场引导工作，保障急救通道畅通。

5.2.3 积极配合卫生健康、疾控等部门做好流行病学调查、医学观察，对现场进行全面消杀。

5.2.4 根据属地要求，及时、全面、准确向有关部门报送疫情防控信息。

6 监督管理

6.1 地方各级住房和城乡建设主管部门要按照疫情常态化防控要求，督促各参建单位落实主体责任和防控措施，加强对疫情常态化防控工作开展和工程质量安全的监督检查，对发现的疫情常态化防控不到位、施工安全隐患和工程质量问题，责令立即整改；情节严重的，责令停工整改，并依法进行处理。

6.2 对于疫情常态化防控期间瞒报、谎报、漏报、迟报疫情防控信息以及工作不力、不负责任、措施不当造成施工现场疫情扩散传播等严重后果的，依法追究相关单位和人员的责任。

7 附 则

7.1 因疫情常态化防控发生的防疫费用，可计入工程造价。

7.2 地方各级住房和城乡建设主管部门应严格落实行业监管责任，细化当地施工现场疫情常态化防控具体措施，支持企业依法享受优惠政策，加强统筹协调，强化对施工现场疫情常态化防控工作的指导和支持。

住房和城乡建设部办公厅关于做好2021年城乡建设统计工作的通知

建办计函〔2020〕658号

各省、自治区住房和城乡建设厅，直辖市住房和城乡建设（管）委，北京市统计局、农业农村局，新疆生产建设兵团住房和城乡建设局：

2021年城乡建设统计继续执行《城市（县城）和村镇建设统计报表制度》，包括3项统计任务：2020年城乡建设统计年报、2021年城市（县城）建设统计快报和2020年服务业统计年报。为做好统计工作，现就有关事项通知如下：

一、关于2020年城乡建设统计年报

（一）统计范围。

城乡建设统计年报分为城市（县城）建设统计年报和村镇建设统计年报两部分。

城市（县城）建设统计年报统计范围为设市城市城区和县城；村镇建设统计年报统计范围为建制镇、乡和镇乡级特殊区域。

（二）统计内容。

城市（县城）建设统计年报内容包括：人口和建设用地、公用事业价格和标准、市政公用设施建设固定资产投资、供水、节约用水、燃气、集中供热、轨道交通、道路桥梁、排水和污水处理、园林绿化、市容环境卫生、历史文化街区及市政安全。

村镇建设统计年报内容包括：村镇基本情况、市政公用设施、房屋建筑、建设投资。

（三）报送方式。

2020年城乡建设统计年报报送纸质数据和电子数据。其中，纸质件统一用A4纸打印，加盖公章并由各省（自治区、直辖市）城乡建设统计年报主管部门负责人签字后，按城市、县城、村镇分别装订报送至我部计划财务与外事司。

电子数据通过城乡建设统计信息管理系统联网直报。系统地址为住房和城乡建设部门户网站（www.mohurd.gov.cn）—统计—统计信息系统登录—城乡建设统计信息管理系统。用户名和密码同往年一致，如遗失可联系上级单位查询。

（四）时间安排。

各省（自治区、直辖市）城乡建设统计年报主管部门应于2021年2月28日前完成本地区数据的汇总和初审，并通过信息系统报送我部。纸质件待电子数据通过我部审核后再报送。

二、关于2021年城市（县城）建设统计快报

（一）统计范围。

城市（县城）建设统计快报的统计范围是设市城市城区和县城。

（二）统计内容。

统计内容包括：人口和建成区面积、供水、燃气、集中供热、轨道交通、道路、污水处理、园林绿化、生活垃圾处理、市政公用设施建设固定资产投资。

(三) 报送方式。

2021年城市（县城）建设统计快报数据通过我部城乡建设统计信息管理系统联网直报。

(四) 时间安排。

各省（自治区、直辖市）城市（县城）建设统计快报主管部门应于2021年11月15日前完成本地区数据的审核，并报送我部。

三、关于2020年服务业统计年报

(一) 统计范围。

服务业统计年报统计范围为：执行企业会计制度的年营业收入500万元及以上的公共设施管理业法人单位，以及执行行政和事业单位会计制度的公共设施管理业法人单位。

(二) 统计内容。

统计内容包括：单位基本情况和主要财务情况。

(三) 报送方式。

2020年服务业统计年报数据可通过我部城乡建设统计信息管理系统联网直报，也可由各省（自治区、直辖市）服务业统计年报主管部门自主确定本地区的报送方式。

(四) 时间安排。

各省（自治区、直辖市）服务业统计年报主管部门应于2021年3月15日前将本地区汇总数据报送我部计划财务与外事司。

四、组织实施

城乡建设统计内容丰富、涉及面广。各级城乡建设统计主管部门要统筹协调，精心组织，做好数据报送和审核工作，确保数据上报及时、完整准确，做到应统尽统、不重不漏。坚决防范和惩治数据造假、弄虚作假情况。

2021年，我部将继续对城乡建设统计工作情况进行通报。对工作成绩突出的地区给予表扬，对迟报漏报、虚报瞒报的地区通报批评。

各省（自治区、直辖市）城乡建设统计主管部门要对本地区城乡建设统计工作负总责，明确责任处室和责任人，加大统计培训力度，完善数据核查机制，创新数据获取方式，按时完成各项统计任务，提高统计数据质量。

业务咨询电话：010-58933603

技术服务电话：4001199797 15663614581

住房和城乡建设部办公厅
2020年12月18日

（此件公开发布）

住房和城乡建设部办公厅关于住房和城乡建设领域施工现场专业人员职业培训试点工作情况的通报

建办人函〔2020〕662号

各省、自治区住房和城乡建设厅，直辖市住房和城乡建设（管）委及有关部门，新疆生产建设兵团住房和城乡建设局，国务院国资委管理的有关建筑业企业：

按照住房和城乡建设部《关于改进住房和城乡建设领域施工现场专业人员职业培训工作的指导意见》（建人〔2019〕9号）、《关于推进住房和城乡建设领域施工现场专业人员职业培训工作的通知》（建办人函〔2019〕384号）要求，各省级住房和城乡建设主管部门积极开展施工现场专业人员职业培训试点工作，在转变培训模式，建立职业培训体系，落实企业培训主体责任，发挥企业和行业组织、职业院校等各类培训机构优势，不断加强和改进职业培训工作等方面取得了一定成效，但也存在一些问题。现将有关情况通报如下：

一、职业培训体系已基本建立

(一) 开发完善培训管理信息系统。在住房和城乡建设行业从业人员培训管理信息系统中，增加了施工现场专业人员管理模块，开发过程监管、测试题库管理、继续教育管理等功能，满足施工现场专业人员职业培训管理需要，供各地免费使用。

（二）建立完善测试题库。组织编制了全国统一培训测试题库，并依据试运行情况，对系统和题库进行了完善，供各地免费使用。

（三）编制继续教育大纲。按照人力资源社会保障部关于专业技术人员开展继续教育的总体要求，以知识更新、学以致用为原则，根据岗位需求，结合住房和城乡建设行业实际，组织制定并发布了继续教育大纲。针对施工员、质量员等13个岗位，明确本岗位应掌握的新法律、新法规、新标准和新规范，以及相关新材料、新设备、新技术和新工艺，着力完善从业人员相关专业知识结构，提升专业素质、执业能力和职业道德素养。

（四）开展职业标准修订工作。组织修订《建筑与市政工程施工现场专业人员职业标准》（JGJ/T 250—2011），突出能力主线，充分体现建筑业高质量发展对施工现场专业管理人员的能力要求，补充完善近几年来在工程建设领域施工现场产生的新的专业管理岗位，以适应新型建造方式逐步推广的形势。

（五）制定测试系统对接方案。编制培训管理信息系统和题库对接方案，在保证培训数据安全的基础上，实现已建地方管理系统、题库与我部培训管理信息系统技术对接。根据地方提出的需求和发现的问题，不断完善对接方案，保证对接工作平稳有序进行。

二、培训试点工作稳步推进

（一）审核培训试点方案。在审核各省级住房和城乡建设主管部门施工现场专业人员培训试点方案时，重点把握以下原则：一是转变培训方式，由试点培训机构开展培训、测试，不能再搞统一考核，变相实行考培分离。二是各地培训系统按照对接方案与我部培训信息管理系统对接，由我部系统生成电子培训合格证书。三是培训测试使用全国统一培训测试题库，地方题库可按要求完成对接后，选用一定比例。四是各地试点培训机构必须有企业参与。

截至目前，浙江、湖北、河北、上海、河南、甘肃、安徽、西藏、海南、宁夏、山西、福建、湖南、广西、广东、黑龙江、天津、江西、陕西、四川、新疆生产建设兵团、山东、辽宁、青海等24个省（区、市）住房和城乡建设主管部门和中国中铁、中国铁建2家企业提交了培训试点方案，经审核完善均予通过。

（二）加强服务管理。积极组织技术支持单位，按照对接方案，实施省级培训管理信息系统与我部培训管理信息系统对接。截至目前，江西、湖南、福建、河南、安徽、广西等6个省（区）住房和城乡建设主管部门提出信息系统对接需求，其中江西、湖南、广西、福建4地已完成对接工作。

截至目前，组织试点培训机构开展职业培训试点工作的省（区、市）住房和城乡建设主管部门和企业共有19个，分别是河北、甘肃、湖北、浙江、广东、天津、四川、宁夏、黑龙江、海南、广西、江西、福建、陕西、山西、上海、西藏等17个省级住房和城乡建设部门及中国中铁、中国铁建2家企业。上传的试点培训机构累计416家，完成培训173792人次，颁发电子培训合格证43416个。

（三）逐步规范继续教育。截至目前，甘肃、湖北、广东、天津、浙江、海南、江西、西藏等8个省（市、区）住房和城乡建设主管部门启动了继续教育工作。参加继续教育的人员约195010人，完成电子合格证换发151594个。

三、存在的问题

大部分地区能够按照深化"放管服"改革的要求，转变工作方式方法，调整工作模式，稳步推进培训试点工作。但仍有部分省（市、区）住房和城乡建设主管部门工作相对滞后，尚未报送试点方案。个别省级住房和城乡建设主管部门未按照我部工作要求和文件精神开展工作，未提交试点方案，不与我部信息系统对接，自行发文，使用自建题库组织培训机构进行培训发证；有的地方组织集中考核，变相实行考培分离。这些做法给施工现场专业人员职业培训工作带来很多问题隐患，各省级住房和城乡建设主管部门要高度重视，对照自查，发现问题及时纠正，立即整改。

四、持续改进施工现场专业人员职业培训

要在深入总结前期工作的基础上，始终坚持目标导向、问题导向，系统思考和研究施工现场专业人员培训试点工作遇到的问题和困难，加强监督指导，确保培训质量，做实做细，持续改进。

（一）继续稳步推进试点工作。未按要求报送试点方案的省级住房和城乡建设主管部门和企业，要尽快制定试点方案报我部（人事司）审核，部署和推进相关工作。对于未按照我部工作要求开展的培训，应立即叫停，整改；试点方案审核通过的省级住房和城乡建设主管部门和企业，要按照工作计划和方案要求，尽快组织试点培训机构启动相关培训工作和继续教育工作；试点成熟的省级住房和城乡建设主管部门和企业，在总结试点经验的基础上，

在本省（单位）稳步推进职业培训。我部将适时组织试点经验交流。

（二）进一步做好数据对接和报送。按照工作安排，我部培训管理信息系统与建筑业实名制等系统进行数据对接。各省级住房和城乡建设主管部门于2021年1月29日前，将2018年12月13日前持《住房城乡建设领域专业人员岗位培训考核合格证书》的人员数据上传至我部培训管理信息系统，相关数据要确保及时准确。

（三）加强培训监管，提升培训质量。各级住房和城乡建设主管部门要加强施工现场专业人员培训监管力度，对培训机构实施动态管理。运用信息化手段，加强培训过程监督检查，随机抽查，确保培训工作质量。

（四）不断提高继续教育工作水平。省级住房和城乡建设主管部门要制定施工现场专业人员继续教育工作方案，加强监管，制定相应措施办法，做好学时认定工作。各地继续教育工作方案要报我部（人事司）。我部（人事司）将不定期对相关数据进行抽查。因受新冠肺炎疫情影响，原持有《住房城乡建设领域专业人员岗位培训考核合格证书》的人员进行继续教育，换发培训合格证截止时间延迟到2021年9月30日。

住房和城乡建设部办公厅
2020年12月22日

（此件主动公开）

住房和城乡建设部办公厅关于开展绿色建造试点工作的函

建办质函〔2020〕677号

湖南、广东、江苏省住房和城乡建设厅：

为落实《国务院办公厅关于促进建筑业持续健康发展的意见》（国办发〔2017〕19号）、《国务院办公厅转发住房城乡建设部关于完善质量保障体系提升建筑工程品质指导意见的通知》（国办函〔2019〕92号）精神，推进绿色建造工作，促进建筑业转型升级和城乡建设绿色发展，经研究，决定在湖南省、广东省深圳市、江苏省常州市开展绿色建造试点工作。

请你们按照《绿色建造试点工作方案》要求，认真组织试点地区做好绿色建造试点工作，加强督促指导、跟踪评估，及时总结可复制可推广的经验，确保试点工作取得成效。

附件：绿色建造试点工作方案

住房和城乡建设部办公厅
2020年12月31日

（此件主动公开）

抄送：各省、自治区住房和城乡建设厅，直辖市住房和城乡建设（管）委，北京市规划和自然资源委，新疆生产建设兵团住房和城乡建设局。

附件

绿色建造试点工作方案

绿色建造是采用绿色化、工业化、信息化、集约化和产业化的新型建造方式，提供优质生态的建筑产品，满足人民美好生活需要的工程建造活动。为贯彻党中央、国务院有关工作部署，落实《国务院办公厅关于促进建筑业持续健康发展的意见》（国办发〔2017〕19号）、《国务院办公厅转发住房城乡建设部关于完善质量保障体系提升建筑工程品质指导意见的通知》（国办函〔2019〕92号）要求，推进绿色建造工作，促进形成绿色生产生活方式，推动建筑业转型升级和城乡建设绿色发展，制定以下试点工作方案。

一、总体要求

（一）指导思想。

以习近平新时代中国特色社会主义思想为指导，全面贯彻党的十九大和十九届二中、三中、四中、五中全会精神，坚持以人民为中心，坚持新发展理念，落实"适用、经济、绿色、美观"建筑方针，积极开展绿色建造试点工作，提高工程建设资源利用效率，减少环境影响，提升建筑品质，努力推动建筑业转型发展和核心竞争力提升。

（二）基本原则。

政府引导，市场推动。发挥政府策划引导和政策支持作用，同时发挥市场配置资源的决定性作用，形成有利市场环境，激发企业推进绿色建造的内生动力。

目标引领，创新驱动。明确试点工作目标，针对实施过程中遇到的问题，深化体制机制改革，充分发挥创新的支撑作用，通过科技创新和组织管理创新，提升绿色建造能力。

因地制宜，注重实效。根据各地气候、环境、经济、建材等特点和建筑业发展水平，探索适应本地区情况的绿色建造方式和管理模式。

统筹协调，稳步推进。坚持系统观念，对策划、设计、生产、施工等环节进行筹划协调，对生态、品质、安全、效率、成本、人文等要素进行统筹平衡，尽力而为、量力而行，逐步形成建筑业全要素的绿色建造发展模式。

（三）工作目标。

试点地区选取房屋建筑和市政基础设施工程项目，在策划、建设等过程中开展绿色建造试点，通过积极探索，到2023年底形成可复制推广的绿色建造技术体系、管理体系、实施体系和评价体系，为全国其他地区推行绿色建造奠定基础。

二、试点范围

综合考虑试点工作需要和有关地区经济发展、技术水平、产业基础等因素，确定在湖南省、广东省深圳市、江苏省常州市开展试点工作。

试点地区可采用"点面结合"的方式，建立推广机制，将试点项目的先进经验和成果做法及时在本地区推广，扩大试点影响。

三、试点任务

试点地区要根据本方案要求，重点做好以下工作：

（一）选取试点项目。每个试点地区应在房屋建筑和市政基础设施工程中选取不少于10个项目开展绿色建造试点工作，试点项目在结构类型、性质用途等方面应具有代表性和广泛性，可包含一定比例的城市更新和存量住房改造提升工程。

（二）开展项目绿色策划统筹。试点地区应指导试点项目开展绿色策划，通过绿色设计、绿色建材选用、绿色生产、绿色施工、绿色交付的一体化绿色统筹，推进精益化建造，有效实现全过程绿色效益最大化。

（三）推进建筑垃圾减量化。试点地区应按照《中华人民共和国固体废物污染环境防治法》有关要求，贯彻落实《关于推进建筑垃圾减量化的指导意见》和施工现场建筑垃圾减量化指导手册、图册，指导和督促试点项目实现施工现场建筑垃圾减量化目标，提升建造绿色化水平。

（四）推动信息技术集成应用。试点地区应大力推动BIM技术在试点项目设计、生产、施工阶段的集成应用，以5G、物联网、区块链、人工智能等技术为支撑，推动智慧工地建设和建筑机器人等智能装备设备应用，实现工程质量可追溯，提高工程质量和管理效率，提升建造信息化水平。

（五）推广工程标准化设计。试点地区应完善模数协调、构件选型等标准，统筹建立本地区标准部品构件库。引导试点项目采用少规格、多组合设计方法，推进住宅、公共建筑和工业建筑的模块化设计，实现标准化和多样化的统一，提升建造工业化水平。

（六）采用新型组织管理模式。试点地区应指导试点项目采用工程总承包、全过程工程咨询等集约化组织管理模式，健全配套的发包承包、施工许可、质量安全监管、造价管理、竣工验收等制度，促进设计、生产、施工深度融合，提高建造集约化水平。

（七）引导建立建筑产业互联网平台。试点地区应引导大型企业建立建筑产业互联网平台，实现数据采集、数据交互和信息共享，深入挖掘数据价值，提高资源配置效率，提升产业链现代化水平。鼓励试点地区开展绿色建造产业集群培育，整合形成绿色建造产业链。

试点地区可在上述试点任务基础上，结合实际进一步细化和增加试点任务。

四、实施步骤

（一）部署启动阶段（2021年1月—2021年3月）。

试点地区组织制定实施方案，明确具体工作目标、路径、实施主体、进度和保障措施等。成立试点工作组，遴选试点项目并组织专家评审，确定试点项目。

（二）组织实施阶段（2021年4月—2023年9月）。

试点项目采用绿色建造模式进行建设，试点地区组织实施全过程指导跟踪评估，及时总结阶段性经验。

（三）总结评估阶段（2023年10月—2023年12月）。

试点地区总结试点工作的成熟做法和先进经验，建立完善技术体系和管理体系。编制完善相应的技术标准和科学合理的评价标准，提出推进绿色建造政策建议。

五、保障措施

（一）加强组织领导。试点地区住房和城乡建设主管部门要高度重视试点工作，制定实施方案，完善工作机制，精心组织实施。要加强对试点工作的指导和管理，组织本地区技术力量形成有效支撑，扎实推进试点工作，确保取得成效。

（二）完善标准体系。试点地区住房和城乡建设主管部门要提出完善绿色建造技术标准体系以及调整完善计价依据体系的方案，并组织编制工程量计算和计价规范等，为绿色建造实施提供依据。

（三）提供政策支持。试点地区住房和城乡建设主管部门要积极协调相关部门对试点项目给予财政资金奖励、优惠金融服务、土地优先转让等支持政策，加快试点项目审批效率。在相关评优评奖中优先考虑试点项目。

（四）严格过程管控。试点地区住房和城乡建设主管部门要在试点项目的策划、设计、施工等阶段严格管控，加强试点项目质量安全管理，推动试点工作按照既定进度和目标有效实施。

（五）做好跟踪评估。试点地区住房和城乡建设主管部门要从策划阶段开始加强对项目全过程的动态跟踪，及时评估试点工作开展成效，总结可复制可推广经验。

数据统计与分析

2020 城乡建设统计分析

2020 年城市（城区）建设

【概况】2020 年年末，全国设市城市 685 个，比上年增加 1 个，其中，直辖市 4 个，地级市 293 个，县级市 388 个。城市城区户籍人口 4.43 亿人，暂住人口 0.95 亿人，建成区面积 6.07 万平方公里。

[说明]

城市（城区）包括：市本级（1）街道办事处所辖地域；（2）城市公共设施、居住设施和市政公用设施等连接到的其他镇（乡）地域；（3）常住人口在 3000 人以上独立的工矿区、开发区、科研单位、大专院校等特殊区域。

各项统计数据均不包括香港特别行政区、澳门特别行政区、台湾省。

城市、县、建制镇、乡、村庄的年末实有数均来自民政部，人口数据来源于各地区公安部门，部分地区如北京、上海为统计部门常住人口数据。

建成区面积不含北京市。

【城市市政公用设施固定资产投资】2020 年完成城市市政公用设施固定资产投资 22283.90 亿元，比上年增长 10.72%，占同期全社会固定资产投资总额的 4.23%。其中，道路桥梁、轨道交通、排水投资分别占城市市政公用设施固定资产投资的 35.07%、28.81%和 9.49%。2020 年全国城市市政公用设施建设固定资产投资的具体行业分布如图 1 所示。

[说明]

市政公用设施固定资产投资统计口径为计划总投资在 5 万元以上的市政公用设施项目，不含住宅及其他方面的投资。

全国城市市政公用设施投资新增固定资产 9916.45 亿元，固定资产投资交付使用率 44.50%。主要新增生产能力（或效益）是：供水管道长度 8.68 万公里，道路长度 3.33 万公里，排水管道长度 5.87 万公里，城市污水处理厂日处理能力 1404.0 万立方米，城市生活垃圾无害化日处理能力 9.36 万吨。

2020 年按资金来源分城市市政公用设施建设固

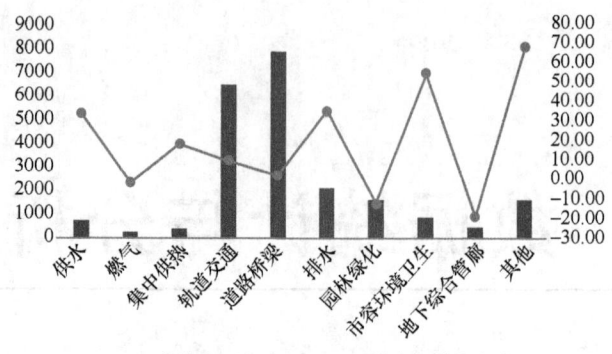

图 1 2020 年全国城市市政公用设施建设
固定资产投资的行业分布及增速

定资产投资合计 23265.70 亿元，比上年增长 13.83%。其中，本年资金来源 21037.10 亿元，上年末结余资金 2228.60 亿元。本年资金来源的具体构成，如图 2 所示。

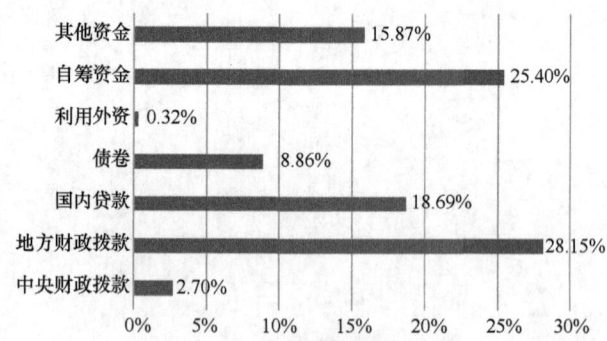

图 2 2020 年城市市政设施建设固定资产投资
本年资金来源的具体构成

【城市供水和节水】2020 年年末，城市供水综合生产能力为 3.21 亿立方米/日，比上年增长 3.80%，其中，公共供水能力 2.76 亿立方米/日，比上年增长 6.56%。供水管道长度 100.69 万公里，比上年增长 9.44%。2020 年，年供水总量 629.54 亿立方米，其中，生产运营用水 156.39 亿立方米，公共服务用水 88.59 亿立方米，居民家庭用水 258.66 亿立方米。用水人口 5.32 亿人，人均日生活用水量 179.4 升，用水普及率98.99%，比上年提高0.21个百分点。2020年，城市节约用水70.76亿立方米，节水措施总投资55.11亿元。

[说明] 供水普及率指标按城区人口和城区暂住人口合计为分母计算。

【城市燃气】2020年，人工煤气供气总量23.14亿立方米，天然气供气总量1563.70亿立方米，液化石油气供气总量833.71万吨，分别比上年下降16.00%、增长2.00%、下降10.00%。人工煤气供气管道长度0.99万公里，天然气供气管道长度85.06万公里，液化石油气供气管道长度0.40万公里，分别比上年减少10.00%、增长11.00%、减少9.93%。用气人口5.26亿人，燃气普及率97.87%，比上年增加0.58个百分点。

【城市集中供热】2020年年末，城市供热能力（蒸汽）10.35万吨/小时，比上年增加2.50%，供热能力（热水）56.62万兆瓦，比上年增加2.84%，供热管道42.60万公里，比上年增长8.42%，集中供热面积98.82亿平方米，比上年增长5.68%。

【城市轨道交通】2020年年末，全国建成轨道交通的城市42个，比上年增加1个；建成轨道交通线路长度7597.54公里，比上年增加1539.04公里；正在建设轨道交通的城市45个，比上年减少4个；正在建设轨道交通线路长度5093.55公里，比上年减少500.53公里。

[说明] 截至2020年年底，在国务院已批复轨道交通建设规划的城市中，除包头市开工后停建外，其余城市已经全部开始建设或建成轨道交通线路。未含在以上城市名单中的昆山市、连云港市、淮安市、三亚市、蒙自市、天水市、嘉兴市、海宁市、湘潭市、都江堰市的上海市轨道交通11号线北段、连云港市域列车、淮安市现代有轨电车一期工程、三亚有轨电车示范线、滇南中心城市群现代有轨电车示范线项目、天水市有轨电车示范线工程（一期）、嘉兴市现代有轨电车T1线一期工程、嘉兴市现代有轨电车T2线一期工程（月河北站一环城南路站）、杭海城际铁路、长株潭城际轨道交通西环线一期（湘潭段）、万达文化旅游城交通配套项目-都江堰M-TR旅游客运专线工程PPP项目按城市轨道交通统计在内。

【城市道路桥梁】2020年年末，城市道路长度49.27万公里，比上年增长7.26%，道路面积96.98亿平方米，比上年增长6.60%，其中人行道面积21.16亿平方米。人均城市道路面积18.04平方米，比上年增加0.68平方米。2020年，全国城市地下综合管廊长度6150.76公里，其中新建地下综合管廊长度2690.68公里。

【城市排水与污水处理】2020年年末，全国城市共有污水处理厂2618座，比上年增加147座，污水厂日处理能力19267万立方米，比上年增长7.86%，排水管道长度80.27万公里，比上年增长7.90%。城市年污水处理总量557.28亿立方米，城市污水处理率97.53%，比上年增加0.73个百分点，其中污水处理厂集中处理率98.20%，比上年增加3.39个百分点。城市再生水日生产能力6095.2万立方米，再生水利用量135.38亿立方米。

【城市园林绿化】2020年年末，城市建成区绿化覆盖面积263.75万公顷，比上年增长4.54%，建成区绿化覆盖率42.06%，比上年增加0.55个百分点；建成区绿地面积239.81万公顷，比上年增长4.93%，建成区绿地率38.24%，比上年增加0.62个百分点；公园绿地面积79.79万公顷，比上年增长5.48%，人均公园绿地面积14.78平方米，比上年增加0.42平方米。

【城市市容环境卫生】2020年年末，全国城市道路清扫保洁面积97.55亿平方米，其中机械清扫面积74.25亿平方米，机械清扫率76.11%。全年清运生活垃圾、粪便2.35亿吨，比上年下降2.87%。全国城市共有生活垃圾无害化处理场（厂）1287座，比上年增加104座，日处理能力96.34万吨，处理量2.34亿吨，城市生活垃圾无害化处理率99.830%，比上年增加0.23个百分点。

【2014～2020年全国城市建设的基本情况】2014～2020年全国城市建设的基本情况见表1。

2014～2020年全国城市建设的基本情况　　　　　　　　表1

类别	指标	年份						
		2014	2015	2016	2017	2018	2019	2020
概况	城市数（个）	653	656	657	661	672	684	685
	直辖市（个）	4	4	4	4	4	4	4
	地级市（个）	288	291	293	294	293	293	293

续表

类别	指标		年份						
			2014	2015	2016	2017	2018	2019	2020
概况	县级市（个）		361	361	360	363	375	387	388
	城区人口（亿人）		3.86	3.94	4.03	4.10	4.27	4.35	4.43
	城区暂住人口（亿人）		0.60	0.66	0.74	0.82	0.84	0.89	0.95
	建成区面积（平方公里）		49772.6	52102.3	54331.5	56225.4	58455.7	60312.5	60721.3
	城市建设用地面积（平方公里）		49982.7	51584.1	52761.3	55155.5	56075.9	58307.7	58355.3
投资	市政公用设施固定资产年投资总额（亿元）		16245.0	16204.4	17460.0	19327.6	20123.2	20126.3	22283.9
城市供水和节水	年供水总量（亿立方米）		546.7	560.5	580.7	593.8	614.6	628.30	629.54
	供水管道长度（万公里）		67.7	71.0	75.7	79.7	86.5	92.0	100.69
	用水普及率（%）		97.64	98.07	98.42	98.30	98.36	98.78	98.99
城市燃气	人工煤气年供应量（亿立方米）		56.0	47.1	44.1	27.1	29.79	27.68	23.14
	天然气年供应量（亿立方米）		964.4	1040.8	1171.1	1263.8	1443.95	1527.94	1563.70
	液化石油气年供应量（万吨）		1082.84	1039.22	1078.80	998.81	1015.33	922.72	833.71
	供气管道长度（万公里）		47.5	52.8	57.8	64.1	71.60	78.33	86.44
	燃气普及率（%）		94.57	95.30	95.75	96.26	96.70	97.29	97.87
城市集中供热	供热能力	蒸汽（万吨/小时）	8.47	8.07	7.83	9.83	9.23	10.09	10.35
		热水（万兆瓦）	44.71	47.26	49.33	64.78	57.82	55.05	56.62
	管道长度（万公里）	蒸汽	1.25	1.17	1.22	27.63	37.11	39.29	42.60
		热水	17.47	19.27	20.14				
	集中供热面积（亿平方米）		61.12	67.22	73.87	83.09	87.81	92.51	98.82
城市轨道交通	建成轨道交通的城市个数（个）		22	24	30	32	34	41	42
	建成轨道交通线路长度（公里）		2714.79	3069.23	3586.34	4594.26	5141.05	6058.90	7597.94
	正在建设轨道交通的城市个数（个）		36	38	39	50	50	49	45
	正在建设轨道交通线路长度（公里）		3004.37	3994.15	4870.18	4913.56	5400.25	5594.08	5093.55
城市道路桥梁	城市道路长度（万公里）		35.23	36.49	38.25	39.78	43.22	45.93	49.27
	城市道路面积（亿平方米）		68.30	71.77	75.38	78.89	85.43	90.98	96.98
	城市桥梁（座）		61863	64512	67737	69816	73432	76157	79752
	人均道路面积（平方米）		15.34	15.60	15.80	16.05	16.70	17.36	18.04
城市排水与污水处理	污水年排放量（亿立方米）		445.34	466.62	480.30	492.39	521.12	554.65	571.36
	排水管道长度（万公里）		51.12	53.96	57.66	63.03	68.35	74.40	80.27
	城市污水处理厂座数（座）		1807	1944	2039	2209	2321	2471	2618
	城市污水处理厂处理能力（万立方米/日）		13087	14038	14910	15743	16881	17863	19267

续表

类别	指标	2014	2015	2016	2017	2018	2019	2020
城市排水与污水处理	城市污水日处理能力（万立方米）	15123.5	16065.4	16779.2	17036.7	18145.2	19171.0	20405.1
	城市污水处理率（%）	90.18	91.90	93.44	94.54	95.49	96.81	97.53
	再生水日生产能力（万立方米）	2065	2317	2762	3588	3578	4428.9	6095.2
	再生水利用量（亿立方米）	36.3	44.5	45.3	71.3	85.5	116.08	135.38
城市园林绿化	建成区绿化覆盖面积（万公顷）	201.73	210.51	220.40	231.44	241.99	252.29	263.75
	建成区绿地面积（万公顷）	182.00	190.79	199.26	209.91	219.71	228.52	239.81
	建成区绿化覆盖率（%）	40.22	40.12	40.30	40.91	41.11	41.51	42.06
	建成区绿地率（%）	36.29	36.36	36.43	37.11	37.34	37.63	38.24
	人均公园绿地面积（平方米）	13.08	13.35	13.70	14.01	14.11	14.36	14.78
	公园个数（个）	13074	13834	15370	15633	16735	18038	19823
	公园面积（万公顷）	36.79	38.38	41.69	44.46	49.42	50.24	53.85
城市市容环境卫生	清扫保洁面积（万平方米）	676093	730333	794923	842048	869329	922124	975595
	生活垃圾清运量（万吨）	17860	19142	20362	21521	22802	24206	23512
	每万人拥有公厕（座）	2.79	2.75	2.72	2.77	2.88	2.93	3.07

（住房和城乡建设部计划财务与外事司、哈尔滨工业大学）

2020 年县城建设

【概况】2020 年年末，全国共有县 1495 个，比上年减少 21 个。县城户籍人口 1.41 亿人，暂住人口 0.18 亿人，建成区面积 2.09 万平方公里。

[说明]

县城包括：（1）县政府驻地的镇、乡（城关镇）或街道办事处地域；（2）县城公共设施、居住设施等连接到的其他镇（乡）地域；（3）县域内常住人口在 3000 人以上独立的工矿区、开发区、科研单位、大专院校等特殊区域。

县包括县、自治县、旗、自治旗、特区、林区。

【县城市政公用设施固定资产投资】2020 年，完成县城市政公用设施固定资产投资 3884.3 亿元，比上年增长 26.25%。其中：道路桥梁、园林绿化、排水分别占县城市政公用设施固定资产投资的 36.03%、14.63% 和 14.44%。2020 年全国县城市政公用设施建设固定资产投资的具体行业分布如图 3 所示。

[说明]

县城的市政公用设施固定资产投资统计口径为计划总投资在 5 万元以上的市政公用设施项目，不含住宅及其他方面的投资。

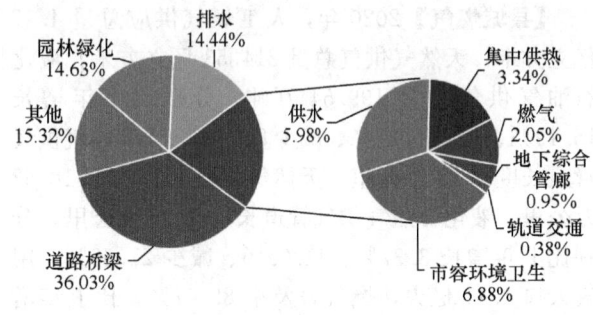

图 3 2020 年全国县城市政公用设施建设固定资产投资的行业分布

2020 年按资金来源分县城市政公用设施建设固定资产投资合计 4371.0 亿元，比上年增长 12.06%。其中，本年资金来源 4160.4 亿元，上年末结余资金 210.6 亿元。本年资金来源的具体构成，如图 4 所示。

2020 年，全国县城市政公用设施投资新增固定资产 2837.91 亿元，固定资产投资交付使用率为 73.06%。主要新增生产能力（或效益）是：供水管

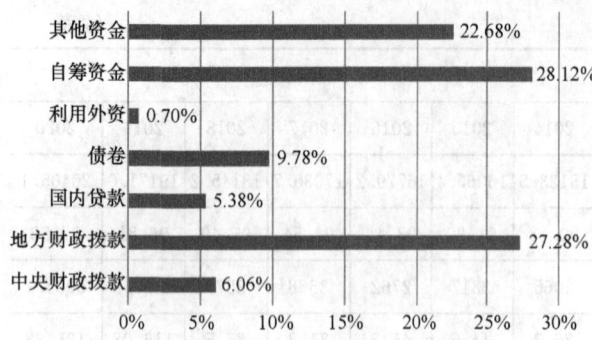

图4　2020年全国县城市政公用设施建设
固定资产投资本年资金来源的分布

道长度1.44万公里，集中供热蒸汽能力619吨/小时，热水能力4856兆瓦，道路长度0.78万公里，排水管道长度1.05万公里，污水处理厂日处理能力183万立方米，生活垃圾无害化日处理11.16万吨。

【县城供水和节水】2020年年末，县城供水综合生产能力为0.65亿立方米/日，比上年增长2.33%，其中，公共供水能力0.55亿立方米/日，比上年增加3.77%。供水管道长度27.30万公里，比上年增加5.56%。2020年，全年供水总量119.02亿立方米，其中生产运营用水25.65亿立方米，公共服务用水1146亿立方米，居民家庭用水59.74亿立方米。用水人口1.53亿人，供水普及率96.66%，比上年增加1.60个百分点，人均日生活用水量128.5升。2020年，县城节约用水4.81亿立方米，节水措施总投资6.58亿元。

【县城燃气】2020年，人工煤气供应总量4.17亿立方米，天然气供气总量214.53亿立方米，液化石油气供气总量199.54万吨，分别比上年增长15.19%、增长6.27%、减少8.09%。人工煤气供气管道长度0.28万公里，天然气供气管道长度18.62万公里，液化石油气供气管道长度0.15万公里，分别比上年增长3.37%、11.09%、减少21.66%。用气人口1.41亿人，燃气普及率89.07%，比上年增加2.60个百分点。

【县城集中供热】2020年年末，供热能力（蒸汽）1.81万吨/小时，比上年增长3.54%，供热能力（热水）15.82万兆瓦，比上年增长3.17%，供热管道8.14万公里，比上年增长8.39%，集中供热面积18.57亿平方米，比上年增长6.24%。

【县城道路桥梁】2020年年末，县城道路长度15.94万公里，比上年增长5.15%，道路面积29.97亿平方米，比上年增长3.31%，其中人行道面积7.48亿平方米，人均城市道路面积18.92平方米，比上年增加0.63平方米。2020年，全国县城新建地下综合管廊468.84公里，地下综合管廊长度1041.05公里。

【县城排水与污水处理】2020年年末，全国县城共有污水处理厂1708座，比上年增加39座，污水处理厂日处理能力3770万立方米，比上年增长5.10%，排水管道长度22.39万公里，比上年增长4.92%。县城全年污水处理总量98.62亿立方米，污水处理率95.05%，比上年增加1.50个百分点，其中污水处理厂集中处理率99.34%，比上年增加0.06个百分点。

【县城园林绿化】2020年年末，县城建成区绿化覆盖面积78.42万公顷，比上年增长3.53%，建成区绿化覆盖率37.58%，比上年增加0.94个百分点；建成区绿地面积70.02万公顷，比上年增长4.09%，建成区绿地率33.55%，比上年增加1.01个百分点；公园绿地面积21.30万公顷，比上年增长2.46%，人均公园绿地面积13.44平方米，比上年增加0.34平方米。

【县城市容环境卫生】2020年年末，全国县城道路清扫保洁面积28.51亿平方米，其中机械清扫面积21.07亿平方米，机械清扫率73.90%。全年清运生活垃圾、粪便0.68亿吨，比上年减少0.89%。全国县城共有生活垃圾无害化处理场（厂）1428座，比上年增加50座，日处理能力35.83万吨，处理量0.67亿吨，县城生活垃圾无害化处理率98.26%，比上年增加0.90个百分点；每万人拥有公厕3.51座，比上年增加0.23座。

【2014～2020年全国县城建设的基本情况】2014～2020年全国县城建设的基本情况见表2。

2014～2020年全国县城建设的基本情况　　表2

类别	指标	年份						
		2014	2015	2016	2017	2018	2019	2020
概况	县数（个）	1596	1568	1537	1526	1519	1516	1495
	县城人口（万人）	14038	14017	13858	13923	13973	14111	14055
	县城暂住人口（万人）	1615	1598	1583	1701	1722	1755	1791
	建成区面积（平方公里）	20111	20043	19467	19854	20238	20672	20867

续表

类别	指标	年份						
		2014	2015	2016	2017	2018	2019	2020
投资	市政公用设施固定资产年投资总额（亿元）	3572.9	3099.8	3394.5	3634.2	3026.0	3076.7	4371.0
县城供水和节水	供水总量（亿立方米）	106.3	106.9	106.5	112.8	114.5	119.09	119.02
	生活用水量	60.04	61.24	60.92	63.64	66.05	69.72	71.86
	供水管道长度（万公里）	20.4	21.5	21.1	23.4	24.3	25.86	27.30
	供水普及率（%）	88.89	89.96	90.50	92.87	93.80	95.06	96.66
县城燃气	人工煤气供应总量（亿立方米）	8.5	8.2	7.2	7.4	6.2	3.62	4.17
	天然气供应总量（亿立方米）	92.65	102.60	105.70	137.96	171.04	201.87	214.53
	液化石油气供应总量（万吨）	235.32	230.01	219.22	215.48	214.06	217.10	199.54
	供气管道长度（万公里）	9.29	10.99	10.89	12.93	14.80	17.22	19.05
	燃气普及率（%）	73.24	75.90	78.19	81.35	83.35	86.47	89.07
县城集中供热	供热面积（亿平方米）	11.42	12.31	13.12	14.63	16.18	17.48	18.01
	蒸汽供热能力（万吨/小时）	1.30	1.37	1.02	1.49	1.68	1.75	1.81
	热水供热能力（万兆瓦）	12.94	12.58	13.04	13.72	13.99	15.33	15.82
	蒸汽管道长度（万公里）	0.27	0.33	0.33	6.08	6.68	7.51	8.14
	热水管道长度（万公里）	4.12	4.30	4.30				
县城道路桥梁	道路长度（万公里）	13.04	13.35	13.16	14.08	14.48	15.16	15.94
	道路面积（亿平方米）	24.08	24.95	25.35	26.84	27.82	29.01	29.97
	人均道路面积（平方米）	15.39	15.98	16.41	17.18	17.73	18.29	18.92
县城排水与污水处理	污水排放量（亿立方米）	90.47	92.65	92.72	95.07	99.43	102.30	103.76
	污水处理厂座数（座）	1555	1599	1513	1572	1598	1669	1708
	污水处理厂处理能力（万立方米/日）	2882	2999	3036	3218	3367	3587	3770
	污水处理率（%）	82.12	85.22	87.38	90.21	91.16	93.55	95.05
	排水管道长度（万公里）	16.03	16.79	17.19	18.98	19.98	21.34	22.39
县城园林绿化	建成区绿化覆盖面积（万公顷）	59.93	61.70	63.33	68.69	77.17	75.75	78.42
	建成区园林绿地面积（万公顷）	52.05	54.22	55.95	61.03	63.16	67.27	70.02
	建成区绿化覆盖率（%）	29.80	30.78	32.53	34.60	35.17	36.64	37.58
	建成区绿地率（%）	25.88	27.05	28.74	30.74	31.32	32.54	33.55
	人均公园绿地面积（平方米）	9.91	10.47	11.05	11.86	12.21	13.10	13.44
16 县城市容环境卫生	生活垃圾年清运量（万吨）	6657	6655	6666	6747	6660	6871	6810
	每万人拥有公厕（座）	2.76	2.78	2.82	2.93	3.13	3.28	3.51

（住房和城乡建设部计划财务与外事司　哈尔滨工业大学）

2020年村镇建设

【概况】2020年年末,全国建制镇统计个数1.88万个人,乡统计个数0.89万个,镇乡级特殊区域个数447个,村庄统计个数236.3万个。村镇户籍总人口9.69亿人。其中,建制镇建成区1.66亿人,占村镇总人口的17.13%;乡建成区0.24亿人,占村镇总人口的2.48%;镇乡级特殊区域建成区0.02亿人,占村镇总人口的0.19%;村庄7.77亿人,占村镇总人口的80.19%。

[说明]

村镇数据不包括香港特别行政区、澳门特别行政区、台湾省;也未包括西藏自治区。

村镇包括:(1)城区(县城)范围外的建制镇、乡以及具有乡镇政府职能的特殊区域(农场、林场、牧场、渔场、团场、工矿区等)的建成区;(2)全国的村庄。

乡包括乡、民族乡、苏木、民族苏木。

2020年年末,全国建制镇建成区面积433.9万公顷,平均每个建制镇建成区占地230.80公顷;乡建成区61.70万公顷,平均每个乡建成区占地69.33公顷;镇乡级特殊区域建成区7.22万公顷,平均每个镇乡级特殊区域建成区占地161.48公顷。

【规划管理】2020年年末,全国已编制总体规划的建制镇16833个,占所统计建制镇总数的89.43%,其中本年编制1039个;已编制总体规划的乡6491个,占所统计乡总数的73.13%,其中本年编制367个;已编制总体规划的镇乡级特殊区域301个,占所统计镇乡级特殊区域总数的67.34%,其中本年编制12个;2020年全国村镇规划编制投资(不包括村庄)达45.92亿元,其中建制镇投入38.32亿元,乡投入7.08亿元,镇乡级特殊区域投入0.53亿元。

【建设投资】2020年,全国村镇建设总投资22174.88亿元。按地域分,建制镇建成区9678.21亿元,乡建成区779.96亿元,镇乡级特殊区域建成区213.30亿元,村庄11503.42亿元,分别占总投资的43.64%、3.52%、0.96%、51.88%。按用途分,房屋建设投资16326.44亿元,市政公用设施建设投资5848.44亿元,分别占总投资的73.63%、26.37%。2020年全国村镇建设固定资产投资结构如图5所示。

在房屋建设投资中,住宅建设投资11149.29亿元,公共建筑投资2196.02亿元,生产性建筑投资2981.13亿元,分别占房屋建设投资的68.29%、

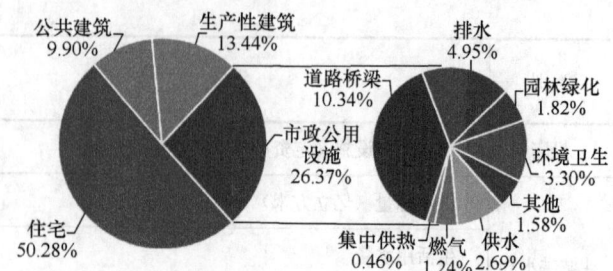

图5 2020年全国村镇建设固定资产投资结构

13.45%、18.26%。

在市政公用设施建设投资中,道路桥梁投资2292.69亿元,排水投资1096.66亿元,环境卫生投资732.23亿元,供水投资596.45亿元,分别占市政公用设施建设总投资的39.20%、18.75%、12.52%和10.20%。

【房屋建设】2020年,全国村镇房屋竣工建筑面积15.12亿平方米,其中住宅10.84亿平方米,公共建筑1.92亿平方米,生产性建筑2.36亿平方米。2020年年末,全国村镇实有房屋建筑面积419.26亿平方米,其中住宅337.14亿平方米,公共建筑34.19亿平方米,生产性建筑47.94亿平方米,分别占80.41%、8.15%、11.43%。

2020年年末,全国建制镇建成区人均住宅建筑面积37.02平方米,乡建成区人均住宅建筑面积35.38平方米,镇乡级特殊区域建成区人均住宅建筑面积47.83平方米,村庄人均住宅建筑面积34.31平方米。

【公用设施建设】2020年年末,在建制镇、乡和镇乡级特殊区域建成区内,供水管道长度78.68万公里,排水管道长度22.55万公里,排水暗渠长度13.58万公里,道路长度53.48万公里,道路面积34.48亿平方米,公共厕所17.59万座。

2020年年末,建制镇建成区用水普及率89.1%,人均日生活用水量107.0升,燃气普及率56.94%,人均道路面积15.79平方米,排水管道暗渠密度7.20公里/平方公里,人均公园绿地面积2.70平方米。

2020年年末,乡建成区用水普及率83.85%,人均日生活用水量97.02升,燃气普及率30.85%,人均道路面积21.41平方米,排水管道暗渠密度7.18公里/平方公里,人均公园绿地面积1.76平方米。

2020年年末,镇乡级特殊区域建成区用水普及率92.39%,人均日生活用水量120.70升,燃气普及率66.28%,人均道路面积20.70平方米,排水管道暗渠密度6.61公里/平方公里,人均公园绿地面

积3.86平方米。

2020年年末，全国82.48%的行政村有集中供水，用水普及率83.37%，人均日生活用水量93.14升，燃气普及率35.08%。

【2014～2020年全国村镇建设的基本情况】 2014～2020年全国村镇建设的基本情况见表3。

2014～2020年全国村镇建设的基本情况　　　　　表3

类别	指标		2014	2015	2016	2017	2018	2019	2020
概况	村镇户籍人口（亿人）	总人口	9.52	9.57	9.58	9.41	9.61	9.68	9.69
		建制镇建成区	1.56	1.60	1.62	1.55	1.61	1.65	1.66
		乡建成区	0.30	0.29	0.28	0.25	0.25	0.24	0.24
		镇乡级特殊区域建成区	0.03	0.03	0.04	0.05	0.04	0.03	0.02
		村庄	7.63	7.65	7.63	7.56	7.71	7.76	7.77
	村镇建成区面积和村庄现状用地面积（万公顷）	建制镇建成区	379.5	390.8	397.0	392.6	405.3	422.9	433.9
		乡建成区	72.2	70.0	67.3	63.4	65.4	62.95	61.70
		镇乡级特殊区域建成区	10.5	9.4	13.6	13.7	13.4	8.15	7.22
		村庄现状用地	1394.1	1401.3	1392.2	1346.1	1292.3	1289.05	1273.14
房屋建设	年末实有房屋建筑面积（亿平方米）		378.1	381.0	383.0	376.6	392.16	400.41	419.26
	其中：住宅		317.8	320.7	323.2	309.8	320.18	325.16	337.14
	本年竣工房屋建筑面积（亿平方米）		11.6	11.4	10.6	16.9	15.1	14.06	15.12
	其中：住宅		8.5	8.6	8.0	13.3	11.6	10.34	10.84

（住房和城乡建设部计划财务与外事司　哈尔滨工业大学）

2020年城乡建设统计分省数据

2020年城市（城区）建设分省数据

【2020年城市市政公用设施水平分省数据】 2020年城市市政公用设施水平分省数据见表4。

2020 年城市市政公用

地区名称	人口密度（人/平方公里）	人均日生活用水量（升）	供水普及率（%）	燃气普及率（%）	建成区供水管道密度（公里/平方公里）	人均城市道路面积（平方米）	建成区排水管道密度（公里/平方公里）
上年	2613	179.97	98.78	97.29	12.66	17.36	10.50
全国	2778	179.40	98.99	97.87	14.02	18.04	7.07
北京		154.19	98.39	100.00		7.67	
天津	4449	115.69	100.00	100.00	17.90	14.91	6.77
河北	3085	127.34	100.00	99.72	9.93	21.06	8.14
山西	4015	133.86	99.60	98.70	9.76	18.41	7.20
内蒙古	1850	101.25	99.50	97.26	9.50	23.93	7.65
辽宁	1805	149.98	99.71	98.75	13.15	16.21	6.78
吉林	1876	121.79	95.60	92.93	9.96	15.71	6.02
黑龙江	5501	129.47	98.99	90.82	11.98	15.59	7.11
上海	3830	203.92	100.00	100.00	31.95	4.76	4.47
江苏	2240	220.69	100.00	99.92	18.33	25.60	8.91
浙江	2105	220.06	100.00	100.00	20.46	19.08	7.38
安徽	2655	197.37	99.60	99.24	14.67	24.29	6.99
福建	3545	214.47	99.90	99.21	18.98	18.83	7.87
江西	4426	176.68	98.62	97.59	14.74	19.81	6.91
山东	1665	119.35	99.84	99.31	9.99	25.64	7.71
河南	4994	128.99	98.19	96.83	8.90	15.32	5.11
湖北	2778	192.85	99.56	98.40	15.34	18.89	8.10
湖南	3677	211.47	98.94	97.29	15.26	19.72	6.93
广东	3909	236.78	98.49	98.99	17.24	13.26	6.25
广西	2162	263.48	99.68	99.36	14.31	23.76	8.35
海南	2444	275.92	98.02	98.95	2.54	17.91	11.39
重庆	2070	179.80	94.69	96.16	15.83	14.65	6.56
四川	3158	196.39	98.28	97.41	15.09	18.13	7.45
贵州	2262	169.78	98.90	94.55	8.70	21.23	7.11
云南	3138	155.13	98.10	78.65	10.87	16.62	6.29
西藏	1584	290.86	98.78	63.20	10.36	20.74	4.01
陕西	4985	155.71	97.88	98.62	8.16	16.73	5.18
甘肃	3235	139.98	98.15	94.80	6.88	20.25	6.42
青海	2930	138.19	98.69	93.81	12.94	18.91	6.04
宁夏	3153	162.57	98.87	97.52	5.96	26.78	5.66
新疆	4036	163.09	99.51	98.64	8.68	25.36	5.80
新疆生产建设兵团	2063	169.75	99.61	96.55	9.52	24.84	6.82

设施水平分省数据 表4

污水处理率（%）	污水处理厂集中处理率	人均公园绿地面积（平方米）	建成区绿化覆盖率（%）	建成区绿地率（%）	生活垃圾处理率（%）	生活垃圾无害化处理率
96.81	94.81	14.36	41.51	37.63	99.60	99.20
97.53	95.78	14.78	42.06	38.24	99.92	99.75
96.56	94.76	16.59	48.96	46.69	100.00	100.00
96.42	95.54	10.31	37.59	34.46	100.00	100.00
98.46	98.46	15.30	42.92	39.26	100.00	100.00
99.60	99.60	13.51	43.88	39.93	100.00	100.00
97.80	97.80	19.20	40.45	37.39	99.92	99.92
98.23	97.44	13.40	41.73	39.22	100.00	99.53
97.69	97.69	12.94	40.40	35.68	100.00	100.00
95.98	92.16	12.77	36.88	33.15	99.87	99.87
96.68	96.17	9.05	37.32	35.79	100.00	100.00
96.82	90.19	15.34	43.47	40.11	100.00	100.00
97.69	96.75	13.59	42.22	38.07	100.00	100.00
97.43	95.76	14.88	42.01	38.49	100.00	100.00
97.15	93.40	14.94	44.63	40.94	100.00	100.00
97.48	96.47	14.80	46.35	42.72	100.00	100.00
98.26	98.11	17.68	41.65	37.76	100.00	100.00
98.32	98.30	14.43	41.92	36.48	99.94	99.94
96.97	92.24	13.83	41.07	36.55	100.00	100.00
97.79	96.95	12.16	41.51	37.20	100.00	100.00
97.66	97.57	18.14	43.49	39.39	99.95	99.95
98.99	88.73	12.85	41.30	35.94	100.00	100.00
98.68	98.53	11.62	40.62	36.81	100.00	100.00
98.17	97.84	16.50	43.05	39.62	99.46	93.84
96.86	93.57	14.40	42.48	37.39	99.99	99.99
97.44	97.44	17.04	40.94	38.82	97.85	97.85
97.63	96.65	12.27	40.46	36.57	99.99	99.99
96.28	96.28	12.02	38.06	35.93	99.63	99.63
96.79	96.79	12.79	40.80	37.09	99.93	99.93
97.18	97.18	15.15	36.28	32.48	100.00	100.00
95.31	95.31	12.45	35.90	33.71	99.29	99.29
96.74	96.74	21.02	41.95	39.65	99.96	99.96
98.11	98.11	13.19	40.42	36.37	99.12	99.12
99.44	99.44	20.18	43.68	40.87	99.63	98.58

【2020年城市人口和建设用地分省数据】2020年城市人口和建设用地分省数据见表5。

2020年城市人口和

地区名称	市区面积	市区人口	市区暂住人口	城区面积	城区人口	城区暂住人口	建成区面积	本年征用土地面积	耕地
上年	2281508	80008	12437	200569.51	43503.66	8911.94	60312.45	2684.81	1189.27
全国	2322592	81643	12983	186628.87	44253.74	9509.02	60721.32	2362.38	999.14
北京		2189			1916.40				
天津	11760	1387		2639.78	1174.44		1170.24	19.62	9.65
河北	49498	3722	211	6320.88	1796.20	154.10	2236.46	34.60	23.47
山西	32068	1685	230	3020.04	1061.08	151.41	1267.19	495.50	161.59
内蒙古	148743	937	277	4984.11	686.88	235.39	1262.18	17.25	3.53
辽宁	75477	3085	363	12509.14	1980.46	277.71	2725.60	31.37	18.80
吉林	109277	1920	205	6485.80	1023.10	193.37	1565.85	40.75	25.60
黑龙江	220375	2297	195	2573.80	1237.09	178.67	1826.88	17.36	9.62
上海	6341	2428		6340.50	2428.14		1237.85	23.39	13.49
江苏	69961	5889	1302	15796.74	3052.17	485.85	4786.78	152.67	70.33
浙江	55869	3655	1872	13461.43	1816.34	1016.68	3157.16	137.82	77.96
安徽	46905	2873	616	6712.30	1314.27	467.97	2409.89	131.53	74.82
福建	45738	2227	818	3919.08	1008.90	380.56	1648.14	56.65	12.49
江西	46878	2258	206	2996.54	1161.70	164.62	1703.63	83.01	29.34
山东	92953	6803		23953.82	3396.29	592.85	5646.34	150.03	74.47
河南	47286	4558	541	5364.36	2201.52	477.66	3039.98	25.04	15.64
湖北	97662	4259	483	8220.53	1900.37	383.20	2756.81	157.36	68.65
湖南	54248	3023	318	4778.54	1520.45	236.52	1959.38	66.12	19.32
广东	99927	8280	2680	16213.21	4392.14	1944.93	6501.44	148.09	47.39
广西	75177	2519	311	5876.81	985.10	285.47	1617.61	79.88	27.77
海南	17065	590	169	1439.41	225.86	125.99	390.70	17.33	1.80
重庆	43264	2602	500	7779.14	1213.56	396.62	1565.61	115.50	61.01
四川	86811	4341	620	8894.04	2325.10	483.22	3190.49	179.70	73.01
贵州	35644	1438	173	3702.30	680.02	157.32	1118.37	14.30	3.86
云南	88367	1744	175	3274.28	905.58	121.77	1266.24	36.71	13.95
西藏	48869	92	43	632.17	57.61	42.55	168.39	9.00	2.31
陕西	55458	2040	145	2597.11	1189.85	104.76	1372.20	68.65	32.96
甘肃	88553	985	137	2004.76	536.78	111.66	901.43	16.52	10.31
青海	203480	301	24	735.99	191.06	24.55	235.20	1.33	0.07
宁夏	21889	434	63	951.27	246.37	53.53	494.26	11.75	8.29
新疆	233664	959	274	1943.17	556.89	227.37	1300.15	16.60	3.98
新疆生产建设兵团	13384	124	34	507.82	72.02	32.72	198.87	6.95	3.66

建设用地分省数据

表5
面积单位：平方公里
人口单位：万人

城市建设用地面积								
合计	居住用地	公共管理与公共服务设施用地	商业服务业设施用地	工业用地	物流仓储用地	道路交通设施用地	公共设施用地	绿地与广场用地
58307.71	18102.07	5221.26	4039.15	11478.80	1650.53	9328.65	1823.09	2684.81
58355.29		18098.71	5162.30	4088.64	11339.88	1586.19	9503.42	1758.08
1040.63		289.37	81.36	86.80	238.79	51.19	165.52	20.36
2067.10		639.42	155.68	126.97	234.12	53.72	353.26	57.49
1239.13		409.69	132.19	91.69	180.84	46.92	218.81	29.13
1152.66		362.10	103.27	97.71	132.20	46.14	222.11	37.03
2798.70		919.44	174.57	189.29	697.79	86.50	411.63	71.65
1504.69		502.71	114.40	95.25	307.68	50.54	228.39	55.48
1799.98		632.96	155.51	97.22	361.91	70.41	267.89	48.78
1944.96		549.77	153.19	124.66	537.74	52.31	139.05	247.48
4681.89		1344.88	361.54	366.47	1016.18	108.54	786.70	105.78
3054.63		942.88	259.09	210.79	699.93	60.57	533.26	70.60
2321.27		685.57	174.80	162.50	451.72	45.84	404.94	64.74
1589.46		522.72	166.71	108.30	266.15	32.20	281.66	43.26
1603.41		484.43	168.34	106.06	304.89	32.91	253.83	40.59
5102.39		1624.33	473.75	389.02	1094.46	144.13	724.45	121.54
2882.19		875.74	303.15	146.85	348.68	79.53	465.79	104.19
2665.89		810.40	247.06	159.96	632.39	79.33	420.21	96.16
1849.50		700.48	215.69	130.83	273.47	41.31	247.08	73.27
5892.48		1793.75	447.39	399.36	1551.57	108.33	1125.41	102.64
1572.29		455.84	142.71	94.03	214.80	50.16	289.25	58.22
373.04		134.02	52.20	42.69	22.13	3.99	69.69	4.03
1452.62		417.60	139.10	86.27	299.12	31.41	313.19	31.72
2993.18		936.43	260.19	230.74	497.94	81.91	510.65	68.36
1019.69		319.35	117.05	89.05	170.43	25.09	172.37	20.84
1238.27		428.22	135.70	101.73	130.52	35.91	186.77	34.90
157.51		35.38	23.69	15.29	15.67	4.12	24.23	9.68
1346.35		428.26	133.91	103.73	175.04	33.30	213.33	26.52
919.26		232.51	83.34	67.90	205.32	41.70	133.55	35.99
224.67		66.01	17.17	13.70	16.49	17.17	40.06	10.81
451.60		134.07	42.41	35.47	45.07	10.32	84.67	10.81
1224.15		366.70	107.60	101.27	189.30	56.11	182.85	50.91
191.70		53.68	19.54	17.04	27.54	4.58	32.82	5.12

【2020年城市市政公用设施建设固定资产投资分省数据】 2020年城市市政公用设施建设固定资产投资分省数据见表6。

2020年城市市政公用设施建设

地区名称	本年投资完成合计	供水	燃气	集中供热	轨道交通	道路桥梁	地下综合管廊
上年	201263041	5600744	2426995	3329712	58556287	76553456	5581094
全国	222839259	7494247	2386063	3938223	64208400	78143056	4535653
北京	15018987	270694	95627	239518	3635356	2892972	212376
天津	4472897	126985	7360	30822	2889494	667000	1757
河北	5824553	211074	129400	351885	604245	1718421	618721
山西	3442802	155717	42722	580106	100298	1548538	93554
内蒙古	2218088	112517	2779	412670	458800	478401	52411
辽宁	3100602	188441	91060	156943	980529	835338	
吉林	2494431	63683	67778	67660	574773	1110641	91956
黑龙江	2756836	352097	21593	194724	837374	743187	
上海	4737785	277846	110168		1685400	1511068	17228
江苏	19750553	1084780	280326		6677754	6941313	158744
浙江	21536367	376283	112727		8921478	7874608	297598
安徽	8100502	302411	130817	30288	2152109	3005310	195598
福建	7772480	320497	90558		2832249	2243282	112312
江西	8267983	196158	64155		1636112	3107505	130602
山东	14813282	570940	177169	834392	2575469	6255528	220529
河南	10283775	195274	91631	292446	3501312	2959581	165282
湖北	9905417	300569	46746	22699	3117944	3418080	700427
湖南	8110697	68837	144976		1716535	3560542	51379
广东	16046482	494635	275941		4937442	5070595	323752
广西	5602130	193880	84407		765689	2535208	364073
海南	796634	4322	179		24484	524460	14058
重庆	9735406	362361	49010		2961139	4372267	60138
四川	16261380	353994	64559		5190517	7307331	23795
贵州	3433850	66248	9188	3000	1095700	1223693	22983
云南	3567543	173833	25678		1228662	1008789	109913
西藏	123406	53				110312	
陕西	9342694	90515	63053	258842	2878471	3280428	321780
甘肃	1731720	125803	22701	84135	144598	658873	23223
青海	290528	2791	6671	201		138901	49134
宁夏	811741	190975	28384	159172		206974	17061
新疆	2024330	210247	39572	141776	84467	756576	60152
新疆生产建设兵团	463379	49785	9126	76945		77335	25116

固定资产投资分省数据

表 6
计量单位：万元

排水	污水处理	污泥处置	再生水利用	园林绿化	市容环境卫生	垃圾处理	其他	本年新增固定资产
15623608	7556335	581239	480574	18448477	5573593	4068464	9569074	144422734
21147815	10130699	368561	303299	16262894	8626479	7057970	16096428	99164527
492303	118152		30744	2108501	205498	1314	4866142	3454315
259944	124307	767	11272	110128	337660	334519	41747	844938
744141	205358	34531	4190	767982	570850	496778	107834	2584971
133519	62478		400	440029	54152	44129	294167	1017249
232689	34684	1000	61901	141480	82370	55957	243970	644122
534108	120303	20113		72307	90588	77486	151288	1172531
260370	102889	1497	500	59740	46951	43304	150879	1190917
327833	168128	16746	757	37865	148855	144240	93308	1158510
656790	607534	30000		135580	73381	73381	270324	1946176
1288994	656010	23571	21481	2030989	935347	846194	352306	8240125
880725	592407	38965	1549	1444405	613912	537604	1014631	9930510
1139228	402888	10116	26392	522066	364071	252492	258603	2418892
1152463	784218	720	489	426251	362071	341093	232797	2425330
885777	311529	5109		564237	433840	277579	1249597	3365764
1714291	543810	33633	35448	1137375	395605	332055	931984	4797993
698594	269060	3260	5102	1717180	593653	482619	68821	7254403
1284270	295134	10094		426805	73513	65993	514363	3080003
630945	507670	1091	282	310632	223679	210333	1403171	1679841
3184359	2396940	16181	1535	248786	1021509	973041	489463	5756953
892819	91237	60256		293324	209277	199575	263453	3738715
62352	18069			26059	56861	24586	83858	131006
599239	87282	2835	568	837977	321519	306885	171756	5422203
1411669	748266	12335	17827	958132	569378	408486	382005	18882766
143028	30291		7165	35870	89178	87955	744962	488740
268812	112736	17023	3500	262110	138752	129350	350995	2676760
3041					10000			29160
507291	218895	6920	345	751768	342274	114987	848272	1818558
278793	242824	3000	13519	110130	37652	12178	245813	1191923
23888	10658		914	29723	10664		28555	148155
134053	77999		4995	37658	1610	502	35854	272206
244654	144992	17000	43118	182938	166888	148686	137060	1121529
76834	43951	1797	9306	24865	54922	34671	68451	279262

【2020年城市市政公用设施建设固定资产投资资金来源分省数据】 2020年城市市政公用设施建设固定资产投资资金来源分省数据见表7。

2020年城市市政公用设施建设固

地区名称	本年实际到位资金合计	上年末结余资金	小计	国家预算资金	中央预算资金	国内贷款
上年	204387933	15680990	188706943	58694461	4125895	50393068
全国	232656828	22285658	210371170	64905851	5685968	39325915
北京	12731462	1792145	10939317	5405397	90027	2024633
天津	4682331	382414	4299917	1335163	36017	1547833
河北	6692434	745311	5947123	2285682	346302	715156
山西	3512163	166609	3345554	1446353	166535	468123
内蒙古	2290045	95236	2194809	650191	88383	51590
辽宁	3068439	132279	2936160	608844	224345	446298
吉林	4338837	782973	3555863	1290168	171336	351129
黑龙江	3383821	268703	3115118	883819	358894	528702
上海	4879145	277550	4601595	2406527	19722	153951
江苏	23474665	2451363	21023302	4827356	102929	3199911
浙江	23095065	2881515	20213550	4958109	183744	4812201
安徽	7993336	453639	7539697	5006218	168907	273179
福建	7563005	613796	6949210	1728703	66703	1354051
江西	8847000	156654	8690346	3333041	223079	485077
山东	13030879	529494	12501385	3362558	27904	2244884
湖北	11889324	1671132	10218191	4297153	451427	2521887
湖南	9181678	993506	8188172	2713729	181213	2349745
广东	7874360	1943569	5930791	887821	235340	410791
广西	15406570	2134767	13271803	3376284	238766	3167085
海南	6318533	397639	5920894	1525396	328844	1514341
重庆	1044433	192664	851769	445941	11675	51346
四川	10431287	368785	10062502	3904897	163802	2834637
贵州	17040848	1320006	15720842	3169205	191139	3814788
云南	2544455	51909	2492546	112598	42138	262297
西藏	3361965	171570	3190395	429450	179728	929052
陕西	276254	2416	273838	16506	14147	
甘肃	11127304	945031	10182273	2597684	495378	1982398
青海	2142742	201278	1941463	353522	163580	500705
宁夏	565778	71946	493832	344728	123072	7467
新疆	886840	18667	868173	304452	62986	125844
新疆生产建设兵团	2316673	22877	2293796	637266	292114	184561

定资产投资资金来源分省数据

表7
计量单位：万元

本年资金来源						各项应付款
债券	利用外资	外商直接投资	自筹资金	单位自有资金	其他资金	
3922254	499090	161236	47072635	11296879	28125434	33453605
	18639941	675471	53433171	33390821	31652511	232656828
			1606555	1902732	1847861	12731462
	481879	129595	618951	186496	224708	4682331
	1501176		959096	486013	887366	6692434
	209042		756300	465737	272193	3512163
	305683	28673	873359	285313	414704	2290045
	757650	17352	897714	208302	951913	3068439
	898096	2951	811108	202411	315842	4338837
	1024190	31361	491502	155545	659605	3383821
			1955517	85600	998792	4879145
	624374	4000	8574599	3793061	2665251	23474665
	502939	565	7024660	2915076	1849129	23095065
	75225	11323	1183080	990672	1777391	7993336
	1401606		1274592	1190258	512219	7563005
	272227	170400	2547576	1882025	400048	8847000
	1648982	61041	2593902	2590017	3655915	13030879
	379996	75437	2389707	554012	1538755	11889324
	373940	675	1721722	1028361	1385553	9181678
	441859	20000	2016492	2153828	196431	7874360
	1703826		1981903	3042704	1142485	15406570
	178955	20273	1712301	969628	1139705	6318533
	185888		29041	139553	161957	1044433
	1824911	1491	1007058	489508	1862948	10431287
	1685864	39771	2350800	4660414	2452716	17040848
	73347		1497992	546312	1030805	2544455
	304281	4000	1153649	369963	814578	3361965
	44000		158333	55000		276254
	161395	20	4431485	1009290	1040119	11127304
	261920	27838	185941	611536	505594	2142742
	96641		16639	28357	25657	565778
	104676		259171	74030	408516	886840
	843922	28704	312073	287270	434652	2316673

2020年县城建设分省数据

【2020年县城市政公用设施水平分省数据】 2020年县城市政公用设施水平分省数据见表8。

地区名称	人口密度（人/平方公里）	人均日生活用水量（升）	用水普及率（%）	燃气普及率（%）	建成区供水管道密度（公里/平方公里）	人均城市道路面积（平方米）	建成区路网密度（公里/平方公里）	建成区道路面积率（%）
上年	2086	126.65	95.06	86.47	11.24	18.29	6.58	12.73
全国	2107	128.53	96.66	89.07	11.56	18.92	6.88	
河北	2759	110.86	100.00	98.81	11.45	24.52	8.72	
山西	3418	102.83	96.71	84.65	11.70	16.68	7.42	
内蒙古	929	96.16	98.23	90.12	11.68	29.78	6.87	
辽宁	1508	112.70	97.29	85.91	11.76	15.15	4.38	
吉林	2562	95.60	92.22	86.56	12.60	14.42	6.10	
黑龙江	2958	92.15	92.69	60.28	10.15	13.47	6.71	
江苏	2022	158.93	99.98	99.95	13.94	21.46	6.60	
浙江	894	204.30	100.00	100.00	21.68	24.24	9.13	
安徽	1819	136.79	97.14	95.54	12.42	23.71	6.30	
福建	2535	177.76	99.24	98.03	16.39	18.45	8.78	
江西	4898	136.25	96.88	94.14	14.90	20.76	7.88	
山东	1373	110.87	99.06	97.68	7.64	21.98	6.17	
河南	2646	112.10	93.01	85.43	7.52	18.50	5.79	
湖北	3087	143.96	96.28	94.11	11.38	18.39	6.70	
湖南	3857	148.37	96.70	90.32	15.02	14.36	6.63	
广东	1519	173.94	92.70	96.29	14.55	13.36	6.35	
广西	2579	166.91	99.49	98.79	13.23	21.00	8.40	
海南	2816	360.43	95.87	91.99	8.34	25.04	4.87	
重庆	2725	120.03	97.88	97.06	12.69	10.21	6.60	
四川	1130	123.14	94.87	88.36	10.62	13.64	6.03	
贵州	2231	105.67	95.39	80.17	7.88	18.84	7.49	
云南	3504	116.64	96.85	55.03	13.57	16.49	7.45	
西藏	2723	146.94	87.05	60.77	8.59	16.28	4.91	
陕西	3760	97.61	95.50	88.45	7.49	15.36	6.94	
甘肃	4824	80.53	95.14	76.24	9.38	14.08	5.88	
青海	1908	87.89	97.15	62.76	9.92	22.42	7.57	
宁夏	3622	112.41	98.99	75.97	8.66	25.33	6.99	
新疆	3161	146.23	98.37	94.63	10.81	23.05	6.57	

设施水平分省数据

表8

建成区排水管道密度(公里/平方公里)	污水处理率(%)	污水处理厂集中处理率	人均公园绿地面积(平方米)	建成区绿化覆盖率(%)	建成区绿地率(%)	生活垃圾处理率(%)	生活垃圾无害化处理率
9.27	**93.55**	**92.87**	**13.10**	**36.64**	**32.54**	**98.80**	**96.19**
9.60	**95.05**	**94.42**	**13.44**	**37.58**	**33.55**	**99.31**	**98.26**
9.64	98.40	98.40	13.76	41.62	37.62	99.96	97.64
10.52	96.50	96.28	11.57	40.82	36.12	99.94	99.94
8.47	96.23	96.23	21.03	36.82	34.27	99.49	97.50
5.93	95.97	95.89	11.27	19.23	14.58	100.00	90.44
9.56	95.09	95.09	12.49	34.46	30.40	100.00	100.00
6.12	94.48	94.48	13.08	27.37	24.19	98.71	98.71
12.41	91.40	90.88	14.54	42.64	39.78	100.00	100.00
15.94	97.43	97.29	15.50	43.24	39.04	100.00	100.00
11.40	96.18	96.03	14.57	37.67	33.72	100.00	100.00
13.40	95.06	95.06	15.26	43.39	39.65	100.00	100.00
11.56	91.55	90.15	15.54	42.98	38.73	100.00	100.00
9.74	97.75	97.75	16.26	40.05	35.80	100.00	100.00
9.25	97.01	97.01	11.69	35.78	31.22	99.21	94.77
8.83	93.53	93.53	12.25	37.69	32.77	100.00	100.00
9.01	96.57	95.92	11.15	37.72	33.62	99.43	99.43
6.01	91.82	91.80	14.47	35.61	31.81	99.74	99.74
11.42	96.40	88.55	13.11	38.56	34.18	100.00	100.00
3.76	89.50	89.46	6.82	42.25	29.80	100.00	87.33
15.32	99.08	99.08	13.58	41.61	37.73	99.78	99.00
8.92	91.39	88.88	13.71	37.85	34.04	99.77	99.77
5.34	91.27	91.21	13.39	36.67	33.80	90.25	90.25
12.99	94.92	94.86	10.79	38.87	34.30	99.88	99.24
6.68	31.43	31.43	1.35	6.59	4.01	97.72	92.51
7.96	92.80	92.79	10.93	36.27	31.90	98.68	97.08
9.00	94.41	94.41	11.07	26.76	23.29	99.66	99.66
9.34	90.72	90.72	7.84	28.01	23.73	95.32	91.57
8.46	98.06	98.06	17.38	39.44	36.18	99.58	99.58
7.05	95.87	95.87	15.12	39.15	35.11	99.26	97.70

【2020年县城人口和建设用地分省数据】2020年县城人口和建设用地分省数据见表9。

2020年县城人口和

地区名称	县域面积	县域人口	县域暂住人口	县城面积	县城人口	县城暂住人口	建成区面积	本年征用土地面积	耕地
上年	7350542	65556	3048	76044.14	14110.50	1754.61	20672.03	951.54	378.30
全国	7327141	64126	3056	75196.79	14055.43	1790.96	20867.09	949.90	428.08
河北	136230	4032	158	3790.00	943.32	102.19	1405.06	72.12	47.80
山西	125124	2011	86	1847.09	580.62	50.74	708.28	5.54	2.49
内蒙古	1049228	1531	127	5482.35	435.83	73.39	993.83	32.42	2.82
辽宁	74824	1020	29	1439.73	205.84	11.28	379.88	4.39	3.10
吉林	85748	740	20	699.80	167.50	11.76	233.44	6.45	3.32
黑龙江	217773	1357	37	1260.68	349.87	22.98	599.85	7.31	4.08
江苏	33080	1992	66	2592.68	484.82	39.36	700.86	22.73	12.34
浙江	49732	1435	299	5022.22	343.43	105.67	612.57	90.47	17.71
安徽	92519	4286	160	4874.69	784.77	102.17	1288.38	63.26	25.79
福建	78389	1784	155	1914.51	414.83	70.42	563.02	26.41	5.79
江西	121081	2851	88	1722.86	779.67	64.26	1053.73	68.51	23.85
山东	65133	3350		7568.30	979.85	59.60	1560.72	53.03	29.85
河南	119053	7164	234	5653.45	1372.09	123.81	1872.48	56.13	29.32
湖北	92363	1973	81	1473.54	414.92	39.96	571.06	45.51	22.84
湖南	158255	4523	304	3160.61	1011.10	207.90	1375.46	51.42	14.53
广东	79301	2240	72	3355.21	467.38	42.12	631.87	30.22	7.45
广西	161657	3205	77	2070.40	486.46	47.53	703.08	40.79	15.81
海南	16397	325	27	264.23	57.89	16.52	153.87	8.34	2.31
重庆	39137	933	104	781.74	166.33	46.72	181.86	15.90	10.61
四川	404534	4784	282	10610.79	1019.29	179.89	1326.90	63.04	37.33
贵州	140665	3089	119	3120.54	625.15	70.90	892.01	33.85	16.60
云南	300133	3256	160	1843.38	561.92	84.09	725.35	102.41	73.21
西藏	1198254	274	42	302.53	57.81	24.56	163.36	6.38	2.10
陕西	150193	2065	82	1395.96	467.26	57.66	624.87	16.59	5.91
甘肃	368918	1889	90	837.87	358.66	45.50	491.36	12.89	6.27
青海	481835	354	28	585.83	95.94	15.86	185.09	2.53	1.10
宁夏	38395	337	21	318.11	97.89	17.34	187.92	7.76	2.69
新疆	1449188	1326	107	1207.69	324.99	56.78	680.93	3.50	1.06

数据统计与分析

建设用地分省数据　　表 9

面积单位：平方公里
人口单位：万人

	城市建设用地面积							
合计	居住用地	公共管理与公共服务设施用地	商业服务业设施用地	工业用地	物流仓储用地	道路交通设施用地	公共设施用地	绿地与广场用地
19427.46	**6352.70**	**1733.20**	**1320.45**	**2545.37**	**539.93**	**2964.71**	**811.10**	**3160.00**
19632.14	**6450.08**	**1718.64**	**1283.72**	**2543.97**	**524.37**	**3088.92**	**761.65**	**3260.79**
1356.57	430.94	92.96	79.57	99.04	21.18	264.51	28.82	339.55
652.49	241.89	56.30	34.32	46.36	11.86	110.22	21.17	130.37
913.15	288.41	93.86	63.96	80.87	17.70	165.75	34.16	168.44
362.18	153.42	22.05	21.92	65.38	8.14	41.82	21.84	27.61
233.20	86.86	16.01	13.78	30.77	10.62	31.69	8.28	35.19
545.73	236.43	45.99	27.02	82.02	22.61	64.01	16.46	51.19
681.47	212.59	50.31	41.61	132.54	10.59	103.08	17.38	113.37
631.15	195.13	54.22	41.33	143.48	9.99	84.30	24.08	78.62
1265.72	371.48	98.06	84.11	221.62	42.73	222.24	44.46	181.02
559.15	187.25	45.83	36.81	74.26	10.14	91.98	18.66	94.22
1020.31	301.94	91.48	63.78	158.95	25.12	190.69	34.21	154.14
1466.21	484.91	116.11	101.06	287.79	38.57	190.77	45.62	201.38
1759.41	551.04	149.84	106.71	203.41	45.99	303.43	71.65	327.34
533.24	166.30	52.69	37.13	77.03	12.16	87.24	21.14	79.55
1260.10	413.88	126.48	101.63	165.29	62.54	156.21	66.39	167.68
581.13	208.28	51.89	42.88	92.20	12.93	71.10	25.64	76.21
658.12	205.26	52.92	33.17	78.08	16.30	116.54	19.81	136.04
131.46	35.78	10.49	7.29	27.52	4.34	25.16	2.34	18.54
157.47	55.80	12.28	8.16	16.56	2.29	24.81	6.24	31.33
1215.92	402.35	112.43	74.40	179.86	33.64	172.81	54.57	185.86
791.42	286.74	78.43	62.72	78.04	24.44	111.15	43.31	106.59
690.75	217.42	72.07	49.68	48.61	16.65	121.82	30.35	134.15
138.35	44.67	20.38	11.89	7.60	6.00	25.34	11.36	11.11
586.95	180.54	48.14	37.94	40.45	12.91	91.48	28.53	146.96
458.58	163.78	49.39	31.09	30.98	12.72	66.47	24.60	79.55
163.41	50.81	20.23	10.74	15.23	4.21	26.04	10.00	26.15
183.05	57.32	17.58	16.74	14.04	5.25	31.19	6.62	34.31
635.45	218.86	60.22	42.28	45.99	22.75	97.07	23.96	124.32

603

【2020年县城市政公用设施建设固定资产投资分省数据】 2020年县城市政公用设施建设固定资产投资分省数据见表10。

2020年城市市政公用设施建设

地区名称	本年投资完成合计	供水	燃气	集中供热	轨道交通	道路桥梁	地下综合管廊
上年	30767269	1681120	1361500	1337715	111215	13121744	469070
全国	38842864	2322499	796908	1297883	145812	13996240	369184
河北	2483008	85841	42468	231005		547252	11174
山西	974359	51606	17403	143283	5500	313455	5776
内蒙古	646329	46917	1732	108756		189495	810
辽宁	91160	15346	878	44633		17870	184
吉林	155583	16292	498	2930		39182	
黑龙江	403646	112893	21886	73528		65381	
江苏	1129845	62811	34400	6410		390896	
浙江	2099753	127792	25716			753336	109921
安徽	2719950	212980	104519	7396		1283571	
福建	1830797	108385	69984		18000	864013	41003
江西	3719537	186282	74927		1868	1269117	52341
山东	1764325	60095	43714	167639		499355	13626
河南	3469200	290698	84964	147275	2011	1144584	6015
湖北	549917	16927	51225			200847	31
湖南	2091337	148670	47680	1300		1006408	2190
广东	181319	26272	2253			57225	
广西	3132199	91756	29165			1080108	
海南	249900	752	10623			201354	3539
重庆	998753	15803	3811			680552	16065
四川	2042739	90056	23041	23095	92660	868673	18698
贵州	3661149	180515	31250		22083	1161415	74586
云南	2015904	112931	33112		36	721238	7468
西藏	48301	4343			599	18781	
陕西	507662	9676	17243	45020	375	188465	900
甘肃	703628	65687	6602	99411		240442	1676
青海	163584	13527		10763		65675	382
宁夏	163704	4264	2068	64770		36479	
新疆	845278	163385	15746	120670	2680	91072	2800

固定资产投资分省数据

表10

计量单位：万元

排水	污水处理	污泥处置	再生水利用	园林绿化	市容环境卫生	垃圾处理	其他	本年新增固定资产
3666305	1732545	46421	27703	4824989	1272825	832520	2920787	28277125
5609088	2905831	116439	155736	5682400	2673817	1995464	5949034	28379136
633957	212403	1502	12471	381483	453742	419395	96086	1740600
170429	142369			88599	46968	18344	131341	650642
146925	72432	1576	28773	72696	19532	13423	59465	302504
5893	3912	94		4151	1905	749	300	43747
56895	21503		2397	7833	16961	14828	14991	118607
94204	65368	970	5482	14448	13128	8089	8178	210523
271539	180448	6500	11083	175466	134258	121821	54065	898299
294567	180753	1040	243	211609	231678	204223	345135	1889860
405334	130137	2900	1600	369966	151388	100977	184796	1807790
221721	110849	315		150685	132070	78154	224937	1148943
374599	172393	5498	150	307260	233332	126082	1219811	3310771
311393	112574	2600	2200	329070	230084	148458	109350	1083499
518037	289084	16799	21718	997741	206364	152264	71511	2714530
104547	76604	7371		34705	51872	32921	89762	471308
277488	218534	19150		82088	151938	112162	373576	1462640
49487	36574			4528	7762	7244	33791	83272
178683	60097	11667		1655791	53512	44106	43184	2969634
8299	3246	233		2533	9364	8501	13436	29927
97074	42058	4050		117770	60695	54038	6983	532685
347142	185039	5	7757	306887	127801	101365	144686	1919037
234820	141529	1150		123665	132941	87044	1699875	1398664
203406	115071	8724	200	122234	59662	29621	755816	1600591
11934	11784	50		50	6178	2282	6416	47538
135447	72745	9200	1079	26345	26684	24080	57508	389288
196693	120572	6400	7762	51420	18646	11700	23052	711005
10061	3554		3600	2855	12683	5839	47638	144375
20649	9826	500	1755	17218	8186	7151	10071	100578
227865	114373	8145	47466	23304	74483	60604	123274	598276

【2020年县城市政公用设施建设固定资产投资资金来源分省数据】 2020年县城市政公用设施建设固定资产投资资金来源分省数据见表11。

2020年县城市政公用设施建设固

地区名称	合计	上年末结余资金	小计	国家预算资金	中央预算资金
上年	39004751	1479576	37525175	10619142	1693464
全国	43709750	2105568	41604181	13872697	2521622
河北	2369237	24216	2345021	754380	59718
山西	910313	48566	861747	210792	26063
内蒙古	903321	78532	824790	144995	67190
辽宁	159369	780	158589	98389	30017
吉林	331760	9387	322373	105665	52730
黑龙江	646072	22439	623633	207285	142248
江苏	958905	9612	949293	259564	439
浙江	2296332	26478	2269855	572326	26411
安徽	2716877	73229	2643648	1240388	17500
福建	1765296	33523	1731773	450636	106079
江西	5107494	307057	4800437	1590340	123302
山东	1498877	39393	1459484	399955	8815
河南	3508328	38964	3469364	1515445	144534
湖北	749793	32844	716950	156497	80240
湖南	2735695	71349	2664346	563765	209051
广东	270831	45134	225697	48706	1100
广西	3134388	102043	3032345	2613934	100360
海南	347240	30725	316515	250777	137396
重庆	1076176	2100	1074076	522455	55361
四川	2395762	166097	2229666	263837	161304
贵州	4290689	633511	3657178	296088	88612
云南	2124703	106415	2018289	525570	221404
西藏	126807	17885	108922	73749	33271
陕西	673938	24150	649788	214290	72431
甘肃	848742	63991	784751	191847	157359
青海	327565	77995	249570	157824	116809
宁夏	153874	2945	150929	66454	40313
新疆	1281366	16210	1265156	376744	241565

定资产投资资金来源分省数据

表 11
计量单位：万元

本年资金来源					各项应付款
国内贷款	债券	利用外资	自筹资金	其他资金	
1746000	920773	320423	14577474	9341364	7576563
2239594	4066593	290351	11699171	9435777	7562679
110626	503895		792069	184051	359724
104899	88374	180	336100	121402	271482
8241	200513		254518	216523	132765
6152	13781	350	30742	9175	13941
12112	148405		54011	2180	38666
1213	191288		179518	44328	52541
27000	59918		400129	202682	212076
127925	60402		1057011	452191	178975
111384	117492	9333	637478	527574	393001
32221	93013		894758	261145	540692
301186	72661	104677	1313885	1417688	545328
76123	247783	10504	411256	313862	425373
132162	311030	14944	752309	743473	356934
49640	80978		229862	199974	190808
153570	108361	62039	1404926	371685	206823
10088	40545	3940	57328	65089	58115
73176	48034	2910	189789	104501	149317
646	3840		9005	52246	2156
311425	122631	2438	114478	650	19713
170257	138202	19764	695025	942581	468797
213708	121281		928867	2097233	602230
85589	276478	43538	466429	620684	1747091
	5000	1500	7539	21134	11244
13400	49127	3500	213320	156151	155911
81815	274415	4697	111967	120009	267002
2565	42006		18509	28667	7711
	61370		10773	12333	37600
22471	585770	6037	127568	146566	116662

2020年村镇建设分省数据

【2020年建制镇市政公用设施水平分省数据】

2020年建制镇市政公用设施水平分省数据见表12。

地区名称	人口密度（人/平方公里）	人均日生活用水量（升）	供水普及率（%）	燃气普及率（%）	人均道路面积（平方米）	排水管道暗渠密度（公里/平方公里）
上年	4322	103.93	88.98	54.45	15.23	6.95
全国	4249	107.00	89.08	56.94	15.79	7.20
北京	4533	131.59	89.63	64.24	12.50	7.37
天津	3452	87.52	86.26	75.70	13.67	5.14
河北	3855	87.93	89.66	59.31	11.74	3.87
山西	3979	83.18	90.12	34.80	15.65	5.50
内蒙古	2438	81.88	78.65	28.01	17.77	3.06
辽宁	3238	118.70	77.40	30.57	15.30	4.08
吉林	3123	87.08	89.38	43.00	14.04	3.64
黑龙江	3130	83.39	81.81	16.88	16.20	4.49
上海	5771	127.47	91.89	80.05	8.74	5.14
江苏	5122	99.45	98.95	94.63	19.91	10.92
浙江	4710	119.15	88.73	59.49	16.48	9.48
安徽	4144	109.43	84.32	46.33	17.62	8.02
福建	4856	121.97	91.17	71.59	17.08	7.87
江西	3976	101.50	83.34	43.13	16.62	7.88
山东	4070	85.05	94.19	73.40	16.11	7.23
河南	4460	133.71	84.51	31.20	17.29	6.80
湖北	3828	117.20	86.71	46.63	17.14	7.89
湖南	4329	108.56	78.97	39.81	13.46	6.36
广东	4621	141.97	93.27	81.44	16.43	9.31
广西	5376	105.98	88.89	76.36	17.55	9.14
海南	3865	98.27	91.54	83.37	16.71	6.92
重庆	5549	90.88	94.47	74.90	8.35	8.43
四川	4730	92.40	88.54	69.14	12.26	7.33
贵州	3759	98.97	89.07	13.04	19.61	7.44
云南	4977	99.48	94.14	12.66	15.14	9.07
西藏	182	103.70	48.60	9.38	52.96	0.13
陕西	4323	80.01	86.52	26.30	14.38	6.75
甘肃	3648	75.81	90.78	11.38	16.54	5.33
青海	3941	88.66	88.94	28.49	15.90	4.87
宁夏	3070	91.92	97.26	47.24	17.16	7.36
新疆	3069	94.11	89.44	28.25	28.33	4.84

数据统计与分析

用设施水平分省数据　　　　　　　　　　　　　　　　　　　　　　　　　　　　　　表 12

污水处理率（%）	污水处理厂集中处理率	人均公园绿地面积（平方米）	绿化覆盖率（%）	绿地率（%）	生活垃圾处理率（%）	无害化处理率
54.43	**45.26**	**2.71**	**16.97**	**10.74**	**88.09**	**65.45**
60.98	**52.14**	**2.72**	**16.88**	**10.81**	**89.18**	**69.55**
66.15	48.74	3.46	23.27	14.36	89.42	84.74
65.48	60.34	2.00	14.43	8.25	90.45	73.84
31.33	23.33	1.31	14.11	8.23	79.37	44.03
30.81	22.39	1.74	19.57	9.98	54.82	15.44
23.53	19.49	1.65	13.27	7.84	38.21	23.69
48.27	42.46	1.23	14.92	7.35	70.80	30.41
29.79	27.16	2.35	11.37	6.68	98.77	91.71
25.95	19.73	1.46	7.96	5.43	43.74	26.47
70.31	67.60	1.80	17.38	11.27	89.33	76.49
85.29	80.60	7.32	30.17	24.71	99.61	96.59
74.56	62.70	2.90	18.79	12.57	92.66	81.83
54.12	46.24	1.91	18.80	11.18	97.29	92.30
75.53	58.48	5.85	24.76	18.28	98.87	97.85
35.25	24.38	1.52	12.00	8.51	87.61	51.08
71.16	55.33	5.08	24.55	16.26	98.78	95.90
36.17	25.32	1.69	17.92	6.46	77.41	42.18
50.18	41.28	1.86	16.07	9.05	91.43	68.24
45.19	27.53	2.41	22.35	15.10	84.88	48.62
61.70	55.87	3.13	14.22	9.36	97.32	90.32
50.33	38.56	2.72	15.18	9.46	96.95	48.12
11.70	6.66	0.23	17.63	11.85	96.79	29.89
85.96	78.33	0.96	11.61	6.96	95.83	73.04
63.70	52.69	0.93	7.33	5.27	95.17	76.32
86.95	82.93	1.39	12.97	7.57	87.15	48.06
20.48	17.28	0.80	8.74	5.69	84.68	37.81
29.86	10.81	0.14	0.30	0.15	95.90	61.40
36.59	31.24	1.07	8.16	5.45	66.37	23.04
31.90	25.49	0.83	11.89	6.77	63.40	47.25
11.53	7.29	0.34	12.16	9.33	67.46	25.15
74.87	62.91	2.21	12.61	7.55	96.48	63.85
30.74	17.34	0.82	14.86	10.57	87.45	46.31

【2020年建制镇基本情况分省数据】2020年建制镇基本情况分省数据见表13。

2020 年建制镇基

地区名称	建制镇个数（个）	建成区面积（公顷）	建成区户籍人口（万人）	建成区常住人口（万人）
上年	18746	4228625.87	16538.81	18275.04
全国	18822	4338502.52	16596.22	18433.28
北京	115	29929.05	75.24	135.68
天津	113	46147.13	116.89	159.32
河北	978	170861.25	603.91	658.72
山西	482	66965.61	256.79	266.46
内蒙古	435	97779.52	239.96	238.38
辽宁	612	95844.56	290.94	310.33
吉林	391	78831.46	255.59	246.18
黑龙江	471	87344.21	287.72	273.42
上海	99	133982.75	333.16	773.27
江苏	667	272939.27	1220.33	1398.00
浙江	571	212508.38	707.49	1000.85
安徽	883	250475.71	987.76	1038.02
福建	557	142562.88	623.94	692.27
江西	726	147676.52	600.68	587.11
山东	1071	399975.75	1499.23	1627.95
河南	1068	288045.45	1271.06	1284.67
湖北	699	223756.91	859.01	856.49
湖南	1041	253152.01	1074.21	1096.02
广东	1002	348814.20	1246.33	1611.70
广西	702	98649.90	565.72	530.32
海南	158	27536.28	101.06	106.43
重庆	584	78467.67	426.76	435.45
四川	1766	241670.98	1006.02	1143.22
贵州	773	140346.89	547.49	527.56
云南	592	78861.96	380.90	392.51
西藏	73	56895.74	7.86	10.36
陕西	927	127485.47	546.72	551.08
甘肃	783	68221.51	240.50	248.84
青海	106	10674.51	43.88	42.07
宁夏	76	18961.99	55.38	58.22
新疆	301	43137.00	123.70	132.37

本情况分省数据

表 13

设有村镇建设管理机构的个数（个）	村镇建设管理人员（人）	规划建设管理			本年规划编制投入（万元）
		专职人员	有总体规划的建制镇个数（个）	本年编制	
17447	**88583**	**56740**	**16876**	**1109**	**368975.94**
17413	**90505**	**57075**	**16833**	**1039**	**383162.44**
106	1290	569	98	3	12011.70
112	701	405	83	9	2701.43
879	3483	2210	732	46	3797.40
341	640	349	349	7	3130.50
396	1386	919	394	18	819.00
598	1646	1092	529	21	975.65
384	1252	829	279	14	782.60
453	1052	652	384	33	520.02
98	1165	714	82	5	3904.82
663	7485	5128	655	50	23366.69
546	5326	3338	545	39	21346.29
814	3873	2560	823	65	14161.71
545	2005	1317	524	12	12035.95
707	2959	1812	706	52	22549.57
1070	7690	5027	1021	77	25937.39
1045	7300	4584	943	49	21540.92
669	4576	2840	655	33	12916.40
950	5489	3349	961	73	18712.37
950	9096	5269	908	56	56068.44
697	3874	2475	685	21	5111.42
155	429	260	154	1	5181.66
581	2491	1761	557	59	3855.84
1495	4836	3207	1456	71	44037.83
763	2568	1775	727	87	17973.78
584	2738	1687	564	21	12618.55
12	47	9	47	7	2468.78
810	2391	1347	821	60	16248.63
602	1699	993	693	33	13318.10
82	128	71	99	6	176.00
68	216	113	70	5	269.10
238	674	414	289	6	4623.90

【2020年建制镇建设投资分省数据】 2020年建制镇建设投资分省数据见表14。

2020年建制镇建

地区名称	合计	房屋				
		小计	房地产开发	住宅	公共建筑	生产性建筑
上年	83572708	65725483	29201035.18	45250185	8236808.74	12238489.14
全国	96782066	76306857	33023322	50237848	11261295	14807714
北京	775859	570069	88280	498059	65232	6778
天津	2655359	2276146	1601388	1940368	172346	163432
河北	1841883	1553045	339180	837736	365009	350300
山西	646306	437896	76190	270920	109400	57577
内蒙古	344340	194324	39937	118287	34806	41231
辽宁	341077	206913	120313	152516	24785	29611
吉林	1108445	906778	774901	803755	52943	50080
黑龙江	670155	511801	34039	432690	67788	11323
上海	9268980	8363005	4914790	5860379	1547799	954827
江苏	10610195	8642937	2953206	5043929	824934	2774074
浙江	11932486	10016184	3872760	6294496	969728	2751960
安徽	5579674	4283142	2054005	3059763	515104	708276
福建	2476900	1812943	1011776	1278138	223730	311075
江西	1725633	1116840	244770	645006	205970	265864
山东	9965465	7863203	2022352	4524202	1054625	2284376
河南	3953117	3109658	1259821	2104938	411304	593416
湖北	2450023	1583167	546454	934076	325013	324078
湖南	2437349	1700602	392843	1192367	297332	210903
广东	12970906	10795592	7394220	7033470	2060853	1701269
广西	1640172	1141900	230668	854227	116459	171214
海南	315618	147855	45340	125232	18922	3702
重庆	930760	481523	141773	310172	98822	72529
四川	3924835	2616779	693991	1712354	578095	326329
贵州	2870405	2096114	1001647	1696871	224367	174876
云南	1500150	1161047	308865	874711	189793	96543
西藏	213797	194312	21006	164690	25643	3980
陕西	1575220	895695	180789	512113	160976	222607
甘肃	921364	688523	314337	469473	139414	79636
青海	143036	89784	8788	49402	37135	3246
宁夏	287887	234822	175874	99844	120100	14877
新疆	704670	614258	159019	343664	222868	47726

设投资分省数据

表 14

计量单位：万元

市政公用投资										
小计	供水	燃气	集中供热	道路桥梁	排水	污水处理	园林绿化	环境卫生	垃圾处理	其他
17847226	1561085	755875	477595	5789763	3869727	2713064	1997658	2006093	1040539	1389431
20475209	1704760	889131	576376	6681606	5090016	3740511	1771294	2259535	1219604	1502491
205790	18318	20789	26106	76005	12660	8174	21751	20248	10799	9912
379213	16703	7534	23316	110546	37623	18292	41493	14932	5494	127067
288839	35024	62519	28004	47787	60222	39299	17886	33936	20051	3462
208409	9564	17828	64681	23122	48312	38760	9849	29107	7094	5946
150016	17888	573	27551	36405	35106	23670	12160	15464	8427	4868
134164	11510	1541	33666	24031	31791	22517	6263	18399	11249	6964
201667	16761	3975	15982	80913	55074	42874	8799	14790	8064	5373
158354	10499	424	10572	10988	93143	65943	4849	16767	10569	11113
905975	37002	22290	85	319631	172666	111305	87913	136016	56480	130374
1967257	143867	116500	12972	656994	397803	254302	262606	254069	111398	122446
1916302	113096	47990	8043	669172	460605	307234	249697	219359	98606	148341
1296531	106899	54432	450	421917	325208	219698	152175	146997	73668	88454
663957	75126	12161	20	239901	156341	110846	54184	90094	58957	36130
608793	65503	12965	1269	236212	126511	75082	52882	56456	30465	56995
2102262	185466	177123	188609	633711	292037	187414	255302	228710	109604	141304
843459	68390	65083	31633	336774	134364	83173	89445	90094	40537	27675
866856	69821	25857	11692	210735	363033	292091	50836	67229	42240	67652
736747	107419	30323	280	157506	247295	188959	52381	84846	50924	56698
2175314	144152	32778	5	578294	994559	886441	96349	220464	113539	108712
498272	55726	3433	120	228095	109711	70378	25294	40139	28551	35755
167763	9355	2759	304	34940	40732	35491	3530	74333	68806	1811
449237	24270	18727		155400	103630	79949	29263	102387	86949	15561
1308056	103920	90918		513530	367419	306873	62527	89965	54359	79777
774291	98684	7543	223	397190	161661	130023	19403	54935	38037	34652
339103	44472	2752		168269	55392	33772	13253	35343	23064	19623
19485	5706	0	430	6708	3099	1372	263	1625	1066	1654
679525	72204	40720	15266	190980	108848	42525	66315	54613	22954	130579
232840	18695	4469	50034	62030	50998	42013	11440	23782	15132	11391
53253	1377	270	8532	28180	9254	3760	2005	3137	1759	499
53065	3223	2133	7660	11030	12052	8029	5313	9665	1977	1988
90412	14123	2723	8871	14611	22868	10251	5865	11634	8786	9718

【2020年乡市政公用设施水平分省数据】 2020年乡市政公用设施水平分省数据见表15。

2020年乡市政公用

地区名称	人口密度（人/平方公里）	人均日生活用水量（升）	供水普及率（％）	燃气普及率（％）	人均道路面积（平方米）	排水管道暗渠密度（公里/平方公里）
上年	3813	93.29	80.50	26.81	20.16	7.41
全国	3718	97.02	83.85	30.85	21.41	7.18
北京	4051	129.20	92.31	39.34	16.62	7.10
天津	835	79.70	79.18	65.67	17.70	2.28
河北	3191	87.41	84.17	45.54	15.77	3.33
山西	3011	81.62	77.87	19.41	18.03	4.09
内蒙古	2010	84.56	68.51	19.51	24.68	3.26
辽宁	3483	95.83	53.75	14.66	23.70	3.72
吉林	2815	83.70	85.26	42.79	20.53	4.15
黑龙江	2382	81.09	88.41	8.25	23.77	3.57
上海	3454	113.67	99.79	16.20	27.90	15.40
江苏	5470	90.07	99.33	96.85	23.28	15.86
浙江	3638	109.01	91.60	49.79	27.00	13.65
安徽	3811	102.27	87.39	36.70	23.10	10.51
福建	4970	111.34	91.67	66.70	19.62	10.76
江西	4317	102.41	81.75	41.44	19.57	9.37
山东	3628	86.51	92.44	53.84	19.53	8.34
河南	4458	102.43	83.46	26.83	20.46	6.08
湖北	2657	117.39	84.53	42.84	26.24	6.65
湖南	3895	107.89	73.73	28.36	19.90	8.86
广东	2561	97.71	93.70	73.55	24.50	9.55
广西	5964	100.90	89.28	58.78	22.36	9.12
海南	2634	95.51	87.67	74.86	24.57	3.78
重庆	4695	88.70	91.47	44.73	18.18	12.48
四川	4249	93.33	86.10	23.94	16.82	7.01
贵州	3821	103.54	81.85	11.07	28.81	8.42
云南	4535	96.03	94.47	9.58	19.86	10.49
西藏	4377	96.59	43.00	7.82	40.46	3.53
陕西	3087	92.34	83.44	17.81	27.42	7.09
甘肃	3367	73.45	93.28	8.61	18.75	6.94
青海	4380	85.33	66.59	2.98	16.69	4.95
宁夏	3224	87.99	94.29	14.32	26.56	7.05
新疆	3322	89.21	91.11	13.25	29.28	11.34

数据统计与分析

设施水平分省数据 表15

污水处理率（%）	污水处理厂集中处理率	人均公园绿地面积（平方米）	绿化覆盖率（%）	绿地率（%）	生活垃圾处理率（%）	无害化处理率
18.21	12.27	1.59	14.71	8.12	73.87	38.27
21.67	13.43	1.76	15.04	8.49	78.60	48.46
23.10	21.84	2.82	30.86	21.07	98.91	97.55
53.37	21.23	2.21	6.74	2.68	22.11	
4.58	2.55	0.97	13.34	8.01	71.53	45.31
12.20	6.76	1.45	22.05	9.21	59.69	16.65
1.49	0.78	1.37	11.30	7.07	29.61	18.94
1.68	1.54	0.32	15.31	7.21	44.99	22.81
3.07	2.57	1.67	11.81	8.62	97.57	91.69
1.03	0.81	0.67	7.24	4.76	38.54	30.63
67.23	67.23	2.46	26.27	22.03	100.00	100.00
78.29	67.15	5.71	30.21	23.62	99.88	96.42
47.67	18.16	2.18	15.29	7.73	90.58	62.44
46.58	35.42	3.18	19.94	11.67	97.18	91.31
81.13	55.89	7.18	25.82	17.25	99.35	98.63
26.40	16.00	1.31	12.25	7.86	86.52	47.01
49.81	23.54	2.68	21.79	12.22	99.99	96.77
16.07	11.22	2.07	17.75	7.03	79.46	42.92
44.63	21.43	2.08	9.57	4.97	92.06	77.07
6.95	3.08	2.10	22.12	12.36	76.42	38.70
22.61	15.66	4.83	22.99	12.50	93.68	65.86
8.11	6.52	2.84	15.25	10.73	96.55	48.76
3.05	3.05	0.04	19.99	13.68	100.00	6.18
78.75	61.92	0.52	12.09	7.93	92.07	59.19
24.11	20.45	0.48	8.42	5.61	79.44	43.57
20.86	15.33	1.02	11.28	6.65	83.61	44.82
27.60	11.05	0.74	8.18	5.11	79.55	38.74
0.32	0.05	0.05	8.67	5.67	80.12	14.44
30.45	28.18	0.25	5.56	3.72	84.45	19.64
21.92	17.23	0.45	12.08	7.58	56.62	44.86
0.05	0.05	0.02	7.85	4.82	61.35	16.10
36.69	26.09	1.06	11.94	8.08	91.98	41.66
8.47	3.53	1.17	18.03	13.62	71.44	39.85

【2020年乡基本情况分省数据】2020年乡基本情况分省数据见表16。

2020年乡基本

地区名称	乡个数（个）	建成区面积（公顷）	建成区户籍人口（万人）	建成区常住人口（万人）
上年	9478	629472.59	2438.30	2400.3309
全国	8876	616993.10	2371.60	2294.02
北京	15	507.50	2.17	2.06
天津	3	1084.25	0.78	0.91
河北	733	61707.46	205.48	196.93
山西	595	41428.49	120.67	124.74
内蒙古	259	21723.60	46.89	43.67
辽宁	189	11060.59	38.95	38.52
吉林	165	12877.05	35.17	36.25
黑龙江	332	26357.20	74.41	62.79
上海	2	136.38	0.56	0.47
江苏	36	5737.96	32.01	31.39
浙江	238	13029.14	54.93	47.40
安徽	260	30652.39	118.94	116.81
福建	256	15661.90	85.45	77.84
江西	547	42710.34	191.78	184.40
山东	67	8635.03	33.41	31.32
河南	576	88012.92	400.84	392.36
湖北	159	33944.23	83.39	90.20
湖南	375	35492.03	144.82	138.24
广东	14	1024.00	3.79	2.62
广西	307	12465.19	78.24	74.35
海南	21	884.41	2.04	2.33
重庆	174	6062.04	30.82	28.46
四川	1052	22498.49	97.70	95.60
贵州	294	23444.99	95.32	89.57
云南	540	32065.77	138.64	145.43
西藏	528	7171.08	32.20	31.39
陕西	21	1314.37	5.26	4.06
甘肃	336	12668.52	44.11	42.65
青海	224	6501.05	29.83	28.48
宁夏	87	5300.73	19.39	17.09
新疆	471	34834.00	123.64	115.71

情况分省数据 表16

设有村镇建设管理机构的个数（个）	村镇建设管理人员（人）	专职人员	有总体规划的乡个数（个）	本年编制	本年规划编制投入（万元）
7192	19671	12476	7000	402	75822.02
6692	**19509**	**12364**	**6491**	**367**	
15	77	39	13	0	
3	18	12	0	0	
603	1655	1147	463	39	
386	949	561	294	7	
206	483	303	197	6	
186	313	274	157	4	
160	428	313	91	6	
318	552	330	238	17	
2	27	17	2	0	
36	197	157	35	3	
191	524	330	205	15	
221	747	473	225	16	
241	507	342	246	12	
523	1502	936	526	37	
65	253	180	59	7	
557	2904	1849	466	16	
152	655	417	133	4	
316	1132	678	292	9	
11	52	19	13	0	
302	724	492	284	4	
21	36	53	21	0	
173	468	346	163	12	
343	701	397	344	17	
290	617	389	274	33	
508	1793	1068	493	31	
86	362	201	293	43	
16	30	18	12	1	
219	537	294	270	6	
133	157	89	162	11	
80	151	83	78	6	
329	958	557	442	5	

【2020年乡建设投资分省数据】 2020年乡建设投资分省数据见表17。

2020年乡建设

地区名称	合计	房屋				
		小计	房地产开发	住宅	公共建筑	生产性建筑
上年	6645971	4867207	641521	2996893	1007145	863169
全国	7799565	6091686	583408	3637473	1675251	778961
北京	6825	1877	10	1807	70	
天津	1239					
河北	354724	305566	8486	183405	71720	50440
山西	159937	106986	6713	75310	18743	12933
内蒙古	41132	22118	675	10610	9214	2294
辽宁	58975	49922	20885	30919	1611	17392
吉林	44306	30106	70	4452	21134	4521
黑龙江	24389	9930	70	7355	2425	150
上海	734	225			225	
江苏	205261	164188	58795	127878	10366	25944
浙江	211618	122184	9208	61332	41964	18887
安徽	398660	273361	56982	189726	54159	29476
福建	383559	280058	174559	231339	29481	19238
江西	524175	375099	23839	243364	91790	39945
山东	514710	490132	74272	429654	26634	33845
河南	1091170	897964	68082	584913	191879	121172
湖北	253310	149709	7994	71085	54163	24460
湖南	309524	227393	9190	151979	53777	21637
广东	16812	9494		7321	1767	406
广西	181100	118761	6440	81087	23266	14409
海南	3883	1129		127	1002	
重庆	67723	39922	2291	29418	9423	1082
四川	360920	276776	28534	180459	82266	14051
贵州	301088	203850	5986	123839	68576	11436
云南	652748	492007	7357	338174	94479	59354
西藏	704032	664807	4437	66182	589286	9340
陕西	19730	16787	129	12458	3627	702
甘肃	287290	243417	250	32876	14395	196146
青海	67079	42896		26367	11432	5097
宁夏	68496	49435	357	29896	13670	5869
新疆	484416	425587	7796	304143	82706	38738

投资分省数据

表 17

计量单位：万元

				市政公用投资						
小计	供水	燃气	集中供热	道路桥梁	排水	污水处理	园林绿化	环境卫生	垃圾处理	其他
1778764	219531	44306	48980	570410	407958	297732	173838	209812	115494	103931
1707879	211354		42854	34807	546896	375867	272921	146160	228868	128337
4948	272		10	914	618	556	540	368	1581	441
1239			900	8		200	200		131	24
49159	3409		11369	4313	10062	5399	1716	4691	8459	3947
52950	3753		3570	7146	20989	6358	2547	4105	5325	2140
19014	4433		61	1196	4894	1265	652	2188	3394	2208
9053	962		6	664	2241	2871	2852	275	1727	1039
14200	2455		280	763	3558	2261	913	1091	2838	1489
14459	202			488	4668	1152	399	881	5576	3295
509					200	90	90	85	134	120
41072	3007		683		12983	6685	4709	5832	5522	2506
89435	15020		612		20415	11483	8327	15940	11958	5154
125299	15608		2449		27499	45750	35037	7301	16290	9844
103502	9096		193		41792	24661	19837	8276	14941	10338
149076	13508		808	8	47489	39062	28154	13214	21393	10638
24578	2681		1560	1638	6176	2244	960	3073	4003	1442
193206	19357		11178	5998	64925	27068	15752	28152	25008	11518
103602	7669		2444		37569	33717	28836	6436	9501	6593
82131	12358		1586	31	16530	29811	25999	4680	10823	6640
7318	207				2803	2913	2861	449	862	239
62339	24174		77		17824	6920	2665	4938	5663	4242
2755	69					2496	1578	35	155	16
27800	1694		1247	300	5311	12555	11672	1659	3470	1885
84143	4100		2165		32734	28907	23222	8695	5618	4118
97238	17496		177	102	27519	21959	17240	5996	12981	5577
160741	27282		35	20	74732	24840	17458	7185	18226	12628
39224	5929			1	2894	15855	4802	1669	1496	6626	5227
2942	153		45	17	530	658	512	216	670	384
43873	4538		116	2378	16264	12166	7319	1133	5318	3527
24184	504		7	545	12467	826	90	1795	6992	5407
19061	805		353	1894	3954	5681	3125	1243	1639	861
58829	10613		922	3491	14296	10511	5990	4732	12043	4850

【2020年镇乡级特殊区域市政公用设施水平分省数据】 2020年镇乡级特殊区域市政公用设施水平分省数据见表18。

2020年镇乡级特殊区域市政

地区名称	人口密度（人/平方公里）	人均日生活用水量（升）	供水普及率（％）	燃气普及率（％）	人均道路面积（平方米）	排水管道暗渠密度（公里/平方公里）
上年	3617	110.60	95.05	72.37	19.86	9.51
全国	3115	120.70	92.39	66.28	20.70	6.61
北京	3742	43.27	100.00	36.44	7.09	4.85
河北	2873	89.60	88.54	62.94	25.99	5.42
山西	3929	84.37	96.73		95.42	8.48
内蒙古	1508	81.63	73.01	4.35	58.83	2.59
辽宁	3149	77.50	73.08	49.24	21.15	3.92
吉林	5020	80.82	99.95	12.28	23.95	10.95
黑龙江	471	83.61	73.12	16.96	74.81	1.46
上海	2806	85.24	88.53	62.76	13.09	1.68
江苏	4525	92.31	98.57	84.89	20.38	11.10
安徽	7303	99.57	78.17	52.88	15.95	18.12
福建	5807	97.45	63.38	75.04	20.08	10.76
江西	3483	99.75	84.58	60.35	15.78	5.76
山东	1768	80.69	96.10	64.96	22.15	6.12
河南	2852	63.82	38.57	30.09	81.63	6.25
湖北	3072	124.76	93.13	72.72	26.32	9.51
湖南	5355	99.09	63.66	30.26	13.53	5.00
广东	2257	128.14	71.60	49.43	33.84	7.35
广西	2081	92.91	58.68	50.30	14.75	3.55
海南	5515	170.14	91.50	17.97	14.60	9.46
云南	4588	106.06	99.88	8.25	27.12	8.23
甘肃	3970	167.31	100.00		27.10	9.24
宁夏	4095	90.49	93.11	51.13	17.64	6.80
新疆	2817	98.69	96.24	34.52	53.03	32.14
新疆兵团	3301	130.88	97.16	77.24	17.43	6.16

公用设施水平分省数据　　　　　　　　　　　　　　　　　　　　　　　　　　　　　　　　　　　　表 18

污水处理率（%）	污水处理厂集中处理率	人均公园绿地面积（平方米）	绿化覆盖率（%）	绿地率（%）	生活垃圾处理率（%）	无害化处理率
62.97	55.91	5.14	21.00	15.46	89.62	57.90
63.14	50.40	3.86	20.23	14.51	84.35	47.48
			96.98	96.97	100.00	100.00
61.37	57.22	0.36	15.05	10.15	82.30	61.53
		5.54	10.15	3.63	39.82	34.60
		0.24	14.74	7.24	25.34	18.09
		0.69	11.58	7.80	65.82	49.68
		1.93	13.16	5.73	100.00	100.00
		8.50	15.00	3.90		
56.04	56.04	10.73	37.05	32.73	100.00	100.00
75.87	55.38	10.78	24.21	18.92	99.49	56.25
9.09	9.09	2.60	26.29	13.50	100.00	100.00
74.97	56.23	2.59	22.99	19.22	98.19	98.07
38.84	19.27	0.48	8.82	6.79	93.66	41.70
15.25	12.85	6.48	16.87	13.32	100.00	100.00
6.00	4.31	1.11	18.29	4.38	45.75	43.25
61.68	48.30	3.13	24.72	14.37	92.20	74.78
3.51		5.58	24.09	18.12	56.62	20.90
9.49	8.54	0.62	16.22	8.24	99.87	43.95
76.15	76.15		23.73	10.19	100.00	93.02
63.93	63.93	0.54	9.82	4.49	99.97	5.94
		0.74	9.14	6.76	56.88	23.65
93.33	93.33	11.45	33.33	29.55	100.00	100.00
21.91	12.51	0.90	17.27	13.22	81.55	63.66
81.98	0.84	0.59	19.38	10.25	65.87	31.13
75.34	70.30	4.42	21.16	16.36	85.11	41.96

【2020年镇乡级特殊区域基本情况分省数据】 2020年镇乡级特殊区域基本情况分省数据见表19。

2020年镇乡级特殊

地区名称	镇乡级特殊区域个数（个）	建成区面积（公顷）	建成区户籍人口（万人）	建成区常住人口（万人）
上年	462	81494.70	255.12	294.79
全国	447	72181.38	177.20	224.87
北京	1	132.00	0.35	0.49
河北	29	2624.14	7.71	7.54
山西	6	137.90	0.94	0.54
内蒙古	30	2591.10	3.77	3.91
辽宁	22	1314.49	4.23	4.14
吉林	5	112.30	0.62	0.56
黑龙江	38	3848.71	3.28	1.81
上海	2	2856.54	2.30	8.02
江苏	9	1087.05	4.57	4.92
安徽	13	743.45	4.68	5.43
福建	8	756.00	2.56	4.39
江西	24	2046.28	8.95	7.13
山东	6	2801.00	5.46	4.95
河南	3	480.00	1.05	1.37
湖北	25	3381.85	10.69	10.39
湖南	13	257.58	1.31	1.38
广东	9	570.30	1.45	1.29
广西	3	1148.63	0.80	2.39
海南	6	1758.63	2.39	9.70
云南	14	532.33	2.24	2.44
甘肃	1	6.60	0.03	0.03
宁夏	15	1165.90	4.75	4.77
新疆	27	1670.42	4.12	4.71
新疆兵团	138	40158.18	98.93	132.58

区域基本情况分省数据　　　　　　　　　　　　　　　　　　　　　　　　　　　　　　　　表 19

规划建设管理					
设有村镇建设管理机构的个数（个）	村镇建设管理人员（人）	专职人员	有总体规划的镇乡级特殊区域个数（个）	本年编制	本年规划编制投入（万元）
369	**2502**	**1380**	**325**	**15**	**4005.23**
350	**2475**	**1276**	**301**	**12**	**5334.08**
1	6		1	0	
22	49	44	15	1	99.00
2	2	1	0	0	0.00
27	93	79	22	0	10.00
21	35	30	15	0	1.60
4	5	5	2	0	0.00
17	24	13	5	0	0.00
2	15	15	2	0	
5	22	10	8	0	
10	188	114	9	0	0.00
6	11	7	8	0	24.00
22	113	47	22	1	89.50
6	21	19	6	1	20.00
3	10	7	2	0	0.00
24	150	70	23	1	287.00
9	15	12	4	0	
8	10	7	6	0	45.00
3	125	41	1	0	
4	7	3	2	0	
12	24	13	6	0	60.13
1	2	2	1	0	
14	79	62	12	0	23.00
19	29	16	18	0	12.00
108	1440	659	111	8	4662.85

【2020年镇乡级特殊区域建设投资分省数据】 2020年镇乡级特殊区域建设投资分省数据见表20。

2020年镇乡级特殊区

地区名称	合计	房屋				
		小计	房地产开发	住宅	公共建筑	生产性建筑
上年	1950117	1406530	694629	877276	234978	294276
全国	2133018	1732419	1121444	920698	464334	347387
北京	225					
河北	94143	47164	7850	9079	9725	28360
山西	100	100			100	
内蒙古	1502	1220		374	532	314
辽宁	1002	82		82		
吉林	6					
黑龙江	5741	500			500	
上海	997014	921256	708256	459616	248640	213000
江苏	6180	3820		2900	20	900
安徽	6533	4379		3325	605	449
福建	87079	77250	57500	58350	2500	16400
江西	31294	22217		14997	4900	2320
山东	75422	58279	14982	15847	3539	38893
河南	3795	2810	1700	2180	630	
湖北	32574	16999	3000	10112	4713	2174
湖南	1735	550		324	148	77
广东	653	198		143	55	
广西	5253	34		34		
海南	110776	109274	25057	21373	83601	4300
云南	13308	11439		1723	4420	5296
甘肃	434	348	348		348	
宁夏	4891	1421		736	684	
新疆	9975	6183	2860	5223	696	265
新疆生产建设兵团	643384	446897	299892	314280	97978	34640

数据统计与分析

域建设投资分省数据

表 20

计量单位：万元

				市政公用投资						
小计	供水	燃气	集中供热	道路桥梁	排水	污水处理	园林绿化	环境卫生	垃圾处理	其他
543588	17562	5955	30027	257243	72434	48727	40349	30809	16810	89208
400599	26069	7750	55105	137494	61273	43947	58155	30417	16212	24336
225	110							115	29	
46978	1737	868	5505	30483	4779	4665	2518	1052	758	36
282	43		28	10	12		46	142	75	
920	130		51	235	60		42	319	250	83
6							2	4		
5241	17			5058			18	143	15	5
75758	168	3290		41180	960		30060	100	60	
2360	116	28		456	458	300	185	430	201	687
2154	432	30		503	170		788	206	94	26
9829	112	20		7055	1558	1320	312	679	240	93
9077	539			4949	1484	1310	977	426	271	704
17143	342	126	106	11510	742	298	1538	2068	1005	711
985	50	40		580	100	40	80	105	35	30
15575	535	515		2937	7063	6013	1080	2239	1366	1207
1185	81	3		402	310	24	111	196	102	84
455	150			101				174	117	30
5219	32			5	5003	5003	16	164	114	
1502				181	1168	1168	15	130	122	8
1869	26			1135	237	12	148	278	176	45
86							39	25	25	23
3470	152		110	262	2085	2077	516	199	102	146
3792	643		205	735	605	5	546	1038	177	21
196486	20655	2830	49099	29719	34480	21713	19119	20186	10878	20398

【2020年村庄人口及面积分省数据】 2020年村庄人口及面积分省数据见表21。

2020年村庄人口

地区名称	村庄建设用地面积（公顷）	村庄户籍人口（万人）
上年	12923175.37	526826
全国	12731429.17	77671.33
北京	88177.61	327.94
天津	58983.87	237.40
河北	863843.24	4680.12
山西	377797.62	1944.89
内蒙古	260625.10	1338.46
辽宁	472831.53	1712.76
吉林	340545.72	1316.37
黑龙江	443088.74	1666.93
上海	60221.95	303.69
江苏	657329.06	3434.78
浙江	326545.17	2091.19
安徽	587131.51	4457.70
福建	261152.68	1971.82
江西	454085.29	3138.89
山东	1045519.46	5309.68
河南	997450.24	6709.28
湖北	507628.46	3320.27
湖南	665386.92	4296.39
广东	674636.04	4682.31
广西	504953.15	4105.96
海南	107547.94	552.69
重庆	203895.72	1894.43
四川	756175.62	5776.56
贵州	350586.65	2772.69
云南	502578.59	3434.38
西藏	93160.52	240.79
陕西	363669.81	2145.20
甘肃	328272.01	1881.87
青海	54986.05	367.88
宁夏	67128.14	371.98
新疆	230330.25	1101.10
新疆生产建设兵团	25164.51	84.94

及面积分省数据

表 21

村庄常住人口 （万人）	行政村个数 （个）	自然村个数 （个）
86790	138826	301210
67529.59	492995	2362908
470.85	3471	4552
238.69	2925	2947
4243.35	44432	66013
1677.07	21004	43305
1044.39	10994	50096
1576.10	10730	47489
1133.93	9100	39038
1290.93	8918	34491
444.23	1519	18911
3373.55	13632	121935
2155.19	16377	74292
3666.20	14794	180976
1663.79	13327	64147
2584.88	16905	157792
4882.89	63856	88863
5872.04	42069	183556
2783.21	22110	115574
3448.80	22159	111052
3975.16	18080	145285
3644.42	14174	167683
526.01	2746	18704
1274.45	8256	56787
4439.38	29347	147424
2277.37	14294	75135
3237.87	13646	130439
236.64	5142	18003
1911.94	16218	68685
1683.23	15918	83687
350.55	4133	10074
307.40	2253	13277
1056.98	8809	20940
58.09	1657	1756

【2020年村庄建设投资分省数据】2020年村庄建设投资分省数据见表22。

2020年村庄建

地区名称	合计	房屋				
		小计	房地产开发	住宅	公共建筑	生产性建筑
上年	101674952	70672743	7232984	55294616	7057018	8321108
全国	115034156	79133431	12240545	56696884	8559286	13877262
北京	756198	327131	3920	253964	70828	2339
天津	492572	110116	1590	51011	43590	15515
河北	3893362	2734970	310261	1697342	613711	423916
山西	2141388	1596587	381154	1337818	137087	121682
内蒙古	851374	594646	11680	450882	45635	98129
辽宁	779011	447020	16762	266581	22962	157477
吉林	848373	275696	1214	159674	53768	62253
黑龙江	463353	221351	14233	161138	7171	53042
上海	1019895	187977	54933	35530	151440	1006
江苏	6061322	3952015	504371	2639791	368643	943581
浙江	7039633	4943839	1877267	3551946	442051	949841
安徽	5516686	3749772	997806	3003276	360701	385796
福建	4028428	3008877	858189	2259615	316832	432430
江西	4286789	3181700	153934	2453207	511968	216524
山东	11107370	7068441	1893239	4977096	732718	1358627
河南	7358204	5707536	745421	4584536	521304	601696
湖北	3330097	2083459	152641	1398896	353028	331535
湖南	5572777	3580404	213294	2724105	411177	445122
广东	10607935	8081537	2269366	6355143	699650	1026745
广西	3769836	2556060	110783	2185215	197695	173150
海南	476698	295051	2977	262932	23115	9004
重庆	2061246	1120394	128640	944851	70537	105006
四川	8037609	5147554	384269	4122710	391134	633710
贵州	4119633	2518548	127928	1988511	293988	236048
云南	9130698	7030213	637054	5249542	871291	909381
西藏	3754811	3528247	19524	165394	191222	3171631
陕西	2021491	1264596	41400	891554	173482	199561
甘肃	1942356	1412343	136625	1046101	159716	206526
青海	208830	131462	2777	91090	22102	18270
宁夏	574403	382398	30951	263388	46058	72952
新疆	2186580	1528698	148149	1096118	231293	201287
新疆生产建设兵团	595198	364795	8195	27927	23388	313479

设投资分省数据　　　表22

计量单位：万元

市政公用投资										
小计	供水	燃气	集中供热	道路桥梁	排水	污水处理	园林绿化	环境卫生	垃圾处理	其他
31002210	4680225	1422571	413491	12646593	4613981	2756859	2094851	3431290	1731137	1699207
35900725	4022320	1806222	355332	15560876	5439444	3524426	2050536	4803526	2776661	1862469
429067	28083	2227	5851	53066	62186	35373	167012	103275	30809	7367
382456	80366	29107	15488	52859	145581	56321	17174	34349	13117	7531
1158393	78430	428139	54413	304039	78068	45494	55691	143389	82276	16223
544801	40744	73172	65163	212855	34479	11403	29416	77133	24996	11839
256727	39370	6859	11505	94325	33955	13669	22183	37155	23152	11376
331991	33505	3640	9171	167827	34230	25014	11867	62139	40153	9613
572676	159212	1275	822	245995	44755	18298	20595	81260	37470	18762
242002	24121	3077	416	101831	22527	14715	8581	55150	34846	26299
831919	6010	11608	0	129080	457398	354616	41757	50248	19004	135819
2109307	161807	52933	520	617139	572214	427025	201927	358477	152370	144289
2095794	287879	32943	656	791638	328694	204994	181045	259438	132962	213502
1766914	226838	24436	711	897504	232816	130068	99011	210180	114043	75419
1019551	90445	11935	10	391976	238609	169074	95619	132085	86344	58871
1105090	118614	9640	431	491036	162271	70771	74671	138779	75444	109649
4038929	382838	542581	122311	1664111	354701	212178	335447	445868	219291	191072
1650668	174386	248515	11722	590093	234041	125515	153696	188647	95496	49569
1246639	167417	25822	163	520071	188018	93169	97786	142255	80626	105107
1992373	176052	16043	192	1403171	135512	67827	52967	131687	79466	76749
2526397	291400	22689	28010	758515	1015698	842757	80874	233383	126923	95828
1213776	196932	4224	44	769672	98161	39403	15126	86136	62096	43481
181647	15918	5433	0	72028	50777	33808	6863	24814	10991	5813
940852	81899	28408	24	525887	90499	66385	23371	124925	99120	65840
2890056	198126	114163	0	2068797	233798	150489	40427	135875	79923	98869
1601086	210143	15648	185	797689	112565	57476	18896	396731	242859	49229
2100485	267910	3033	100	696246	169882	115370	55603	850208	669430	57504
226564	19917	439	445	180074	8973	4126	5121	5771	4690	5824
756895	154354	64264	5445	264069	73140	19513	66587	92293	43290	36743
530013	75696	1620	6415	220194	55157	29552	18513	65298	37035	87119
77368	6285	1474	15	36491	11782	7332	3485	13358	6275	4478
192006	17290	2080	1389	63414	44305	34665	13081	30802	10961	19644
657882	167086	15621	13195	270513	82048	37958	21383	75092	35876	12944
230403	43246	3176	520	108670	32604	10066	14762	17329	5329	10096

2020年建筑业发展统计分析

2020年全国建筑业基本情况

2020年,面对严峻复杂的国内外环境特别是新冠肺炎疫情的严重冲击,在以习近平同志为核心的党中央坚强领导下,我国建筑业攻坚克难,率先复工复产,为快速有效防控疫情提供了强大的基础设施保障,为全国人民打赢疫情防控阻击战做出了重大贡献,保证了发展质量和效益的不断提高。全国建筑业企业(指具有资质等级的总承包和专业承包建筑业企业,不含劳务分包建筑业企业,下同)完成建筑业总产值263947.04亿元,同比增长6.24%;完成竣工产值122156.77亿元,同比下降1.35%;签订合同总额595576.76亿元,同比增长9.27%,其中新签合同额325174.42亿元,同比增长12.43%;房屋施工面积149.47亿平方米,同比增长3.68%;房屋竣工面积38.48亿平方米,同比下降4.37%;实现利润8303亿元,同比增长0.30%。截至2020年底,全国有施工活动的建筑业企业116716个,同比增长12.43%;从业人数5366.92万人,同比下降1.11%;按建筑业总产值计算的劳动生产率为422906元/人,同比增长5.82%。

【建筑业增加值增速高于国内生产总值增速　支柱产业地位稳固】经初步核算,2020年全年国内生产总值1015986亿元,比上年增长2.3%(按不变价格计算)。全年全社会建筑业实现增加值72996亿元,比上年增长3.5%,增速高于国内生产总值1.2个百分点(参见图6)。

自2011年以来,建筑业增加值占国内生产总值的比例始终保持在6.75%以上。2020年再创历史新高,达到了7.18%,在2015年、2016年连续两年下降后连续四年保持增长(参见图7),建筑业国民经济支柱产业的地位稳固。

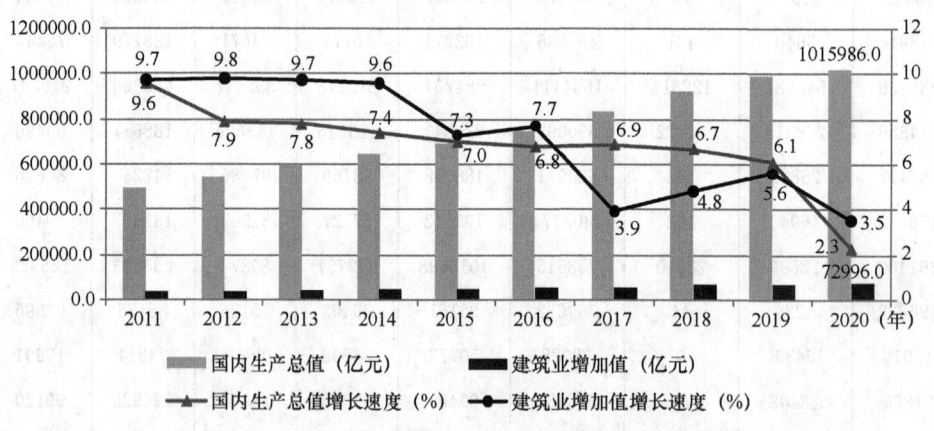

图6　2011~2020年国内生产总值、建筑业增加值及增速

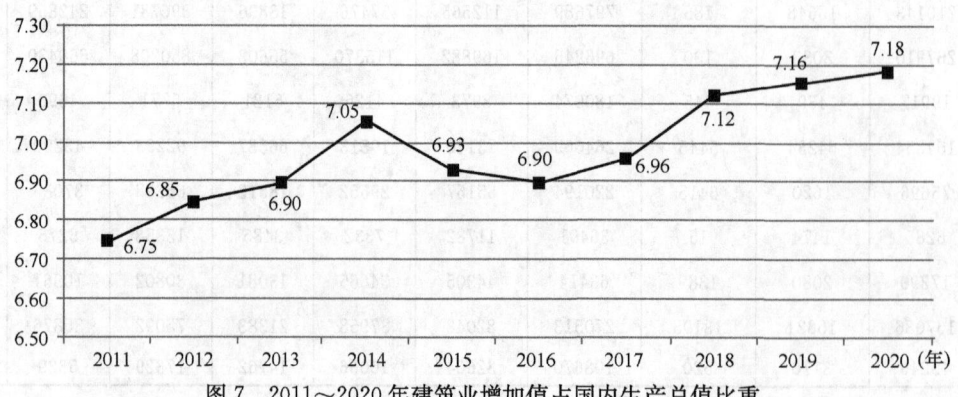

图7　2011~2020年建筑业增加值占国内生产总值比重

【建筑业总产值持续增长 增速由降转升】近年来，随着我国建筑业企业生产和经营规模的不断扩大，建筑业总产值持续增长，2020年达到263947.04亿元，比上年增长6.24%。建筑业总产值增速比上年提高了0.56个百分点，在连续两年下降后出现增长（参见图8）。

【建筑业从业人数减少但企业数量增加 劳动生产率再创新高】2020年，建筑业从业人数5366.92万人，连续两年减少。2020年比上年末减少60.45万人，减少1.11%（参见图9）。

截至2020年年底，全国共有建筑业企业116716个，比上年增加12902个，增速为12.43%，比上年增加了3.61个百分点，增速连续五年增加并达到近十年最高点（参见图10）。国有及国有控股建筑业企业7190个，比上年增加263个，占建筑业企业总数的6.16%，比上年下降0.51个百分点。

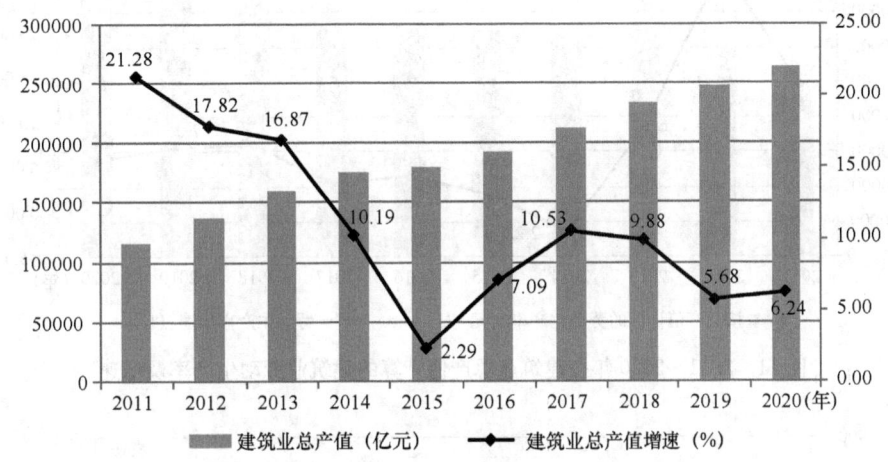

图8 2011～2020年全国建筑业总产值及增速

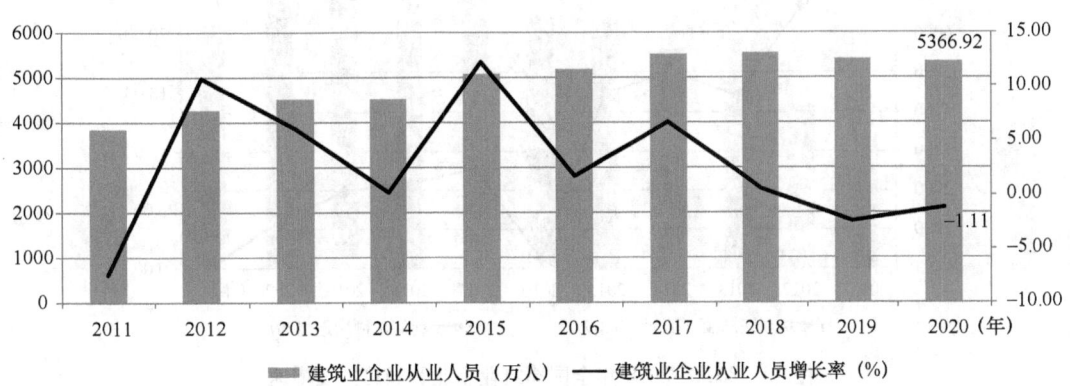

图9 2011～2020年建筑业从业人数增长情况

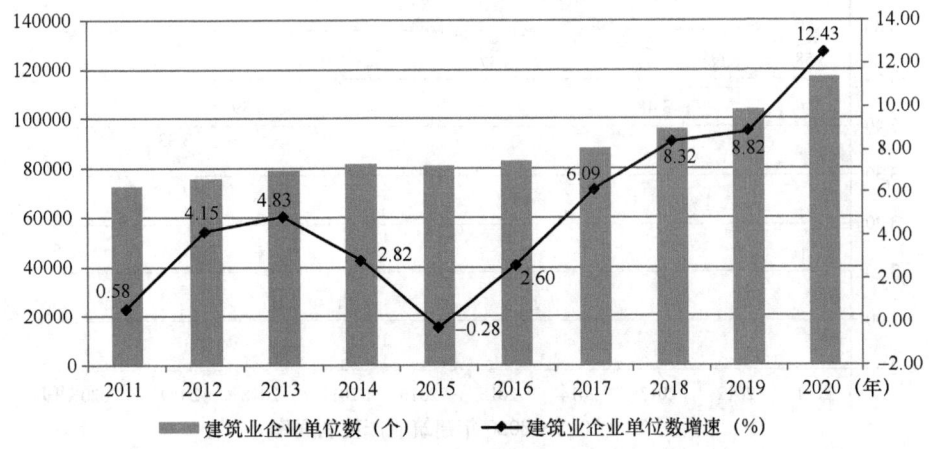

图10 2011～2020建筑业企业数量及增速

2020年，按建筑业总产值计算的劳动生产率再创新高，达到422906元/人，比上年增长5.82%，增速比上年降低1.27个百分点（参见图11）。

【建筑业企业利润总量增速继续放缓　行业产值利润率连续四年下降】2020年，全国建筑业企业实现利润8303亿元，比上年增加23.45亿元，增速为0.28%，增速比上年降低2.63个百分点（参见图12）。

近10年来，建筑业产值利润率（利润总额与总产值之比）一直在3.5%上下徘徊。2020年，建筑业产值利润率为3.15%，比上年降低了0.18个百分点，连续四年下降（参见图13）。

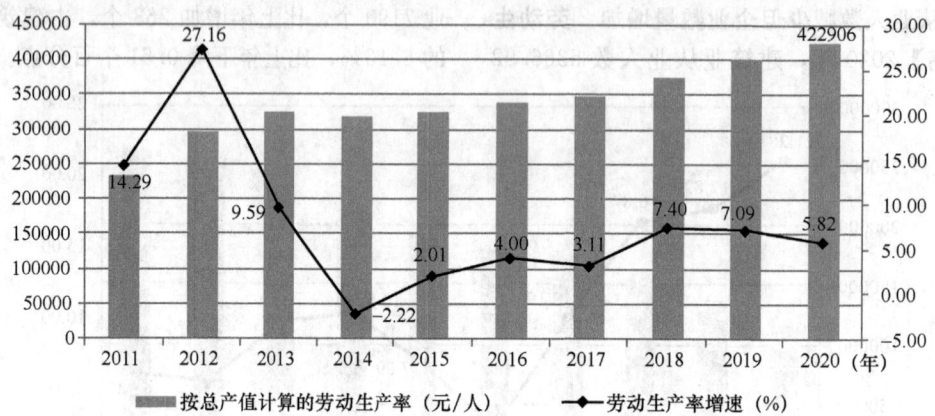

图11　2011～2020年按建筑业总产值计算的建筑业劳动生产率及增速

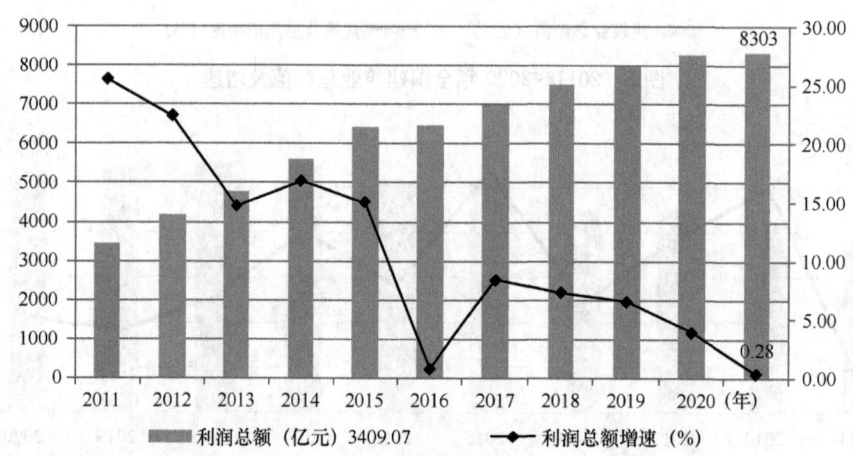

图12　2011～2020年全国建筑业企业利润总额及增速

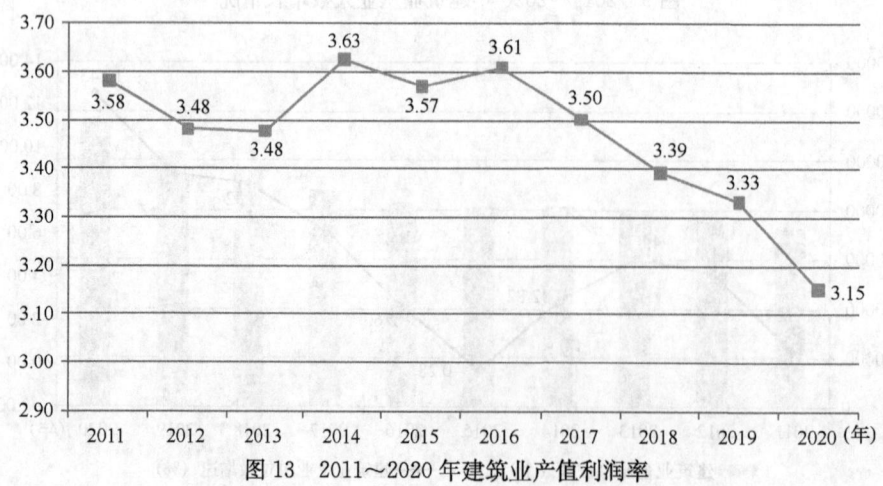

图13　2011～2020年建筑业产值利润率

【建筑业企业签订合同总额增速持续放缓　新签合同额增速转降为升】2020年，全国建筑业企业签订合同总额595576.76亿元，比上年增长9.27%，增速比上年下降0.97个百分点。其中，本年新签合同额325174.42亿元，比上年增长了12.43%，增速比上年增长6.42个百分点，在连续两年下降后转降为升（参见图14）。本年新签合同额占签订合同总额比例为54.60%，比上年增长了1.53个百分点（参见图15）。

【房屋施工面积增速加快　竣工面积连续四年下降　住宅竣工面积占房屋竣工面积近七成】2020年，全国建筑业企业房屋施工面积149.47亿平方米，比上年增长3.68%，增速比上年提高了1.36个百分点。竣工面积38.48亿平方米，连续四年下降，比上年下降4.37%（参见图16）。

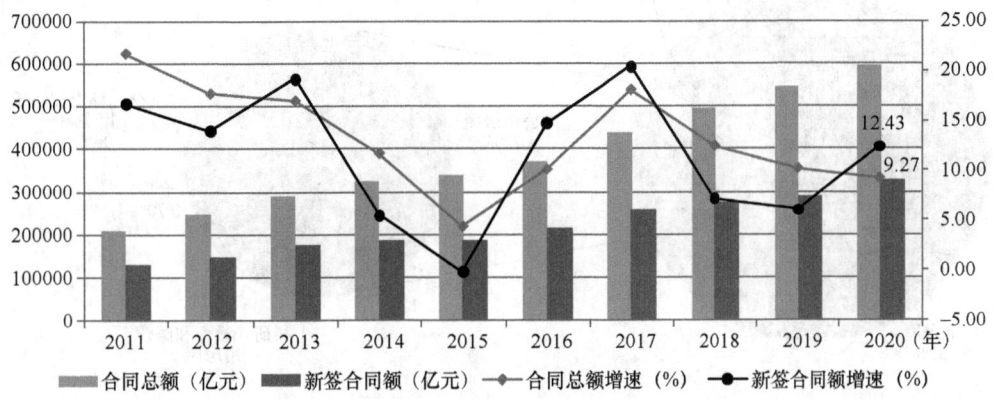

图14　2011~2020年全国建筑业企业签订合同总额、新签合同额及增速

图15　2011~2020年全国建筑业企业新签合同额占合同总额比例（%）

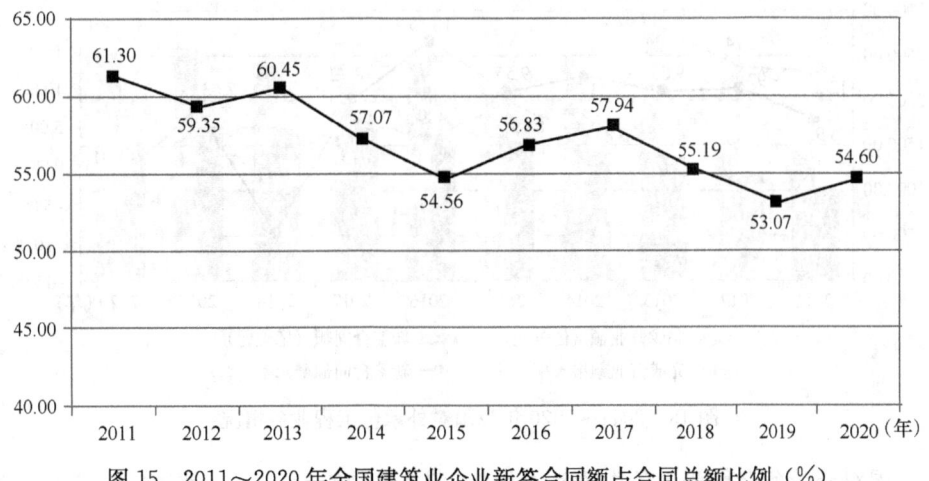

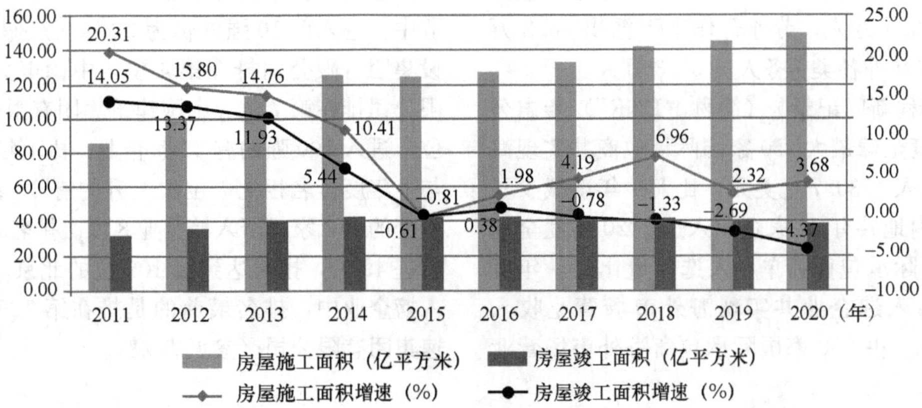

图16　2011~2020年建筑业企业房屋施工面积、竣工面积及增速

从全国建筑业企业房屋竣工面积构成情况看,住宅竣工面积占最大比重,为67.32%;厂房及建筑物竣工面积占12.60%;商业及服务用房竣工面积占6.68%;其他种类房屋竣工面积占比均在5%以下(参见图17)。

全年全国各类棚户区改造开工209万套,基本建成203万套。全面完成74.21万户建档立卡贫困户脱贫攻坚农村危房改造扫尾工程任务。

【对外承包工程完成营业额、新签合同额总量和增速双双下降】2020年,我国对外承包工程业务完成营业额1559.4亿美元,比上年下降9.8%。新签合同额2555.4亿美元,比上年下降1.8%(参见图18)。

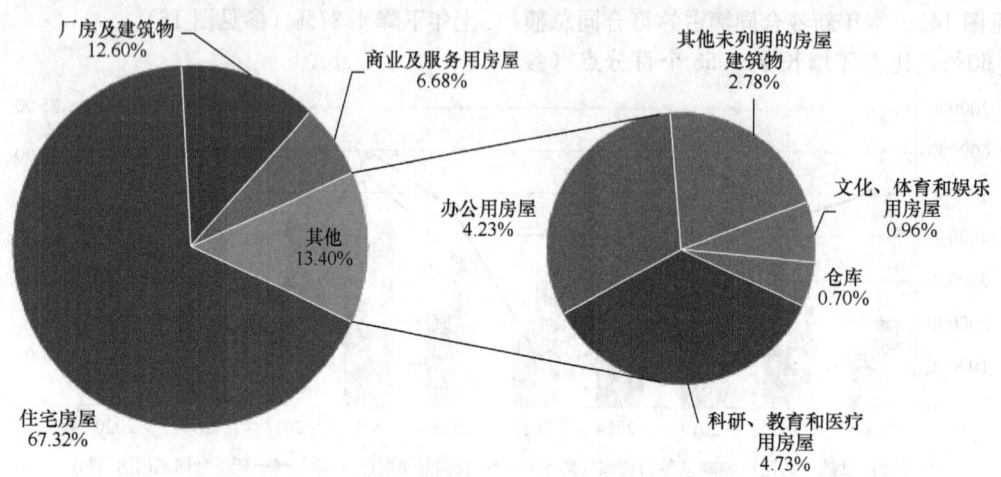

图17 2020年全国建筑业企业房屋竣工面积构成

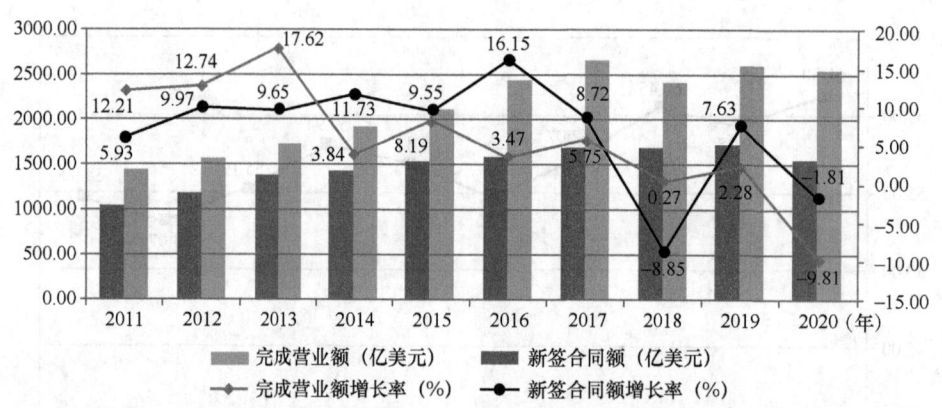

图18 2011~2020年我国对外承包工程业务情况

2020年,我国对外劳务合作派出各类劳务人员30.1万人,较上年同期减少18.6万人;其中承包工程项下派出13.9万人,劳务合作项下派出16.2万人。2020年末在外各类劳务人员62.3万人。

美国《工程新闻记录》(简称"ENR")杂志公布的2020年度全球最大250家国际承包商共实现海外市场营业收入4730.7亿美元,比上一年度减少了2.9%。我国内地共有74家企业入选2020年度全球最大250家国际承包商榜单,入选数量比上一年度减少了2家。入选企业共实现海外市场营业收入1200.1亿美元,占250家国际承包商海外市场营业收入总额的25.4%,比上年提高1.0个百分点。

从进入榜单企业的排名分布来看,74家内地企业中,进入前10强的仍为3家,分别是中国交通建设集团有限公司排在第4位,中国电力建设集团有限公司排在第7位,中国建筑集团有限公司排在第8位。进入100强的有25家企业,比上年度减少2家。与上年度排名相比,位次上升的有37家,排名保持不变的有2家,新入榜企业8家。排名升幅最大的是前进49位,排名达到第105位的北京城建集团。新入榜企业中,排名最前的是排在第139位的山东高速集团有限公司(参见表23)。

2020年度 ENR 全球最大 250 家国际承包商中的中国内地企业

表 23

序号	公司名称	排名 2020	排名 2019	海外市场收入（百万美元）
1	中国交通建设集团有限公司	4	3	23303.8
2	中国电力建设集团有限公司	7	7	14715.9
3	中国建筑集团有限公司	8	9	14143.3
4	中国铁道建筑有限公司	12	14	8205.0
5	中国铁路工程集团有限公司	13	18	6571.7
6	中国能源建设集团有限公司	15	23	5325.2
7	中国化学工程集团有限公司	22	29	4478.3
8	中国机械工业集团公司	25	19	4313.5
9	中国石油工程建设（集团）公司	34	43	3337.1
10	中国冶金科工集团有限公司	41	44	2851.2
11	中国中材国际工程股份有限公司	54	51	1903.2
12	青建集团股份公司	58	56	1745.2
13	中信建设有限责任公司	62	54	1552.8
14	中国中原对外工程有限公司	63	75	1525.5
15	中国石化工程建设有限公司	70	65	1407.5
16	中国通用技术（集团）控股有限责任公司	73	74	1246.8
17	中国江西国际经济技术合作公司	81	93	1016.1
18	浙江省建设投资集团有限公司	82	89	999.8
19	江西中煤建设集团有限公司	85	99	987.8
20	北方国际合作股份有限公司	90	97	887.0
21	特变电工股份有限公司	93	80	803.2
22	哈尔滨电气国际工程有限公司	95	81	750.4
23	中国地质工程集团公司	96	108	738.1
24	中国水利电力对外公司	97	78	737.0
25	江苏省建筑工程集团有限公司	99	122	676.7
26	上海建工集团	101	111	663.6
27	北京城建集团	105	154	607.6
28	云南建工集团有限公司	106	121	600.6
29	中国河南国际合作集团有限公司	107	116	593.3
30	中原石油工程有限公司	110	117	573.5
31	中国电力技术装备有限公司	111	101	572.3
32	北京建工集团有限责任公司	117	120	530.7
33	中国江苏国际经济技术合作公司	120	130	523.9
34	江苏南通三建集团股份有限公司	122	133	517.7
35	东方电气股份有限公司	123	83	513.0
36	安徽省外经建设（集团）有限公司	126	166	499.0
37	中国航空技术国际工程有限公司	127	100	498.2
38	中国有色金属建设股份有限公司	133	86	473.2
39	中地海外集团有限公司	136	115	456.7

续表

序号	公司名称	排名 2020	排名 2019	海外市场收入（百万美元）
40	中国武夷实业股份有限公司	138	132	423.0
41	山东高速集团有限公司	139	**	420.1
42	中国凯盛国际工程有限公司	140	143	405.6
43	江西水利水电建设有限公司	143	158	385.8
44	中鼎国际工程有限责任公司	144	144	385.2
45	中钢设备有限公司	145	107	379.6
46	烟建集团有限公司	146	138	377.3
47	中国成套设备进出口（集团）总公司	148	145	375.4
48	龙建路桥股份有限公司	150	**	364.9
49	沈阳远大铝业工程有限公司	154	153	336.0
50	上海电气集团股份有限公司	160	**	304.6
51	天元建设集团有限公司	167	**	273.1
52	新疆兵团建设工程（集团）有限责任公司	168	109	272.7
53	江联重工集团股份有限公司	177	198	214.1
54	安徽建工集团有限公司	178	180	212.5
55	上海城建（集团）公司	185	155	201.4
56	山西建设投资集团有限公司	186	214	196.8
57	山东淄建集团有限公司	187	200	195.0
58	山东德建集团有限公司	188	185	190.5
59	湖南建工集团有限公司	191	**	185.6
60	龙信建设集团有限公司	194	202	183.7
61	浙江省东阳第三建筑工程有限公司	198	194	171.5
62	浙江省交通工程建设集团有限公司	201	204	164.7
63	山东科瑞石油装备有限公司	202	207	159.0
64	中国甘肃国际经济技术合作总公司	204	213	154.6
65	南通建工集团股份有限公司	205	199	154.4
66	重庆对外建设（集团）有限公司	207	196	152.8
67	江西省建工集团有限责任公司	208	**	151.6
68	四川公路桥梁建设集团有限公司	210	246	149.3
69	中机国能电力工程有限公司	215	226	143.6
70	湖南路桥建设集团有限责任公司	221	232	129.4
71	南通四建集团有限公司	232	**	95.4
72	中铝国际工程股份有限公司	233	209	93.1
73	江苏中南建筑产业集团有限责任公司	240	212	79.2
74	河北建工集团有限责任公司	241	**	79.0

＊＊表示未进入2019年度250强排行榜。

2020年全国建筑业发展特点

【**江苏建筑业总产值以绝对优势领跑全国 藏、疆增速较快**】2020年，江苏建筑业总产值超过3.5万亿元，达到35251.64亿元，以绝对优势继续领跑全国。浙江建筑业总产值仍位居第二，为20938.61

亿元,比上年微增,但增幅仍低于江苏,与江苏的差距进一步拉大。两省建筑业总产值共占全国建筑业总产值的21.29%。

除苏、浙两省外,总产值超过1万亿元的还有广东、湖北、四川、山东、福建、河南、北京和湖南8个省市,上述10个地区完成的建筑业总产值占全国建筑业总产值的65.67%(参见图19)。

从各地区建筑业总产值增长情况看,除湖北外,各地建筑业总产值均保持增长,12个地区的增速高于上年。西藏、新疆、青海、广东和安徽分别以33.78%、18.29%、11.18%、10.80%和10.14%的增速位居前五位(参见图20)。

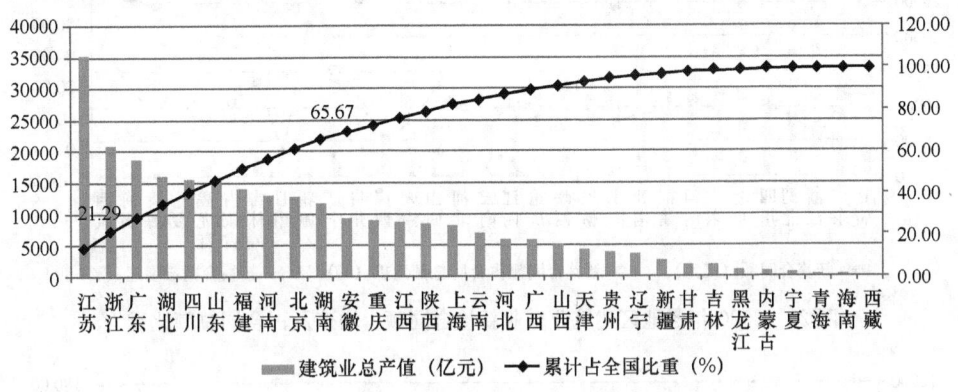

图19　2020年全国各地区建筑业总产值排序

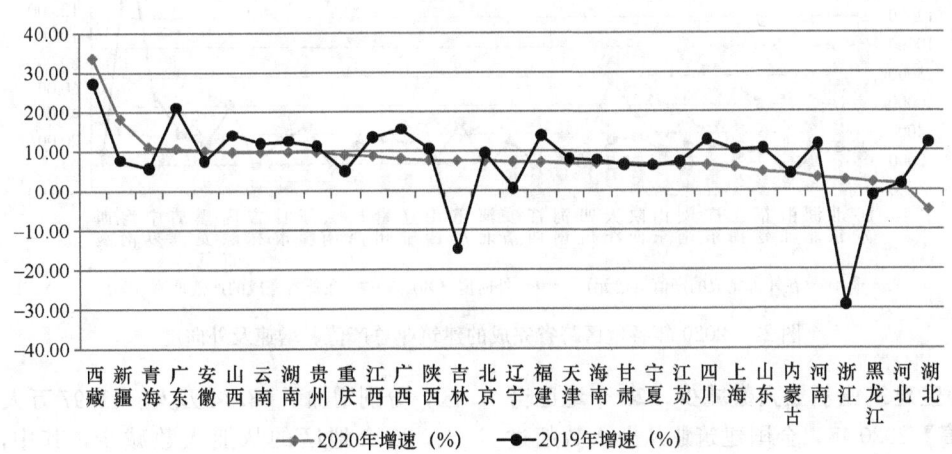

图20　2019~2020年各地区建筑业总产值增速

【除甘肃外各地新签合同额均保持增长　江苏首次突破3万亿】 2020年,全国建筑业企业新签合同额325174.42亿元,比上年增长12.43%,增速较上年增长了6.42个百分点。江苏建筑业企业新签合同额以较大优势占据首位,达到34603.86亿元,比上年增长了16.16%,占签订合同额总量的59.61%。新签合同额超过1万亿元的还有广东、浙江、湖北、四川、北京、山东、河南、福建、湖南、上海、安徽、陕西12个地区。新签合同额增速超过15%的有新疆、安徽、西藏、宁夏、辽宁、吉林、山西、海南、陕西、江苏、广东11个地区,甘肃新签合同额出现负增长(参见图21)。

【27个地区跨省完成建筑业产值保持增长　海南增速最快】 2020年,各地区跨省完成的建筑业产值91070.71亿元,比上年增长9.15%,增速同比增加7.59个百分点。跨省完成建筑业产值占全国建筑业总产值的34.50%,比上年增加0.92个百分点。

跨省完成的建筑业产值排名前两位的仍然是江苏和北京,分别为16538.26亿元、9771.73亿元。两地区跨省产值之和占全部跨省产值的比重为28.89%。湖北、浙江、福建、上海、广东、湖南、山东和陕西8个地区,跨省完成的建筑业产值均超过3000亿元。从增速上看,海南以167.86%的增速领跑全国,宁夏、内蒙古、重庆、新疆、青海、贵州、甘肃、陕西和天津9个地区均超过20%。浙江、云南、四川和河北4个地区出现负增长。

从外向度(即本地区在外省完成的建筑业产值占本地区建筑业总产值的比例)来看,排在前三位的地区是北京、天津、上海，分别为75.72%、65.52%和59.39%。外向度超过30%的还有江苏、福建、青海、湖北、陕西、河北、湖南、山西、浙江、辽宁和江西11个地区。浙江、江西、山西、四川、吉林、云南、河北和西藏8个地区外向度出现负增长（参见图22）。

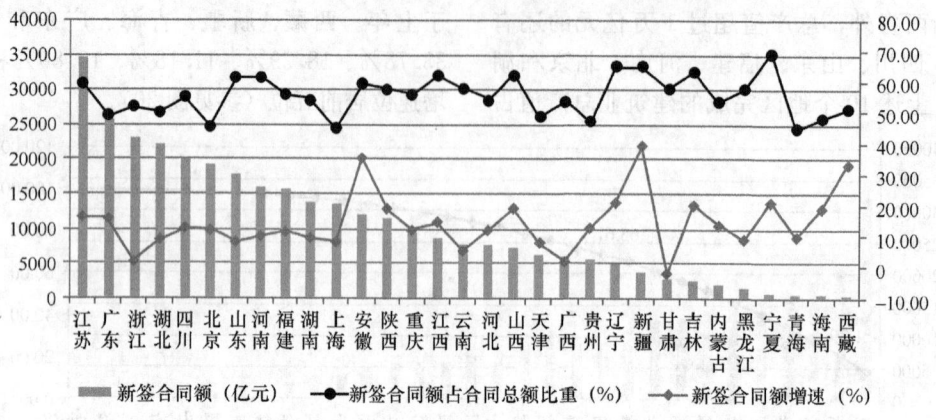

图21　2020年各地区建筑业企业新签合同额、增速及占合同总额比重

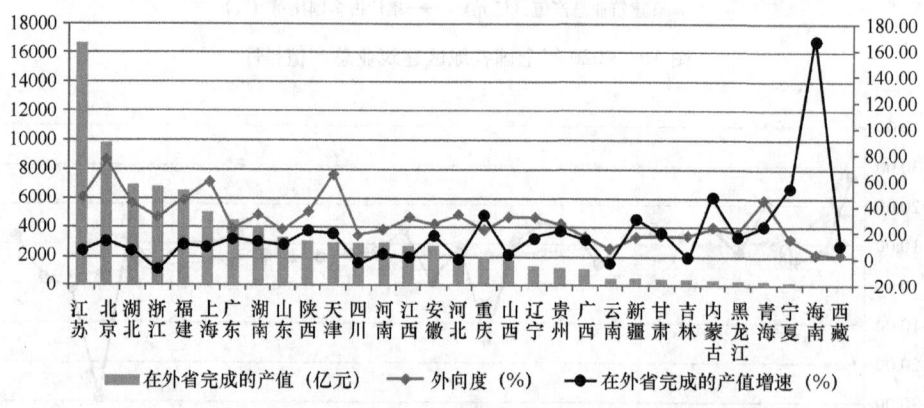

图22　2020年各地区跨省完成的建筑业总产值、增速及外向度

【20个地区建筑业从业人数减少　28个地区劳动生产率提高】2020年，全国建筑业从业人数超过百万的地区共15个，与上年持平。江苏从业人数位居首位，达到855万人。浙江、福建、四川、广东、河南、湖南、山东、湖北、重庆和安徽10个地区从业人数均超过200万人。

与上年相比，11个地区的从业人数增加，其中，增加人数超过20万人的有江苏、四川、福建3个地区，分别增加了53.74万人、41.97万人和26.47万人；20个地区的从业人数减少，其中，浙江减少58.94万人、山东减少37.69万人、湖北减少26.59万人。四川、西藏从业人数增速超过10%，分别为11.95%和10.32%；天津、吉林、黑龙江、内蒙古、山东、广西、湖北和青海8个地区的从业人数降幅均超过10%（参见图23）。

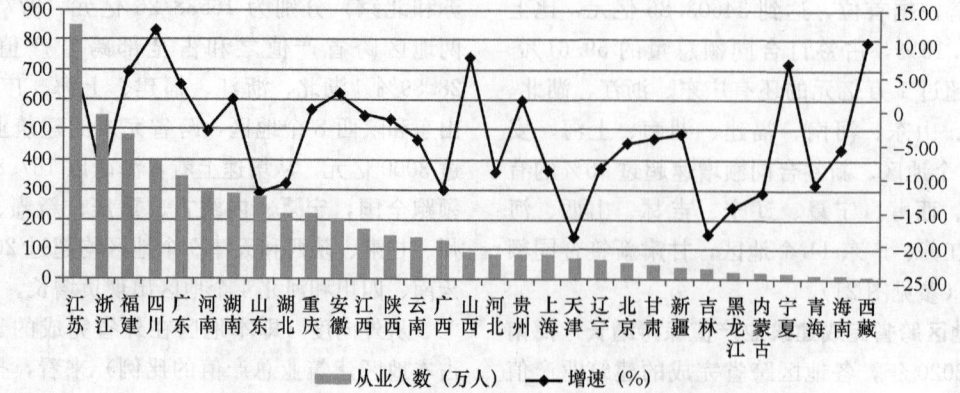

图23　2020年各地区建筑业从业人数及其增长情况

2020年，按建筑业总产值计算的劳动生产率排序前三位的地区是湖北、上海和北京。湖北为752086元/人，比上年增长11.29%；上海为667640元/人，比上年增长7.92%；北京为604213元/人，比上年增长4.90%。除天津、四川、江苏外，各地区劳动生产率均有所提高，增速超过15%的是西藏、江西、吉林、辽宁、青海、山东和内蒙古等7个地区（参见图24）。

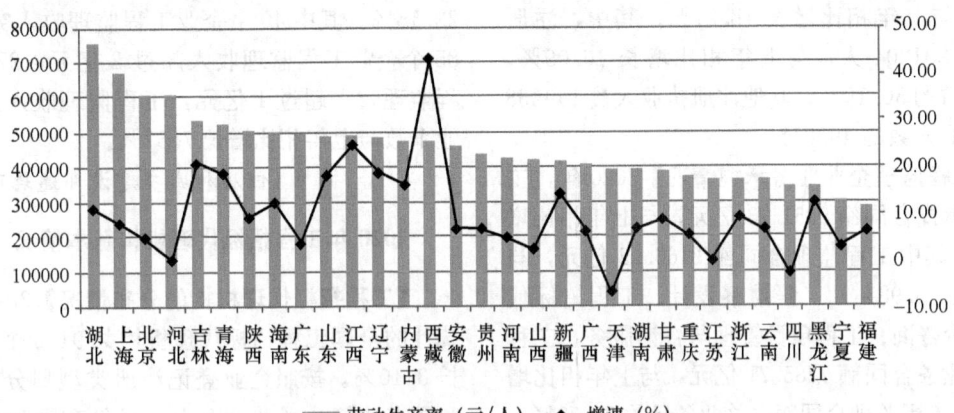

图24 2020年各地区建筑业劳动生产率及其增长情况

（中国建筑业协会 哈尔滨工业大学 赵峰 王要武 金玲 李晓东）

2020年建设工程监理行业基本情况

【建设工程监理企业的分布情况】2020年，全国共有9900个建设工程监理企业参加了统计，与上年相比增长16.9%。其中，综合资质企业246个，增长17.14%；甲级资质企业4036个，增长7.34%；乙级资质企业4542个，增长27.44%；丙级资质企业1074个，增长15.11%；事务所资质企业2个，无增减。具体分布如表24~表26所示。

2020年全国建设工程监理企业按地区分布情况 表24

地区名称	北京	天津	河北	山西	内蒙古	辽宁	吉林	黑龙江	上海	江苏	浙江	安徽	福建	江西	山东	河南
企业个数	328	127	313	223	127	289	194	194	239	814	664	621	816	219	590	380
地区名称	湖北	湖南	广东	广西	海南	重庆	四川	贵州	云南	西藏	陕西	甘肃	青海	宁夏	新疆	合计
企业个数	302	294	629	246	79	146	559	167	194	104	550	211	89	75	117	9900

2020年全国建设工程监理企业按工商登记类型分布情况 表25

工商登记类型	国有企业	集体企业	股份合作	有限责任	股份有限	私营企业	其他类型
企业个数	649	38	41	3966	657	4339	210

2020年全国建设工程监理企业按专业工程类别分布情况 表26

资质类别	综合资质	房屋建筑工程	冶炼工程	矿山工程	化工石油工程	水利水电工程	电力工程	农林工程
企业个数	246	7658	25	37	151	122	415	18
资质类别	铁路工程	公路工程	港口与航道工程	航天航空工程	通信工程	市政公用工程	机电安装工程	事务所资质
企业个数	58	85	7	8	50	1008	10	2

注：本统计涉及专业资质工程类别的统计数据，均按主营业务划分。

【建设工程监理企业从业人员情况】2020年，工程监理企业年末从业人员1393595人，与上年相比增长7.55%。其中，正式聘用人员963975人，占年末从业人员总数的69.17%；临时聘用人员429620人，占年末从业人员总数的30.83%；工程监理从业人员为838006人，占年末从业总数的60.13%。

2020年，工程监理企业年末专业技术人员1015979人，与上年相比增长4.77%。其中，高级职称人员164237人，中级职称人员428100人，初级职称人员227589人，其他人员196053人。专业技术人员占年末从业人员总数的72.9%。

2020年，工程监理企业年末注册执业人员400872人，与上年相比增长18.97%。其中，注册监理工程师201204人，与上年相比增长16.09%，占总注册人数的50.19%；其他注册执业人员199668人，占总注册人数的49.81%。

【建设工程监理企业业务承揽情况】2020年，工程监理企业承揽合同额9951.73亿元，与上年相比增长17.07%。其中工程监理合同额2166.02亿元，与上年相比增长8.98%；工程勘察设计、工程招标代理、工程造价咨询、工程项目管理与咨询服务、工程施工及其他业务合同额7785.71亿元，与上年相比增长19.53%。工程监理合同额占总业务量的21.77%。

【建设工程监理企业财务收入情况】2020年，工程监理企业全年营业收入7178.16亿元，与上年相比增长19.75%。其中工程监理收入1590.76亿元，与上年相比增长7.04%；工程勘察设计、工程招标代理、工程造价咨询、工程项目管理与咨询服务、工程施工及其他业务收入5587.4亿元，与上年相比增长23.93%。工程监理收入占总营业收入的22.16%。其中40个企业工程监理收入突破3亿元，85个企业工程监理收入超过2亿元，270个企业工程监理收入超过1亿元，工程监理收入过亿元的企业个数与上年相比增长7.57%。

（住房和城乡建设部建筑市场监管司）

2020年工程招标代理机构基本情况

【工程招标代理机构的分布情况】2020年度参加统计的全国工程招标代理机构共9106个，比上年增长3.10%。按照企业登记注册类型划分，国有企业和国有独资公司共298个，股份有限公司和其他有限责任公司共3768个，私营企业4742个，港澳台投资企业1个，外商投资企业1个，其他企业296个。具体分布如表27、表28所示。

2020年全国工程招标代理机构地区分布情况 表27

地区名称	北京	天津	河北	山西	内蒙古	辽宁	吉林	黑龙江	上海	江苏	浙江	安徽	福建	江西	山东	河南
企业个数	248	114	434	276	144	399	308	142	166	459	311	376	399	223	761	510
地区名称	湖北	湖南	广东	广西	海南	重庆	四川	贵州	云南	西藏	陕西	甘肃	青海	宁夏	新疆	
企业个数	139	260	507	291	108	34	450	76	534	15	210	379	230	227	376	

2020年全国工程招标代理机构拥有相关资质数量情况 表28

相关资质	工程监理资质	工程造价咨询资质	工程设计资质
企业数量	1749	3212	226

【工程招标代理机构的人员情况】2020年年末工程招标代理机构从业人员合计620041人，比上年减少1.23%。其中，正式聘用人员563124人，占年末从业人员总数的90.82%；临时工作人员56917人，占年末从业人员总数的9.18%；招标代理人员96667人，占年末从业人员总数的15.59%。

2020年年末工程招标代理机构正式聘用人员中专业技术人员合计456545人，比上年减少3.8%。其中，高级职称人员69324人，中级职称184258人，初级职称100507人，其他人员102456人。专业技术人员占年末正式聘用人员总数的73.63%。

2020年年末工程招标代理机构正式聘用人员中注册执业人员合计183241人，比上年增长2.97%。其中，注册造价工程师53603人，占总注册人数的29.25%；注册建筑师1661人，占总注册人数的0.91%；注册工程师3622人，占总注册人数的1.98%；注册建造师36212人，占总注册人数的19.76%；注册监理工程师67082人，占总注册人数的36.61%；其他注册执业人员21061人，占总注册人数的11.49%。

【工程招标代理机构的业务情况】2020年度工程招标代理机构工程招标代理中标金额104750.01亿元，比上年减少4.86%。其中，房屋建筑和市政基础设施工程招标代理中标金额80444.98亿元，比上年减少2.13%，占工程招标代理中标金额的76.8%；招标人为政府和国有企事业单位工程招标代理中标金额86492.5亿元，比上年减少1.91%，占工程招标代理中标总金额的82.57%。

2020年度工程招标代理机构承揽合同约定酬金合计2957.01亿元，比上年减少25.36%。其中，工程招标代理承揽合同约定酬金为250.77亿元，比上年减少27.83%，占总承揽合同约定酬金的8.48%；

工程监理承揽合同约定酬金为688.54亿元，比上年减少63.27%，占总承揽合同约定酬金的23.29%；工程造价咨询承揽合同约定酬金为642.81亿元，比上年增长10.59%，占总承揽合同约定酬金的21.74%；项目管理与咨询服务承揽合同约定酬金为287.67亿元，比上年增加13.50%，占总承揽合同约定酬金的9.73%；其他业务承揽合同约定酬金为1087.22亿元，比上年增加20.17%，占总承揽合同约定酬金的36.77%。

【工程招标代理机构的财务情况】2020年度工程招标代理机构的营业收入总额为4275.33亿元，比上年增加4.01%。其中，工程招标代理收入264.99亿元，比上年减少9.61%，占营业收入总额的6.2%；工程监理收入736.69亿元，比上年增加33.43%，占营业收入总额的17.23%；工程造价咨询收入533.32亿元，比上年减少28.39%，占营业收入总额12.47%；工程项目管理与咨询服务收入356.10亿元，比上年增长67.69%；占营业收入总额的8.33%；其他收入2384.22亿元，比上年增加3.3%，占营业收入总额的55.77%。

2020年度工程招标代理机构的营业利润合计234.25亿元，利润总额合计256.35亿元，所得税合计53.98亿元，负债合计5081.92亿元，所有者权益合计2383.13亿元。

（住房和城乡建设部建筑市场监管司）

2020年工程造价咨询企业基本情况

【工程造价咨询企业的分布情况】2020年年末，全国共有10489家工程造价咨询企业参加了统计，比上年增长28.0%。其中，甲级工程造价咨询企业5180家，增长13.7%，占比49.4%；乙级工程造价咨询企业5309家，增长46.0%，占比50.6%。专营工程造价咨询企业3268家，减少10.4%，占比31.2%；兼营工程造价咨询企业7221家，增长58.8%，占比68.8%。具体分布如表29、表30所示。

2020年全国工程造价咨询企业分布情况 表29

地区名称	北京	天津	河北	山西	内蒙古	辽宁	吉林	黑龙江	上海	江苏	浙江	安徽	福建	江西	山东	河南	湖北
企业个数	385	143	464	393	294	335	176	255	226	921	661	781	257	210	764	444	365
地区名称	湖南	广东	广西	海南	重庆	四川	贵州	云南	西藏	陕西	甘肃	青海	宁夏	新疆	新疆兵团	行业归口	合计
企业个数	352	652	168	74	232	499	243	164	1	256	168	67	93	214	9	223	10489

2020年全国工程造价咨询企业工商登记注册类型情况 表30

合计	国有独资公司及国有控股公司	有限责任公司	合伙企业	合资经营企业和合作经营企业
10489	220	10208	48	13

【工程造价咨询企业从业人员情况】2020年年末，工程造价咨询企业从业人员790604人，比上年增长34.8%。其中，正式聘用人员733436人，增长35.4%，占比92.8%；临时工作人员57168人，增长27.7%，占比7.2%。

工程造价咨询企业共有专业技术人员473799人，比上年增长33.2%，占全部工程造价咨询企业从业人员的59.9%。其中，高级职称人员119253人，增长45.2%，占比25.2%；中级职称人员235366人，增长29.9%，占比49.7%；初级职称人员119180人，增长28.8%，占比25.1%。

工程造价咨询企业共有注册造价工程师111808人，比上年增长18.4%，占全部工程造价咨询企业从业人员的14.1%。其中，一级注册造价工程师101320人，增长12.9%，占比90.6%；二级注册造价工程师10488人，增长125.5%，占比9.4%。其他专业注册执业人员110607人，增长42.6%，占全部工程造价咨询企业从业人员的14.0%。

【工程造价咨询企业业务情况】2020年年末，工程造价咨询企业从业人员790604人，比上年增长34.8%。其中，正式聘用人员733436人，增长35.4%，占比92.8%；临时工作人员57168人，增长27.7%，占比7.2%。

2020年工程造价咨询企业的营业收入为2570.64亿元，比上年增长40.0%。其中，工程造价咨询业务收入1002.69亿元，增长12.3%，占全部营业收入的39.0%；招标代理业务收入285.87亿元，增长55.5%，占比11.1%；项目管理业务收入

384.69亿元，增长85.8%，占比15.0%；工程咨询业务收入201.29亿元，增长54.8%，占比7.8%；建设工程监理业务收入696.10亿元，增长64.4%，占比27.1%。

上述工程造价咨询业务收入中：

按所涉及专业划分，有房屋建筑工程专业收入597.85亿元，增长14.0%，占比59.6%；市政工程专业收入170.13亿元，增长13.8%，占比17.0%；公路工程专业收入50.19亿元，增长15.0%，占比5.0%；火电工程专业收入25.62亿元，增长20.2%，占比2.6%；水利工程专业收入24.61亿元，增长14.7%，占比2.5%；其他工程造价咨询业务收入合计134.29亿元，增长1.6%，占比13.3%。

按工程建设的阶段划分，有前期决策阶段咨询业务收入83.96亿元，增长9.9%，占比8.4%；实施阶段咨询业务收入199.56亿元，增长8.4%，占比19.9%；竣工结（决）算阶段咨询业务收入361.35亿元，增长6.1%，占比36.0%；全过程工程造价咨询业务收入308.47亿元，增长23.9%，占比30.8%；工程造价经济纠纷的鉴定和仲裁的咨询业务收入26.68亿元，增长19.5%，占比2.7%；其他工程造价咨询业务收入合计22.67亿元，增长13.3%，占比2.2%。

【工程造价咨询企业财务情况】2020年上报的工程造价咨询企业实现营业利润264.72亿元，比上年增长25.6%。应交所得税合计50.06亿元，比上年增长13.4%。

（住房和城乡建设部建筑市场监管司）

2020年工程勘察设计企业基本情况

【企业总体情况】2020年，全国共有23741个工程勘察设计企业参加了统计。其中，工程勘察企业2410个，占企业总数10.15%；工程设计企业21331个，占企业总数89.85%。

【从业人员情况】2020年，具有勘察设计资质的企业年末从业人员440万人。其中，勘察人员16万人，与上年相比增长1.7%；设计人员105.5万人，与上年相比增长2.9%。

年末专业技术人员214.5万人。其中，具有高级职称人员46.2万人，与上年相比增长8.0%；具有中级职称人员76.7万人，与上年相比增长6.5%。

【业务完成情况】2020年，具有勘察设计资质的企业工程勘察新签合同额合计1494.5亿元，与上年相比增长17.6%。

工程设计新签合同额合计7044.7亿元，与上年相比增长3.6%。其中，房屋建筑工程设计新签合同额2371.6亿元，市政工程设计新签合同额1043.7亿元。

工程总承包新签合同额合计55068.2亿元，与上年相比增长19.5%。其中，房屋建筑工程总承包新签合同额22084.4亿元，市政工程总承包新签合同额8251.9亿元。

其他工程咨询业务新签合同额合计1108.5亿元，与上年相比增长5.7%。

【财务情况】2020年，全国具有勘察设计资质的企业营业收入总计72496.7亿元。其中，工程勘察收入1026.1亿元，与上年相比增长4.0%；工程设计收入5482.7亿元，与上年相比增长7.6%；工程总承包收入33056.6亿元，与上年相比减少1.7%；其他工程咨询业务收入805亿元，与上年相比增长1.1%。净利润2512.2亿元，与上年相比增长9.9%。

【科技活动状况】2020年，全国工程勘察设计行业科技活动费用支出总额1867.6亿元，与上年相比增长22.8%；企业累计拥有专利30万项，与上年相比增长22.3%；企业累计拥有专有技术6万项，与上年相比增长5.8%。

（住房和城乡建设部建筑市场监管司）

2020年房屋市政工程生产安全事故情况

【总体情况】根据全国工程质量安全监管信息平台提供的信息，2020年，全国共发生房屋市政工程生产安全事故691起、死亡793人，比2019年事故起数减少88起、死亡人数减少117人，分别降低11.30%和12.86%。

除西藏外，全国30个省（区、市）和新疆生产建设兵团均有房屋市政工程生产安全事故发生，12个省（区、市）事故起数同比上升，16个省（区、市）事故起数同比下降，4个省（区、市）事故起数持平；上升死亡人数同比上升（参见图25）。除西藏外，全国30个省（区、市）和新疆生产建设兵团发生的房屋市政工程生产安全事故中均有人员死亡，12个省（区、市）死亡人数同比上升，15个省（区、市）死亡人数同比下降，5个省（区、市）死亡人数持平（参见图26）。

【较大及以上事故情况】2020年，全国共发生房屋市政工程生产安全较大及以上事故22起、死亡89人，比2019年事故起数减少1起、死亡人数减少18人，分别降低4.35%和16.82%。

全国有14个省（区、市）发生房屋市政工程生

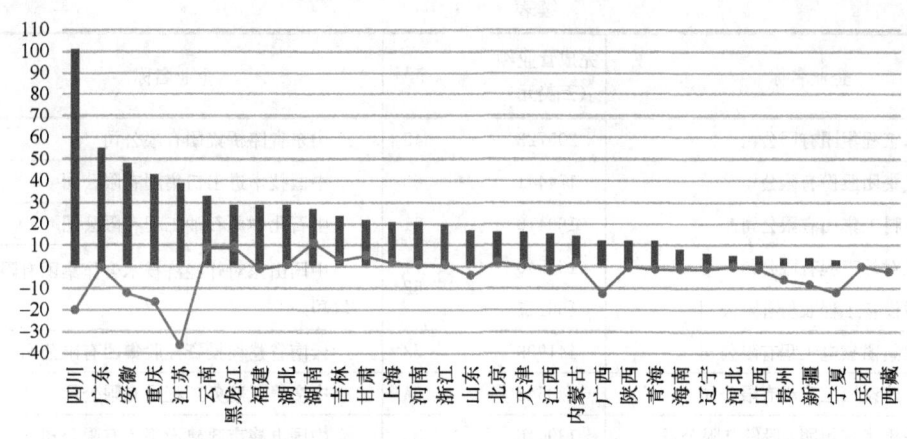

图 25　2020 年事故起数情况

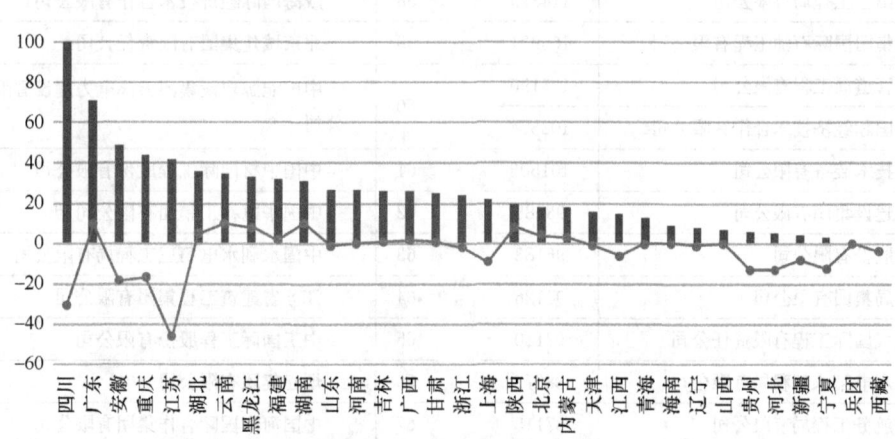

图 26　2020 年事故死亡人数情况

产安全较大及以上事故。其中，广东发生 4 起、死亡 18 人；山东发生 3 起、死亡 11 人；广西发生 2 起、死亡 15 人；湖北发生 2 起、死亡 9 人；陕西发生 2 起、死亡 8 人；河南发生 1 起、死亡 4 人；北京、山西、内蒙古、辽宁、吉林、黑龙江、浙江、贵州各发生 1 起、死亡 3 人。

（哈尔滨工业大学）

2020 年我国对外承包工程业务完成额前 100 家企业和新签合同额前 100 家企业

【**2020 年我国对外承包工程业务完成营业额前 100 家企业**】根据国家商务部的有关统计分析报告，2020 年我国对外承包工程业务完成营业额前 100 家企业如表 31 所列。

2020 年我国对外承包工程业务完成营业额前 100 家企业　　表 31

序号	企业名称	完成营业额（万美元）
1	华为技术有限公司	1224796
2	中国建筑集团有限公司	1076185
3	中国中铁股份有限公司*	710807
4	中国铁建股份有限公司*	630216
5	中国水电建设集团国际工程有限公司	557166
6	中国港湾工程有限责任公司	538317
7	中国交通建设股份有限公司	494599
8	中国化学工程股份有限公司*	422402
9	中国路桥工程有限责任公司	382241
10	中国石油工程建设有限公司	223462
11	中国葛洲坝集团股份有限公司	210334

续表

序号	企业名称	完成营业额（万美元）
12	中国土木工程集团有限公司	205723
13	上海电气集团股份有限公司	174441
14	中国冶金科工集团有限公司*	169410
15	中国中原对外工程有限公司	163540
16	中国机械设备工程股份有限公司	156117
17	中国电建集团核电工程有限公司	141999
18	山东电力建设第三工程有限公司	140548
19	上海振华重工（集团）股份有限公司	139046
20	中信建设有限责任公司	124205
21	中国建筑第八工程局有限公司	121977
22	中国建筑第三工程局有限公司	114879
23	中国石化集团国际石油工程有限公司	106931
24	中国石油管道局工程有限公司	103190
25	中国江西国际经济技术合作有限公司	102364
26	中国电力技术装备有限公司	101503
27	江西中煤建设集团有限公司	98985
28	中兴通讯股份有限公司	96183
29	中交一公局集团有限公司	94126
30	哈尔滨电气国际工程有限责任公司	92110
31	中国水利水电第八工程局有限公司	88672
32	中交第四航务工程局有限公司	87115
33	浙江省建设投资集团有限公司	85216
34	北方国际合作股份有限公司	80385
35	中海油田服务股份有限公司	78274
36	中国水利电力对外有限公司	77283
37	中国水产舟山海洋渔业有限公司	76340
38	中国石油集团东方地球物理勘探有限责任公司	74278
39	青建集团股份有限公司	68532
40	上海电力建设有限责任公司	68454
41	上海建工集团股份有限公司	67367
42	中交疏浚（集团）股份有限公司	67000
43	中交第二公路工程局有限公司	67000
44	中国水利水电第十一工程局有限公司	62462
45	中国石油集团长城钻探工程有限公司	60854
46	中信地质工程集团有限公司	58148
47	中国电建集团华东勘测设计研究院有限公司	57915
48	中石化炼化工程（集团）股份有限公司	57281

续表

序号	企业名称	完成营业额（万美元）
49	山东省路桥集团有限公司	56900
50	中国技术进出口集团有限公司	54546
51	中石化中原石油工程有限公司	52456
52	中国山东对外经济技术合作集团有限公司	52376
53	云南省建设投资控股集团有限公司	51676
54	中交第三航务工程局有限公司	51553
55	中国电建市政建设集团有限公司	50746
56	江苏南通三建集团股份有限公司	50725
57	中国机械进出口（集团）有限公司	50654
58	威海国际经济技术合作有限公司	50086
59	北京城建集团有限责任公司*	50080
60	中国能源建设集团天津电力建设有限公司	48894
61	中国中材国际工程股份有限公司	48021
62	中国华电科工集团有限公司	47909
63	中国水利水电第三工程局有限公司	47381
64	江苏省建筑工程集团有限公司	45890
65	中工国际工程股份有限公司	45535
66	烟建集团有限公司	45000
67	中国河南国际合作集团有限公司	44479
68	特变电工股份有限公司*	44264
69	海洋石油工程股份有限公司	43627
70	中国能源建设集团广东火电工程有限公司	43393
71	中交第四公路工程局有限公司	42985
72	东方电气集团国际合作有限公司	42787
73	中交第一航务工程局有限公司	42472
74	中材建设有限公司	42393
75	新疆生产建设兵团建设工程（集团）有限责任公司	41422
76	安徽省华安外经建设（集团）有限公司	41418
77	武汉烽火国际技术有限责任公司	41041
78	中国江苏国际经济技术合作集团有限公司	40577
79	中国水利水电第五工程局有限公司	39712
80	中交第二航务工程局有限公司	39397
81	江西省水利水电建设有限公司	38440

续表

序号	企业名称	完成营业额（万美元）
82	中鼎国际工程有限责任公司	36531
83	中国武夷实业股份有限公司	35458
84	上海鼎信投资（集团）有限公司	35252
85	中国水利水电第七工程局有限公司	34639
86	华为海洋网络有限公司	34468
87	中国电建集团山东电力建设有限公司	33630
88	中国水利水电第十工程局有限公司	33246
89	中地海外集团有限公司	33168
90	中国石油集团渤海钻探工程有限公司	33069
91	上海隧道工程股份有限公司	32132
92	中国重型机械有限公司	31714
93	中交路桥建设有限公司	30990
94	中国寰球工程有限公司	30975
95	大庆石油管理局有限公司	29865
96	中钢设备有限公司	29668
97	中国电力工程有限公司	29231
98	北京建工国际建设工程有限责任公司	28889
99	中国建筑第五工程局有限公司	28376
100	中国电建集团中南勘测设计研究院有限公司	27780

注：加*标注的企业数据为该公司及下属企业的合并数据。

（哈尔滨工业大学）

【2020年我国对外承包工程业务新签合同额前100家企业】根据国家商务部的有关统计分析报告，2020年我国对外承包工程业务新签合同额前100家企业如表32所列。

2020年我国对外承包工程业务新签合同额前100家企业　　表32

序号	企业名称	新签合同额（万美元）
1	中国水电建设集团国际工程有限公司	2857638
2	中国建筑集团有限公司	2550641
3	中国铁建股份有限公司*	2510514
4	中国港湾工程有限责任公司	1544384
5	中国土木工程集团有限公司	1503957
6	华为技术有限公司	1232779
7	中国中铁股份有限公司*	1184299
8	中国葛洲坝集团股份有限公司	1180267
9	中国化学工程股份有限公司*	496012
10	中国冶金科工集团有限公司*	477277
11	中国交通建设股份有限公司	450396
12	中国路桥工程有限责任公司	389775
13	北京城建集团有限责任公司*	261235
14	中铁国际集团有限公司*	243546
15	中交一公局集团有限公司	234755
16	中国建筑第三工程局有限公司	196176
17	山东电力建设第三工程有限公司	193354
18	上海振华重工（集团）股份有限公司	173996
19	中国机械进出口（集团）有限公司	170420
20	中工国际工程股份有限公司	166469
21	上海电气集团股份有限公司	165351
22	中国江西国际经济技术合作有限公司	160379
23	东方电气集团国际合作有限公司	160071
24	新疆金风科技股份有限公司	155560
25	中国石油集团长城钻探工程有限公司	154426
26	北方国际合作股份有限公司	143909
27	中国石化集团国际石油工程有限公司	139466
28	中国能源建设集团广东省电力设计研究院有限公司	139272
29	中国石油工程建设有限公司	137277
30	海洋石油工程股份有限公司	135183
31	中国电力技术装备有限公司	122967
32	中兴通讯股份有限公司	122343
33	中国石油集团东方地球物理勘探有限责任公司	122340
34	比亚迪汽车工业有限公司	118141
35	特变电工股份有限公司*	114895
36	浙江省建设投资集团有限公司	109302
37	中国石油管道局工程有限公司	107119
38	中国电建集团山东电力建设有限公司	100000
39	中国能源建设集团广东火电工程有限公司	94653
40	中国能源建设集团天津电力建设有限公司	93699
41	中国机械设备工程股份有限公司	93208
42	清华同方威视技术股份有限公司	90921
43	中信建设有限责任公司	89232
44	中国电力工程顾问集团东北电力设计院有限公司	85676
45	中国地质工程集团有限公司	85390

续表

序号	企业名称	新签合同额（万美元）
46	中电投电力工程有限公司	85269
47	中海油田服务股份有限公司	83000
48	中国技术进出口集团有限公司	82118
49	中交第三航务工程局有限公司	79112
50	江西中煤建设集团有限公司	77935
51	上海电力建设有限责任公司	73873
52	大庆石油管理局有限公司	73312
53	中国电建集团湖北工程有限公司	69693
54	中地海外集团有限公司	67343
55	中石化中原石油工程有限公司	66080
56	中国水利电力对外有限公司	65401
57	青建集团股份公司	64087
58	武汉烽火国际技术有限责任公司	62693
59	中国电建集团中南勘测设计研究院有限公司	62629
60	华山国际工程有限公司	61874
61	陕西建工集团股份有限公司	61305
62	中国河南国际合作集团有限公司	57683
63	中国电建集团华东勘测设计研究院有限公司	54799
64	江西省建工集团有限责任公司	53999
65	中国建筑第五工程局有限公司	53076
66	中国能源建设集团山西省电力勘测设计院有限公司	50571
67	威海国际经济技术合作有限公司	50021
68	中国武夷实业股份有限公司	49349
69	中国能源建设集团湖南省电力设计院有限公司	47271
70	中石化南京工程有限公司	46872
71	中国寰球工程有限公司	45764
72	云南省建设投资控股集团有限公司	45431

续表

序号	企业名称	新签合同额（万美元）
73	中国电建集团山东电力建设第一工程有限公司	44225
74	上海鼎信投资（集团）有限公司	43485
75	中国能源建设集团江苏省电力设计院有限公司	42902
76	中国石油集团川庆钻探工程有限公司	42361
77	江苏省建筑工程集团有限公司	42272
78	烟建集团有限公司	42013
79	惠生（南通）重工有限公司	41337
80	中国华西企业有限公司	40046
81	龙信建设集团有限公司	37046
82	上海建工集团股份有限公司	34236
83	平高集团有限公司	34006
84	江苏恒远国际工程有限公司	33000
85	华为海洋网络有限公司	32933
86	中国电建市政建设集团有限公司	32629
87	中国石油集团渤海钻探工程有限公司	31735
88	中国甘肃国际经济技术合作有限公司	31688
89	中材建设有限公司	31648
90	威海建设集团股份有限公司	31150
91	中国核工业第五建设有限公司	30591
92	江苏扬子鑫福造船有限公司	30302
93	山西建设投资集团有限公司	28737
94	中建八局第一建设有限公司	27994
95	中国石油集团西部钻探工程有限公司	27377
96	中启胶建集团有限公司	26332
97	中交第四航务工程局有限公司	25035
98	中国江苏国际经济技术合作集团有限公司	24013
99	重庆对外建设（集团）有限公司	23944
100	中鼎国际工程有限责任公司	23921

注：加 * 标注的企业数据为该公司及下属企业的合并数据。

（哈尔滨工业大学）

2020年全国房地产市场运行分析

2020年全国房地产开发情况

根据国家统计局发布的有关数据，2020年我国房地产市场开发情况如下。

【房地产开发投资完成情况】 1—12月，全国房地产开发投资141443亿元，比上年增长7.0%，增速比1—11月份提高0.2个百分点，比上年回落2.9个百分点。其中，住宅投资104446亿元，增长7.6%，增速比1—11月份提高0.2个百分点，比上年回落6.3个百分点。住宅投资占房地产开发投资的比重为73.8%。2020年全国房地产开发投资增速情况如图27所示。

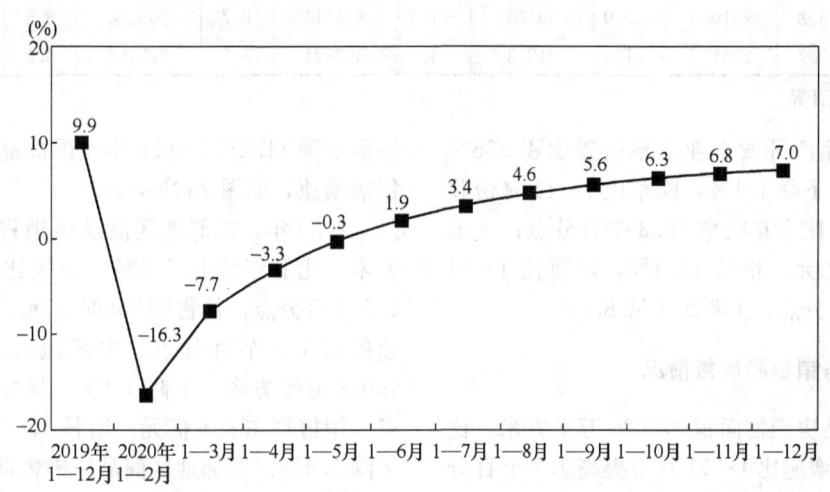

图27　2020年全国房地产开发投资增速

2020年，东部地区房地产开发投资74564亿元，比上年增长7.6%，增速比1—11月份提高0.2个百分点；中部地区投资28802亿元，增长4.4%，增速提高0.8个百分点；西部地区投资32654亿元，增长8.2%，增速回落0.1个百分点；东北地区投资5423亿元，增长6.2%，增速持平。具体如表33所示。

2020年东中西部和东北地区房地产开发投资情况

表33

地区	投资额（亿元）		比上年增长（%）	
		住宅		住宅
全国总计	141443	104446	7.0	7.6
东部地区	74564	53598	7.6	7.5
中部地区	28802	22661	4.4	5.7
西部地区	32654	24133	8.2	10.0
东北地区	5423	4053	6.2	5.4

数据来源：国家统计局。

注：东部地区包括北京、天津、河北、上海、江苏、浙江、福建、山东、广东、海南10个省（市）；中部地区包括山西、安徽、江西、河南、湖北、湖南6个省；西部地区包括内蒙古、广西、重庆、四川、贵州、云南、西藏、陕西、甘肃、青海、宁夏、新疆12个省（市、自治区）；东北地区包括辽宁、吉林、黑龙江3个省。

【房屋供给情况】 2020年，房地产开发企业房屋施工面积926759万平方米，比上年增长3.7%，增速比1—11月份提高0.5个百分点，比上年回落5.0个百分点。其中，住宅施工面积655558万平方米，增长4.4%。房屋新开工面积224433万平方米，下降1.2%，降幅比1—11月份收窄0.8个百分点，上年为增长8.5%。其中，住宅新开工面积164329万平方米，下降1.9%。房屋竣工面积91218万平方米，下降4.9%，降幅比1—11月份收窄2.4个百分点，上年为增长2.6%。其中，住宅竣工面积65910万平方米，下降3.1%。

2020年、2019年全国房地产开发企业施工面积、新开工面积和竣工面积逐月情况，如表34所示。

2020年、2019年全国房地产开发企业施工、新开工和竣工面积逐月情况　　　表34

月份	2020年						2019年					
	施工面积（亿平方米）	增长（%）	新开工面积（亿平方米）	增长（%）	竣工面积（亿平方米）	增长（%）	施工面积（亿平方米）	增长（%）	新开工面积（亿平方米）	增长（%）	竣工面积（亿平方米）	增长（%）
1—2	694241	2.9	10370	−44.9	9636	−22.9	674946	6.8	18814	6.0	12500	−11.9
1—3	717886	2.6	28203	−27.2	15557	−15.8	699444	8.2	38728	11.9	18474	−10.8
1—4	740568	2.5	47768	−18.4	19286	−14.5	722569	8.8	58552	13.1	22564	−10.3
1—5	762628	2.3	69533	−12.8	23687	−11.3	745286	8.8	79784	10.5	26707	−12.4
1—6	792721	2.6	97536	−7.6	29030	−10.5	772292	8.8	105509	10.1	32426	−12.7
1—7	818280	3.0	120032	−4.5	33248	−10.9	794207	9.0	125716	9.5	37331	−11.3
1—8	839734	3.3	139917	−3.6	37107	−10.8	813156	8.8	145133	8.9	41610	−10.0
1—9	859820	3.1	160090	−3.4	41338	−11.6	834201	8.7	165707	8.6	46748	−8.6
1—10	880117	3.0	180718	−2.6	49240	−9.2	854882	9.0	185634	10.0	54211	−5.5
1—11	902425	3.2	201085	−2.0	59173	−7.3	874814	8.7	205194	8.6	63846	−4.5
1—12	926759	3.7	224433	−1.2	91218	−4.9	893821	8.7	227154	8.5	95942	2.6

数据来源：国家统计局。

2020年，房地产开发企业土地购置面积25536万平方米，比上年下降1.1%，降幅比1—11月份收窄4.1个百分点，比上年收窄10.3个百分点；土地成交价款17269亿元，增长17.4%，增速比1—11月份提高1.3个百分点，上年为下降8.7%。

2020年商品房销售和待售情况

2020年，商品房销售面积176086万平方米，比上年增长2.6%，增速比1—11月份提高1.3个百分点，上年为下降0.1%。其中，住宅销售面积增长3.2%，办公楼销售面积下降10.4%，商业营业用房销售面积下降8.7%。商品房销售额173613亿元，增长8.7%，增速比1—11月份提高1.5个百分点，比上年提高2.2个百分点。其中，住宅销售额增长10.8%，办公楼销售额下降5.3%，商业营业用房销售额下降11.2%。2020年全国商品房销售面积及销售额增速，如图28所示。

2020年，东部地区商品房销售面积71311万平方米，比上年增长7.1%，增速比1—11月份提高1.8个百分点；销售额95690亿元，增长14.1%，增速提高1.5个百分点。中部地区商品房销售面积49078万平方米，下降1.9%，降幅收窄1.4个百分点；销售额35854亿元，增长1.0%，1—11月份为下降1.4%。西部地区商品房销售面积48628万平方米，增长2.6%，增速提高0.7个百分点；销售额36257亿元，增长5.1%，增速提高0.7个百分点。东北地区商品房销售面积7069万平方米，下降5.8%，降幅收窄1.7个百分点；销售额5812亿元，下降1.5%，降幅收窄1.7个百分点。具体如表35所示。

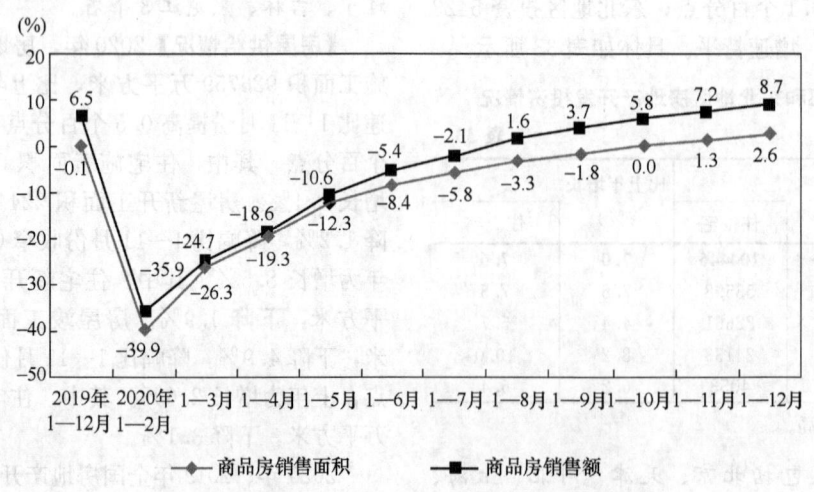

图28　2020年全国商品房销售面积及销售额增速

2020年东部、中部、西部和东北地区房地产销售情况

表35

地　区	商品房销售面积		商品房销售额	
	绝对数（万平方米）	比上年增长（%）	绝对数（亿元）	比上年增长（%）
全国总计	176086	2.6	173613	8.7
东部地区	71311	7.1	95690	14.1
中部地区	49078	−1.9	35854	1.0
西部地区	48628	2.6	36257	5.1
东北地区	7069	−5.8	5812	−1.5

数据来源：国家统计局。

2020年末，商品房待售面积49850万平方米，比11月末增加563万平方米，比上年末增加29万平方米。其中，住宅待售面积比11月末增加312万平方米，办公楼待售面积增加33万平方米，商业营业用房待售面积减少10万平方米。2020年、2019年全年商品房销售面积和销售额逐月情况，如表36所示。

2020年、2019年全国商品房销售面积、销售额

表36

月份	2020年				2019年			
	商品房销售面积（万平方米）	增长（%）	商品房销售额（亿元）	增长（%）	商品房销售面积（万平方米）	增长（%）	商品房销售额（亿元）	增长（%）
1—2	8475	−39.9	8203	−35.9	14102	−3.6	12803	2.8
1—3	21978	−26.3	20365	−24.7	29829	−0.9	27039	5.6
1—4	33973	−19.3	31863	−18.6	42086	−0.3	39141	8.1
1—5	48703	−12.3	46269	−10.6	55518	−1.6	51773	6.1
1—6	69404	−8.4	66895	−5.4	75786	−1.8	70698	5.6
1—7	83631	−5.8	81422	−2.1	88783	−1.3	83162	6.2
1—8	98486	−3.3	96943	1.6	101849	−0.6	95373	6.7
1—9	117073	−1.8	115647	3.7	119179	−0.1	111491	7.1
1—10	133294	0.0	131665	5.8	133251	0.1	124417	7.3
1—11	150834	1.3	148969	7.2	148905	0.2	139006	7.3
1—12	176086	2.6	173613	8.7	171558	−0.1	159725	6.5

数据来源：国家统计局。

2020年全国房地产开发资金来源结构分析

2020年，房地产开发企业到位资金193115亿元，比上年增长8.1%，增速比1—11月份提高1.5个百分点，比上年提高0.5个百分点。2020年全国房地产开发企业本年到位资金增速，如图29所示。

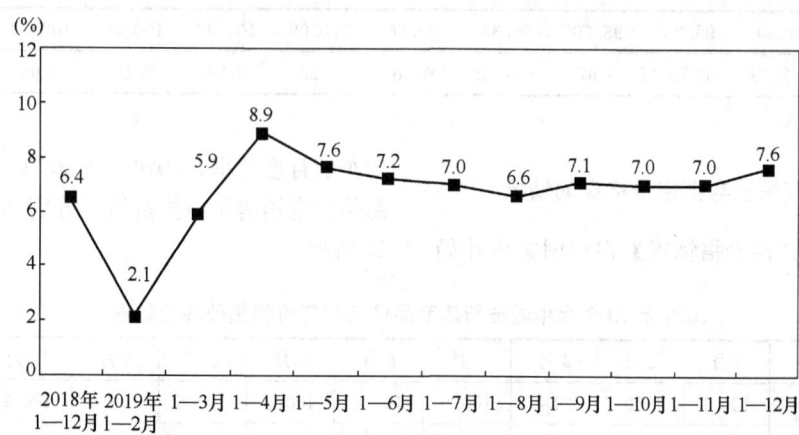

图29　2020年全国房地产开发企业本年到位资金增速

【国内贷款比重小幅下降】 2020年，全国房地产开发企业本年到位资金来源于国内贷款26676亿元，增长5.7%，全年房地产开发国内贷款占全年到位资金总和的13.8%，比上年同期下降了0.3个百分点。

【利用外资金额基本持平】 2020年，全国房地产开发企业本年到位资金来源于外资192亿元，增长9.3%。全年房地产开发利用外资约占全年到位资金的0.1%。

【自筹资金比重有所增加】 2020年，全国房地产开发企业本年到位资金来源于自筹资金63377亿元，增长9.0%。全年房地产开发自筹资金占全年到位资金的32.8%，比上年同期增加了1.5个百分点。

【其他来源资金大幅增加】 2020年，全国房地产开发企业本年到位资金来源于其他资金96523亿元，增长22%。全年房地产开发其他资金占全年到位资金的50%，比上年同期增加了3.2个百分点。在其他资金中，定金及预收款66547亿元，增长8.5%；个人按揭贷款29976亿元，增长9.9%。

2020年全国房地产开发资金来源结构逐月情况，如表37所示。

2020年全国房地产开发资金来源结构逐月情况（单位：亿元）　　表37

月份	房地产开发资金合计	国内贷款	利用外资	自筹资金	其他资金		
						定金及预付款	个人按揭贷款
1—2	20210	4547	12	6161	8633	5603	3030
1—3	33566	6716	19	10755	14770	9542	5228
1—4	47004	8730	23	14875	21591	13990	7601
1—5	62654	10703	34	20106	29633	19479	10154
1—6	83344	13792	46	26943	39676	26474	13202
1—7	100625	16130	80	32042	49030	32830	16200
1—8	117092	18016	101	37320	57794	38837	18957
1—9	136376	20484	94	44485	66928	45145	21783
1—10	153070	22378	111	50045	75599	51287	24312
1—11	171099	24256	154	56666	84367	57384	26983
1—12	193115	26676	192	63377	96523	66547	29976
2019年	178609	25229	176	58158	88640	61359	27281

数据来源：国家统计局。

2020年全国房地产开发景气指数

2020年全国房地产开发景气指数如表38所示。

2020年全国房地产开发景气指数　　表38

指数类别	月份										
	2	3	4	5	6	7	8	9	10	11	12
国房景气指数	97.44	98.23	98.90	99.38	99.86	100.09	100.32	100.42	100.50	100.55	100.76
较上月增幅	−2.89	0.79	0.67	−0.52	0.48	0.23	0.23	0.10	0.08	0.05	0.21

数据来源：国家统计局。

70个大中城市商品住宅销售价格变动情况

【新建商品住宅销售价格情况】 根据国家统计局公布的月度数据，2020年全国70个大中城市的新建商品住宅销售价格指数情况分别如表39、表40和表41所列。

2020年70个大中城市新建商品住宅销售价格指数环比数据　　表39

城市	1月	2月	3月	4月	5月	6月	7月	8月	9月	10月	11月	12月
北京	100	100.1	100	99.7	100.5	100.4	100.3	100.6	100.3	100.2	99.9	100.3
天津	99.8	99.6	99.9	100.2	100.4	100.6	100.5	100.3	100.2	99.6	100.3	100
石家庄	100	100	100.2	100.6	100	100.5	100.1	100	100.2	100.4	100	99.9
太原	99.4	100	100.1	100.3	100.5	100.6	99.9	99.8	99.6	99.7	99.6	99.8
呼和浩特	100.5	100	100.1	100	101	100.5	100.6	100.4	100.6	100.4	100.2	
沈阳	100.3	100.5	100.4	100	101	100.5	101.1	100	99.9	99.9	99.6	
大连	100.1	100.4	100.2	100	100.8	100.5	100.5	100.3	100.5	100.3	100	100.2

续表

城市	1月	2月	3月	4月	5月	6月	7月	8月	9月	10月	11月	12月
长春	100	99.9	100.4	100.5	100.4	100.7	100.3	100.6	100.3	99.9	99.7	99.6
哈尔滨	100.3	100	100.3	101	100	100.1	100	100.2	99.8	100.1	99.7	99.4
上海	100.5	100	100.1	100.6	100.8	100.5	100.4	100.6	100.5	100.3	100	100.2
南京	100.1	99.9	100.2	101.8	101.2	101	100.1	100	100	100.4	100.1	100.1
杭州	100.3	99.9	101.3	100.9	100.7	101.2	100.2	100.4	100	100	99.8	99.7
宁波	100.6	99.8	100.3	100	101.4	100.8	100.4	100.7	100.3	100.1	100	99.8
合肥	100.4	100	100.1	99.5	99.9	100.7	100.4	100.3	100.6	100.5	100.6	100.7
福州	99.5	100.6	100.4	100.5	100.5	100.6	100.4	100.3	100.3	100.1	100.5	100.7
厦门	100.2	100	100	99.9	100.5	101	100.7	100.4	100.6	100.2	100.4	100.6
南昌	100.3	100	99.7	100.6	100.3	100.2	100.2	99.7	100.1	99.6	99.6	100.5
济南	99.5	99.8	99.6	100	100.5	100.3	100.1	99.6	100	99.8	99.7	99.9
青岛	100.1	100	99.5	100.5	100	100.8	100.4	100.8	100.5	99.8	99.9	100.3
郑州	100	99.7	99.8	100.1	99.8	100.4	100	100.6	99.9	99.5	99.7	99.8
武汉	100.4	100	100	99.8	100.4	101.4	100.7	100.6	100.4	100.4	100.2	100.3
长沙	100.6	100.3	100.3	100.5	100.4	101.4	100.5	100.9	100.2	100	99.8	100.3
广州	100.3	99.9	99.5	100	100.3	100.6	100.8	100.9	100.6	100.5	100.9	100.7
深圳	100.5	100	100.5	100	100.6	100.8	100.6	100.5	100.4	100.2	100	99.9
南宁	100.4	100	100.2	100.4	100.6	101.1	100.7	100.9	100.6	100.2	99.9	100.2
海口	99.9	100	100	100.5	99.7	100.3	100.4	100.8	100.4	100.2	100.3	100.1
重庆	100	99.7	100.3	101	100.8	100.9	100.5	100.4	100.6	100.2	99.9	100.3
成都	100.3	101.2	100.5	100.7	100.5	100.9	100.9	101	100.3	100.1	100	99.7
贵阳	99.5	100.5	99.9	99.6	100.3	100.2	100.3	100.7	100.2	100.4	100.5	100.5
昆明	100	99.8	100	101	100.6	101.2	100.3	100.9	100.2	100.8	100.2	100.3
西安	100.3	100	100.5	100.6	100.5	100.8	100.9	101.1	100.8	100.5	100.2	100.5
兰州	100.6	100	99.8	100.6	100.4	100.5	100.6	100.7	100.6	100.5	100.6	100.3
西宁	100.8	100.5	101.4	100.7	100.8	101	100	101	100.6	100.6	100.6	100.7
银川	101	100	101.1	101	102.1	101.9	102	101.8	101	100.6	100.4	100.5
乌鲁木齐	99.9	99.8	100	100.9	100.5	101	100.6	100	100.2	100.5	100.2	99.5
唐山	101.2	100.2	100.9	101.8	101.2	101.5	101.4	101.3	100.6	100	100.3	100.3
秦皇岛	100	99.7	100.4	100.7	100.9	100.8	100.1	100.5	100.4	99.7	100.2	100
包头	100	99.9	100.1	99.8	100.8	99.9	100.5	100.8	100.5	100.1	99.9	100.2
丹东	100.6	100.5	100.4	100.6	100.3	99.8	101	100.8	100.8	100.4	100.7	100.6
锦州	101.4	100.1	100.2	100.8	101	100.6	101.1	101.4	99.8	100.1	100.4	100.2
吉林	101	100.2	100.5	100.7	100.2	100.4	100.3	100.8	100.9	99.8	99.7	99.7
牡丹江	100.7	100.3	99.9	99.4	99.8	100	99.6	100.8	100	99.5	99.7	99.3
无锡	100.8	100.2	100.5	100.6	101	100.9	101.3	101.1	100.3	99.9	99.9	99.7
扬州	100.4	100	100.4	100.5	100.7	100.9	100.9	100.9	100.4	100.9	100.1	100.8
徐州	100.8	100.8	100.6	101	100.9	101.1	101.6	100.8	101.4	100.7	99.9	100
温州	100.3	99.7	99.4	101	100.7	101.1	100.7	101.3	100	100.3	99.7	100
金华	100.4	100	100	100.4	100.8	100.9	100.4	101.1	100.2	99.8	100.2	100.5

续表

城市	1月	2月	3月	4月	5月	6月	7月	8月	9月	10月	11月	12月
蚌埠	100.7	100	100.4	100.5	100.5	101	100.3	100.6	100.4	100.4	100.2	100.3
安庆	99.6	99.8	99.4	99.6	99.9	99.4	99.7	99.3	100.2	100.5	100.3	100.4
泉州	100.3	99.6	100.4	100.3	101	100.8	100.5	100.9	100.7	100.3	100.2	100.5
九江	101.1	100.4	99.8	100.7	100.5	100.9	100.3	99.9	100.5	100	99.8	100.1
赣州	100.1	100.3	99.9	100.5	100.3	100.5	100.7	100.5	100.2	100.3	100.4	100.3
烟台	100.5	100.6	100.3	100.3	100.4	100.5	100.5	101	100.6	100.4	100.2	100.1
济宁	100.2	100	100.4	100.6	100.7	100.6	101.1	101.2	100.9	100.6	101.2	100.4
洛阳	100.1	100.1	99.9	100.3	100.1	100.5	100.4	100.3	100	100	100.1	100
平顶山	100.2	100	100.1	100	100.5	100.7	100.4	100.3	100.4	100.1	100.6	100.1
宜昌	99.5	100	99.7	100.3	100.4	100.3	100.7	100.1	100.2	100.6	100.4	100.1
襄阳	100.6	100	100	99.9	100	100.5	100.8	100.7	100.5	100.4	100.5	100.2
岳阳	99.7	99.6	100	100.5	100.5	100.6	100.2	100.4	100.3	99.3	99.9	100
常德	99.8	100.2	99.6	99.8	100.3	99.8	100.3	99.9	99.6	99.4	99.8	100.1
惠州	100.7	100	99.8	100.4	101	101.5	101	101.9	100.7	100.3	99.8	100.4
湛江	99.5	99.8	99.3	100	99.8	100	100.5	100.5	100.5	100.5	100.5	99.8
韶关	99.8	99.5	99.9	100	99.8	100.2	100	100.5	99.8	100.4	100	99.8
桂林	100.3	99.7	99.8	100.5	100.4	100.3	100	99	100.7	100.3	99.8	100.2
北海	100.4	100.1	100	99.9	99.8	99.4	99.7	99.3	99.6	99.3	99.8	99.5
三亚	101.3	100	99.5	100.7	99.6	100.5	100.9	101	100.5	100.7	100.4	100.5
泸州	99.8	99.3	99.8	100	100.3	100.5	100.2	100.5	100.2	99.6	99.9	99.8
南充	99.6	99.4	100.5	101.1	101.3	99.1	99.6	99.5	100	99.5	99.6	99.9
遵义	100.2	99.6	100.2	100.1	99.9	100.2	99.6	100.3	99.8	99.9	100.3	99.9
大理	100.8	100	100.3	100	99.9	99.9	100.4	100.7	100.2	100	99.9	99.8

数据来源：国家统计局。

2020年70个大中城市新建商品住宅销售价格指数同比数据 表40

城市	1月	2月	3月	4月	5月	6月	7月	8月	9月	10月	11月	12月
北京	104.1	104.4	104.1	103.3	103.1	103.6	103.3	103.4	103.8	104.2	102.4	102.3
天津	101.3	100.5	100.1	99.6	99.7	100	100.7	100.9	100.8	100.8	101.1	101.1
石家庄	108.8	107.6	106.5	106.7	105.6	104.6	104.9	103.7	103.1	103.1	103.6	102.8
太原	102.9	102.1	101.7	101.3	101.4	101.4	101.2	100.1	99.3	99	98.5	99
呼和浩特	114.8	113.9	113.7	113.8	113.8	112	111.7	109.9	109	107	105.9	105.1
沈阳	109.2	109.2	108.7	108.8	108.8	108.7	109	109.2	108.2	106.8	106	105
大连	108.4	106.9	106.1	105.9	105.3	105	104.5	104.2	105	105.1	104.9	104.8
长春	108.6	107.8	108	107.9	107.8	107.2	107.3	107	106.3	104.8	103.4	102.3
哈尔滨	109.4	108.8	108.1	108.2	107.5	106.5	106	105.3	104.1	102.5	101.9	100.8
上海	102.7	102.3	102.4	102.7	103.5	103.7	104.2	104.5	104.5	104.4	104.1	104.2
南京	103.3	103.2	103.3	104.5	105	106.1	104.7	105	104.7	104.7	104.8	104.9
杭州	105	104.4	105.4	105.2	105.1	105.2	104.9	105.3	105.1	105.2	105.1	104.5
宁波	108.2	107.4	106.5	105.8	106.1	106	105.7	105.4	105.1	104.9	104.9	104.4
合肥	103.7	102.9	102.3	101.3	101.1	101.4	101.1	100.6	101.4	102.2	103.1	103.6

续表

城市	1月	2月	3月	4月	5月	6月	7月	8月	9月	10月	11月	12月
福州	103.5	104	104	103.8	103.4	103.7	103.6	103.3	103.2	103.1	103.5	104.4
厦门	104.4	104.2	103.5	102.8	103	103.1	102.4	101.9	102.8	103.7	104.4	104.5
南昌	103.3	103.3	102.3	102.1	101.9	102	101.7	101	100.5	100.2	100.4	100.8
济南	99.7	99	97.8	96.8	96.9	96.9	96.8	96.7	97.1	97.9	98.3	99
青岛	103.7	103.3	102.3	102.4	101.9	102.5	102.3	102.5	102.9	102.9	102.8	102.8
郑州	101.4	101.1	100.5	100.2	99.8	99.6	99.3	99.6	99.3	98.8	99	99.2
武汉	111.5	110.3	109.5	108.3	107.4	107.9	107.4	106.8	106.4	105.8	105.1	104.5
长沙	104.6	104.7	105	105.3	104.8	105.4	105.7	106.3	106.5	106.4	105.8	105
广州	104.2	103	101.7	100.7	100.2	100.5	101	101.6	102.1	102.7	104.1	105.2
深圳	104.3	104.3	105.2	104.8	104.9	105.9	106.2	105.3	105.1	104.9	104.1	
南宁	112	111.3	110.5	110	110.2	110.9	111.2	109.6	108	106	105.6	105.2
海口	106.6	106.3	105.8	105.3	103.8	102.9	102.4	103.2	103.1	102.3	102.8	102.7
重庆	107.5	106.5	106.2	106	105	105.2	104.6	105.3	105.3	105.4	104.7	104.6
成都	110	110.6	110.5	110.3	110.4	110	109.6	109.9	109.5	108	107.2	106.3
贵阳	104.4	103.6	102.6	101.3	100.6	100	99.1	99.4	99.9	100.5	101.5	102.5
昆明	110.5	109.5	108.6	108.4	108.3	108.3	107.5	107.3	106.1	105.4	105	105.6
西安	112.8	111.6	111	110.4	108.8	107.8	107.3	108	108	107.6	107.1	106.9
兰州	104.7	104.5	104.1	104.6	104.4	104.7	104.5	105.3	105.6	105.8	105.3	105.2
西宁	114.7	112.7	113.2	113.4	113.9	114.4	113.2	113.4	112.7	110.3	109.5	109.1
银川	112.8	112	112.5	113	114.7	115.7	117.6	117.6	116.8	116.6	115	114.2
乌鲁木齐	101.1	100.3	99.9	100.2	100.6	100.8	101.3	101.7	101.7	102.5	103.7	103.1
唐山	113.6	113.2	113.2	114.7	115	115.3	116.1	115.4	115.4	113.4	111.7	111.2
秦皇岛	110.4	109.1	108.1	106.9	107	106.6	106	105.6	106	104.7	103.9	103.5
包头	105.9	105.1	104.4	103.4	103.7	103.9	104.3	104	103.8	103.4	103.2	102.6
丹东	107.9	107.8	106.2	106.2	106	106	106.7	106.9	106.7	106.3	106.5	106.6
锦州	108.5	108.9	107.5	107.9	108.2	108.7	109.7	111.5	110.6	109.7	108.5	107.5
吉林	109.2	109	108.8	108.9	108.3	108.4	108	107.7	107.5	106.3	105.1	104.1
牡丹江	105.1	104.9	104.5	103.5	102.3	102.1	100.8	101	101.3	100.3	100	99
无锡	109	109.5	109	109.5	109.1	109	109.6	110	108.7	107.8	107.1	106.3
扬州	110.5	110.1	109.5	109.5	109.5	109.3	109.1	108.3	107.5	107.7	107.1	106.6
徐州	111.5	111.1	111.3	111.6	111.1	111.2	111.6	111.6	111.9	111.9	111.4	110
温州	104.5	103.9	102.4	103.3	103.4	104.5	105.1	106.1	105.6	105	104.4	104.3
金华	107.9	107.5	107.1	106.6	105.9	105.8	105.7	105.7	105.5	104.9	105	
蚌埠	103.4	103.7	103.8	103.7	103.6	104.1	103.8	104.3	104.3	104.5	104.8	105.3
安庆	102.1	101.7	100	99.5	98.8	98	97.7	96.9	96.5	96.8	97.5	98
泉州	103.5	103.5	103.7	103.6	104.2	105.2	105.2	105.6	106.1	105.5	105.6	105.5
九江	108.6	108.6	107.7	107.6	107.5	107.5	107.3	106.3	106	105.2	104.7	104.1
赣州	102.7	103	103.2	104	104	104.7	104.5	105	104.3	104.2	104.4	104.2
烟台	109.7	109.9	109.6	109.2	108.7	108.1	107.5	107.7	107.1	106.7	106.3	105.5
济宁	109.3	107.9	107.8	107.7	107.3	106.8	107.4	107.4	107.2	107.2	107.9	108.3

续表

城市	1月	2月	3月	4月	5月	6月	7月	8月	9月	10月	11月	12月
洛阳	112.4	111.9	111.5	110.7	109	106.6	106.9	106.6	104.8	103.1	102.5	102.1
平顶山	108.6	107.4	106.2	105.6	105.5	105.2	103.9	103.9	104.3	103.7	103.8	103.4
宜昌	100.1	99.3	98.4	98.2	98.2	98.9	99.3	99.9	100.3	101.3	102.1	102.5
襄阳	110	109.2	108.7	107.8	107.1	106.9	107	106.4	105.9	105.1	104.8	104
岳阳	97.9	97.9	97.7	98	98.6	99	99.1	99.7	100.5	100.2	100.4	101
常德	103.4	103.7	101.8	100.7	100.7	100	100.3	99.5	99.4	98.4	98.4	98.6
惠州	105	105.2	104.9	105.1	105.7	106.8	107.3	108.7	109.2	109	108.1	107.6
湛江	104.1	103.1	101.9	101.5	100.7	100.2	100	100.1	100.7	100.5	101.4	100.5
韶关	99.5	99.1	99.2	99.3	98	97.8	97.1	98.4	98.4	99	99.4	99.6
桂林	106.7	105.7	104.9	105.5	105.1	104.2	103.1	101.7	101.4	101.5	100.9	100.9
北海	107.7	107.2	106	104.7	103.5	102.2	101.2	99.5	99.1	98.2	97.9	97
三亚	106.7	106.6	105.8	105.6	104.6	104.1	104	105	105.5	105.9	105.9	105.7
泸州	97.9	96.8	96.4	96.2	96.5	97.2	97.4	98.3	98.7	99.4	99.6	99.8
南充	102	101.1	100.5	100.7	101.3	100.2	100.2	99.6	99.2	98.9	98.7	99.1
遵义	104.2	102.5	102.2	101.6	101.1	100.9	100.5	100.3	99.7	99.8	100.6	100.1
大理	114.1	112.1	110.9	110.3	108.2	106	104.9	104.7	104.2	103.5	102.5	101.7

数据来源：国家统计局。

2020年70个大中城市新建商品住宅销售价格指数定基数据 表41

城市	1月	2月	3月	4月	5月	6月	7月	8月	9月	10月	11月	12月
北京	144.6	144.8	144.8	144.4	145.1	145.6	146.1	147	147.4	147.7	147.5	147.9
天津	132.3	131.8	131.7	131.9	132.4	133.2	133.9	134.2	134.4	133.8	134.2	134.1
石家庄	155.6	155.6	156	157	157.2	157.4	157.9	158.1	159.1	159.5	160.2	160.1
太原	129.3	129.3	129.4	129.7	130.4	131.1	131	130.7	130.1	129.7	129.1	128.9
呼和浩特	151.3	151.3	151.8	152.3	153.7	153.9	154.9	155.7	156.4	157.3	158	158.3
沈阳	142	142.7	143.2	144.3	145.7	147	148.2	149.8	149.7	149.5	149.3	148.7
大连	136.8	137.3	137.7	138.4	139.5	140.7	141.4	141.8	142.5	143	143	143.3
长春	137.8	137.6	138.3	139	139.5	140.4	140.9	141.8	142.1	142	141.5	141
哈尔滨	143.5	143.5	143	145.3	145.4	145	145.2	145.6	145	145.1	145	144.2
上海	150.4	150.4	150.4	151.3	152.4	153.1	153.7	154.6	155.4	155.8	155.8	156
南京	153.6	153.4	153.6	156.3	158	159.9	160	160	159.9	160.6	160.8	161
杭州	147.9	147.8	149.8	151	152.1	153.9	154.3	154.9	155	154.9	154.5	154.1
宁波	139.7	139.5	139.9	139.9	141.8	142.9	143.5	144.5	145.1	145.1	145	144.9
合肥	161.4	161.4	161.5	160.7	160.6	161.7	162.3	162.8	163.7	164.5	165.4	166.6
福州	144.2	145	145.6	146.2	147	147.8	148.4	148.8	149.3	149.6	150.3	151.4
厦门	157.4	157.4	157.4	157.3	158	159.6	160.7	161.3	162.2	162.5	163.2	164.2
南昌	140.7	140.7	140.4	141	141.6	141.9	142.2	141.8	142	141.4	140.8	141.4
济南	141	140.7	140.2	140.2	140.9	141.4	141.6	141	141.1	140.9	140.4	140.2
青岛	139.1	139.1	138.5	139.1	139.5	140.5	141.2	142.2	142.9	142.6	142.5	142.9
郑州	144.7	144.2	144	144.1	143.9	144.4	144.4	145.2	145	144.3	143.8	143.5
武汉	161.6	161.6	161.6	161.3	161.9	164.1	165.2	166.2	166.8	167.4	167.7	168.1

续表

城市	1月	2月	3月	4月	5月	6月	7月	8月	9月	10月	11月	12月
长沙	147.2	147.7	148.1	148.8	149.3	151.3	152	153.3	153.7	153.6	153.3	153.7
广州	156.9	156.8	156	156.1	156.5	157.5	158.8	160.2	161.1	161.9	163.3	164.4
深圳	151.9	151.9	152.7	152.7	153.6	154.9	155.9	156.6	157.2	157.6	157.5	157.4
南宁	151.8	151.8	152.1	152.6	153.6	155.2	156.4	157.7	158.6	158.9	158.8	159
海口	148.4	148.4	148.5	149.1	148.6	149.1	149.7	150.9	151.5	151.9	152.3	152.5
重庆	142.7	142.3	142.7	144.1	145.3	146.6	147.3	147.8	148.6	149	148.8	149.3
成都	154.1	156	156.8	157.8	158.6	160.1	161.6	163.2	163.6	163.8	163.8	163.4
贵阳	145.7	146.4	146.2	145.6	146	146.3	146.6	147.6	147.9	148.5	149.2	150
昆明	147.4	147.1	147.2	148.6	149.5	151.3	151.8	153.2	153.5	154.8	155.1	155.6
西安	170.1	170.1	170.9	171.8	172.7	174.1	175.8	177.7	179.1	180.1	180.4	181.2
兰州	127.5	127.5	127.2	127.9	128.5	129.2	129.9	130.7	131.5	132.2	133	133.3
西宁	137.2	137.9	139.8	140.9	142	143.4	143.5	145	145.8	146.7	147.5	148.5
银川	130	129.9	131.4	132.7	135.4	138	140.7	143.2	144.7	145.6	146.3	147
乌鲁木齐	116.6	116.4	116.3	117.3	117.9	119.1	119.9	119.9	120.1	120.7	120.9	120.3
唐山	140	140.3	141.6	144.2	145.8	148.1	150.1	152	152.9	152.9	153.4	153.9
秦皇岛	148.1	147.7	148.3	149.4	150.7	151.9	152	152.8	153.4	152.9	153.2	153.2
包头	123.7	123.5	123.7	123.4	124.4	124.3	124.9	125.9	126.5	126.7	126.5	126.8
丹东	129	129.6	130.2	130.9	131.2	131	132.3	133.3	134.4	134.9	135.9	136.8
锦州	121.3	121.4	121.7	122.7	123.9	124.7	126.1	127.8	127.6	127.7	128.3	128.6
吉林	135.9	136.2	136.9	137.7	138	138.6	139	140.1	141.3	141	140.5	140.1
牡丹江	124.4	124.8	124.7	123.9	123.7	123.6	123.1	124.1	124.2	123.6	123.2	122.3
无锡	154.2	154.4	155.2	156	157.6	158.9	161.1	162.9	163.4	163.3	163.1	162.5
扬州	151.8	151.8	152.4	153.1	154	155	156.3	157.7	158.4	159.7	159.9	161.1
徐州	158.7	160	161	162.6	164	165.8	168.4	169.8	172.2	173.3	173.2	173.2
温州	121.1	120.7	120	121.2	122.1	123.5	124.3	125.9	125.9	126.3	126	125.9
金华	134.9	134.9	135	135.6	136.6	137.9	138.5	140.1	140.4	140.1	140.4	141.1
蚌埠	130.6	130.6	131.1	131.7	132.4	133.7	134.2	134.9	135.5	135.9	136.3	136.6
安庆	126	125.7	125	124.5	124.3	123.6	123.2	122.3	122.6	123.3	123.6	124
泉州	116.1	115.6	116.1	116.4	117.5	118.4	119	120.1	120.9	121.3	121.5	122.1
九江	144.1	144.7	144.5	145.4	146.1	147.4	147.9	147.7	148.5	148.5	148.2	148.4
赣州	128.8	129.2	129.1	129.8	130.2	130.9	131.9	132.5	132.7	133.1	133.7	134.1
烟台	142.8	143.7	144.1	144.6	145.1	145.9	146.6	148.1	148.9	149.5	149.8	149.9
济宁	135.3	135.4	135.9	136.7	137.6	138.5	140	141.6	142.9	143.8	145.6	146.2
洛阳	143.8	143.9	143.7	144.1	144.3	144.5	145.7	146.1	146.5	146.6	146.7	146.6
平顶山	130.2	130.2	130.4	130.4	131	132	132.5	132.9	133.4	133.5	134.3	134.4
宜昌	129.5	129.5	129.2	129.6	130.1	130.6	131.5	131.6	131.9	132.7	133.2	133.3
襄阳	136.1	136.1	136.1	136	136	136.7	137.7	138.7	139.4	139.9	140.5	140.7
岳阳	120.3	119.7	119.8	120.4	121	121.7	121.9	122.4	122.8	121.9	121.8	121.8
常德	127.6	127.8	127.3	127.1	127.5	127.2	127.5	127	126.2	126	126.1	
惠州	142.1	142.1	141.9	142.4	143.8	146	147.4	150.2	151.2	151.7	151.4	151.9

续表

城市	1月	2月	3月	4月	5月	6月	7月	8月	9月	10月	11月	12月
湛江	130.3	130	129.1	129	128.8	128.8	129.2	129.7	130.5	131.2	131.8	131.5
韶关	122.7	122.1	121.9	121.9	121.7	121.8	121.9	122.4	122.2	122.7	122.7	122.4
桂林	130.8	130.4	130.2	130.8	131.4	131.7	131.7	130.3	131.2	131.7	131.4	131.7
北海	142.2	142.4	142.4	142.3	142	141.1	140.8	139.7	139.2	138.3	137.9	137.3
三亚	155.1	155.1	154.3	155.3	154.6	155	156.5	158	159.3	160.4	161	161.8
泸州	120.9	120	119.8	119.8	120.2	120.8	121	121.6	121.9	121.4	121.2	120.9
南充	128.1	127.3	127.9	129.4	131.1	129.9	129.5	128.8	128.8	128.1	127.7	127.5
遵义	129.1	128.6	128.8	129	128.9	129.1	128.6	129	128.8	128.6	129	129
大理	149.3	149.3	149.7	149.7	149.5	149.1	149.6	150.6	151	151	150.9	150.5

数据来源：国家统计局。

【二手住宅销售价格情况】 根据国家统计局公布的月度数据，2020年全国70个大中城市的二手住宅销售价格指数情况分别如表42、表43和表44所列。

2020年70个大中城市二手住宅销售价格指数环比数据 表42

城市	1月	2月	3月	4月	5月	6月	7月	8月	9月	10月	11月	12月
北京	100.4	99.8	100.2	101.1	101.8	100.7	100	100.7	100.4	100.4	100.5	100.5
天津	99.4	99.6	99.5	99.8	99.5	99.7	99.9	99.2	99.8	99.9	99.8	99.9
石家庄	99.5	100	100	99.7	99.8	99.9	99.7	99.6	100.1	99.6	99.8	99.7
太原	99.6	99.5	101.4	99.4	99.1	99	99.7	100.4	99.5	99.5	99.8	99.9
呼和浩特	100	100	99.4	100	99.5	100.3	100	100.1	99.8	99.7	99.6	99.6
沈阳	100.5	100.3	100.4	101.7	101	100.9	100.5	100.7	100.3	100.8	100.5	100.1
大连	100	100	100.5	101	100.5	100.4	100.7	100.4	100.3	100.2	100.6	
长春	100.4	100.2	100.4	100.3	100.2	100.5	99.6	100.1	99.8	99.5	99.6	99.4
哈尔滨	100.9	100	100.2	100.4	100	99.1	99.3	99.5	99.3	99.6	99.5	99.3
上海	100.2	100.2	100.3	101.2	100.6	100.4	100.5	100.8	101	100.5	100.3	100.6
南京	100.1	100	100.2	100.5	100.4	100.4	100.4	100.5	100.6	100.3	100.4	100.4
杭州	100.1	100	100.7	101	100.8	101	101.3	100.7	100.3	100.3	100.1	100.5
宁波	100.7	99.6	100.5	100.7	101.1	101.2	100.5	100.8	100.7	100.7	100.4	100.6
合肥	100.3	100	100.2	100.5	100.2	100.3	100.5	100.4	100.5	100.7	100.7	
福州	99.7	99.9	99.8	100.8	101	100.2	99.9	100.4	100.4	99.9	100.8	
厦门	100.4	100	100.1	100.5	100	100.4	100.5	100	99.9	100.4	100.5	100.7
南昌	100.1	100	99.5	99.7	100.4	99.9	99.5	99.8	100	99.8	100.4	100.5
济南	99.8	99.6	100	99.9	100	99.9	100.1	99.5	99.6	99.7	99.6	99.5
青岛	99.9	99.4	99.6	100	99.9	100.2	99.8	100.4	99.7	99.6	99.7	99.8
郑州	99.6	100	99.4	99.5	99.4	99.6	99.7	99.9	99.5	99.8	99.7	99.9
武汉	99.6	100	100	99.8	99.9	99.9	100.7	100.3	100.1	99.8	99.7	
长沙	99.8	99.9	100	99.6	100	100.5	100.4	100.2	100	100.2	100.5	
广州	100.3	99.9	99.8	100	100.4	100.8	101.6	101.7	100.7	100.6	100.8	100.7
深圳	100.7	100.5	101.6	101.7	101.6	101.9	100.8	101.1	101.1	100.9	100.6	100.5
南宁	100.6	100	100.1	100.2	100.1	100.3	100.7	100.2	100.2	100.5	100.3	100.3

续表

城市	1月	2月	3月	4月	5月	6月	7月	8月	9月	10月	11月	12月
海口	100	100	99.4	99.8	99.6	100.1	100.7	101	100.4	100.7	100.4	100.3
重庆	99.6	99.5	99.3	99.9	100	100.3	100.1	100.5	100.4	99.7	100.3	99.9
成都	99.9	100.9	100.7	102.1	101.3	100.6	100.7	101.2	100.3	100.2	100.4	99.7
贵阳	99.6	100	99.7	99.6	99.8	99.7	99.2	99.8	99.9	99.7	99.8	99.6
昆明	99.8	100.3	100.5	100.6	100.3	100.5	100	99.6	100.6	100.5	100.2	100.1
西安	99.8	100	99.7	99.9	100.2	100.5	100.6	100.9	100.7	100.3	99.7	100.2
兰州	101.1	100	99.7	100.6	100.2	100.4	100.5	100.2	100.4	100.4	100.3	100.4
西宁	100	100.2	100.5	100.9	101	101.4	101	100.9	100.3	100.4	100.5	100.5
银川	99.7	100.2	100.4	101.2	101.3	101.4	101.2	101	100.5	100.8	100.5	100.2
乌鲁木齐	99.9	99.6	100.7	100.8	100.9	100.6	100.5	100	100.9	100.6	100.3	100.5
唐山	101	100.6	101	100.8	100.7	100.9	100.8	101.1	100.5	100.1	100.4	100.2
秦皇岛	99.7	99.6	99.9	100.2	100.7	100.4	101	100.8	100.3	100	100.3	99.7
包头	100.2	100	99.7	99.4	101.1	100.7	100.3	100.1	100.3	99.9	100	100.1
丹东	100.4	100.3	100.1	100.2	100.3	100.2	100.4	100.7	100.6	100.4	100.5	100.4
锦州	99.6	100	100.3	99.3	99.6	100.2	100	100.6	100.1	99.7	100.1	99.8
吉林	100.4	99.9	100.2	100	100	99.9	99.5	99.7	99.8	99.7	99.8	99.6
牡丹江	99.7	99.8	99.5	98.6	98.5	98.2	98.7	98.4	99.5	99.5	99.5	99.8
无锡	100.3	99.7	100.5	101	100.9	101.6	101.2	101	100.9	100	100.2	99.9
扬州	100.2	100	100.3	100.4	100.2	100.2	100.1	100.9	100.7	100.8	100.1	100.9
徐州	100.5	100.5	100.4	100.6	100.8	100.9	100.7	100.8	101.3	100.5	100.7	100.4
温州	99.9	100	99.8	100.9	100.6	100.9	100.8	101	100.4	100	100.3	100.2
金华	99.8	99.7	100.3	100.2	100	100.7	100.7	101.2	100.5	100.3	100.2	100.8
蚌埠	100.3	100	99.9	100.6	100.5	100.4	100.2	100.7	100.1	100.2	100.5	100.4
安庆	99.8	99.7	100.3	100.5	99.8	99.9	99.6	99.8	99.9	99.8	99.6	99.7
泉州	100.2	99.8	99.8	100	100.8	100.5	100.3	100.8	100.6	100.4	100.5	100.6
九江	100.2	100.2	99.9	100	100.6	100.5	100	99.8	100.2	99.8	100.5	100.3
赣州	100.4	100.1	99.7	100.2	100.4	100.4	100.3	100.4	100.5	100.1	100.4	99.9
烟台	99.5	99.3	99.6	99.7	99.8	99.9	99.6	100.2	100.4	100.3	100.3	100.1
济宁	100.4	99.9	100.2	100.3	100.1	100.6	100.6	101	100.7	100.4	100.3	100.6
洛阳	100.6	100	100.3	100.1	100.2	100.3	100.8	100.5	100.2	100.1	99.8	100.3
平顶山	100.3	100	100.3	100.2	100	100.4	100.2	100	100.5	100.4	100.1	100.1
宜昌	99.6	100	99.4	99.8	99.9	100.1	100.7	99.8	100.2	100	99.9	99.8
襄阳	99.8	100	99.8	99.9	100	99.9	99.5	100.2	100	99.9	99.8	99.9
岳阳	99.9	99.6	100	100.5	100.4	100.3	100.1	100	100.2	99.5	100.2	100
常德	100.1	100	99.3	100	99.6	99.7	99.9	100.2	99.9	99.8	100.3	99.8
惠州	100.4	100	100	99.7	100.3	100.2	100.6	100.9	100.8	100.4	100	100.3
湛江	99.8	99.6	99.3	99.5	99.6	99.7	99.7	100	100.7	100.1	100	99.8
韶关	99.5	99.5	100	99.6	99.7	100.3	100.4	99.9	99.9	100.4	99.7	
桂林	100.5	100.2	100	100.3	100.4	100.4	100	100.3	100.2	100.2	99.8	
北海	99.7	99.8	99.9	99.6	99.5	99.7	99.5	99.9	99.7	99.5	99.7	99.9

续表

城市	1月	2月	3月	4月	5月	6月	7月	8月	9月	10月	11月	12月
三亚	100	100	99.5	99.9	99.2	100.2	100.3	99.5	100.5	100.1	100.2	100.6
泸州	99.9	99.2	99.5	99.7	99.6	99.9	99.8	99.5	100.2	99.9	99.8	99.9
南充	99.8	99.1	100	99.6	99.5	99.6	99.7	99.4	99.4	99.5	99.1	99.7
遵义	99.5	99.3	100	99.8	99.9	100.3	100	100.5	99.9	99.8	100.2	99.8
大理	100.7	100	100.2	100.1	100.3	100	100.4	100.8	100.3	99.9	99.9	99.8

数据来源：国家统计局。

2020年70个大中城市二手住宅销售价格指数同比数据　　　　表43

城市	1月	2月	3月	4月	5月	6月	7月	8月	9月	10月	11月	12月
北京	100	99.6	99.3	99.8	101.5	102.2	102.5	103.6	104.5	105.4	106.4	106.3
天津	99.2	98.2	97.7	96.7	95.7	95.5	95.8	95.5	95.4	95.8	95.6	96
石家庄	100.3	99.7	99.1	98.5	97.9	97.6	97.5	97	97.6	97.5	97.5	97.5
太原	103.3	102.4	103.8	101.9	100.4	99.1	97.7	97.7	96.6	96.5	96.7	96.9
呼和浩特	109.5	107.9	106.3	104.7	102.3	101.4	101	101	100.4	99.7	99.3	99.2
沈阳	109.9	109.3	109	110	110	110.4	110.3	109.4	108.8	109.1	108.3	107.8
大连	105	104.4	103.8	104	103.9	104.1	104.6	104.8	105.1	105.5	105.7	106.1
长春	107.3	107.3	106.5	105.7	105.3	105.3	104.5	103.8	102.7	101.8	100.9	99.8
哈尔滨	112.2	111.7	111.5	110.8	110	108.3	106.7	104.9	102.6	100.4	98.4	97
上海	101.4	101.6	101.6	102.3	102.8	103	103.3	104.1	104.6	105.2	105.5	106.3
南京	105.6	105.3	104.6	105	105.3	105.7	105	104.9	103.9	103.8	104	104.5
杭州	103	103.1	103.1	103.2	102.9	103	104.6	105.4	105.9	106.4	106.5	106.9
宁波	108.8	108.3	108.1	108.1	108.2	108.6	108.3	107.7	107.7	107.8	107.9	108.5
合肥	103.1	103.1	103.1	103	103.3	103.2	102.5	102.6	103	103.5	104.4	104.7
福州	103.8	103.5	102.7	103	103.4	103.7	103	104.4	104.8	103.6	102.8	102.5
厦门	105.9	105.6	104.4	103.3	103.8	104.4	103.3	103.5	103.3	104.2	104.9	104.8
南昌	101.5	101.1	100	99.3	99.4	99.6	99.4	99.1	98.9	99	99.7	99.6
济南	97.2	96.4	95.9	96.1	96.4	96.4	96.7	97.1	96.9	97.3	97.5	97.2
青岛	94.5	94.2	94.1	94.3	94.5	95.4	95.8	96.6	97	97.2	97.7	97.9
郑州	96.6	97	96.6	96	95.3	95.5	95.4	95.4	95	95.5	95.7	96.4
武汉	97.8	97.8	97.7	97.7	98	98.1	98.8	99	100.1	100.5	100.5	100.2
长沙	98.8	98.7	98.7	98.1	98.3	98.9	99.5	99.7	100	100.3	100.7	101.3
广州	98.7	98.8	99.1	99.5	100.1	101	102.2	103	104.9	105.7	106.7	107.5
深圳	108.8	108.8	109.7	110.3	112	114.3	114.9	115.9	115.7	115.5	114.6	114.1
南宁	109	107.7	106.8	105.5	104.4	103.9	104.1	103.7	103.3	103.6	103.7	103.7
海口	98.6	98.6	98.2	97.2	97.2	97.1	98	99.5	100.7	101.1	101.9	102.4
重庆	100.9	100.1	99.3	98.4	98.1	97.7	97.7	98.6	99.5	99.4	99.3	99.4
成都	100.6	101	101.8	104.1	104.9	105.4	105.2	107.1	108.1	108.4	109	108.2
贵阳	97.2	96.8	96.6	96.1	95.5	95.5	95	95.3	95.8	95.9	96.2	96.5
昆明	105.7	105.3	105.5	106	105.5	105.2	104.8	103.3	103.1	103.3	102.9	103
西安	100.3	100.4	99	98.1	97.7	97.7	98.1	99	100.2	101.2	101.7	102.4

续表

城市	1月	2月	3月	4月	5月	6月	7月	8月	9月	10月	11月	12月
兰州	108.6	108.4	107	107.4	106.4	106.3	106.2	105.5	105.3	104.7	104.4	104.3
西宁	112.8	111.7	110.4	109.2	109.1	109.7	109.5	109.5	108.7	108.3	107.7	107.9
银川	107	107	106.3	107.2	108.3	109.2	109.6	109.1	108.9	109.2	108.8	108.5
乌鲁木齐	101.5	100.3	101.4	100.9	101	101.3	101.9	103	104	104.1	105	105.8
唐山	116.1	116.6	116.4	115.6	115.2	115	115.3	114.6	112.2	110.8	109.3	108.3
秦皇岛	108.8	107.6	106.2	104.8	104.9	104.4	104.9	104.5	104.3	103.6	103.2	102.7
包头	106.1	105.4	104.3	103	103.6	103.4	102.5	102.2	102.2	102.7	102.2	101.9
丹东	108.9	108.4	107.8	107.2	106.5	106.1	106	106.1	105.9	105.7	105.2	104.7
锦州	102.5	102.2	102.5	101.5	101.1	101.5	100.6	101	100.1	100	99.6	99.3
吉林	108	107.6	106.5	105.7	105.3	105	104.6	103.6	102.1	100.5	99.7	98.5
牡丹江	99.3	98.3	97.8	96	94.5	93	91.9	90.7	90.9	90.6	90.5	90
无锡	109.3	109.1	109.3	110	109.8	110	109.9	109.2	108.9	107.8	107.6	107.4
扬州	105.1	104.7	104.9	104.6	104.5	104	103.5	103.7	104	104.6	104.3	104.7
徐州	104.8	105.4	105.1	105.8	106.3	106.5	107	107.3	107.7	107.6	108	108.5
温州	103.3	103.1	102.7	102.9	103.1	103.7	104.7	105.2	105	104.9	104.6	105.2
金华	101.4	101.2	101.3	101	100.6	100.5	100.7	101.6	102.6	103	103.7	104.5
蚌埠	104.5	104.4	103.9	104	104.1	103.8	103.1	103	102.8	103.5	103.8	103.9
安庆	96.3	96.1	96.4	97.7	97.5	97.7	97.5	98.3	98.6	98.6	98.4	98.4
泉州	102.3	102.2	101.6	101.7	102.3	102.6	102.4	102.6	103.5	103.7	103.9	104.5
九江	107.1	107	106.5	105.9	105.9	106	105.2	104.6	103.7	102.5	102.5	101.8
赣州	105.4	105	104.3	104.1	104.1	104.4	104.3	104.4	104.3	104.1	103.6	102.8
烟台	103.4	102.3	101	100	98.8	97.9	96.8	96.4	96.6	97.1	97.8	98.7
济宁	108.2	107.6	107.1	106.5	105.9	106	105.9	105.9	105.5	105.3	105.3	105.3
洛阳	109.6	109.7	110.2	109.1	108.5	107.9	107.1	106.9	105.1	104.6	103.7	103.2
平顶山	106.7	106	106.1	105.6	105.3	105.3	105.2	105.8	105.5	105.1	104.4	103.4
宜昌	96.3	96.1	95.5	95.4	95.3	96.1	97.1	97.9	98.6	99	99.2	99.2
襄阳	104.6	103.7	102.7	101.5	100.8	100.1	99.2	99.1	99	98.6	98.7	98.7
岳阳	98.6	98.2	98.2	98	98.5	98.8	98.5	99.1	99.7	99.9	100.7	100.8
常德	98.6	98.6	97.7	97.8	97.5	97.7	97.5	97.8	97.9	98	98.2	98.5
惠州	103.4	103.5	103.1	102.6	102.8	102.9	102.8	102.9	103.6	104.1	103.7	103.6
湛江	97.6	97.3	96.4	96	95.9	95.9	95.8	95.8	96.8	97	97.4	97.9
韶关	99.9	99.3	99.1	98.4	97.9	97.9	97.5	97.5	98	98.3	99.6	99.2
桂林	105.1	105.3	104.4	104.1	103.9	103.6	103.6	103	102.7	102.1	102.5	102.5
北海	101.7	101	100	99	98	97.8	97	96.5	96.9	96.5	96.5	96.5
三亚	99.7	98.9	97.5	96.6	95.6	96.5	97.1	97.3	98.3	98.9	99.4	100
泸州	100	99.1	98.6	98.8	98.3	98.7	98.6	98.1	97.6	97.6	97.6	96.9
南充	99.7	99	99.5	99.2	98.5	97.4	97	96.4	95.6	95.4	95	94.6
遵义	96.6	95.6	95.6	95.5	95.6	96.1	96.7	97.5	98	98.3	98.8	99
大理	110.6	109.2	107.5	106.8	105.9	105.4	104.9	105.2	104.5	104	103.3	102.5

数据来源：国家统计局。

2020年70个大中城市二手住宅销售价格指数定基数据

表44

城市	1月	2月	3月	4月	5月	6月	7月	8月	9月	10月	11月	12月
北京	145.1	144.7	144.9	146.5	149.1	150.2	150.1	151.1	151.7	152.2	153	153.7
天津	133.5	132.9	132.3	132	131.3	131	130.8	129.8	129.5	129.4	129.1	128.9
石家庄	125.7	125.7	125.6	125.3	125.1	124.9	124.5	124.1	124.1	123.7	123.4	123.1
太原	129	128.4	130.2	129.5	128.3	127	126.7	127.1	126.4	125.9	125.7	125.5
呼和浩特	133.2	133.2	132.3	132.3	131.6	132.1	132.6	133.2	133.3	133	132.6	132.1
沈阳	130.1	130.5	131.1	133.3	134.5	135.7	136.4	137.3	137.6	138.8	139.4	139.6
大连	121.8	121.8	122.4	123.7	124.9	125.7	126.5	127.3	127.8	128.2	128.5	129.2
长春	126.2	126.4	126.9	127.2	127.4	128.1	127.6	127.7	127.4	126.8	126.2	125.4
哈尔滨	136	136	136.3	136.1	136.8	135.6	134.7	133.9	132.9	132.4	131.7	130.8
上海	139.5	139.7	140.1	141.7	142.5	143	143.7	144.8	146.2	146.9	147.2	148.1
南京	146	146	146.3	147	147.7	148.5	149.2	149.9	150.8	151.2	151.8	152.4
杭州	144.6	144.7	145.6	147.1	148.3	149.7	151.7	152.7	153.1	153.6	153.7	154.5
宁波	134.4	133.8	134.5	135.4	136.8	138.4	140	141.2	142.4	143.4	144	144.8
合肥	161.7	161.7	162	162.9	163.6	163.9	164.3	165.1	165.7	166.5	167.6	168.7
福州	129.7	129.6	129.3	130.3	131.9	131.9	131.6	131.4	131.9	132.5	132.4	133.4
厦门	142.5	142.4	142.6	143.3	144.6	145.8	146.6	146.5	146.4	147	147.7	148.7
南昌	132.6	132.6	131.9	131.5	132.1	131.9	131.3	131.1	131	130.8	131.3	132
济南	128.9	128.5	128.4	128.3	128.3	128.2	128.4	127.7	127.2	126.8	126.2	125.6
青岛	126.2	125.4	124.8	124.8	124.6	124.9	124.7	125.2	124.8	124.3	123.9	123.6
郑州	127.7	127.7	126.9	126.3	125.5	125.3	125	124.9	124.2	124	123.7	123.6
武汉	144.4	144.4	144.4	144.1	144.1	143.7	144.5	145.5	145.9	146	145.8	145.3
长沙	134.2	134.1	134	133.5	133.6	134.2	134.7	134.9	134.9	135.2	135.5	136.1
广州	147.5	147.5	147.1	147	147.6	148.8	151.2	153.8	154.9	155.8	157	158.1
深圳	163.8	164.6	167.1	169.9	172.6	176	178	179.9	182	183.6	184.7	185.7
南宁	137.4	137.4	137.5	137.8	137.9	138.3	139.3	139.5	139.9	140.6	141	141.5
海口	113.5	113.5	112.8	112.6	112.7	113.1	114.2	114.7	115.4	115.9	116.2	
重庆	127.8	127.2	126.3	126.2	126.1	126.2	126.6	127	127.7	127.3	127.7	127.6
成都	117.9	119	119.8	122.3	123.8	124.5	125.4	126.9	127.2	127.5	128	127.6
贵阳	118.6	118.6	118.2	117.8	117.6	117	116.3	116	115.8	115.5	115.3	114.9
昆明	133.4	133.8	134.5	135.2	135.9	136.2	136.3	135.7	136.5	137.1	137.4	137.6
西安	121	121	120.7	120.6	120.8	121.5	122.1	123.2	124	124.5	124	124.2
兰州	125.9	125.9	125.5	126.3	126.6	127.1	127.7	128	128.5	128.9	129.4	129.9
西宁	123.6	123.9	124.5	125.5	126.8	128.6	129.8	131	131.4	131.9	132.6	133.3
银川	113.7	113.9	114.4	115.8	117.3	118.8	120.2	121.4	122	123	123.5	123.8
乌鲁木齐	124.4	123.9	124.8	125.8	126.9	128.1	128.7	128.7	129.9	130.7	131.1	131.8
唐山	133	133.8	135.2	136.2	137.1	138.4	139.5	141.1	141.7	141.8	142.4	142.6
秦皇岛	131.1	130.6	130.4	130.6	131.5	132.1	133.5	134.5	135	135	135.4	135.1
包头	113.7	113.7	113.4	112.7	113.9	114.7	115.1	115.2	115.6	115.4	115.5	115.6
丹东	117.9	118.2	118.4	118.6	119	119.3	119.8	120.6	121.3	121.8	122.5	122.9
锦州	103.1	103.1	103.4	102.7	102.3	102.5	102.5	103.1	103.2	102.9	103	102.8

续表

城市	1月	2月	3月	4月	5月	6月	7月	8月	9月	10月	11月	12月
吉林	123.9	123.8	124	124	124	123.9	123.2	122.8	122.6	122.3	122.1	121.5
牡丹江	109	108.8	108.2	106.7	105.1	103.2	101.8	100.2	99.7	99.2	98.6	98.4
无锡	148.3	147.9	148.6	150.1	151.4	153.9	155.6	157.3	158.7	158.6	158.9	158.7
扬州	129.4	129.4	129.9	130.4	130.6	130.8	130.9	132	132.9	133.9	134.1	135.3
徐州	127.7	128.4	128.8	129.6	130.7	131.9	132.8	134	135.7	136.4	137.3	137.8
温州	116.3	116.3	116.1	117.2	117.9	119	120	121.2	121.8	121.8	122.1	122.4
金华	120.6	120.2	120.5	120.7	120.7	121.6	122.5	124	124.6	124.9	125.2	126.2
蚌埠	125.7	125.7	125.6	126.3	127	127.4	127.7	128.5	128.7	129	129.7	130.2
安庆	117.4	117	117.4	117.9	117.7	117.6	117.1	116.9	116.8	116.6	116.1	115.8
泉州	116.9	116.7	116.4	116.4	117.3	117.9	118.3	119.3	120	120.5	121.1	121.9
九江	130.8	131.1	130.9	130.9	131.7	132.4	132.3	132	132.2	132	132.6	133
赣州	130.1	130.2	129.8	130.1	130.6	131.1	131.5	132	132.7	132.8	133.3	133.1
烟台	126.2	125.3	124.8	124.4	124.2	124.1	123.6	123.8	124.3	124.7	125.1	125.2
济宁	137.9	137.8	138	138.5	138.5	139.4	140.3	141.7	142.7	143.2	143.7	144.6
洛阳	128.8	128.8	129.2	129.3	129.5	129.9	131	131.6	131.8	131.9	131.7	132.2
平顶山	122.8	122.8	123.2	123.4	123.7	124.2	124.7	125.3	126	126.4	126.5	126.6
宜昌	118.3	118.3	117.6	117.4	117.2	117.3	118.1	117.9	118.2	118.2	118.1	117.8
襄阳	122.2	122.2	121.9	121.7	121.8	121.7	121	121.3	121.3	121.2	120.9	120.8
岳阳	112.6	112.1	112.1	112.6	113.1	113.4	113.5	113.6	113.9	113.3	113.5	113.6
常德	113.6	113.6	112.8	112.8	112.3	112	111.8	112.1	111.9	111.7	112	111.8
惠州	135.5	135.5	135.4	135	135.4	135.7	136.5	137.8	138.8	139.3	139.3	139.8
湛江	110.5	110.1	109.3	108.7	108.3	108	107.9	107.8	108.5	108.7	108.7	108.5
韶关	115.7	115.1	115.1	114.7	114.3	114.7	114.9	115.4	115.3	115.2	115.6	115.3
桂林	112.4	112.6	112.6	113	113.4	113.6	114	114	114.4	114.6	114.9	114.6
北海	122.9	122.6	122.6	122.1	121.5	121.1	120.5	120.3	120	119.4	119.1	118.9
三亚	120	120	119.4	119.2	118.3	118.6	118.9	118.3	118.9	119	119.2	119.9
泸州	120.1	119.1	118.6	118.2	117.7	117.6	117.3	116.8	116.9	116.9	116.6	116.5
南充	120.6	119.6	119.5	119	118.5	118	117.7	117	116.3	115.7	114.7	114.4
遵义	113.6	112.8	112.8	112.6	112.5	112.9	112.8	113.5	113.6	113.2	113.3	113.1
大理	131	131	131.3	131.4	131.8	131.9	132.4	133.4	133.9	133.8	133.6	133.3

数据来源：国家统计局。

(哈尔滨工业大学　赵蕊　王要武)

部属单位、社团

全国市长研修学院
（住房和城乡建设部干部学院）

【概况】2020年，是全国市长研修学院（住房和城乡建设部干部学院）（以下简称"学院"）成立四十周年，在住房和城乡建设部党组的坚强领导下，坚持以习近平新时代中国特色社会主义思想为指导，全面贯彻党的十九大和十九届二中、三中、四中、五中全会精神，按照全国住房和城乡建设工作会议部署，编好用好"致力于绿色发展的城乡建设"系列培训教材，学院党建纪检、巡视整改、培训科研、疫情防控等各方面工作取得了新成绩。

【编好"致力于绿色发展的城乡建设"系列培训教材】住房和城乡建设部成立了市长培训教材编委会，党组书记、部长王蒙徽亲自担任编委会主任，组织专家学者编写"致力于绿色发展的城乡建设"系列培训教材，并撰写署名文章《贯彻落实新发展理念 推动致力于绿色发展的城乡建设》。

学院切实履行"致力于绿色发展的城乡建设"系列培训教材编委会办公室职责，在2019年《绿色增长与城乡建设》《城市与自然生态》《区域与城市群竞争力》《城乡协调发展与乡村建设》《城市密度与强度》《城乡基础设施效率与体系化》《绿色建造与转型发展》《美好环境与幸福生活共同缔造》8本教材出版发行的基础上，又出版了《统筹规划与规划统筹》《城市文化与城市设计》2本教材。

【扎实做好各类培训工作，线下线上相结合的培训格局初步形成】以学习贯彻习近平总书记关于住房和城乡建设工作的重要指示批示精神和中央城市工作会议精神为主线，按照全国住房和城乡建设工作会议提出的要求，共举办面授及网络培训班87期，培训学员53665人次。王蒙徽等部领导亲自审定学院年度培训计划或到学院座谈调研等。

紧紧围绕"致力于绿色发展的城乡建设"系列教材开展培训。2020年住房和城乡建设系统领导干部培训班均以"致力于绿色发展的城乡建设"系列教材为主要培训内容，根据培训主题选择教材进行授课。教材受到广大学员的广泛好评，山西、辽宁、吉林、青海等省全系统统一采购教材集体学习，力争系统地将绿色发展理念贯穿到城乡建设的各方面和全过程。

分省送教上门开展系统领导干部培训。在部人事司的大力支持下，学院及时调整办班模式，部分系统领导干部培训班由往年的全国集中统一培训改为分省送教上门的形式。分别为河北、安徽、福建、青海等15个省（市）完成送教上门系统领导干部培训班15期，受到省（市）住房和城乡建设部门、参训学员一致好评，扩大了培训受众范围。转变部司局委托培训方式，部相关司局以购买服务的形式委托学院举办培训班19期，其中网络班3期。

大力推广线上培训。针对疫情期间不能开展线下培训，主动调整培训方式，录制网络培训课程，举办网上公益培训班，学院的"全国住建系统领导干部在线学习平台（全国住建系统专业技术人员在线学习平台）"免费向系统领导干部和专业技术人员开放70余门课程，实现停训不停学。在线学习平台新上线课程80余门，新增注册用户1.7万人。举办了4期公益培训班，培训学员12162人次；9次公益直播课程，受众37417人次。按照部人事司要求，开发"住房和城乡建设部干部学习平台"，部机关及直属单位500余名干部在线学习系列培训教材等视频课程。与甘肃省、山东省，西藏阿里地区等地方开展合作，提供针对性的培训课程。启动了执业资格考前培训筹备和试点工作。

【建设新型智库，推动学院转型发展】学院推荐的北京大学建筑与景观设计学院院长俞孔坚、江苏省住房和城乡建设厅厅长周岚主讲的《城市与自然生态》《城乡协调发展与乡村建设》2门课程，入选中组部学习贯彻习近平新时代中国特色社会主义思想全国好课程。

围绕部中心工作开展课题研究。获批"我国城镇老旧小区改造的多元化融资模式及地方典型案例研究""城市管理体系化建设研究"2项部科技计划项目，申报"城市更新政府决策与激励政策研究""以县城为重要载体的就地城镇化研究"等4项部科技计划项目。承接部有关司局委托的"城管进社区""政务公开第三方评估",及地方政府委托的多项课题。"河北雄安新区城市治理现代化研究"入选了国家发改委2020年度研究课题,"促进青年发展的城市政策环境评价体系研究"列入共青团中央2020年重大课题。开展城市管理执法培训课件编写制作工作,成立城市管理信息化研究专家组,召开城市精细化管理研讨会。

加强调研工作。围绕部及学院中心工作,开展培训教学方式方法创新、城管进社区、工程建设领域注册执业人员继续教育、学院廉政风险防控工作等方面调研,形成《培训方式方法创新调研报告》《关于城市管理进社区的基本情况和建议》《工程建设领域注册执业人员继续教育调研报告》《关于加强中央单位中青年干部到信访岗位锻炼工作的思考》等4篇调研报告。到江苏、江西、山东、广东、海南等10余省,及有关院校、大型企业调研,了解地方好的经验做法、培训需求,学习先进培训方式方法。建立望山生活·婺源巡检司现场教学基地。落实部省共建协议,与青海省住房和城乡建设厅签订合作协议。

【圆满完成学院成立四十周年系列活动,取得了良好的社会效果】 在部机关大楼一层大厅展出学院40周年发展成就展。王蒙徽等部领导及人事司等有关司局一同参观发展成就展。展出充分展现了部干部教育培训工作成就。

出版《学院大事记与历史沿革(1980—2020)》。部党组成员、副部长姜万荣撰写署名文章《加强干部队伍教育培训 推动住房和城乡建设事业高质量发展》。大事记系统回顾了学院发展历程、总结发展经验、凝聚发展共识。

召开学院成立四十周年暨城市更新行动专题研讨会。姜万荣副部长出席会议并致辞,为市长、厅长学员代表赠送培训教材。指出,党的十九届五中全会明确提出实施城市更新行动,为"十四五"乃至今后一个时期做好城市工作指明了方向,明确了目标任务。学院站在新的历史起点上,要再探索、再创新、再出发。要全面贯彻落实习近平总书记关于城市工作、干部教育培训工作的系列重要论述和指示批示精神,开展好各类培训工作;要用好"致力于绿色发展的城乡建设"系列培训教材,努力提升培训质量;要常态化制度化加强领导干部城市工作专业能力培训,为推动城市与住房和城乡建设事业高质量发展培养造就一批优秀的领导干部和专业人才队伍。

中央组织部干部教育局负责同志出席会议并致辞,中国科协原党组副书记、副主席、书记处书记齐让出席会议。吴良镛院士、张锦秋院士、河南省副省长武国定,甘肃省副省长、陇南市委书记孙雪涛以贺信或视频方式致辞。山东省济宁市委书记傅明先、吉林省住房和城乡建设厅厅长孙众志分别代表市长、厅长学员在会上致辞。山东省住房和城乡建设厅党组书记李力、青海省住房和城乡建设厅厅长王发昌、吉林省白城市市长李明伟、河北雄安新区管委会副主任傅首清等学员到会或以贺信等多种方式表示祝贺。学院党委书记兼副院长宋友春介绍了学院四十年的发展历程。部有关司局和直属单位相关负责人,北京东城区、辽宁铁岭市政府负责人,江苏、福建、江西、内蒙古等省(区)住房和城乡建设厅负责人参加会议。

仇保兴、杨保军、何镜堂、唐凯、潘安、俞孔坚、吴晨等领导、专家,分别以"重建'微循环':城市有机更新必由之路""坚持系统观念 整体推进城市更新""城市体检:推动城市精细化治理和质量提升""设计引领城市 建筑记录时代""粤剧博物馆与永庆坊更新的案例""城市因美而新:旧城改造与城市双修的理论与实践""北京的城市复兴"为题在城市更新行动专题研讨会上发言。《中国建设报》刊发《实施城市更新行动 激活城市再生活力——城市更新行动专题研讨会现场速记》。

开展系列对外宣传工作。《中国建设报》专版刊登《四十载波澜壮阔 新征程催人奋进——全国市长研修学院(住房和城乡建设部干部学院)建院40周年侧记》。"学习强国"平台进行推送,阅读量达万次以上。部官网、学习强国、《中国建设报》,四川、宁夏等省(自治区)住房和城乡建设厅等多家媒体和单位对学院40周年活动进行新闻报道或转载。现场直播"城市更新行动专题研讨会"。开展学院院训、院史档案资料及书画、摄影、诗词、文章等作品征集活动。

【切实承担起巡视整改的主体责任,抓好巡视整改工作】 5月19日,部党组巡视组向学院党委反馈巡视意见。姜万荣副部长高度重视学院巡视整改工作,多次听取巡视整改工作方案和整改措施制定等情况的汇报,出席学院领导班子专题民主生活会,对学院党委抓好巡视整改落实提出"五个打造"的要求。年底,23项巡视整改任务已完成14项;9项选人用人巡视整改任务已完成5项。以巡视整改为契机,修订新订40余项规章制度,10余项工作标准化流程。

切实抓好服务脱贫攻坚工作,发挥学院培训优势，增加部定点扶贫县和对口支援县学习名额，与部扶贫办、人事司共同举办"贫困村党支部书记培训班"，与部法规司共同开展安徽省脱贫攻坚农村危房改造挂牌实地督战帮扶工作。

【加强学院自身建设，不断提高干部队伍素质】党建引领是做好学院工作的政治保障。学院始终把持续深入学习贯彻习近平新时代中国特色社会主义思想作为首要政治任务，推动学习贯彻往深里走、往心里走、往实里走，教育引导教职工增强"四个意识"，坚定"四个自信"，做到"两个维护"，使之成为指导学院各项工作的强大思想武器和行动指南，引领学院在新时代新征程中迈上新台阶、开创新局面。充分发挥党委理论学习中心组学习示范引导作用，运用支部学习、青年理论学习小组学习狠抓党员和青年干部的理论武装，扎实开展强化政治机关意识教育，深入学习贯彻习近平总书记关于住房和城乡建设工作的重要指示批示精神，学习贯彻党的十九届五中全会、中央经济工作会议精神，全国住房和城乡建设工作会议精神，进一步提高了党员干部政治能力、理论水平。狠抓党的组织建设，加强党风廉政建设。调整了部直属机关党校校委会组成人员。

干部队伍建设逐步形成梯队。出台《学院2019—2022年发展规划》《2020—2024年人才发展规划》《推动教师上讲台实施方案》《促进学院专业技术人员成长实施办法》《教职工交流轮岗管理办法》等多项干部培养方案，创新了组织员岗位设置和选拔聘任办法等。在全体教职工中开展"致力于绿色发展的城乡建设"系列培训教材为重点的读书学习活动。开展围绕"为部中心工作，当好智库""促进学院专业技术人员成长、推动教师上讲台"专题研讨活动，开展教师上讲台试讲工作、先进教学方式方法应用及教学创新交流会，召开科研课题工作推进会等。

信息化建设迈上新台阶。在线学习平台进一步完善整体功能，如完善移动端功能、增加统计管理和数据分析、增加必修选修自学模块、个性化开设定制培训等，形成了"4大版块、3大课程类别、20个学习专题"的课程体系，有270余门课程，600多学时。通过开设免费课程和公益直播，为部机关、系统领导干部线上学习发挥重要作用，成了系统干部网络培训的主渠道。数字化培训资源平台项目竣工验收，网络机房建成并投入使用，校园信息化建设实现从无到有。

〔全国市长研修学院（住房和城乡建设部干部学院）〕

住房和城乡建设部人力资源开发中心

【2020年专业技术职务任职资格评审工作】在部人事司的指导下，加强与人力资源和社会保障部的沟通协调，完成了高级职称评审委员会的备案工作。根据《职称评审管理暂行规定》（人社部40号令），拟订了《住房和城乡建设部职称评审管理暂行办法》，形成《职称评审工作手册》。进一步充实专家库，定向邀请住房和城乡建设部科技委的部分专家，形成了增补专家名单。完善优化职称评审信息平台，结合实际情况及运行中出现的新问题，认真梳理出25条需要完善的功能，延伸出32条需要调整的配套功能。2020年共组织召开29次评审会，提交到职称评审委员会并上会评审的申报人员共计2756人，评审通过2166人。

【行业职业技能标准编写（编制）工作】组织开展行业职业技能标准编制工作，《智能楼宇管理员职业技能标准》《城镇排水行业职业技能标准》通过审查会已报批；组织召开《装配式建筑职业技能标准》《装配式建筑专业人员职业技能标准》《机械清扫工职业技能标准》《保洁员职业技能标准》《垃圾处理工职业技能标准》《垃圾清运工职业技能标准》的征求意见稿内审会；召开《建设安装职业技能标准》首次编制会。

【行业培训工作】围绕住房和城乡建设部重点工作，完成"城市垃圾分类""工程建设项目审批制度改革""城市园林绿化技术与管理"3个培训任务，累计为全国23个省、自治区、直辖市的近1500名学员进行培训。

【全国住房和城乡建设职业教育教学指导委员会秘书处工作】响应部人事司"助力打赢疫情防控阻击战，提升劳动者技能水平"的号召，主动与"住房城乡建设行业从业人员教育培训资源库"平台对接，面向全国高职院校征集精品课程，支持行业职业院校线上教育工作。征求汇总并报送了关于《全国职业院校技能大赛改革方案（征求意见稿）》的征求意见。对中建八局等5家行业协会企业进行摸底调研，完成了《住房和城乡建设行业领域调研论证报告》。开展土木建筑大类职业教育专业目录动态调整工作。开展住建行指委换届等工作。

【行业企事业单位人力资源服务工作】围绕"提升中心价值含量、业务形态和服务水平"积极探索人力资源服务新模式。发挥人事档案管理专业优势，为19家部属、行业企事业单位提供1363册人事档案专项审查服务。推进人事档案信息化建设，2020年完成1675册人事档案数字化加工。积极拓展人力资源咨询业务，为行业企业提供人力资源顾问服务，为部属事业单位和社团开展薪酬体系课题研究，提供招聘命题和考务组织服务。组织开展人力资源培训，为部分部直属单位和已签约企业的管理人员进行《〈民法典〉对企业劳动用工的影响》《领导者如何化解单位内部工作矛盾》培训，为进一步拓展人力资源培训业务奠定基础。

住房和城乡建设部执业资格注册中心

【执业资格考试情况】组织完成2020年度一级注册建筑师、一级注册结构工程师、注册土木工程师（岩土）、注册土木工程师（港口与航道工程）、注册土木工程师（水利水电工程）、注册土木工程师（道路工程）、注册公用设备工程师、注册电气工程师、注册化工工程师、注册环保工程师、注册安全工程师（建筑施工安全专业类别）、一级建造师等执业资格全国统一考试的命题及阅卷工作。完成2020年度二级注册建筑师、二级注册结构工程师和二级建造师执业资格考试命题工作。

2020年，全国共有近400万人报名参加了各专业执业资格考试，具体报考情况见表1。

2020年度各专业执业资格考试报考情况统计表

表1

专业		报考人数（人）
一级注册建筑师		61465
二级注册建筑师		21744
勘察设计注册工程师	一级注册结构工程师	21949
	二级注册结构工程师	13176
	注册土木工程师（岩土）	16231
	注册土木工程师（港口与航道工程）	478
	注册土木工程师（水利水电工程）	1779
	注册土木工程师（道路工程）	10970
	注册公用设备工程师	21999

续表

专业		报考人数（人）
勘察设计注册工程师	注册电气工程师	13180
	注册化工工程师	1223
	注册环保工程师	1613
注册安全工程师（建筑施工安全专业类别）		124251
一级建造师		1482424
二级建造师		约220万
合计		近400万

【考试管理工作】面对2020年突如其来的新冠肺炎疫情，研究制定考试应急预案和防疫指南，倒排工作计划，积极协调有关部门，加强与命题专家沟通，严格遵守集中工作防疫指南要求，确保按时完成各项考试工作。加强专家管理，规范工作流程，结合实际制定印发《注册建筑师考试命题专家管理办法》，进一步明确了管理职责。强化考试命题质量，周密安排计划，协调推进工作，严格落实命题工作规程和阅卷工作要求，圆满完成各考试项目的命题、阅卷等工作。坚持底线思维，保持警钟长鸣，严格落实保密责任，严格专家和工作人员保密教育，严守考试保密安全红线，安全平稳完成全年考试工作。

【注册管理工作】继续开展一级注册建筑师、勘察设计注册工程师、注册监理工程师、一级建造师、注册安全工程师（建筑施工安全专业）等执业资格注册管理相关工作，2020年共完成近87.10万人次的各类注册工作。据统计，截至年底各专业（除二级建造师）有效注册人数近120万人，具体情况见表2。

2020年度各专业执业资格有效注册情况统计表

表2

专业		至2020年年底有效注册人数（人）
一级注册建筑师		31544
勘察设计注册工程师	一级注册结构工程师	42658
	注册土木工程师（岩土）	20653
	注册公用设备工程师	33033
	注册电气工程师	21831
	注册化工工程师	5591
一级建造师		761883
注册安全工程师（建筑施工安全专业）		60998
注册监理工程师		215171
合计		1193362

执业资格注册管理中，坚持减证便民，积极推进电子化注册改革，提升注册审查效率和服务水平，大力推进"互联网＋政务服务"建设和一网通办，在疫情期间继续提供便利化的注册服务，确保注册工作不断线。积极推动注册电子证照改革工作，完成一级建造师电子注册证书开发、数据推送等基础工作；完成注册建筑师、勘察设计注册工程师和注册监理工程师电子证照的标准制定。继续开展打击"挂证"专项整治，积极推动初始注册对接社保系统，从源头遏制"挂证"行为。

【建设行业职业技能鉴定工作】努力克服疫情影响，研究制定线上材料审查和视频抽查相结合的职业技能鉴定试点验收方案，圆满完成验收工作。试点期间，技能人员鉴定合格4230人，考评员考核通过32人。认真总结试点工作经验、做法，整理相关政策文件，分析问题和困难，积极研究下一步工作方向，起草完成试点工作专项报告。坚持需求导向，结合"十四五"规划相关要求，积极开展建筑产业工人职业技能培训体系课题申报和研究，推动工作再上新台阶。

【国际交流与继续教育工作】通过网络视频会形式参加2020年在菲律宾举办的国际建筑师会议（ICA）和APEC建筑师项目第九次中央理事会。研究落实香港与内地《关于修订〈CEPA服务贸易协议〉的协议》，参与相关问题研究和调研报告撰写，参与中俄定期会晤委员会建设和城市发展分委会相关工作。积极配合全国注册建筑师管委会继续教育工作组，制定完成《注册建筑师继续教育管理办法》，进一步规范相关工作。组织继续教育必修教材编写工作，出版了注册建筑师和注册土木工程师（岩土）必修教材，制定教学计划、举办师资培训班，规范各地教学培训工作。

【其他工作】组织开展全国一级注册建筑师考试大纲修订及条文编写工作。配合完成新一届全国勘察设计注册工程师管理委员会的调整工作，对新委员会章程、定位、组织机构、职责分工、工作机制等提出修改建议，并起草完成了实施情况报告。组织成立课题组，广泛搜集资料，采取线上座谈、实地调研等形式，形成《建立我国城市总建筑师制度的研究报告》《建筑设计的法规体系研究报告》。

（住房和城乡建设部执业资格注册中心）

中国建筑出版传媒有限公司（中国城市出版社有限公司）

【概况】2020年是"十三五"规划圆满收官之年、是实现第一个百年奋斗目标取得决定性成就之年、是全国脱贫攻坚决战决胜之年、是全国上下团结一心、奋勇战"疫"之年，更是中国建筑出版传媒有限公司（中国城市出版社有限公司）（以下简称"公司"）直面挑战、乘风破浪的一年。面对新冠肺炎疫情给公司生产经营带来的诸多影响和考验，公司全体干部职工不惧风雨、不畏险阻，以实干笃定前行，深入学习贯彻党的十九届五中全会精神，坚持服务国家发展战略、服务建设行业发展、服务住房和城乡建设部中心工作，以改革创新推动出版融合走向纵深。一年来，公司上下凝心聚力、克难攻坚，在疫情防控常态化和整体经济运行态势下滑的大背景下，虽没有实现主要生产经营指标的全面复苏，但公司整体生产经营规模保持稳中有升，为"十三五"收官画上圆满句号，展现了企业应对变局和压力的强大韧性和坚定决心，实现了公司社会效益与经济效益的互促共赢。

【坚持以党的政治建设为统领，推动全面从严治党向纵深发展】2020年，中国建筑出版传媒有限公司（中国城市出版社有限公司）始终自觉在思想上政治上行动上同以习近平同志为核心的党中央保持高度一致，树牢"四个意识"、坚定"四个自信"，做到"两个维护"。深入学习贯彻习近平总书记在党的十九届四中、五中全会上的重要讲话精神和五中全会通过的《中共中央关于制定国民经济和社会发展第十四个五年规划和二〇三五年远景目标的建议》，深刻把握进入新发展阶段、贯彻新发展理念、构建新发展格局以及推进国家治理体系和治理能力现代化的指导思想、总体目标和任务要求。认真落实住房和城乡建设部党组《关于认真学习贯彻习近平总书记重要批示精神的实施意见》，把学习贯彻全会精神与贯彻落实习近平总书记关于住房和城乡建设工作、新闻出版工作、意识形态、媒体融合等方面的重要指示批示精神和党中央决策部署紧密结合起来，不断提高政治判断力、政治领悟力、政治执行力。深入贯彻落实《中共中央关于加强党的政治建设的意见》，严守党的政治纪律和政治规矩，严肃党内政治生活。

【齐心抗疫，共克时艰，为坚决打赢疫情防控阻击战贡献力量】自2020年初新冠肺炎疫情暴发以来，公司全体干部职工始终认真贯彻落实习近平总书记关于加强新冠肺炎疫情防控工作一系列重要指示精神和党中央、国务院决策部署，始终将全体干部职工的生命安全和身体健康放在首位，加强统筹协调，推动复工复产，努力将疫情对生产经营的影响降到最低，实现了疫情防控和公司生产经营企稳回升的双胜利；同时，充分发挥公司资源优势，积极策划出版疫情防控相关出版物，多举措保障抗疫期间"停课不停学"、建设行业线上公益培训等活动的有效有序开展，展现了国有文化企业在非常时期的责任与担当。

【加强编辑业务建设，深耕专业、强化体系，坚持精品战略】2020年，中国建筑出版传媒有限公司（中国城市出版社有限公司）继续瞄准专业出版、特色出版、精品出版，抓立意规划，抓选题策划，打造出一批双效益好的高质量出版物。一是继续服务于住房城乡建设事业发展需要，深入挖掘优质出版资源，做好选题规划工作。出版《致力于绿色发展的城乡建设系列丛书》《雄安新区启动区城市设计》等一批重点出版物，助力建设行业科学发展。二是完成"十三五"国家重点出版物出版规划评估总结工作，以高质量作品助推精品出版。推出《数字建造丛书》等一系列在社会和行业领域均反响热烈的精品力作，在年末公布的教育部"十三五"职业教育国家规划教材名单中公司又有29种教材成功入选，公司教材板块发展不断提速。三是多措并举克服影响，版权输出提质增效。申报"中国图书对外推广计划"翻译费资助项目4项、"经典中国国际出版工程"项目1项以及"丝路书香工程"项目4项。四是加强完善编辑相关制度建设，规范编辑业务流程。制定实施《关于书号实名申领的补充规定》《院校教材出版管理办法》等一系列编辑业务相关重要管理制度，切实提高编辑管理工作质量和效率。

【全面提升图书生产保障水平，稳步推进生产技术创新升级】2020年，中国建筑出版传媒有限公司（中国城市出版社有限公司）继续扎实推进供给侧改革，做好重点图书的出版保障工作，进一步加强质量管理，严把图书质量关。一是继续加强出版管理，做好重点图书、加急图书的出版保障工作。二是加强质量管理，严格落实"三审三校"制度和图书质量保障体系，积极开展图书"质量管理2020"专项自查、每月图书质量抽查等图书编校质量自查活动。三是稳步推进管理和技术革新，继续推进智能编校排（协同编纂）系统、POD按需印刷的应用推广，促进生产技术创新升级。四是以质量、价格、服务、周期为评价标准，不断完善与建工厂、各协作企业的合作协调机制，保障生产经营安全。

【渠道建设与线上营销模式】2020年，突如其来的新冠肺炎疫情加速了公司推进现代营销体系建设的步伐。一是完善考核激励制度建设，提升营销业务精细化管理水平。完成新一轮大区经理轮岗，强化工作责任，新设当当业务部、书店业务部、新媒体营销业务部、馆配营销业务部等具体小组，促进公司营销业务协同发展。二是继续加强渠道管理，优化运营模式，一方面坚持发展传统线下渠道，一方面不断强化线上布局，拓展线上销售商，集聚了一个由400多家线下销售商和600多家线上销售商组成的营销网络，实现线上、线下渠道的优势互补。三是积极开展市场调研，持续推进"网店一体化"

平台建设取得实效，推进"网店一体化"平台由单品类销售服务平台向多品类销售服务平台迈进。四是继续加强新媒体社群营销，个性化多维度聚焦精准。召开"新媒体社群营销交流会"，以热门作者互动、大V互动、图书在线阅读分享等方式聚焦精准营销，推动公司全媒体营销方式转型升级。五是继续扎实开展教材营销工作，持续推进公司校园书店建设。推动设立了18家教学服务中心，召开线上、线下工作会议推进教材营销宣传，开设我公司教材样书专架，推出教材"快闪"活动，加快"基于网店一体化的校园实体书店建设与服务"项目建设工作，召开了校园书店联盟第三次工作会议。

【拓展新领域，打造新优势，全面推进融合转型向深层次发展】2020年中国建筑出版传媒有限公司（中国城市出版社有限公司）持续探索出版融合发展路径，在产品形态、服务模式、平台渠道、管理机制等方面加快创新融合步伐，增强媒介资源整合能力，丰富内容呈现表达，开展知识服务布局，在品牌影响力、业务深度和广度等各方面取得了积极成效；同时，着力推进公司智库建设与研究工作，提升智库建设水平和质量，推动融合转型全面提质增效、向深层次发展。一是不断提高科技创新能力，发展路径日益清晰，子公司顺利通过国家高新技术企业认定，取得了"建知云荟""知阅阅读器"等11项软件著作权证书。二是深耕优势内容资源，通过了新闻出版业科技与标准国家级重点实验室评审并有望再次获批授牌，《数字长城》《建工书院大讲堂》2项"十三五"国家重点出版规划项目已完成制作并即将正式推出，数字出版内容价值引领作用日益突出。三是继续加强"建造师全程知识服务""中国建筑教育数字化知识服务平台"等数字出版项目开发运营能力，着力提高数字项目的开发运营能力，探索数字教育出版多元模式，提高数字产品盈利能力。四是获批《广播电视节目制作经营许可证》，为公司拓展新领域、打造新格局，实现优质内容资源的多元开发奠定基础。五是不断创新智库研究机制、聚焦行业服务需求，召开了住房城乡建设智库专家委员会成立大会，积极开展各项智库活动与研究，加快探索建设高水平新型企业智库，为开创住房城乡建设行业高质量发展的新局面提供重要的科研支撑和智力支持。

【持续打击侵权盗版行动】2020年，公司继续以重拳打击侵权盗版，不断推进公司线上线下全覆盖的打盗维权工作。全年配合执法机关共查处盗版非法印刷厂3个，查获较大规模盗版库房5个，查缴各类盗版图书150000余册，投诉并删除盗版链接近7500余条，赢得了诉上海科学普及出版社、环球兴学、中国石化出版社侵权等多种类型的维权诉讼案，推动合同审查工作走向制度化、规范化，修订完善公司新版《出版物出版合同》《出版物翻译合同》，审查公司各类型合同、协议等270余份，不断完善公司合同管理流程，提升合同审查效率，规避法律风险和漏洞，保障公司的持续稳定发展。

【提升财务管理水平及效率，扎实开展公司内部审计工作】2020年，中国建筑出版传媒有限公司（中国城市出版社有限公司）修订发布了《财务管理办法（2020年版）》，强化财务管理功能，提高财务管理的规范性和效率；继续做好公司资产安全性与平衡性的统筹管理，提高各项资金的使用效益，并着力开展财务系统安全建设，及时弥补信息安全短板，提高财务工作效率和对未知风险的防范能力；此外，扎实开展内部审计工作，印发公司《内部审计工作规定》，健全公司风险管理体系，促进公司持续健康发展。

【提升人事档案管理数字化、规范化水平，完善公司人力资源管理制度体系建设】2020年，公司全面推进干部人事档案复审、档案数字化建设，圆满完成全部人事档案的复审整理和数字化建设工作，推动提升公司干部人事档案管理科学化、信息化、规范化水平；同时，继续着力完善公司人力资源管理制度体系建设，出台《干部轮岗工作实施办法》《干部一年试用期满考核办法》等相关制度，高度重视提升人才职业素养，不断完善人才储备的长效机制，以持续打造企业的核心竞争力。

【坚持精准扶贫、履行扶贫承诺，助力决战决胜脱贫攻坚圆满收官】2020年，是我国决胜全面建成小康社会、决战脱贫攻坚的收官之年，中国建筑出版传媒有限公司（中国城市出版社有限公司）继续深入学习贯彻习近平总书记关于扶贫工作的重要讲话、批示和指示精神，坚决落实脱贫攻坚主体责任，履行扶贫承诺，助力国家决战决胜脱贫攻坚的圆满收官。一是强化责任担当，将2020年定点扶贫责任书中承诺的100万元帮扶资金提高至140万元，坚定助力湟中区决战决胜脱贫攻坚，保质保量完成公司决战脱贫攻坚五年任务规划与承诺。二是继续着力做好消费扶贫相关工作，全年实现对定点扶贫县消费扶贫合计40.65万元，履行公司消费扶贫承诺，助力当地经济发展。三是积极配合部标准定额司开展山东省脱贫攻坚农村危房改造挂牌督战相关工作，助力贫困户住房安全有保障任务目标的实现。四是支持湟中区开展恭王府博物馆西宁非物质文化遗产精品展示月系列活动,为活动捐赠经费20万元,并同步策划出版了讲述湟中非遗文化和非遗传承人故事的《河湟遗韵》一书,充分发挥出版行业优势推动非遗传承保护,促进定点扶贫县脱贫成果的可持续性发展。

〔中国建筑出版传媒有限公司(中国城市出版社有限公司)〕

中国建筑学会

【**服务创新型国家和社会建设**】2020年1月15日开展第十届梁思成建筑奖提名工作。

2月4日发布《办公建筑应对"新型冠状病毒"运行管理应急措施指南》,微信阅读量突破10万+,又陆续分享各类如《新型冠状病毒感染的肺炎传染病应急医疗设施设计标准》《公共卫生事件下体育馆应急改造为临时医疗中心设计指南》《酒店建筑用于新冠肺炎临时隔离区的应急管理操作指南》等技术标准与操作指南,供广大会员和社会各界在疫情防控工作中参考,获中国科协"优秀抗疫学会"荣誉称号。

申报2020年中国科协学会公共服务能力提升项目——科技奖励示范学会建设专项暨"打造建筑领域品牌奖项",通过中国科协审核并立项,该项工作已完成。

与中国科协科技社团党委等联合举办了7期线上+线下党课,共有20位专家学者参与报告,线下总人数900多人,线上超64万人次观看,目前该项工作仍在进行中。获"中国科协党校全国学会分校教育基地"牌匾。

受住房和城乡建设部建筑节能与科技司委托,6月开始组织开展"新时期城市建筑评论"工作。

承接北京市建筑师负责制课题研究,以提升建筑设计品质和质量,促进城乡建设高质量发展为目标,与国际接轨,提升建筑师地位。鼓励建筑师主导工程设计、招标采购和合同管理,变"责""权""利"为"权""利""责",以给建筑师赋权作为前提,以合理化取酬作为保障,以信用监督落实责任。

制定并发布学会团体标准9项,立项22项。

完成"贵州民族村寨文化空间识别技术研究与应用""我国城乡遗产可持续利用与活化关键技术创新与应用""绿色建筑标准体系构建和性能提升技术研究及应用""中信大厦高烈度区超大巨型结构设计关键技术""集中生活热水系统水质保障及节能节水技术研究与应用""城市全域建筑与基础设施全寿期安全控制理论及关键技术"等科技成果鉴定。

2020年的苏州古城保护建筑设计工作营均选取位于平江历史文化街区核心保护区范围内,具有典型的苏州传统民居特色,具有较强的代表性。每期工作营都吸引了来自国内外20多个设计团队参与,为我国正在进行中的类似古城改造、复兴项目,提供了可借鉴的有益经验。

1月,协助由河北雄安新区管理委员会主办"高质量发展背景下中国特色的雄安建筑设计竞赛"。竞赛立足于满足北京非首都功能疏解需求,设计范围选取位于雄安新区启动区内主要建筑类型的代表性地块,竞赛分为专业组和公众组。竞赛共收到来自国内外超300个单位及团队(个人)的700个参评作品。

3月,协助重庆市规划和自然资源局、重庆广阳岛绿色发展有限责任公司举办重庆广阳岛国际会议中心、广阳岛长江文化书院、长江生态文明干部学院和长江生态环境学院等项目建筑方案征集活动,70余个国内外知名设计单位和设计联合体报名参与。组织12次专家咨询会,为设计方案提出咨询意见,为建设项目进行技术把关,得到重庆市有关部门认可。

2020学术年会期间举办"中国建筑学会建筑创作大奖(1949—2019)获奖作品巡展""古城复兴建筑设计工作营优秀设计成果展""建筑设计博览会2020(北京)展"。

【**学会建设**】中国建筑学会理事会党委前置审议学会"三重一大"事项,以及二级组织换届、成立和撤销、预防学术不端行为、开展涉外活动、新冠疫情防控等事项。

共有二级组织57家,2020年举办二级组织工作会1次。

共有个人会员40987人，单位会员1832家。

建立多样化的信息宣传平台，整合上级单位、建筑专业媒体、二级组织、合作媒体等多家资源，形成中国建筑学会宣传媒体矩阵。

微信、微博、今日头条共发布信息2776条，累计阅读量10000万人次，最高单条阅读量11万人。网站新增文章765篇，访问量586万人次。

【青年人才托举工程】 根据《中国科协青年人才托举工程管理办法》《中国科协青年人才托举工程实施细则》的相关要求，中国建筑学会开展了第六届青年人才托举工程（2020—2022年度）项目申报及遴选工作，建立了青年人才托举管理制度，人才数据库和托举专家库，接受14位院士在内的67位专家推荐的27名候选托举人。

【主办期刊】 2020年，学会及二级组织公开出版和内部发行的刊物16种，全年累计发行48万册。

其中，CSSCI刊物《建筑学报》全年出版正刊11期，3/4两期合刊抗疫特集"为新型人类集聚而设计"，2期学术论文增刊。《建筑结构学报》全年正刊出版12期，总计发表论文254篇，增刊2期，入围"建筑科学领域高质量科技期刊分级目录（2020年）"T1级，荣获"2019年百种中国杰出学术期刊"，"第5届中国精品科技期刊"等称号。《建筑实践》2020年出版正刊12期，增刊1期，总计发表文章165篇，介绍设计作品和方案184个，开辟"建筑评论"专栏。

【学科发展工程】 完成中国科协的"建筑科学领域高质量科技期刊分级目录（2020年）"项目实施及验收工作。

教育评估办公室承担住建部人事司全国高校建筑学专业评估委员会秘书处日常运作工作，截至11月，通过建筑学专业评估学校共71所。

承担全国注册建筑师管委会办公室工作，积极推进我国注册建筑师改革。

参加中国科协2020年工程能力国际互认项目，参与"工程能力建设联盟"组建、《土木类工程能力评价规范》研制、工程能力评价候任考官培训、工程能力国际互认圆桌会议、工程技术人员在线学习平台建设等工作。

【国际学术会议】 受全球新冠疫情影响，经亚洲建筑师协会理事会表决，由中国建筑学会主办的第19届亚洲建筑师大会由2020年延期至2021年10月29日至11月2日，办会模式从全部线下召开转为现场会议并在线视频直播的形式召开。2020年，学会多次以视频会议的形式就大会相关内容召开沟通协调会议，确保大会筹备工作平稳、有序开展。

受全球新冠疫情影响，国际建协第29届世界建筑师大会、第30届会员代表大会由2020年延期至2021年7月举行。为支持北京申办第31届世界建筑师大会，学会与北京市规自委等单位多次召开线上和线下工作会议，讨论中国馆展览、外联工作、票仓落实协调、对外网络宣传支持、医疗物资支援、专题汇报等事宜，促进申办筹备工作有条不紊地进行，并于2020年12月4日进行了2020年申办工作总结。

5月起，协调亚洲建协任职人员参加亚洲建筑师协会职业实践委员会、社会责任委员会、青年建筑师委员会、建筑师应急委员会等专业委员会举办的在线工作营和研讨会，参与制定疫情防控指南，分享中国抗疫经验，并就建筑行业面临的机遇与挑战进行交流讨论。

5—7月，学会积极组织中国建筑师参与2020年亚洲建筑师协会建筑奖评选活动，中方向亚洲建协提交的参赛作品达292份。2020年度建筑奖共设7大类13个奖项，44个项目获奖。中国共摘取28项大奖，包括5项金奖，22项荣誉提名奖，1项特别奖。

9月16日和18日，全国高等学校建筑学专业教育评估委员会主任庄惟敏院士、学会副理事长赵琦组成中方代表团参加堪培拉协议中期视频会议。会议听取协议各工作组的工作汇报，审议疫情影响下的认证工作，并就协议实体化、网站改版、秘书处换届和明年大会筹备等事项进行了讨论。

学会于11月25日参加APEC建筑师项目中央理事会线上特别理事会。会议主要讨论筹备APEC建筑师项目第九届中央理事会会议；讨论交流各经济体报告；更新APEC建筑师操作手册；确定第九届理事会讨论议题；介绍APEC建筑师项目新网站；出版咖啡桌书；会费收取等事项。

12月5日，由同济大学主办，中国建筑学会与中国建筑学会建筑教育分会联合协办的第三届亚洲建筑师协会国际城市论坛通过线上形式召开。论坛共邀请来自6个国家的9名专家学者发表主旨演讲，主旨演讲分别安排在三个分论坛中进行。

【国际组织任职】 庄惟敏任国际建协理事、国际建协职业实践委员会联席主任；张利任国际建协副理事；伍江、张彤任国际建协建筑教育委员会委员；何建清、王清勤任国际建协可持续发展委员会委员；吴晨、张维任国际建协职业实践委员会委员；孔宇航任国际建协竞赛委员会委员；张俊杰、唐文胜、鲁安东任国际建协公共空间改造工作组委员；孙凌波担任国际建协女建筑师委员会通讯委员。

伍江任亚洲建筑师协会副主席；孔宇航任亚洲建协建筑教育委员会委员；吴晨任亚洲建协青年建筑师委员会委员；张维任亚洲建协职业实践委员会委员；袁野任亚洲建协社会责任委员会委员；肖伟任亚洲建协绿色与可持续发展委员会委员；张百平担任亚洲建筑师协会资深会员委员会委员。

【国际交往】国际建协主席托马斯·沃尼尔、前主席阿尔伯特·杜伯乐、荣誉主席瓦西利斯·斯古塔斯、Ⅲ区副主席罗伯特·西蒙就新冠肺炎疫情的发生向学会和中国建筑师来函表示慰问。法国建筑师协会戴德旭理事长和gmp创始合伙人曼哈德·冯·格康又先后向学会来函表示慰问。国际建筑师协会荣誉主席斯古塔斯先生再次致信修龙理事长，对学会开展相关国际合作和交流提出建议。

国际建协成立新冠肺炎信息中心后，按照学会分享抗疫文章原则，国际建协委员王清勤、唐文胜和鲁安东在网站上分享抗疫的相关文章。

中国建筑学会就黎巴嫩毁灭性爆炸向国际建协秘书处致信表达诚挚的问候，清华大学建筑学院与贝鲁特美国大学建立了联系，研究港口重建和城市设计课题。

学会与建筑师分会和北京市规自委等多家单位参加巴西网络博览会，展示中国建筑学会介绍和网址、中国馆展览、北京申办的介绍，并专门制作《中国建筑学会名片》视频英文版。

2020年，学会与韩国注册建筑师协会（KIRA）互致信函，表达希望在新形势下通过视频会议持续开展交流合作，共同营造美好建筑环境的愿望；与蒙古建筑师联盟（UMA）就续签和增补中蒙两会合作协议保持交流；分享中国建筑界在抗击疫情方面所做的工作和经验。

亚洲建协第40届理事会通过了由中国建筑学会承办亚洲建协英文官方杂志《亚洲建筑》（Architecture Asia），同济大学具体负责编辑和运营工作。该杂志全新的官方网站已正式上线。2020年，该杂志发布亚洲建协2020年度建筑奖特刊和以"构筑健康未来"为题的抗疫特刊。

【科普活动】截至2020年，学会科普教育基地数量已发展至85家。由于疫情的原因，本年度的科普活动以线上、线下相结合的方式展开，受惠人群10余万人。2020年共支持十五项科普公益项目，涵盖线上建筑文化公开课、世界建筑大师连线访谈直播课、乡建科普教育、儿童建筑科普教育等领域。

【表彰举荐优秀科技工作者】5月30日第二届全国创新争先奖表彰奖励大会在京举行，中国建筑学会推荐的汤群、张颂民和中国建筑学会会员吴志强，中国建筑学会建筑施工分会副主任委员张琨、宗敦峰等获奖。

2019—2020中国建筑学会建筑设计奖评选活动开展以来，截至2020年10月15日，共征集受理申报项目3076项，其中，项目类2760项，人物类316项。科技进步奖194项。覆盖团体会员411家，个人会员23478人次，申报数量与覆盖面再创新高。

【党建强会】编写《中国建筑学会2019年度党组织工作总结》，完成《全国学会党委情况调查表》，编写《党委书记履职情况报告》《中国建筑学会关于落实政治督查整改工作的报告》《关于贯彻落实意识形态工作责任制情况的报告》《中国建筑学会2020年度党建工作计划》，对照社团党组织普遍存在的问题清单逐一检查，发现问题、提出整改意见，编写《中国建筑学会2020年扶贫工作计划和落实措施》和《中国建筑学会关于扶贫工作的情况报告（截至2020年8月）》。

【会员服务】修订《中国建筑学会通讯（外籍）会员管理办法》《中国建筑学会荣誉会员管理办法》等文件，坚决执行民政部、中国科协关于会员发展和管理的相关规定，规范二级组织发展会员流程，推动学会会员规模不断增长。

利用学会网站、微信公众号、短信平台、邮件平台、各种会议及活动资料以及面对面宣讲等形式，向广大会员推介学会服务、活动通知，宣传会员权益，服务会员需求。

督促和监督学会及二级组织举办的学术活动会议注册费向会员打折，增强会员的获得感和归属感。

完善会员系统、会议系统，推动智慧学会建设稳步前进。

【2020中国建筑学会学术年会】10月28—30日，主题为"好设计·好营造——推动城乡建设高质量发展"的中国建筑学会学术年会在深圳国际会展中心召开。会议在深圳市人民政府的倾力支持下，由中国建筑学会、深圳市住房和建设局联合主办，深圳市土木建筑学会积极承办。受疫情影响，此次学术年会首次采取线上线下相结合的新方式，聚焦建设领域的学术热点、政策焦点、行业难点，以10场主旨报告、32场专题论坛以及同期举办的学术展览等丰富的活动，吸引了12位两院院士、20位全国工程勘察设计大师以及国内诸多优秀的建筑科技工

作者、建设者、管理者、高校师生以及社会各界人士近2000多人现场参会。此外，本届年会的"云开幕"和累计126小时的全程线上直播吸引了60多万人次共聚直播平台，全程观看开幕式直播的观众达到了学术年会有史以来的最高峰。

【开展新时期城市建筑评论活动】受住房和城乡建设部建筑节能与科技司委托，中国建筑学会2020年6月开始组织开展"新时期城市建筑评论"工作，面向专业人士的建筑评论、面向建筑师的建筑作品评论、面向社会公众的城市文化评论。通过建筑评论宣传推广优秀建筑作品和建筑师，并鞭挞"贪大、媚洋、求怪"的"丑陋建筑"，全面贯彻"适用、经济、绿色、美观"的新时期建筑方针，引导建筑创作的正确价值取向。

7月，《ASC建筑评论》微信公众号开通。建筑评论学术委员会负责具体管理和运营工作，共发表16篇文章。修龙理事长、郑时龄院士发表刊首语。

在业界及社会各界营造文化自觉自信良好氛围，推动中国建筑文化事业繁荣发展，塑造新时代中国特色城乡风貌。《建筑学报》开辟"热评"专栏，刊出文章10篇；《建筑实践》开设建筑评论专栏，共发表文章18篇；以不同形式、不同地点召开建筑评论座谈会3次，其中，在上海召开的当代中国城市风貌座谈会上发表了《上海宣言》。6月26日《科技导报》发表李存东秘书长建筑评论文章《赋权建筑师——提升建筑师地位，繁荣城市建筑文化》一文；7月12日《文汇报》建筑评论专栏刊载郑时龄院士的文章《建筑评论是创造建筑历史的重要推动力》。

（中国建筑学会）

中国风景园林学会

【服务创新型国家和社会建设】2020年，中国风景园林学会（以下简称"学会"）响应国家脱贫攻坚号召，紧密配合住房和城乡建设部对湖北麻城的扶贫工作，依托菊花分会，扶持菊花产业持续发展，支持在麻城召开菊花高层论坛，举办菊花文化旅游节等。麻城扶贫项目被住房和城乡建设部推荐参加了民政部第十一届"中华慈善奖"慈善项目评选。

为配合第十五次生物多样性缔约国大会的召开，学会受住房和城乡建设部城建司委托，组织了"基础设施和城市生物多样性"专项研究，系统梳理我国城市生物多样性领域的成就、经验，对未来十年的重点工作进行了论证，撰写研究报告。

为总结"十三五"期间园林绿化领域建设成果，学会受住房和城乡建设部城建司委托，联合中国城市建设研究院、北京市园林科学研究院、《风景园林》杂志社等单位，组织了"城市滨水绿地""城市绿道""立体绿化""微型花园"等调研工作，先后整理出30余个城市的近百个典型项目资料。

持续开展了送设计下乡工作，完成陕西黄陵县索洛湾村村民广场提升改造施工图设计，并顺利通过评审。为新疆阿克苏地区乌什县托万克库曲麦村和温宿县思源村开展了设计服务。

【学会建设】截至12月31日，学会完成登记注册的个人会员数量达11680人，较2019年增680人，增长率6.2%；单位会员数量达1420家，较2019年增123家，增长率9.5%。

1月，学会在天津召开第六届五次常务理事会议，审议通过2019年工作总结及2020年工作计划，审议通过撤销园林公共艺术专业委员会，成立园艺疗法与园林康养专业委员会，李树华教授任主任委员。11月，学会在年会期间召开第六届第四次理事会议，审议通过增补李青、王勇、陶步黎同志为学会理事，增补张海、朱祥明、李端杰、沈守云、寇有良同志为学会常务理事，聘任郑晓笛为学会副秘书长。

【学术期刊】继续加强学刊《中国园林》建设，注重提升学术质量，期刊学术影响力得到进一步扩展。2020年，《中国园林》共编发论文380余篇，20余万字，正刊12期，增刊2期。继续保持"中文核心期刊"，入选"中国科技核心期刊"和"RCCSE中国核心学术期刊"。入选"建筑科学领域高质量科技期刊目录"（2020）T1级，标志《中国园林》已接近或具备国际一流期刊水准。

【学科发展研究】学会继续推进《风景园林设计

资料集（第二版）》《中国风景园林史》和《中国近代园林史（续篇）》等学科基础性图书编写。启动汪菊渊先生《中国古代园林史纲》等著作的整理与出版工作。"风景园林学学科史研究"完稿。学会再次成功申报中国科协新一轮"风景园林学科发展研究"，组成贾建中、王向荣为首席科学家，130余名中青年学者组织的研究团队和39名专家组成的顾问团队，编制完成研究大纲，确定史学研究、规划研究、设计研究等14个专题研究方向，组织课题开题等。

【决策咨询】学会依托专家委员会，应云南省风景园林协会、山西省风景园林协会邀请，组织专家团队分别就云南大理洱海生态廊道建设、太原古县城保护及周边环境整治项目等进行咨询论证，助力地方风景园林建设高质量发展。学会部分专家就自然保护地体系建设，积极向主管部门建言，得到国家与部门领导批示，被有关部采纳。

【国际学术会议】8月，学会与华中农业大学联合主办、华中农业大学园艺林学学院承办、湖北省风景园林学会协办召开2020风景园林国际学术论坛，主题为"变化中的风景园林"，会议采用线上会议加网络直播的形式，来自中国、日本、英国、法国、美国、澳大利亚6个国家的13位专家学者做了报告。

因疫情原因，原定于11月由学会组织举办的第17届中日韩风景园林学术研讨会推迟至2021年在西安举行，2020年完成会议论文以及大学生风景园林设计竞赛征集活动。

【国内主要学术会议（含与香港、澳门）】鉴于疫情防控，学会采取线上线下相结合的灵活办会方式，开展各类学术活动，营造学术氛围。11月，学会主办、四川省住房和城乡建设厅、成都市人民政府支持，成都市公园城市建设管理局、成都市博览局承办，成都市风景园林学会、成都市公园城市建设发展研究院执行的2020年会在成都召开，主题为"风景园林·公园城市·健康生活"。住房和城乡建设部副部长黄艳发表书面讲话，孟兆祯院士、国际风景园林师联合会（IFLA）詹姆斯·海特主席发来视频致辞，吴志强院士等20位嘉宾为会议做大会报告和公园城市专题报告。学会年会采取创新方式，分别在成都、重庆、北京、上海等地设置公园城市研究、长江生态保护与风景园林、风景园林管理与高质量发展、乡村风景园林、风景园林与健康生活、风景园林智慧化、青年人才创新研究实践7个专题研讨分会场。本次年会以"线下会议+云端直播"方式进行，来自全国科研院所和企业等单位的专家、学者和园林行业相关从业者等约300人参加线下会议，另有28万人（次）观看直播。

学会与首都绿化委员会办公室、北京世园局、北京市延庆区人民政府共同主办首届北京国际花园节，活动主题为"让园艺融入自然，让自然感动心灵"。同期举办多项展赛活动，包括大学生花园花境设计竞赛、企业花园花境展赛、市民花园展赛以及新优品种展示。

学会各专业委员会、分会均召开学术年会、专题研讨会和论坛等，丰富了学术活动内容。规划设计分会召开的第21届中国风景园林规划设计大会的线上直播访问量达6万。教育、风景名胜、园林植物与古树名木、植物保护、文化景观、园林生态保护、信息等专业委员会都采取线上线下相结合的方式举办了学术年会。经济与管理专业委员会积极配合学会年会举办分会场并继续举办风景园林管理干部培训班。园林工程分会年会继续将学术交流和优秀项目展示相结合，女风景园林师分会组织多名女风景园林师在首届北京国际花园节专业论坛做报告。新成立的园艺疗法与园林康养专业委员会组织召开成立大会暨中国园艺疗法与园林康养论坛。

学会加强港台地区的交流工作，成立工作领导小组并制定完成对港工作方案，完成全国盆景职业技能竞赛港台籍参赛选手的报批工作。

【国际交往】学会继续做好与IFLA的交流与合作，组织参加线上IFLA世界理事会和IFLA亚太区理事会，邀请国际风景园林师联合会（IFLA）主席詹姆斯·海特（James Hayter）作学会年会视频致辞。

【科普活动】学会继续举办"风景园林月"系列学术科普活动，4月，学会及教育部高等学校建筑类专业教学指导委员会风景园林专业教学指导分委员会主办，《中国园林》杂志社、华中农业大学风景园林系、华中科技大学景观学系承办"风景园林与公共卫生安全"云端论坛。学会、北京建筑大学、成都市公园城市建设管理局主办，《中国园林》杂志社、北京建筑大学建筑与城市规划学院、北京建筑大学教师发展中心、成都市公园城市建设发展研究院承办"美好生活与公园城市"网上学术论坛。学会主办，《风景园林》杂志社和北京林业大学园林学院共同承办，举办2020青年风景园林师论坛暨"风景园林月"说园沙龙活动，主题为"开放与多元——青年风景园林师的先锋实践"。

响应全国科普日活动安排，学会组织《园艺疗法与园林康养的提案》网上科普报告会,号召学会专业委员会、分会,科普教育基地等组织相应活动。学会科普教育基地中国园林博物馆、广州市林业和园林科学研究院、成都市植物园等积极响应,结合本地特色,举办了形式多样、内容丰富的科普活动。《园艺疗法与园林康养的提案》科普报告会被评为全国科普日优秀活动。

响应科协科普部防汛救灾应急科普工作精神,学会组织分支机构和会员单位围绕汛期的园林绿化养护管理、园林工程施工安全和园林古建保护修复等撰写科普文章,在学会微信公众号上发布,公众号访问量累计1678次。

在学会微信公众号开通科普版块,定期推送风景园林专业及相关方向科普文章,将科普工作逐步常态化。

【表彰举荐优秀科技工作者】经学会推荐,北京林业大学园林学院郑曦教授当选IFLA亚太区教育与学术委员会主任,南京农业大学校长陈发棣荣获"第二届全国创新争先奖"先进个人。

【学会创新发展】学会继续推进行业标准化工作。以标准化为抓手,参与国家社会治理,推动行业建设。2020年,学会新发布《城市公园绿地应对新冠肺炎疫情运行管理指南》《城市生态评估与生态修复标准》《园林绿化用城镇搬迁地土壤质量分级》三部团体标准,新立项《城市小微湿地园林设计标准》等15个团体标准编制。7月,学会成功召开2020年度团体标准编制工作会议。10月,学会成功举办全国风景园林行业技术标准宣贯培训会,推动标准的学习与贯彻,提升全国园林绿化建设技术和管理水平。

【科技奖励】2020年,学会配合完成国家奖励办组织的对奖项的第三方评价工作。学会承担的"风景园林规划设计奖国际化"项目顺利完成结题验收,拟定奖项国际化方案,奖项网站基本制作完成。学会进一步修订《中国风景园林学会科学技术奖评奖实施细则》和各子奖项申报书等,细化了各子奖项评分标准,实施科技进步子奖项拟授一等奖项目答辩等,进一步完善和优化了申报和评审程序。本年度收到申报项目1218项,经过形式审查、初评、终评,评出获奖项目572项,其中科技进步奖80项、规划设计奖201项、园林工程奖291项。本年度获奖比例为47%,比2019年度降低4%。在学会科学技术奖评选基础上,学会择优推荐6个项目获华夏建设科学技术奖。

【党建强会】学会党支部认真落实住房和城乡建设部社团党委的各项工作要求,定期召开党员大会,疫情期间采取线上线下相结合的方式组织党员学习上级党委有关文件及指示精神,召开"厉行勤俭节约、反对餐饮浪费"党员专题会议,结合自身对照检查,制定整改措施。

【会员服务】学会继续加强会员管理制度机制方面的建设。在现有会员工作制度的基础上,进一步优化入会程序,提高入会效率。学会逐步建立会员动态管理机制,实现"有进有出"。学会继续加强会费收缴工作,开通了"微信""支付宝"等缴纳会费的新渠道。12月12日,学会在武汉举办主题为"抗疫有我,风景园林人在行动"的第十二届会员日活动。

【助力疫情防控,贡献专业智慧】疫情发生后,学会深入贯彻落实党中央国务院指示精神和中国科协向全国科技工作者的倡议要求,高度重视,认真部署,于2月7日发布《抗击疫情,守职尽责——中国风景园林学会致全体会员和风景园林工作者的倡议书》,号召分支机构、会员单位以及广大风景园林工作者,履行职责,传播科学,立足专业,提供服务等。

为全面落实国家新冠肺炎疫情防控工作部署,实现城市公园绿地科学、安全运行管理,学会城市绿化专业委员会和学会秘书处组织专家编制,并于2月20日发布《城市公园绿地应对新冠肺炎疫情运行管理指南》团体标准,得到山西、新疆等国内省市公园绿地管理部门采纳推广,为疫情防控提供了专业指导。

学会企业工作委员会开展《园林绿化企业受新冠肺炎疫情影响》调查,撰写《调查结果报告》和《关于疫情防控及复工复产工作的意见和建议》上报住房和城乡建设部。

学会秘书处、《中国园林》杂志社和菊花分会,联合向开展对口扶贫的湖北省麻城市捐款6万余元。盆景赏石分会先后组织839人次的捐款,累计捐款额444461.31元。经济与管理专业委员会向武汉市园林和林业局机关党委捐献4000只医用外科手术口罩。

学会在《中国建设报》发表文章,宣传抗疫中风景园林作用和报道全国风景园林工作者抗疫情况。学会网站和公众号发布多期"抗疫有我—风景园林人在行动"文章,对行业抗疫行动、典型事迹等进行宣传。学会各分支机构也利用网站(公众号),积极宣传抗疫事迹,营造了科学有序、积极向上的抗疫氛围。学会科普教育基地和众多会员单位,积极开展"云游园"活动,丰富了疫情期间的居家生活。

【服务园林绿化市场管理改革，编制出台规范性文件】学会配合住房和城乡建设部，编制和出台规范性文件。学会组织专家参与编制和论证，从技术上协助住房和城乡建设部、国家市场监督管理总局出台《园林绿化工程施工合同示范文本》。受住房和城乡建设部委托，组织编制《园林绿化工程施工招标资格预审文件示范文本》和《园林绿化工程施工招标文件示范文本》并以团标形式向行业推出，推动园林绿化招标投标和承包（发包）行为规范化。

【做好项目负责人评价相关工作，推进行业人才建设】学会依托企业工作委员会，编制发布《园林绿化工程项目负责人评价标准》，开展了北京、广东两地园林绿化项目负责人考试。学会开展了新版《项目负责人培训教材》编写，启动"中国风景园林行业网络培训资源库"建设工作，组织园林绿化行业新标准及行业网络培训平台上线宣贯。学会首次成功举办了全国盆景职业技能竞赛，推荐决赛前三名且有职工身份的选手申报"全国技术能手"荣誉，向15名金奖、20名银奖和25名铜奖获得者发放盆景职业技能等级证书。学会继续推动"风景园林师职业制度"建设，多次调整修订工作方案，积极推动主管部门间的沟通协调。

【持续推进"送设计下乡"，助力乡村地区发展】学会响应国家乡村振兴、科技下乡、精准扶贫等政策精神，按照住房和城乡建设部指示要求，针对乡村地区生态建设、环境提升、文化振兴等需求，发挥风景园林专业特点，持续推进"送设计下乡"工作，助力乡村地区发展。5月，学会召开"送设计下乡"科技工作者座谈会，主题为"设计下乡 从'心'服务"，会议总结了2019年度工作情况，交流体会和进一步提升工作成效的建议，并对2020年工作进行了讨论和统筹安排。

2019年启动的"黄陵县索洛湾村乡村景观提升暨村民广场景观改造设计"项目完成了方案编制和施工图设计，即将全面实施。设计本着"与村民共同设计、共同缔造"的规划理念，明确了村庄发展功能布局，提出了消除村民担忧的交通安全隐患综合方案，与村民一起制定了村庄环境整治策略，并针对百姓休闲健身、完善配套设施的需求，协同制定了村民广场的改造方案。

2020年，应新疆阿克苏地委组织部的邀请，学会开展新疆阿克苏地区乌什县阿合雅镇托万克库曲麦村和温宿县托乎拉乡思源村的送设计下乡工作。两村曾经是南疆地区的深度贫困村和重点维稳村，近几年间在阿克苏地委组织部的帮扶下，落实"访惠聚"工作部署，均已摆脱贫困，社会稳定形势根本好转，以乡村振兴为契机，全部推进经济、社会和文化建设。

学会规划设计分会具体组织中国城市规划设计研究院、北京林业大学园林学院和乌鲁木齐市园林设计院三家共计10余位设计师组成的设计团队，通过实地调研和座谈、入户走访等，充分了解和分析村庄现状，针对村庄社会综合治理、生活环境改善、文化素质提升、旅游经济增长等需求，确定"托万克库曲麦村环境品质提升规划设计"和"思源村乡村旅游规划和景观提升设计"两项任务，截至12月底，已完成初步规划方案的编制。

（中国风景园林学会）

中国市长协会

【概况】2020年，面对严峻复杂的国际形势、艰巨繁重的国内改革发展稳定任务，加之突如其来的新冠肺炎疫情，我国的城市经历了一次巨大的考验。一年来，中国市长协会在习近平新时代中国特色社会主义思想指引下，坚持以"为城市发展服务、为市长工作服务"为宗旨开展工作，始终围绕贯彻党的十九大和历次全会的精神，深入贯彻新发展理念，创新城市管理方式，补齐城市治理短板，提高城市治理和发展质量下功夫、做文章，针对城市和市长关心的热点、难点问题开展有效的工作。

【中国市长协会第六次市长代表大会的筹备工作】

原计划于2020年11月在北京召开中国市长协会第六次市长代表大会受疫情影响延期举办。从2月份起，即启动了大会的筹备工作，期间对疫情的影响做了多次认真评估，并向协会主要领导请示汇报。

经研究并商上级主管部门同意，拟将第六次市长代表大会延期至2021年召开。第六次市长代表大会召开前，协会第五届理事会将继续履行其职责。

【市长培训】

面对突如其来的新冠疫情，在习近平总书记和党中央的决策部署和强有力领导下，全国各地迅速有力地展开了应对疫情的斗争，并取得举世瞩目的伟大胜利。为贯彻习近平总书记在湖北省、武汉市视察时做的重要指示，协会和北京协和医学院紧急磋商，根据中央精神和城市需要，决定联合举办健康城市建设专题研究班，并已举办了两期。

9月7—11日，由中国市长协会、天津市委组织部和北京协和医学院合作的"推进健康天津建设专题研究班"在天津举办。来自天津16个区的分管副区长和职能部门负责人共41人参加了培训。包括天津中医药大学校长张伯礼院士和国务院参事、协和医学院卫生健康管理政策学院执行院长刘远立等知名专家为研究班授课。学员们还就天津市委、市政府关心的公共卫生和城市治理问题进行专题讨论。

11月9—13日，由中国市长协会、湖北省委组织部和北京协和医学院合作的"湖北省健康城市建设专题研究班"在北京举办。来自湖北省30个市县区的正职领导干部参加培训。研究班邀请了包括国家卫健委、住房城乡建设部以及国家疾控中心等部委和机构的主要负责人为研究班授课，其中包括住房和城乡建设部总经济师杨保军和国务院参事、北京协和医学院卫生健康管理政策学院执行院长刘远立。授课内容包括突发公共卫生事件应急处理、补齐城市治理短板、加强公共卫生服务体系建设、全球卫生健康发展趋势和落实健康中国战略规划等。研究班期间，学员们还就公共卫生危机下的城市治理、健康城市建设与大数据的作用以及健康城市的养老与康复等专题进行讨论。

通过学习和研讨，两个班次的学员对贯彻落实习近平总书记关于补齐城市治理短板的重要讲话精神以及"健康中国、健康城市"的理念有了更加全面深入的理解。学员们表示，在疫情常态化防控和加强城市精细化管理的关键时期，举办健康城市建设专题研究班具有重要意义。

【研究与出版物】

（1）《中国城市发展报告（2019/2020）》的研编和出版。由中国市长协会主办、国际欧亚科学院中国科学中心承办的《中国城市发展报告》自2002年起开始出版，已连续出版18卷。《中国城市发展报告（2019/2020）》在全面建成小康社会和完成脱贫攻坚任务两大背景下，以"全面小康，脱贫攻坚，应对疫情"为主题，编写了回顾我国改革发展历程、记录城市最新进展、反映社会热点问题的文章。《中国城市发展报告2019/2020》延续综论篇、论坛篇、观察篇、专题篇、案例篇、附录篇6个篇章的基本结构，由院士和知名专家撰写专题文章，其中包括：吴良镛、张伯礼、仇保兴、胡序威、温铁军和金灿荣等人。20年来，报告坚持打造"中国城市编年史"，通过客观记录、分析全国各类城市的年度最新发展，为城市决策者、管理者、研究者和社会各界提供参考。

（2）《中国城市状况报告（2018/2019）》的编写和出版。从2010年开始，由协会与欧亚国际科学院中国科学中心、中国城市规划学会和联合国人居署共同编写《中国城市状况报告》，为双年度、中英文双语文献，已连续出版五卷。《中国城市状况报告》旨在向世界讲好中国城市故事，分享城市发展经验，促进中国与其他国家城市管理者和城市研究者的交流与合作。该报告是联合国系列国别报告之一，是国际社会客观全面了解中国城市的窗口。

（3）《中国市长》是协会的会刊，每月出版发行。为加强城市问题研究、助力城市领导者，会刊于4月份进行改版，内容更加侧重于城市热点问题讨论和城市工作经验交流。在几个月的试运行中，邀请多位部委领导和知名专家为会刊撰写原创稿件，并精选转载城市领域核心期刊的优秀文章。改版后的《中国市长》文章质量整体提高，更具思考性、研究性和前瞻性；除正副市长外，会刊发行还扩大至市委书记和市政府秘书长。改版后的会刊引起了城市和各方面的关注，一些城市和单位向协会索要更多会刊，特别关注知名专家为会刊撰写的原创文章。

（4）协会委托国信中心做了专项的政策研究，即梳理"十三五"期间国务院各部委办局涉及城市工作的政策法规和试点城市实施进展情况，共计54项。这项研究为协会更好地参与、助力城市"十四五"建设提供了基础性研究。

【会员联络】

不断完善协会会员数据库。根据市长岗位变化较快的特点，秘书处每周更新一次数据库，确保协会会员数据家底清楚。协会会员城市（区）758个（684个城市、74个直辖市区），会员总数5961人（截至2021年5月20日）。

【社会公益】

（1）在疫情期间，由协会和陶斯亮同志共同发起成立的北京爱尔公益基金会在疫情期间设立了

"爱尔同心抗疫项目"，该项目协调社会各方资源，向全国防疫一线的医院、公共服务机构及工作人员捐赠口罩、消毒液（粉）、护目镜、防护服等医用物资，价值共计约349万元。其中，向武汉市金银潭医院、武汉市中心医院、武汉市武昌医院等5家医院捐赠了约100万元的防疫物资，用来支援抗疫一线的医务人员。另外，该项目还向北京市海淀区、朝阳区、西城区，以及香港特别行政区的近百个社区、41家医院捐赠了防疫物资，价值共计约249万元。

（2）10月，北京爱尔公益基金会与陕西省残联共同举办第三届爱尔助残公益行动。该行动旨在聚焦残疾人康复、打造面向残疾人的服务平台，平台包括助残知识的交流活动和正能量的传播。在此次助残公益行动中分别向内蒙古自治区捐赠轮椅1085辆、向陕西省捐赠轮椅850辆，以及向青海省湟中县和大通县捐赠轮椅200辆，以助力住房城乡建设部定点扶贫工作。

（3）自2000年起，中国市长协会女市长分会就组织女市长及社会爱心人士对甘肃省临夏回族自治州东乡族自治县开展扶贫助学活动。2020年是全面建成小康社会的决胜之年，也是决胜脱贫攻坚战的收官之年。9月份，中国市长协会协调北京爱尔公益基金会向东乡族自治县捐赠"爱尔图书角"30个、美术用品用具、校服、足篮球、书包文具等共计36万元。

【以党建为引领，进一步加强协会秘书处内部建设，夯实学习型社团的构建】

（1）加强协会党组织建设。经上级党委批准，协会代表机构——中国市长协会广州联络处党支部于5月并入中国市长协会党支部，选举出新支委会成员，由协会秘书长担任书记。

协会党组织根据秘书处的工作特点制定学习计划，动员秘书处全员参加政治学习和业务学习。经过一年的学习，秘书处工作人员对习总书记关于城市治理的论述有了更深的理解，加强了城市发展的理论素养。

按照住房城乡建设部党组的部署，协会党组织认真做好学习贯彻十九届五中全会精神、"灯下黑"问题专项整治、"厉行勤俭节约，反对餐饮浪费"精神的学习贯彻等工作，均取得了较好的成效。

（2）秘书处对内部规章制度进行一次全面梳理，修订完善《内部考勤制度》《保密文件制度》和《在职工作人员因私出国（境）管理办法（试行）》等七项制度。

（中国市长协会）

中国勘察设计协会

【概况】 2020年对中国勘察设计协会而言，既是与行政机关脱钩之年，又是筹备换届之年。在住房城乡建设部的指导下，在协会领导班子的领导下，在广大会员单位的大力支持下，协会迎难而上，一手抓疫情防控，一手抓复工复产和履职尽责，圆满完成全年的重点工作任务。

【开展广泛调研】 2020年，协会针对不同的主题开展了形式多样的调研，为课题研究、科学决策等提供了大量第一手资料。开展行业发展"十四五"规划专题调研，向20多个细分行业的大型骨干勘察设计企业发放调研问卷；走访调研多家企业，分别召开成、渝地区企业座谈会，编制完成《工程勘察设计行业发展"十四五"规划调研报告》；联合上海天强管理咨询有限公司开展新冠肺炎疫情对工程勘察设计企业的影响专项调研。调研共回收有效问卷566份，并编制发布了《新冠肺炎疫情对工程勘察设计企业的影响专项调研报告》；建设项目管理和工程总承包分会开展了工程项目管理和工程总承包热点问题调研，为筹备行业大会收集第一手资料；信息化工作委员会与《中国勘察设计》杂志联袂开展"信息化在疫情防控期间复工的作用"专题调研，为制定《"十四五"工程勘察设计行业信息化工作指导意见》提供参考；施工图审查分会参与住建部开展的AI智能审图专项调研活动，涉及数字化审图、政府购买服务、人工智能（AI）审图等内容，编制了《关于数字化审图、政府购买服务、人工智能（AI）审图相关情况调研报告》；建筑产业化分会组织会员单位结合国家重点研发计划课题"乡村住宅设计与建造关键技术"，对示范项目样板间进行现场调研，推动行业科技研发和落地实施。

【深入开展行业发展"十四五"规划重大课题】《工程勘察设计行业发展"十四五"规划》的研编是住房城乡建设部市场监管司委托的重大课题研究任务。协会组织课题组对《工程勘察设计行业发展"十三五"规划》实施情况进行全面总结评估，编制完成《工程勘察设计行业发展"十三五"规划总结评估报告》，组织专家团队研究编制《工程勘察设计行业发展"十四五"规划》完成初稿，同时深度参与《工程勘察设计行与建筑业发展"十四五"规划》的研编等工作。

【积极参与修法】根据住房城乡建设部市场监管司3月下发的《中华人民共和国建筑法》修订前期任务分工方案，协会组织开展了一系列前期研究与修订工作，包括：整理我国工程建设相关法律法规，搜集其他国家和地区建筑法律法规等，对修订大纲提出调整建议，并委托建筑分会、建设项目管理和工程总承包分会、施工图审查分会开展相关研究，针对和勘察设计直接相关的条款，编写了修订建议，向住房城乡建设部提交《中华人民共和国建筑法》修订建议稿及修订说明。

【制发布行业发展研究报告2020】2020年通过整合近几年行业年度发展报告的改进、完善意见，对《工程勘察设计行业年度发展研究报告（2020）》进行升级改版。《工程勘察设计行业年度发展研究报告（2020）》结构调整为综述、主报告、数据分析、专题报告、大事记五个部分；开展了行业细分市场容量专题研究，构建工程勘察设计市场容量测算模型，为提出行业改革发展展望和对策建议等提供支持；新增"风采篇"专栏，面向2019年行业优获奖项目和行业抗击新冠肺炎疫情工作的案例征集活动，征集收录82个2019年行业优一等奖获奖项目案例和96个行业抗疫案例，展示行业优秀项目、优秀人物的风采。

【研编信息化发展规划】通过线上问卷调查、视频访谈和实地走访相结合的调研形式，组织勘察设计行业信息化专题调研工作，编制完成《勘察设计行业信息化发展研究报告》。在研究报告基础上研编《工程勘察设计行业"十四五"信息化工作指导意见》，同时参与完成《建筑业信息化发展研究报告（2020）》和《2021—2025年建筑业信息化发展纲要》之勘察设计篇的编写，为行业未来信息化工作的发展提出思路指引。

【深入开展全过程工程咨询业务研究】2020年，协会继续组织行业专家力量，积极推进全过程工程咨询业务的研究工作：继续组织专家参与国家发展改革委和住房城乡建设部联合组织的《全过程工程咨询服务技术标准指引》的编制；开展协会团体标准《全过程工程咨询服务规程》的研编，形成征求意见稿；参与住房城乡建设部市场监管司委托多家协会共同开展的"全过程工程咨询服务计价规则"课题工作，并研究起草了《工程勘察设计服务计价方式的对比》等课题支撑文件。

【组织跨行业共性技术交流】开展跨行业共性技术交流，是中国勘察设计协会的优势。2020年，协会组织12位来自各领域的专家，组成交流专家组前往宝钢湛江钢铁厂进行了为期两天的现场考察和深入交流。本次交流活动，让专家们全方位的感受了宝钢湛江钢铁工程作为当代中国乃至世界工业工程标杆的风采，留下了深刻的印象。本次交流活动的成功，为协会今后开展类似活动，促进细分行业间相关经验的学习和借鉴，促进行业共同发展进步，树立了信心。

【完成项目管理和总承包营业额排序】2020年继续开展勘察设计企业工程项目管理和工程总承包营业额排名活动。本年度申报参加"排名活动"的企业比2019年有所增加，申报企业198家，其中申报项目管理排名的103家，申报工程总承包排名的196家，协会于2020年9月发布排名结果，并在对申报数据整理、复核和分析的基础上，2020年12月发布排名结果分析报告。

【举办第十一届"创新杯"】第十一届"创新杯"建筑信息模型应用大赛在赛制上进行创新，奖项设置由2019年的26类精简为15类，在原有竞赛项目的基础上，针对优秀防控疫类BIM项目，特设"共克时艰"竞赛项目，进一步扩大了该项赛事的影响。经过初评、网评、终评和公示环节，最终评选出524个项目、15家单位在本届大赛中胜出。

【加强国际组织交流】2020年，协会与FIDIC举行第三次见面会，FIDIC秘书长、两位副主席和中方联络人参加。双方交流了2020年相关工作计划，探讨了具体合作机会。协会还派员参加了FIDIC全球首个实体机构的揭牌仪式，进一步紧密了双边工作关系。

【搭建国际勘察业务信息库】岩土工程与工程测量分会组建系统开发团队，进行岩土工程与工程测量专业国际业务信息库及平台研发，基本完成基础框架搭建，将实现会员单位信息、设备信息、用户管理、权限与角色管理、系统管理信息查询等基础功能；收集岩土工程专业常用国际标准，收集翻译56册ASTM系列常用岩土工程勘察和试验规范，收集欧洲常用岩土工程类规范85册，计划在2021年完成翻译材料汇总并上线。

【召开《中华人民共和国民法典》宣讲会】10月，协会以视频会议形式召开理事单位《民法典》宣讲会，由协会法律顾问围绕《民法典》的编纂意义、主要内容与创新、对工程建设领域的影响等主题进行宣讲，以帮助各理事单位学习、理解并实施，进一步增强法律意识。本次会议是协会为理事单位提供的免费服务，理事单位和会员单位代表近1200人参加，达到了预期效果。

【编发疫情法律风险防控指引】为提高广大会员单位新冠肺炎疫情期间企业法律风险防控能力，协会法律事务部组织编写《新冠肺炎疫情影响下工程勘察设计企业法律风险防控指引》，为工程勘察设计企业做好疫情下的法律风险防范工作提供了法律支持。

【推进团体标准进程】2020年，协会完善团体标准制度，研究制定并发布《中国勘察设计协会工程建设团体标准编写规定》。开展了2020年团体标准立项研究，提出年度立项计划44项。启动2019年44项标准编制项目中的41项标准编制工作，其中：完成送审稿7部，征求意见稿6部，在编征求意见稿28部，待启动标准编制项目3项。批准发布2018年度立项标准1部；办理团体标准信息公开，向住房城乡建设部申报已批准发布的标准3部；完成2018年度立项标准报批稿1部，送审稿1部。与此同时积极参与标准相关课题研究，组织申报住房城乡建设部"国际标准化工作规则及工程建设国际标准编写方式研究"课题，助力中国标准国际化进程。

【规范专家库管理】为规范技术专家库及入库专家的管理工作，以充分发挥行业智库的作用，经过多次论证研究，分析22个行业专业设置，按照行业、专业、全生命周期、技术特色等维度完成专家库结构框架、系统开发和建设，协会制定并发布《中国勘察设计协会技术专家库管理办法（试行）》。根据"办法"的规定，酝酿技术咨询专家委员会的组成方案，并委托合作单位研发专家库系统，实现专家库的科学管理。

【组织部级课题申报与验收】根据住房城乡建设部2020年和2021年科学技术计划项目申报要求，协会面向有关分会和会员企业征集申报课题。2020年科学技术计划项目申报了4个项目，有2个项目通过专家审核确定立项；2021年科学技术计划项目申报，截至12月15日，有效申报10个项目，完成相关文件报送工作。组织召开了住房城乡建设部科技计划项目"轨道交通绿色车站评价标准研究"验收评审会，顺利通过验收。

【举办QC小组活动成果大赛】2020年，协会对QC小组活动成果的交流形式进行了创新，举办2020年工程勘察设计质量管理小组活动成果大赛，采用竞赛形式，以保证QC小组活动成果交流的合规性。经有关地方、部门勘察设计行业协会推荐，2020年工程勘察设计质量管理小组活动成果大赛评审组评定，中铁第四勘察设计院集团有限公司的山区危岩体QC小组"研发危岩体结构面非接触式测量方法"等522个小组成果分别为Ⅰ类、Ⅱ类、Ⅲ类优胜成果。

【开展行业交流】2020年，各分支机构根据自身的业务范围和会员单位的需求，开展了各项管理创新、技术创新交流活动。建筑分会举办"全国建筑设计行业创新创优学术峰会"和"优秀作品集发布及创新创优高峰论坛"；岩土工程与工程测量分会召开第八届岩土工程信息化技术交流会和企业文化与行业宣传工作交流会；市政分会召开2020年度市政设计行业信息技术交流会；风景园林与生态环境分会举办长三角生态园林一体化和高质量发展研讨会；建筑环境与能源应用分会召开"牢记使命，服务国防"为主题的第八届暖通技术交流大会、2020年全国铁路与城市轨道交通暖通学术年会和夏热冬暖地区暖通空调技术交流会议等；智能分会举办中国智能建筑与智慧城市大会、创新生态·智汇抗疫——2020年智能建筑行业"后疫情时代"的机遇与挑战高峰论坛和第五届中国智能建筑与智慧城市大会苏皖论坛等；高校分会举办第八届建筑电气设计与研究学术交流会、2020建筑结构学术交流会和第二届医院养老建筑设计创新论坛等；电气分会举办全国电气技术交流大会、商业建筑电气设计高峰论坛和消防应急照明电气设计高峰论坛；结构分会举办第六届面向工程的地基基础技术交流会；人民防空与地下空间分会配合国家人防办开展人防"四新"成果展示活动；施工图审查分会召开数字化审图与人工智能（AI）审图交流会；建筑产业化分会组织2020全国装配式住宅建筑设计作品征集活动，组织会员单位参加住博会，促进行业技术交流提升；传统建筑分会举办"2020青年建筑师作品巡回展"和"首届鳌湖乡建艺术研究"论坛活动等；经营创新与体制改革工作委员会举办数字化转型推动企业高质量发展论坛；质量和职业健康安全环保工作委员会举办"设计院工程总承包项目中的安全生产管理"公益讲座，联合举办第四届工程勘察设计行业创新与知识管理高峰论坛。

【开展行业抗疫行动】疫情当前，协会向全行业发布《同舟共济，众志成城，为夺取抗击新冠肺炎疫情全面胜利而奋斗倡议书》。与此同时协会积极响应政府号召，实施了减免理事、常务理事、正副理事长单位2020年度会费的行动，对疫情重点地区的会员单位采取幅度更大的减免措施，以实际行动为企业减负，支持企业复工复产。建筑分会发出《抗击新冠疫情阻击战的号召书》，全国各地的建筑设计单位和工程技术人员响应号召，积极投身抗疫战斗，突击完成了一批新建、改建的专门医院，完成了一大批相关规范、标准、措施、指南等的编写工作；市政分会及时将协会的各类相关文件及指示精神传达给各理事单位，积极响应党中央及各级政府的号召，投入抗击疫情的战斗中；高校分会实施疫情防控指导，多所高校设计院积极承接政府下达的传染病医院的新建及改扩建工程；电气分会发出"倡议书"，紧急编制《应急呼吸道传染病医院电气设计建议》，组织传染病医院电气设计师专访，对积极投身抗击新冠疫情的会员单位进行报道；结构分会微信专题报道，助力疫情防控，开展线上公益性学术交流活动，发起"众志成城、共抗疫情"募捐倡议；人民防空与地下空间分会向会员单位和爱心人士发出新冠疫情防控救治专项募捐倡议，共筹集抗疫善款2491.62万元，物资折合1271.37万元；民营企业分会提出了"民营企业应当也必须有所作为"的口号，积极关注会员企业的疫情防控和复工复产等情况；施工图审查分会发出"建议书"，要求会员单位履职尽责、共克时艰；农业农村分会创作农村疫情防控科普作品；建筑产业化分会梳理相关部门发布的传染病医院及装配式建筑标准共计68项，做好相应的内容链接供下载使用，还组织有关单位编制完成《应急发热门诊设计示例（一）》和《居家防控应对新冠肺炎疫情的住宅建筑措施建议》等。

【稳步推进脱钩改革】2020年是协会脱钩年，协会按照行业协会商会与行政机关脱钩联合工作组的相关要求，稳步有序推进与行政机关脱钩，办理了外事、党建、资产、杂志变更主管单位等脱钩事项，10月底协会完成脱钩工作。11月更换《社会团体法人登记证书》，住房城乡建设部不再是协会的业务主管单位。按照脱钩工作的相关要求，协会根据《全国性协会章程示范文本》对协会《章程》进行了修订。

中国建筑业协会

2020年，中国建筑业协会（以下简称中建协）在住房城乡建设部的指导下，在协会领导班子的带领下，在全体职工的共同努力下，虽然受到新冠肺炎疫情很大影响，仍然圆满地完成了全年主要工作，为推进建筑业的改革发展做出了应有的贡献。

【召开第七届会员代表大会第一次会议】8月28日，中建协在北京隆重召开第七届会员代表大会第一次会议。住房和城乡建设部副部长易军、原部长姜伟新，民政部社会组织管理局副局长黄茹等出席会议。会议审议通过《中国建筑业协会第六届理事会工作报告》《中国建筑业协会第六届理事会财务报告》《中国建筑业协会章程》《中国建筑业协会会费管理办法》《中国建筑业协会发展规划（2021—2025年）》等文件，投票选举产生第七届理事会理事、第一届监事会监事。按照疫情防控要求，会议采用线上线下相结合方式，446名代表参加了北京现场会议，1310名代表参加视频会议，选举表决采用网络投票方式。

大会以无记名投票方式选举产生了第七届理事会常务理事和负责人。齐骥当选第七届理事会会长。朱正举在一届一次监事会上被推举为监事长。

齐骥代表新一届理事会领导班子发表讲话。他围绕深入全面贯彻《国务院办公厅关于促进建筑业持续健康发展的意见》这一主线，指出当前建筑业主要存在大而不强、组织方式落后、缺少核心竞争力、从业人员技能素质偏低等问题。针对这些短板，协会未来一段时间的主要工作方向，一是推广发展装配式建筑、钢木建筑等新型建造方式，酝酿成立钢木建筑分会。二是提升行业机械化施工水平，深化信息技术与建筑业的融合。三是推广工程总承包和专业施工相结合的新型施工组织方式，助力中小企业健康发展。四是健全产业工人技能标准体系，培养高素质技能人才。

【召开七届二次会长会议】11月22日，中建协在深圳召开七届二次会长办公会，审议协会2020年工作总结及2021年工作设想，审定2020—2021年度第一批鲁班奖评审结果。

齐骥会长在讲话中强调，请与会会长会后再进一步审阅报告并研提意见，秘书处将根据各位会长反馈的意见建议，认真研究细化2021年工作计划。鲁班奖评选工作要严格按照评选办法开展，对专家评审会的结果要给予充分尊重。2021年，中建协将进一步修订完善鲁班奖评选办法和复查工作细则，使鲁班奖工作更加公平公正、规范严谨。

【召开建筑业高质量发展研究院成立暨第七届理事会专家委员会第一次会议】 11月21日，中建协在深圳召开建筑业高质量发展研究院成立暨第七届理事会专家委员会第一次会议。会议宣读《关于公布中国建筑业协会第七届理事会专家委员会领导成员名单的通知》《关于公布建筑业高质量发展研究院组成人员名单的通知》，并向专家委员会及高质量发展研究院专家代表颁发聘书。

齐骥会长在讲话中指出，建筑业高质量发展研究院和专家委员会应该是全行业最高水平、人才最丰富的智库。同时也是个交流平台，是推动行业技术进步的总参谋部，是推动企业转型升级的智囊团。建筑业高质量发展研究院和专家委员会应该持续推动行业的科技进步和转型升级，重点是推动行业工业化、智能化、数字化和绿色化，实现高质量发展。建筑业高质量发展研究院和专家委员会工作有交叉也有合作，各有侧重，分别致力于技术创新和行业的高质量发展，都要加强调查研究，提出政策建议，为推动实现建造强国做出贡献。

【开展调研统计和反映诉求】 2020年，中建协承接住房和城乡建设部委托的"混凝土质量管理体制机制及控制措施研究"等课题，开展"建筑垃圾减量控制与资源化利用""中国智能建筑行业企业发展数据分析报告""工程总承包模式下建筑智能化专业承包行业企业关注问题调查结果报告"等课题研究。在调研的基础上，向住房和城乡建设部报送《关于环保治理力度加大导致建筑业企业经营困难的报告》《关于新冠肺炎疫情对建筑业企业影响的调查报告》等报告，向国家发展改革委、人力资源和社会保障部、财政部报送了《关于企业复工复产情况专题报告》《关于对冲疫情影响进一步减轻建筑业企业负担的建议》等报告。受住房和城乡建设部委托，开展特级、一级建筑业企业主要指标月度快速调查工作，发布《2019年建筑业统计分析报告》《2020年上半年建筑业统计分析报告》。

【不断提升工程质量安全水平】 2020年，中建协在成都举办提升工程质量经验交流会，来自全国建设领域的协会及企业1800多名代表参会。为提升西部地区中小企业工程质量水平，9月15—18日，中建协分别在甘肃、宁夏两地举办"质量月"专家行公益活动，活动以培训交流的形式举行。工程建设质量管理小组成果交流等活动，均受到企业的欢迎。完成2020—2021年度第一批鲁班奖评选工作。

【科技推广】 2020年，中建协组建第七届理事会专家委员会，邀请更多的资深专家学者和院士加入，充分发挥专家作用，为协会各项工作提供技术支撑。与中国海员建设工会全国委员会共同举办第五届中国建设工程BIM大赛，从全部参赛的976项成果中，决出获胜成果602项，编写《中国建筑业BIM应用分析报告（2020）》，12月举办BIM技术应用成果经验交流会。开展行业标准规范编制工作。完善并正式发布《中国建筑业协会团体标准管理办法》，完成第四批23项团标立项工作，对前三批共79项团标编制情况进行跟踪管理，出版发行11项团标。组织修订《房屋建筑和市政基础设施工程质量检测技术管理规范》GB 50618。

【推进行业信用体系建设】 2020年，中建协起草《建筑业信用评价标准》，组织开展2020年度AAA级信用企业评价工作及2017年度、2018年度全国建筑业AAA级信用企业信用信息采集工作。完成"建筑业信用体系建设研究"系列课题工作。

【行业培训】 受新冠肺炎疫情影响，2020年，中建协各分支机构共举办6期统计、项目管理、质量管理等方面的培训班，培训学员2000多人。举办多期线上公益讲堂活动，2500多人次参加学习。

【积极履行社会责任】 新冠肺炎疫情发生后，中建协认真贯彻落实上级部门的防疫要求，同时为行业的疫情防控和复工复产做了大量工作。2月1日，中建协第一时间向承建武汉火神山、雷神山医院建设任务的中国建筑第三工程局有限公司、武汉建工（集团）有限公司和承建武汉江夏大学城1万平方米方舱医院改造工程的宝业湖北建工集团有限公司等企业发去慰问信，鼓励广大会员单位积极投入打赢疫情防控的人民战争、总体战、阻击战。得知武汉抗疫物资紧缺，建筑业企业一线人员急需口罩，中建协通过国内外企业紧急收集购买了大量口罩，于2月22日上午为武汉建筑业企业捐赠了10万个口罩，分配给承建专科医院的6家建筑业企业，解决了其燃眉之急。随后，又向北京重点工程项目的一线工人赠送2万个口罩和2千瓶消毒洗手液。

为贯彻住房和城乡建设部关于推动复工复产通知精神，中建协召开建筑业奋力打好控疫情和促发展两场战役电视电话会议，对全国疫情防控、建筑业企业复工应对措施等当前重要问题分享了先进经验做法并提出了建议。编制了《建设工程项目工地复工防疫工作指南》，从开复工准备工作、施工现场防疫措施、现场人员动态管理与疫情监测三个方面提出18条措施，指导施工企业防疫和复工安全工作。此外，中建协还通过协会网站、微信平台，并联合中国建设报、中华建筑杂志等媒体进行宣传报道，充分展现了建筑业团结一心、同舟共济、共克时艰的良好精神风貌，不断凝聚起众志成城抗疫情的强大力量。

【扶贫攻坚】认真落实住房和城乡建设部布置的扶贫工作任务。两次赴湖北红安县进行调研督导，参加部县联席会议共同研究推动扶贫工作。推动已签订合作意向书的扶贫项目加快进展，当地中小建筑业企业通过扶贫项目承接工程合同额近亿元。向红安县捐助10万元用于教育扶贫项目，向四川广元荣山镇第三小学捐出1.3万元助学款和文具。通过公益平台采购3批近2.5万元扶贫农副产品。

【信息宣传工作】2020年，中建协编辑出版12期会刊《中国建筑业》，并特别编印了《抗击疫情，"建"行使命》专刊，编印《2019年中国建筑业协会年报》，出版《中国建筑业年鉴（2019卷）》。继续做好中建协微信公众号和协会网站管理工作，共发布协会文件、重要通知、各类动态、消息等2300余条。完成4770余家新老会员的网上信息更新工作。

2020年，中建协继续加强与中央电视台、北京电视台、新华网、人民网、《人民日报》《经济日报》《中国建设报》《建筑时报》等媒体的联系。积极开展对外宣传工作，及时将协会的重大活动、重要新闻在有关媒体上宣传报道，加强了与直播平台的合作。

【自身建设与发展管理】2020年，中建协继续加强党建工作，持续巩固深化"不忘初心、牢记使命"主题教育成果，开展创建模范机关活动、读书学习活动，着力提高职工的政治意识和综合素质，打造学习型党支部、学习型秘书处。加强制度建设，制订修订多个内部管理制度，编制《内部管理制度汇编》，使协会工作更加科学化、规范化。在2019年协会机构改革的基础上，继续调整部分分支机构。成立法律服务工作委员会、建筑业高质量发展研究院，筹建中小企业分会和钢木建筑分会。协会领导对分支机构进行全面调研，加强对分支机构业务的指导和管理。按照民政部、中央和国家机关工委、住房和城乡建设部关于行业协会脱钩工作要求，规范有序落实脱钩安排，完成"五分离、五规范"的脱钩工作目标。2020年，中建协吸收新会员736家，对协会开展会员服务情况进行调研。升级会员服务信息化系统，完成测试并投入使用。

【重要会议与活动】1月15日，中建协召开2019年工作总结会，总结2019年协会工作，并对2020年工作提出设想。

2月22日，中建协向武汉建筑业企业捐赠10万个医用防护口罩，中国建筑第三工程局代表武汉建筑业企业接收捐赠物资。

2月26日，由中建协主办的建筑业奋力打好控疫情和促发展两场战役电视电话会议在北京召开。

2月，中建协发布《建设工程项目工地复工防疫工作指南》。

3月12日，中建协和北京市建筑业联合会到国家会议中心二期项目工地，看望和慰问现场施工人员。

4月15日，中建协发布《关于新冠肺炎疫情对建筑业企业影响的调查报告》（中英文）。

8月11—12日，中建协在成都举办全国建筑业企业提升工程质量经验交流会，来自全国建设领域的协会及企业1800多名代表参会。

8月28日，中建协在北京召开第七届会员代表大会第一次会议。

9月23—25日，中建协会长齐骥、副会长兼秘书长刘锦章、副秘书长景万一行赴杭州出席建筑产业互联网建设座谈会，并调研浙江省建投集团、中天控股集团、新中大科技公司。

10月27日，2020中国建筑产业互联网大会在四川成都举办。

11月16—19日，中建协会长齐骥、副会长兼秘书长刘锦章一行赴广东出席推动粤港澳大湾区建筑业高质量发展座谈会，调研了中建四局、广东建工、中建科工等企业和中建二局承建的珠海横琴口岸项目、广东电白二建承建的粤剧艺术博物馆。

11月21日，中建协在深圳组织召开建筑业高质量发展研究院成立暨第七届理事会专家委员会第一次会议。

11月22日，中建协在深圳召开七届二次会长会议；同日，召开推进新型建筑工业化研讨会。

12月14—15日，第19届中国国际工程项目管理峰会暨项目管理经验交流会在南京召开。

12月16—17日，中建协在武汉召开第五届建设工程BIM技术应用成果经验交流会。

中国安装协会

2020年，中国安装协会坚持以习近平新时代中国特色社会主义思想为指导，深入贯彻党的十九大和十九届二中、三中、四中、五中全会精神，充分发挥党支部政治保障作用，分析行业发展面临的形势，贯彻新发展理念，在服务政府、服务社会、服务行业、服务会员方面取得新成绩。

【坚持民主办会，完成换届工作，提升协会凝聚力和影响力】 2020年，协会坚持民主办会，加强组织建设，完成换届工作，注重发挥理事会作用，推动协会工作的科学决策，形成群策群力、齐心协力的发展氛围，推进协会稳步发展。

召开会长会议。9月15日，协会召开会长会议。会议听取了协会2020年上半年工作开展情况和换届筹备情况的汇报，听取第六届理事会工作报告、财务报告、关于修改协会章程的说明、第七届理事会理事候选人产生过程及组成情况的说明，并对换届大会议程、章程（修改）草案等进行了审议。经过审议，会议确定了第七次会员代表大会议程设置、会议表决方式，同意了向大会提交的工作报告、财务报告、章程（修改）草案、所有提案和理事会、监事会候选人名单。

召开第七次会员代表大会、第七届一次理事会议和第七届理事会监事会第一次会议。9月16日，协会召开第七次会员代表大会、第七届一次理事会议和第七届理事会监事会第一次会议。第七次会员代表大会审议通过了《中国安装协会第六届理事会工作报告》《中国安装协会第六届理事会财务报告》，表决通过了《中国安装协会章程》《关于调整中国安装协会会费交纳标准的提案》，选举产生了由173人组成的第七届理事会和3人组成的监事会。

第七届一次理事会议上，以无记名投票方式选举产生了以田秀增为会长，共19人组成的新一届领导集体，选举产生了由51人组成的常务理事会。会议审议通过了《关于推荐中国安装协会第七届理事会副秘书长的提案》，批准了247家企业的入会申请。理事会议期间，监事会召开第一次会议，推举产生了监事长、副监事长。

召开秘书长工作会议和第七届理事会监事会第二次会议。12月1日，协会召开秘书长工作会议。会议回顾了协会2020年全年工作，探讨协会2021年工作思路和工作重点，力求找准协会服务方向，提升综合服务水平和能力。会议期间，监事会召开了第二次会议，讨论并通过《中国安装协会第七届理事会监事会工作规则》。

更好地发挥行业专家作用。2020年，协会建立专家在线申报与信息更新系统，实现动态管理、信息实时更新，协会与专家之间的沟通、联系更加密切、便捷、高效。行业专家积极参与协会组织开展的技术咨询、成果评价、奖项评选、标准编制、书籍编写、建造师考试用书修订、考试命题等工作。

【深入开展调研，掌握行业发展趋势，总结会员企业发展经验】 2020年，协会通过举办交流研讨会、实地观摩考察、深入企业走访座谈等方式，围绕企业转型升级、机电专业工厂化生产、装配式安装、信息化管理等热点问题开展调研。

围绕企业转型升级开展调研。12月16日，在安装企业转型升级经验交流会期间，协会组织企业家代表座谈，交流安装企业在转型升级，探索创新发展理念，寻求新的发展模式等方面取得的经验和心得，研究探讨当前形势下行业发展面临的困难与挑战，企业转型升级存在的问题及应对措施。对于会议中收集到的思路、意见和建议，协会高度重视，会后进行了总结归纳、研究分析，并将归纳的规律和经验用于指导协会工作的开展。

围绕机电专业工厂化生产、装配式安装、信息化管理等行业热点开展调研。12月4日，协会赴中建五局三公司装配式机电工厂考察调研，并就装配式机电技术发展与湖南省安装行业协会、湖南建工集团、湖南六建机电安装有限责任公司、中建五局三公司安装分公司领导座谈交流。12月，协会前往中建八局第一建设有限公司承建的悦彩城（北地块）建筑施工总承包项目进行5G智慧建造调研，考察了机电专业工厂化生产、装配式安装、信息化管理技术在项目中的应用情况。

利用举办会议活动机会，走访会员单位。2020年共走访河南省安装集团有限责任公司等20余家会员单位，通过走访、座谈，了解会员单位发展状况、经营理念、战略规划、转型升级、先进技术应用等情况及面临的困难和挑战，总结具有企业特色的经营管理、科技创新等方面的经验，并通过协会搭建的平台进行宣传、推广。

【发挥精品工程示范引领作用，推动行业高质量发展】协会以"中国安装工程优质奖（中国安装之星）"和"中国安装协会科学技术进步奖"两项评选活动为提升行业工程质量和引领科技进步的重要抓手，2020年，协会根据防疫形势，高标准、严要求地统筹评选各环节工作，采取视频会议等云端形式开展专家交流和在线指导，认真做好奖项评选工作，保证评选活动有序高效。

组织开展2019—2020年度中国安装工程优质奖（中国安装之星）第二批评选活动。本次评选继续采取网上申报方式，经会员企业申报，推荐单位择优推荐，共申报工程243项。经专家在线审查，238项工程符合申报条件，进入复查。10月份，协会组成专家复查组对通过初审的工程进行了现场复查。11月底，协会召开评审会，通过质询、评议、无记名投票，222项工程获得2019—2020年度第二批中国安装工程优质奖（中国安装之星）。

组织开展2020—2021年度中国安装协会科学技术进步奖评选工作。5月协会启动评选工作，采取网上结合纸质的申报方式。5—9月，经过申报推荐、申报单位在线填报、纸质资料受理、形式审查环节，共受理260项申报成果，其中243项成果通过形式审查。

11月，2018—2019年度中国安装协会科学技术进步奖入编《中国科学技术奖励年鉴》（2019）。这是中国安装协会科学技术进步奖连续第5年入编该年鉴，体现出国家对于社会力量设立科学技术奖的充分肯定。

【促进科技创新，开展行业交流，推广先进适用技术和管理理念】2020年，协会围绕新基建、机电工程新技术推广应用、安装企业转型升级等行业热点，组织开展行业交流研讨、工程观摩等多种形式活动。

组织行业交流研讨，促进行业科技创新和管理创新。11月12—13日，协会召开机电工程项目管理与施工技术交流研讨会。作为协会品牌活动，会议以新基建与机电工程新技术推广应用为主线，结合会员单位关注的国家重点工程及关切的行业热点问题，邀请行业专家、国家重点工程及行业典型工程项目负责人做主旨演讲。

12月16日，在安装企业转型升级经验交流会上，陕西安装、上海安装、中建安装、山西安装、江苏启安、河南安装、陕西化建共7家单位做主题发言，结合行业现状和本企业特点，从不同角度全面总结了企业在转型升级，探索创新发展理念、发展模式，坚持高质量发展方面取得的经验和成绩。

组织工程观摩。2020年，协会根据行业发展、技术创新和会员单位需求，围绕行业典型工程与先进技术，结合各项会议活动，组织了多次工程观摩。

9月，第七次会员代表大会期间，会议组织参会代表观摩了中建八局总承包公司承建的杭州奥体中心主体育馆、游泳馆机电安装工程。11月，机电工程项目管理与施工技术交流研讨会期间，会议组织参会代表观摩了中建八局第一建设有限公司承建的郑州航空港区光电显示产业园建设项目。12月，安装企业转型升级经验交流会期间，会议组织参会代表参观了陕建安装集团企业展馆、机电智慧运营中心、设计研究院、职工之家等。

做好安装行业BIM技术应用成果评价工作，推广和普及BIM技术在机电安装工程中的全生命周期集成应用。2020年，协会BIM应用与智慧建造分会组织开展2020年安装行业BIM技术应用成果评价活动，最终确定2020年安装行业BIM技术应用国内领先（Ⅰ类）成果25项，国内先进、行业领先（Ⅱ类）成果59项，行业先进（Ⅲ类）成果93项。

联合上海市安装行业协会、中建八局科技建设有限公司组织开展全国安装人"五小"成果短视频大赛活动，培育行业科技创新氛围，促进企业提质增效。活动于10月启动，共收到263项参赛作品。经专家初评，70项作品进入网络投票阶段。

编写科技书籍。由协会组织编写的《机电工程新技术（2020）》于2020年4月出版发行。为使这些机电工程新技术得到更好的应用，协会继续组织专家编撰《机电工程新技术（2020）应用指南》。指南延续了《机电工程新技术（2020）》的行业分类，对工程案例的成功实施进行重点叙述。9月17日，协会召开了《机电工程新技术（2020）应用指南》审定会，原则通过审定。

推进行业标准化建设，发布团体标准，增加标准的有效供给。8月25日，协会标准工作委员会召开协会团体标准《建筑设备安装工程支吊架计算书编制标准》审定会。11月5日，协会标准工作委员会召开发布会，举行协会团体标准《建筑机电施工图深化设计标准》的发布仪式。

【**履行职责，接受政府委托，完成建造师执业资格考试用书修编工作**】做好注册建造师相关工作。受住房城乡建设部委托，协会积极组织专家，认真完成住房城乡建设部布置的一、二级建造师执业资格考试大纲（机电工程）及考试用书《机电工程管理与实务》的修编工作，向住建部注册中心推荐一、二级建造师执业资格考试命题、阅卷专家，参与考试命题和阅卷工作。

做好《机电工程管理与实务》修编工作。11月18日，协会召开全国一、二级建造师（机电工程）执业资格考试用书征求意见座谈会。会议提出了全国注册一、二级建造师执业资格考试用书《机电工程管理与实务》2021年版修订工作的总体方案和修订原则，明确了考试用书的具体修订方式及注意事项。会议听取参会代表对教材中知识点和考试要求掌握程度提出的调整、补充和修改意见，并对代表们提出的意见和建议逐条进行了解释、分析与解答。

【**办好《安装》杂志，加强信息化建设，做好信息宣传工作**】2020年，《安装》杂志社明确科技期刊定位，坚持办刊宗旨，紧跟行业发展形势，报道前沿科技动态，积极宣传推广重大工程项目的先进经验和科技成果，促进行业发展。发挥编委会作用，坚持专家审稿制度，增强杂志专业性、学术性和权威性。聚焦行业热点，主动向企业家、专家约稿。加强协会网站《安装》杂志专栏建设和微信公众号推送文章，宣传扩大《安装》杂志影响力。

加强协会信息化建设。协会网站坚持服务协会工作、服务会员单位的定位，宣传安装行业改革发展成果、展示会员单位风采、发布协会最新动态和活动通知。保证网站服务质量，增加网络存储空间，优化页面响应速度，网上申报、评审系统等功能模块实现平稳运行。利用微信公众号、微信群、QQ群发布协会工作最新动态，促进协会与会员单位之间的互联互通，倾听会员单位对协会工作的意见和建议，使协会对会员单位的管理和服务更加精细、高效。

编制《协会简报》。通过《协会简报》，及时向副会长、常务理事、理事，各省、市安装协会（分会），有关省市建筑业协会，有关行业建设协会以及各地区联络组通报协会工作。

【**抗击新冠肺炎疫情、助力行业发展**】面对突如其来的新冠肺炎疫情，协会坚持疫情防控和推进工作两手抓，发挥行业协会作用，助力会员企业复工复产。

2月6日，协会发出《致奋战在抗击疫情一线建设者们的慰问信》，对奋战在抗疫第一线的会员单位及建设者们送去慰问。为加强行业宣传，协会向会员单位征集在疫情防控工作中的先进典型、先进事迹材料，通过微信公众号和协会官网开设的"会员单位抗击疫情第一线"专栏进行广泛宣传，共编发报道230余篇。《安装》杂志社自2020年第4期至第6期，连续3期在杂志"专题报道"栏目刊登应急传染病医院快速建造经验和会员单位统筹推进疫情防控、复工复产方面的经验做法。此外，协会发出《关于征集"2020年抗击疫情应急医院典型工程案例"的函》，向参加抗击疫情建设的会员企业征集应急医院建设的典型工程案例，汇总应急医院建设施工的技术规范、管理要点等，总结、推广抗疫建设先进经验。

4月16日，协会主办、中建三局一公司承办的应急医院机电工程网络直播云观摩会成功举办，对武汉雷神山医院、深圳市第三人民医院应急医院、珠海中大五院凤凰山病区医院三所应急医院的建设情况进行实时展示解说，吸引了百万人次在线观看。

【**以党建工作为引领，加强自身建设，营造良好工作氛围**】一是继续加强党建工作。协会党支部以习近平新时代中国特色社会主义思想为指导，旗帜鲜明讲政治，组织全体工作人员深入学习贯彻党的十九届五中全会精神，将加强党的建设写入协会章程，加强党对协会的全面领导。巩固拓展"不忘初心、牢记使命"主题教育成果，突出党建引领作用，推动协会党建工作和业务工作共同发展。严肃党内政治生活，认真落实党支部"三会一课"制度，召开组织生活会和主题党日活动，提高党员干部政治站位，加强为会员服务宗旨意识和廉洁自律意识，党建工作质量不断提升，为协会发展提供坚实可靠的政治保障。

二是加强自身建设，提高工作人员专业素质。通过集体学习、交流研讨等方式，加强秘书处工作人员在宏观政策、政治理论、行业动态、法规标准等方面的学习，提高专业素质，增强服务意识，改进工作作风，提升服务水准，共同营造团结干事、务实求进的工作氛围。

（中国安装协会）

中国建筑金属结构协会

【积极倡议 加强行业引导】

1月31日,中国建筑金属结构协会(以下简称"协会")向全体会员单位发出"关于号召全体会员单位在打赢疫情防控阻击战中充分发挥积极作用的倡议"。8月20日,协会党支部向协会全体党员干部、职工发出"响应党中央'厉行节约 反对浪费'号召的倡议"。9月18日,协会向各会员单位发出"助力贫困劳动力稳岗就业的倡议"。

在协会的积极倡议与组织下,据不完全统计,抗疫期间,协会全体党员捐款共计19605元;协会会员单位累计捐款1.89亿元。净化与新风委员会积极组织会员单位共募集总价值约为1034万元的物资,并通过钟南山医学基金会向湖北武汉相关单位进行了捐赠。箱式房屋在此次全国抗疫医院建设中发挥了重要作用,据不完全统计,在不到20天的时间,行业50多家会员单位参与建造了40多所抗疫医院,提供超过4万个箱式房屋。

【应对疫情 转变工作模式】

疫情期间,协会严格落实北京市疫情防控各项要求,积极探索特殊条件下的办公方式,要求全体职工利用钉钉、微信、QQ、电话、电子邮件、网络会议等多种方式开展远程办公,运用网络直播、视频会议等方式加强行业指导。通过电话、线上等方式,深入了解行业企业生产经营现状,并形成了《关于钢结构企业疫情期间复工复产调研情况的报告》,报住房和城乡建设部,为政府决策提供参考。

协会与中国人民大学继续教育学院联合开展"新基建与建筑工程管理创新""疫情冲击及经济对策""新冠疫情对资本市场的影响及应对"等公益直播课程;组织开展"协力战疫化危为机——钢结构行业的挑战与机遇"公益讲座;举办"疫情之下中国建筑业应对之策"在线沙龙等线上分享活动。

1月30日起,协会舒适家居分会、采暖散热器委员会、辐射供暖供冷委员会、净化与新风委员会、清洁供暖委员会五家协会联合发起了"抗疫情一起学"的公益学习活动,其中《暖通大咖说》版块定位于"用思想驱动行业进化",重点邀请暖通行业知名企业家、思想者、观察者为大家分享他们对于行业和企业经营的理念。疫情期间《暖通大咖说》采用线上直播方式进行了19期,分享主题包括行业观察、经营理念、前沿技术、跨界创新、企业文化建设等多方面主题,累计观看人数达到50000多人次。

铝门窗幕墙分会邀请行业知名专家、学者和企业代表,通过微信平台开办线上"创新课堂",疫情期间陆续推出共28期线上主题演讲。

钢结构分会举办的"协力战疫、化危为机——钢结构行业挑战与机遇"在线公益讲堂,在线听众达1.6万人次。

集成房屋分会和北京诚栋公益基金会共同发起并组织开展"集成房屋行业抗疫感人事迹"的公益活动,利用60秒小视频叙事的形式,记录集成房屋人在此次疫情中的感人故事。

8月19日起,建筑门窗配套件委员会组织系列线上交流分享。分享持续六周时间,邀请了6位行业专家,通过线上直播的方式,分享五金产品的技术知识,并进行线上互动交流。

【深入调研 提出合理化建议】

"3·7泉州欣佳酒店坍塌"事故发生后,协会钢结构专家第一时间参与现场事故救援,并对事故原因进行勘察分析,形成《关于吸取泉州酒店倒塌事故教训、进一步加强对钢结构工程质量安全监管的报告》报住房和城乡建设部。

舒适家居分会在进行深入调研后,通过郝际平会长向全国政协提交《关于建议取消地板消费税》的提案,得到了财政部高度重视,并于10月23日召开"实木地板消费税座谈会",与国家林草局、中国林产工业协会、中国木材与木制品流通协会、浙江省财政厅、湖州市财政局、南浔区财政局相关领导及全国重点地板单位企业负责人共同研究实木地板消费税调整事项。

集成房屋分会向国家应急管理部提交《关于将箱式房屋列为国家应急物资的报告》。郝际平会长作为全国政协委员向政协提交了提案,并获得应急管理部答复,将针对协会提出的建议制定相关政策措施并提出工作安排。

铝门窗幕墙分会于5月开展行业调查研究，拟出调查报告，并通过郝际平会长向两会提交了《当前疫情下帮助企业渡过难关的提案》。

10月，建筑钢结构分会参加住房城乡建设部2020年"全国建设领域重点工作检查督查"，对山西、河南2省的装配式建筑全面情况进行调研检查，并开展针对钢结构标准体系梳理，钢结构住宅统计分析以及加强钢结构住宅试点地区"树典型、立标杆"等工作。

【行业年会】

8月12日，第26届全国铝门窗幕墙行业年会暨2020中国建筑经济广州峰会，在广州南丰国际会展中心召开，400多人出席会议。会议还邀请地产界、设计师、新媒体行业、建筑业等企业家就"2020年以及未来房地产经济发展观点"展开讨论，共商行业发展策略。同时，结合铝门窗幕墙行业的新态势，全面解读建筑业创新、环保、绿色、新兴产业链、经济形态等热点话题展开了热烈讨论。

9月16日，"A.O史密斯杯"2020中国舒适家居大会于南京召开。地暖、壁挂炉、空气源热泵供暖、散热器、电供暖、太阳能供暖、水/地源热泵、新风、净水等行业厂商代表、协会领导、业内专家、企业代表与行业媒体等1000余人参会。

11月11日钢塑管行业年会在杭州华辰国际饭店召开，出席会议的有协会领导、专家及企业代表共120余人。

11月25日，2020中国清洁供热峰会暨行业年会在石家庄召开。来自全国各地代表300余人参加了会议，近20家企业展示了新产品新技术。30余位嘉宾从政策、行业趋势、技术和产品、市场营销等方面进行了精彩的分享，共同探讨清洁供热新途径，助力行业发展再上新高度。

【行业展会】

7月26—28日，第11届中国（永康）门业博览会在浙江永康召开。三天展会共发生交易额26.12亿元，累计参展参会人员9.1万人，共有来自国内20个省份的686家企业通过严格审核，取得参展资格。

8月13日，2020全国铝门窗幕墙新产品博览会在广州举办。本届博览会共设7大展馆8大展区，包括门窗系统、防火建筑、智能家居、遮阳系统、铝型材、隔热材料、幕墙板材、五金配件、建筑玻璃、设备、结构胶等最新的建筑门窗幕墙技术与产品。

10月15—17日，第73届全国建筑机械与矿山机械交易会在河南荥阳召开。来自北京、河北、上海、江苏、浙江、安徽、福建、山东、河南、湖南、广东、广西、重庆13个省（区、市）的300余家企业参展，展出面积4万余平方米。

10月29日—11月1日于北京中国国际展览中心（新馆）举办FBC2020中国国际门窗幕墙博览会。共有528家企业参展，展会总面积66000平方米，参观观众90000人次。

12月16日，2020中国供暖产业贸易博览会在京举办。展会吸引了近70家参展企业以及来自各行业协会的领导、专家，企业、媒体代表，和来自施工企业、生产企业、经销商、代理商、集成商、各地市建设主管部门、设计单位、监理单位、房地产开发商等领域的千余位观众。

【行业论坛】

6月—10月，舒适家居产业技术发展论坛在全国开展技术推广及培训，足迹遍布西安、苏州、成都、贵州、郑州，累计参会2000余人。侧重宣传舒适家居产业文化，推广舒适家居系统集成技术，推动供暖与舒适家居产业融合发展。

6月22日，智享未来·舒适智家居生态沙龙在南京召开。会议围绕"五新"赋能行业复苏，分别从新思维、新方法、新工具、新产品、新工艺角度为舒适智能家居行业提供最新的解决方案，行业产商、经销商、渠道商们共同探讨产业互联网下的行业升级之路，共建行业生态资源圈。

6月29日，2020市政与建筑给水排水和机电抗震技术论坛在西安召开。会议以"水、卫生、环保、绿色健康、安全防灾"为主题，全方位展示市政与建筑给排水及建筑机电抗震系统解决方案，推进二次供水、智慧水务、市政及综合管廊建设、建筑给水排水节水节能及建筑机电抗震等技术交流。

7月28—30日，第七届中国供暖财富论坛在浙江温州召开。论坛以"后疫情时代，舒适家居创富之道"为主题汇集行业协会领导、商界大咖领袖、业界多领域专家、技术派实力派代表、暖通公司及各地区优秀暖通从业者，论道暖通新财富，把脉行业新未来。

8月5日—12月1日，检测鉴定加固改造分会共举办六期技术论坛，先后邀请多部标准主编、高校知名教授、结构设计大师等共19位专家学者分享检测鉴定加固改造领域的最新科研成果、技术进展和工程实践，解析前沿工程结构理念，并详细解答现场观众提出的互动问题。技术论坛与《建筑结构》

杂志社和构力学堂合作，每期在线直播持续2个多小时。

8月11日，2020房屋建筑与市政基础设施机电工程抗震技术论坛在成都召开。会议围绕机电工程抗震技术开展研讨，对会员企业的产品研发和推广应用将起到很好的促进作用；对广大设计师在设计过程中合理高效利用新产品、新技术会提供帮助。

9月18日，第八届中国新风净化产业高峰论坛于南京举行。论坛吸引了来自全国各地的新风净化产品施工企业、生产企业、经销商、代理商、各地市建设主管部门、设计单位、监理单位，以及房地产开发商和新闻媒体等1000余人到场参会。

10月27日，2020房屋建筑与市政基础设施给水排水和机电抗震技术论坛在河南郑州召开。本次论坛为房屋建筑与市政基础设施给水排水及机电抗震系统领域提供了解决方案，推进了建筑给水排水节水节能及机电抗震等技术交流。与会人员共商行业最新技术、标准及行业发展情况，同时也为当地水务管理部门、设计单位、工程公司、水司、业主单位、设备生产商、系统集成商以及综合服务商提供交流平台。

10月30日，在北京顺义区的中国国际展览中心召开了被动式低能耗高品质高性能PVC-U门窗发展论坛，近200余人参加。会议围绕我国被动式低能耗建筑、北京市居住建筑外窗K值1.1新标准、京津冀区域节能新规范等对门窗提出的新要求，从标准解析、指标分析、门窗系统、暖边技术、密封技术等不同角度提出系统解决方案。

11月13日，高端不锈钢管材料及加工应用交流会在无锡召开，共有专家和代表100余人参加了会议。会议对不锈钢水管行业面临的内外部压力及转型升级、提质上量、降本增效等难题，如何找到高质量发展的道路进行专题讨论。

11月24日，2020房屋建筑与市政基础设施机电工程抗震技术论坛在重庆召开。论坛召开同时，设置了"优秀企业产品展示交流区"，方便生产厂家与设计人员在现场互动交流及洽谈合作。

11月25日，"朴勒杯"2020新风净化产业峰会在京召开。各企业代表、全国范围内集成商、工程商、经销代理商等500余人齐聚一堂。

11月25日，在2020上海国际城市与建筑博览会（城博会）上联合上海市勘察设计行业协会举办"长三角一体化基础设施融合海绵城市建设应用发展"等系列论坛。

12月5-6日，装配式建筑高峰论坛暨智能建造与工业化协同推进现场会在山东济宁召开。

12月6日，协会和山东省济宁市人民政府共同主办装配式建筑高峰论坛暨智能建造与建筑工业化协同推进现场会，住建部多位领导和行业工程院院士、勘察设计大师等权威专家亲临大会指导、开展技术交流。

12月16日，2020中国供暖大会在京召开。同期还举办"Dream Maker造梦者杯"第九届中国空气源热泵供暖高峰论坛，"艾瑞科杯"第十二届中国壁挂炉产业高峰论坛。

【标准编制】

获批颁布：《高性能平板型太阳能集热器》《辐射供暖用混水装置应用技术规程》《壁挂炉地暖系统技术规程》《管网叠压供水设备》《电动门窗通用技术要求》《安全电压开门机》《户外电动门安全要求》《铸铝门》《建筑用铜门》《钢结构住宅主要构件尺寸指南》等规范。

【专题研讨】

4月6日，钢结构工程质量监管工作专家视频会议召开。会后，建筑钢结构分会代表协会向住房城乡建设部报送了《关于吸取泉州酒店倒塌事故教训、进一步加强对钢结构工程质量安全监管的报告》，住房城乡建设部领导先后在报告上批示意见。协会领导高度重视，为落实住房城乡建设部领导批示精神，围绕推进钢结构建筑高质量发展，在了解行业情况和项目调研基础上，就如何提升钢结构建筑质量和安全生产管理水平，协助政府部门做好工作，多渠道收集、听取行业专家、学者的建议、意见。

5月7日，钢结构桥梁分会组织虎门大桥工程建设指挥部技术顾问、曾参加虎门大桥设计的教授以及钢结构桥梁方面的相关专家，针对虎门大桥风致振动现象参与视频专题讨论。会议从发生振动的原因及桥梁的影响程度、今后钢桥设计、施工、检测及维护、钢结构推广及发展前景等方面展开交流及研讨。

8月26日建筑遮阳分会召开强化天然大理石设计与应用研讨会，积极推广建筑遮阳材料，促进产业链上下游互联互通。

8月26日，高烈度地区钢结构装配式酒店及住宅项目观摩交流会在四川西昌召开。会议旨在落实住房城乡建设部开展钢结构装配式住宅建设的部署要求，推进钢结构装配式住宅技术的不断完善，培育打造样板工程，推动钢结构装配式住宅健康发展。

9月8日，战略储备工程箱式快装建筑技术研讨会暨中国建筑金属结构协会集成房屋分会企业调研会在河北廊坊召开。会议就科技部国家重点研发计划"科技助力经济2020"重点专项课题"战略储备工程箱式快装建筑指引及优化研究"进行探讨。

10月27—28日在中国北京国际展览中心（新馆）W201大报告厅举办FDC2020中国国际门窗幕墙高级研讨会。会议邀请20多位专家共同探讨适合中国门窗幕墙企业变革和发展的方向。本届研讨会以"破局——门窗幕墙技术革新引领行业未来"为主题，紧抓门窗幕墙行业最新政策、尖端技术及发展趋势，探讨"最新国家标准及政策""门窗变革与性能提升""1.1超级节能解决方案""幕墙施工案例难点解析"等热点话题，同时还通过网上进行了直播，最终有现场共1045位听众，6.32W线上浏览量。

12月4日，绿色建材政策解读和技术研讨会召开。会议以"解读绿色建材政策动向，引领绿色钢构可持续发展"为主题，旨在认真贯彻三部门关于加快推进绿色建材产品认证及生产应用、将钢结构房屋用钢构件等51种建材产品纳入绿色建材产品实施范围的工作部署，培育绿色钢构建材示范企业和示范基地。

【课题研究】

10月，建筑钢结构分会完成住房城乡建设部课题"钢结构住宅构件标准化和智能化建造研究及应用"的立项工作。

11月25日，校园新风课题研究启动会在京召开。会议就教育部十三五重点课题"健康中国背景下健康学校建设选材及应用研究"之校园新风的研究工作展开研讨。

【专著论文】

编辑出版40万字的《钢结构技术创新与绿色施工》一书，从装配式钢结构建筑，钢结构工程施工、钢结构住宅的研究与应用、金属板屋面墙面系统新技术应用、钢结构桥梁工程、集成房屋等几方面，汇总了近年来国内钢结构建筑工业化发展和新技术的应用。

组织行业专家，编写《钢结构工程施工组织设计编写指南》，为现代钢结构工程的施工组织设计文件编写提供参考资料，进一步统一钢结构工程施工组织设计文件的内容与深度。

组织部分行业专家编写《（2019—2020）钢结构建筑行业发展报告》和《装配式钢结构建筑设计、制造与施工》。

【中国钢结构金奖】

6月，完成2019年度第十四届第一批"中国钢结构金奖"终评，共有150多个项目获得金奖；8月份，启动了2020年度第十四届第二批中国钢结构金奖核查工作。

【加强内部制度建设】

5月18日，协会秘书处印发《中国建筑金属结构协会印章管理制度和财务管理等办法》，进一步加强内部制度建设及管理。

（中国建筑金属结构协会）

中国建设监理协会

【做好会员管理与服务】2020年，开展个人会员业务培训活动，中国建设监理协会（以下简称"协会"）在贵阳举办"监理行业转型升级创新发展业务辅导活动"，约300人参加。与会专家就行业改革与发展、诚信与监理行业发展探讨、全过程工程咨询、风险防控、BIM及信息化建设、建设工程安全生产管理的法定监理职责和履职能力等内容进行辅导交流。

协会在会员网络学习课件库新增"监理行业先进技术和成功案例""业务辅导专题讲座"相关内容，丰富了会员网络业务学习内容。在会员服务平台"学习园地"栏目，增加工程质量、安全相关学习资料，会员可根据自身需要随时学习、测试，测试合格可打印业务学习证明。同时对个人会员系统进行优化升级，并开展个人会员管理系统网上缴费及电子票据模块的开发工作。

2020年，协会发布《中国建设监理协会会员信用管理办法》《中国建设监理协会会员信用管理办法实施意见》《中国建设监理协会会员信用评估标准（试行）》《中国建设监理协会会员自律公约》《中国建设监理协会单位会员诚信守则》和《中国建设监理协会个人会员职业道德行为准则》，并在会员范围内开展"推进诚信建设，维护市场秩序，提升服务质量"活动。单位会员在地方协会和行业专委会、分会指导下，已于2020年8月陆续开展信用自评估工作。

为贯彻习近平总书记在统筹推进新冠肺炎疫情防控和经济社会发展工作部署会议上的重要讲话精神，落实党中央国务院决策部署，科学防控疫情，积极推动监理企业有序复工复产，保障从业人员生命安全和身体健康，协会印发《关于做好监理企业复工复产疫情防控工作的通知》。

根据国家发展改革委办公厅和民政部办公厅《关于积极发挥行业协会商会作用 支持民营中小企业复工复产的通知》要求，经协会常务理事会审议通过，免收2020年度湖北省26家单位会员和8家协会分会单位会员会费共计9.8万元。

根据2020年中国建筑业协会和中国土木工程协会颁发的"鲁班奖"和"詹天佑奖"名单，协会对参建获奖项目的监理企业及总监理工程师进行通报。

协会与住房城乡建设部干部学院共同举办了2020年"十三五"万名总师大型工程建设监理企业总工程师培训班，200余人参加了培训。

【开展课题研究】2020年协会共完成"市政工程监理资料管理标准""城市轨道交通工程监理规程""监理企业发展全过程工程咨询的路径和策略""城市道路工程监理工作标准""建筑法修订涉及监理责权利课题研究"5个研究课题，为行业持续健康发展提供具备前瞻性的政策储备和理论支撑。

"市政工程监理资料管理标准"课题填补了我国市政工程监理资料管理标准的空白，进一步完善了监理工作标准化体系，对提升监理服务水平，切实履行工程质量和安全生产管理的监理职责有重要的指导意义。

"城市轨道交通工程监理规程"课题填补了我国城市轨道交通工程监理工作标准体系研究的空白，对于城市轨道交通工程监理工作标准化、规范化、系统化和信息化等将起到积极的推进作用。

"监理企业发展全过程工程咨询的路径和策略"课题分析了建设工程咨询行业政策和行业发展形势、工程监理企业现阶段发展瓶颈及发展全过程工程咨询的优势和不足，结合企业开展全过程工程咨询的实践案例，提出了工程监理企业发展全过程工程咨询的路径和策略。

"城市道路工程监理工作标准"课题，从理论和实践的角度提炼并总结了城市道路工程监理过程中的有效做法，对存在的问题提出了有效的解决思路，丰富了建设监理行业的标准体系。

"建筑法修订涉及监理责权利课题研究"课题通过大量研究、分析论证，从法律法规、现场监理工作等方面梳理监理行业发展现状和存在问题，提出了解决方案，形成建筑法涉及监理条款的修订建议稿。

【完成政府委托工作】根据行业主管部门要求，协会多次组织专题座谈会，组织征求相关意见。一是对住房城乡建设部建筑市场监管司起草的《开展政府购买监理巡查服务试点方案（征求意见稿）》，提出建议并报送建筑市场监管司。印发《关于收集政府购买监理巡查服务试点方案意见和建议的通知》。印发《关于报送工程监理企业参与质量安全巡查情况的通知》，收集工程监理企业参与质量安全巡查的案例，并分阶段报送建筑市场监管司。二是根据《住房和城乡建设部办公厅关于征求压减建设工程企业资质类别等级工作方案意见的函》要求。向建筑市场监管司报送《压减建设工程企业资质类别等级工作方案（征求意见稿）》修改意见。三是组织完成全国监理工程师职业资格考试报考条件的梳理工作，提出《全国监理工程师职业资格考试报考专业目录对照表》，报人力资源和社会保障部人事考试中心。四是按照住房城乡建设部建筑市场监管司工作要求，组织行业专家起草并报送《关于房建工程监理主要问题及工作建议的报告》。

按照住房城乡建设部建筑市场监管司的有关工作要求，2020年年底新开展"全过程工程咨询涉及工程监理计价规则研究""工程监理企业资质标准研究"两个课题。

协会组织专家完成2020年全国监理工程师职业资格考试基础科目一和基础科目二以及土木建筑工程专业科目的命题、审题及主观题阅卷工作。组织完成2020年全国监理工程师职业资格考试用书的编写工作。

【加强行业标准化建设】2020年协会印发《中国建设监理协会会员信用评估标准》《建设工程监理团体标准编制导则》《房屋建筑工程监理工作标准》《项目监理机构人员配置标准》《监理工器具配置标准》《工程监理资料管理标准》6个试行标准。

协会与中国工程建设标准化协会联合制定《建设工程监理工作评价标准》，于2020年7月正式批准发布。

《装配式建筑工程监理规程》完成团体标准审

核，计划2021年1月发布。

【开展热点交流】 7月，协会在西安举办"监理企业信息化管理和智慧化服务经验交流会"。十家企业代表就企业信息化管理和智慧化服务等介绍了经验和做法。

12月，协会在郑州召开"监理企业诚信建设和标准化服务经验交流会"，来自全国近300名会员代表参加会议。11家企业代表就诚信建设和标准化服务分享了经验，会议还对"推进诚信建设、维护市场秩序、提升服务质量"活动进行了阶段总结。

【做好行业宣传】 协会利用网站、微信公众号宣传行业、法规及相关政策；宣传省市及行业协会的活动；尤其是对各省监理企业抗疫活动进行了重点报道，突出了监理企业的担当和奉献精神。在《中国建设报》连续四次整版刊登"监理人大疫面前有担当"系列报道，介绍监理企业日夜奋战抗疫医院建设第一线、监理人员大爱无疆积极捐款捐物的先进事迹，彰显监理人的形象，展现监理企业勇于担当的风采，传递监理行业正能量。

开通《中国建设监理与咨询》微信公众号，加强对会员单位工作的宣传报道。

2020年，《中国建设监理与咨询》始终坚持服务监理行业、服务会员单位的办刊方向，积极宣传监理行业政策、法规，推广行业新技术、新手段，报道企业创新发展经验，适应行业的实际和客观需要，及时传递行业动态。全年累计刊登各类稿件230余篇，230余万字。

【做好定点扶贫工作】 为贯彻落实习近平总书记在决战决胜脱贫攻坚座谈会及统筹推进新冠肺炎疫情防控和经济社会发展工作部署会上的重要讲话精神，按照住房城乡建设部《2020年扶贫工作要点》要求，协会向湖北省红安县慈善会捐赠6万元帮扶资金用于村集体产业扶持。

【召开工作会议】 1月，协会在广州召开六届四次常务理事会暨六届三次理事会，审议通过了《关于中国建设监理协会2019年工作情况和2020年工作安排的报告》《关于调整、增补中国建设监理协会六届常务理事、理事的报告》《关于发展中国建设监理协会单位会员的报告》《关于中国建设监理协会个人会员发展情况的报告》《关于注销中国建设监理协会水电分会的情况说明》《建设监理行业自律公约》《中国建设监理协会员工薪酬管理办法》《中国建设监理协会会员信用评估标准（试行）》等事项。

9月，协会在南宁召开"全国建设监理协会秘书长工作会议"。各地方建设监理协会、有关行业建设监理专业委员会及分会代表参加了会议。会议总结了2020年上半年协会工作情况，并安排了2020年下半年的主要工作。会上对《关于建立"中国建设监理与咨询"微信公众号平台的通知》，从服务对象、服务内容等六个方面做了简要解释。陕西、广西、贵州、河南、广东、武汉等省区市监理协会在会上就秘书处工作交流了经验。

10月，协会以通讯方式召开六届五次常务理事会，审议通过《中国建设监理协会关于发展单位会员的报告（审议稿）》。

12月，协会以通讯方式召开六届六次常务理事会，审议通过《六届三次会员代表大会议题》《六届三次会员代表大会会员代表产生办法》《中国建设监理协会内部规章制度》等事项。

【完善协会自身建设】 加强协会党建工作。协会党支部组织全体党员认真学习贯彻落实习近平新时代中国特色社会主义思想和党的十九大及十九届一中、二中、三中、四中、五中全会精神，增强"四个意识"、坚定"四个自信"、做到"两个维护"，坚持"三会一课"制度，组织专题党课，增强党性观念，强化宗旨意识，坚持每周学习和专题学习相结合，推进"两学一做"常态化制度化。

做好脱钩有关工作。按照国家发展改革委等10部门联合印发的《关于全面推开行业协会商会与行政机关脱钩改革的实施意见》（发改体改〔2019〕1063号）和住房城乡建设部行业协会脱钩工作方案要求，协会成立了由会长任组长，秘书长及副秘书长为成员的脱钩工作小组，各部门负责人为成员的脱钩工作办公室，制订了《中国建设监理协会脱钩实施方案》。协会按照"五分离、五规范"要求做好脱钩有关工作。同时根据《民政部关于核准中国勘察设计协会等12家行业协会脱钩实施方案的函》（民便函〔2020〕4号）要求，对协会章程进行修改，已报民政部进行核准。

2020年，根据《社会组织评估管理办法》，协会参加民政部组织的社团组织评估工作，被评为4A级全国性社会组织。

加强对分支机构活动和资金使用情况的监管。协会定期组织召开分支机构工作会议，对各分支机构上年度工作总结和下年度工作计划及费用预算等提出相关要求，规范了对分支机构的管理。对于行政主管部门委托的有关政策调研、改革方案征求意见等，协会都及时联系分支机构，征求意见，向行政主管部门及时反馈。

2020年，协会秘书处继续深入开展作风建设年活动,坚持每周五集中学习制度,提升秘书处人员的服务意识和工作能力。同时工会开展了丰富多彩的文体活动,丰富职工的业余文化生活。组织开展团队建设活动,提高秘书处的凝聚力。

(中国建设监理协会)

中国建筑装饰协会

行业发展情况

2020年,是新中国历史上极不平凡的一年。面对突如其来的新冠肺炎疫情和国际政治经济形势重大变化,在以习近平同志为核心的党中央坚强领导下,全国各族人民顽强拼搏,疫情防控取得重大战略成果,在全球主要经济体中唯一实现经济正增长,全年发展主要目标任务较好完成,我国改革开放和社会主义现代化建设又取得新的重大进展。我国建筑装饰行业在全行业的共同努力下,攻坚克难,率先复工复产,克服了行业发展中遇到的前所未有的困境。

2020年,全国建筑装饰行业完成工程总产值由2019年的4.486万亿元,增长到了4.81万亿元,增长幅度为7.22%;其中公共建筑装修装饰工程总产值2.383万亿元,与2019年增长了2.27%;住宅装修装饰工程总产值2.427万亿元,比2019年增长了12.87%。

2020年,全行业企业总数继续呈下降趋势,退出市场的主要是从事住宅改造性装修装饰工程施工的小微企业。从业者队伍由年初的1665万人左右,下降到年末的1635万人左右,减少的主要是在城市小区中从事住宅改造性装修装饰工程施工的从业者。全行业接受过系统高等教育的人员增加了5万人左右,年末达到375万人左右。

2020年中国建筑装饰协会主要工作

【党组织建设】

中国建筑装饰协会(以下简称中装协或协会)党总支坚决贯彻党中央路线方针政策,把牢协会政治大方向,将党建工作与业务工作深度融合,协同配合行政助力企业复工复产,严格组织生活,紧抓学习不放松,扎实有效开展政治思想和反腐倡廉教育,以党建引领推动建筑装饰行业不断发展进步。

2020年协会按照上级党委要求,如期完成总支、支部两级班子换届工作,实现了新老班子的平稳过渡和交替。新一届党总支班子平均年龄比上届下降了5.2岁,五名成员分别为学习经济、管理、法律等不同专业,其中两名具有研究生学历,新一届两个党支部班子的年龄、文化、专业结构也更趋年轻化,专业化。

2020年协会新发展党员2名,有6人被上级党委授予优秀党员或党务工作者称号,协会党的组织形态和正能量不断得到提升,为不断提升党建工作能力和水平奠定了良好基础。

【内部建设】

规范协会秘书处和分支机构行为是中装协长抓不懈的一项工作,也是协会健康有序发展的保证,7月,协会根据国务院有关文件精神,下发《关于对违规收费行为自查自纠的通知》,要求各分支机构、各下属单位对照通知要求认真进行自查自纠,并形成书面报告向协会进行汇报备案。9月,协会下发《关于中装协会议培训等活动收费标准的通知》,统一协会开展相关活动的费用标准,接受企业和社会的监督。

2020年,协会撤销了金融工作委员会、研究分会、法律服务及调解委员会、法律分会,设立医养装饰产业分会、法律调解咨询服务分会。经过充实和调整,协会现有30个专业分支机构、涵盖了整个产业链上的各个相关行业,搭建一个更为完备的工作平台,提升了协会在全产业链中的话语权和代表性,为协会发挥服务职能奠定了坚实的组织基础。

【疫情防控,复工复产】

1月,在防控新冠肺炎疫情关键时期,协会通过网站和微信公众号向全行业发出《关于中国建筑装饰行业共同打赢疫情防控阻击战的倡议书》,号召全国建筑装饰从业者以更高的政治站位、更强的责任担当、更实的措施行动认真筑牢疫情防控的安全屏障。

行业头部企业在做好自身防疫的同时还积极捐款捐物乃至直接参与武汉或本地的抗疫医院的建设，充分体现了企业的社会责任和重要关头的担当精神。

3月，在疫情得到基本控制，企业工作重心转移到复工复产阶段，协会及时发布了《全国装饰装修企业复工复产工作指南》，推动各地积极落实中央关于分区分级复工复产的要求，同时协会加强了工作调研，跟踪了解行业复工复产动态，指导会员企业根据所在区域疫情风险情况，精准有序复工复产，做好"六稳六保"工作，上述工作得到中央国家机关党工委的充分肯定。

【行业资质改革】

7月，住房城乡建设部下发了《压减建设工程企业资质类别等级方案（征求意见稿）》（以下简称《方案》），《方案》大幅压减企业资质类别和等级，对运行了几十年的企业资质体系做了重大调整。具体到建筑装饰行业，《方案》保留了建筑装饰和建筑幕墙设计专项，但取消了建筑装饰装修工程和建筑幕墙工程专业承包资质，将其和预拌混凝土等其他五项资质合并为建筑工程类专业承包资质。协会秘书处根据住建部要求，第一时间组织开展了行业调研，在广泛征求企业意见的基础上，起草《关于压减建设工程企业资质类别等级工作方案征求意见函的回函》，从贯彻中央六稳六保精神、国民经济行业分类、建筑装饰行业在国民经济中的地位和作用、建筑装饰"业态常青"的发展趋势、资质合并对中小微装饰企业的冲击，以及保持住房城乡建设部对建筑装饰行业管理的主导权的高度向住房城乡建设部反馈了协会和行业意见，最终住房城乡建设部采纳了协会意见，将建筑装修装饰工程专业承包、建筑幕墙工程专业承包、防水防腐保温工程专业承包合并为建筑装修装饰类专业承包，不分等级。通过此次资质调整，住建部再次强调了弱化企业资质的改革方向，资质将不再是企业发展的核心竞争力。品牌、专项业绩、管理水平、技术创新、诚信建设等将在未来的市场竞争中发挥越来越重要的作用，这对建筑装饰企业的发展具有重要的指导意义。如何在市场规则改革的大变局下，重塑企业发展的核心竞争力，共同维护行业的营商环境和市场秩序，共同维护行业和企业的共同利益，是需要全行业共同思考的问题和努力的方向。

【协会四大品牌工作】

2020年，协会的中国建筑工程装饰奖、建筑饰行业科学技术奖的评审工作受到疫情严重影响。但考虑到企业发展需求，协会积极转变工作方式，迅速组织有关人员编写培训教材和复查工作防疫指南，将专家集中会议培训改为网上授课。在疫情好转时，在严格落实各项防疫防控措施的基础上，扎实稳妥的组织专家高质量地完成两个奖项的评审工作。2020年中国建筑工程装饰奖的一个主要变化体现在新建公共建筑装饰工程中，总承包商申报的比例有较大的提升，反映行业内部的结构性变化和市场的发展趋势。

建筑装饰行业科学技术奖2019年经国家奖励工作办公室批准设立，由中国建筑装饰协会组织实施，以表彰在建筑装饰行业贯彻国家科技发展战略、建设创新型行业，推动行业科技创新和转型升级中做出重要贡献的企业、科研和技术开发人员，是一项国家级奖项。因受疫情影响，经有关部门同意，2019年度、2020年度"建筑装饰行业科学技术奖"入选名单一并发布。2019—2020年度协会共受理申报502项，其中科技创新工程奖项目125项、科技创新成果奖类232项、设计创新奖项目31项、科技人才类114项。根据《国家科学技术奖励条例》及《建筑装饰行业科学技术奖评选管理办法》的相关要求，协会对受理的申报项目进行了专家复查评审，评审通过项目共计266项，其中科技创新工程奖项目81项、科技创新成果奖类140项、设计创新奖项目25项、科技人才奖类20项。

2020年，协会顺利完成了行业数据统计和行业信用体系评价工作，发布了装饰类数据统计结果、幕墙类数据统计结果和设计类数据统计结果，为市场体系建设提供了重要的依据。

2002年行业信用体系评价共评价1214家（其中复评664家），获得3A评价1146家，2A评价46家，家装五星评价22家。

【协会重大活动】

11月4日，以"提振信心 汇聚前行坚定力量"为主题的中国建筑装饰协会八届五次会长工作会在合肥召开。中国建筑装饰协会各位会长，安徽、江苏、浙江、河南、福建、山西、陕西、湖北、山东、辽宁、天津、四川、深圳等省市装协的会长齐聚合肥，在"十三五"规划收官、"十四五"规划布局的关键时间节点，共同探讨后疫情时代行业高质量发展大计。

会议由中国建筑装饰协会刘晓一会长主持。张京跃副会长兼秘书长做会长工作报告，田思明副会长兼党总支书记通报协会2020年党建工作。名誉会长马挺贵在讲话时强调，建筑装饰行业是一个"资源永续、业态常青"的行业。企业当前遇到的困难和问题是对市场发展规律变化的不适应,在任何形势和困难面前,企业都要增强信心,坚定信念。

在会议交流阶段,来自企业的副会长们围绕企业资质改革、行业转型升级和高质量发展进行了深入研讨,并对中国建筑装饰协会的各项工作提出了中肯的建议。与会会长们表示,本次会长工作会务实高效,让企业家们认清了当前形势,树立了发展信心,会议对凝聚行业共识、引领企业发展具有重要的意义和作用。未来,将进一步把握行业发展主线,明确发展目标,为行业高质量发展添薪续力。

12月23日,中国建筑装饰协会八届五次理事会、常务理事会暨装饰行业转型升级高质量发展高峰论坛在深圳召开。中国建筑装饰协会名誉会长马挺贵、会长刘晓一、副会长兼党总支书记田思明、副会长陈新、副会长兼秘书长张京跃等领导出席会议。中国建筑装饰协会企业副会长,各地方装饰协会会长、秘书长,全国各地中装协常务理事单位、理事单位代表共600余人参加会议。

会议由协会会长刘晓一主持。协会副会长兼党总支书记田思明通报协会党总支2020年党建工作情况。张京跃副会长兼秘书长做理事会工作报告,报告从六个方面回顾了2020年协会工作:一是积极落实中央的统一部署,动员行业企业打赢疫情防控和复工复产两场战役;二是积极反映企业诉求,努力争取保留了建筑装饰装修专业承包资质;三是协会四大品牌工作有条不紊地开展;四是CBDA标准编制工作全面推进;五是启动了建筑装饰行业职业能力水平评价工作;六是强化协会内部建设。并对下一年工作进行安排,一是持续推动行业"数字化"转型升级;二是加强行业治理,保证"双循环"新发展格局的贯彻落实;三是编制建筑装饰行业"十四五"发展规划;四是开展建筑装饰行业职业能力水平评价工作;五是推动劳务工人产业化。

会议对章程修改提案、副会长、理事、常务理事增补调整提案,分支机构调整等提案进行了表决,公布2019年度中国建筑装饰行业综合数据统计结果,对建筑装饰行业抗击新冠肺炎疫情突出贡献单位、建筑装饰行业"十三五"期间标准建设突出贡献企业家进行了表彰,对2019—2020年度中国建筑工程装饰奖、建筑装饰行业科学技术奖获奖单位进行了授牌颁奖,并请著名经济学家、国务院发展研究中心宏观经济研究部研究员张立群,从宏观经济和建筑装饰行业发展作了主题报告。

【推动行业科技创新】

2020年,协会批准立项CBDA标准14项,批准发布标准10项。协会在标准编制工作方面,一是启动《CBDA标准体系》的编制工作,力图通过宏观规划和顶层设计,为未来行业转型升级奠定一个坚实的技术标准基础。二是经人力资源和社会保障部批准,由协会组织进行了《装饰装修工》《建筑幕墙安装工》《装潢美术设计师》三项国家职业技能标准的编制工作;三是开创性的将13项已发布标准在协会官网和"全国团体标准信息平台"上进行全文公开,供行业免费下载采用。中装协是住建系统首个将标准全文公开的协会,也是全国首批进行标准全文公开的协会之一。

为弘扬中国建筑装饰行业科技创新精神,总结推广行业领军企业科技创新经验,协会组织开展建筑装饰行业"高新技术企业"及科技补助、税收减免等政策申请流程网络宣讲活动、中国建筑装饰行业科技成果鉴定工作和协会第五届全国建筑装饰行业科技创新大会,有效提升了企业科技创新意识和科研应用水平,对行业转型升级高质量发展发挥了重要推动作用。

【启动职业能力水平评价工作】

根据国务院有关文件关于"行业协会商会可以根据市场需要和行业需求,自行开展职业能力水平评价"的规定,协会秘书处决定开展建筑装饰行业职业能力水平评价工作,并下发《建筑装饰行业职业能力水平评价工作管理办法(试行)》。此项工作对加强行业专业人才队伍建设、推动行业高质量发展具有重要意义。首批考虑在室内装饰和建筑幕墙设计人员中开展,在相关人才规格标准和工作流程完备后计划在2021年实施。

【专业技术交流活动】

2020年,协会为了提高行业的设计、施工、管理和科技创新水平,推动科技成果应用,推动企业转型升级、提质增效,分别举办了第七届"中装杯"全国大学生环境设计大赛、第十二届中国照明应用设计大赛、第九届中国房地产与泛家居行业跨界论坛暨2019年度中国建筑卫生陶瓷品牌活动、第二届中国建筑装饰BIM大赛、第七届中国建筑装饰行业绿色发展大会、建筑装饰行业高新技术企业及科技补助、税收减免等政策申请流程网络宣讲活动、中国建筑装饰行业科技成果鉴定工作、"智建杯"中国智慧建造应用大赛、第五届家装产业(红鼎)创新大赛、中国建筑装饰数字化和内装工业化大会暨建筑装饰行业数字化和工业化成果展、第四届全国住宅装饰装修行业T20峰会、第三届中国精装修产业发展大会暨建筑装饰行业集中采购峰会、"绿色智慧建造中国行——走进西安三大中心"交流观摩会、第六届建筑装饰行业采购趋势论坛、第六届精品工程项目经验交流会等活动,赢得业内企业踊跃参加,为加强企业交流与合作搭建了平台。

【行业宣传】2020年,协会继续充分发挥《中华建筑报》、中装新网、《中国建筑装饰装修》杂志等媒体的优势和作用,向行业企业深入宣传习近平总书记重要讲话精神和党中央部署要求,宣传行业企业走向抗疫一线的先进事迹和典型人物;推广行业企业在统筹推进疫情防控和复工复产、积极参与援建医院等基础设施方面的经验做法,以典型引路指导行业企业科学制定疫情防控预案,细化复工复产突发事件处理措施;宣传企业开展社会捐助献爱心,传播正能量的典型事例,先后编发报道行业企业战疫稿件100多篇,为打赢两场战役营造了良好学习交流平台和舆论环境。与此同时,还积极向中央国家机关工委、住建联合党委、民政部微信公众号报送材料,宣传装饰行业抗疫情况和事迹。

【慈善捐助】2020年,协会组织党员和入党积极分子个人捐款2万余元,上交中央国家机关党工委支援疫情防控工作,协会还向中国社会组织促进会"文化教育公益专项基金"捐款4万元,资助贫困地区建爱心图书馆。

(中国建筑装饰协会)

中国建设工程造价管理协会

2020年,在习近平新时代中国特色社会主义思想指引下,中国建设工程造价管理协会(以下简称"中价协")深入贯彻落实党和国家各项决策部署,努力增强"四个意识",坚定"四个自信",做到"两个维护",统筹推进疫情防控和造价行业发展,以务实举措推动工程造价行业各项工作取得扎实成效。

【行业发展概况】据统计,2020年全国共有工程造价咨询企业10489家,其中,甲级5180家,比上年增长13.7%;乙级5309家,比上年增长46.0%。工程造价咨询企业从业人员790604人,其中,注册造价工程师111808人,比上年增长18.4%。工程造价咨询企业的营业收入2570.64亿元,其中,工程造价咨询业务收入1002.69亿元,比上年增长12.3%。在工程造价咨询业务构成上,包含了从前期决策到竣工结(决)算等各阶段以及全过程工程造价咨询、工程造价经济纠纷的鉴定和仲裁的咨询等。

【强化政治引领】围绕全面从严治党的总体要求,在中价协章程中增加党建工作内容,从治理层面坚持和加强党的全面领导。扎实推进党支部标准化规范化建设试点,起草《中国建设工程造价管理协会党支部标准化规范化建设工作计划》,重点在突出工作机制健全、突出组织体系完善、突出党建业务融合、突出基础保障有效、突出党风党纪建设实效等方面下功夫。组织全体党员深入学习《习近平谈治国理政》第三卷,印制11期内部学习材料,及时跟进学习习近平总书记最新重要讲话和十九届五中全会精神,开展纪念抗美援朝出国作战70周年相关活动。

【抓好疫情防控和复工复产】全面落实疫情防控措施,认真做好防控政策措施宣传。为避免疫情期间人员聚集,组织线上教育培训,开展工程造价纠纷线上调解和线上评审。及时了解疫情给建筑工程合同和协议执行带来的影响,收集并发布各地工程造价管理机构应对新冠肺炎疫情的政策性文件,开展新冠肺炎疫情影响下的工期与费用索赔等免费视频讲座。撰写并发布《众志成城 共克时艰 打赢防控新型冠状病毒战役 全国工程造价行业在行动》等新闻稿,宣传中价协及各地造价协会、工程造价咨询企业在疫情防控、捐款捐助等方面的经验做法。据统计,中价协和地方协会及其员工为抗击疫情捐款合计近65万元;企业及其从业人员为抗击疫情捐款合计近9000万元。

【服务政府】通过专家研讨、企业调研等方式,及时了解和反映工程造价行业存在的问题,将工程造价改革建议反馈有关部门。工程造价改革工作方案印发后,积极参与国务院政研室、住房和城乡建设部等部门开展的调研。为更好地帮助企业理解政策内涵和要义，中价协从改革的重要性、改革的主要内容等方面对方案深度解读并在行业内宣讲，提出坚持以标准化为基础、以数字化为支撑、以专业化做服务、以制度化作保障的应对措施。按照行政审批制度改革要求，受住房和城乡建设部标准定额司委托，研究提出工程造价咨询企业资质管理改革应对措施。

参与《中华人民共和国建筑法》的修订工作，完成"工程造价"相关条款的制度论证、条款和条文说明起草工作，从法律层面明确工程造价有关规定；完成《建筑工程施工发包与承包计价管理办法》修订草案起草任务，落实国务院关于促进建筑业持续健康发展的意见以及工程造价管理市场化改革方向；开展2019年工程造价咨询统计调查工作，为客观反映行业发展态势提供数据支撑；组织开展《房屋建筑和市政基础设施建设项目全过程工程咨询计价规则》《建设项目总投资费用组成》等编制工作。

严格遵循人事考试和职业资格管理制度，完成全国一级造价工程师职业资格考试命审题和阅卷工作，以及二级造价工程师基础科目的命审题等工作。2020年，全国一级造价工程师报考人数近45万人。

【服务行业】完成《中国工程造价咨询行业发展报告（2020版）》的出版发行工作，首次联合地方协会、专业委员会共同编制完成，在分析全国行业发展情况的基础上，增加了各地方及专业发展情况的内容。开展《工程造价咨询企业服务清单》免费网络直播宣贯课程，帮助企业更好地拓展业务范围。启动"工程造价咨询成本构成与咨询定价机制研究""建设项目代建管理标准""政府基建投资项目预算绩效管理体系建设与第三方绩效评价机制研究"三个课题研究，帮助企业拓展业务范围。组织出版《全过程工程咨询典型案例集》《BIM技术应用对工程造价咨询企业转型升级的支撑和影响研究报告》等行业热点书籍。开展"中国工程造价团体标准体系研究"，提出我国工程造价团体标准体系框架及标准内容。

【人才培养】开展"工程造价专业人才培养体系研究""工程造价行业高端人才培养及专业评估机制的研究"，构建以学历教育为基础、以职业教育为核心、以高端人才为引领的人才培养体系，探索工程造价行业高端人才培养与使用机制。研究完善继续教育服务机制、组织模式和服务方式及内容，引导行业改进继续教育组织方式，丰富继续教育课程内容，全年开发近50个网络课件，服务近12万个人会员。按照分类分级分层整体思路，组织项目经理线上主题培训，联合地方协会开展工程造价骨干人才线下专题培训等活动，引导专业人才适应改革发展形势，提升执业水平。据统计，2020年，全行业组织培训38.16万人次，其中，线上培训35.80万人次，线下培训2.36万人次。

【信用体系建设】参与住房和城乡建设部信用办信用修复课题研究，推介中价协在信用体系建设方面的工作经验和做法。开展"工程造价咨询行业诚信监管模式"课题研究工作，深入研究工程造价行业监管现状、存在的问题，提出在社会信用体系建设的总体方针指导下，建立健全以政府监管为重，行业监管为主，社会监督为辅的三位一体监管模式。为方便企业申请信用评价，将信用评价工作由一年一批改为动态开展，全年共处理五批次共693家企业的信用评价申请。开展自律体系落地深化课题研究工作，进一步理顺自律管理相关主体的责权关系，完成自律管理信息化平台功能设计。

【国际交流】通过视频会议形式，先后参加了PAQS组织的"索赔与解决方案"专业讲座和第24届PAQS理事会会议。起草"我国行业发展年度报告"和英文版PPT并提供PAQS大会宣讲，展示我国工程造价行业发展成果。推荐37家会员单位入选"2020—2022年度国际组织PAQS企业宣传手册"，完成4期国际工程造价行业动态简报，促进国际造价咨询企业以及造价专业人士的交流与合作。完成"国外工程造价咨询业务指南（东南亚篇研究）""我国西南周边'一带一路'沿线区域国际合作建设项目工程造价管控思路与方法研究"等课题，开展《国际工程造价管理案例集》编制工作，推广国际项目的工程造价管理经验，为企业提供向外发展的决策依据、合规指引和实践参考。

【信息化建设】完成"工程造价信息化发展研究"课题，提出工程造价信息化建设整体规划、工程造价信息标准体系规划以及工程造价信息服务体系规划。完成"工程造价咨询BIM应用指南"研究，促进BIM技术带动业务升级，解决行业在BIM技术方面缺少指导工具的问题。立项"工程造价信息化标准体系研究"课题，规划工程造价信息化标准体系，研究构建合理的工程造价信息化标准体系的方法和路径，打通数据流通的瓶颈。组织编制《典型工程造价指标（2020年版）》《工程造价指标编制指南》，研究确定工程造价指标的层级体系、项目特征、编制方法等内容，为行业及会员单位提供精准的信息服务，引导行业更加科学、规范编制工程造价指标。

【专业服务】 结合北京市住房和城乡建设委员会提出的"关于住建部门处理建设工程造价鉴定行为投诉举报存在的风险及对策分析报告"建议，分析工程造价司法鉴定投诉举报案件频发的原因、案件类型和争议焦点，提出工程造价司法鉴定投诉举报案件的处理建议。中价协调解委员会以"发挥工程造价专业技术优势，打造北京多元调解行业品牌"为目标，2020年调解案件数量、涉及争议额、调解收费都比2019年有较大提高。继续做好工程造价咨询业职业责任保险试点工作，将职业责任保险作为工程造价改革的重要配套机制，全年新投保和续保的造价咨询企业有近60家。为解决疫情给企业生产经营造成的困难，反复协调保险公司降低保费，帮助工程造价咨询企业抵御风险、共渡难关。对协会网站纠纷调解专栏进行改版升级，在网站和微信公众号及时发布工作动态，在行业中间逐步树立"有争议先调解""职业保险增强企业信用"的理念。

【会员服务】 2020年，中价协个人会员同比增长33%，单位会员同比增长10%，全年共发展资深会员428人。

通过调研北京、湖北、黑龙江等24个地方协会，了解各地受新冠肺炎疫情影响的情况，研究制定会费减免方案，印发《关于减免2020年度会费的通知》，针对湖北地区和湖北以外地区单位会员、个人会员的2020年度会费做适当减免，助力企业复工复产、共渡难关。

中价协和部分地方协会负责人赴浙江开展调研活动，并召开会员工作经验交流会议，围绕行业改革与发展、品牌建设、诚信体系建设、人才培养等内容与地方协会和会员单位进行深入交流，探讨更深入、紧密的合作关系。与中国投资协会联合举办"2020中国新型基础设施建设投融资研讨会"，会议以"新基建、高质量、优效益"为主题，国家发展改革委、住房和城乡建设部、工业和信息化部相关领导莅临并讲解相关政策，有关专家学者及企业家代表围绕我国新型基础设施建设情况及发展趋势、新型基础设施投资建设与创新发展的热点、难点问题，分享全过程工程咨询、两新一重、PPP、BIM等在新基建方面的应用成果和成功案例。举行了企业开放日活动，全国32家造价企业的高管代表共70余人参加此次活动。进一步优化会员服务系统功能，开发会员服务系统手机端APP，向会员提供更高效、更便捷的服务。中价协还向会员单位赠送了行业发展报告、工程造价咨询"走出去"对策研究、BIM技术应用研究报告等6项中价协最新研究成果和专业资料，传递行业发展新动向。

【协会建设】 组织开展中价协成立30周年纪念活动，先后印发《关于组织做好协会成立30周年系列纪念活动工作的通知》《关于征集"会员风采"信息的通知》，向各地造价协会及会员单位征集中价协成立30周年纪念有关素材及企业在创新发展、业务开拓等方面取得的突出成绩。策划并完成《中国工程造价行业发展历程》《三十周年重要成果展示》《造价工程师的故事》三册纪念文集，以不同的视角，回顾工程造价行业的发展历程，展示中价协30年来的发展历程，感悟造价人的初心情怀。

以网络通信方式先后召开了理事长、监事长办公会，七届三次理事会暨五次常务理事会，七届六次常务理事会等会议。加强全国建设工程造价管理协会沟通协调工作，编制地方协会工作汇编，完善全国建设工程造价管理协会基础档案库。充分利用会议、网站、微信等多项工作平台，及时跟踪更新地方动态，发布推广各方工程造价改革等内容的实践与探索。

（中国建设工程造价管理协会）

附　录

2020年全国农村生活污水治理示范县（市、区）名单

1. 北京市门头沟区
2. 河北省衡水市武邑县
3. 山西省运城市河津市
4. 上海市浦东新区
5. 上海市青浦区
6. 江苏省南京市江宁区
7. 江苏省泰州市高港区
8. 浙江省杭州市西湖区
9. 浙江省绍兴市柯桥区
10. 安徽省阜阳市界首市
11. 湖北省十堰市郧阳区
12. 湖南省益阳市沅江市
13. 湖南省长沙市浏阳市
14. 广东省广州市南沙区
15. 广东省惠州市龙门县
16. 广西壮族自治区桂林市阳朔县
17. 四川省南充市阆中市
18. 贵州省遵义市赤水市
19. 宁夏回族自治区固原市隆德县
20. 新疆生产建设兵团第一师三团

《住房和城乡建设部关于公布2020年全国农村生活污水治理示范县（市、区）名单的通知》（建村函〔2020〕173号）

2020年农村生活垃圾分类和资源化利用示范县名单

1. 北京市大兴区
2. 北京市平谷区
3. 河北省唐山市遵化市
4. 河北省邢台市任泽区
5. 山西省太原市阳曲县
6. 山西省晋中市介休市
7. 内蒙古自治区兴安盟突泉县
8. 辽宁省朝阳市北票市
9. 辽宁省盘锦市盘山县
10. 吉林省长春市双阳区
11. 吉林省四平市双辽市
12. 上海市宝山区
13. 江苏省南京市溧水区
14. 江苏省苏州市常熟市
15. 浙江省宁波市宁海县
16. 浙江省湖州市长兴县
17. 安徽省合肥市长丰县
18. 福建省莆田市湄洲岛国家旅游度假区
19. 江西省上饶市广丰区
20. 山东省威海市荣成市
21. 山东省菏泽市单县
22. 河南省商丘市永城市
23. 河南省信阳市光山县
24. 湖北省荆门市钟祥市
25. 湖南省长沙市长沙县
26. 湖南省湘潭市韶山市
27. 广东省广州市花都区
28. 广西壮族自治区贺州市富川瑶族自治县
29. 海南省琼中黎族苗族自治县
30. 重庆市渝北区
31. 重庆市垫江县
32. 四川省广元市朝天区
33. 四川省雅安市名山区
34. 陕西省西安市长安区
35. 陕西省安康市石泉县
36. 甘肃省酒泉市瓜州县
37. 甘肃省天水市秦州区
38. 青海省海南藏族自治州贵德县
39. 宁夏回族自治区吴忠市利通区
40. 宁夏回族自治区固原市隆德县
41. 新疆生产建设兵团第十三师红星四场

《住房和城乡建设部办公厅关于公布2020年农村生活垃圾和资源化利用示范县名单的通知》（建办村函〔2020〕423号）

拟命名第十批（2020年度）国家节水型城市名单

河北省：秦皇岛市、邯郸市、邢台市、衡水市、迁安市

内蒙古自治区：包头市

江苏省：盐城市、泰州市

浙江省：海宁市

安徽省：淮南市、淮北市、铜陵市、滁州市、阜阳市、亳州市

福建省：漳州市

山东省：枣庄市、济宁市、德州市、滕州市

河南省：平顶山市、鹤壁市、漯河市、驻马店市、汝州市、长垣市

湖北省：荆州市

广东省：广州市、汕头市、东莞市

贵州省：遵义市、安顺市

陕西省：西安市、延安市

《住房和城乡建设部 国家发展和改革委员会关于命名第十批（2020年度）国家节水型城市的公告》（住房和城乡建设部 国家发展和改革委员会公告 2021年第2号）

第二批装配式建筑范例城市名单（共18个，排名不分先后）

重庆市	武汉市
福州市	西安市
大连市	秦皇岛市
南通市	扬州市
台州市	抚州市
赣州市	日照市
聊城市	宜昌市
吉首市	佛山市
贺州市	宜宾市

《住房和城乡建设部办公厅关于认定第二批装配式建筑范例城市和产业基地的通知》（建办标函〔2020〕470号）

第二批装配式建筑产业基地名单（共133个，排名不分先后）

园区类产业基地（12个）：
天津市现代建筑产业园
河北丰润经济开发区
大同装配式绿色建筑集成产业基地
长春市装配式建筑产业园区
黑龙江省建筑产业现代化示范园
南通现代建筑产业园
安徽巢湖富煌工业园区
武阳装配式建筑产业园
嘉祥县高铁产业园
湖北团风经济开发区
湖南宁远工业园区
乌鲁木齐经济开发区（头屯河区）装配建筑产业基地

企业类产业基地（121家）：
北京建工集团有限责任公司
北京城乡建设集团有限责任公司
北京榆构有限公司
北京珠穆朗玛绿色建筑科技有限公司
清华大学建筑设计研究院有限公司
迈瑞司（北京）抗震住宅技术有限公司
中国建筑第六工程局有限公司
河北建工集团有限责任公司
河北招贤房地产开发集团
秦皇岛市政建设集团有限公司
安能绿色建筑科技有限公司

邯郸市曙光新型建材科技有限公司
河北蓝堡住宅工业有限公司
山西四建集团有限公司
正方利民（天镇）建筑工业化有限公司
中国建筑东北设计研究院有限公司
都市发展设计有限公司
沈阳兆寰现代建筑构件有限公司
东跃建设有限公司
辽宁煜桔新型建材有限公司
辽宁金柏胜木结构科技有限公司
黑龙江省建设科创投资有限公司
同济大学建筑设计研究院（集团）有限公司
上海天华建筑设计有限公司
上海市建筑科学研究院（集团）有限公司
上海兴邦建筑技术有限公司
上海福铁龙住宅工业发展有限公司
上海君道住宅工业有限公司
江苏省建筑科学研究院有限公司
江苏省建筑设计研究院有限公司
南京安居保障房建设发展有限公司
江苏龙腾工程设计股份有限公司
南通华新建工集团有限公司
中亿丰建设集团股份有限公司
龙元建设集团股份有限公司
浙江工业大学工程设计集团有限公司
浙江中南建设集团钢结构有限公司
浙江大学建筑设计研究院有限公司
浙江省建筑设计研究院
浙江勤业建工集团有限公司
安徽省建筑科学研究设计院
中煤第三建设（集团）有限责任公司
安徽金鹏建设集团股份有限公司
安徽望湖建设工程有限公司
安徽森泰木塑集团股份有限公司
合肥国瑞集成建筑科技有限公司
中建海峡建设发展有限公司
方圆建设集团有限公司
福建省城投科技有限公司
厦门智欣建工科技有限公司
福建省兴岩建筑科技有限公司
发达控股集团有限公司
玉茗建设集团有限责任公司
海力控股集团有限公司
中阳建设集团有限公司
江西省建工集团有限责任公司

山东瑞坤装配式建筑科技有限公司
荣华建设集团有限公司
山东蓬建建工集团有限公司
威海建设集团股份有限公司
山东德建集团有限公司
山东经典重工集团股份有限公司
河南五建建设集团有限公司
河南现代建构科技有限公司
安阳建工（集团）有限责任公司
国隆科技股份有限公司
合一建设集团有限公司
河南永威安防股份有限公司
中南建筑设计院股份有限公司
武汉建工集团股份有限公司
美好建筑装配科技有限公司
湖北广盛建设集团有限责任公司
中信建筑设计研究总院有限公司
华新顿现代钢结构制造有限公司
五矿二十三冶建设集团有限公司
中国水利水电第八工程局有限公司
湖南建工集团有限公司
中机国际工程设计研究院有限责任公司
湖南武陵山四维住工集团有限公司
香港华艺设计顾问（深圳）有限公司
深圳市建筑科学研究院股份有限公司
华南理工大学建筑设计研究院有限公司
深圳市广胜达建设有限公司
深圳金鑫绿建股份有限公司
广东莲田金属工程建筑有限公司
华蓝集团股份公司
广西景典钢结构有限公司
广西贺州城建投资集团有限公司
重庆恒昇大业建筑科技集团有限公司
中机中联工程有限公司
中交一公局重庆城市建设发展有限公司
中煤科工重庆设计研究院（集团）有限公司
中冶赛迪工程技术股份有限公司
重庆钢结构产业有限公司
中国五冶集团有限公司
四川华西集团有限公司
成都城投建筑科技投资管理集团有限公司
四川汇源钢建装配建筑有限公司
贵阳市建筑设计院有限公司
贵州汇通申发钢结构有限公司
贵州安顺家喻新型材料股份有限公司

贵州达兴宏建材有限公司
云南城投众和建设集团有限公司
昆明铁新建设工程管理有限公司
西藏藏建科技股份有限公司
陕西金泰恒业房地产有限公司
汉中汉邦建设集团有限公司
陕西凝远新材料科技股份有限公司
甘肃安居建设工程集团有限公司
张掖市第一建筑工程有限责任公司
甘肃筑鼎建设有限责任公司
青海宝恒绿色建筑产业股份有限公司
宁夏建筑工业装配产业化有限公司

新疆冶金建设（集团）有限责任公司
光正建设集团有限公司
新疆七星建设科技股份有限公司
新疆北新建材工业集团有限公司
中国建筑一局（集团）有限公司
中铁建工集团有限公司
中铁六局集团有限公司
中铁建设集团有限公司
《住房和城乡建设部办公厅关于认定第二批装配式建筑范例城市和产业基地的通知》（建办标函〔2020〕470号）

城镇老旧小区改造可复制政策机制清单（第一批）

序号	政策机制	主要举措	具体做法	来源
一	加快改造项目审批	（一）联合审查改造方案	1. 住房和城乡建设部门或者县（市、区）政府确定的牵头部门，组织发展改革、财政、自然资源和规划、人民防空、行政审批服务、城市管理等部门，街道办事处（乡镇政府）、居民委员会、居民代表，以及电力、供水、燃气、通信、广播电视等专业经营单位对改造方案进行联合审查。 2. 对项目可行性、市政设施和建筑效果、消防、建筑节能、日照间距、建筑间距、建筑密度、容积率等技术指标一次性提出审查意见。 3. 审批部门根据审查通过的改造方案和联合审查意见，一次性告知所需办理的审批事项和申请材料，直接办理立项、用地、规划、施工许可等，无需再进行技术审查。 4. 联合审查意见中，还可以明确优化简化审批程序、材料的具体要求，作为改造项目审批及事中事后监管的依据。	山东省 浙江省
		（二）简化立项用地规划许可审批	1. 对纳入年度计划的城镇老旧小区改造项目，可依据联合审查通过的改造方案，将项目建议书、可行性研究报告、初步设计及概算合并进行审批。 2. 不涉及土地权属变化，或不涉及规划条件调整的项目，无需办理用地规划许可。	浙江省 甘肃省
		（三）精简工程建设许可和施工许可	1. 不增加建筑面积（含加装电梯等）、不改变建筑结构的城镇老旧小区改造项目，无需办理建设工程规划许可证。不涉及权属登记、变更，无高空作业、重物吊装、基坑深挖等高风险施工，建筑面积在300平方米以内的新建项目可不办理施工许可证。 2. 涉及新增建设项目、改建和扩建等增加建筑面积、改变建筑功能和结构的项目，合并办理建设工程规划许可和施工许可。 3. 建筑主体和承重结构不发生重大改变的城镇老旧小区改造项目，免予施工图审查，全部施工图上传至施工图联审系统，即可作为办理建筑工程施工许可证所需的施工图纸。 4. 施工许可和工程质量安全监督手续合并办理，不再出具《工程质量监督登记证书》《建筑工程施工安全报监书》。 5. 老旧小区改造项目（含加装电梯等）无需办理环境影响评价手续。	山东省 浙江省 甘肃省 湖南省
		（四）实行联合竣工验收	1. 由城镇老旧小区改造项目实施主体组织参建单位、相关部门、居民代表等开展联合竣工验收。 2. 无需办理建设工程规划许可证的改造项目，无需办理竣工规划核实。 3. 简化竣工验收备案材料，建设单位只需提交竣工验收报告、施工单位签署的工程质量保修书、联合验收意见即可办理竣工验收备案，消防验收备案文件通过信息系统共享。城建档案管理机构可按改造项目实际形成的文件归档。	山东省 浙江省

续表

序号	政策机制	主要举措	具体做法	来源
二	存量资源整合利用	（一）制定支持整合利用政策	1. 整合利用公有住房、社区办公用房、小区综合服务设施、闲置锅炉房、闲置自行车棚等存量房屋资源，用于改建公共服务设施和便民商业服务设施。鼓励机关事业单位、国有企业将老旧小区内或附近的闲置房屋，通过置换、划转、移交使用权等方式交由街道（城关镇）、社区统筹。 2. 整合利用小区内空地、荒地、拆除违法建设腾空土地及小区周边存量土地，用于建设各类配套设施和公共服务设施，增加公共活动空间。结合实际情况，灵活划定用地边界、简化控制性详细规划调整程序，在保障公共利益和安全的前提下，适度放松用地性质、建筑高度和建筑容量等管控，有条件突破日照、间距、退让等技术规范要求、放宽控制指标。城镇老旧小区改造项目中的"边角地""夹心地""插花地"以及非居住低效用地，采用划拨或出让方式取得，改造方案经市政府批准后，依据方案完善相关土地手续；符合划拨条件的，按划拨方式供地；涉及经营性用途的，按协议方式补办出让。对在小区及周边新建、改扩建公共服务和社会服务设施的，在不违反国家有关强制性规范标准的前提下，放宽建筑密度、容积率等技术指标。 3. 对企事业单位闲置低效划拨用地，按程序调增容积率、改变土地用途后建设公共配套设施。对面积小于3亩、无法单体规划、需整合建设片区配套经营性设施的零星地块，可以协议方式出让。 4. 允许将老旧小区存量资产依法授权给项目实施主体开展经营性活动，提供多种多样的社区便民服务，引导扶持项目实施主体发展成为老旧小区运营、管理主体。	辽宁省 福建省 江苏省南京市 山东省济宁市
		（二）加强规划设计引导	1. 对改造区域内空间资源进行统筹规划，按照提升功能、留白增绿原则，优先配建养老和社区活动中心等公共服务设施；对无法独立建设公共服务设施的，可根据实际情况利用疏解整治腾退空间就近建设区域性公共服务中心，辐射周边多个老旧小区。 2. 实施集中连片改造。原则上在单个社区范围内，将地理位置相邻、历史文化底蕴相近、产业发展相关的老旧小区合理划定改造片区单元，科学编制片区修建性详细规划。按照"一区一方案"要求，重点完善"水、电、路、气、网、梯、安、治"等基本功能，量力而行建设"菜、食、住、行、购""教、科、文、卫、体""老、幼、站、厕、园"等公共配套服务设施。对涉及调整控制性详细规划的，按程序审批后纳入规划成果更新。	北京市 湖南省湘潭市 山东省济宁市
三	改造资金政府与居民、社会力量合理共担	（一）完善资金分摊规则	1. 小区范围内公共部分的改造费用由政府、管线单位、原产权单位、居民等共同出资；建筑物本体的改造费用以居民出资为主，财政分类以奖代补10%或20%；养老、托育、助餐等社区服务设施改造，鼓励社会资本参与，财政对符合条件的项目按工程建设费用的20%实施以奖代补。 2. 结合改造项目具体特点和内容，合理确定资金分担机制。基础类改造项目，水电气管网改造费用中户表前主管网改造费用及更换或铺设管道费用、弱电管线治理费用由专业经营单位承担，其余内容由政府和居民合理共担。完善类改造项目，属地政府给予适当支持，相关部门配套资金用于相应配套设施建设，无配套资金的可多渠道筹集。提升类改造项目，重点在资源统筹使用等方面给予政策支持。	湖北省宜昌市 安徽省合肥市
		（二）落实居民出资责任	1. 对居民直接受益或与居民紧密相关的改造内容，动员居民通过以下几种方式出资：一是业主根据专有部分建筑面积等因素协商，按一定分摊比例共同出资；二是提取个人住房公积金和经相关业主表决同意后申请使用住宅专项维修资金；三是小区共有部位及共有设施设备征收补偿、小区共用土地使用权作资、经营收益等，依法经业主表决同意作为改造资金。 2. 根据改造内容产权和使用功能的专属程度制定居民出资标准，如楼道、外墙、防盗窗等改造内容，鼓励居民合理承担改造费用。小区共有部位及设施补偿赔偿资金、公共收益、捐资捐物等，均可作为居民出资。 3. 居民可提取住房公积金，用于城镇老旧小区改造项目和既有住宅加装电梯项目。一是市政府批复的城镇老旧小区改造项目范围内的房屋所有权人及其配偶，在项目竣工验收后，可提取一次，金额不超过个人实际出资额（扣除政府奖补资金）。二是实施既有住宅加装电梯项目的房屋所有权人及其直系亲属，在项目竣工验收后，可就电梯建设费用（不含电梯运行维护费用）提取1次，金额不超过个人实际出资额（扣除政府奖补资金）。同一加装电梯项目中的其他职工再次提取的，可以不再提供既有住宅加装电梯协议书原件、项目验收报告原件等同一项目中的共性材料。	湖南省长沙市 浙江省宁波市 山东省青岛市

附 录

续表

序号	政策机制	主要举措	具体做法	来源
三	改造资金政府与居民、社会力量合理共担	（三）加大政府支持力度	1. 省级财政安排资金支持城镇老旧小区改造，市、县财政分别安排本级资金。采取投资补助、项目资本金注入、贷款贴息等方式，统筹使用财政资金，发挥引导作用。 2. 通过一般公共预算、政府型资金、政府债券等渠道落实改造资金。地方政府一般债券和专项债券重点向城镇老旧小区改造倾斜。 3. 所有住宅用地、商服用地的土地出让收入，先提取1.5%作为老旧小区改造专项资金，剩余部分再按规定进行分成。提取国有住房出售收入存量资金用于城镇老旧小区改造。 4. 养老、医疗、便民市场等公共服务设施建设专项资金，优先用于城镇老旧小区改造建设。涉及古城等历史文化保护的改造项目，可从专项保护基金中列支。	河北省 山东省聊城市 内蒙古自治区 浙江省绍兴市
		（四）吸引市场力量参与	1. 推广政府和社会资本合作（PPP）模式，通过特许经营权、合理定价、财政补贴等事先公开的收益约定规则，引导社会资本参与改造。 2. 创新老旧小区及小区外相关区域"4+N"改造方式。一是大片区统筹平衡模式。把一个或多个老旧小区与相邻的旧城区、棚户区、旧厂区、城中村、危旧房改造和既有建筑功能转换等项目统筹搭配，实现自我平衡。二是跨片区组合平衡模式。将拟改造的老旧小区与其不相邻的城市建设或改造项目组合，以项目收益弥补老旧小区改造支出，实现资金平衡。三是小区内自求平衡模式。在有条件的老旧小区内新建、改扩建用于公共服务的经营性设施，以未来产生的收益平衡老旧小区改造支出。四是政府引导的多元化投入改造模式。对于市、县（市、区）有能力保障的老旧小区改造项目，可由政府引导，通过居民出资、政府补助、各类涉及小区资金整合、专营单位和原产权单位出资等渠道，统筹政策资源，筹集改造资金。	四川省 山东省
		（五）推动专业经营单位参与	1. 明确电力、通信、供水、排水、供气等专业经营单位出资责任。对老旧小区改造范围内电力、通信、有线电视的管沟、站房及箱柜设施，土建部分建设费用由地方财政承担。供水、燃气改造费用，由相关企业承担；通信、广电网络缆线的迁改、规整费用，相关企业承担65%，地方财政承担35%。供电线路及设备改造，产权归属供电企业的由供电企业承担改造费用；产权归属单位的，由产权单位承担改造费用；产权归属小区居民业主共有的，供电线路、设备及"一户一表"改造费用，政府、供电企业各承担50%。非供电企业产权的供电线路及设备改造完成后，由供电企业负责日常维护和管理，其中供电企业投资部分纳入供电企业有效资产。 2. 将水、气、强电、弱电等项目统一规划设计、统一公示公告、统一施工作业；建设单位负责开挖、土方回填，各专业经营单位自备改造材料，自行安装铺设。	福建省 江西省上饶市
		（六）加大金融支持	1. 扶持有条件的国有企业、鼓励引入市场力量作为规模化实施运营主体参与改造，政府注入优质资产，支持探索3种融资模式：一是项目融资模式。主要用于小区自身资源较好，项目自身预期收益可以覆盖投入的老旧小区改造项目。还款来源为项目自身产生的收益。二是政府和社会资本合作（PPP）模式。主要用于项目自身预期收益不能覆盖投入的改造项目。项目自身产生的现金流作为使用者付费，不足部分通过政府付费或可行性缺口补助方式，实现项目现金流整体平衡。三是公司融资模式。主要用于项目自身预期收益不能覆盖投入，但又无法采用PPP的改造项目。还款来源主要为借款人公司自由现金流。 2. 各有关部门在立项、土地、规划、产权手续办理等方面给予支持。 3. 创新金融服务模式，金融机构根据改造项目特点量身制定融资方案，明确可以未来运营收益作为还款来源，优化改造后带动消费领域的金融服务。 4. 组织申报城镇老旧小区改造省级统贷项目，联合金融机构给予开发性金融支持。为省级统贷项目实施主体提供一揽子金融服务，项目贷款在政策允许范围内给予最优贷款利率、最长贷款期限支持。	山东省青岛市 湖北省
		（七）落实税费减免政策	对旧住宅区整治一律免收城市基础设施配套费等各种行政事业性收费和政府性基金。	四川省

《住房和城乡建设部办公厅关于印发城镇老旧小区改造可复制政策机制清单（第一批）的通知》（建办城函〔2020〕649号）